合同司法观点
总梳理系列

买卖合同

01

纠纷处理司法观点总梳理

王　军／编著

法律出版社
LAW PRESS·CHINA
北京

图书在版编目(CIP)数据

买卖合同纠纷处理司法观点总梳理 / 王军编著. --
北京：法律出版社, 2024
ISBN 978-7-5197-8815-5

Ⅰ. ①买… Ⅱ. ①王… Ⅲ. ①买卖合同-合同纠纷-处理-研究-中国 Ⅳ. ①D923.65

中国国家版本馆 CIP 数据核字(2024)第 036793 号

买卖合同纠纷处理司法观点总梳理
MAIMAI HETONG JIUFEN CHULI SIFA GUANDIAN ZONGSHULI

王 军 编著

策划编辑 朱海波 杨雨晴
责任编辑 朱海波 杨雨晴
装帧设计 汪奇峰 臧晓飞

出版发行 法律出版社
编辑统筹 法律应用出版分社
责任校对 邢艳萍
责任印制 刘晓伟
经　　销 新华书店

开本 710 毫米×1000 毫米 1/16
印张 64.75 **字数** 1200 千
版本 2024 年 5 月第 1 版
印次 2024 年 5 月第 1 次印刷
印刷 三河市龙大印装有限公司

地址:北京市丰台区莲花池西里 7 号(100073)
网址:www.lawpress.com.cn
投稿邮箱:info@lawpress.com.cn
举报盗版邮箱:jbwq@lawpress.com.cn

销售电话:010-83938349
客服电话:010-83938350
咨询电话:010-63939796

书号:ISBN 978-7-5197-8815-5
定价:238.00 元

凡购买本社图书,如有印装错误,我社负责退换。电话:010-83938349

序 言

契约更多地称为合同,合同与人类社会的发展紧密相连,长期以来在人们的生产生活中被广泛应用。随着经济的发展和商业的繁荣,合同的适用范围和应用方式更为广泛、灵活和新颖。在当今的社会生活中,无处不使用合同。人们在生活、生产和商事活动中时时刻刻自觉或不自觉地使用合同,口头合同、书面合同、网上合同等合同形式千变万化,发生纠纷后认定困难。使用合同,必然伴随合同纠纷,合同纠纷在法院民事案件占的比例很大,稳居榜首。这是应该持续关注和深入研究探讨的原因。

在民事法律实务图书市场,主要有三类书籍形式。第一类是裁判规则类,对民事纠纷归纳各类裁判规则,简单明确,让法官、律师和广大读者对号入座案争议类型进行类案参考,节约大量时间,提高效率。但不容忽视的是,现实生活中鲜活的案例绝没有百分之百的等同,任何一个细节忽视都存在可能造成处理上的偏差,完全照搬规则受到一定限制。第二类是问答类,对司法实践中出现的疑难问题和多发争议,采用问答的形式,作出自己理解的解答,是备受欢迎的形式之一,但不可避免地因缺少鲜活案例诠释法律,容易造成理解上的偏差。第三类是依据法律条文的顺序进行编排,虽附有一定案例或对同一个问题也有一定案例辅助阐述,但现实社会生活对一个法条或同一个争议反映出争议纠纷呈现多样化,一个争议法院判决出现不同观点,执法尺度并不统一,呈现的面和深度并未能满足实际需求。笔者从检察院、法院再到退休后法律服务的阅历和几十年感悟,试图从另一个途径寻找出有用、实效的办法,从合同理解、法律适用、纠纷处理三个方面诠释鲜活案例反映的实际疑难纠纷。

买卖合同是所有有偿合同的典型合同,是商品社会最典型、最基础、最普遍的合同类别,也是发生争议最多的合同类别。买卖合同的群体从几岁的儿童到八九十岁的老人,从一般的自然人到各类大小公司,交易金额从几角到上亿元,交易的品种小到米面蔬菜大到高科技产品,从一般的生活用品大到飞机、船舶,交易方式从一手钱一手货到快递交付,从传统的线下方式到电子网络的线上交易。市场经济条件下买卖交易频繁,买卖合同形式多样,各类复杂的交易使买卖合同纠纷比任何一种类型的合同纠纷更复杂、普遍,而且所占比例更高。

本书针对合同上述背景和现状，确立了笔者编写的指导思想和本书的定位。笔者撷取合同司法实践中存在争议的热点、疑点、难点问题，将司法实践和理论相结合进行探讨，依据《民法典》的宗旨加以统领。本书坚持以问题为导向，与案件处理思路相结合，对已生效的判决进行总结、梳理进而把握适用法律精髓。本书以现行法律规定和合同理论为基础，对买卖合同纠纷中存在的问题选择某一部分内容重点探讨。在全书编写中笔者贯穿一个写作指导思想，即选材上的典型性、广泛性；使用上的实用性、方便性；效果上的准确性、有效性。笔者注重研究对纠纷裁判规则有效利用的方式和程度，以便对纠纷解决、理论的更新和发展起到更大的积极作用。

本书是以买卖合同性质以及相关纠纷为划分基础进行分析。本书分为 12 个专题。第一个专题为买卖合同纠纷，较为全面地介绍和分析了买卖合同的性质、范围及共性问题。本书依次由买卖合同关系、主体、效力、责任、解除、质量、交付、特种买卖、网络买卖、合同程序和其他专题组成。在每个专题中，基本上是从对该类合同理解、法律适用以及纠纷处理（或疑难问题）三个方面展开分析，便于突出重点和方便查找。围绕专题的纠纷类型特点又进一步分类确定具体内涵，如买卖合同责任纠纷专题，分为三个部分即每一部分针对实践中存在的问题和争议进行剖析，用 133 个案例佐证阐述。在每一个专题的三个部分之下，根据作者分析问题的多少划分为若干细目并列入目录以供阅读。对阐明的观点，均有 1 ~ 3 个案例实证。

本书有以下特点，第一，在本书中，笔者省略案情介绍部分直接提取其判决理由，突出生效判决的重点内涵，简明扼要信息量又大；注重实务处理路径，减少过于学术性的概念、术语的理论阐述，追求理论上的深度。第二，在每一个专题中，首先确定该类纠纷的争议焦点，即从实务纠纷中选择多发和疑难的问题，然后依据现行法律和司法解释规定、民事理论，再辅之以最高人民法院公布或认可的案例，对其进行深入分析，力争使法律条文变为看得清、摸得着的鲜活的规则，以期能给法官、律师办理买卖合同纠纷案件提供有价值的参考与借鉴。第三，本书分析了 999 个案例，以大容量展示买卖合同纠纷案件裁判的形态。第四，笔者对生效判决中争议的焦点进行分类拆分梳理，而不是展现判决的全部内容，尤其是将最高人民法院审理的案件和复杂疑难案件中的多个争议焦点，分别归置在笔者分类的专题中，力求实现笔者追求的对热点、疑点、难点研讨重点目标，减少重复或避免全部判决理由归置在一个规则下的不利因素，实现有限阅读和理解最大化。第五，在本书中，选择列出了对同一争议法院内部的不同判决，有利于客观认识现状，显示进一步完善法律、取得共识、统一执法尺度的迫切性。应注意的是，2020 年 12 月 29 日，最高人民法院又对《买卖合同解释》等诸多司法解释进行了修订，2023 年 12 月颁布了《民法典合同编通则解释》，本书根据修订及新出台的司法解释进行编写。需要提醒的是，本书正文论述部分引用的相关法律法规、司法解释等的名称和条文序号为图书出版时生效的规定。而选取的案例中，为体现案例说理和裁判的真实情况，其涉及的法律法规、司法解释等的名称和条文序号原则上为裁判生效时的相关规定，请读者朋友在参考时注意。

笔者的编写指导思想是对买卖合同纠纷进行深入剖析，力争使法律条文变成更为清晰、适用更为准确的鲜活规则，希望能给法官、检察官、法律服务工作者办理民事纠纷案件提供有价值的参考与借鉴。众所周知，“法律的生命不在于逻辑，而在于经验”。社会在发展，经济在发展，法律也随之发展，《民法典》的颁布就是新的发展，新的发展需要新的实践，新的经验，笔者也是在随着社会、法律的发展，在不断地前进。虽然笔者不断地刻苦学习，努力探索，但因水平有限，本书可能有诸多不足，恳请各位给予批评指正，使笔者能为法治建设、社会和谐做出自己应有的贡献。

王 军

2024 年春节

法律法规简称表

全称	简称
《中华人民共和国民法典》	《民法典》
《中华人民共和国民事诉讼法》	《民事诉讼法》
《中华人民共和国公司法》	《公司法》
《中华人民共和国刑法》	《刑法》
《中华人民共和国劳动法》	《劳动法》
《中华人民共和国劳动合同法》	《劳动合同法》
《中华人民共和国保险法》	《保险法》
《中华人民共和国企业破产法》	《企业破产法》
《中华人民共和国消费者权益保护法》	《消费者权益保护法》
《最高人民法院关于适用〈中华人民共和国民法典〉总则编若干问题的解释》(法释〔2022〕6号)	《民法典总则编解释》
《最高人民法院关于适用〈中华人民共和国民法典〉时间效力的若干规定》(法释〔2020〕15号)	《民法典时间效力规定》
《最高人民法院关于适用〈中华人民共和国民法典〉合同编通则若干问题的解释》(法释〔2023〕13号)	《民法典合同编通则解释》
《最高人民法院关于适用〈中华人民共和国民法典〉有关担保制度的解释》(法释〔2020〕28号)	《民法典担保解释》
《最高人民法院关于审理民间借贷案件适用法律若干问题的规定》(2020第二次修正)	《民间借贷规定》
《最高人民法院关于适用〈中华人民共和国民法典〉物权编的解释(一)》(法释〔2020〕24号)	《民法典物权编解释(一)》
《最高人民法院关于适用〈中华人民共和国民法典〉婚姻家庭编的解释(一)》(法释〔2020〕22号)	《民法典婚姻家庭编解释(一)》

续表

全称	简称
《最高人民法院关于适用〈中华人民共和国婚姻法〉若干问题的解释(三)》(法释〔2011〕18号)(已失效)	《婚姻法解释(三)》
《最高人民法院关于适用〈中华人民共和国婚姻法〉若干问题的解释(二)》(2017修正)(法释〔2017〕6号)(已失效)	《婚姻法解释(二)》
《最高人民法院关于适用〈中华人民共和国婚姻法〉若干问题的解释(一)》(法释〔2001〕30号)(已失效)	《婚姻法解释(一)》
《全国法院民商事审判工作会议纪要》(法〔2019〕254号)	《九民纪要》
《第八次全国法院民事商事审判工作会议(民事部分)纪要》(法〔2016〕399号)	《八民纪要》
《最高人民法院关于适用〈中华人民共和国民事诉讼法〉的解释》(2022修正)	《民事诉讼法解释》
《最高人民法院关于民事诉讼证据的若干规定》(2019修正)	《民事证据规定》
《最高人民法院关于人民法院办理执行异议和复议案件若干问题的规定》(2020修正)	《执行异议和复议规定》
《最高人民法院关于人民法院民事执行中查封、扣押、冻结财产的规定》(2020修正)	《查封、扣押、冻结规定》
《最高人民法院关于审理民事案件适用诉讼时效制度若干问题的规定》(2020修正)	《诉讼时效规定》
《最高人民法院关于审理买卖合同纠纷案件适用法律问题的解释》(2020修正)	《买卖合同解释》
《最高人民法院关于适用〈中华人民共和国合同法〉若干问题的解释(二)》(法释〔2009〕5号)(已失效)	《合同法解释(二)》
《最高人民法院关于适用〈中华人民共和国合同法〉若干问题的解释(一)》(法释〔1999〕19号)(已失效)	《合同法解释(一)》
《最高人民法院关于审理建设工程施工合同纠纷案件适用法律问题的解释(一)》(法释〔2020〕25号)	《建设工程解释(一)》
《最高人民法院关于审理建设工程施工合同纠纷案件适用法律问题的解释(二)》(法释〔2018〕20号)(已失效)	《建设工程解释(二)》

续表

全称	简称
《最高人民法院关于审理建设工程施工合同纠纷案件适用法律问题的解释》(法释〔2004〕14 号)(已失效)	《建设工程解释》
《最高人民法院关于审理技术合同纠纷案件适用法律若干问题的解释》(2020 修正)	《技术合同解释》
《最高人民法院关于审理城镇房屋租赁合同纠纷案件具体应用法律若干问题的解释》(2020 修正)	《房屋租赁合同解释》
《最高人民法院关于审理商品房买卖合同纠纷案件适用法律若干问题的解释》(2020 修正)	《房屋买卖合同解释》
《最高人民法院关于审理融资租赁合同纠纷案件适用法律问题的解释》(2020 修正)	《融资租赁合同解释》
《最高人民法院关于适用〈中华人民共和国保险法〉若干问题的解释(四)》(2020 修正)	《保险法解释(四)》
《最高人民法院关于适用〈中华人民共和国保险法〉若干问题的解释(三)》(2020 修正)	《保险法解释(三)》
《最高人民法院关于适用〈中华人民共和国保险法〉若干问题的解释(二)》(2020 修正)	《保险法解释(二)》
《最高人民法院关于适用〈中华人民共和国保险法〉若干问题的解释(一)》(法释〔2009〕12 号)	《保险法解释(一)》
《最高人民法院关于审理海上保险纠纷案件若干问题的规定》(2020 修正)	《海上保险案件规定》
《最高人民法院关于审理劳动争议案件适用法律问题的解释(一)》(法释〔2020〕26 号)	《劳动争议解释(一)》
《最高人民法院关于审理劳动争议案件适用法律若干问题的解释(四)》(法释〔2013〕4 号)(已失效)	《劳动争议解释(四)》
《最高人民法院关于审理劳动争议案件适用法律若干问题的解释(三)》(法释〔2010〕12 号)(已失效)	《劳动争议解释(三)》
《最高人民法院关于审理劳动争议案件适用法律若干问题的解释》(2008 调整)(已失效)	《2008 年劳动争议解释》

续表

全称	简称
《最高人民法院关于审理劳动争议案件适用法律若干问题的解释(二)》(法释〔2006〕6号)(已失效)	《劳动争议解释(二)》
《最高人民法院关于审理劳动争议案件适用法律若干问题的解释》(法释〔2001〕14号)(已失效)	《劳动争议解释》
《最高人民法院关于审理工伤保险行政案件若干问题的规定》(法释〔2014〕9号)	《工伤保险案件规定》
《最高人民法院关于审理物业服务纠纷案件适用法律若干问题的解释》(2020修正)	《物业服务解释》
《最高人民法院关于审理建筑物区分所有权纠纷案件适用法律若干问题的解释》(2020修正)	《建筑物区分所有权解释》

contents 目录

专题一　买卖合同纠纷概述

专题二　买卖合同关系纠纷

专题三　买卖合同主体纠纷

专题四 买卖合同效力纠纷

专题五 买卖合同责任纠纷

专题六 买卖合同解除纠纷

专题七　买卖合同质量纠纷

专题八　买卖合同交付纠纷

专题九　特种买卖合同纠纷

专题十　网络买卖合同纠纷

专题十一 买卖合同程序纠纷

专题十二 买卖合同其他纠纷

专题一　买卖合同纠纷概述

买卖合同纠纷，是现实社会生活中常见多发的纠纷，也是颇有争议的实务问题。本专题着重讨论买卖合同纠纷的一般性问题，对买卖合同关系、主体、效力、责任、解除、质量、交付、特种买卖、网络买卖等问题予以分类探讨。

一、买卖合同的理解

(一)买卖合同的含义

合同,又称契约,是社会交往和市场交易的法律形式。《民法典》第四百六十四条第一款规定:"合同是民事主体之间设立、变更、终止民事法律关系的协议。"这是对合同概念进行释义,明确合同编的调整范围是因合同而产生的民事关系。[1]《民法典》第五百九十五条规定:"买卖合同是出卖人转移标的物的所有权于买受人,买受人支付价款的合同。"

合同制度是规范市场交易的基本法律制度。买卖合同作为最重要的典型合同,其中一个非常重要的特征就是,买卖合同是双务合同。出卖人与买受人互为给付,双方都享有一定的权利,又都负有一定的义务。卖方负有交付标的物并转移标的物所有权与卖方的义务,买方同时负有向卖方支付价款的义务。买受人应当按照合同的约定时间支付价款。合同履行过程中,一方当事人如果未能按照合同约定履行己方义务,则构成违约。违约责任的承担方式通常包括继续履行、采取补救措施、赔偿损失等。

1. 买卖合同的原则

(1)合同自由原则

《民法典》第五条规定:"民事主体从事民事活动,应当遵循自愿原则,按照自己的意思设立、变更、变更、终止民事法律关系。"该条是对自愿原则的规定,更多地称为合同自由原则。它被奉为民法的三大基本原则之一,也是维系市场经济的主要支柱。合同自由既是法律的一项基本原则,也是法律赋予市场主体的一种最广泛的合同权利,它表明市场主体有权利在不违背法律、不损害国家利益的前提下,根据自己的意志决定有关合同事项。

合同自由原则,是指公民、法人、其他组织是否签订合同,同谁订立合同、订立什么内容的合同,完全取决于他们的自由意志。合同自由原则,作为我国《民法

〔1〕 参见黄薇主编:《中华人民共和国民法典合同编释义》,法律出版社 2020 年版,第 6 页。

典》的一项基本原则,反映了社会主义市场经济的本质要求。这一原则主要包括以下具体内容。

缔约自由。缔约自由是实现市场主体自主经营权的基本保障,也是当事人享有其他合同自由权利的前提。在是否订立、变更或者解除合同、订立何种类型合同、合同采用何种交易方式与条件等方面,当事人应享有不受其他组织和个人干涉的自主权利。在正常情况下,当事人没有义务必须订立或者拒绝某个合同,没有义务必须变更或者解除某个合同。即使已经具备解除合同的法定条件,当事人仍然享有是否解除合同的决定权。对将要订立的某个合同的交易条件,如数量、价格、质量及履行方式等,当事人均可自主决定。

选择合同对象的自由。在众多的市场主体中自主选择适应于自己的交易对象,是当事人的合同自由权利,也是防止垄断、鼓励竞争的客观需要。如果当事人不能对合同对象进行自由选择,市场经济的公平竞争就失去了保障。

决定合同内容的自由。当事人有权自由决定合同的内容,在法律规定的范围内可以通过协商确定双方的权利义务。只要合同内容不违反法律规定和社会公共利益,就具有法律效力,并可以改变合同法律规范的任意性规定。

采用合同形式的自由。合同形式是当事人之间合同权利义务关系的外在表现形式(包括订立、变更、解除合同的形式),如口头形式、书面形式(含书面形式与特殊书面形式)等。在一般情况下,是否采用书面形式,不应成为决定合同效力的要件,书面形式只能作为证明合同成立及其内容的证据之一。法律有明确规定的,按其规定决定形式。法律行为形式的自由,为"法律行为自由"题中应有之义,是指行为人得自由选择,决定实施法律行为的形式,而不以践行一定形式为必要。详言之,无论以何种形式,只要行为人将意思宣示于外部,该项法律行为即告成立。发出意思表示,既可用口头的话语,也可用书面的文字,还可使用电磁脉冲及其他信号,只要它们具备可资识别的意义即可。[1]

确定合同效力的自由。承认当事人在确定合同效力方面的一定自主权,是合同自由原则的最高要求。依据合同自由原则,只要法律未作禁止性规定而当事人又未规避法律,则当事人自由订立的合同、自主确定的合同内容或依据合同实施的行为,应视为有效,这与"违法行为法定"的市场经济法律基本原则也是相吻合的。对当事人主观意思表示缺陷的合同,如因欺诈、胁迫、乘人之危、重大误解等订立的合同,其效力的确定均应首先取决于当事人的意志,如果当事人未依法请求撤销合同,则法院不能宣告撤销合同;对效力待定的合同,应通过权利人的承认与否确定效力,在权利人承认之前,这类合同不能生效,如果权利人予以承认,则合同发生法律效力。

---

〔1〕 参见[德]迪特尔·梅迪库斯:《德国民法总论》,邵建东译,法律出版社2000年版,第459页。

变更和解除合同的自由。合同成立后,当事人有权通过协商变更合同的内容或解除合同。当事人可以自由订立合同,当然也可以通过协商自由解除合同;当事人可以自由决定合同的内容,同样可以通过协商变更合同的内容。

违约救济的自由。这包括两个方面的内容:其一,是否主张违约救济的自由;其二,如何主张违约救济的自由。一方当事人在另一方违反合同约定时有权提起诉讼,以维护自己的合法权益。这种权利是否主张,应遵循"不告不理"的原则,当事人可以依法主张,当然也可以放弃。当事人一方的行为,如果既违反合同的约定,又造成侵害另一方人身权利或财产权利的后果,则受损方既有权提起违约之诉,亦有权提起侵权责任之诉。这两种责任在举证责任、义务内容、时效期限、责任方式、范围和内容以及诉讼管辖权等方面存在诸多差别,适用的实体法也可能有所不同,合同法应当允许受损人根据自己的实际情况和需要,自由选择确定适合于自己的诉由和相应的实体法。

选择争议解决方式的自由。解决合同纠纷的方式有多种,如协商、调解、仲裁或诉讼。协商与调解解决合同争议,必须当事人双方自愿,不得强迫。合同争议的仲裁与诉讼,根据"或裁或审"的原则可以由当事人自由选择其一。对涉外经济合同争议,合同自由原则还赋予当事人自由选择处理合同争议所适用法律的权利,一旦当事人作出了选择,法院或者仲裁机构即以当事人选择的某个国家的法律作为处理合同争议的准据法,除非当事人的选择违反我国法律的基本原则或者社会公共利益。

单方法律行为的自由。单方法律行为又称单独行为。有学者认为,法律行为,只须有一方当事人之意思表示即得成立者,谓之一方行为,亦称单独行为。[1]这类行为常见的有悬赏广告合同、赠与合同等,此为特殊形式的合同自由。单方法律行为是单方意思自治的外在表现形式,基础在于法律行为,属于私法自治的范畴。与双方法律行为不同,单方法律行为的意思表示一经作出即发生法律效力,因此该种意思表示一般不能撤销,在意思表示具有瑕疵时也应如此。除了为自己设定义务的单方法律行为之外,不得附条件或期限,否则该行为无效。[2]

确立合同类型的自由。当事人可以自由创设法律没有规定的合同类型,对此法律同样予以保护。法律没有要求也不可能要求当事人必须按照法律规定的合同类型订立合同,从而发生交易,这是合同自由原则的应有之义。但是,合同纠纷的裁判,在不能确定合同类型时,法官可以直接适用合同法总则的规定,而不以将系争合同归入有名合同为前提,不必再确定合同类型。

---

〔1〕 参见梅仲协:《民法要义》,中国政法大学出版社1998年版,第91页。类似观点参见史尚宽:《民法总论》,中国政法大学出版社2000年版,第309页。

〔2〕 参见许中缘:《论民法中单方法律行为的体系化调整》,载《法学》2014年第7期。

意思自治原则和合同自由原则是整个合同法理论的核心。合同相对性原则是贯彻意思自治和契约自由的私法精神的必然体现。合同的相对性是合同自由原则得以产生的内在基础和前提,是合同自由原则形成的内部条件之一。正是合同自身的相对性才使特定当事人能够自由协商、自由确定合同的内容和形式等不会干涉他人的利益,也才不会被他人干涉。意思自治原则和合同自由是合同的核心,在合同范围内,一切债权债务只有依当事人的意志而成立时,才具有合理性,否则,便是法律上的“专横暴虐”。合同相对性原则恰恰反映了意思自治原则的要求。合同经过要约和承诺两个阶段,是当事人意思一致而成立的,则合同中的权利义务就是合同当事人自由意思的“原动力”,“合同的精髓是当事人自由意志之汇合”。

合同自由的限制。《民法典》第四百九十四条规定:“国家根据抢险救灾、疫情防控或者其他需要下达国家订货任务、指令性任务的,有关民事主体之间应当依照有关法律、行政法规规定的权利和义务订立合同。依照法律、行政法规的规定负有发出要约的当事人,应当及时发出合理的要约。依照法律、行政法规的规定负有作出承诺义务的当事人,不得拒绝对方合理的订立合同。”

(2)公平原则

《民法典》第六条规定:“民事主体从事民事活动,应当遵循公平原则,合理确定各方的权利和义务。”公平原则要求民事主体从事民事活动时要秉持公平理念,公允、合理地确定各方的权利义务,并依法承担相应的民事责任。[1] 换言之,合同双方之间的权利义务要公正、合理,要大体上平衡,强调一方给付与对方给付的等值性,合同上的负担和风险的合理分配。公平原则是当事人订立、履行合同所应遵循的基本原则,也是法官判断损失及责任承担的基本原则。

公平原则的基本含义,在于规范合同当事人之间的利益关系。在合同法的诸多原则中,公平原则是与合同自由原则相对应的一个合同法基本原则。合同自由不能是无限的、绝对的,不能将合同自由原则理解为绝对的自由,更不能理解为合同自由主义。公平原则是对滥用合同自由原则的限制,公平原则和合同自由原则是相辅相成的两个原则。在合同自由原则中,难以把当事人的利益、社会利益和他人利益都包含进去。公平原则恰好反映的是人与人之间的理想关系,由该原则在合同领域进行利益关系调整。

公平原则作为民法领域中的基本原则,是基于合同的本质是平等主体之间的意思表示一致,是平等主体之间的法律关系。公平原则包括两方面的内容,一是形式上的公平,二是实质上的公平。具体来讲,其一,形式公平,是指合同主体的法律地位平等。合同主体在法律地位上平等,就在合同的形式上实现了合同公

---

〔1〕 参见黄薇主编:《中华人民共和国民法典总则编释义》,法律出版社2020年版,第25页。

平。在市场经济中,当事人进行交易活动,主体在实质上应当平等,在平等的基础上,协商他们之间的交易内容,确定双方的权利义务,不能因为当事人的身份、经济实力、所有制形式及规模大小的不同,而使当事人处于不平等地位。相互之间不能存在强制或隶属关系,任何一方当事人不得对相对方强迫或者胁迫,否则合同关系就不再是平等主体之间的意思表示一致,而是剥夺或变相剥夺了相对方的合同自由权利。合同平等和公平,是合同自由的基础,否则合同自由就失去保障。其二,实质公平。双方当事人的权利、义务必须对等,要求双方享有和承担的权利和义务大体相当,而非绝对一致,在双务合同中,任何一方当事人既要享有权利,又要承担相应的义务,在取得利益的时候,要付出相应的对价。应注意的是,在商事合同中,一方当事人基于某种考虑自愿放弃部分利益多承担一些代价,亦应仍视为平等。在二者的关系上,形式上的公平,为合同实质上的公平奠定了法律基础,保障当事人权利义务在分配上,进行平等的协商,实现利益的相对平衡。在平等的基础上,当事人可以根据自己的具体情况和利益的选择,自主地决定合同的订立和权利义务,进而实现实质的公平。实质上的公平又是形式公平最终追求的结果,是对形式公平的保障。形式平等与实质平等构成了公平原则的整体,缺少或割裂任何方面,都将影响公平原则的完整性。

合同当事人对权利、义务要求对等,实现公平的要求,体现在合同领域诸多方面,如对显失公平的可以要求法院变更或撤销。公平原则在免责条款的限制、违约损害赔偿及责任承担、风险责任承担等方面均有具体体现。最高人民法院法官认为,混合过错规则是公平原则的具体化,不仅适用于违约损害赔偿领域,在侵权损害赔偿领域也有适用,而且历史更为久远。[1] 公平原则贯穿合同的订立、履行、违约责任承担、合同关系终结的全过程。

应注意的是,公平原则因其高度抽象概括性,在实务上的认定和运用颇为困难。公平原则赋予了法官自由裁量权,如使用不当,则必导致司法专横,从而成为破坏法制整体价值之祸源,因此在立法技术能使原则演化为具体可操作的法律条文时,应尽可能限制法官利用该原则"造法"之权力。[2]

(3)诚信原则

《民法典》第七条规定:"民事主体从事民事活动,应当遵循诚信原则,秉持诚实,恪守承诺。"有学者认为,合同法中的诚实信用原则,是有关合同行为的善意真诚、守信不欺、公平合理的心理状态、价值准则、行为规范和行为事实。[3] 合同当

---

〔1〕 参见最高人民法院民事审判第二庭编著:《最高人民法院关于买卖合同司法解释理解与适用》,人民法院出版社 2012 年版,第 406 页。

〔2〕 参见高圣平:《格式合同司法规制中的几个问题》,载《合同法评论》2004 年第 4 辑(总第 4 辑),人民法院出版社 2005 年版,第 46 页。

〔3〕 参见郑强:《合同法诚实信用原则研究》,法律出版社 2000 年版,第 11 页。

事人订立合同及在合同有效期内,应向对方提供影响对方作出订约与履约决定的全部实质性重要事实,同时绝对信守合同订立的约定与承诺。

在法律场域中,诚信是法律的重要精神与原则。[1] 换言之,诚信原则作为民法中的基本原则在现行诸多法律中都有明确规定,其既是权利也是义务,既体现在实体法中又体现在程序法中,实体正确与否需建立在程序正义的基础之上,才能起到规范、标准的作用。诚信是一项比较抽象的原则,或者说,它是一个标准,而不是一项具体权利义务的规定,当事人在合同订立和履行过程中的任何具体行为,都可以用诚实信用原则进行衡量。《民法典》第七条的独特之处在于,它不仅将诚信确定为一种义务,还赋予了其限制和内容控制的功能,即以诚信作为权利的内在界限,作为控制权利行使的准则。违反诚实信用原则会构成权利滥用。[2] 也就是说,对诚信原则在法律上进行规定,通过法律条文明确合同双方合理使用自身权利的边界,规范对方权利的履行及对自己行为的约束。在事实无法查清的情况下,为证明义务是否履行、权利是否合理行使的责任分担提供依据。有学者认为,当事人诚信之义务,实际上是法官正义观念结合个案的具体情境,经由合同解释而得出的结果。诚信原则之高度空灵与抽象的特征,也需要法官在明察当事人之间利益构造的基础上,对诚信义务进行具体化。[3] 在当事人的利益关系中,诚实信用原则要求尊重他人利益,以对待自己事务的注意对待他人事务,保证法律关系的当事人都能得到自己应得的利益,不得损人利己。在特殊情况下当事人的利益关系失去平衡时,应进行调整,使利益关系得以恢复,由此维持一定的社会经济秩序。[4] "诚信原则为法律之最高原则,一切法域皆应受其支配。"[5]合同的签订与履行行为当然也应遵守,诚信原则适用于所有合同,可用于对其他违背诚信原则行为的判断。在合同签订和履行过程中的遵循诚信原则体现在诸多环节、方面,并非在具体的合同条款中都有明确载明,需要从订立合同的目的、功能等方面理解和把握。诚信原则的适用范围不断扩展和内涵日益丰富,从合同法律关系中当事人的一切权利的行使和义务的履行,到缔约责任、附随义务,前合同义务、后合同义务等领域。

诚信原则发挥效用的方式主要为,确定某一权利(义务)有效,创制新的权利

---

〔1〕 参见付子堂、类延村:《诚信的自由诠释与法治规训》,载《法学杂志》2013 年第 1 期。

〔2〕 参见王泽鉴:《民法总则》(增订版),中国政法大学出版社 2001 年版,第 556 页;姚辉:《诚实信用:民法的"帝王条款"》,载《前线》2002 年第 7 期;隋彭生:《合同法要义》(第 2 版),中国政法大学出版社 2005 年版,第 19 页。

〔3〕 参见叶金强:《合同解释:私法自治、信赖保护与衡平考量》,载《中外法学》2004 年第 1 期。

〔4〕 参见徐国栋:《诚实信用原则研究》,中国人民大学出版社 2002 年版,第 3 页。

〔5〕 何孝元:《诚实信用原则与衡平法》,台北,三民书局 1997 年版,第 68 页。

（义务），变更某一权利（义务），宣告某一权利（义务）无效或不发生效力。[1] 诚信原则适用于所有合同和审理合同纠纷案件的全过程，诚实信用原则并非空洞的理论，正确把握诚信原则，它对于理解合同法律立法本意及基本精神和引导法官对案件处理，具有重要意义。实践中，法官除了从法律规定的方面适用诚信原则，还在没有其他明确法律规定的情况下，经常以灵活广泛方式适用该原则。

在司法实践中，法官审理合同变动及各种纠纷，根据现有的法律规定无法直接决定应该适用哪个法条时，应当从现有的法理和法律原则或相关的法律规定中推导出最相适应的对合同中的当事人是否违背诚实信用原则的判断，其实质是法官行使自由裁量权。正如学者所言，诚实信用原则的实质在于授予法官自由裁量权。[2] 诚信原则既是对合同当事人的约束，也是对法官的约束。有学者认为，现代意义上的诚实信用原则，既是当事人进行民事活动的行为准则，又是法官享有自由裁量权的依据。它标志着立法方式从追求法律的确定性而牺牲个别正义到容忍法律的灵活性而追求个别正义的转变。[3] 诚实信用原则可以授权法官进行创造性的司法活动，甚至在合同有明文规定的情况下，法官仍可依据诚实信用原则对合同不予承认，依照诚实信用原则进行判决。最高人民法院认为，在具体案件中，如果适用某一条法律的结果反而会使不守信用、见利忘义、毁约方获取不正当的利益，就应该注意该条或者该几条法律的价值，是否存在两种以上的解释，或者考虑体系解释方法，利益衡量的方法，向有利于诚实信用的一方解释，保护诚实信用一方的合法权益。总之，审判实践中应当用好、用足诚实信用这一原则，充分保护诚实信用方的合法权益，促进全社会诚信体系的建立和完善。[4]

应该注意，诚信是一项抽象概括的法律原则，也是极度抽象、不确定的概念，在具体适用时要正确把握。诚信原则对解决具体案件具有指导功能，适时适地应用这一原则，必定会减轻法官在无明确法律规定的情况下审理合同纠纷时的负担，同时亦能使裁判经得起考验和质疑。也就是说，依据诚信原则行使权利和履行义务是市场经济的基本要求，也是市场经济发展和提高竞争力的根本，同样也能保障法官在处理合同纠纷时真正体现公平公正。正如法官所言，诚实信用原则能够促进法律的发展，促进个别法理的形成，发展了法的原则。但由于不断变化，无论是制定法还是个别法的原则，都无法应对新问题的不断产生。因此，诚实信

---

〔1〕 参见张式华、谢耿亮：《诚实信用原则在新〈合同法〉中的地位及其适用的述评》，载梁慧星主编：《民商法论丛》（第14卷），法律出版社2000年版，第122页。

〔2〕 参见冉富强等：《合同责任研究》，吉林大学出版社2008年版，第87页。

〔3〕 参见徐国栋：《民法基本原则解释》，中国政法大学出版社1992年版，第80页。

〔4〕 参见全国民事审判工作座谈会文件：《坚持司法为民，坚持司法和谐，推动公正高效权威民事审判制度建设》，载最高人民法院民事审判第一庭编：《民事审判指导与参考》2007年第2集（总第30集），法律出版社2007年版，第57页。

用原则的价值永远存在。[1]

(4)合同相对性原则

《民法典》第四百六十五条第二款规定:“依法成立的合同,仅对当事人具有法律约束力,法律另有规定的除外。”该条是合同相对性原则的规定。合同相对性原则,是指合同项下的权利与义务只有合同当事人享有或者承担,合同仅对当事人具有法律约束力,对合同当事人以外的第三人不具有法律约束力。[2]

合同相对性在大陆法系称为债的相对性,是指债只能在债权人和债务人之间产生法律拘束力。债权债务关系发生在特定的享有权利的债权人和承担义务的债务人之间。

合同相对性的应有之义为,其一,合同仅于缔约人之间发生效力,对合同外的第三人不发生效力。其二,合同缔约人不得以合同约定涉及第三人利益的事项,任何一方缔约人不与第三人发生权利义务关系。其中合同主体的相对性合同关系只能发生在特定主体之间,只有合同当事人一方能够向另一方当事人基于合同提出请求或提起诉讼。

合同相对性原则是认定买卖合同关系成立的重要判断标准。合同相对性原则的内容主要为:主体的相对性、内容的相对性及责任的相对性。根据该原则,合同的当事人只能向合同的相对人主张合同权利。也就是说,在合同双方之间成立合同关系,与合同之外的第三不成立合同关系,合同一方也不能以合同之外的原因拒绝履行合同约定义务。

2. 买卖合同的内容

《民法典》第五百九十六条规定:“买卖合同的内容一般包括标的物的名称、数量、质量、价款、履行期限、履行地点和方式、包装方式、检验标准和方法、结算方式、合同使用的文字及其效力等条款。”该条是买卖合同主要内容的规定,亦是在列明的合同条款。

合同内容涉及合同效力、合同性质、当事人的权利义务以及诉讼程序的案由等诸多方面。合同的内容是指合同当事人享有依照法律规定和合同约定所产生的权利义务关系。[3] 有学者认为,合同的内容,其含义大致相当于合同标的,可以理解为当事人订立合同所欲发生的法律效果。[4] 也有学者认为,依大陆法系债的理论,债之发生要件具备所发生的全部内容,即为债之内容,又称为债之标的。债之发生原因若为债权合同,合同有效成立所发生的法律关系,其构成要素

[1] 参见吴庆宝主编:《法律判断与裁判方法》,中国民主法制出版社2009年版,第231页。

[2] 参见黄薇主编:《中华人民共和国民法典合同编释义》,法律出版社2020年版,第12页。

[3] 参见王利明:《合同法研究》(第1卷),中国人民大学出版社2002年版,第347页。

[4] 参见郑玉波:《民法总则》,中国政法大学出版社2003年版,第307页。

的全部，即为合同内容。故合同内容即合同关系的内容（标的）。[1] 合同的内容是当事人的意思表示，是其意思表示一致的产物。确定任何一项合同的内容都必须首先确定当事人合意的内容。

当合同名称相互矛盾、合同内容相互矛盾时，如何认定合同性质是个疑难问题。合同名称与合同内容之间的关系主要为：其一，合同名称与合同内容一致，称为名副其实合同；其二，合同名称与合同内不一致，称为名不副实合同；其三，合同内容与合同内容相互相矛盾，称为名不副实合同。合同内容相互矛盾时，应根据合同中是否有特别约定以及合同双方的实际履行情况，综合认定合同性质。

出卖人在微信聊天中作出的说明和允诺具体确定，并对买卖合同的订立以及价格确定有重大影响的，应视为要约。该说明和允诺即使未载入买卖合同中，亦应当视为合同内容，当事人违反的，应当承担违约责任。

【案例 1－1】　马某真诉华夏公司买卖合同纠纷案

二审法院认为，根据马某真在购买设备之前与华夏公司通过微信进行洽谈的记录，华夏公司承诺：普压的一天喷 20 片，增压的一天喷 50～60 片。马某真所购设备是基于华夏公司在微信中宣传的性能一天喷 50～60 片才购买该设备的，双方签订的订货合同并未约定设备的性能，双方在微信聊天记录中能够确定设备的性能。华夏公司在微信中宣传的设备一天喷 50～60 片的内容对其自身具有约束力。马某真收到设备试用几次后仅喷 10 来片，达不到华夏公司所宣传的一天喷 50～60 片的性能。华夏公司也未能举证设备达到其微信宣传的性能。故华夏公司应当承担举证不能的不利后果。马某真主张退货、返还货款（扣除设备折旧费 2000 元）予以支持。关于一倍赔偿问题。因马某真系个体工商户，所购设备是用于经营需要，而非生活消费需要，故马某真依据《消费者权益保护法》的规定，要求华夏公司给予一倍赔偿的请求法院不予支持。判决：(1)撤销一审判决；(2)马某真将涉案设备退还华夏公司，由华夏公司自行提货，退货运费由华夏公司负担；(3)华夏公司退还马某真设备款 24600 元；(4)驳回马某真的其他诉讼请求。[2]

3. 买卖合同的条款

合同条款是当事人合意的产物、合同内容的表现形式，是确定合同当事人权

---

〔1〕 参见翟云岭：《买卖合同形式及内容的法律规制——以分期付款买卖合同为视角》，载《法学》2007 年第 1 期。

〔2〕 参见国家法官学院、最高人民法院司法案例研究院编：《中国法院 2020 年度案例》（买卖合同纠纷），中国法制出版社 2020 年版，第 90 页。安徽省滁州市中级人民法院（2018）皖 11 民终 480 号民事判决书。

利义务的根据。[1]

(1)必备条款

必备条款,是指根据合同性质和当事人的约定所必需具备的条款,缺少这些条款将影响合同的成立。[2] 合同内容由当事人约定,其具体约定由必备条款和非必备条款予以体现。现代合同法为了适应鼓励交易、增进社会财富的需要,各国合同法开始将合同必备条款的范围限定得较小,通常限定于当事人和标的物两项,还规定采用合同漏洞补充的方法促成合同的成立。[3] 一般认为,当事人对合同是否成立存在争议,法院能够确定当事人名称或者姓名、标的和数量的,一般应当认定合同成立。但法律另有规定或者当事人另有约定的除外。也就是说,决定一个合同成立的必备条款一般包括当事人名称或者姓名、标的和数量。买卖合同的内容包括标的物的名称、数量、价款、期限、质量及其支付期和方式等条款,但并非全部是必备条款,非必备条款可以由双方当事人协议补充。买卖合同与一般合同的必备条款有诸多不同点。

合同必备条款在事实上隐藏着一个基础,即合同双方愿意受合同约束,无论那些非必要条款是否存在不确定性的问题。对不确定的条款,即约定不明之时如何规范,是在司法实践中需要弥补的。对不确定性进行弥补,要综合合同所使用的所有用语、合同的有关条款、合同的目的、交易习惯以及诚信原则,甚至是双方当事人之间的交易习惯或者是行业内的交易惯例、当事人为合同所进行的任何准备工作,都可以成为探寻当事人真实意思表示以及实现合同根本目的重要因素。应注意的是,必备条款与主要条款是有区别的,必备条款不具备时合同不成立,而主要条款不具备时则不影响合同的成立。有效成立的合同中,必备条款是不能缺少的。

具备缔约主体并就合同必备条款达成合意,是合同成立的一般要件。具备缔约主体并不要求当事人必须参加缔约,在有权代理的情况下,代理人的代理行为也产生缔约的效果。因为合同是多方法律行为,所以缔约主体须为双方或者多方并且是明确的。对于合同成立的第二个要件,即合同主体就必备条款达成合意进行探讨之前,首先需要厘清合同成立的必备条款。《民法典》第五百九十六条规定了合同的内容,但对合同成立的必备条款并未作出明确规定。对各种有名合同或者无名合同中必备条款的认定,需要结合合同性质和交易习惯等确认。例如,在雇佣合同中,除了需要雇佣人和受雇人外,合同标的应为劳动的提供,数量则是

〔1〕 参见最高人民法院研究室编著:《最高人民法院关于合同法司法解释(二)理解与适用》,人民法院出版社2009年版,第14页。

〔2〕 参见王利明:《合同法研究》(第1卷),中国人民大学出版社2002年版,第356页。

〔3〕 参见最高人民法院研究室编著:《最高人民法院关于合同法司法解释(二)理解与适用》,人民法院出版社2009年版,第15页。

指劳动量及劳动报酬。

(2)合同格式条款

根据《民法典》第四百九十六条第一款的规定,格式条款是当事人为了重复使用而预先拟定,并在订立合同时未与对方协商的条款。其中"重复使用""预先拟定"是认定格式条款的重要特征,"是否与相对方进行协商"是认定格式条款的本质所在。实践中,虽然合同条款是由一方当事人提供,但经过另一方协商确定的条款内容,法院不支持其争议条款为格式条款的辩解。

《民法典合同编通则解释》第九条规定:"合同条款符合民法典第四百九十六条第一款规定的情形,当事人仅以合同系依据合同示范文本制作或者双方已经明确约定合同条款不属于格式条款为由主张该条款不是格式条款的,人民法院不予支持。

从事经营活动的当事人一方仅以未实际重复使用为由主张其预先拟定且未与对方协商的合同条款不是格式条款的,人民法院不予支持。但是,有证据证明该条款不是为了重复使用而预先拟定的除外。"参与制定司法解释的法官认为,法律关于格式条款的规定属于强制性规定,当事人不得排除其适用,故当事人的以上约定不发生法律效力。[1]

(3)合同隐含条款

合同隐含条款也称默示条款,是指未经当事人写入合同,却含有法律意义的合同条款。从隐含条款外在表现形态的角度,一般分为以下三种类型,其一,商业惯例和交易习惯;其二,合同当事人在长期合作中形成的交易规则;其三,合同法上的任意性或选择性规范。

4. 买卖合同的目的

所谓合同目的,有学者认为,当事人订立合同必有其目的,该目的是当事人真意所在,决定合同内容之指针。[2] 法官认为,合同目的是指合同双方当事人通过合同的订立和履行,期望最终得到的东西、结果或者达到的状态。合同目的通常表现为一种经济利益。[3] 换言之,合同目的是指当事人根据约定希望达成的法律效果。立法者释义为,合同目的包括整个合同的真实意图。[4] 笔者认为,合同

---

〔1〕 参见最高人民法院民事审判第二庭、研究室编著:《最高人民法院民法典合同编通则司法解释理解与适用》,人民法院出版社 2023 年版,第 124 页。

〔2〕 参见梁慧星:《合同的解释规则》,载梁慧星主编:《民商法论丛》(第 6 卷),法律出版社 1997 年版,第 541 页。

〔3〕 参见最高人民法院 2009 年发布的《最高人民法院知识产权案件年度报告(2009)》(法〔2010〕173 号)。

〔4〕 参见黄薇主编:《中华人民共和国民法典合同编释义》,法律出版社 2020 年版,第 16 页。

目的是指订立合同时所追求的目标或为满足当事人特定的需要和基本利益。它是当事人订立合同的动因,也是其后全部履行合同行为的追求所在。从理论上讲,合同目的包含主客观两个层次,客观上合同的目的是获得相对方的对待给付;主观上合同目的是缔结合同的动机。特别是在商事交易中,主体缔结合同不仅在于获得对待给付,更重要的是获得相关商业价值或达到商业预期,当签订合同的动机成为缔约的前提条件时,在该动机已经明确告知相对方或者通过合同条款、合同签订情景等可以判断相对方应当知晓的情况下,此种主观上订立合同的动机也应视为合同目的,在其不能实现时,可引发相关法律后果。具体来讲,其一,根本违约通常是客观合同目的不能实现的一体两面,当然引发合同解除的法律效果。违约主体依法或依约承担相应责任,若该违约是有不可抗力导致,可依法免除全部或部分违约责任。其二,当事人主张相对方非根本违约行为导致合同不能实现时,往往需要判断诉争合同目的是什么,瑕疵履行是否已经导致合同目的不能实现。

当事人因签订或履行合同发生纠纷进入诉讼程序之后,对合同目的界定是由法官裁定的。最高人民法院法官认为,合同目的虽掌控于当事人,但在产生争议后,它无疑属于裁判者的解释范畴。[1] 也就是说,当事人虽然确立了合同目的,但对合同目的的成立、效力、内容等则由法官裁量。

查明交易合同的目的,可以从以下几个方面入手,首先,审查合同文本,针对双方签订书面合同的情况,合同中一般都有"为了""鉴于"等表明目的的字样;其次,考虑典型交易目的,如买卖合同,买受人的目的在于获得标的物的所有权,所有权的权能包括占有、使用、收益、处分;最后,推定当事人的主观目的,即站在一个理性人的角度,结合具体案情和双方的证据情况推定当事人的交易目的。

【案例1-2】 霍某与汽车销售公司买卖合同纠纷案

卖方汽车销售公司诉称:买方霍某向其购车,但尚未付清款项,为此要求判令买方支付剩余车款人民币21万元。买方答辩并反诉称:卖方未能按合同约定的时间履行交车义务,致其购车目的——其丈夫欲将车辆作为其"相识十周年纪念礼物"——无法实现,卖方已构成根本违约,故反诉要求法院判令解除双方签订的购车合同,判令卖方双倍返还定金。对买方的反诉,卖方辩称,其迟延履行交车义务属实,但其违约行为并未导致买方法律意义上的合同目的不能实现,且买方未催告卖方履行义务而直接要求解除合同的主张于法相悖,故买方无权要求解除合同。一、二审法院均支持了卖方的观点。一审法院审理后认为,虽无证据证明卖方在履约期间内通知买方提车,并认

〔1〕 参见最高人民法院民事审判第一庭编:《中国民事审判前沿》2005年第2集(总第2集),法律出版社2005年版,第201页。

定其逾期交车构成违约,但买方诉称因卖方逾期交车致使其丈夫欲将车辆作为与其“相识十周年纪念礼物”的购车目的不能实现,这一目的非法律意义上的合同目的,买方就此主张卖方构成根本性违的依据不足,合同应继续履行。买方不服上诉至二审法院。二审法院审理后认为,卖方在履行合同的过程中,未能按约定的20个工作日履行交车义务即迟延履行合同是客观事实,但买方提出购车目的是作为夫妻“相识十周年纪念礼物”一节,在签约时未告知卖方,因而该合同目的无法约束卖方。卖方迟延履行虽属违约行为,但买方未在合理期限内催告履行且并未导致买方真正意义上的合同目的不能实现,故卖方违反合同的行为不构成根本违约,买方依法不享有合同解除权。法院最后判令双方继续履行合同。[1]

一审法院重视对当事人物质利益的保护,而对精神权利的保护有所忽略。二审法院的判决实际上肯定了其丈夫欲将车辆作为其“相识十周年纪念礼物”带来的精神享受或者利益认作合同目的的主张,但由于合同中并未对此作出明确约定,而且买方也无法证明卖方签约时对买方的这一潜在“目的”有相当的预知和了解,所以不能推定双方在了解这一“目的”(精神利益)的基础上达成了合意。这种推理说明,二审法院无意区分所谓法律意义上的目的与非法律意义上的目的,避免了“滥用法官自由裁量权”之误解。二审法院抓住问题的关键,双方未对此达成合意,根据意思自治原则,否定了买方的单方面主张,无疑是正确的。

5. 买卖合同的标的物

买卖合同的标的物是买卖合同双方当事人给付与接受给付行为所指向的对象,包括物与货币。但是,货币不作为买卖合同标的物予以探讨且本书也不涉及,买卖合同的标的物通常仅指物。一般认为,有体物与现实之物可以成为买卖合同的标的物,无体物及权利不能成为买卖合同的标的物,对此有不同观点。应注意的是,将来之物可以成为买卖合同的标的物。

6. 买卖合同的补充

买卖合同的补充又称合同漏洞的填补,是指当事人对合同没有约定或约定不明确的情形。司法实践中,法官本着鼓励交易的原则,对具备了当事人名称或者姓名、标的的数量和条款的合同,认定合同成立,而不能将《民法典》第四百七十条规定的一般条款作为合同必备条款,进而不得以缺少条款为由认定合同不成立。在认定合同成立后,对于欠缺、遗漏的合同条款的补充,应依据《民法典》第

---

〔1〕 参见吴庆宝主编:《最高人民法院专家法官阐释民商裁判疑难问题》(增订版)(合同裁判精要卷),中国法制出版社2011年版,第10页。

四百六十六条、第五百一十条、第五百一十一条规定的填补漏洞的步骤和方法确定。

(二)买卖合同的义务

1. 出卖人的义务

其一,交付的标的物符合合同约定。关于交付义务内容。《民法典》第五百九十八条规定:"出卖人应当履行向买受人交付标的物或者交付提取标的物单证,并转移标的物所有权的义务。"交付标的物并转移标的物所有权,是出卖人的最基本的义务。关于交付义务范围。《民法典》第五百九十九条规定:"出卖人应当按照约定或者交易习惯向买受人交付提取标的物单证以外的有关单证和资料。"第六百条规定:"出卖具有知识产权的标的物的,除法律另有规定或当事人另有约定外,该标的物的知识产权不属于买受人。"关于交付时间和期间要求。《民法典》第六百零一条规定:"出卖人应当按照约定的时间交付标的物。约定交付期限的,出卖人可以在该交付期限内的任何时间交付。"第六百零二条规定:"当事人没有约定标的物的交付期限或者约定不明确的,适用本法第五百一十条、第五百一十一条第四项规定。"关于交付地点规定。《民法典》第六百零三条规定:"出卖人应当按照约定的地点交付标的物。当事人没有约定标的物的交付地点或者约定不明确的,依据本法第五百一十条规定不能确定的,适用下列规定:(一)标的物需要运输的,出卖人应当将标的物交付给第一承运人运交给买受人;(二)标的物不需要运输,出卖人和买受人订立合同时知道标的物在某一地点的,出卖人应当在该地点交付标的物;不知道标的物在某一地点的,应当在出卖人订立合同时的营业地交付标的物。"

平行进口车辆出卖方有特殊的交付单证义务。

【案例1-3】 国兆投资公司诉牧得隆公司、华银公司买卖合同纠纷案

判决观点,原告已按约支付了价款,被告牧得隆公司已交付了车辆。本案涉及平行进口,给付与车辆有关的证单属平行进口买卖合同中更严格的从给付义务。天津市高级人民法院(2013)津高民三终字0024号判决书对产品来源和单证的举证和提供责任体现了三个方面的内容:一是单证的种类方面,包括销售合同、发票、装箱单、货物报关单、出入境检验检疫卫生证书等;二是相应买卖关系应具有时间上的连贯性和内容上的一致性;三是买卖合同与海关备案的各项单证所指向的进口货物应相互印证。合同约定牧得隆公司应向原告提供机动车销售统一发票原件等单证。因此,原告诉求牧得隆公司提供机动车进口货物证明原件等,具有合同和法律依据,法院予以支持。判决:(1)被告牧得隆公司向原告国兆投资公司提供涉案车辆机动车进口货物证明书原件、进口机动车辆随车检验单原件、车辆一致性证书原件、购买车辆发票、车辆购置完税证明;(2)驳回原告国兆投资公司的其他诉讼请求。[1]

其二,瑕疵担保义务。《民法典》第六百一十二条规定:"出卖人就交付的标的物,负有保证第三人对该标的物不享有任何权利的义务,但是法律另有规定的除外。"

在现代买卖法瑕疵担保责任制度的框架下,出卖人负有瑕疵担保义务。经营者对赠品也应当承担瑕疵担保责任。因为消费附赠行为与《民法典》合同编中的一般赠与并不相同,赠品虽然在购买时并未记载价格,但它本身是有市场价格的,也是有价值的,并不是经营者无偿、无条件的赠与。经营者通常是把赠品的价款或赠送的服务的费用计入其成本之中,通过赠品实现增加交易量、提高收益等目的。可以说,赠品实际上是商品的一部分。赠品通常会影响消费者购买商品或接受服务的决定,消费附赠行为不能独立于买卖行为存在,经营者不能按照一般赠与合同的规定在财产的权利转移之前撤销赠与,否则对消费者不公平,所以经营者对其提供的赠品应与其提供的商品或者服务一样承担民事责任。

其三,出卖人披露义务。从诚实信用原则及房屋交易的公平性出发,出卖人应当负有披露出卖标的物相关信息的义务,包括"凶宅"在内的负面关联信息义务。有法院认为,买受方没有主动询问"凶宅"信息的义务,其询问与否均不影响出卖方的告知义务。因此,出卖方只要不积极主动告知即应被认为违反了"凶宅"信息披露义务,属于故意隐瞒真实情况,符合民法上欺诈的构成要件。也就是说,出卖人对其明知且已实际对房屋转让价格产生足以动摇缔约意思或缔约条件的"凶宅"信息负有信息披露义务。若不履行这一义务,买受人理应获得权利救济。出卖人未如实披露"凶宅"等房屋负面关联信息的行为,违背了诚实信用原则,应当视为欺诈,善意买受人享有请求法院变更或撤销合同的权利,造成买受人损失的,出卖人应当承担损害赔偿责任。

其四,标的物回收义务。《民法典》第六百二十五条规定:"依照法律、行政法规的规定或者当事人的约定,标的物在有效使用年限届满后应予回收的,出卖人负有自行或者委托第三人对标的物予以回收的义务。"

其五,履行附随义务。出卖人负有依据诚信原则产生的保密、忠实、保护等附随义务,这些义务的履行不仅有利于维护合同关系的稳定,而且有利于全面实现当事人订立合同的目的。

---

〔1〕 参见国家法官学院案例开发研究中心编:《中国法院 2019 年度案例》(买卖合同纠纷),中国法制出版社 2019 年版,第 135 页。广东省深圳前海合作区人民法院(2017)粤 0391 民初 267 号民事判决书。

2. 买受人的义务

其一，支付价款义务。价款是买受人获取标的物所有权的对价。依合同的约定向出卖人支付价款，是买受人的主要义务。买受人须按合同约定的数额、时间、地点支付价款，并不得违反法律和公序良俗。合同无约定或者约定不明确的，应依法律规定、参照交易惯例确定。

其二，受领货物义务。对于出卖人交付的标的物及有关权利凭证，买受人要及时受领。买受人受领标的物所有权的行为具有双重属性：既是买受人的权利，又是买受人的义务，通说是按义务来理解。

其三，及时检验义务。买受人受领标的物后，应当在当事人约定和法定期限内，依通常程序尽快检查标的物。

其四，履行通知义务。买受人若发现应当由出卖人负担担保责任的瑕疵时，应妥善保管标的物并将瑕疵立即通知出卖人。

其五，履行附随义务。买受人负有依据诚信原则产生的保密、忠实、保护等附随义务，这些义务的履行不仅有利于维护合同关系的稳定，而且有利于全面实现当事人订立合同的目的。

（三）买卖合同的解释

1. 合同解释的含义

所谓合同的解释，是指对合同及其相关资料的含义作出的分析和说明，[1]或是指法官依据一定的事实，遵循有关原则，对合同的内容和含义所作的准确说明。也就是说，合同解释一般是指对合同内容、含义的阐明。有学者认为，合同解释的直接目的在于正确地确定当事人的权利义务，从而合理地解决合同纠纷。[2] 合同解释是指对争议的合同确定何为其内容的一种活动。[3] 当各方当事人对具体条款产生争议时，运用特定规则将其主观真实意思通过客观标准发现和揭示，是合同解释在司法实践中的根本目的和作用。合同的具体条款内容发生争议，解释的主体是法官，合同解释是法官重要的解决纠纷裁判方法。

从理想状态讲，当事人订立的合同条款，应当能够完整、清晰、准确地反映当

〔1〕 参见崔建远主编：《合同法》，法律出版社 2003 年版，第 324 页。
〔2〕 参见王利明：《民商法研究》（第 5 辑），法律出版社 2001 年版，第 369 页。
〔3〕 参见韩世远：《合同法总论》（第 2 版），法律出版社 2008 年版，第 621 页。

事人的意图,并对合同履行中可能出现的情况作出充分的预见和合理安排。但是由于现实生活中,当事人的文化水平存在差异,受签约成本、签约经验、签约水平等因素的影响,在订立合同时对合同条款的约定难免会出现不明确、遗漏等现象。所以,合同履行过程中发生理解上的分歧是不可避免的,对合同进行公平、公正、合情合理的解释就成为必要,需要法官运用正确的法律解释方法,对合同条款进行合理的解释,探索当事人订立合同的真实意思。

《民法典》第一百四十二条、第四百六十六条、第四百九十八条对合同解释作了明确规定,是合同解释的法律依据。

合同解释首先要明确对什么进行解释,这是合同解释的对象问题。有学者认为,无论从哪一个要素考虑选择合同文本为解释对象都是比较妥当的。〔1〕也有学者认为,说明合同解释的对象应是外在表示,即合同文本,从积极方面说探求真意时应参照交易环境、商业习惯、合同目的等进行全面合理的解释。在确定了合同解释的对象,即当事人的共同表示意思之后,要想确定当事人是否有共同意思,共同意思是什么,理智之人会如何理解,必须运用司法实践中逐渐完善的解释规则。〔2〕有学者提出,解释的对象是合同文件和合同行为,此两者作为解释文本是法官的解释对象。〔3〕

在合同解释的司法实践中,法官常常会碰到当事人订立的合同书不能揭示合同词语含义或者当事人真实意图的情况,要解决这个问题必然要到合同文本之外寻求帮助,有学者提出了合同解释外部资源的概念。合同解释的"外部资源"是对英美法合同解释论著中"EXTRINSIC RESOURCES"一语的直译,是指合同文本之外能够用来辅助辨明合同意义或填补合同漏洞的依据。〔4〕也可以这样说,合同解释所直接针对的合同文是狭义的合同解释对象,而合同文本与外部资源则构成广义的合同解释对象。〔5〕

合同解释对象与合同解释范围联系紧密。在理论界对合同解释对象的范围存在两种观点。有学者认为,合同解释的客体不仅是发生争议的条款,没有争议的合同条款也同样需要解释。〔6〕对此,也有学者从合同意思自治的角度提出了不同意见。他主张合同条款没有争议时,解释是没有意义的。合同解释仅限于有争议的条款,非争议条款可作为解释的参照而不是解释的本身。从客观效果上

〔1〕参见雷继平:《论合同解释的外部资源》,中国法制出版社2008年版,第20页。

〔2〕参见胡基:《合同解释的理论与规则研究》,载梁慧星主编:《民商法论丛》(第8卷),法律出版社1997年版,第38页。

〔3〕参见狄尔泰的"生活表达式"概念包括:理性陈述行为,经验表达式。他把解释的对象扩展至整个人文世界。参见张汝伦:《意义的探究——当代西方释义学》,辽宁人民出版社1986年版,第50~51页。

〔4〕参见雷继平:《论合同解释的外部资源》,中国法制出版社2008年版,第1页。

〔5〕参见雷继平:《论合同解释的外部资源》,中国法制出版社2008年版,第31页。

〔6〕参见王利明等:《合同法新论·总则》,中国政法大学出版社1996年版,第483页。

看,如果允许法官对合同非争议条款进行解释,就容易造成公法对私法的过度干预,为法官滥用司法权力打开了方便之门。[1] 从一定意义上讲界定合同解释的范围,正如学者认为的,合同解释的客体,不仅限于发生争议的合同中使用的语言文字,需要解释的也不限于合同条文的字面含义,为了探求当事人真意,与合同内容相关的当事人的行为,订约、履约过程以及行业习惯等客观情况所体现出来的意义,合同中暗含条款内容等,同样需要进行解释。[2] 笔者亦赞同该观点,有利于公平、合理解决合同纠纷。合同解释主要是对当事人有争议的条款的解释,但根据个案,有时也需要结合合同的全部内容乃至相关联的合同内容确定有争议内容的确切含义。

《民法典》第一百四十二条确立了意思表示解释的对象和范围。立法者认为,所谓意思表示的解释,是指因意思表示不清楚或不明确发生争议时,由人民法院或仲裁机构对意思表示进行的解释。解释的目的就是明确意思表示的真实含义。[3] 对所谓"理解有争议",一种观点认为,凡是双方对合同的条款有不同的理解,不管此种条款在一般人看来是否为清楚的与确定的,都应当认为双方对合同条款的理解有争议,并应当对合同内容进行解释。持反对观点认为,不能认为只要双方对合同条款有不同理解就要对合同条款作出解释,如果按照一般人的理解,合同条款约定是明确的和清楚的,而仅仅是一方当事人出于自身利益的考虑,不恰当地对合同条款作出不同解释,此种情况不应当属于需要对合同进行解释的范畴。笔者赞同后一种观点。所谓"理解有争议",应当是指按一般人的观点,合同条款的约定是不明确或者不清楚的情况,方能产生对合同作出解释的需要,才可启动对合同的解释。如果一方当事人为了自己的需要或从自身利益出发,按一般人认为合同的条款约定的内容是清楚的,而仍认为有不同理解,应将其排除在合同解释范围之外。有法官认为,所谓合同条款不明确或者不清楚,主要包括以下几种情况:(1)合同中的用语不明确、含混不清;(2)对合同的某些条款产生多种不同理解;(3)合同的内容有遗漏,即对一些重要的条款,合同中并没有作出规定,这就涉及合同漏洞的填补问题。合同的解释不仅限于对合同文字的理解,而且还包括对合同内容的填补。[4]

合同解释是探求当事人真实意思表示,实现公平、诚信原则,这也是合同解释所要实现的目标和所要解决的问题。解释合同(法律行为)的目的,在探求当事人于意思表示中所表示的真实意思。唯须注意,此所谓当事人的真实意思,并非

---

〔1〕 参见李永军:《合同法》,法律出版社2004年版,第538页。

〔2〕 参见刘永锋:《论合同的解释》,载《中外法学》1997年第3期。

〔3〕 参见黄薇主编:《中华人民共和国民法典合同编释义》,法律出版社2020年版,第371页。

〔4〕 参见吴庆宝主编:《最高人民法院专家法官阐释民商裁判疑难问题》(增订版)(合同裁判精要卷),中国法制出版社2011年版,第324页。

指当事人内心的意思(效果意思),而是指当事人在合同中所表示出来的真实意思。[1]

由于中文词汇的多义性,以及合同当事人存有促成交易、灵活履行的目的,在合同文本中约定不很明确,此时产生的争议往往成为法官审理的难点,司法裁判对合同解释不能局限于语言文字的表面意思,而应探求当事人的真实目的,联系合同语境和履行的整体动态过程,并基于民法典公平原则这一基本原则解释合同。

【案例1-4】　陕西省机械进出口公司与陕西省石油化工物资供销公司经营部购销合同纠纷案

系争合同"交(提)货时间及数量"一栏写明:"1993年7月5日前到上海港报关、商检后交货";"交(提)货地点、方式"一栏写明:"中国储运总公司西安公司石家街仓库、西安东站201专线";且合同书明文约定,由进出口公司负担国内运输责任及费用;如国内运输出现丢失,石化经营部应在20日内提出索赔单,由进出口公司向有关单位索赔;货到上海港商检后由进出口公司出示铁路运输货票,5日内石化经营部向进出口公司支付所余货款。一审法院仅依据合同书"交(提)货时间及数量"一栏写明的"1993年7月5日前到上海港报关、商检后交货"一句,得出"1993年7月5日前"为双方约定的最后时间、上海港为双方约定的交货地点的认定。二审法院并未拘泥于"交(提)货时间及数量"一栏,而是将该栏所填写的内容与合同书中的其他重要内容,尤其是合同中关于交(提)货地点、计价方式、国内运输费用、风险负担及索赔权行使的明文规定,结合进行整体解释,作出西安石家街仓库为交货地点,上海港不是交货地点的认定,二审法院认为这是签约时当事人双方共同的真实意思,显然是正确的。[2]

2. 合同解释规则

对于有相对人的解释即合同解释,立法者释义为,应当遵循以下规则:第一,首先要按照意思表示所使用的词句进行解释。法理上,这种解释方法又被称为文义解释。意思表示是由词句构成的,意思表示必须从词句的含义入手。这些词句是由表意人和相对人双方形成的,对有相对人的意思表示的解释又涉及对相对人的信赖利益的保护,因此绝不能抛开词句对意思表示进行完全的主观解释。第二,如果按照通常的理解对有相对人的意思表示所使用的词句进行解释比较困难

〔1〕 参见梁慧星主编:《民商法论丛》(第6卷),法律出版社1997年版,第539页。
〔2〕 参见梁慧星主编:《民商法论丛》(第6卷),法律出版社1997年版,第539页。

或者不合理的,应当结合相关条款行为的性质和目的、习惯及诚实信用原则,确定意思表示的含义。[1] 在合同解释适用的顺序上,进行文义解释,其后进行性质、目的、交易习惯和诚实信用的解释,即综合运用解释方法。

根据《民法典》第四百六十六条第二款规定:"合同文本采用两种以上文字订立并约定具有同等效力的,对各文本使用的词句推定具有相当同含义。各文本使用的词句不一致的,应当根据合同的相关条款、性质、目的以及诚信原则予以解释。"该条规定了不同文本解释的规则。

《民法典》第四百九十八条规定:"对格式条款的理解发生争议的,应当按照通常理解予以解释。对格式条款有两种以上解释的,应当作出不利于提供格式条款一方的解释。格式条款和非格式条款不一致的,应当采用非格式条款。"该条规定了格式条款的解释规则和适用顺序,首先是通常理解的解释,其次是不利解释,最后是格式与非格式条款不一致的解释原则。应注意的是,基于格式合同的特殊性,在对格式合同进行解释时,除适用一般合同解释方法外,还必须适用特殊方法解释。

对合同解释规则的理解,有学者认为,合同解释的规则不是任意性规范,不能由当事人通过协商加以改变。合同解释的规则不像其他规范那样只是为当事人订约提供参考,或者在当事人没有约定时自动成为合同中的内容。既然有关合同解释的规则主要是为裁判者处理合同纠纷提供依据的,那么当事人之间的合意就无法对之加以改变。[2] 法官认为,合同解释有其自身内在规律或者解释顺序,就是应当将合同的文字解释与狭义的法律解释相结合,合同的文字解释就是从合同的具体文字内容解释合同,不必多叙述;狭义的法律解释则包括文义解释、体系解释、当然解释、反面解释、目的解释、社会学解释、合宪性解释等。其顺序就是要求由小而大、由窄而宽、由近而远,不能倒序。[3] 在一般合同解释方法中有多种方法,虽然其目的都是确认合同条款的真意,探求当事人的效果意思,进而正确处理纠纷,但各种方法的运用也要遵循一定的顺序。文义解释方法是首先被适用的,但并不是强调必须或一律先作文义解释,再援用其他方法进行解释,文义解释与其他方法并行不悖,文义解释是受其他方法限制的。解释方法适用时有大致的顺序,但不可拘泥于顺序,应以使合同合法,有效、合理、公平为解释的指导原则。实践中,应根据《民法典》第一百四十二条的规定,正确确定合同解释规则的顺序,对争议条款进行解释,从而得出合同意思表示的结论。也就是说,法官在解释合同争议条款中,坚持现代合同理论是当事人相互信赖的关系契约,诚信为合同缔

---

〔1〕 参见黄薇主编:《中华人民共和国民法典合同编释义》,法律出版社2020年版,第373页。

〔2〕 参见王利明:《民商法研究》(第5辑),法律出版社2001年版,第377页。

〔3〕 参见最高人民法院民事审判第二庭编:《商事审判指导》2011年第3辑(总第27辑),人民法院出版社2012年版,第227页。

结与履行的最重要原则等观点，坚持将客观标准与主观标准相结合，既要根据合同的语言文字，又要注意研究有关证明，进行综合分析，实事求是，妥善解决。

《民法典合同编通则解释》第一条规定："人民法院依据民法典第一百四十二条第一款、第四百六十六条第一款的规定解释合同条款时，应当以词句的通常含义为基础，结合相关条款、合同的性质和目的、习惯以及诚信原则，参考缔约背景、磋商过程、履行行为等因素确定争议条款的含义。有证据证明当事人之间对合同条款有不同于词句的通常含义的其他共同理解，一方主张按照词句的通常含义理解合同条款的，人民法院不予支持。对合同条款有两种以上解释，可能影响该条款效力的，人民法院应当选择有利于该条款有效的解释；属于无偿合同的，应当选择对债务人负担较轻的解释。"

3. 合同解释方法

合同解释应当首先探寻当事人的真意，在不能求得当事人的真意，或依据一般解释方法明显不公平、不符合常理、违背诚实信用原则时，应该运用诚实信用、交易习惯等方法解释确定合同的含义。合同解释的方法并不是单一的，应当综合运用，准确把握该条款的具体内涵，而不是仅仅拘泥于一种方法。

（1）文义解释方法

当事人签订的合同中，对某一具体事项使用了不同的词语进行表述，在发生纠纷后，双方当事人对这些词语的理解产生分歧的，法官应当按照通常的理解进行解释，这是合同解释的首要方法。在审判实践中，法官应当结合合同全文、双方当事人经济往来的全过程，对当事人的真实意思作出判断，在此基础上根据诚实信用原则，对这些词语加以解释，不能简单、片面地强调词语文义上存在的差别。也就是说，文义解释应结合诚实信用原则，对有争议合同的内容解释，一方面应直接按照文义解释的方式对争议约定词意解释，另一方面应综合考虑案件实际，依据签订合同时的具体情况，根据现代人的通常理解，结合诚实信用的法律原则，以不利于提供人的解释确定争议内容的具体含义，或者确定是否支持合同双方的相关诉求。

解释合同条文，可以从文义解释入手，通过对合同所使用的文字词句的含义解释，探求当事人共同的真实意思。但由于语言文字本身具有多义性，当事人语言水平和法律知识存在差异，故在进行文义解释时，不应脱离合同全文、双方当事人经济往来的全过程，对当事人订立合同时的真实意思作出判断，且解释应遵循诚实信用原则。

实务中，在适用文义解释方法时应注意：其一，一般以普通字面含义解释合同条款的含义，即以一般公众理解的含义和价值作为判断标准。其二，约定的特殊含义优先于一般含义。有的合同用语除一般含义外，还有特殊含义。当事人赋予合同用语以特殊含义时,如无其他证据,应先按照特殊含义进行解释。其三,手写体优先于打印体和印刷体,因为手写的内容更能反映当事人的意思。其四,大写优先于小写。其五,双方对合同用语本身有不同理解时,有内心保留的,不得以其内心保留为由主张以自己内心保留确定合同条款的含义;一方有误解的,应按误解方当事人对合同用语的理解解释含义。

(2)目的解释方法

目的解释是一般解释方法中的核心方法。合同在本质上是当事人之间的一种行为规范,有其特定的目的。立法者认为,如果意思表达的词句与当事人所明确表达的目的相违背,且行为人与相对人对该词句的含义发生争议的,可以按照双方当事人的目的进行解释。〔1〕 当事人签订合同都是为达到一定的目的,合同中的条款都是为达到一定的目的而制定的。合同目的包括整个合同的真实意图。因此,对合同条款进行解释时,还应当从符合合同目的的原则进行剖析。当条款表达意见含混不清或相互矛盾时,作出与合同目的协调一致的解释。〔2〕 也就是说,合同的各项条款及用语都是围绕合同的特殊目的存在的,是当事人实现目的的手段。因此,合同用语的含义以及合同内容的确定应当符合合同目的。目的解释规则有以下几层含义:其一,在合同条款有不同意思时,应当按照符合合同目的的含义解释,排除与合同目的相悖的含义;其二,在合同内容不明或相互矛盾时,应当在确认每一合同条款或用语都有效的前提下,通过解释予以协调统一,使之符合合同目的;其三,在某一合同用语表达的意思与合同目的相反时,应当通过解释予以更正;其四,在合同文本采用两种文字订立并约定具有同等效力的,各文本使用的词不一致的,应当根据合同目的予以解释。

【案例1-5】 泗鑫麻纺诉胜景制衣、王某鹄买卖合同纠纷再审案

二审法院认为,本案的争议焦点是对《购销合同》第九条中“需方法人或者代理人承担连带偿还责任,盖章生效”这一约定的含义应如何理解与确定。法院认为上述条款中的“法人”显然是指胜景公司的“法定代表人”,而不是指胜景公司本身;该条款文字表述上的失误与瑕疵不能成为当事人否定该条款的本义和效力的理由。同时,诉争购销合同末尾处的签名“王某鹄”系王某鹄本人的笔迹,其在设定的“法定代表人”和“代理人”签名处中的签名具有双重意义,即其既代表胜景公司签字,也作为保证人签字,并且签字具有与盖章相同的法律效力,这表明合同的担保条款已经生效。另外,王某鹄也没有提供可采信的证据证明订立合同时存在重大误解、显失公平或受欺诈违背其真实意思表示等情形。综上,王某鹄的上诉理由不能成立,对其上诉请求

---

〔1〕 参见黄薇主编:《中华人民共和国民法典总则编释义》,法律出版社2020年版,第374页。

〔2〕 参见黄薇主编:《中华人民共和国民法典合同编释义》,法律出版社2020年版,第16页。

不予支持;原审判决认定事实清楚,适用法律和处理并无不当,对该判决应予维持。判决:驳回上诉,维持原判。

再审法院认为,本案的焦点系如何理解《购销合同》第九条中"需方法人或者代理人承担连带偿还责任,盖章生效"的含义。原审认定购销合同中的担保条款生效,胜景公司无法偿还货款时王某鹄应承担连带清偿责任并无不妥。裁定:驳回王某鹄的再审申请。[1]

(3)同时适用两种解释方法

虽然文义解释是通用方法,但在个案中针对不同类型的合同或具体案情,在适用文义解释方法的同时应适用目的解释,以使解释合乎合同当事人的真意。

在司法实践中,对合同约定不明当事人有争议的合同条款,可以根据订立合同目的等多种解释方法,综合探究当事人的缔约真意。但就目的解释而言,并非只按一方当事人期待实现的合同目的进行解释,而应按与合同无利害关系的理性第三人通常理解的当事人共同的目的进行解释,且目的解释不应导致对他人合法权益的侵犯或与法律法规相冲突,这是适用目的解释时应该注意的问题。

关于合同条款中打印体与填写部分解释的顺序,一般解释方法与格式条款解释问题,在实务中应引起注意,防止适用的错误。

合同争议条款的解释应当以文义、整体解释为基础,以目的解释为印证,以习惯、诚信解释为补强。

【案例1-6】 京鹏公司诉中铁集团公司、中铁第七公司买卖合同纠纷再审案

二审法院认为,本案焦点为合同中约定的"自货到工地之日起每天每吨增加肆元,且每批次一个月内付清所有货款"应如何理解及钢材款如何计算问题。法院认为,"自货到工地之日起每天每吨增加肆元,且每批次一个月内付清所有货款"应为付款方式的约定,本案增加部分的钢材款应计算至买方实际付款之日。理由如下:首先,根据双方当事人在合同第一条中的约定,"自货到工地之日起每天每吨增加肆元,且每批次一个月内付清所有货款"系合同双方对付款方式和时间的约定。双方就付款方式及时间进行约定后,并未明确约定"每天每吨增加肆元"仅计算30天,且双方并未区别约定一个月内付清及一个月后未付款的付款方式。其次,本案涉案合同为钢材买卖合同,合同中约定的"每天每吨增加肆元"实际上是一种督促买受人及时付款,减轻出卖人资金损失的方式,"每天每吨增加肆元"计算至买受人实际付款

---

〔1〕 参见国家法官学院、最高人民法院司法案例研究院编:《中国法院2020年度案例》(买卖合同纠纷),中国法制出版社2020年版,第241页。湖南省益阳中级人民法院(2018)湘09民终270号民事判决书。

之日,符合钢材行业中加收垫资费、资金占用费等费用至实际付款时间的行业惯例。最后,双方当事人并未在涉案合同中对买受人超过一个月未付款的违约金进行明确约定。中铁集团公司主张对30天后仍未付款的应当按照例支付利息并加收30%罚息的方式计算违约金。按照中铁集团公司主张的计算方式,对于买受人而言,因其逾期付款时间的增加反而减轻了民事责任,不符合合同法中诚实信用原则的一般规定。综上所述,原审法院结合本案事实,依照先到货、先付款的方式,分批次计算实际发生的钢材款及增加部分的款项,按照付款日期,依先后顺序进行扣减,最终计算出截至2012年5月14日产生的增加部分货款,数额正确,二审法院予以确认。中铁集团公司的上诉请求,无事实及法律依据,法院予以驳回。因中铁第七公司于二审审理期间经核准注销,法院依据上述新事实对原审判决内容进行部分变更。京鹏公司经法院合法传唤未到庭参加诉讼,法院依法缺席审理。判决:(1)维持再一审判决第一项、第二项;(2)撤销再一审判决第三项、第四项、第五项;(3)中铁集团公司给付京鹏公司513.15元;(4)驳回中铁集团公司的其他诉讼请求。[1]

对双方争议的债的加入或转让,根据合同约定,法官予以解释确认。

【案例1-7】 圣力公司诉中成公司、机械工业公司买卖合同纠纷案

二审法院认为,各方对尚欠圣力公司涉案《购销合同》项下货款61万元没有异议。又根据《补充协议》的约定,圣力公司与中成公司签订的《购销合同》项下的中成公司的权利义务由机械工业公司执行。上述约定表明,中成公司在《购销合同》项下的付款义务、违约责任等由机械工业公司承担,即机械工业公司对中成公司欠付圣力公司的《购销合同》项下的货款负有偿付责任,并应承担逾期付款违约责任。因此,一审法院判决机械工业公司向圣力公司支付尚欠货款61万元及相应违约金,符合双方约定,亦不违反法律规定,二审法院予以维持。机械工业公司上诉主张根据《补充协议》的约定,其只是受中成公司委托代为付款,其此项主张与《补充协议》约定的内容不符,故二审法院不予支持。机械工业公司上诉主张《补充协议》并未实际履行,但其对此并未提交充分有效的证据加以证明。判决:驳回上诉,维持原判。[2]

---

〔1〕 参见国家法官学院、最高人民法院司法案例研究院编:《中国法院2020年度案例》(买卖合同纠纷),中国法制出版社2020年版,第245页。北京市第二中级人民法院(2018)京02民再1号民事判决书。

〔2〕 参见国家法官学院案例开发研究中心编:《中国法院2019年度案例》(买卖合同纠纷),中国法制出版社2019年版,第218页。北京市第二中级人民法院(2017)京02民终11928号民事判决书。

(4)格式合同的解释

格式合同也是法律允许的一种书面合同。格式合同的内容虽为一方当事人事先拟定,但在双方当事人签字后,就成为双方当事人一致的意思表示,合同即告成立。双方当事人如果对格式条款的理解发生争议,按照通常的理解予以解释;如果有两种以上的解释,应当采用不利用提供格式一方的解释。格式条款只在存在法律规定的无效情形时,才能被宣告无效。并非只要是格式条款就一定无效。有学者认为,根据格式条款的特殊性要求、我国《合同法》的规定以及相关学说,格式条款的解释规则应当包括客观解释、限制(严格)解释、统一解释、为不利条款使用人的解释、调和解释和个别约定优先的解释规则。[1] 也就是说,格式条款的独特性质决定了它一方面应当适用普通合同解释方法予以解释,另一方面还需要运用与其特点相符的特殊方法进行解释,以修正运用普通合同解释方法可能出现的偏差。

《民法典合同编通则解释》第十条规定:"提供格式条款的一方在合同订立时采用通常足以引起对方注意的文字、符号、字体等明显标识,提示对方注意免除或者减轻其责任、排除或者限制对方权利等与对方有重大利害关系的异常条款的,人民法院可以认定其已经履行民法典第四百九十六条第二款规定的提示义务。

提供格式条款的一方按照对方的要求,就与对方有重大利害关系的异常条款的概念、内容及其法律后果以书面或者口头形式向对方作出通常能够理解的解释说明的,人民法院可以认定其已经履行民法典第四百九十六条第二款规定的说明义务。

提供格式条款的一方对其已经尽到提示义务或者说明义务承担举证责任。对于通过互联网等信息网络订立的电子合同,提供格式条款的一方仅以采取了设置勾选、弹窗等方式为由主张其已经履行提示义务或者说明义务的,人民法院不予支持,但是其举证符合前两款规定的除外。"

4. 合同解释的限制

合同中对争议条款的解释有特别约定的,从其约定。坚持约定优先,对合同解释进行必要的限制。

合同解释全过程应体现合同自由原则是《民法典》的基本原则,依当事人共同意愿解释合同本质,不违背强行法或者公序良俗,不能在当事人的共同意思之外另外确定合同内容。解释合同不是按照法官的意图、喜好作出解释,而是本着尊重原意、弥补原意不清的原则进行解释。有学者认为,合同的解释不是给予法官一种自由裁量权,并不是允许法官在合同的条款约定不明或规定不清楚时,可

---

[1] 参见苏号朋:《格式合同条款研究》,中国人民大学出版社2004年版,第225页。

以任意作出解释。合同解释的目的是确定当事人缔约的真实意图,正确地解决合同纠纷,但绝不是说法官可以随意地替代当事人缔约。合同在本质上是当事人之间的合意,法官不得依职权随意确定当事人合意的内容,否则就会使合同成了法官意志的产物。所以,在解释的过程中,法官不能超出当事人或一个合理人对合同条款可以理解的意思而作出解释。[1] 合同解释中不得排除当事人意思自治,如有违反,则应予以纠正。

〔1〕 参见王利明:《民商法研究》(第5辑),法律出版社2001年版,第377页。

二、买卖合同的法律适用

(一)买卖合同形式的认定

所谓合同形式,乃是表示合同内容的具体形式,本质上是当事人意思表示或者合意的外在化。[1] 也有学者认为,合同的形式,是指作为合同内容的合意外观方法或者手段。[2] 辞典将其定义为,当事人订立合同的意思表示的形式。[3] 对合同形式的表述虽然有异,但是对合同形式所包含的意思表示范围的认识是相同的,即合同当事人意思表示的形式包括书面意思表示、口头意思表示以及通过行为作出意思表示三种类型。

1. 合同形式理解问题

合同形式是当事人合意的外在表现形式,是合同内容的载体,凡合同必然要采取一定的形式。一般情况下,双方当事人达成合意后,即时将合意书面化,制成完备的合同书。合同书的主要作用,在于将合同当事人的权利义务具体化、明确化和定型化。换言之,正确地表现合同内容、证明合同关系的存在、权利义务的分配具有重要意义。合同形式的价值体现在以下方面:其一,完成举证责任的目的;其二,具有反思、犹豫或获得法律救济机会,谨慎行使权利和义务,这表现为赠与合同和保证合同受形式限制的原因;其三,对特定主体提供信息予以保护的需要;其四,识别合同订立与否的目的与效果;其五,防止欺诈。近现代合同法更为关注的是交易的效率,对合同形式采取非要式主义原则。但是,若认为在现代法制中合同形式不再是重要的要件了,则可能是错误的。事实上恰好相反,新的形式要件到处都在持续地发挥影响。[4] 因为,合同形式与合同自由亦有其和谐统一的一面。[5] 从一定意义上讲,合同形式是对合同当事人意志的一种保护,是行使权

---

〔1〕 参见王洪:《合同形式研究》,法律出版社 2005 年版,第 80 页。

〔2〕 参见王家福等:《合同法原理》,法律出版社 2000 年版,第 29 页。

〔3〕 参见佟柔主编:《中华法学大辞典》(民法学卷),中国检察出版社 1995 年版,第 293 页。

〔4〕 参见[德]海因·克茨:《欧洲合同法》(上卷),周忠海等译,法律出版社 2001 年版,第 114 页。

〔5〕 参见翟云岭:《合同法总论》,中国人民公安大学出版社 2003 年版,第 78 页。

利的空间。

合同形式自由是合同自由原则的体现,合同自由是合同法的一项基本原则。合同形式强制只是形式自由原则的例外,是立法者用以满足一定目的和法律政策的工具,其本质已从“效力性方式”演变为“保护性方式”或者“目的性方式”。也就是说,除现行法律、行政法规没有强制性规定的情形外,订立合同究竟采用何种形式,应由当事人双方协商,由其自由选择,尽可能促成合同成立,尽可能使合同有效。合同形式可以多样化,因为合同的本质实际上是一种双方当事人共同意志关系,也就是一种合意的关系。对当事人约定采用书面形式订立合同,应理解为是合同自由原则的表现,而并非法律对合同形式的强制。

合同形式的类型。合同形式可分为法定形式和意定形式。这是基于形式是否为法律强制性规定行为人应当采用者,而作的分类。法定形式,是指法律强制性规定实施某项法律行为所应当采用的形式,以书面形式为典型;意定形式,是指行为人可依意思自由决定所采用的形式,以口头形式为典型。

合同形式的法律地位。现行法律、司法解释并没有对合同形式的法律地位作出明确规定,理论上存在较大的争议。在法律、行政法规规定采用书面形式订合同的场合,其合同形式是合同成立要件还是合同生效要件,关系到居于何种法律地位,直接影响案件当事人的权利义务。对于形式要件的法律地位,宜分为法定书面形式和约定书面形式两种情形,而不能“一刀切”。约定书面形式的,一方当事人未采用约定的书面形式,而对方接受的,则合同成立,此约定书面形式既不是成立要件也不是生效要件。法定书面形式,不能将其简单理解为成立或生效要件。

合同形式与合同目的的关系。学者认为,形式问题也涉及合同目的问题,当事人表达合同目的的不同方式,书面或者口头、明示或者默示、事实解释或者常理推断,这些都将影响对合同目的的判断。[1] 笔者赞同学者的观点,这有助于对两者关系准确把握。

合同形式与内容处于一种对立统一的关系当中,[2] 两者之间并非二元对立的,而是处于一种相互依存、相辅相成的关系之中。换言之,两者存在紧密结合、难以割舍的内在联系。学者认为,合同的内容是双方当事人缔约意志自由表达的结果,从法律规制的角度上讲,它不依赖于合同的形式而存在并发挥作用;合同的形式拥有自己应当遵循的法律规定,从而相对于合同的内容保持独立性。这种认识以以下思维为基础:合同的内容是合同的核心和本质部分,合同的形式具有外

---

〔1〕 参见陈任:《英国合同赔偿制度研究》,法律出版社2013年版,第194页。

〔2〕 参见苏力:《语境论——一种法律制度研究的进路和方法》,载《中外法学》2000年第1期。

在性,从而仅仅具有辅助性价值。[1] 从意思表示上讲,合同形式在一定程度上也是意思表示的一部分或者说参与了意思表示,但法定形式是例外。从合同形式的本质来看,它是合同内容的客观化、外在化、物质化的表达。[2] 合同形式的功能为,其一,它作为合同的客观载体表现合同的内容,证明合同关系的存在和双方的合意,这是其最基础、最重要价值。其二,在现代社会中为法律出于特定目的干预私人合同关系提供便利并发挥作用。也就是说,最终由合同形式本身的外在表达发挥反映合同具体内容的作用。

2. 合同形式范围问题

《民法典》第四百六十九条第一款规定:"当事人订立合同,可以采用书面形式、口头形式或者其他形式。"该条规定了合同形式的范围,具体分析如下。

(1)书面形式

书面形式,是指以文字等可以有形式再现内容的方式达成的协议,一般指当事人双方以合同书、书信、数据电文(电报、电传、传真、电子数据交换和电子邮件)等形式达成协议。《民法典》第四百六十九条对书面形式的含义作了具体规定。《电子签名法》第四条规定:"能够有形地表现所载内容,并可以随时调取查用的数据电文,视为符合法律、法规要求的书面形式。"随着计算机及网络技术的出现,产生了新的合同形式,即EDI、电子邮件等形式。这种数据电文形式有新的特点:①虚拟性,EDI、电子邮件等数据电文形式的文件形式是由数字信号记录信息的,其内容是以字节表示的。这些字节在没有与数据处理系统及硬件、软件相结合时是无法显示的。②不稳定性,电子文件中的数字信息容易被修改、丢失与毁坏。③容易复制,EDI、电子邮件等电子文件是以比特进行记录与接收的,因而拷贝起来十分方便。

《民法典》第四百六十九条第二款"可以有形地表现所载内容"的理解,合同书、信件和数据电文是"可以有形地表现所载内容"的形式,但也不限于明确规定的几类。其该条规定是一个开放的范围,随着科学技术的发展,数据电文就是新的形式。也就是说,合同的书面形式有多种,凡是"可以有形地表现所载内容"的形式都可以作为合同的书面形式。[3] 第四百六十九条第三款规定:"以电子数据交换、电子邮件等方式能够有形地表现所载内容,并可以随时调取查用的数据电文,视为书面形式。"

---

〔1〕 参见马丁:《合同形式问题之历史流变及其法律史观意义》,载梁慧星主编:《民商法论丛》(第52卷),法律出版社2013年版,第266页。

〔2〕 参见马丁:《合同形式问题之历史流变及其法律史观意义》,载梁慧星主编:《民商法论丛》(第52卷),法律出版社2013年版,第310页。

〔3〕 参见黄薇主编:《中华人民共和国民法典合同编释义》,法律出版社2020年版,第24页。

(2)口头形式

口头形式,是指当事人只用语言为意思表示订立合同,而不用文字表达协议内容的合同形式。[1] 这种口头协议既可以面谈作出,也可以通过电话交谈或者"微信"语音等作出。[2] 立法者认为,所谓口头形式,是指当事人以面对面的谈话或者以电话交流等方式形成民事法律行为的形式。[3] 换言之,口头形式是指当事人面对面谈话或者以通信设备如电话交谈达成的协议。

口头合同的证明,主要包括合同的成立、生效和履行等环节。

口头合同作为一种相对便捷的合同形式,广泛应用于社会生活的各个领域,与人们的衣食住行密切相关,如在自由市场买菜、在商店买衣服购货等。合同形式只要不违反法律的强制性效力性规定或当事人的约定,均可以采用口头形式。

口头合同虽然比较即时、高效、直接、简洁,但因为口头形式很难留下凭证,使得合同关系发生争议后,难以调查交易事实真相,明确双方责任。

(3)其他形式

其他形式或称推定形式,指可以根据当事人行为或者特定情形推定合同的成立,或者可以称为默示合同、事实合同。此类合同是指当事人未用语言明确表示成立,而是根据当事人行为推定合同成立。事实合同也存在要约与承诺,当事人未用语言、文字表达意思表示,而是用行为向对方发出要约,对方接受要约作出一定或者指定的行为作为承诺,合同即可成立。这种形式的成立,必须是双方都作出了行为,而并非单方所做行为。因为法官对这种形式是推定的,只能根据双方当事人双方行为的一致性确定其双方形成了合意。这种合意形成的条件是双方均履行主要义务,否则不构成合意,也不构成合同成立。应注意到其他形式中,意思表示行为的特殊性。意思表示的成立,须有外部的"表示",表示一般称为表示行为,也就是通过一定行为使内心意思被外部认识。默示对于意思表示来说缺乏明确性,须根据表示人作为与不作为的行为推定判断。默示的积极行为实际上较为准确地反映了当事人的内心效果意思,因为行为是受意思支配的,所以根据当事人积极的行为可以推测出其行为背后的意思。[4]

《民法典》第四百九十一条第二款规定:"当事人一方通过互联网等信息网络发布的商品或者服务信息符合要约条件的,对方选择该商品或者服务并提交订单成功时合同成立,但是当事人另有约定的除外。"该条确定的电子合同订立规则,与《电子商务法》的相关规定保持一致。允许买卖双方根据实际情况,自由选择

---

〔1〕 参见崔建远主编:《合同法》(第3版),法律出版社2003年版,第66页。

〔2〕 参见韩世远:《合同法总论》(第4版),法律出版社2018年版,第113页。

〔3〕 参见李适时主编:《中华人民共和国民法总则释义》,法律出版社2017年版,第423页。

〔4〕 参见最高人民法院研究室编著:《最高人民法院关于合同法司法解释(二)理解与适用》,人民法院出版社2009年版,第24页。

切合自身利益的缔约方式。买卖双方可以在线签署、微信聊天、邮件等方式订立合同。

3. 买卖合同形式认定问题

合同形式是指合同当事人意思表示一致的外在表现形式。买卖合同一般可以采用书面形式、口头形式和其他形式。根据合同自由原则,当事人可以自由约定合同的表现形式,在不违反法律、行政法规强制性规定的前提下,当事人可以根据自己的需要选择合同的形式。这类合同不属于办理批准、登记手续才生效的合同,从成立时即生效。买卖合同,依照法律规定应该采用书面形式。

《民法典》第四百六十九条规定的合同形式常见的有口头形式。

【案例1－8】　南通飞雅特工贸有限公司诉上海兴望贸易有限公司买卖合同纠纷案

一审法院认为,原、被告之间存在口头买卖钢材的合同关系,双方的交易方式由初期许某华到被告处带款提货发展为许某华电话通知被告驾驶员车牌号,驾驶员凭车牌号到仓库提货和驾驶员到被告处取得提单凭提单到仓库提货两种方式。二审法院亦持此观点。[1]

合同期满后,买卖双方继续履行原合同项下的权利义务,应视为是以其他形式订立的合同。

【案例1－9】　新奥公司诉昆仑公司买卖合同纠纷案

二审法院认为,2014年2月1日后,讼争双方仍然进行压缩天然气的购销往来。对此,法院认为,依据《合同法解释(二)》第二条的规定,虽然案涉《购销合同》到期后双方没有续签合同,但是双方实际进行了天然气交易,在双方未另行达成新的书面天然气购销合同的情形下,应继续依据《购销合同》《补充协议》及交易习惯确定双方的权利义务。[2]

---

〔1〕 参见最高人民法院中国应用法学研究所编:《人民法院案例选》2010年第1辑(总第71辑),人民法院出版社2010年版,第22页。上海市第二中级人民法院(2007)沪二中民四(商)终字第596号民事判决书。

〔2〕 参见国家法官学院、最高人民法院司法案例研究院编:《中国法院2020年度案例》(买卖合同纠纷),中国法制出版社2020年版,第75页。江苏省泰州市中级人民法院(2018)苏12民终559号民事判决书。

(二)买卖合同订立的认定

所谓合同的订立,是指缔约人为意思表示并达成合意的状态。[1] 其实质是一个动态的过程。合同成立分为要约和承诺两个主要步骤,其过程可能很简单也可能很复杂。

买卖合同订立是买卖合同关系成立存在的前提和基础,本部分侧重从买卖合同订立的要约和承诺角度阐述合同订立。

《民法典》第四百七十一条规定:"当事人订立合同,可以采取要约、承诺方式或者其他方式。"本条是关于合同订立方式的规定。本条主要包括以下几层含义:其一,本条确定要约、承诺方式为订立合同的基本方式;其二,本条规定了其他方式,如交叉要约、同时表示、意思实现等。

《民法典》第四百七十九条规定:"承诺是受要约人同意要约的意思表示。"本条是关于承诺定义的规定。本条主要包括以下几层含义:其一,本条确定承诺须由受要约人作出;其二,承诺须向要约人作出;其三,承诺的内容须与要约的内容保持一致。

《民法典》第四百八十八条规定:"承诺的内容应当与要约的内容一致。受要约人对要约的内容作出实质性变更的,为新要约。有关合同标的、数量、质量、价款或者报酬、履行期限、履行地点和方式、违约责任和解决争议方法等的变更,是对要约内容的实质性变更。"本条是关于承诺对要约内容作出实质性变更的规定。本条主要包括以下几层含义:其一,本条规定承诺的内容与要约内容一致;其二,本条列举了实质性变更条款。

承诺的内容应当和要约的内容一致,是订立合同的一项基本原则,也是对合同成立过程的基本要求,意思表示一致合同才能成立。承诺是无条件地全部接受要约条件,因为承诺是受要约人同意按要约的全部内容与要约人订立合同的意思表示。如果受要约人对要约内容予以扩张、限制或者变更,便不是承诺,而是对要约的反要约,是新要约。承诺的内容与要约内容一致,并不意味着承诺的内容绝对完全一致,只要求实质内容一致即可,也就是说只有承诺对要约的内容作出实质性变更才构成反要约,而对要约的非实质性变更并不影响承诺的成立。目前,《联合国国际货物销售合同公约》和我国《民法典》都采用了这种处理方法。《联合国国际货物销售合同公约》第十九条规定:(1)对发价表示接受但载有添加、限制或其他更改的答复,即为拒绝该项发价,并构成还价。(2)但是,对发价表示接

[1] 参见王洪亮:《债法总论》,北京大学出版社2016年版,第46页。

受但载有添加或不同条件的答复,如所载的添加或不同条件在实质上并不变更该项发价的条件,除发价人在不过分迟延的期间内以口头书面通知和反对期间的差异外,仍构成接受。如果发价人不作出这种反对,合同的条件就以该项发价的条件以及接受通知内所载的更改为准。(3)有关货物价格、付款、货物质量和数量、交货地点和时间,一方当事人对另一方当事人的赔偿责任范围或解决争端等的添加或不同条件,均视为在实质上变更发价的条件。从上述规定可以看出,关于何种变更为实质性变更,《联合国国际货物销售合同公约》和我国《民法典》均认为有关货物的价格、数量、质量、履行期限、履行地点、履行方式、违约责任和争议解决方法的变更为实质性变更。二者不同之处在于我国《民法典》要求更为严格,采取了穷尽列举方式,除上述列举外未允许作其他扩张解释,而《联合国国际货物销售合同公约》在上述列举后使用了"等等"字样,表明该公约允许裁判者在裁判时根据合同的具体情况作何为实质性变更的判断,赋予裁判者一定的自由裁量权。合同签订中,如果受要约人对要约内容予以扩张、限制或者变更,应不认定为承诺,而是对要约的反要约。有关货物价格、付款方式、货物质量和数量、交货地点和时间,一方当事人对另一方当事人的赔偿责任范围或解决方法等的变更,均视为在实质上变更要约,而未被相对方明确接受,合同不成立。

【案例1－10】　中嘉(新加坡)有限公司诉中国外运山西公司买卖合同纠纷案

判决观点,原告中嘉公司对被告外运山西公司所发要约的三处修改中,第一处和第二处附加了开出信用证为装运前提,改变了装运时间,属于对合同履行期限的变更。第三处将不允许转船修改为允许转船,属于对合同履行方式的变更。上述几处修改完全属于《联合国国际货物销售合同公约》规定的对要约作出实质性变更的情形。一审法院认为,中嘉公司主张合同成立的理由不能成立,要求被告赔偿损失的主张不应予以支持。判决驳回原告中嘉公司的诉讼请求。一审判决后,双方当事人均未提出上诉,该判决已发生法律效力。[1]

关于电子合同订立的问题,《民法典》第四百九十一条作了规定,详见专题二买卖合同关系纠纷阐述。

关于强制缔约的问题,《民法典》第四百九十四条作了规定,详见专题二买卖合同关系纠纷阐述。

---

〔1〕 参见杨效熙:《实质性变更要约未被接受则合同不成立》,载《人民法院报》2007年7月9日,第5版。

(三)买卖合同意思的认定

真实意思表示是买卖合同关系成立判断的重要标准。对买卖协议作出的公证书,仅证明公证处对当事人签名的真实性的确认,并不代表买卖合同关系成立,不能证明买卖行为系双方当事人的真实意思表示。

双方合意在买卖合同关系中的认定问题。如果双方交易时意思表示不真实,法官并不简单地认定合同无效,而是结合后续履行情况,认定双方达成了新的合意。

合同文本中使用“或”“或是”“要么……要么”等表示选择关系的用语时,如果可选择的前后两个用语意思均确定无歧义且没有相互矛盾的,则任选一个用语都不违反当事人的真实意思表示。如果属于关系的几个用语含义都无法确定或者相互矛盾的,则该条款属于约定不明确条款,需要通过合同文本解释的其他规则确定当事人的真实意思。如果有其中一个用语存在歧义,含义无法确定的,则应选择另一个不存在歧义的用语确定当事人的真实意思。也就是说,合同中属于选择关系的两个用语之一存在歧义时,可依据不存在歧义的另一用语确定当事人的真实意思。

在合同法律中,合同成立的标志是合同双方意思表示一致,即合同双方达成“合意”,这不仅是合同具有约束力的基本要求,而且是合同法律关系的基础和核心。合意作为意思自治的表现,是缔约当事人对自身权利和义务的衡量和肯定。判定当事人是否已达成“合意”极其关键,不仅涉及合同的成立,也关系到违约责任的承担问题。合意应是对合同当事人的意思表示进行规范性解释的结果,而不能仅仅基于当事人使用相同的措辞理解他们的真实意思表示,这种合意是当事人的真实意思表示。

【案例1-11】 华普公司诉捷科公司买卖合同纠纷案

一审法院认为,华普公司与捷科公司签订的供货合同及补充协议均系双方当事人的真实意思表示,未违反国家法律、行政法规的强制性规定,应属合法有效,对双方当事人均具有约束力。双方当事人均应按照合同约定履行各自的合同义务。捷科公司辩称供货合同及补充协议是为配合华普公司向生产商中国惠普有限公司冲刺经销商报量业绩而签署的框架协议,并非真实意思表示,且对未明确的合同构成要素,需签署补充协议明确。法院认为,根据《民事诉讼法》的相关规定,当事人对自己提出的事实或者反驳对方诉讼请求所依据的事实,应当提供证据加以证明。在作出判决前,当事人未能提供证据或者证据不足以证明事实主张的,由负有举证证明责任的当事人承担不利的后果。本案中，捷科公司未提供有效证据证明，应承担举证不能的法律后果。捷科公司已就华普公司提出的减配需求同意做减配变更处理，表明双方就涉案供货合同减配达成合意，双方均应按照减配后的合同履行。供货合同约定的付款条件为捷科公司提货时付款，现华普公司已向捷科公司发送两份催提货函的情况下，华普公司应在收到捷科公司货款的同时向捷科公司交付全部货物，现合同金额已变更为488590.17元，故对华普公司要求捷科公司支付货款中的488590.17元，法院予以支持，对于超出部分，不予支持。捷科公司答辩及反诉称，华普公司未进行备货、发货且已丧失代理商资格，故其不具备履行合同的能力，属于根本违约。法院认为，首先，在供货合同并未对双方履行顺序进行约定的情况下，捷科公司无权要求华普公司先履行发货义务；其次，现华普公司是否备货以及其是否丧失总代理商资格，均与供货合同后续的实际履行无关，不能得出华普公司履行不能的结论。故法院对捷科公司的上述答辩意见不予采信，对其反诉请求，不予支持。判决：(1)捷科公司给付华普公司货款488590.17元；(2)华普公司在收到上述第一项确定的全部货款的同时向捷科公司交付本判决附件一中的全部货物；(3)驳回华普公司的其他诉讼请求；(4)驳回捷科公司的全部反诉请求。二审法院同意一审法院的裁判意见，判决：驳回上诉，维持原判。[1]

对于买卖合同标的物数量的争议，法官根据具体案情确认当事人的真实意思表示，进而确定标的物数量范围。

【案例1-12】 胡某某诉上海虹年废旧物资回收有限公司买卖合同纠纷案

二审法院认为，一审基于诉争双方的举证结果和自认陈述，结合日常生活经验和本案的实际情况等因素，经综合审查判断后，认定诉争合同的文本系上诉人提供且合同标的物为一台行车，并据此判令上诉人支付剩余对价128000元，经核，并无不当，故认可一审阐释的理由。诉争双方在系争合同中并未明确约定涉案行车的“附件设施”的具体范围，现上诉人主张铁轨、滑线、控制配电箱均系附件设施，被上诉人对此不予认可；被上诉人在一审中提供了相关单位出具的情况说明，载明上述物品非行车的附件，而上诉人在一审中提供的照片仅能反映铁轨、滑线等物在拍摄时的客观状态，不足以证明该物品系行车的附件，上诉人在二审期间亦未提供新的事实和证据，故对上诉人的该项上诉主张不予采信。上诉人主张一审审判程序违法，经核，无事实依据，亦不予采信。综上所述，一审认定事实清楚，判决并无不当，应予维

〔1〕 参见国家法官学院、最高人民法院司法案例研究院编：《中国法院2020年度案例》(买卖合同纠纷)，中国法制出版社2020年版，第112页。北京市第一中级人民法院(2018)京01民终4930号民事判决书。

持。判决:驳回上诉,维持原判。[1]

根据《民法典》第一百四十条的规定,行为人可以明示或者默示作出意思表示。一方当事人向对方当事人提出民事权利的要求,对方未用语言或者文字明确表示意见,但其行为表明已接受的可以认定为默示。只有在法律有规定、当事人双方有约定或者符合当事人之间的交易习惯的情况下,沉默(不作为的默示)才可以视为意思表示。沉默有四个构成要件,其一,行为人没有进行任何积极的行为;其二,从其沉默不语的"行为"可以推断出行为人的内在意思;其三,沉默只有在法律有明文规定、当事人双方有约定或者符合当事人之间的交易习惯的情况下,才可以作为意思表示的形式;其四,是以消极的不作为表达某种意思的方式。

【案例1－13】 徐某诉陆某东、陆某平买卖合同纠纷案

判决观点,关于徐某应否更换新的空气锤的问题。1.3协议约定,陆某东必须从友联公司把以前C41－1750机身还给苏锻公司,苏锻公司再送新锤给陆某东。该约定未明确履行时间,应视为即时履行,且需更换的旧锤的状态是保持1.3协议签订时的当前状态。本案中,陆某东本应把位于友联公司的空气锤交给苏锻公司,但其直接将空气锤从位于靖江的友联公司搬运至江阴使用了三年多,并自述进行了镗缸的维修,现在的空气锤状况明显与签订1.3协议时的状态不同,要求徐某再行更换有失公平、合理。此外,陆某东有先归还旧空气锤的义务,但其未能提供证据证明其归还空气锤被苏锻公司或者徐某拒绝。徐某于2018年8月14日还催促陆某东更换空气锤,但陆某东考虑后未给出是否更换的答复。结合陆某东将空气锤从靖江搬回至江阴并使用,甚至自行找他人维修这些情节,可以认定陆某东已放弃了更换空气锤的权利。陆某东在徐某起诉要求给付货款后再提出要求更换空气锤,其目的是对抗其给付货款的义务,有失诚信。[2]

(四)重大误解合同的认定

《民法典》第一百四十七条规定:"基于重大误解实施的民事法律行为,行为人有权请求人民法院或者仲裁机构予以撤销。"

重大误解合同,是指一方因自己的过错而对合同的内容发生了错误认识并在此基础上订立的合同。一般来说,重大误解合同的构成要件必须具备以下要件:

---

〔1〕 参见郭伟清主编:《2017年上海法院案例精选》,上海人民出版社2018年版,第5页。

〔2〕 参见国家法官学院、最高人民法院司法案例研究院编:《中国法院2021年度案例》(买卖合同纠纷),中国法制出版社2021年版,第100页。江苏省海安市人民法院(2019)苏0621民初5507号民事判决书。

其一,表意人对合同的内容发生了错误认识。所谓对合同的内容发生错误认识,就是行为人因对行为的性质、对方当事人或者标的物的品种、质量、规格价格、数量等的错误认识,使行为的后果与自己的意思相悖,并造成较大损失。其二,错误认识必须是重大的。在交易中,一方或双方当事人可能由于各种原因对法律行为的内容发生错误认识,但并非各种错误认识都可导致法律行为被撤销,否则就会给非诚信的一方不履行法律行为提供了借口。其三,错误认识是由误解方自己的过失造成的。如果误解方的错误认识并非自己的过错所致,而系由他人的行为所致,则表意人不得主张撤销法律行为。其四,表意人基于错误认识而作出了意思表示。这一要件说明,首先,表意人要将其意思表示表达出来,否则无从评价其是否存在着误解问题。其次,表意人作出的意思表示必须是因为误解而造成的,即表意人的意思表示与其错误认识之间具有因果关系。只有同时具备上述四个要件,才能构成重大误解。

【案例1-14】 许某香诉瑞泰锦世公司买卖合同纠纷案

判决观点,许某香与瑞泰锦世公司签订的《总经销合同书》中明确约定许某香交纳58000元总经销费后,瑞泰锦世公司即按照品牌价向许某香提供90000元现货铺底,从第二批进货起按照厂直销价的3.5折供货。合同签订后,瑞泰锦世公司依照约定首批按品牌价向许某香供货90044元,在销售出货单上明确显示品牌价与厂直销价不同,许某香未提出异议且对货物予以接收,之后,许某香从瑞泰锦世公司两次进货并进行换货,且许某香已将部分货物出售。现许某香提出瑞泰锦世公司应依厂直销价向其供货,而非以品牌价向其供货,许某香以存在重大误解为由要求撤销其与瑞泰锦世公司签订的总经销合同书并退还52769.5元总经售费,没有事实及法律依据,对此法院不予支持。判决:驳回许某香的诉讼请求。[1]

如果对货物价值发生误解,买受人可以申请撤销。

【案例1-15】 黄某根诉刘某德买卖合同纠纷案

一审法院认为,黄某根误认为该茶几是金丝楠木材质而出价118万元予以购买,现在该根雕茶几经鉴定确系普通楠木,故黄某根对合同标的物的材质发生了错误认识,根据《最高人民法院关于贯彻执行〈中华人民共和国民法通则〉若干问题的意见(试行)》第七十一条关于"重大误解"的规定,黄某根存在重大误解行为,现黄某根请求撤销口头买卖协议,应予支持。判决:(1)撤销原告黄某根与被告刘某德之间购买根雕茶几的口头买卖合同;

〔1〕 参见国家法官学院案例开发研究中心编:《中国法院2015年度案例》(买卖合同纠纷),中国法制出版社2015年版,第51页。北京市东城区人民法院(2013)东民初字第12692号民事判决书。

(2)被告刘某德返还原告黄某根货款5万元,同时原告黄某根返还所购买的被告刘某德的根雕茶几;(3)驳回原告的其他诉讼请求。二审法院认为,黄某根基于对该茶几材质品种的错误认识,使行为后果与自己的意思相悖,并造成较大损失,双方之间的买卖行为构成重大误解行为,应认定为可撤销的合同。判决:驳回上诉,维持原判。[1]

交易习惯是合同纠纷中判断误解是否重大的重要参考。古董、工艺品等古玩类商品及宝石、原石等属于特殊商品,历史形成并传袭至今的民间交易规则为:物品的年代、材质、工艺等并非合同可以穷尽明确的内容,主要由买卖双方通过查看实物进行判断,无法达至绝对保真,双方自愿买卖,当场验货,货款两清,不得反悔。因此,买卖双方对该类特定物品的年代、材质等产生一定程度的误判,不属于重大误解,但出卖方对上述内容存在误导性说明,并对买受人订立合同产生实质性影响的除外。

【案例1-16】 路某芳诉胡某敏买卖合同纠纷案

判决观点,本案双方的争议焦点是合同内容,即标的物质量是否构成重大误解。对古董、工艺品等古玩类商品及宝石、原石等特殊商品的交易,民间确实存在该领域的交易习惯,即买卖双方对商品的材质、年代与质量相关的要素不作明确约定,由买方通过查看实物自行判断商品价值,并与卖方达成交易协议。对此交易习惯,我们应予以尊重。因此,即使买受人确实对商品质量存在误判,也不构成法律上所认可的重大误解。关于三尊铜佛像的交易,因双方即按实物交易,原告没有对佛像的制作年代作出介绍及承诺,被告对其所买佛像的品质应有清楚的认知,故相应的交易风险应由被告自行承担。因而被告反诉主张其在订立合同时对西方三圣铜佛像制作年代产生了重大误解的诉请不成立。关于碧玉千手观音佛像的交易。原告虽未对制作年代作出过介绍及承诺,但双方在交易之初,对千手观音佛像的称呼为碧玉千手观音佛像,欠条中千手观音佛像的名称也明确表述为碧王千手观音一尊,且原告在回答法庭提问时也明确表示佛像是碧玉的,该表述应是指佛像的材质是碧玉。现经鉴定,千手观音的佛像材质主要是大理石,鉴定报告明确表述,石佛像有现代做旧痕迹,为现代仿品。在交易中,被告虽验看了实物,但原告的明确说明足以影响被告的选择。无论原告是否故意欺诈,客观上大理石与碧玉无论是在品质上还是在价格上均有巨大差异,直接关系到当事人订约目的及重大利益,故应当认定被告在订立合同时对碧玉千手观音佛

[1] 参见国家法官学院案例开发研究中心编:《中国法院2016年度案例》(买卖合同纠纷),中国法制出版社2016年版,第88页。四川省眉山市中级人民法院(2014)眉民终字第280号民事判决书。

像的材质的误解属于重大误解。因而被告反诉请求撤销该部分合同并相互返还的诉请,法院予以支持。综上,原告路某芳与被告胡某敏在订立合同时对碧玉千手观音佛像的材质存在重大误解,胡某敏请求撤销该部分合同,予以准许。胡某敏应将碧玉千手观音佛像返还路某芳,因胡某敏尚未支付碧玉千手观音佛像对应的货款70万元,故路某芳不存在返还货款义务。双方关于西方三圣铜佛像达成的买卖合同,合法有效,路某芳请求判令胡某敏给付该部分货款50万元,予以支持。双方在诉讼中的其他诉辩意见,因无证据支撑,均不予采信。判决:(1)被告(反诉原告)胡某敏给付原告(反诉被告)路某芳货款50万元并赔偿逾期付款期间的利息损失;(2)驳回原告(反诉被告)路某芳的其他诉讼请求;(3)撤销原告(反诉被告)路某芳与被告(反诉原告)胡某敏订立的关于买卖碧玉千手观音佛像部分合同;(4)被告(反诉原告)胡某敏将碧玉千手观音佛像返还原告(反诉被告)路某芳;(5)驳回被告(反诉原告)胡某敏的其他反诉请求。[1]

(五)买卖争议的诉讼时效

1. 诉讼时效的理解

诉讼时效,是指民事权利受到侵害时权利主体在法定的时效期间不行使权利,时效期间届满时,法院对权利人的权利不再进行保护的制度。当事人超过诉讼时效后起诉的,法院应当受理。受理后,如一方当事人提出诉讼时效抗辩且查明无中止、中断、延长的事由,法官驳回其诉讼请求。如果另一方当事人未提出诉讼时效抗辩,则视为其自动放弃该权利,法官不得依照职权主动适用诉讼时效,应当正常审理其诉讼请求。

关于诉讼时效的适用范围,理论界和实务界的主流观点认为其一般适用于请求权。就请求权的概括性分类而言,有债权请求权和物权请求权。依法学理论,所谓债权请求权,是指权利人基于债的关系而产生的、请求特定人为特定行为的权利,是债权本身所包含的基本权能。债权一旦到期,如债务人未履行给付义务,债权人得通过诉讼请求保护。债权人该权利的行使与否关乎他人的利益,如权利人长期不行使权利,其与义务人之间的关系就会长期处于不稳定状态,势必影响

---

〔1〕 参见最高人民法院中国应用法学研究所编:《人民法院案例选》2013年第4辑(总第86辑),人民法院出版社2014年版,第126~127页。江苏省南京市白下区人民法院(2011)白民初字第2694号民事判决书。

经济交易秩序。因此,法律对上述请求权有必要进行时间上的限制,即债权人请求诉讼保护具有一定的期间,该期间即为诉讼时效,故债权请求权适用诉讼时效当无异议。所谓物权请求权,是物权遭受不法侵害后,物权人为恢复物权的圆满状态而依法享有的请求权。具体包括三种:返还原物请求权、排除妨害请求权、消除危险请求权。就物权请求权应否适用诉讼时效的问题,理论上存在很大争议。主流观点认为,该项请求权不适用诉讼时效,原因在于,物权请求权依附于物权而存在,既然物权不受约于诉讼时效,而物权请求权一直伴随物权而发生,故亦不受诉讼时效限制。

应注意的是,诉讼时效届满后,义务人虽可拒绝履行其义务,权利人的权利本身及请求权并不消灭,只是权利行使出现障碍。

违约损害赔偿所生债权诉讼时效问题。无论是约定赔偿责任还是法定赔偿责任,其所生债权同样适用诉讼时效制度。在司法实践中值得关注的是,有些违约赔偿是一次性产生的,有些则是持续的。对于前者,有些合同中约定了固定违约金,或者违约行为产生的损失是固定的。该类违约责任损害赔偿的诉讼时效就从违约行为发生时计算。对于后者,有些违约行为是持续性的。当事人亦在合同中约定如日万分之几损害赔偿计算方法,或者实际损失随违约行为的持续而不断扩大。实践中,关于按日累计的违约金应当如何计算诉讼时效,现行法律没有明确规定,各地法院的做法不同。有的法院参照最高人民法院专利或著作权司法解释规定,以起诉为时间点向前倒推两年,只计算此后的违约行为所产生的损害赔偿。主流观点认为,当事人在合同中约定违约延迟履行义务所应缴纳的违约金按日累加计算。该"累加计算"的延迟履行违约金是双方当事人在合同中所确定的一个整体的合同权利,而不是按照违约的天数具体分割为若干分别计算诉讼时效的独立权利。如果将违约金请求权分割为若干独立的请求权,并以分别起算的诉讼时效予以限制,必将改变双方当事人在合同中约定的"累加计算"的本意,违背当事人意思自治的基本原则。即按日累计的违约金属于一个整体的合同权利,不能按违约时间分别计算诉讼时效。[1]

2. 诉讼时效的认定

买卖双方并未在出库凭证上约定付款期限,出卖人在催讨货款未果的情况下提起诉讼,未超过诉讼时效。

【案例1-17】 陈某溪诉陈某海买卖合同纠纷案

一审法院认为,陈某海主张原、被告主体不适格,但根据双方的庭审陈

---

〔1〕 参见江必新等:《最高人民法院指导性案例裁判规则理解与适用》(合同卷二),中国法制出版社2012年版,第407页。

述、有关《证明》及陈某海签名确认的出库凭证，本案买卖行为的双方应系陈某溪与陈某海，原、被告主体适格，予以认定，故对陈某海该主张不予采信。陈某海认为本案陈某溪主张货款已超过诉讼时效，根据双方交易的连续性，陈某溪并未因陈某海未支付货款而停止供货，说明双方并非约定在提货的同时付款，双方应系默认赊账的交易方式，故双方尚未对所欠货款进行最终结算，陈某溪主张的货款并未超过诉讼时效，予以认定。判决：(1)被告陈某海欠原告陈某溪货款人民币9.89万元及逾期占用资金利息，款项一次性付清；(2)驳回原告陈某溪的其他诉讼请求。二审法院同意一审法院的裁判意见，判决：驳回上诉，维持原判。[1]

买卖合同未约定付款期限时，出卖人随时要求履行付款义务的开始时间，而非是对出卖人主张诉讼权利期间的约束，向法院提起诉讼未超过诉讼时效期间。

【案例1-18】　富鹏五金公司诉布莱迪公司买卖合同纠纷案

一审法院认为，富鹏五金公司向布莱迪公司出售货物，布莱迪公司应当及时支付货款，现布莱迪公司尚欠富鹏五金公司货款336755.55元，应予以支持。布莱迪公司提出富鹏五金公司的主张已超过诉讼时效的抗辩，根据《诉讼时效规定》第六条的规定，富鹏五金公司与布莱迪公司并未约定付款时间，富鹏五金公司可以随时要求布莱迪公司履行付款义务，诉讼时效期间从富鹏五金公司要求布莱迪公司履行义务的宽限期届满之日计算，故富鹏五金公司提起本案诉讼并未超过诉讼时效。判决：布莱迪公司支付富鹏五金公司货款336755.55元。二审法院判决：驳回上诉，维持原判。[2]

无书面买卖合同的诉讼时效，从出卖人第一次主张权利时计算诉讼时效。

【案例1-19】　鑫世进公司诉雍大公司买卖合同纠纷案

判决观点，本案中，根据已查明的事实及鑫世进公司、雍大公司所述，双方就诉争货款未签订书面合同，按双方的交易惯例应当月开票、下个月结算。之后，虽然鑫世进公司向雍大公司提出了付款请求、雍大公司也表示需查账后再决定是否付款，但因至2012年雍大公司已明确表示拒绝向鑫世进公司支付诉争货款，故本案诉讼时效最迟亦应于2012年雍大公司第一次明确表示不履行付款义务之日起计算。本案中，鑫世进公司系主张其2012年之后还陆续联系了雍大公司几次、雍大公司拒绝付款等，但未对此提交任何证据

---

〔1〕参见国家法官学院、最高人民法院司法案例研究院编：《中国法院2022年度案例》(买卖合同纠纷)，中国法制出版社2022年版，第204页。福建省泉州市中级人民法院(2021)闽05民终277号民事判决书。

〔2〕参见国家法官学院案例开发研究中心编：《中国法院2019年度案例》(买卖合同纠纷)，中国法制出版社2019年版，第186页。北京市第二中级人民法院(2017)京02民终1206号民事判决书。

且明确具体时间,故其迟至2018年11月30日才诉至法院主张相关权利,早已超过法定的诉讼时效期间。因此,鑫世进公司长期怠于行使权利,应承担不利的法律后果,故法院对其要求雍大公司支付货款4490元及利息等诉讼请求依法不予支持。判决:驳回鑫世进公司的诉讼请求。[1]

3. 诉讼时效的起算点

关于按日累计的违约金请求权诉讼时效起算点,有的法院采取另一种观点,在诉讼时效没有中断、中止的情形下,从债权人起诉之日倒计二年起至实际履行之日止,按合同约定的标准计算违约金。这种观点实际上是将每日的迟延履行违约金看作单个独立的债权,债权人起诉请求的违约金实际上是由多个债权组成的,每个债权的诉讼时效单独起算。如此则债权人起诉之日起倒计二年之外的违约金请求权已超过诉讼时效,法院不予支持。

买受人出具没有还款日期的欠条,从出卖人主张权利时计算诉讼时效。

【案例1-20】 杨某诉曹某锋等买卖合同纠纷案

二审法院认为,本案中上诉人杨某向三被上诉人供应饲料,在双方之间成立的应为买卖合同关系。根据《最高人民法院关于买受人在交易时未支付价款向出卖人出具没有还款日期的欠款条诉讼时效期间应从何时开始计算问题的请示的答复》,在买卖合同中,双方没有签订书面合同,也无证据证明双方对合同的履行期限进行约定的,该合同属于未定履行期限的合同。根据《合同法》第六十二条第(四)项及《民法通则》第八十八条第二款第(二)项和第一百三十七条的规定,本案诉讼时效期间应从上诉人杨某向三被上诉人主张权利时计算。因此,上诉人杨某上诉称本案未超出诉讼时效的上诉理由,于法有据,应予支持。由于双方对货款未约定利息,所以权利人杨某主张权利之前的利息不予支持,但三被上诉人依法应于上诉人杨某向人民法院起诉之日,即2012年12月20日起,按照同期人民银行贷款利率支付欠款利息。至于被上诉人曹某锋称已经支付货款的答辩理由,由于没有证据证明,依法不予支持。判决:(1)撤销一审判决;(2)被上诉人曹某锋、杨某云、胡某国支付上诉人杨某货款22079元及利息。[2]

---

〔1〕 参见国家法官学院、最高人民法院司法案例研究院编:《中国法院2021年度案例》(买卖合同纠纷),中国法制出版社2021年版,第246~247页。福建省厦门市湖里区人民法院(2019)闽0206民初1727号民事判决书。

〔2〕 参见国家法官学院案例开发研究中心编:《中国法院2015年度案例》(买卖合同纠纷),中国法制出版社2015年版,第106页。河南省信阳市中级人民法院(2014)信中法民终字第113号民事判决书。

【案例1-21】　张某诉孟某林买卖合同纠纷案

判决观点，张某与孟某林没有签订书面买卖合同，也没有证据证明双方对合同的履行期限进行了约定，因此该合同属于未定履行期限的合同。履行期限不明确的，债务人可以随时向债权人履行义务，债权人也可以随时要求债务人履行义务，但应当给对方必要的准备时间。故本案的诉讼时效期间应从张某向孟某林主张权利时起算，即张某提起本次诉讼时起算，其向人民法院请求保护民事权利的诉讼时效期间为3年。因此本案张某主张孟某林支付货款并未超过诉讼时效。双方之间的买卖合同系双方的真实意思表示，不违反法律、法规的强制性规定，合法有效，双方应按约履行合同义务。张某自认2016年3月21日刘某苓所汇2万元系归还本案货款，孟某林对剩余11万元货款及利息承担给付责任，故法院对张某要求孟某林支付剩余货款11万元及该款自起诉之日起至实际给付之日止按同期同类银行贷款利率计算利息的诉讼请求依法予以支持。判决：被告孟某林给付原告张某货款11万元并承担该款自2019年3月26日起至实际给付之日止按同期同类银行贷款利率计算的利息。[1]

【不同处理】　有的法院认为，债务人出具未约定履行期限的欠条，从出具欠条之日起算诉讼时效。

【案例1-22】　瑞安公司诉罗某均买卖合同纠纷案

二审法院认为，本案双方当事人对双方之间自1993年开始的买卖合同关系的交易习惯为货到付款均无异议，罗某均在买卖合同履行期间届满后出具欠条，应视为债务人对其所欠债务的确认，其在欠条上未确定履行期限，表明其未有还款承诺，诉讼时效期间从此中断。瑞安公司虽主张其自罗某均2013年4月26日出具欠条后，一直在向罗某均催收欠款，但其所举证据不能证明罗某均就本案二审诉争的两张欠条的供货进行过退货或双方作出过产生诉讼时效中断效力的行为。因此，瑞安公司依据2013年4月26日的欠条以及2014年4月25日的欠条主张罗某均支付货款的诉讼时效应从瑞安公司收到罗某均所写欠条之日第二日开始重新计算，至2017年10月1日《民法总则》施行时，已超过两年的诉讼时效，故本案适用《民法通则》第一百三十五条的规定，瑞安公司依据2013年4月26日的欠条以及2014年4月25日的欠条主张罗某均支付货款的诉讼请求已经超过诉讼时效。综上所述，瑞安公司的上诉请求不能成立，法院不予支持。原审判决认定事实基本清楚，

---

〔1〕　参见国家法官学院、最高人民法院司法案例研究院编：《中国法院2021年度案例》（买卖合同纠纷），中国法制出版社2021年版，第243页。江苏省江阴市人民法院（2019）苏0281民初4921号民事判决书。

审判程序合法，虽适用法律存在瑕疵，但裁判结果正确，应予维持。判决：驳回上诉，维持原判。[1]

以连续交易、不定期结算为基础的买卖合同，由于双方进行滚动结算，应以交易双方最终结算行为作判断债务人履行合同义务期间的依据，并作为诉讼时效的起算点。

【案例1－23】　华迪公司诉华塑公司、万千公司买卖合同纠纷案

判决观点，鉴于原、被告双方无书面合同，故应以双方交易行为作为探究双方真实意思之基础。本案中，原告华迪公司与被告万千公司建立的买卖合同关系并非以单次交易为基础的买卖合同关系，而系以一定期间内的连贯交易行为为基础的买卖合同关系。从交易方式来看，双方自2009年9月29日至12月28日连续多次进行买卖行为。原告提交的《送货单》载明，原告曾于上述期间多次向万千公司供货，且被告亦多次收取了原告所供五金配件。从双方付款方式上看，亦非依各《送货单》上载明的单笔金额及时清结，而系采用供货达到一定数量后对此前多次买卖五金配件货款进行不定期到集中支付方式进行清结，已支付的各笔货款的金额均少于该付款时间之前的应付货款，付款金额与应付货款亦不能完全吻合。法院认为，此种以连续交易不定期结算为基础的买卖合同关系，应以双方最终结算行为作为判断债务人履行义务期间的依据。鉴于本案中，并无证据表明双方达成过关于上述供销期间的结算，故不能确定债务人履行最终结算付款义务的期间，依《诉讼时效规定》第六条"……不能确定履行期间的，诉讼时效期间从债权人要求债务人履行义务的宽限期届满之日起计算"之规定，本案诉讼时效应从原告要求万千公司支付货款的宽限期届满之日起计算。鉴于原告并未提交证据证明其所称2010年年底联系万千公司的黄某并催要货款之事实，且被告予以否认，故法院对原告陈述的事实不予采信。于此，原告于起诉时尚未要求被告履行结算付款义务，故本案中原告的诉请并未超过诉讼时效。综上，法院对万千公司辩称原告诉请已超过诉讼时效的辩称主张不予采纳。[2]

合同约定条款因政策变更诉讼时效的起算问题。《民法通则》第一百三十五条和第一百三十七条规定，诉讼时效期间为二年，从知道或者应当知道权利被侵

---

〔1〕 参见国家法官学院、最高人民法院司法案例研究院编：《中国法院2020年度案例》（买卖合同纠纷），中国法制出版社2020年版，第201～202页。四川省自贡市中级人民法院（2019）川03民终257号民事判决书。

〔2〕 参见国家法官学院案例开发研究中心编：《中国法院2014年度案例》（买卖合同纠纷），中国法制出版社2014年版，第219～220页。四川省成都市高新技术产业开发区人民法院（2012）高新民初字第2608号民事判决书。

害时计算。这个期间是权利人请求法院保护其民事权利的法定期间，能够行使请求权必须具备两个要件：一是客观上权利受到侵害，二是主观上权利人知道或应当知道权利被侵害的事实及侵害人。所谓“应当知道”是一种法律上的推定，就是不管当事人实际上是否知道权利被侵害的事实及侵害人，只要客观上存在知道的条件和可能，由于当事人主观上的过错，应当知道而没有知道的，法律上视为其知道。之后《民法总则》将诉讼时效改为三年，《民法典》第一百八十八条规定的诉讼时效为三年，依旧是从知道或应当知道权利被侵害时起算。

【案例1－24】 金圣公司诉徐某买卖合同纠纷案

二审法院认为，诉讼时效期间从知道或应当知道权利被侵害时起算，本案诉讼时效期间为两年。徐某向金圣公司出具的欠条载明于2011年8月25日前付清，以此日期推算，两年诉讼时效届满的时间是2013年8月24日，而金圣公司提起本次诉讼的时间为2018年2月7日，显然已经超过两年的诉讼时效期间。综上所述，一审法院法律适用不当，应当予以纠正。徐某的上诉请求成立，法院予以支持。判决：(1)撤销一审判决；(2)驳回金圣公司的诉讼请求。[1]

买卖合同无效，但因无效合同产生的返还请求权应适用诉讼时效期间的规定，应自合同约定的履行期限届满之次日起算。

【案例1－25】 宣某亚诉北京博雅汇童幼教科技有限公司买卖合同纠纷案

判决观点，宣某亚与博雅汇童公司所签订的合同虽系双方当事人的真实意思表示，但因所购图书《教学启蒙》一书被(2010)海刑初字第2534号刑事判决书认定为非法印刷的出版物，故双方之间的买卖合同违反了《刑法》的相关规定，对社会公共利益造成损害，故该法律关系不应受法律的保护，应依法确认无效。对于被告博雅汇童公司提出原告宣某亚的起诉已过诉讼时效的抗辩意见，法院认为，虽然签订的合同无效，但因无效合同产生的返还请求权应适用诉讼时效期间的规定，应自合同约定的履行期限届满之次日起算。合同中约定了博雅汇童公司在收到宣某亚或宣某亚指定的第三方支付的货款后2个工作日内发货，发货时间不晚于12个工作日，而宣某亚向博雅汇童公司支付最后一笔货款的时间为2009年8月6日，故宣某亚起诉博雅汇童公司返还货款和保证金的诉讼时效应自2009年8月25日起算，而原告宣某亚向法院提交诉状的时间为2011年8月12日，故宣某亚的起诉没有超过诉

---

〔1〕 参见国家法官学院、最高人民法院司法案例研究院编：《中国法院2020年度案例》(买卖合同纠纷)，中国法制出版社2020年版，第197页。江苏省无锡市中级人民法院(2018)苏02民终3753号民事判决书。

讼时效。故法院对博雅汇童公司提出的宣某亚的起诉已超过诉讼时效的抗辩意见不予采信。因宣某亚与博雅汇童公司的买卖合同关系无效,博雅汇童公司未实际向宣某亚交付货物,故博雅汇童公司因合同取得的财产,应当予以返还。故法院对宣某亚要求博雅汇童公司返还保证金20700元及货款175340元的诉讼请求予以支持。[1]

同时存在多笔的到期债权,买受人没有明示支付的货款是哪一笔到期债权,即存在债务混同的情况下,由于无法确定所支付的款项为哪一笔交易的货款,只能认定为支付总货款中的一部分,其诉讼时效从最后一次付款时起算。

【案例1-26】 维勤公司诉奋发公司买卖合同纠纷案

二审法院认为,第一,维勤公司与奋发公司对双方的布料买卖货款7415842元、服装代销货款734967.46元及奋发公司共支付货款5395682.19元的事实没有争议,故奋发公司拖欠维勤公司货款是本案的一个基本事实。考虑到双方当事人的业务往来存在多年,具有延续性,而奋发公司的付款也是一个持续的过程,作为债权人,维勤公司无法干涉奋发公司付款的时间及用途,只要存在奋发公司连续付款的事实,维勤公司就不会意识到其诉讼权利受到侵害。本案中,奋发公司最后一次付款的时间为2008年2月4日,维勤公司于2010年2月1日起诉并未超过两年的诉讼时效期间。第二,关于奋发公司主张退还代销服装是否超过诉讼时效期间的问题。因双方当事人签订的代销服装合同已经过了原约定的期限并依约自动延长,之后应视为无固定期限的合同,双方均有权随时主张解除合同。奋发公司并未提供证据证明双方代销服装合同已经解除,且维勤公司对奋发公司的该主张亦不予认可,原审认定维勤公司要求退还服装并未超过诉讼时效期间是正确的。综上,上诉人奋发公司的上诉请求没有相应的事实和法律依据,不予支持。原审判决认定事实和适用法律并无不当,应予维持。判决:驳回上诉,维持原判。[2]

未约定付款期限的买卖合同,应以欠条出具之日为付款期限并起算逾期利息,注意与未约定还款期限的民间借贷相区分。

---

〔1〕 参见国家法官学院案例开发研究中心编:《中国法院2013年度案例》(买卖合同纠纷),中国法制出版社2013年版,第160页。北京市海淀区人民法院(2011)海民初字第23806号民事判决书。

〔2〕 参见国家法官学院案例开发研究中心编:《中国法院2013年度案例》(买卖合同纠纷),中国法制出版社2013年版,第169页。福建省厦门市中级人民法院(2011)厦民终字第2949号民事判决书。

【案例1-27】 国茂减速机集团有限公司诉青岛牧羊人畜牧工程有限公司、张某平买卖合同纠纷案

二审法院认为,……因无充分证据证明双方对付款期间作出约定,双方在诉讼中亦未能就此补充协商一致,故无法确定牧羊人公司收货后的付款期间。《合同法》第六十一条规定,"合同生效后,当事人就质量、价款或者报酬、履行地点等内容没有约定或者约定不明确的,可以协议补充;不能达成补充协议的,按照合同有关条款或者交易习惯确定"。第一百六十一条规定,"买受人应当按照约定的时间支付价款。对支付时间没有约定或者约定不明确,依照本法第六十一条的规定仍不能确定的,买受人应当在收到标的物或者提取标的物单证的同时支付"。由此,因双方未约定牧羊人公司收货后的付款期间,双方又不能补充协议一致,也无其他如双方存在赊欠等交易习惯可供确定付款期间,应依照前述规定确定牧羊人公司付款行为与国茂集团公司的交货行为为同时履行,牧羊人公司的付款时间为国茂集团公司的交货时间,系即时履行;牧羊人公司收货后未即时付款即构成逾期付款,应向国茂集团公司支付货款及承担赔偿损失等违约责任。国茂集团公司于2015年9月24日前5次向牧羊人公司供货,牧羊人公司于2015年9月28日最后一次收货时未支付货款,依照《合同法》第一百六十一条的规定已构成逾期付款,国茂集团公司即应知道其权利被侵害,2015年9月28日起即应开始计算诉讼时效期间。牧羊人公司于2015年11月30日支付货款3250元,产生诉讼时效中断的法律效果,应依照《民法通则》第一百三十五条"向人民法院请求保护民事权利的诉讼时效期间为2年,法律另有规定的除外"、第一百四十条"诉讼时效因提起诉讼、当事人一方提出要求或者同意履行义务而中断。从中断时起,诉讼时效期间重新计算"之规定,自2015年11月30日起重新计算诉讼时效期间。自2017年10月1日起施行的《民法总则》第一百八十八条第一款规定,"向人民法院请求保护民事权利的诉讼时效期间为3年。法律另有规定的,依照其规定。"《最高人民法院关于适用〈中华人民共和国民法总则〉诉讼时效制度若干问题的解释》第二条规定,"民法总则施行之日,诉讼时效期间尚未满民法通则规定的2年或者1年,当事人主张适用民法总则关于3年诉讼时效期间规定的,人民法院应予支持。"据此,应自2015年11月30日起重新计算诉讼时效期间3年。国茂集团公司无充分证据可证明2015年11月30日后发生新的诉讼时效中断等情形,故其于2019年11月22日提起诉讼,已经超过诉讼时效期间。即使国茂集团公司向牧羊人公司交货后再行开具、交付税票可视作向牧羊人公司催要货款,但交付税票、催要货款的时间至迟为2016年4月29日,亦已超过诉讼时效期间。[1]

合同当事人及诉讼时效的认定,应分别考量当事人意思表示及合同是否约定有履行期。

【案例1-28】 春江公司与儋州支行等买卖合同纠纷再审案

最高人民法院认为,由于本案中槟榔厂和春江糖厂之间并未约定债务履行期限,因此本案的诉讼时效应当自春江糖厂向槟榔厂主张权利遭到拒绝后开始起算。根据春江糖厂在原二审庭审中的陈述,春江糖厂从1997年8月、9月开始对两家银行开口头追款,尽管春江糖厂此后对其追款的事实皆予否认,但依据《民事证据规定》第七十四条关于"诉讼过程中,当事人在起诉状、答辩状、陈述及其委托代理人的代理词中承认的对己方不利的事实和认可的证据,人民法院应当予以确认,但当事人反悔并有相反证据足以推翻的除外"之规定,可以确认春江糖厂于1997年7月、8月曾向两银行主张过债权。由于儋州支行和儋州建行并非案涉买卖合同的主体,因此春江糖厂主张权利的主体对象错误。法院认为,春江糖厂曾向两银行主张权利不能等同于其曾向实际买受人槟榔厂主张过权利,更不能据此证明春江糖厂已经知道其权利受到侵害。在本案现有查明的事实和证据中,既无证据证明能够证明两银行曾将春江糖厂向其主张权利的意思表达给槟榔厂,亦无证据证明春江糖厂曾向槟榔厂主张债权,更无槟榔厂明确拒绝偿还欠款的相关证据,故本案中春江公司对槟榔厂的债务并未罹于诉讼时效,春江公司可以另案向槟榔厂追偿欠款。[2]

4.保证合同诉讼时效的认定

在连带保证中,多名保证人相互之间构成连带债务关系,适用法律关于连带债务诉讼时效中断的规定。部分保证人在保证期间内向债权人承担了保证责任,其他没有在保证期间内被债权人主张权利的保证人仍应在其份额之内向已经承担保证责任的保证人承担相应的份额。这是基于连带保证人之间形成的此种连带债务,债权人对其中一个保证人在保证期间主张债权,不仅对该保证人产生开始计算并中断诉讼时效的效力,而且对其他保证人也产生开始计算并中断诉讼时效的效力;同理,连带共同保证中的一人在保证期间内向债权人承担了保证责任,对其产生的开始计算并中断诉讼时效的效力及于其他保证人。其法理在于,根据

---

〔1〕 江苏省常州市中级人民法院(2021)苏04民终1802号民事判决书。

〔2〕 参见最高人民法院民事审判第二庭编:《商事审判指导》2014年第2辑(总第38辑),人民法院出版社2015年版,第212页。

法律规定债权人可以向连带共同保证中的一人主张权利,任一保证人均有义务承担全部保证责任,也即债权人享有选择权,既可以向一个或部分保证人主张全部保证责任。反之,如果让债权人必须就全部保证人在各自的保证期间主张权利,则相当于债权人不享有选择的权利,其即会由于保证期间及诉讼时效的原因丧失相应的权利,这与法律、司法解释关于连带共同保证的立法本意不符。应注意的是,此种连带共同保证人应当为同一时期就同一债务提供担保的保证人,如果债权人对所有保证人均未在保证期间内主张权利,致使所有保证人的保证责任免除,即使再有人提供连带责任保证,债权人向该保证人主张权利或保证人主动承担保证责任的行为均不对前述已经全部超过保证期间而免除保证责任的保证人产生开始计算并中断诉讼时效的效力。

5. 诉讼时效的抗辩

诉讼时效已逾期的,债务人行使抗辩权的受法律保护。

债权已过诉讼时效,债务人自愿履行部分的自然债务,能否以此认定放弃诉讼时效抗辩权,并且及于剩余债务是个疑难问题。债务人自愿履行在于其无论是否知道诉讼期间已过的事实,只要其自愿履行了诉讼时效期间已过的债务,就应认定该履行行为有效,其不得以诉讼时效期间已过为由主张撤销,已经自动履行的部分不产生诉讼时效重新起算的效力。放弃诉讼时效抗辩权与债务人自愿履行不同,是指债务人知道或者应当知道债务已过诉讼时效,以明示或者默示的方式表明其不行使诉讼时效抗辩权,愿意履行诉讼时效期间已过的债务。债权人没有证据证明债务人放弃剩余债务的诉讼时效抗辩权,其请求法院判令债务人支付剩余债务的不受法律保护。也就是说,债务人自愿履行部分的自然债务产生的效力不及于剩余自然部分的债务,债务人如未自愿履行,不构成诉讼时效抗辩权的放弃,其对诉讼时效抗辩权的放弃必须向债权人作出明确的意思表示为要件。

法律对当事人在审理阶段的举证期限、答辩期限、提出诉讼时效抗辩等期限都作出了明确规定,如果未在法定期限内行使权利,视为对自己诉讼权利的放弃。这种立法规定不仅符合法律公平公正的立法精神,而且方便当事人行使自己的诉讼权利,如果在案件审理阶段当事人可以随时提出答辩或抗辩意见,将导致整个案件陷入不稳定状态,造成司法资源浪费。《诉讼时效规定》第三条第一款规定:"当事人在一审期间未提出诉讼时效抗辩,在二审期间提出的,人民法院不予支持,但其基于新的证据能够证明对方当事人的请求权已过诉讼时效期间的情形除外。"发回重审并非完全独立的审判程序,它依赖原审诉讼程序,它与一、二审的诉讼过程共同构成了完整的诉讼程序。发回重审适用第一审程序重新组成合议庭审理,重新编案号,但是它不是全新独立的审判程序,而是原一审诉讼程序的延续,并共同构成案件完整的审理过程。被告在原一审中未提出过诉讼时效抗辩,而且针对原告主张的债权进行了实体上的答辩。这足以表明,被告对原告超过诉讼时效的起诉是认可的。被告在一审期间不提出诉讼时效抗辩,应视为对诉讼时效利益的放弃,对原债权债务关系的承认。案件被二审法院发回重审后,被告提出诉讼时效抗辩,法官应不予支持。应注意的是,这里仅指诉讼时效抗辩,并不包括其他抗辩。

对于超出法定最长诉讼时效期间的纠纷,在被告未提出诉讼时效抗辩的情况下,法官不应当依职权主动进行审查并据此裁判。

【案例 1－29】 徐某正诉魏某绕买卖合同纠纷案

二审法院认为,魏某绕出具的欠条时间为 1990 年 4 月 12 日,徐某正提起诉讼是 2012 年 8 月 28 日,已经超出了法律规定的 20 年的最长诉讼时效的规定。但魏某绕在一审诉讼中并未提出诉讼时效的抗辩,应当视为放弃诉讼时效的抗辩权,原审判决在查清欠款事实的情况下,判令魏某绕承担还款责任适用法律正确。判决:驳回上诉,维持原判。[1]

6. 抛弃时效利益的效力

义务人抛弃时效利益的行为属单方行为,不以权利人同意为条件。抛弃的意思表示形式既可以是明示,也可以是默示,还可以是推定行为。对默示的抛弃意思表示,在理论上有不同观点。抛弃方法,可以通过契约的形式,也可以通过单方意思表示的形式。时效利益抛弃主要产生以下效力:其一,对债权人的效力。债务人放弃时效利益后,即放弃了时效抗辩权,债权人重新取得了债权的胜诉权,其债权受法律强制力保障。在诉讼时效期间届满后,债务人自愿履行已超过诉讼时效的债务,债权人有权接受,并不因此构成不当得利;债权人有权请求债务人按照双方达成的清偿协议或债务人单方放弃时效利益的意思表示履行债务,并受法律强制力保障。其二,对债务人的效力。债务人放弃时效利益后,即放弃了时效抗辩权,其在时效完成后实际履行债务或同意清偿原债务的行为具有法律效力。超过诉讼时效期间,当事人自愿履行后,不得以已超过诉讼时效为由反悔,否则法律不予支持;债务人与债权人达成的清偿协议或债务人单方放弃时效利益的意思表示,具有法律效力,债务人应当履行债务。也就是说,时效利益一经抛弃,已经经过的诉讼时效期间归于消灭,即恢复到时效完成前之状态,诉讼时效视为未届满,诉讼时效重新计算。时效利益的抛弃行为具有不可逆转性,债务人抛弃时效利益后不得反悔或撤回,亦不得再以时效完成为由拒绝给付。

---

〔1〕 参见国家法官学院案例开发研究中心编:《中国法院 2015 年度案例》(买卖合同纠纷),中国法制出版社 2015 年版,第 283 页。河南省漯河市中级人民法院(2013)漯民二终字第 5 号民事判决书。

债务人作出同意履行义务的意思表示或者自愿履行义务,可以认定为放弃时效利益,作出同意履行义务的意思表示的主要形式有:当事人双方就原债务达成还款协议,债务人在具有催收意思表示的函件、通知上签字或盖章确认等。

【案例 1－30】　出版集团公司诉新视野公司买卖合同纠纷再审案

再审法院认为,涉案《确认函》上载明的确认款账目为“确保双方往来账目准确”,出版集团公司并未提出要求对方付款的意思表示,而新视野公司的签章和手写内容也未承诺同意支付确认的款项。因此,不能构成双方就债务支付达成新的合意,或新视野公司作出同意履行已超过诉讼时效债务的意思表示。故原审认定出版集团公司的诉讼请求已经超过了诉讼时效并无不当。申请人不能提供证据证明涉案债务未超过诉讼时效。原判决在认定事实和适用法律上是正确的。申请人的再审申请无事实和法律依据,法院不予支持。申请人的再审不符合《民事诉讼法》第二百条第(二)项、第(六)项规定的情形。裁定:驳回出版集团公司的再审申请。〔1〕

债务人对过期债权的履行,视为对诉讼时效抗辩权的放弃。

【案例 1－31】　张某勇诉乌苏啤酒公司买卖合同纠纷案

二审法院认为,乌苏啤酒公司辩称张某勇的诉讼请求已过诉讼时效,在庭审中乌苏啤酒公司称已告知张某勇“只要有证据,公司可以给你减除”,即乌苏啤酒公司向张某勇作出同意履行义务的意思表示,根据《诉讼时效规定》第二十二条的规定,乌苏啤酒公司的上述抗辩理由法院不予支持。张某勇要求乌苏啤酒公司支付啤酒款 33015 元(710 件 ×46.5 元/件)、运费及修理费 28435.24 元和赔偿邮寄送达费 168.8 元,提供相应的证据,法院予以支持。判决:(1)撤销一审判决;(2)乌苏啤酒公司支付张某勇啤酒款 33015 元及运费、修理费 28435.24 元,赔偿张某勇经济损失 168.8 元,以上款项合计 61619.04 元;(3)驳回张某勇的其他上诉请求。〔2〕

7. 已过诉讼时效偿债行使追偿权

诉讼时效届满后偿还本金行为的性质可从两个方面予以把握。超过诉讼时效期间债务人自愿履行借款本金的行为,只能认定其放弃部分债务即本金的诉讼

〔1〕 参见国家法官学院、最高人民法院司法案例研究院编:《中国法院 2020 年度案例》(买卖合同纠纷),中国法制出版社 2020 年版,第 193 页。北京市第二中级人民法院(2018)京 02 民终 9825 号民事判决书。

〔2〕 参见国家法官学院案例开发研究中心编:《中国法院 2014 年度案例》(买卖合同纠纷),中国法制出版社 2014 年版,第 215 页。新疆生产建设兵团第七师中级人民法院(2012)兵七民一终字第 3 号民事判决书。

时效抗辩权。债务人超过诉讼时效已履行的,无权要求返还,但不能认定其放弃对借款利息的诉讼时效抗辩权。倘如债权人不能提交证据证明双方诉讼时效届满后重新达成偿还借款利息的协议,则其应承担举证不能的不利后果。换言之,诉讼时效届满后,其对利息的诉求不受法律保护。

8. 诉讼时效的中止

诉讼时效的中止必须发生法定中止事由,包括不可抗力和其他阻碍权利人行使请求权的情况。民间借贷借款人入狱服刑,出借人可以向自己的住所地人民法院起诉,住所地与经常居住地不一致的,由出借人经常居住地人民法院管辖。因此,借款人入狱服刑并不妨碍出借人向法院行使请求权,故不发生诉讼时效中止的法律效果。

三、买卖合同纠纷的处理

(一)交易习惯的处理

《民法典合同编通则解释》第二条规定:“下列情形,不违反法律、行政法规的强制性规定且不违背公序良俗的,人民法院可以认定为民法典所称的‘交易习惯’:(一)当事人之间在交易活动中的惯常做法;(二)在交易行为当地或者某一领域、某一行业通常采用并为交易对方订立合同时所知道或者应当知道的做法。

对于交易习惯,由提出主张的当事人一方承担举证责任。”

交易习惯也称为交易惯例,它是人们在长期实践的基础上形成的,是某一地区、某一行业在经济交往中普遍采用的做法,是这一地区、这一行业当事人公认并遵守的规则。[1] 但对何谓交易习惯,学者、法官的理解不同,在实践中的分歧颇大。有学者认为,所谓交易习惯,是指在特定地域、行业、群体范围内为一般当事人反复实践而被广为知悉并普遍遵守,或为特定当事人反复实践而持续遵守的交易规则。这些交易规则具有一定的约束力,并已达到使一方当事人对他方当事人在特定交易中遵守该行为规则持有合理预期的程度。[2] 也有学者描述为,所谓交易习惯,是交易中重复出现的行为,是当事人之间建立的一种工作默契。学术界认为它主要包括交易过程和履约过程。交易过程是当事人之间建立共同谅解的基础,用以解释他们的意图和其他行为,交易过程最终可以达成协议,该协议可以体现为明示的合同条款,也可以体现为默示认可。履约过程是合同订立后的一系列行为,如果买卖合同涉及任何一方重复进行的履约活动,并且他了解这种活动的性质和对方有机会对其加以拒绝,任何未经拒绝而被接受、默认的履约过程,均可用于确定协议的含义。在特定交易中,当事人之间已建立的习惯做法,自动产生约束力,除非当事人明确及时否认这种重复行为,否则它已变成合同所蕴含的当事人可以作出该行为或不作出该行为或要求他人作出该行为的一项

---

〔1〕 参见黄薇主编:《中华人民共和国民法典合同编释义》,法律出版社 2020 年版,第 16 页。

〔2〕 参见齐树洁、蔡从燕:《交易习惯若干基本理论问题研究》,载梁慧星主编:《民商法论丛》(第 15 卷),法律出版社 2000 年版,第 14 页。

权利。[1]

一般认为,交易习惯的构成要件为:其一,时间的经常性。交易习惯业经当事人,包括一般当事人和特定当事人反复实践。交易习惯在时间维度上必须具备一定的持续性、经常使用性。其二,具有一定的普遍性。交易习惯须为一般当事人广为知悉并普遍遵守,或为特定当事人共同知悉并一贯遵守,即交易习惯在空间维度上必须有一定的普遍性。其三,具备一定的确信力。交易习惯须具有某种确信,以使当事人有理由相信此类交易习惯在当前的特定类型交易活动中会继续得到遵守,即交易习惯必须具备一定的确信性。其四,内容的合法性。交易习惯确定的前提是不违反法律、行政法规的强制性规定,即必须合法。包含三层含义:一是判断交易习惯是否成立的依据,不仅包括狭义的法律、行政法规,也应包括广义的法律内容,即包括地方性法规、政策、诚实信用原则、社会公共利益与公序良俗等。二是不得违反法律、行政法规的强制性规定,不包括任意性的规定。学者对强制性规范即强制性规定作了一个整体的描述:强制性规范,与任意规范相对,是指直接规范人们的意思表示行为或事实行为,不允许人们依自己的意思对其加以变更或者排除其适用,否则将受到法律制裁的法律规范。更为抽象的概念描述还可以表达为:强制规范是要求人们必须遵守,不得违反的法律规范。[2] 它包含民法上和民法外所有对法律调整对象的事实行为和意思效力作出的肯定或否定要求的规定。强制性规定的目的就是控制和限制当事人的行为。因此,当事人不能通过协议或交易习惯等理由规避强制性规定的适用。例如,即使典权在实践中存在,法院也不能基于习惯做法而认定其物权效力。三是确定交易习惯的任意性规范问题。《民法典》合同编中存在大量的任意性规范,如包含"另有约定"或其他类似措辞的许多条文。这些规范的主要目的,是在当事人没有考虑到或者有意省略的情形下对当事人的意思进行补充。所以,如果交易习惯可以表明当事人"另有约定",则可以认为该交易习惯排除了《民法典》合同编任意性规范的适用。

一般来讲,确定交易习惯的规则中,在确定某种做法是交易习惯时有两个要求:一是客观要件,即"在交易行为当地或者某一领域、某一行业通常采用",这体现了交易习惯地域性和行业性的特点;二是主观要件,即"为交易对方订立合同时所知道或者应当知道"。由此可见,这里所说的交易和我们通常所说的交易习惯有很大区别。如果某种习惯做法仅仅在交易行为当地或某一领域、某一行业被通常采用,则该种习惯做法并不足以被认定为交易习惯。交易习惯的认定强调该种习惯做法主观上为对方订立合同时所知道或者应当知道,即习惯做法不能约束不

---

〔1〕 参见李巍:《联合国国际货物销售合同公约评释》,法律出版社 2002 年版,第 46 页

〔2〕 参见耿林:《强制规范与合同效力——以合同法第 52 条第 5 项为中心》,中国民主法制出版社 2009 年版,第 63 页。

知道该做法的对方当事人。

在各种交易习惯之间的效力上，特殊交易习惯的效力大于地区间交易习惯的效力；地区间交易习惯的效力大于行业间交易习惯的效力；行业间交易习惯的效力大于一般民事交易习惯的效力。[1] 需要注意的是，在同一商事案件中存在不同商事习惯时，当事人之间的民商事习惯的效力大于其他所有民商事习惯。

【案例1－32】 科技公司与包装公司买卖合同纠纷再审案

一审法院认为，按现行商业习惯，发票是结算凭证，卖方将发票交与买方执有，就意味着买方已经向卖方支付了货款。科技公司持有包装公司的两张发票，包装公司又没有相反的证据证明货款没有支付，应认定科技公司已经足额支付了货款。二审法院认为，根据合同中"货款每月25日凭包装公司凭证挂账，于次月10日前由科技公司支付"的条款，双方对货款的结算，也是由包装公司先开具发票后，科技公司在次月付款，除了包装公司开具的发票外，没有其他凭证。一审法院根据现行商业习惯否定本案当事人之间的交易习惯属认定不当。检察机关抗诉后，再审法院维持了二审判决。[2]

交易习惯适用的限制。基于实践中对商事交易习惯的高度依赖，商事交易习惯可谓民商事审判的法律渊源之一。民商事法官在确定当事人权利义务和责任时，应当尊重并重视一些行业组织的章程，会计师协会和交易所等中介机构的业务规则，并可以将其作为审理商事案件时的重要参考依据。实践中，应当对交易习惯的适用进行必要的限制，主要为：其一，交易习惯与合同目的，包括合同明示相抵触而应排除；其二，交易习惯因违反诚信原则或公平原则而应排除适用；其三，交易习惯因违背法律强制性规定、社会公共利益或公序良俗而应排除适用。

需要注意的是，在当事人将交易习惯约定为合同条款时的认定和处理。在有的案件中，当事人往往通过合同条款，约定具有交易习惯性质的条款，或者将本属于交易习惯的内容约定在合同之中。此时，首先要通过合同条款，确认当事人对相关内容是否约定或约定不明，如果当事人约定明确，则没有适用交易习惯的余地，即使当事人将交易习惯约定在合同之中；如果当事人对相关条款没有约定或者约定不明确，而合同中又具有交易习惯性质的条款，则应当尊重当事人的合同意志，确认该交易习惯的效力。

买卖合同中，买方基于长期往来形成的合理信赖，依据交易习惯将剩余货款支付给卖方此前长期授权负责收款的人员，该付款行为有效，卖方应承担表见代

---

〔1〕 参见最高人民法院审判监督庭编：《全国法院再审法律疑难问题》，中国法制出版社2011年版，第15页。

〔2〕 参见最高人民法院审判监督庭编：《全国法院再审法律疑难问题》，中国法制出版社2011年版，第15页。

理的后果。

【案例1-33】 王某东诉张某全买卖合同纠纷案

一审法院认为,本案的争议焦点为:被告张某全于2006年12月26日向俞某支付2万元的行为是否系履行诉争欠条项下的义务。原、被告双方在庭审中确认,原告与被告就青阳大脚丫工程石材款的资金来往,均由原告手下俞某收取款项,被告于2006年11月24日出具欠条承诺2006年12月31日前偿还2万元欠款后,于2006年12月26日通过中国建设银行自助柜员机转入俞某的账户。鉴于原、被告双方于2006年11月24日出具的欠条内容未约定具体支付款项的方式,故被告基于长期交易往来形成的合理信赖,依据交易习惯将款项支付给原告此前一直负责收取款项的人员俞某并无不当。原告关于其已经告知被告不要支付款项给俞某及被告与俞某之间可能存在其他欠款关系的主张,没有相应证据证明,缺乏事实依据。故本案诉争欠条项下被告所欠原告2万元的石材款已经得到清偿。原告的诉讼请求缺乏事实和法律依据,不予支持。判决:驳回原告王某东的诉讼请求。一审宣判后,王某东不服,提出上诉。在审理过程中,王某东撤回上诉。[1]

口头买卖合同发生纠纷时,如果当事人就货款的交付方式未作约定,可以协议补充,不能达成协议的,可以按交易习惯确定。

【案例1-34】 周某东诉冰城利轩铭公司买卖合同纠纷案

一审法院认为,周某东提交的收据载明了货物名称和金额且有冰城利轩铭公司职员的认可,可以证明双方之间形成了事实上的买卖合同关系,该合同关系合法有效。关于2015年10月,2016年1月、3月、4月收据载明的货款金额问题。收据中的收款人处有周某东的签字,双方对此有不同理解,周某东认为收款人处的签字只代表认可送货金额,而冰城利轩铭公司则认为周某东在收款人处的签字表明其收到了相应的货款,在双方对货款交付方式无书面约定的情况下,应依照交易习惯予以确定。从周某东的银行流水可以看出,2015年5~9月、11~12月收据载明的货款金额依次于2015年6~9月、11月,2016年1月、4月由冰城利轩铭公司的法定代表人张某通过转账方式支付,张某的转账时间与金额能够与收据载明的货款金额相对应,说明依照周某东与冰城利轩铭公司的交易习惯,货款的结算方式是在送货的次月或之后通过银行转账方式支付。现冰城利轩铭公司主张2015年10月,2016年1月、3月、4月的货款已经支付,但未提交任何有关款项支付的证据,冰城利轩

〔1〕 参见最高人民法院中国应用法学研究所编:《人民法院案例选》2010年第1辑(总第71辑),人民法院出版社2010年版,第2页。福建省厦门市中级人民法院(2009)厦民终字第2005号民事判决书。

铭公司主张上述货款通过现金支付的主张亦不符合双方之间的交易习惯，故对于冰城利轩铭公司主张该部分货款已经支付的答辩意见，法院不予采信。周某东有权要求冰城利轩铭公司支付2015年10月，2016年1月、3月、4月尚欠的货款。判决：(1)被告冰城利轩铭公司向原告周某东支付货款1369779元；(2)驳回原告周某东的其他诉讼请求。二审法院判决：驳回上诉，维持原判。[1]

【案例1－35】　于某忠诉孔某海买卖合同纠纷案

判决观点，原、被告双方对通过口头协议购买货物并无异议。尹某海系运货人，根据原、被告之间的交易习惯，由尹某海将货运至被告处，且在其送货时将欠复联交给被告方。尹某海的该签字和提货行为均应认定为系受被告委托所为。因此，对原告提交的11张欠据的欠款数额应予以认定。被告对原告提交的是11张欠据中的一张42600元的欠据提出异议，称该笔货物的接收人记不清是否收到。根据双方的交易习惯，尹某海签具欠据的同时应提取货物，故应认定案涉11张欠据中的货物原告均履行了交货义务。原告起诉是自认收到了33万元货款，被告方未提供证据证明其支付的货款数额。在答辩中称有一笔4万元的汇款尚未汇到原告处。因此，可以确认至起诉时原告收到了33万元汇款。对于诉讼中被告给付原告的3万元汇款，被告称其因双方和解而支付的货款，对此，中间人尹某海出庭证实原告虽收取了货款，但未同意和解。被告亦无证据证明双方已经和解。因此，不能认定原告同意以被告给付3万元为条件和解。综上，对原告主张的19250元货款的诉讼请求，法院予以支持。判决：被告孔某海给付原告于某忠货款19250元。[2]

交易习惯在司法实践中的运用并不仅限于此，在一定情况下也可以作为判定事实的依据。

【案例1－36】　谭某德诉梁某龙买卖合同纠纷案

二审法院认为，本案争议的焦点问题是上诉人谭某德与被上诉人梁某龙之间是否存在买卖合同关系。上诉人主张其忠厚老实，等待被上诉人还钱，但被上诉人食言，导致上诉人2019年5月1日才向被上诉人主张权利，所以上诉人的起诉没有超过诉讼时效。谭某德为证实双方之间存在买卖合同关系，提供《欠条》予以证实，梁某龙辩称双方并不相识、《欠条》上的“國”是繁

---

〔1〕　参见国家法官学院案例开发研究中心编：《中国法院2019年度案例》(买卖合同纠纷)，中国法制出版社2019年版，第266页。北京市第三中级人民法院(2017)京03民终5086号民事判决书。

〔2〕　参见国家法官学院案例开发研究中心编：《中国法院2015年度案例》(买卖合同纠纷)，中国法制出版社2015年版，第89页。辽宁省庄河市人民法院(2013)庄民初字第4517号民事判决书。

体字，其根本不懂得如何书写，《欠条》不是其所写，应进行笔迹鉴定，其已经作出合理的说明，故谭某德仍需就存在买卖合同关系的有关事实，如货物特征、单价约定、货物交付等事实进一步举证说明。谭某德称涉案生猪养了两年，但每头毛重只有100多斤，与一般生猪养殖两年后均有四五百斤重的普遍情况相差太远；谭某德称涉案生猪于2007年4月19日在木格新食品屠宰场宰杀，而屠宰场在2008年10月之后才租地建设，之前使用的是旧屠宰场；《欠条》上载明的猪肉单价为7.5元/斤，比监测的单价5元/斤高出近一半，不合常理。如此可见，谭某德对买卖标的物的特征、交付地点、单价等买卖合同重要内容的陈述都是虚假的，本案的买卖合同关系并不存在。为此一审法院结合案件的实际情况，没有认定上诉人与被上诉人之间存在涉案买卖合同关系是正确的。综上所述，谭某德的上诉请求不能成立，应予以驳回；一审判决认定事实清楚，适用法律正确，应予以维持。判决：驳回上诉，维持原判。[1]

【案例1-37】 兰某涛诉杨某亮、卢某勤买卖合同纠纷案

一审法院认为，本案争议的焦点是原、被告之间究竟是何种交易习惯。从被告提供的视频资料可以看到：被告卢某勤先进店时手里拿着钱，接着原告兰某涛手持笔记本进店，让卢某勤签字，卢某勤在兰某涛指定的地方签字，签字后卢某勤拿出钱款清点后交给兰某涛，兰某涛清点期间，卢某勤将笔记本拿到自己一边，随后可以清楚地看到卢某勤将笔记本向前翻了几页，并挪至自己面前开始写字，此时卢某勤的身体挡住了笔记本，无法看到书写内容，根据录像，书写时间大约13秒，然后兰某涛拿着笔记本离开。通过分析录像可知，卢某勤先在兰某涛的笔记本上签字，然后卢某勤向兰某涛付款后将笔记本向前翻几页再次记录，应是记录付款情况，否则无法解释卢某勤签字后为何再次书写，该内容与二被告所述的支付货款后在原告的笔记本前面记录相符，符合常理，应是原、被告间的交易习惯。原告兰某涛称当日支付的1万元系归还之前二被告欠其借款，没有任何证据支持，法院不予采信，原、被告之间仅有买卖鸡蛋的经济往来，可以确认是支付鸡蛋货款。结合录像，被告卢某勤向兰某涛付款后，未见撕掉笔记本的举动，故原告诉称被告付款后撕掉已付款的货物记录，与原、被告间的交易习惯不符。原告兰某涛否认二被告已支付1万元及货款的事实，应是为了否认录像中显示的交易习惯。不同民事主体可有不同的交易习惯，买卖双方均可形成自己的交易习惯，被告提

〔1〕 参见国家法官学院、最高人民法院司法案例研究院编：《中国法院2022年度案例》（买卖合同纠纷），中国法制出版社2022年版，第187页。广西壮族自治区贵港市中级人民法院（2020）桂08民终1920号民事判决书。

供的录像印证并说明原、被告间的交易习惯是在持有的笔记本的前面记录。原告兰某涛作为笔记本的持有人，对笔记本保管不善，致使笔记本记载的被告付款的页面灭失，导致无法核实被告是否付清货款，应承担不利后果。判决：驳回原告兰某涛的诉讼请求。二审法院判决：驳回上诉，维持原判。[1]

当事人之间的交易习惯对于确定当事人之间的法律关系具有重要的作用。

【案例1－38】　周某诉宋某买卖合同纠纷案

一审法院认为，关于原告的诉讼主体是否适格问题。首先，根据《买卖合同解释》第一条的规定，周某系《称重单》的实际持有人；其次，宋某曾于交易过程中，两次就部分原煤买卖通过微信的方式向周某发送欠条，确认欠款金额；再次，在宋某与周某的通话记录中，周某向宋某催款，宋某在回复中并未否认欠款，也未对欠款数额提出异议，并答应向其支付部分；最后，陈某富经法院追加为第三人参加诉讼后，并未对本案所涉的该笔货款提出主张，且自认为周某的员工，其根据周某的指示向宋某发煤是履行职务行为，其所发的煤的所有权人为周某，周某系该债权的债权人。综上，可以认定本案所涉的买卖关系中，周某系与宋某交易的相对方。

关于被告人宋某尚欠原告周某货款金额的问题。周某与宋某存在事实上的原煤买卖合同关系。陈某富根据周某的指示依约向宋某履行了供煤959.99吨的义务，宋某应当向周某履行支付货款的义务。据此，宋某向周某采购的原煤价值合计423679.8元。宋某于购煤期间陆续向周某支付了227732元的货款，故剩余195947.8元的货款未付。对于该剩余未付货款，宋某在与陈某富的通话记录中予以确认，但其主张应对质量不合格的部分货款予以扣除，由于未对其从周某处购买的煤存在质量问题予以举证，故法院对其要求扣减部分货款的主张不予采信。

关于原告诉请要求被告支付利息的问题。根据原、被告双方的交易习惯，由宋某指派车辆购煤，陈某富受周某指示负责按照宋某的购买需求将煤装车称重，之后将发煤的日期、煤的重量及运输车辆的车牌号通过微信发送给宋某，宋某向周某付款。根据《合同法》第一百六十一条的规定，陈某富已经向宋某供应完毕案涉的货物，但宋某未积极履行付款义务，已构成违约。对于利息的起算时间，法院调整为自2019年1月21日起计算。经查实，原、被告双方此前对逾期付款的利息没有约定。判决：(1)被告宋某向原告周某

---

〔1〕　参见国家法官学院案例开发研究中心编：《中国法院2018年度案例》（买卖合同纠纷），中国法制出版社2018年版，第179页。河南省南阳市中级人民法院(2017)豫13民终30号民事判决书。

支付货款人民币 195947.8 元;(2)被告宋某向原告周某支付利息;(3)驳回原告周某的其他诉讼请求。二审法院判决:驳回上诉,维持原判。[1]

根据交易习惯提取返点费用的约定受法律保护。

【案例 1-39】 丰新福公司诉建星经营部、陈某林买卖合同纠纷案

判决观点,第一,根据本案查明的事实,陈某林长期担任多家不同建材经营部的联系人,代表多家建材经营部全权处理与天润公司签订的《采购合同》或《补充协议》,从而长期向天润公司供应砂石,因此,可以认定被告陈某林长期通过不同建材部等建材经营主体向天润公司供应砂石材料的事实。另外,根据原告持有大量天润公司出具的《称重计量单》、发票并结合陈某林本人作为联系人的多家建材经营部向原告及原告委托收款人支付货款等相关事实,可以认定原告长期代被告陈某林控制的多家建材经营部向天润公司供应砂石的事实。第二,根据 2018 年 9~11 月《称重计量单》原件由原告所有、原告员工与天润公司员工庄某超商洽沙石供应事宜、原告法定代表人林某谅与被告陈某林的微信聊天内容,可以认定原告系本案诉争的 2018 年 9~11 月《称重计量单》载明的砂石的实际供货方。第三,关于本案诉争的货款数额。法院认为,根据原告提交的 2018 年 9~11 月《称重计量单》并结合天润公司向法院提交的《建行客户专用回单》《建研家商城交易记录详情》《材料结算确认表》等证据,2018 年 9~11 月原告丰新福公司代表被告建星经营部及陈某林向天润公司供应沙石货款总额为 5825250.74 元,因此,对该货款数额法院予以确认。第四,虽然砂石货款总额为 5825250.74 元,但该款并非全部归原告所有。根据查明的事实,原告与被告陈某林在长期的交易过程中形成的交易习惯,被告陈某林及不同的建星经营部在支付给原告的货款中均应扣除相应的税费及砂石款返点费用,因此,依交易习惯,本次诉争货款的相应税费及砂石款返点费也应由原告承担,予以扣除。法院认为,砂石款返点费用实际应为被告陈某林及建星经营部的应得利润,应当予以扣除。依之前砂碎石每立方米由被告陈某林及建星经营部提取返点费用的交易习惯,本案诉争的砂石款返点费也应当按原告向天润公司供应的砂石方量进行扣除。判决:(1)被告陈某林、建星建材部应给付原告丰新福公司沙石货款 5297860.5 元及利息;(2)被告陈某林、建星建材部应给付原告丰新福公司诉讼保全申请费 5000 元;(3)上述第一项、第二项确定的款项应于本判决生效

---

〔1〕 参见国家法官学院、最高人民法院司法案例研究院编:《中国法院 2022 年度案例》(买卖合同纠纷),中国法制出版社 2022 年版,第 217~218 页。广西壮族自治区柳州市中级人民法院(2020)桂 02 民终 4548 号民事判决书。

之日起10日内付清;(4)驳回原告丰新福公司的其他诉讼请求。[1]

民事案件和商事案件对案件判断的价值追求不同,民事行为与商事行为在立法价值取向上的差异,造成了法官在审理民、商事纠纷案件时法律关系上不同的考量。在商事纠纷中应当考虑行业惯例及交易规则的参考价值。

【案例1-40】 何某诉何某宝买卖合同纠纷案

二审法院认为,本案争议的焦点是双方的交易方式是什么,交易标的是否明确无分歧,何某宝是否保证涉案原石为翡翠。从双方陈述的交易过程可知,双方交易的标的高达40万元,但在交易前,何某并未提出就涉案原石是否为翡翠或是否含有翡翠进行鉴定,而是在切开原石之后才单方送检。对此,何某陈述是基于对何某宝的信任。此外,何某还陈述,何某宝曾口头承诺,若涉案原石并非翡翠,则愿意退货退款。对于价款高达40万元的交易,何某述称其仅凭何某宝的单方承诺即相信该交易标的为翡翠,而不进行任何鉴定,亦不要求何某宝书面承诺如非翡翠则退货退款就立即向何某宝支付了40万元,并不符合常理。结合李某的证人证言,本案交易模式为翡翠行业通行的交易方式——赌石或赌玉。资料显示,赌石或赌玉是指在玉石交易的过程中,由于砾石表面有一层风化皮壳的遮挡,看不到内部的情况,人们只有根据皮壳的特征和在局部上开的"门子",凭自己的经验判断赌石内部翡翠的优劣。这就使在翡翠原料交易中,对翡翠原料品质的鉴别成为一件颇为困难的事情。这样的交易颇似赌博,谁也没有必胜的把握,即使是经验老到的行家,也难免有看走眼的时候,风险很大,行业内有"神仙难断寸玉"的说法,所以人们将这种商业行为称为赌石。从本案的情况来看,何某作为长期从事石头交易的商主体,显然知晓翡翠行业这一交易模式。而何某与何某宝交易时,一未进行鉴定,二未对涉案原石进行切割,仅凭肉眼观察和卖方对石头的描述就决定以40万元的高价交易,显然符合上述关于赌石的描述。既然何某接受了这一种交易的模式,并且在交易后也对涉案原石进行了切割,那么其要求全额退货退款的诉讼请求显然于理不合,于法无据。但是从证人证言、本案证据以及相关资料中可以看出,本案还存在与通常翡翠行业中赌石行为的不同之处,即何某宝向何某出具了一张《收据》,载明:"今收到缅甸翡翠原石一块,重量33.5公斤,价肆拾万元整(40万元)。何某宝2013年7月26日。"这也是本案产生极大争议的地方。由于双方并未签订书面买卖合同,并未对买卖双方的权利义务作出明确约定,也未明确涉案原石如果切割

---

〔1〕 参见国家法官学院、最高人民法院司法案例研究院编:《中国法院2021年度案例》(买卖合同纠纷),中国法制出版社2021年版,第173页。福建省厦门市海沧区人民法院(2019)闽0205民初374号民事判决书。

无翡翠则应如何处理。在此情况下,此份《收据》对确定双方责任十分关键。该份《收据》系何某宝亲笔书写,何某宝在该份《收据》中写明出售的是"翡翠原石"。无论双方在实际交易时如何洽谈,该份《收据》的表述确实存在让人认为涉案标的系翡翠原石、极大可能切割出翡翠的意思。何某宝主张其作出如此表述系应何某的要求,但无直接证据证明,不足以采信。基于该份《收据》以及何某宝与何某之间的熟人关系,可以确认双方之间的交易与翡翠市场上陌生人之间的赌石模式不完全相同,而存在一定基于熟人信赖的因素。因此,如果完全驳回何某的诉请,显然有失公平。但是,原石已被何某切割,返还原物已不可能。一审法院没有考虑翡翠行业特殊的交易模式,直接判令全额退货退款,显然对何某宝也有失公允。考虑到本案的特殊情况,应在衡平双方利益的基础上,酌判何某宝向何某退还20万元货款及相应的同期贷款利息。由于何某宝不确认何某携带到庭的原石系之前交付的原石,并表示经切割的原石已大幅贬值,又基于何某宝仅需退还50%的货款给何某,故何某无须再向何某宝退还原石。判决:(1)撤销一审判决第二项;(2)变更一审判决第一项为:何某宝向何某返还货款20万元并支付利息;(3)驳回何某的其他诉讼请求。[1]

(二)买卖合同变更的处理

合同的变更是指合同成立后,当事人对合同的内容进行修改或者补充。[2]

合同在履行过程中,由于各种原因,可能进行变更。如果合同被确认无效,则不存在合同变更问题。如果合同存在重大误解和显失公平的情形,享有撤销权的一方在要求撤销合同后,则亦不能发生合同变更情形。合同变更后产生了一系列相关问题,在发生纠纷后进入诉讼程序,由法官进行裁量。

1. 合同变更的理解

《民法典》第五百四十三条规定:"当事人协商一致,可以变更合同。"本条是关于当事人协议变更合同的规定。本条主要包括以下几层含义:其一,本条确定了适用的前提条件是存在已成立的有效合同关系;其二,对合同的内容进行变更;其三,本条未对变更合同的形式作出限制;此外,法律规定合同变更需要办理批准

---

〔1〕 参见最高人民法院中国应用法学研究所编:《人民法院案例选》2018年第9辑(总第127辑),人民法院出版社2018年版,第118~119页。广东省广州市中级人民法院(2016)粤01民13835号民事判决书。

〔2〕 参见黄薇主编:《中华人民共和国民法典合同编释义》,法律出版社2020年版,第184页。

等手续的,应当依照其规定;法院可以依职权变更合同。

《民法典》第五百四十四条规定:“当事人对合同变更的内容约定不明确的,推定为未变更。”本条是关于合同变更的内容约定不明确的规定。其一,本条确定了适用的前提条件是合同变更的内容约定不明确;其二,法律推定为未变更。

合同变更的性质。其一,合同变更也是一种合同,是双方当事人的合意。合同的变更,是合同当事人平等自愿协商的又一轮意思表示,是新的要约与承诺的统一。其二,合同变更是以变更意思表示为要素,但存在例外情形。其三,合同变更是对原合同的某些内容进行修改或者补充,一般不是对整个合同进行变更。如果合同内容全部变更,则为重新订立合同,而不是合同变更。其四,合同变更不需要消灭原合同内容,它只是对原合同的部分内容进行调整。如果变更后的合同没有吸收原合同的实质性内容,而是成立了一个新的与原来合同毫无关系的合同,就不是法律上所指的合同变更。因此,原合同关系的存在,是合同变更的前提,没有原合同,就不可能发生变更合同的事实。

合同变更的要件。其一,必须有变更的合同存在。一是合同有效成立,并已生效。如果合同未成立、未生效,则不存在合同变更的基础。二是合同当事人应知其在变更合同。其二,必须变更合同的内容,如合同标的种类的改变,数量的增减,价金的增减,质量的改变,履行地点、方式、期限的改变等。没有上述内容之一的改变,就不是变更合同。其三,必须有合同变更的意思表示。这种意思表示仅有债权人一方的意思表示还不够,应当是双方当事人均有这种意思表示。其四,必须满足合同成立的一般要件,即有变更合同的要约和变更合同的承诺,合同才能成立。

合同变更的形态。从不同角度,可以有出不同的分类。从意思自治上讲,可分为双方合意的变更和法定条件的变更。前者是当事人意思表示一致的变更,是合同变更的主要情况;后者是基于法律规定的变更,即当事人可以请求法院变更,包括重大误解、显失公平、欺诈胁迫、乘人之危和情势变更。这类非当事人合意的变更,为合同变更的例外。从意思表示形式讲,可分为意思表示的变更或行为方式的变更。前者是指当事人用意思表示的形式变更,这是合同变更的主要形式。后者当事人用行为形式表示变更,为其合同的特殊形式。

合同变更的程度。合同的变更范围与合同的变更程度具有内在联系。就合同变更而言,由于改变程度的不同,会产生取消原合同的“变更”与不取消原合同的变更两种后果。而取消原合同的“变更”则是合同的更新。就合同变更的程度是否会导致一个合同消灭,继而产生一个新的合同,学者论述的不多。这事实上涉及合同的同一性问题,即什么程度的合同变更会导致原合同的消灭,新合同的产生,这在理论和实践中是有争议且需要深入研究的难题。

合同变更与第三人的关系。因合同具有相对性,一般情形下,合同变更只需合同当事人同意即可，但实践中的合同可能存在特殊情形，不同类型合同中的变更有可能还需要当事人之外的第三人同意，如保险合同、担保合同。

单方变更采信。实践中，一方当事人变更合同的，另一方当事人可以认可，也可以不予认可。认可的视为由单方变更转化为双方的合意，不认可的则一方的行为对相对方不产生影响。在一方当事人变更合同时，存在特殊形态即相对方是否可以认可一方变更中对其有利的条款。笔者认为，根据意思自治原则，相对方完全可以自主决定是否同意另一方当事人提出变更合同的全部内容或部分内容，也就是仅对自己有利的内容认可，相对方有权选择另一方对合同修改中对其有利的条款。相对方的这种选择应视为是对选择有利条款的合意，就这一部分内容应受法律保护。就单方变更合同的法律性质讲，依其法理，单方法律行为可以给本人创设义务、放弃本人权利，但是除非他人认可，否则不能给他人创设义务、替他人放弃权利，但他人可以选择认可对其有利的权利，而拒绝对其不利的义务。

2. 合同变更的范围

合同内容的变更，是合同变更的常见形态，也是争议最多的问题。合同内容在合同生效后，未经双方协商一致，是不允许变更的。合同的变更，主要在保持原合同关系的基础上，使合同内容发生变化，合同变更的实质是以变更后的合同代替了原合同。合同内容的变更表现在诸多方面，合同变更既可能是合同标的物变更，也可能是合同数量的增加或者减少；既可能是履行地点由北京改为乌鲁木齐，也可能是履行方式的改变；既可能是合同履行期的提前或者延期，也可能是违约责任的重新约定。当事人给付价款或者报酬的调整是合同变更的主要原因。此外，合同担保条款以及解决争议方式的变化也会导致合同的变更。从合同构成要素上讲，合同变更的实质是各个要素的变更，如合同标的物种类变更、数量增减、品质标准改变、规格更改等，履行期提前或推后，履行地点的变更，履行方式的变更，合同价格改变或改变利息，合同违约金的变更等。

合同主体的变更，是属广义的合同变更，但应予以充分注意。在合同履行的过程中，合同之外的第三人替代合同一方当事人成为合同主体，而双方当事人没有就第三人成为合同主体再签订权利义务转移协议，表明另一方当事人对第三人成为合同主体予以认可。此时对合同的内容没有变更，原合同的一方当事人退出合同，第三人与另一方当事人履行原合同。合同主体发生变更会影响合同效力的认定，只要没有违反法律的强制性规定，合同变更后，另一方当事人认可的，应根据合同的意思自治原则，不能轻易否认合同的效力。

应当注意的是，确定合同变更的范围，必须有合同内容的变化。合同变更，必须能起到使合同的内容发生改变的效果，否则不能认为是合同的变更。合同变更以变更后的内容为准。从变更的内容即可看出合同内容是否被改变，也即是否达到了合同变更的目的与效果。合同变更应是对合同内容部分的修改或者补充,实际是对合同内容局部的变更,而不是对合同整个内容的变更。一般来说,合同的内容包括标的、数量、质量、价款或者报酬、履行期限、履行地点和方式,违约责任、解决争议的方法等条款。合同变更就是对上述内容的部分修改或者补充,如数量的增减、改变履行方式等。如果当事人对合同内容全部进行变更,实际上是消灭了原合同的权利义务关系,重新确立了双方当事人的新的权利义务关系,形成一个与原合同完全不同的新合同,这已不是合同变更而是合同更新,超出了合同变更的范围。认定变更的关键是为实质性内容有无变化,实质性内容无变化的不应视为合同变更,且应在个案中视合同性质而定。

在买卖合同等以金钱给付为内容的合同中,当事人在合同之外,往往还通过对账单、还款协议等对原合同的履行情况作出确认,对合同的还款期限、还款方式等作出新的安排,此时是否为合同变更需要区别情况而定。其一,对账单、还款协议等仅对原合同履行情况作出确认,并未对原合同作出变更,或仅是对原合同的债务人、债权人及债务标的给付之外的其他内容作出部分变更,但不涉及逾期付款责任的,不影响买受人依约请求逾期付款违约金的,则不应视为合同变更。其二,对账单、还款协议等已变更主合同中的价款等内容,导致原合同发生实质性改变,合同的同一性丧失,发生债的更改,此时虽产生广义的合同完全变更的法律后果,但是构成一个新的合同,而非狭义上合同部分内容或条款的变更,不应认定为合同变更。其三,对账单、还款协议等对原合同的部分内容或条款作局部性改变,前后合同仍保持同一性的,如利息、违约金、担保等从给付义务的变更,或者是履行期限、履行方式、履行地点等履行形式变更的,则应认定为合同的变更。

在原合同内容不变,又增加新的内容,亦属合同变更的范畴。

出卖人在履行合同的过程中,对货物型号变更的,买受人应积极履行外观检验义务,因怠于履行检验义务的,在接收货物后的合理期间内未提出异议的,可视为接受变更内容。

【案例1－41】　门业公司诉帆布制品公司、刁某明买卖合同纠纷案

一审法院认为,原告门业公司与被告帆布制品公司订立《防汛沙袋采购合同》,系双方的真实意思表示,应受法律保护。合同中约定的沙袋型号为3×3帆布,实际交付货物为3×2帆布,合同主要标的物发生了变更。从原告提交的沙袋样本来看,3×3与3×2两种型号的区别肉眼是可辨的。第一,根据合同约定,货物送达后,原告应按检验标准对货物进行检测验收,如有数量、规格型号、颜色或质量问题,帆布制品公司应在接到原告的电话通知后派人处理,根据问题的严重程度,原告可以采取拒绝接收、限期补货或货款折扣等方式进行处理。但在合同履行的过程中,帆布制品公司自2017年10月19日至2019年5月7日,分7次供货,时间跨度为一年半,原告也多次付款,却并未举证证明其向帆布制品公司提出过产品质量问题。因此,可以推定双方就货物型号的变更达成了合意。第二,双方就货物型号变更达成合意后,是否对货物价款进行了调整。如按帆布制品公司举证时所述,双方于9月16日签订合同,帆布制品公司作为专业的制品公司,9月17日发现无法执行3×3的标准,与常理不符;即便如帆布制品公司所述,双方达成合意,沙袋单价不变,一则主要标的物发生变更,二则交易价款数十万元,数额较大,按照商事交易习惯,帆布制品公司提高价款,应尽到谨慎义务,要求与原告重新订立合同或订立补充条款,但从举证情况来看,帆布制品公司并未如此,由此产生的法律上的不利后果,其应承担。3×3与3×2用料不同,成本不同,价格必然存在差异,一审法院酌情确认差价0.2元/条较为适宜。帆布制品公司向原告供应防汛沙袋345597条,应返还原告货款差价69119.4元。第三,被告是否存在迟延交货问题。实际交货时间虽与合同约定不符,但根据两被告提交的证据,可以认定帆布制品公司多次催促原告提货,而原告并无证据证明变更交货时间是两被告的原因所致,故原告要求两被告承担迟延交货违约金,证据不足,不予支持。第四,原告主张其低价出售了部分货物,要求两被告赔偿损失。法院认为,原告目前并无证据证明其向两被告主张了货物质量问题,低价出售前亦未与两被告协商处理,仅凭其与案外人的合同,无法证明其主张的事实。3×3与3×2的差价问题,已予处理,原告主张的其他损失证据不足,不予支持。第五,刁某明应否承担连带清偿责任。首先,从合同形式要件看,刁某明并非合同的相对方;其次,原告并无明确证据证明两被告存在财产混同情形。因此,原告要求刁某明承担连带清偿责任,证据不足,不予支持。判决:(1)被告帆布制品公司返还原告门业公司货款69119.4元;(2)被告帆布制品公司支付原告门业公司保全保险费160元;(3)驳回原告门业公司的其他诉讼请求。二审法院同意一审裁判意见,判决:驳回上诉,维持原判。[1]

3. 协商变更的认定

合同的变更必须经双方当事人协商一致,这是判断合同变更的核心标准。协商一致,应是双方当事人的自愿和真实的意思表示,任何一方不得采用欺诈、胁迫等不正当手段与对方当事人达成违背对方真实意思的变更协议。协商一致,应遵循自愿互利原则,给当事人充分的合同自由,但不得违背法律、行政法规,侵害国

---

〔1〕 参见国家法官学院、最高人民法院司法案例研究院编:《中国法院2022年度案例》(买卖合同纠纷),中国法制出版社2022年版,第133~134页。山东省济南市中级人民法院(2020)鲁01民终1681号民事判决书。

家、社会或者他人的利益。合同依法成立后,即发生法律约束力,任何一方当事人不得擅自更改合同。当事人经协商一致可以对合同的内容进行变更,具体怎样变更,变更哪些内容,任何一方不与对方当事人协商而擅自变更的,其变更行为无效。也就是说,经过当事人协商一致对原合同的部分内容进行修改或者新的补充,实际上是双方当事人对这部分内容达成新的协议,产生新的权利义务关系。如果双方当事人就变更事项达成了一致意见,变更后的内容就取代了原合同的内容,当事人应当按照变更后的内容履行合同。如果双方没有协商一致,即表现为对合同是否需要变更以及变更达不成一致,合同未变更,此时并未形成新的权利义务关系,当事人仍然应当按原合同确定的权利义务履行。注意,协商一致变更合同要受到一定的限制。

在实务中,双方协商一致的表现形式呈现多样化、复杂化,并非有很直观的表现,有的协商一致的形式尚需法官行使自由裁量权确定。而且,法院内部也时常有不同意见。

【案例1-42】 南京毛麻纺织工贸公司诉镇江国际经济技术合作公司买卖合同纠纷案

一审法院认为,合同成立后,工贸公司虽提出变更付款日期,但合作公司未予同意,双方仍应按原合同全面履行。二审法院认为,双方于1996年9月10日的往来函件足以证明双方已达成一致意见,将供货数量协商变更为50吨,可视为对原协议的变更,工贸公司随即向合作公司交付了驻宁办的担保证明,为自己偿付50吨货物的付款能力向合作公司出具了担保,合作公司在此情况下仍不按双方变更后的约定供货,应属违约行为,其提出不应返还定金的上诉请求缺乏法律依据,不予支持。[1]

双方协商一致变更是否成立,需在个案中确定。当事人通过书面形式订立合同的,变更合同原则上也应采用书面形式,或者采用书面以外的如口头形式以及包括事实行为等在内的其他形式变更合同的,只要当事人没有争议,也可以认定为合同变更。如果当事人就书面形式以外的情形理解不一致引发争议,就应当适用《民法典》第五百四十四条的规定,视为当事人对合同变更的内容约定不明,推定为合同未变更。

【案例1-43】 绕某永诉三明国安大酒店买卖合同纠纷案

一审法院认为,原告绕某永为被告提供了64台空调,其中61台更换了型号,被告虽对是否经过协商同意,不予认可,但空调型号、数量的变更是直

---

〔1〕 参见最高人民法院中国应用法学研究所编:《人民法院案例选》1998年第4辑(总第26辑),时事出版社1999年版,第147页。

观的，被告在原告安装时应当知道，被告在原告为其安装空调后并未在合理期限内提出异议，并已投入使用至今，且被告未能提供充分证据证明空调存在质量问题，被告不支付原告空调款的理由不能成立。二审法院维持原判。[1]

对于合同明确约定的内容，当事人一方实施了特定行为，相对人对此明知而不作反对表示的，视为同意，达成合同变更的意思表示。若合同无明确约定，法律亦无相关规定，当事人一方实施的行为和相对人对此保持沉默的，都不构成合同的变更。

【案例1-44】 仁信加工厂诉精诚铂阳公司买卖合同纠纷案

二审法院认为，仁信加工厂和精诚铂阳公司签订的《轮轴等供货合同》约定了合同的生效条件，即本合同自双方签字盖章且买方支付定金或预付款后生效，该约定系双方的真实意思表示，未违反法律法规，对双方具有约束力。本案中，精诚铂阳公司未向仁信加工厂支付定金及预付款，根据双方的约定，该合同未生效。仁信加工厂关于双方当事人多年来并未严格按照合同约定的条件履行，经常和合同约定的条件有出入；本合同的履行也是按照双方之间形成的惯例履行的，以及精诚铂阳公司接收货物的行为表明合同已生效的上诉主张，精诚铂阳公司并不认可，仁信加工厂亦未提交证据加以佐证。仁信加工厂向精诚铂阳公司交付8100元的货物，精诚铂阳公司接收货物的行为，不能认定上述合同已生效。且根据合同约定，对合同的修改、补充必须以书面形式体现，经双方盖章后才能生效，故仁信加工厂对涉案合同生效并已开始履行的上诉主张不能成立。仁信加工厂要求精诚铂阳公司履行合同接收货物的诉讼请求，一审法院不予支持并无不当。综上，仁信加工厂的上诉理由和请求，因缺乏充足证据和法律依据，法院不予支持。一审法院判决认定事实清楚，适用法律正确，处理并无不当，应予维持。判决：驳回上诉，维持原判。[2]

单方承诺经对方当事人认可的，可认定为对合同的变更。

【案例1-45】 枣矿二机厂诉煤田一机厂买卖合同纠纷案

二审法院认为，煤田一机厂于2011年6月24日出具"承诺"，枣矿二机厂对此予以认可，系双方当事人在各自履行情况的基础上达成的新的意思表

〔1〕 参见国家法官学院案例开发研究中心编：《中国法院2012年度案例》（买卖合同纠纷），中国法制出版社2012年版，第176页。福建省三明市中级人民法院（2010）三民终字第623号民事判决书。

〔2〕 参见国家法官学院案例开发研究中心编：《中国法院2018年度案例》（买卖合同纠纷），中国法制出版社2018年版，第222~223页。北京市第二中级人民法院（2016）京02民终6562号民事判决书。

示。因此,煤田一机厂应当根据该"承诺"约定的期限和数量完全履行其交货义务。根据枣矿二机厂提供的供货明细和煤田一机厂的庭审陈述,认定在实际履行中,煤田一机厂并未依照该承诺约定的期限履行其交货义务,其迟延履行属于明显的违约行为,煤田一机厂应当承担相应的违约责任。枣矿二机厂诉请的违约金数额明显低于《买卖合同》的约定,且在法律规定的合理范围之内,予以支持。判决:驳回上诉,维持原判。[1]

当事人的履行行为可以变更合同,但应注意审查其是否形成合意。实践中,虽然双方当事人认可曾经有口头协议(如变更合同的履行期限),但一方当事人对另一方当事人的履行行为一直表示异议的,应认定为未变更。判断合同条款是否变更,应当结合当事人之间是否达成以履行行为变更合同条款的合意进行判断。

双方协商一致在性质上是新要约与新承诺的统一,如果没有承诺,则不能认定合同变更。一般认为,关于是否构成实质性变更的判断,难以抽象确定,必须视每一具体情况而定,应当对要约和承诺的意思表示按照诚实信用的原则进行解释。承诺与要约的内容应当一致,并非指在文字表达上完全一致,如果承诺仅仅在外在形式上变更了要约的内容,而实质内容并未改变的,则承诺有效。实践中,保证人变更保证期限是对保证合同作出的实质性变更,应视为新要约。

对订单的标注和修改构成对要约的实质性变更。

【案例1-46】 伊藤忠商事会社与中电通信科技有限责任公司买卖合同纠纷案

最高人民法院认为,株式会社对交货日期的修改涉及订货至交货的时间、进度安排和交付时间的变更,对总价格的修改则表明株式会社和中电公司对价格含税与否有截然不同的意见。株式会社在5份订单上的修改构成了对中电公司要约的实质性变更,是新要约。此后,这5份订单由株式会社又回传给中电公司。由于株式会社未能举证证明中电公司对订单已经重新确认,故对上述5份订单项下的货物,双方并未以书面形式成立买卖合同。[2]

在实践中,由于社会生活的多样性和复杂性,合同变更形态亦并非单一,司法实践中,应关注双方协商一致变更合同的特殊形态。有法官认为,双方当事人的实际履行均违反了合同约定,但彼此相互接受;或一方的实际履行违反了合同约

[1] 参见国家法官学院案例开发研究中心编:《中国法院2015年度案例》(买卖合同纠纷),中国法制出版社2015年版,第178页。山东省枣庄市中级人民法院(2013)枣民四商终字第83号民事判决书。

[2] 最高人民法院(2005)民一终字第120号民事判决书。

定,对方表示接受,嗣后均不能按违约处理,应视为双方当事人对原合同约定的变更。[1] 笔者亦赞同上述观点。换言之,双方对原合同约定的内容均未履行,并接受对方约定内容之外的履行行为,为合同协商变更一致的常见现象。

双方协商一致变更合同例外的另一种形态是基于法律规定推定变更。买受人未提出异议,应视为双方当事人在合同履行过程中对标的物的数量和型号进行了变更。

应注意的是,关于默示变更中协商一致的认定问题。现实生活中存在大量的默示变更现象,前面列举了具体的案例。默示变更的默示行为,是指依据约定或法律规定从表意人单纯的不作为推理确定其意思表示的表示形式。但沉默并不等于默示,通常情况下,单独沉默行为不能成为意思表示的形式,亦存在保留异议权利或予以默认等多种可能,在司法实践中也不能简单地认定为默示,其沉默行为必须符合法律规定或双方约定方能作出当事人意思表示一致的认定。

对于定金条款的变更。判断定金条款是否变更的关键在于,是否能够从接受定金方接受交付定金的行为中直接推断出作出了同意变更合同的承诺。对默示的承诺的推断,应符合一定条件,即基于法律规定、当事人约定或者交易习惯、一般常理。在商事交易中,更应注意商事行为推知意思表示的特殊性。

当事人协商一致,可以变更合同。当事人就买卖达成多次变更协议的,每次变更都是当事人的真实意思表示,后一意思表示与前面达成的协议不一致的,视为当事人对前一协议的变更达成一致,以最终的协议为准。

两份合同的争议解决方式约定不同的,因两份合同的签订时间不同,故合同签订时间在后的可视为各方对争议解决方式达成变更的一致,争议的解决方式应以签订时间在后的为准。

4. 合同变更的效力内容

合同变更是在原合同存续有效的基础上,对该合同的一些内容进行修改或者补充,其实质是以变更后的合同内容代替原合同的相关内容或者在原合同中产生了新的合同内容,因此在合同变更生效以后,变更后的合同对当事人具有法律约束力。

合同变更的法律效力,体现在以下方面。

其一,合同变更后,变更的那部分内容发生法律效力,原有的这一部分内容失去效力,当事人应按照变更的内容履行合同。当事人对部分合同条款变更的,不影响合同其他条款的效力。合同的变更就是在保持原合同的统一性的前提下,使

---

〔1〕 参见李勇主编:《买卖合同纠纷》,法律出版社 2011 年版,第 195 页。

合同内容有所变化。合同变更的实质是以变更后的合同取代原有的合同。

合同变更达成新的合意,从而对双方当事人具有法律约束力。

【案例1-47】 青岛光明总公司与青岛啤酒股份有限公司买卖合同纠纷案

最高人民法院认为,光明公司为损失补偿、违约、差价、返利、广告、滞纳金等事宜,先后给青啤公司发出数十份函件。该类函件或者载有损失费用、优惠价格、返利款、促消费、合理损耗、坏酒补偿、违约金数额等内容,或者载有违约销售者的名称、销售地点、数量、计算标准、赔偿数额等内容,或者载有履行期限延长等内容,且大多载有诸如"如对本函有异议,请在一定时间内给予书面答复并提供相应书面证据"之类的内容。这些函件一式两份,有的为青啤公司销售分公司副经理楚某阳(亦为协议书中青啤公司的签字代表)或其他工作人员通过签字或者签字加盖公章的方式签收,有的函件为青啤公司销售分公司市场部负责人孙某等核对修改后加盖个人私章。青啤公司销售分公司在函件上签字后并让光明公司取回,均未提出异议。在双方签订的协议书、补充协议等合同中对文函所载内容没有具体约定时,这些文函应当认定为光明公司在函件所载内容方面提出的新的意思表示或者新要约,青啤公司在上述文函上签字或者经修改后签字并让光明公司取回且未提异议的行为,应当认定为对光明公司新的意思表示的认可或承诺,因此应当认定双方就文函所载内容达成了合意,从而对双方具有法律约束力。故青啤公司关于光明公司单方发出的索赔函不应成为青啤公司承担赔偿责任的依据和青啤公司未对索赔通知函提出书面异议的行为不构成赔偿承诺的主张,法院不予支持。[1]

其二,合同变更没有溯及力。即合同的变更只对未履行的部分有效,不对合同已经履行的内容发生效力。任何一方当事人不得因为合同的变更,而单方要求对方当事人返还已完成的部分。

其三,合同的变更不影响当事人请求损害赔偿的权利。在合同变更以前,由于一方的过错而给另一方造成损失,如果双方当事人没有对此另有约定,在合同变更后,受损失的一方仍然有权请求过错方进行损害赔偿,但是合同的变更协议已经对受损失方的损失给予处理的除外。合同变更本身给一方当事人造成损害的,另一方当事人也应对此承担赔偿责任,不得以合同的变更乃是当事人自愿为由不负赔偿责任。

其四,变更条款与其他条款的关系。在一个合同中,某一条款变更是否溯及

---

〔1〕 参见最高人民法院民事审判第二庭编:《最高人民法院商事审判指导案例》(合同卷)(下),中国法制出版社2011年版,第647页。

其他条款,如金额条款通过事实行为变更而非在合同中记载,是否影响到违约金条款的变更为有争议问题。笔者认为,对同一合同中有密切关联的条款之间,如金额条款与违约金条款变更关系而言,应分两种情形认定。某一条款变更,经双方协商一致并记载合同中的,应溯及其他条款。某一条款是通过事实行为变更的,是就该条款达成的合意,不能推出是对其他条款变更达成合意,其变更效力不溯及其他条款。实践中,生效判决表明,履约的事实行为对原合同金额的变更不溯及原合同中违约金计算条款。同一合同中存在平行关系条款,如履行地点条款与金额条款之间,其金额条款变更不溯及履行地点条款。

需要强调的是,合同变更效力的前提是有原合同关系的存在。合同变更是对已有的合同内容的改变,因此原有合同关系的存在是合同变更的首要条件,没有合同关系的存在,则不发生合同变更问题。原有合同关系的存在,只能是现存的效力确定的合同,只有对有效的合同变更才产生合同法律上的合同变更的效果。无效的合同,因其自始即不产生法律效力,所以在当事人之间不能认为存在有效合同,因而也就没有进行合同变更的必要。

以格式合同变更原合同约定的付款方式,不产生变更的效力。

【案例1-48】 宇日公司诉蒋某林买卖合同纠纷案

二审法院认为,争议的主要焦点是双方当事人对涉案光伏发电系统付款方式有无进行过变更。蒋某林与晨熙公司于2018年5月18日签订的《销售合同》中明确约定蒋某林的付款方式为银行发放贷款。在诉讼过程中,双方一致确认宇日公司于2018年6月10日将涉案的光伏发电系统安装完毕。嗣后,宇日公司、晨熙公司又与蒋某林于2018年6月22日签订了《用户光伏发电系统销售安装合同》,该合同第一条第四款约定,“现款合同签订之后三天内丙方付给乙方全款,否则乙方不予配送物料及施工”,同时在合同第九条有关于贷款期限内责任的约定。据此,作为现款合同明确约定蒋某林付清全款后,宇日公司再行安装,否则宇日公司可以拒绝施工。本案中,从蒋某林与晨熙公司第一次签约约定的付款方式为银行贷款,在安装完成后蒋某林与晨熙公司及宇日公司又进行第二次签约且同时约定贷款期限内的责任的实际情形看,宇日公司主张双方对货款支付方式进行了变更,依据不足,一审判决不予支持,并无不当。判决:驳回上诉,维持原判。[1]

---

〔1〕 参见国家法官学院、最高人民法院司法案例研究院编:《中国法院2021年度案例》(买卖合同纠纷),中国法制出版社2021年版,第153~154页。浙江省绍兴市中级人民法院(2019)浙06民终3998号民事判决书。

5. 合同变更的限制

变更合同除受当事人协商一致的限制外，有时还受到法律规定的限制，应当履行法定的程序。

(1)对单方主张已形成合意的限制

只有在当事人形成合意的情况下才能变更合同，这就是在合同变更中体现的合同自由原则。司法实践中，如果有一方当事人的履行行为不符合合同约定的内容且主张对合同变更，但在合同中明确约定未经双方协商并形成变更书面文件的，由法官裁量为未变更。即合同明确约定不得变更的内容，一方未完全履行且对方未提出异议的，认定为原合同内容未进行变更。

【案例1-49】　佛山市顺德区德胜电厂有限公司与广东南华石油有限公司、广东省石油企业集团燃料油有限公司买卖合同纠纷案

最高人民法院认为，无论是依据《合同法》之规定抑或年度合同之约定，本案当事人在未以书面形式就合同变更问题达成合意的情况下，均不能构成合同的变更；否则，必将导致本案诉争合同在供货主体、交货时间、供油批次、付款时间乃至付款方式等方面处于模糊不定的状态，造成衡量和判定当事人履约与违约的标准模糊乃至缺失的结果。虽然德胜电厂提出双方在履约过程中未对上述付款时间、付款方式等方面的变更提出异议，且始终按照上述变更后的模式履行，但依年度合同的约定和本案现有的证据，除双方在年度合同"互补关系"内容中均书面签署确认达成新的合意之外，并无书面证据证明双方就合同其他内容的变更达成一致；同时，由于不提出异议的行为至少存在"保留异议权利"或"予以默认"两种可能性的解释，当事人当时并未明确表示其沉默的真实意思，且诉讼中对此存在分歧，加之现行法律并不承认以默认的方式变更合同，故根据《合同法》第七十七条第一款关于"当事人协商一致，可以变更合同"以及第七十八条关于"当事人对合同变更的内容约定不明确的，推定为未变更"之规定，德胜电厂关于本案年度合同已经变更的主张，于法无据，法院难以支持。[1] 最高人民法官在分析该案时认为，严格来讲，应当适用《合同法》分则第一百六十二条关于买卖合同多交货物的特别规定，而不需要适用总则关于合同变更的规定。即"出卖人多交标的物的，买受人可以接收或者拒绝接收多交的部分。买受人接收多交部分的，按照合同的价格支付价款；买受人拒绝接收多交部分的，应当及时通知出卖人"。此条规定实际上是对买卖合同的默示变更的法律规定，此条规定也说

---

〔1〕 参见最高人民法院民事审判第二庭编：《最高人民法院商事审判指导案例》(合同卷)(下)，中国法制出版社2011年版，第513页。

明《合同法》并不完全排斥合同的默示变更。[1]

当事人一方就合同内容的变更发出单方意思表示,在对方当事人未明确认可时,不发生合同变更的法律后果。但应注意,如果是原合同虽然有约定,当事人履行行为与合同约定不符且由法官裁量其为合同内容变更的情形。

(2)合同变更受到法律规定限制

变更合同一般只要有当事人合意即可发生法律效力,但有些特殊合同的变更,依照法律、行政法规的规定,限制变更或变更必须履行法定程序的,则应依其规定执行。在法律明确规定不允许当事人协议变更合同的,且又是法律的强制性规定的,则合同不能变更不论双方是否已经形成合意。《招标投标法》第四十六条第一款规定:"招标人和中标人应当自中标通知书发生之日起三十日内,按照招标文件和中标人的投标文件订立书面合同。招标人和中标人不得再行订立背离合同实质性内容的其他协议。"也就是说,既不允许重新签订合同,也不允许对中标合同进行变更。

(3)合同变更限制的例外

在司法解释中规定的变更情形如情势变更,不需要当事人的合意,法律支持变更。

在诉讼中,法院可依职权变更合同条款。合同法强调契约自由、意思自治,但亦重视契约正义,契约自由的目的正是追求契约正义。对于丧失正义的合同,法律应予救济。依据《民法典》之规定,当事人履行义务应遵循诚实信用原则。诚实信用原则是民法的一项基本原则,当发生特殊情况,导致合同双方当事人的利益发生严重失衡时,应予以调整,恢复平衡,以维护社会秩序的稳定。对发生情势变更而致合同利益关系失衡时,法院可依据诚实信用原则变更合同条款,以维护契约正义,法律、行政法规规定合同变更应当履行法定程序的,应按其规定执行。

法律、司法解释对合同变更有特别规定的,按规定执行。

合同中关于要约、承诺的约定也适用于合同变更的情况。当事人通过协商一致对合同内容进行变更时,变更协议的内容应当具体明确。如果变更协议的内容约定不明确,模糊不清,容易产生纠纷,无法确认变更的内容,也就无法解决变更合同的争议。当事人在变更合同的过程中,可能出现对需要变更的内容达不成一致的情况。根据本条规定,此时应推定未变更,实质上是限制了变更。当事人只需按照原合同的约定履行即可,任何一方不得要求对方履行变更中约定不明确的内容。

---

〔1〕 参见刘德权主编:《最高人民法院司法观点集成》(第2版)(民事卷②),人民法院出版社2014年版,第735页。

(4)变更合同形式的限制

合同变更的形式,一般应当与原合同的形式一致。如果原合同采用的是书面形式,则合同变更协议也应采用书面形式。其他非书面形式的合同,当事人在变更合同时,最好采用书面形式,以避免出现不必要的纠纷。根据《民法典》的规定,合同变更不一定必须采用书面形式,且不完全排斥合同的默示变更,但是构成合同默示变更必须能够依据法律或者当事人的约定认定当事人意思一致。但是《民法典》要求采用书面形式订立的合同,如不动产转让合同、涉外合同、技术合同,其变更应当采用书面形式。法律、行政法规规定应当办理批准、登记手续才能生效的合同,其变更的合同也应采用书面形式。

如果当事人在协议中约定,任何对协议条款的变更必须通过书面形式完成,那么,无论双方是否存在口头协议,均不能改变协议的约定内容。

买卖双方不能通过交付与接收行为实际变更合同中关于定金条款的约定。

【案例1-50】 泰安科诺型钢股份有限公司诉上海山钢实业(集团)有限公司买卖合同纠纷案

判决观点,本案中,双方当事人不仅约定了定金的数额为300万元,而且对交付定金的方式也作出了明确约定,即"卖方不接受银行承兑汇票"。被告交付的金额为2324093.15元的银行承兑汇票,与合同约定相比,不仅存在数额上的变化,而且在履行方式上亦与合同约定相悖。因此,根据《最高人民法院关于适用〈中华人民共和国担保法〉若干问题的解释》第一百一十九条的规定,不能得出定金合同已变更的结论。合同的变更,是合同当事人平等自愿协商的又一轮意思表示,是新的要约与承诺的统一。根据《合同法》第二十二条的规定,本案中,双方当事人之间并没有约定,也没有相关的交易习惯表明在交易过程中一方当事人可以通过某一行为表明特定的意思表示。当事人在买卖合同中特别约定"卖方不接受银行承兑汇票",表明卖方对银行承兑汇票这种支付方式的不认可和不接受。虽然原告签收了被告交付的金额为2324093.15元的银行承兑汇票,但就该行为推断原告具有在合同签订当日即变更其不接受银行承兑汇票的意思表示,接受到期日远长于合同履行期的银行承兑汇票作为定金,显然依据不足,不符合一般常理。原告在4月1日接受银行承兑汇票后未入账,在4月12日即以被告方未按约支付定金为由发出合同解除通知函的行为,也进一步印证了原告在主观上并没有变更定金合同的意愿。根据《合同法》的规定,变更合同应当经当事人协商一致,由双方当事人作出一致的意思表示。基于维护合同稳定性的考虑,更合理地保护当事人的权益,《合同法》第七十八条规定:"当事人对合同变更的内容约定不明确的,推定为未变更。"本案中,没有证据证明双方当事人对买卖合同中定金条款的变更达成一致的意思表示,该情况下应当推定定金条款并未变更。综上所述,原、被告之间签订的编号为 SHSGJT20120404 的买卖合同,系双方的真实意思表示,合同合法有效,对当事人具有法律上的约束力。《担保法》第九十条规定,定金合同从实际交付定金之日起生效。本案中被告没有按照合同约定向原告交付定金,因此定金合同并未生效。法院认为,定金条款是依附于买卖合同的从合同,买卖合同中约定的违约责任仅适用于违反买卖合同项下义务的情形。原告以被告未支付定金为由,要求被告承担不履行买卖合同的违约责任,不符合《合同法》第一百零七条的规定,法院不予支持。此外,根据合同约定,4 月 20 日前买方向卖方支付 1000 万元货款。由于原告 4 月 12 日即向被告发送《合同解除通知函》并于 4 月 15 日向法院提起诉讼,而此时被告交付 1000 万元货款的履行期限尚未届满,因此被告未支付货款的行为并不构成违约,原告以被告未按时支付货款为由要求其承担违约责任,亦于法无据。判决:驳回原告泰安科诺型钢股份有限公司的诉讼请求。[1]

6. 长期履行僵局合同的变更

在某些情况下,相互同时负有对等给付义务的合同双方,可能由于种种原因,长期陷入一种履行僵局的状态,即双方均怠于履行自己的给付义务,也不催告对方履行,更不主张解除合同,仿佛合同的履行已经被双方遗忘一般,任由时间经过也不采取任何行动。通常而言,这种状态较多出现在民间交易中,双方存在一定的人身关系,且所订合同从形式到内容都不甚完备。对此类合同纠纷,最佳的解决方式是酌情公平地变更合同内容,调整标的物价款(房价)后继续履行。法官可以在考虑各种因素后,酌情对合同的标的物价款(房价)进行变更,恢复双方的利益平衡。

7. 合同变更与合同更改的区分

合同更改,通常是指在消灭旧债的基础上成立新债,即以一个新的合同取代原有的旧合同。合同更改不仅是合同内容的更新,而且包括合同主体的变化,合同更改发生债的消灭效力,即旧债消灭新债成立。

【案例 1-51】 发展公司诉工程集团公司买卖合同纠纷案

一审法院认为,本案中,工程集团公司向发展公司购买水泥,现经双方结算,工程集团公司应付发展公司货款 14517520.97 元,实付 12250000 元,尚欠 2267520.97 元,双方对上述金额无异议。

---

〔1〕 参见国家法官学院案例开发研究中心编:《中国法院 2014 年度案例》(买卖合同纠纷),中国法制出版社 2014 年版,第 253 ~254 页。上海市闵行区人民法院(2012)闵民二(商)初字第 866 号民事判决书。

双方于2020年9月28日签署的《合同封账协议》明确了双方不存在合同数量、单价、总价、结算扣款、损失、违约责任与本工程有关的任何遗留问题，发展公司虽主张上述条款系工程集团公司单方制作，明显加重了其一方的责任，属格式条款，但其并未提交证据证明签署《合同封账协议》并非其真实意思表示，且并未有证据证明作为买卖合同的双方存在主体地位的明显差别，故对其该项辩论意见不予采信，双方应当按照《合同封账协议》的约定履行各自义务。双方在货物买卖交易完毕后签订《合同封账协议》，且《合同封账协议》对货物数量、货款金额、违约责任等与工程有关的问题进行了统一的结算，应视为对《合同封账协议》涉及的双方多笔买卖合同权利义务进行了变更和确认。从《合同封账协议》的条款来看，双方既对付款依据进行了明确，又对货物的质量、发票等剩余义务予以明示，双方未约定的部分应当视为双方无争议。换言之，《合同封账协议》签订后，应视为《合同封账协议》中货款已达到付款条件。

根据法律规定，履行期限不明确的，债务人可以随时履行，债权人也可以随时请求履行，但是应当给对方必要的准备时间。双方在《合同封账协议》中未约定明确的给付时间，工程集团公司应在一定合理期间内履行货款给付义务。工程集团公司在签订《合同封账协议》后，于2020年11月26日向发展公司支付货款200000元，就此款项给付原因工程集团公司虽主张系根据业主向其支付比例支付，但其提交2021年1月计量计价单及施工合同等证据不足以证明此项抗辩意见。从双方签订《合同封账协议》到工程集团公司支付此笔款项可视为经过了合理期间，故认定《合同封账协议》中剩余款项的支付时间应于2020年11月26日届满。

关于发展公司主张的违约赔偿诉讼请求，根据法律规定，当事人一方不履行合同义务或者履行合同义务不符合约定的，应当承担继续履行、采取补救措施或者赔偿损失等违约责任。买卖合同约定的逾期付款违约金，但对账单、还款协议等未涉及逾期付款责任，出卖人根据对账单、还款协议等主张欠款时请求买受人支付日期付款违约金的，人民法院应予支持，但对账单、还款协议等明确载有本金及逾期付款利息数额或者已经变更买卖合同中关于本金、利息等约定内容的除外。具体到本案中，双方于2020年9月28日签署的《合同封账协议》明确了双方不存在合同数量、单价、总价、结算扣款、违约责任与本工程有关的任何遗留问题。结合前文所述，工程集团公司最迟于2020年11月26日前向发展公司支付剩余货款，工程集团公司未履行支付义务，存在违约。就违约金额，发展公司提交的其支出融资成本的证据，即使发展公司存在融资成本，但企业融资行为与企业经营状况、经营方式等多种因素相关联，发展公司未提交证据证明其融资与工程集团公司支付货款存在直接关联性,故法院对其上述证据的证明目的不予采信。鉴于双方先后签署四份合同,且对四份合同进行混同结算、开具发票和付款,法院综合考量双方合同履行过程、货款支付情况、发票开具情况以及工程集团公司拖欠支付货款给发展公司造成的客观损失,酌情判决工程集团公司自2020年11月27日起按照同期全国银行间同业拆借中心公布的一年期贷款市场报价利率(LPR)向发展公司支付违约金,发展公司的日万分之五的违约金标准无事实和法律依据,法院不予支持。

关于发展公司要求工程集团公司支付400万元货款迟延支付赔偿费97805.55元的诉讼请求,双方在买卖合同中就货款支付方式明确约定了可以承兑汇票进行支付,且贴息由发展公司支付。另外,双方在2020年9月28日签署的《合同封账协议》中,明确载明了封账时双方不存在违约损失及其他遗留问题,法院对其该项诉讼请求不予支持。判决:(1)工程集团公司向发展公司支付剩余货款22657520.97元及违约金;(2)驳回发展公司的其他诉讼请求。二审法院判决:驳回上诉,维持原判。[1]

(三)债权债务转移的处理

1.关于债权债务转移的法律规定

《民法典》第五百五十一条规定:“债务人将债务的全部或者部分转移给第三人的,应当经债权人同意。债务人或者第三人可以催告债权人在合理期限内予以同意,债权人未作表示的,视为不同意。”

《民法典》第五百五十二条规定:“第三人与债务人约定加入债务并通知债权人,或者第三人向债权人表示愿意加入债务,债权人未在合理期限内明确拒绝的,债权人可以请求第三人在其愿意承担的债务范围内和债务人承担连带债务。”

《民法典合同编通则解释》第四十八条规定:“债务人在接到债权转让通知前已经向让与人履行,受让人请求债务人履行的,人民法院不予支持;债务人接到债权转让通知后仍然向让与人履行,受让人请求债务人履行的,人民法院应予支持。

让与人未通知债务人,受让人直接起诉债务人请求履行债务,人民法院经审理确认债权转让事实的,应当认定债权转让自起诉状副本送达时对债务人发生效力。债务人主张因未通知而给其增加的费用或者造成的损失从认定的债权数额

---

〔1〕 参见国家法官学院、最高人民法院司法案例研究院编:《中国法院2023年度案例》(买卖合同纠纷),中国法制出版社2023年版,第23～25页。北京市中级人民法院(2021)京01民终10260号民事判决书。

中扣除的，人民法院依法予以支持。”参与制定司法解释的法官认为，本条旨在解决实践中反映突出的两个问题：一是债务人在收到通知前或者收到通知后向让与人履行的法律效果；二是受让人能否以起诉方式通知。本条第一款规定的通知与债务人履行的法律效果的关系。我国债权转让采通知主义模式，通知是债权转让对债务人生效的要件。债务人应当向谁履行债务，取决于其是否收到债权转让的通知。本条第一款结合审判实践，规定债务人在接到债权转让通知前已向受让人履行，受让人请求债务人履行的，人民法院不予支持；债务人接到债权转让通知后仍向让与人履行，受让人请求债务人履行的，人民法院应予支持。本条第二款规定债务人是否可以以起诉方式通知的问题。一是明确起诉状副本送达可以发生通知的效力，但同时作了必要限定，即只有经审理确认债权转让事实，起诉状副本送达才可以发送通知的效力。二是明确让与人未通知债务人时所增加费用或者造成的损失，债务人有权主张从认定的债权数额中扣除。[1]

《民法典合同编通则解释》第四十九条规定：“债务人接到债权转让通知后，让与人以债权转让合同不成立、无效、被撤销或者确定不发生效力为由请求债务人向其履行的，人民法院不予支持。但是，该债权转让通知被依法撤销的除外。受让人基于债务人对债权真实存在的确认受让债权后，债务人又以该债权不存在为由拒绝向受让人履行的，人民法院不予支持。但是，受让人知道或者应当知道该债权不存在的除外。”参与制定司法解释的法官认为，本条第一款规定债权表见让与问题，是有关债务人保护的规定。明确债权转让通知到达债务人后，债权转让即对债务人产生约束力，债务人应当向受让人履行，让与人不得以债权转让合同不成立、无效、被撤销或者确定不发生效力为由请求债务人向其履行，除非该债权转让通知被依法撤销。第二款规定债务人确认债权真实存在的问题，是有关受让人保护的规定。如果债务人向受让人作出的债权真实存在的确认，受让人基于该确认的信赖受让债权后，债务人不得以债权不存在为由主张不向受让人承担债务，除非受让人知道或者应当知道债务人与债权人之间的债权债务关系系通谋虚的表示。……本条第二款没有明确限定虚构债权情形下发生的债权转让是否应为有偿转让。我们倾向于认为，原则上应当为有偿转让。[2]

《民法典合同编通则解释》第五十条规定：“让与人将同一债权转让给两个以上受让人，债务人以已经向最先通知的受让人履行为由主张其不再履行债务的，人民法院应予支持。债务人明知接受履行的受让人不是最先通知的受让人，最先通知的受让人请求债务人继续履行债务或者依据债权转让协议请求让与人承担

---

〔1〕 参见最高人民法院民事审判第二庭、研究室编著：《最高人民法院民法典合同编通则司法解释理解与适用》，人民法院出版社2023年版，第524页。

〔2〕 参见最高人民法院民事审判第二庭、研究室编著：《最高人民法院民法典合同编通则司法解释理解与适用》，人民法院出版社2023年版，第534～545页。

违约责任的,人民法院应予支持;最先通知的受让人请求接受履行的受让人返还其接受的财产的,人民法院不予支持,但是接受履行的受让人明知该债权在其受让前已经转让给其他受让人的除外。前款所称最先通知的受让人,是指最先到达债务人的转让通知中载明的受让人。当事人之间对通知到达时间有争议的,人民法院应当结合通知的方式等因素综合判断,而不能仅根据债务人认可的通知时间或者通知记载的时间予以认定。当事人采用邮寄、通讯电子系统等方式发出通知的,人民法院应当以邮戳时间或者通讯电子系统记载的时间等作为认定通知到达时间的依据。"

参与制定司法解释的法官认为,本条共两款,整体围绕多重转让情形下债务人与多个受让人之间的关系如何处理(债务人向谁履行发生债务消灭的效果)、多个受让人之间的相互关系如何处理(最先通知的受让人能否请求履行的受让人返还财产)、出让人与受让人之间的关系如何处理(出让人向未获得履行的受让人承担何种责任)、债权转让通知到达时间的认定等问题展开。本条第一款均规定了债务人已经履行的情形,由于尚未完全达成共识,本条暂未对债务人尚未履行的情形作出明确规定,但有关处理规则实际上可以从现有规则中推出。第一款针对多重转让中债务人已经履行的情形作出规定,旨在解决债务人与多个受让人之间的关系问题。具体包括以下几个问题:(1)多重转让中债务人向谁履行可以免责。本款规定,发生多重转让时,债务人只需向最先通知的受让人履行即可相应免责,也就是债务在履行范围内相应消灭。(2)债务人故意履行错误时,最先通知的受让人应当如何救济。本款规定债务人明知接受履行的受让人不是最先通知的受让人履行的,最先通知的受让人有两种救济手段。一是请求债务人继续履行债务。换言之,债务人之前的履行行为不发生债务消灭的效果。二是依据债权转让协议请求让与人承担违约责任。(3)债务人故意履行错误时,最先通知的受让人能否请求接受履行的受让人返还其接受的财产。本款规定,原则上最先通知的受让人不能接受履行的受让人返还其接受的财产。例外情形是接受履行的受让人具有较深的恶意,即明知该债权在其受让前已经转让给其他受让人。第二款针对以下两个问题:(1)最先通知的受让人的含义。本款第一句规定,最先通知的受让人,是指最先到达债务人的转让通知中载明的受让人。(2)债权转让通知到达时间的查明问题。本款第二句规定,通知时间应当结合通知的方式等因素综合判断,而不能仅根据债务人的确认来判断。第三句明确了邮戳或者通讯电子系统记载等客观证据在认定通知到达时间方面的优先性。[1]

---

〔1〕 参见最高人民法院民事审判第二庭、研究室编著:《最高人民法院民法典合同编通则司法解释理解与适用》,人民法院出版社 2023 年版,第 547～548 页。

2. 债权转让

买卖合同形成的债权转让是否发生法律效力,由法官根据具体案情确定。

【案例1-52】　邦瑞奇公司诉威格尔公司买卖合同纠纷案

判决观点,被告威格尔公司与案外人胜通公司之间的买卖合同关系、原告与案外人胜通公司签订债权转让协议,各方主体均适格,意思表示真实,不违反法律规定,应认定合法有效。原告邦瑞奇公司称案外人胜通公司已通过EMS快递将债权转让协议书邮寄给被告威格尔公司,并提供投递单据回执为证,快递单系投递快递时由寄件人留存,回执系在网站上打印,未经快递公司盖章予以确认,且收件人为他人张某,回执单上也不能反映投递的是何物,故对EMS投递单及回执的证明力不予确认,但邦瑞奇公司将上述转让债权诉至法院,法院已向威格尔公司的委托诉讼代理人王某送达了民事起诉状等法律文书且被告的委托诉讼代理人参加了庭审,因此可以认定被告已知晓债权转让的事实,该债权转让已发生法律效力,故威格尔公司应依法承担还款义务。[1]

债权转让必须同时具备四个基本要件才能生效。

【案例1-53】　张某诉承德华宇公司买卖合同纠纷案

判决观点,债权人转让权利的,应当通知债务人,未经通知,该转让对债务人不发生效力。从本案事实来看,2006年10月18日,桥昌公司与承德华宇公司签订的结算协议是一个附条件的协议。该结算协议已经在2007年9月28日履行完毕。因此,2008年6月10日,桥昌公司实际是将一个并非客观存在的债权转让给原告张某。债权转让以通知债务人为生效要件。张某并未就其曾经向承德华宇公司直接送达和邮寄送达了债权转让说明进行有力举证,因此,张某应承担举证不能的不利后果。虽然银生万江公司的法定代表人是李某,但从证据来看,银生万江公司与本案争议事实无关。桥昌公司出具的证明已证实是李某而非银人生万江公司挂靠承德华宇公司。判决:驳回原告张某的诉讼请求。[2]

第三人持欠据向债务人催要货款并非构成债权转移。

---

〔1〕 参见国家法官学院、最高人民法院司法案例研究院编:《中国法院2021年度案例》(买卖合同纠纷),中国法制出版社2021年版,第157页。山东省德州市乐陵市人民法院(2019)鲁1481民初18号民事判决书。

〔2〕 参见北京市高级人民法院编:《审判前沿——新类型案件审判实务》2009年第6集(总第30集),法律出版社2010年版,第93页。

【案例1－54】 李某东诉易某等买卖合同纠纷案

判决观点,原告李某东与被告易某口头订立的煤炭买卖合同,系双方的真实意思表示,合法有效,双方应严格履行。被告易某在收到原告的煤炭后,应当依约向原告支付货款。被告易某除已支付的10000元货款外,应当继续履行合同的付款义务,支付剩余的货款84700元。被告易某答辩时提出原告已将此笔剩余货款转让给了第三人何某及何某1,李某东已不具备本案原告的主体资格。根据本案原、被告提供的证据分析,原告提供的欠据原件虽有破损,但仅凭被告的一份欠据的复印件,不足以认定欠据原件缺损处就应为"已转让"这三个字,且第三人何某及何某1在持欠据原件向被告催讨货款时,同时向被告易某出具了原告的委托书,委托书中写明"现李某东委托何某、何某1帮我讨回煤款"。该委托书被告易某也已收到了一份。被告易某提供的对城关派出所民警彭某锤的调查笔录中,也证实了当时原告与被告易某及第三人何某因催讨此笔剩余货款发生纠纷在城关派出所处理的过程中,原告陈述是委托了第三人何某找到被告易某催收货款。故原告并未将其对被告易某所享有的债权转让给第三人何某等人。对于被告易某的上述答辩意见,法院不予采纳。本案中,被告张某某及第三人何某并非买卖合同的相对方,依据合同相对性原则,被告张某某、第三人何某在本案中不承担责任。判决:(1)被告易某支付原告李某东货款84700元;(2)驳回原告李某东的其他诉讼请求。[1]

共同债务人之间转让债务,约定由其中一个债务人承担共同债务,债权人未提出异议且接受债务人出具的欠条,应视为以默示意思表示同意债务转让。

【案例1－55】 冯某焕诉陈某秋等买卖合同纠纷案

一审法院认为,本案冯某焕与陈某秋、农某明之间的车辆买卖合同关系合法有效,且已实际履行,应受法律保护。冯某焕已依约向陈某秋、农某明交付了涉案车辆,不存在过错行为;但陈某秋、农某明尚欠冯某焕购车款55000元未支付。后陈某秋、农某明约定由陈某秋个人承担尚欠冯某焕的购车款55000元,冯某焕对此不持异议。后冯某焕接收了陈某秋作为欠款人向其出具的《欠条》,故应由陈某秋向冯某焕承担给付剩余购车款的义务,但之后陈某秋并未按约给付冯某焕剩余购车款,长期无理拖欠,其行为属违约行为,理应承担清偿购车款的民事责任。故冯某焕要求陈某秋清偿购车款的诉讼请求,应予支持。陈某秋关于"这笔款项的偿还是有条件的,即冯某焕向陈某

---

〔1〕 参见国家法官学院案例开发研究中心编:《中国法院2016年度案例》(买卖合同纠纷),中国法制出版社2016年版,第200页。湖南省汨罗市人民法院(2014)汨民初字第1548号民事判决书。

秋、农某明提供运输货源，当时双方约定由冯某焕向陈某秋、农某明提供货源，陈某秋和农某明从货源的运输收入来偿还所欠的购车尾款。由于冯某焕违反了双方的约定，冯某焕至今没向陈某秋、农某明提供过任何的货源，所以陈某秋不应当向冯某焕偿还购物车尾款55000元"的辩称，没有事实及法律依据，法院不予采信。冯某焕与海通公司并未签订过任何协议，其与海通公司并无合同上的权利义务关系。海通公司仅是涉案车辆的挂靠单位，故冯某焕要求海通公司在本案中承担民事责任的诉请没有事实及法律依据，应不予支持。判决：(1)陈某秋偿付冯某焕购车款55000元；(2)驳回冯某焕对海通公司的诉讼请求。二审法院认为，农某明已将本案债务转让给陈某秋，冯某焕对该债务的转让未提出异议，本案债务应由陈某秋承担；陈某秋认为付款条件尚未成就并不能成立；至于陈某秋提出要求支付处理交通违章费用的主张，因陈某秋未在一审中提起反诉，且该争议与本案审理的支付剩余购车款的争议事项属于不同的法律关系，故不属本案的审理范围，陈某秋可以另行处理。判决：驳回上诉，维持原判。[1]

以主体变更名义产生的债权债务概括转移，应以变更时的债权债务数额为限。

【案例1－56】　均博阶点公司诉西单商场买卖合同纠纷案

判决观点，原告均博阶点公司虽称《变更申请》系其股东肖某博擅自使用原告均博阶点公司已作废的公章、财务章加盖，但未向法院提供有效证据加以证明，因此法院对《变更申请》的真实性及效力予以确认。虽然均博阶点公司在庭审中称其与博纳丰业公司是两个独立的法人，事实上并未发生合并、重组等变更事由，但根据变更申请的内容，被告西单商场有理由相信原告均博阶点公司于2012年11月18日发生了主体变更，均博阶点公司与西单商场之间尚存的债权债务将由博纳丰业公司一并承受，博纳丰业公司亦同意接受上述债权债务；在庭审中，均博阶点公司确认涉案货款形成的时间为2012年1月10日至10月24日，双方当事人在《变更申请》确认的债权债务转移日期之后，并未产生新的债权债务。综上，法院确定变更申请系对2012年11月18日之前均博阶点公司与西单商场之间尚未结清的债权债务概括转移。西单商场在庭审中陈述已向博纳丰业公司履行了相关给付义务，表明西单商场同意此种债权债务的转移行为。通过债权债务的概括转移，原告涉案货款的请求权已转让给博纳丰业公司，其对货款抵扣的相应抗辩权也一并

---

〔1〕参见国家法官学院案例开发研究中心编：《中国法院2019年度案例》(买卖合同纠纷)，中国法制出版社2019年版，第209~210页。广西壮族自治区柳州市中级人民法院(2017)桂02民终2805号民事判决书。

转让给了博纳伟业公司,因此均博阶点公司要求西单商场支付涉案货款的诉讼请求,于法无据,法院不予支持。判决:驳回原告均博阶点公司的全部诉讼请求。[1]

非经受让人同意,债权人不得撤销债权转让通知。

【案例1-57】 毓创公司诉五矿公司买卖合同纠纷案

判决观点,毓创公司向五矿公司发出声明,将年度返利(含追溯)即退款转给启远轩公司。毓创公司虽主张该声明的性质系指示五矿公司将退款支付给启远轩公司,而不是债权转让通知。但由于该声明中并未明确说明给付的数额,根据普通人的理解,从字面意思来看,该声明系毓创公司将《2011年钢材购销协议书》项下其享有的退款的全部权利转让给启远轩公司,而非指示交付行为。五矿公司收到该声明后,与启远轩公司依据该声明签订了债务清偿协议,就双方之间互负的债务予以抵销,说明启远轩公司与五矿公司均认为该声明的性质为债权转让通知。根据法律规定,债权人转让权利的通知不得撤销,但经受让人同意的除外。毓创公司虽向五矿公司发出一份撤销2012年8月23日声明的通知函,但其未就撤销债权转让通知事宜与启远轩公司协商,也未取得启远轩公司的明示同意,启远轩公司的补充说明确认了其在债务清偿协议中用于抵销债务的债权的范围,表明启远轩公司对毓创公司撤销债权通知的行为未表示同意反而是对其与五矿公司的债务抵销协议进行了确认。因此毓创公司2012年9月28日的通知函并不具有撤销债权转让通知的效力。由于毓创公司已将《2011年钢材购销协议书》项下其享有的退款的全部权利转让给启远轩公司,故其要求五矿公司退款及利息的诉讼请求,法院不予支持。判决:驳回原告毓创公司的全部诉讼请求。[2]

【案例1-58】 周某华诉龙某桃买卖合同纠纷案

判决观点,被告龙某桃向原告周某华购买不锈钢门框等材料,双方形成买卖合同关系。原告周某华向被告龙某桃提供了货物后,被告应该按照欠条上的金额及承诺的付款时间及时支付货款。但债权人周某华、债务人龙某桃、第三人任某文均参与协商并达成一致意见,由周某华向龙某桃出具4.5万元的收条,然后由龙某桃向任某文出具5万元的借条,该行为即已构成债权、债务的转移,该4.5万元成为任某文享有的债权同时对周某华负有的债务,该4.5万元应该由任某文向周某华进行偿还。原告周某华关于其从任某

---

〔1〕 参见国家法官学院案例开发研究中心编:《中国法院2018年度案例》(买卖合同纠纷),中国法制出版社2018年版,第225~226页。北京市西城区人民法院(2016)京0102民初24710号民事判决书。

〔2〕 参见国家法官学院案例开发研究中心编:《中国法院2015年度案例》(买卖合同纠纷),中国法制出版社2015年版,第163~164页。北京市海淀区人民法院(2013)海民初字第7118号民事判决书。

文手中要回龙某桃出具的借条的行为构成债权转移撤销的主张，因任某文已经收取了龙某桃偿还的5万元欠款，已不符合《合同法》第八十条“债权人转让权利的通知不得撤销，但经受让人同意的除外”的规定。故周某华4.5万元债务应向任某文另行主张，因此被告龙某桃应向周某华支付货款为47743元（92743元－45000元）。判决：（1）被告龙某桃向原告周某华偿还货款47743元、利息5506元，共计53249元；（2）驳回原告周某华的其他诉讼请求。[1]

约定第三人承继原债权人在合同中的所有权利，并明确原债权人不再要求原债务人承担债务而退出债权债务关系的，符合合同权利义务一并转让的规定，原债务人因此不再承担债务。

【案例1－59】　甲代工集团诉武汉乙微电子有限公司国际货物买卖合同纠纷再审案

最高人民法院认为，甲集团签署的备忘录用英文载明“丙宣布承继（takeover）所有武汉关于甲产品的权利、所有权和债务”，以及在一审第二次庭审中明确“丙公司承担债务，乙公司不再承担债务，所涉债务转移‘系免责的债务承担’”。尽管一审判决被二审法院改判，且乙公司不是前案中的被告，但甲集团在前案一审诉讼中所作上述陈述的客观性并不由此受影响，且前案二审判决中确认了前案一审判决查明的事实（包括认定甲集团的上述陈述）。根据备忘录的约定和甲集团授权辛某签署的备忘录、辛某在丙公司、乙公司同时任职的事实可以认定丙公司、乙公司和甲集团一致同意将乙公司在其与甲集团之间销售合同中的权利和义务一并转让给丙公司，该约定符合合同权利义务一并转让的规定。据此，乙公司已不再享有原合同中的权利，原合同中的义务也相应一并转移，乙公司不再承担涉案债务。[2]

对于债权债务转让，债权债务事实不确定的，应认定为债权债务的概括转移。

【案例1－60】　云南弘祥化工有限公司与新疆生产建设兵团农业生产资料供应公司、云南祥丰化肥股份有限公司买卖合同纠纷案

判决观点，合同一方在未与合同相对方结算、债权债务事实不确定的情况下，单方将其认为对合同相对方享有的债权转让给第三人，实质上是将其对合同相对方的债权债务概括转移给第三人，应当经过合同相对方的同意，

---

〔1〕　参见国家法官学院案例开发研究中心编：《中国法院2015年度案例》（买卖合同纠纷），中国法制出版社2015年版，第170页。湖南省长沙市望城区人民法院（2013）望民初字第1113号民事判决书。

〔2〕　参见中国审判理论研究会民事专业委员会编著：《民法典合同编条文理解与司法适用》，法律出版社2020年版，第170页。最高人民法院（2018）民申888号民事裁定书。

其仅通知合同相对方,未经合同相对方同意的转让行为,对合同相对方不产生效力。[1]

个案中,法官根据具体案情认定债务转移。

【案例1-61】 中国三冶集团有限公司与中国三冶集团有限公司西北分公司买卖合同纠纷案

最高人民法院认为,买卖合同的双方当事人在协议中约定货款以办公用房置换的方式支付,并与建设方办理交接手续,但若建设方未在该买卖合同中签字确认,尚不能构成债务转移。虽债务人与第三方签订了补充协议,约定货款由建设方向债务人支付,并注明具体协议由建设方与债权人签署,但债权人并未参与该协议的签订,此后建设方与债权人亦未签署有关货款支付事宜的相关协议。上述情况下,各方未就债务转移的成立形成符合法律要件的完整约定,不发生债务转移的效力。[2]

3. 债务加入

所谓债务加入,也称并存债务承担,是指第三人加入债务中,作为新债务人和原债务人一起向债权人负有连带债务。

第三人向债权人出具承诺函的行为,应认定为债务加入。

【案例1-62】 人民法院出版社诉英特华中心、英特嘉华公司买卖合同纠纷案

判决观点,英特嘉华公司向人民法院出版社出具《承诺函》,人民法院出版社加盖公章予以确认,该《承诺函》是双方的真实意思表示,亦未违反国家法律法规的强制性规定,应属有效。诉讼中,英特华中心、英特嘉华公司主张英特嘉华公司继承了英特华中心的债务,应由英特嘉华公司独自承担支付货款的责任,其主张实际上是将英特嘉华公司出具《承诺函》的行为视为债务转移,即英特华中心将合同义务全部转移给英特嘉华公司。人民法院出版社则主张英特嘉华公司是加入合同履行当中,应与英特华中心共同承担责任,其主张实际上是将上述行为视为债务加入,即英特嘉华公司参与英特华中心债务的履行。债务加入,是指债务人并不脱离债务关系,由第三人加入原存的债务关系中,与原债务人共同承担对债权人的债务。债务加入的类型包括

---

〔1〕 参见最高人民法院民法典贯彻实施工作领导小组编著:《中国民法典适用大全》(合同卷一),人民法院出版社2022年版,第824页。新疆维吾尔自治区高级人民法院(2013)新民二初字第30号民事判决书。

〔2〕 最高人民法院(2018)民申995号民事裁定书。

第三人与债权人、债务人达成三方协议,第三人与债权人、债务人达成双方协议或第三人向债权人单方承诺由第三人履行债务人的债务。本案中,英特嘉华公司出具《承诺函》,承诺2016年10月前付清英特华中心欠付的货款,英特嘉华公司的上述承诺并未免除英特华中心的还款义务。此外,根据法律规定,债务转移应由原债务人与新债务人形成债务转移协议,同时需要债权人的认可。本案中,《承诺函》系第三人与债权人达成的双方协议,英特华中心、英特嘉华公司虽主张与人民法院出版社达成债务转移协议,但未就其上述辩称提交相应证据予以佐证,应承担举证不能的法律后果。故英特嘉华公司出具《承诺函》属于第三人自愿加入原存债务关系的情形,债务加入后,英特嘉华公司与英特华中心应当对该债务承担连带偿还责任。判决:被告英特华中心、英特嘉华公司支付原告人民法院出版社货款2600384.37元。[1]

第三人出具承诺书,应为并存的债务承担,对债务人的债务承担连带清偿责任。

【案例1-63】　俞某军诉恒兴公司等买卖合同纠纷案

二审法院认为,被告林某炼、吴某泉于2011年11月7日就被告恒兴公司对原告等人的债务出具书面承诺书,但原告并未同意债务人恒兴公司脱离债的关系,林某炼、吴某泉出具书面承诺书的行为实质系并存的债务承担,恒兴公司作为债务人,承担对原告的付款责任,林某炼、吴某泉加入后,与债务人恒兴公司成立连带关系,对其债务负连带责任。并且,根据上述承诺书,林某炼、吴某泉加入债务的行为系附条件的加入,结合本案的实际情况,法院认为承诺书所附条件尚未成就,吴某泉应当承担连带清偿责任。即使认为条件已经成就,也系吴某泉与恒兴公司的法定代表人赵某云之间存在恶意串通,补领营业执照申请书及变更预留银行印鉴,因吴某泉不正当地促成条件成就,视为条件未成就,故吴某泉还是应当承担连带清偿责任。判决:驳回上诉,维持原判。[2]

第三人承诺为债务人代为偿付债务的意思表示应认定为债务加入。

【案例1-64】　袁某某诉J公司、Y鞋厂买卖合同纠纷案

判决观点,原告主张袁某某与被告Y鞋厂存在鞋材买卖合同关系及被告拖欠货款51100元的事实,有原告提供的《委托书》及被告Y鞋厂的自认,

---

〔1〕 参见国家法官学院案例开发研究中心编:《中国法院2018年度案例》(买卖合同纠纷),中国法制出版社2018年版,第228~229页。北京市朝阳区人民法院(2016)京0105民初40615号民事判决书。

〔2〕 参见国家法官学院案例开发研究中心编:《中国法院2016年度案例》(买卖合同纠纷),中国法制出版社2016年版,第203~204页。上海市第一中级人民法院(2013)沪一中民一(民)终字第3315号民事判决书。

上述事实清楚,法院予以确认。被告Y鞋厂出具《委托书》给被告J公司要求代扣货款后支付给原告,而被告J公司至今未向原告偿付上述货款,故原告主张被告Y鞋厂偿付货款51100元,理由充分,予以支持。

被告J公司责任承担的问题。经查,因被告J公司此前结欠被告Y鞋厂货款未偿付,故本案两被告通过与原告共同签署《委托书》的方式,约定由被告J公司将其应付被告Y鞋厂的51100元货款径直支付给原告,被告J公司承认已扣减其结欠被告Y鞋厂的51100元货款并确认扣减后未向原告偿付,并在本案中自认其公司应承担本案欠款,构成债的加入,故本案原告主张被告J公司承担连带偿付上述货款51100元,理由充分,法院予以支持。

对于原告计付违约金的请求。双方对货款未约定逾期付款违约金,但两被告结欠后拖欠原告货款,属占用原告资金,给原告造成了损失。参照《买卖合同解释》第十八条第四款之规定,结合原告诉请,两被告应支付原告从起诉之日起即2021年8月22日起至还清款日止按全国银行间同业拆借中心公布的一年期贷款市场报价利率计付的违约金。判决:(1)被告Y鞋厂一次性支付原告袁某某货款人民币51100元并支付利息;(2)被告J公司对上述债务承担连带清偿责任。[1]

在欠条上签名并付款的应认定为债务加入。

【案例1-65】 张某梅诉山东东冉工贸有限公司等买卖合同纠纷案

判决观点,被告夏某照、王某与泰安市东冉铸造有限公司以欠款人的身份给原告出具欠原告预付货款的欠条,且在出具欠条后,夏某照、王某向张某梅偿还部分货款,应认定夏某照、王某属债务加入,自愿同意与泰安市东冉铸造有限公司对所欠原告的货款承担连带清偿责任。泰安市东冉铸造有限公司已更名为山东东冉工贸有限公司,原告要求三被告偿还所欠预付款373430元,并赔偿经济损失,理由正当,法院予以支持。判决:(1)被告山东东冉工贸有限公司、夏某照、王某返还原告张某梅预付货款人民币373430元;(2)被告山东东冉工贸有限公司、夏某照、王某赔偿原告张某梅损失(损失为按中国人民银行同期人民币贷款利率计算的人民币373430元的利息,计算期间为2013年5月14日至本判决生效之日)。[2]

---

〔1〕 参见国家法官学院、最高人民法院司法案例研究院编:《中国法院2023年度案例》(买卖合同纠纷),中国法制出版社2023年版,第33~34页。广东省惠州市惠东县人民法院(2021)粤1323民初6983号民事判决书。

〔2〕 参见国家法官学院案例开发研究中心编:《中国法院2015年度案例》(买卖合同纠纷),中国法制出版社2015年版,第243页。山东省新泰市人民法院(2013)新民初字第2269号民事判决书。

第三方加入债务后，原债务人仍应承担连带责任。

【案例1－66】　中铁八局集团现代物流有限公司诉凯华公司、合川矿业公司买卖合同纠纷案

二审法院认为，关于双方争议的被告凯华公司应承担连带责任还是次要责任的问题。本案中，原告已按约向被告凯华公司预付货款200万元，但被告凯华公司未按约足额供货，尚欠价值1134513.01元的货物未供。后在《三方协议》中虽然增加被告合川矿业公司与被告凯华公司共同承诺返还上述所欠款项并由被告合川矿业公司承担连带清偿责任，但该《三方协议》既未变更也未免除被告凯华公司应承担的上述债务，故《三方协议》仍然属于被告凯华公司与原告之间合同的组成部分，被告凯华公司应按《三方协议》的约定与被告合川矿业公司共同向原告承担连带责任。现被告凯华公司与合川矿业公司仍欠989513元货款未退还，根据《合同法》第一百零七条的规定，原告有权要求被告凯华公司和合川矿业公司按照约定连带承担退还剩余货款并支付逾期付款违约金的义务。被告凯华公司提出的其只应承担次要的还款责任、主要还款责任应由被告合川矿业公司的上诉理由不能成立，法院不予支持。综上所述，原判认定事实清楚，适用法律正确，审理程序合法，应予维持。被告凯华公司提出的各项上诉请求均不能成立。判决：驳回上诉，维持原判。[1]

债权人、加入人未明确免除债务人还款责任的，应构成债务加入而不是债务转移。

【案例1－67】　蔡某勤诉姚某、杨某昊买卖合同纠纷案

判决观点，蔡某勤、杨某昊均未明示同意免除姚某的还款责任，双方的诉讼主张也表明双方均未同意免除姚某的还款责任，故本案不属于债务转移，姚某应对62000元货款承担还款责任。杨某昊自愿向蔡某勤作出承担42000元债务的意思表示，其行为构成债务加入。《民法典》之前的法律对债务加入未作规定，根据《民法典时间效力规定》第三条，本案可以适用《民法典》关于债务加入的规定。故判决由姚某对62000元及利息承担还款责任，杨某昊对其中42000元及利息承担连带责任。[2]

根据签订人与债权人协议的约定内容，应当认定签订人已经同意加入债权人与债务人的债务关系之中，自愿与债务人一起向债权人承担同一债务。

---

〔1〕　参见国家法官学院案例开发研究中心编：《中国法院2016年度案例》（买卖合同纠纷），中国法制出版社2016年版，第206～207页。四川省成都铁路运输中级法院（2014）成铁中民终字第2号民事判决书。

〔2〕　人民法院贯彻实施《民法典》第二批典型案例。

【案例1－68】 王某诉于某清买卖合同纠纷案

一审法院认为，本案双方对于某帅欠款事实、双方协议书的真实性及(2015)南刑初字第056号判决书认定的内容均无异议。本案争议的焦点主要在于：(1)原、被告《协议书》约定内容的性质；(2)原告的本次诉讼是否违反“一事不再理”的诉讼原则；(3)被告是否负有向原告还款的义务。就原、被告协议约定内容的法律性质问题，原告主张根据协议能够认定被告欠款，被告则认为该协议约定内容为抵押担保，且该抵押担保因未能进行登记而无效。综合本案案情，原告与于某帅之间存在有效的债务，该债务不具有不可转移的特点。原、被告在《协议书》中约定：“于某清同意用本人名下位于好家园××号房产抵押给王某，定于2014年7月20日前还清欠款共计510800元。”根据该协议的约定内容，应当认定被告于某清已经同意加入原告与于某帅的债务关系之中，自愿与债务人于某帅一起向原告王某承担同一债务，于某清与于某帅对该笔债务均应负偿还责任，相互之间无主从关系。该项约定于合同成立时即生效，被告认为该协议的性质仅为担保的抗辩不能成立。就原告的本次诉讼是否违反“一事不再理”诉讼原则问题。(2015)南刑初字第056号判决书已经判决于某帅向王某进行退赔。2012年《最高人民法院关于适用〈中华人民共和国刑事诉讼法〉的解释》第一百三十九条规定：“被告人非法占有、处置被害人财产的，应当依法予以追缴或者责令退赔。被害人提起附带民事诉讼的，人民法院不予受理。追缴、退赔的情况，可以作为量刑情节考虑。”被告据此认定原告不应再提起本案诉讼，如果本案支持原告的诉讼请求，则原告可能就同一债务获得两份款项，违反“一事不再理”的诉讼原则。然而，认定“一事不再理”应从两次诉讼是否属于“同一当事人、同一标的、同一诉讼请求”方面进行考虑，原告的本次起诉对象为于某清，其起诉的依据为其与于某清之间所订立的《协议书》。从主体上看，于某清不同于刑事诉讼中的主体于某帅，从请求权基础上看，于某帅退赔的基础在于刑事案件中认定的诈骗事实，而本案原告主张于某清承担责任的基础在于于某清通过协议向王某作出加入债的关系的意思表示。据此，被告抗辩认为原告本次起诉违反“一事不再理”不能成立。就被告是否负有向原告的还款义务问题，如上所述，本案被告通过《协议书》加入于某帅对原告王某的债务，应与于某帅一起就同一内容及范围的债务向原告王某承担责任。于某帅与于某清为并存的债务人，王某可以请求于某帅、于某清共同或分别向其偿还债务，任何一人对债务的履行构成债的消灭事由，任何一人的履行也构成另一人在王某向其主张权利时的有效抗辩。在(2015)南刑初字第056号刑事案件中，于某帅归还的48100元已从原告主张的金额中扣除，本案原告所主张的462700元未清偿数额，被告于某清应当负有偿还义务。就原告所主张的利息,因双方协议中约定了"2014 年 7 月 20 日前还清欠款",被告未按约定还清欠款,故原告起诉主张该项利息应当予以支持。判决:被告于某清给付原告王某欠款 462700 元及自 2014 年 7 月 20 日至 2015 年 4 月 20 日的利息损失 8675.62 元。二审法院判决:驳回上诉,维持原判。[1]

第三人接受委托代为付款的,不构成债务加入,不承担债务清偿责任。

【案例 1-69】 青岛康泰集团铝业有限公司诉南通六建青岛分公司买卖合同纠纷案

判决观点,联系授权委托书的内容,青岛黎兴铝塑幕墙工程有限公司委托被告将 570000 元工程款转账支票的收款人姓名写为原告公司名称,是一种委托付款行为,且授权书明确写明由此引发的一切经济纠纷由青岛黎兴铝塑幕墙工程有限公司承担,青岛黎兴铝塑幕墙工程有限公司并未退出与原告之间的合同关系,不符合债务承担的相关法律规定。本案庭审中,原告称找不到青岛黎兴铝塑幕墙工程有限公司,认为没有必要进行追加。法院认为,本案系由第三人代为履行,如原告认为青岛黎兴铝塑幕墙工程有限公司尚有货款未付,应向青岛黎兴铝塑幕墙工程有限公司另行主张。故原告主张被告给付货款 570000 元,没有事实和法律依据,对其诉讼请求依法予以驳回。判决:驳回原告青岛康泰集团铝业有限公司的诉讼请求。[2]

第三人与债务人的约定或者向债权人所作的意思表示难以确定是债务移转还是债务加入,有关约定或者意思表示未明确免除债务人对债权人的义务的,法院应当认定第三人的意思表示为债务加入。

【案例 1-70】 蔡某某诉姚某、杨某某买卖合同纠纷案

二审法院认为,在当事人的承诺意思表示不明时,应当首先依据《民法典》第一百四十二条对意思表示进行解释,仍不能确定真实含义时,方可适用《民法典担保解释》第三十六条的规定,推定为保证。根据法律规定,有相对人的意思表示的解释,应当按照所使用的词句,结合相关条款、行为的性质和目的、习惯以及诚信原则,确定意思表示的含义。关于杨某某向蔡某某出具承诺书(如 2020 年 6 月 3 日前不能退赃退赔,则我愿意直接退还蔡某某 4.2 万元货款,并承担同期银行贷款两倍的利息损失)的行为性质,首先,从承诺

---

〔1〕 参见最高人民法院中国应用法学研究所编:《人民法院案例选》2016 年第 8 辑(总第 102 辑),人民法院出版社 2016 年版,第 127~128 页。天津市第二中级人民法院(2015)二中民二终字第 402 号民事判决书。

〔2〕 参见国家法官学院案例开发研究中心编:《中国法院 2015 年度案例》(买卖合同纠纷),中国法制出版社 2015 年版,第 156 页。山东省青岛市崂山区人民法院(2012)崂民二商初字第 360 号民事判决书。

书所使用的词句上看,杨某某既未明确免除姚某赔偿责任,难以认定构成债务转移,又未明确仅在姚某不履行债务的情况下承担还款责任,不符合一般保证的基本特征,而系将"案外人于2020年6月3日前不能退赃退赔"约定为自己退还4.2万元货款并承担利息损失的生效条件,属于附条件承担债务的意思表示。其次,从行为的目的上看,杨某某承诺在条件成就时直接向蔡某某承担还款责任,构成与姚某共同向蔡某某履行债务,符合债务加入的定义。再次,杨某某额外承诺就4.2万元货款给付每月500元利息,已超出姚某对蔡某某的原债务范围,具有一定的独立性,超越了保证的范畴。最后,杨某某虽然并非蔡某某与姚某之间买卖合同关系的相对人,但其中部分货款系由其最终收取,具有利害关系。故杨某某向蔡某某出具承诺书的行为应当认定为债务加入。判决:(1)撤销江苏省南通市通州区人民法院(2021)苏0612民初989号民事判决;(2)姚某返还蔡某某货款62000元及利息(自2020年5月16日至实际给付之日止,按照全国银行间同业拆借中心公布的贷款市场报价利率计算);(3)杨某某对姚某应承担返还义务中的42000元及利息(自2020年6月4日起至实际给付之日止,按照全国银行间同业拆借中心公布的贷款市场报价利率计算)承担连带责任;(4)杨某某于判决生效之日起10日内给付蔡某某利息差额(自2020年6月4日起至实际给付之日止,按照以42000元为基数按全国银行间同业拆借中心公布的贷款市场报价利率计算的利息与每月500元的差额计算);(5)驳回蔡某某的其他诉讼请求。[1]

无明确债务转移的意思表示应认定为债务加入,超出原债务人作出的承诺意思自治认定为新契约。

【案例1-71】 A经营部诉建筑工程公司等买卖合同纠纷案

二审法院认为,针对第一个争议焦点,第一,建材公司登记注销前,与A经营部已形成16.9万元供货债权债务关系,其股东杨某国、黄某凯应就该笔债务承担还款责任。第二,建筑工程公司认可的项目负责人在与A经营部经营者的多次沟通中,指示A经营部将结算单和请款单发送至另一工作人员处呈报公司审批请款,并要求A经营部补签形成《模板、方条购销合同》,结算单和请款单上记载的货款总金额、供货数量及税点计算与该份合同的内容相吻合,因此,建筑工程公司对A经营部向案涉项目供应的16.9万元货物进行了追认。第三,没有任何有效证据证实原建材公司对A经营部所负的16.9万元的货款债务转移至由建筑工程公司独自承担。因此,《模板、方条

---

〔1〕 江苏省南通市中级人民法院(2021)苏06民终5009号民事判决书。

购销合同》是建筑工程公司对建材公司所付的A经营部的16.9万元货款债务的加入。第四,杨某国、黄某、吴某杨签署承诺书并非代表任何公司,仅代表个人作出对该16.9万元货款债务加入的意思表示,则应分别在各自加入承担16.9万元货款请求范围内承担连带责任。针对第二个争议焦点,各债务承担人逾期未付货款,应承担违约责任。一审法院综合各方面履行情况并兼顾公平原则,将违约金降低调整按月利率2%计算,并认定违约金为16900元,A经营部未提出上诉,对一审法院的认定结果予以维持,各方在该违约金数额范围内按各自约定的违约金数额承担相应责任。其中,A经营部与建材公司签订的《建材采购合同》中约定逾期付款违约金最高限额为1000元,由于杨某国、黄某凯系因建材公司原股东身份对公司债务承担相应责任,故其二人应承担的债务不应超过建材公司应承担的债务范围,即应以1000元为限。由于建筑工程公司与A经营部之间的《模板、方条购销合同》约定逾期付款违约金上限所欠货款的2%,故建筑工程公司支付的违约金应以上欠货款16.9万元的2%为限计3380元。杨某国、黄某、吴某杨在《承诺书》中承诺对逾期付款按每月3%支付滞纳金,则其三人应向A经营部支付的违约金为12520元(16900元－1000元－3380元)。判决:(1)撤销一审判决;(2)原审被告杨某国、黄某凯向被上诉人A经营部支付货款169000元;(3)上诉人建筑工程公司、原审被告黄某、吴某杨对原审被告杨某国、黄某凯的上述第一项债务承担连带责任;(4)原审被告杨某国、黄某凯向被上诉人A经营部支付违约金1000元;(5)上诉人建筑工程公司向被上诉人A经营部支付违约金3380元;(6)原审被告杨某国、黄某、吴某杨向被上诉人A经营部支付违约金12520元;(7)驳回被上诉人A经营部的其他诉讼请求;(8)驳回上诉人建筑工程公司的其他上诉请求。[1]

在《企业询证函》上签名盖章,不构成并存的债务加入。

【案例1－72】　扬州新型建材公司诉强力混凝土公司、兴安分公司、兴邦建材公司买卖合同纠纷案

判决观点,原告与被告兴安分公司之间存在实际的买卖合同关系,被告兴邦建材公司在《企业询证函》上签名盖章确认欠款数额,但未说明该公司愿意承担该债务,且原告亦不能提供证据证明,故兴邦建材公司不应承担本

〔1〕　参见国家法官学院、最高人民法院司法案例研究院编:《中国法院2023年度案例》(买卖合同纠纷),中国法制出版社2023年版,第18～19页。广西壮族自治区柳州市中级人民法院(2021)桂02民终1130号民事判决书。

案的民事责任。[1]

欠条上加盖公司公章,不构成并存的债务加入。

【案例1－73】 黄某天诉李某林、厦门市锦特工贸有限公司买卖合同纠纷案

判决观点,至于原告主张被告厦门市锦特工贸有限公司与被告李某林共同偿还货款的诉讼请求,因买卖合同相对方系原告黄某天与李某林,与厦门市锦特工贸有限公司没有存在合同关系,厦门市锦特工贸有限公司虽在欠条上加盖公司印章,但厦门市锦特工贸有限公司并没有作出具体的承诺。原告未能举证证明厦门市锦特工贸有限公司承诺还款的相应证据,故对原告的上述主张,证据不足,法院不予支持。[2]

4.并存的债务承担

并存的债务承担,是指第三人与债权人、债务人达成三方协议或第三人与债权人达成双方协议或第三人向债权人单方承诺由第三人履行债务人的债务,但同时不免除债务人履行义务的债务承担方式。保证系从合同,保证人是从债务人,是为他人债务负责;并存的债务承担系独立的合同,承担人是主债务人之一,是为自己的债务负责。判断一个行为究竟是保证,还是并存的债务承担,应根据具体的情况确定。如承担人承担债务的意思表示中有较为明显的保证含义,可以认定为保证;如果没有,则应当从保护债权人利益的立法目的出发,认定为并存的债务承担。

【案例1－74】 应某伟诉杨某炳、王某兴买卖合同纠纷案

二审法院认为,本案争议的焦点为王某兴在杨某炳出具的欠条上的签字行为是否具有债务承担的法律效力。王某兴作为应某伟与杨某炳之间买卖业务关系的介绍人,在杨某炳出具的欠条中将自己的名字签署在“欠款人杨某炳”后面,在对该签名没有特别约定的情况下,按照一般的理解应是王某兴同意以欠款人的身份,加入杨某炳与应某伟的债务关系中,与债务人杨某炳共同承担债务。王某兴认为其在欠条上签字只是作为见证人或证明人,以便应某伟找不到杨某炳时让其做中间人证明一下。法院认为,按照日常生活经验法则,王某兴的解释不符合生活常理,且无相应证据印证,故对王某兴该的上诉理由,法院难以采信;应某伟在原审庭审中曾提到“……当时王某兴给

---

〔1〕 参见国家法官学院案例开发研究中心编:《中国法院2014年度案例》(买卖合同纠纷),中国法制出版社2014年版,第155页。江苏省扬州市仪征市人民法院(2010)仪马商初字第9号民事判决书。

〔2〕 参见国家法官学院案例开发研究中心编:《中国法院2014年度案例》(买卖合同纠纷),中国法制出版社2014年版,第157页。福建省厦门市翔安区人民法院(2012)翔民初字第46号民事判决书。

应某伟介绍杨某炳时，很明确是帮他（指杨某炳）运送沙子，如果欠钱了，可以向王某兴要。基于该情况应某伟和杨某炳做了这生意，如果没有王某兴的保证，是不会和杨某炳做生意的，因应某伟与杨某炳没有关系，也不知道杨某炳经济状况"，该陈述并未涉及在王某兴欠条上签字性质的认定问题，故王某兴关于应某伟陈述王某兴在欠条上签字是一种债务履行的保证，无事实依据，法院亦不予采纳。根据王某兴在"欠款人　杨某炳"后签字的事实，法院认定王某兴在杨某炳出具的欠条上签字的行为系并存的债务承担，原审判决王某兴、杨某炳共同承担付款责任，并无不当。原审虽未认定欠条所涉买卖关系发生在应某伟与杨某炳之间，但判决结果正确，应予维持。王某兴的上诉请求缺乏事实和法律依据，法院不予支持。判决：驳回上诉，维持原判。〔1〕

判断第三人的行为属于债务加入还是保证，应根据当事人的意思表示进行具体的分析判断。

【案例1-75】　建材公司诉建筑公司等买卖合同纠纷案

判决观点，……关于李某兵、曾某群签署《项目部补充协议》及两份《保证书》的效力问题。虽然李某兵在补充协议上作为项目部负责人代表签字，但其并未取得建筑公司授权或事后追认，故该补充协议对建筑公司不发生效力。至于两份保证书，两份文件名为保证书，但在内容上，保证人对欠付货款事实进行了确认，保证所欠货款在一定期限内全部付清，并承诺按补充协议的约定支付逾期利息，保证书中亦采用了愿意承担连带责任等表述方式，故李某兵、曾某群签署该两份文件，是一种事实上债务加入，即李某兵、曾某群同意清偿所欠货款，并按约定支付逾期付款，而不属于实质意义上的保证责任。基于上述情况，李某兵、曾某群对于建筑公司所欠货款承担连带给付责任，并应按照自身承诺向建材公司支付逾期付款利息，即建材公司主张的资金占用费。〔2〕

《民法典》第五百五十二条后半段规定，第三人向债权人表示愿意加入债务，债权人未在合理期限内明确拒绝的，债权人可以请求第三人在其愿意承担的债务范围内和债务人承担连带债务。司法实践中，第三人向债权人作出债务承受表示，即债权人与受让人达成了一致意见，但原债务人未明确同意之表示，是否为债务转让或其并存的债务承担，债权人是否可以请求第三人履行，常有争议。如果债务人同意第三人自愿加入既存债务关系中，则无争议；反之，如果债务人不同意

---

〔1〕　参见最高人民法院中国应用法学研究所编：《人民法院案例选》2012年第3辑（总第81辑），人民法院出版社2012年版，第229页。浙江省宁波市中级人民法院（2011）浙甬商终字第569号民事判决书。

〔2〕　参见国家法官学院、最高人民法院司法案例研究院编：《中国法院2023年度案例》（买卖合同纠纷），中国法制出版社2023年版，第38页。北京市丰台区人民法院（2021）京0106民初1413号民事判决书。

或不明确表态第三人自愿加入既存关系,如何处理是应加以研究的。第三人自愿加入既存债务关系中,有利于债务人履行债务,对债务人是有利的。债务人本人可能不愿意第三人取得求偿权而成为债务人的债权人。所以,应该允许债务人提出异议。如果债务人没有明确表示异议,或者明知第三人代替作出履行而不提出异议的,则应当认为并存债务承担有效。在实务中,对没有证据证明债务人同意或反对的,则应从保护债务人的角度认定为同意第三人加入。

【案例1－76】 慈溪市新亚管件有限公司诉宁波东源管业有限公司买卖合同纠纷案

二审法院认为,原告与沈阳公司签订的《收购合同》应为合法有效,对双方当事人均具约束力。按《收购合同》第五条第二款之约定,双方在合同签订之日起7日内共同完成盘存和合价,且在此期间内沈阳公司向原告方支付合价后的总价款。现被告于2002年3月17日向原告作出的说明,可视为被告与债权人之间订立了上述债务承担的协议。虽然就本案事实而言,原告无法证明原合同义务人沈阳公司与受让人达成过债务转让的协议,审理中沈阳公司也提出了对被告为其履行债务不予认可的异议。况且从本案《收购合同》的文义来看,该合同的主要目的是沈阳公司向原告三企业一次性整体收购资产并重新注册企业,且合同就该注册企业的名称也进行了约定,约定的名称为“浙江金德新亚管件有限公司”。因此,即便原合同义务人沈阳公司买受原告三企业的资产后并非为其自己所用,而是将这些资产交付给新注册的企业使用。且就经营所在地而言,本案原、被告之间履行债务较原告同沈阳公司履行更为便利,因此,作为沈阳公司出资80%的被告公司接收上述库存物资并为沈阳公司履行支付相应货款的债务义务并不损害沈阳公司的利益反而对其有益。被告在庭审中确认,沈阳公司和被告对上述库存物资已进行处分,且根据审理查明的事实,在被告公司成立之前沈阳公司已按《收购合同》的约定对上述库存物资进行了盘存,因此结合《收购合同》之目的,沈阳公司对被告就这些库存物资予以盘点合价并作出付款之承诺,应为明知且未存异议的。综上,被告向原告作出的债务承担表示之说明,应系其真实意思表示,并也不违反法律的强制性规定,原告可据此请求被告承担其确认的付款义务。一审法院判决被告宁波东源管业有限公司给付原告慈溪市新亚管件有限公司货款3982909.25元。被告不服提起上诉,二审中申请撤回上诉获准。[1] 就本案而言,被告作出承担债务的说明,原告同意,但看不出何种债务承担。对此,审理本案的法官认为是免责的债务承担,《人民法院案例

〔1〕 参见最高人民法院中国应用法学研究所编:《人民法院案例选》(2004年商事·知识产权专辑)(总第49辑),人民法院出版社2005年版,第47～51页。

选》的责任编辑认为，从保护债务人的角度出发，应推定为并存的债务承担较为妥当。如果原告无法从被告处获得到全部清偿，还可以请求沈阳公司对未实现的债权作进一步清偿。

股东自愿承担公司的债务，其形成的告知函内容并未明确体现债务转移，故应认定为债务加入，不应视为债务转移。

【案例 1－77】 商贸公司诉丁某等买卖合同纠纷案

二审法院认为，涉案买卖合同的双方当事人是商贸公司与经贸公司，依据合同相对性原则，商贸公司作为债权人应向债务人经贸公司主张权利，一审认定经贸公司应承担支付货款责任符合法律规定。因经贸公司系有限责任公司，并非合伙企业，故商贸公司主张丁某、戚某系合伙关系应对经贸公司的债务承担连带责任没有法律依据。本案中商贸公司提交的证据不足以证实经贸公司的股东存在严重损害公司债权人利益等情形，其以公司财产混同为由要求丁某、戚某对涉案债务承担连带责任的主张不能成立。涉案债务分解协议系丁某与戚某合意签订其内容并不违反法律、行政法规的强制性规定合法有效。依据涉案债务分解协议，戚某承担山铝店、南罗路店、总部、社科二期及招商部的负债 81.18 万元，并负责上述部门的运营及所涉及的往来账支付；丁某承担社科店、杨萌路店的负债 77.2 万元，并负责上述部门的运营及所涉及的往来账支付。戚某、丁某自愿承担公司的债务，其行为并不损害公司利益，也不侵害公司债权人的合法权益，双方自愿承担公司债务的事宜已以《供应商告知函》的形式通知了包括商贸公司在内的供应商，商贸公司的业务员在张某在告知函上予以签名确认。因《供应商告知函》的内容并未明确体现债务转移，且根据商贸公司的本案诉求也未免除经贸公司的付款责任，故应认定戚某、丁某自愿承担公司债务的行为应属于债务加入，不应视为债务转移。根据《民法典》第五百五十二条的规定，商贸公司有权请求戚某、丁某在其各自愿意承担的债务范围内和债务人经贸公司承担连带债务。依据戚某与丁某双方协议约定，丁某对经贸公司社科店、杨萌路店的负债以 77.2 万元为限负责，故丁某应在 2118.4 元范围内对本案债务承担连带责任；戚某对经贸公司山铝店、南罗路店、总部、社科二期、招商部以 81.185 万元为限负责，故戚某应在 9030 元（3852.70 元＋5447.30 元）的范围内对经贸公司的本案债务负连带责任。判决：(1)维持一审民事判决第一项；(2)撤销一审民事判决第二项；(3)丁某在 2118.43 元范围内对上述第一项承担连带责任；(4)戚某在 9030 元的范围内对上述第一项承担连带责任;(5)驳回商贸公司的其他诉讼请求。[1]

第三人自愿加入债务,承担偿还责任的,属于并存债务也就是债务加入的情形,债务加入人在其愿意承担的范围内和债务人承担连带责任。债权人可以要求第三人偿还债务。

【案例1-78】 王某某、唐某某诉李某某债务加入纠纷案

二审法院认为,本案的争议焦点是李某某是否应当对"结算单"上载明的26万元及违约损失承担偿还责任。首先,被上诉人与龙晟鑫公司于2021年2月22日签订的合作协议中虽未明确约定26万元煤款的归属,但结合王某某与龙晟鑫公司之前的合作协议内容(2020年8月17日)及李某某与唐某某的通话内容,认定26万元原本归属于龙晟鑫公司更符合协议双方的真实意思;其次,对于2021年4月27日李某某签字确认的"结算单",李某某虽主张系受胁迫签订,但未提交证据予以证实,且被上诉人提交的证据也进一步证实不存在胁迫的情形,法院对"结算单"的真实性予以确认;再次,"结算单"上虽然没有龙晟鑫公司公章或法定代表人签字,但考虑到李某某系龙晟鑫公司股东、龙晟鑫公司的股东均为家庭成员关系且李某某亦具体参与了涉案合作协议的履行(特别是以个人微信和个人银行账户接收了被上诉人支付的15万元应缴税款)等综合因素,被上诉人对李某某在"结算单"上作出"由山东龙晟鑫能源有限公司股东李某某全权代理"的意思表示有理由产生合理信赖,即被上诉人有理由相信李某某的行为系代表龙晟鑫公司;最后,依据"结算单"载明的内容,一方面,作为商事行为,即使之前26万元约定归属龙晟鑫公司所有,也不排除经双方综合各方面因素重新协商后将26万元再约定归属被上诉人所有,另一方面,"结算单"明确载明"如龙晟鑫公司不按合同履行,由李某某自行承担",即如果龙晟鑫公司不按照结算单约定的期限、数额履行给付义务,则"结算单"约定的债务由李某某"自行承担"。该约定内容从文义看,"龙晟鑫公司不按合同履行"包括不能履行、不履行,甚至不认可债务本身的情形,但无论是哪种情形,债务都由李某某"自行承担",即无论出现哪种情形,李某某都承诺以"主"债务人的身份自行承担债务,这更符合债务加入的法律规范而区别于保证人系从债务人的法律规范;从本案实际看,李某某系龙晟鑫公司股东,也是涉案合作协议履行的参与者且涉案26万元的归属直接影响其切身利益,因此,区别于考量债权人与无直接利害关系第三方保证人的利益平衡,本案中认定李某某系

---

〔1〕 参见国家法官学院、最高人民法院司法案例研究院编:《中国法院2023年度案例》(买卖合同纠纷),中国法制出版社2023年版,第46~47页。山东省淄博市中级人民法院(2021)鲁03民终3878号民事判决书。

债务加入更有利于公平维护各方利益；从法律规范看，由于李某某约定的是“自行承担”的责任方式，即使认定其承担责任的方式不完全等同于债务加入或保证的责任承担方式，但依据《民法典担保解释》第三十六条第四款“第三人向债权人提供的承诺文件不符合前三款规定的情形，债权人请求第三人承担保证责任或者连带责任的，人民法院不予支持，但是不影响其依据承诺文件请求第三人履行约定的义务或者承担相应的民事责任”的规定，李某某亦应按照约定承担偿还责任。综上，综合本案的实际情况，即使涉案26万元煤款依据合作协议原归属于龙晟鑫公司，但李某某的“全权代理”行为和“自行承担”的承诺行为都使其负有了偿还涉案债务的义务，一审认定其构成债务加入并判决其承担偿还责任并无明显不当，李某某主张即使“结算单”有效其行为系一般保证而不是债务加入的上诉理由无事实和法律依据，不能成立。“结算单”明确约定了违约损失的计算方式，李某某一审期间亦未提出违约金过高的抗辩，一审据此判决李某某承担相应的违约责任并无不当。综上所述，李某某的上诉请求不能成立，应予驳回；一审判决认定事实清楚，适用法律正确，应予维持。判决：驳回上诉，维持原判。[1]

债的概括移转与债务加入的区分。

【案例1－79】　黑龙江广播电视网络股份有限公司嘉荫分公司与杭州临安澳科贸易有限公司买卖合同纠纷案

二审法院认为，在区分债的概括移转与债务加入时，应当审查债务人、债权人与第三人之间是否存在债务移转的合意，债务移转因涉及债务人责任财产的变化，关系债权实现的可能性，应当经过债权人的同意。如果未经债权人同意，则债务人、债权人与第三人之间未形成债务移转的合意，不构成债务移转，债权人对原债务人仍然享有权利。在未经债权人同意的情形下，对于第三人向债权人发出的债务承担通知，应当视为债务加入，第三人与债务人共同向债权人履行债权。[2]

（四）买卖合同撤销的处理

撤销权亦称废罢诉权，指如果债务人有积极减少责任财产，影响债权实现的

---

〔1〕山东省滨州市中级人民法院（2022）鲁16民终2441号民事判决书。

〔2〕浙江省杭州市中级人民法院（2015）浙杭商终字第2969号民事判决书。

行为,则债权人享有撤销该行为的权利。[1] 债权人撤销权是一种兼具实体权利和程序权利双重性质的民事权利。因此,债权人行使撤销权除必须符合一定的条件外,还应遵守程序规定,否则,其行撤销权不应得到法律支持。

1. 撤销权的理解

《民法典》第五百三十八条规定:"债务人以放弃其债权、放弃债权担保、无偿转让财产等方式无偿处分财产权益,或者恶意延长其到期债权的履行期限,影响债权人的债权实现的,债权人可以请求人民法院撤销债务人的行为。"本条是关于撤销债务人无偿行为的规定。本条主要包括以下几层含义:其一,本条确定了适用的前提条件是债务人要有无偿处分的行为;其二,债务人的行为影响债权人的债权实现。

《民法典》第五百三十九条规定:"债务人以明显不合理的低价转让财产、以明显不合理的高价受让他人财产或者为他人的债务提供担保,影响债权人的债权实现,债务人的相对人知道或者应当知道该情形的,债权人可以请求人民法院撤销债务人的行为。"本条是关于撤销债务人有偿行为的规定。本条主要包括以下几层含义:其一,本条适用的前提条件是债务人明显不合理地处分责任财产;其二,债务人的行为影响债权人的债权实现;其三,债务人的相对人主观上存在恶意。

《民法典》第五百四十条规定:"撤销权的行使范围以债权人的债权为限,债权人行使债权的必要费用,由债务人负担。"本条是关于撤销权的行使范围及必要费用承担的规定。本条主要包括以下几层含义:其一,本条确定了以债权为行使范围;其二,债务人承担撤销费用。

《民法典》第五百四十一条规定:"撤销权自债权人知道或者应当知道撤销事由之日起一年内行使。自债务人的行为发生之日起五年内没有行使撤销权的,该撤销权消灭。"本条是关于撤销权行使期间的规定。本条主要包括以下几层含义:其一,本条确定了撤销权一年的除斥期间;其二,规定了 5 年最长撤销期间。

《民法典》第五百四十二条规定:"债务人影响债权人的债权实现的行为被撤销的,自始没有法律约束力。"本条是关于债务人行为被撤销的法律效果的规定。本条主要包括以下几层含义:其一,本条确定了撤销权的法律效果;其二,债务人处分责任财产的行为没有法律效力。

通说理论认为,债权人撤销权是债权本身的固有权利,从债权中生发出来。有效的债权是撤销权的前提和基础,没有有效的债权,撤销权无从发生,且有效债权应当是以财产给付为目的的债权。传统民法理论认为,以财产给付为目的的债

---

〔1〕 参见黄薇主编:《中华人民共和国民法典合同编释义》,法律出版社 2020 年版,第 176 页。

权不限于金钱债权，但须是以财产权为标的债权。故不作为之债权，以劳务为标的债权，不得行使撤销权。唯当其因债务不履行变为损害赔偿之债时，亦得行使撤销权。根据近年来立法、判例与学说的发展趋势，金钱债权以外给付特定物为标的的特定债权，亦不适用撤销权。例如，在二重买卖的情形，第一买受人通常不得以第二个买卖合同诈害了自己的债权为由主张撤销。理由为债权人的撤销权并非保全特定物债权的制度，仅当处分特定物的行为减少了债务人的一般财产而使债务人沦为无资力，债权人的债权无法从债务人的一般财产中以金钱获得满足的场合，为保全债权人的损害赔偿债权（金钱债权），始得承认其撤销权。即此场合，行使撤销权的债权人亦不得请求直接向自己为移转登记，而应当对取回的财产通过强制执行程序获得满足。[1]

司法实践中，对“须存在有效的债权”的理解并不一致，以致在认定撤销权上发生偏差，因此正确理解“须存在有效的债权”就非常重要。笔者认为，应从以下方面予以把握。

其一，有效的债权应当是既存在的债权，已经消灭或者尚未发生的债权，均不得行使撤销权。因为已经消灭的债权，撤销权也随着消灭，自然不可能涉及债权受损害。尚未发生的债权，不能产生债务人对财产的处分行为或者负担行为利益关联。有学者认为，“盖债权之发生，莫不以当时债务人之资力为其信用基础”。[2] 债权撤销权之目的，在于防止债权人所预期的债务人作为一般担保的责任财产被削减，故不存在行为后发生的债权因此受害的问题。

但注意此原则也有例外，如连带保证人中之一人，因清偿全部债务对其他连带保证人享有求偿权。在尚未清偿期间，对其他连带保证人以有损于求偿权的目的所为的行为，亦得行使撤销权。[3]

其二，“有效的债权”，不以其已届清偿期为必要，因撤销权针对的是债务人积极损害的行为，如不能及时行使撤销权，坐待债权届期，债权所受损害将无法补救。

其三，“有效的债权”，并不要求其数额既已确定为必要。仅能够在客观上发生债务人“支付不能”的情形即可。

其四，“有效的债权”无须于此时既已归属于现债权人。即使诈害行为发生于在先的债权人期间，债权归属于现债权人在诈害行为之后，但债权本身的同一性并不受影响。

实务中，对有瑕疵的合同是否成立，是否能成为有效债权，需作具体分析。

---

〔1〕 参见韩世远：《合同法总论》（第2版），法律出版社2008年版，第307、308页。

〔2〕 参见韩世远：《合同法总论》（第2版），法律出版社2008年版，第302页。

〔3〕 参见史尚宽：《债法总论》，中国政法大学出版社2000年版，第480页。

2. 撤销权的适用范围

《民法典》第五百三十八条规定了债权人撤销权制度的适用范围，即债务人放弃其到弃债权、债务人无偿转让其财产、债务人以明显不合理的低价转让财产。按债权人撤销权制度的立法目的衡量，该条规定采取具体列举方式限定债权撤销权的适用范围，逻辑上不够周延，致使实践中该项制度适用范围过于狭窄，不能充分发挥其债权保全的制度功能。债权人撤销制度的立法目的，在于恢复债务人的责任财产，使债务人的责任财产维持适当状态，以保障债权人的债权得以实现。要在立法上贯彻这一目的，其逻辑结论必然是：只要债务人的行为减少了责任财产，并害及债权人的债权，均应成为撤销权的对象。[1] 实践中，债务人为逃避债务，欺诈债权人而减少其责任财产的行为，除上述法律规定的三种类型以外，还有多种表现方式。其一，法律行为（民法理论上认为是撤销权的主要行使对象），有单独行为，如放弃到期的债权、放弃到期的债权担保、遗赠等；有契约行为，如对原来没有财产担保的债权提供担保（包括物保和人保），债权让与、债务承担或加入等，如设立公司、合伙企业等。其二，理论上对导致债务责任财产减少的准法律行为，通常也被认为可以成为撤销的对象，如催告、债权让与的通知、为中断时效而作的债务承认等。其三，诉讼中的法律行为，如诉讼中的和解、抵销、请求的放弃、认诺等。撤销权制度的适用范围是开放的，随着理论深入和实践而发展的，而非仅限于《民法典》第五百三十八条规定的三种类型。

债权人行使债权的范围。《民法典》第五百四十条规定，撤销权的行使范围以债权人的债权为限。这里，“债权人的债权”是指体全体债权人的债权，还是行使撤销权的债权人的债权，没有明确指明。这就引申出一个问题，即撤销权的撤销效力范围是及于债务人处分的全部财产，还是仅以债权人保全的债权范围为限？这是理论界、司法界有争议的问题。对此问题主要有三种观点。第一种观点认为，撤销的范围原则上应及于债权人保全的范围，对债务人不当处分的财产超出债权保全必要的部分，不发生撤销效力；否则，势必不正当地干涉债权人正当处分的自由。当然数个债权人起诉的，可并案审理。第二种观点认为，由于撤销权的行使目的在于保全所有（全体债权人）的一般债权，故撤销效力不以行使撤销权的债权享有的债权额为限，而应以全体一般债权人的债权总额为限。第三种观点认为，设立撤销权制度的重要目的是限制债务人在清偿全部债务前实施减少其责任财产的行为，以保全所有一般债权人利益，对因债务人处分行为而减少的责任财产必须予以恢复，即复归债务人，债务人处分责任财产的应作全部撤销，财产也全部返还债务人。当然还有其他不同观点，不再列举。

---

〔1〕 参见韩世远：《合同法总论》（第2版），法律出版社2008年版，第309页。

可以以被撤销行为的标的是否可分为标准,确定撤销权的效力范围。具体来说:(1)在被撤销行为的标的物是可分物的场合,仅应在债权人所享有的债权额的范围内撤销债务人的部分行为,其他部分则仍然有效,以保障债务人的经济自由和对第三人的交易安全。(2)在被撤销行为的标的物是不可分物的场合,为保护债权人的债权,实现撤销权制度的立法目的,应当认定被撤销行为全部无效。此外,在债务人分别从事了多项处分其财产的民事法律行为时,仅仅是债权人所主张撤销的债务人行为全部无效,债务人其他处分财产的行为尤其是交易行为仍然是有效的。〔1〕

需要强调说明的是,当两个或两个以上的债权都受到损害时,各债权人均可以行使撤销权,请求范围亦应限于各自的债权范围。若为连带债权时,每一个债权人应以债权之总额为限,而不是其所能得到的债权额的范围。

3. 撤销权行使期限

债权人行使撤销权,必须在法律规定的期限内,向法院提出请求,否则,法院不能主动撤销已成立的合同。

需要强调的是,撤销权自债权人知道或者应当知道撤销事由之日起一年内行使。自债务人的行为发生之日起5年内没有行使撤销权的,该撤销权消灭。该5年期间是撤销权存续的最长期间。债权人超过5年才行使撤销权的,法院不予支持。该5年期间实际上是法律拟制的债务人责任财产恢复期间,法律认为超过该期间的债务人的责任财产一般都有所恢复,债权人利益也有所保障,不必再用债权人撤销权的方式保护债权。

5年除斥期间的起算应以债务人之损害行为发生为准,而不以债权人是否知道自己权利受损为要件。债务人低价转让财产的合同签订时一般就应认为对债权人存在损害,此时债权人的撤销权就已产生,故应当开始起算5年的除斥期间。

根据《民法典》第五百四十一条的规定,具有撤销权的当事人知道或者应当知道撤销事由后明确表示或者以自己的行为放弃撤销权的,撤销权消灭。这里就产生了如何理解"知道或者应当知道撤销事由",即行使撤销权的起算点问题。撤销权的行使期间是除斥期间,不适用诉讼时效的中止、中断和延长的规定。也就是说,撤销权的起算点,直接关系到一年除斥期间,关系到撤销权消灭等问题,也是司法实践中撤销权争议的焦点。

债务人实施了有害债权的行为,从该行为成立或者生效时起,债权人就可以行使撤销权。

---

〔1〕 参见杜万华、宋晓明主编:《基层人民法院法官培训教材》(实务卷·民商事审判卷),人民法院出版社2005年版,第545页。

社会生活中,对当事人知道或者应当知道撤销事由的理解和把握,应仔细甄别,正确界定行使撤销权的起算点。

需要强调的是,撤销权起算点是开始计算一年除斥期间的时间点,时间点提前或延后事关债权人撤销权消灭或存在的期间。债权人放弃撤销权有明示放弃和默示放弃两种方式,无论债权人使用何种方式都涉及起算点问题。撤销事由产生,债权人向法院提起诉讼,这说明其已经知道撤销事由,如其后又撤诉或变更,撤销权的起算点不变,也不因为在法院诉讼而中止、中断或延长。

司法实践中,原告起诉要求认定合同无效,法院判决驳回诉讼请求,同时告知其可以提起撤销权之诉。原告提起撤销权之诉后,法院又以撤销权超过法定期间为由驳回其诉讼请求不当。在这种情况下,在撤销权法定期间的起算问题上应作出有利于积极主张权利的债权人的解释,其知道或应当知道撤销事由之日应为法院告知其可以提起撤销权之诉的判决作出之日。

4. 债务人行为有害于债权的判断标准

债权人撤销权制度,突破了债的相对性,使债权具有对外效力,使债务人与第三人之间业已成立的法律行为归于无效。因此,对行使撤销权必须严格限定条件,其中一个要件就是债务人的行为须对债权人造成损害。所谓有害于债权,是指债务人的行为造成其一般财产减少(包括积极的财产之减少与消极的债务之增加),以致无法满足债权的要求,给债权人实现债权造成损害。理论上称此种财产状态为"无资力"。是否有害于债权,即是否有无资力,是债权人撤销权构成的一个重要标准。如债务人资力雄厚,即使实施了减少其财产的处分行为,偿债仍绰绰有余,则债权人即不得对其处分行为妄加干涉,妨害其管理财产的自由和经营自由。必须是其减少财产的行为,足以有害于债权人之受偿,具有"诈害性",才能行使撤销权。如何界定债务人的行为对债权人造成损害,理论界、实务界的观点并不一致。笔者认为,界定对债权人损害的标准,应该在坚持有利于保护债权人债权的前提下,以尽量减少对债务人的干预为原则,按照债务的履行情况,采取不同分类标准。对债务人的债务可以分为两种情况:一是尚未构成履行迟延的,财产的数量少于债务,债务人承认无力偿还债务,债权人经过强制执行后没有得到清偿等情况具备其一的(并非两种情况同时具备),可作为债务人的行为对债权人造成损害标准;二是迟延履行债务时,将到期没有履行债务作为标准。

判断债务人的行为是否对债权人造成损害,应当考虑以下因素。

其一,存在损害的客观事实,指债务人的行为必须在客观上存在减少自己的财产,以致损害债权人的事实。换言之,如果债务人主观上有逃避债务、损害债权人的恶意,但事实上并未对债权造成损害,就不能认定债务人的行为给债权人造成损害。

其二,有损害后果,指必须是债务人实施该行为时给债权人造成损害。这里讲的该行为,是指债务人减少债务人财产导致损害债权人的行为,而不是指与损害债权人无关联的行为。如果债务人实施该行为时,其他财产足以清偿债权人的债权,而由于后来债务人的财产状况恶化,导致不能清偿债务的,该行为不能认为损害债权人的债权,债权人不能对债务人的赠与行为行使撤销权。如果债务人实施的貌似损害债权人的行为,而实际上并未造成债权人损害的,则债权人不能行使撤销权。

其三,债务人的清偿能力,指债权人行使撤销权时,须发生债务人无力清偿债权人债务之情形。也就是说,在债权人行使撤销权时,即使在此之前,债务人实施了放弃债权或无偿赠与等行为,导致债务人的财产减少,但不影响清偿债务的,自然不能认定为无清偿能力;另外,虽然有财产减少行为,但此时债务人的财产状况好转,能足以清偿债务的也不能认定为无清偿能力。可以归纳为,债权人行使撤销权时,如果债务人的行为不再受到损害,债权人就不能行使撤销权。

其四,例外情形。从撤销权行使的法律后果上看,虽然债务人在实施行为时给债权人造成损害,但如果行使撤销权并不能增加债务人的财产,此时应对债权人加以限制。这种限制,主要适用于债务人低价转让财产的情形。市场经济的物之价格随时可能发生变化,不可能固定为一个价格。债务人转让财产时,虽然转让价格明显低于当时的市场合理价格,但可能会在转让之后撤销权行使之前价格下跌,债权人行使撤销权时该财产的转让价格已经接近或高于市场合理价格,此时有必要限制撤销权的行使。如果还允许债权人行使撤销权,既不能实现撤销权的目的,也会破坏交易秩序的稳定,且没有任何实际意义。

对债务人的行为有害于债权的理解,其实质在于对债务人"诈害性"进行判断。笔者认为,对诈害性进行判断时,应坚持双重标准,即行为标准和撤销权行使标准,二者缺一不可。所谓行为时标准,要求必须在债务人实施积极减少其财产的行为时即已陷于"无资力",方得成立诈害。如果债务人于行为时有足以清偿债务的财产,未对债权造成损害,即使其后因经济的变动致其财产贬值不足以清偿,也不成立诈害行为。所谓权利行使标准,要求债权人行使撤销时诈害行为的状态仍在持续中,即便行为时具有诈害性,但在行使撤销权时因债务人的经营或经济状况好转使其责任财产增加或者升值,足以清偿债权时,债权人则不得行使撤销权。这是因为,债权人撤销权是保护债权人的手段,而非以追究债务人责任为目的。〔1〕

关于诈害判断的标准。债务人陷于"无资力",即为有诈害性。形式标准通

〔1〕 参见韩世远:《合同法总论》(第2版),法律出版社2008年版,第311页。

说是将债务人行为后之资力状况,与一般债权之总额加以比较,如果存在明显支付不能的情形,即为无资力,即为有害于一般债权,构成诈害行为。实质的判断标准,要求综合主客观的相关情势,考虑债务人是否具备行为目的动机的正当性,是否具备行为手段方法的妥当性等因素进行具体判断,而不能简单地仅据算术上的结论进行判断。

5. 主观要件中的恶意认定

债务人的恶意,即明确知道其行为可能增强债务清偿的无资力而有害于债权,即严重损害债权人的利益。笔者认为,《民法典》第五百三十九条的规定只提到受让人的恶意问题,而没有提到债务人具有恶意。理论上对此有两种观点,即否定说和肯定说。这二者的差异,实际上就是故意内容中的意识因素和意志因素的差异。意思主义要求债务人不仅具备意识因素,还应具备意志因素。二者之区别并非在于对制度的理解不同,而是在于对实际中当事人双方利益平衡的选择不同,调控方法就是要求不同的证明责任。有学者认为,对于意思主义,无论采取何种举证责任的分配原则(即将债务人恶意与否的证明责任分配给债权人或债务人),都是欠缺可操作性。对于当事人行为时主观的状态,无论要求债权人证明当事人存在诈害故意还是要求行为人自己举证否认自己存在诈害故意都是非常困难的,而且,法官在认定上也没有一个可操作性的标准。观念主义其实就是提供了一种标准,是以客观的情势推定当事人行为时的主观状态。只要债务人行为时知道或应当知道其行为将导致自己资力的欠缺就可以推定这种恶意的存在。当然,也应该允许债务人提出反证证明自己不知道或并不应当知道。[1] 也就是说,对债务人恶意的证明,应当实行推定规则。债务人明知其财产不足以清偿全部债务,而仍为处分其财产或财产权利的行为,即可推定其具有恶意。债务人可就其具有其他资力或没有诈害的意思另行举证。[2] 应当注意的是,衡量债务人有无恶意,应以行为时的主观状态为基准。债务人行为当时不知其行为有损于债权人的债权,虽于行为后有所认识,亦不成立主观上的恶意,债权人不得行使撤销权。

明显不合理的低价、高价是债务人恶意的一种外在表现形式。债务人以明显不合理的低价转让财产或高价取得财产,对债权人造成损害,并且受让人知道该情形的,债权人可以请求法院撤销债务人转让财产的行为。《民法典合同编通则解释》第四十二条规定:"对于民法典第五百三十九条规定的'明显不合理'的低价或者高价,人民法院应当按照交易当地一般经营者的判断,并参考交易时交易地的市场交易价或者物价部门指导价予以认定。转让价格未达到交易时交易地

---

〔1〕 参见崔建远等:《民法原理与案例分析》,法律出版社2010年版,第146页。
〔2〕 参见韩世远:《合同法总论》(第2版),法律出版社2008年版,第314页。

的市场交易价或者指导价百分之七十的，一般可以认定为‘明显不合理的低价’；受让价格高于交易时交易地的市场交易价或者指导价百分之三十的，一般可以认定为‘明显不合理的高价’。债务人与相对人存在亲属关系、关联关系的，不受前款规定的百分之七十、百分之三十的限制。”参与制定司法解释的法官认为，明显不合理的低价或者高价的一般认定规则，(1)主体标准。关于明显不合理低价或者高价的认定以一般经营者的判断为标准，而不以交易双方当事人的判断为标准，这是客观标准的经典表达。(2)时间标准。本条明确以交易时的市场交易价或者物价部门指导价作为交易价格是否为明显不合理的时间判断标准。(3)空间标准。本条以交易地作为对明显不合理的低价或者高价进行判断的空间标准，符合交易习惯和一般社会认知。[1]

第三人恶意。第三人包括与债务人发生交易行为的相对人即受让人，也包括受益人，由受让人处取得财产的人即为转得人。所谓受益人，是指由债务人行为直接或间接受有利益之人。如转让行为中的受让人为直接受益人，受让人再为转让行为之转得人为间接受益人。收购行为之出售人亦为直接受益人。受让人(第三人)的恶意是指对转让行为损害债权的事实，“知道该情形”，则此“恶意”系采观念主义(认识主义)，即只要对诈害债权的事实有所认识即可，其与债务人是否恶意串通，或者是否具有故意损害债权人的意图，则非所问。对于受益人的恶意，应以受益时为判断基准。如受益当时不知情，受益后方始认识到有害债权的情形的，无论直接受益人(如受让人)还是间接受让人(转得人)，须一律具有恶意，否则债权人不得行使撤销权。在有偿行为的前提下，也必须有恶意。这是因为，受让人为此支付了对价，撤销权的成立将使受让人承担交易破裂的不利后果，如果受让人主观上没有任何恶意，与债务人之间也没有任何特别关系或约定，其没有为债务人转移财产或隐瞒责任财产的故意，那么，法律就没有归责于他的正当理由。其受让行为就应当受到保护，因为这是对交易安全维护的要求。事实上，债务人之所以会低价转让财产或高价收购财产，大多是因为二者内部都有特别的关系或约定，受让人事后得到一定好处的情况下返还债务的财产，或者通过其他形式在实质上返还。否则，债务人就不可能低价处分或高价收购其财产，因此，在这种情况下，受让人的恶意就是撤销权的构成要件。根据《民法典》第五百三十九条的规定，也可得出在无偿行为的场合，撤销权的成立无须受让人主观有恶意。理由是，无偿行为中受让人不须支付出任何对价即可取得财产，由于撤销权导致行为无效也不会增加受让人的负担。

实务中，以债务人以明显不合理的低价转让财产为由主张撤销权的，须以债

〔1〕 参见最高人民法院民事审判第二庭、研究室编著：《最高人民法院民法典合同编通则司法解释理解与适用》，人民法院出版社2023年版，第471～473页。

务人、受让人主观上有恶意为成立要件。

6. 撤销权的效力范围

债权人行使撤销权对哪些人产生效力,其效力范围有多大,是应该明确界定的。符合债权人撤销权的适用范围,但债权人不行使撤销权的合同有效。依据法律、司法解释及合同理论,具体来说,撤销权的效力应体现在以下几个方面。

其一,对债权人产生效力。

民法理论认为,撤销权行使的目的在于保全债务人的一般财产,债务人的一般财产作为全体债权人的共同担保,债权人不能行使优先受偿权利。也就是说,债权人虽然可以请求受益人(转得人)直接向其为财产交付,但不得就该交付物优先受偿。[1] 但在债权人直接受领返还财产的场合,其因此对债务人负有返还义务,如果该返还义务与债务人所负债务达成抵销适状,债权人可以主张抵销,从而获得事实上优先受偿的效果。否则,债权人要从受益人返还的财产中受偿,仍须依照强制执行程序进行,与其他申请参加分配的债权平等受偿。当然,债务人向债权人为任意履行,而其他债权人没有及时主张债权的,行使撤销权的债权人也能获得完全清偿,此种情形并不违反债权平等原则,故其他债权人不得提出异议。[2] 从法律上讲,在撤销债务人的行为以后,某一债权人取回了一定的财产或利益,该财产或利益应作为债务人的全体债权人的共同担保,各个债权人对这些财产都应当平等受偿。在实务中,如果没有其他的债权人提起诉讼甚至获得了胜诉的判决,也没有其他债权人行使撤销权,则该债权人不必通知债务人的其他债权人,即可将通过行使撤销权获得的财产全部取走,用以清偿对自己的债务。如果有其他债权人提起诉讼,则在执行时应当按照债权的平均分配。

其二,对债务人的效力。

依据法律规定,对债务人诈害债权的行为依法撤销的,该行为自始无效,但系相对无效,即仅债权人主张的部分自始无效,超出债权人主张的处分行为仍为有效。

其三,对第三人(受益人、受让人、转得人)的效力。

债权人行使撤销权,诈害行为被依法撤销,不仅对债权人和债务人产生效力,同时也对第三人产生效力。如果不对第三人产生效力,则在撤销债务人诈害行为后,不能请求第三人返还财产,债权人撤销的目的便不能达到,这不利于保护债权人的利益。对受益人产生的双重效力为:第一,仅成立债权关系尚未发生物权转

---

〔1〕 参见郑玉波:《民法债编总论》(修订2版),陈荣隆修订,中国政法大学出版社2004年版,第305页。

〔2〕 参见韩世远:《合同法总论》(第2版),法律出版社2008年版,第318页。

移情形的，其债权关系因撤销而消灭；第二，已发生物权转移的，受益人得依债权人之请求，返还其既已受领的财产。受益人二次转让的，在无偿行为情形下，转得人如系恶意，自应依债权人请求负返还义务，转得人为善意的，不负返还义务，而由直接受益人负损害赔偿责任。在有偿行为情形下，因有偿行为之撤销，须债务人、受益人（包括直接受益人）均具有恶意，债权人才能撤销诈害行为，故对诈害行为被依法撤销的情形，直接受益人或间接受益人均得依债权人请求返还其受让的财产。实务中，亦有受让人作为第三人参加诉讼的实例。

7. 撤销权行使的把握

《民法典合同编通则解释》第四十五条规定："在债权人撤销权诉讼中，被撤销行为的标的可分，当事人主张在受影响的债权范围内撤销债务人的行为的，人民法院应予支持；被撤销行为的标的不可分，债权人主张将债务人的行为全部撤销的，人民法院应予支持。债权人行使撤销权所支付的合理的律师代理费、差旅费等费用，可以认定为民法典第五百四十条规定的'必要费用'。"

《民法典合同编通则解释》第四十六条第一款规定："债权人在撤销权诉讼中同时请求债务人的相对人向债务人承担返还财产、折价补偿、履行到期债务等法律后果的，人民法院依法予以支持。"

一方当事人故意利用优势地位或利用对方没有经验等订立了买卖合同，如果交易价格达不到交易时交易地的指导价或者市场交易价 70% 的，应认定为显失公平，合同应予撤销。

当事人主张合同价格显失公平请求撤销的，因现行法律没有明确显失公平的具体标准，合同中明确约定了标的物价格、付款时间与支付方式、时间等主要内容，双方的权利义务内容是完整和真实的，不存在一方当事人因胁迫或欺诈等而订立合同的情形。即便合同约定标的物价格比当时当地的同类标的物交易价格有所上涨，亦属于合同当事人应当预见的商业交易风险，法律不予支持撤销请求。

买卖合同一方通过伪造货运单、收货证明、虚开增值税发票等手段签订合同的，相对方有权请求法院撤销合同。

【案例 1－80】　重庆重铁物流有限公司诉巫山县龙翔商贸有限责任公司、合江县杉杉贸易有限公司买卖合同纠纷案

判决观点，被告龙翔公司、杉杉公司故意隐瞒其法定代表人均为邱某的真实情况，使重铁物流公司签署了前述合同和协议，通过伪造货运单、收货证明、虚开增值税发票等手段，虚构了本不存在的煤炭交易事实。龙翔公司、杉杉公司的行为与该项规定相吻合，应认定为欺诈行为。依照《合同法》第五十四条的规定，一方以欺诈手段使对方在违背真实意思的情况下订立的合同，受损害方有权请求撤销，重铁物流公司关于撤销其 2013 年 12 月 1 日与龙翔公司签订的《煤炭购销合同》,与杉杉公司签订的《煤炭买卖合同》以及三方签订的《补充协议》的诉请符合法律规定,予以支持。判决:撤销重铁物流公司2013年12月1日与龙翔公司签订的《煤炭购销合同》、与杉杉公司签订的《煤炭买卖合同》以及三方签订的《补充协议》。[1]

经营者的搭售行为属于强迫交易,消费者有权请求撤销。

【案例1-81】 王某亮诉无锡申荣汽车有限公司买卖合同纠纷案

判决观点,王某亮与申荣公司签订的《订单》系双方的真实意思表示,应为有效,双方均应受《订单》约束。申荣公司应按照《订单》约定向王某亮交付原厂配置(即不加装GPS导航仪和进口脚垫)的"大众速腾"1.4TSI手动挡轿车。当王某亮在申荣公司通知其订购车辆已到货时,却得知该车辆已被加装GPS导航仪和进口脚垫,其必须为此支付对价才能提车。作为一名消费者,王某亮的真实意思表示应为购买不加装GPS导航仪和进口脚垫的原厂配置车辆。经营者搭售行为的成立不能仅以王某亮的付款行为予以否定,还需审查消费者的真实意思表示,故王某亮违背真实意思表示购买进口脚垫与GPS导航仪的民事行为应予以撤销。判决:(1)撤销王某亮与申荣公司的GPS导航仪和进口脚垫的民事行为;(2)申荣公司返还7780元,王某亮同时返还申荣公司GPS导航仪和进口脚垫;(3)申荣公司返还王某亮所购速腾轿车上原装的收音机和CD播放器,并安装恢复原状。[2]

债权人请求撤销买卖合同纠纷案件,实践中的争议焦点常为:一是撤销权能否行使;二是第三人是否属于善意取得。对此,判断撤销权是否成立需要审查:其一,应当明确债权人的债权是否合法、有效,是否存在与债务人存在串通的情形;其二,能否满足行使债权人撤销权的构成要件,是否超过诉讼时效;其三,应结合证据和查明的事实,分析判断受让人是否属于善意取得,对交易价格是否合理的判断,应结合具体市场的特点、交易行情及当事人的财产情况进行分析,查明真实的交易价格,避免债务人、受让人串通损害债权人的合法利益,同时也避免虚假诉讼的产生。

合同一方因对方的欺诈行为而诉请撤销时,法官不能仅以合同目的最终能够实现就简单认定受欺方没有受到损害,对其诉求不予支持。

买卖合同一方请求撤销合同事项的,应当符合撤销权构成要件。

---

〔1〕 参见最高人民法院中国应用法学研究所编:《人民法院案例选》2016年第6辑(总第100辑),人民法院出版社2016年版,第64页。

〔2〕 参见国家法官学院案例开发研究中心编:《中国法院2012年度案例》(买卖合同纠纷),中国法制出版社2012年版,第51页。江苏省无锡市滨湖区人民法院(2010)锡滨商初字第0222号民事判决书。

【案例1－82】　欣达公司诉企润公司买卖合同纠纷案

二审法院认为，关于欣达公司与企润公司自2016年12月25日之后形成的补充协议、调价函和调价通知是否应予撤销，根据《合同法》第五十四条的规定，在本案中，欣达公司以企润公司违反双方合同约定，多次停止供货，胁迫其调整结算价格为由，要求撤销欣达公司与企润公司自2016年12月25日之后形成的补充协议、调价函和调价通知。根据上述规定，欣达公司依法应当就企润公司胁迫事由承担举证责任。但其提交的证据不足以证明上述事实，故应当承担举证不能的法律责任。欣达公司在二审中补充提交了刘某萍的证言，因刘某萍无正当理由未出庭作证，故对欣达公司提交的该份证人证言，法院依法不予采信。据此，欣达公司要求撤销相应的补充协议、调价函和调价通知的主张不能成立，原审法院未予支持，并无不当。需要说明的是，欣达公司与企润公司虽然在购销合同中约定"项目实施过程中，砼结算价格优惠幅度不得因原材料市场价格波动等其他原因做调整"，但在合同履行过程中，双方根据市场行情调整砼结算价格的行为并不为法律所禁止。同时，如果欣达公司不同意结算价格调整，完全可以根据双方合同的约定终止合同，要求企润公司向其赔付违约金，并可通过向第三方采购的方式解决其工地的用料需求，但欣达公司不仅未按购销合同的约定行使相应的权利，反而按照调整后的结算价格进行对账付款，这从侧面佐证了上述协议系双方当事人的真实意思表示，欣达公司现要求撤销上述补充协议、调价函和调价通知于法无据。综上所述，欣达公司的上诉请求不能成立，应予驳回；一审判决认定事实清楚，适用法律正确，应予维持。判决：驳回上诉，维持原判。[1]

当事人以胁迫为由抗辩但未提出可撤销行为的，法院不予支持。

【案例1－83】　万里公司诉力宏公司、梅某买卖合同纠纷案

二审法院认为，原审法院以对账单为依据，确认力宏公司结欠万里公司款项605649.5元并无不当，且力宏公司对原审判决未提出上诉，结欠货款事实应予确认。梅某主张是其在受胁迫的情况下才出具《担保承诺书》的，基于受胁迫作出的民事行为依照《合同法》的规定系可撤销行为，应由行为人向法院提出撤销权申请，而梅某于2014年1月5日出具《担保承诺书》，至今并未提出主张要求撤销该份《担保承诺书》，已超过《合同法》第五十五条第一款第（一）项规定的撤销权行使期限，故梅某关于《担保承诺书》系被胁迫作出的，不应承担本案欠款保证责任的主张，依据不足，不予支持。判决：驳

〔1〕　参见国家法官学院、最高人民法院司法案例研究院编：《中国法院2021年度案例》（买卖合同纠纷），中国法制出版社2021年版，第161～162页。江苏省常州市中级人民法院（2019）苏04民终1705号民事判决书。

回上诉，维持原判。[1]

【案例1－84】 四川三一工程建设（集团）有限公司、鑫业集团有限公司等买卖合同纠纷再审案

最高人民法院认为，关于案涉《承诺书》是否系受胁迫作出的问题，三一公司提交的均为其工作人员作为证人作出的证言，其证言只是称经理被一些人尾随，并未有证据证明存在针对该经理的非法行为，故不能证明该经理受到胁迫；提交的刑事判决反映的仅是该经理因公司欠债未还而被非法限制人身自由的事实，与本案无关。本案中，三一公司提交的证据并不能证明该经理受到胁迫的事实，亦不能证明与签订《承诺书》存在因果关系。同时，三一公司等亦未在《承诺书》签订一年内主张撤销该《承诺书》。因此，法院认定《承诺书》系当事人的真实意思表示，合法有效。[2]

在古玩交易中，当事人地位平等，应遵守行规。但卖方就交易物品或交易信息有明示或保证，则应受到约束。买方在出卖方虚假陈述下购买的古玩，经鉴定是伪制品的，可以请求法院撤销。除此之外，不能行使撤销权。

【案例1－85】 许某全诉余某美等买卖合同纠纷案

判决观点，原、被告双方买卖“犀牛角杯”及和田玉挂件，已形成买卖合同关系。本案中，“犀牛角杯”经鉴定系伪制品，而非被告余某美、傅某钦所述的真犀牛角制品，余某美、傅某钦对此予以确认并同意原告的该项撤销请求，且原告在法定期限内行使撤销权，故原告关于撤销“犀牛角杯”买卖合同的请求，法院予以支持，余某美、傅某钦应返还原告购买“犀牛角杯”所支付的6万元，原告应返还“犀牛角杯”。对原告主张撤销的和田玉挂件买卖合同的诉求，因和田玉挂件经鉴定均系和田玉，原告的购买行为亦是出于自愿，原告作为完全民事行为能力人，且之前已数次向余某美、傅某钦购买过古玩艺术品，对价格应有一定的判断能力，其应当能够预见购买古玩艺术品的风险；另外，和田玉艺术市场并没有相对统一固定的价格，其价格高低受多方因素的影响，如外观、工艺品的精细程度、材质以及个人喜好等，原告实际上是对和田玉挂件在价值上产生了认识错误，而非对其性质产生了认识错误，故对其请求撤销与余某美、傅某钦之间购买三件和田玉挂件和同的诉求，法院不予支持。原告的利息主张，法院认为，相关“犀牛角杯”的合同被撤销后，合同即自始无效，故余某美、傅某钦应支付占有该笔款项的相关利息，法院支持

---

〔1〕 参见国家法官学院案例开发研究中心编：《中国法院2017年度案例》（买卖合同纠纷），中国法制出版社2017年版，第71页。福建省宁德市中级人民法院（2015）宁民终字第792号民事判决书。

〔2〕 最高人民法院（2016）民申341号民事裁定书。

利息数额以6万元为基数,自2013年8月29日(起诉之日)起计至本判决确定的付款之日止。至于余某美、傅某钦主张的其与原告之间购买三件和田玉挂件的合同款项原告尚未支付完毕,因被告未在本案中提起反诉,且上述物品现均暂扣于厦门市公安局湖里分局,故原、被告双方就此争议可以另案主张。原告关于傅某玲应与被告余某美、傅某钦共同承担责任的诉求,因余某美只是使用傅某玲的银行卡接收原告支付的款项,傅某玲并未参与余某美、傅某钦与原告的买卖事宜,故原告的该项诉求,法院不予支持。判决:(1)撤销原告许某全与被告余某美、傅某钦之间于2013年1月29日关于"犀牛角杯"的买卖合同;(2)被告余某美、傅某钦返还原告许某全6万元并支付利息;(3)讼争的"犀牛角杯"1个,由原告许某全返还给被告余某美、傅某钦;(4)驳回原告许某全的其他诉讼请求。[1]

【不同处理】 古玩字画交易显失公平、显著失衡的可以依法撤销。

【案例1-86】　王某诉李某买卖合同纠纷案

判决观点,所谓显失公平的民事法律行为,是指一方利用对方处于危困状态、缺乏判断能力等情形,致使民事法律行为成立时权利义务显著失衡的行为。判断是否构成显著失衡时,应根据各种交易关系的具体情况加以认定。本案中,被告李某相对年长,生活经验丰富,原告王某相对年轻,未从事过古玩字画行业,缺乏判断能力,知识储备不足,对于该领域的交易经验相对欠缺,急于回收出借资金,致使王某以500万元的价格购得市场价值3万元的画作,导致交易时的利益显著失衡,符合显失公平的构成要件。将双方签订的书画买卖协议予以撤销,有法律依据。[2]

因显失公平撤销买卖合同的认定。

【案例1-87】　中致酒谱(北京)供应链管理服务有限公司与褚某凯买卖合同纠纷案

二审法院认为,第一,法律规定的显失公平的适用条件是一方利用对方处于危困状态、缺乏判断能力等情形,即因以"乘人之危"为因、"显失公平"为果。本案当事人一方为普通消费者,另一方为网店经营者。在网络购物合同缔约时,上诉人显然不存在危困状态或缺乏判断能力等情形,不符合法律规定的显失公平的构成要件。第二,上诉人主张其没有网上销售经验故将进

---

〔1〕 参见国家法官学院案例开发研究中心编:《中国法院2016年度案例》(买卖合同纠纷),中国法制出版社2016年版,第85页。福建省厦门市湖里区人民法院(2013)湖民初字第4958号民事判决书。

〔2〕 参见最高人民法院民事审判第二庭、研究室编著:《最高人民法院民法典合同编通则司法解释理解与适用》,人民法院出版社2023年版,第145页。

货价格24万余元的商品错误标价为26500元,该情形更符合重大误解的定义。但其自2020年3月18日发现"错误标价"后至2020年8月3日才提起反诉,已超过法律规定的重大误解情形下的3个月除斥期间。第三,上诉人在知道"错误标价"后又同意发货并下发货单,应视为撤销权人在明知享有撤销权的情形下主动履行,表示其已放弃撤销权。[1]

因欺诈撤销买卖合同的认定。

【案例1-88】 钟某诉沃尔玛(北京)商业零售有限公司买卖合同纠纷案

二审法院认为,案涉宣传用语虽带有一定的夸张性,但一名理性的消费者应当知晓不能以绝对科学的角度对商品宣传用语进行理解,而应在市场经济的大环境下、在一般消费者正常理解的范围内对商品宣传用语进行解读,并结合商品其他辅助信息,对商品的产品功能等进行判断。因此,案涉宣传语不足以产生误导消费者的效果,并不符合法律规定的欺诈的要件。[2]

因重大误解可撤销买卖合同的认定。

【案例1-89】 黄某根诉刘某德买卖合同纠纷案

二审法院认为,黄某根误认为系争茶几是金丝楠木材质,从而出价118万元予以购买。但经鉴定该茶几仅是普通楠木,市场价格远低于黄某根所付价款。因黄某根对合同标的物的材质发生错误认识,其买受行为与其真实意思相悖,遭受较大损失。对于黄某根以存在重大误解为由要求撤销口头买卖协议的请求,法院予以支持。[3]

在债权人撤销权诉讼中,债权人请求撤销债务人与相对人的行为并主张相对人向债务人返还财产的,法院依法予以支持。

【案例1-90】 周某与丁某、薛某债权人撤销权纠纷案

判决观点,丁某在其基于加油卡买卖合同关系形成的债务未能履行的情况下,将名下银行卡中的款项无偿转账给其母亲薛某的行为客观上影响了债权人周某债权的实现。债权人周某在法定期限内提起撤销权诉讼,符合法律规定。丁某的行为被撤销后,薛某即丧失占有案涉款项的合法依据,应当负有返还义务,遂判决撤销丁某的行为、薛某向丁某返还相关款项。[4]

---

〔1〕 浙江省台州市中级人民法院(2020)浙10民终2467号民事判决书。

〔2〕 北京市第三中级人民法院(2015)三中民(商)终字第03553号民事判决书。

〔3〕 四川省眉山市中级人民法院(2014)眉民终字第280号民事判决书。

〔4〕 最高人民法院发布《关于适用〈中华人民共和国民法典〉合同编通则若干问题的解释》相关典型案例6。

个案中,债权人对危害债权的处理可择一选择撤销权或确认合同无效。

【案例1-91】 嘉吉国际公司与福建金石制油有限公司等买卖合同纠纷案

判决观点,在债务人的行为危害债权人行使债权的情况下,债权人保护债权的方法:一是根据《合同法》第七十四条第一款的规定,行使债权人的撤销权,请求人民法院撤销债务人订立的相关合同;二是根据《合同法》第五十二条第(二)项的规定,请求人民法院确认债务人签订的相关合同无效。[1]

(五)以物抵债的处理

实践中,买卖合同纠纷的债务人因不能偿还债务,将自己的实物抵偿给债权人的情形较为常见。

对于以物抵债协议性质,有人认为未履行交付的以物抵债协议不宜界定为代物清偿,因为若按照实践性合同原理处理以物抵债合同,该合同将因债权人未实现抵债之物而不得成立,从而并不具有法律效力。[2] 如此处理,有时会损害债权人的合法权益,与鼓励交易原则未尽相合,也不恰当地削弱了意思自治原则的功效。[3] 《九民纪要》采诺成合同说。[4] 实践中,亦有法院采用该学说,判定以物(房)抵债协议有效,合同继续履行。

当事人双方签订以物抵债协议,如果协议中未明确约定以债权人受领抵债物作为成立要件,该以物抵债协议应为诺成合同,只要双方就以物抵债达成合意,该协议即成立。

以物抵债是我国法律实践中的一种特别现象,原本双方应当按照原合同约定履行债务,但在我国的相关实践中,当事人常常通过再订立一份以物抵债协的方式履行或了结原债权债务关系,其结果是旧债未结,"新"债未生。学者在分析以上现象后认为,通过批驳"契约说",否定了以物抵债协议的独立性,明确以物抵债并不是可以脱离原债之关系的独立的新协议,以物抵债的诉讼必须以原债权债务之关系为诉讼标的,法院主要审查的不是以物抵债协议自身是否为真实意思表示,而是应当审查原债权债务之关系以确定债权是否合法存在。

---

[1] 参见《最高人民法院公报》2014年第3期。

[2] 参见陈永强:《以物抵债之处分行为论》,载《法学》2014年第11期。

[3] 参见崔建远:《以物抵债的理论与实践》,载《河北法学》2012年第3期。

[4] 参见最高人民法院民事审判第二庭编著:《〈全国法院民商事审判工作会议纪要〉理解与适用》,人民法院出版社2019年版,第300页。

以物抵债协议应当作为处分行为进行考察,适用处分行为的法律规则,须满足行为能力、处分权与公示三要件。“处分行为说”既能简化并行的两个合同所产生的复杂关系,减少诉讼成本和裁判成本,又能有效地防范虚假诉讼,使法律关系更为明晰,亦使诉讼标的十分明确。[1] 关于新旧债关系,新债清偿说认为,以物抵债协议成立后,同时存在新旧两债,债务人不履行以物抵债协议的,债权人既可以请求履行以物抵债协议,也可以请求恢复履行旧债。《九民纪要》采新债清偿说。[2]

合同履行指债务人依据法律规定和合同的约定作出给付的行为。从一定意义上讲,合同履行是其他一切法律制度的归宿或延伸,是债权得以实现的前提,也是建立信用经济的基础。在买卖过程中,标的物属于特定物,在一物两卖、一物数卖的情况下,通常不可能两个合同都得到全面履行。纠纷发生时,哪份合同应该得到优先履行,谁更应该取得标的物的所有权,是摆在法官面前不可回避的问题。一物两卖情况下合同履行顺序的处理原则:其一,确认合同效力。合同效力的确定,必须以《民法典》第一百四十六条的规定为依据,不具有法律规定无效的情形的,各个买卖合同均应为有效。厘清签订在先合同有效、出卖人签订在后合同属于无权处分即无效等问题,防止形成误区影响正确界定效力。其二,确定合同如何履行。在合同均为有效的前提下,要确定哪份合同优先履行。这里明确两个原则:一是物权优先于债权原则,二是债权平等原则。所谓物权优先于债权,指的是物权优先性,主要表现在同一标的物之上同时存在物权和债权时,物权优先。即如果其中一个买受人已经办理了转移登记,取得了所有权,而其他买受人享有的是要求办理转移登记的合同债权,依据上述物权优先于债权的原则,已经取得标的物所有权的买受人应当优先得到保护。所谓债权平等原则,是指债权人之间的债权除具有优先受偿权(如担保物权或法定优先权)者外,不考虑其发生时间之先后,金额多少,债权发生之原因,债权人都应当平等地接受清偿。各买受人均未办理转移登记的,由于各个买受人享有的均是合同债权,依据债权平等性的原则,到底由谁取得标的物的所有权以及履行哪个合同,可以由出卖人自主选择决定。需要特别指出的是,在纠纷未进入诉讼程序的情况下,应充分尊重当事人的意思自治,出卖人有权根据自己的意思选择合同履行的相对方。在一方当事人已经提起诉讼的情况下,出卖人的选择权应当受到限制,合同如何履行应由法院依据公平合理的原则予以判断。最高人民法院民一庭的意见为:后买受人只要不具有侵害先买受人合法权益的恶意,不具有与出卖人恶意串通的行为,其买卖合同就应

---

〔1〕 参见陈永强:《以物抵债之处分行为论》,载《法学》2014 年第 11 期。

〔2〕 参见最高人民法院民事审判第二庭编著:《〈全国法院民商事审判工作会议纪要〉理解与适用》,人民法院出版社 2019 年版,第 300 页。

认定为有效。在以同一标的物为标的的数个买卖合同均为有效的情况下，根据债权平等的原则，各受让人均可要求继续履行合同。但鉴于标的物的特定性，谁能够依据合同最终取得标的物所有权，应区分不同情形加以判定。根据《合同法》等法律、司法解释的规定，合同得不到履行、不能取得标的物的买受人，可以向出卖人请求解除合同、赔偿损失。[1]

债务履行期届满后约定的以物抵债协议，如果抵债物尚未交付给债权人，债务人反悔但未能提供证据证明有能力继续履行原债务，债权人请求债务人履行以物抵债约定的，应予支持，不需要履行清算程序。

《民法典合同编通则解释》第二十七条规定："债务人或者第三人与债权人在债务履行期限届满后达成以物抵债协议，不存在影响合同效力情形的，人民法院应当认定该协议自当事人意思表示一致时生效。债务人或者第三人履行以物抵债协议后，人民法院应当认定相应的原债务同时消灭；债务人或者第三人未按照约定履行以物抵债协议，经催告后在合理期限内仍不履行，债权人选择请求履行原债务或者以物抵债协议的，人民法院应予支持，但是法律另有规定或者当事人另有约定的除外。前款规定的以物抵债协议经人民法院确认或者人民法院根据当事人达成的以物抵债协议制作成调解书，债权人主张财产权利自确认书、调解书生效时发生变动或者具有对抗善意第三人效力的，人民法院不予支持。债务人或者第三人以自己不享有所有权或者处分权的财产权利订立以物抵债协议的，依据本解释第十九条的规定处理。"参与制定司法解释的法官认为，债务履行期限届满后达成的以物抵债协议属于诺成合同，而非实践合同，当事人就以物抵债形成一致意思表示协议即成立，无须债务人或第三人实际完成抵债物的交付。本条规定将债务履行届满后达成的以物抵债协议设定为诺成合同，而非实践合同，主要基于以下几个方面的考虑：(1)诺成合同有利于保护当事人的合意；(2)诺成合同更有利于实现以物抵债的目的；(3)实践合同要求的要物性与以物抵债的特点不符；(4)为以物抵债协议设定要物性不利于鼓励诚信；(5)把以物抵债作为实践合同缺乏法律依据。[2]

《民法典合同编通则解释》第二十八条规定："债务人或者第三人与债权人在债务履行期限届满前达成以物抵债协议的，人民法院应当在审理债权债务关系的基础上认定该协议的效力。当事人约定债务人到期没有清偿债务，债权人可以对抵债财产拍卖、变卖、折价以实现债权的，人民法院应当认定该约定有效。当事人约定债务人到期没有清偿债务，抵债财产归债权人所有的，人民法院应当认定该

---

〔1〕参见刘德权主编：《最高人民法院司法观点集成》(第2版)(民事卷③)，人民法院出版社2014年版，第1548页。

〔2〕参见最高人民法院民事审判第二庭、研究室编著：《最高人民法院民法典合同编通则司法解释理解与适用》，人民法院出版社2023年版，第311～312页。

约定无效,但是不影响其他部分的效力;债权人请求对抵债财产拍卖、变卖、折价以实现债权的,人民法院应予支持。

当事人订立前款规定的以物抵债协议后,债务人或者第三人未将财产权利转移至债权人名下,债权人主张优先受偿的,人民法院不予支持;债务人或者第三人已将财产权利转移至债权人名下的,依据《最高人民法院关于适用〈中华人民共和国民法典〉有关担保制度的解释》第六十八条的规定处理。”制定司法解释的法官认为,应采新债清偿说,即以物抵债协议成立后,同时存在新旧两债,债务人不履行以物抵债协议的,债权人既可以请求继续履行以物抵债协议,也可以请求恢复履行旧债。[1]

以上两条司法解释对于民法典的抵债进一步细化,有利于统一司法尺度。

履行期间届满后,买卖双方达成的以物抵债协议是诺成性协议。

【案例1-92】 安华公司诉东宇厂买卖合同纠纷案

判决观点,案涉以房冲抵货款协议系本案当事人与案外人张某山三方口头达成的一致协议,该协议的内容为:(1)被告东宇厂将新美园公司抵给其的案涉房屋抵算其差欠原告安华公司的37万元货款,安华公司予以接受;(2)安华公司将案涉房屋卖给张某山,张某山答应待案涉房屋的房产证到手后交付37万元给安华公司。协议达成当日,安华公司向被告东宇厂出具收到37万元的收据,据此,安华公司接受东宇厂作为货款抵算的房屋,并卖给张某山,原、被告之间的债权债务已经消灭,安华公司和张某山之间形成新的债权债务关系,张某山应向安华公司履行交付37万元款项的义务。因此,原、被告之间以房冲抵货款的协议已经履行完毕,安华公司要求解除该协议并要求东宇厂支付货款及利息的诉讼请求无事实和法律依据,法院对安华公司的诉讼请求不予支持。判决:驳回原告安华公司的诉讼请求。[2]

当事人达成以物抵债协议后,债务人未按照以物抵债协议履行的情况下,原债务协议与以物的抵债协议如何作为履行依据的适用问题是多发争议。一般情况下,债权人要求履行原债务的主张法律应予支持。

【案例1-93】 H公司诉混凝土公司买卖合同纠纷案

二审法院认为,一审法院关于混凝土公司与H公司之间针对涉案货款在履行期限届满前达成以物抵债合意,认定正确,应予确认。现混凝土公司认可用于抵债的4套别墅尚未转移登记,故涉案情况不符合让与担保情形,

---

〔1〕 参见最高人民法院民事审判第二庭、研究室编著:《最高人民法院民法典合同编通则司法解释理解与适用》,人民法院出版社2023年版,第326页。

〔2〕 参见国家法官学院案例开发研究中心编:《中国法院2019年度案例》(买卖合同纠纷),中国法制出版社2019年版,第162页。江苏省盐城市滨海县人民法院(2017)苏0922民初1707号民事判决书。

为平衡双方权利义务关系，应将原债权债务关系作为履行依据，H公司有权要求混凝土支付合同货款。一审法院根据混凝土公司逾期付款情况认定相关损失，符合规范性法律文件的规定，二审法院予以确认。判决：驳回上诉，维持原判。[1]

未明确约定消灭原债务的以物抵债协议无法实现的，债权人有权请求债务人清偿原债务。

【案例1-94】　陆某明等诉建设公司买卖合同纠纷案

二审法院认为，双方当事人对《清账协议》中约定以投资公司18间商铺折抵货款400万元并无异议，四原告与建设工程公司签订抵债协议是以取得涉案商铺产权登记为目的，现建设公司明确涉案商铺无法取得产权登记，也无法确定四原告取得产权登记具体期限，故四原告不能通过协议实现债权，一审判决认定抵债协议解除，并要求建设公司继续履行付款义务，并无不当。判决：驳回上诉，维持原判。[2]

以物抵债协议超过合理期限未履行，债权人有权要求恢复原金钱债权的履行。

【案例1-95】　实业公司诉建筑安装公司买卖合同纠纷案

判决观点，实业公司与建筑安装公司签订的《抵房协议》意思表示真实，依法成立并生效，当事人应按约履行。以物抵债作为债务清偿的方式之一，原债务与新债务之间的关系也是处理纠纷无法回避的问题，正如本案的争议，那么新债务与旧债务是何种关系呢？是新债务代替了旧债务，还是新债务与旧债务并存呢？对于前者，属于债的更改，当事人只能要求履行以物抵债协议。而对于后者，则属于新债清偿，只是增加了清偿债务的方式，原债务并不消灭。法院认为，除非当事人具有明确意思表示为债的更改，否则从保护债权人角度出发，应解释为新债务与旧债务并存，属于新债清偿。若当事人签订以物抵债协议的目的无法实现时，债权人有权要求债务人履行原债务，而且，由于以物抵债仅是清偿方式，该请求权的行使，不必以以物抵债协议被解除为前提。本案中，当事人不仅没有债的更改意思表示，还进一步约定恢复原债权的情形，说明双方之间的以物抵债协议仅是新债清偿，也就是原金钱债与以物抵债协议并存，而自签订协议至今，建筑安装公司既未交付

---

〔1〕 参见国家法官学院、最高人民法院司法案例研究院编：《中国法院2023年度案例》（买卖合同纠纷），中国法制出版社2023年版，第110页。北京市第三中级人民法院（2021）京03民终494号民事判决书。

〔2〕 参见国家法官学院、最高人民法院司法案例研究院编：《中国法院2023年度案例》（买卖合同纠纷），中国法制出版社2023年版，第193页。江苏省淮安市中级人民法院（2021）苏08民终2060号民事判决书。

抵债房产,也没有办理产权登记,实业公司有权要求建筑安装公司履行原金钱债务,且该权利行使并不以案涉《抵房协议》解除为前提。判决:(1)确认实业公司与建筑安装公司于2016年12月8日签订的《抵房协议》《补充协议》,于2017年5月26日签订的《抵房协议》于2020年12月14日解除;(2)建筑安装公司支付实业公司货款3240990元、逾期付款损失549505元,共计3790495元及自2020年12月3日至实际给付之日的逾期付款损失(以3240990元为基数,按年利率4.75%计算);(3)驳回实业公司的其他诉讼请求。[1]

(六)买卖合同抵销的处理

抵销,是指当事人双方互负债务,各以自己的债权抵充债务的履行,双方各自对应的债权和对应的债务在等额内消灭。[2] 在法理上,为抵销的债权,即债务人的债权,称为自动债权、抵销债权或者反对债权。被抵销的债权,称为债权人的债权、受动债权或者主债权。抵销因其产生的根据不同,可分为法定抵销和约定(协议)抵销。

《民法典》第五百六十八条规定:"当事人互负债务,该债务的标的物种类、品质相同的,任何一方可以将自己的债务与对方的到期债务抵销;但是,根据债务性质、按照当事人约定或者依照法律规定不得抵销的除外。当事人主张抵销的,应当通知对方。通知自到达对方时生效。抵销不得附条件或者附期限。"本条是关于法定抵销的规定。本条主要包括以下几层含义:其一,本条确定了法定抵销应具备的条件;其二,主张抵销的应当通知对方;其三,法定抵销的除外情形。

《民法典》第五百六十九条规定:"当事人互负债务,标的物的种类、品质不相同的,经协商一致,也可以抵销。"本条是关于约定抵销的规定。本条主要包括以下几层含义:其一,本条确定了适用的前提条件是标的物的种类、品质不相同;其二,抵销必须协商一致。

当双方债务可以抵销之时,即使没有作出抵销的意思表示,当事人对抵销已经产生了合理期待,这种期待直接源自法律规定,应当得到保护,故依据抵销法理,应当承认法定抵销具有溯及效力,当事人就互负债务进行抵销的,双方的债务自最初能够抵销时按照抵销数额消灭;自能够抵销之时起,就消灭的债务不再发

---

〔1〕 参见国家法官学院、最高人民法院司法案例研究院编:《中国法院2023年度案例》(买卖合同纠纷),中国法制出版社2023年版,第258~259页。山东省东营市东营区人民法院(2020)鲁0502民初6311号民事判决书。

〔2〕 参见黄薇主编:《中华人民共和国民法典合同编释义》,法律出版社2020年版,第245页。

生迟延责任。

《民法典》第五百六十八条中规定的可用于抵销的“债务”应指合法成立且尚未消灭的债务，只要满足标的物种类、品质相同、已届清偿期，且不属于依照法律规定或者合同性质不得抵销的债务，都可列入允许行使抵销权的债务范围，包括超过诉讼时效的自然债务。

《民法典合同编通则解释》第五十六条规定：“行使抵销权的一方负担的数项债务种类相同，但是享有的债权不足以抵销全部债务，当事人因抵销的顺序发生争议的，人民法院可以参照民法典第五百六十条的规定处理。

行使抵销权的一方享有的债权不足以抵销其负担的包括主债务、利息、实现债权的有关费用在内的全部债务，当事人因抵销的顺序发生争议的，人民法院可以参照民法典第五百六十一条的规定处理。”

参与制定司法解释的法官倾向于认为，如果债务人除了原本的费用之债、利息之债和主债务外，还应支付违约金或者损害赔偿金，而债务人的清偿不足以清偿全部债务时，有约定的，应当按照清偿抵充的约定顺序进行；没有约定的，应当在区分违约金或者损害赔偿金的性质（产生原因）的基础上确定清偿抵充的顺序。首先，因迟延履行产生的违约金或者损害赔偿金，宜按照利息确定履行顺序。其次，因其他违约情形产生的违约金或者损害赔偿金，宜按照主债务确定履行顺序。之所以作出这样的区分规定，是因为因迟延履行产生的违约金或者损害赔偿金本质上是逾期付款利息或者借款合同的罚息，因此，可以纳入利息范畴先于主债务得到抵充。因其他违约情形产生的违约金或者损害赔偿金是对违约损害赔偿的预定，由于与逾期付款无关，其性质与计算依据均和利息迥异，兼具补偿性和惩罚性。因此，其他违约情形产生的违约金或者损害赔偿金性质上接近主债务的替代，按照主债务确定履行顺序较为妥当。考虑到相关问题还需要进一步探索，本司法解释暂未对此作出规定。这一问题在清偿抵充和抵销抵充中都存在，故在此将我们的研究情况予以介绍，供司法实践参考。[1]

1. 抵销权的性质

抵销权是一种形成权。形成权是依权利人的单方意思表示就能使既存的法律关系发生变化的权利；其产生要么是基于法律的规定，要么是基于法律行为；其行使仅需权利人的单方意思表示，以合法的形式作出即可；其消灭的原因主要包括行使、放弃、除斥期间届满，（由于行使抵销权外的原因）目的的实现以及偶然事件的发生如权利人死亡且权利不能继承、标的物灭失、混同等。法定抵销权是在

〔1〕 参见最高人民法院民事审判第二庭、研究室编著：《最高人民法院民法典合同编通则司法解释理解与适用》，人民法院出版社2023年版，第629页。

具备法律规定的条件时,即两个特定债权请求权发生竞合时,双方权利人同时取得的一项权利;此时,任何一方都可通过单方的意思表示,使自己与相对方的债权一并归于消灭。从《民法典》的规定来看,法定抵销权产生的条件是"当事人互负债务,该债务的标的物种类、品质相同"且不违反法律规定或与合同性质相悖,其行使仅需向相对方作出不附条件或期限的通知,且并未规定除斥期间。由此可见,业已产生的抵销权,非因行使、放弃、目的实现、偶然事件发生而不会消灭。

2. 抵销的适用要件

在抵销的适用要件上,法定抵销和约定抵销既有共同点,也有不同点。二者的共同点,即积极要件如下。

其一,互负债务。抵销以在对等额度内使双方债务消灭为目的,故抵销权的产生,在于当事人对于他方既负有债务,同时又享有债权。只有债务而无债权或者只有债权而无债务均不发生抵销问题。双方互负债务,一般因两个法律关系而产生,但也不排除当事人基于多个法律关系而累计的对待债务。此为抵销成立的前提。

这里需研究的一个问题,即抵销是否可对第三人进行,对此《民法典》未作规定。根据合同的相对性规则,合同效力一般只能在当事人之间发生,除一些特殊情况外,不能对第三人发生效力。与此相应地,抵销也通常只能在合同当事人之间进行,除法律特别规定或当事人特别约定外,都不得以第三人的债权,或对第三人的债权为抵销。有学者认为,第三人的债权,即使取得第三人的同意,也不能以之为抵销。[1] 最高人民法院的法官认为,第三人的债权,即使取得该第三人的同意,也不用以抵销。因为一方面此时仅一方当事人能够主张抵销,对方当事人无此权利,有失公平;另一方面第三人的债权对第三人的债权人关系甚大,如允许用以抵销,则可能害及第三人的债权人的利益。可作为例外的是,连带债务人以其他连带债务人对债权人的债权,就其应分担部分为限,有权主张抵销;债权发生继承或转让情况时,债务人对原债权人享有债权的,可以向债权继承人或受让人主张抵销;主债务人对债权人享有债权的,保证人可以主张抵销。[2] 笔者亦赞同上述观点。

其二,债权有效存在。有效是指合法、无瑕疵。当事人存在的两个债权债务关系,均须为合法存在,如果其中任何一个债为不法之债(如赌债),即不得主张抵销。如果债权债务据以产生的合同关系不成立或无效时,其债权不能有效存

---

〔1〕 参见王利明、崔建远编:《合同法新论·总则》,中国政法大学出版社1996年版,第648页。

〔2〕 参见最高人民法院研究室编著:《最高人民法院关于合同法司法解释(二)理解与适用》,人民法院出版社2009年版,第170页。

在,故当然不能抵销。在附停止条件的债权中,条件成就前,债权尚不发生效力,自然不能抵销。超过诉讼时效期间的债权,不得作为主动债权而主张抵销,否则无异于强迫他方债务人履行自然债务。附有同时履行抗辩权的债权,不得作为主动债权主张抵销,否则等于剥夺了他方的抗辩权。

(1)为法定抵销的要件,而约定抵销不适用的情况

其一,抵销的标的物种类、品质相同。一般来说,只有金钱和种类物的债务,适用于抵销。当双方互享的债权均为金钱债权或种类物债权时,由于经济目的同一,以此债权抵销彼债权,相互间仍可获得满足。债的标的物种类不同时,双方各有经济目的,如果允许抵销,则不免使一方或双方当事人的目的难以实现。因而要求用以抵销的标的物种类、品质须相同,如金钱与金钱抵销,相同品质的钢材相互抵销等。当然如果债的标的物种类相同而品质不同,并不能一概而论。如果主动债权的品质较低,其主张与品质较高的被动债权相抵销,对相对方明显不利,一般不应允许。但若品质较高的主动债权主张与品质较低的被动债权抵销,对相对方并无不利,自然应当准许。如果一方或双方的债权标的物为特定物,原则上不允许抵销,尤其是用种类物抵销特定物债权时,更不应抵销。实务中,在考虑品质差异的债权、债务能否抵销时,还应注意双方的交易目的等因素,一般而言,只要不影响交易目的的实现,品质有差异的种类物之间都可以进行抵销,只是在计算价值的具体数额时需各自按质论价。

其二,双方的债务均届清偿期。抵销具有相互清偿的作用,自应双方债务均届清偿期,始能抵销。债务未到清偿期,债权人尚不能请求履行,因而不能作为主动债权主张抵销,否则无异于强令债务人提前清偿。例外的是,在破产程序中,破产债权人对其享有的债权,无论是否已届履行期限均可抵销。

(2)为约定抵销的要件,而非法定抵销的要件

双方必须经协商一致,抵销标的物种类、品质可以不同,可以在没有到期前抵销,不必履行通知义务。这种抵销多在诉讼中,原告起诉被告偿还债务,被告主张原告的债务,原告同意抵销之情形,也可以表现为原告在主张债权时提出抵销,而被告同意抵销。

3. 抵销方法

对于抵销的方法,各国立法和学说存有分歧,产生两种抵销权的行使方式,一为抵销当然主义,二为抵销意思主义。抵销当然主义,无须当事人的意思表示,只要存在适用抵销的事实状态,即当然发生合同消灭的法律后果。抵销当然主义剥夺了当事人抵销权的自由行使,可能违背当事人的主观愿望;并且,抵销当然主义不具有公示性,使双方当事人的债权、债务关系是否存在有时连其自己都不明确,容易导致纠纷的发生。抵销意思主义,则双方当事人的债权适用抵销时,仅产生

抵销权,需一方当事人通过意思表示行使抵销权,方可产生合同消灭的法律后果。当事人主张抵销的,必须以意思表示为之,该意思表示在通知对方时发生法律效力,对方为无行为能力人或者限制行为能力人的,通知到达其法定代理人时发生效力。抵销意思主义,行使简便易行,也利于使合同关系确定地归于消灭,如当事人一方有异议,可及时提出,以避免和减少纠纷的发生。

4. 抵销通知

在法定抵销中,主张抵销的当事人,应当通知对方。如果该债务种类、品质相同,任何一方都可以单方作出意思表示将自己的债务同对方的债务进行抵销。抵销权属于形成权,权利人可以不经与对方协商自行行使,以自己单方的意思表示实现自己的权利,但是抵销的效果是在相等的额度内消灭债权债务关系,因此根据诚实信用原则,主张抵销人应当及时通知对方当事人,只有通过通知手段,才能达到达抵销权的效力。但在约定抵销中,双方达成抵销协议时,发生抵销的效力,不必履行通知义务。

5. 抵销的效力

《民法典合同编通则解释》第五十五条规定:"当事人一方依据民法典第五百六十八条的规定主张抵销,人民法院经审理认为抵销权成立的,应当认定通知到达对方时双方互负的主债务、利息、违约金或者损害赔偿金等债务在同等数额内消灭。"参与制定司法解释的法官认为,本条在反复征求意见的基础上做出了取舍,明确抵销不具有溯及力。[1]

抵销作为合同终止的一种,从抵销的实际效果看,抵销的效力主要表现在以下几个方面。

其一,行使抵销权,使合同关系按照双方能够相互抵销的同等数额而消灭,即当事人双方抵销的数额应相当,至于数额的具体,一般以合同约定的价格为依据,以确保其公允性。在当事人债权债务互为相等的情况下,抵销产生合同关系消灭的法律后果,但如果债务的数额大于抵销额,抵销不能消灭合同关系,只是在抵销范围内减少债权。应注意的是,在法定抵销中,抵销通知到达对方当事人时,抵销方发生法律效力。

其二,抵销的溯及效力问题。有学者认为,抵销属于法律行为,法律行为的效力原则上不溯及既往,但因当事人在双方债权具备抵销要件时,往往认为可随时抵销,于是常常怠于为抵销的意思表示。所以,仅令抵销的意思表示向将来发生

---

〔1〕 参见最高人民法院民事审判第二庭、研究室编著:《最高人民法院民法典合同编通则司法解释理解与适用》,人民法院出版社 2023 年版,第 604 页。

效力，容易产生不公平的结果。从《民法典》第五百六十八条的规定可以看出，现行法律对法定抵销采取了意思表示主义的立法模式，法定抵销的性质是法律行为，当事人主张抵销之时与双方债务可以抵销之时可能存在时间差，而根据《民法典》第五百六十八条第一款的规定，在双方的债务可以抵销之时，即使没有作出抵销的意思表示，当事人对抵销已经产生了合理期待。这种期待直接源自法律规定，应当得到保护，故依据抵销法理，应当承认法定抵销具有溯及效力，当事人就互负债务进行抵销的，双方的债务自最初能够抵销时按照抵销数额消灭；自能够抵销之时起，就消灭的债务不再发生迟延责任。

其三，抵销效力的限制。抵销的通知不得附条件或者附期限。因为附条件或者附期限使抵销不能在通知到达时当然生效，这就使抵销的效力处于不确定状态，不符合设立抵销制度的目的，并可能损害一方当事人的权利。

6. 抵销的限制

当事人双方互负到期债务的，任何一方可以将自己的债务与对方的债务抵销，但也有除外情况，即受到一定的限制。《民法典》第五百六十八条对抵销的消极要件只作了概括性规定，即规定的禁止抵销的情形包括根据债务性质、法律规定或者当事人约定三种情形。法律规定不得抵销的债务，当事人不得通过协议抵销。根据债务性质不得抵销的情形主要有：(1)必须履行的债务不得抵销；(2)具有特定的人身性质或者依靠特定技能完成的债务，以及相互提供劳务的债务不得抵销；(3)不作为债务不得相互抵销，此种债务不经过相互实际履行，就无法实现债权的目的；(4)故意侵权所产生的债务，作为债务人的侵权人不得主张抵销，避免债权人任意侵犯债务人的人身权利和财产权利，如果允许抵销，则有违公序良俗，且会诱发故意的侵权行为；(5)约定应当向第三人履行的债务，债务人不得以自己向对方当事人享有的债权而主张抵销；(6)相互出资的义务不得抵销，即使存在两个出资人。[1]

当事人通过合同约定对符合《民法典》第五百六十八条规定的抵销条件的到期债权不得予以抵销，是当事人对自己民事权利的自主处分，符合当事人意思自治原则，也符合合同法的立法精神，即当事人有约定从约定，无约定的依照《民法典》规定的原则。也就是说，债务除了依照法律规定和按照债务性质不得抵销外，凡当事人约定不得抵销的债务也不能抵销。当然可以通过双方的合意排除抵销的情况，这样规定的法理基础在于契约自由原则。在法定抵销的情况下，符合法律规定的条件，是否发生抵销的效果，依赖于一方当事人的意思表示。是否为意思表示，是当事人的权利。一般情况下这种权利相互对应的当事人均享有。但在

---

〔1〕 参见黄薇主编：《中华人民共和国民法典合同编释义》，法律出版社2020年版，第247页。

双方合意排除抵销的情况下,则是双方当事人去除自身及对方当事人权利的行为,去除自身权利是对自己权利的处分,去除对方当事人权利要经过对方当事人之认可。说明对方当事人对自身所拥有的或者将拥有的权利予以放弃,故对双方当事人合意排除抵销之债的行为应当允许,对该类债务不得进行抵销。

由于社会生活的多样性和复杂性,有可能出现一方当事人要求抵销一部分符合法定抵销条件,而另一部分属于约定抵销的范畴,此时如何处理往往有争议。笔者认为,互负债务的当事人提出抵销的债权中符合法定条件的,可按法定抵销处理,而另一部分属于约定抵销条件的,相对方同意抵销,则可以抵销;相对方不同意抵销的,则不予抵销。

实践中,一方当事人起诉另一方借款不还,证据充分,相对方却主张起诉方另有买卖关系方面的债务且主张抵销,起诉方对此予以否认。相对方主张对抵销的债权有争议,则应限制抵销。

《民法典合同编通则解释》第五十七条规定:“因侵害自然人人身权益,或者故意、重大过失侵害他人财产权益产生的损害赔偿债务,侵权人主张抵销的,人民法院不予支持。”参与制定司法解释的法官认为,本条规定包含两个层面的问题:一是侵权之债能否主张抵销。如果可以,谁可以主张。对此,本条没有一概禁止侵权之债的抵销,而只是规定侵权人原则上不得主张抵销。因此,被侵权人认可主张抵销。二是是否一概禁止侵权人主张抵销。本条分为两种情形:(1)侵害自然人人身权益产生的债务,侵权人一般不得主张抵销;(2)侵害财产权益产生的债务,限于故意和重大过失情形不得抵销。因此,侵权人因一般过失侵害财产产生的债务,其仍可抵销。〔1〕

7. 债权受让人主张的抵销

依据《民法典》第五百六十九条的规定,债权受让人主张抵销但由于标的物、品质不相同属于约定抵销,约定抵销需要经过双方协商一致。如在债权转让中的债务人既不承认其该转让债权,又不同意与其债权受让人进行抵销,则抵销不能达成。转让中的债权因无充分证据证明为对债务人享有债权,转让的债权与债务人之间是否存在债权债务不清楚,该债权转让因基础关系无法得到证实而无法进行,在这种情形下债权受让人主张的抵销属于约定抵销,不仅需要通知,而且需要双方当事人协商同意。

---

〔1〕 参见最高人民法院民事审判第二庭、研究室编著:《最高人民法院民法典合同编通则司法解释理解与适用》,人民法院出版社2023年版,第630页。

8. 超过诉讼时效债权的法定抵销

《民法典》第五百六十八条对超过诉讼时效的债权能否抵销,未作出明确规定,在理论和实践中是一个争议问题。主要存在两种观点,一种观点认为,超过诉讼时效的债权不能作为主动债权抵销,因为超过诉讼时效的债权不受法律保护,如规定债权人对超过诉讼时效的债权可以行使法定抵销权,势必会损害未过时效一方当事人的时效利益。另一种观点认为,超过诉讼时效的债权可以行使法定抵销权。笔者赞同后一种观点。因为诉讼时效届满,当事人只丧失胜诉权,债权人的实体债权仍然存在,只要双方互享到期债权且种类、品质相同的,超过诉讼时效债权人可以行使法定抵销权。债权的权能除了胜诉权外,还包括起诉权、受领权、抵销权等,其中抵销权和受领权、胜诉权并列,都是债权实现的方式。诉讼时效期间届满,债权人仍享有受领权,其接受履行不为不当得利,以此类推时效届满,债权人同样不丧失抵销权。从性质上讲,抵销权的性质为形成权,一方行使抵销权无须征得对方同意,更无须通过诉讼程序,只需通知对方,通知自到达对方时生效。这种方式实现债权,完全不违背自然债的法律属性。在个案中认可超过诉讼时效的债权可以行使法定抵销权,不违反立法本义,符合抵销制度的设立目的,无损诉讼时效制度,且有实例支持。

实践中,债权人行使法定抵销权,主张将其对相对方享有的债权与相对方对其享有的债权进行抵销时,如果该债权在可予抵销时已超过诉讼时效期间,且相对方又提出诉讼时效抗辩,由于其法定抵销权未产生,该债权不能被用于抵销相对方的债权。

应强调的是,诉讼时效抗辩不能针对已经产生的债权,但是可以针对作为抵销权产生基础的债权(请求权)。在符合法定抵销产生条件的两个债权均到期时,则可予抵销,可能发生三种情况:一是如果两个债权均未超过诉讼时效期间,则抵销权就此产生;二是如果其中一个债权的诉讼时效期间届满,但相对方没有行使抗辩权、即放弃其时效利益,则该债权仍是可以确定实现的,抵销权仍然存在;三是如果其中一个债权的诉讼时效期间届满,且相对人以此作为抗辩,则抵销权不能产生。在实践中,相对方往往在另一方行使法定抵销权时才会提出诉讼时效抗辩,法官在审查时要注意辨别法定抵销权及诉讼时效抗辩权产生的时间,即两个相对债权可予抵销时即均已到期的,被抗辩债权的诉讼时效期间是否已经届满,如果已经届满,则法定抵销权不能产生。如果尚未届满,则法定抵销权已经产生。其已产生的抵销权不是由于前述原因不会消灭,也不再受其基础债权的诉讼时效影响,即使在行使时其基础债权的诉讼时效期间已经届满,仍能发生与其相对债权相互抵销的法律后果。

《民法典合同编通则解释》第五十八条规定:"当事人互负债务,一方以其诉讼时效期间已经届满的债权通知对方主张抵销，对方提出诉讼时效抗辩的，人民法院对该抗辩应予支持。一方的债权诉讼时效期间已经届满，对方主张抵销的，人民法院应予支持。”参与制定司法解释的法官认为，本条以及本司法解释第五十五条经过充分讨论，采取不具有溯及力的立场，明确已过诉讼时效的债权可以作为被动债权抵销，在当事人提出诉讼时效抗辩后，不得作为主动债权抵销。[1]

符合法定抵销条件的，法院应予支持。

【案例1－96】 德能公司诉富隆公司买卖合同纠纷案

二审法院认为，一方面，富隆公司自2011年5月21日至2011年7月11日，向德能公司累计交付重晶石5089吨，少于《重晶石购销合同》约定的6800吨，构成违约。结合案情，德能公司因此而遭受的损失主要体现为转售利润损失，二审法院对此酌情认定为8万元，原审认定富隆公司应支付违约金252万元明显过高，应予纠正。另一方面，截至2011年7月11日，德能公司共向富隆公司支付货款139万元，比应付货款1727715.50元少付33715.50元，虽然原审庭审中双方就60万元借款而产生的债权与该笔欠付货款进行冲抵达成合意，但因借款事实而产生的债权与因买卖关系而发生的债务系不同范畴，该合意的结果并不能改变德能公司至2011年7月11日止欠付货款的事实，在此情况下，富隆公司中止供货不构成违约，德能公司因欠付货款构成违约。但由于双方于原审庭审中就60万元借款而产生的债权与德能公司所欠货款进行冲抵达成合意，符合《合同法》关于法定抵销的规定。根据抵销的性质，抵销之后，一方当事人发生的损害赔偿责任及违约责任均因抵销的溯及力而归于消灭。因德能公司60万元款项返还请求权的时间早于本案合同履行时间，故德能公司有欠付货款的违约行为，但因抵销溯及效力，使其因违约行为而产生的违约责任归于消灭，德能公司无须就其违约行为承担责任。且德能公司欠付货款仅占货款总额的19.55%，同时双方在原审庭审中已就欠付货款达成抵销，故其违约行为并未导致《重晶石购销合同》目的落空，富隆公司主张解除合同，缺乏事实与法律依据，德能公司要求继续履行合同的依据充分，原审认为富隆公司无权解除合同，富隆公司应当继续履行合同正确。判决：(1)维持一审判决第一项、第三项；(2)变更一审判决第二项为富隆公司向德能公司支付违约损害赔偿8万元。[2]

---

〔1〕 参见最高人民法院民事审判第二庭、研究室编著：《最高人民法院民法典合同编通则司法解释理解与适用》，人民法院出版社2023年版，第639页。

〔2〕 参见国家法官学院案例开发研究中心编：《中国法院2014年度案例》(买卖合同纠纷)，中国法制出版社2014年版，第235页。四川省高级人民法院(2012)川民终字第217号民事判决书。

【案例1-97】 奥克斯集团有限公司诉江苏帝业节能设备有限公司买卖合同纠纷再审案

再审法院认为,人民法院作出的生效判决具有既判力和强制力,债务人必须自动履行,债权人未在法定期间内向法院申请强制执行的债权,就债务人而言并不完全等同于诉讼时效消灭而产生的自然债务。债权人未在法定期间内申请执行只是丧失请求人民法院强制执行的权利。如果申请执行期间届满的生效判决确立的债权不能抵销,也不利于促进债务人自动履行生效判决。涉案主动债权即请求支付违约金债权与被动债权即请求返还保证金债权,两者均为合法有效的金钱债权,属于种类、品质相同,且至本案诉讼时均届清偿期限,两者可予抵销。[1]

法定抵销权的处理规则。

【案例1-98】 华北制药集团销售有限公司与哈药集团世一堂百川医药商贸有限公司买卖合同纠纷案

二审法院认为,诉讼抵销是一种诉讼的防御方法,是抵销权这一民事权利在诉讼中的自然延伸,目的是对抗主债权(被动债权),使抵销债权(主动债权)与主债权在对等的数额内予以消灭。如果当事人在另一诉讼中已经对抵销抗辩进行了充分的质证与辩论,法院也进行了实质审理,则法院对抵销抗辩的认定具有既判力,当事人不能就抵销抗辩的事由再行起诉,法院也不应当再予受理。[2]

由于标的物、品质不同属于约定抵销,约定抵销需要双方协商一致。

【案例1-99】 北京燕兴隆有机果品产销专业合作社诉周某玲买卖合同纠纷案

二审法院认为,周某玲从燕兴隆赊购货物后,应当及时支付货款。现双方均确认周某玲欠燕兴隆30800元,故燕兴隆要求周某玲支付30800元欠款的诉讼请求合法有据,法院应予支持。周某玲主张以其受让的叶呵尔康公司对燕兴隆3万元债权抵顶对燕兴隆的部分欠款,但周某玲并未提供有效证据证实叶呵尔康公司对燕兴隆将有3万元的债权,燕兴隆对此亦不认可,则燕兴隆对叶呵尔康公司的抗辩有权向周某玲提出,故周某玲要求抵销权的主要证据不足,法院不予支持,周某玲可以另行解决。综上,周某玲的上诉主张不能成立,法院不予支持;一审法院处理并无不当,二审法院应予支持。判决:

---

〔1〕 浙江省高级人民法院(2018)浙民再12号民事判决书。

〔2〕 河南省高级人民法院(2013)豫法民一终字第55号民事判决书。

驳回上诉,维持原判。[1]

约定抵销自当事人双方达成意思表示一致时发生债务消灭的法律后果。

【案例1-100】 李某甲诉李某乙、朱某买卖合同纠纷再审案

再审法院认为,李某甲主张李某乙与朱某之间的车辆交易是另一个法律关系,与本案无关,但李某甲在一、二审期间陈述欠款到期后,多次索要而朱某拖延不付,且在追索货款期间,因身患疾病多次赴外地住院治疗,然其儿子李某乙与朱某的车辆交易时正是货款逾期未付的状态,李某乙在未扣减朱某欠其父亲的货款情况下给朱某直接支付车辆价款的陈述,不符合常理和自然人之间经济交往的习惯。在朱某已将车辆交付、车辆产权变更登记于李某乙名下的情况下,朱某称双方已经达成协议由该车辆抵偿李某甲货款的主张,符合常理和自然人之间经济交往的习惯,具有高度可能性。根据《合同法》第一百条的规定,本案朱某主张车辆抵顶其欠李某甲货款的行为依法成立,李某甲主张货款未获偿付的理由不能成立,依法应当驳回李某甲的再审申请。[2]

9.不同理论观点之争

有争议的问题在于,若一方主张使用其超过诉讼时效的债权抵销对方未超过诉讼时效的债权,是否能够实现抵销的法律效果?对方能否以该债权已经超过诉讼时效为由进行抗辩?对于这一问题,理论上亦存在诸多争议,最高人民法院不同时期和地方法院的裁判并不一致。《民法典合同编通则解释》(征求意见稿)第六十一条给出了两种不同的处理方案:第一种方案中规定"当事人一方以其诉讼时效期间已经届满的债权主张抵销,对方提出诉讼时效抗辩的,人民法院对该抗辩应予支持";第二种方案中规定"当事人一方以其诉讼时效期间已经届满的债权主张抵销,且诉讼时效期间届满前抵销条件已经成就的,人民法院应当认定抵销成立。但是,当事人一方从第三人处受让诉讼时效期间已经届满的债权并向对方主张抵销的"。对于这一问题主要有四种观点:否定说、肯定说、区分说、时效抗辩说。《民法典合同编通则解释》(征求意见稿)第六十一条两种方案主要反映了区分说和时效抗辩说。

区分说的典型案例为最高人民法院公报案例(2018)最高法民再51号案,该学说主张根据抵销条件成就的时间予以区分:如果主动债权在其诉讼时效届满之

---

〔1〕 参见国家法官学院案例开发研究中心编:《中国法院2013年度案例》(买卖合同纠纷),中国法制出版社2013年版,第178页。北京市第二中级人民法院(2011)二中民终字第21536号民事判决书。

〔2〕 参见中国审判理论研究会民事专业委员会编著:《民法典合同编条文理解与司法适用》,法律出版社2020年版,第190页。甘肃省高级人民法院(2018)甘民申1517号民事裁定书。

前已经符合与被动债权抵销的条件,即使之后主动债权已经过了诉讼时效,也有权主张进行抵销;如果主动债权在其诉讼时效届满之后才符合抵销的条件,则无权再主张进行抵销。与前述《民法典合同编通则解释》(征求意见稿)第六十一条规定的第二种方案的内容基本一致。时效抗辩说可以认为是对肯定说的修正或者进行必要的限制。该观点认为,已过诉讼时效的债权原则上仍旧可以作为主动债权抵销,但是若相对人提出诉讼时效抗辩,则不得抵销。时效抗辩说实质意义是法院不得主动援引诉讼时效制度的法律规则,填补了肯定说的一个重大漏洞,体现更加注重保护实质公平精神。《民法典合同编通则解释》(征求意见稿)第六十一条给出的第一种方案就采纳了时效抗辩说的观点。2023 年 12 月 4 日颁布的《民法典合同编通则解释》第五十八条采用了第一种方案。

专题二　买卖合同关系纠纷

买卖合同关系是现代社会生活中老百姓经常接触到的一种法律关系。随着社会经济的发展，买卖关系发生的范围相当广泛和普遍，为了交易的便捷性，有些买卖合同并未签订正式的买卖合同，也无法及时结清，而是在卖方收到货物后向卖方收取提货单或在结算清单中签字确认，双方基于对货物清单的认可及对对方的信任在事后进行结算。

一、买卖合同关系的理解

(一)买卖合同关系的含义

民事法律关系是指由民事法律规范调整的具有民事权利义务内容的平等关系,是民事法律规范调整平等主体之间的财产关系和人身关系在法律上的表现。[1] 合同关系即合同当事人之间的权利义务关系。合同关系作为一种法律关系是由主体、客体及内容三部分组成的。[2]

民事法律关系是指由民事法律规范所调整的以民事权利和民事义务为内容的法律关系,其实质是以民事法律规范作为蓝本,将普通的社会关系法律化,使其纳入民事法律所调整的范围并予以规范化。民事法律关系的发生,大多数取决于民事主体意思。因此,当案件涉及多个民事法律关系时,应紧紧围绕当事人意思表示的内容进行分析,厘清多者间的关系,以明确权利双方的权利义务。

所谓买卖合同关系,就是出卖人转移标的物的所有权于买受人,买受人支付价款的合同关系。

在民商事案件中,法律关系是责任承担的基础,法律关系的确定直接影响责任的最终分配,故认定法律关系是审理案件的首要任务。在认定法律关系时,不能简单地依据双方签订的文本名称予以认定,应该结合双方当事人实施法律行为的意图、所签订的法律文本的内容及法律关系的结构要件等要素综合认定。

拍卖中的合同关系具有特殊性。委托人与拍卖人之间成立的是委托合同,拍卖人在以委托人的名义进行拍卖时,直接产生代理效果。但通过拍卖建立的买卖合同,究竟是成立在拍卖人与买受人之间,还是成立在委托人与买受人之间,抑或成立在三者之间,则应依据拍卖建立的买卖合同中当事人的具体情况有不同的答案。一般情况下,委托人与竞买人成立买卖合同关系。竞买人转让竞买标的物于受让人,拍卖人签署确认的,受让人与委托人成立买卖合同关系。

---

〔1〕 参见杜万华主编:《最高人民法院民间借贷司法解释理解与适用》,人民法院出版社 2015 年版,第 278 页。

〔2〕 参见韩世远:《合同法总论》(第 4 版),法律出版社 2018 年版,第 12 页。

(二)买卖合同关系的成立

一般情况下,买卖合同关系是在买卖合同成立后存在的。就二者关系来讲,买卖合同成立是买卖合同关系成立且存在的核心所在,买卖合同关系建立在合同成立的基础之上。但二者不同,从一定意义上讲,买卖合同关系是买卖合同产生的法律效果,买卖合同是买卖合同关系的载体。换言之,合同成立是合同法律关系确立的前提,是变更或终止合同法律关系的前提,也是确认合同有效的前提,还是判断合同责任的前提条件。如果合同不成立,双方当事人之间没有合同关系,也就无须讨论合同的履行、合同的终止、变更和解除的问题,更不存在违约责任。合同的生效与合同的成立紧密相连,既是司法实践中当事人争议的焦点,也是案件审理的难点。本部分侧重阐述买卖合同的成立。

1.买卖合同成立的理解

买卖合同是《民法典》合同编中明确规定的合同类型。买卖合同的成立一般应符合:其一,买卖双方的真实意思表示;其二,出卖人和买受人履行了各自的义务;其三,买卖行为未违反法律、法规的强制性规定。也就是说,买卖合同的成立应包括当事人、标的和合意。对买卖合同成立发生争议的,由主张者举证证明。

合同成立在法律上具有重大意义,也是必须首先确定的问题。合同是否成立,意味着当事人是否受其约束,是否建立了合同法律关系。依法成立的合同,对当事人具有法律约束力。当事人应当按照约定履行自己的义务,不得擅自变更或者解除合同;相反,未成立的合同,则对当事人不具有法律拘束力。最高人民法院的法官认为,民法典区分合同的成立与合同的生效,从而为界定未生效合同的法律地位提供法律依据,合同不成立、合同确定不生效与合同无效在后果上并无差异。但当事人达成合意是合同成立的一般成立要件,而要约和承诺是判断当事人是否达成合意的法律工具……合同是否成立以及合同何时、何地成立既涉及对法律的解释,也涉及对意思表示的解释,由此也决定合同成立既是事实判断问题,也是价值判断问题。[1]

关于合同成立的条件,实践中一般将主要条款或必备条款经过协商一致合同成立作为判断标准。主流观点认为,认定合同成立有三个方面,即当事人名称或者姓名、标的、数量。实践中对合同标的与法律关系抑或等同存在不同认识。笔

〔1〕 参见最高人民法院民事审判第二庭编:《商事审判指导》2022 年第 1 辑(总第 54 辑),人民法院出版社 2022 年版,第 61 页。

者认为,合同标的与当事人之间的民事法律关系不是等同关系,二者有联系也有区别。合同的标的是合同成立的必要条件,自然为一切合同成立的必备条款,在这点上没有异议。一般将合同标的分为四类,其一,有形财产,指具有价值和使用价值并且法律允许流通的有形物,如生产资料、生活资料、货币、有价证券等;其二,无形资产,指具有使用价值且法律允许流通的不以实物形态存在的智力成果;其三,劳务,指不以有形财产体现其成果的劳动与服务;其四,工作成果,即在合同履行过程中产生的,体现义务方履约行为的有形财产,如承揽合同中承揽方的工作成果。通说认为,民事法律关系是民事主体之间基于民法规范而形成的具有民事权利义务内容的社会关系。民事法律关系的三要素包括主体、客体和内容。民事法律关系的客体就是合同的标的,它是民事权利义务的载体,或者说权利义务共同指向的对象。从以上的分析不难看出,合同标的与法律关系在合同的成立中所起的作用不同,仅有当事人的名称或姓名、标的、数量,而缺少当事人之间的法律关系,势必无法确认当事人之间的权利义务关系,从而影响合同的履行。因此,有必要将当事人之间的法律关系明确为合同成立应有的内容。

合同的成立,是指双方当事人依法对合同条款经过协商一致,即双方当事人的意思表示一致的结果,是合同是否存在的重要标志。根据合同法理论,合同是平等民事主体(自然人、法人、其他组织)之间确定民事权利义务关系的协议。主流观点认为,合同成立是双方当事人形成合意。合同成立主要包含以下几层含义:其一,合同成立的条件;其二,合同成立的阶段(要约和承诺);其三,合同成立的地点;其四,合同成立的时间;其五,当事人之间的权利义务关系。实践中,时常对合同成立的条件及要约或承诺发生争议。

《民法典合同编通则解释》第三条规定:"当事人对合同是否成立存在争议,人民法院能够确定当事人姓名或者名称、标的和数量的,一般应当认定合同成立。但是,法律另有规定或者当事人另有约定的除外。

根据前款规定能够认定合同已经成立的,对合同欠缺的内容,人民法院应当依据民法典第五百一十条、第五百一十一条等规定予以确定。

当事人主张合同无效或者请求撤销、解除合同等,人民法院认为合同不成立的,应当依据《最高人民法院关于民事诉讼证据的若干规定》第五十三条的规定将合同是否成立作为焦点问题进行审理,并可以根据案件的具体情况重新指定举证期限。"

在合同是否成立发生纠纷以后,是否一概交由法院通过合同解释规则或推定规则进行的认定问题上,制定司法解释的法官认为,首先,只有在市场价格公开透明或者依法应当执行政府定价或者政府指导价的情况下,当事人对价格或者报酬进行协商,也可以认定合同已经成立,否则认定合同成立并不符合当事人的真实意愿。其次,除了合同主体、标的和数量外,如果当事人认为其他内容对其重要性进行了意思表示，就该内容也必须双方达成一致才能认定合同成立，而不能通过合同解释规则或者推定规则来解决意思表示不一致的问题……此外，如果当事人明确约定必须就某项内容达成一致合同才能成立，也应认为该内容属于实质性内容，且只有在双方就该内容达成一致时，合同才能成立。[1]

应当注意的是，价格或者报酬作为合同的个别性要素，通常会影响合同的成立，尤其是人们将磋商过程通俗地称为“讨价还价”，足以表明价格或者报酬在交易中的重要性。如果当事人之间关于价格或者报酬存在争议且无法通过上述途径予以解决，则只能认定认为当事人未能达成合意，因而合同不成立……如果当事人就要素之外的其他实质性内容进行了协商，但未达成一致，则人民法院仍然应当认定合同不成立。[2]

《买卖合同解释》第一条规定：“当事人之间没有书面合同，一方以送货单、收货单、结算单、发票等都主张买卖合同关系的，人民法院应当结合当事人之间的交易方式、交易习惯以及其他相关证据，对买卖合同是否成立作出认定。对账确认函、债权确认书等函件、凭证没有记录债权人名称，买卖合同一方以此证明存在买卖合同关系的，人民法院应予支持，但有相反证据足以推翻的除外。”本条规定了买卖合同成立的证明问题。本条主要包括以下几层含义：其一，本条确定了使用前提是买卖双方没有书面合同；其二，本条规定间接证据可以证明买卖合同成立。

【案例2-1】 崔某平诉陈某清买卖合同纠纷案

二审法院认为，一审时，崔某平提交的销货清单载明了销售货物的数量、种类、价款，陈某清在该销货清单上签字确认，对此，双方当事人均无异议，法院予以确认。根据证据形式及人们的交易习惯，可以认定双方当事人之间的买卖关系成立。陈某清称崔某平提供的销货清单不能证明双方存在买卖关系不能成立，法院不予支持。关于陈某清主张追加濮阳市联创钻采工程技术有限公司、盛某清的问题，法院认为，案涉的销货清单并未载明或加盖濮阳市联创钻采工程技术有限公司的印章，陈某清申请追加该公司没有事实基础和法律依据，法院不予采信。崔某平持有销货清单并主张权利，主体适格。盛某清不是本案的必要诉讼参加人，法院不予追加。判决：驳回上诉，维持原判。[3]

---

〔1〕 参见最高人民法院民事审判第二庭、研究室编著：《最高人民法院民法典合同编通则司法解释理解与适用》，人民法院出版社2023年版，第62页。

〔2〕 参见最高人民法院民事审判第二庭、研究室编著：《最高人民法院民法典合同编通则司法解释理解与适用》，人民法院出版社2023年版，第65页。

〔3〕 参见国家法官学院、最高人民法院司法案例研究院编：《中国法院2020年度案例》（买卖合同纠纷），中国法制出版社2020年版，第78页。河北省沧州市中级人民法院（2018）冀09民终7237号民事判决书。

【案例2-2】　日照市东港区福林竹器厂诉日照市东远长山建筑材料工程有限公司买卖合同纠纷案

判决观点,原告日照市东港区福林竹器厂与被告日照市东远长山建筑材料工程有限公司虽未签订书面的买卖合同,但原告已经履行了交付货物的主要义务,被告接受并支付货款1万元,双方的买卖合同成立。[1] 该案是以被告经理、副经理及材料科科长在入库单上签字并支付货款1万元证明合同成立的。

合同成立是指当事人通过要约和承诺的方式,就双方为实现自己的目的而形成合同内容的真实合意。一般认为,合同成立是合同订立的结果,即双方当事人完成合意的客观状态。合同是否成立意味着合同在客观上是否存在。[2] 合同成立的判断原则,根据《民法典》第四百八十三条的规定,为承诺生效时合同成立。对于当事人采用书面合同书形式订立合同而言,根据《民法典》第四百九十条的规定,自双方当事人签名、盖章或按手印时成立。因此,判断买卖合同成立的时间通常应为双方签名、盖章或按手印的时间。

【案例2-3】　敖某柱诉厦门泰成集团有限公司等买卖合同纠纷案

一审法院认为,原告敖某柱在举办海西博会期间签订《汽车购销合同》,在合同上签字的除了敖某柱外还有作为参展商的被告厦门泰成的现场工作人员。且敖某柱也依据《汽车销售合同》向厦门泰成实际付款5000元,付款凭证上虽记载5000元系给付购车款,但依据《汽车销售合同》的约定,应认定原告给付的5000元款项的性质系定金。因此,《汽车销售合同》虽未加盖厦门泰成的印章,但应认定为厦门泰成工作人员在合同上签字系职务行为。故《汽车销售合同》已经实际成立并发生法律效力。合同签订后,厦门泰成拒绝履行合同,违反了合同约定,构成违约,应当承担违约责任。现原告要求其继续履行合同,符合法律规定,应予支持;鉴于敖某柱尚未向厦门泰成付清购车款,因此其要求厦门泰成交付车辆法院不予支持。被告泰成公司虽在海西博览会上举办配套优惠活动,但其并非《汽车销售合同》的相对方,敖某柱要求泰成公司继续履约,缺乏事实依据,应不予支持。被告汽车协会仅系海西博览会的承办人,不是合同的相对方,敖某柱要求汽车协会承担连带责任缺乏事实和法律依据,应不予支持。判决:(1)被告厦门泰成应继续履行《汽车

---

〔1〕 参见国家法官学院案例开发研究中心编:《中国法院2012年度案例》(买卖合同纠纷),中国法制出版社2012年版,第102页。山东省日照市经济开发区人民法院(2010)日开商终字第110号民事判决书。

〔2〕 参见尹飞:《合同成立与生效区分的再探讨》,载《法学家》2003年第3期。

销售合同》;(2)驳回原告敖某柱的其他诉讼请求。二审调解结案。[1] 本案中,原告根据汽车销售合同已向被告实际支付购车定金5000元,被告现场工作人员在博览会现场收取该定金的行为是其代表公司所进行的职务行为,应当视为接受了原告交付定金的履约行为,因此认定买卖合同成立。

合同虽未按约定经法定代表人或者其委托代理人签字,但该当事人已经履行合同且对方接受的,可以认定合同已经成立。

【案例2-4】 山东某商贸公司诉武汉某贸易公司买卖合同纠纷案

二审法院认为,合同的成立是指当事人通过缔约的过程而达到意思一致。合同的生效是指已经成立的民事行为因符合法定有效要件而取得现行法律认可的效力。依据《民法典》的规定,当事人采用合同书形式订立合同的,自当事人均签名、盖章或者按指印时合同成立。在签名、盖章或者按指印之前,当事人一方已经履行主要义务,对方接受时,该合同成立。依法成立的合同,自成立时生效,但是法律另有规定或者当事人另有约定的除外。可见,签字并盖章并非法律对合同生效要件作出的特殊要求。当事人可以约定生效要件,在不违反法律、行政法规的强制性规定下,亦可以根据意思自治原则对合同的约定进行修改与补正。[2]

交易习惯或者要约未表明可以通过行为作出承诺的,承诺应当以通知的方式作出。

【案例2-5】 施某生诉林某迎、朱某强买卖合同纠纷案

二审法院认为,结合双方的聊天记录,朱某强在向施某生发出订购产品的邀约后,双方对于包装板面箱规格进一步协商细节,随后朱某强即要求施某生停止生产,施某生亦表示同意。从朱某强发出要约至朱某强要求停止生产,施某生都没有作出同意要约的明确意思表示。在施某生没有作出同意要约明确意思表示前,即要求施某生停止生产,施某生亦表示同意,可认定朱某强作出了撤销要约的意思表示,该意思表示的内容在施某生作出承诺之前为施某生所知道并同意,故双方之间的合同未成立。因案涉合同未成立,林某迎是否与朱某强共同向施某生购买产品不影响本案处理,不再审查认定。判

---

〔1〕 参见国家法官学院案例开发研究中心编:《中国法院2013年度案例》(买卖合同纠纷),中国法制出版社2013年版,第156页。福建省厦门市中级人民法院(2011)厦门中字1129号民事调解书。

〔2〕 人民法院案例库2024-08-2-084-007。山东省济南市中级人民法院(2021)鲁01民终6235号民事判决书。

决：驳回上诉，维持原判。[1]

买卖合同在电子合同中成立的时间不同于一般合同成立的时间，相应地，买卖合同关系成立的时间也不同。

《民法典》第四百九十一条规定："当事人采用信件、数据电文等形式订立合同要求签订确认书的，签订确认书时合同成立。当事人一方通过互联网等信息网络发布的商品或者服务信息符合要约条件的，对方选择该商品或者服务并提交订单成功时合同成立，但当事人另有约定的除外。"本条是关于签订确认书的合同及电子合同成立时间的规定。本条主要包括以下几层含义：其一，本条确定签订确认书的时间为合同成立的时间；其二，提交订单成功的时间为合同成立的时间；其三，买卖双方可以另有约定。

2. 对买卖合同成立的把握

合同成立的反面是合同不成立，或称不成立合同。现行法律没有对什么是不成立合同作出明确规定。一般认为，不成立合同是指当事人没有遵照法律规定的程序和要求签订的不具有法律意义的协议。不成立合同是一种无效的民事行为，不能确立当事人约定的合同法律关系，也不能达到当事人的预期目的，但与合同无效有区别。根据《九民纪要》第三十二条的规定，合同不成立的法律后果，参照《民法典》第一百五十七条有关合同无效或者被撤销的法律后果处理。

实践中，许多合同在订立过程中采用电子邮件、传真等方式进行协商，由于电子数据易被更改，双方容易产生争议，并且在协商过程中，双方会有大量的数据交换，当事人一般会采用确认书的方式，确定双方最终协商的结果。对于确认书，在处理上应当适用有关要约的规定，当事人一方在确认书上签字或盖章后，在对方当事人确认之前可以反悔。当事人一方未在确认书上签字或盖章的，合同不成立。

要式合同自当事人签字或盖章之日起成立，当事人在未签字或盖章情况下作出的口头意思表示，不具有法律拘束力，仅属沟通磋商的性质范畴，受合同法中诚实信用原则的规范。当事人未采用既定形式签订合同的，合同也可以因双方的实际履行而成立，但仅有一方履行而对方未接受的，合同不成立。法律规定合同关系当事人应当采用书形式而当事人采用口头形式的，虽一方已经履行主要义务，但对方未接受的，该合同不成立。

通常来讲，合同的成立必须基于当事人的合意，就合同的全部内容达成合意，

---

〔1〕 参见国家法官学院、最高人民法院司法案例研究院编：《中国法院2023年度案例》（买卖合同纠纷），中国法制出版社2023年版，第42～43页。福建省泉州市中级人民法院（2021）闽05民终6359号民事判决书。

合同成立，反之如对必要之点没有达成合意，合同显然不成立。实践中，加盖公章但无订立合同之合意亦未能证明有履约行为的，不能认定合同成立，自然合同关系亦不存在。

法律规定合同关系当事人应当采用书形式而当事人采用口头形式的，虽一方已经履行主要义务，但对方未接受的，该合同不成立。

买卖合同关系与合同成立、生效之间的关系问题。通常情况下，买卖合同成立的同时发生效力，但存在例外。《民法典》第五百零二条第一款规定："依法成立的合同，自成立时生效，但是法律另有规定或者当事人另有约定的除外。"在合同成立未生效的状态下，买卖合同关系存在但是在效力上存在瑕疵。

3. 买卖合同的强制成立

强制合同成立或称强制性缔约，是司法实践中的疑难问题。强制缔约，就是指只要一方提出订立合同的要求，负有强制缔约义务的人依法不得拒绝，必须与之订立合同。这种合同成立的意思表示一致有其特殊性，是基于法律的强制性规定，只限定于特定行业的合同。法律之所以设置强制缔约制度，旨在防止某些公共服务提供者选择性地提供公共服务、损害广大消费者利益，进而损及大众的公共利益。强制合同成立，即不仅适用于供电合同，还适用于供热、供水、供气、通信、运输等涉及提供公共服务领域的合同。为此，《民法典》第四百九十四条对强制性缔约的适用范围作了概括性的规定。但也存在例外，若缔约请求不合理，则义务人有权拒绝履行强制缔约义务。判断缔约要求是否"合理"可以从义务人是否具有履行合同的能力和条件、缔约内容是否违反公共安全和公序良俗等方面进行判断。

《民法典》第四百九十四条规定："国家根据抢险救灾、疫情防控或者其他需要国家下达订货任务、指令性任务的，有关民事主体之间应当依照有关法律、行政法规规定的权利和义务订立合同。依照法律、行政法规的规定负有发出要约义务的当事人，应当及时发出合理的要约。依照法律、行政法规的规定负有作出承诺义务的当事人，不得拒绝对方合理的订立合同要求。"本条是关于强制缔约义务规定。本条主要包括以下几层含义：其一，本条确定了适用的前提条件是抢险救灾、疫情防控或者其他需要国家下达订货任务、指令性任务的，其范围是概括性的；其二，发出要约和接受承诺的主体都是根据法律、行政法规的规定；其三，发出的要约是及时、合理的；其四，承诺人不得拒绝合理的订立合同要求。

(三)买卖合同关系的类型

根据不同的标准可以对买卖合同进行不同的分类。

以标的物是实物还是权利为标准,可分为实物买卖合同和权利买卖合同。前者是以货物为标的物的买卖合同,后者则是以权利为标的物的买卖合同。

以法律是否有特别规定为标准,可分为一般买卖合同和特种买卖合同。特种买卖合同,是指法律对该类买卖合同的法律要件和法律效果作了特别的规定,包括分期付款买卖、凭样品买卖、所有权保留买卖、拍卖、招标投标等特殊方式的买卖。无特殊方式的买卖为一般买卖。

以能否及时结清为标准,可以分为及时结清的买卖合同和未及时结清的买卖合同。前者主要是民事合同,在日常生活中最常见的就是超市购物,根据日常生活经验,购物小票、发票均能认定双方存在买卖合同关系。后者主要是不能及时结清的买卖合同。

以标的物是特定物还是种类物为标准,可分为特定物买卖合同与种类物买卖合同。前者买卖的是特定物,后者买卖的是种类物。

以标的物是否可附着于土地为标准,可分为动产买卖合同与不动产买卖合同。前者买卖标的是动产,后者买卖标的是不动产,如常见的房屋买卖。

以标的物买卖方式为标准,可分为自由买卖合同与竞价买卖合同。前者双方协商未采取竞争买卖的方法订立买卖合同,后者采用竞争买卖的方法订立合同,如拍卖合同。

以当事人所处的国家和地区为标准,可分为国内货物买卖合同与国际物买卖合同。前者是指买卖合同当事人处在同一个国家和地区;后者是指营业地处于不同国家或地区的当事人所订立的,并由一方提供货物并转移所有权,另一方支付价款的合同。

以标的物是否保留所有权为标准,可分为保留所有权买卖合同与不保留所有权买卖合同。前者是指在买卖合同中约定买受人未履行支付价款或者其他义务的,标的物虽为买受人占有,但所有权属于出卖人;后者没有该特殊约定,占有标的物的同时即取得所有权。

以标的物买卖是否使用网络为标准,可分为网络买卖合同与实体买卖合同。前者在网上买卖,或称线上买卖,就是现在常见的网络购物,如京东、淘宝等。后者就是传统的买卖形式面对面地购买货物,又称线下买卖。

以合同是否为书面形式为标准,可分为书面买卖合同与口头买卖合同。前者由买卖双方订立书面合同,后者只有双方口头达成买卖合同。

以合同特征多少为标准,可分为单一买卖合同与混合买卖合同。前者即一个一个买卖合同只有一个特征,后者一个买卖合同有多个特征。实践中经常见的买卖附加赠与合同的情形,即买一赠一的情形。此种买一赠一的合同,在性质上属于联立合同,即合同中买卖的内容与赠与的内容应当互为条件,买受人不购买这些货物,出卖人肯定不会赠与相关货物。

以标的物是否强制缔约为标准,可分为强制缔约买卖合同与非强制缔约买卖合同。前者根据《民法典》第四百九十四条强制缔约订立的买卖合同,结合新冠疫情防控工作,完善国家订货制度。后者即为普通的买卖合同,即当事人自主决定订立的买卖合同。

二、买卖合同关系的法律适用

(一)买卖合同关系的判断标准

合同相对性原则是认定合同关系成立的重要判断标准。合同的相对性原则的内容主要为,主体的相对性、内容的相对性及责任的相对性。根据该原则,合同的当事人只能向合同相对人主张合同权利。也就是说,在合同双方之间成立合同关系,与合同之外的第三不成立合同关系,合同一方也不能以合同之外的原因拒绝履行合同约定义务。

双方对合同性质存在不同理解,应当按照合同约定的内容,并结合合同的实际履行情况确认双方之间的法律关系。

1. 出卖人以连营店出卖货物抗辩不成立买卖合同关系的,不受法律保护。

【案例2-6】 蔡某林诉物美公司买卖合同纠纷案

一审法院认为,原告蔡某林在被告物美公司下辖门店购买货物,其向物美公司支付货款,物美公司为其开具发票及销售小票,双方之间形成买卖合同关系。双方当事人均应依法履行相应的合同义务,蔡某林依约履行了付款义务,物美公司应当为其提供相应的货物并履行相应的安装义务。物美公司抗辩称依据其与兴隆源祥公司之间的联营合同,应由兴隆源祥公司提供空调并予以安装,对此抗辩事由,法院认为依法成立的合同,具有相对性,即其仅对合同当事人具有法律约束力,故本案诉争的买卖合同仅约束蔡某林及物美公司,物美公司以其与兴隆源祥公司之间的联营合同为由认定履行供货义务的义务人应为兴隆源祥公司的抗辩事由,法院不予认可。物美公司主张该笔业务实际系兴隆源祥公司为充销售而委派蔡某林购买其自行销售的产品,因其并未提交相应的证据予以支持,法院不予认可。综上,蔡某林付款后,物美公司应当供货,但其并未提交相应的证据证明履行了相应的义务,且庭审中已明确拒绝履行,故蔡某林要求退还货款156498元并无不当,物美公司的行为构成违约,给蔡某林造成损失,蔡某林要求支付相应的利息主张法院予以支持。根据实际情况,法院认为其利息损失应当按照中国人民银行同期存款利率的标准计算,自2010年8月27日计算到2012年4月26日为止,以

156498元为基数。判决:(1)被告物美公司返还原告蔡某林货款156498元及利息;(2)驳回原告蔡某林的其他诉讼请求。二审法院认为,蔡某林与物美公司之间的买卖合同关系系双方当事人的真实意思表示,且不违反法律、行政法规的强制性规定,应确认有效,双方当事人均应依法履行相应的合同义务。关于物美公司称一审未追加兴隆源祥公司作为第三人参加诉讼,导致认定事实错误的上诉理由,法院认为本案诉争的买卖关系发生在蔡某林与物美公司之间,兴隆源祥公司并非本案的适格当事人,法院对物美公司的该上诉理由不予采信。物美公司与兴隆源祥公司的联营合同关系可另行解决。关于物美公司称本案涉及刑事犯罪的上诉理由,法院认为由于物美公司并未提交公安机关立案的相关证据材料,故法院对物美公司的该点上诉理由亦不予采信。判决:驳回上诉,维持原判。[1]

2. 未在买卖合同上签名,但买受人指定其接收、占有、使用标的物的使用人,与出卖人不构成买卖合同关系。

【案例2-7】 东莞市国和机械五金有限公司诉鹭渊阁公司、新技术公司买卖合同纠纷案

判决观点,原告与被告鹭渊阁公司存在合法有效的买卖合同关系。原告已经交付了合同项下的全部货物,并经检验确认可正常使用,故鹭渊阁公司应在约定期限内付清货款,然鹭渊阁公司至今尚欠4.8万元未付,故依据《订货合同》第八条的约定,双方的合同关系因此解除,鹭渊阁公司应返还原告已交付的产品。原告主张其与被告新技术公司存在买卖合同关系,而新技术公司予以否认,《产品订货合同》并未提及新技术公司,也无新技术公司的签章,原告将货物交付给新技术公司是依据鹭渊阁公司的指示,货款也是由鹭渊阁公司支付给原告,故原告主张其与新技术公司存在买卖合同关系的证据不足,法院不予采纳。判决:(1)被告鹭渊阁公司返还原告FHC—425型自动油压型金属圆锯切断机一台、HSS—T型圆锯片(日本津根)1片、特殊模具1组、机器送料长度1.5米1组、工具及说明书套;(2)驳回原告东莞市国和机械五金有限公司的其他诉讼请求。[2]

3. 行为人以他人的名义与出卖人订立合同,并接收货物付款的,双方之间成立买卖合同关系。

---

〔1〕 参见国家法官学院案例开发研究中心编:《中国法院2014年度案例》(买卖合同纠纷),中国法制出版社2014年版,第135~136页。北京市第一中级人民法院(2012)一中民终字第9593号民事判决书。

〔2〕 参见国家法官学院案例开发研究中心编:《中国法院2013年度案例》(买卖合同纠纷),中国法制出版社2013年版,第129页。福建省厦门市湖里区人民法院(2011)湖民初字第3928号民事判决书。

【案例2-8】 嵊州市环保粉碎机械有限公司诉黄某富买卖合同纠纷案

判决观点,被告黄某富以两家实际并不合法存在的公司的名义同原告发生买卖关系,并实际接收了原告提供的粉碎机,应认定为被告个人与原告之间存在买卖合同关系;该买卖合同是双方的真实意思表示,其内容未违反法律禁止性的规定,属合法有效。被告在收到原告提供的粉碎机后,应在合理期间内及时付清货款。现原告主张被告尚欠原告货款300960元,系其自认,并未违反法律的规定,应予采纳。被告对货款长期拖欠不付,已损害原告的合法权益,除应支付尚欠的货款外,还应承担支付自原告主张权利之日即起诉之日起至付款之日止按中国人民银行同期贷款基准利率计算的利息损失的违约责任。故对原告的诉讼请求,应予支持。判决:黄某富支付嵊州市环保粉碎机械有限公司粉碎机货款300960元及利息。[1]

(二)买卖合同关系的认定

《民法典合同编通则解释》第十五条规定:"人民法院认定当事人之间的权利义务关系,不应当拘泥于合同使用的名称,而应当根据合同约定的内容。当事人主张的权利义务关系与根据合同内容认定的权利义务关系不一致的,人民法院应当结合缔约背景、交易目的、交易结构、履行行为以及当事人是否存在虚构交易标的等事实认定当事人之间的实际民事法律关系。"应注意的是,一旦认定当事人之间形式上订立的合同文本并非当事人的真实意思表示,则应先认定当事人的真实意思表示之内容,再认定真实意思表示所订立的合同效力。不过,在此过程中,可能存在形式上的合同文本虽然是一方的真实意思表示,但并非另一方真实表示的情形。此时,既可能涉及合同被撤销(如构成《民法典》第一百四十七条规定的重大误解),也可能导致合同不成立(如不满足《民法典》第一百三十四条规定的双方或者多方的意思表示不一致)。[2]

法律关系的准确认定决定了案件的审理方向,是正确裁判妥当处理纠纷的基础。一般情况下认定法律关系,可围绕人与事进行识别,具体可采取以下步骤进行识别:其一,纠纷的参与人有哪些,各自的角色,地位如何;其二,参与人之间发生何种事情,事情的脉络是什么;其三,参与人之间发生的事情出现了各种障碍,原告的诉请与发生的事情之间存在何种关联。

---

〔1〕 参见国家法官学院案例开发研究中心编:《中国法院2012年度案例》(买卖合同纠纷),中国法制出版社2012年版,第119~120页。浙江省嵊州市人民法院(2010)绍嵊崇商初字第16号民事判决书。

〔2〕 参见最高人民法院民事审判第二庭、研究室编著:《最高人民法院民法典合同编通则司法解释理解与适用》,人民法院出版社2023年版,第186页。

合同双方之间的实质关系为买卖关系的，应定性为买卖合同纠纷。

【案例2-9】 某石油工程设计有限公司诉郭某某买卖合同纠纷案

二审法院认为，本案中，上诉人设计公司与被上诉人郭某某虽未签订书面合同，但根据2014年5月16日设计公司出具的《委托书》，双方对劈开砖及勾缝剂的采购达成合意，包括对选用品牌要求、单价、运输方式、需求总量、送货地点等，并由设计公司的工作人员鲁某某签字确认、加盖“克拉玛依市城南新居住区二期工程EPC项目业务专用章”。设计公司的工作人员鲁某某在《克拉玛依市城南新居住区二期工程材料进场签收凭证》上签字，可以证实设计公司与被上诉人郭某某劈开砖及勾缝剂买卖合同的事实成立。[1]

在循环买卖中，一方当事人主张“名为买卖，实为借贷”，法院应当从利息、还款期限、担保、违约条款等方面进行举证证明和查明，否则应确认各方之间为买卖合同关系。循环买卖中，若买卖的标的物为第三人占有（在途或存在于第三方仓库的货物），为交易的便捷，在符合行业惯例以及指示交付的外观条件下，买卖双方通过指示交付转让货物返还请求权，不影响买卖关系的成立。

【案例2-10】 中铁物资公司诉国盛物流公司等买卖合同纠纷案

最高人民法院认为，根据本案查明的事实，本案双方于2014年6月30日签订的编号为ZTLZ—XHDL—CG—MT—2014—003的《煤炭采购合同》中约定，中铁物资公司从国盛物流公司购买煤炭3万吨，暂定价为每吨800元，总金额为2400万元。合同签订后，中铁物资公司已按约支付了2400万元货款。国盛物流公司对案涉合同的内容、签订过程以及收到货款的事实均无异议。上述合同符合买卖合同的特征，亦不违反法律、行政法规的强制性规定，国盛物流公司在不能提交证据证明签订合同并非其真实意思表示的情况下，案涉买卖合同应属有效。因此，国盛物流公司仅以“不走货”为由，否定双方之间的买卖法律关系，证据不足，法院不予支持。[2]

在代理销售商向购车者收款交车，生产商出具购货发票的情况下，代理销售商与购车者建立买卖合同关系，并非生产商与购车者建立买卖合同关系。

【案例2-11】 曹某均诉叙业公司买卖合同纠纷案

一审法院认为，曹某均在叙业公司选购车辆，曹某均将购车款交付给叙业公司，叙业公司将车交付给曹某均，双方已经建立起买卖合同关系。虽然叙业公司交给曹某均的机动车统一发票是由福达公司出具的，但是叙业公司

---

〔1〕 参见中国审判理论研究会民事专业委员会编著：《民法典合同编条文理解与司法适用》，法律出版社2020年版，第237页。新疆维吾尔自治区克拉玛依市中级人民法院(2017)新02民终217号民事判决书。

〔2〕 最高人民法院(2017)民终346号民事判决书。

系福达公司的销售商,故这不能否认曹某均与叙业公司之间的买卖合同关系,本案拖拉机买卖的双方当事人为曹某均与叙业公司。二审法院亦持同样的意见。[1]

仅有出库单、企业对账函及增值税发票不能证明原、被告之间存在买卖合同关系。

【案例 2－12】　体育用品公司诉体育发展公司等买卖合同纠纷案

判决观点,第三人作为原告的销售代理,2014 年 7 月 30 日至 2016 年 4 月 27 日,将原告的产品销售给被告,原告与被告虽未签订书面的买卖合同,但原、被告之间形成事实上的买卖合同关系;被告在此期间从第三人处购买原告产品的总价值为 377659.5 元,且被告提交的付款凭证也证实其已将该货款全部支付到第三人的个人账户内,该货款已即时清结。2016 年 3 月 18 日,原告为了扩大销售业绩,经原、被告及第三人协商,原告将销售到武汉地区各零散客户的产品发货单全部记在被告名下,且向被告开具相应的增值税发票;但原告在诉讼过程中提交的 38 张出库单,均无被告的签收,且有两份出库单上原告也已记载"已办出仓手续,未发货",原告提交的证据不足以证实其已将该产品销售给了被告,第三人作为原告的销售代理,也证实该产品并未实际销售给被告。原告提交的落款时间为 2018 年 6 月 20 日的企业对账函,被告虽在函件上加盖了公章,但被告系基于第三人向其出具了情况说明,承诺该对账函上的货款由第三人负责与原告对接处理,故该对账函并非原、被告之间真实的买卖合同的反映,也非被告的真实意思表示。原告提交的增值税发票不能作为原、被告之间存在买卖合同关系的有效凭证,应结合货物交接手续等证据证实双方之间的买卖合同关系。综上,原告提交的证据不足以证实原、被告之间的买卖合同关系以及被告所欠原告货款金额的基本事实。原告要求第三人与被告共同承担责任的诉讼请求,因第三人系原告的销售代理,原告应基于其与第三人之间的法律关系另行主张权利。判决:驳回原告体育用品公司的全部诉讼请求。[2]

仅提供签字确认的提货单,收货人与供货人之间不能成立买卖合同关系。

---

〔1〕 参见国家法官学院、最高人民法院司法案例研究院编:《中国法院 2021 年度案例》(买卖合同纠纷),中国法制出版社 2021 年版,第 164 页。四川省泸州市中级人民法院(2019)川 05 民终 894 号民事判决书。

〔2〕 参见国家法官学院、最高人民法院司法案例研究院编:《中国法院 2022 年度案例》(买卖合同纠纷),中国法制出版社 2022 年版,第 20～21 页。湖北省武汉市洪山区人民法院(2020)鄂 0111 民初 7606 号民事判决书。

【案例2-13】 高某诉杨某杰买卖合同纠纷案

判决观点,案外人张某让高某给杨某杰送饲料,杨某杰在收到饲料后,在供货人的提货单上签字,该提货单是杨某杰确认收货的一种凭证,不是与高某建立买卖合同的意思表示,因此无法证明其认可与供货人高某之间存在买卖合同关系,原告高某仅提供提货单,也不能完全证明其认可与供货人高某之间存在买卖合同关系。被告杨某杰提交与张某的微信聊天记录和通话录音表明,张某在杨某杰的一再催促下,赎回未使用的饲料并收取杨某杰已使用的饲料款。从该行为看,杨某杰与张某之间就本案所涉货品(饲料)存某种权利义务关系,经核实,被告杨某杰与张某就本案饲料存在买卖关系,张某是供货方,杨某杰是买受方,高某与张某之间就案涉饲料在先也存在买卖合同关系,张某在核定利润后,加价再卖给杨某杰,即高某是供货方,张某是买受方,杨某杰是张某指定的收货人。故此,认定原告高某与被告杨某杰之间的买卖关系不成立,对高某主张被告杨某杰支付货款的诉讼请求,法院不予支持。判决:驳回高某的诉讼请求。[1]

口头买卖合同中,表见代理人以买受人名义订立合同和签对账单,买受人接受出卖人的货款和增值税发票并付款的,双方之间的买卖合同关系成立。

【案例2-14】 厦门市春宇达塑料制品有限公司诉厦门市白鹭食品工业有限公司买卖合同纠纷案

判决观点,林某察与原告春宇达公司口头订立塑料托盘买卖协议并实际履行的事实没有争议,本案争议的焦点在于林某察行为的法律效力。综合本案的证据观之,首先,春宇达公司制作的对账单中,客户名称为白鹭公司,联系人林经理,林某察在该份对账单上签字确认,对账单显示林某察系以被告白鹭公司的名义与春宇达公司对账;其次,春宇达公司自供应货物给林某察以来,共收到三笔货款,均由白鹭公司支付,白鹭公司付款时的备注事由均注明为货款;最后,白鹭公司接受了春宇达公司开具的与对账单相对应的8份增值税专用发票,并进行了抵扣认证。虽然林某察不是白鹭公司的人员,但是林某察与白鹭公司的上述行为结合,足以让春宇达公司有理由相信林某察有权代理白鹭公司。白鹭公司抗辩,其支付春宇达公司货款系受第三人福第公司委托,但在付款给春宇达公司时白鹭公司与第三人福第公司均未向原告明示,白鹭公司付款时的备注事由也注明为货款,而不是代付货款,白鹭公司抗辩事由不能对抗春宇达公司。白鹭公司抗辩代付部分货款,却接受并使用

---

〔1〕 参见国家法官学院、最高人民法院司法案例研究院编:《中国法院2022年度案例》(买卖合同纠纷),中国法制出版社2022年版,第24页。湖南省安乡县人民法院(2020)湘0721民初1337号民事判决书。

春宇达公司开具的全部货款发票,与常理相悖,法院对被告的抗辩不予采纳。白鹭公司亦未提供证据证明原告对此认为与被告存在买卖关系有过失,故法院对原告与白鹭公司之间存在买卖关系的事实予以认定。现原告向白鹭公司确实履行了交付货物的义务,有林某察出具的对账单为证,白鹭公司理应支付尚欠货款,故法院对原告要求白鹭公司支付货款32401元的诉请予以支持。春宇达公司还要求白鹭公司支付逾期付款违约金,由于原告未能证明双方就违约金问题达成了约定,该项请求法院不予支持。第三人福第公司自认应承担付款责任,该自认行为不能对抗春宇达公司,但白鹭公司承担责任后,可以另案向第三人福第公司追偿。判决:被告白鹭公司支付原告春宇达公司货款人民币32401元。[1]

单位占有、使用买卖合同标的物,应视为对无权代理人签订买卖合同行为的追认,单位与出卖方成立买卖合同关系。

【案例2-15】　付某军诉强力公司买卖合同纠纷案

二审法院认为,《机修设备收购协议》及所附《柒零机械厂设备清单》明确了买卖的设备名称、数量及价款等内容,龙某庆和付某军在该协议上签字,该协议具备合同的基本要素。付某军提供了强力公司会议纪要证明龙某庆系该公司的总经理,强力公司对龙某庆签字的真实性及职位有异议,但未提交任何证据予以反证,应承担举证不能的后果。虽然龙某庆并非法定代表人,其签订设备收购协议也未经强力公司的明确授权,但是根据《合同法》第四十八条第一款之规定,该协议在被代理人追认的情况下发生效力。付某军按照协议约定将设备运输、安装至强力公司,已履行完合同义务,强力公司对此未提出异议并对设备进行多次使用,已享受了合同权利,应认定强力公司的行为构成了对合同的追认,该协议对强力公司发生效力。强力公司辩称付某军安装设备不是履行涉案协议,而是因窑炉建设或是因其他法律关系需无偿使用付某军的机修设备,但强力公司并未主张具体为何种法律关系。从双方签订的劳动合同看,付某军作为技术负责人每月基本工资加绩效为6000元,其无任何理由将价值30万元的设备无偿提供给强力公司使用。从涉案设备的用途看,涉案设备用于生产线修模,符合强力公司的需求。综上,法院对其辩称意见不予采纳。一审法院认定收购协议不具有证据效力的书面证词错误,应予纠正。付某军与强力公司之间的买卖合同关系成立并有效,强力公司应按照协议约定向付某军支付购买设备款项。判决:(1)撤销一审判

---

〔1〕　参见最高人民法院中国应用法学研究所编:《人民法院案例选》2012年第3辑(总第81辑),人民法院出版社2012年版,第223页。福建省厦门市海沧区人民法院(2011)海民初字第1352号民事判决书。

决;(2)强力公司支付付某军设备款30万元。[1]

合同的名称与内容不符且由第三人开具发票,并不影响双方之间的买卖合同关系成立。

【案例2-16】 赵某柱诉名聚新力公司、裕诚公司等买卖合同纠纷案

二审法院认为,赵某柱与名聚新力公司之间合同关系的认定。赵某柱在购买车辆时与名聚新力公司签订有书面的合同。该合同的名称虽是《代购协议》,但双方在协议中约定了车辆的型号、价格、款项的支付、车辆的交接等内容。协议签订后,赵某柱支付了车款,名聚新力公司向赵某柱交付了车辆。从协议中约定的内容以及实际履行的情况看,赵某柱与名聚新力公司之间实际形成的是车辆买卖合同关系。赵某柱提出车辆的发票是由裕诚公司出具的问题,系赵某柱与名聚新力公司约定合同之外的第三人裕诚公司开具发票,代为履行部分合同义务,并不影响双方之间的买卖合同关系。[2]

还款计划书未有买受人签字的,不能成立买卖合同关系。

【案例2-17】 华鼎大田分公司诉雷某荣买卖合同纠纷案

二审法院认为,雷某荣作为买卖合同关系的买受人住址为三明市三元区,华鼎公司工商住所登记的住所地在三明市三元区,本案华鼎大田分公司的住所在大田县,本案买卖的标的物酒水在华鼎公司亦有销售,雷某荣提供的出货单显示出货单位均为华鼎公司,华鼎大田分公司除持有《还款计划书》外未提供任何与雷某荣存在买卖关系的证据,不排除涉案《还款计划书》中的签订地和落款中的乙方系由华鼎大田分公司事后填写和盖章的可能性。本案二审庭审后,由华鼎大田分公司向法院邮寄的华鼎公司出具的《说明书》,载明雷某荣因经营需要购买酒水,一般由业务员与雷某荣做交易,后该业务员被调到华鼎大田分公司负责大田片区的酒水买卖业务,雷某荣因拖欠货款,由业务员与雷某荣对账确认,并出具《还款计划书》交由业务员。华鼎公司出具的《说明书》亦表明本案的买卖关系发生在雷某荣与华鼎公司之间,仅是最终结算时在华鼎大田分公司与雷某荣之间结算后尚欠的货款,故本案债权亦应由华鼎公司向雷某荣主张。综上所述,华鼎大田分公司的上诉

〔1〕 参见国家法官学院、最高人民法院司法案例研究院编:《中国法院2021年度案例》(买卖合同纠纷),中国法制出版社2021年版,第52页。湖南省常德市中级人民法院(2019)湘07民终2469号民事判决书。

〔2〕 参见国家法官学院、最高人民法院司法案例研究院编:《中国法院2020年度案例》(买卖合同纠纷),中国法制出版社2020年版,第42页。新疆维吾尔自治区乌鲁木齐市中级人民法院(2018)新01民终3040号民事判决书。

请求不能成立,不予支持。判决:驳回上诉,维持原判。[1]

合伙解散后以合同形式进行清算,以买卖关系主张权利的不受法律保护。

【案例2-18】 韦某谈等诉韦某见等买卖合同纠纷案

判决观点,韦某谈等5人与韦某见等3人一致确认双方原系合伙关系,本案系双方退伙时签订案涉《活林木授权采伐合同》后因履行问题而引发的纠纷,故本案的基础法律关系应是合伙关系。韦某谈等5人主张本案的法律关系是买卖合同关系,与本案根据案件事实认定的法律关系存在不一致的情形,经法院释明,韦某谈等5人决定不变更诉讼请求。据此,韦某谈等5人的起诉不符合起诉条件,应予驳回。裁定:驳回韦某谈、韦某增、何某英、何某福、程某华的起诉。[2]

买卖合同项下无实物存在,只是账上货款流转,并无实际履行合同的行为,双方并未实际建立买卖合同法律关系。

【案例2-19】 盈晖公司诉经开公司买卖合同纠纷案

判决观点,本案系买卖合同纠纷,双方争议的主要焦点在于双方当事人是否具有煤炭买卖合同的法律关系。首先,原告盈晖公司与被告经开公司签订的10份煤炭购销合同及与上述合同相对应的经开公司作为供方将上述合同载明购买的煤炭分别销售给相关下游企业的煤炭供销合同、经开公司向盈晖公司付款的电汇凭证以及大额资金使用联签表载明的付款过程,均可证实经开公司向盈晖莹公司支付的上述合同款项来源于下游企业给付的资金,经开公司无任何截留款项。其次,从经开公司与盈晖公司签订的煤炭购销合同及经开公司与下游企业签订的与之相对应的合同来看,经开公司将其从盈晖公司购买的煤炭,大多数以相同或更低的价格销售给下游企业,有违企业追求盈利的商业常理。再次,从公安机关的调查情况来看,原告法定代表人曾某建及实际控制人陈某昌均承认,在与被告签订涉案合同过程中,双方均未见过对方,未到仓储地进行实地察看,合同签订、操作都是由实际股东金塘海公司的林某礼操办;实际股东林某礼承认,其经办的原、被告间的10份煤炭合同都无实际货物存在,只是为了完成资金走账的合同;与被告签订《煤炭购销合同》的相关下游企业负责人和经办人一致表示,参与涉案煤炭循环贸易,签订《煤炭购销合同》,都不存在实物贸易,只是为了做大公司的业务量,完

---

〔1〕 参见国家法官学院案例开发研究中心编:《中国法院2019年度案例》(买卖合同纠纷),中国法制出版社2019年版,第64页。福建省三明市中级人民法院(2017)闽04民终1377号民事判决书。

〔2〕 参见国家法官学院案例开发研究中心编:《中国法院2019年度案例》(买卖合同纠纷),中国法制出版社2019年版,第283页。广西壮族自治区南宁市良庆区人民法院(2017)桂0108民初100号民事裁定书。

成资金流转走账的合同。最后，无论原告主张其向被告履行涉案合同是以交付煤炭的方式还是货权转让的方式，都应有合同项下货物的真实存在，本案原告未能提供证据证明涉案《煤炭购销合同》项下的煤炭真实存在，未能提供证据证明其与经开公司之间存在实际交易关系。综上，法院认为，原、被告所签的10份形式上的《煤炭购销合同》均非出于真实的买卖本意，不存在真实的交易基础，只是无实际供货内容进行资金流转走账的虚假合同。由于原、被告双方缔约意思表示不真实，双方无实际履行合同的合意，故双方并未实际建立买卖合同法律关系。原告据此要求被告支付煤炭货款的诉请，缺乏事实根据和法律依据，法院不予支持。此外，原告在本案庭审中提出向广州铁路公安处刑警支队调取全部案卷材料的申请，因法院在庭审前依据被告申请，已向公安机关调取相关案件材料并作为证据当庭出示、进行质证，故原告的上述申请不予同意。判决：驳回原告盈晖公司的诉讼请求。[1]

买卖合同约定了单价，但没有约定数量和合同终止期，为概括性合同，此后买卖双方均按合同约定履行。出卖方持有买受方出具的确认单，应认定为出卖方向买受方供货，双方存在买卖合同关系。

【案例2-20】 鼎宸公司诉南通四建公司买卖合同纠纷案

一审法院认为，鼎宸公司与南通四建公司之间订立的膨胀剂买卖合同，合法有效。南通四建公司清扬御庭项目部，是公司的内设机构，其所从事的民事行为，是代表公司的职务行为，因此合同主体应为鼎宸公司和南通四建公司。该买卖合同中仅约定了每立方米混凝土添加27元膨胀剂的，对膨胀剂的数量、合同终止期限没有约定，具有概括性，因此自合同生效之日起，鼎宸公司与南通四建公司之间的所有膨胀剂买卖，均受此合同约定的价格约束，双方解除合同或重新订立合同的情形除外。建设许可证的更替、混凝土供应商的变更并不会导致膨胀剂供应商的必然替换。鼎宸公司持有的南通四建公司确认的欧风新花园4C地块中使用膨胀剂的混凝土方量为9216立方米的确认单，具有债权文书性质，能够证明南通四建公司在9216立方米的混凝土中添加了膨胀剂。南通四建公司以预拌混凝土出厂质量证明书否认膨胀剂供应商为鼎宸公司，但出厂质量证明书上载明的供应商弘智公司已经否认与南通四建公司存在供货关系，且南通四建公司也不能提供其他买卖合同和付款凭证证明膨胀剂供应商为弘智公司。综上，足以认定南通四建公司积欠鼎宸公司价款248832元（9216立方米×27元/立方米）的事实。判决：

---

〔1〕 参见国家法官学院案例开发研究中心编：《中国法院2018年度案例》（买卖合同纠纷），中国法制出版社2018年版，第73～74页。广州铁路运输第一法院（2016）粤7101民初113号民事判决书。

(1)南通四建公司给付鼎宸公司价款248832元,并自2012年7月18日起至法院判决价款给付之日止,按人民银行同期贷款利率标准计算,赔偿逾期付款利息损失;(2)驳回鼎宸公司的其他诉讼请求。

二审法院认为,鼎宸公司与南通四建公司于2008年8月2月23日签订的膨胀剂买卖合同,系双方的真实意思表示,内容合法有效。鼎宸公司向新欧风花园C地块项目提供膨胀剂,仍应是为履行双方之间2008年2月23日签订的合同。鼎宸公司持有的确认单,可以证实混凝土中9216立方米方量使用了膨胀剂,南通四建公司否认鼎宸公司为其膨胀剂供应商,但其并无法证明使用的膨胀剂有其他供应商,因此新欧风花园C地块项目中使用的膨胀剂,应为鼎宸公司所供,膨胀剂的价格亦应按双方2008年2月23日签订的膨胀剂买卖合同约定的价格,即每立方米27元计算。综上,南通四建公司的上诉理由均不能成立,原审判法院所作判决并无不当,应予维持。判决:驳回上诉,维持原判。[1]

商场部门经理从出租专柜提取货物不属于职务行为,承租专柜者与商场不成立买卖合同关系,而成立专柜设置合同关系。

【案例2-21】 潮宏基公司诉美惠万家公司买卖合同纠纷案

二审法院认为,本案中,美惠万家公司和潮宏基公司签订的《专柜设置合同》中没有约定美惠万家公司有权在专柜提取金条,郎某作为美惠万家公司化妆珠宝部经理,其工作职责和职权并不包括直接销售金条或从潮宏基公司专柜提取金条,潮宏基公司既无证据证明美惠万家公司授权郎某在潮宏基公司专柜提取涉案金条,也无证据证明郎某从潮宏基公司专柜提取涉案金条是以美惠万家公司名义进行的,更无证据证明美惠万家公司实际收到郎某从潮宏基公司专柜提取的金条。本案中美惠万家公司已给付潮宏基公司的款项都是按《专柜设置合同》的约定进行结算的,潮宏基公司并无证据证明前述款项是美惠万家公司给付的郎某从潮宏基公司提取涉案金条的货款。此外,潮宏基公司、郎某均认可郎某提取涉案金条的货款中有100万元是潮宏基公司从北京国泰百货通州店取得的,且潮宏基公司于2011年7月6日从金象珠宝柜台拿了十几万元左右的货,白某亦曾向潮宏基公司支付了30万元货款,上述事实亦能证明美惠万家公司并非郎某提取涉案金条的实际付款人。因此,潮宏基公司提供的证据不能证明郎某在潮宏基公司专柜提取涉案金条的行为系职务行为,其行为后果不应由美惠万家公司承担。裁定:驳回上诉,

---

〔1〕 参见国家法官学院案例开发研究中心编:《中国法院2016年度案例》(买卖合同纠纷),中国法制出版社2016年版,第136~137页。江苏省无锡市中级人民法院(2014)锡商终字第0063号民事判决书。

维持原裁定。[1]

在租赁合同履行过程中,出租人将设备卖给承租人,该设备买卖行为构成买卖合同关系,与租赁合同并存。

【案例2-22】 张某全诉北京金林鑫通磁科技发展有限公司买卖合同纠纷案

二审法院认为,原、被告对《厂房及设备租赁协议》及《设备销售协议》履行情况各持己见,对本案争议的法律关系亦有不同认识。双方所签《厂房及设备租赁协议》的时间是2008年3月29日,而《设备销售协议》签订的时间是2008年9月26日,因而可以看出是在履行《厂房及设备租赁协议》的过程中,双方对合同性质及内容进行了变更,虽然双方于2009年4月1日在《厂房及设备租赁协议》中补充了续约一年的内容。但双方对此内容解释不一,因而需综合本案其他证据及双方的实际履行情况予以判断。从原、被告对账单的记账方式和实际履行的过程中,双方均认可原告主张的7万元设备款系以应付给加工费进行冲抵的情况,可以认定被告已将机器设备卖给了原告。通过以上分析可以认定,2009年4月1日双方在《厂房及设备租赁协议》中补签的续约一年系指对厂房及宿舍的续租,并非指向机器设备。故双方之间对机器设备而言是买卖合同关系,对厂房及宿舍系租赁合同关系。原告以被告私自将设备拉走,导致其无法履行合同为由,要求解除合同。双方在合同中并未约定解除合同的条款,也没有对合同的解除达成一致,因而不适用约定解除的法律条款。《合同法》第九十四条对法定解除设定了条件,原告解除合同的理由是被告将机器设备拉走导致无法履行合同,因而首先应审查条件是否成就。证据显示,2009年10月金林鑫通公司将厂房及设备搬至密云厂区时,张某全亦一同搬至密云厂区,且在密云厂区进行了生产经营,双方提交的加工费明细表和对账单证明了这一事实。综上所述,原审判决认定事实不清,适用法律不当,应予改判。判决:(1)撤销一审判决;(2)驳回张某全的全部诉讼请求。[2]

当事人提交的证据不足以证明向对方实际交付了货物,即不足以证明双方存在真实的买卖关系,判决驳回其诉讼请求。

---

〔1〕 参见国家法官学院案例开发研究中心编:《中国法院2015年度案例》(买卖合同纠纷),中国法制出版社2015年版,第19页。北京市第二中级人民法院(2013)二中民终字第17024号民事裁定书。

〔2〕 参见国家法官学院案例开发研究中心编:《中国法院2012年度案例》(买卖合同纠纷),中国法制出版社2012年版,第35页。北京市第一中级人民法院(2010)一中民终字第14551号民事判决书。

【案例2－23】 福建省物资(集团)有限责任公司诉福建邦盛集团有限公司等买卖合同纠纷案

最高人民法院认为,根据物资集团的上诉请求、理由和成城公司的答辩意见,双方争议焦点为案涉《合作协议》及编号为WZYXB12－6－27的《购销合同》是否实际履行、案涉《保证函》是否成城公司真实意思表示,同时涉及本案法律关系认定问题,结合一审判决情况,法院评判如下:2012年6月1日,物资集团与邦盛集团、宇星公司签订案涉《合作协议》。同月27日,物资集团与宇星公司签订编号为WZYXB12－6－27的《购销合同》,主要约定由物资集团向宇星公司供应热轧卷板15990吨,总金额为74317770元。同年10月28日,物资集团、邦盛集团、宇星公司与担保人林某彬、郑某梅、伟伦公司、鼎邦公司共同签订《还款担保协议》,其中载明物资集团、宇星公司根据案涉《合作协议》签订编号为WZYXB12－6－27的《购销合同》,并约定了分期还款期限、违约责任、担保责任等内容。法院二审期间,物资集团坚持认为本案属于买卖合同纠纷,确认诉请被上诉人支付货款及利息、违约金及诉讼费用。结合上述合同的具体内容,判断本案是否存在真实的买卖关系,关键在于能否证明合同项下的货物即热轧卷板15990吨实际交付。物资集团主张,案涉合同项下的热轧卷板系其向厦门本钢贸易有限公司(以下简称本钢公司)购买、由宇星公司办理提货手续且货物已交付,提供的证据是物权转移确认单、增值税发票及其与本钢公司签订的编号为BGMYWZB12－6－27的《购销合同》。但案涉15990吨热轧卷板属于生产镀锌钢卷的原材料,即宇星公司需要将该批热轧卷板卸货并运至工厂进行加工生产,通常应产生相应的运输单证、装卸记录、货物过磅单等涉及热轧卷板运输、装卸和交付的凭证,而物资集团自2013年提起诉讼至本案二审期间,无法提供除物权转移确认单、增值税发票之外的证据以证明热轧卷板已经实际交付,与大宗货物的一般交易习惯严重不符。且法院注意到,其一,物资集团提交的两份物权转移确认单及物资入库单表明,2012年9月1日本钢公司与物资集团确认在福州市罗源县码头交接案涉热轧卷板,同年9月10日物资集团与宇星公司确认在福州市罗源县码头交接案涉热轧卷板,而同年10月22日物资集团又制作案涉热轧卷板的物资入库单;其二,前述两份编号不同的《购销合同》项下热轧卷板吨数相同,且均有“提货时按整件,结算时多退少补”的约定,本钢公司于2013年2月5日和3月4日返还物资集团多支付的1227790.64元货款,说明本钢公司交付的热轧卷板与合同约定的重量并不一致,但宇星公司提货后却从未就热轧卷板的重量及结算提出异议。物资集团对于上述明显反常的情形未能作出合理解释,且自认与邦盛公司、宇星公司并无其他同类买卖交易以佐证本次交易真实。

根据《民事诉讼法》第六十四条及《民事诉讼法解释》第九十条的规定，当事人对自己提出的主张，有责任提供证据；当事人未能提供证据或者证据不足以证明其事实主张的，由负有举证证明责任的当事人承担不利的后果。物资集团提供的证据不足以证明物资集团向宇星公司实际交付了编号为WZYXB12-6-27的《购销合同》项下的货物，即不足以证明双方之间存在真实的买卖关系，应承担举证不利的后果。一审判决认定案涉《合作协议》及编号为WZYXB12-6-27的《购销合同》未实际履行，结论并无不当，但具体理由尚有值得商榷之处。鉴于本案符合当事人以买卖合同为名行借贷合同之实的特征，但物资集团未举证证明款项如何借出、如何流转、如何计息等基本事实，一审判决驳回其诉讼请求并释明可在补充证据后另行起诉，结果正确。

此外，物资集团主张的担保责任属于从合同义务，鉴于其主合同权利义务在本案中尚无法认定，故对于案涉《保证函》是否成城公司真实意思表示及成城公司应否承担民事责任，法院暂不予评判。

综上所述，物资集团的上诉理由不能成立，应予驳回；一审判决认定事实清楚，处理结果正确，应予维持。判决：驳回上诉，维持原判。[1]

买受人仅提交一份银行转账凭证，对于买卖标的物的名称、数量、质量、价款等均未能作出具体说明，无法证明双方具有买卖的真实意思表示。经法院查明的案件事实，明显不符合买卖合同的交易习惯和生活常理。因买受人提供的证据不足以证明与出卖人成立买卖合同关系，应当承担举证不能的不利后果，法院对买受人主张出卖人退还货款的诉求不予支持。

【案例2-24】 新疆天罡建设工程有限公司诉时某某买卖合同纠纷再审案

再审法院认为，本案的争议焦点为江河经销部与天罡公司是否成立买卖合同关系。本案中，天罡公司主张与江河经销部之间存在买卖合同关系，应当对双方之间存在买卖合同的基本事实承担举证证明责任。买卖合同的内容一般包括标的物的名称、数量、质量、价款、履行期限、履行地点和方式、包装方式、检验标准和方法、结算方式、合同使用的文字及其效力等条款。但天罡公司仅提交了一份银行转账凭证，对于买卖标的物的名称、数量、质量、价款等均未能作出具体说明，无法证明双方之间具有买卖的真实意思表示。且根据原审查明的事实，天罡公司主张购买防水涂料系用于当时其承包的工程中，属于工程建设中使用的材料，故江河经销部未发货必然会影响工程建设，天罡公司当时即应当知道江河经销部未发货的行为，而天罡公司转账后，近

---

〔1〕 最高人民法院(2021)民终1032号民事判决书。

三年时间未以任何形式催告江河经销部交付货物,也未以除本案诉讼以外的任何方式要求江河经销部退还款项,仅在诉讼中解释为系公司会计核账时才发现支出该笔款项未收到货物,明显不符合买卖合同的交易习惯和生活常理。而根据江河经销部提交的银行业务收款回单、增值税发票、完税证明显示,江河经销部在收到天罡公司转账12万元后,当天扣除相应税金即将11.5万元转给张某茹,备注为涂料货款,随后向天罡公司开具10张增值税发票。且张某茹作为证人在一审出庭作证时提交其银行卡交易明细清单显示,天罡公司在涉案款项转账前于2019年4月13日向张某茹转账10万元,并备注建材砂石料备料款－麦盖提县克孜勒阿瓦提乡便民服务中心(3个)建设,于2019年5月28日向张某茹转账10万元,并备注沙子石子机械款－麦盖提县克孜勒阿瓦提乡便民服务中心(3个)建设,可以证明天罡公司与张某茹在涉案麦盖提县克孜勒阿瓦提乡便民服务中心项目中有关联关系。再结合时某某与张某茹的通话录音及张某茹的证人证言能形成完整证据链,证明江河经销部与天罡公司之间不存在买卖合同法律关系。《民事诉讼法解释》第九十条规定:"当事人对自己提出的诉讼请求所依据的事实或者反驳对方诉讼请求所依据的事实,应当提供证据加以证明,但法律另有规定的除外。在作出判决前,当事人未能提供证据或者证据不足以证明其事实主张的,由负有举证证明责任的当事人承担不利的后果。"《民事证据规定》第八十五条规定:"人民法院应当以证据能够证明的案件事实为根据依法作出裁判。审判人员应当依照法定程序,全面、客观地审核证据,依据法律的规定,遵循法官职业道德,运用逻辑推理和日常生活经验,对证据有无证明力和证明力大小独立进行判断,并公开判断的理由和结果。"因天罡公司提供的证据不足以证明与江河经销部之间成立买卖合同关系,应当承担举证不能的不利后果,法院对其主张江河经销部退还货款的诉求不予支持。综上所述,时某某的再审请求成立。判决:(1)撤销一审判决;(2)驳回天罡公司的诉讼请求。[1]

(三)多重买卖合同关系的认定

所谓多重买卖合同关系,或称一物两卖或多卖,是指出卖人就同一标的物订立数个买卖合同,分别出售给数个买受人的行为,表现为出卖人就某一标的物与第一买受人签订买卖合同之后,在履行合同之前,即将标的物的所有权转移给第

〔1〕 新疆维吾尔自治区高级人民法院(2023)新民再152号民事判决书。

一买受人前就同一标的物又与数个买受人签订买卖合同,从而导致只有其中一个合同能够履行,其余的合同均不能履行。多重买卖合同包含数个买卖合同,合同的标的物应是相同的特定物,非主种类物。多重买卖合同的主体至少有三个,即出卖人、先买受人、后买受人。出卖人基于数份买卖合同分别与两者产生相应的权利义务关系,先买受人与后买受人之间则由于买卖合同的标的物的同一性而产生利益冲突,即一方根据法律的相关规定可能最终不能对标的物占有并取得所有权。《买卖合同解释》第六条规定:“出卖人就同一普通动产订立多重买卖合同,在买卖合同均有效的情况下,买受人均要求实际履行合同的,应当按照以下情形分别处理:(一)先行受领交付的买受人请求确认所有权已经转移的,人民法院应予支持;(二)均未受领交付,先行支付价款的买受人请求出卖人履行交付标的物等合同义务的,人民法院应予支持;(三)均未受领交付,也未支付价款,依法成立在先合同的买受人请求出卖人履行交付标的物等合同义务的,人民法院应予支持。”本条是关于一般动产多重买卖合同的实际履行顺序的规定。本条主要包括以下几层含义:其一,本条确定适用的前提条件是普通动产一物两卖或多卖;其二,明确了交付在先即受领在先顺序的原则。《买卖合同解释》第七条规定:“出卖人就同一船舶、航空器、机动车等特殊动产订立多重买卖合同,在买卖合同均有效的情况下,买受人均要求实际履行合同的,应当按照以下情形分别处理:(一)先行受领交付的买受人请求出卖人履行办理所有权转移登记手续等合同义务的,人民法院应予支持;(二)均未受领交付,先行办理所有权转移登记手续的买受人请求出卖人履行交付标的物等合同义务的,人民法院应予支持;(三)未受领交付,也未办理所有权转移登记手续,依法成立在先的合同的买受人请求出卖人履行交付标的物和办理所有权转移登记手续等合同义务的,人民法院应予支持;(四)出卖人将标的物交付给买受人之一,又为其他买受人办理所有权登记转移登记,已受领交付的买受人请求标的物所有权登记在自己名下的,人民法院应予支持。”本条是关于船舶、航空器、机动车等特殊动产的规定。本条主要包括以下几层含义:其一,本条确定适用的前提条件是特殊动产一物两卖或多卖;其二,明确了除法律另有规定外,交付是特殊动产物权变动的生效要件,登记是物权变动的对抗要件。在交付与登记发生冲突时,遵循交付优于登记的原则。[1]

实践中,应注意区分是否构成一物多卖的情形。

【案例2-25】 华通公司诉楼某达买卖合同纠纷案

二审法院认为,上诉人主张在涉案争议买卖合同关系中其仅为被上诉人

---

〔1〕 参见最高人民法院民事审判第二庭编著:《最高人民法院关于买卖合同司法解释理解与适用》,人民法院出版社2012年版,第175页。

公司的业务员，而非买受人。但一审中被上诉人的对账单显示未付款、欠款等内容，上诉人在该“对账单确认”处签字。上诉人还在被上诉人发货单中“收货人”处签字。结合被上诉人与钢管的提货单位之间就钢管买卖的价格不存在合意，钢管价格系由上诉人与提货单位之间协商确定，提货单位支付的货款也系由上诉人支付给被上诉人，提货单位与被上诉人未有货款直接支付的事实，一审认定被上诉人在上诉人与提货单位之间的买卖合同关系中仅起到提供货源及开具增值税发票的作用，被上诉人与上诉人之间、上诉人与提货单位之间分别存在独立的买卖合同关系，并据此认定上述人为涉案合同关系的买受人，并对被上诉人要求上诉人支付钢管欠款的诉讼请求予以支持，并无不当。综上所述，上诉人楼某达的上诉请求不能成立，应予驳回。一审判决认定事实清楚，适用法律正确，应予维持。判决：驳回上诉，维持原判。[1]

【案例2-26】 金华公司诉恒兴公司买卖合同纠纷再审案

最高人民法院认为，恒兴公司与金华公司签订买卖合同后，又与南方公司签订同一标的物的买卖合同，多重买卖的责任在恒兴公司。由于金华公司未能举证证明恒兴公司与南方公司签订的买卖合同是否存在恶意串通的情形，且恒兴公司与南方公司签订的买卖合同系双方当事人的真实意思表示，并不违反国家法律或者社会公共利益，因此恒兴公司与南方公司签订的买卖合同有效。因恒兴公司已将起重机交付给南方公司，起重机的所有权已经转移，故金华公司关于请求恒兴公司交付该特定起重机的请求不能成立。法院判决恒兴公司按照合同约定向金华公司支付违约金22万元。[2]

应注意多重买卖合同与转手买卖合同的区别。所谓转手买卖合同，是指出卖人与买受人、买受人与后手买受人之间各自形成合同合意，其价格的洽谈、货款的支付等都是分开进行的。出卖人按照买受人的指示将货物交付给后手买受人，并出具发票。后手买受人将货款支付给买受人，买受人再将货款支付给出卖人。多重买卖合同与转手买卖合同虽然有表象相同点，即有两个独立合同、标的物相同，出卖人可以将标的物直接交付给后手买受人，但实质上是两个独立的合同，根据合同相对性原则，各自分别成立买卖合同关系，合同相对人不同，买受人均是两个合同的一方，而多重买卖合同中，出卖人均是两个合同的一方。在转手买卖合同关系中，买受人不向后手买受人交付标的物应承担违约责任，而出卖人不向后手

---

〔1〕 参见国家法官学院案例开发研究中心编：《中国法院2019年度案例》（买卖合同纠纷），中国法制出版社2019年版，第67页。山东省聊城市中级人民法院（2017）鲁15民终1850号民事判决书。

〔2〕 参见李玉林：《合同纠纷前沿问题审判实务》，中国法制出版社2014年版，第113页。最高人民法院（2011）民再申字第41号民事裁定书。

买受人承担违约责任。在多重买卖合同中，是出卖人分别向买受人承担责任，买受人之间不存在合同责任。前手买卖关系中，出卖人不履行交货义务，直接影响后手买卖合同的履行，这种情形在多重买卖合同中并不存在。

（四）买卖关系与其他关系的区别

1. 与中介合同的区别

中介合同是中介人向委托人报告订立合同的机会或者提供订立合同的媒介服务，委托人支付报酬的合同。在中介合同中，中介人不参与委托人与第三人的合同，不对委托人与第三人的合同内容作出决定。

【案例 2－27】　张某孝诉王某买卖合同纠纷案

判决观点，本案中，根据张某孝提交的欠条、还款协议，结合王某提交的材料单，王某向张某孝出具石子款欠条及还款协议，王某又为冠亿公司石子的供料单位，因此王某不是为张某孝与冠亿公司提供订立合同的机会，而是参与合同并与张某孝形成买卖合同关系，对王某主张其与张某孝为居间介绍关系不予支持。王某自张某孝处购买石子，双方形成买卖合同关系，原告张某孝交付货物后，被告王某应依法履行支付价款的义务。因双方在还款协议中约定，2017 年春节前支付货款 12 万元，王某仅支付 4 万元，余款 8 万元至今未付，现原告张某孝要求支付该 8 万元货款，于法有据，应予支持。判决：被告王某向原告张某孝支付货款 20 万元。〔1〕

买卖合同与中介合同的区别，要看双方合同关系的标的是什么类型。如果是货物买卖，则是买卖合同。如果是一方提供信息、报告签约机会，另一方支付费用，则是中介合同。

【案例 2－28】　李某忠诉翼晖公司买卖合同纠纷案

二审法院认为，李某忠未提交与翼晖公司和上海宝冶集团有限公司签订的居间合同，李某忠举证的翼晖公司与上海宝冶集团有限公司签订的《产品购销合同》中并未约定李某忠系该合同的居间人为合同当事人提供居间服务。而《产品购销合同》约定的货物单价与翼晖公司给李某忠实际价格的差

---

〔1〕 参见国家法官学院、最高人民法院司法案例研究院编：《中国法院 2021 年度案例》（买卖合同纠纷），中国法制出版社 2021 年版，第 223 页。山东省济南市章丘区人民法院（2019）鲁 0181 民初 1852 号民事判决书。

价亦不能证明李某忠的居间人身份,《对账汇总表》中虽体现闽南古镇二期Ⅰ标宝冶工程的“应付提成”及“已付提成”金额,但该项目最终的对账结果是李某忠实际欠款68682元,所体现的法律关系明显与李某忠主张的居间合同不符。综上,李某忠以其为翼晖公司提供居间服务为由要求翼晖公司支付中介服务费的诉讼请求缺乏依据,法院不予支持。李某忠的上诉请求不能成立,应予驳回。一审判决认定事实清楚,适用法律正确,应予维持。判决:驳回上诉,维持原判。[1]

买卖合同纠纷中的代办行为应认定为中介法律关系。

【案例2－29】　刘某民诉范某银买卖合同纠纷重审案

判决观点,该案中,范某银通过王某致的介绍,从刘某民处购买并拉走生猪99头(毛重24410斤),双方约定价格为每斤7元,猪款共计170870元,刘某民与范某银之间依法成立买卖合同,刘某民作为生猪的卖方也履行了买卖合同标的物的交付义务,而范某银作为买卖合同的买方虽然提供了证据证明其在2015年5月19日取款15万元,但仅凭该证据不能证明其履行了相应的给付购猪款的义务,因此,原告刘某民请求范某银付款170870元的诉讼请求依法应得到支持。对于刘某民要求第三人屈某妮承担连带责任的诉讼请求、范某银称其已将购猪款给付王某致的辩解,法院认为在该买卖合同纠纷案件中,买卖合同的相对方分别是刘某民、范某银,而范某银通过王某致的介绍在刘某民处购猪,且在该案审理中范某银也表示其已向王某致支付了相应的报酬,故认定王某致与范某银之间的关系为居间合同,居间合同的居间人为王某致,委托人为范某银。由于刘某民与范某银之间的买卖合同纠纷与范某银、王某致之间的居间合同是两个相对独立的法律关系,至于范某银辩称其已将购猪款给付王某致的情况是否属实,在该案中不予涉及,故对刘某民要求屈某妮承担连带责任的诉求不予支持。判决:(1)范某银给付刘某民购猪款170870元;(2)驳回刘某民对屈某妮的诉讼请求。范某银上诉后,二审法院撤销一审判决,发回一审法院重审。一审法院另行组成合议庭审理,判决:(1)范某银给付刘某民购猪款170870元;(2)驳回刘某民对屈某妮的诉讼请求。[2]

存在三角关系中,被告自称的中介行为是买卖行为还是代理行为以及买卖合同的主体。买受人与被告没有书面合同,双方的聊天记录显示,被告未向买受人

---

〔1〕 参见国家法官学院案例开发研究中心编:《中国法院2019年度案例》(买卖合同纠纷),中国法制出版社2019年版,第273页。福建省厦门市中级人民法院(2017)闽02民终4504号民事判决书。

〔2〕 参见国家法官学院案例开发研究中心编:《中国法院2018年度案例》(买卖合同纠纷),中国法制出版社2018年版,第266页。陕西省铜川市耀州区人民法院(2016)陕0204民初303号民事判决书。

明示其代理身份,而是自行加价后向买受人发出出卖的要约,双方进行磋商最终达成合意,并不是中介人,而是买卖合同相对人。

【案例2-30】 麦某雯诉黄某健、叶某咏买卖合同纠纷案

二审法院认为,原审判决后,黄某健上诉主张只是向麦某雯提供供货渠道,帮其向供货商下单的中间人,货款也不是由黄某健收取,故黄某健与麦某雯之间不存在买卖合同关系,并补充提交了三份证据佐证其主张。对此,法院认为,从本案查明的事实证实,第一,麦某雯并不直接与供货商联系,有关供货的问题,麦某雯均是与黄某健进行交涉。第二,黄某健没有提供证据证明麦某雯与叶某咏在本案诉讼之前认识,从麦某雯提交的证据来看,其将案涉购买手机的款项汇到叶某咏名下的账户是应黄某健的指示所为。第三,麦某雯购得的手机均由黄某健报价,麦某雯并不具有单方决定案涉手机价格的权利。黄某健在案涉交易过程中可得的利益,黄某健有自主决定权。第四,虽然黄某健在与麦某雯的微信聊天中提及交易的风险,但其在此后又称“总之你就抱着一个有拖欠的心态”“手机可以确保没问题”“钱我会慢慢退给你的”,证实黄某健最终接受了麦某雯继续进行交易的要求,并保证货物是没有问题的,以及黄某健在无法向麦某雯交付案涉手机后承诺退款的意思,故麦某雯对此并无过错。第五,黄某健二审补充提交的证据均是发生在黄某健及其母亲与叶某咏之间,麦某雯并不确认,亦无法证实麦某雯认可其交易的相对方是叶某咏。第六,从黄某健提交的证据来源来看,关于买卖本案所涉的手机,双方均是通过微信聊天进行的。按常规,若本案所涉买卖涉及叶某咏或者第三方,黄某健完全可以建立一个多人微信群使叶某咏或第三方共同加入讨论,而非通过微信和麦某雯交流。综上,黄某健的上诉理据不足,最后,如上所述,案涉的买卖合同关系的相对方是麦某雯与黄某健,故有关黄某健与叶某咏之间的关系问题,法院不予评述。若黄某健与叶某咏之间发生争议,应另寻其他途径解决。综上所述,原审判决认定事实清楚,适用法律正确,法院予以维持。黄某健的上诉理由不成立,法院予以驳回。判决:驳回上诉,维持原判。[1]

2. 与行纪关系的区别

个案中,对于买卖合同关系与行纪关系的区分,应由法官根据案情具体裁定。

---

〔1〕 参见国家法官学院案例开发研究中心编:《中国法院2017年度案例》(买卖合同纠纷),中国法制出版社2017年版,第39~40页。广东省广州市中级人民法院(2015)穗中法民二终字第1463号民事判决书。

【案例2-31】　尤某治诉龙海市良兴商场有限公司买卖合同纠纷案

二审法院认为，双方当事人之间的法律关系为买卖关系，买受人应当按照进货清单上约定的金额支付价款。上诉人总供货价款为145905.2元，扣除被上诉人已经支付的13567元以及退货3187元，尚欠货款129150.40元，被上诉人应予支付，并支付从上诉人起诉之日起至还款之日止的利息。被上诉人认为双方之间属于行纪合同关系没有证据证明，认为应从总货款中扣除30%的退点以及扣除10%的工资和每月1000元的柜台费依据不足。被上诉人不能提供充分的证据证明商场被有关部门封存的货物是上诉人提供的，要求将该批货物退给上诉人的理由不能成立。被上诉人认为其中6单进货清单不实，并未收到货物，但因其未提出上诉，法院不予审理。原审判决认定双方当事人之间的法律关系属于行纪合同关系缺乏依据，属认定事实错误；认定被上诉人的商场中被封存的货物是上诉人提供的属于举证责任分配不当，应予纠正。判决：(1)撤销一审判决；(2)变更一审判决第一项：良兴商场支付尤某治货款129150.40元及利息。[1] 本案中，由于良兴商场与尤某治未签订书面合同，只能根据双方的实际行为确定当事人之间是否存在行纪合同关系。根据"谁主张，谁举证"原则，良兴商场主张其与尤某治之间存在行纪合同应负举证责任。因此，本案的关键问题是良兴商场有否提供证据证明尤某治在履行合同过程中支付报酬给良兴商场。虽然良兴商场提供了"良兴企业付款单"和良兴商场与他人签订的三份合同，但由于付款单上注有结算方式是按销售额30%退点、支付10%工资和每月扣除柜台费1000元计付货款系良兴商场所写，该付款单又没有尤某治的签名确认，庭审中尤某治否认双方有按上述结算方式进行结算或口头约定，因此该付款单的结算方式属良兴商场的单方行为。况且良兴商场汇款给尤某治未说明该款项是针对哪些特定的进货单，或哪些特定的进货单已经单笔结清，尤某治只是接受一小部分货款13567元(总货款145905.2元)，因此，不能以此推定良兴商场的结算方式。良兴商场提供的其与其他客户签订的三份合同，均明确约定了不同的柜台费、工资和30%~40%的退点，而良兴商场与尤某治没有订立任何书面合同，因此，不能以良兴商场与他人的行纪关系推定良兴商场与尤某治有约定或实际支出柜台费、工资和退点等报酬。由于良兴商场提供的证据不能证明尤某治有支付报酬给良兴商场，不具备行纪合同的基本特征，因此，良兴商场主张行纪合同关系缺乏证据证实，二审判决是正确的。

行纪合同和买卖合同虽然都是双务、有偿、诺成和不要式合同，且行纪业务也

---

〔1〕 参见最高人民法院中国应用法学研究所编：《人民法院案例选》2010年第1辑(总第71辑)，人民法院出版社2010年版，第34页。

包括购销货物,但两者是有区别的。买卖合同与合同法上其他有名合同(包括行纪合同在内)最重要、最显著的区别在于双方当事人的权利义务,买卖合同中有两个相对的所有权的转移,即一方转移货物的所有权,另一方转移货币的所有权。行纪合同具有很强的商事性质,合同中的委托事务多为贸易活动,核心是法律行为。判断合同的性质是买卖还是行纪,应以当事人关于货物所有权是否随交付转移的约定条款作为依据。受托人根据委托人的委托,以自己的名义为委托人买卖商品并收取报酬,双方对未销售的货物约定由委托人所有,受托人办理的业务有行纪报酬,并非无偿服务。双方约定权利义务符合买卖合同的特征,应认定为买卖合同,而不符合行纪合同的基本属性。

【案例2-32】 南宁市益高商贸有限责任公司诉港之源商贸有限公司南宁家家旺超市等行纪合同纠纷案

判决观点,家家旺超市虽未在《采购合同》《补充协议》上加盖自己的印章,其代表人也未签字,但在益高公司按《采购合同》《补充协议》向家家旺超市履行了供货主要义务的情况下,家家旺超市已全部接受益高公司的履行,属默示的积极行为,《采购合同》《补充协议》形式上的缺陷因此而得到补救,应认定益高公司与家家旺超市之间的合同关系成立。家家旺超市根据益高公司的委托,以自己的名义为益高公司寄售商品收取报酬,双方的行纪合同关系即告成立,合同合法有效。家家旺超市在行纪营业中与第三人直接发生法律关系,该关系所生权利和义务应由益高公司承受。[1]

3. 与销售代理合同关系的区别

销售人员作为企业的业务代表以企业名义对外销售货物,双方约定销售货款的返还率,并由该销售人员与企业进行结算的,根据双方的法律行为特征、交易习惯等因素,可以认定销售代理行为是产品销售代理合同关系,不是劳动合同关系。

【案例2-33】 黄某民诉厦门台佑机械制造有限公司、陈某红销售代理合同纠纷案

一审法院认为,第一,从原告与被告陈某红法律行为的内容上看,陈某红以原告名义对外签订产品销售合同,由被告与原告结算货款,被告并非以自身劳务从原告获得报酬,原告也不负担被告的社会保险等相关义务。因此,二者之间并不存在劳动关系,不具备劳动合同的特征。本案中,陈某红以原告名义对外签订产品销售合同,并且原告与被告结算货款,双方约定了销售

---

〔1〕 参见国家法官学院案例开发研究中心编:《中国法院2013年度案例》(合同纠纷),中国法制出版社2013年版,第213页。广西壮族自治区南宁市兴宁区人民法院(2010)兴民二初字第420号民事判决书。

货款的返还率及陈某红的业务提成，属于典型的产品销售代理合同关系。第二，销售代理合同为无名合同，且双方并未签订书面合同，因此，合同的内容即当事人双方的权利义务应当根据双方的交易习惯予以确定。根据已查明的事实，陈某红提供的合同书的当事人公章、收款收据的形式以及双方的明细账的记载表明，在当事人的交易往来中，陈某红以原告名义代理销售原告产品，享有对所销售产品的货款按照约定比例提成的权利，负有向购买该产品的第三人追讨货款，并向原告交付货款的义务，双方另有约定的除外。第三，根据民事代理的基本原则，代理行为的后果直接归属于被代理人，因此，销售产品所形成的债权归原告，即在原告与第三人之间形成直接的债权债务关系，然而在原告与陈某红的代理销售内部关系上，根据上述交易习惯确定的合同内容，陈某红负有向第三人追讨货款并向原告交付该货款的义务。原告有权选择依据买卖合同向第三人直接主张债权，或者选择依据销售代理合同向陈某红主张履行合同义务。在本案中，原告选择请求被告交付其所拖欠的货款，属于要求被告履行合同义务，法院予以支持。二审法院亦持同样意见。[1]

经销商与出卖人成立买卖合同关系，而不是销售代理关系。

【案例2－34】 秭归县昌洪商贸有限责任公司诉朱某军买卖合同纠纷案

一审法院认为，金龙鱼食品油在市场销售中，采取了经销商按公司定价销售的经营模式，昌洪商贸公司送货至朱某军处经销，交付货物系转移财产所有权，朱某军接收货物后支付对价，并从批零价差中获利，符合买卖合同的特征，双方建立的合作关系系连续买卖合同关系，故出卖人要求买受人给付货款的诉讼请求，应予支持。补偿协议系有效约定，朱某军擅自中断该约定的履行，要求变更弥补亏损方式及额度，未取得出卖人的同意，系违背约定行为。判决：(1)朱某军给付昌洪商贸公司货款3669元；(2)解除昌洪商贸公司与朱某军之间因弥补朱某军经营亏损而达成的口头约定；(3)驳回反诉原告朱某军要求反诉被告昌洪商贸公司赔偿经济损失的诉讼请求。二审中朱某军撤回上诉。[2]

约定产品代理商一方有产品定价权并可获得销售返利的合同，实为兼具买卖合同性质的买断式代销合作关系。

---

〔1〕 参见最高人民法院中国应用法学研究所编：《人民法院案例选》2010年第1辑（总第71辑），人民法院出版社2010年版，第7页。

〔2〕 参见国家法官学院案例开发研究中心编：《中国法院2012年度案例》（买卖合同纠纷），中国法制出版社2012年版，第113页。湖北省宜昌市中级人民法院(2010)宜中民三终字第00309号民事裁定书。

【案例2－35】 湖南湘宇机械设备有限公司与江西宜春重工集团有限公司、秦某、符某、符某元、郑某永买卖合同纠纷案

二审法院认为，代销合作关系中约定对销售产品有定价权且可以根据代销协议获得返利的，有别于仅收取手续费的代销关系，应定性为一种兼具买卖合同性质的买断式代销合作关系。[1]

4. 与委托代理关系的区别

网络上的“代购”并非委托代理关系，而是买卖合同关系。

【案例2－36】 朱某慧诉王某泉、王某冉买卖合同纠纷再审案

再审法院认为，网络上“代购”一词的含义并不等同于法律术语“委托代理”购买的含义，不能仅凭出现了“代购”意思就确认双方之间系委托代理关系。原判并未直接认定王某冉与朱某慧之间系买卖合同关系，而是认定双方之间不是委托代理合同关系，以及王某泉、王某冉应按上述欠条履行。原审作出这一认定的依据是：(1)王某冉未能举证证明其与朱某慧之间系委托代理合同关系。(2)以下证据证明双方之间不是委托代理合同关系：①王某冉于2004年10月12日给朱某慧出具的《欠条》(王某泉在担保人一栏具名)，载明：王某冉欠朱某慧314400元，此款用于购置苹果6与6PIus手机，因王某冉无法如期交货，同意分期偿还朱某慧。②王某冉同日出具给朱某慧的《收条》载明：王某冉收到朱某慧打款314400元，此款已由朱某慧打入指定账户，用于购置苹果6与6PIus手机。③刑事判决书确认：王某泉在不能保证苹果6手机货源的情况下，仍收取王某冉订货款共计140余万元，至案发，大部分手机未交付，造成货款损失117万元，判决王某泉构成合同诈骗罪，并责令王某泉退赔包括王某冉在内的被害人的损失。裁定：驳回王某泉、王某冉的再审申请。[2]

通过微信购买手机而未订立书面合同，应根据买卖合同还是委托合同的特性区别构成何种关系。

【案例2－37】 李某诉金某买卖合同纠纷案

判决观点，本案中的交易方式为李某将钱款汇至金某账户，金某以自己的名义向刘某玲汇款，刘某玲向金某邮寄手机，并由金某将手机交付李某。法院认为，上述行为符合买卖合同的构成要件，首先，金某从刘某玲手中购买

---

〔1〕 江西省高级人民法院(2017)赣民终277号民事判决书。

〔2〕 参见国家法官学院案例开发研究中心编：《中国法院2019年度案例》(买卖合同纠纷)，中国法制出版社2019年版，第263～264页。江苏省无锡市中级人民法院(2016)苏02民申108号民事裁定书。

了手机再转卖给李某,金某均是以自己的名义向刘某玲购机,购买过程中金某向刘某玲购买的数量多于李某购买的数量,该行为转移的标的是手机的所有权,并非劳务。其次,金某从中赚取的差价应为转卖手机为获取更多货款的谋利行为,该款项并非劳务费。金某称上述差价,系李某让其用这笔钱给孩子买东西用,但其并未提供证据予以证明,且李某对此说法不予认可,对此法院不予采信。虽然在交易过程中,有一次是由刘某玲直接将手机邮寄给李某,但并不影响交易的性质。最后,金某作为被害人向广内派出所报案,并由广内派出所制作受案登记表。如果李某与金某之间为委托合同,那么权利义务的实际承担者应为李某,并非金某,故被害人亦应为李某;只有在金某与刘某玲、李某与金某形成两个独立的买卖合同时,金某才能成为买卖合同一方的被害人。综上,金某与刘某玲、李某与金某形成两个独立的买卖合同,李某向金某支付了相应的货款,但金某未能履行给付货物的义务,故李某要求金某返还货款48000元的诉讼请求,于法有据,法院予以支持。判决:被告金某向原告李某返还货款48000元。[1]

出卖人与买受人签订大区总代理合同书,法官根据合同内容、具体履行情况确认是买卖合同关系,而不是委托代理关系。

【案例2-38】 北京万利千和科贸有限公司诉富士医疗器材(上海)有限公司买卖合同纠纷案

一审法院认为,原、被告之间系买卖合同关系,且原告已完成销售指标。根据双方的合同约定,就具体买卖分别签订销售合同及被告为此给原告开具增值税发票的行为,可以认定双方之间系买卖关系,而非委托关系。虽然双方在合同中对“放射影像设备”没有明确界定,但因被告承认“FCR图像阅读器”是放射影像设备,故可认定DRYPIX4000型打印机当然也系放射影像设备。从征询函和被告母公司网站网页的信息看,被告客观上也在诉讼前确认了“放射影像设备”包括DRYPIX4000型打印机。此外,本案诉争的合同即被告提供的格式合同,依《合同法》之规定,在存在两种以上解释时,应作出不利于提供格式合同一方的解释。故而,结合对另26台设备属于销售指标的认定无异议,得认定原告已完成销售指标。本案未达到解除条件,且被告解除合同之方式、方法不符合合同约定,被告应立即按约定向原告供货,其相应的反诉请求也不能支持。被告经原告多次催货,既未依合同约定告知原告其销售的产品并非放射影像设备,也未及时向原告明确完成所谓的销售指

---

〔1〕 参见国家法官学院案例开发研究中心编:《中国法院2017年度案例》(买卖合同纠纷),中国法制出版社2017年版,第47~48页。北京市西城区人民法院(2015)西民(商)初字第08978号民事判决书。

标,而是采取了故意不履行合同的手段,迟至期满数月后才指责原告未完成销售指标,以此达到解除合同之目的,显然已构成违约。不正当地阻止合同约定的取得第二阶段销售总代理权前提条件成就的,应视为条件已成就。判决:(1)确认原告享有《大区总代理合同书》约定的区域自2009年4月1日至2011年3月31日止的唯一销售总代理权;(2)被告按照《大区总代理合同书》的约定向原告供货;(3)驳回被告的反诉请求。二审法院判决:驳回上诉,维持原判。[1]

实践中委托人与受托人之间往往没有书面的委托合同或授权委托书,在认定委托关系时需综合考虑两者之间的内部关系以及对外交易中的身份、作用、权限等因素。尽管委托人与受托人在内部关系中就受托人与第三人之间发生法律行为的权限作了约定,但是该约定对受托人具有信赖利益的善意第三人并无拘束力。在受托人由于第三人的原因对委托人不履行义务达到预期违约或根本违约的程度时,委托人方可经受托人行使对第三人的权利。

【案例2-39】 贾某良诉江阴市培蒙印染制衣有限公司买卖合同纠纷案

一审法院认为,本案系贾某良借用瑞庆公司名义与培蒙公司发生煤炭买卖合同关系,戴某度受贾某良委托以瑞庆公司名义向培蒙公司销售煤炭并收款,其民事责任应由贾某良承担,培蒙公司应归还尚欠货款并偿付该款自起诉之日起至自实际给付之日止的利息。二审法院认为,戴某度有权向培蒙公司收取诉争煤炭的货款。(1)瑞庆公司与贾某良之间系挂靠关系,瑞庆公司仅为贾某良代开发票,并非货物的真实卖方,则瑞庆公司出具的收款委托书,其作用也仅在形式上满足和完善收付款手续的财务需要,并不具有真正的授权作用,故本案中不应以有无瑞庆公司的收款委托书作为审核戴某度收款权的依据,而应当结合戴某度在交易中的身份、作用、权限以及付款人培蒙公司善意与否等因素综合考量后予以认定。(2)贾某良与戴某度自2008年起合伙销售煤炭,两人的分工为贾某良组织货源、戴某度负责销售与收款,对本案培蒙公司的交易模式亦如此。在合伙关系之下,无论是从戴某度的合伙人身份还是从合伙中的分工权限来看,戴某度均有权向培蒙公司收取货款。贾某良虽称自2011年起已与戴某度终止合伙关系,但对此未能提供充分证据证明,戴某度也不予认可。即使贾某良所述属实,根据其在公安机关和本案诉讼中的陈述可知,2011年起与培蒙公司的交易模式未有任何变动,在商谈生意、送货交接、过磅确认、交付发票这些交易环节中,戴某度仍然全程参与,且

---

[1] 参见国家法官学院案例开发研究中心编:《中国法院2012年度案例》(买卖合同纠纷),中国法制出版社2012年版,第195~196页。上海市第一中级人民法院(2010)沪一中民四(商)终字第463号民事判决书。

贾某良并不掌握交货凭证，因此，从贾某良一方而言，戴某度即使不再与贾某良合伙，也至少是贾某良委托的交易代理人，且属于未对外披露代理关系的隐名代理；从培蒙公司一方而言，根据一如既往的交易模式，完全有理由相信戴某度仍为交易相对方，故培蒙公司向戴某度支付货款，并无不当，不受贾某良与戴某度是否已终止合伙关系的影响。(3)培蒙公司向戴某度已支付货款2935000元，除戴某度予以认可之外，培蒙公司还提供了所有付款凭证，证据确凿，应予认定。其中明显非戴某度本人签字的，是戴某度委托其妻浦某英代为领款(浦某英同时签署了自己和戴某度的名字)，此事实在公安机关询问笔录中戴某度和培蒙公司的会计均有提及，故这部分代领款应当认定为本案付款。又，培蒙公司向戴某度的付款方式中有13万元，是将培蒙公司应付戴某度的煤款、戴某度应付案外人的借款、案外人应付培蒙公司的染色费相互抵扣，贾某良对此有异议，但如前所述，培蒙公司有充分理由相信戴某度为交易相对方，故培蒙公司向戴某度的付款应当得到认定，上述13万元采用债权债务抵销方式进行清偿，与以承兑汇票或现金支付，并无区别，也不存在恶意协助戴某度清偿个人债务的情形。至于另一笔戴某度借款三四十万元，根据戴某度在公安机关的陈述，是收到培蒙公司付款后，戴某度归还给了借款人王某林，则此为戴某度自己收到培蒙公司货款后的使用行为，与培蒙公司无关。综上所述，贾某良的上诉请求不能成立，应予驳回。一审判决认定事实清楚，适用法律正确，应予维持。遂判决：驳回上诉，维持原判。[1]

名为《委托代购合同》，但合同目的为通过双方之间的买卖行为实现货物所有权的转移，双方之间成立买卖合同关系。

【案例2-40】　陈某龙诉惠州市合诚汽车贸易有限公司等买卖合同纠纷案

一审法院认为，根据原、被告的诉辩意见，本案的争议焦点在于：本案是买卖合同纠纷还是委托合同纠纷。买卖合同是出卖人转移标的物的所有权于买受人，买受人支付价款的合同。委托合同则是委托人和受托人约定，由受托人处理委托人事务的合同，受托人完成委托事务的，委托人应当向其支付报酬。本案中原、被告签订的合同，虽名为《委托代购合同》，但合同中对车辆价款、付款方式、车辆交付作了详细约定，被告是收取车款、交付车辆的直接权利义务主体。合同中没有约定如何办理委托事务，也没有约定办理委托事务的报酬，从其提交的与第三人正壹公司签订的《销售合同》约定的价款来看，实际上被告是通过收取该车买卖的差价实现其商业目的，而不是通

---

〔1〕　参见《人民司法·案例》2018年第26期(总第829期)。江苏省无锡市中级人民法院(2018)苏02民终528号民事判决书。

过收取委托人支付的报酬实现其商业目的的。因此，双方的交易符合买卖合同的特征，而不符合委托合同的特征，买卖双方当事人为原告及被告。现被告收取原告已付的购车定金及首付款后，未能向原告提供车辆，其行为已构成根本违约，原告诉请解除合同，有事实及法律依据，予以支持。根据《合同法》第九十七条的规定，合同解除后，尚未履行的，终止履行；已经履行的，根据履行情况和合同性质，当事人可以要求恢复原状、采取其他补救措施，并有权要求赔偿损失。原告诉请被告返还已付的购车款，有事实及法律依据。合同因被告违约而解除，根据合同约定及法律规定，被告应当向原告双倍返还定金，原告已选择由被告双倍返还定金，其再诉请被告支付利息，无法律依据，不予支持。被告关于第三人正壹公司为卖方的抗辩意见以及第三人正壹公司申请追加骏景源公司为第三人，均无法律依据，不予采纳。判决：(1)解除原告陈某龙与被告惠州市合诚汽车贸易有限公司于2019年8月3日签订的《委托代购合同》；(2)被告惠州市合诚汽车贸易有限公司向原告陈某龙双倍返还定金2万元；(3)被告惠州市合诚汽车贸易有限公司向原告陈某龙返还购车款16万元；(4)驳回原告陈某龙的其他诉讼请求。

二审法院认为，本案系买卖合同纠纷，根据《民事诉讼法》第一百六十八条"第二审人民法院应当对上诉请求的有关事实和适用法律进行审查"的规定，综合本案各方当事人在二审中的上诉和答辩意见，本案二审的争议焦点是上诉人合诚公司与被上诉人陈某龙之间存在何种法律关系。《合同法》第一百三十条规定，买卖合同是出卖人转移标的物的所有权于买受人，买受人支付价款的合同；第三百九十六条规定，委托合同是委托人和受托人约定，由受托人处理委托人事务的合同。《委托代购协议》的抬头名为代购，在合同第一条、第二条确实存在"委托"字样，除此之外，合同第一条尚欠金额187000元，上诉人合诚公司收齐货款后交付车辆给被上诉人陈某龙，且对于交付的车辆陈某龙不得以非质量问题对上诉人合诚公司所调配车辆要求更换或退车，上诉人合诚公司作为合同的相对方，具有收取案涉车辆全部价款的权利，以及保证车辆因质量问题更换或退车的义务，此为买卖合同中出卖人的权利义务。后续履行中，上诉人合诚公司以被上诉人陈某龙的名义，与原审第三人正壹公司签订《销售合同》，车辆的价款为353000元，而《委托代购协议》约定的价款为357000元，上诉人合诚公司并不是以委托代理人的身份，按照委托人的指示，按照357000元的价款购买车辆，而是赚取其中的差价，同样不符合委托代理的特征，故一审认定上诉人合诚公司与被上诉人陈某龙之间属于买卖合同关系，上诉人合诚公司未依约交付车辆，构成根本性违约正确，二审法院予以维持。综上所述，上诉人合诚公司的上诉请求不成立,二审法院不予支持。判决:驳回上诉,维持原判。[1]

5. 与承揽合同的区别

买卖合同与承揽合同的共同点为,都需要将标的物交给支付对价的一方。其区别是,买卖合同中出卖人需将出卖的标的物交付给买受人,承担合同中承揽人必须将完成的定作物交付给定作人。

【案例2-41】　宏宇陶瓷诉王某平买卖合同纠纷案

一审法院认为,本案中,王某平在宏宇陶瓷店内购买材料,对尚欠15600元的事实没有异议。庭审中,王某平的妻子陶某萍自认装修人员由其自行选择确定、自行与装修人员协商价格并进行结算;证人张某生证实系王某平与其协商粉刷墙面、确定价格,陶某萍的自认与证人张某生的证言可以相互印证,宏宇陶瓷提供装修材料与王某平就房屋装修及装修费用未进行过协商,双方形成买卖合同关系,而非承揽关系。王某平主张本案系承揽合同纠纷,但未提供证据证实,法院不予采信。宏宇陶瓷向王某平提供装修材料,王某平应当支付相应的货款。故对宏宇陶瓷要求王某平支付拖欠的装修材料款15600元的诉讼请求,法院予以支持。双方对宏宇陶瓷提供的装修材料质量有争议,且刘某芹自认王某平购买的"SHIIESI"家用吸油烟机在使用中确有质量问题被退回厂家维修,王某平可以行使对宏宇陶瓷要求付款的抗辩权,故对宏宇陶瓷要求王某平支付利息损失的主张,法院不予支持。王某平因未缴纳二审案件受理费,二审法院裁定按上诉人王某平自愿撤回上诉处理。[2]

以合同的主要目的在于设备所有权的移交,且合同价款主要由各项设备的价格组合而成之事实,确定争议的是买卖合同。

【案例2-42】　宏大公司诉红太阳公司买卖合同纠纷再审案

最高人民法院认为,从《合同法》第一百三十条与第二百五十条之规定比较来看,买卖合同与加工承揽合同尤其是承揽人提供原材料的订购合同有一定的相似性,但是定作合同有其自身的特点:如《合同法》规定定作人对承揽的工作有监督权、检查权,定作人有单方改变定作方案的权利,承揽方未经许可不得留存技术材料和复制品等,法律赋予定作人诸多权利,其结果几乎是定作人达到了控制整个加工过程的程度。从本案《建设合同书》对红太阳

---

〔1〕 广东省惠州市中级人民法院(2020)粤13民终3286号民事判决书。

〔2〕 参见国家法官学院案例开发研究中心编:《中国法院2018年度案例》(买卖合同纠纷),中国法制出版社2018年版,第76页。新疆生产建设兵团北屯垦区人民法院(2016)兵1001民初127号民事判决书。

提供的设备及主要技术指标的特别约定来看，涉案生产线具有一定的定作性，但《建设合同书》约定了生产线的设计、采购、安装等均由红太阳公司完成，合同目的是为宏大公司提供符合约定生产线并交付宏大公司使用，宏大公司对生产线的设计、配置、采购、安装等过程不具有实际控制和监督的权利，因此与承揽合同定作人对工作内容进行监督检查的特征不符。从《建设合同书》的内容来看，合同约定了交货时间、技术指标、主要设备和辅助设备清单，售后服务、验收程序等，更符合买卖合同的特征，原审法院认定本案为买卖合同纠纷，并无不当，二审法院予以维持。裁定：驳回红太阳公司的再审请求。[1]

包产包价、先款后货的买卖合同与承揽合同的区别。

【案例2-43】 原平西美钢铁有限公司与马鞍山市天择贸易有限公司其他买卖合同纠纷案

最高人民法院认为，买卖合同是出卖人转移标的物所有权予买受人，买受人支付价款的合同。承揽合同是承揽人按照定作人的要求完成工作，交付工作成果，定作人给付报酬的合同。买卖合同以转移标的物的所有权为内容，承揽合同以提供劳务为内容。本案《购销合同》对钢坯的型号、数量和质量作了明确约定，但并不要求原平公司必须以自己的技术和设备组织生产。当事人对钢胚的型号和质量有明确约定，该型号和质量的钢胚也并非只有原平公司才能生产。因此本案合同关系并不是以原平公司提供特定劳务为内容的承揽合同，只是约定的付款和提货方式有异于一般的买卖合同，但这不足以影响合同的性质。原审法院认定《购销合同》系包产包价、先款后货的购销合同并无不妥，对此予以确认。[2]

实践中，在是承揽合同和买卖合同的区分上法院内部有分歧。

【案例2-44】 中山市思柏照明有限公司诉惠州市金海湾嘉华度假酒店有限公司承揽合同纠纷案

一审法院认为双方存在凭样品买卖合同关系。二审法院认为，上诉人中山市思柏照明有限公司与被上诉人惠州市金海湾嘉华度假酒店有限公司签订的《灯具产品购销合同》，约定上诉人根据被上诉人的要求，制定灯饰设计图纸，在对设计图纸进行确认后，上诉人根据设计图纸生产灯饰交付给被上

〔1〕 参见周江洪等主编：《民法判例百选》，法律出版社2020年版，第257页。最高人民法院（2019）民申4300号民事裁定书。

〔2〕 参见最高人民法院民事审判第二庭编著：《最高人民法院商事审判指导案例》（合同卷），中国法制出版社2011年版，第543～550页。最高人民法院（2009）民二终字第6号民事判决书。

诉人并负责安装，该合同符合承揽合同的法律特征，是承揽合同，故本案的案由应定为承揽合同纠纷；该合同是双方的真实意思表示，内容没有违反法律、行政法规的强制性规定，是合法有效的合同。[1]

【案例2－45】 刘某成诉吉林省宏旺环保科技开发有限公司承揽合同纠纷案

一审法院认定涉案合同为买卖合同。二审法院认为，根据该合同约定的内容，合同涉及的为三种"异型砖"，由宏旺公司对所收取产品的尺寸偏差和外观质量进行抽检，宏旺公司对产品的尺寸如何抽检不能进行合理的解释说明，亦未能举证证明所购买的异型砖具有国家质检部门或行业规定对外发布的尺寸及外观标准，而刘某成列举的模具制作图纸、证人张某双的证言对异型砖生产制造过程的解释更为合理，故涉案合同的名称虽然为购销合同，实为以宏旺公司为定作人、刘某成经营的兴旺材料厂为承揽人的异型砖定作合同。[2]

一方以自己的设备、技术、材料和劳力，按照协议要求定作产品，定作方接受成果并支付报酬，双方之间应为承揽合同关系而非买卖合同关系。

【案例2－46】 甲电炉有限责任公司诉乙重型机械有限公司承揽合同纠纷案

二审法院认为，本案中，甲电炉公司自认本案争议合同就是其以自己的设备、技术、材料和劳力，按照与乙重机公司签订的《技术协议》要求定作工业电炉，乙重机公司接受成果并支付报酬的合同。对此，乙重机公司并不持异议。根据案涉《工业品买卖合同》及《技术协议》的相关约定，结合前述法律规定，双方的真实意思表示应为承揽合同关系，一审法院认定为买卖合同关系不妥，应予纠正。甲电炉公司的经营范围包括工业用电炉及配件、电源设备制造及电炉安装等项目，合同约定的内容不违反法律、行政法规的强制性规定，不损害社会公共利益，应认定合法有效。甲电炉公司此点上诉理由，应予采纳。[3]

要根据合同的履行方式确定是承揽合同还是买卖合同。双方签订的合同约定供应的设备附有技术参数以及交付后需安装、调试和质保期等内容，则需提供大量的专业技术服务及后期安装测试，定为承揽合同更符合合同的特点。

---

〔1〕 参见国家法官学院案例开发研究中心编：《中国法院2016年度案例》（合同纠纷），中国法制出版社2016年版，第133页。广东省惠州市中级人民法院（2014）惠中法民二终字第284号民事判决书。

〔2〕 参见国家法官学院案例开发研究中心编：《中国法院2018年度案例》（合同纠纷），中国法制出版社2018年版，第175页。吉林省长春市中级人民法院（2016）吉01民终字第2216号民事判决书。

〔3〕 辽宁省高级人民法院（2016）辽民终575号民事判决书。

【案例2-47】 天津吉润达研磨科技有限公司诉盐城展仕精密机械有限公司承揽合同纠纷案

一审法院认为,本案的焦点问题为本案的案由是否为买卖合同纠纷。双方签订的合同约定供应的设备附有技术参数附件以及交付后需安装、调试和质保期等内容显示,该合同名为买卖合同实为承揽合同,故本案的案由应为承揽合同纠纷。展仕公司上诉后又在二审中撤诉,一审判决生效。[1]

6. 与融资租赁合同的区别

根据合同约定和合同履行区分融资租赁合同与买卖合同。

【案例2-48】 马某诉沈阳车捷汇汽车销售有限公司、沈阳深港鹏城汽车发展有限公司买卖合同纠纷案

一审法院认为,当事人应该按照合同约定全面履行自己的义务。融资租赁合同是出租人根据承租人对出卖人、租赁物的选择,向出卖人购买租赁物,提供给承租人使用,承租人支付租金的合同。本案的争议焦点为原、被告之间的法律关系的性质。根据原、被告签订的《汽车租赁合同》及原告按月向被告支付租金的行为,可以认定原、被告之间系融资租赁合同关系,非原告主张的买卖合同关系。故原告主张解除与二被告之间的车辆买卖合同关系,无事实和法律依据,法院对此不予支持。关于原告主张撤销《汽车租赁合同》一项,因重大误解订立的、在订立合同时显失公平的、一方以欺诈、胁迫的手段,使对方在违背真实意思的情况下订立的合同,受损害方有权请求撤销。本案中,原告称其要求购买全新车辆,被告向其交付的非全新车辆,致使其合同目的无法实现。原、被告在《汽车租赁合同》中已明确约定案涉车辆的车架号码、发动机号码及车牌号码,原告对案涉车辆的状态亦应知晓。据此,原告提供的证据不足以证明其在与被告订立合同时存在重大误解、显失公平的情况,亦不足以证明被告以欺诈、胁迫的手段,使原告在违背真实意思的情况下订立合同,故法院对原告该主张不予支持。至于原告主张的3倍赔偿、返还9600元及行车记录仪预收款1880元的诉请,均是建立在原、被告之间形成买卖合同关系的基础上,故法院对原告的上述主张不予支持。判决:驳回原告马某的诉讼请求。

二审法院认为,本案中,根据案涉《汽车租赁合同》的约定及合同的实际履行情况,原审法院认定上诉人与被上诉人之间为融资租赁合同关系正确,

---

〔1〕 参见国家法官学院、最高人民法院司法案例研究院编:《中国法院2020年度案例》(合同纠纷),中国法制出版社2020年版,第152页。江苏省盐城市中级人民法院(2018)苏09民终3400号民事判决书。

而本案中上诉人提出解除买卖合同关系及要求3倍赔偿损失等诉求,均与上诉人与被上诉人形成的基础法律关系不符,其主张无事实及法律依据,原审法院驳回上诉人的诉讼请求正确,二审法院对此予以维持。对上诉人提出原审法院适用法律错误的上诉主张,二审法院不予支持。关于上诉人提出其购买的车辆应为新车,而被上诉人交付的车辆并非新车等上诉主张,因与事实及合同约定均不相符,上诉人所举证据均不足以证明被上诉人承诺交付给上诉人的车辆为新车,故二审法院对上诉人的该项上诉主张,不予采信。关于上诉人提出一审法院存在程序问题,经二审法院审查,原审法院程序并无不当之处,故二审法院对上诉人的该项上诉主张,不予采信。上诉人提出的其他主张,无事实及法律依据,二审法院不予支持。综上,上诉人的上诉请求不能成立,应予驳回;原审法院认定事实清楚,适用法律正确,应予维持。判决:驳回上诉,维持原判。[1]

---

〔1〕 辽宁省沈阳市中级人民法院(2020)辽01民终10487号民事判决书。

三、买卖合同关系纠纷的处理

(一)买卖合同关系的处理

《民法典合同编通则解释》第二十条规定:“法律、行政法规为限制法人的法定代表人或者非法人组织的负责人的代表权,规定合同所涉事项应当由法人、非法人组织的权力机构或者决策机构决议,或者应当由法人、非法人组织的执行机构决定,法定代表人、负责人未取得授权而以法人、非法人组织的名义订立合同,未尽到合理审查义务的相对人主张该合同对法人、非法人组织发生效力并由其承担违约责任的,人民法院不予支持,但是法人、非法人组织有过错的,可以参照民法典第一百五十七条的规定判决其承担相应的赔偿责任。相对人已尽到合理审查义务,构成表见代表的,人民法院应当依据民法典第五百零四条的规定处理。

合同所涉事项未超越法律、行政法规规定的法定代表人或者负责人的代表权限,但是超越法人、非法人组织的章程或者权力机构等对代表权的限制,相对人主张该合同对法人、非法人组织发生效力并由其承担违约责任的,人民法院依法予以支持。但是,法人、非法人组织举证证明相对人知道或者应当知道该限制的除外。

法人、非法人组织承担民事责任后,向有过错的法定代表人、负责人追偿因越权代表行为造成的损失的,人民法院依法予以支持。法律、司法解释对法定代表人、负责人的民事责任另有规定的,依照其规定。”

法定代表人的职务行为与购买人建立的法律关系,应认定为公司与购买人建立的买卖关系。在区分法定代表人的职务行为与个人行为时,应当结合个案情况,从是否以公司名义、具体交易的标的、公司的经营范围以及交易双方的具体行为等角度综合加以考量判断,不能“一刀切”。

【案例2-49】 陈某宏诉盛博公司、冯某榕买卖合同纠纷案

二审法院认为,本案中,林某鑫的职务和行为,足以让陈某宏相信,林某鑫向代表盛博公司向陈某宏出售汽车,陈某宏有权利以盛博公司为合同相对人请求盛博公司履行合同义务。因此,林某鑫与陈某宏达成合同的行为应认定为盛博公司的法人行为。陈某宏支付50万元购车定金后,盛博公司未依约向陈某宏交付汽车,已构成违约,应承担相应的民事责任。原审判决解除陈某宏与盛博公司之间的买卖合同,盛博公司返还陈某宏定金50万元并支付违约金,处理正确,予以维持。盛博公司系一人有限责任公司,冯某榕系盛博公司的股东,冯某榕没有提供充分证据证明其个人财产与公司财产相互独立,故冯某榕需要对盛博公司的上述债务承担连带责任。盛博公司、冯某榕主张盛博公司的法定代表人自2019年1月7日起由林某鑫变更为冯某榕,林某鑫在法律上代表不了盛博公司。因林某鑫与陈某宏沟通、洽谈购买车辆及收取50万元购车定金的时间均发生在林某鑫担任盛博公司法定代表人期间,故盛博公司、冯某榕的上述主张,缺乏法律依据,不予采纳。关于盛博公司、冯某榕提出陈某宏串通林某鑫,嫁祸盛博公司的意见,因盛博公司、冯某榕没有举证证明陈某宏串通林某鑫嫁祸盛博公司、冯某榕的证据,故上诉意见,缺乏事实依据,不予支持。盛博公司、冯某榕主张将陈某宏委托汇入林某鑫支付宝的定金50万元定性为公司资金,应当通过刑事程序确定。因盛博公司、冯某榕的上述主张缺乏法律依据,不予采纳。对于林某鑫提出陈某宏没有给林某鑫付过购车款的意见,因陈某宏与林某鑫的微信聊天内容、林某鑫向陈某宏出具的《欠条》《欠款确认书》以及姚某鑫、黄某雄的支付宝账单能相互印证证明陈某宏于2018年12月28日、29日委托姚某鑫、黄某雄共向林某鑫支付50万元购车定金的事实,故林某鑫的上述意见,缺乏事实依据,不予支持。盛博公司和冯某榕的上诉请求均不能成立,应予驳回;一审判决认定事实清楚,适用法律正确,应予维持。判决:驳回上诉,维持原判。[1]

根据具体案情排除委托关系后,应对出卖人的责任一并予以处理。

【案例2-50】 蒙某芳诉肖某程买卖合同纠纷案

一审法院认为,根据双方当事人的证据和答辩意见,可以将本案的争议焦点归纳为:(1)本案合同的性质;(2)肖某程承担责任的范围。一审法院针对以上争议焦点分析如下:第一,本案合同的性质。蒙某芳称,双方形成了买卖合同关系;肖某程称,本案双方形成了委托合同关系。根据《合同法》第一百三十条的规定,买卖合同是出卖人转移标的物的所有权于买受人,买受人支付价款的合同。《合同法》第三百九十六条规定,委托合同是委托人和受托人约定,由受托人处理委托人事务的合同。《合同法》第三百九十七条规定,委托人可以特别委托受托人处理一项或者数项事务,也可以概括委托受托人处理一切事务。一审法院认为,(1)从购买的标的物来看,双方的聊天

〔1〕 参见国家法官学院、最高人民法院司法案例研究院编:《中国法院2021年度案例》(买卖合同纠纷),中国法制出版社2021年版,第179~180页。广东省汕头市中级人民法院(2019)粤05民终946号民事判决书。

记录显示,2020 年 10 月 14 日,蒙某芳向肖某程发信息:821 打款了,你查收一下。肖某程回复:收到了。2020 年 10 月 15 日,肖某程问:819 有没有客户个人的。蒙某芳回复:有,给车吗? 肖某程回复:开票信息发来,打款,后天提车,广东提。上述聊天记录显示,车辆买方主体是蒙某芳,车辆卖方主体是肖某程。(2)从支付款项情况看,蒙某芳分别于 2020 年 10 月 14 日向肖某程打款 821000 元,于 2020 年 10 月 5 日向肖某程打款 10 万元,于 2020 年 10 月 16 日向肖某程转款 50 万元,于 2020 年 10 月 30 日向肖某程转款 24789.21 元,共计 1445789.21 元。车辆价款的支付主体是蒙某芳,车辆价款的接收主体是肖某程。蒙某芳的主合同义务是明确采购车辆并支付相关的价款。(3)从车辆的交付情况看,双方的聊天记录显示,2020 年 10 月 21 日,蒙某芳问:821、819 可以提吗今天? 肖某程回复:一会儿回你。2020 年 10 月 23 日,蒙某芳问:821、819 发车了吗? 我都快被催死了。能出吗,今天? 车辆的交付主体是肖某程,肖某程的主合同义务是提供车辆。(4)从款项支付的性质上看,资金往来存在多种可能性,比如委托投资、共同投资、赠与、借款、还款、投资等,在没有明确的用途,没有其他证据与之相互印证的情况下他人很难判断资金往来背后实际发生的事实及当事人之间的真实意思表示,亦无法直接认定双方是否存在真实的法律关系。蒙某芳向肖某程支付的款项在银行资金划转凭证摘要中明确显示了款项的用途(821 车款、819 车款),能够证明资金流转的性质是明确的,即支付的是购买车辆的款项。(5)从车辆无法交付的后果来看,双方的微信聊天记录显示,2020 年 10 月 26 日,蒙某芳问:车能提还是退款,款退了吗? 8 点前给我退回来吧,我快被催疯了。82.1 + 60,全部退回来吧。肖某程回复:退款我告诉你。今晚我退给你 8 点前不一定。今天退不了这么多,明天给你退吧。蒙某芳问:明天全部退回给我还是给车? 肖某程回复:全部退回,明天车出来,看你。要钱就给你钱,要车就给你车。车辆交付瑕疵权利主张的主体是蒙某芳,车辆无法交付承担责任的主体是肖某程。(6)从款项的退回情况看,均是肖某程向蒙某芳退款,退款的主体是肖某程,退款的接收主体是蒙某芳。(7)肖某程称蒙某芳向其汇的款项里面有 2 万元是报酬款项。依照《民事诉讼法解释》第九十条、第九十一条第一款第(一)项的规定,主张法律关系存在的当事人,应当对产生该法律关系的基本事实承担举证证明责任。当事人未能提供证据或者证据不足以证明其事实主张的,由负有举证证明责任的当事人承担不利后果。肖某程应当提供证据证明,与蒙某芳有关于报酬 2 万元的约定,但是在肖某程没有提供任何证据证明与蒙某芳形成了委托合同报酬 2 万元的约定,也无其他证据与之相互印证的情况下,一审法院无法认定双方存在关于报酬 2 万元的约定,应由肖某程承担不利的后果。(8)肖某程没有任何证据证明是蒙某芳指示其将款项汇款给第三人的,也没有任何证据证明是蒙某芳委托肖某程与第三人进行交易购买车辆等相关情况,亦没有任何证据证明蒙某芳在肖某程采购车辆的过程中承担什么费用。综上所述,本案双方的陈述和一审法院查明的证据显示,综合全部案件事实,依据优势证据原则,一审法院综合分析认定,该案的整个特点与委托人向受托人支付报酬,由受托人处理委托人事务的合同存在本质的区别,本案的特点更加符合买卖合同关系的性质,应定性为买卖合同关系,双方形成的是买卖合同关系。第二、肖某程承担责任的范围。根据《合同法》第六十条的规定,当事人应当按照约定全面履行自己的义务。蒙某芳向肖某程支付了款项,肖某程应按照合同的约定履行交付车辆的义务,现肖某程未按约交付车辆,构成违约,应承担相应的违约责任。双方的聊天记录显示,肖某程亦多次承诺退还蒙某芳的款项,明确了退款时间。故对蒙某芳要求肖某程支付 645789.27 元的诉讼请求,具有事实与理由,一审法院予以支持。关于逾期利息。《合同法》第一百零七条规定:"当事人一方不履行合同义务或者履行合同义务不符合约定的,应当承担继续履行、采取补救措施或者赔偿损失等违约责任。"肖某程未支付应付欠款已逾合理期限,应承担相应的违约责任。蒙某芳据此主张逾期利息,于法有据,一审法院予以支持。逾期利息的计算基数应该以欠付的本金即 625789.27 元计算。关于利息的计算标准,双方并无约定,应以全国银行间同业拆借中心公布的贷款市场报价利率计算。关于利息的起算时间,具有事实与法律依据,一审法院依法予以照准。对于超出部分,一审法院不予支持。关于律师费、诉讼担保保全费用。双方并未就律师费、诉讼担保保全费等维权成本的负担进行约定,蒙某芳的举证未就其主张的上述维权费用为实现债权所支出的必要的合理的费用形成高度盖然性,缺少与肖某程有关联的事实依据,在无其他证据与之相互印证的情况下,无法判断与本案债务存在必然的因果关系,故一审法院不予支持。判决:(1)肖某程向蒙某芳支付款项 645789.27 元及利息(以 624589.27 元为基数,自 2021 年 1 月 6 日起,以全国银行间同业拆借中心公布的贷款市场报价利率计至实际清偿之日止);(2)驳回蒙某芳的其他诉讼请求。

二审法院认为,根据《民事诉讼法解释》第三百二十三条"第二审人民法院应当围绕当事人的上诉请求进行审理"的规定,二审案件的审理应当围绕当事人上诉请求的范围进行。综合双方的诉辩意见,本案争议的焦点问题为:肖某程是否需要承担退款义务。就本案争议的焦点问题,法院分析认定如下:微信聊天记录和汇款记录等证据显示,蒙某芳直接将所购车辆的品牌、型号和价格等告知肖某程,并将购车款支付给肖某程,车辆的交付时间和地点等亦由蒙某芳与肖某程协商确定。在涉案款项所对应的交易发生过程中,郭某诚并未直接参与二人的交易,肖某程亦未向蒙某芳披露过所谓的上家郭某诚,现有证据并不能证明蒙某芳存在委托肖某程向郭某诚购买车辆的意思表示。肖某程自称每笔交易收取2万元的报酬,但无证据显示蒙某芳明确同意给予肖某程报酬。从双方提交的微信记录来看,肖某程也从未提及每笔交易会收取2万元报酬这一事实。至于肖某程收到蒙某芳的购车信息和购车款项后,从何处并以何价格提车再交付给蒙某芳,属于肖某程与第三人的另一法律关系,根据合同的相对性,肖某程由于第三人的原因不能履行向蒙某芳的交车义务,不能免除其向蒙某芳承担违约责任。事实上,微信聊天记录显示,肖某程无法交车后,也明确承诺会向蒙某芳退款,且已退回了部分款项。一审判决根据订单下达、款项支付、车辆交付以及退款等事实,认定蒙某芳与肖某程之间存在买卖合同关系,肖某程应当履行退款义务,理据充足,法院予以维持。另外,根据肖某程的陈述,刑事案件的被告人是郭某诚,并非肖某程本人,蒙某芳在本案中是依据其与肖某程之间的合同关系,请求肖某程履行退款义务,故本案可与郭某诚所涉刑事案件分别审理,一审法院未调取刑事卷宗材料亦并无不当。另外,一审判决在"本院认为"部分已认定逾期利息的计算基数应为625789.27元,而判决主文第一项却认定以624589.27元为计算基数,显属笔误。但蒙某芳对此无异议,认可一审判决结果,故法院对此予以照准。综上所述,肖某程的上诉请求不能成立,应予驳回;一审判决认定事实清楚,适用法律正确,应予维持,判决:驳回上诉,维持原判。[1]

(二)循环买卖关系的处理

企业融资性买卖,又称融资性贸易或者循环买卖,是指以商品买卖形式进行的企业间融资活动,是指企业间因资金实力不平衡,长期以来行政、司法机关对企业的借贷行为实施禁止性政策而导致的一种特殊现象。封闭式融资贸易是企业间融资买卖的一种形式,是指融资方自己或者通过关联公司进行高买低卖,整个买卖形成一个闭合性的交易链条。

【案例2-51】 人和尚邦公司诉广博公司买卖合同纠纷案

一审法院认为,本案争议的焦点一是原、被告之间基础法律关系的认定;二是被告园林公司是否承担担保责任。第一,从表面上看,本案属于闭合性

---

〔1〕 广东省广州市中级人民法院(2021)粤01民终16729号民事判决书。

融资性买卖法律关系。封闭性融资性贸易是企业间融资性买卖的一种形式,是指融资方自己或者通过关联公司进行高买低卖,整个买卖交易形成一个闭合性的交易链条。本案中,被告韦某认可其系案外人春晟公司的实际控制人,故结合春晟公司股东王某玉和郑某在公安机关的询问笔录,春晟公司和广博公司的住所地相同等证据,根据民事诉讼高度可能性的证明标准,足以认定被告韦某系广博公司和春晟公司的实际控制人,涉案的融资性买卖构成了一个闭合性的交易链条。第二,透过现象看本质,本案属于名为买卖实为借贷的法律关系。原告举示的送货单等证据不足以证明原告履行了供货义务部分,部分供货明显存疑。在原告部分供货明显存疑的情况下,被告广博公司仍然认可收到了货物,被告韦某等担保人也愿意承担担保责任,不符合正常的交易习惯和普通人的日常认知。根据双方的证据,本案可以确认如下事实:被告广博公司急需资金,本想通过原告或原告的母公司融资,但因政策限制,双方同意以融资性买卖的方式变现为被告广博公司融资。原告对第三人以及被告韦某控制的广博公司和春晟公司不知情,但该不知情不足以否定本案构成闭合性循环买卖的事实。加之,原告没有证据证明第三人及春晟公司实际供应的货物,故本案属于"走单、走票、不走货"的融资性买卖。该融资性买卖仅是表象,是被告广博公司用以融资的手段,被告广博公司的真实意思表示是融资、是借款。虽然没有证据证明原告和被告广博公司对借款达成了一致意见,但因没有真实的交货货物交易,故认定双方系民间借贷比较符合公平原则,买卖仅是双方实现被告广博公司融资的方式。判决:驳回原告人和尚邦公司的全部诉讼请求。二审法院判决:驳回上诉,维持原判。[1]

在循环贸易纠纷案件中,原告一般主张买卖合同关系,被告往往抗辩称案涉法律关系名为买卖实为借贷。认定循环贸易法律关系关键在于判断循环贸易是否完全闭合。在确认循环贸易是否构成闭合模式时,应重点审查合同主体、资金走向、货物流转三个方面。如果循环贸易构成闭合模式,宜认定当事人之间为民间借贷关系。如果循环贸易不构成闭合模式,宜认定当事人之间为买卖合同关系,除非双方当事人均认可成立民间借贷关系。

【案例2-52】 中铁北京公司诉滨海商贸公司买卖合同纠纷案

最高人民法院认为,关于中铁北京公司与滨海商贸公司之间成立的法律关系是买卖还是借贷法律关系的问题。理由:(1)尽管从不同主体签订的合同内容上看,三份合同的标的物均为焦炭,货物交付地点一致,但从三份合同

---

〔1〕 参见国家法官学院、最高人民法院司法案例研究院编:《中国法院2021年度案例》(买卖合同纠纷),中国法制出版社2021年版,第95~96页。重庆市第五中级人民法院(2019)渝05民终4748号民事判决书。

的合同主体、款项支付、货物交付关系进行分析,并不能得出上述交易关系为闭合贸易的结论。第一,中铁北京公司与中铁公司是不同的主体,尽管存在中铁公司支付或者收取中铁北京公司作为合同主体的相关合同款项的情形,但实质为其在替中铁北京公司支付或者收取款项。2016 年 2 月 28 日,在北京市房山区人民法院审理中铁北京公司与案外人买卖合同纠纷一案中,中铁公司的财务监察杨某梅出庭作证即陈述,中铁公司经常为下属单位代收款;如果中铁北京公司作为下属单位委托中铁公司收款,客户就会将款打到中铁北京公司在中铁公司的资金结算中心(内部银行)的账户上。其陈述的事实证明代表中铁北京公司收款,并不能证明滨海商贸公司主张的两者人格、财务混同的事实。第二,与滨海商贸公司签订《焦炭采购合同》的主体为中铁北京公司,而与房信公司签订《焦炭采购合同》的主体为中铁公司,两个主体并不相同,且如前所述,两者不存在人格、财务混同事实。而且,案外人俊安煤焦公司与房信公司之间并无交易关系,案涉不同主体之间签订《焦炭采购合同》不能形成闭合的循环关系,不足以证明滨海商贸公司、俊安公司、房信公司与中铁公司之间的资金往来与本案相关,房信公司也不认可给付中铁公司的款项实为滨海商贸公司主张的案涉借款。(2)尽管滨海商贸公司主张自 2013 年 3 月起,案涉当事人曾以本案相同的方式 5 次签订了相关《焦炭采购合同》,但如前所述,上述交易主体之前形成的焦炭买卖关系并非闭合贸易关系,不能认定各方是以签订买卖的方式进行借款,故对滨海商贸公司调取证据的申请,不予支持。(3)基于合同的相对性,合同一方当事人请求对方当事人承担不履行合同义务责任的,违约方应依法承担违约责任。滨海商贸公司与中铁北京公司之间自愿签订《焦炭采购合同》,中铁北京公司履行了给付货款的义务。在滨海商贸公司未能依约交货的情况下,中铁北京公司依约起诉,基于合同的相对性,滨海商贸公司为本案的适格被告。[1]

合同各方当事人均无买卖货物的真实意思表示,交易中自卖自买,流单不流货,各方之间构成封闭式循环买卖,应按真实的借贷关系认定并予以处理。

【案例 2-53】 中铁物资集团华东有限公司诉承德中滦煤化工有限公司买卖合同纠纷案

一审法院认为,本案的争议焦点是涉案铁矿石购销合同是否属于名为买卖实为企业之间借贷的法律关系。由于本案实质涉及宁波中远公司、中林公司、中铁物资华东公司、承德中滦公司四方交易主体以及各方之间签订的连

〔1〕 参见国家法官学院案例开发研究中心编:《中国法院 2018 年度案例》(买卖合同纠纷),中国法制出版社 2018 年版,第 89 页。最高人民法院(2016)民终 539 号民事判决书。

环《铁矿石购销合同》，故对原告中铁物资华东公司与被告承德中滦公司之间法律关系性质的界定，应综合四方当事人之间签订的合同目的、内容和履行情况作出整体判定。

从本案查明的事实看，第一，涉案当事人在同一天时间就同一批乌克兰球团铁矿石先后签订了合同版本、条款内容基本相同且相互关联的连环购销合同，作为买卖源头的宁波中远公司先以低价出卖，最后又以高价购买，其所为的亏本交易显然违背商业常理和正常交易习惯。第二，涉案相关购销合同中均约定了检验结算条款，但各方均未提供上述装港检验品质证明及港口出库磅单，原告仅提供了《出入境检验检疫》复印件，此检验检疫证件属于目的港检验证明并非装港检验的品质证明，其所记载的货物规格也与合同中约定的规格不相符。各方对未能按此检验条款履行，无法进行合理说明，对铁矿石是否符合约定品质漠不关心的行为，也有悖大宗货物的交易惯例。第三，第三人唐山港物流公司明确否认与原告签订过涉案铁矿石的《货物代理协议》，也不认可原告提供的盖有该公司业务章的《货权通知书》《库存证明》的真实性，原告对上述证据材料取得过程的表述也无其他证据印证，尤其是如原告陈述在其发现货物被私自提走后应首先与负责监控货物的唐山港物流公司进行交涉，然其未能按照正常途径维权，显然也违背常理。综上，鉴于无证据证明本案存在铁矿石货物的存储、交付、流转行为，且结合当事人的表述，以及上述违背商业常理和交易习惯的疑点行为，法院判定涉案铁矿石贸易是虚单，四方当事人签订的《铁矿石购售合同》、开具增值税发票、付款等行为仅是为了表面符合买卖关系的要件，其真实的目的并非从事铁矿石买卖交易。

被告承德中滦公司、第三人宁波中远公司在审理中以自认签署《铁矿石购销合同》的真实目的是宁波中远公司向原告融资。虽然原告对此并未认可，但从原、被告之间《铁矿石购销合同》中的有关约定，可以看出原告作为转售方不承担任何市场风险；再结合原告在整个合同履行过程中对大宗铁矿石货物验收、存储、发货、提货、盘货等环节的懈怠和不符常理之处，表明其相较货物而言更关心回款。综合以上特征来看更符合借款合同的实质，故当事人之间是名为买卖实为借贷的法律关系，原告应为本次融资的贷款方，第三人宁波中远公司应为借款方。

关于该借贷的法律关系是否有效的问题，被告承德中滦公司抗辩原告是套取银行信贷资金再高利转贷。信贷资金是指不需要提供担保而仅凭自己的信用程度即可取得的信用贷款，原告的出借资金虽是通过银行承兑汇票交付，但《银行承兑合同》项下有保证担保，故不能视为原告套取银行信贷资金，同时也无证据证明原告从事经常性放贷，并以借款、放贷为主业或以此作为主要收入来源,故该借贷法律关系中不存在《合同法》第五十二条以及《民间借贷规定》第十四条规定的无效情形,因此应依法确认有效。原、被告之间涉案《铁矿石购销合同》中明确约定的货款总额43617000元即包括借款本金和利息,其中原告获得的转利润即为利息。经核算,该利息的计付标准并未超过法律对民间借贷利率保护的上限,应予认可。合同中约定的逾期违约金也是当事人之间对未能还款商定的违约责任,可予支持。现借款方第三人宁波中远公司愿意承担还款付息责任,法院予以确认。

被告承德中滦公司虽不是资金使用方,但其参与交易的动机不纯,在未实际收到铁矿石货物的情况下向原告多次出具《收货证明》,结合其在审理中的表述,应推定其对原告与第三人宁波中远公司之间以及整个铁矿石交易名为买卖实为借贷的法律关系为明知,在原告多次催讨余款,被告明知交易的性质情况下,仍于2017年1月11日向原告出具《付款计划》,承诺会分批次付清剩余款项,属于债务的加入,故应与第三人宁波中远公司一起共同向原告承担还款付息责任。被告承德中滦公司抗辩其在合同履行中系代收付行为,法院不予采信。判决:(1)被告承德中滦公司、第三人宁波中远公司支付原告中铁物资华东公司剩余借款及利息共计13847000元;(2)被告承德中滦公司、第三人宁波中远公司支付原告中铁物资华东公司截至2017年11月9日的逾期付款违约金5513133.10元,以及自2017年11月10日起计算至实际清偿日的预期付款违约金。二审法院判决:驳回上诉,维持原判。[1]

当事人起诉主张为买卖合同纠纷,但实为其他法律关系的情况,应以买卖货物的实际交付,买入与卖出价格等商业行为综合判断买卖合同的真实性。

【案例2-54】 振拓公司与陕投集团买卖合同纠纷再审案

最高人民法院认为,首先,在标的物采取仓储保管的情形下,仓单是提取仓储物的凭证。存货人或者仓单持有人可以通过在仓单上背书并经保管人签字或者盖章的方式,转让提取仓储物的权利。本案中,合同约定货物交货方式为北方港平仓交货,双方当事人对货物交货方式有争议,但无论采取何种方式,仅凭货权转让证明无法从码头提取、转让煤炭,后续交易环节中的交付货物亦无法进行;其次,在未提取货物的情况下,双方不存在核实存放于码头的煤炭数量是否与交易数量相吻合。振拓公司主张在货权转让交易模式中无须货物的现实交付,但双方作为货物的买受人和出卖人完全不关注货物

---

〔1〕 参见陈昶主编:《2020年上海法院案例精选》(买卖合同纠纷),上海人民出版社2022年版,第233~234页。

是否真实存在与常理不符。2015 年 8 月 20 日，陕投集团与振拓公司签订买入煤炭合同，与和辉公司签订了卖出煤炭合同，以 1432 万元价格买入，以 1427 万元价格卖出，这种在同一时间高买低卖的行为不符合正常的市场商业逻辑；再次，案涉买卖合同约定了详细的质量验收标准，结算单中明确载明了质量验收情况，上述约定与振拓公司主张的双方不需要货物现实交付，即采取“货权转让”的合同履行方式相矛盾；最后，争议货物发货单位和收货单位均是明恒公司，能够证明一审庭审证人证言的真实性，即案涉交易系由明恒公司控制人庄某波一手操控的闭环交易，庄某波实控的君飞公司开具商业汇票完成平账，没有货物流转、各方不进行实际资金支付。综上，振拓公司作为主张权利的当事人，无证据证明与合同约定的数量、质量相对应的煤炭真实存在，且货物已经真实交付或者货权已经真实流转，亦未提供其他仓单或者提货单等物权凭证证明案涉货物真实存在及货物流转过程，振拓公司关于其已经交付案涉煤炭，陕投集团应当支付货款的主张无事实依据，应承担举证不能的后果。[1]

【案例 2 -55】　云峰公司与国贸公司、华阳公司、原审第三人煤焦物流公司、大用公司、轩煤公司买卖合同纠纷案

最高人民法院认为，五方当事人之间虽然签订有《煤炭采购合同》和《煤炭销售合同》，但是从查明的事实看，案涉交易模式存在以下不同于买卖合同关系之处：第一，本案中各方当事人之间并没有货物的实际交付，只有资金的往来。虽然有买卖合同的文本和当事人自己出具的《收货确认函》《出库单》《入库单》，但并没有其他证据可证明卖方曾交付标的物并转移标的物所有权。合同约定的交货方式为买方根据提单自提，但各方在一审庭审时均确认没有代表货物所有权的提单或提单存根，所以一审判决据此认定各方当事人均明知没有货物的真实交易并无不当。第二，五方当事人之间签订的买卖合同首尾相接，各方当事人既是买方又是卖方，形成闭合循环，其中，大用公司高价买入、低价卖出，这一交易模式明显不符合公司的营利性特征，违背基本商业常识。第三，从款项走向看，云峰公司先支付款项；煤焦物流公司收到款项后，于同日扣除合同价差后支付给轩煤公司；轩煤公司于同日扣除合同价差后将款项支付给大用公司；大用公司在分别经过了十几日、两个月、三个月等一段时间之后，分笔将款项支付给国贸公司，但未按合同约定的价款足额给付；国贸公司在同日或者次日扣除合同价差后，将款项支付给云峰公司。可见，对于云峰公司支付的款项，其他当事人都是收到款项同日或者次日

---

〔1〕 最高人民法院(2023)民申 500 号民事裁定书。

即支付给下家，而大用公司对资金的占用时间最长。再者从合同约定的价差看，轩煤公司、煤焦物流公司和国贸公司分别每吨赚取价差1.5元、1元、1元，云峰公司每吨赚取价差14元，大用公司则每吨亏损17.5元。可见，通过案涉交易模式，大用公司亏损的金额主要去向为云峰公司。综合上述分析，可以认定云峰公司主张的煤炭买卖合同关系为各方当事人之间虚假的意思表示，云峰公司和大用公司之间实际为借款合同关系，云峰公司为出资方，大用公司为用资方，资金使用的成本即体现在合同约定的价差上。[1]

【案例2-56】 福建省经贸发展有限公司诉中国石化销售有限公司福建石油分公司买卖合同纠纷案

最高人民法院认为，当事人之间并未依法成立买卖合同关系，理由是：案涉交易不具有商业上的合理性；案涉协议的履行过程中并无真实的货物流转；当事人对案涉系列合同的签订并非真实的买卖合同关系应属明知。由于案涉销售合同并非单一、独立的销售合同，而是整个闭环交易链条中的一个环节，现有证据仅能证明交易过程中发生了资金的流转，而未有证据证明在交易过程中发生了真实的货物流转的情形，并不符合买卖合同的基本特征，因此经贸公司以其与中石化公司之间存在买卖合同关系为由主张权利的诉讼请求不能成立。[2]

(三)买卖关系特殊情形的处理

交易双方为了规避法律，以不真实的合同约定，掩盖双方的真实意思表示，因而该合同所表明的法律关系，不能成为法院确定双方权利义务的依据。

【案例2-57】 上海中油石油交易中心有限公司诉上海航天能源股份有限公司买卖合同纠纷再审案

再审法院认为，新华威公司、航天公司、华夏公司、元创公司、中油公司之间各份买卖合同的买卖名称、规格、数量完全一致，新华威公司、华夏公司法定代表人系同一人，新华威公司、华夏公司同日分别与上、下家签订的合同低价卖出、高价买入，结合合同签订顺序等因素，明显不符合买卖合同的一般规律，反而更符合借少还多、有偿付息、集中保障资金安全的借贷合同特征。在

---

〔1〕 最高人民法院(2021)民终435号民事判决书。

〔2〕 最高人民法院(2018)民终786号民事判决书。

另案中，中油公司起诉元创公司，称其与航天公司签订买卖合同后又与元创公司签订相同标的物的买卖合同，并将货物交付给元创公司，要求元创公司付款。在本案中，中油公司又以航天公司未交付货物为由起诉要求还款。两者存在明显矛盾之处。从实际情况来看，各份合同均未发现标的物或相应所有权凭证的实际履行迹象，仅有公司之间的资金流转。综合这些情况，中油公司起诉的依据，名为买卖，实际却是企业间的借贷。再审过程中，经法院释明，中油公司仍坚持本案为买卖合同关系，要求航天公司退还货款并支付违约金，对此不应予以支持。判决：维持二审生效民事判决。〔1〕

出卖人多发货物，代理商接收的双方构成卖合同关系。

【案例2－58】　朱某华、林某荣与浙江宜禾堂生物科技有限公司买卖合同纠纷案

二审法院认为，宜禾堂公司从事骨病疼痛膏药的销售业务，朱某华、林某荣为宜禾堂公司代理商，系夫妻关系。2021年3月1日，宜禾堂公司的工作人员向朱某华、林某荣发了300箱“禾木草本冷敷贴”，比双方约定多发92箱，价值共计248400元。货物由林某荣负责签收并出具了收条。林某荣在微信中与宜禾堂公司的工作人员进行了确认，宜禾堂公司的工作人员承认多发了货物，并称到时候一起结算，林某荣表示同意。后双方因提成问题发生争议，宜禾堂公司的工作人员在2021年4月30日两次要求朱某华、林某荣返还92箱“禾木草本冷敷贴”，朱某华、林某荣并未返还，故而形成本诉。法院经审理认为，宜禾堂公司向朱某华、林某荣多发了92箱货物，当时朱某华、林某荣并未拒绝接收，此后双方仍继续进行交易，且在宜禾堂公司要求返还上述货物时予以拒绝。朱某华、林某荣提交的微信聊天记录中，宜禾堂公司的相关人员催促返还货物的内容，应当认定为宜禾堂公司在朱某华、林某荣既不支付货款又不返还货物的情况下的救济主张，朱某华、林某荣客观上未返还该批货物，故并不影响对双方之间买卖合同关系的认定。〔2〕

当事人签订的合同系以虚假意思表示实施的民事法律行为的，依法应认定无效。法院综合证据情况认定，当事人之间更可能是其他法律关系，并向原告释明，但原告仍坚持按其认为的法律关系主张权利，而不变更诉讼请求，本案难以认定隐藏的法律行为的性质和效力。故原审判决驳回原告的诉讼请求，同时告知其可

---

〔1〕　参见郭伟清主编：《2015年上海法院案例精选》，上海人民出版社2016年版，第12页。

〔2〕　参见最高人民法院民法典贯彻实施工作领导小组编著：《中国民法典适用大全》（合同卷二），人民法院出版社2022年版，第1384页。浙江省金华市中级人民法院（2021）浙07民终6075号民事判决书。

就真实的法律关系另行主张权利,并无不当。

【案例2-59】 中铁二局瑞隆物流有限公司成都分公司与四川中恒信实业有限公司、洪雅县鑫顺实业有限公司等买卖合同纠纷再审案

最高人民法院认为,本案系瑞隆公司不服原审判决申请再审案,应当围绕当事人主张的再审事由是否成立进行审查。本案审查的重点是原审认定案涉法律关系的性质以及民事行为的效力是否不当。《民事证据规定》第五十三条第一款规定:“诉讼过程中,当事人主张的法律关系性质或者民事行为效力与人民法院根据案件事实作出的认定不一致的,人民法院应当将法律关系性质或者民事行为效力作为焦点问题进行审理。”本案中,因案涉系列《粮食采购产品购销合同》的结算不具有商业性的合理性,瑞隆公司未提交充分证据证明案涉系列《粮食采购产品购销合同》存在真实的货物流转,不足以证明瑞隆公司、中恒信公司之间形成真实的买卖合同关系,原审据此认定双方签订的一系列协议、合同系以虚假的意思表示实施的民事法律行为,案涉协议、合同无效具有事实和法律依据。原审综合证据情况认定,中恒信公司与瑞隆公司之间更可能是借贷关系或其他法律关系。经一审法院多次释明,瑞隆公司仍坚持依买卖合同法律关系主张权利,不变更诉讼请求,本案难以认定隐藏的法律行为的性质和效力。故原审判决驳回瑞隆公司的诉讼请求,同时告知瑞隆公司可就真实的法律关系另行主张权利,并无不当。综上所述,瑞隆公司的再审申请不符合《民事诉讼法》第二百条第(二)项、第(六)项规定的情形。裁定如下:驳回瑞隆公司的再审申请。[1]

【案例2-60】 上海云峰(集团)有限公司贸易二部与阳泉煤业集团国际贸易有限公司等买卖合同纠纷案

二审法院认为,在本案中,虽然有买卖合同的文本,并有当事人自己出具的《收货确认函》《出库单》《入库单》,但并没有其他证据证明卖方曾“交付标的物或者交付标的物的单证”,各方当庭确认没有代表货物所有权的提单或提单存根,也未见合同约定的由第三方出具的存储、运输、检验的单据,秦皇岛港也确认未发生过上海云峰公司的委托作业。可见,各方当事人均明知没有货物的真实交易,各方当事人均没有进行买卖合同的真实意思。

阳煤国贸公司、煤焦物流公司和天津轩煤公司均称,其真实意思是为了增加业绩,应对国企考核,结合其在交易安排中的地位和作用,应对其陈述予以采信。相关证据显示,宁波大运公司、天津轩煤公司、煤焦物流公司、上海

---

〔1〕 最高人民法院(2021)民申5624号民事裁定书。

云峰公司与阳煤国贸公司之间签订的买卖合同首尾相接,宁波大运公司高价买入、低价卖出,形成闭合性贸易链条。这一交易形式既违反了《民法总则》关于营利性法人的基本特征的规定,也违背了宁波大运公司作为营利性法人的基本商业常识;而且,该闭合性贸易链条是通过一系列的安排,即内容基本相同、合同金额形成差价的买卖合同形式,宁波大运公司高买低卖,使宁波大运公司的亏损金额完全等同于本贸易链上其他各方赚取的金额之和。按照合同约定,买卖16.7万吨原煤,宁波大运公司亏损307.07万元,天津轩煤公司赚取25.05万元,煤焦物流公司赚取16.7万元,阳煤国贸公司赚取21.92万元,上海云峰公司赚取243.4万元;上海云峰公司将款项付给煤焦物流公司和天津轩煤公司之后,煤焦物流公司和天津轩煤公司在扣除合同价差后,于同日将款项付给宁波大运公司,一段时间之后,宁波大运公司将款项付给阳煤国贸公司,扣除合同价差后,阳煤国贸公司将款项于同日或次日付给上海云峰公司。根据交易安排及实际操作,可认定上海云峰公司和宁波大运公司的真实意思是融资(借贷),上海云峰公司是提供资金的一方,宁波大运公司是使用资金的一方。[1]

"融资性贸易"是以商业贸易为名,实为出借资金的交易行为,表现形式多样,具有一定的隐蔽性。交易结构一般具备以下特征:一是在两方及以上主体之间完成封闭式资金循环;二是参与各方对交易的真实目的均明知。融资性贸易纠纷中,基于虚假的买卖行为主张权利的,人民法院不予支持。

【案例2-61】 某科技公司与某米业公司等买卖合同纠纷案

二审法院认为,认定当事人之间法律关系的真实性质,不能仅对当事人签订的合同等进行形式判断,而应立足当事人的约定并综合合同价款、交易过程、交易目的等因素全面客观审查。本案中,某科技公司并未提交运储单据证实实际履行了供货义务,其所提交的证据亦不足以证明涉案交易确实存在合同约定的货物及围绕该货物发生了实际交易行为。某米业公司提交的微信聊天记录可证实,涉案交易同笔业务的订单和收货确认单系由某科技公司于同一时间传给某米业公司,甚至存在将记载日期在后的订单和收货确认单预先传给某米业公司签字盖章的情形,这与正常的买卖交易明显不符。法院据此认定双方交易系名为买卖实为借贷。因某科技公司所提诉讼请求依据的事实和理由与法院查明的事实不一致,且其坚持不变更诉请,故法院判

---

〔1〕 参见最高人民法院民事审判第二庭、研究室编著:《最高人民法院民法典合同编通则司法解释理解与适用》,人民法院出版社2023年版,第186~187页。

决驳回了某科技公司的诉讼请求。[1]

司法实践中,涉及买卖、委托等多种法律关系的案件应慎重处理。

【案例2-62】 厦门航空开发股份有限公司与北京南钢金易贸易有限公司及第三人厦门市东方龙金属材料有限公司买卖合同纠纷案

最高人民法院认为,《合同法》第四百零二条但书前的规定,仅适用于单纯的委托合同关系。实践中因委托合同产生的法律关系,往往不仅涉及委托关系,还可能涉及买卖、借贷以及担保等多重法律关系。在此情况下,如简单适用《合同法》第四百零二条但书前的规定,可能会损害委托方的合法权益,故应综合考虑全部案情,谨慎衡量,正确适用《合同法》第四百零二条的规定(《合同法》第四百零二条规定,受托人以自己的名义,在委托人的授权范围内与第三人订立的合同,第三人在订立合同时知道受托人与委托人之间的代理关系的,该合同直接约束委托人和第三人,但有确切证据证明该合同只约束受托人和第三人的除外)。[2]

(四)资产买卖合同关系的处理

在资产买卖合同中,买卖双方特别约定了买受人应当对第三人相应义务的利益第三人约款。在这种买卖合同关系中,受益的第三人可以针对资产买受人享有直接履行请求权。法院的裁判思路完全符合民事立法和理论上通行的利他合同的基本理论和制度构造。

【案例2-63】 黄某霞等59人诉王某然等买卖合同纠纷案

一审法院认为,本案被告王某然在原糖果厂破产还债程序中,经过依法竞争买受原糖果厂的实物资产,并与破产清算组就资产买卖双方的权利义务订立了实物资产拍卖出售协议书,是双方的真实意思表示,该协议依法成立并发生法律效力。与王某然订立资产转让协议书的行为是破产清算组在破产清算过程中依法处置企业破产财产的行为,其首要和根本目的是安置原破产企业职工,因此该破产资产买卖协议在形式上表现为一种原因行为,但更重要的是依附于而又相对于破产资产买卖这一原因行为而存在第三人约款,即约定由资产买受人履行对合同当事人以外的破产企业在册职工进行依法

---

〔1〕 参见山东省高级人民法院发布2022年度山东法院十大买卖合同纠纷典型案件,山东省高级人民法院(2022)鲁民终1764号民事判决书。

〔2〕 参见《最高人民法院公报》2017年第1期。最高人民法院(2014)民申字第2225号民事裁定书。

安置的义务。第三人约款的相对独立性使利益三人对义务人依约定取得了直接请求权。本案中，原糖果厂破产清算组按协议约定向王某然交付了糖果厂的实物资产，其合同义务已经正确和全面履行。王某然除了应当向破产清算组交付协议价款外，还应当依据协议约定，诚信、全面、正确地履行更重要的义务，即安置原企业破产时全部在册员工。王某然对符合协议约定的组合安置条件的职工未能按约定的组合标准履行安置义务属违约行为，依法应当承担违约责任。享有安置利益的职工有权直接请求王某然履行义务或赔偿损失。另外，鉴于直接享有安置利益的原糖果厂职工高某刚、徐某花已经死亡，他们各自的法定继承人有权依据《继承法》的规定主张被继承人生前相应的权利。因被告辛迪加公司不是买卖合同主体，也不是安置职工的义务主体，涉诉职工与被告辛迪加公司没有建立劳动关系或合同关系，故对原告要求被告辛迪加公司与王某然共同承担赔偿责任的诉讼请求不予支持。二审法院认为，因签订协议书的双方当事人是泗阳县糖果厂清算组与王某然，本案的被上诉人仅是利益第三人，该协议书也没有送达给被上诉人。上诉人没有充分证据证明被上诉人知道或者应当知道该合同的全部内容。因此对上诉人主张被上诉人的起诉已经超过诉讼时效的主张不予支持。判决：驳回上诉，维持原判。[1]

---

〔1〕 参见周江洪等主编：《民法判例百选》，法律出版社2020年版，第296～297页。江苏省宿迁市中级人民法院（2005）宿中民二终字第0187号民事判决书。

专题三　买卖合同主体纠纷

买卖合同主体是指在买卖合同关系中，哪些主体参与或者哪些主体是合同的相对人以及承担责任方。

一、买卖合同主体的理解

(一)买卖合同主体的含义

所谓民事主体,是指民事关系的参与者、民事权利的享有者、民事义务的履行者和民事责任的承担者,具体是指平等主体的自然人、法人和非法人组织。[1]

买卖合同主体,是指在合同中享受权利承担义务的人。这里的人是法律上拟制的人,包括自然人和非自然人。合同中享受权利承担义务的人,从狭义上讲,是合同签订人、履行人、责任承担人。从广义上讲,除前述人员外还包括债务承担人、连带责任人、保证人、债务加入人等。

买卖合同主体具有广泛性、普遍性、复杂性,包括各年龄段、各行业、各群体、各公司、各类组织,只要有买卖标的物的行为,都可以成为买卖合同的主体,但法律规定的除外。行为人要想成为买卖合同主体,只要有真实的意思表示即可,而非法律强制,但有例外,即法律强制缔约的主体。

只要有买卖,就必须有买卖人,否则不成立买卖。一般买卖人的买卖行为是不受限制的,这意味着主体资格不受法律限制。但并非所有的主体均不受限制,无民事行为能力人、限制民事行为能力人,其主体资格受到法律的限制。买卖的标的物受到法律、行政法规限制和禁止的,买卖人实施了这些行为就要受到法律的相应处理,买卖人的主体资格就会受到限制。

买卖活动离不开买卖人,买卖合同的签订需要买卖人,买卖合同的履行需要买受人,违反买卖合同的后果也需要买受人承担。

正确把握买卖合同主体,关系到买卖合同纠纷的法律适用问题。最高人民法院法官认为,如果买卖合同中的主体和标的物属于特定类型,则应优先适用此类买卖的特别法,然后适用《民法典》中关于合同的规定。关于买卖合同主体的特定类型,主要指买卖合同一方当事人为消费者、另一方当事人为经营者的情形。不同于一般情形下买卖合同双方均为经营者,因消费者相对于经营者对交易信

---

〔1〕 参见中国审判理论研究会民事专业委员会编著:《民法典总则编条文理解与司法适用》,法律出版社2020年版,第6页。

息、交易规则等掌握处于弱势地位,对消费者给予特殊保护,故在该买卖合同纠纷中,要优先适用《消费者权益保护法》的规定,然后再适用《民法典》的相关规定。[1]

(二)买卖合同主体的范围

根据《民法典》的相关规定,合同主体主要包括以下几类。

1. 自然人

自然人成为买卖交易的主体,应具有民事权利能力和民事行为能力,能够依法独立享受民事权利承担民事义务。对自然人成为买卖合同主体应区分两种情况讨论。

其一,普通的日常生活买卖合同。无民事行为能力人、限制民事行为能力人可以进行与他们的年龄、智力相适应的买卖行为,也就是从行为与本人相关联的程度、本人的智力能否理解行为,并预见相应的行为后果,以及行为标的额等方面确认买卖合同的主体资格,在符合上述情形下,无民事行为能力人、限制民事行为能力人都可以成为买卖合同的主体。

《消费者权益保护法》明确规定保护的是自然人消费的主体,非自然人买卖不能成为该法保护的主体,自然人非因自身的买受行为,也不能成为保护的主体。

法律有明确规定的买卖,如《招标投标法》规定,自然人不能作为投标人参与投标。在对自然人主体资格有明确限定的情况下,自然人不具备该资格就不能参与买卖交易。

其二,商事买卖合同。除合同需要相应资质和相应的限制以外,自然人都可以成为交易的一方。

2. 法人

根据《民法典》第五十七条的规定,法人是具有民事权利能力和民事行为能力,依法独立享有民事权利和承担民事义务的组织。法人不是自然人,属于社会组织,是一种集合体,由法律赋予该组织单独的法律人格。法人具有民事权利能力和民事行为能力,依法享有民事权利和承担民事义务,并可以独立承担民事责任。

---

〔1〕 参见最高人民法院民法典贯彻实施工作领导小组编著:《中国民法典适用大全》(合同卷二),人民法院出版社2022年版,第1157页。

《民法典》第七十四条规定:“法人可以依法设立分支机构。法律、行政法规规定分支机构应当登记的,依照其规定。分支机构以自己的名义从事民事活动,产生的民事责任由法人承担;也可以先以该分支机构管理的财产承担,不足以承担的,由法人承担。”

法人可以分为营利法人、非营利法人、特别法人三种类型。这三种类型法人都可以成为买卖交易的主体,但法律明确规定限制的除外。

超越代表权的法定代表人。《民法典合同编通则解释》第二十条第二、三款规定:“合同所涉事项未超越法律、行政法规规定的法定代表人或者负责人的代表权限,但是超越法人、非法人组织的章程或者权力机构等对代表权的限制,相对人主张该合同对法人、非法人组织发生效力并由其承担违约责任的,人民法院依法予以支持。但是,法人、非法人组织举证证明相对人知道或者应当知道该限制的除外。法人、非法人组织承担民事责任后,向有过错的法定代表人、负责人追偿因越权代表行为造成的损失的,人民法院依法予以支持。法律、司法解释对法定代表人、负责人的民事责任另有规定的,依照其规定。”

《民法典合同编通则解释》第二十一条规定:“法人、非法人组织的工作人员就超越其职权范围的事项以法人、非法人组织的名义订立合同,相对人主张该合同对法人、非法人组织发生效力并由其承担违约责任的,人民法院不予支持。但是,法人、非法人组织有过错的,人民法院可以参照民法典第一百五十七条的规定判决其承担相应的赔偿责任。前述情形,构成表见代理的,人民法院应当依据民法典第一百七十二条的规定处理。合同所涉事项有下列情形之一的,人民法院应当认定法人、非法人组织的工作人员在订立合同时超越其职权范围:(一)依法应当由法人、非法人组织的权力机构或者决策机构决议的事项;(二)依法应当由法人、非法人组织的执行机构决定的事项;(三)依法应当由法定代表人、负责人代表法人、非法人组织实施的事项;(四)不属于通常情形下依其职权可以处理的事项。

合同所涉事项未超越依据前款确定的职权范围,但是超越法人、非法人组织对工作人员职权范围的限制,相对人主张该合同对法人、非法人组织发生效力并由其承担违约责任的,人民法院应予支持。但是,法人、非法人组织举证证明相对人知道或者应当知道该限制的除外。法人、非法人组织承担民事责任后,向故意或者有重大过失的工作人员追偿的,人民法院依法予以支持。”

恶意串通的法定代表人。《民法典合同编通则解释》第二十三条第一款规定:“法定代表人、负责人或者代理人与相对人恶意串通,以法人、非法人组织的名义订立合同,损害法人、非法人组织的合法权益,法人、非法人组织主张不承担民事责任的,人民法院应予支持。法人、非法人组织请求法定代表人、负责人或者代理人与相对人对因此受到的损失承担连带赔偿责任的,人民法院应予支持。”

3. 非法人组织

根据《民法典》第一百零二条的规定，非法人组织，是指不具有法人资格但能够以自己名义进行民事活动的组织。虽然不具有法人资格，但能够依法以自己名义从事民事活动，有一定的财产和经费，不能独立承担民事责任（可以由出资人或设立人承担连带责任）。非法人组织包括个人独资企业、合伙企业、不具有法人资格的专业服务机构等，在法律没有明确规定限制进行买卖交易的，则可以成为买卖交易的主体。

超越代表权的负责人。《民法典合同编通则解释》第二十条第三款规定，法人、非法人组织承担民事责任后，向有过错的法定代表人、负责人追偿因越权代表行为造成的损失的，人民法院依法予以支持。法律、司法解释对法定代表人、负责人的民事责任另有规定的，依照其规定。

恶意串通的负责人。《民法典合同编通则解释》第二十三条第一款规定，法定代表人、负责人或者代理人与相对人恶意串通，以法人、非法人组织的名义订立合同，损害法人、非法人组织的合法权益，法人、非法人组织主张不承担民事责任的，人民法院应予支持。法人、非法人组织请求法定代表人、负责人或者代理人与相对人对因此受到的损失承担连带赔偿责任的，人民法院应予支持。

4. 其他参与买卖活动的人

其他参与买卖活动的人，是指与买卖合同有牵连的人。常见的有第三人、担保人、债务加入人、连带责任承担人、证人等，这些人虽然不是买卖合同的签订者，但与买卖合同存在各种牵连或交叉。发生争议进入诉讼程序以后，由法官根据具体案情确认其诉讼主体资格。

《民法典合同编通则解释》第三十条规定："下列民事主体，人民法院可以认定为民法典第五百二十四条第一款规定的对履行债务具有合法利益的第三人：（一）保证人或者提供物的担保的第三人；（二）担保财产的受让人、用益物权人、合法占有人；（三）担保财产上的后顺位担保权人；（四）对债务人的财产享有合法权益且该权益将因财产被强制执行而丧失的第三人；（五）债务人为法人或者非法人组织的，其出资人或者设立人；（六）债务人为自然人的，其近亲属；（七）其他对履行债务具有合法利益的第三人。第三人在其已经代为履行的范围内取得对债务人的债权，但是不得损害债权人的利益。担保人代为履行债务取得债权后，向其他担保人主张担保权利的，依据《最高人民法院关于适用〈中华人民共和国民法典〉有关担保制度的解释》第十三条、第十四条、第十八条第二款等规定处理。"该条款明确规定了买卖合同中的第三人的范围和类型。

对于第三人应区别有无过错，对有过错的按司法解释规定确认责任承担主体范围。

《民法典合同编通则解释》第五条规定："第三人实施欺诈、胁迫行为，使当事人在违背真实意思的情况下订立合同，受到损失的当事人请求第三人承担赔偿责任的，人民法院依法予以支持；当事人亦有违背诚信原则的行为的，人民法院应当根据各自的过错确定相应的责任。但是，法律、司法解释对当事人与第三人的民事责任另有规定的，依照其规定。"在合同订立过程中，第三人实施欺诈、胁迫行为，使当事人违背真实意思的情况下订立合同，受到损失的当事人请求第三人承担赔偿责任依据。在这种情况下，第三人成为合同责任主体。

预约合同的当事人是一种特殊责任主体。

《民法典合同编通则解释》第七条第一款规定："预约合同生效后，当事人一方拒绝订立本约合同或者在磋商订立本约合同时违背诚信原则导致未能订立本约合同的，人民法院应当认定该当事人不履行预约合同约定的义务。"

(三)买卖合同主体的甄别

本部分侧重于对特殊的买卖合同主体进行辨析。

夫妻关系存续期间，未参与经营的一方在送货单上签字确认，应认定为买卖合同的债务人。

【案例3-1】　杜某松诉陈某金、陈某东买卖合同纠纷案

判决观点，陈某金、陈某东自2017年开始向杜某松购买布料，截至2018年7月31日，结欠杜某松货款409475元，有《欠条》为证，华盛布行《送货单》上提货人处的"陈某"字迹，经鉴定该字迹系陈某东所写，上述债务发生在陈某金、陈某东婚姻关系存续期间，用于夫妻共同经营，应认定为夫妻共同债务，杜某松主张陈某金、陈某东共同偿还，理由充分，法院予以支持。《欠条》出具后，杜某松自认陈某金、陈某东已还款5.2万元，法院予以确认。现杜某松请求陈某金、陈某东偿还货款357475元及逾期付款损失，理由充分，予以支持。判决：陈某金、陈某东偿还杜某松货款357475元及逾期付款损失。[1]

出卖人与买受人约定，由买受人公司股东承担还款责任，股东也实际还款的应认定为共同债务人。

---

〔1〕参见国家法官学院、最高人民法院司法案例研究院编：《中国法院2021年度案例》(买卖合同纠纷)，中国法制出版社2021年版，第252页。广东省普宁市人民法院(2019)粤5281民初1616号民事判决书。

【案例3-2】 华坤公司诉陈某买卖合同纠纷案

二审法院认为,陈某系联桥公司的股东,其与联桥公司有共同的利益。联桥公司与华坤公司签有还款协议,其中约定"若联桥公司无法按协议第三条执行,则由陈某承担联桥公司的义务,并承担违约责任";该约定并未明确陈某即作为担保人向联桥公司还款承担担保责任;而陈某在签约后也实际以债务人的身份向华坤公司支付过部分货款,故应认定陈某与联桥公司为并存的共同债务人,华坤公司向陈某主张给付货款及违约金的权利,有充分的事实及法律依据,应予支持。陈某称双方系担保关系,无充分的事实及法律依据,不予认定。至于陈某所述回购一节,可在陈某付清全部货款后,由华坤公司再行交付。原审法院认定本案纠纷事实清楚,适用法律正确,处理并无不当。陈某的上述理由不能成立,二审法院不予支持。判决:驳回上诉,维持原判。〔1〕

名义买受人不是买卖合同的相对人,不能以合同主体身份行使债权请求权。

【案例3-3】 品牌策划公司诉食品公司买卖合同纠纷案

一审法院认为,结合本案实际,被告业务员曾某为完成销售任务,向全某借款50万元,全某按照其指令于2018年12月19日将50万元转入原告法定代表人之子严某某的个人账户,原告法定代表人应曾某的要求当日将该款转入被告账户,被告于2018年12月20日开具收据,后曾某凭该收据原件于2019年6月9日收到被告交付的价值50万元的小龙虾,销货单上备注:严某某个人账户来款,曾某于2019年5月5日、5月21日和6月23日向全某分3次转账还款55万元。从整个过程来看,首先是曾某与全某发生了借贷关系,其次由曾某按照双方约定偿还了50万元借款及利息,借贷合同权利义务终止,该权利义务终止后,全某不能就该50万元借款向他人主张债权,全某也从未向其他人主张债权,整个过程中任何一方民事主体也都无权就该50万元主张债权。即使从原、被告双方的小龙虾买卖合同来看,原告支付的50万元小龙虾预付款来自曾某向全某所借,曾某只是借用原告公司的名义与被告发生小龙虾买卖关系,真正与被告发生小龙虾买卖关系的是曾某,而不是原告,而被告已经按约定将价值50万元的小龙虾交付给真正买受人曾某,小龙虾买卖合同已经履行完毕,买卖合同的权利义务终止,名义上的买受人即原告无权就该50万元预付款主张债权。原告未投入任何资金,欲通过名义上的买卖关系获得不应获得利益,违反了《民法总则》第六条、第七条的规定,

〔1〕 参见国家法官学院案例开发研究中心编:《中国法院2014年度案例》(买卖合同纠纷),中国法制出版社2014年版,第189页。上海市第一中级人民法院(2012)沪一中民一(民)终字第2111号民事判决书。

即从事民事活动应当遵循公平原则、诚信原则,故对原告的诉讼请求不予支持。判决:驳回原告品牌策划公司的全部诉讼请求。

二审法院认为,上诉人称涉案的50万元款项为支付给被上诉人的货款,款项来源于案外人全某,系全某与其发生业务往来后的欠款,该陈述存在以下疑点:(1)上诉人未提供包括间接在内的任何证据证实其与全某存在业务往来;(2)全某否认与其存在业务往来并于一审当庭作证时,上诉人未就双方存在业务往来事项向其询问,与常理不符;(3)全某通过严某某账户汇款50万元到上诉人的账户,上诉人并未交付货物给全某,全某对该50万元汇款亦未向上诉人主张返还,亦与常理不符。而被上诉人或其申请的证人陈述,均有汇款记录辅证,资金走向清晰,尽管不能穷尽排除所有的可能,相较于上诉人陈述的事实,明显具有证据优势,更加符合事实真相。综上,上诉人的上诉理由不能成立,一审认定事实清楚,适用法律正确。判决:驳回上诉,维持原判。〔1〕

《民法典合同编通则解释》第十一条规定,当事人一方是自然人,根据该当事人的年龄、智力、知识、经验并结合交易的复杂程度,能够认定其对合同的性质、合同订立的法律后果或者交易中存在的特定风险缺乏应有的认知能力的,人民法院可以认定该情形构成《民法典》第一百五十一条规定的"缺乏判断能力"。制定司法解释的法官认为,认定"缺乏判断能力"实际上只是显失公平主观构成的要件情形之一,而最终是否构成显失公平,还需要看主观要件事实与客观要件事实是否同时具备。……特别是当明显有失公允的客观要件事实已经达到一目了然的程度,而不应僵化的坚持必须充分具备"缺乏判断能力"等主观要件。〔2〕

在出卖方欺诈、诱导的情况下,未成年人大额消费的交易行为不受法律保护。

【案例3-4】　珍珠服装店诉司某情等买卖合同纠纷案

二审法院认为,本案系珍珠服装店持司某情出具的欠条,诉求司某情、李某丽、司某勋归还服装款41404元引发的纠纷。珍珠服装店主张司某情赊购衣物总价值59550元,其中18146元的衣服未取走,并提交进货单据予以证明,经法院核实,赵某珠提交的进货单系其从进货商处取得空白销售单后,自行填写,且填写的价格远高于实际进货价格,法院对其提交的进货单据的证明力不予认定,珍珠服装店根据提交的进货单不能证明司某情所取衣物总价

---

〔1〕参见国家法官学院、最高人民法院司法案例研究院编:《中国法院2022年度案例》(买卖合同纠纷),中国法制出版社2022年版,第224~225页。湖北省荆州市中级人民法院(2020)鄂10民终1582号民事判决书。

〔2〕参见最高人民法院民事审判第二庭、研究室编著:《最高人民法院民法典合同编通则司法解释理解与适用》,人民法院出版社2023年版,第144~145页。

值为59550元。珍珠服装店让司某情书写59550元的欠条时，司某情系13岁的未成年人，依据我国法律规定，限制民事行为能力人实施的与其年龄、智力、精神健康状态相适应的民事法律行为有效。珍珠服装店与司某情的服装买卖关系中，让未成年人司某情赊购大量衣物，根据珍珠服装店的记录单日购买衣物数量几十件，金额达数千元，严重脱离中学生购买衣物的实际需求及使用价值，且对同处一条街经营商铺的司某情父母不予告知，属恶意诱导、欺诈未成年人消费。欠条金额已达59550元，其中给司某情的定价高于进价数倍，涉嫌商业欺诈行为，出具欠条没有取得司某情父母李某丽、司某勋的同意及追认，故司某情出具欠条的民事行为应依法认定为无效。青少年是国家的未来和希望，全社会应当树立尊重、保护、教育未成年人的良好风尚，不得侵害未成年人的身心健康，应保障未成年人的合法权益不受侵害。综上，珍珠服装店未能提交有效证据证明交给司某情的衣物数量、价格及未清偿服装款损失，法院对其要求司某勋、李某丽、司某情归还41404元服装款的诉讼请求予以驳回。鉴于共同认可尚存60余件衣物未穿用，故应由司某情方予以返还。一审认定事实有误，处理欠妥，应予纠正。判决：(1)撤销一审判决；(2)驳回原告赵某珠的诉讼请求；(3)司某情、司某勋、李某丽归还从珍珠服装店处所购买的衣物60件；(4)驳回司某情、司某勋、李某丽的其他反诉请求。[1]

第三人自愿加入合同履行后，其实际履行了部分合同义务并享有相应权利，合同相对一方当事人没有对此履行行为提出异议的，该第三人应视为合同主体并承担合同的权利义务。第三人志愿加入合同履行不同于合同双方当事人约定由第三人履行合同义务的情形，后者在任何情况下都不能突破合同的相对性，而前者则是在合同履行过程中，合同双方对合同内容的变更。

【案例3－5】　胡某军诉金泰莱公司等买卖合同纠纷案

二审法院认为，关于金泰莱公司是否系合同相对人问题。虽缔结合同的主体为金泰经销处与胡某军，但从该合同的后期履行分析，金泰莱公司亦作为合同主体加入合同的履行中。首先，收取货款及安装款计8500元的主体为金泰莱公司(包括收取预付款2000元和安装完毕后收取的现金6500元)，且王某卫在二审庭审中陈述，当时金泰经销处刚成立，财务没有完全独立，金泰莱公司与金泰经销处的会计系同一人。其次，王某卫陈述，金泰莱公司的安装人员与金泰经销处的安装人员系同一批人，安装负责人亦为同一人。最

〔1〕参见国家法官学院、最高人民法院司法案例研究院编：《中国法院2021年度案例》(买卖合同纠纷)，中国法制出版社2021年版，第77～78页。河南省洛阳市中级人民法院(2019)豫03民终2118号民事判决书。

后，胡某军无论对货款的收取还是安装人员都未提出异议，表明其认可金泰莱公司加入本案合同的履行中。故对金泰莱公司及王某卫提出的金泰莱公司非合同相对人的上诉理由，法院不予支持。判决：驳回上诉，维持原判。[1]

个案中，法官可以根据具体案情认定买受人。

【案例3-6】　王某明诉孙某丽、孙某明买卖合同纠纷案

二审法院认为，被上诉人孙某丽认可上诉人王某明自2011年即开始向福隆板材厂送板皮，双方多次发生业务往来，以前货款也是由孙某丽支付，且本案的该批板皮送到了其开办的富隆板材厂，实际上用于板材厂的生产经营，该批板皮的部分货款已由其支付；孙某丽在王某明提供的录音证据中对孙某明出具债权凭证的行为认可，并承诺对孙某明收货行为产生的欠款由其偿还。考虑以前的交易习惯、兄妹关系等因素，孙某明出具债权凭证的行为代表福隆板材厂出具，系履行职务的行为，根据《民法通则》第四十三条的规定（企业法人应当对它的法定代表人和其他工作人员的经营活动，承担民事责任），孙某丽应当对孙某明出具债权凭证的行为承担民事责任。二被上诉人主张孙某明将板皮转售给孙某丽，孙某丽已于2012年年底将货款支付给孙某明的事实，二人未提供任何证据证实，二审法院不予采信。故应认定该板皮的买方系个体户孙某丽。[2]

〔1〕参见国家法官学院案例开发研究中心编：《中国法院2013年度案例》（买卖合同纠纷），中国法制出版社2013年版，第254页。江苏省徐州市中级人民法院（2010）徐商终字第429号民事判决书。

〔2〕参见最高人民法院中国应用法学研究所编：《人民法院案例选》2016年第6辑（总第100辑），人民法院出版社2016年版，第76～77页。

二、买卖合同主体的法律适用

（一）买卖合同主体的认定

根据案件事实，以向卖方出具欠条方式促成交易买卖合同的应认定为买方。

【案例3－7】 方圆公司诉王某买卖合同纠纷案

二审法院认为，从欠条内容看，欠条并不能体现由王某见证并促成方圆公司与林某君成立买卖合同关系的事实，且方圆公司对此亦不予认可，王某也未提交相关证据予以证实。从当事人的意思表示看，方圆公司虽知道王某的身份以及钢材的实际使用人为林某君，但方圆公司不允许赊账，故未与林某君达成买卖协议，王某作为政府工作人员，为推进项目，前往协调并出具欠条，方圆公司才同意赊购钢材，王某在上诉状中亦陈述，因林某君没有立即付款的能力，王某才以政府工作人员的身份出具欠条并指定林某君为代收人，王某亦认可方圆公司要求必须有王某签字才赊购钢材的事实。故方圆公司出售钢材的意思表示系指向王某而非林某君。从买卖合同的履行情况，欠条由王某以个人的名义出具，并明确由林某君代收货物，方圆公司将货物交付给王某指定的代收人，就已履行了供货义务。因此一审法院认为王某为案涉买卖钢材的一方当事人并无不当。王某出具欠条时，方圆公司尚未供货，王某主张自欠条出具之日方圆公司即应知道其权利受到侵害无事实和法律依据，王某出具的欠条并未约定付款期限，方圆公司可以随时主张权利。王某主张欠条出具之日，建设方与施工方向方圆公司承诺，将在15日内付款，但对此并未提交证据证实，方圆公司也不认可存在该约定，王某未提供证据证实方圆公司第一次向其主张权利时明确表示不履行义务，王某主张方圆公司的起诉已超过诉讼时效期间无事实和法律依据。判决：驳回上诉，维持原判。[1]

---

〔1〕 参见国家法官学院、最高人民法院司法案例研究院编：《中国法院2021年度案例》（买卖合同纠纷），中国法制出版社2021年版，第85页。山东省威海市中级人民法院（2019）鲁10民终1620号民事判决书。

【案例3-8】 孟某岭诉宁某峰等买卖合同纠纷案

一审法院认为,原告与被告宁某峰、宁某立发生过多次交易,交易的习惯一般是宁某峰、宁某立通过电话联系达成初步意向,后对原告的树皮质量每次予以现场校验后再与原告就价格问题直接协商,然后根据运输的数量通过宁某峰、宁某立直接向原告结算货款。很显然让原告认为两被告即是买卖合同的当事人,在此过程中两被告也未提供证据证明其行为经过宁某平的许可,完全是其个人的行为,原告与宁某峰、宁某立之间的买卖合同成立,原告依合同向两被告交付了货物,被告应按照约定支付货款。宁某峰、宁某立作为具有完全民事行为能力人应当知道以个人名义出具欠条的法律后果,两被告应对自己出具欠条的行为承担相应的后果。两被告共同在欠条上签上了自己的名字,可视为两人的共同承诺对原告的货款共同偿还。两被告在欠条上注明经手人为司机,两人只是宁某平的雇用司机的主张,与事实不符,也不符合交易习惯,法院不予支持。原告要求宁某峰、宁某立偿还货款的主张符合法律规定,法院予以支持。该买卖行为发生在宁某峰、宁某立各自的夫妻关系存续期间,被告亦未提供证据证明该债务属被告宁某峰、宁某立的个人债务,原告请求被告朱某燕、刘某果共同偿还的请求符合法律规定,法院予以支持。原、被告未对逾期付款进行约定,其请求被告支付4000元利息的请求于法无据,法院不予支持。判决:(1)被告宁某峰、宁某立、朱某燕、刘某果共同给付原告孟某岭货款17670元;(2)驳回原告孟某岭的其他诉讼请求。二审法院判决:驳回上诉,维持原判。〔1〕

委托代理人对加盖了出卖人印章的格式合同修改的,其越权代理行为未经出卖人追认,应认定为合同当事人。

【案例3-9】 黎某霞诉李某雄、长芦汉沽公司买卖合同纠纷案

二审法院认为,长芦汉沽公司提供给李某雄的盖有长芦汉沽公司公章的《食盐买卖合同》,是一种事先拟定好的可重复使用的格式合同,合同条款及落款处的内容都是固定的。《食盐买卖合同》载明了出卖人的开户银行和账号,从《食盐买卖合同》的版面布局看,并未留有足够的空白处可以在格式合同中增加补充条款,该格式合同是食盐买卖合同,不应涉及代理权的授予内容。《食盐买卖合同》中手写的补充条款"第十条"实质上是将甲方的收款账户变更为李某雄的妻子张某敏的账户和与李某雄的朋友李某会的账户;手写的补充条款"第十一条"则是将买卖合同的性质变更为代理授权授予合同。

---

〔1〕 参见国家法官学院案例开发研究中心编:《中国法院2018年度案例》(买卖合同纠纷),中国法制出版社2018年版,第92页。山东省聊城市中级人民法院(2016)鲁15民终37号民事判决书。

手写的这两条补充条款约定的收款人账户及合同性质与《食盐买卖合同》明显不同,在没有得到长芦汉沽公司追认的情况下,这两条补充条款对长芦汉沽公司不发生法律效力。因补充条款不符合原格式合同《食盐买卖合同》的约定,系李某雄与黎某霞之间的新约定,收款人账户也是由李某雄提供,李某雄还以个人名义出具了归还货款的《承诺书》,合同当事人实则是李某雄与黎某霞,故24万元的货款应由李某雄返还,黎某霞在签订合同过程中,没有注意核查李某雄的代理权限,签订《食盐买卖合同》也没有尽到审慎审查义务,所产生的不利后果应由黎某霞自行承担。判决:驳回上诉,维持原判。[1]

发票出票人与实际出卖人不一致时,应当对合同相对方进行实质审查。

【案例3-10】 司某华诉大方饭店买卖合同纠纷案

二审法院认为,本案中,没有证据证明涉案商品的所有权属于大方饭店,亦无证据证明司某华购买涉案商品时,大方饭店对涉案商品具有处分权。虽然涉案商品的销售地点在大方饭店内,但并不等于涉案商品的销售人必然是大方饭店。因此,司某华自称涉案商品是从大方饭店购买、其与大方饭店之间存在买卖关系的上诉理由没有事实和法律依据。在没有直接证据进行佐证的情况下,一审法院认定涉案商品的销售人不是大方饭店并无不当。依照《买卖合同解释》第一条第一款的规定,仅凭一方向另一方开具发票的行为,并不意味着涉事双方之间必然存在买卖合同关系,况且在案两张发票在"服务名称"项内均写明为"餐费"。据此,一审法院认定在大方饭店已经提交证据证明涉案场地由他人承租经营、并对开具发票的行为予以解释的情况下,该两张发票不能直接证明大方饭店就是涉案商品的实际销售者,对一审法院这一认定二审法院予以支持。司某华诉请大方饭店承担涉案销售价款10倍的赔偿责任,并退还购货款、承担相关费用支出,其诉讼请求成立的事实基础在于大方饭店应当是涉案商品的销售者。一审法院经审理后认定司某华提交的证据不能证明大方饭店是涉案商品的销售者,并依照法律规定判决驳回了司某华的诉讼请求,并不存在适用法律错误的问题。二审法院对司某华的这一上诉理由不予支持。判决:驳回上诉,维持原判。[2]

车辆借名登记买卖合同,借名人是买卖合同主体,即出卖人借名的,出卖人是

---

〔1〕 参见国家法官学院、最高人民法院司法案例研究院编:《中国法院2021年度案例》(买卖合同纠纷),中国法制出版社2021年版,第105页。广西壮族自治区贵港市中级人民法院(2020)桂08民终975号民事判决书。

〔2〕 参见国家法官学院、最高人民法院司法案例研究院编:《中国法院2020年度案例》(买卖合同纠纷),中国法制出版社2020年版,第86页。北京市第二中级人民法院(2018)京02民终11949号民事判决书。

合同一方当事人,出名人不是合同当事人。买受人借名的,买受人是合同一方当事人,出名人不是合同当事人。

【案例3-11】 李某承诉左某勇、赵某芝买卖合同纠纷案

一审法院认为,本案中,李某承及左某勇均系因北京车辆限购政策,不享有在京购车指标,在购买车辆后将车辆登记于案外人名下,但对外均不得对抗善意第三人。李某承实际向左某勇支付购车款后,实际占有车辆,李某承系实际车辆所有人。故李某承提起本案诉讼,其主体资格合法。同理,左某勇系诉争车辆的原实际所有人,其主体资格亦合法,故对左某勇的抗辩意见不予采信。赵某芝系借购指标给左某勇,系诉争车辆登记所有人,对外具有对抗第三人的效力,但因涉案车辆已转移登记在武某行名下,其实际处理与赵某芝不存在任何利害关系,赵某芝作为本案被告主体不适格。故赵某芝的抗辩意见予以采信。鉴于实际购买车辆的双方为李某承和左某勇,二人之间虽然没有签署书面的买卖合同,但从二人的交易行为来看,符合买卖合同法律特征,因赵某芝对本案诉争的买卖行为不存在直接法律关系,赵某芝作为本案被告主体不适格。裁定:驳回李某承对赵某芝的起诉。

二审法院认为,首先,李某承与左某勇达成变更车辆所有权的协议并完成交付,李某承接收并占有车辆,在完成交付之日起李某承即取得该车辆的所有权,在左某勇未能举证证明其与武某行之间存在购物车合意的情况下,武某行并不因为车辆登记在其名下即取得车辆的所有权,故左某勇称因车辆登记在武某行名下,李某承无提起诉讼的资格的上诉理由,法院不予支持;其次,左某勇在一审期间声称其为车辆的实际所有者,因北京车辆限购政策,没有在京购车指标,故车辆登记在赵某芝名下。赵某芝在一审中亦声称,买卖车辆与其无关,车牌号是给左某勇使用的,其对所有的事情均不知情。二审期间,左某勇上诉称其为代理赵某芝出售车辆,并非车辆买卖合同当时的当事人。对此法院认为,赵某芝虽在二审期间表示追认,同意授权左某勇出售车辆,但其亦表示认可一审所作陈述,即车辆出售与其无关,赵某芝的陈述自相矛盾。故法院对左某勇与赵某芝在二审期间的陈述均不予采信。综上,左某勇的上诉理由均不能采取成立,一审裁定应予维持。[1]

一方以另一方名义购买机动车,并将车辆登记在另一方名下,属于"借名买车"。机动车所有权的转移,自交付时发生法律效力。机动车及附属证照的所有权归属车辆的出资购买,而非登记车主。

---

〔1〕 参见国家法官学院案例开发研究中心编:《中国法院2016年度案例》(买卖合同纠纷),中国法制出版社2016年版,第131~132页。北京市第一中级人民法院(2014)一中民(商)终字第4291号民事裁定书。

【案例3－12】 贾某安诉邱某建买卖合同纠纷案

二审法院认为,2007年,贾某安将其名下车辆京×松花江牌小型普通客车以16000元卖给邱某建,双方形成事实上的买卖合同关系,该法律关系为当事人的真实意思表示,应为合法有效。车辆交付后,贾某安应当协助邱某建办理过户登记手续。2010年12月23日,《北京市小客车数量调控暂行规定》颁布并实施。《北京市小客车数量调控暂行规定》规定,小客车配置指标按照公开、公平、公正的原则,以摇号的方式无偿分配;指标的有效期为6个月,不得转让。由于出台了上述政策,原、被告车辆过户登记手续事实上已经履行不能。2011年年底,原、被告在明知车牌号已经无法过户到邱某建名下的情况下,贾某安又向邱某建将京×松花江牌小型普通客车购回,并将邱某建购买的宝来牌小型轿车登记在贾某安名下,上述行为属于原、被告就涉案车辆成立新的合同关系,故原、被告2007年的口头购车合同约定的权利义务实际已经终止,贾某安不再负有将京×松花江牌小型普通客车过户登记至邱某建名下的义务。综上,贾某安要求解除2007年达成的口头买卖协议,法院不予支持。2012年邱某建以贾某安的名义购买宝来牌小轿车并将车辆登记在贾某安名下,本质上属于“借名买车”,违反了《北京市小客车数量调控暂行规定》的相关规定,扰乱了国家对居民身份证和北京市对小客车控制指标调控管理的公共秩序,还违反了《合同法》第七条关于当事人订立、履行合同,不得扰乱社会经济秩序的规定,属违法行为。《道路交通安全法实施条例》第一百零三条规定:“以欺骗、贿赂等不正当手段取得机动车登记或者驾驶许可的,收缴机动车登记证书、号牌、行驶证或者机动车驾驶证,撤销机动车登记或者机动车驾驶许可;申请人在3年内不得申请机动车登记或者机动车驾驶许可。”上述行为应当由相关的行政部门依照法律法规予以处理。关于京×宝来牌小轿车的所有权归属,根据《物权法》第二十三条的规定,机动车作为特殊动产,其转让遵循动产转让的一般规则,即机动车所有权的设立和转移,交付时发生法律效力。而机动车并非设权登记,机动车的登记所有人并非一定是机动车的实际所有人。因此,机动车所有权转移的一般规则与机动车登记制度的特点必然会在特定情形下产生“车户分离”的现象。本案中,京×车牌号登记项下的宝来牌小轿车由邱某建出资购买并实际占有使用,故车辆的所有权仍归邱某建所有,贾某安无权主张车辆及相关证照的返还。判决:驳回原告贾某安的全部诉讼请求。二审法院准许贾某安撤回上诉。〔1〕

---

〔1〕 参见最高人民法院中国应用法学研究所编:《人民法院案例选》2016年第12辑(总第106辑),人民法院出版社2017年版,第138～139页。北京市第二中级人民法院(2015)二中民(商)终字第08914号民事裁定书。

(二)表见代理主体的认定

《民法典合同编通则解释》第二十条规定:“法律、行政法规为限制法人的法定代表人或者非法人组织的负责人的代表权,规定合同所涉事项应当由法人、非法人组织的权力机构或者决策机构决议,或者应当由法人、非法人组织的执行机构决定,法定代表人、负责人未取得授权而以法人、非法人组织的名义订立合同,未尽到合理审查义务的相对人主张该合同对法人、非法人组织发生效力并由其承担违约责任的,人民法院不予支持,但是法人、非法人组织有过错的,可以参照民法典第一百五十七条的规定判决其承担相应的赔偿责任。相对人已尽到合理审查义务,构成表见代表的,人民法院应当依据民法典第五百零四条的规定处理。

合同所涉事项未超越法律、行政法规规定的法定代表人或者负责人的代表权限,但是超越法人、非法人组织的章程或者权力机构等对代表权的限制,相对人主张该合同对法人、非法人组织发生效力并由其承担违约责任的,人民法院依法予以支持。但是,法人、非法人组织举证证明相对人知道或者应当知道该限制的除外。

法人、非法人组织承担民事责任后,向有过错的法定代表人、负责人追偿因越权代表行为造成的损失的,人民法院依法予以支持。法律、司法解释对法定代表人、负责人的民事责任另有规定的,依照其规定。”

《民法典合同编通则解释》第二十一条规定:“法人、非法人组织的工作人员就超越其职权范围的事项以法人、非法人组织的名义订立合同,相对人主张该合同对法人、非法人组织发生效力并由其承担违约责任的,人民法院不予支持。但是,法人、非法人组织有过错的,人民法院可以参照民法典第一百五十七条的规定判决其承担相应的赔偿责任。前述情形,构成表见代理的,人民法院应当依据民法典第一百七十二条的规定处理。

合同所涉事项有下列情形之一的,人民法院应当认定法人、非法人组织的工作人员在订立合同时超越其职权范围:(一)依法应当由法人、非法人组织的权力机构或者决策机构决议的事项;(二)依法应当由法人、非法人组织的执行机构决定的事项;(三)依法应当由法定代表人、负责人代表法人、非法人组织实施的事项;(四)不属于通常情形下依其职权可以处理的事项。

合同所涉事项未超越依据前款确定的职权范围,但是超越法人、非法人组织对工作人员职权范围的限制,相对人主张该合同对法人、非法人组织发生效力并由其承担违约责任的,人民法院应予支持。但是,法人、非法人组织举证证明相对人知道或者应当知道该限制的除外。法人、非法人组织承担民事责任后,向故意或者有重大过失的工作人员追偿的,人民法院依法予以支持。"制定司法解释的法官认为,职务代理有别于委托代理,在职务代理场合,法人、非法人组织在授予代理权外观上存在一定过错,故应承担一定责任。[1]

表见代理,是指行为人虽无代理权,但因具有使善意相对人客观上有充分正当理由相信其有代理权的表面特征,因而被代理人须承受行为人所实施行为的法律后果的制度。一旦成立表见代理,被代理人就须承担合同主体的义务,就是合同的主体。

表见代理的构成要件包括:其一,无权行为人实施了代理行为,没有代理权、超越代理权或者代理权终止后仍以被代理人名义订立合同;其二,相对人依据一定事实相信或认为行为人具有代理权,在此基础上与行为人签订合同;其三,相对人主观上须为善意、无过失,即第三人不是明知行为人没有代理权而仍与之签订合同,也不是由于自己疏忽大意,缺乏应有的谨慎轻易将没有代理权的行为人认为有代理权的人,而是有正当理由相信行为人有代理权;其四,无权代理人代理被代理人签订的合同,应当具备合同有效的一般条件,本身不应具有无效和被撤销的内容,否则,该合同应按无效和可撤销的规定处理。如果表见代理人与第三人之间的民事行为欠缺成立的有效要件,则该行为从一开始便不产生法律效力,就不能转嫁到被代理人身上,也就无从谈起被代理人承受该代理行为的法律效果。

【案例 3-13】 王某诉兴桂公司买卖合同纠纷案

二审法院认为,王某与兴桂酒楼之间虽未签订书面的买卖合同,但王某提供的供货单,证明了其向兴桂酒楼送货的事实,故王某与兴桂酒楼之间形成实事上的买卖合同关系。兴桂酒楼在收取王某的货物后,应及时给付对应的货款。关于兴桂酒楼提出其不是适格被告,应由金家宴公司承担对外债务一节,在王某送货时,金家宴公司经营的餐厅内悬挂着兴桂酒楼的营业执照,王某有理由相信其供货的相对方为兴桂酒楼,故兴桂酒楼的被告主体适格。金家宴公司与兴桂酒楼签订的合作协议对外不具有约束力。兴桂酒楼或金家宴公司在经营活动中,未将合作关系对外明示,其他交易相对方难以知晓兴桂酒楼与金家宴公司之间的合作关系,故兴桂酒楼不能以此对抗第三人。关于兴桂酒楼提出王某在送货时明知买受人系金家宴公司一节。兴桂酒楼提供的现有证据不能证明其上述主张,法院对其上诉意见不予支持。判决:

[1] 参见最高人民法院民事审判第二庭、研究室编著:《最高人民法院民法典合同编通则司法解释理解与适用》,人民法院出版社2023年版,第251页。

驳回上诉,维持原判。[1]

公司法定代表人出具的欠条,应视为职务行为,构成表见代理。

【案例3-14】 林某萍诉鑫龙公司买卖合同纠纷案

二审法院认为,本案争议的焦点在于彭某购买木材的行为如何界定的问题。企业法人对它的法定代表人和其他工作人员的经营活动,承担民事责任。本案中,彭某向林某萍出具欠条的行为,在彭某的身份系鑫龙公司的法定代表人的情况下,林某萍有理由相信彭某可以代表鑫龙公司从事日常业务。虽然鑫龙公司表示不认可,但彭某的行为已经构成表见代理,其与林某萍进行交易的行为可以视为职务行为,鑫龙公司在有义务对其行为进行约束的同时,亦应承担对林某萍所欠货款的法定义务。因此林某萍要求鑫龙公司承担付款义务并无不当,应予支持。一审法院根据查明的事实所作判决并无不妥,应予维持。上诉人鑫龙公司坚持原诉辩意见,因某未能提供相关事实依据,法院不予采纳。判决:驳回上诉,维持原判。[2]

【案例3-15】 赵某强诉常某乐买卖合同纠纷案

一审法院认为,文昌公司的经营范围中包含制造PVC管材,常某乐为文昌公司的法定代表人;赵某强向常某乐供应PVC树脂粉,赵某强提交的2007年12月11日北京农村商业银行的转账支票,证明了货款系由文昌公司支付。2008年9月22日常某乐向赵某强出具欠货款282万元的欠条,常某乐的行为均属代表文昌公司实施的行为;现赵某强起诉要求常某乐个人给付所欠货款282万元,所诉主体有误。裁定:驳回赵某强的起诉。二审法院认为,依照法律或者法人组织章程的规定,代表法人行使职权的负责人,是法人的法定代表人。企业法人对它的法定代表人和其他工作人员的经营活动,承担民事责任。裁定:驳回上诉,维持原裁定。[3]

在涉及公司重大利益时,公司业务员非经授权一般不能构成对公司的表见代理。

【案例3-16】 大成公司诉哈威公司买卖合同纠纷案

二审法院认为,第一,张某出具的确认函没有记载签署日期,张某在一审

---

〔1〕 参见国家法官学院案例开发研究中心编:《中国法院2016年度案例》(买卖合同纠纷),中国法制出版社2016年版,第62~63页。北京市第三中级人民法院(2014)三中民(商)终字第14574号民事判决书。

〔2〕 参见国家法官学院案例开发研究中心编:《中国法院2018年度案例》(买卖合同纠纷),中国法制出版社2018年版,第95页。北京市第三中级人民法院(2016)京03民终9747号民事判决书。

〔3〕 参见国家法官学院案例开发研究中心编:《中国法院2013年度案例》(买卖合同纠纷),中国法制出版社2013年版,第108页。北京市第一中级人民法院(2011)一中民终字第3911号民事裁定书。

中当庭表示记不清书写日期,无法确定该函是张某离职前还是离职后形成;第二,确认函的内容涉及大成公司的重大利益,张某既没有大成公司的盖章确认,也没有大成公司的授权委托书,故其无权代表大成公司出具该函;第三,哈威公司称确认函形成于2011年春节后,而从录音资料来看,大成公司的董事长曾于2010年与哈威公司总经理当面商谈所欠货款的问题,当时大成公司已告知哈威公司,张某在满洲里项目后未作其他工程,需要向哈威公司核实相关情况。据此,哈威公司应当知道张某无权对退货以及120元万元返工费作出承诺,上述重大事项应经大成公司同意,故张某签署确认函的行为不构成表见代理。判决:驳回上诉,维持原判。[1]

在适用表见代理时应注意审查相对人是否尽到了注意义务。

【案例3-17】 顺峰公司诉电力公司买卖合同纠纷案

二审法院认为,吴某林作为顺峰公司的委托代理人与电力公司签订的购货合同,虽然在双方所签订的购货合同中已写明顺峰公司的联系人郑某生及联系方式,但电力公司始终与吴某林联系。尤其是在电力公司按照合同约定支付预付款后,顺峰公司如约交付了合同标的物并安装交付使用,这使得电力公司完全有理由相信吴某林有权代表顺峰公司行使权利。吴某林通过电话向电力公司催收余款时,告诉电力公司由于公司近期做增资变更等原因,故将余款付至其他公司账户,电力公司出于注意义务,已经要求吴某林出具顺峰公司的证明。电力公司收到的传真虽然不是通过供货合同所载名的传真发出,但上面加盖了顺峰公司的公章,所以电力公司有理由相信吴某林所述真实,并按传真中的要求支付了余款。可见电力公司在支付余款时已经尽到注意义务。而顺峰公司明知电力公司始终是通过与吴某林联系履行的购货合同,但在吴某林代理权终止后并未及时按照购货合同所载明的电力公司的联系方式通知电力公司,且在吴某林代理权终止后两年多才清收该合同的余款,可见顺峰公司对其内部工作疏于管理,所造成的后果应该自负。判决:(1)撤销一审判决;(2)驳回顺峰公司的诉讼请求。[2]

当事人的交易有违商业习惯的可以排除表见代理的适用,被代理人不应认为买卖合同的主体。

---

〔1〕 参见国家法官学院案例开发研究中心编:《中国法院2016年度案例》(买卖合同纠纷),中国法制出版社2016年版,第30页。北京市第三中级人民法院(2014)三中民(商)终字第00017号民事判决书。

〔2〕 参见国家法官学院案例开发研究中心编:《中国法院2015年度案例》(买卖合同纠纷),中国法制出版社2015年版,第92页。辽宁省本溪市中级人民法院(2013)本民二终字第13号民事判决书。

【案例 3-18】 上海日腾投资管理有限公司诉上海享井联接件有限公司买卖合同纠纷再审案

再审法院认为，沈某伪造《请购单》《订购单》收取原审原告货物而不交付原审被告的行为，是否构成表见代理，是本案的争议所在。表见代理是否成立，关键是审查原审原告在主观上是否为善意，即原审原告是否有理由相信沈某有代理权。从现有证据看，难以认定原审原告在与沈某的业务联系中具有善意。理由如下：(1)原审原告与原审被告发生数百万元金额的大宗交易中没有签订正式的书面合同，没有明确地约定货物的质量要求、单价、付款时间、违约责任，仅凭明显存在疑问的《请购单》《订购单》就贸然建立买卖关系，明显不符合正常经营的一般要求；(2)原审原告交货，除两次小额的直接送到原审被告处外，另有按照沈某要求或利用原审被告休息的日子送货至沈某办公室，或交付至沈某的住处等处，也违反正常交易的交易常态；(3)原审原告多次给付沈某"好处费"，以促成沈某进行交易行为，过错明显；(4)原审原告在未收到货款的情况下，仍继续多次"送货"，且始终未与原审被告管理部门接触并催讨货款，亦有违企业间买卖的交易常识；(5)原审原告在2006年度、2007年度的工商年检材料中显示的销售收入合计为2930696.06元，也远低于原审原告诉讼请求的标的额。结合原审被告提供的同期向其他商家的购货发票，可以发现原审原告对同类产品的要价明显高于其他企业，由此可以推定原审原告有利用沈某缺少经验而故意抬高价格的故意，说明原审原告缺乏经营诚信。故沈某之不能构成表见代理。但原审被告实际接收并使用的两笔货物，实际构成与原审原告间的买卖合同关系，原审被告应当支付该两笔货物的货款。判决：(1)原审被告上海享井联接件有限公司支付原审原告上海日腾投资管理有限公司货款人民币2055元；(2)驳回原审原告上海日腾投资管理有限公司的其他诉讼请求。[1]

在被代理人和相对人之间订立和履行合同的过程中，已经形成了行为人具有代理权的外观，被代理人未积极地摧毁已经形成的权利外观，故构成表见代理。

【案例 3-19】 宝华公司诉米钢公司、方大公司买卖合同纠纷案

最高人民法院认为，在判断相对人是否有理由相信行为人有代理权时，应从是否具有保证代理权存在的外观、相对人对相关权利外观的信赖是否合理，被代理人对该权利外观的存在是否具有可归责性及其程度这三个方面进行综合考量。本案中，马某君具有代理定华公司办理有关提货手续的代理权外观，方大公司对马某君权利外观的信赖具有合理性，宝华公司对自身权利

---

〔1〕 参见邹碧华主编：《2013年上海法院案例精选》，上海人民出版社2013年版，第264～265页。

的疏于管理客观上导致马某君可以利用中间人的身份以宝华公司的名义向方大公司提货，产生了马某君具有提货权的外观。方大公司收到宝华公司支付的货款后通知马某君提货的行为应当认为向宝华公司交货。[1]

【案例 3-20】 合肥鑫丰建筑安装工程有限公司诉青海华瑞物资有限公司等买卖合同纠纷案

最高人民法院认为，对于华瑞公司而言，到工商管理部门核实签章的真实性并非签订合同的必要环节，华瑞公司根据“合同、付款协议以及现场勘查”，已有理由相信刘某民具有鑫丰公司的授权，华瑞公司已尽到谨慎的审查义务。根据《合同法》第四十九条的规定，刘某民以鑫丰公司6号楼、7号楼、8号楼项目部的名义签订合同的行为构成表见代理，由此产生的法律后果应由鑫丰公司承担。[2]

(三) 公司连带主体的认定

股东与公司之间存在人格混同，股东应对公司的债务承担连带责任。

【案例 3-21】 山富经营部诉鸿楷兴公司买卖合同纠纷案

二审法院认为，俞某茹、邱某强作为鸿楷兴公司的股东和实际管理人员，多次以其个人账户收支鸿楷兴公司的经济往来款项，存在与鸿楷兴公司财务混同的高度可能性，在鸿楷兴公司、俞某茹、邱某强未向法院提交任何反证的情况下，根据《民事证据规定》第二条、第七条的规定，鸿楷兴公司、俞某茹、邱某强应当承担举证不能的不利后果。俞某茹、邱某强作为鸿楷兴公司的股东，与鸿楷兴公司存在人格混同，且鸿楷兴公司现已处于停业状态，经营困难，相关债权人的利益受到损害，根据《公司法》第二十条第一款、第三款的规定，俞某茹、邱某强应对鸿楷兴公司支付涉案货款的义务承担连带责任。判决：(1)维持一审判决第一项；(2)撤销一审判决第二项；(3)俞某茹、邱某强对鸿楷兴公司的上述付款义务承担连带责任；(4)驳回山富经营部的其他诉讼请求。[3]

---

〔1〕 参见周江洪等主编：《民法判例百选》，法律出版社2020年版，第111～112页。最高人民法院(2018)民终122号民事判决书。

〔2〕 参见中国审判理论研究会民事专业委员会编著：《民法典总则编条文理解与司法适用》，法律出版社2020年版，第299页。最高人民法院(2015)民申字第1620号民事判决书。

〔3〕 参见国家法官学院案例开发研究中心编：《中国法院2019年度案例》(买卖合同纠纷)，中国法制出版社2019年版，第178页。广东省深圳市中级人民法院(2016)粤03民终13616号民事判决书。

【案例3－22】　单某伶诉宝林轩公司、叶某忍买卖合同纠纷案

判决观点，因宝林轩公司为自然人独资的有限责任公司，叶某忍作为唯一股东亦未能向法院提交有效证据证明公司财产独立于其个人财产，故应当对公司的债务承担连带责任，故关于单某伶要求叶某忍对宝林轩公司的债务承担连带责任的诉讼请求，符合相关法律规定，法院予以支持。根据我国《民事诉讼法》的规定，当事人有答辩并对对方当事人提交的证据进行质证的权利，但本案中，宝林轩公司、叶某忍经法院合法传唤，无正当理由拒不出庭应诉，视为其放弃了答辩和质证的权利。判决：(1)被告宝林轩公司给付原告单某伶货款143284元；(2)被告叶某忍对上述第一项还款义务承担连带清偿责任。〔1〕

对于一人公司债务，新老股东不能证明其个人财产与公司财产相互独立的，均为承担连带责任的主体。

【案例3－23】　洛维化工诉虹源公司、朱某述、赵某舞买卖合同纠纷案

一审法院认为，一人公司股权转让前发生的债务，原股东不能举证出让前公司财产独立于其个人财产的，债权人有权要求原股东承担连带清偿责任。被告赵某舞、朱某述作为被告虹源公司现股东和原股东，均未举证证明其个人财产与被告虹源公司的财产相互独立，故原告要求赵某舞、朱某述对虹源公司的债务承担连带责任，法院予以支持。判决：被告虹源公司给付原告洛维化工货款236800元和违约金9472元，共计246272元；对上述款项被告赵某舞、朱某述承担连带清偿责任。

二审法院认为，虹源公司系一人有限责任公司，赵某舞作为其股东，有义务证明公司财产独立于自己的财产，否则应对公司的债务承担连带责任。虹源公司在原审中已表示没有证据证明其财产独立于股东的财产；二审中，赵某舞仅提交了虹源公司的账册，而无专业机构的审计结论，不足以证明该账册记载的情况独立于赵某舞的财产。故赵某舞应对虹源公司的债务承担连带责任。判决：驳回上诉，维持原判。〔2〕

一人公司股权转让后，公司财产独立于股东财产的，新股东不对公司的原债务承担责任。

---

〔1〕　参见国家法官学院案例开发研究中心编：《中国法院2018年度案例》（买卖合同纠纷），中国法制出版社2018年版，第215页。北京市西城区人民法院(2015)西民(商)初字第36545号民事判决书。

〔2〕　参见国家法官学院案例开发研究中心编：《中国法院2017年度案例》（买卖合同纠纷），中国法制出版社2017年版，第179～180页。江苏省扬州市人民法院(2015)扬商终字第00163号民事判决书。

【案例3－24】 玖源公司诉宝业公司买卖合同纠纷案

二审法院认为,湘和公司作为独立的企业法人,应以其全部财产对债务承担责任,且其给付义务已经法院生效判决予以确认。湘和公司对玖源公司所负债务发生于辛某和作为湘和公司的股东期间,且宝业公司受让湘和公司的股权后,湘和公司未实际经营且已被吊销营业执照,同时结合湘和公司和宝业公司签订的酒楼设备设施转让协议中的约定,法院认为宝业公司提供的现有证据可以证明湘和公司的财产独立于股东财产,故一审判决驳回玖源公司的诉讼请求,有事实和法律依据,一审判决结果正确。判决:驳回上诉,维持原判。[1]

对个人独资企业的债务,公司不能清偿的,由其投资人予以清偿。独资企业转让的,现投资人承担原独资企业的债务,其后可以向原投资人追偿,但另有约定的除外。

【案例3－25】 叶某女等诉台一模具厂买卖合同纠纷案

二审法院认为,上诉人台一模具厂因向吴某华购买模料尚欠吴某华货款140000元,有欠条为证,事实清楚,上诉人作为购买方应当及时偿付货款,否则应承担相应的违约责任。上诉人系个人独资企业,根据《个人独资企业法》第三十一条"个人独资企业财产不足以清偿债务的,投资人应当以其个人的其他财产予以清偿"的规定,因此本案债务应当先由上诉人承担。本案被上诉人的诉讼请求未涉及投资人责任,故法院对此不予评述。台一模具厂承担民事责任后,原投资人与新投资人之间关于债务承担问题,应另行处理。综上,上诉人的上诉理由不能成立。原判认定事实清楚,判决得当,依法予以维持。判决:驳回上诉,维持原判。[2] 本案中,出卖人吴某华死亡,其法定继承人叶某女等4人提起诉讼。

(四)公司注销主体的认定

公司注销后丧失民事主体资格,其未处理、未实现的债权也应归股东,股东有权主张公司注销后的债权。

---

〔1〕 参见国家法官学院案例开发研究中心编:《中国法院2015年度案例》(买卖合同纠纷),中国法制出版社2015年版,第167页。北京市第一中级人民法院(2014)一中民终字第1118号民事判决书。

〔2〕 参见国家法官学院案例开发研究中心编:《中国法院2017年度案例》(买卖合同纠纷),中国法制出版社2017年版,第191页。浙江省台州市中级人民法院(2015)浙台商终字第77号民事判决书。

【案例3-26】 刘某恩、刘某华诉江西省上善若水投资发展有限公司等买卖合同纠纷案

判决观点,原吉安市润发酒业有限公司(以下简称润发公司)与被告江西省上善若水投资发展有限公司(以下简称上善若水公司)间的买卖关系合法有效,受法律保护。润发公司已经履行了其作为出卖人的义务,但被告作为买受人未履行支付货款的义务,其行为已经构成违约。现润发公司已经注销,其债权债务由其投资人(股东)刘某华享有和承受,故原告刘某华要求被告归还尚欠原润发公司烟酒款344000元及其利息合法有据,法院予以支持。但双方没有约定逾期付款利息,原告要求按月利率2%计算逾期付款利息于法无据,本案利息可以按中国人民银行规定的同期贷款基准利率为基础计并上浮40%计收罚息计算。原告刘某恩虽为润发公司的实际投资人,但是与该公司并无法律上的关联,被告宋某根基于其与该公司法人父子关系和业务往来向其出具付款承诺的行为,并不当然在法律上可以享受原润发公司的债权,故其不是本案的适格原告,法院对其诉讼请求不予支持。被告宋某根就被告上善若水公司尚欠原告的烟酒款向原告出具付款承诺,并表明其本人愿意承担一切责任及款项利息、费用,应视为其加入本案债务,与被告上善若水公司承担连带付款责任。被告肖某银、曾某荣分别系被告上善若水公司的法定代表人(股东)和职工,其签字确认赊购烟酒系代表公司的职务行为,在公司尚且存续(有独立法人人格、法人财产)的前提下,所产生的后果应由公司承担。原告要求被告肖某银、曾某荣承担本案欠款的归还责任不符合法律规定,法院不予支持。判决:(1)被告上善若水公司、宋某根向原告刘某华支付货款344000元及其利息;(2)驳回原告刘某恩的诉讼请求及原告刘某华的其他诉讼请求。[1]

公司未经依法清算注销,股东是承担公司欠款的责任主体。

【案例3-27】 上海上实欧亚国际贸易有限公司诉郑某杰等买卖合同纠纷案

判决观点,上海硕州工贸有限公司(以下简称硕州工贸)在清算时仅在报纸上公告,并未通知已知是其债权人的原告,而该公司却在注销清算报告中称已经通知了所有债权人,故可认为该公司未经依法清算。从现有证据来看无法排除唐某巍非硕州工贸的股东身份。尽管在硕州工贸同意公司解散并确认清算组成员的股东会议上,以及注销清算报告上"唐某巍"的签名均

〔1〕 参见国家法官学院案例开发研究中心编:《中国法院2019年度案例》(买卖合同纠纷),中国法制出版社2019年版,第202~203页。江西省吉安市青原区人民法院(2017)赣0803民初1319号民事判决书。

不是其本人所写，但是，此系硕州工贸的内部管理事务问题。相对于债权人的原告而言，郑某杰与唐某巍作为硕州工贸的股东，处于相对优势的地位，原告无法也不可能获知公司清算的真伪，其只能就工商登记材料中的记载，主张由股东承担赔偿责任。从公平原则出发，原告的请求合法有据，应予支持。被告唐某巍如认为其合法权益遭受侵犯，可以通过法律途径另行解决。唐某巍认为原告主张的违约金过高，请求予以调整。法院认为，违约金的数额与违约损失的数额应当大体相当。由于原告主张的违约金是自2008年6月21日起至付清债务时止，按每日5‰计算，实际金额可能高于造成的损失，可予适当调整。由于保证期间约定不明，高某芳作为保证人应当在保证范围内承担相应的保证责任。保证人在承担相应保证责任后，可以向股东追偿。判决：(1)被告郑某杰、唐某巍赔偿原告上海上实欧亚国际贸易有限公司人民币9682942.13元；(2)被告郑某杰、唐某巍应从2008年6月21日起至实际付款日止以人民币9682942.13元的5‰赔偿原告上海上实欧亚国际贸易有限公司违约金，最多不超过人民币9682942.13元的30%；(3)被告高某芳对上述第一项还款承担连带清偿责任；(4)被告高某芳承担清偿责任后，有权向被告郑某杰、唐某巍追偿；(5)驳回原告的其他诉讼请求。[1]

公司注销后，原股东可以主张公司未处理的债权，前提条件是原债权必须合法存在。若股东主张的债权并不存在，其诉讼请求就不能获得法院支持。

【案例3-28】 郭某春、郭某满诉河南中博公司买卖合同纠纷案

一审法院认为，虽然公司注销后，其法人人格已经消灭，但公司的债权不因其主体的消灭而灭失。公司的原股东仍可以一般债权人的身份主张权利。现时代阳光公司已经注销，郭某春、郭某满可以对清算中未处理的债权主张权利，故郭某春、郭某满有权就时代阳光公司可能存在的债权向河南中博公司主张权利。关于时代阳光公司提供的产品是否符合合同约定的问题。首先，判断软件是否正版，应当以互联网进行确认的微软公司授权码(注册码)为准。本案中，时代阳光公司通过正规渠道购买了批量授权代码并出售给河南中博公司，并配套提供安装软件的光盘，该行为区别于单独销售刻录有微软公司软件安装信息的光盘。故时代阳光公司在本案中的销售行为并不违反相关法律法规。其次，《软件购销合同》中所约定的"E—LJCENCE""交货方式为电子邮件方式""如需拆单"等均表明时代阳光公司所提供的软件为批量授权软件，非河南中博公司所称希望的采购一个包装一个注册码形式的

---

〔1〕 参见国家法官学院案例开发研究中心编：《中国法院2014年度案例》(买卖合同纠纷)，中国法制出版社2014年版，第171页。上海市静安区人民法院(2010)静民二(商)初字第1570号民事判决书。

软件。故时代阳光公司向河南中博公司提供批量授权软件符合合同约定。时代阳光公司在合同履行过程中的行为不足以导致河南中博公司取得解除合同的权利,故河南中博公司向时代阳光公司发送的解除通知不发生合同解除的效力。

法人的民事权利能力和民事行为能力,从法人成立时产生,到法人终止时消灭。2015 年 7 月 2 日,时代阳光公司被准予注销,其权利能力、民事行为能力自该日消灭。至时代阳光公司注销时,《软件购销合同》尚未履行完毕,该合同因时代阳光公司的终止而终止。合同终止后,尚未履行的部分终止履行,已经履行的部分,河南中博公司应当根据时代阳光公司的履行情况给付相应的价款。本案中,时代阳光公司在其注销前仅向河南中博公司交付了 1664 张光盘,而未交付能够使软件正常运行的授权码,该授权码乃软件运行的关键要素,故时代阳光公司并未履行实质上的交付软件义务,时代阳光公司不能就此获得对河南中博公司的债权。郭某春、郭某满以时代阳光公司注销前股东的身份要求河南中博公司支付货款及违约金的诉讼请求于法无据,法院不予支持。判决:驳回原告郭某春、郭某满的全部诉讼请求。二审法院同意一审法院的裁判意见。[1]

有限责任公司的股东,应当依法在公司被吊销营业执照后组织清算。无论股东所占的股份多少,是否实际参与了公司的经营管理,全体股东在法律上应一体成为公司的清算义务人。

【案例 3-29】 存亮公司诉拓恒公司、房某福等买卖合同纠纷案

一审法院认为,存亮公司按约供货后,拓恒公司未能按约付清货款,应当承担相应的付款责任及违约责任。房某福、蒋某东和王某明作为拓恒公司的股东,理应在拓恒公司被吊销营业执照后及时组织清算。因房某福、蒋某东和王某明怠于履行清算义务,导致拓恒公司的主要财产、账册等均已灭失,无法进行清算,违反了《公司法》及其司法解释的相关规定,应当对拓恒公司的债务承担连带责任。二审法院判决:驳回上诉,维持原判。[2]

(五)买受人与中介人的区别

买卖合同的买受人与合同中介人的区分。实践中,主要从两个方面进行分

---

〔1〕 参见国家法官学院案例开发研究中心编:《中国法院 2019 年度案例》(买卖合同纠纷),中国法制出版社 2019 年版,第 206 页。北京市第三中级人民法院(2017)京 03 民终 5606 号民事判决书。

〔2〕 最高人民法院指导案例 9 号。

析。其一,是否接受他人的委托。一般情况下,合同买受人并没有接受他人的委托而是以自己的名义从事商务活动,直接接受该活动所达成的合同的约束,并从中赚取利润。买卖合同的中介人则是接受委托人的委托,为委托人报告订立合同的机会或者提供订立合同的媒介服务,委托人向其支付约定的报酬。其二,是否直接参与合同具体条款的商谈。合同的买受人一般直接参与合同规格、数量、价款等合同条款的商谈,以获取利润最大化的效果。合同的中介人则一般不会直接参与合同规格、数量、价款等合同条款的商谈,其仅为合同当事人提供订立合同的机会或者媒介服务,买卖合同内容的商谈结果与其自身关系并不大,在中介服务活动中,其以获取委托人支付的报酬为主要经济来源。

【案例3-30】 宝爵理文厂诉周某等买卖合同纠纷案

一审法院认为,首先,宝爵理文厂主张与之发生买卖合同关系的相对方为周某,但其举证的买卖合同显示签署合同的买方为陈某。其次,宝爵理文厂主张买卖合同签订时周某在场,并对合同文本进行了修改确认,据此认为合同的权利义务是由宝爵理文厂与周某、陈某确定的,于法无据;除合同文本记载的内容外,宝爵理文厂对所主张的与周某、陈某三方对合同的履行各自分工进行了明确,并未提供相应证据予以证明,据此认为周某也系该买卖合同的相对方缺乏事实和法律依据。最后,还款协议签订过程中周某均在场,宝爵理文厂认为周某是合同相对方而不要求周某在合同及还款协议上签名有悖常理。相反,宝爵理文厂代理人邹某红与周某的微信记录显示邹某红也认可周某系陈某的业务介绍人身份,仅要求周某一起帮助落实解决货款,邹某红实际上也代理宝爵理文厂向陈某收取了本案货款。综上,法院认定案涉买卖合同的相对方为宝爵理文厂与陈某,周某系该合同介绍人。案涉买卖合同系宝爵理文厂与陈某的真实意思表示,不违反法律、行政法规的强制性规定,对宝爵理文厂主张与周某、陈某系买卖合同共同买受人的主张法院不予支持,故宝爵理文厂主张周某承担共同付款义务,周某的配偶夏某文对周某的债务承担共同付款义务的诉讼请求,法院不予支持。判决:(1)陈某给付宝爵理文厂货款1694780元及迟延履行利息;(2)陈某波对本判决第一项陈某应付债务承担共同付款责任;(3)驳回宝爵理文厂的其他诉讼请求。二审法院判决:驳回上诉,维持原判。[1]

---

〔1〕 参见国家法官学院、最高人民法院司法案例研究院编:《中国法院2021年度案例》(买卖合同纠纷),中国法制出版社2021年版,第34~35页。江苏省无锡市中级人民法院(2019)苏02民终4198号民事判决书。

【案例3-31】 程某革诉史某华买卖合同纠纷案

一审法院认为,本案中,原、被告之间就购买涵管事宜经协商后,对涵管的价格和付款方式达成一致意见,并形成了双方确认的手机短信内容,系以手机短信的形式订立合同的行为。该合同系当事人之间的真实意思表示,且不违反国家法律、行政法规的强制性规定,合法有效。双方当事人应当按照合同约定全面履行自己的义务。本案中,原告向被告指定的工地现场运送双方约定的涵管,并经被告确认后,被告应当按照约定的价格向原告支付涵管货款。原告主张根据被告确认的送货数量,按照双方约定的价格向其支付货款的主张,于法有据,法院予以支持。对于被告史某华主张其系原告与某控股公集团之间买卖合同的介绍人,并非本案买卖合同的买方的抗辩意见,法院认为,本案中与原告协商货物价款及付款方式的均系被告史某华本人,且史某华对原告的送货数量进行了确认。同时,史某华在本案所涉涵管买卖事宜的协商过程中,并未出示其系受该控股集团的委托或指派,代表该控股集团原告进行协商的相应证据材料,也未提交本案所涉买卖合同的介绍人的相应证据材料。故对史某华主张其系本案所涉买卖合同介绍人的意见,因证据不足,法院不予采信。判决:被告史某华向原告程某革支付货款93740元。二审法院判决:驳回上诉,维持原判。[1]

---

〔1〕 参见国家法官学院、最高人民法院司法案例研究院编:《中国法院2022年度案例》(买卖合同纠纷),中国法制出版社2022年版,第30~31页。湖北省荆州市中级人民法院(2020)鄂10民终2000号民事判决书。

三、买卖合同主体纠纷的处理

（一）工程买卖主体的处理

在工程挂靠背景下，买卖合同的相对方确定为实际施工人后，被挂靠的名义施工人不承担连带责任，不应成为清偿债务的主体。

【案例3－32】 于某辉诉轻工公司等买卖合同纠纷案

二审法院认为，第一，关于李某会与上诉人之间的法律关系的性质。在李某会为被上诉人出具的欠条中，李某会自书系东旭公司的承包人，与作为该工程发包方的东旭公司陈述李某会为实际施工人相一致，且李某会与东旭公司双方确认已支付的工程款均是东旭公司以现金方式支付给李某会的。上诉人亦认可该工程系个人挂靠其公司施工，虽否认与李某会之间的挂靠关系，主张系李某会挂靠，但就此未提供相应证据，法院不予支持。李某会解释李某洪为其聘用的项目经理符合客观实际。同时，被上诉人在诉状中明确李某会与上诉人之间系挂靠关系，说明被上诉人对李某会与上诉人之间的挂靠关系亦明知，故应认定李某会与上诉人系挂靠关系，李某会并非上诉人的工作人员，其向被上诉人购买材料不构成职务行为。第二，关于上诉人承担本案民事责任的问题。本案中，上诉人与被上诉人之间未签订过书面买卖合同，被上诉人持有的李某会出具的欠条，亦未体现上诉人的名称，李某会已经在欠条中明确其为承包人，被上诉人已收到的37万元货款均为李某会个人给付的现金，为被上诉人签收货物的李某洪亦是李某会聘任的项目经理。在被上诉人否认双方形成买卖关系的情况下，被上诉人仅依据《建设施工合同》中有李某会的签名，即认定其有权代表上诉人购买材料，证据不足。故应当认定被上诉人交易的相对方为李某会，而非上诉人。原审判令李某会承担剩余货款的给付责任并无不当。李某会与上诉人之间系挂靠关系，原审在既无合同约定，又无法律规定的情况下，判令上诉人承担连带责任没有依据，应予纠正。判决：(1)维持一审判决第一项、第三项；(2)撤销一审第二项；

(3)驳回于某辉的其他诉讼请求。[1]

【不同处理】 有的法院认为,实际施工人挂靠公司,以项目部名义出具的欠条,由公司承担付款责任。

【案例3-33】 黄某清诉广润公司、黄某魁买卖合同纠纷案

一审法院认为,被告黄某魁个人无建筑工程施工资质,其以被告广润公司的名义承揽工程,两被告之间成立工程挂靠施工合同关系。黄某魁在承建讼争工程的过程中,以广润公司项目部的名义向原告购买加气砖并出具欠条,其行为构成表见代理,其民事责任应由广润公司承担,原告与广润公司之间成立买卖合同关系。广润公司结欠原告货款人民币263000元的事实,应予以认定。广润公司依法应按结欠金额向原告承担付款责任。黄某魁作为代理人,其个人不承担还款义务。综上,原告要求广润公司偿付货款及利息的诉求合理合法,法院予以支持。判决:(1)被告广润公司偿付原告黄某清货款人民币263000元,并支付利息;(2)驳回原告对被告黄某魁的诉讼请求。二审法院认为,被上诉人黄某魁作为上诉人广润公司在本案诉争工程中的实际施工人,在施工过程中,因工程所需与材料商进行结算并出具欠条的行为,应认定为代表上诉人广润公司履行的职务行为,欠条中所体现的欠款金额的还款义务,依法应由广润公司承担。广润公司的上诉理由,缺乏事实和法律依据,不予支持。判决:驳回上诉,维持原判。[2]

挂靠人对外以挂靠人名义签订买卖合同时,应当审查合同相对人对于挂靠事宜是否知情。

【案例3-34】 材料公司诉工程公司买卖合同纠纷案

二审法院认为,本案中,徐某武与工程公司签订了工程承包合同,工程公司将"综合交通枢纽工程及室内装饰项目"交给徐某武实际施工,徐某武以工程公司的名义与材料公司签订买卖合同,且加盖"工程公司合同专用章";合同约定供货地位工程公司项目施工现场,合同页眉处有工程公司字样;材料公司向上述施工现场供货后,工程公司向材料公司银行转账支付部分款项,结合上诉情形,材料公司有理由相信工程公司为买卖合同相对方,因此,本案买卖合同对工程公司发生效力,工程公司应当履行合同义务,支付材料公司剩余货款。如工程公司因此与徐某武发生纠纷,双方可另行依法解决。

---

〔1〕 参见国家法官学院案例开发研究中心编:《中国法院2016年度案例》(买卖合同纠纷),中国法制出版社2016年版,第175~176页。吉林省长春市中级人民法院(2014)长民四终字第523号民事判决书。

〔2〕 参见国家法官学院案例开发研究中心编:《中国法院2014年度案例》(买卖合同纠纷),中国法制出版社2014年版,第90页。福建省泉州市中级人民法院(2012)泉民终字第2931号民事判决书。

关于剩余货款金额,在二审庭审中各方对一审确认金额无异议,法院予以确认。一审判决其他处理无误,法院予以维持。综上所述,工程公司的上诉请求不能成立,应予驳回;一审判决认定事实清楚,适用法律正确,应予维持。判决:驳回上诉,维持原判。〔1〕

在买卖合同上加盖项目章的情况下,项目章的公司为合同同向相对人。

【案例3-35】 鑫岚祥经营部诉西南建司等买卖合同纠纷案

二审法院认为,本案的争议焦点为西南建司是否是案涉买卖关系的相对方,西南建司主张其并非案涉买卖关系的相对方,对此法院认为,首先,案涉《欠款协议》上加盖了“广东西南建设工程有限公司第一工程处”的印章,虽然该印章并非西南建司在相关部门的备案章,但除在本案外,西南建司在他处也对该印章进行了使用;其次,西南建司的对公账户向鑫岚祥经营部支付了货款74万元。西南建司声称该对公账户是王某自行开设,该情况是否成立属于西南建司内部的管理问题。综上,西南建司的主张不能成立,西南建司是案涉买卖关系的相对方,应承担相应的付款责任。综上所述,上诉人西南建司的上诉理由不能成立。一审判决认定事实清楚,适用法律正确,应予维持。判决:驳回上诉,维持原判。〔2〕

【案例3-36】 齐德亚太公司诉中太公司买卖合同纠纷案

判决观点,本案双方当事人争议的焦点为对齐德亚太公司合同相对方的认定。齐德亚太公司主张中太公司系其合同相对方,我国现行法律禁止工程承转包,中太公司系涉案工程的承包方,高某超、郭某超二人以中太公司名义,加盖带有中太公司字样的项目部印章,从而导致齐德亚太公司认定高某超、郭某超二人系中太公司的员工,二人的签约行为代表中太公司。中太公司则主张齐德亚太公司的合同相对方应为志超公司,因中太公司已将涉案工程转包给环宇公司,后又由环宇公司转包给了志超公司,涉案合同上加盖的是中太公司项目部印章并非中太公司的印章,高某超、郭某超亦不是中太公司员工,故高某超的签约行为只能代表志超公司。对此法院认为,根据《合同法》第四十九条的规定,具体到本案,高某超、郭某超二人以中太公司名义与齐德亚太公司签约,并加盖了带有中太公司字样的印章,同时,中太公司确系

---

〔1〕 参见国家法官学院、最高人民法院司法案例研究院编:《中国法院2023年度案例》(买卖合同纠纷),中国法制出版社2023年版,第53~54页。北京市第三中级人民法院(2021)京03民终15401号民事判决书。

〔2〕 参见国家法官学院、最高人民法院司法案例研究院编:《中国法院2020年度案例》(买卖合同纠纷),中国法制出版社2020年版,第82页。四川省成都市中级人民法院(2018)川01民终10725号民事判决书。

涉案工程的承包方,故在我国现行法律禁止工程转包的情况下,齐德亚太公司有理由相信高某超、郭某超代表中太公司签约,相应后果应由中太公司承担。中太公司虽主张已将工程转包给第三方,但齐德亚太公司否认知晓转包一事,中太公司亦未提交证据证明齐德亚太公司对转包一事系明知,故法院采信齐德亚太公司的主张,认定齐德亚太公司的合同相对方为中太公司。基于以上认定,法院认为,齐德亚太公司已按照合同约定履行了供货义务,中太公司受领货物后亦应按照合同的约定履行付款义务。中太公司关于其与齐德亚太公司不存在买卖合同关系的答辩意见,与本案认定事实不符,法院不予采信。判决:(1)被告中太公司给付原告齐德亚太公司货款57129元并支付利息;(2)驳回原告齐德亚太公司的其他诉讼请求。[1]

对外购买施工材料并运至施工工地,构成表见代理的,承包工程施工的公司为合同主体。

【案例3-37】　尹某诉某建设工程公司等买卖合同纠纷案

二审法院认为,从本案查明的事实来看,首先,某建设工程公司为某温泉镇污水处理厂工程的施工单位,尹某供应的夹板、方木等木材送至某建设工程公司施工工地的事实,各方当事人均无异议,法院予以确认。其次,尹某向原审法院提交的某温泉镇污水处理厂工程施工工地围蔽外墙悬挂的“施工标志牌”、工地内某建设工程公司办公室的墙上悬挂的“主要管理人员和办公电话牌”、“工程概括牌”和“某市温泉镇污水处理厂工程通讯录”等照片记载的内容均表明冯某坤为该工地的工作人员。虽然某建设工程公司对“施工标志牌”不予认可,但没有提交证据推翻上述照片的真实性。再次,冯某坤提交的《钢脚手架承包协议》、收据证实冯某坤在对外交往中,均是以冯某良的名义进行。某建设工程公司、冯某良均确认冯某良是某建设工程公司的员工。最后,原审法院向公安局调取的证据中,委托书的内容证实某建设工程公司在某市温泉镇污水处理厂工程曾委托冯某坤对外代表该公司处理有关木材被盗的事实。综上所述,姑且不论冯某坤是否为某建设工程公司的员工,至少冯某坤与尹某进行交易的行为足以构成表见代理的法律要件,故原审法院认定与尹某建立买卖合同关系的相对方为某建设工程公司,并无不当,二审法院予以维持。某建设工程公司上诉主张与尹某之间并不存在买卖合同关系的意见,据理不足,二审法院不予采纳。至于某建设工程公司上诉称与冯某坤之间不存在雇佣关系的意见,对本案的实体处理并无影响,故二审法院

---

〔1〕 参见国家法官学院案例开发研究中心编:《中国法院2015年度案例》(买卖合同纠纷),中国法制出版社2015年版,第94~95页。北京市海淀区人民法院(2012)海民初字第5397号民事判决书。

不再予以评述。判决:驳回上诉,维持原判。[1]

混凝土已经实际使用于案涉工地,材料商开具发票后施工公司也已经认证抵扣,施工公司从未提出异议,工地负责人的身份也得到双方的确认,施工公司应承担付款责任。

【案例3-38】 绍兴市中富商品混凝土有限公司诉鉴湖建设集团有限公司买卖合同纠纷案

二审法院认为,本案双方的争议焦点是祝某龙以鉴湖公司名义出具的结账清单的行为对鉴湖公司有无约束力。第一,供货合同上虽未加盖鉴湖公司的公章但抬头及落款处均为鉴湖公司名称,祝某龙在委托代理人处签名。合同履行过程中月对账单上记载的收款对象也是“鉴湖建工”。可见,本案买卖合同是祝某龙等行为人以鉴湖公司名义而非其个人名义签订并履行。第二,鉴湖公司对祝某龙作为项目副经理、经济责任承包人的身份予以确认。鉴湖公司在二审中提供的内部承包合同仅涉及兰亭国际公寓二期工程,而本案买卖合同关系自一期工程即已发生,一期工程是否由祝某龙内部承包,鉴湖公司并未提供证据证明。而且,内部承包合同中关于祝某龙职责范围的约定,系鉴湖公司的内部关系,并无证据证明中富公司明知该约定,故对中富公司无约束力。第三,即使祝某龙系无权代理,由于祝某龙系该工地的实际负责人,其购买建材的行为与工程施工直接相关。而且,从混凝土这种商品的特性来看,需要现场搅拌现场交换,同时结合城建档案资料,兰亭国际公寓使用的混凝土相应的质量证明书由中富公司出具,可见,本案所涉混凝土实际用在兰亭国际公寓的工程中。中富公司将混凝土运送至鉴湖公司承建的兰亭国际公寓施工现场,足以使中富公司相信与其签订供货合同、履行供货合同的相对方为鉴湖公司。中富公司开具给鉴湖公司的增值税发票均已认证抵扣,应视为鉴湖公司对交易关系的认可。综合分析本案的实际履行情况,祝某龙出具结账清单的行为对鉴湖公司具有约束力。另,结账清单中约定2013年12月30日支付50万元,余款于2014年1月28日前一次性付清,故中富公司的主张也未超过诉讼时效。至于鉴湖公司提出的不应当支付违约金的问题,鉴湖公司未按结账清单的约定应支付相应的违约金,一审判决依据双方在供货合同中的约定以及中富公司自愿调整后的利率判令鉴湖公司支付相应的违约金,并无不当。综上,鉴湖公司的上诉理由不能成立,不应予

---

〔1〕 参见国家法官学院案例开发研究中心编:《中国法院2015年度案例》(买卖合同纠纷),中国法制出版社2015年版,第8页。广东省广州市中级人民法院(2013)穗中法民二终字第422号民事判决书。

以支持。判决:驳回上诉,维持原判。[1]

【不同处理】 有的法院认为,虽是承包工程公司的人员,但是以个人名字在进入工地材料的送货单上签字的,不构成表见代理。

【案例3－39】 黄某丹诉装潢配套公司买卖合同纠纷案

二审法院认为,原审法院现已查明涉案工程公示栏中载明的王某中、包某澄的身份,同时涉案工程例会会议纪要中,王某中、包某澄均以被上诉人工作人员名义参加会议并签名。依据《合同法》第四十九条的规定,要求行为人必须以被代理人的名义订立合同,而本案中王某中、包某澄两人均是以个人的名义在上诉人出具的送货单上予以签字,上诉人没有证据证明王某中、包某澄的行为代表被上诉人。因此,上诉人的上诉请求没有事实和法律依据。原审法院判决并无不当,上诉人的上诉请求不能成立。判决:驳回上诉,维持原判。[2]

行为人在相关材料上盖有项目章,买卖合同上个人署名的,不构成表见代理。

【案例3－40】 上海沪安电线电缆厂诉浙江圣大建设集团有限公司买卖合同纠纷案

二审法院认为,本案的争议焦点在于,沪安电线厂与圣大公司是否存在系争买卖合同关系。沪安电线厂主张实际交易方为圣大公司,其提供了分支电缆清单、分支电缆图、买卖合同等证据,上述证据均未盖有圣大公司具有对外意思表示效力的印章,不能作为确定双方实际存在交易关系的事实依据。虽然分支电缆清单与分支电缆图上盖有圣大公司的相关印章,因该印章上表明的内容已清楚表示不能对外签订合同,原审认定亦不能作为圣大公司意思表示的依据,并无不当。关于沪安电线厂所称,由于孙某华与圣大公司委托代理人钟某良系夫妻关系,故孙某华的行为已经构成表见代理,孙某华的行为应当视为圣大公司对其作出的意思表示。法院认为,虽然钟某良系圣大公司的委托代理人,但是孙某华的身份自始至终未被圣大公司认可,亦未有证据显示圣大公司的相关行为能够导致沪安电线厂有理由相信孙某华也应拥有代理权,故其主张表见代理缺乏相应的权利外观因素作为基础。并且,即使沪安电线厂主观上确实相信了孙某华拥有代理权,但是,从表见代理的主观因素考察,该种确信亦并非无过失相信,沪安电线厂在买卖交易中想当然

---

〔1〕 参见最高人民法院中国应用法学研究所编:《人民法院案例选》2017年第3辑(总第109辑),人民法院出版社2017年版,第178～179页。浙江省绍兴市人民法院(2015)浙绍商终字第163号民事判决书。

〔2〕 参见国家法官学院案例开发研究中心编:《中国法院2015年度案例》(买卖合同纠纷),中国法制出版社2015年版,第99页。江苏省镇江市中级人民法院(2013)镇商终字第344号民事判决书。

地认为钟某良的配偶孙某华拥有授权，显然存在一定过错。综上，从表见代理的权利外观和主观因素两个方面考察，原审不予认定孙某华的行为构成表见代理，于法有据，并无不当。至于城建档案馆资料显示，相关工程确已使用沪安电线厂生产的电线电缆，相关资料同时也显示圣大公司所承包的施工工程仅为“外立面石材及玻璃幕墙工程”，故难以确认系争中的电线电缆系为圣大公司采购使用，认定圣大公司为沪安电线厂的实际交易方，依据不足。沪安电线厂可以在进一步查实的基础上，另行其主张权利。因此，沪安电线厂的上诉理由缺乏依据，其上诉请求，法院不予支持。判决：驳回上诉，维持原判。〔1〕

出卖人明知买受人的工程承包人的身份，其在买卖合同上加盖的是项目部技术专用章，不构成表见代理。

【案例3－41】 俞某法诉二建公司买卖合同纠纷再审案

判决观点，本案所涉合同签订前，马某君、王某军等人并未代表二建公司与俞某法发生过交易关系；签订合同时，俞某法明知本案所涉工程项目经理为朱庆祥，马某君、王某军仅为标段负责人（实为工程承包人）；合同上所盖印章为明显不具有对外合同效力的技术专用章。上述情况说明，马某君、王某军二人并不具备使申诉人相信其有代表二建公司与俞某法签订合同的理由，但俞某法仍与所谓代表二建公司的马某君、王某军签订合同并履行，俞某法自身存在过失，故不符合表见代理的构成要件，因此，马某君、王某军于本案所涉之行为，不构成表见代理。判决：维持原判决。〔2〕

买卖合同上有公司项目经理的签名，但未加盖公司印章，法院认定项目经理构成职务行为，其公司为合同相对方。

【案例3－42】 吴某都诉金丰公司买卖合同纠纷案

判决观点，金丰公司与吴某都签订的《石材购销合同》及石材结算清单上，虽无金丰公司的公章，但有冼某松的签字。冼某松作为金丰公司涉案工程的项目经理，其签订合同的行为应认定为职务行为，而且冼某松的职务，在相对人看来也有理由相信其具有签订合同的代理权。金丰公司虽否认冼某松代其公司与吴某都签订的《石材购销合同》及石材结算清单，但金丰公司未能提交相应证据，现吴某都要求金丰公司支付尚欠货款的诉讼请求，理由

---

〔1〕 参见国家法官学院案例开发研究中心编：《中国法院2015年度案例》（买卖合同纠纷），中国法制出版社2015年版，第102页。上海市第一中级人民法院（2013）沪一中民四（商）终字第245号民事判决书。

〔2〕 参见国家法官学院案例开发研究中心编：《中国法院2013年度案例》（买卖合同纠纷），中国法制出版社2013年版，第152页。浙江省慈溪市人民法院（2010）甬慈商再字第8号民事判决书。

正当，应予以支持。《石材购销合同》中约定：分批交货分期验收，并分期付款，如未按约定期限履行付款义务，应按实际迟延天数×货款额×0.5‰的比例支付延期付款违约金，吴某都于2010年9月11日供货完毕后，冼某松于2010年10月11日确认了欠款数额。现吴某都自2010年10月11日起计算违约金，并自愿放弃2011年8月1日之后的违约金，理由正当，应予以支持。金丰公司的答辩意见，缺乏事实及法律依据，不应采信。判决：被告金丰公司支付原告吴某都货款487862.96元及违约金73179元。[1]

建设工程施工过程中，施工方签订买卖合同后退出施工，买卖合同的相对人不能扩大到后进场的施工人。

【案例3-43】　北京信宇达商贸有限公司诉保定建业集团有限公司、中国第一冶金建设综合建筑安装工程公司买卖合同纠纷案

二审法院认为，信宇达公司与中国一冶公司泊海美度工程项目部签订的《工业品买卖合同》系双方当事人的真实意思表示，亦未违反法律及行政法规的强制性规定，应为合法有效。现有证据显示，信宇达公司依据该合同向中国一冶公司所属工地泊海美度工程项目部提供了价值6345493.93元钢材，已付货款1775000元，尚欠4570493.93元未付，中国一冶公司应当承担付款义务。保定建业公司上诉提出信宇达公司与中国一冶公司签订的买卖合同项下最后一批钢材的供货时间为2010年8月8日，而保定建业公司与同发地产公司签订《工程承包合同》的时间是2010年9月16日。保定建业公司既不是买卖合同的当事人，也不是涉案钢材的接收人，其不应对该买卖合同项下的货款承担任何责任。对此，二审法院认为，基于合同相对性的原则，本案中买卖合同关系应当建立在信宇达公司与中国一冶公司之间，现无证据证明保定建业公司参与了买卖合同的实际履行，故二审法院对保定建业公司的此项上诉理由予以支持。一审法院基于中国一冶公司与保定建业公司未对工程施工情况、工地原材料等进行相应交接结算，以及该工程的实际施工单位为鸿旭公司，故要求保定建业公司对涉及本案的钢材款承担共同给付责任的处理意见，二审法院认为缺乏事实与法律依据，应依法予以改正。关于保定建业公司提出供货数额及一审违反程序的上诉主张，二审法院认为由于缺乏相关证据支持，故不予采信。判决：(1)撤销一审判决第一项、第三项；(2)维持一审判决第二项；(3)中国一冶公司给付信宇达公司货款

---

〔1〕 参见国家法官学院案例开发研究中心编：《中国法院2013年度案例》(买卖合同纠纷)，中国法制出版社2013年版，第172页。北京市西城区人民法院(2011)西民初字第23163号民事判决书。

4570493.93 元;(4)驳回信宇达公司的其他诉讼请求。[1]

建设工程项目负责人在没有明确授权的情况下,指示材料供货商通过其账户将施工方支付给材料供货商的货款转付他人,不能认定为职务行为。虽然项目负责人具有外表授权特征,但因材料供货商没有尽到应有注意义务,不构成合理信赖,不能认定项目负责人指示转款行为构成表见代理。

【案例3-44】 湖南昌华科技有限公司诉湖南省第六工程有限公司买卖合同纠纷再审案

再审法院认为,本案双方的争议焦点为:一是第六工程公司已付货款是25680800元,还是28180800元,即涉案争议的昌华科技公司转付给湖南瑞泉投资有限公司(以下简称瑞泉投资公司)250万元是否为第六工程公司已付货款;二是原判按每月2%的标准计算加价款的违约金是否合法;三是原判由第六工程公司承担律师费153600元是否正确。

关于涉案250万元问题。申请人第六工程公司认为,2013年9月12日,申请人付款400万元至被申请人昌华科技公司的账上,申请人的付款行为已完成。被申请人收到款后转付他人,并未经过申请人的同意,系其自主行为,与申请人无关。被申请人在收到400万元货款转付瑞泉投资公司250万元,仅凭瑞泉投资公司出具的《联系函》,该函既没有谢某伟的签名,也没有项目部的印章,该责任由瑞泉投资公司承担。因此,申请人的付款总额为28180800元,而不是25680800元。被申请人认为,转付250万元给瑞泉投资公司按照项目负责人谢某伟的指示并转给其控制的公司,谢某伟的行为是典型的表见代理,故该250万元不能认定为第六工程公司的已付货款。法院认为,谢某伟不是第六工程公司的员工,该公司也没有授权其融资或将货款转付给他人,谢某伟指示转款给瑞泉投资公司并不是职务行为或有权代理。表见代理是无权代理人具有某些代理的外表授权特征,使相对人有理由相信其有代理权,从而产生有权代理的法律效果。其一,须是无权代理,即代理人没有代理权、超越代理权或者代理权终止后实施的代理行为;其二,须在代理行为外观上存在使相对人相信行为人具有代理权的理由;其三,须相对人与无权代理人实施民事法律行为;其四,须是相对人善意且无过失。在本案中谢某伟是第六工程公司农信家园项目部的项目负责人,第六工程公司也授权其处理工程相关事宜。该事实决定了谢某伟具有双重身份,既具有该项目负责人身份,也具有普通自然人身份。涉案争议的250万元资金转款给瑞泉投资

[1] 参见国家法官学院案例开发研究中心编:《中国法院2016年度案例》(买卖合同纠纷),中国法制出版社2016年版,第182~183页。北京市第三中级人民法院(2014)三中民(商)终字第03770号民事判决书。

公司虽然系谢某伟指示,但第六工程公司已将400万元转入昌华科技公司的账户,因钱系种类物,自该款转入昌华科技公司账户后,该款就属于昌华科技公司所有。因此,谢某伟指示转账的对象并不是第六工程公司所有的财产,而是昌华科技公司所有的财产。虽然昌华科技公司提出只是利用其账户过渡,但并无充分证据证明双方存在此约定。因此昌华公司提出谢某伟支配控制第六工程公司财产的理由不能成立。昌华科技公司对自己的财产处置应具有更高的注意义务。即使上述250万元款项仍属谢某伟对第六工程公司资金的支配,本案昌华科技公司对谢某伟的指示转款行为并不属于善意且无过失。作为相对方的昌华科技公司,在谢某伟指示其转款时,至少从形式上应考量所转之款是否与第六工程公司工程有关,也只有在谢某伟所实施的行为在表面上与其项目负责人身份相关时,昌华科技公司才可能有理由相信其代表第六工程公司。而本案谢某伟指示昌华科技公司转款给瑞泉投资公司,与第六工程公司项目没有任何关联。此时,谢某伟除有项目负责人的身份外,再无其他外表授权,如上述所述,谢某伟具有双重身份,仅凭其身份并不能想当然地认定其有理由相信谢某伟具有代理权,故昌华科技公司的转款并不属于善意相对方。另外,本案涉案工程是以第六工程公司的名义承建,谢某伟均是以第六工程公司的名义实施的与工程相关行为,钢材买卖合同的需方也是第六工程公司,钢材款的支付也是从第六工程公司的账户支付,昌华科技公司现起诉对象也是第六工程公司,故昌华科技公司知道其权利的对方为第六工程公司,对谢某伟指示转款是否为第六工程公司的意思表示并没有与合同相对方第六工程公司进行核实,也没有要求第六工程公司或项目部出具意见函,仅凭谢某伟个人的口头指示和瑞泉投资公司出具的联系函就将其账户中的款项转给他人,明显没有尽到应有的谨慎注意义务。虽然昌华公司提出瑞泉投资公司系由谢某伟控制,但并不能因此而免除其应尽的注意义务。再者,从常理上看,如果谢某伟的指示是第六工程公司的意思表示,完全没有必要绕弯通过昌华科技公司的账户转款,直接少支付250万元更简单明了。很显然,谢某伟在行为外观上也与第六工程公司的利益不符。故昌华科技公司对于转款250万元给瑞泉投资公司存在过失。因此,本案谢某伟指示昌华科技公司转款250万元给瑞泉投资公司的行为并不符合表见代理的构成要件,谢某伟的行为不构成表见代理,上述争议的250万元应为第六工程公司已付货款,应从欠货款总额中予以扣除。故截至2015年2月17日(最后一笔货款支付时间),按照昌华科技公司的诉讼请求,昌华科技公司共计向第六工程公司送钢材6783.933吨,货款总计26599314.4元,垫资加价金额为1258522.37元,共计金额27857836.77元,第六工程公司累计付款为28370257.3元(含退货款),第六工程公司多付款512420.53元(28370257.3

元－27857836.77元)。因第六工程公司已多付货款,因此昌华科技公司提出的违约金及律师费用问题均不存在,上述诉讼请求均不应支持。判决:撤销一、二审判决,驳回昌华科技公司的诉讼请求。〔1〕

出卖人与受托代理人签订买卖合同,并按合同约定的送货地点履行合同,买卖合同的相对方为委托人即买受人,而非受托代理人。

【案例3－45】 刘某东诉电白公司等买卖合同纠纷案

二审法院认为,电白公司与刘某东没有签订书面买卖合同,就双方之间是否存在买卖合同关系,法院认为,首先,电白公司与粤东公司存在建筑工程承包合同关系,电白公司是本案所涉工程的承包方,杨某佳是电白公司授权和认可的该工程负责人,且电白公司向杨某佳出具了《授权委托书》,杨某佳持该份授权委托书与刘某东达成买卖建材的口头合同,上述材料提供至电白公司承建的粤东工地,杨某佳指派其胞妹杨某梅进行签收,由此可见,杨某佳根据电白公司的授权,与刘某东形成买卖建材的合同关系,履行的是其职务行为,由此产生的法律后果应由电白公司承担。其次,从合同的履行实际履行来看,本案中,刘某东与广西柳州市大都混凝土有限公司(以下简称大都公司)签订的柳州市预拌混凝土购销合同约定由大都公司代刘某东向电白公司供货,供应至粤东公司;同时,电白公司认可与粤东公司存在建设工程施工合同关系并承建粤东工地,刘某东提交的大都公司商品的发货单上载明的用户名称为刘某东,并由杨某梅签收,可以得知大都公司代刘某东将本案的混凝土送至电白公司承建的粤东工地并由杨某梅负责签收,而非将建材送至其他工地,合同实际履行的相对方为电白公司。据此,本案买卖合同的相对方应为电白公司与刘某东。电白公司上诉称杨某佳无权对外购买该工程建材,与本案查明的事实不符,且未提供相应的证据予以反驳,应承担举证不能的不利后果,因此,对电白公司的该项主张,法院不予支持。关于电白公司上诉称杨某梅没有权限接收货物,只是负责杨某佳的日常生活起居,签收行为的法律后果应由杨某梅自行承担的主张,法院认为,一审中刘某东提交了柳州市雒容龙航建材厂与电白公司签订的《供需合同》,该合同有杨某佳的签字确认。根据《供需合同》载明"交货地点、方式:柳江县粤东公司1#、2#、3#厂房,签收人为杨某梅为准"的内容可知,杨某佳曾委托杨某梅在该粤东工地的其他送货单上签收建材,杨某梅履行的是职务行为,该行为的法律后果应由电白公司承担。电白公司的该上诉主张法院不予采信。据此,本案买卖合同的

〔1〕 参见最高人民法院中国应用法学研究所编:《人民法院案例选》2017年第12辑(总第118辑),人民法院出版社2018年版,第124～126页。湖南省高级人民法院(2017)湘民再148号民事判决书。

相对方为刘某东与电白公司。需要指出的是，通过以上法院分析可知，电白公司对一审法院查明事实的异议没有依据，法院不予采信，一审法院查明的事实属实。判决：驳回上诉，维持原判。[1]

无权代理人购买行为未得到买受人的同意和追认，不构成表见代理，无权代理人是责任主体，第三人有过错的则为连带责任主体。

【案例3-46】 上海仓驰贸易有限公司诉浙江天宇建设有限公司等买卖合同纠纷再审案

再审法院认为，首先，石某未经天宇公司授权，以其名义进行施工，在工地上悬挂施工名牌，私刻“浙江天宇建设有限公司迪嘉特工业园项目部印章”并对外签订合同，事后未被天宇公司追认，而且也没有证据证明天宇公司对石某的这些行为是明知而未予制止，因此石某的行为不构成表见代理，应由其本人承担最终的民事责任。其次，石某的行为不构成表见代理。从本案查明的事实来看，仓驰公司相信石某具有天宇公司的代理权的理由在于：(1)迪嘉特工业园项目工地真实存在且已经施工；(2)工地大门上挂的施工铭牌显示是天宇公司迪嘉特项目部及石某为项目经理；(3)买卖合同上盖有天宇公司迪嘉特项目部的公章。这些事实只能证明石某与天宇公司迪嘉特项目部之间存在一定联系，却不足以证明石某和天宇公司之间建立了充分的联系。石某仅持有天宇公司迪嘉特项目部的公章，而项目部明显不具有独立主体资格，仓驰公司至少应对其是否盖有天宇公司公章的授权委托书、天宇公司的营业执照副本等材料进行必要的审核，才能在石某和天宇公司之间建立起必要的联系，才有理由相信石某是天宇公司的代理人。仓驰公司作为合同的相对方，仅凭工地的施工铭牌和一枚项目部的公章即轻信石某是天宇公司的代理人而未尽必要的审核义务，存在疏忽大意的过失。同时，迪嘉特工业园项目部是石某进行施工、工地大门上的施工铭牌是石某制作并悬挂、天宇公司迪嘉特项目部的公章更是石某未经授权而私刻，可见，这些是仓驰公司认为石某是天宇公司代理人的事实而实际上与天宇公司的行为并无牵连，并非因天宇公司的过错行为导致。再审法院也注意到，天宇公司在和迪嘉特公司、石某签订《承揽协议一》、《承揽协议二》以及《施工合同》的过程中，随意在尚未谈好的合同上盖上公章及法定代表人的私章，在谈判失败后将盖了公章的合同随意留存于相对方处，虽其认为自己在合同生效条件方面采取了必要的预防措施，不可否认天宇公司对合同签订、保管的行为过于随意，存在

---

〔1〕 参见国家法官学院案例开发研究中心编：《中国法院2017年度案例》(买卖合同纠纷)，中国法制出版社2017年版，第44～45页。广西壮族自治区柳州市中级人民法院(2015)柳市民二终字274号民事判决书。

一定的过错。天宇公司这一在合同方面的过错行为与仓驰公司对石某身份的认定之间不具有因果关系,目前没有证据证明仓驰公司是因为看到了天宇公司留存在外的《承揽协议》或是《施工合同》而认定天宇公司是工程承包方、石某是项目经理。相反,从仓驰公司事后从马鞍山经济技术开发区管委会取得并提交一审法院作为证据的《施工合同》来看,《施工合同》中承包人天宇公司的落款部分已被剪去,仓驰公司如果事前尽到注意义务,就能及时发现石某系无权代理。综上,石某的无权代理行为并不能构成表见代理,不应由天宇公司承担合同责任。最后,迪嘉特公司一直就《承揽协议》和《施工合同》与天宇公司、石某进行洽谈,其明知因天宇公司与石某之间的内部承包关系未成立导致施工合同未能签订,石某并无天宇公司的代理权,却让石某个人以天宇公司的名义交纳合同保证金,允许其提前进场施工,并任其在工地大门上悬挂天宇公司项目部标牌,虽然迪嘉特公司辩称其不知道石某私刻天宇公司项目部公章对外签订合同一事,但其至少明知项目已经开始施工,承包方必然要对外签订合同采购大量建筑材料,而石某是不可能以个人名义作为承包方的,迪嘉特公司上述故意或放任的行为对买卖合同相对方误认为石某是天宇公司的代理人具有明显过错。况且,迪嘉特公司是项目的发包方,本来就应向石某支付工程建设款,其与石某就解决迪嘉特工地的施工纠纷达成的公证协议约定“石某欠供货商的货款由双方确认后,迪嘉特公司可以直接支付供货商”。因此,迪嘉特公司应对合同相对方仓驰公司的损失负连带责任,其承担责任后,超出应支付石某工程建设款的部分可向石某予以追偿。判决:(1)撤销一审判决与二审判决;(2)被申请人石某向被申请人仓驰公司支付货款人民币379644元;(3)被申请人石某向被申请人仓驰公司支付以人民币379644元为基数,自2009年1月21日至判决生效之日止,按每月2%计算的逾期付款损失;(4)被申请人石某向被申请人仓驰公司支付律师服务费人民币20000元;(5)被申请人迪嘉特公司对被申请人石某的上述第二项、第三项、第四项义务承担连带责任;(6)驳回被申请人仓驰公司的其他诉讼请求。[1]

(二)合同责任主体的处理

市场管理者为承租柜台的经营者代开发票,不是对不符合食品安全标准10倍赔偿的责任主体。

---

〔1〕 参见茆荣华主编:《2018年上海法院案例精选》,上海人民出版社2020年版,第7~9页。

【案例3－47】　喻某诉西点百货、林某买卖合同纠纷案

一审法院认为，喻某与林某之间成立事实上的买卖合同关系。2015年10月1日新修订的《食品安全法》不具有溯及既往的效力，故本案适用的法律应为2009年6月1日实行的《食品安全法》。林某两次向喻某出售的茶叶均为预包装盒装茶叶。喻某于2015年6月15日自林某处购买了5盒茶叶，违反了《食品安全法》的规定。喻某于2015年6月26日再次自林某处购买的25盒铁观音茶叶具备生产许可，符合相关法律规定，加之喻某购买茶叶后并未开封及食用茶叶。据此，喻某主张其第二次自林某处购买的25盒铁观音茶叶存在食用质量问题并主张赔偿的诉讼请求，法院不予支持。西点百货虽开具了发票，但其只是在市场内代开发票，并不参与实体经营。故喻某要求西点百货承担连带责任，不予支持。判决：(1)林某退款喻某购物付款4250元，喻某返还林某2015年6月15日购买的铁观音茶叶礼盒5盒；(2)林某给付喻某赔偿金42500元；(3)驳回喻某的其他诉讼请求。

二审法院认为，喻某与林某之间成立事实上的买卖合同关系。本案的争议焦点有三：一是本案应适用修订前的《食品安全法》还是修订后的《食品安全法》；二是林某2015年6月26日向喻某出售的25盒茶叶是否符合相关食品安全标准；三是西点百货是否应承担连带责任。首先，一审法院适用法律正确。其次，林某2015年6月26日向喻某出售的25盒茶叶符合相关食品安全标准。最后，西点百货代开发票合法有据，亦未违反相关法律规定，故西点百货不应承担连带责任。判决：驳回上诉，维持原判。[1]

在买卖合同中，共同履行合同的两个或两个以上主体，构成共同欺诈。

【案例3－48】　杨某女诉徐某利等买卖合同纠纷案

一审法院认为，原告作出购买的意思表示，是基于被告恒忻公司年会上对该产品的介绍，恒忻公司也出具收据收取了原告的款项，产品也是恒忻公司交付的，原告并未与韩国的公司建立关系。收取的款项当中包含了注射的服务费用，药品也是恒忻公司交到被告徐某利处，由徐某利为原告注射，应视为是恒忻公司和徐某利共同履行了与原告的买卖合同。恒忻公司在交货所附的产品说明书上明确记载是药品，而恒忻公司并无销售药品的资格，并且根据说明书上记载的药品本位码及注册号查询，恒忻公司所提供的产品并非国家药监局登记的使用该注册的药品，甚至名称、厂家、规格及功能均不相符，恒忻公司也未提交任何证据证明所售药品在中国有合法登记并有权销

---

〔1〕　参见国家法官学院案例开发研究中心编：《中国法院2018年度案例》（买卖合同纠纷），中国法制出版社2018年版，第290～291页。北京市第一中级人民法院（2016）京01民终5920号民事判决书。

售。恒忻公司故意以保健品的功能向原告介绍,诱使原告作出错误的意思表示,以为购买的是保健品,实际买到的是药品,而且是与注册号登记内容严重不相符的药品。恒忻公司明知自己没有销售药品的资格,向原告销售未经合法登记的药品,其行为构成欺诈。徐某利经营的是美容,并无医疗资质,但其为原告注射没有合法登记的药品,其行为亦构成欺诈。二审法院持同样意见。[1]

实践中,应依据合同相对性原则确定责任主体。

【案例3-49】 杨某诉巴彦淖尔市合众圆通速递有限公司乌拉特前旗分公司、付某春买卖合同纠纷案

判决观点,消费者与销售者订立网络购物合同,且消费者已完成付款义务,销售者应依约完成货物的交付义务。消费者网购的货物在交付过程中因送货人未核实相关身份信息致使货物被他人冒领。消费者主张销售者与送货人共同承担赔偿责任。基于合同相对性原则,网络购物合同仅约束缔约双方当事人,消费者只能向销售者主张赔偿责任,法院对送货人应当承担赔偿责任的请求不予支持。[2]

收购股权不是合并,其责任主体不发生变化。

【案例3-50】 北京建方信息技术有限公司诉讯宝科技亚洲公司、摩托罗拉(中国)电子有限公司北京分公司买卖合同纠纷案

二审法院认为,当事人采用合同形式订立合同的,自双方当事人签字或者盖章时合同成立。签字或盖章均属于合同成立的方式,只要是经确认的有权签字,即使未盖单位公章,对当事人也具有约束力。公司合并时,合并各方的债权、债务,应当由合并后存续的公司或者新设的公司承继。收购股权不是合并,在法律上依然是独立的民事权利主体,无法律规定或者当事人约定并不产生连带责任。[3]

---

〔1〕 参见国家法官学院案例开发研究中心编:《中国法院2014年度案例》(买卖合同纠纷),中国法制出版社2014年版,第224页。云南省昆明市中级人民法院(2012)昆民终字第130号民事判决书。

〔2〕 参见最高人民法院民法典贯彻实施工作领导小组编著:《中国民法典适用大全》(合同卷一),人民法院出版社2022年版,第33页。内蒙古自治区乌拉特前旗人民法院(2013)乌前民初字第2301号民事判决书。

〔3〕 参见最高人民法院民法典贯彻实施工作领导小组编著:《中国民法典适用大全》(总则卷二),人民法院出版社2022年版,第1163~1164页。北京市高级人民法院(2009)高民终字第3681号民事判决书。

(三)消费者主体的处理

关于消费者的概念,现行立法并未进行明文规定,《消费者权益保护法》第二条规定该法的调整范围为“消费者为生活消费需要购买、使用商品或者接受服务,其权益受本法保护;本法未作规定的,受其他有关法律、法规保护”,亦未对消费者概念进行明示。因消费者概念尚未被明确界定,关于《消费者权益保护法》中的消费者主体是否限于自然人抑或包括企事业单位及其他组织存在争议,在司法实践中审理消费者纠纷案件存在一定困难。《消费者权益保护法》明确规定其调整的法律关系是为生活消费需要购买、使用或者接受服务的生活消费关系,生活消费只能是自然人,而不可能是非自然人的企事业单位及其他组织。企事业单位及其他组织虽然也可以因购买、使用商品或者接受服务与经营者签订相关合同,但因其本身不具备生活消费需要,且通常其在交易经验、交易能力、谈判地位等方面并不似自然人一般居于弱势地位,也就是说,其并非消费关系的弱者,从立法解释和司法解释的角度来看,企事业单位及其他组织基于消费目的而购买商品或接受服务并不具备《消费者权益保护法》中的消费者身份。

【案例3-51】 贾某夯诉燚坤星公司买卖合同纠纷案

一审法院认为,对于贾某夯交付的2套黄金楠圈椅,因交付的货物与合同约定不符,燚坤星公司主张退货的反诉请求予以支持。除2套黄金楠圈椅外,燚坤星公司主张涉案家具存在开裂、变形、变色等质量问题,从鉴定意见书中并不能推断出涉案家具的质量问题是由贾某夯所致。虽然贾某夯交付的货物中有部分货物不符合合同约定,但该部分货物的交付从数量、价值来看未达到根本违约的程度,不符合法定解除条件,故对燚坤星公司要求解除合同的反诉请求法院不予支持。本案中,燚坤星公司将购买的家具放于其办公场所,是为生产经营所需,而非为生活消费需要,故对燚坤星公司的该项反诉请求,法院亦不予支持。关于贾某夯要求支付经济损失的诉讼请求,合同约定的最后付款日期是2015年5月1日,2015年8月17日的承诺书双方一致将付款时间变更为2015年8月底,故利息需从2015年9月1日起计算。判决:(1)燚坤星公司支付贾某夯货款1835000元;(2)燚坤星公司赔偿贾某夯的经济损失;(3)燚坤星公司退还贾某夯品牌为鸿翔阁、约定材质为黄金楠的圈椅2套(含4把单椅和2个茶几);(4)驳回贾某夯的其他诉讼请求;(5)驳回燚坤星公司的其他诉讼请求。二审法院认为,关于燚坤星公司能否要求贾某夯支付3倍赔偿金及违约金的问题,燚坤星公司购买涉案家具系生产经营所需,而非生活消费需要,且合同亦未约定违约金,故对燚坤星公司要求依据《消费者权益保护法》进行3倍赔偿及支付违约金的诉讼请求，不予支持。判决：驳回上诉，维持原判。[1]

对消费者的概念应作广义理解，任何人只要购买商品或者接受服务的目的不是将商品或者服务再次转手谋利，不是为了专门从事商品交易活动，那么其购买行为就属于生活消费，就是消费者权益保护法规定的主体范畴。不能仅以购买人主观上明知所购商品为假货，就认为不是为了生活消费。消费者不仅包括为自己生活需要而购买商品或服务的人，也包括为了收藏、保存、赠与等替需要或他人购买而购买商品或服务的人。

【案例3－52】 田某娜诉淄博蓝渤糖酒站有限公司买卖合同纠纷案

二审法院认为，上诉人主张被上诉人田某娜知假买假，非以个人生活消费为目的而购买，不是《消费者权益保护法》所称的消费者，没有法律依据，不予采纳。上诉人出售以假充真的商品，其行为符合相关法律、法规"欺诈"行为的规定，应当认定存在欺诈消费者的行为。故上诉人的上诉理由不能成立。[2]

（四）特殊情形主体的处理

现实生活中，受货物生产进度的影响，有些企业在承接订单后，短期内无法提供相应的货款，但又不想因此放弃该生意机会，就把该订单转给生意伙伴，导致卖方出现变化。实际收货时，买方的员工在收货单上签字的职务行为也比较常见。所以在当事人提出买卖合同主体抗辩的情况下，应结合买卖合同的签订、实际供货情况、当事人的陈述等因素予以认定。

【案例3－53】 物资公司诉刘某、制造公司买卖合同纠纷案

判决观点，本案的争议焦点为买卖合同双方如何确定。首先，被告刘某在第一次庭审过程中称买方为制造公司，第二次庭审过程中又称买方为梁某泉，刘某的前后陈述不一致。对于刘某所称的梁某泉是本案责任主体的观点，原告不予认可，且刘某没有提供任何证据材料证实梁某泉参与了本案的钢材交易行为，履行了买方的义务，被告与梁某泉之间是否存在工程款结算

[1] 参见国家法官学院、最高人民法院司法案例研究院编：《中国法院2020年度案例》（买卖合同纠纷），中国法制出版社2020年版，第67～68页。北京市第二中级人民法院（2018）京02民终7119号民事判决书。

[2] 参见国家法官学院案例开发研究中心编：《中国法院2017年度案例》（买卖合同纠纷），中国法制出版社2017年版，第224页。山东省淄博市中级人民法院（2015）淄商终字第532号民事判决书。

问题，与本案非同一法律关系。故刘某的该项辩称，法院不予采信。其次，商贸公司与被告制造公司签订的《买卖合同》，约定制造公司需要采购的钢材型号、数量、价格预付款金额以及钢材使用的工程名称，与原告开具的实物出库单实际进行供货所载明的上述信息相符。刘某是制造公司的股东，其在该买卖合同的委托代理人处签字以及预付了4万元的行为，与合同约定的买方义务相符。为此本案买卖合同的买方为制造公司，刘某的签字及付款行为是代制造公司履行职务的行为。最后，原告陈述卢某馨与原告的法定代表人卢某杰是亲戚关系，商贸公司签订了上述《买卖合同》后由于商贸公司没有相应的钢材，所以卢某馨电话通知原告，由原告实际供货。对此，卢某馨以及被告制造公司已出具情况说明予以认可，二者的陈述相符。对此，原告的供货行为，是按照制造公司与商贸公司签订的买卖合同，实际履行了供货义务，本案买卖合同的卖方应为原告。综合以上几个方面，法院确认制造公司与原告是本案买卖合同的双方，原告要求制造公司支付剩余货款60356.1元，法院予以支持。原告主张制造公司从起诉之日起，按照全国银行间同业拆借中心一年期贷款市场报价利率支付剩余资金占用费至付清之日，有事实及法律依据，法院予以支持。刘某并非本案买卖合同的相对方，其签字及付款是代制造公司履行职务行为，原告主张刘某承担本案连带清偿责任，法院依法不予支持。判决：被告制造公司支付原告物资公司货款60356.1元及资金占用费。[1]

柜台出租者、实际经营者都是对消费者依法承担赔偿责任的主体。

【案例3-54】　刘某玉诉工美集团、金牛公司买卖合同纠纷案

一审法院认为，金牛公司在工美集团内设立柜台，刘某玉作为消费者，在金牛公司选中商品后，向工美集团支付全部货款，柜台经营者金牛公司向刘某玉出具预订单承诺履行供货义务，故买卖合同关系成立于刘某玉和金牛公司之间。工美集团统一收取各柜台的货款，系行使商场管理者职责。刘某玉与金牛公司之间的买卖合同非现货交易，刘某玉已履行付款义务，金牛公司直至撤柜仍未履行交货义务，致使合同目的无法实现，刘某玉有权要求解除合同，并要求金牛公司返还货款、赔偿利息损失。《消费者权益保护法》规定，消费者在展销会、租赁柜台购买商品或者接受服务，其合法权益受到损害的，可以向销售者或者服务者要求赔偿。展销会结束或者柜台租赁期满后，也可以向展销会的举办者、柜台的出租者要求赔偿。展销会的举办者、柜台

〔1〕　参见国家法官学院、最高人民法院司法案例研究院编：《中国法院2022年度案例》（买卖合同纠纷），中国法制出版社2022年版，第27页。广西壮族自治区柳州市柳北区人民法院（2020）桂0205民初4351号民事判决书。

的出租者赔偿后有权向销售者或者服务者追偿。刘某玉在工美集团向金牛公司购买商品,货款由工美集团收取。刘某玉作为消费者到商场购物,商场的信誉和影响力是其作出消费决定的重要考量因素。金牛公司未履行买卖合同导致刘某玉的合法权益受到侵害,工美集团作为管理者应当承担连带赔偿责任,其承担赔偿责任后可向金牛公司追偿。判决:(1)刘某玉与金牛公司之间的买卖合同于2018年6月1日解除;(2)金牛公司退还刘某玉货款79600元并赔偿该笔款项自2015年7月7日起至实付清之日止的利息损失;(3)工美集团对判决主文第二项金牛公司的付款义务向刘某玉承担连带清偿责任;工美集团承担连带清偿责任后,有权向金牛公司追偿。二审法院同意一审法院的裁判意见,判决:驳回上诉,维持原判。[1]

(五)诉讼主体适格的处理

网络购物中,被冒名的出卖人未与买受人进行交易的,不是适格的被告。

【案例3-55】 张某虹诉代某满买卖合同纠纷案

判决观点,原告主张原、被告双方成立买卖合同关系的主要依据为微信记录、微信转款记录,上述证据的种类为电子数据,从上述电子数据可知,案涉甲微信用户的实际使用人是接收原告货款的直接相对方,也是与原告成立买卖合同关系的一方当事人。上述电子数据由第三方平台即支付科技公司记录并保存,该第三方平台反馈的微信实名认证情况应为真实、可靠的信息。从该第三方平台反馈的情况来看,案涉的微信账户存在多人、连续实名认证的情况,这与日常生活中个人名下特定名称的微信号一般仅对自己本人的信息进行实名认证的使用习惯不相符,说明该微信账号可能存在异常实名认证的情况。被告的信息虽然也进行了实名认证,但在被告的信息实名认证期间,该微信账号并未实际绑定被告名下的银行卡,本案现有证据也无法证实该微信账号在实名认证期间由被告本人提供了除身份证号码、姓名外的其他个人信息,故无法证实被告与该微信用户的实际是使用人之间具有同一性。从法院组织双方通过远程视频的方式进行质询、相互发问的情况来看,被告本人对微信使用操作的具体流程并不清楚,这与原告提供的微信记录中该微信用户能流畅使用微信进行交流,收款等内容不相符,且被告提交了其户籍

---

〔1〕 参见国家法官学院、最高人民法院司法案例研究院编:《中国法院2020年度案例》(买卖合同纠纷),中国法制出版社2020年版,第168页。北京市第二中级人民法院(2018)京02民终8350号民事判决书。

所在地的村委会出具的《证明》,证实其从未开设网店从事网络经营的事实,符合民事诉讼证据高度盖然性的证明标准。原告系通过非正常交易的途径购买宠物,而本案现有证据尚不足以充分证明原、被告之间形成了买卖合同关系,即被告为原告主张买卖关系的适格被告,原告据此主张被告承担买卖合同的责任,缺乏依据,故法院对原告的诉讼请求不予支持。判决:驳回原告张某虹的诉讼请求。[1]

在诉讼过程中,争议的民事权利义务发生转移,不影响当事人的主体和诉讼地位,但是在何种情况下法院可以准许受让人替代当事人承担诉讼的,法律及司法解释均没有明确规定。法律规定并没有限制在诉讼或者执行程序中的债权债务转移,但案外人在案件审理过程中申请替代当事人承担诉讼,在执行过程中申请变更执行人,存在虚假诉讼、规避应收账款执行等多种可能性。法官应根据具体案情确定,对债权转让中受让人申请替代当事人承担诉讼损害他人合法权益的,应不予准许。

【案例3－56】　汽车公司诉电池公司买卖合同纠纷案

二审法院认为,对于争议焦点一,依据《民事诉讼法解释》第二百四十九条的规定,即便汽车公司所主张的债权转让属实,也不影响电池公司在本案中的主体资格和诉讼地位,且法院已经依申请追加债权转让通知书及说明所载的两手"受让人"作为无独立请求权第三人参加诉讼,至于新能源公司、新能源企业(有限合伙)是否具备真实的债权受让人身份不影响本案继续审理,法院对此问题不作认定。对于争议焦点二,依据《民事诉讼法》第五十六条第一款的规定,第三人作为有独立请求权的第三人参加诉讼的条件有两个:其一,第三人对诉讼标的具有独立请求权;其二,由第三人提起诉讼。本案中,电池公司基于其与汽车公司之前签订的购销合同而形成的买卖关系提起诉讼,本案处理的是两者之间的权利义务关系,本案的诉讼标的电池产品的实际使用方并不具有独立请求权,汽车公司关于追加实际使用方为本案有独立请求权的第三人的上诉主张缺乏法律依据,法院不予采纳。对于争议焦点三,依照《买卖合同解释》第四十四条第(二)项的规定,汽车公司以电池公司停止售后服务给汽车公司造成损失为由,要求从货款中对相应款项进行扣减,应属于反诉的范围。汽车公司在一审期间未提起该项反诉请求,其要求直接以损失金额为减价处理,缺乏法律依据,法院对其相应上诉请求不予采纳。综上所述,汽车公司的上诉请求不能成立,应予驳回;一审判决认定事实

---

〔1〕 参见国家法官学院、最高人民法院司法案例研究院编:《中国法院2022年度案例》(买卖合同纠纷),中国法制出版社2022年版,第38～39页。广西壮族自治区南宁市兴宁区人民法院(2019)桂0102民初7641号民事判决书。

清楚,适用法律正确,应予维持。判决:驳回上诉,维持原判。[1]

买受人按照持续的交易模式向原经手人付款的,另一出卖人否认买受人付款称其收款人无权收款,收款人抑或间接代理人的具体身份由法官根据案情裁量。

【案例3－57】 贾某良诉培蒙公司买卖合同纠纷案

二审法院认为,戴某度有权向培蒙公司收取诉争煤炭的货款。其一,瑞庆公司与贾某良系挂靠关系,瑞庆公司仅为贾某良代开发票,并非货物的真实卖方,瑞庆公司出具的收款委托书,其作用也仅在形式上满足和完善收付款手续的财务需要,并不具有真正的授权作用,故本案中不应以有无瑞庆公司的收款委托书作为审核戴某度收款权的依据,而应当结合戴某度在交易中的身份、作用、权限以及付款人培蒙公司善意与否等因素综合考量认定。其二,贾某良与戴某度自2008年起合伙销售煤炭,两人的分工为贾某良组织货源、戴某度负责销售与收款,对本案培蒙公司的交易模式亦如此,在合伙关系之下,无论是从戴某度的合伙人身份还是合伙中的分工权限看,戴某度均有权向培蒙公司收取货款。贾某良虽自称自2011年起已与戴某度终止合伙关系,但对此未能提供充分证据证明,戴某度也不予认可,且即使贾某良所述属实,根据其在公安机关和本案诉讼中的陈述可知,2011年起与培蒙公司的交易模式未有任何变动,在商谈生意、送货交接、过磅确认、交付发票这些交易环节中,戴某度仍然全程参加,且贾某良并不掌握交货凭证。因此,从贾某良一方而言,戴某度即使不再合伙也至少是贾某良委托的代理人,且属于未对外披露代理关系的隐名代理。培蒙公司一方根据以往的交易模式完全有理由相信戴某度仍为交易相对方,故培蒙公司向戴某度支付货款,并无不当,不受贾某良与戴某度是否已终止合伙关系的影响。其三,培蒙公司向戴某度已支付货款2935000元,除戴某度予以认可外,培蒙公司还提供了所有付款凭证,证据确凿,应予认定。其中,明显非戴某度本人签字的,是戴某度委托其妻浦某英代为领款(浦某英同时签署了自己和戴某度的名字),此事实在公安机关询问笔录中戴某度和培蒙公司的会计均有提及,故这部分代领款应当认定为本案付款。又,培蒙公司向戴某度的付款方式中有13万元是培蒙公司应付戴某度的煤款,戴某度应付案外人的借款,案外人应付培蒙公司的染色费相互抵扣,贾某良对此有异议,但如前所述,培蒙公司有充分理由相信戴某度为交易相对方,故培蒙公司向戴某度的付款应当得到认定。上述13万

---

〔1〕 参见国家法官学院、最高人民法院司法案例研究院编:《中国法院2022年度案例》(买卖合同纠纷),中国法制出版社2022年版,第129～130页。北京市第二中级人民法院(2020)京02民终1840号民事判决书。

元采用债权债务抵销方式进行清偿,与以承兑汇票或现金支付,并无区别,也不存在恶意协助清偿个人债务的情形。至于另一笔借款三四十万元,根据戴某度在公安机关的陈述,是收到培蒙公司付款后,戴某度归还了出借人王某林,则此为戴某度自己在收到培蒙公司货款后的使用行为,与培蒙公司无关。综上所述,贾某良的上诉请求不能成立,应予驳回。一审判决认定事实清楚,适用法律正确,应予维持。判决:驳回上诉,维持原判。〔1〕

债务人已将欠款偿还给债权人委托人的,债权人再向债务人主张偿还欠款不是适格的主体。

【案例3－58】　李某能诉韦某锋买卖合同纠纷案

判决观点,原、被告双方签订的《关于河池韦某锋欠李某能货款的还款计划》是双方在自愿、合法的基础上签订的,是双方的真实意思表示,是合法有效的协议,双方应当共同遵守。被告欠原告货款,被告应当返还原告。本案被告韦某锋在2014年5月8日签订的还款协议和原告委托罗某文时确实欠原告李某能货款,但李某能在难以催款后已亲笔委托他人代为催款,而且韦某锋和其朋友黄某华已如数将款付给受委托人罗某文,已不存在韦某锋尚欠李某能货款的事实,即使韦某锋未还清货款也应由罗某文主张而不应当由李某能主张,因为李某能已经委托罗某文进行催款。原告的授权委托书是其亲笔书写捺印,是其真实意思表示,没有违反法律的规定,是合法有效的。受托人罗某文虽然不是原告直接委托,但系李某能授权其朋友李某权委托的。诉讼时货款已经还清,因此原告请求被告偿还其货款没有事实和法律依据。判决:驳回原告李某能的全部诉讼请求。〔2〕

不具有开具增值税专用发票资格的,不是增值税专用发票抵扣损失的责任主体。

【案例3－59】　华汇建设集团有限公司诉楼某达买卖合同纠纷案

二审法院认为,结合本案实际,楼某达作为自然人并不具有自行开具增值税专用发票的资格,亦不具备向当地的主管税务机关申请代开增值税专用发票的资格,故华汇建设集团有限公司要求楼某达承担因未开具增值税专用发票而给其造成抵扣税损失的赔偿责任于法无据,不予支持。原审法院认定

---

〔1〕 参见国家法官学院、最高人民法院司法案例研究院编:《中国法院2020年度案例》(买卖合同纠纷),中国法制出版社2020年版,第150～151页。江苏省无锡市中级人民法院(2018)苏02民终528号民事判决书。

〔2〕 参见国家法官学院案例开发研究中心编:《中国法院2019年度案例》(买卖合同纠纷),中国法制出版社2019年版,第171页。广西壮族自治区河池市南丹县人民法院(2017)桂1221民初204号民事判决书。

事实清楚,适用法律正确,审判程序合法,依法予以维持。判决:驳回上诉,维持原判。[1]

买卖合同中,买受人拟错出卖人的名称,出卖人以自己的名称起诉主张权利的是适格主体。

【案例3-60】 阜宁道森环保节能材料有限公司诉昆明奕标水泥有限公司买卖合同纠纷案

判决观点,原、被告订立的《工矿产品购销合同》,有双方签字及代表人的签字,是具有法律效力的合同,是双方履行的准则,现原告按合同约定向被告交付货物,被告理应向原告支付货款。对于该案争议焦点的原告主体"阜宁道森环保节能材料有限公司"的问题,第一,原告在起诉时依被告与其签订的名称——"江苏盐城世邦布业阜宁道森环保节能材料有限公司"——作为原告起诉,本案立案时初审受理该案,原告在证据交换时书面变更原告的名称,法院已送达被告方,被告方是明知的,第一次开庭时,原告又在诉讼请求中明确了原告的名称。第二,阜宁工商行政管理局出具的证明:"阜宁道森环保节能材料有限公司"与原告的名称相印证,也与阜宁县二税务局的登记证相印证,均证明原告具有主体资格是本案适格的原告。第三,《民事诉讼法》第一百零八条第一款规定,"原告是与本案有直接利害关系的公民、法人和其他组织";被告也当庭承认与到庭的原告发生过购销合同关系,收到和使用了原告的产品以及欠下本案到庭原告货款的事实。第四,原告有权在庭审前变更诉讼请求。第五,双方的合同系被告拟稿,合同中原告名称的错误,责任在被告。被告没有提交证实合同中"江苏盐城世邦布业阜宁道森环保节能材料有限公司"是另一家企业。总之,原告阜宁道森环保节能材料有限公司是本案合法的原告主体。因此,原告要求被告支付货物欠款202100元的诉讼请求,于法有据,应予支持。对于原告请求被告支付逾期利息,因合同中没有约定及追欠款造成原告直接损失30000元的诉讼请求,原告没有提交证据证实,法院不予支持。被告的答辩意见,于法无据,法院不予采纳。判决:(1)被告昆明奕标水泥有限公司支付原告阜宁道森环保节能材料有限公司欠款202100元;(2)驳回原告的其他诉讼请求。[2]

---

[1] 参见国家法官学院案例开发研究中心编:《中国法院2016年度案例》(买卖合同纠纷),中国法制出版社2016年版,第149页。浙江省绍兴市中级人民法院(2014)浙绍商终字第918号民事判决书。

[2] 参见国家法官学院案例开发研究中心编:《中国法院2014年度案例》(买卖合同纠纷),中国法制出版社2014年版,第175页。云南省昆明市寻甸回族彝族自治县人民法院(2012)寻民初字第874号民事判决书。

债权人死亡,法定继承人有权主张欠付的货款。

【案例3-61】 李某兰、王某诉李某仁买卖合同纠纷案

判决观点,被告李某仁为王某军出具欠据,证明王某军与李某仁之间的债权、债务关系成立。李某仁应及时给付,拒不偿还属违约行为,应承担违约责任。但双方未约定给付期限,故违约行为应从起诉之日起计算。现王某军已死亡,其债权作为法定第一顺序的继承人原告李某兰、王某应共同继承,二原告要求被告李某仁偿还尚欠货款23727元的请求法院予以支持。对于2005年12月30日所写的收条,因王某军已死亡,法院无法予以核实,被告也未提供相关证据证实该收条为偿还2006年3月11日所欠款53727元中的还款证据,二原告又予以否认,故对被告的主张法院不予支持。判决:被告李某仁给付原告李某兰、王某货款23727元。[1]

约定不明的多数人债务,债权人可以向任一债务人请求履行全部债务。被请求清偿债务的债务人,是适格的主体。

【案例3-62】 王某诉艾某保、霍某明买卖合同纠纷案

二审法院认为,此案的争议焦点为艾某保和霍某明否具有"共同履行"销售合同中10万元化肥欠款的合同义务。该销售合同中甲方为王某,乙方为艾某保和霍某明,该合同第三条结算方式第(1)项约定:"双方合同签订之日起,乙方向甲方支付全部货款,若有赊欠,每吨按1800元结算,欠款10万元秋后再付。"该合同亦未有艾某保和霍某明按份偿还化肥欠款的约定,故该合同之债的标的,化肥欠款10万元,系不可分之债,二人共同承担清偿化肥欠款10万元的义务,债权人王某可以要求其中任一债务人履行全部债务,王某在一审中撤回对霍某明的起诉系依法处分自己的权利,一审法院准许其撤回对霍某明的起诉并无不当。判决:驳回上诉,维持原判。[2]

个案中,出卖人作为个人出售货物,兼具其他身份的单位不是适格主体。

【案例3-63】 曹某某诉陈某某等买卖合同纠纷案

二审法院认为,该报告虽分析了可能导致小麦减产的原因,但庐江县农业委员会非指定的司法鉴定机构,其出具的报告不能作为本案的唯一依据。该调查报告分析的导致减产的三种原因均与陈某某出售的产品质量无关。曹某某未提供其他证据证明小麦减产与使用该品牌除草剂之间存在法律上

---

〔1〕 参见国家法官学院案例开发研究中心编:《中国法院2012年度案例》(买卖合同纠纷),中国法制出版社2012年版,第99页。辽宁省葫芦岛市连山区人民法院(2010)连沙民初字第00007号民事判决书。

〔2〕 参见周江洪等主编:《民法判例百选》,法律出版社2020年版,第291页。内蒙古自治区呼伦贝尔市中级人民法院(2014)呼民终字第436号民事判决书。

的因果关系，故曹某某要求陈某某赔偿小麦减产的经济损失无事实及法律依据，依法不予支持。另外，陈某某在出售除草剂时虽具有农机推广员身份，但陈某某以个体经营者的身份出售除草剂，系个人商业经营行为，非履行职务行为，故曹某某要求庐江县大同镇农业技术推广服务站、庐江县大同镇人民政府承担连带赔偿责任无法律依据，依法不予支持。[1]

经算账后自愿出具欠条但抗辩为受委托的行为，应视为适格的买受人。

【案例3-64】 富蕴县孙姐大肉店诉李某芬买卖合同纠纷案

二审法院认为，李某芬认可在2011年至2012年，其与蒲某平陆续在孙姐大肉店里买肉，也认可所有买肉的欠条都是李某芬签字确认的。现李某芬上诉称其是受蒲某平与王某方的委托进行的采购行为，但未提供充分证据予以证实。李某芬与蒲某平为夫妻关系，双方认可经过孙姐大肉店和李某芬算账后余款10975元未付，由李某芬向孙姐大肉店出具了欠条。一审认为李某芬向孙姐大肉店出具欠条，既是对欠款事实的认可，也是对欠款金额的确认，李某芬作为完全民事行为能力人，应当承担其出具欠条的法律后果，该认定符合法律规定。本案虽李某芬向一审法院提交了孙姐大肉店的经营者王某富书写的证明，称案涉欠款应由蒲某平与王某方承担，但鉴于李某芬自述其与蒲某平为夫妻关系，又是李某芬本人自愿出具欠条，孙姐大肉店以李某芬出具的欠条主张支付欠款，本案要解决的是双方的买卖合同关系，故一审判决李某芬应当按照欠条约定给付所欠肉款亦无不妥。李某芬上诉称其不承担付款责任的理由不能成立，该上诉请求法院不予支持。综上所述，李某芬的上诉请求不能成立，应予驳回；一审判决认定事实清楚，适用法律正确，应予维持。判决：驳回上诉，维持原判。[2]

在没有签订书面买卖合同的情形下，根据交易习惯、当事人的行为习惯和交易背景等因素，确定买卖合同的相对方。

【案例3-65】 春江公司与儋州支行等买卖合同纠纷再审案

最高人民法院认为，单纯从上述买卖合同磋商过程中的若干行为外观看，儋州人行和儋州建行在磋商过程中的确具有作为合同一方参与的某些特征，但解释和认定当事人之间的法律关系不能离开我国经济生活的现实背景。在当时特定的历史阶段，地方政府为招商引资的企业解决资金困难而与

---

〔1〕 参见中国审判理论研究会民事专业委员会编著：《民法典总则编条文理解与司法适用》，法律出版社2020年版，第18页。安徽省合肥市中级人民法院(2015)合民二终字第00069号民事判决书。

〔2〕 新疆维吾尔自治区伊犁哈萨克自治州阿勒泰地区中级人民法院(2022)新43民终545号民事判决书。

相关单位联系开展协调工作,观念上被认为是政府部门的一项日常工作。儋州人行和儋州建行在接到任务后,协调当地国有企业为政府重点项目提供支持,观念上被认为是通过调节余缺服务地方政府工作大局的正常做法。在联系的过程中,儋州人行和儋州建行作为银行监管派出机构,根据地方政府的要求协调剂资金余缺;儋州人行和儋州建行作为商业银行,按照地方政府和人行的要求利用其所掌握的客户资金,就槟榔厂的需求与春江糖厂联系,春江糖厂作为儋州市国有资产管理委员会下属的国有企业,就两家银行协调后为政府招商引资重点项目提供其需求的生产资料加以支持。在这一系列的协调过程中,各方的角色和地位是明确的。质言之,当时我国正处于从社会主义计划经济向社会主义市场经济的转轨时期,儋州人行和儋州建行是因政府的要求参与春江糖厂进行协商,其自身既无购买白糖之意愿,亦无相应的经营范围,因此,儋州人行和儋州建行所实施的一系列行为应属于按照政府行政指令进行协调和联络的角色。也只有立足于这一当时的历史时代背景,才能够理解春江糖厂为何在既没有预付款,亦没有任何还款保证的情况下,即按照儋州人行和儋州建行的协调意见向槟榔厂提供了案涉白糖。……综上,申请人春江公司关于案涉赊销业务的买受人是儋州建行和儋州人行的申请理由,没有事实和法律依据,法院不予采信。原再审判决关于案涉赊销业务的买受人非儋州人行和儋州建行的认定正确,法院予以维持。但原再审判决关于春江糖厂开具4张发票时本案的性质、各方之间的民事法律关系则发生了根本性改变的认定,理由不当,法院予以纠正。[1]

公司不具备《消费者权益保护法》中的消费者身份,不可依据该法主张惩罚性赔偿。

【案例3-66】 贾某诉北京某某公司买卖合同纠纷案

二审法院认为,1.公司作为企业法人主体,其行为能力应依据营业执照确定,即从事营业执照载明的生产经营活动,不存在生活消费需要,故公司不具备消费者权益保护法中的消费者身份。公司要求依据消费者权益保护法进行三倍赔偿的,法院不予支持。2.在案件一方当事人因不具备法律意义上的消费者身份而不能依据消费者权益保护法主张惩罚性赔偿的情况下,不排除其作为商品买受人、服务合同订立人的身份,在《民法典》《产品质量法》等其他法律的调整范围下主张其权利。[2]

---

〔1〕 参见最高人民法院民事审判第二庭编:《商事审判指导》2014年第2辑(总第38辑),人民法院出版社2015年版,第209~212页。

〔2〕 人民法院案例库2023-08-2-084-013。北京市第二中级人民法院(2018)京02民终7119号民事判决书。

专题四　买卖合同效力纠纷

对买卖合同效力的认定事关双方当事人的权利义务，也对促进买卖市场发展、维护市场交易秩序具有重大影响，亦是买卖合同纠纷的难点与热点问题。买卖合同效力认定是案件审理中首先要审查的内容。对合同效力审查的重点是，合同是否双方真实意思表示、有无符合法律规定的完备的形式要件、内容有无违反法律、行政法规的效力性强制性规定和《民法典》中违背公序良俗规定。

一、买卖合同效力的理解

合同效力问题始终是合同法律的核心问题。合同效力研究对于揭示合同成立、合同成立之后与合同有效、合同生效之间的关系有重要法律意义，为司法实践准确认定合同效力提供理论依据。

（一）买卖合同效力的含义

合同效力是指已经成立的合同在当事人之间产生的法律拘束力，也就是通常所说的合同具有的法律效力。[1] 学者认为，合同效力是指合同产生的权利义务。[2] 法官认为，合同的效力反映了法律对当事人之间的合意的评价。[3] 一般认为，合同效力是指合同的法律效力，即合同所具有的法律效力，也就是合同所具有的法律约束力。这种法律约束力是指对合同当事人的约束力及在法律上的强制力，即法律以其强制力迫使合同当事人必须按照相互之间的约定完成一定的行为。[4] 合同效力决定着合同当事人权利义务的有效性，它是合同能否顺利履行的基础，决定着当事人能否实现合同而生的法律救济。合同的效力更多地表现为法律对当事人意思的肯定和纠正。[5] 在合同效力的根据中，当事人的意思与法律的确认两者不可偏废，我国《合同法》的规定也体现了此点。[6]

合同的效力，由当事人的意思自治与法律对当事人意思的认可二者构成，缺一不可。应当注意的是，合同效力更多地表现为法律对当事人意思的肯定和纠正。因为并非所有当事人的意思一致都能够产生效力并为法律认可，只有有效合

---

〔1〕 参见程国林：《合同效力状态及其转化》，载《法学杂志》2006年第3期。

〔2〕 参见李仁玉等：《合同效力研究》，北京大学出版社2006年版，第1页。

〔3〕 参见吴庆宝主编：《最高人民法院专家法官阐释民商裁判疑难问题》（合同裁判精要卷）（增订版），中国法制出版社2011年版，第75页。

〔4〕 参见颜军：《浅说合同的有效与无效》，载《法制与社会》2008年第10期。

〔5〕 参见最高人民法院民事审判第一庭编：《最高人民法院关于审理城镇房屋租赁合同纠纷案件司法解释的理解与适用》，人民法院出版社2009年版，第50页。

〔6〕 参见惠从冰：《合同效力比较研究》，法律出版社2013年版，第5页。

同才受法律保护,法律对无效合同不予保护。未生效的合同,也不能产生要求合同履行的后果。现行合同法律及司法解释的规定也体现了这一点。合同效力的范畴,不仅包括因有效合同而产生的对当事人的拘束力,而且应该包括那些瑕疵合同的处理及其后果,这是基于后者也体现了法律对当事人权利义务的安排,与前者具有内在的一致性。也就是说,合同效力既包括法律对有效合同赋予的对当事人的拘束力,也包括合同无效与合同被撤销后的法律后果。〔1〕

影响合同效力的因素很多,这些因素往往处于不断变化之中。我国效力制度演变的趋势是,意思自治原则越来越发挥出实际效能,公序良俗原则越来越定位合理,鼓励交易原则越来越落到实处,无效的范围逐渐缩小,效力形式越来越多样化且富有弹性,有效、可撤销、效力待定、未生效并存的模式渐趋完善。〔2〕

对合同效力的评判,可分为两类分析,对合同是否生效是对法律事实的确认,而非对其法律价值的评判。对合同有效或无效的认定,从法律上讲属于价值判断,表明已经成立的合同符合国家的意志要求,因不属于诉讼当事人意思自治的范畴,而属于法律适用,这为效力研究的重点部分。合同效力问题是个法律问题,而非事实问题,因此,即使双方当事人均主张合同有效,法院也可以认定合同无效,这并不违反法定程序。〔3〕

合同效力范围,一般指合同能够在哪些范围的主体之间产生拘束力,或者说可以设定权利义务主体的范围。确定合同效力范围的一般规则为相对性,即合同只在缔约的当事人之间产生法律效力,不能给合同以外的人强加义务,当然也不具有强制力,但存在例外情况,这就是法律的明确规定,也包括合同以外的人自愿接受他人订立合同义务的拘束。有学者将合同相对性的内容概括为:一是主体的相对性,即合同关系只能发生特定主体之间,只有合同一方能够基于合同向合同的另一方提出请求或提起诉讼。二是内容的相对性,指除法律、合同另有规定外,只有合同当事人才能享有某个合同规定的权利,并承担合同约定的义务,合同以外的任何人都不能主张合同上的权利。具体来讲,合同约定由当事人享有的权利,原则上并不及于第三人,合同约定由当事人承担的义务,一般也不能对第三人产生约束力;合同当事人无权为他人设定合同上的义务;合同的权利与义务主要对合同当事人产生约束力,合同之债主要是一种对内效力。三是责任的相对性,即违约责任只能在特定的当事人之间,即在合同关系的当事人之间发生,合同关系以外的人,不负违约责任,合同当事人也不对其承担违约责任。〔4〕 笔者赞同以

---

〔1〕 参见李仁玉等:《合同效力研究》,北京大学出版社 2006 年版,第 5 页。

〔2〕 参见崔建远:《我国合同效力制度的演变》,载《人大复印报刊资料》(民商法学)2007 年第 6 期。

〔3〕 参见最高人民法院民事审判第一庭编:《民事审判指导与参考》2010 年第 4 集(总第 44 集),法律出版社 2011 年版,第 243 页。

〔4〕 参见王利明:《民商法研究》(第 3 辑),法律出版社 2001 年版,第 409 ~ 411 页。

上观点,在以上三点中主体的相对性即合同对人的效力为核心、是基础,其次才产生内容、责任上的相对性。

当前,理论界通常按照合同的不同特征将合同划分为有效合同、无效合同、可撤销合同和效力待定合同四种类型,并据此将合同划分为有效、无效、可撤销、效力待定四种效力状态。有学者对此提出了自己的观点,这种根据效力类型划分合同效力状态的方法,不仅容易混淆合同的类型与合同效力的区别,而且划分的结果也会造成不同状态之间交叉和同一状态下的不确定状况。其在分析了不科学的原因的基础上,认为已经成立的合同,按照某一时点满足国家对合同有效要件要求的程度不同,进行合同效力状态的划分,并将合同效力状态划分为无效状态、有效状态和未生效状态三种确定状态。[1] 笔者赞同以上划分的三种状态的观点。

合同效力的转化与补正。通常情况下,合同效力转化与合同效力补正是指同一问题。合同效力转化是以合同成立时的效力状态认定为基础,合同当事人通过一定的行为,对合同成立后有关合同效力的要件进行调整,或直接对合同效力进行调整,实现合同效力状态之间的转化。也就是说,根据有关法律法规的规定,有些合同原本应当被认定为无效,但是允许当事人在一定期限内采取措施对合同效力加以完善,或者因于某些客观事由使合同中的无效情形自动消除,从而使原本无效的合同转化为有效合同。最高人民法院法官认为,合同效力补正是指当事人所签订的合同因违反了法律禁止性规定,导致合同不能满足有效条件,当事人可以通过事后补正或者实际履行使合同满足有效的条件,促使合同有效。[2] 采用合同效力补正理论,可以尽量减少合同无效的情形,进而促进当事人积极履行合同,保证交易安全,促进经济发展。另外,因实践中订立合同后并未办理批准或者登记手续的情况复杂,有的并非自身原因而是批准、登记机关所致,在法律上应采取适当宽容的态度,对于及时补办完批准、登记手续的,法院应当承认合同已经生效,合同未生效状态转化为有效状态。

合同效力认定的主体,是国家审判机关即人民法院。对买卖合同效力进行认定,在进入诉讼程序后是由法院裁量的。只有法院有确认合同是否有效,合同当事人是否享有确认合同效力的权力。换言之,对双方当事人争议的或无争议的合同效力,由法官依职权审查认定,在个案中行使自由裁量权。法官对合同效力依照职权进行审查体现在审理程序的全过程,所不同的是,在二审程序(再审程序)中法官除了对合同的效力进行审查外,还对一审法院(二审法院)对合同效

---

〔1〕 参见程国林:《合同效力状态及其转化》,载《法学杂志》2006 年第 3 期。

〔2〕 参见最高人民法院民事审判第一庭编:《最高人民法院建设工程施工合同司法解释的理解与适用》,人民法院出版社 2004 年版,第 55 页。

力的确认是否正确进行审查。可以请求对合同效力审查的主体,包括合同的当事人,以及受该合同影响的、与该合同有利害关系的第三人,而并非任何人都有权向法院请求确认合同效力。特别强调一点,法院认定合同效力不以诉讼请求为限。

对买卖合同效力的认定,法院在审理时坚持与其他合同一样,实行国家干预原则,即依职权审查合同是否存在违法性。当事人是否提出或否定合同效力,不影响法院审查的职权性和主动性。合同内容没有违反法律、行政法规的效力性强制性规定,不具备法定无效要件的合同,应当尊重当事人意思自治原则,认定此类合同有效。反之,则认定此类合同无效。在实践中,有相当多的案件当事人各方均主张涉案合同有效。在这种情形下,法院不因当事人未请求确认合同无效,便可以放弃审查合同内容是否具有违反法律效力性强制性规定因素,如果发现合同属于无效范畴,法院应当主动依职权认定合同无效,不受当事人有无请求的限制。这是基于法院作为司法机关,应当主动行使国家公权干预当事人的民事行为,不受当事人对合同效力有无请求的限制,目的在于保护国家利益、社会公共利益及案外人利益。对合同效力的认定属于法院职权行为,主动审查合同效力是法律赋予法官的权力。在司法实践中,对合同效力的审查是处理包括买卖合同在内的各种合同纠纷的关键和首要问题,即便当事人对合同效力未提出异议,法院亦应审查。制定司法解释的法官认为,合同效力与当事人是否提出主张无关,也与当事人主张的内容无关,合同效力应是法院依职权审查的范畴。[1] 也就是说,合同效力属于人民法院主动审查的范围,同时合同效力认定直接影响到案件的实体处理。因此,无论当事人的诉讼请求中是否提出确认合同效力,人民法院均应主动审查。[2] 审判中应以主动审查为原则,但可根据案件的实际情况区别处理。[3] 应注意的是,法院对合同效力虽有主动审查义务,但是其审查范围应是当事人诉至法院的合同。合同中的非实质条款,应当允许当事人根据具体情况对合同进行变更,不轻易认定合同无效。

---

〔1〕 参见最高人民法院民事审判第一庭编著:《最高人民法院建设工程施工合同司法解释(二)理解与适用》,人民法院出版社2019年版,第74~75页。

〔2〕 参见最高人民法院民事审判第一庭编:《最高人民法院关于审理城镇房屋租赁合同纠纷案件的司法解释的理解与适用》,人民法院出版社2009年版,第126页。

〔3〕 参见邓基联主编:《房屋租赁合同纠纷》,法律出版社2010年版,第72页。

(二)买卖合同生效的理解

1. 合同生效的含义

民事法律行为的生效，是指民事法律行为所产生的法律约束力。[1] 通说认为，所谓合同的生效，是指依法成立的为使其具有法律所赋予的约束力而产生的效力。学者认为，合同生效的法律后果直接表现为合同当事人按照合同的约定履行合同，当事人开始享有合同约定的权利并承担约定的义务。[2] 也就是说，合同的生效指符合了法定生效要件，受到法律的保护，并能够产生合同当事人所预期的法律后果。

合同的生效要件是判断合同具有法律效力的标准。所谓合同生效要件，是指合同对其当事人发生权利义务关系履行合同的条件。根据《民法典》第一百四十三条的规定，民事法律行为应当具备以下条件。

其一，行为人具有相应的民事行为能力。根据《民法典》第一百四十四条规定：无民事行为能力人实施的民事法律行为无效。第一百四十五条第一款规定：限制民事行为人实施的纯获利益的民事法律行为或者与其年龄、智力、精神健康状况相适应的民事法律行为有效；实施的其他法律行为经法定代理人同意或追认后有效。

其二，意思表示真实。这要求当事人的外部意思表示与其内心意思表示应当一致性，但这绝非将当事人的外部意思表示与其内心意思表示不一致的情形予以排除，其内外不一致主要表现为因受欺诈、胁迫、重大误解等作出的意思表示，并在外部意思表示签订相应的合同。

其三，不违反法律、行政法规的强制性规定、不违背公序良俗。这里的法律是指广义上的法律，指合同法也包括其他单行法律，不仅包括法律也包括行政法规。不违反法律，是特指不能违反效力性的强制性规定。

应予强调的是，以上三条是合同生效的必具条件，但并非合同生效的全部条件，不同类型的合同还需具备相应条件，如经批准、条件成就、期限届至等条件。

根据《民法典》的规定，合同生效分为依法成立即生效、具备法定要件生效、生效条件成就生效、期限届至生效四种类型。

变更合同未依约签字的但已实际履行的，应视为协商一致，按变更后的协议

---

〔1〕 参见黄薇主编:《中华人民共和国民法典总则编释义》,法律出版社2020年版,第359页。

〔2〕 参见吴一平:《合同的有效与合同的生效》,载《法学杂志》2006年第5期。

确定当事人的权利义务。

根据《民法典》第一百五十八条款的规定,当事人可以约定买卖合同的生效条件,包括约定以办理手续为生效条件。对生效条件可以约定办理手续,当然也可以不约定,是否约定都由当事人自行决定,只要是真实意思表示,就是有效的,合同约定体现了私法自治原则和缔约自由原则。合同生效可以附加生效条件,以决定效力的发生与否。所谓附条件的法律行为,是指当事人以将来客观上不确定事实的发生或者不发生作为附款,决定其法律行为效力发生或者终止的法律行为。[1] 附条件的法律行为,其效力取决于条件的成就与否。所附条件可以分为附停止条件和附解除条件。附停止条件,在现行法律制度中被称为附生效条件,即以条件成就发生法律行为效力;附解除条件,是以条件成就使法律行为失去效力。买卖合同约定的生效条件,合法的生效条件既约束出卖人和买受人,亦约束法官按其约定认定买卖合同是否发生约束力。但存在约定例外,合同相对方以事实行为接受一方履行主要义务的可视为合同生效。这里对主要义务应有正确理解,不是将合同义务分为数量多少,而是决定买卖合同履行的义务。对合同相对方接受的理解应为及时接受而不提异议,对在接受一方履行时立即提出异议的,则不能视为接受。

2. 合同生效的把握

根据《民法典》第五百零二条第一款的规定:“依法成立的合同,自成立时生效,但是法律另有规定或者当事人另有约定的除外。”这体现了现实社会生活中的普遍现象,绝大多数合同在成立时生效。需要注意两点,依法成立的要件,即签字或者盖章的,只要实施其中一个行为即可,而不需要同时实施两个行为方生效。对当事人有约定的,即要求签字并盖章方能生效的,按其约定认定生效时间为成立时合同即生效。

【案例4-1】 广西风糖罗城生态肥有限责任公司诉广西南宁绿中农资有限公司买卖合同纠纷案

判决观点,原告广西风糖公司与被告绿中农资公司签订的罗态CC20090928-002(尿素购销合同),是双方当事人的真实意思表示,属依法成立的合同。[2]

当事人签订合同但未约定生效条件,在履行该合同中,当事人又签订了补充合同,该补充合同约定了生效条件,在未能满足该生效条件的情况下,不能认定该

---

〔1〕 参见龙卫球:《民法总论》,中国法制出版社2001年版,第603页。

〔2〕 参见国家法官学院案例开发研究中心编:《中国法院2012年度案例》(买卖合同纠纷),中国法制出版社2012年版,第76页。广西壮族自治区罗城仫佬族自治县人民法院(2010)民初字第100号民事判决书。

补充合同已经生效,当事人仍应当按照原合同的约定履行相应的权利义务。

实践中,应注意合同生效的特殊形态。

【案例4-2】 菏泽市牡丹区李魏制粉有限公司诉任某能买卖合同纠纷案

判决观点,原告提供的出库单、李某奎的证言,以及被告任某能的陈述,均表明原告的193袋面粉已经送到了任某能处,但从事情经过来看,原被告之间未签订书面的买卖合同,也未达成口头的买卖合同,即原被告双方未形成一致的意思表示,没有建立直接有效的买卖合同。案外人"高某(吴某)"利用原、被告双方的认识错误而实施的诈骗行为,是该纠纷产生的主要原因。法院判决驳回原告的诉讼请求。[1] 案外人"高某(吴某)"实施的诈骗行为成为原、被告之间买卖合同成立的阻断原因,即阻却性事由,故原、被告之间未能成立合法有效的买卖合同关系。

附生效条件合同的一方,以不正当方式阻止条件成就的,视为条件成就。也就是说,一方当事人为了自己的利益,恶意地利用法律漏洞或者以不正当手段制造出有利于己却损害他人的状态。在此情形下,即使条件没有成就,也应视为已经成就,从而认定合同已经生效。

合同约定以一方内部因素为生效条件的问题。合同约定以一方内部因素为生效条件的,负有促使生效义务的一方未履行约定义务,在合同约定内容不违反法律禁止性规定和损害他人利益并经双方签字盖章成立的前提下,则应当认定合同已经生效。

3. 合同成立与合同生效的关系

合同成立与合同生效是密不可分的,合同生效以合同成立为前提,没有合同成立则合同生效无从谈起,合同生效是合同成立在法律上必然产生的后果。合同成立与合同生效均是合同事实,属于事实判断。原则上合同一经成立即同时生效,但存在例外情况。最高人民法院法官认为,合同经过要约与承诺阶段即成立,只有在法律规定的生效要件具备时,才得以生效。合同生效的起始时间依赖于合同的成立,合同成立是合同生效的前提。[2] 立法者认为,合同生效与合同成立的区别在于,合同生效后,当事人才可以请求对方履行合同的主要义务,而合同成立但未生效的,当事人不得请求对方履行合同的主要义务。[3] 《民法典》合同编第

---

〔1〕 参见国家法官学院案例开发研究中心编:《中国法院2012年度案例》(买卖合同纠纷),中国法制出版社2012年版,第64页。山东省菏泽市牡丹区人民法院(2010)菏牡商初字第335号民事判决书。

〔2〕 参见最高人民法院民法典贯彻实施工作领导小组编著:《中国民法典适用大全》(合同卷一),人民法院出版社2022年版,第198页。

〔3〕 参见黄薇主编:《中华人民共和国民法典总则编释义》,法律出版社2020年版,第94页。

二章规定合同成立，第三章规定合同生效，以此表明合同成立与生效是合同法中的不同范畴，二者属不同制度，合同成立并不等于生效，因此是有区别的，是两个不同层次的问题。其一，性质不同。合同成立是当事人合意的结果，是合同自由原则的体现，其只关心合同当事人的意思表示是否达成一致，意思表示以外事项则与合同成立无关。合同生效，是当事人自由意志形成的内容对其自身有法律约束力，即合同成立后发生当事人预期的法律效力。其二，时间不同。合同从开始到终止可视为一个动态过程，从产生时间来看，合同成立在前，生效与成立同时，这是对依法成立时起生效合同而言的。合同生效晚于合同成立的，是对特殊要件而言。其三，法律效力不同。合同成立后，不是当然地就具有法律约束力，只有合同生效后才对当事人产生法律上的约束力。其四，法律后果不同。合同的成立并不发生履行合同的行为，按缔约上的过失责任，也会有一定的后果，但这种后果只是民事责任。合同生效的法律后果则直接表现为合同当事人按合同的约定履行合同，当事人开始享有合同约定的权利并承担约定的义务。

应注意的是，合同未生效是因为合同生效要件欠缺而暂时不生效，未生效但依法成立的合同对当事人仍然具有约束力。应该指出的是，合同已成立在未生效状态下的部分合同条款并非不生效，这是指应当办理批准或登记手续的而未办理致使合同未生效，如违约责任、解决争议的方式等条款，则应当按照《民法典》的相关规定处理，即应按生效认定。

关于合同的成立、有效、生效的区分问题，最高人民法院认为，审判实践中经常存在将合同成立、有效、生效等相互混淆的问题，其根源是对这些法律概念之间的联系与区别认识不清。合同的生效与有效，皆以合同成立为前提，若合同根本不成立，则谈不上生效或无效的问题。合同成立和生效属于事实判断，合同有效则属法律价值判断，不能将“有效”和“生效”等同。这里应当注意未生效合同的处理问题。在合同因所附条件、期限未成就，或者批准、登记等生效手续未完成的场合，人民法院应尽量促使当事人完成生效条件。在因未办理批准或登记手续未完成的场合，诸如违约责任、解决争议的方式等条款，应当认定已经生效。〔1〕 最高人民法院法官认为，合同成立与合同生效是完全不同的概念。合同成立是一个事实判断问题，是指合同是否存在；合同生效是一个法律评价问题，关系到合同能否取得法律所认许的效力。合同成立主要体现当事人的意志，体现合同自由的原则；合同生效则体现国家的价值判断，反映了国家对合同关系的干预。一般情况下，合同成立时即生效，但合同生效后，如当事人对合同效力没有异议的情况下，是可以履行的；但如果当事人在履行合同中，对合同效力产生了异

---

〔1〕 参见最高人民法院民事审判第二庭编：《民商事审判指导》2007 年第 1 辑（总第 11 辑），人民法院出版社 2007 年版，第 55 页。

议，则合同效力的评判应由有权机构进行认定，合同当事人自己不能对合同效力进行评判。[1]

合同成立与生效的追认。实践中，合同存在形式瑕疵，即合同不符合当事人签字并盖章成立要件的约定，但当事人事后对合同效力予以认可的，应认定合同依法成立并生效。

司法实践中，对复制件合同是否成立存在争议，有人主张复制件合同的当事人不能补充举证证明签订合同的真实性，该合同不能确定为当事人的真实意思表示，应当确认合同没有成立。

4. 合同有效与合同生效的关系

在理论和实践中，合同有效与合同生效往往混同使用，不作区分从而形成诸多误区。合同有效与合同生效都属于合同效力问题，是合同效力范畴内的两个概念，二者存在紧密联系，但不能等同。在二者关系上，其紧密联系体现在合同生效与合同有效的时间点在多数情况下一致，其构成要件有重合之处，都是对合同拘束力的评价，有着递进、共生的关系。但二者存在差别，可以用一句话概括，已经有效的合同不一定生效，已经生效的合同不一定有效。二者的主要区别为，其一，概念不同。合同有效，是指业已成立的合同符合或者不违反法律效力性强制性的规定，获得了法律的肯定性评价，能够产生合同当事人所预期的法律效果，对当事人具有法律约束力。这种法律约束力表现为任何一方当事人不能单方面废止一个有效成立的合同。合同生效是合同当事人意思自治的内容对其有自身具有拘束力，应按合同约定履行合同，当事人开始享有合同约定的权利并承担约定的义务。其二，性质不同。合同有效，是法律价值判断，代表国家意志的法律对体现个人意志的合同进行审查和干预，当法律给予肯定性评价时，合同有效，有效的合同受法律保护；反之，法律给予否定性评价时，无效的合同不受法律保护。合同生效是对合同有效状态的事实判断，法律对此不予干预。其三，构成要件不同。合同有效，一般是将《民法典》第一百四十三条规定的民事法律行为三要件，即民事行为能力、意思表示真实、合法为其有效的构成要件。合同生效不仅要以合同有效构成要件为基础，还要根据类型合同确定具体的其他构成要件。《民法典》第五百零二条第一款前半段规定的“依法成立的合同，自成立时生效。”该条是针对大多数常态合同而言的，此时合同生效与合同有效同步重合，即合同成立、合同有效与合同生效在一个时间点交汇，则合同生效的构成要件与合同有效的构成要件是一致的。但在法律有规定时即该条第二款前半段明确“依照法律、行政法规的规

---

〔1〕 参见刘德权主编：《最高人民法院司法观点集成》（第2版），人民法院出版社2014年版，第683页。

定,合同应当办理批准等手续的,依照其规定。”此时合同生效的构成要件除了上述三要件外又加了批准、登记的要件。当事人的特别约定的生效要件,《民法典》第一百五十八条规定的生效条件、第一百六十条规定的附生效期限,这三种均为合同生效的特别类型,其构成要件不同于合同有效的构成要件。其四,时间不同。合同有效是在合同成立后合同生效前,如果把合同成立、合同有效、合同生效作为一个时间段进行考察,则是先合同成立其后是合同有效再其后是合同生效。司法实践中,绝大多数情况下,法院判决中将其表述为合同依法成立有效,并没有合同生效的表述,这是因为合同成立后即合同有效并发生效力,绝不是单单合同有效而不存在、不认定合同是否生效问题。合同生效有可能与合同有效同步,但在三种特殊类型下则不同步,即先认定合同有效,在符合相关规定时才发生合同生效的法律效果。其五,判断标准不同。合同有效,只要符合民事法律行为的三个要件,即应从法律上评价为有效。合同生效,实际上是在一个被法律认可有效合同的基础上,进一步判断需要满足什么条件才能实际发生法律效力或履行效力,其着眼点在于判断一个有效合同在何时、何种情形下发生法律效力。其六,基础不同。合同有效以合同成立为基础,这是合同效力的典型表现形式。合同生效,建立在合同有效的基础上。其七,成立法律效果类型不同。合同效力评价的结果,包括有效、无效、可撤销以及效力未定四种情形。合同生效的评价结果为,合同生效、不生效与未生效三种情形。

应强调的是,合同未生效即为合同效力是否发生问题,表现为当事人应否依合同履行自己的义务。合同有效要件乃基于一定之价值判断,确定合同(法律行为)是否值得法律给予维护,故与合同未生效存在共同之处。但其二者的侧重点不同,合同生效与否则侧重合同某时段是否已有法律保护的事实状态,即一方有无依合同请求对方履行义务的权利。有效与否重在对合同定性,是对处于某一状态合同的法律性质进行评价,即在该时合同是否已有法律保护的理由存在。因而,生效与否应以有效与否为前提,有效要件全部具备的情况下合同也未必发生效力,合同有效要件未具备的合同未必不生效。一般来讲,合同未生效属于对合同现状的一种事实判断,与有效、无效等效力状况为终局评价有所不同。也就是说,合同未生效是将合同关系进行动态考察,取其中之一阶段进行判断,并非在静态意义上指称某一合同。

5. 合同未生效的相关问题

合同未生效,或称未生效合同,是指合同从产生到消灭作为一个动态过程进行分解的产物,对当事人未发生合同预期目的效力。有学者认为,合同未生效是指合同尚未发生法律效力的状态。未生效合同作为生效前的事实状态,广义上包括一切有效合同(终局意义)生效前的状态,其范围涵盖了须具备特别效力要件下尚未具备该等要件,但未终局确定无效的合同状态,以及仅须具备一般要件但属效力待定的合同状态。[1] 合同未生效是合同效力范围中的一个重要概念,也是争议较多的问题之一。合同未生效,对应的是合同生效,而不是合同无效,也不应认定为合同无效。合同生效与未生效,都是以合同成立作为前提的,如果合同根本不成立,则不能谈其有效或无效,更不存在未生效的问题。

未生效合同的法律地位。未生效合同是合同关系动态发展过程中的暂时状态,可因某一事态发展使有效要件全部具备而转化为生效合同。未生效合同具有向将来发展的趋势,其效力状况的评价时点为其已具备一般效力要件而未具特殊效力之前的时段。也就是说,对未生效合同是现状暂时评价,而非终局评价。学者认为,合同未生效的评价,虽同样属于对合同现状的评价,其意义却在于对合同效力终局确定的阻碍,即它要求法官不必急于对合同效力进行终局性评价,而是让其消极等待。"消极"是说法官应视当事人在诉讼期间的行为而决定合同最终的效力。这种消极等待是有时间限制的,即要求当事人最迟应在一审法庭辩论终结前补办批准、登记手续。这种时间限制,乃是为调和促进合同效益性的实体考量与判决的终局决断性(时间因素的限制特点)之间的紧张关系而作出的。[2]

未生效合同的法律效力。合同成立表明合同双方非依法律规定或对方同意不得擅自变更或废止合同,谓之合同的拘束力。合同成立仅涉及合同内容的维护,为其合同成立的效力。合同生效则涉及合同内容的实现,即当事人应受合同约定的权利义务约束,依合同行使或主张权利,依合同履行义务,为其合同生效的效力,这体现了合同内容的深层次问题。合同未生效所处的阶段是在合同成立与合同生效之间,主要在于合同内容的维持,而不是对合同内容的实现。从这个意义上讲,这为合同未生效所受法律保护的范围,也是其效力所在。未生效合同的效力是其形式拘束力,而不体现生效合同的实质效力。合同形式拘束力所产生之"力"应该包含三个方面,即确定力、保持力和协作力,自然应受法律的保护。

对合同未生效的法律后果有多种观点,笔者倾向于认为,当事人应当承担民事责任,而不是不承担责任。有法官提出,违反使合同生效义务的责任是一种特殊的违约责任。由于未生效合同所需要的特殊生效要件如等待批准、登记、条件成就、期限届至等不带有价值判断,特别是合法性判断的因素,因此,不应将未生效合同认定为无效,违反使合同生效义务的当事人也无权要求解除合同。同时,

---

〔1〕 参见张家勇:《未生效合同辨析——以〈合同法解释〉第九条的规定为依据》,载梁慧星主编:《民商法论丛》2001 年第 3 号(总第 20 卷),金桥文化出版(香港)有限公司 2001 年版,第 386 ~ 387 页。

〔2〕 参见张家勇:《未生效合同辨析——以〈合同法解释〉第九条的规定为依据》,载梁慧星主编:《民商法论丛》2001 年第 3 号(总第 20 卷),金桥文化出版(香港)有限公司 2001 年版,第 395 ~ 396 页。

在未生效合同无法继续履行时,违反使合同生效义务的当事人应承担违约责任。[1]

合同未生效与合同条款生效关系问题。《民法典》第五百零七条规定:“合同不生效、无效、被撤销或者终止的,不影响合同中有关解决争议方法的条款的效力。”合同中的独立性条款适用于未生效合同,未生效合同中也有其适用余地。即未生效合同中完全可能存在独立于合同效力的争议解决方法、结算或者清理的条款,这些条款并不因合同未生效而不具有履行能力。[2] 此类条款从性质上讲属于纯粹程序性条款,独立于合同的实体条款,其功能是解决“死后”问题。有法官认为,促成合同生效的条款针对合同的“生前”,有关争议解决的条款针对的是合同的“死后”,均具有手段性特点,都属于服务当事人实体权利义务的其他合同条款,当然具有独立性,不受合同未生效的影响。[3] 未生效合同中完全可能存在生效条款,对该类合同全部条款未生效的理解有偏差。

合同未生效与合同义务关系问题。在未生效合同中存在独立合同效力的法定义务。如《民法典》第八条规定的不得违反法律,不得违背公序良俗;第五百零九条第二款规定辅助主给付义务的履行。此类义务的履行并不以合同已经生效为条件,既可以发生在合同成立阶段,也可以发生在合同成立后的未生效阶段。也就是说,合同尚未生效,但合同中的这些法定义务已经存在并具有履行效力。有学者将未生效合同理解为尚未完全生效的合同,即部分(报批义务)已生效,部分(主给付义务)尚未生效是不无道理的。[4] 在未生效合同中可以存在约定的辅助性给付义务,如双方可以事先约定将合同涉及的款项交由公证部门提存,以方便其后生效合同的履行。合同未生效应该是指合同的主给付义务尚不具有履行效力,而不包括全部义务都不具有履行效力,不受合同是否生效影响的义务主要为:其一,履行合同中订立的争议方式解决条款以及结算和清算性义务;其二,促成主给付义务的履行,根据法律规定应当适时履行的协助、通知和保密等保障性义务;其三,为促成主给付义务的履行,应当根据法律规定适时履行促成合同生效的报批等程序性义务;其四,合同中约定的纯粹为保障主给付义务的辅助性义务,如为及时履行合同生效后的付款义务,约定付款义务人事先提存价款。

合同未生效与可撤销合同区别问题。主要有:其一,发展过程不同。合同未

---

〔1〕 参见张学军:《未生效合同法律责任探析》,载王利明主编:《判解研究》2007 年第 3 辑(总第 35 辑),人民法院出版社 2007 年版,第 64 页。

〔2〕 参见张华:《论报批义务对合同效力的影响》,载王利明主编:《判解研究》2013 年第 1 辑(总第 63 辑),人民法院出版社 2013 年版,第 43 页。

〔3〕 参见刘贵祥:《论行政审批与合同效力——以外商投资企业股权转让为线索》,载《中国法学》2011 年第 2 期。

〔4〕 参见王轶:《合同效力认定的若干问题》,载《国家检察官学院学报》2010 年第 5 期。

生效是合同成立与生效之间时间差的产物,表现的是合同现状事实。可撤销合同与合同过程无关,是静态评价合同效力,对合同性质的认定。其二,发展结果不同。合同未生效的发展前提未明,有可能其后为有效合同,也有可能为无效合同,其结果具有不确定性。可撤销合同在撤销前是有效合同,只有在其合同内容或意思表示有瑕疵时方可撤销,其结果是确定的。其三,评价性质不同。合同未生效,即批准、登记手续、延缓条件及始期等要件本身体现的是合同确认事实,而不是价值判断。可撤销合同,因重大误解、显失公平、一方以欺诈、胁迫手段或乘人之危使一方或双方在订立合同时意思表示不真实,意思表示不真实是对订约行为价值的相对否定评价,属于价值判断的范畴。

合同未生效与合同无效不同。合同未生效只是合同尚不具备法定或者约定的生效要件,尚没有完全发生法律效力,并非表明其一定具有无效事由应作出否定性的价值判断。在合同不存在无效事由且具有可以完成生效要件的可能性的情形下,可以通过促使法定或者约定和生效要件完备的方式使其生效。绝对无效合同是"当然、自始、绝对、确定、永久"无效合同,即使当事人有使其生效的意愿,但由于其存在无效的法定事由,故不能由当事人的自主意志和行为去变更、补正合同的效力。[1]

(三)买卖合同效力的甄别

自己代理行为的效力。法人或者其他非法人组织必须通过自然人表达其意思,因此,自然人媒介的身份往往是判断意思表示真实性及表意行为是否有效的关键,是否构成职务代表行为,表见代理、共同债务等。行为人具有多重身份,在其出具的买卖货款欠条上未签署名字,但加盖法人的公章,其盖章行为系债务转让行为,行为人既代表自己出让债务,又代理法人接受债务,应属于非典型的自己代理行为。

【案例4-3】 江阴天马公司诉孙某平等买卖合同纠纷案

一审法院认为,淮安天马公司与孙某平之间的买卖合同终止履行,淮安天马公司的债权转移给江阴天马公司,故孙某平应向江阴天马公司给付货款205800元。金属制品厂没有承担债务的意思,王某平没有收到标的物镍网,孙某平仅凭盖章的欠条不能证明金属制品厂愿意承担孙某平的债务,江阴天马公司没有与金属制品厂、王某平就合同签订、合同履行、债务承担等事项进

〔1〕 参见最高人民法院民法典贯彻实施工作领导小组编著:《中国民法典适用大全》(合同卷一),人民法院出版社2022年版,第199页。

行过磋商,仅凭孙某平提供的名片,江阴天马公司没有理由相信孙某平就能代表金属制品厂,故对金属制品厂不成立债务承担,金属制品厂、王某平在本案中不应承担货款的清偿责任。判决:(1)孙某平应给付江阴天马公司货款205800元;(2)驳回江阴天马公司在本案中的其他诉讼请求。

二审法院认为,首先,关于合同债务人的认定。2013年10月29日供货协议书由孙某平作为需方与供方淮安天马公司签订,孙某平自身经营业务,其虽称供货协议中的部分镍网是金属制品厂购买,但未提供相应证据,且从合同订立、收货、开票等环节也无法反映与金属制品厂直接的关联性,无论是从合同相对性原则考虑,还是从公平原则考虑,该合同项下的货款均应由需方孙某平承担付款责任。其次,关于对欠条的理解,仅从欠条文义看,所表达的是常熟制品厂结欠江阴天马公司205800元,该欠条本身以及江阴天马公司的诉讼行为,不能体现有免除原债务人孙某平责任的意思。即使金属制品厂因受欠条约束,也仅仅构成第三人加入债务,原债务人孙某平仍然应当承担付款责任。判决:驳回上诉,维持原判。[1]

买卖合同双方约定不得起诉的效力。对于诉权,民事诉讼法并没有明确规定当事人就放弃或者行使可以进行约定或者不可以进行约定。当事人拥有启动诉讼的选择权,纠纷发生前或发生后,起诉只是当事人解决纠纷的选择之一,是否选择采取诉讼方式解决争议,决定权在于当事人,法院没有权力启动诉讼程序。

【案例4-4】 刘某磊诉刘某方买卖合同纠纷案

二审法院认为,三年内不起诉的约定系当事人的真实意思表示,并没有违反强制性的规定,应认定为有效,也充分体现了当事人的自由处分原则。虽然承诺内容有效,但没有排除在此期间不用支付相应货款,刘某方存在违约行为,故刘某方应当支付逾期付款利息损失,而根据对账单的约定,“刘某磊三年内不得起诉刘某方,如起诉让利50万元”,该约定实质上是关于违约金的约定,现刘某磊违反该约定,理应承担一定的违约金。但双方关于违约金数额50万元的约定过高,明显违反公平原则,应予调整。刘某方应支付的逾期付款利息损失作为刘某磊提前起诉应付的违约金,予以冲抵。判决:(1)撤销一审判决;(2)被上诉人刘某方支付上诉人刘某磊货款1121500元;(3)驳回上诉人刘某磊的其他诉讼请求。[2]

战略合作协议对具体的买卖合同具有约束力。

---

〔1〕 参见国家法官学院案例开发研究中心编:《中国法院2019年度案例》(买卖合同纠纷),中国法制出版社2019年版,第100~101页。江苏省无锡市中级人民法院(2016)苏02民终4430号民事判决书。

〔2〕 参见国家法官学院案例开发研究中心编:《中国法院2019年度案例》(买卖合同纠纷),中国法制出版社2019年版,第104页。安徽省滁州市中级人民法院(2018)皖11民终148号民事判决书。

【案例4-5】 绿城公司诉中航公司、台州银行买卖合同纠纷案

二审法院认为,针对上诉人认为被上诉人中航公司并非《战略合作协议》的合同主体,“全国同期最低工程价”的约定不适用于被上诉人中航公司,法院认为,虽然被上诉人中航公司系石材销售合同的购货方,被上诉人台州银行系合同货款的保证人,但从战略合作协议、战略合作协议补充协议可知,上诉人知晓涉案石材的实际买受人为被上诉人的台州银行,被上诉人中航公司仅代理台州银行进行收货、付款等具体事宜,上诉人与二被上诉人的石材销售合同系上诉人与被上诉人台州银行签订的战略合作框架下的具体合同,战略合作框架中的条款对该销售合同具有约束力,故一审法院认定上诉人应按照战略合作协议的约定给予二被上诉人同期同类交易下全国最低工程价亦得当,法院予以维持。判决:驳回上诉,维持原判。[1]

关于合同约定公证生效的问题。实践中,对约定公证合同为生效条件的履行瑕疵,亦可采取相应措施予以补救,但其不影响合同的生效。

【案例4-6】 严某昌与通辽市科尔沁区国有资产经营管理公司、通辽市科尔沁区人民政府买卖合同纠纷案

最高人民法院认为,该合同约定,经公证后方可生效。合同签订后,内蒙古自治区通辽市公证处于2000年8月16日对该合同进行了公证。公证时,严某昌虽未到场,但于同年9月5日,严某昌到其住所地浙江省湖州市公证处要求办理公证,以证明其个人身份并表示将公证事项用于在内蒙古自治区通辽市办理公证。浙江省湖州市公证处的公证书证明,公证内容用于通辽市办理有关《资产转让合同》手续。严某昌将浙江省湖州市公证处出具的公证书电传给李某东,亦应视为对内蒙古自治区通辽市公证处公证行为的认可。由此可以认定严某昌对合同公证事宜是清楚的,且对合同办理公证采取了相应的补救措施,故严某昌关于公证行为无效的上诉请求缺乏事实依据,不应支持。一审判决认定事实清楚,适用法律正确。[2]

个案中,对于合同约定生效的条件争议由法官根据具体案情裁定。

【案例4-7】 梁某林诉梁某1、陈某常、陈某英买卖合同纠纷案

一审法院认为,对于原告提出的三被告转让划拨土地未交出让金和未经有关部门批准不得转让的强制性规定的问题,对此应理解为有批准权的人民

---

〔1〕 参见国家法官学院案例开发研究中心编:《中国法院2018年度案例》(买卖合同纠纷),中国法制出版社2018年版,第121页。浙江省台州市中级人民法院(2016)浙10民终2039号民事判决书。

〔2〕 参见最高人民法院民事审判第一庭编:《最高人民法院民事案件解析》(房屋买卖、租赁纠纷),法律出版社2010年版,第158页。最高人民法院(2001)民一终字第92号民事判决书。

政府对国有划拨土地使用权实际发生转移的审批,而非对转让合同的审批,上述《转受让回建地协议书》订立后虽暂时没有履行报批、登记手续,但并不影响该协议的效力,只是划拨土地使用权不能发生转移。二审法院持同样的意见。[1]

(四)口头约定合同的效力

口头约定、分批交付的农产品买卖合同,应视为若干买卖合同的集合,已交付部分按约定处理,解除效力仅及于未履行部分。

【案例4-8】 崔某平诉果业店等买卖合同纠纷案

判决观点,原告崔某平与被告果业店形成买卖合同系双方真实意思表示,且不违反法律、行政法规的强制性规定,合法有效。崔某平交付了香梨,果业店理应支付货款。对原告主张的货款81656元,经核算,依法支持68808元(9494.4公斤×7.5元/公斤+3040公斤×2.5元/公斤-10000元)。对果业店辩称双方解除买卖合同后,崔某平将销售的香梨转为仓储,双方形成仓储合同的意见,法院认为,根据《合同法》第一百六十六条第一款"出卖人分批交付交付标的物的,出卖人对其中一批标的物不交付或者交付不符合约定,致使该批标的物不能实现合同目的的,买受人可以就该批标的物解除"的规定,该案中,崔某平分批交付的香梨已经果业店检验,并进行适当扣称,交付行为已完成,双方在此之后口头协议解除合同,并不影响之前买卖合同目的的实现,且果业店提供的证据无法充分证明双方已经交付的香梨达成仓储合同,故对该辩解,法院不予采纳。判决:(1)被告果业店一次性向原告崔某平支付货款68808元;(2)驳回原告崔某平的其他诉讼请求。[2]

对于民间大量存在的口头玉石交易形式,在无证据证实其具有违法犯罪行为的之前,其口头买卖合同受法律保护。

---

[1] 参见国家法官学院案例开发研究中心编:《中国法院2012年度案例》(买卖合同纠纷),中国法制出版社2012年版,第67页。广西壮族自治区玉林市中级人民法院(2010)玉中民一终字第155号民事判决书。

[2] 参见国家法官学院、最高人民法院司法案例研究院编:《中国法院2022年度案例》(买卖合同纠纷),中国法制出版社2022年版,第51页。新疆维吾尔自治区轮台县人民法院(2020)新2822民初140号民事判决书。

【案例4-9】 梁某贤诉李某科买卖合同纠纷案

判决观点,原告梁某贤与被告李某科通过协商,选定所购玉石材料,并议定了交易价格,系双方真实意思表示;该种交易存在较大风险,冠以"赌石"之名,但并非法律禁止的赌博行为,而是传统并延续至今的交易习惯,不违背社会公序良俗及法律禁止性规定;同时梁某贤在交易时对其出售的玉石材料是作出契约意义上的承诺,还是卖家对所售货物的一般性夸耀,因双方无书面协议约定权利、义务,已无法确认,因此该交易亦不违反诚实信用原则。综上可见,该买卖合同具有合法性,且不违反意思自治及诚实信用原则,依法予以确认。李某科关于其所购山料仅加工了两个手镯的意见,因其无法提供所有制成品、加工手镯后的下脚料以及玉石山料的其他部分,且无其他证据佐证,故不予采纳;李某科关于梁某贤承诺该山料能加工15个手镯,而最终仅加工了两个,因此应当减少交易价款的意见,虽有证人潘某海的证言证实原告梁某贤说过这样的话,但是实际交易时潘某海并不在场,即梁某贤是否作出过契约意义上的承诺,无法确认,故该意见亦不予采纳。判决:被告李某科向原告梁某贤支付货款24000元。[1]

应注意的是,要式合同自当事人签字或盖章之日起成立,当事人在未签字或盖章情况下作出的口头意思表示,不具有法律拘束力,仅属沟通磋商的性质范畴,受《民法典》中诚实信用原则的规范。当事人未采用既定形式签订合同的,合同也可以因双方实际履行而成立,但仅有一方履行而对方未接受的,合同不成立。法律规定合同关系当事人应当采用书形式而当事人采用口头形式的,虽一方已经履行主要义务,但对方未接受的,该合同不成立。

---

〔1〕 参见国家法官学院案例开发研究中心编:《中国法院2015年度案例》(买卖合同纠纷),中国法制出版社2015年版,第139页。青海省海西蒙古族藏族自治州茫崖矿区人民法院(2013)茫民一初字第1号民事判决书。

二、买卖合同效力的法律适用

(一)买卖合同效力的判断标准

1. 合同效力的判断标准

判断买卖合同效力的依据是《民法典》的相关规定,在此之前适用《合同法》的相关规定。如果买卖合同涉及其他行业的相关规定的,则按相关法律、行政法规的规定认定。

与买卖合同效力相关的内容主要体现在《民法典》第一百四十四条、第一百四十六条、第一百五十三条、第一百五十四条、第四百九十七条、第五百零六条。因此,在《民法典》施行后,对合同效力的认定,以上述6个条文为依据。

在司法实践中,法官主要依据该条款规定判断合同效力的标准是法律、行政法规,而不是地方性法规和部门规章。违反法律规定,是指违反法律中的效力性强制性规定,而不是违反法律中的管理性强制性规定,如果违反法律中的管理性强制性规定,不应认定为无效,对违法行为,应按法律规定给予相应的行政处罚。法律、行政法规在规定强制性规范的同时,也规定了大量的任意性规范,由于任意性规范赋予了当事人自主选择权,可以由当事人通过合同条款进行修改,因此违反法律、行政法规的任意性规定的合同,不应认定为无效。应该注意的是,地方性法规和部门规章是依照宪法和法律制定的规范性文件,当然具有法律效力。在法律、行政法规存在漏洞和盲区,其行为有可能扰乱社会秩序和损害社会公共利益时,在个案中应考虑适用地方性法规和部门规章;也就是说,对地方性法规和部门规章不应一律排斥,而是在个案中有严格条件的适用。对这种参考适用的条件之一,是这些地方性法规、部门规章不得与宪法和法律行政法规的规定相抵触,并且只对本辖区内的当事人有效。如果违反地方性法规或者部门规章从而导致损害违背公序良俗的应确认合同无效。

《民法典》第一百五十三条二款规定:"违背公序良俗的民事法律行为无效。"所谓损害公序良俗的合同,是指合同在目的或效果上有损社会公共秩序和社会善良风俗。各国立法都认定违反公序良俗是合同无效的原因,在我国法律上亦是将社会公共秩序和善良习俗作为其保护范围。损害社会公序良俗与违反法律同为判断合同无效的标准,损害公序良俗的合同与违反法律的合同也是无效合同。

公序良俗作为民法的基本原则,是高度抽象的法律规范,具有普遍适用性。至于善良习俗的具体内涵与外延,考虑到这是一种兜底性规定,目的是弥补法律规定的不足,由司法机关在个案中结合实际情况作出具体判断更为科学合理。立法者进一步诠释为,不得违背公序良俗原则,就是不得违背公共秩序和善良习俗。公共秩序,是指政治、经济、文化等领域的基本秩序和根本理念,是与国家和社会整体利益相关的基础性原则、价值和秩序,在以往的民商事立法中被称为社会公共利益,在英美法系中也被称为公共政策。善良习俗,是指基于社会主流道德观念的习俗,也被称为社会公共道德,是全体社会成员所普遍认可、遵循的道德准则。善良习俗具有一定的时代性和地域性,随着社会成员的普通道德观念的改变而改变。公共秩序强调的是国家和社会成员的价值理念,善良习俗突出的是民间的道德观念,二者相辅相成,互为补充。[1] 有学者归纳了违反公序良俗行为的10种形态,即危害国家公序行为;危害家庭关系行为;违反性道德行为;射幸行为;侵犯人权和人格尊严行为;限制经济自由行为;违反公平竞争行为(不正当竞争行为);违反消费者保护政策行为;违反劳动者保护政策行为。[2] 这10种形态可作为在实务中认定某一合同是否损害公序良俗时的参考。

关于公序良俗的判断顺序。公序良俗作为各种规范尤其是强行性规范的源泉,在判断合同无效时要后于现行强行性规范适用。在现行法律有明确规定的,构成对适用公序良俗的限制。合同无效是违反强行性规范的一般效果,因此其他效力瑕疵的行为应当先于无效被考虑。因此,在合同效力瑕疵的场合,应遵循一定的判断顺序,有学者认为所谓的规范检查顺序,首先,要立足于现行立法,优先考虑是否存在可撤销、效力待定的规定,然后才是合同无效的规定。其次,在考察合同无效时,《民法典》关于合同无效的一般规定,以及其他法律关于合同无效的规定是特别规定。因此,根据特别法优先于一般法的规则,应优先适用特别法上的规定。再次,在适用《民法典》第一百四十六条时,优先考虑有无强行性规范的违反,在确定违反强行性规范时,原则上应认为合同无效,即全部无效、绝对无效,自始无效,仅在例外场合,始得部分无效、向后无效、未生效,等等。如此,既可杜绝当事人动辄使用公序良俗或相关的模糊概念,提出一些似是而非的请求;对法官来说,通过规范实务操作程序、强化规范基础理念,进而在法律适用时,可轻松甄别当事人提出的有关公序良俗的请求或抗辩是否合法、合理。[3]

---

〔1〕 参见李适时主编:《中华人民共和国民法总则释义》,法律出版社2017年版,第29~30页。

〔2〕 参见梁慧星主编:《民商法论丛》(第1卷),法律出版社1994年版,第57~58页。

〔3〕 参见付荣、麻锦亮:《公共利益的规范分析——着眼于权利保护的视角》,载王利明主编:《判解研究》2009年第2辑(总第46辑),人民法院出版社2009年版,第54页。

需要注意的是,因公序良俗原则性质上为授权性规定,目的是在遇有损害国家利益、社会公益和社会道德秩序的行为,而又缺乏相应的禁止性法律规定时,法院得直接适用公序良俗原则判决该行为无效。〔1〕

应特别强调的是,无权处分合同有效。

《民法典》第五百九十七条规定:"因出卖人未取得处分权致使标的物所有权不能转移的,买受人可以解除合同并要求出卖人承担违约责任。法律、行政法规禁止或者限制转让的标的物,依照其规定。"本条是关于出卖人处分行为的法律后果及对标记物本身要求的规定。本条主要包含以下几层含义:其一,本条规定只要不违反法律、行政法规的强制性规定以及不违反公序良俗,原则上均属有效;其二,买受人有权解除合同或要求出卖人承担违约责任;其三,有例外规定。

《民法典合同编通则解释》第十九条规定:" 以转让或者设定财产权利为目的订立的合同,当事人或者真正权利人仅以让与人在订立合同时对标的物没有所有权或者处分权为由主张合同无效的,人民法院不予支持;因未取得真正权利人事后同意或者让与人事后未取得处分权导致合同不能履行,受让人主张解除合同并请求让与人承担违反合同的赔偿责任的,人民法院依法予以支持。

前款规定的合同被认定有效,且让与人已经将财产交付或者移转登记至受让人,真正权利人请求认定财产权利未发生变动或者请求返还财产的,人民法院应予支持。但是,受让人依据民法典第三百一十一条等规定善意取得财产权利的除外。"该条款坚持了以不影响合同效力说来概括该点更为准确。〔2〕

实践中,认定合同效力应注意以下《民法典合同编通则解释》的规定。

《民法典合同编通则解释》第十二条规定:" 合同依法成立后,负有报批义务的当事人不履行报批义务或者履行报批义务不符合合同的约定或者法律、行政法规的规定,对方请求其继续履行报批义务的,人民法院应予支持;对方主张解除合同并请求其承担违反报批义务的赔偿责任的,人民法院应予支持。

人民法院判决当事人一方履行报批义务后,其仍不履行,对方主张解除合同并参照违反合同的违约责任请求其承担赔偿责任的,人民法院应予支持。

合同获得批准前,当事人一方起诉请求对方履行合同约定的主要义务,经释明后拒绝变更诉讼请求的,人民法院应当判决驳回其诉讼请求,但是不影响其另行提起诉讼。

负有报批义务的当事人已经办理申请批准等手续或者已经履行生效判决确定的报批义务,批准机关决定不予批准,对方请求其承担赔偿责任的,人民法院不

〔1〕 参见梁慧星:《民法总论》(第3版),法律出版社2007年版,第49页。

〔2〕 参见最高人民法院民事审判第二庭、研究室编著:《最高人民法院民法典合同编通则司法解释理解与适用》,人民法院出版社2023年版,第236页。

予支持。但是,因迟延履行报批义务等可归责于当事人的原因导致合同未获批准,对方请求赔偿因此受到的损失的,人民法院应当依据民法典第一百五十七条的规定处理。”

制定司法解释的法官认为,合同审批指的是当事人从事某种交易,须获得有关主管部门的批准。合同审批是主管部门对某一具体交易行为(主要表现为合同)进行审批,实现管制的目的一种具体行政行为,本质上属于行政许可,是行政权介入私法的一种形式。从合同效力的角度看,只有在获得批准后才发生效力,故审批又是合同的法定生效条件或特别有效要件。准确理解批准生效合同的法律构造,要把握以下几方面内容:(1)批准的本质是行政许可;(2)合同批准的本质是允许实施一项具体交易;(3)合同审批的法律依据;(4)批准是合同的法定生效条件。[1]

《民法典合同编通则解释》第十三条规定:“合同存在无效或者可撤销的情形,当事人以该合同已在有关行政管理部门办理备案、已经批准机关批准或者已依据该合同办理财产权利的变更登记、移转登记等为由主张合同有效的,人民法院不予支持。”应注意的是,民商事审判涉及的备案主要是市场主体向主管机关所为的备案。尤其需要指出的是,认定合同是否有效,是纠纷发生诉讼后作为纠纷解决机构的法院和仲裁机构的职权,换言之,只有法院和仲裁机构有权认定合同是否有效还是无效,这也恰是即使合同已经办理备案手续,也不意味着合同依然有效的根本原因之所在。[2]

违反管理性规范承担的是被管理一方管理责任和行政处罚,违反效力性规范承担的是合同责任。

法律未规定按约定认定合同效力。在法律没有明确禁止的情况下,私权主体当事人之间通过平等协商确立的利益关系应得到尊重,而不应受到干预和限制。在民法上,奉行“法无禁止即自由”原则。

2. 效力性强制性规定的确认

在实践中,准确界定法律条款哪些为效力性强制性规定并非简单,常有不同意见。对法律强制性规定本身就规定违法行为效力的固然可以直接认定,并不存在分歧。强制性规定禁止或限制的是行为内容和程序,并且明确规定了违反该规定的行为无效,此时自然容易认定该规定为效力性强制性规定。但常出现法律的强制性规定中对行为效力并不明确或没有规定的,就存在对管理性、指导性或取

---

〔1〕 参见最高人民法院民事审判第二庭、研究室编著:《最高人民法院民法典合同编通则司法解释理解与适用》,人民法院出版社 2023 年版,第 152～157 页。

〔2〕 参见最高人民法院民事审判第二庭、研究室编著:《最高人民法院民法典合同编通则司法解释理解与适用》,人民法院出版社 2023 年版,第 167 页。

缔性三类不同规定加以区别的问题。最高人民法院法官认为,在识别效力性强制性规定时,应当采取正反两个标准。在肯定性识别上,首先的判断标准是该强制性规定是否明确规定了违反的后果是合同无效。如果规定了违反的后果是导致合同无效,则该规定属于效力性强制性规定。其次,法律、行政法规虽然没有规定违反将导致合同无效的,但违反该规定如使合同继续有效将损害国家利益和社会公共利益的,也应当认定该规定是效力性强制性规定。在否定性识别上,应当明确法律、行政法规的强制性规定仅关系当事人利益的,法律、行政法规的强制性规定仅是为了行政管理或者纪律管理需要的,一般都不属于效力性强制性规定。具体而言,对否定性识别应当从以下两个方面考虑:首先,我们可以从强制性规定的立法目的进行判断,如果其目的是实现管理的需要而设置,并非针对行为内容本身,则可以认为不属于效力性强制性规定。其次,也可从强制性规定的调整对象判断该规定是否为效力性强制性规定。一般而言,效力性强制性规定针对的都是行为内容,而管理性强制性规定很多时候单纯限制的是主体的行为资格。〔1〕 当然上述两个方面的判断不能以偏概全,还要结合合同无效的其他因素考虑,如《保险法》和《证券法》有关保险业与证券业从业资格的规定,虽然调整的对象是主体资格,但是从其立法目的来看并不仅是管理需要,更涉及公共利益和市场秩序,因此,应当认定是效力性强制性规定,而不能简单地看作管理性强制性规定。〔2〕

为了正确适用效力性强制性规定,最高人民法院下发通知要求:人民法院应当综合法律法规的意旨,权衡相互冲突的权益,诸如权益的种类、交易安全以及其所规制的对象等,综合认定强制性规定的类型。如果强制性规范规制的是合同行为本身,即只要该合同的行为发生即绝对地损害国家利益或者社会公共利益的,人民法院应当认定合同无效。如果强制性规定规制的是当事人的"市场准入"资格而非某种类型的合同行为,或者规制的是某种合同的履行行为而非某类合同行为,人民法院对此类合同效力的认定,应当慎重把握,必要时应当征求相关立法部门的意见或者请示上级人民法院。〔3〕 应当注意的是,对效力性强制性规定的确认,因文字表义的局限性,不能仅仅将条文的措辞或用语作为确认效力性强制性的标准,这极易发生偏差或造成误判。

《民法典合同编通则解释》第十六条规定:"合同违反法律、行政法规的强制

---

〔1〕 参见最高人民法院研究室编著:《最高人民法院关于合同法司法解释(二)理解与适用》,人民法院出版社 2009 年版,第 112 页。

〔2〕 参见最高人民法院研究室编著:《最高人民法院关于合同法司法解释(二)理解与适用》,人民法院出版社 2009 年版,第 113 页。

〔3〕 最高人民法院《印发〈关于当前形势下审理民商事合同纠纷案件若干问题的指导意见〉的通知》(2009 年 7 月 7 日,法发〔2009〕40 号)。

性规定,有下列情形之一,由行为人承担行政责任或者刑事责任能够实现强制性规定的立法目的的,人民法院可以依据民法典第一百五十三条第一款关于‘该强制性规定不导致该民事法律行为无效的除外’的规定认定该合同不因违反强制性规定无效:(一)强制性规定虽然旨在维护社会公共秩序,但是合同的实际履行对社会公共秩序造成的影响显著轻微,认定合同无效将导致案件处理结果有失公平公正;(二)强制性规定旨在维护政府的税收、土地出让金等国家利益或者其他民事主体的合法利益而非合同当事人的民事权益,认定合同有效不会影响该规范目的的实现;(三)强制性规定旨在要求当事人一方加强风险控制、内部管理等,对方无能力或者无义务审查合同是否违反强制性规定,认定合同无效将使其承担不利后果;(四)当事人一方虽然在订立合同时违反强制性规定,但是在合同订立后其已经具备补正违反强制性规定的条件却违背诚信原则不予补正;(五)法律、司法解释规定的其他情形。法律、行政法规的强制性规定旨在规制合同订立后的履行行为,当事人以合同违反强制性规定为由请求认定合同无效的,人民法院不予支持。但是,合同履行必然导致违反强制性规定或者法律、司法解释另有规定的除外。依据前两款认定合同有效,但是当事人的违法行为未经处理的,人民法院应当向有关行政管理部门提出司法建议。当事人的行为涉嫌犯罪的,应当将案件线索移送刑事侦查机关;属于刑事自诉案件的,应当告知当事人可以向有管辖权的人民法院另行提起诉讼。”该条规定通过列举的五种情形明确了,如果行为人承担公法责任即可实现该强制性规定的立法目的,则人民法院可以认定合同不应违反强制性规定而无效。[1] 也就是说,该类合同不应认定为无效,而应认定为认定为有效。

司法实践中,应注意行为虽然违反强制性规定但通过适用《民法典》第一百五十三条第一款的规定认定合同效力情形。

《民法典合同编通则解释》第十八条规定:“ 法律、行政法规的规定虽然有‘应当’‘必须’或者‘不得’等表述,但是该规定旨在限制或者赋予民事权利,行为人违反该规定将构成无权处分、无权代理、越权代表等,或者导致合同相对人、第三人因此获得撤销权、解除权等民事权利的,人民法院应当依据法律、行政法规规定的关于违反该规定的民事法律后果认定合同效力。”制定司法解释的法官认为,无论是将赋权性或权限性规定理解为效力性强制性规定还是非效力性强制性规定,都是不合适的,因为此类规定属于赋权性或者权限性规定,应根据《民法典》的具体规定认定违反此类规定的法律后果,并据此认定合同效力,而不能通过适

---

〔1〕 参见最高人民法院民事审判第二庭、研究室编著:《最高人民法院民法典合同编通则司法解释理解与适用》,人民法院出版社 2023 年版,第 195 页。

用《民法典》第一百五十三条第一款的规定认定合同效力。[1]

司法实践中,应注意合同虽然不违反法律、行政法规的强制性规定但效力认定的例外情形。

《民法典合同编通则解释》第十七条规定:" 合同虽然不违反法律、行政法规的强制性规定,但是有下列情形之一,人民法院应当依据民法典第一百五十三条第二款的规定认定合同无效:(一)合同影响政治安全、经济安全、军事安全等国家安全的;(二)合同影响社会稳定、公平竞争秩序或者损害社会公共利益等违背社会公共秩序的;(三)合同背离社会公德、家庭伦理或者有损人格尊严等违背善良风俗的。人民法院在认定合同是否违背公序良俗时,应当以社会主义核心价值观为导向,综合考虑当事人的主观动机和交易目的、政府部门的监管强度、一定期限内当事人从事类似交易的频次、行为的社会后果等因素,并在裁判文书中充分说理。当事人确因生活需要进行交易,未给社会公共秩序造成重大影响,且不影响国家安全,也不违背善良风俗的,人民法院不应当认定合同无效。"制定司法解释的法官认为,在公序良俗已有法律、行政法规的强制性规定予以保护时,如果当事人违反该强制性规定,自应适用《民法典》第一百五十三条第一款认定合同效力。只有在公序良俗未通过法律、行政法规的强制性规定予以保护时,才能适用《民法典》第一百五十三条第二款。[2]

3. 合同效力的审查原则

合同效力的审查原则,这是实际操作层面对司法实践中法官审查效力应遵循的方面,笔者认为主要有:其一,确认合同效力以法律、行政法规为依据,不得以地方性法规、行政规章为依据,维护法治统一,打破地方和部门保护主义;其二,充分考虑历史条件、时代背景因素,慎重对待合同效力的原则;其三,坚持鼓励交易,尽量促使当事人完成生效条件,稳定民事关系的原则;其四,从贯彻、落实国家政治、经济政策的角度出发考虑合同效力的原则;其五,从维护国家利益和经济安全的角度出发考虑合同效力的原则。应注意的是,法律、法规和司法解释等有关规定对合同限制趋于宽松,在合同效力的认定问题上应从宽认定,这也是在司法实践中进行处理案件、解决相关合同效力纠纷的指针和依据。将违反强制性规定的合同认定为无效,确实可以最大限度地实现国家干预和管制的目标。但民法上的制裁更多地应发挥辅助性作用,而非实现国家管制目标的首选措施。在判定效力性强制性规定对其合同效力的影响时,还应奉行比例原则。所谓比例原则,主要由

---

〔1〕 参见最高人民法院民事审判第二庭、研究室编著:《最高人民法院民法典合同编通则司法解释理解与适用》,人民法院出版社 2023 年版,第 218 页。

〔2〕 参见最高人民法院民事审判第二庭、研究室编著:《最高人民法院民法典合同编通则司法解释理解与适用》,人民法院出版社 2023 年版,第 205 页。

适合性原则、必要性原则和均衡原则所组成。换言之,裁判者所选定的达成国家管制目标的手段应可能地保持目的与手段之间的均衡。否定违法行为的私法效力,属于非常严厉的制约手段,故而使该手段正当化目的(被违反的法规的目的)十分重大。[1] 并非所有违反法律、行政法规的强制性规定的合同无效,而应对其所涵盖的立法目的等予以探求,在合同自由与强制性规定所保护的利益之间进行平衡,以确定该强制性规定是否为效力性强制性规定,以及合同的效力。如果合同有效并不会导致强制性规定的立法目的落空,或强制性规定的立法目的并不在于影响合同的效力,而仅仅是实现行政管理等目标的,应确认合同有效。

在审查合同效力时,应重点审查合同内容,审查合同内容时应从合同内容及社会妥当性两个方面着手。审查合同内容的合法性,应注意结合商事审判的特点,决定是否支持以内容违法为由合同无效的主张,宜持审慎和谦抑的态度。主张违法无效,须以有明文规定为前提。法无明文规定场合,不应以此为由轻易认定合同无效。在私法领域,原则上应强调法无明文规定即自由,为将来新型交易的出现预留空间;所谓"充分发挥市场资源配置中的决定性作用",亦含有相同的意味。审查合同的妥当性,外在具体表现为基于公序良俗原则认定合同无效。公序良俗原则属于不确定概念,需要法官在个案中对其内涵进行充实。应注意的是,对商事合同效力的认定具有特殊性:其一,遵从商事理念和规则,即尊重当事人意思自治、尊重商人营利性特征、注重商人职业性特点、维护诚信经营的必要;其二,应契合国家经济发展趋势和政策导向;其三,应遵循民商法的基本规范。在评判商事合同的效力时,不仅应受《民法典》等民事法律规范的调整,还应遵循《公司法》等商法法律规范的制约。应特别强调,不应对效力性强制性规定进行扩张解释,过多地对合同效力作否定性评价。法官在审查合同的效力时,如果没有强有力的理由需要否定合同效力的,应认定合同有效,以保护合同自由和私法自治。

一般认为审查的顺序为,有法律明确规定的在先适用,其后为司法解释,再后为参考指导案例、行政规章,最后为民法的基本原则。

有学者认为,解析合同效力,有两条可供选择的互通路径。其一,从生效要件入手,着重考察不同生效要件的欠缺对合同效力的影响;其二,着眼于不同效力类型的合同所产生的法律效果,分析相关的权利和义务关系。[2]

关于合同效力规则的适用顺序,有法官认为,在适用上,根据具体规则优先于一般规则的法理,应优先考察各种具体的效力规则,然后再考察是否违反强制性

---

〔1〕 参见孙鹏:《私法自治与公法强制——日本强制性法规违反行为效力论之展开》,载《环球法律评论》2007年第2期。

〔2〕 参见冀诚:《合同法:规则与原理》,北京大学出版社2013年版,第132页。

规范,最后再考察是否违反社会公共利益。[1] 笔者赞同法官的观点。

4. 不影响合同效力的因素

司法实践中,对有以下情形的,笔者认为,应认定为合同有效,而不应作无效认定。

其一,合同条款不完备。对于合同成立的条件,合同法没有规定。实践中认为当事人就合同的主要条款达成意思一致即可成立。合同主要条款是否具备,只涉及合同是否成立,合同是否成立只涉及合同当事人的利益,而不关涉国家及社会公共利益、不违背公序良俗,故欠缺主要条款的合同,不影响合同效力。

其二,合同形式欠缺。合同形式仅是合同内容的载体,是合同存在的证据,合同形式欠缺并不影响合同的效力,不能作为判断合同效力的标准。法律、行政法规规定特定合同采用书面形式的要求,既非合同成立要件,又非合同生效要件,其主要作用是具有证据功能和督促当事人谨慎交易的功能,并不是法官裁判合同效力的规范。

其三,超越经营范围。在市场经济条件下,国家针对特定行业设置市场准入的强制性规范,如采矿许可、网络文化经营许可等,在特定行业市场准入的强制性规范与合同效力之间的关系方面,合同主体超越经营范围订立的合同,一般不影响合同效力,但违反国家限制经营、特许经营以及法律行政法规禁止经营规定(如毒品、枪支)等严重超越经营范围所订立的合同无效。[2] 除此之外,亦应认定为有效。需要注意的是,关于超越经营范围的限制规定包括国家限制、特许和禁止经营三种情况,在不同时期有不同规定,在认定是否超越经营范围时要看当时的相关规定。对违反限制经营和特许经营的合同,似不能一概认定无效,需区分不同情形具体认定合同效力。如果合同的标的指向经营许可证本身,如转让经营许可证,应一律认定转让合同无效;如果合同标的指向的是许可证项下生产或销售产品的行为,应该从保护相对人利益的角度考察合同效力。[3]

其四,受欺诈放弃撤销权的。根据《民法典》第一百五十二条的规定,受损害方因受欺诈订立的合同有权请求法院予以撤销,但受损害方不请求撤销的则合同仍属有效。

其五,从交易稳定上分析,违反管理性规范而确认合同无效通常会危及某一类合同的交易安全和稳定,并使强势一方获得额外利益,违反效力性而确认无效,旨在维护交易安全和稳定。

---

〔1〕 参见刘贵祥:《合同效力研究》,人民法院出版社2012年版,第26页。

〔2〕 参见王闯:《关于合同法中责任与效力的几个问题》,载李国光主编、最高人民法院经济审判庭编:《经济审判指导与参考》1999年第1卷(总第1卷),法律出版社1999年版。

〔3〕 《人民司法·应用》2013年第23期。

应注意的是，在司法实践中一些法院开始突破司法解释的规定，并注意从强制性规范的解析入手，从该类强制性规范的规范性质、规范指向、规范意图及利益衡量等角度综合分析合同的效力。

违反限制或特许经营的合同应区分两种确认效力，而不宜一律认定无效。合同标的指向是经营性许可证本身，如转让经营许可证，则一律认定转让合同无效。合同标的指向许可证项下生产或销售产品的行为，应该从保护相对人利益的角度考察合同效力，考虑合同相对方在与违法一方从事交易之前应尽的注意义务，双方违约还是一方违法，以及双方恶意还是一方恶意等多种因素，综合认定合同效力。

司法实践中，常见的几种管理性强制性规范范围有：其一，企业或其他组织的民事主体资格的强制性规定；其二，涉及物品安全审定类强制调整的对象，是物品的质量，即生产、销售的物品必须经过检验、检测、检疫，以确保其产品质量；其三，未经竣工或消防验收不得使用的强制性规定。

（二）买卖合同效力的认定

多重买卖合同效力纠纷，主要涉及两种情况：一种为一方与多人签订买卖合同，另一种为双方当事人签订数个买卖合同。前者在一般情况下每份买卖合同均为有效，后者称为阴阳合同，是讨论效力的重点。

一方当事人与多人签订买卖合同，即一物二卖是合同自由和市场竞争的结果，买卖合同的成立只设定债权，债权的平等性、相对性决定了债权设定行为效力的独立性。出卖人与买受人签订的买卖合同在履行期间，出卖人又与第三人签订买卖合同，该两个买卖合同的标的物是相同的，但两个合同的效力均不受同一标的物存在两个买卖合同的影响。后一个合同的成立并不影响前一个合同的成立，而后一个合同的签订也不构成对前一个合同的违约。

我国采取债权形式主义的物权变动模式，即物权变动的法律效果发生时，除当事人之间必须存在债权合意即债权行为外，尚需履行登记或者交付的法定方式，才会发生物权变动的效力，出卖人与先买受人订立买卖合同后，向买受人交付或转移登记标的物之前，出卖人对此订立的买卖合同标的物仍享有处分权。此时出卖人与先后买受人签订的买卖合同，只要不存在《民法典》第一百四十四条、第一百四十六条、第一百五十三条、第一百五十四条规定的无效情形，各买卖合同均为有效。也就是说，出卖人就同一标的物订立多重买卖合同，若不具有《民法典》规定的无效情形，则各买卖合同均有效。

违反管理性强制性规定的不影响合同的效力。

【案例 4－10】 潍坊市宏源防水材料有限公司与山东杰达机械工业有限公司买卖合同纠纷申请再审案

最高人民法院认为，关于宏源公司主张杰达公司超越范围经营的问题。法院在组织询问时，针对宏源公司的该项再审理由，杰达公司称，其经营范围中有“非织布成套设备”的内容，“丙纶纺粘非织布”属于“非织布”的一种，“成套设备”就是“生产线”，故其与宏源公司签订的涉案丙纶纺粘非织造布生产线合同，并未超范围经营。对此，宏源公司未提出充分的反驳意见。退一步分析，在宏源公司不能提交证据证明制造丙纶纺粘非织造布生产线需要纳入国家许可证管理范围的情况下，即使杰达公司存在超范围经营的行为，也不影响合同的效力。故宏源公司的该项再审申请理由不能成立。〔1〕

【案例 4－11】 王某波诉长福公司买卖合同纠纷案

二审法院认为，根据双方提交的录音证据材料可知，王某波在 2014 年 1 月 23 日将涉案车辆提走之前，长福公司已告知其该车属于召回范围内的汽车，且王某波对此亦知晓，并将该车提走。故王某波主张长福公司存在欺诈行为要求解除合同双倍返还车价款的上诉请求不能成立，法院对此不予支持。关于王某波上诉提出的双方签订的合同违反了《缺陷汽车产品召回管理条例》中的禁止性规定，应属无效一节，法院认为，《合同法》第五十二条第（五）项规定的“强制性规定”，是指效力性强制规定。强制性规定分为管理性强制性规定和效力性强制性规定，只有违反效力性强制性规定的合同才是无效合同。本案中，《缺陷汽车产品召回管理条例》第十一条第二款不属于效力性强制性规定，且涉案车辆可经长福公司免费更换左右前转向节总成而继续使用，故王某波主张合同无效的上诉理由缺乏法律依据，法院对此不予采信。判决：驳回上诉，维持原判。〔2〕

相关行业的管理规定并不必然导致买卖合同无效。

【案例 4－12】 赵某某诉北京东方华萃商贸有限公司买卖合同纠纷案

二审法院认为，北京东方华萃商贸有限公司（以下简称华萃公司）与赵某某达成的口头买卖合同，系双方当事人的真实意思表示，其该合同并不违反法律、法规的强制性规定，故该合同应当确认有效，双方均应当按照合同的约定全面履行各自的义务。华萃公司作为出卖人，其对出卖的标的物具有所

〔1〕 最高人民法院（2012）民申字第 1650 号民事裁定书。

〔2〕 参见国家法官学院案例开发研究中心编：《中国法院 2016 年度案例》（买卖合同纠纷），中国法制出版社 2016 年版，第 73 页。北京市第一中级人民法院（2014）一中民（商）终字第 06964 号民事判决书。

有权或者处分权是其最基本的一项法定义务。诉讼中，扬州飞天漆器有限公司虽证明该屏风归中国工艺美术（集团）公司所有，中国工艺美术（集团）公司亦向华萃公司发出期限归还的函，但上述证据并不能对抗赵某某与华萃公司之间买卖行为的效力。华萃公司提交的《博物馆管理办法》第十九条的规定，不属于法律、法规的强制性规定，该规定不能作为本案的判案依据。基于上述理由，赵某某作为善意的买受人，要求华萃公司继续履行合同，交付屏风，并同意支付剩余货款的诉讼请求，理由正当，应予以支持。华萃公司上诉后，就其所述该屏风属于法律规定国家法定禁止流通物一节，未向法院提供证据加以证实，故其所述，法院不予采信。判决：驳回上诉，维持原判。[1]

实践中，对是否为管理性规范需要放在类型合同对应的法律规定中识别。

【案例4-13】　利津宏达混凝土有限公司诉浙江广丰建设集团有限公司买卖合同纠纷案

判决观点，原告请求的开发票加价款实际是双方约定的原告为被告开具发票的货款加价，该约定虽然违反了《发票管理办法》第十九条关于销售商品应依法开具发票的管理性规定，但并不影响双方合同约定价格的效力，且依该加价款计算并没有加重被告的负担，可以作为双方结算的依据。[2]

明显低于市场价格的购车合同，其内容未违反法律强制性规定的有效。

【案例4-14】　王某诉刘某买卖合同纠纷案

判决观点，本案的争议焦点是双方当事人签订的《车辆买卖合同》的效力问题。我国《合同法》规定，当事人采用合同书形式签订合同的，自双方当事人签字或盖章时合同成立，依法成立的合同，自成立时生效。合同一方当事人申请合同无效的，应当具备《合同法》第五十二条规定的5个法定条件之一。在本案中，虽然该车辆买卖合同约定的汽车价款仅为2元，明显低于其实际价值，但原、被告双方均为具有相应的民事权利能力和民事行为能力的自然人，应当对双方签订的合同内容具有明确的认知，应认定该合同是原、被告双方的真实意思表示。同时该《车辆买卖合同》符合买卖合同的一般要件，买卖双方的权利义务规定明确具体，合同内容并不违反我国相关法律、行政法规的强制性规定，该《车辆买卖合同》应认定合法有效。原告称该合同

---

〔1〕 参见北京市高级人民法院编：《审判前沿——新类型案件审判实务》2009年第1集（总第25集），法律出版社2010年版，第109～110页。

〔2〕 参见国家法官学院案例开发研究中心编：《中国法院2013年度案例》（买卖合同纠纷），中国法制出版社2013年版，第164页。山东省东营市利津县人民法院（2011）利商初字第45号民事判决书。

实际上是免费使用合同,并有双方的口头约定;被告称在受让饭庄时一并作价给付,但双方都未能提供充分的证据,法院均不予采纳。判决:驳回原告王某的诉讼请求。[1]

公墓买卖合同并未违反法律的禁止性效力性规定,未违反公序良俗,应认定为有效合同。

【案例4-15】 高某诉玉案山公司买卖合同纠纷案

二审法院认为,本案中玉案山公司认可其与高某之间成立买卖合同关系,买卖合同是出卖人转移标的物所有权于买受人,买受人支付价款的合同。首先,依法成立的合同对当事人具有约束力。当事人应当按照约定履行自己的义务,不得擅自变更或者解除合同。首先,涉案墓位买卖合同,并不违反法律禁止性规定,合法有效,对双方当事人具有法律约束力,双方应当按照合同约定履行。玉案山公司主张涉案买卖合同违反了《合同法》第五十二条第(四)项和第(五)项的规定,经查涉案合同并未违反上述法律规定,故玉案山公司主张涉案合同无效不能成立。其次,由于本案交易标的公墓具有特殊性,即用于高某安葬逝者使用,履行合同权利期间不确定,高某有随时要求玉案山公司履行合同的权利,玉案山公司应当按照约定的价格履行合同,根据合同约定墓位总价为1.56万元,故玉案山公司应当按照该价格继续履行合同。最后,玉案山公司主张与其建立买卖合同关系的主体为高某,涉案墓位只能由高某或其配偶使用,其母亲不能使用。对此,法院认为,《玉案山公墓预约墓位登记表》并未明确涉案墓位只能由高某或其配偶使用,高某将购买墓位给已故的母亲使用,并未违反双方约定或违反公序良俗,玉案山公司的该项主张不能成立。综上,玉案山公司应当按照合同约定继续履行合同义务。综上所述,玉案山公司的上诉理由不能成立,不予支持。一审判决认定事实清楚,适用法律正确,所作判决并无不当,予以维持。判决:驳回上诉,维持原判。[2]

买卖合同的出卖人应该是买卖合同标的物的所有权人或有处分权人,但出卖人无权处分不影响买卖合同的效力,在无其他无效情形的情况下,买卖合同应认定为有效。

---

〔1〕 参见北京市高级人民法院编:《审判前沿——新类型案件审判实务》(总第49集),法律出版社2014年版,第69~70页。

〔2〕 参见国家法官学院、最高人民法院司法案例研究院编:《中国法院2021年度案例》(买卖合同纠纷),中国法制出版社2021年版,第72页。云南省昆明市中级人民法院(2019)云01民终7980号民事判决书。

【案例4－16】　李某海诉陈某买卖合同纠纷案

二审法院认为,在买卖合同法律关系中,买卖合同是物权变动的原因行为,所有权转移是物权变动之结果。出卖人在缔约时对标的物没有所有权或者处分权,并不影响作为原因行为的买卖合同的效力。在本案中,陈某在取得涉案车辆时,明知车辆登记的车辆所有权人为东方海航公司,并非李某海,该人亦未持有东方海航公司的授权文件。陈某取得车辆后,亦未曾与东方海航公司联系确认过转移车辆所有权等事宜,因此并未取得涉案车辆的所有权,其再行出卖车辆应属于无权处分行为。在本案所涉的买卖关系中,尽管陈某作为车辆出卖者系无权处分人,但其与李某海签订的买卖合同不应因未受到所有权追认而认定无效。一审法院以陈某处分行为未得到东方海航公司的追认而认定《协议书》无效,有失妥当。李某海因陈某为无处分权人,车辆已被实际所有权人取回,致使双方合同目的无法实现,请求解除合同,返还车款应予以支持。[1]

个案中,法官应当根据具体案情判断格式条款的效力。

【案例4－17】　徐某锋诉上海丰收行水产品有限公司买卖合同纠纷案

二审法院认为,被上诉人受赠取得嘉宾券后,作为嘉宾券的持有人,应当对这种有明显季节性的产品持有谨慎的注意义务,即对嘉宾券的使用方式、使用期限、货物品种、数量、质量等进行全面的了解,嘉宾券中载明的条款对上诉人具有约束力。当然嘉宾券中有"营业期为每年中秋到春节,其余时间歇业"的字样,但根据嘉宾券所载年份为2006年,以及"请在2007年10月31日前使用,过期作废"的约定,二者并不会使人产生嘉宾券无期限使用的歧义。另嘉宾券有关过期作废的字样,虽然小于正常字体,但尚不满足《合同法》第三十九条规定的条件,即被上诉人提供格式条款时,已将"该过期作废"的规定区别于正常字样的文字做出了合理的提示注意,故该条款对上诉人具有约束力。另被上诉人提供的格式条款,并未违反《合同法》的规定,合同双方的权利义务并未失衡,故该格式条款应当视为有效条款,双方均应当恪守。现上诉人超时使用该嘉宾券,应当按照《合同法》第一百四十三条的规定,上诉人自己承担嘉宾券所载物品不能交付的责任。[2]

对形式瑕疵合同效力认定,应当结合合同双方的真实意思表示、行为、交易习惯、诚实信用原则等方面进行考量。

---

〔1〕 北京市第三中级人民法院(2017)京03民终11251号民事判决书。

〔2〕 参见最高人民法院民法典贯彻实施工作领导小组编著:《中国民法典适用大全》(合同卷二),人民法院出版社2022年版,第1225～1226页。上海市第一中级人民法院(2008)沪一中民一(民)终字第1491号民事判决书。

【案例4-18】 商贸公司诉贸易公司买卖合同纠纷案

一审法院认为,合同中约定"本合同经双方法定代表人或其授权的委托代理人签字并盖章后生效",但该条款约定的仅为合同生效条件,并非附生效要件的合同。该合同未经一方当事人的法定代表人或委托人签字存在形式瑕疵,但瑕疵方自始至终并未否认合同效力,并向相对方履行交纳履约保证金的合同义务,相对方已接受该保证金,并在无法供货后退还该保证金。基于合同履行情况及法律规定,涉案合同已成立并发生法律效力系出于双方真实意思表示。关于争议焦点,法院认为,两份《买卖合同》成立并依法有效,对双方有约束力。第一,本案中商贸公司虽未按合同约定由其法定代表人或其授权的委托人在两份买卖合同签字并盖章,仅有公司盖章,导致合同生效要件上存在形式瑕疵。但该两份合同均系贸易公司首先签署并盖章,之后邮寄至商贸公司,商贸公司最后在合同上盖章并同时持有该两份合同原件,其自始至终并未否认合同效力。即贸易公司先签字盖章、后邮寄合同文本的行为,以事实行为从内心深处表明其对合同是否有商贸公司法定代表人或委托代理人签字并未在意,而是默认双方已经签订合同并即将履行。第二,商贸公司于2020年12月21日依据合同约定向贸易公司支付全部履约保证金,商贸公司以实际履约行为表示合同成立并生效系其真实意思表示。贸易公司收到履约保证金到2021年1月19日将履约保证金予以退还,至本案起诉前并未对合同形式瑕疵提出异议。履约保金保证金的字面含义是为保证合同按约定履行且实际履行,否则违约一方承担放弃保证金的危险且要承担相应的违约责任,守约一方有权扣留履约保证金。本案中,贸易公司接受商贸公司的履约保证金且未提出异议,应视为其对合同效力和履约保证金这一特殊性质的保证金的认可。第三,从2021年1月23日贸易公司发出的《告知函》可以得知,贸易公司从合同签订后一直认可合同已生效,否则不会主张系因商贸公司违约在先并要求商贸公司承担相应的违约责任。第四,查询最高人民法院类似的案例,多以当事人通过事后行为予以变更,其事后接受瑕疵责任方实际履行合同,并对合同效力认可的行为表明合同已经生效系其真实意思表示。综上,法院认为,贸易公司对具有形式瑕疵合同的效力构成追认,双方签订的两份合同合法有效。判决:(1)贸易公司支付商贸公司违约金2618873.4元;(2)驳回商贸公司的其他诉讼请求。二审法院认为,一审判决认定事实清楚,适用法律正确,应予维持。判决:驳回上诉,维持原判。[1]

---

〔1〕 参见国家法官学院、最高人民法院司法案例研究院编:《中国法院2023年度案例》(买卖合同纠纷),中国法制出版社2023年版,第73~74页。山东省济南市中级人民法院(2021)鲁01民终6235号民事判决书。

个案中存在不同事项的效力时，应分开认定。

【案例4－19】　上海闽路润贸易有限公司与上海钢翼贸易有限公司买卖合同纠纷再审案

最高人民法院认为，受托人以自己的名义与第三人订立合同时，第三人不知道受托人与委托人之间的代理关系的，合同约束受托人与第三人。受托人因第三人的原因对委托人不履行义务，受托人向委托人披露第三人后，委托人可以选择是否行使介入权：委托人行使介入权的，则合同直接约束委托人与第三人，委托人可以要求第三人向其承担违约责任；委托人不行使介入权的，根据合同的相对性原则，合同仍约束受托人与第三人，受托人可以向第三人主张违约责任，受托人与委托人之间的纠纷根据委托合同的约定另行解决。

在判定合同的效力时，不能仅因合同当事人一方实施了涉嫌犯罪的行为，而当然认定合同无效。此时，仍应根据《合同法》等法律、行政法规的规定对合同的效力进行审查判断，以保护合同中无过错一方当事人的合法权益，维护交易安全和交易秩序。在合同约定本身不属于无效事由的情况下，合同中一方当事人实施的涉嫌犯罪的行为并不影响合同的有效性。[1]

(三)买卖合同欺诈效力的认定

在本部分主要讨论买卖合同消费者权益保护领域欺诈的效力认定，对欺诈行为构成以后的惩罚性赔偿问题放在买卖合同责任纠纷专题中予以论述。

《民法典总则编解释》第二十一条规定：“故意告知虚假情况，或者负有告知义务的人故意隐瞒真实情况，致使当事人基于错误认识作出意思表示的，人民法院可以认定为民法典第一百四十八条、第一百四十九条规定的欺诈。”

判断经营者是否存在欺诈的标准，主要有客观说与主客观说两种不同观点。一般认为，不宜完全采用客观说，应坚持主观与客观相结合的原则，以客观说为主，同时兼采主观说，主要考虑标的物的材质、性能、用途等客观信息是否与宣传相符，同时参考经营者主观欺诈的意图及目的，以及消费者对被欺诈事项的认知程度。这是因为，相较于《民法典》，《消费者权益保护法》是民法领域的特别法，主要针对消费者与经营者之间在买卖、承揽、服务等方面产生的合同关系，消费者与经营者之间并不处于平等的交易主体地位，因此《消费者权益保护法》专章规

---

〔1〕　参见《最高人民法院公报》2016年第1期(总第231期)。最高人民法院(2015)民申字第956号民事裁定书。

定了消费者的权利与经营者的义务，并未明确规定经营者的权利与消费者的义务，如此可见有保护消费者的倾向。

1. 构成欺诈的认定

同一经营场所内存在多份格式条款的，应作出有利于消费者的解释，经营者构成价格欺诈。

【案例4－20】 张某诉家乐福通州店买卖合同纠纷案

判决观点，本案争议的焦点为家乐福通州店的销售行为是否构成价格欺诈。法院认为，《禁止价格欺诈行为的规定》《关于〈禁止价格欺诈行为的规定〉有关条款解释意见的通知》等行政规章及规范性文件，对价格欺诈行为的认定具有一定的参照意义，同时应当依照民法关于欺诈的规定对经营者的标价行为进行综合判断。根据查明的事实，2018年12月4～17日，家乐福通州店开展“买立减”活动，哈尔滨冰霜啤酒（330毫升×6）的零售价为11.9元/组，减价后9.9元/组。张某选购涉案商品后，选择微信扫码购买实际支付价款11.9元。家乐福通州店虽然在微信结账扫码区域附近以展示牌的方式告知微信扫码“不与其他活动同享”，该条款限制了消费者的权利，经营者应当对“其他活动”的具体范围作出明确解释，现家乐福通州店并未作出明确解释，故该条款对当事人并无约束力。本案中，家乐福通州店标注哈尔滨冰霜啤酒（330毫升×6）减价后9.9元/组，而实际结算却为11.9元/组。庭审中，家乐福通州店亦称张某购物后曾找到店方，但因张某未提出明确要求，店方未答复，且庭审中家乐福通州店明确表示微信结账无优惠。故法院认为家乐福通州店的行为已构成价格欺诈，故对张某要求家乐福通州店赔偿500元的诉请，依法有据，应予支持。判决：被告家乐福通州店向原告张某赔偿500元。[1]

【不同观点】 客观说认为，《消费者权益保护法》中的欺诈行为与《民法典》中的欺诈行为有所不同，不能完全套用民法中对欺诈行为的规定。《消费者权益保护法》中的欺诈行为，仅指经营者或服务提供者存在虚假陈述隐瞒事实或歪曲事实的行为，只要满足此点，即构成《消费者权益保护法》中的欺诈行为，不要求消费者因经营者的欺诈而产生错误认识并因这种认识错误而作出意思表示。

---

〔1〕 参见国家法官学院、最高人民法院司法案例研究院编：《中国法院2021年度案例》（买卖合同纠纷），中国法制出版社2021年版，第68～69页。北京市通州区人民法院（2019）京0112民初10524号民事判决书。

【案例4-21】　姜某诉华德宝公司买卖合同纠纷案

判决观点，华德宝公司未提交证据证明在销售时就车辆维修项目向姜某进行过告知。根据《消费者权益保护法》第五十五条的规定，消费者权益保护法规定消费者获得3倍赔偿的前提是经营者存在"欺诈行为"，并不要求经营者具备欺诈消费者的主观故意。主观上的故意欺诈是一种心理状态，消费者难以就经营者的主观心理状态作出判断。华德宝公司销售车辆时就车辆出售前的维修项目未对姜某进行告知，对姜某而言华德宝公司存在欺诈行为，已构成《消费者权益保护法》规定的经营者存在"欺诈行为"，应当承担赔偿责任。姜某要求华德宝公司退货退款并3倍赔偿的诉讼请求，于法有据，法院予以支持。关于姜某主张的车辆购置税、保险、贷款手续费、贷款利息费用，法院认为3倍赔偿已经足以弥补姜某由此造成的损失，故对于姜某的该项主张，法院不予支持。判决：(1)原告姜某将购买的宝马2979cc越野车退还给被告华德宝公司，被告华德宝公司向原告姜某返还车款63万元；(2)被告华德宝公司向原告姜某赔偿损失189万元；(3)驳回原告姜某的其他诉讼请求。[1]

纪念币销售的经营者虚假宣传的行为，已经构成欺诈。

【案例4-22】　张某红诉传世经典公司买卖合同纠纷案

二审法院认为，本案中，传世经典公司作为经营者在明知国宝九龙金币并非中国国内具有相应资质的机构发行的情况下，隐瞒国宝九龙金币的真实情况，多次使用"国家"的主体概念进行宣传，且未向消费者明确说明此"国家"并非中国，上述虚假宣传导致消费者误认为国宝九龙币的国家发行系中国国内具有相应资质的机构发行，国宝九龙金币是中国的法定货币。传世经典公司对商品引人误解的虚假宣传的行为，已经构成欺诈，应当进行双倍赔偿。判决：驳回上诉，维持原判。[2]

错误粘贴产品标识的行为构成欺诈。

【案例4-23】　苏某前诉百惠分公司、徐州百鑫商业有限责任公司买卖合同纠纷案

二审法院认为，本案中，从上诉人出售的涉案茶叶包装的标识中可以看出，茶叶是由"杭州巨佳茶叶有限公司"生产，被上诉人有理由相信其购买的

---

〔1〕 参见国家法官学院案例开发研究中心编：《中国法院2018年度案例》(买卖合同纠纷)，中国法制出版社2018年版，第18～19页。北京市朝阳区人民法院(2015)朝民(商)初字第50144号民事判决书。

〔2〕 参见国家法官学院案例开发研究中心编：《中国法院2015年度案例》(买卖合同纠纷)，中国法制出版社2015年版，第63页。北京市第一中级人民法院(2013)一中民终字第3980号民事判决书。

茶叶是该厂生产的茶叶。但杭州巨佳茶叶有限公司核实涉案茶叶并非该厂生产,同时杭州市萧山区卫生局证实该标示中的卫生许可证编号"萧山食品产字(2003)0094号"亦不存在。上诉人作为销售者有义务保证其销售的商品标识真实。因此,上诉人将非杭州巨佳茶叶有限公司生产的茶叶出售给被上诉人,且将卫生许可证号并不存在的虚假标识粘贴在其出售的茶叶包装上,上诉人的上述行为具有欺诈性,故上诉人将涉案茶叶出售给被上诉人的行为构成欺诈。判决:驳回上诉,维持原判。[1]

【案例4-24】 孙某诉芬迪(上海)商业有限公司买卖合同纠纷案

一审法院认为,涉案羽绒服的水洗标中以英文标注了实际产地,芬迪公司并未隐瞒该商品的实际产地,孙某也未能举证证明芬迪公司销售人员曾告知其芬迪产品均系意大利生产之事实存在,故依据现有证据不能认定芬迪公司在客观上实施了欺诈行为;从行为人的主观心理看,构成欺诈应当存在欺诈故意。芬迪公司制作、缝挂中文标签流程表明,芬迪公司对导致涉案产品中文标签产地标注与实际产地不符并无主观故意,并不存在虚假陈述产地并意图使孙某基于该虚假陈述而作出购买决定的故意;从孙某是否是因芬迪公司的错误行为而作出购买决定看,孙某表示其购买涉案产品是因看中"芬迪"品牌,现无证据表明孙某是否购买涉案产品取决于产品产地,故孙某并非因芬迪公司的错误行为才作出购买的意思表示。探究芬迪公司行为之性质,芬迪公司因接收到错误的产品来源信息而使中文标签信息错误,并因其疏于查验导致孙某对涉案产品的产地发生错误认识,芬迪公司之行为实为可撤销的错误行为。据此,法院难以将芬迪公司的错误行为认定为欺诈。二审法院持同样意见,维持原判。[2]

【案例4-25】 冯某诉某人民商场、某化工厂买卖合同纠纷案

判决观点,本案中某化工厂生产的黑发防脱洗发露属于特殊用途的化妆品,应当经国务院卫生行政部门批准,取得批准文号,但某化工厂的上述产品未取得特殊批准文号,不能认定该产品具有使用说明上所表述的防脱发的作用,该产品应当禁止生产和销售。被告某人民商场对其所进货物应当进行审查,其销售行为应当符合国家的相关规定。现某化工厂违反规定生产该产

---

[1] 参见国家法官学院案例开发研究中心编:《中国法院2015年度案例》(买卖合同纠纷),中国法制出版社2015年版,第70页。江苏省徐州市中级人民法院(2013)徐民终字第803号民事判决书。

[2] 参见国家法官学院案例开发研究中心编:《中国法院2013年度案例》(买卖合同纠纷),中国法制出版社2013年版,第115页。北京市第二中级人民法院(2011)二中民终字第21572号民事判决书。

品,并由被告某人民商场销售,二被告的行为侵害了原告的合法权益。[1]

2. 不构成欺诈的情形

对不符合欺诈要件的,不能认定为欺诈。

出卖人已将商品信息如实记录并上传至买受人可通过相关途径查询的网络,不能认定其有隐瞒相关信息的主观故意,虽然出卖人未主动买受人告知该情况,但是该情况的存在并不影响买受人缔约的根本目的,也未给买受人造成较大不利影响。法院综合认定出卖人一定程度上侵犯了买受人的知情权,但尚不构成欺诈。

【案例4-26】 工程咨询公司诉汽车销售公司买卖合同纠纷案

一审法院认为,工程咨询公司与汽车销售公司签订的《汽车订购合约书》系双方的真实意思表示,双方应按合约书的约定履行各自的合同义务。案件的主要争议焦点:(1)汽车销售公司交付的车辆是否符合合同约定;(2)工程咨询公司是否具备消费者身份;(3)汽车销售公司是否构成欺诈,以及应承担何种责任。第一,根据《汽车订购合约书》,工程咨询公司与汽车销售公司未明确约定车身号码(VIN号)和引擎号码,只对车辆订购进行了种类约定,汽车销售公司交付的车辆虽系展厅车,但也属于约定的某品牌某款车辆,该车辆首次登记在工程咨询公司名下,并无证据证明其系销售过的旧车;双方在提车发生争议时,已对拟交付的车辆进行了确认并签订了附加内容,并无违反双方合同约定之处,故案涉车辆的交付符合合同约定。第二,根据《消费者权益保护法》第二条的规定,消费者应定义为生活需要而购买、使用商品。工程咨询公司购买车辆系公私两用,并非为生活消费需要而购买使用、商品,其在本案中不具备消费者身份,不适用该法的相关规定。如其权益受到侵犯,可适用《合同法》的规定维护其权益。第三,汽车销售公司未向工程咨询公司告知涉案车辆的售前PDI检测情况,但未予告知的信息并不属于影响工程公司缔约根本目的的重要信息,汽车销售公司不存在隐瞒相关信息的主观故意,未履行告知义务虽一定程度侵犯了工程咨询公司的知情权,但尚不构成欺诈。对此汽车销售公司应承担相应的赔偿责任。因无证据证明该问题涉及车辆安全性能、主要功能、基本用途,未给工程咨询公司造成较大不利影响,根据案件的具体情况,酌定汽车销售公司向工程咨询公司赔偿1万元。判决:(1)被告汽车销售公司向原告工程咨询公司赔偿1万元;(2)驳

---

[1] 参见北京市高级人民法院编:《审判前沿——新类型案件审判实务》2010年第1集(总第31集),法律出版社2010年版,第114页。

回原告工程咨询公司的其他诉讼请求。

二审法院认为，同意一审法院的裁判意见，工程咨询公司既无直接证据证实汽车销售公司采取了暴力手段或以限制其公司相关人员人身自由等方式为要挟迫使工程咨询公司提取车辆及缴纳相关费用，又无实质证据证明汽车销售公司存有故意提供虚假情况而强制其缔约的事实客观存在，工程咨询公司的上诉请求均不能成立，不予支持。一审法院认定事实清楚，适用法律正确，二审法院予以维持。判决：驳回上诉，维持原判。〔1〕

买受人未尽到谨慎注意义务，不能认定出卖人构成欺诈。

【案例4－27】 郑某武诉甲汽车销售公司等买卖合同纠纷案

判决观点，郑某武与甲汽车销售公司签订了《新车销售合同》，但在支付定金后未继续履行该合同。郑某武与乙汽车销售公司虽未签订书面销售合同，但存在事实买卖合同关系，郑某武支付了购车款，该公司向郑某武提供了约定车辆并出具了购车发票，双方的买卖合同已经履行完毕。郑某武关于甲汽车销售公司、乙汽车销售公司隐瞒车辆真实情况，将旧款车型冒充新款车型进行销售，存在欺诈的诉讼主张，因其看车确认在先，签订汽车抵押贷款合同及支付购车款在后，相关文件明确记载了车辆识别代号，其所购车辆系特定车辆，具有唯一性，郑某武提交的证据亦不能证实被告存在欺诈，法院不予采信。当事人对自己提出的诉讼请求所依据的事实，有责任提供证据，没有证据和证据不足以证明当事人的事实主张的，由负有举证责任的当事人承担不利后果。现原告提交的证据不能证实其诉讼主张，被告亦不予认可。原告郑某武的诉讼请求，缺乏事实及法律依据，法院不予支持。判决：驳回原告郑某武的全部诉讼请求。〔2〕

汽车经销商未告知车辆召回信息不构成欺诈。

【案例4－28】 王某诉汽车销售公司买卖合同纠纷案

二审法院认为，对汽车销售公司是否构成欺诈，应从以下两个方面予以考量：一是汽车销售公司的主观状态。经营者违反《消费者权益保护法》第八条的规定，未向消费者主动告知会影响一般消费者消费选择的真实信息，损害消费者的知情权的行为，并不必然构成该法第五十五条规定的经营者欺

〔1〕 参见国家法官学院、最高人民法院司法案例研究院编：《中国法院2022年度案例》（买卖合同纠纷），中国法制出版社2022年版，第74～75页。湖北省武汉市人民法院（2020）鄂01民终3277号民事判决书。

〔2〕 参见国家法官学院、最高人民法院司法案例研究院编：《中国法院2022年度案例》（买卖合同纠纷），中国法制出版社2022年版，第78页。湖北省武汉市江岸区人民法院（2020）鄂0102民初1460号民事判决书。

诈。案涉车辆交付前,召回声明已在国家质量监督检验检疫总局网站及该品牌汽车制造公司官网上进行了公告,该信息处于公开状态。且王某家人拨打汽车销售公司的客服电话记录亦可说明客服人员对案涉车辆系召回车辆并未刻意回避或隐瞒,消费者可正常通过公司系统对车辆的召回信息进行相关查询。据此可以认定,汽车销售公司并无隐瞒涉案车辆属于召回范围且经过维修事实的主观故意。二是未获知召回信息是否足以致使王某作出错误的意思表示。从王某的缔约意思考虑,其目的在于取得质量合格的特定车辆的所有权,用以满足其使用要求。本案中,尽管案涉车辆属于召回范围,但在原有缺陷通过修理而消除的情况下,王某购买案涉车辆能够实现其缔约目的。综合以上分析,汽车销售公司未向王某告知召回及维修信息,未使其陷入错误认知,并不构成《消费者权益保护法》第五十五条规定的欺诈,一审判决对此认定存在不当,二审法院依法予以纠正。判决:(1)撤销一审判决第一项、第二项;(2)变更一审判决第三项为:驳回王某的全部诉讼请求。[1]

经营者不构成欺诈的不承担3倍赔偿责任。

【案例4－29】　张某诉得利卡公司买卖合同纠纷案

二审法院认为,本案的争议焦点为得利卡公司在向张某销售涉案车辆时是否存在欺诈行为。根据《消费者权益保护法》第五十五条第一款的规定,本案中,张某主张得利卡公司存在欺诈行为的事项为《机动车登记证书》上登记的轮胎规格与案涉车辆的轮胎规格不一致。但是张某亦在诉讼过程中认可其在购车时选择的轮胎规格为195/55R15,该轮胎规格与案涉车辆的实际情况一致。此外,在《车辆一致性证书》中"车辆一致性证书参书"处亦载明:"轮胎规格:第1轴:195/55R15,第2轴:195/55R15。"因此,得利卡公司并不存在故意告知张某虚假情况或者故意向张某隐瞒真实情况诱使张某作出错误意思表示的行为。张某以得利卡公司存在欺诈行为为由提出相应诉讼请求,缺乏事实与法律依据,一审法院不予支持并无不当。需要指出的是,一审法院在认定得利卡公司并不存在欺诈行为的基础上,也即张某并不存在因"欺诈行为"而致权利受损的情况下,对诉讼效果问题进行讨论无必要,法院在此予以纠正。综上所述,张某的上诉请求不能成立,应予驳回;一审判决虽存在瑕疵,但处理结果并无不当,二审法院予以维持。判决:驳回上诉,维

〔1〕 参见国家法官学院、最高人民法院司法案例研究院编:《中国法院2022年度案例》(买卖合同纠纷),中国法制出版社2022年版,第82页。广西壮族自治区南宁市中级人民法院(2020)桂01民终12757号民事判决书。

持原判。〔1〕

销售者进行售前检查发现问题时,应将其对汽车局部的修复或拆卸行为等影响消费者选择的信息告知消费者,否则将侵犯消费者的知情权而承担相应责任;同时,汽车销售者因售前检查问题处理不当造成车辆质量问题的,应向消费者承担相应责任。

【案例4-30】 何某诉百事达公司买卖合同纠纷案

二审法院认为,现有证据不能证明百事达公司为获利而故意将两车后备箱盖进行互换。虽然百事达公司在PDS检测调试中存在过失,但对售出车辆因此存在瑕疵并不知情,没有制造假象或者隐瞒真实情况的故意。同时,百事达公司对涉案车辆进行PDS检测,应按照生产厂家的要求,向何某告知检测清单所涉及的相应调校内容,其未进行告知,客观上侵犯了何某对购买车辆真实情况的知情权;但PDS后备箱盖缝隙、错位进行拆卸调校的操作本身不足以影响涉案汽车质量及综合性能,不会让消费者陷入错误认识而作出错误意思表示。故百事达公司虽未履行涉案车辆PDS检测情况的告知义务,但其行为并不构成消费欺诈,故何某请求百事达公司承担购车价款3倍赔偿责任缺乏相应的事实依据。但因百事达公司的过错,造成涉案车辆因后备箱盖被换装而缺失车辆识别代号,致使涉案车辆未能办理登记,无法上路行驶,无法实现车辆基本使用性能从而满足何某的购车目的,此系百事达公司的过错导致的质量问题,其应承担相应责任。法院依据新查证的事实,对一审判决予以改判。判决:(1)撤销一审判决;(2)百事达公司返还给何某购车款266800元;(3)百事达公司赔偿何某车辆购置税22803元、保险费7913.21元、鉴定费700元;(4)何某将其购买的皇冠车辆退还给百事达公司;(5)驳回何某的其他诉讼请求。〔2〕

超出经营范围售卖机动车并不一定构成销售欺诈。

【案例4-31】 肖某勇诉祥瑞商行买卖合同纠纷案

二审法院认为,本案中,首先,当事人超越经营范围订立合同,法院不因此认定合同无效,但违反国家限制经营、特许经营以及法律、行政法规禁止经营规定的除外。本案不具有除外情形,肖某勇、祥瑞商行双方之间的买卖合

---

〔1〕 参见国家法官学院、最高人民法院司法案例研究院编:《中国法院2020年度案例》(买卖合同纠纷),中国法制出版社2020年版,第56页。北京市第二中级人民法院(2018)京02民终12149号民事判决书。

〔2〕 参见国家法官学院、最高人民法院司法案例研究院编:《中国法院2020年度案例》(买卖合同纠纷),中国法制出版社2020年版,第63~64页。重庆市第一中级人民法院(2018)渝01民终584号民事判决书。

同有效。依法成立的合同,对当事人具有法律约束力。肖某勇自涉案车辆交付至被扣留期间超过2年,从未向祥瑞商行就选购的车辆型号、性质提出异议,结合本案中涉案车辆性质的检验方法和难易程度,一审法院认定涉案车辆是肖某勇自行选购,其应当尽审慎注意义务,并无不当。祥瑞商行向肖某勇交付了《用户手册》《合格证》《用户告知书》等资料,其中《用户告知书》由肖某勇本人签字,肖某勇主张祥瑞商行未按规定将商品信息详细信息告知消费者,与事实不符,不予支持。涉案车辆随车配备的车辆编号和车牌的编排方式、外观等明显不一致,肖某勇误将车辆编号当作涉案车辆的牌照,系其自身认识错误,肖某勇关于其年龄大,祥瑞商行未尽到告知义务,肖某勇有理由相信车牌合理性的主张,法院不予采信。据此,肖某勇主张双方购车合同是非机动车,祥瑞商行的销售行为存在过错,但其未提供相应的证据,法院不予支持。综上所述,肖某勇的上诉请求不能成立,应予驳回;一审判决认定事实清楚,适用法律正确,应予维持。判决:驳回上诉,维持原判。〔1〕

平行进口车买卖中,销售商未告知原产地的不构成欺诈。

【案例4-32】 游某容诉爱尚公司买卖合同纠纷案

二审法院认为,涉案车辆作为平行进口的改装车,存在"车辆制造国"和"最终制造阶段的制造商"等信息不一致的情况。在车辆识别代码中制造商代码和装配代码均为ZAM/1,均指向意大利玛莎拉蒂股份公司圭利亚科工厂,且《货物进口证明书》等大量文件亦记载其产地为意大利。另外,涉案车辆在美国改装的项目仅涉及仪表盘、后尾灯、中文警告标识、前后牌照架,未涉及货物实质性改变,与《出入境检验检疫进口机动车辆随车检验单》载明的在美国改装的范围一致。结合本案的具体事实情节,仅以销售商未明确告知平行进口商品的事实相关情况,不足以认定销售商存在刻意隐瞒真实信息的欺诈行为。综上,二审认定爱尚公司按照合同约定交付了原产地为意大利的玛莎拉蒂轿车,在销售过程中并不存在欺诈行为。判决:(1)撤销一审判决;(2)驳回游某容的全部诉讼请求。〔2〕

经销商对车辆部分外观进行加装和装饰,未告知消费者的不构成欺诈。

【案例4-33】 许某海诉新成功公司、捷豹路虎公司买卖合同纠纷案

一审法院认为,关于新成功公司未告知许某海所购路虎揽胜"极光耀黑

---

〔1〕 参见国家法官学院、最高人民法院司法案例研究院编:《中国法院2020年度案例》(买卖合同纠纷),中国法制出版社2020年版,第109页。江苏省无锡市中级人民法院(2018)苏02民终4859号民事判决书。

〔2〕 参见国家法官学院案例开发研究中心编:《中国法院2019年度案例》(买卖合同纠纷),中国法制出版社2019年版,第18页。重庆市第一中级人民法院(2017)渝01民终5636号民事判决书。

版”车辆系在揽胜极光耀动版的基础上进行外观装饰及加装，加价10000元进行销售，是否构成欺诈。新成功公司作为提供商品一方向消费者提供有关商品的质量、性能、用途、有效期限等信息时，应当真实、全面，不得作虚假或者引人误解的宣传。根据许某海提供的《车辆一致性证书》《货物进口证明书》《出入境检验单》等证据，新成功公司在路虎揽胜极光耀动版车型的基础上进行外观加装及装饰对外进行销售，其作为提供商品一方，负有将加装及外观装饰情况明确全面告知消费者的义务。但根据本案现有证据，新成功公司未明确、全面告知许某海对其所购买的案涉车辆进行外观装饰及加装，存在过错。但鉴于上述外观装饰及加装仅限于车辆的部分外观，并不改变案涉车辆整体的性能和品质，也不改变案涉车辆系全新进口的本质。新成功公司对案涉车辆加装行李架、喷黑轮圈和LOCO，需要支出相应的成本，其加价10000元是适当的。综上，新成功公司作为提供商品一方，在案涉车辆销售过程中，通过对原装进口的路虎揽胜极光动版车型的部分外观进行加装和装饰，且以自行冠名的路虎揽胜“极光耀黑版”车型销售给许某海，但不存在夸大或隐瞒所提供商品的质量性能等与消费者有重大关系的信息误导作为消费者的许某海。许某海购买案涉车辆已行驶2万多公里，没有相应的证据证明案涉车辆存在质量问题。至于许某海提出的案涉车辆因质量问题被召回的争议，因新成功公司和捷豹路虎公司否认向许某海发出汽车召回函件，许某海提供的召回函件又未加盖召回单位的公章，不足以证明案涉车辆属于召回对象车辆，许某海的该主张法院不予采信。鉴于汽车召回系由汽车产品制造商进行的消除产品缺陷的过程，在被召回的汽车不能被证明存在导致重大安全隐患的情形下，不能因此认定被召回车辆系不合格汽车产品。故新成功公司销售案涉车辆亦不存在以次充好、以质量不合格的车辆冒充合格的车辆骗取消费者等其他情形。综上分析，许某海主张新成功公司的上述销售行为构成欺诈，于法不符，法院不予采纳，其主张适用《消费者权益保护法》的相关规定，提出要求撤销合同，新成功公司退还购车款并3倍赔偿及其他相关诉讼请求，缺乏事实和法律依据，法院不予支持。但新成功公司在收取许某海52400元用于代交案涉车辆购置税后，实际仅缴纳了50400元，剩余的2000元应返还许某海。许某海要求新成功公司返还2000元剩余款项，新成功公司亦同意返还该款项，法院予以确认、支持。捷豹路虎公司系非诉争《销售合同》的相对方，亦不存在欺诈许某海的情形，许某海以新成功公司系捷豹路虎公司的经销商，依据《消费者权益保护法》和《欺诈消费者行为处罚办法》的规定，诉请捷豹路虎公司承担连带赔偿责任，缺乏事实和法律依据，法院不予支持。判决：(1)被告新成功公司返还原告许某海2000元；(2)驳回原告许某海的其他诉讼请求。二审法院判决：驳回上诉，维持原判。[1]

行政处罚决定所认定的虚假宣传，并不必然等同于争议产品说明使用的宣传语会对消费者造成误导。

【案例4－34】　叶某玲诉家乐福公司买卖合同纠纷案

二审法院认为，家乐福公司经营的涉案食品在外包装上外挂了标示"可以治疗和预防一般慢性胃病，从而降低肠道疾病的概率"的宣传册，上述内容未标示在涉案食品外包装上，亦非标示在"标签、标志、说明书"中，且不属于"与卫生、营养等食品安全有关的标签、标志、说明书"，因此涉案宣传册的内容与《食品安全法》规定的食品安全标准不存在法律上的关联，家乐福公司的行为亦不构成经营明知不符合食品安全标准的食品，叶某玲请求家乐福公司依照《食品安全法》第一百四十八条第二款之规定承担惩罚性赔偿责任，缺乏事实依据，一审法院予以驳回于法有据。北京市朝阳区食品药品监督管理局的行政处罚决定认定涉案食品外挂宣传册标示"可以治疗和预防一般慢性胃病，从而降低肠道疾病的概率"的行为属于"引人误解的虚假宣传"，处罚依据亦为《反不正当竞争法》。叶某玲上诉主张涉案食品不符合食品安全国家标准，依据不足，法院不予采信。判决：驳回上诉，维持原判。[2]

经营者未正确履行告知义务的不必然构成欺诈。

【案例4－35】　孙某禄诉燕莎公司、奥莱中心买卖合同纠纷案

一审法院认为，根据GB/T 29862—2013及GB/T 4146.1—2009的相关规定，聚酯薄膜纤维属于没有规范名称的化学纤维，应当参照GB/T 29862—2013附录B中的规定进行标注，而附录B.7只是建议性标准，并非强制性标注。另，结合国家纺织制品质量监督检验中心中纺认证中心有限公司的咨询意见及北京市工商行政管理局朝阳分局华威工商所出具的行政提示书及奥莱中心提供的检验报告，奥莱中心未将聚酵薄膜纤维单独标注属于不规范标注，并非属于违反国家标准的标注，不属于故意告知孙某禄虚假情况，或者故意隐瞒真实情况。故奥莱中心在销售涉案衣物的过程中不存在欺诈行为。但鉴于奥莱中心向孙某禄提供的涉案衣物标签有瑕疵，故针对孙某禄主张退还货款及赔偿鉴定费损失的赔偿请求法院予以支持。奥莱中心系燕莎公司的分公司，燕莎公司应对奥莱中心的赔偿责任承担连带责任。判决：(1)被

---

〔1〕　参见国家法官学院案例开发研究中心编：《中国法院2019年度案例》(买卖合同纠纷)，中国法制出版社2019年版，第26～27页。福建省厦门市中级人民法院(2017)闽02民终3711号民事判决书。

〔2〕　参见国家法官学院案例开发研究中心编：《中国法院2018年度案例》(买卖合同纠纷)，中国法制出版社2018年版，第50页。北京市第二中级人民法院(2016)京02民终7426号民事判决书。

告燕莎公司、奥莱中心退还原告孙某禄货款25910元;(2)被告燕莎公司、奥莱中心赔偿原告孙某禄鉴定费损失900元;(3)驳回原告孙某禄的其他诉讼请求。二审法院判决:驳回上诉,维持原判。[1]

商品标识存在瑕疵或者不规范,不构成对消费者的欺诈。

【案例4-36】 李某锐诉广州家广超市有限公司买卖合同纠纷案

二审法院认为,本案中,涉案产品营养标签上的各营养成分含量的总和虽然略超100克,但该误差是否超过了允许的误差范围,李某锐没有提供证据证明,即没有证据证明涉案产品的营养标签违反了国家食品安全标准。根据《食品安全法》(2009年修订)第九十六条的规定,李某锐要求广州家广超市有限公司退还货款并赔偿10倍损失的依据不足,法院不予支持。原审法院驳回李某锐全部诉讼请求的处理并无不当,二审法院予以维持。判决:驳回上诉,维持原判。[2]

出卖人收取价款后,依照对应的不同用途开具不同类型的发票,其发票相加总额与双方协商的价格一致,不能认定出卖人构成价格欺诈。

【案例4-37】 孙某平诉桂林鑫广达汽车销售服务有限责任公司买卖合同纠纷案

一审法院认为,原告孙某平与被告桂林鑫广达汽车销售服务有限责任公司之间签订的订车合同是双方的真实意思表示,是合法有效的。合同约定,原告购买的车辆价格为118000元,其中车辆单价包括DVD导航可视倒车影像。被告为原告开具的两张发票中,其中一张发票为车辆价格111800元,另一张为车辆装饰材料费6100元,被告还为原告办理了一张费用为100元的俱乐部会员卡,三项合计118000元,与合同约定的价格相符。被告在经营过程中提供商品时已明码标价,按合同约定收取了原告的购车款,其行为不属于价格欺诈,故原告诉请被告存在欺诈行为赔偿其损失354000元,于法不符,不予支持。被告提出本案的《订车合同》标价是118000元,收取的也是118000元,不存在价格欺诈,原告诉请无事实依据。二审法院认为,一审法院判决认定事实清楚,适用法律正确。判决:驳回上诉,维持原判。[3]

---

〔1〕 参见国家法官学院案例开发研究中心编:《中国法院2018年度案例》(买卖合同纠纷),中国法制出版社2018年版,第205页。北京市第三中级人民法院(2016)京03民终6282号民事判决书。

〔2〕 参见国家法官学院案例开发研究中心编:《中国法院2017年度案例》(买卖合同纠纷),中国法制出版社2017年版,第25页。广东省广州市中级人民法院(2015)穗中法民一终字第5129号民事判决书。

〔3〕 参见国家法官学院案例开发研究中心编:《中国法院2017年度案例》(买卖合同纠纷),中国法制出版社2017年版,第84页。广西壮族自治区桂林市中级人民法院(2015)桂市民二终字30号民事判决书。

经营者使用不足以引起误导的宣传用语的行为不构成欺诈。

【案例4-38】 钟某诉沃尔玛公司买卖合同纠纷案

二审法院认为,现涉诉产品上“离太阳最近,离城市最远”的广告语,仅为突出商品产地的特性,并不能推定出沃尔玛公司存在欺诈的主观故意,而且商品外包装表明了产品的产地为四川省,一个理性消费者应当能知晓不能以绝对的科学角度对该广告语进行字面理解,也应当能理解该产地不可能是地理上的离太阳最近及离城市最远的地方。沃尔玛公司销售该产品的行为不足以产生误导的后果,即沃尔玛公司客观上并无欺诈的行为。因此,钟某关于沃尔玛公司构成欺诈的上诉理由并不成立,法院不予采信,其关于要求沃尔玛公司进行3倍赔偿的上诉请求缺乏事实和法律依据,法院不予支持。一审法院判决认定事实清楚,适用法律正确,处理并无不当,应予维持。判决:驳回上诉,维持原判。〔1〕

出卖人未就买受人选定商品作出过不合理引导或者欺诈行为,不构成欺诈。

【案例4-39】 吴某宁诉居美家艺公司买卖合同纠纷案

判决观点,吴某宁主张居美家艺公司对其进行欺诈,将售卖的壁纸以次充好,应由其提供证据予以证明。此案的争议焦点在于双方是否事先达成购买森博尔特牌壁纸的约定。吴某宁系在多次翻看壁纸样本,确定壁纸货号后,才由居美家艺公司为其出具订货单,可见其在选定壁纸之前并未受此单据名称的误导,故吴某宁现依据此单据反推自己自始至终都是为购买森博尔特牌壁纸的理由不成立。除该单据之外,居美家艺公司未有其他标识表明系一家森博尔特牌壁纸专卖店。吴某宁选购的壁纸所用样本品牌标识明显,价格亦有区别。且吴某宁认可在壁纸粘贴时,均对壁纸的货号、颜色作了核对,与其所选一致,该壁纸的包装箱及卷筒上的标识明显,而吴某宁在壁纸全部粘贴完毕后才第一次提出异议,如果吴某宁起初确系以购买森博尔特牌壁纸为意图,现状的造成亦应归咎于其身没有尽到足够的注意义务。在交易过程中,吴某宁亦未表明仅为购买森博尔特牌壁纸而来。虽然居美家艺公司未在品牌上进行说明,但从双方的交往次数、交易过程、交易习惯、壁纸样本版及标识来看,居美家艺公司并未就吴某宁所选壁纸做出过不合理的引导或者欺诈。因此,吴某宁以居美家艺公司对其欺诈、以次充好为由要求赔偿的诉讼请求,证据不足,法院不予支持。判决:驳回原告(反诉被告)吴某宁的诉讼

---

〔1〕 参见国家法官学院案例开发研究中心编:《中国法院2017年度案例》(买卖合同纠纷),中国法制出版社2017年版,第86页。北京市第三中级人民法院(2015)三中民(商)终字第03553号民事判决书。

请求。[1]

特定时期的千足金检测为“足金”不构成欺诈。

【案例4－40】 刘某清诉北京翔福缘珠宝店买卖合同纠纷案

二审法院认为，珠宝店在向刘某清出售首饰的过程中不存在欺诈。理由：第一，涉案的5件黄金首饰均附有国家首饰质量监督检验中心出具的合格证，前述合格证中载明的手饰均为千足金。一审法院依据前述合格证载明的编码在国家首饰质量监督检验中心网站进行了查询，查询的结果显示案涉案的黄金首饰均属千足金首饰。珠宝店向刘某清出具的购物小票中5件首饰均为千足金首饰。第二，涉案手饰检验依据是《首饰贵金属纯度的规定及命名方法》（GB 11887—2012），其记载的首饰规格符合前述标准。虽然2016年5月4日起实施的《国家标准第1号修改单》取消了《首饰贵金属纯度的规定及命名方法》（GB 11887—2012）中关于千足金的表述及纯度最小值的相关规定，但是珠宝店出售涉案手饰的含金量（千足金）的最低值显然高于《国家标准第1号修改单》中涉及的含金量最低值。这表明首饰店出售的黄金首饰执行了更高的含金量标准。第三，刘某清提交的鉴定证书虽然显示3件首饰“表层检测为足金”，但是前述鉴定书是在《国家标准第1号修改单》实施以后出具的，并不能证明对应的涉案3件首饰的含金量达不到足金的标准。二审期间，经释明，刘某清仍然不申请对涉案5件黄金首饰进行金纯度的质量检测鉴定。刘某清作为主张权利受到损害的一方当事人，应当对其权利受到损害的基本事实承担证明责任，现其提供的证据不足以证明珠宝店在向其销售首饰的过程中存在欺诈，应由其承担举证不能的法律后果。判决：驳回上诉，维持原判。[2]

对经营者适用惩罚性赔偿，应当满足主客观要件。

【案例4－41】 宋某丽诉京客隆公司买卖合同纠纷案

二审法院认为，涉案产品包装正面记载“汇福大豆花生芝麻调合油”，在文字下方，以比较显著的方式配有花生和芝麻的图案，其中并无大豆的图案，明显为突出该商品添加了花生油和芝麻油，实际上也足以引起消费者对该成分的重视。而花生油、芝麻油的市场价格均高于大豆油，相较于大豆油，花生油、芝麻油是相对特殊的配料，因而是“有价值、有特性”的成分。京客

---

〔1〕 参见国家法官学院案例开发研究中心编：《中国法院2016年度案例》（买卖合同纠纷），中国法制出版社2016年版，第76页。北京市密云县人民法院（2014）密民初字第3171号民事判决书。

〔2〕 参见国家法官学院案例开发研究中心编：《中国法院2019年度案例》（买卖合同纠纷），中国法制出版社2019年版，第31～32页。北京市第一中级人民法院（2017）京01民终6号民事判决书。

隆公司认可涉案产品三种油的具体含量为：芝麻油 1.5%、花生油 8%、大豆油 90.5%，三种油所占比例和商品标签与消费者的直观感受明显不符。故涉案产品标签的标识方式构成《预包装视频标签管理通则》中所界定的“特别强调”，会对消费者构成误导。综上，涉案产品应当按照 GB 7718—2011 第 4.1.4.1 条规定标示花生油、芝麻油在成品中的含量。涉案产品未标示，违反了食品安全标准，不属于食品标签瑕疵。故宋某丽要求退货、退款的诉讼请求于法有据。另，对经营者适用惩罚性赔偿的要件为同时满足“客观上销售不符合食品标准的食品”和主观上“明知是不符合食品安全标准的食品而销售”。本案中，京客隆公司提供了 2016 年度关于“汇福大豆花生芝麻调和油”的检测报告，以证明涉案产品在油品质量及产品标签两个方面符合要求。这说明京客隆公司在销售涉案产品前，已尽到了销售者的验货义务。食品安全国家标准《预包装食品标签通则》第 4.1.4.1 条规定是对特别强调的有价值、有特性的某成分的含量标注要求，是抽象的普遍适用的条款。花生油、芝麻油是否属于特别强调的有价值、有特性的成分，法律上并没有明确规定。在此情况下要求销售者判断花生油、芝麻油是否属于特别强调的有价值、有特性的成分，是否标明含量，对销售者过于严苛。因此，不能认定销售者有“明知是不符合食品安全标准的食品而销售”主观故意。综上，本案不应对京客隆公司适用惩罚性赔偿。判决：(1) 撤销一审判决；(2) 宋某丽将其所购买的 100 桶汇福 5L 大豆花生芝麻调和油退还给京客隆公司；(3) 京客隆公司退还给宋某丽货款 4690 元；(4) 驳回宋某丽的其他诉讼请求。[1]

【案例 4－42】 蒋某诉某商贸公司买卖合同纠纷案

一审法院认为，根据相关法律规定，经营者在销售食品时不应对该食品的治疗作用进行宣传，对经营的商品外包装及使用说明书的用语是否符合规定具有检查的义务，被告销售的参茸虫草鞭是一种食品，该食品的外包装及使用说明书中使用了“提高免疫力”“用于前列腺炎”“45 天为一个疗程”等用语，上述用语宣传了该食品具有治疗作用，虽然该食品的外包装及说明书不是被告印制或提供的，但被告对上述食品进行销售，属于被告没有履行审慎核实检查义务、具有过错，但被告的行为不构成欺诈，因此法院认为被告应将所收货款退给蒋某；对蒋某要求赔偿 1 倍货款的损失及要求被告书面道歉的依据不足，法院不予支持。二审法院维持原判。[2]

---

〔1〕 参见国家法官学院案例开发研究中心编：《中国法院 2019 年度案例》(买卖合同纠纷)，中国法制出版社 2019 年版，第 225 页。北京市第二中级人民法院(2017)京 02 民终 9029 号民事判决书。

〔2〕 参见北京市高级人民法院编：《审判前沿——新类型案件审判实务》2010 年第 1 集(总第 31 集)，法律出版社 2010 年版，第 102 页。

销售者及生产者不规范的行为不应一概认定为欺诈。实践中,对发生争议的商品如实木地板标注的“超耐磨”,在没有明确标准的前提下,不属于误导消费者,使消费者的合法权益受到损害的行为。

【案例4-43】 邬某苓诉孟某顺、天津莱雅木业有限公司买卖合同纠纷案

二审法院认为,目前国家标准将实木地板漆表面耐磨的物理力学性能指标分为优等、一等、合格三个等级。邬某苓与孟某顺签订的地板订货协议书中标明邬某苓购买的香脂木豆实木地板为“超耐磨”,而国家标准中无“超耐磨”这一等级。孟某顺、莱雅公司在生产、销售的产品上标注“超耐磨”虽不规范,但其产品是符合国家标准的合格品,现孟某顺否认其承诺售给邬某苓的地板是一等品,而以邬某苓送检样品为一等品作出的“漆板表面耐磨未达到标准规定要求”的检验结论无法推定孟某顺、莱雅公司在生产、销售中有欺诈行为,故邬某苓认为孟某顺、莱雅公司弄虚作假、以次充好构成消费者欺诈而要求其承担双倍赔偿责任的依据不足,其该项请求不予支持。关于外包装上标注的“实木无尘封口”字样,该字样内容与邬某苓家的地板现状无关,邬某苓亦无证据说明孟某顺、莱雅公司利用该字样对其进行了欺诈。[1]

【案例4-44】 林某信诉龙某宜买卖合同纠纷案

判决观点,被告所销售的手机在手机盒子上标有“1G-FFIASH”的字样,是向消费者履行告知义务的一种方式,在被告没有再主动口头说明的情况下,作为消费者的原告有权要求被告进行说明。本案被告在销售发票上没有注明配置有一张1G存储卡,造成原告当时不能提出要求配置存储卡,除系当时被告未主动向原告口头明示这一原因之外,与原告当时没有注意到手机盒子上标有1G-FFIASH”的字样,没有完全行使知情权有一定的关系。所以,虽然被告在2011年12月1日销售手机给原告时,没有配置一张1G存储卡给原告,属于“销售的商品分量不足”的行为,但是,原告没有证据证明是被告采取虚假或者不正当手段所致,因此被告的行为不构成欺诈。2012年1月18日原告以被告未配置存储卡为由,到被告的手机营业厅要求被告补配一张1G的存储卡时,被告配给原告一张256MB存储卡的行为,不属采取虚假或者其他不正当手段使销售的商品分量不足的行为,也不属于销售掺杂、掺假、以假充好的情形,被告的该行为不构成欺诈消费者行为。[2]

---

〔1〕 参见北京市高级人民法院民一庭编:《北京民事案件审判疑难案例与问题解析》(第1卷),法律出版社2007年版,第406页。

〔2〕 参见国家法官学院案例开发研究中心编:《中国法院2014年度案例》(买卖合同纠纷),中国法制出版社2014年版,第101页。广西壮族自治区河池市巴马瑶族自治县人民法院(2012)巴民初字第132号民事判决书。

出卖人未准确披露公开信息不构成欺诈但存在过错。

【案例 4-45】 王某彬诉技术咨询公司等买卖合同纠纷案

一审法院认为,关于案涉车辆发动机是否存在拆改和大修的问题。根据王某彬提供的证据,无法证实车辆存在拆改、大修的情况,且技术咨询公司在发布涉案信息时披露了发动机附件拆卸痕迹内容,在无相反证据的情况下,应当认定王某彬在本案中所提及的痕迹即为技术咨询公司披露的痕迹。案涉车辆发动机信息与登记信息一致,王某彬自 2019 年 2 月 2 日取得案涉车辆开始使用,在发现涉案痕迹后仍在使用该车辆行驶近 2 万公里,且车况正常,表明该痕迹未对车辆使用产生负面影响。故王某彬依据马克笔书写痕迹和凿刻数字痕迹确定发动机存在问题的主张不能成立。关于非零过户问题。案涉车辆在技术咨询公司与王某彬交易前存在一次过户,技术咨询公司发布案涉车辆为零过户的信息确与事实不符,王某彬在办理案涉车辆过户时知悉该信息后,对案涉车辆买卖合同如何处理享有当然的选择权,王某彬继续完成过户行为足以表明其对非零过户问题认可并接受,因王某彬主张的欺诈事实不成立,故王某彬主张的其他诉讼请求亦不成立。鉴于技术咨询公司发布案涉车辆为零过户不实的信息的过错行为,是导致本次诉讼的原因之一,亦对王某彬造成一定影响,综合考虑酌定技术咨询公司给予王某彬 30000 元经济补偿。判决:(1)被告技术咨询公司给付原告王某彬补偿款 30000 元;(2)驳回原告王某彬的其他诉讼请求。二审法院同意一审法院裁判意见,判决:驳回上诉,维持原判。[1]

涉及古董买卖的欺诈,要结合具体案件的事实予以裁定。

【案例 4-46】 梁甲诉刘某、张某买卖合同纠纷案

一审法院认为,从梁甲先行取走 3 件样品进行研究后,才与张某达成买卖协议的交易情况看,梁甲是在经过审慎考虑后,才从张某处购买了工艺品,该行为系梁甲的真实意思表示,且梁甲未向法院提供证据证明张某承诺出卖的工艺品系古玩,现梁甲主张张某存在欺诈要求被告给付货款的诉讼请求没有事实法律依据。判决:驳回梁甲的诉讼请求。二审法院判决:驳回上诉,维持原判。[2]

关于网络消费欺诈行为的判断问题。网络消费欺诈是指在网络交易中,部分

---

〔1〕 参见国家法官学院、最高人民法院司法案例研究院编:《中国法院 2023 年度案例》(买卖合同纠纷),中国法制出版社 2023 年版,第 57~58 页。天津市第三中级人民法院(2020)津 03 民终 4960 号民事判决书。

〔2〕 参见北京市高级人民法院编:《审判前沿——新类型案件审判实务》2011 年第 5 集(总第 41 集),法律出版社 2012 年版,第 40 页。

经营者实施的利用虚假交易信息或者其他不正当手段骗取消费者财物的行为。[1] 在网络信息化的时代,侵犯消费者知情权依然是普遍现象,同时存在如何判断网络欺诈问题。有学者认为,对网络欺诈的认定应忽略经营者的主观意图、消费者受到损害、因果关系三个因素,而直接采用行为规制思路,欺诈行为是指足以误导消费者或者具有欺骗行为,只要网络经营者实施了欺诈消费者的行为,即推定为网络欺诈,允许网络经营者提供证据证明其主观上不具有欺诈的故意。[2] 笔者赞同学者的观点,判断网络消费欺诈行为的标准应有别于一般判断标准,即可采用客观化的标准,以适应网络欺诈的特点。

(四)买卖合同盖章效力的认定

《民法典合同编通则解释》第二十二条规定:"法定代表人、负责人或者工作人员以法人、非法人组织的名义订立合同且未超越权限,法人、非法人组织仅以合同加盖的印章不是备案印章或者系伪造的印章为由主张该合同对其不发生效力的,人民法院不予支持。

合同系以法人、非法人组织的名义订立,但是仅有法定代表人、负责人或者工作人员签名或者按指印而未加盖法人、非法人组织的印章,相对人能够证明法定代表人、负责人或者工作人员在订立合同时未超越权限的,人民法院应当认定合同对法人、非法人组织发生效力。但是,当事人约定以加盖印章作为合同成立条件的除外。

合同仅加盖法人、非法人组织的印章而无人员签名或者按指印,相对人能够证明合同系法定代表人、负责人或者工作人员在其权限范围内订立的,人民法院应当认定该合同对法人、非法人组织发生效力。

在前三款规定的情形下,法定代表人、负责人或者工作人员在订立合同时虽然超越代表或者代理权限,但是依据民法典第五百零四条的规定构成表见代表,或者依据民法典第一百七十二条的规定构成表见代理的,人民法院应当认定合同对法人、非法人组织发生效力。"制定司法解释的法官认为,人民法院在处理涉及公章问题的案件时,应当坚持以下裁判思路。首先,人章关系的核心要看有无代表权或代理权。其次,相对人负有核实行为人身份及权限的义务。最后,盖章行为给人以行为人有代理权的外观。[3]

---

[1] 参见钱玉文、刘永宝:《网络消费欺诈行为的法律规制》,载《法学杂志》2014 年第 8 期。

[2] 参见钱玉文、刘永宝:《网络消费欺诈行为的法律规制》,载《法学杂志》2014 年第 8 期。

[3] 参见最高人民法院民事审判第二庭、研究室编著:《最高人民法院民法典合同编通则司法解释理解与适用》,人民法院出版社 2023 年版,第 269 ~ 270 页。

关于签名、印章与合同效力的关系问题。有争议的合同文本经司法鉴定，一方当事人的签名系伪造，印章系变造，且经当事人举证和法院查证，均不能证明变造的印章为该当事人自己加盖或授权他人加盖，也不能证明该当事人有明知争议合同文本的存在而不予否认，或者在其他业务活动中使用过变造印章，或者明知他人使用变造印章而不予否定等情形，故不能认定或推定争议合同文本为该当事人真实意思表示，即合同效力存在瑕疵。实践中，一方使用与工商登记备案不一致的印章签订合同，但双方当事人均已按照该合同履行，可知合同系双方当事人的真实意思表示，因此，印章的不一致并不影响合同效力。

合同没有加盖单位的公章但有法定代表人的签名，该合同有效。法定代表人代表法人行使职权，其对外以法人名义从事的民事行为应由法人承担责任，盖具公章并非合同有效的必备条件。[1]

事后对合同效力予以认可的，法律应予肯定。虽然合同不符合当事人关于签字并盖章成立要件的约定，但当事人事后对合同效力予以认可的，应认定其合同效力。

实践中，对在买卖合同上盖章的效力，要依据签约时有无代表权和代理权的相关规则确定。代理人合法取得授权的，以被代理人的名义签订合同，应当由被代理人承担责任。被代理人以代理人事后与无代理权、加盖的是假章、所盖之章与备案公章不一致等为由否定合同效力的，法律不予支持。

【案例4－47】　贸易公司诉建材公司、唐某春买卖合同纠纷案

判决观点，关于焦点一，建材公司辩称《制砂购销合同》上的印章不是该公司的印章，原告与建材公司的债权债务关系不成立。法院认为，庭审中查明，2019年5月20日至11月18日，唐某春对内承包了建材公司，唐某春对外以建材公司名义从事经营活动，由此可见唐某春具有代理建材公司实施民事法律行为的权限。2019年9月25日，唐某春以建材公司的名义与原告签订《制砂购销合同》，并加盖了建材公司的印章，根据《民法总则》第一百六十二条“代理人在代理权限内，以被代理人名义实施的民事法律行为，对被代理人发生效力”的规定，故《制砂购购销合同》对建材公司具有约束力。建材公司以所盖之章与该公司印章不一致为由否定合同效力，法院不予支持。合同签订后，原告向建材公司履行了供货义务，建材公司接收了原告的货物，之后唐某春在3张《付款申请单》和1张《十一月份结算清单》上签字确认，亦是代理建材公司对外从事经营活动、实施法律行为，同样对建材公司发生效力。2019年11月7日后，贸易公司与建材公司协商一致，达成了解除合同的合

〔1〕参见最高人民法院民事审判第一庭编：《民事审判实务问答》，法律出版社2021年版，第20页。

意,根据《合同法》第九十三条第一款“当事人协商一致,可以解除合同”的规定,法院予以确认。合同解除后,原告可以要求建材公司支付所欠货款,故贸易公司要求建材公司支付货款554099.2元的诉讼请求,法院予以支持。关于焦点二,原告以《制砂购销合同》第八条第二项“甲方垫资货款150万元,超出150万元垫资金额,乙方就必须无理由把货款结清(只限3日内)。如果超出3日甲方未收到乙方的货款,甲方有权停止供货,乙方向甲方赔偿当次货款的20%的滞纳金”为依据,要求建材公司赔偿违约金。法院认为,综合《制砂购销合同》结算及付款方式第一条约定:“甲方向乙方垫付货款资金为150万元人民币,垫付资金满后乙方须随时向甲方支付后续货款。每月末甲方凭乙方过磅单结算和对账一次。”实际上,截至双方协商一致解除《制砂购销合同》时,贸易公司垫资货款并没有达到150万元,原告要求建材公司赔偿滞纳金的条件未成就,故贸易公司要求建材公司支付110819元违约金的诉讼请求,没有法律依据,法院不予支持。关于焦点三,原告以唐某春与建材公司存在内部承包关系为由,要求唐某春对建材公司的货款承担连带偿还责任。法院认为,根据《民法总则》第一百七十八条第三款“连带责任,由法律规定或当事人约定”的规定,本案中,被告唐某春对内承包了建材公司,对外与原告签订合同的主体是建材公司,接收货物的主体也是建材公司,且庭审中,原告未提交唐某春同意承担连带责任的证据,故贸易公司要求被告唐某春对案涉货款承担连带偿还责任的诉讼请求,无事实和法律依据,法院不予支持。判决:(1)确认贸易公司与建材公司签订的《制砂购销合同》解除;(2)建材公司支付贸易公司货款554099.2元;(3)驳回贸易公司的其他诉讼请求。[1]

【案例4-48】 武汉恒钢物流发展有限公司与中铁七局集团第五工程有限公司、武汉鼎顺置业有限公司买卖合同纠纷案

最高人民法院认为,华力公司员工何某为了达到与恒钢公司签订买卖合同的目的,私刻了中铁七局五公司行政章等4枚印章,并以中铁七局五公司的名义与恒钢公司签订了案涉《买卖合同》《补充协议》及相关对账单。对此,中铁七局五公司事先并不知情,且事后也未予承认,故案涉《买卖合同》及《补充协议》对中铁七局五公司无约束力。[2]

---

〔1〕 参见国家法官学院、最高人民法院司法案例研究院编:《中国法院2022年度案例》(买卖合同纠纷),中国法制出版社2022年版,第47~48页。湖南省衡阳市南丘区人民法院(2020)湘0412民初111号民事判决书。

〔2〕 参见最高人民法院民法典贯彻实施工作领导小组编著:《中国民法典适用大全》(总则卷三),人民法院出版社2022年版,第1500页。最高人民法院(2016)民终110号民事判决书。

在有权代理或表见代理的情形下，行为人用印瑕疵不影响买卖合同的效力。

【案例4-49】　饲料公司诉种猪公司等买卖合同纠纷案

一审法院认为，种猪公司是本案的适格主体，应承担对饲料公司付款的责任。具体理由如下：(1)种猪公司与钱某娟签订承包协议，种猪公司将经营权承包给钱某娟并约定钱某娟使用种猪公司的公章时，必须向种猪公司申请登记。钱某娟在承包期间与饲料公司签订购销协议，并加盖了种猪公司的印章，系以种猪公司的名义对外进行商业活动，故合同的主体系种猪公司，由其承担合同义务。(2)钱某娟称《直供猪场饲料购销协议》欠条上的印章是种猪公司的合同专用章，在使用时将合同专用章几个字进行遮盖，上述用印瑕疵问题系种猪公司与钱某娟之间的问题，对《直供猪场饲料购销协议》欠条上的效力不产生影响。钱某娟、杨某出具担保书，并以保证人身份在欠条上签字，与饲料公司形成保证合同关系，在种猪公司不履行债务时，钱某娟、杨某按照约定履行债务。饲料公司与种猪公司约定欠款于2019年12月25日付清，因此，逾期利息应从2019年12月26日起计算。由于双方约定按所欠金额每月2%计付利息过高，故确认种猪公司按中国人民银行授权全国银行间同业拆借中心每月20日发布的一年期贷款市场报价利率计算的利息的4倍向饲料公司支付逾期利息。判决：(1)被告种猪公司向原告饲料公司支付货款74.68万元；(2)被告种猪公司向原告饲料公司支付自2019年12月26日起，以货款74.68万元为基数，按中国人民银行授权全国银行间同业拆借中心每月20日发布的一年期贷款市场报价利率计算的利息；(3)被告钱某娟、杨某对上述债务承担连带保证责任；(4)驳回原告饲料告公司的其他诉讼请求。二审法院同意一审的裁判意见，认为种猪公司的上诉请求不成立。判决：驳回上诉，维持原判。[1]

公司印章具有公示效力，是公司从事商事活动的重要依据。同一公司存在使用多枚印章的情形，印章的真伪不影响合同效力。公司代理人以公司名义签订合同时，交易相对人并无审查签订合同所用印章是否真实的义务。

【案例4-50】　金立方公司诉三江公司买卖合同纠纷案

二审法院认为，郭某作为三江公司项目副经理代表公司对外签订合同，并未明显超出其职权范围，依法应由三江公司承担民事责任；三江公司认可其实际使用印章与备案印章不一致，即三江公司存在使用多枚印章的情形，

〔1〕　参见国家法官学院、最高人民法院司法案例研究院编：《中国法院2022年度案例》(买卖合同纠纷)，中国法制出版社2022年版，第59~60页。湖北省武汉市中级人民法院(2020)鄂01民终11122号民事判决书。

而《加气混凝土砌块购销合同》所盖印章处的印文并无明显瑕疵，且无证据证明金立方公司知晓该印章存在伪造情形，故涉案印章是否系伪造并不影响本案的实体处理结果。二审法院同意一审法院的裁判意见，三江公司的上诉请求不能成立，应予驳回；一审判决认定事实清楚，适用法律正确，实体结果亦无不当，应予维持。判决：驳回上诉，维持原判。[1]

买受人对加盖合同上的印章提出异议，提出鉴定又不交鉴定费的，应认定为认可合同加盖印章。

【案例 4－51】 力诚公司诉顺发公司买卖合同纠纷案

二审法院认为，本案中，上诉人虽然否认《商品混凝土买卖合同书》上加盖印章的真实性，并申请进行司法鉴定，但其未按规定交纳鉴定费，视为放弃自己的鉴定申请，应对此承担举证不能的法律后果，原审判决对上诉人在《商品混凝土买卖合同书》上加盖公章的真实性予以确认，并认定上诉人与被上诉人之间存在买卖合同关系并无不当。《商品混凝土买卖合同书》签订后，被上诉人向上诉人供应混凝土 9333m^2，加上上诉人承诺给付的补偿款 10000 元，金额总计 3416055 元，上述事实有上诉人签订合同代理人王某栋签字确认，可以采信。依据双方合同约定“每肆千(4000 立方米)混凝土结算一次，工程完工一个月之内全部结清混凝土款”，截至双方确认之时，上诉人至少应向被上诉人结算 8000m^2 混凝土款，上诉人仅向被上诉人支付货款 1420000 元，给付金额不足货款的 50%，构成违约，按照《合同法》第一百零七条的规定，被上诉人可以要求上诉人承担继续履行、赔偿损失等违约责任。综上，上诉人的上诉请求缺乏事实和法律依据，法院不予支持。判决：驳回上诉，维持原判。[2]

买方在单方盖章确认的合同中所确认的尚欠货款数额，对其自身具有约束力。出卖人未在合同上加盖印章，但认可欠款数额，不认可的部分对其没有效力。

【案例 4－52】 华电公司诉汇力公司买卖合同纠纷案

二审法院认为，汇力公司向华电公司购买互感器等货物，华电公司提供的《切结书》显示，汇力公司尚欠华电公司货款 22860.25 元，该《切结书》是汇力公司出具的，欠款数额属于自认行为，华电公司对汇力公司在《切结书》中自认的欠款数额予以确认，故认定汇力公司尚欠华电公司货款 22860.25

---

〔1〕 参见国家法官学院、最高人民法院司法案例研究院编：《中国法院 2021 年度案例》(买卖合同纠纷)，中国法制出版社 2021 年版，第 89 页。江苏省南京市中级人民法院(2019)苏 01 民终 8523 号民事判决书。

〔2〕 参见国家法官学院案例开发研究中心编：《中国法院 2017 年度案例》(买卖合同纠纷)，中国法制出版社 2017 年版，第 94 ~ 95 页。辽宁省大连市中级人民法院(2015)大民三终字第 791 号民事判决书。

元未付，现华电公司请求汇力公司支付尚欠的货款22860.25元，依据充分，应予支持。现华电公司未能举证证明欠款应支付利息的事实，其请求汇力公司从2013年7月1日起计付利息依据不足，不予支持，欠款的利息应从华电公司提起本案诉讼时起按中国人民银行规定的同期同类贷款利率计算。汇力公司认为，《切结书》是在汇力公司股权发生变化，华电公司欺骗汇力公司新上任经理作出的，《切结书》约定以退货的方式抵偿欠款，在华电公司盖章时其不盖章反而以此作为诉讼证据之用，《切结书》不具有欠款凭证的特征，没有法律效力。对此，法院认为，《切结书》是汇力公司单方制作并盖章确认的，汇力公司将《切结书》送达华电公司后，华电公司只确认尚欠的货款数额，对退货方式抵偿欠款的条款未予确认，《切结书》显示的欠款数额属于汇力公司的自认行为，在汇力公司未能举证证明《切结书》是受华电公司欺骗的情形下作出，以及华电公司不作否认欠款数额的情况下，华电公司以此作为债权依据并无不当。由于《切结书》以退货方式抵偿欠款的条款未得到华电公司确认，该条款对华电公司不产生法律效力。汇力公司的上诉主张依据不足，不予采纳。判决：(1)撤销一审判决；(2)汇力公司向华电公司支付货款22860.25及货款利息；(3)驳回华电公司的其他诉讼请求。[1]

项目经理部资料专用章不能作为合同的缔约证明。

【案例4－53】　戴某诉镇江市光大建筑工程有限公司买卖合同纠纷案

二审法院认为，戴某据以主张镇江市光大建筑工程有限公司（以下简称光大公司）应付货款所提供的证据为盖有“镇江市光大建筑工程有限公司中南世纪城F—1区2#、3#、4#(1#、4#)工程项目经理部资料专用章（债务无效）”的合同与欠条。因该印章中印文已明确其特定用途，并特别标明“债务无效”，故该印章不应当在订立合同、设立当事人权利义务关系中使用。在戴某没有证据证明签订合同以及出具欠条得到光大公司授权或认可的情况下，该合同与欠条对光大公司不发生效力。而且，戴某也未提供送货单及因供货开具的发票等实际履行合同的相关证据，故戴某上诉光大公司主张货款的事实因其所提供的证据不足，其上诉请求法院不予支持。判决：驳回上诉，维持原判。[2]

法定代表人章并非具有股权穿透的效力。

---

〔1〕　参见国家法官学院案例开发研究中心编：《中国法院2017年度案例》（买卖合同纠纷），中国法制出版社2017年版，第126页。广东省茂名市中级人民法院(2015)茂中法民二终字第67号民事判决书。

〔2〕　参见国家法官学院案例开发研究中心编：《中国法院2015年度案例》（买卖合同纠纷），中国法制出版社2015年版，第39页。江苏省镇江市中级人民法院(2014)镇商终字第36号民事判决书。

【案例 4－54】 文化公司诉发行公司、置业公司买卖合同纠纷案

二审法院认为，对于文化公司上诉称，李某持有置业公司 51% 股权，且李某持股 99% 的案外人 Y 公司持有置业公司 49% 股权，即李某直接以及间接持有置业公司 99.51% 股权，故李某在协议二上加盖印章的行为及持有置业公司 2/3 以上有表决权的股东签字同意。对此本院持有否定意见。理由如下：首先，从协议二的落款处来看，甲、乙双方在各自的"盖章"栏加盖印章，相关人员在"代表人"栏签字。丙方及置业公司"盖章"栏同样加盖印章，"代表人"栏盖有"李某之印"。可见，李某是以置业公司代表人的身份在协议二加盖其印章的。而且，文化公司在上诉时明确表示"李某之印"是李某所有的置业公司法定代表人印章。从现有证据及"李某之印"的位置来看，文化公司无法证明协议二加盖有"李某之印"，系表明李某有同时代表置业公司、其自身以及案外人 Y 公司行权的意思表示。其次，"担保合同系有单独或者共同持有公司 2/3 以上有表决权的股东签字同意"系公司对外担保时无须公司机关决议的例外情况，应当从严把握。文化公司以李某间接持股为由扩大李某对置业公司的持股比例，这种通过"股权穿透"所确定的持股比例系不当扩大上述例外情形的适用范围。《公司法》关于持股比例为基础来行使表决权的规定中，均无可以通过间接持股行使表决权的情况。判决：驳回上诉，维持原判。[1]

虚假印章签订的合同法律效力应根据具体案情认定。

【案例 4－55】 混凝土公司诉建设工程公司、建设工程公司南宁十三分公司买卖合同纠纷案

二审法院认为，一审认定先由建设工程公司南宁十三分公司承担支付货款和利息的责任，上诉人建设工程公司承担补充责任，并无不当。理由如下：第一，涉案混凝土用于上诉人承建的项目工地，并且涉案《商品混凝土购销合同》加盖了建设工程公司南宁十三分公司公章。混凝土公司提供了其与建设公司工程公司南宁十三分公司签订的《商品混凝土购销合同》，虽然上诉人抗辩称该合同上南宁十三分公司的公章是伪造的，但是对于被上诉人混凝土公司而言，案涉混凝土运到了上诉人承建的项目工地上，由工地上人员签收，用于该工程项目建设，案涉合同上公章由项目人员加盖，并且还有部分货款实际已经通过建设工程公司南宁十三分公司公司账户支付，已经足以让交易相对方混凝土公司产生合理信赖，让被上诉人对建设工程公司南宁十三分公

---

〔1〕 参见国家法官学院、最高人民法院司法案例研究院编：《中国法院 2023 年度案例》（买卖合同纠纷），中国法制出版社 2023 年版，第 66 页。上海市第一中级人民法院（2021）沪 01 民终 496 号民事判决书。

司公章的真实性进行实质审查义务过于严苛，不利于保护交易安全，混凝土公司作为善意交易相对方，涉案的建设工程公司南宁十三分公司公章是否伪造并未经鉴定，即使公章属于伪造，李某强的行为也构成表见代理，建设工程南宁十三分公司仍要承担民事责任。如公安机关查实相关人员确实存在私刻公章的行为可以另案处理，不影响本案民事法律关系的审理和认定。第二，从建设工程公司南宁十三分公司通过其公司银行账户支付了部分货款给被上诉人混凝土公司的情况分析。虽然上诉人主张涉案工程已经转包给了劳务分包公司广西分公司，但是在上诉人提供的《工程承包合同书》里约定，甲方（即建设工程公司）对乙方采购的材料进行现场监督验收，并且建设工程公司的银行账户管理应由其公司自己管理，建设工程公司南宁十三分公司实际通过其公司银行账户支付货款混凝土公司，还特别标注了是"灵山门诊混凝土款"和"灵山妇幼门诊工程款"，由此可见，建设工程公司南宁十三分公司对于购买涉案混凝土是明知的，支付相关混凝土货款给混凝土公司也是明知并认可的。第三，虽然上诉人主张应追加劳务分公司广西分公司及其负责人李某瑞作为当事人，但本案是买卖合同关系纠纷，上诉人与劳务分包公司广西分公司之间关系属于另一法律关系，上诉人与劳务分包公司广西分公司之间没有进行工程结算，发包方与上诉人之间也没有进行工程结算，上诉人与劳务分包公司广西分公司之间的债权债务可再另行协商或者另案处理。因此，综合涉案工地现场人员签收混凝土情况、涉案工地实际使用混凝土情况、建设工程公司南宁十三分公司通过公司账户支付货款情况等因素，一审法院处理，并无不当。因在二审中，被上诉人混凝土公司确认已经收取了李某强支付的50000元，所以建设工程公司南宁十三分公司应支付上诉人混凝土货款264585元及逾期付款违约金，建设工程公司对上述债务承担补充清偿责任。[1]

个案中，根据具体案情认定网络预约合同的效力。

【案例4－56】　商贸公司诉建设集团第四工程公司买卖合同纠纷案

一审法院认为，根据《民法典》第四百九十五条第一款"当事人约定在将来一定期限内订立合同的认购书、订购书、预订书等，构成预约合同"的规定，被告发布了付款方式、预付款时间、要求先发货、做合同内容的钢筋询价单，原告看到被告询价单号则在有效期内向被告发布钢筋价格，法院认为，原、被告的上述行为是双方钢筋采购过程中的磋商，双方在钢筋询价单上的表述内

---

〔1〕　参见国家法官学院、最高人民法院司法案例研究院编：《中国法院2023年度案例》（买卖合同纠纷），中国法制出版社2023年版，第79～80页。广西壮族自治区钦州市中级人民法院（2021）桂07民终436号民事判决书。

容构成预约合同。而后,原、被告签订《物资采购合同书》约定了采购金额、采购货物类型、结算及付款方式、违约责任等内容该合同为本约合同,其为原、被告磋商后的真实表示意思,内容合法,是有效合同,应依约履行。原告认为合同为格式合同,其中的部分条款为格式条款的主张,无事实亦无法律依据,法院不予采纳。二审法院亦持同样意见。[1]

(五)买卖合同无效的认定

合同无效是现实社会生活中大量存在的现象,也是认定的难点和焦点。尊重当事人的意思自治,保护善意交易方的合法权益,审慎认定合同无效,是《民法典》的立法宗旨与价值目标。因而,法官在认定合同效力时应充分尊重当事人意思自治原则,尽量限缩无效的适用情形。

1. 无效合同的理解

无效合同,是指合同虽然已经成立,但因其在内容上违反了法律、行政法规的效力性强制性规定和公序良俗而无法律效力的合同。学界对无效合同的概念有不同见解。有学者认为,合同无效,指当事人所缔结的合同因严重欠缺生效条件,在法律上不按当事人合意的内容赋予效力。[2] 虽然对无效合同概念的描述有差异,但一般认为无效合同应同时具备三个要素:其一,合同已经成立。这是确认合同无效的前提,缺少该前提就不能判断合同的效力。其二,不具备法律的效力性强制性条款规定的有效要件,这是导致合同无效的原因。这里讲的是不具备法律规定的有效要件,而不应当是不具备生效要件。有效要件为适格主体、意思表示真实和合法。其三,不能发生合同当事人所追求的法律效果。应该注意的是,合同被确认无效后并非不产生任何法律后果,只是不发生合同当事人所追求的法律效果。

无效合同的性质。通说认为,无效合同是当然无效、确定无效和绝对无效。合同的无效不需要当事人主张,也不管是否经过人民法院或仲裁机构的确认,不问当事人意思如何,当然不生效力。[3] 有学者认为,无效本身是一种事实,但合

---

〔1〕 参见国家法官学院、最高人民法院司法案例研究院编:《中国法院 2023 年度案例》(买卖合同纠纷),中国法制出版社 2023 年版,第 83 页。广西南宁铁路运输中级法院(2022)桂 71 民终 1 号民事判决书。

〔2〕 参见韩世远:《合同法总论》(第 4 版),法律出版社 2018 年版,第 213 页。

〔3〕 参见魏振瀛主编:《民法》,北京大学出版社、高等教育出版社 2000 年版,第 160 页;王家福主编:《中国民法学·债权》,法律出版社 1991 年版,第 31 页;梁慧星:《民法总论》,法律出版社 1996 年版,第 191 页。

同利害关系人对合同效力认识不一致时，必须经由法院或仲裁机构确定为无效；并不是任何人都能对合同请求无效；有的本来无效的合同在经过转换、承认、法律特别规定后会成为有效合同。[1] 对于同一事实，不同的人根据不同的标准会得出不同的结论，故经常发生效力分歧之争议。为此有必要由法官在诉讼程序中依法裁定效力状况，未经法定程序确认的无效，其合同无效的事实存在而没有在法律上得到确认，因为缺少合同无效的法律依据。

对合同绝对无效而言，仍有可探讨之处，即无效合同并非确定无效。传统理论认为，无效的法律行为在其成立时，即不发生效力，即使以后进行了修正，也不可能复活为有效，且当事人的承认也不能使其发生效力。当事人欲使其有效时，须重新为之。[2] 合同无效行为，在理论上可以发生变动的情形有：其一，行为转换。本书在后面阐述。其二，因承认有效。承认是当事人放弃其主张合同无效的权利的单方法律行为。法国学者认为，承认一般只适用于相对无效行为，在特定条件下绝对无效的合同也可适用承认。例如，当社会利益不再需要使某些行为无效时，当事人在一定期间内可放弃其主张行为无效的权利，从而使该行为具有效力。[3] 笔者认为，对于相对合同无效，可以因相对方的承认有效。绝对无效的，可以在一定条件下个案中因承认而有效。其三，因法律特别规定有效。

合同相对无效，是指当事人恶意串通订立的合同损害第三人的利益，该合同应由不特定的第三人主张无效，如果主张合同无效，则法院不予认定。现行法律上并无合同绝对无效和合同相对无效之区分，以无效的效果范围为标准，可将合同无效分为绝对无效与相对无效。无效的合同，以绝对无效为原则，相对无效为例外，并限于法律明定的情形。[4] 二者在主张主体和相对性上有差别，前者任何人均可主张合同无效而不受合同相对性的限制，后者则限于受到损害的第三人和法律另有规定其效力两种情形。有学者认为，因为只有不特定的第三人才是受害人，如果受害人不主张无效，就无法确定有第三人遭受了损害或必然遭受了损害，如果不能确定第三人已经或将要遭受损害，就不能满足《合同法》第五十二条第二项关于合同损害了第三人利益的条件，就无法宣告合同无效。[5]

无效合同限制。从合同法的立法精神，最大限度实现当事人意思自治、积极促成合同有效，严格认定法律、行政法规的强制性等方面的分析看，法律法规和司法解释等有关规定对合同限制趋于宽松，在合同效力认定问题上应从宽认定，尽

---

〔1〕 参见张耕：《质疑无效合同性质的绝对化》，载《法学》2005 年第 5 期。

〔2〕 参见王泽鉴：《民法总论》，台北，三民书局 1999 年版，第 302 ~ 303 页、第 514 ~ 515 页。

〔3〕 参见尹田：《法国现代合同法》，法律出版社 1995 年版，第 215 ~ 216 页。

〔4〕 参见梁慧星：《民法总论》（第 4 版），法律出版社 2011 年版，第 198 页。

〔5〕 参见王利明：《合同无效制度若干思考》，载《合同法评论》2004 年第 4 辑（总第 4 辑），人民法院出版社 2005 年版，第 15 页。

量限缩无效的适用情形。这应当成为司法实践中处理案件,解决相关合同效力纠纷中的指针和依据。对市场经济发展中的商事合同无效认定,要分析其相关背景等诸多相关因素,审慎认定无效合同。

无效合同的转换,是指当事人成立之合同,在某种合同上观察,应为无效合同,但因其具备另一种合同的有效要件,遂认其为另一种合同而使其生效的制度。[1] 在学理上,有学者将其分为两种类型,即法律上转换和解释上转换。[2] "依法律特别规定而转换者乃法律上之转换",[3]"解释上之转换,即依当事人意思之解释所认之转换"。[4] 狭义上的无效合同的转换方式只是指解释上的转换。

从《合同法》到《民法典》、司法解释及审判实践均未承认无效合同的转换制度。无效合同制度在法律上能够被承认并进行深入研究,就在于有利于现实社会中稳定民事关系,维护合同当事人尤其是债权人的正当利益。通常认为法律承认无效合同转换制度的本意在于,"不拘泥行为之外观,而尊重当事人的合法真意,对交易作出重新评定。"[5]但基于无效合同具有一般无效的特征,因其他事由让其有效,尚需在司法实践中加大个案的探索。对无效合同制度转换的类型进行区分,对违反法律效力性强制性规定、违反公序良俗的不应转换,但对除此之外的无效合同是否可以转换,应加以研究。

2. 买卖合同无效的主要类型

《民法典》第一百五十三条规定:"违反法律、行政法规的强制性规定的民事法律行为无效。但是,该强制性规定不导致该民事法律行为无效的除外。违背公序良俗的民事法律行为无效。"第一百五十四条规定:"行为人与相对人恶意串通,损害他人合法权益的民事法律行为无效。"第一百五十五条规定:"无效的或者被撤销的民事法律行为自始没有法律约束力。"第一百五十六条规定:"民事法律行为部分无效,不影响其他部分效力的,其他部分仍然有效。"上述 4 个条文应为认定买卖合同效力的法律依据。尤其是第一百五十三条第一款的但书部分,笔者认为,该强制性规定是指法律的管理性规定,而不是效力性规定。

(1)违反法律强制性规定的效力

《民法典合同编通则解释》第十七条规定:" 合同虽然不违反法律、行政法规的强制性规定,但是有下列情形之一,人民法院应当依据民法典第一百五十三条第二款的规定认定合同无效:(一)合同影响政治安全、经济安全、军事安全等国

[1] 参见李仁玉等:《合同效力研究》,北京大学出版社 2006 年版,第 251 页。
[2] 参见胡长清:《中国民法总论》,中国政法大学出版社 1997 年版,第 328 页。
[3] 参见郑玉波:《民法总则》,中国政法大学出版社 2003 年版,第 448 页。
[4] 参见史尚宽:《民法总论》,中国政法大学出版社 2000 年版,第 579 页。
[5] 参见王卫国:《论合同无效制度》,载《法学研究》1995 年第 3 期。

家安全的；(二)合同影响社会稳定、公平竞争秩序或者损害社会公共利益等违背社会公共秩序的；(三)合同背离社会公德、家庭伦理或者有损人格尊严等违背善良风俗的。人民法院在认定合同是否违背公序良俗时，应当以社会主义核心价值观为导向，综合考虑当事人的主观动机和交易目的、政府部门的监管强度、一定期限内当事人从事类似交易的频次、行为的社会后果等因素，并在裁判文书中充分说理。当事人确因生活需要进行交易，未给社会公共秩序造成重大影响，且不影响国家安全，也不违背善良风俗的，人民法院不应当认定合同无效。”

小客车指标的获取在北京市这一特定地域就成为公共利益，买卖、变相买卖小客车指标应认定为无效。

【案例4－57】　王某锋诉王某磊买卖合同纠纷案

一审法院认为，《北京市小客车数量调控暂行规定实施细则》明确规定，小客车指标不得转让，小客车指标确认通知书仅限指标所有人使用，对于买卖、变相买卖、出租或者出借小客车指标确认通知书的，由指标管理机构收回已取得的配置指标或更新指标，三年内不再受理该申请人提出的指标申请。本案中，根据王某锋与王某磊签订的车辆买卖备案协议内容及当事人的当庭陈述，足以认定该协议系双方当事人转让车辆及相应小客车指标的协议，因违反现行法律规定，应属无效。登记在王某锋名下的五菱轿车对应的小客车指标，应由车辆管理部门依据相关规定作出处理，法院将在本判决生效后依法向车辆管理部门发送相应司法建议。本案中，双方当事人明知涉案车辆因上述北京市现行政策无法办理过户依然签订相关协议，均存在过错，应当各自承担相应的责任。涉案车辆奥拓轿车已经客观上无法返还，故王某磊已交付的相应价款18000元应依法认定为折价补偿，无须返还。对于王某锋要求返还五菱轿车的诉讼请求，根据本案已查明的事实，五菱轿车系王某磊出资购买，与车辆买卖协议并无关联，不属于“因该合同取得的财产”，故法院对王某锋的上述诉讼请求不予支持。判决：(1)确认王某锋与王某磊2011年10月14日签订的车辆备案买卖备案协议无效；(2)驳回王某锋的其他诉讼请求。二审法院同意一审法院的裁判意见，判决：驳回上诉，维持原判。[1]

人防车位买卖合同应为无效合同。

【案例4－58】　周某诉张某、济南泽源房地产经纪有限公司买卖合同纠纷案

二审法院认为，本案的争议焦点是周某、张某、济南泽源房地产经纪有限公司之间的买卖合同是否有效。根据查明的事实，涉案车位系人防设施，人

〔1〕　参见国家法官学院案例开发研究中心编：《中国法院2019年度案例》（买卖合同纠纷），中国法制出版社2019年版，第114页。北京市第一中级人民法院（2017）京01民终9377号民事判决书。

防设施不得进行买卖,张某对案涉车位仅享有使用权,无权对案涉车位出售所有权。一审判决认定该买卖合同无效并无不当。在合同无效的情况下,张某、济南泽源房地产经纪有限公司应向周某返还因该合同取得的财产。综上,张某、济南泽源房地产经纪有限公司的上诉请求及理由均不成立,法院不予支持。判决:驳回上诉,维持原判。[1]

地方性法规不能作为合同无效的判断标准。

【案例4-59】 董某仁诉林某忠买卖合同纠纷案

二审法院认为,本案双方当事人签订的《购沙协议》,购沙款高达300万元,所转让的河沙数量巨大。上诉人董某仁作为计巨量河沙的转让方,负有义务证明所转让的河沙的合法来源。董某仁主张是从市场上收购所得,但未能说明是向谁收购,未能证明上一卖家是否拥有采砂许可证,故其转让巨量河沙的行为违反《水法》第三十九条关于"国家实行河道采砂许可制度"的强制性规定。并且,运输河沙实行准入制度,运砂船舶、车辆应当持有水行政主管部门核发的河沙准运单,并按核定的数量、线路、时间运砂。因此,原审判决认定本案《购沙协议》违反法律强制性规定,属无效合同,是合法正确的。董某仁主张《购沙协议》为有效合同,认为河沙来源不合法的举证责任应由被上诉人林某忠承担,理由不能成立,法院不予支持。一审中,经原审法院告知,董某仁表示即使《购沙协议》无效也不变更诉讼请求,故原审法院驳回董某仁的诉讼请求,符合法律规定。对于货款等争议,董某仁可在《购沙协议》无效合同的基础上,针对无效的法律后果另行起诉。综上,原审判决认定事实清楚,适用法律正确,二审法院予以维持。判决:驳回上诉,维持原判。[2]

通过不违反公序良俗的方法提取的人体组织干细胞,属于民法上的物,由于干细胞来源于人体,基于独特的生物属性,在法律上不得直接作为交易标的物。干细胞技术作为一种新型的生物治疗技术,相关的临床研究和转化应用应面向医疗卫生需求,因此,与干细胞相关的管理规范具有公共利益属性。干细胞买卖合同因损害社会公共利益而无效。

【案例4-60】 吴某澜诉上海聚仁生物科技有限公司买卖合同纠纷案

二审法院认为,本案双方当事人以微信沟通方式形成了书面形式的干细

---

〔1〕 参见国家法官学院案例开发研究中心编:《中国法院2019年度案例》(买卖合同纠纷),中国法制出版社2019年版,第118页。山东省济南市中级人民法院(2017)鲁01民终8946号民事判决书。

〔2〕 参见国家法官学院案例开发研究中心编:《中国法院2016年度案例》(买卖合同纠纷),中国法制出版社2016年版,第112页。福建省福州市中级人民法院(2013)榕民终字第3136号民事判决书。

胞买卖合同。案涉“干细胞”属于民法上的物，具有特殊的生物属性，在法律上不得直接作为交易标的物。我国建立了以医疗机构为责任主体，干细胞临床研究机构和项目双备案的管理机制。除已有的成熟技术规范的造血干细胞治疗血液系统疾病外，其他干细胞治疗尚未进入临床应用，安全性、有效性存在不确定性。聚仁公司未取得干细胞临床研究的立项与备案，不具备从事干细胞临床研究的条件与资质。同时，涉案“干细胞”未经药物临床试验或获得药品上市许可，亦非用于严重危及生命且无有效治疗手段的疾病治疗或者重大医疗卫生需求。聚仁公司即非干细胞临床研究机构或从事干细胞制剂或相关药品的研制、生产、经营的企业，亦未向二审法院举证证明涉案“干细胞”医疗技术的临床应用或符合药品管理规范。因此，聚仁公司销售“干细胞”的行为游离于国家有关部门的监管之外，不但增加了国家对干细胞临床研究和药品试验的管控风险，而且影响公众的用药安全和合法权益，扰乱了社会经济秩序。聚仁公司制备“干细胞”给他人用于人体回输，违反了《干细胞临床研究管理办法（实行）》第五十二条关于干细胞直接进入临床应用的规定；同时，严重违背伦理规范，破坏国家医疗监管制度，危及不特定个体的生命健康安全，进而损害社会公共利益。医疗卫生技术的进步和有序发展，干细胞应用的安全性和有效性、药品市场管理秩序、公众用药安全和生命健康等均涉及社会公共利益。涉案买卖合同因损害社会公共利益而无效。鉴于合同无效是自始确定不发生法律效力，吴某澜在一审中提出要求解除合同的事实基础和法律依据均不成立，对于其一审诉讼请求法院难以支持。双方当事人同意在二审中处理无效后果，明确表示放弃主张履行部分及无效后所受损失。合同无效后，因该合同取得的财产应当予以返还，聚仁公司理应将剩余预付款 39.75 万元返还给吴某澜。判决：(1)撤销一审民事判决；(2)吴某澜与聚仁公司之间的“干细胞”买卖合同无效；(3)聚仁公司返还吴某澜剩余预付款 397500 元；(4)驳回吴某澜的全部一审诉讼请求。[1]

【案例 4－61】　无锡微研有限公司诉徐某洪、无锡德森精密模具有限公司买卖合同损害公司利益纠纷案

判决观点，2005 年 12 月 9 日的《机器买卖合同》形式上虽然是德森公司和微研公司签订的一份买卖合同，但其实质是徐某洪作为微研公司高级管理人员违反公司章程的规定及未经微研公司出资人同意，自行与微研公司订立合同进行交易，且合同内容明显损害微研公司的利益。徐某洪的上述行为违

〔1〕 参见《最高人民法院公报》2021 年第 6 期。最高人民法院中国应用法学研究所编：《人民法院案例选》2022 年第 8 辑（总第 174 辑），人民法院出版社 2022 年版，第 106～107 页。上海市第一中级人民法院(2020)沪 01 民终 4321 号民事判决书。人民法院案例库 2023－07－2－084－060。

反了《公司法》的相关禁止性规定,根据《合同法》关于合同效力的法律规定,该合同应为无效合同。[1]

违反强制性法律规定的买卖合同无效。

【案例4-62】 王某诉马某买卖合同纠纷案

二审法院认为,被告马某将其实际所有的车辆擅自拼装,并转让给原告王某。根据《道路交通安全法》的规定,国家对机动车实行登记制度。任何单位或者个人不得拼装机动车或者擅自改装机动车已登记的结构、构造和特征。本案中被告出售改装车辆的行为违反《道路交通安全法》的强制性规定,因而买卖合同无效。[2]

(2)通谋虚伪行为效力

《民法典合同编通则解释》第十四条规定:" 当事人之间就同一交易订立多份合同,人民法院应当认定其中以虚假意思表示订立的合同无效。当事人为规避法律、行政法规的强制性规定,以虚假意思表示隐藏真实意思表示的,人民法院应当依据民法典第一百五十三条第一款的规定认定被隐藏合同的效力;当事人为规避法律、行政法规关于合同应当办理批准等手续的规定,以虚假意思表示隐藏真实意思表示的,人民法院应当依据民法典第五百零二条第二款的规定认定被隐藏合同的效力。

依据前款规定认定被隐藏合同无效或者确定不发生效力的,人民法院应当以被隐藏合同为事实基础,依据民法典第一百五十七条的规定确定当事人的民事责任。但是,法律另有规定的除外。

当事人就同一交易订立的多份合同均系真实意思表示,且不存在其他影响合同效力情形的,人民法院应当在查明各合同成立先后顺序和实际履行情况的基础上,认定合同内容是否发生变更。法律、行政法规禁止变更合同内容的,人民法院应当认定合同的相应变更无效。"需要注意的是,虽然当事人未办理批准手续导致整体合同不生效,但合同中存在履行报批等义务条款及相关条款,应当予以独立对待。也即合同中履行报批义务等条款及相关条款的效力不受合同整体不生效的影响,负有报义务的一方当事人未履行该义务的,对方可以单独就违反报批义务要求其承担责任。[3]

---

〔1〕 参见最高人民法院中国应用法学研究所编:《人民法院案例选》2008年第3辑(总第65辑),人民法院出版社2009年版,第264页。江苏省无锡市滨湖区人民法院(2006)锡滨民二初字第0810号民事判决书。

〔2〕 上海市第一中级人民法院(2019)沪01民终9363号民事判决书。

〔3〕 参见最高人民法院民事审判第二庭、研究室编著:《最高人民法院民法典合同编通则司法解释理解与适用》,人民法院出版社2023年版,第174页。

通谋虚伪意思表示,是指各方合意做出的与其内心的真实意思不一致的对外表示。各方基于该虚伪意识共同实施的法律行为即通谋虚伪,通谋虚伪行为往往包括伪装行为(表面行为)和隐藏行为(与内心真实意思一致的行为),具有以下特点:其一,通谋虚伪行为必有目的,但不一定是非法目的,应与原《合同法》第五十二条第(三)项"合法形式掩盖非法目的"行为进行区分。其二,通谋虚伪行为必存在伪装行为,与"恶意串通,损害国家、集体或第三人利益"并不完全重合,后者可能存在意思表示均为真实情形。其三,通谋合意不一定通过书面形式体现,在该情况下需要法官对当事人实施的行为进行分析解释从而得出结论。

【案例4-63】　甲洗涤公司诉洗涤设备公司买卖合同纠纷案

一审法院认为,具体到本案,原告虽提交了加盖被告公司印章的《设备购销合同》及付款凭证,但根据双方当事人提交的证据、当庭陈述无法认定被告具有签订案涉《设备购销合同》的真实意思,原告在合同签订、货款支付、权利行使等方面存在诸多与常理不符之处,如案涉《设备购销合同》上盖的公章系原告于2017年7月7日更名后的公章、原告在未收到被告调试检验通知的情况下径行向被告支付了全部货款、原告向被告违约交付设备长达3年多的时间中未向被告主张过交货或者其他违约责任等。综合上述情况,法院认为双方当事人对签署合同但不建立真实买卖合同关系、原告支付款项但不履行设备购销合同项下的付款义务均是明知的,双方构成通谋虚伪意思表示,被告在合同上盖章并向原告邮寄合同的行为系伪装行为,掩盖于该伪装行为之下反映双方真实意思的行为是原告代第三人向被告付款。双方以虚假的意思表示实施的民事法律行为无效,原告的诉讼请求没有法律依据。判决:驳回甲洗涤公司的全部诉讼请求。二审法院同意一审法院的裁判意见,一审法院判决认定事实清楚,适用法律正确,应予维持。判决:驳回上诉,维持原判。〔1〕

以虚假意思表示订立的买卖合同应认定无效。

【案例4-64】　中船重工(天津)物资贸易有限公司诉陕西宇航科技工业有限公司合同纠纷案

最高人民法院认为,宇航公司、中船公司间以虚假意思表示订立的买卖合同应当认定无效,以该虚假意思表示隐藏的融资法律关系并无无效事由,应为有效。关于当事人主张的法律关系的性质与一审法院认定的不一致的

〔1〕　参见国家法官学院、最高人民法院司法案例研究院编:《中国法院2022年度案例》(买卖合同纠纷),中国法制出版社2022年版,第43~44页。北京市第三中级人民法院(2020)京03民终11924号民事判决书。

处理,一审法院已经依法向当事人双方释明,但宇航公司仍坚持以买卖合同纠纷进行诉讼,不存在人民法院未向当事人释明的情形。人民法院有权根据查明的事实,依法认定案件性质并决定是否支持当事人的诉讼请求。即使当事人主张的法律关系的性质或者民事行为效力与人民法院根据案件事实作出的认定不一致,也不必然导致驳回其诉讼请求,但当事人应承担可能对其不利的诉讼风险。本案中,宇航公司的诉讼请求为要求中船公司承担还款义务,一审判决中船公司承担还款义务,并未超出当事人诉讼请求范围。[1]

出卖人擅自转让已被法院查封的车辆合同无效。

【案例4-65】 郑某宏诉罗某能买卖合同纠纷案

一审法院认为,虽然双方在交付车辆的同时将《借款合同》等一系列单据一并转交,但上述单据仅有借款金额,其他信息均未填写,且双方在交易过程中从未提及转让质押的债权,均是关于车辆的状况、交接等问题,可见双方真实的交易目的并非转让特定债权,而是转让作为债权质押的具有一定权利瑕疵的车辆。因此,本案原、被告之间建立的是车辆买卖合同关系。因原、被告的真实交易目的在于案涉车辆所有权转让,而双方在此过程中关于质押债权转让合同文本的交付是为了掩盖车辆存在的权利瑕疵。根据《民法总则》第一百四十六条第二款的规定,结合本案案情,分析如下:因法律已就质权流质条款作出禁止性规定,罗某能并不能据此获得该车辆的所有权和处分权,而且该车辆已被法院查封,在此情况下,原、被告还对案涉车辆进行转让交易,严重影响交易安全,并对正常交易秩序造成冲击。因此,根据《民法总则》第一百五十三条第二款"违背公序良俗的民事法律行为无效"的规定,原、被告之间的买卖合同无效。案涉车辆自2019年4月17日交付给郑某宏至2019年6月11日被广东省东莞市第一人民法院扣押,郑某宏实际使用车辆约两个月的时间。综合考量车辆状况及郑某宏实际占有使用车辆的情况,酌情扣减合理使用费8000元,即罗某能应当向郑某宏返还价款17万元。判决:被告罗某能向原告郑某宏返还购车款17万元。二审法院裁定:准许罗某能撤回上诉。[2]

以虚拟号码获取电子优惠券行为,发放人依法可撤销该合同,使得已发放的电子优惠券归于无效。

---

〔1〕 最高人民法院(2018)民终888号民事判决书。

〔2〕 参见国家法官学院、最高人民法院司法案例研究院编:《中国法院2021年度案例》(买卖合同纠纷),中国法制出版社2021年版,第107~108页。广东省东莞市中级人民法院(2020)粤19民终6630号民事裁定书。

【案例4-66】 李某桥诉中石化桂林分公司、中石化销售公司买卖合同纠纷案

一审法院认为,关于争议焦点一。李某桥获得的4008张10元电子抵扣券均系通过注册会员获得的,但其未能提供自己注册会员时所用手机号收到的验证码的手机短信或者相关材料。李某桥主张其注册会员时的电话号码和微信号均为其所有,但未提供证据证实,结合李某桥所有注册会员手机号的IP地址均为182.200.172.213,该IP地址的地理位置地区为辽宁省沈阳市,以及李某桥获取每张电子券的时间间隔可以认定,李某桥提交的证据不能证明其获取电子抵扣券的方式符合中石化桂林分公司开展微信电子券营销活动的规则,故中石化桂林分公司主张获取电子抵扣券的行为无效的理由法院予以支持,李某桥获取的电子抵扣券无效。关于争议焦点二。李某桥使用的是无效的电子抵扣券,双方未经过合意和要约承诺过程,其与中石化桂林分公司之间未成立买卖合同关系,故中石化桂林分公司不需要向李某桥支付价值8.016万元的501件红牛功能饮料和501罐王老吉饮料。判决:驳回李某桥的诉讼请求。二审法院判决:驳回上诉,维持原判。[1]

(3)非真实意思表示的合同无效

《民法典》第一百四十六条对通过虚假意思表示实施民事法律行为的无效进行的明确规定,是对合同法对合同无效条款的重大扩展。合同成立必须基于当事人的合意,违反当事人真实意思表示的,应为无效合同。如有事实表明当事人的精神状况确不适合从事签订合同等民事行为,或以当事人的精神状态而言,其签订合同时不能体现其真实意思表示的,则其订立的合同应归于无效。在个案中,法官应当综合当事人的精神状况、认知能力、其他案件事实等因素,对当事人的行为能力状况作出认定,即根据案情判断当事人的缔约能力,确定合同效力。

《民法典合同编通则解释》第二十三条规定:“法定代表人、负责人或者代理人与相对人恶意串通,以法人、非法人组织的名义订立合同,损害法人、非法人组织的合法权益,法人、非法人组织主张不承担民事责任的,人民法院应予支持。

法人、非法人组织请求法定代表人、负责人或者代理人与相对人对因此受到的损失承担连带赔偿责任的,人民法院应予支持。

根据法人、非法人组织的举证,综合考虑当事人之间的交易习惯、合同在订立时是否显失公平、相关人员是否获取了不正当利益、合同的履行情况等因素,人民法院能够认定法定代表人、负责人或者代理人与相对人存在恶意串通的高度可能

---

[1] 参见国家法官学院、最高人民法院司法案例研究院编:《中国法院2021年度案例》(买卖合同纠纷),中国法制出版社2021年版,第132页。广西壮族自治区桂林市中级人民法院(2019)桂03民终3714号民事判决书。

性的，可以要求前述人员就合同订立、履行的过程等相关事实作出陈述或者提供相应的证据。其无正当理由拒绝作出陈述，或者所作陈述不具合理性又不能提供相应证据的，人民法院可以认定恶意串通的事实成立。”应注意的是，该条明确了法定代表人、负责人或者代理人与相对人之间的恶意串通，并非《民法典》第一百五十四条规定的导致合同绝对无效的恶意串通。因为法定代表人或者负责人系以法人或者非法人组织的名义订立合同，其与相对人恶意串通损害的是法人或者非法人组织的利益，而非“他人”利益。[1] 也就是说，这种恶意串通是相对无效而非绝对无效。

(4)格式条款提供人排除相对人主要权利的无效

《民法典》第四百九十七条规定，格式条提供一方不合理地免除其自身责任，或者减轻其责任、加重对方责任，限制或排除对方主要权利的，该格式条款无效。所谓排除主要权利，是指格式条款中含有排除相对人按照通常情形应当享有的主要权利。何谓主要权利，本条未设明文。需要法院在审判过程中根据交易的习惯，根据以往的经验，尤其是要考虑法律对格式条款的规范目的，即实现当事人之间的利益平衡，贯彻公平原则谨慎地对本条加以适用。[2] 这实际上赋予了法官自由裁量权，从合同本身的性质确定主要权利。如果依据合同的性质能够确定合同的主要内容，则应确定当事人所享有的主要权利。在格式合同中，免除提供人依照法律规定应当负担的责任的条款无效；不合理地加重相对人责任的条款无效；排除相对人依照法律规定应当享有的权利的条款无效。这样的解释结果，更符合立法本意。只有存在符合法律规定的情形时，才能被宣告无效。

二手车交易公司通过格式条款免除车辆重要参数的如实告知义务，应认定为无效。

【案例4-67】 张某诉某经纪公司买卖合同纠纷案

判决观点，本案的争议焦点在于：第一，某经纪公司出具的《二手车检测报告》中载明“检测报告中表明的里程数，为车辆进场时里程表表示的数字，仅供参考，某经纪公司仅对车辆状况进行检测，不对里程数真实性作出承诺”的条款的效力问题。首先，该条款系作为经营者一方的某经纪公司单方面预先拟定，可重复使用，张某作为消费者在与某经纪公司订立合同时不能对该条款进行协商，仅能接受和不接受，不能修改或取消该条款内容；其次，从内容方面而言，该条款系某经纪公司为单方免除其公司表显里程数负有的保真责任而拟定的，违反了公平原则，某经纪公司未能对该条款采取足以引起张

〔1〕 参见最高人民法院民事审判第二庭、研究室编著：《最高人民法院民法典合同编通则司法解释理解与适用》，人民法院出版社2023年版，第271页。

〔2〕 参见李国光主编：《合同法解释与适用》，新华出版社2000年版，第176页。

某注意的方式提请张某注意，且未提交证据证明其公司向张某履行了说明义务。综上，该条款系格式条款，应属无效。第二，某经纪公司的行为构成欺诈。根据法院的调查取证并结合双方当事人的庭审陈述，某经纪公司向张某出售的尼桑天籁车辆存在表显里程数变动的情形，而依据二手车交易市场的行业惯例，表显里程数在二手车交易中对于车辆的定价具有重要参考意义，某经纪公司作为专门经营旧机动车的经纪公司，具有车辆的相关专业知识，对其所出售的车辆应当明知，且其公司负有将相关情况向张某如实告知的义务，而某经纪公司未能履行这一告知义务，故某经纪公司属于故意隐瞒真实情况，使张某作出了错误的意思表示，应当构成欺诈。根据《消费者权益保护法》第五十五条的规定，现张某要求某经纪公司等额赔偿12万元，于法有据，法院对此予以支持。某经纪公司关于本案的相关辩称，未向法院提交证据，法院对此不予采信。判决：被告某经纪公司向原告支付赔偿款12万元。[1]

经营者提供的格式条款侵害消费者权益的，应认定为无效。

【案例4-68】　何某诉民乐建材中心买卖合同纠纷案

判决观点，因何某签订的订货单系民乐建材中心事先拟定并重复使用的制式订货单，属于格式条款。现顾客须知的第1款关于订货单须当日加盖市场售后服务专用章方可生效，否则市场无法承担售后事宜的规定，明显与前述法律规定市场应承担法律责任的条件不相符，该条款以是否加盖市场售后服务专用章来确定是否承担售后事宜，属于不当地排除了经营者的主要责任，排除了消费者的主要权利，该条款无效。民乐建材中心经法院传唤无正当理由未到庭应诉，不影响法院依据查明的事实予以判决。判决：(1)确认被告民乐建材中心民乐橱柜世界装饰材料专用销售订货单中顾客须知第一项“您在本市场购物时，应要求商家开具民乐橱柜世界专用销售订货单，并于当日到服务台加盖本市场售后服务专业章方可生效，否则本市场无法承担售后事宜”的内容无效；(2)被告民乐建材中心退还原告何某货款250元；(3)被告民乐建材中心赔偿原告何某交通费10元、手机话费1元。[2]

【案例4-69】　刘某超诉同方知网（北京）技术有限公司买卖合同纠纷案

判决观点，同方知网公司在中国知网上关于最低充值额限制的规定导致消费者为购买价格仅为几元的文献需最低充值10～50元。虽然账户余额可以退还，但同方知网称退还需扣除手续费，故该网站对最低充值额的设定占

---

〔1〕　参见国家法官学院案例开发研究中心编：《中国法院2019年度案例》（买卖合同纠纷），中国法制出版社2019年版，第107页。北京市海淀区人民法院（2015）海民（商）初字第44452号民事判决书。

〔2〕　参见国家法官学院案例开发研究中心编：《中国法院2014年度案例》（买卖合同纠纷），中国法制出版社2014年版，第129页。北京市朝阳区人民法院（2011）朝民初字第24860号民事判决书。

用了消费者的多余资金,且收取退款手续费也增加了消费者的负担。故该规定侵犯了消费者的权利,是对消费者不公平、不合理的规定,应认定无效。虽然本案的最低充值金额较低,大多数消费者尚可接受,也未提出异议,但该做法的负面示范效应仍应引起重视并加以规范、指引,商家应在充值时允许消费者对充值金额进行自定义。对于刘某超要求同方知网公司退款的请求,因同方知网公司已经退款,故对该项请求予以驳回。[1]

3. 部分无效、部分有效

《民法典》第一百五十六条规定:“民事法律行为部分无效,不影响其他部分效力的,其他部分仍然有效。”该规定与原《合同法》第五十六条的规定一致。该条是关于合同内容部分有效、部分无效的规定。该条包含以下几层含义:其一,在一个合同中,存在部分内容有效、部分内容无效的情形。其二,合同内容具有可分性,合同部分无效后不影响合同其他部分履行和履行整体效果。其三,合同有效部分能够独立履行。认定涉案合同是否可分,取决于无效部分是否影响其余部分的效力。

根据合同法理论,部分合同无效分为量上的无效和质上的无效。所谓量上的无效,是指某一合同条款中载明的数量超出国家规定的限制,超出的部分无效,未超出的部分有效。在一个合同条款中既有有效部分,也有无效部分,未超出规定的部分有效。所谓质上的无效,是指某一合同条款因违反法律规定导致条款全部无效,无论是量上的无效还是质上的无效,均不当然构成整个合同的无效。因为《民法典》的立法意图是尽量使合同有效,通常这种条款具有独立性和可分性,亦即独立合同的其他有效部分可与之分离。只有在合同的部分无效条款与其他条款具有不可分性,或者合同目的违法,或者其他条款的有效性对当事人没有实际意义,无法实现合同目的等情况下,才能确认合同全部无效,即合同效力是不可分的。合同效力的可分性,是指在一个合同中对其效力可划分为部分有效或部分无效。应注意的是,整体无效的合同或有牵连密不可分的合同是不可分的,并非每一个合同的效力都可以区分,应放在个案中视情决定。

合同部分无效的适用条件,首先建立在合同内容可分性的基础上,也就是说该部分内容是相对独立的,与合同的其他部分具有可分性。如果该内容不具有可分性,或者当事人将此内容约定为合同成立生效的必要条款,则该合同部分无效将导致合同整体无效。其次合同剩余部分可以履行,即剩余合同的内容对当事人仍然具有效力。

---

〔1〕 参见最高人民法院民法典贯彻实施工作领导小组编著:《中国民法典适用大全》(合同卷一),人民法院出版社2022年版,第322页。《最高人民法院公报》2020年第1期(总第279期)。

【案例4-70】 杜某冬诉张某如买卖合同纠纷案

判决观点,杜某冬与张某如签订的《汽车转让协议书》约定了车辆及购车指标的转让事宜,杜某冬将自己所有的车辆转让给张某如不违反法律法规的强制性规定,该《汽车转让协议书》中涉及车辆转让的约定应为有效。杜某冬转让车辆的同时还将购车指标转让给张某如,并在之后由张某如借用身份证使用该购车指标申请车辆登记,从而导致车户分离情形的出现,违反了《道路交通安全法》及《道路交通安全法实施条例》中有关机动车登记应当由机动车所有人进行的相关规定。同时,因"购车指标转让"中的指标受让人张某如为了实现机动车登记于指标出让人杜某冬名下的目的,显然会借用杜某冬的身份证进行机动车登记,这亦违反了《居民身份证法》的相关规定。杜某冬和张某如之间转让购车指标的行为违反上述规定,显然会损害机动车登记管理的公共秩序和身份证管理的公共秩序,进而损害社会公共利益,故双方签订的《汽车转让协议书》中涉及车辆购车指标转让的部分应为无效。合同被确认无效后,因该合同取得的财产应予返还。因《汽车转让协议书》中约定21000元转让费并未作为车款和背户费用的划分,张某如亦无证据证明在签订该协议时车辆本身的具体价格,且张某如已将杜某冬转让的五菱汽车出售,该车辆不具有返还的可行性,故杜某冬亦不必张某如返还购车款。车牌所对应的购物车指标属于行政机关行政管理的范畴,不属于民事案件受理的范围,故对杜某冬要求张某如返还小客车购车指标的诉讼请求法院不予支持。判决:(1)原告杜某冬与被告张某如于2012年2月28日签订的《汽车协议书》中涉及车辆指标的转让内容无效;(2)驳回原告杜某冬的其他诉讼请求。[1]

4. 合同无效的不当得利

合同无效所形成不当得利之债形成的原因。在确认合同无效之诉中,当事人在诉请确认合同无效的同时,一般会一并诉请对方返还该合同取得的财产。在当事人只是诉请合同无效,并未同时主张该合同取得的财产返还。在这种情形下法院只对合同效力作出认定,不对合同无效的后果作出处理。根据《民法典》第一百五十七条的规定,合同无效后应当返还因该合同取得的财产,这种返还之债的性质属于不当得利之债,这是基于法律的直接规定,因此又带有法定之债的性质。因合同取得的财产是具体明确的,无疑其不当得利之债的内容也是确定的。

---

〔1〕 参见国家法官学院案例开发研究中心编:《中国法院2017年度案例》(买卖合同纠纷),中国法制出版社2017年版,第105页。北京市昌平区人民法院(2015)昌民(商)初字第12825号民事判决书。

合同无效形成的返还不当得利之债的成立时间。债作为一种法律关系,其成立因债的种类不同而不同。一般原则应当是债自行为发生之时成立,无效合同所生之债应自无效合同行为发生之时成立,这与《民法典》第一百五十七条的规定一致。该条规定无效合同自始没有法律约束力,其无效的法律后果亦应自始发生,即合同无效所生之债应自无效合同行为发生之时成立。也就是说,合同无效所生之返还不当得利之债应自合同中不当获得利益行为发生时成立。

《民法典》第一百五十七条赋予当事人在合同被确认无效后取得实体权利,但当事人是否行使权利,应由其自己决定,不应由法院代表当事人主张权利。也就是说,法院只能对合同效力进行确认,而不能主动判决返还财产或赔偿损失。当事人在本案中未主张权利的,待合同效力的判决生效后,可另案对合同无效的法律后果主张权利。在法官释明后,原告未增加诉讼请求,被告未提出反诉的,法官应对原告主张的合同无效的法律后果进行审理并作出裁决。对原告是否可以另案对合同无效的法律后果进行诉讼问题,分两种情况处理,一种情况是原告在原合同无效案件的审理中,已明确表示放弃向被告主张合同无效的法律后果的,则原告无权再另案对合同无效的后果提起诉讼;另一种情况是原告在合同无效案件的审理中,未放弃向被告主张合同无效的法律后果,原告可另案诉讼。在司法实践中,原告仅请求确认合同无效,被告对合同无效无异议,但以合同无效的法律后果进行抗辩,此时,法官应向原、被告释明合同无效的法律后果,原告可增加诉讼请求,被告亦可提出反诉向原告主张合同无效的法律后果。在原告仍不对合同无效后的法律后果主张权利,被告亦不提出反诉的,法官不能主动对合同无效的法律后果进行裁决。

5. 无效合同与诉讼时效

无效合同是否适用诉讼效时效制度,在理论界与实务界有很大争议。有法官认为,无效合同的确认不适用诉讼时效。[1] 一些学者认为,既然合同无效是法律规范对合同的否定性评价,只要相应的强制性法律规范或公序良俗没有发生变化,该类合同的违法性状态则持续存在,法律并不因时间的经过而容忍其违法性并接受其相应后果,故合同无效的确认不应受诉讼时效的限制。[2] 总而言之,合同无效确认不适用诉讼时效。对方当事人对合同无效提出诉讼时效抗辩的,法院不予支持。[3] 《诉讼时效规定》对此并未规定,表明未形成倾向性意见。在无效

〔1〕 参见马强:《无效合同若干问题研究》,载王利明主编:《合同法评论》2004 年第 1 辑(总第 1 辑),人民法院出版社 2004 年版,第 40 页。

〔2〕 参见王利明:《关于无效合同确认若干的问题》,载《法制与社会发展》2002 年第 5 期;古锡麟、王静:《适用诉讼时效制度若干问题研究》,载《人民司法》2004 年第 9 期。

〔3〕 参见梁展欣主编:《诉讼时效司法实务精义》,人民法院出版社 2010 年版,第 156 页。

合同法律关系中,主要有确认合同无效请求权、返还财产请求权和赔偿损失请求权。实践中,主要涉及两类诉讼时效问题。其一,确认合同无效请求权。主流观点认为,不适用诉讼时效,而应适用除斥期间的规定,因合同无效制度涉及国家利益和社会公共利益的保护问题,法律应对确认合同无效请求权的除斥期间进行规定。请求确认合同无权的权利是一种形成权,不受诉讼制度的规制。返还财产请求权属不当得利请求权性质,赔偿损失请求权因缔约过失责任而产生债权请求权,二者应当适用诉讼时效。其二,适用诉讼时效规定的请求权,诉讼时效应从何时起算。该问题是当前理论界和司法实务界争议的问题之一。主要有三种争议意见,第一种意见认为,应从合同被确认无效之日起算。第二种意见认为,应从履行期限届满之日开始起算。第三种意见认为,应综合前两种规定进行折中处理。由于最高人民法院未作出统一规定,最高人民法院不同审判庭的判决采用不同的观点,[1]各地法院的裁判规则并不统一。

也就是说,确认合同无效不受诉讼时效限制。但是,因合同无效产生的返还财产、赔偿损失等请求权应受诉讼时效限制。诉讼时效制度的本质是对权利人权利的限制,从而实现社会经济稳健、均衡发展、防止权利睡眠和证据遗失的目的。如允许权利人随时请求返还财产等,不利于法律关系的稳定和第三人的利益保护,也与诉讼时效制度的立法本意不符。因此,因合同无效产生的返还财产、赔偿损失等请求权应受诉讼时效限制,依照《民法典》的规定适用诉讼时效。

目前法院采用的是"一体裁判模式",即法院在确认合同无效后径行对合同无效的后果依职权进行处理,体现了合同无效后民法上的后果不受诉讼时效期间的限制,这一点在最高人民法院相关司法解释和具体案件处理中均予以体现。

实践中,主张合同无效方在合同被宣告无效前,就已经知道或应当知道权利受到侵犯,亦经庭审查明并由法官判断形成确信。如果以合同被确认无效为由时起算诉讼时效,则可能出现在权利人怠于行使权利时仍得以合同无效为由在无限的期间内随时主张权利的情况,从而有悖制度的本旨和目的。若从合同约定的履行期限届满时起算诉讼时效期间,则可能出现与权利人主观认识相脱节的情况,对此应坚持知道或应当知道的标准,即将权利人明知或推定可知时作为计算诉讼时效期间的起算点。

6. 合同无效与合同未生效的区别

在实践中,合同未生效经常混同于合同无效,这种情况会产生诸多问题,不仅

---

〔1〕 参见《人民司法·案例》2014 年第 22 期。

影响了法律的正确适用，而且直接影响到合同当事人的合法权益。

合同无效与合同未生效的共同点主要为：均是合同效力范围内的概念，两种合同都没有法律效力，对合同双方当事人不具备法律约束力。

合同无效与合同未生效虽然有共同点，但毕竟是两种不同合同，二者存在差别。区分这两种合同主要从以下方面进行把握：

其一，认定前提不同。在合法成立的前提下，认定合同无效不要求合同存在自签订时起因合同主体或者内容违反法律、行政法规的效力性强制性规定而无效。无效合同自始无效、绝对无效，对当事人不产生任何约束力；认定合同未生效的则要求该前提，合同效力只是由于某种原因尚未发生，如当事人约定的合同生效条件尚未成就，依法经过批准才生效的合同而未经批准。

其二，条款效力不同。合同被确认无效后，除解决争议的程序性条款有效外，其他条款自始无效，缔约双方恢复到合同订立前的状态。合同被认定未生效后，处于效力待定状态，其后有可能生效也有可能不生效。认定时合同实体条款虽不发生效力，但并不因此影响到合同的报批条款的效力。如探矿权、采矿权转让未经相关审批机关批准，但符合矿产资源法等法律、行政法规规定的条件，应认定探矿权、采矿权未生效，但不影响转让合同中当事人履行报批义务条款的生效及效力。

其三，适用条件不同。认定合同无效的条件是合同主体或者内容本身违反法律、法规效力性强制性规范。首先是缔约一方或双方无民事行为能力，包括缔约方未取得特许行业资质而签订合同，如未取得建筑资质与他人签订建设工程施工合同。其次是因内容违法而认定无效的合同。认定合同未生效的条件，合同主体适格、内容是双方当事人的真实意思表示，且不违反法律、行政法规的效力性强制性规定，没有法定无效情形。只是由于设定的合同生效条件尚未成就，或者依法该登记而未登记，导致合同未生效。

其四，法律后果不同。合同无效的后果是返还财产和赔偿损失。如果在本次诉讼中当事人未请求返还财产、赔偿损失，可以另循法律途径解决。合同未生效，客观上没有继续履行的条件，如果不属于双方当事人的原因则不承担责任，但由于一方的原因不生效的除外。在合同可以继续履行的情况下，只因合同未履行报批手续而未生效，法院可以判决：一是有合同报批义务方履行报批义务，促使合同生效；二是依照合同条款，违约方承担合同报批条款的责任。

其五，处理原则不同。合同无效因从根本上违反法律、行政法规的效力性强制性规定，因此国家对这种性质的合同是禁止的，采取的是不告也理原则。合同未生效，因实质性条件的合法性，国家不予干预，一般采取告也不理原则，由当事人自行解决。

在合同无效与合未生效的区别上，笔者赞同学者的观点，“不生效”仅指法律行为欠缺特别生效要件,“没有跨过门槛”,但行为的效力可经由当事人、第三人或国家为一定行为嗣后补正;而“无效”是指一个行为违反了强行规范,对国家而言不仅是不被承认的而且是受到禁止的,本身具有反社会性而不能见容于法律秩序,不可能借转换而继续生效,其效力也不可能补正,甚至对无效行为还要予以追究和打击。[1]

7. 合同条款无效与合同整体无效的关系

合同条款无效是指合同中某个或某几个条款无效,该部分条款在合同中属于“目的条款或者核心条款”,这些条款决定了合同性质,且不能成为合同相对独立部分。也就是说,目的条款或者核心条款的无效性将影响合同整体的无效性。这些合同条款虽然是合同部分内容,但该内容将关联合同整体的内容及其性质。但如果合同的某个、某几个条款无效不影响合同的整体效力,则不能认定合同整体无效,即条款无效而整体有效,这也体现了《民法典》从积极、肯定的角度直接确定合同部分无效导致合同全部无效、例外有效的立法精神。某个、某几个条款不影响合同整体效力的,则适用合同时应排除该某个、某几个条款,并确认其无效。合同条款无效对合同整体无效应考量的因素,其一,合同条款与其他部分是否存在牵连关系,是否可以区分,即去掉该条款后的部分仍然具有独立存在的意义。其二,合同条款在合同中的地位即核心部分,即没有该条款,合同当事人是否签订该合同。其三,合同条款无效以外的其他部分是否会改变合同当事人原有的意思表示和合同目的。其四,是否符合交易习惯、公平原则。其五,合同条款与合同整体目的之间存在矛盾不能通过解释消除。其六,合同条款违反了公秩良俗。某个、某几个条款无效对合同整体效力是否影响的条款,应在个案中由法官进行裁量。一般认为,目的条款或者核心条款无效应当导致合同整体无效,除此之外的条款并不必然导致合同无效,仅是其条款自身无效,这主要是指加重相对方的义务或限制其权利,减轻自己的责任和义务的条款即格式条款。

合同条款无效与合同部分无效的关系。所谓合同的部分无效,是指一个合同的部分内容无效。学者认为,法律行为内容全部为无效者,谓之全部无效。仅其一部为无效者,谓之一部无效。[2] 合同部分无效的情形主要有两种,一是量的部分无效。合同内容“虽属单一,但其量的一部分,超过法律所许可之范围,因而该超过部分无效者”。[3] 二是质的部分无效。合同内容“质的部分,由数种不同事项并合而成,其中一项或数项无效者”。[4] 理论上通常称合同部分无效与本书中

---

〔1〕 参见苏永钦:《私法自治中的国家强制》,中国法制出版社2005年版,第42~43页。

〔2〕 参见胡长清:《中国民法总论》,中国政法大学出版社1997年版,第327页。

〔3〕 郑玉波:《民法总则》,中国政法大学出版社2003年版,第443页。

〔4〕 郑玉波:《民法总则》,中国政法大学出版社2003年版,第444页。

合同条款无效的实质含义相同,合同条款无效从其内容来讲只是合同的部分内容,为一个合同中的部分内容,而非两个合同的内容,合同的内容是由合同条款所载明的。但二者尚有一些细微区别,笔者认为,实践中,法官判断合同效力首先是从具体条款着手分析其内容的,合同条款无效的表述在一定意义上更为清晰、直接、准确。

应注意的是,无论是合同条款的无效或其导致的合同整体无效,均不影响合同中解决争议条款的效力。例外为,施工合同依法被认定为无效,该合同中关于违约金的约定属于无效条款,作为从合同的抵押合同亦无效。

8. 请求确认合同无效主体的适格性

实践中,有权利请求法院确认合同无效主体的观点主要有:一种观点为,合同当事人之外的第三人不能提出,〔1〕其根据为合同相对性原理。另一种观点为,合同无效,是自始、绝对、当然地无效,任何人均可主张。〔2〕有学者对此提出疑问,在无效合同中,某些特殊的合同尽管有违法性,但只是涉及特定第三人的利益。如果将这种合同都认定为绝对的、当然的无效,即允许任何第三人主张合同无效未必妥当。〔3〕法官认为,对合同以外的第三人能否诉讼或仲裁要求确认合同无效的问题要具体分析。只有与无效合同有利害关系的第三人才能以起诉的方式请求确认合同无效。没有直接利害关系的人,不能提起诉讼确认合同无效。〔4〕笔者赞同法官的观点。之所以限定主体的范围,是因为根据合同相对性,只有合同当事人或受该合同影响的、与该合同有利害关系的第三人才有权请求法院确认合同无效。

应注意的是,实践中,不乏恶意串通人最初以损害第三人利益为目的订立的合同,在履行过程中因各种因素的变化对第三人产生了有利后果的情形。此时的第三人一般不会再申请确认合同无效,但不排除恶意串通人向法院申请确认合同效力的情形。对此,应明确恶意串通人不具有此项权利。

9. 无效合同与不成立合同的区别

无效合同与不成立合同具有共同性,在订立合同过程中发生,对双方当事不发生法律效力,不能发生当事人预期的法律后果,但其明显区别主要有以下几个。

其一,法律含义不同。无效合同因不符合或违反法律的效力性强制性要求,

---

〔1〕参见王利明、崔建远:《合同法新论·总则》(修订本),中国政法大学出版社2000年版,第27页。

〔2〕参见崔建远主编:《合同法》(第3版),法律出版社2003年版,第72页。

〔3〕参见王利明:《合同法新问题研究》,中国社会科学出版社2003年版,第287页。

〔4〕参见马强:《无效合同若干问题研究》,载王利明主编:《合同法评论》2004年第1辑(总第1辑),人民法院出版社2004年版,第37页。

是法律禁止的合同,它不能得到法律的承认和保护,是本质不符合法律的合同,其强调实体内容不合法。不成立合同是形式不符合法律规定,强调的是程序内容不合法。

其二,法律关系不同。在无效合同中,当事人已经完成合同订立的程序,双方已经形成合同关系,只不过是法律禁止订立的合同,其内容不能得到法律的承认和保护,不能产生法律约束力。当事人缔约关系已消灭,其在缔约阶段的权利义务已完成。不成立合同中,当事人已形成的是缔约关系,而不是合同法律关系,但不等于相互之间没有任何权利义务。订立合同当事人必须尽到诚实信用原则的先后同义务。

其三,形成原因不同。无效合同产生的原因主要有三,即合同主体不适格、意思表示不真实、内容不合法。不成立合同产生的原因也有三种,一为合同的主要条款不具备,二为当事人意思表示不一致,三为合同形式不合法。

其四,法律后果不同。合同无效标志着合同没有法律效力,合同一经被确认无效,当事人必须停止履行,不允许当事人协商继续履行,并引起返还财产、赔偿损失、追缴财产的法律后果。不成立合同可能会引起几种法律后果:一是合同不成立,当事人也未实际履行,尚未造成财产后果的,当事人可以继续磋商订立合同,也可以停止订立合同;二是合同不成立,当事人已经开始实际履行,当事人既可以继续完善订立合同的手续,也可以停止订立合同。对于停止订立合同的,一方或双方因接受履行而取得的财产应返还给对方,因为此时当事人取得的财产无法律规定或合同约定的依据,造成合同不成立有过错的一方赔偿对方的经济损失。

其五,保护性不同。合同无效,法律无条件地宣布无效,采用的是绝对不保护原则,因为无效合同的内容一旦付诸履行,势必会给对方当事人或国家、集体、第三人的利益造成损害,损害社会公共利益。对不成立合同,法律采用相对不保护原则,即在承认必要条款空缺或约定不明的合同未成立生效的前提下,规定了相应的保护措施。进行补救应符合一定的条件,一是合同条款空缺不明是个别的,大量的条款不明或空缺视为合同尚未成立,当事人没有形成一致性意见。二是法律已作了规定可以补救的条款,如合同的数量、标的条款空缺或约定不明,法律没有规定补救方法的,实际上也不可能补救。三是当事人已约定的其定的其他条款必须合法,不违反国家利益和公序良俗。

最高人民法院法官认为,尽管依据我国民法的规定,法定书面形式确系合同的成立要件而非有效要件(一般生效要件),但合同因欠缺法定书面形式而被认定不成立与合同虽成立但欠缺有效要件(一般生效要件)而无效在后果上并无区别。因此,即使当事人的诉讼请求并不包括请求认定合同不成立,也应在全面审查合同是否已经成立的基础上再认定合同效力,且一旦认定合同不成立,即应据此作出判决,不应因担心超裁而直接驳回当事人的诉讼请求。否则,不仅会带来诉累,严重浪费司法资源,而且不利于当事人合法权益的保护。[1]

(六)买卖违法行为效力的认定

对以行贿手段促成合同效力的行为应具体分析,并非“一刀切”地认定无效。以行贿等非法手段促成的合同是否符合法律规定的无效情形,应综合考虑案件事实并结合《民法典》的具体条文进行审查比对。以行贿手段促成的合同,是否符合法律所规定的合同无效的情形,不能简单地进行评价,应结合合同性质、合同目的、合同内容等案件情况,严格对合同无效条款进行审查。以行贿等非法手段促成的合同性质若不符合合同无效的情形则属于可撤销合同。在法律规定一年的除斥期间内,未依法提起诉讼或申请仲裁予以撤销的,其撤销权已经消灭,合同效力依法只能认定为有效。

【案例4-71】 中众公司诉双叶公司买卖合同纠纷再审案

再审法院认为,依法准确认定案涉合同是否无效,应当根据《合同法》第五十二条所规定的合同无效的5种情形进行严格比对审查。本案中,双叶公司与中众公司订立的案涉合同虽系中众公司贿赂对方工作人员所促成,但因合同履行仅关系合同双方利益、权益,不牵涉国家、集体及第三人利益,亦不存在以合法形式掩盖非法目的,更不属于违反强制性规定的情形,故不符合《合同法》第五十二条列举的合同无效条款。因此,案涉合同依法不能认定为无效合同。但因案涉合同确系中众公司行贿双叶公司工作人员促成订立,买卖合同标的物成交价格超出市场价格101%,是在双叶公司违背真实意思情况下订立的,应属可撤销合同。但双叶公司并未在法律规定的一年除斥期间内行使法定撤销权,故案涉合同的效力依法只能认定有效。判决:维持二审判决。[2]

---

〔1〕 参见最高人民法院民事审判第二庭编:《商事审判指导》2022年第1辑(总第54辑),人民法院出版社2022年版,第65页。

〔2〕 参见国家法官学院、最高人民法院司法案例研究院编:《中国法院2021年度案例》(买卖合同纠纷),中国法制出版社2021年版,第81页。黑龙江省高级人民法院(2019)黑民再180号民事判决书。

三、买卖合同效力纠纷的处理

(一)买卖合同无效的处理

《民法典》第一百五十七条规定:"民事法律行为无效、被撤销或者确定不发生效力后,行为人因该行为取得的财产,应当予以返还;不能返还或者没有必要返还的,应当折价补偿。有过错的一方应当赔偿对方由此所受到的损失;各方都有过错的,应当各自承担相应的责任。法律另有规定的,依照其规定。"这是法律对宣告无效后如何进行处理的原则规定。对损失的处理放在其他专题予以阐述,这里只强调两点,即过错方的责任确认划分和无效法律后果的自由裁量。

《民法典合同编通则解释》第二十四条规定:" 合同不成立、无效、被撤销或者确定不发生效力,当事人请求返还财产,经审查财产能够返还的,人民法院应当根据案件具体情况,单独或者合并适用返还占有的标的物、更正登记簿册记载等方式;经审查财产不能返还或者没有必要返还的,人民法院应当以认定合同不成立、无效、被撤销或者确定不发生效力之日该财产的市场价值或者以其他合理方式计算的价值为基准判决折价补偿。

除前款规定的情形外,当事人还请求赔偿损失的,人民法院应当结合财产返还或者折价补偿的情况,综合考虑财产增值收益和贬值损失、交易成本的支出等事实,按照双方当事人的过错程度及原因力大小,根据诚信原则和公平原则,合理确定损失赔偿额。

合同不成立、无效、被撤销或者确定不发生效力,当事人的行为涉嫌违法且未经处理,可能导致一方或者双方通过违法行为获得不当利益的,人民法院应当向有关行政管理部门提出司法建议。当事人的行为涉嫌犯罪的,应当将案件线索移送刑事侦查机关;属于刑事自诉案件的,应当告知当事人可以向有管辖权的人民法院另行提起诉讼。"

《民法典合同编通则解释》第二十五条规定:"合同不成立、无效、被撤销或者确定不发生效力,有权请求返还价款或者报酬的当事人一方请求对方支付资金占用费的,人民法院应当在当事人请求的范围内按照中国人民银行授权全国银行间同业拆借中心公布的一年期贷款市场报价利率(LPR)计算。但是,占用资金的当事人对于合同不成立、无效、被撤销或者确定不发生效力没有过错的，应当以中国人民银行公布的同期同类存款基准利率计算。

双方互负返还义务，当事人主张同时履行的，人民法院应予支持；占有标的物的一方对标的物存在使用或者依法可以使用的情形，对方请求将其应支付的资金占用费与应收取的标的物使用费相互抵销的，人民法院应予支持，但是法律另有规定的除外。”

以上规定的合同无效确后的处理规则，可以归纳为以下方面。

其一，返还财产，这是合同被确认无效后最为主要和普遍的处理方式。学者认为，返还财产作为无效合同的一个最基本的后果，适用的是恢复原状原则，并且返还财产旨在使双方的财产关系恢复到合同订立前的状况，它不是违反合同义务所产生的法律后果，也不是法律对当事人主观状态予以否定性评价的表现。因此，无论接受财产的一方是否具有过错，都应当负有返还财产的义务。[1] 据此无效合同当事人就取得了接受财产一方当事人的债权。

【案例4－72】 福建金石制油有限公司、中纺粮油(福建)有限公司、漳州开发区汇丰源贸易有限公司等买卖合同纠纷案

最高人民法院认为，本案涉及的福建金石公司与田源公司于2006年5月8日签订的《国有土地使用权及资产买卖合同》、田源公司与汇丰源公司于2008年2月21日签订的《买卖合同》均被认定无效，两份合同涉及的财产相同，其中国有土地使用权已经从福建金石公司经田源公司变更至汇丰源公司名下，在没有证据证明本案所涉房屋已经由田源公司过户至汇丰源公司名下、所涉设备已经由田源公司交付汇丰源公司的情况下，一审法院直接判令取得国有土地使用权的汇丰源公司、取得房屋和设备的田源公司分别将各自取得的财产返还给福建金石公司并无不妥。上诉人福建金石公司、中纺福建公司、汇丰源公司并未举出充分的证据证明所涉房屋和设备均已由汇丰源公司取得，故其关于即使返还也应当由汇丰源公司返还的上诉理由没有事实和法律依据，法院不予支持。本案中，嘉吉公司对福建金石公司享有普通债权，本案所涉财产返还系福建金石公司的财产，并非嘉吉公司的财产，因此，只能判令将系争财产返还给福建金石公司。一审判决适用《合同法》第五十八条的规定处理本案是正确的，上诉人福建金石公司、中纺福建公司、汇丰源公司关于本案应当适用《合同法》第五十九条的规定，一审判决适用法律错误的上诉理由不能成立，二审法院不予支持。[2]

---

〔1〕 参见王利明：《合同法研究》(第一卷)，中国人民大学出版社2002年版，第717页。

〔2〕 最高人民法院(2012)民四终字第1号民事判决书。

以“封建迷信”为交易目的的合同,违反了公序良俗原则,与社会主义核心价值观相悖,应为无效合同。

【案例 4-73】 赵某萍诉王某萍、珠宝文化公司买卖合同纠纷案

二审法院认为,本次聚会是以珠宝公司的名义邀请赵某萍参加的,聚会地点显示的是北京某会所,珠宝文化公司的经营范围亦包括销售工艺品,且赵某萍的水晶洞货款也是支付到珠宝文化公司的账户,王某萍参与组织聚会、销售水晶洞,系作为公司的法定代表人履行相应职责,其法律后果由法人承受,故珠宝文化公司应系买卖合同的主体。但考虑到王某萍坚持主张系个人为买卖合同主体,主动承担合同的权利义务,并据此反诉要求赵某萍支付剩余的水晶洞货款,一审法院认定王某萍、珠宝文化公司与赵某萍之间形成事实上的买卖合同关系亦无不妥。

赵某萍主观上并非系因王某萍及珠宝文化公司的行为而陷入错误的判断。赵某萍在参加聚会之前明知此次聚会的主题是“易经风水聚会”,且邀请的是所谓“风水大师”讲授“如何利用自然界的万物改善自身运气、达到人丁两旺、财气滚滚”等内容而仍然参加,其作为经营服装生意多年的完全民事行为能力人对聚会中所宣讲的风水内容深信不疑,并在聚会后的第 3 天愿意花费近 20 万元购买 5 个水晶洞,且此后按照所谓“风水大师”的指点每天给水晶洞浇水、沟通、许愿等长达 3 年之久。可见,赵某萍自身亦相信水晶洞有特殊功能,其购买水晶洞并非因王某萍及“风水大师”的蛊惑而被骗购买,故法院认为王某萍与珠宝文化公司在此次交易中的行为并不足以对赵某萍构成欺诈。

任何民事活动需遵守法律,法律没有规定的,应当遵守国家政策。任何民事活动应当尊重社会公德,坚信社会主义先进文化,弘扬社会主义核心价值观,不得损害社会公共利益,不得扰乱社会经济秩序,不得违背公序良俗,严禁宣扬封建迷信思想,案涉合同不符合中国特色社会主义先进文化的发展要求。本案所传递的合同目的系不劳而获、不务实际、崇拜虚无的封建迷信思想,明显与马克思主义的世界观、人生观、价值观不符,与社会主义核心价值观背道而驰。本案中,珠宝文化公司通过组织风水聚会宣讲风水、招财、转运等封建迷信思想,以合法的形式掩盖非法目的,违背公序良俗,损害了社会公共利益,扰乱了社会经济秩序,故本案买卖水晶洞的合同应属无效。无效的合同,自始没有法律约束力,因该合同取得的财产,应当予以返还。据此,赵某萍有权要求王某萍及珠宝文化公司退货退款;王某萍与珠宝文化公司无权要求赵某萍继续支付剩余货款。判决:驳回上诉,维持原判。[1]

---

〔1〕 参见国家法官学院、最高人民法院司法案例研究院编:《中国法院 2022 年度案例》(买卖合同纠纷),中国法制出版社 2022 年版,第 55~56 页。北京市第三中级人民法院(2020)京 03 民终 1786 号民事判决书。

其二,折价补偿。这是为《民法典》第一百五十七条规定合同被确认无效后,针对不能返还或者没有必要返还情形所作的规定。

其三,赔偿损失,这是针对合同一方当事人有过错的,在返还财产后,对造成的相对方损失予以赔偿。无效合同损失的范围,可见专题五相关内容阐述。

其四,各自承担责任。这是指合同被确认无效,造成合同无效的原因为合同双方都有过错,对合同无效造成的损失应由过错方各自承担,法官根据具体案情裁量各自承担的比例。若双方均在过错,适用过失相抵原则,最终确定赔偿责任之范围。

对双方均有过错的理解问题。合同无效所负的过错责任与对造成损失所负的过错责任应予区别,强调对合同无效负有过错的分担损失的前提,是合同无效与损失分担之间具有直接因果关系。在《民法典》第一百五十七条规定中,"有过错的一方应当赔偿对方由此所受到的损失"。所谓"由此所受到的损失",是指因为合同无效所受到的损失,也就是说,合同无效与所受到的损失之间具有因果关系。在该句后"双方都有过错的,应当各自承担相应的责任",是指过错导致合同无效,并由此造成财产损失,当事人就此财产损失承担责任。因而无论是一方有过错还是双方有过错的情形,当事人对损失承担责任的逻辑前提是相同的,即合同无效与损失之间有因果关系。如果一方或双方虽有过错,但过错与财产损失之间没有直接的因果关系,则不应对财产损失承担责任。

其五,自担损失。合同无效因相对方无过错,全是由己方造成的,则过错方承担全部损失。

买卖双方约定不含税的条款为无效条款。事后在买受人索要增值税发票的情况下,买受人应向出卖人负担相应税款。

【案例4-74】 展源公司诉兴源公司买卖合同纠纷案

二审法院认为,本案的争议焦点是增值税由谁承担。根据展源公司与兴源公司签订的《钢材供需合同》第7条中的约定,双方约定的钢材单价为"不含税价"。此种"不含税价"意在销售方不开具增值税发票给购货方,或购货方不要求销售方开具增值税发票。即上述价格并未约定增值税的承担主体,根据《增值税管理条例》第一条"在中华人民共和国境内销售货物或者提供加工、修理修配劳务及进口货物的单位和个人,为增值税的纳税人,应当依照本条例缴纳增值税"的规定,在双方未就增值税承担作出明确约定的情况下,增值税应由法定纳税主体承担,即由销售公司——展源公司——承担,如果买受人向出售人索要相应的增值税发票,则应向出售方支付相应的税款,但该种逃避纳税义务的条款,违反了行政法规的强制性规定,应属无效条款。本案中,兴源公司事后向展源公司索要相应的增值税发票,原审判决根据双方约定的不含税价的合同价款,并按照法律相关规定计算增值税额,判决由兴源公司向展源公司支付相应的税款,符合相关法律规定及双方当时的约定,并无不当。判决:驳回上诉,维持原判。[1]

根据《药品管理法》的相关规定,药品经营需由取得药品经营许可证的企业进行销售,个人签订的药品买卖合同无效。

【案例4-75】 彭某平诉王某江、徐某英买卖合同纠纷案

判决观点,被告王某江主张原告系江西仁和药业的业务员,但在庭审中原被告均陈述原告系将从江西仁和药业购买的药品再卖给被告,双方的销售协议系以个人名义签订的,与江西仁和药业无关,故本案所涉药品买卖的主体应为原告彭某平与被告王某江。因药品经营需由取得药品经营许可证的企业进行销售,个人无权销售,故原告与被告王某江之间签订的销售协议系无效协议。被告王某江系专业医药商品的购销员,明知原告无权销售药品仍与原告签订协议,应承担相应责任。综上,被告王某江应支付所欠原告货款35767元。因被告出具的欠款证明中并未约定付款时间,故原告主张的利息损失应自起诉之日起计算为宜。因被告王某江与徐某英系夫妻关系,该欠款系夫妻共同债务,应双方共同承担支付货款的义务。判决:被告王某江、徐某英给付原告彭某平货款35767元并支付利息。[2]

其六,法律另有规定的,依照其规定。

招财宝产品可以在不经过同意的情况下收集不特定人的手机MAC地址信息,该产品的功能主要就是收集信息后进行短信、电话、广告投放等,属于用于非法获取公民信息的工具,违反《网络安全法》的相关规定,系违法产品。依照《民法典》的相关规定,招财宝买卖合同属无效合同。

【案例4-76】 甲科技实业公司诉乙科技实业公司、丙科技实业公司买卖合同纠纷案

二审法院认为,本案的焦点问题是招财宝产品是否违法。招财宝产品可以不经用户同意收集不特定人的手机MAC地址信息,关于手机MAC地址信息是否属于公民个人信息的问题,根据《网络安全法》第七十六条的规定,个人信息是指以电子或者其他方式记录的能够单独或者与其他信息结合识别自然人个人身份的各种信息,包括但不限于自然人的姓名、出生日期、身份证号码、个人生物识别信息、住址、电话号码等。虽然被上诉人称收集的手机

---

〔1〕 参见国家法官学院案例开发研究中心编:《中国法院2018年度案例》(买卖合同纠纷),中国法制出版社2018年版,第124页。湖南省长沙市中级人民法院(2016)湘01民终7322号民事判决书。

〔2〕 参见国家法官学院案例开发研究中心编:《中国法院2015年度案例》(买卖合同纠纷),中国法制出版社2015年版,第77页。山东省潍坊市寒亭区人民法院(2013)寒商初字第297号民事判决书。

MAC地址信息为一串代码没有价值,但手机MAC地址信息与其他信息结合可以获取该手机用户的电话号码,因此,手机MAC地址信息属于个人信息。

关于如何规范收集个人信息,《网络安全法》第二十二条第三款、第四十四条有明确规定,招财宝产品收集用户手机MAC地址信息可以不经过用户同意,属于用于非法获取公民个人信息的工具,招财宝产品为违法产品。一审法院未认定招财宝产品的违法性,属认定事实错误,二审法院予以纠正。

甲科技实业公司与丙科技实业公司签订的5份《招财宝产品分销协议》及《招财宝产品分销协议补充协议条款》《退款协议书》,与乙科技实业公司签订的《"招财宝产品分销协议"补充协议》,其内容为买卖非法获取不特定人的个人信息的产品,违反了《网络安全法》等法律的强制性规定,构成对社会公共利益的损害。根据《合同法》第五十二条的规定,甲科技实业公司与丙科技实业公司签订的《招财宝产品分销协议》《招财宝产品分销协议补充协议条款》,甲科技实业公司与乙科技实业公司签订的《"招财宝产品分销协议"补充协议》均属无效。一审法院认定涉案合同有效,属适用法律错误,二审法院亦予以纠正。

关于甲科技实业公司请求判令丙科技实业公司、乙科技实业公司回购招财宝产品并返还保证金的意见应否得到支持的问题。法院认为,虽然丙科技实业公司、乙科技实业公司坚称招财宝产品不违法,甲科技实业公司坚持称不清楚产品违法,但是,首先,从产品的功能来看,招财宝产品收集用户手机MAC地址信息可以不经过用户同意,属于用于非法获取公民个人信息的工具,包括甲科技实业公司在内的双方当事人在签订合同时应当明知;其次,从合同内容看,案涉合同中"若因政府限制使用等政策原因导致合同不能继续,以及法律和司法问题不能正常在市场销售""甲方及甲方子公司提供招财宝产品与相关法律法规冲突的一切责任,由甲方及甲方子公司全责承担,与乙方无关"等内容可以体现,双方当事人在订立合同时均已意识到产品可能会涉嫌违法,双方继续履行并订立合同的行为实为一种试法行为。在该种行为被认定为违法并损害社会公共利益的情况下,任何一方欲通过诉讼得到司法保护的请求均不应得到支持。因此,法院对甲科技实业公司要求丙科技实业公司、乙科技实业公司回购产品并返还保证金的上诉请求不予支持。

在公民私人生活安宁频繁被垃圾短信和电话侵扰,又不知个人信息如何被泄露的困惑之下,国家打击非法收集个人信息行为的态度更加坚决。司法审判应积极发挥引导示范作用,对侵犯公民个人信息的行为予以否定。本案中,法院对丙科技实业公司、乙科技实业公司以及甲科技实业公司销售违法产品损害社会公共利益的行为均予以否定，对丙科技实业公司因出售招财宝产品取得的货款325680元、保证金5万元以及甲科技实业公司购买的276套招财宝产品均予以收缴。

综上所述，甲科技实业公司的上诉请求不能成立，法院不予支持；一审判决认定事实及适用法律有误，但判决不予返还货款和保证金的结果正确，二审法院予以维持；对于丙科技实业公司、甲科技实业公司销售违法产品取得的财产，二审法院判决予以收缴。判决：(1)维持一审判决；(2)上诉人甲科技实业公司持有的276套招财招财宝产品予以收缴；(3)被上诉人丙科技实业公司收取的货款325680元及保证金5万元均予以收缴。[1]

其七，另案处理。虽然案件纠纷中涉及了争议问题，但与案件不属于同一法律关系，不宜在涉案中一并处理，为了保护第三人的合法权益，法官常常对此不予处理，而载明另案处理。法律虽然并未规定这种合同无效后的处理方式，但司法实践中，法院亦经常作出这种判决。

因个案的情况不同，为鼓励合同履行，同时避免在案外人没有参加诉讼的情形作出其不利的认定，法院有时对是否涉及案外人利益的事实不作认定。

其八，例外情况。对一些特殊类型的合同，在合同被确认无效后，处理上有特殊性，如不良债权。对不能恢复原状的请求，法院不支持其恢复原状的诉讼请求。

对超出法院职权范围的，法院不宜认定合同无效仅对诉讼请求处理。

【案例4－77】　北京仟草中药饮片有限公司诉江西信仁春医药有限公司买卖合同纠纷案

一审法院认为，仟草公司的现有证据不能证明双方存在真实的交易行为，信仁公司没有义务为仟草公司开具增值税发票。仟草公司开增值税发票进行报税抵扣，具有过错，其补缴的税款应由自行承担。故仟草公司主张双方之间存在合法有效的买卖关系，要求信仁公司赔偿税款损失的诉讼请求，于法无据，法院不予支持。判决：驳回仟草公司的诉讼请求。二审法院判决：驳回上诉，维持原判。[2] 本案中，仟草公司与信仁公司之间的买卖合同系个人张某华借用信仁公司的资质签订的合同，实际履行合同的系张某华个人。仟草公司购买的药品打上了信仁公司资质的合法外衣，逃避了药品监督管理部门对其药品生产的监管，从而使药品顺利上市。追究合同签订的本意，不

---

〔1〕 参见国家法官学院、最高人民法院司法案例研究院编：《中国法院2022年度案例》（买卖合同纠纷），中国法制出版社2022年版，第69～70页。天津市第一中级人民法院(2020)津01民终3291号民事判决书。

〔2〕 参见国家法官学院案例开发研究中心编：《中国法院2012年度案例》（买卖合同纠纷），中国法制出版社2012年版，第62页。北京市第一中级人民法院(2010)一中民终字第14242号民事判决书。

应认定仟草公司与信仁公司实际签订合同，通过张某华供货，而应认定该合同并非仟草公司与信仁公司的真实意思表示，且存在以合法形式掩盖非法目的之嫌，故认定本案合同无效、退回中药材或者查处当批次生产的药品才是最终的处理之道。但这一处理结果超越了法律行使职权的范围，更多的需要立法机关通过立法对借用资质买卖药品的行为进行管制，同时药品监督管理局对药品生产的监督应更加详细和有针对性。综合以上考虑，本案最终没有对合同效力作出直接认定，仅就仟草公司的诉讼请求进行了审理。

(二)买卖合同约定效力的处理

因出卖人的过错，可以排除减轻与免除责任的约定。《民法典》第六百一十八条规定："当事人约定减轻或者免除出卖人对标的物瑕疵承担的责任，因出卖人故意或者重大过失不告知买受人标的物瑕疵的，出卖人无权主张减轻或者免除责任。"

分期付款协议与以物抵债协议约定同时存在时，应分别进行效力认定。以物抵债协议具有实践性，故应以所有权是否转移为依据认定协议是否生效。如债务人按约履行以物抵债协议，则以物抵债协议生效，原来的分期付款协议自动消灭；反之，以物抵债协议不生效，债权人只能主张原来的分期付款协议。在以物抵债协议涉及的所有权转移之前，债务人反悔不履行抵债协议的，因抵债协议具有实践性，债权人只能主张原来的分期付款协议。

【案例4－78】 绿海经营部诉龙升公司买卖合同纠纷案

判决观点，关于焦点一，补充协议书约定"自2017年1月开始每月还款3.5万元，至2018年12月底前还清全部石材货款"至绿海经营部起诉，龙升公司未支付到期价款的金额达到1/5以上，即使考虑了"3个月的宽容期"，也达到了1/5以上，绿海经营部有权要求龙升公司支付结欠的全部货款839600元。关于焦点二，李某招是绿海经营部与龙升公司业务往来中绿海经营部的代理人，绿海经营部与龙升公司的业务往来在2015年9月25日签订补充协议书时结束，该协议书明确了整个往来的总货款、欠款数额、付款期限，李某招代理绿海经营部与龙升公司的业务代理权已终止。且2017年6月18日抵债协议系以物抵债协议，具有一定的债的担保性质，该抵债协议没有约定抵债实现时对所抵之物进行评估，有可能产生使双方利益失衡的风险及对案外债权人利益间接产生影响，故对龙升公司要求按照抵债协议履行的抗辩意见，不予采纳。综上所述，绿海经营部仍有向龙升公司主张支付

8396000 元货款的权利。判决:龙升公司向绿海经营部支付货款 839600 元。[1]

材料、设备采购合同,特别是连续供货的合同中,对于材料进度款的支付,双方通常会约定“工程主体封顶或工程竣工验收合格”后支付一定比例的材料款。对于此类条款的法律效力,在未达到付款条件时诉请支付全部货款,能否得到法院支持,实践中存有争议,各地法院裁判尺度不一致。通说认为,附条件是将来可能发生、也可能不发生的不确定的事实作为已经成立的法律行为于条件成就时发生或丧失法律效力。而附期限则是将来必定会发生的事实作为已经成立的法律行为于期限到来时发生或丧失法律效力。以此,区分附条件还是附期限的焦点是:该事实是否必然发生。如果认定为附条件,因条件未成就,买受人有权拒绝付款,出卖人无权要求付款方履行未达到履行条件时的付款义务。如果认定为附期限,或者认定为名为付款条件实为附期限,则因期限约定不明确,按照《民法典》第五百一十条、第五百一十一条的规定,履行期限约定不明的,按照合同相关条款或者交易习惯确定,还无法确定的,债权人也可以随时请求履行,但是应当给对方必要的准备时间。也就是说,在认定为附履行期限的情况下,买受人应当支付货款。不同的认识,对出卖人的利益影响至关重要,也是司法实践中亟待解决的问题,需要法官根据具体案情酌定。

【案例 4 -79】 宜兴清亿公司诉大唐科技公司买卖合同纠纷案

二审法院认为,首先,虽然《供货合同》约定“合同价格的 10% 作为质保金,待设备质量保证期满没有问题,且卖方提交收据、买方审核无误后 30 天内支付给卖方该台套设备价格的 10%。”《供货合同》第 1.25 条将“质量保证期”定义为自业主签发初步验收合格证书之日起 30 个月,但大唐科技公司并未在《供货合同》中将其与印度共和国的工程业主关于何时以及何种条件下签发初步验收合格证书的约定进行披露。故作为《供货合同》签约一方的宜兴清亿公司,在签约时对印度共和国的工程业主何时以及何种条件可以签发初步验收合格证书并不知悉,宜兴清亿公司作为供货方依据《供货合同》的现有约定,无法判断质量保证期的起始时间,也无法预见工程业主至今未签发验收合格证书的现实状况。因此,虽然《供货合同》约定了质量保证期满支付剩余 10% 款项,但以业主签发初步验收合格证书之日作为质量保证期起算日期的约定,应视为对质量保证期起算日期的约定不明。另外,大唐科技公司在庭审中认可是印度共和国工程业主的原因导致未能签发初步验收合格证书,故在宜兴清亿公司完成了《供货合同》全部约定义务的情况下,如

---

[1] 参见国家法官学院案例开发研究中心编:《中国法院 2019 年度案例》(买卖合同纠纷),中国法制出版社 2019 年版,第 111 页。江苏省无锡市锡山区人民法院(2017)苏 0205 民初 3823 号民事判决书。

若继续按照《供货合同》约定的工程业主签发初步验收合格证书后才起算质量保证期、支付尾款,则明显有违公平原则,无法保护合同守约方的合法权益。[1]

个案中,最高人民法院对此的观点是,"属于履行期间条款还是履行条件条款,需结合合同的签订目的和动机来分析和认定"。[2]

合同漏洞的补充规则个案中的适用。

【案例4-80】 阮某方诉平潭中邦海运有限公司、潍坊浩航船务有限公司、余某强、余某能、隋某国船舶买卖合同纠纷案

最高人民法院认为,合同应对某事项作出约定却未约定,为合同漏洞。对因合同漏洞产生的纠纷,法官不能以自己的评价标准取代当事人的价值决定,较为妥当的做法是遵循以下路径加以填补:首先,按《合同法》第六十一条(对应《民法典》第五百一十条)的规定,以交易习惯填补;其次,有名合同适用《合同法》分则部分的相应任意性规定填补,分则部分无相应规定时适用《合同法》总则部分的任意性规定即第六十二条(对应《民法典》第五百一十一条)填补,无名合同可类推适用最相近似的有名合同的任意性规定。最后,适用诚实信用原则进行补充解释。通过填补合同漏洞,为当事人创设行为规范,明确双方权利义务,据以作出公平合理的裁判。[3]

(三)显失公平效力的处理

司法实践中,对如何认定显失公平的合同争议颇大,尤其是对合同条款显失公平的分歧具有普遍性,再加之极少的案件被法官确认为显失公平,诸多问题尚需实践经验的总结和理论的不断深入探索。

所谓显失公平,是指一方当事人利用自己的优势或者利用对方没有经验,致使双方的权利与义务明显违反公平原则。

《民法典》第一百五十一条条规定:"一方利用对方处于危困状态、缺乏判断能力等情形,致使民事法律行为成立时显失公平的,受损害方有权请求人民法院或者仲裁机构予以撤销。"本条是关于显失公平的民事法律行为的效力的规定。本条主要包括以下几层含义:其一,本条确定主观上民事法律行为的一方当事人利用对方处于危困状态缺乏判断能力等情形;其二,本条规定了客观上民事法律

[1] 北京市高级人民法院(2020)京民终733号民事判决书。
[2] 最高人民法院(2021)民申5750号民事裁定书。
[3] 最高人民法院(2018)民申5375号民事裁定书。

行为成立时显失公平，也就是说以合同成立时为界定时间；其三，受损害方有权请求撤销。

对显失公平主要从以下几个方面进行判断，其一，主观要件。从利益受损方和加害方两个角度分别判断。首先，对于利益受损方，其在签订合同时应处于不利的状态，这种不利状态包括但不限于危困状态、缺乏判断能力等情形。危困状态，是指受损方处于困难处境或急迫心理；缺乏判断能力，是指受损方缺少作为一个理性人本应具备的认识、判断和选择能力。其次，加害方对受损方的不利状态是明知的，并出于故意，具有牟取不正当利益的目的。但是，并非只要加害方处于“相对优势”的地位就会造成显失公平，最关键的在于具备优势地位的一方是否利用了该优势地位，迫使受损方在失去理性、意思自由的情况下做出错误的、违背意志的表示。其二，客观要件。从范围和程度两个角度进行考量，在显失公平的情况下，意思自治遭到破坏，势必无法产生公平的客观结果。在显失公平范围上，可以考虑对价是否合理，一方面要判断合同对价是否与市场价格大体相当，另一方面要考察当事人是否愿意接受该对价。合同当事人利益的重大不平衡构成了显失公平的程度。其三，除外情形。首先，正常的商业风险所涉及的商业判断失误或市场价格波动，并非显失公平。其次，为生产经营需要所签订在法律允许范围的高利借款合同、为还贷签订的低价出售合同应除外。个案中，对显失公平的判断要以主观要件为主，客观要件为辅，以意思自治为判断核心。

司法实践中，双方当事人签订的合同设定了某些看似对一方明显不利的条款，其后双方发生争议，一方当事人能否以显失公平为由请求法院撤销该条款，经常发生分歧。该种争议的实质就是对合同条款显失公平的认定标准如何把握的问题。有法官认为明显之限度标准，一是对显失公平的判断可以首先适用等价有偿原则予以衡量，等价有偿原则对于公平的判断具有突出的工具价值；二是若因合同的履行，一方获得了巨大的利益但相对方并未因此蒙受重大利益损失，则不构成显失公平；三是因供求等因素导致价格适当偏离价值，或者是由于市场的固有风险带来的利益和损失理应排除在外；四是可以以一定的限度为基本参照。可以将所受损失超过50%作为一个基本的参照，这是以通常的社会感知为依据，可以在一定程度上强化显失公平标准的客观化。[1]

一般来讲，争议合同是否对一方当事人明显不公平，应从客观要件进行考量。客观要件是指当事人给付与对待给付之间利益严重失衡。根据《民法典》的规定，签订合同作为一种双方的民事法律行为，应贯彻公平原则。公平原则的实质在于均衡合同双方当事人的利益。因此，对合同显失公平的认定应结合双方当事

---

〔1〕 参见江必新等：《最高人民法院指导性案例裁判规则理解与适用》（合同卷一），中国法制出版社2012年版，第77页。

人的权利义务是否对等、一方获得的利益或另一方所受损失是否违背法律或者交易习惯等方面进行综合衡量。换言之,显失公平成立时双方的权利义务明显失衡、显著不相称。在交易中利益的失衡是经常发生的,而且此种失衡往往是当事人所应承担的正常的交易风险,但如果这种利益失衡是很重大的,超出了社会公平观念所能容忍的界限,法律就应当对其进行干预。

需要特别强调的是,显失公平的判断标准应主客观要件相结合,而非单一的客观要件,防止判断的片面性。对于缺乏主观要件而主张显失公平的,原则上不应得到法律支持。

认定显失公平很难有量化的标准,只能根据不同的案情、不同的经济环境作个案的认定。商事合同要有别于民事合同,其一,显失公平不是仅偏离正常的利润水平,而是严重违背正常的利润水平。正如《国际商事合同通则》的注释所指出的:"即使价值与价格之间相当失衡,或其他因素扰乱了履行与对应履行之间的平衡,尚不足以构成重大失衡。这种失衡必须非常严重,以至于破坏了正常人所具有的道德准则。"其二,要以商人的眼光对当事人的交易进行全面综合把握。商人是以营利为目的的,没有人愿意作亏本生意。但是,就某笔业务而言,其可能宁愿亏损,而在另一笔业务中赚取更大的利润,或者以换取长久的业务关系、市场份额。因此,不能孤立地就某笔业务利润是否过高就简单下结论,而是要联系整项业务进行综合衡量。

在实务中,判断显失公平应注意以下几点:其一,防止不正当地对当事人所获经济利益进行纵向和横向比较。所谓纵向比较,即将合同签订时的交易价格或酬金与合同履行时的交易价格或酬金作比较。所谓横向比较,即将当事人的交易价格或酬金与第三人同等条件的交易价格或酬金作比较。进行纵向或横向比较,极易造成将赚多赚少、收益多少作为评断标准,造成曲解显失公平的结果。其二,以另一方是否获取暴利判断是否显失公平不够科学,因为获取暴利,未必对另一方显著不利,因此,只考虑一方当事人遭受较大经济损失双方权利义务失衡即可。其三,消除"法律允许的限度"作为判断显失公平的误区。在市场经济体制下,法律对私法领域中的利益,不宜作出规定。法律对特殊行业、商品的价格限制规定,如交易时超越,其本身是违法行为,而不属于显失公平调整之范围。特别要强调的是,显失公平的状态发生时间要在订立合同之时,用签订合同时的标准予以衡量,并非用签订合同后的状态和标准进行衡量。

【案例4-81】 卓溥公司诉宏图公司买卖合同纠纷案

二审法院认为,本案的争议焦点为《补充协议(二)》是否显失公平。根据《民法总则》第一百五十一条的规定并结合相关民法原理,构成显失公平的民事法律行为需同时具备以下要件:一是一方有利用对方处于危困状态或缺乏判断能力等情形;二是一方有谋取不当利益的故意;三是一方利用对方处于危困状态或缺乏判断能力等情形与民事法律行为的作出具有因果关系；四是民事法律行为成立时显失公平。本案中，首先，原合同中明确约定了剩余100万元尾款的支付条件，在该条件成就后，卓溥公司有权依约要求宏图公司支付剩余的100万元尾款，在条件成就后支付100万元系宏图公司的义务，而非卓溥公司所称的宏图公司所具有的优势，故卓溥公司并非处于危困状态。其次，《补充协议（二）》设定了双方的权利义务，卓溥公司虽认为《补充协议（二）》约定了较高的违约责任，但《合同法》第一百一十四条第二款规定了高额违约金的救济途径，不能仅因合同约定的违约金过高便认定双方的权利义务不对等。基于以上论述，卓溥公司主张《补充协议（二）》显失公平，请求撤销该协议缺乏依据，法院不予支持。综上所述，卓溥公司的上诉请求与理由无法律及事实依据，不予支持。原审判决认定事实清楚，适用法律正确，应予维持。判决：驳回上诉，维持原判。[1]

市场经济条件下，机遇与风险并存，逐利是市场主体从事商事交易行为的主要目的，但一切均应有合理限度，通过一系列复杂的法律制度设计，在维护当事人利益、促进经济发展的同时，将当事人的行为限定在合理范围内，这是制度设计的初衷。显失公平制度设计的目的不是免除当事人应承担的交易风险，而是禁止或限制一方当事人利用不合理的优势地位获得超过法律允许的利益。其实，只要订约过程是公平的，法律应重在为当事人提供公平的交易规则和交易秩序，而不在于直接为当事人订立公平合理的合同。单纯交易结果的不对等，不应认定为显失公平，尤其是在商事交易中更应慎重。

【案例4－82】　兴南方公司诉博泰嘉华酒店公司买卖合同纠纷案

一审法院认为，博泰公司是一家投资公司，其对于市场交易行情、交易风险、价格变化等应当具有高于一般商事主体的注意义务，在签订合同前应当对交易的有关情况进行评估，如果其没有尽到相应的注意义务，应当自行承担相应的风险。博泰嘉华酒店虽系刚刚设立的公司，但其亦是从事营利性交易行为的商事主体，应当对交易的有关内容予以审慎注意，而且法院委托的鉴定机构作出的评估报告，由于基准日并非合同签订时期，相应市场行情可能发生变化，即使按照评估价格，合同项下的物品市场价值为221万余元，该数额相对于合同确定的261万余元来说，亦未差额悬殊或者明显违反公平原则。因此，博泰嘉华酒店的相应主张没有依据。兴南方公司给付货物后，博泰嘉华酒店应当给付相应货款，其未付行为属于违约，应当承担违约责任。

---

〔1〕　参见国家法官学院、最高人民法院司法案例研究院编：《中国法院2021年度案例》（买卖合同纠纷），中国法制出版社2021年版，第65页。北京市第一中级人民法院（2019）京01民终4660号民事判决书。

判决:(1)博泰嘉华酒店给付兴南方公司货款1696244元;(2)博泰嘉华酒店给付兴南方公司违约金62081元;(3)驳回兴南方公司的其他诉讼请求;(4)驳回博泰嘉华酒店公司的反诉请求。二审法院主持调解,双方自愿达成和解协议。[1]

【案例4-83】 国一制纸(张家港)有限公司诉苏州全程化工物资有限公司买卖合同纠纷案

一审法院认为,认定显失公平可以从以下两个方面进行考察:一是考察合同一方当事人是否明显不公平。本案中,价款鉴定结论也显示市场价格并未考察交易的实际成本、利润等因素,且在市场经济环境下,制约价格的因素还有很多,尚不止上述两项,故难以仅凭双方成交价款与鉴定结论显示的市场价格存在差距就认定双方经济利益严重失衡。二是考察合同订立中一方是否故意利用优势或者对方轻率、没有经验。本案中,首先,原告作为一家外资生产企业,被告是一家内资批发企业,就双方而言,在法律上是两个平等的企业法人。其次,从合同的标的分析,合同中涉及的产品并无政府定价或者政府指导价格,碳酸氢钠并非专营产品,也并非紧俏商品,原告完全有条件充分了解该产品的市场行情和价格走势,不存在处于劣势和缺乏经验的情形。最后,购买商品进行"询价""货比三家"是经营购销中的常识,本案中从原告自己提供的网上产品报价、报价单证实,碳酸氢钠的市场价格是公开透明的,只要通过询价就能知道该产品的市场价格。综上,原告(买方)有理由、有条件对货物的合理价值进行判断,没有理由过于依赖被告(卖方)。买方在订立合同时,有充分的选择权,完全可以作出有利于自己的选择。仅凭结果对一方不利这一点是不能认定显失公平的,因为并不存在一方利用优势或者对方没有经验之情形,不构成显失公平的合同。双方签订的合同内容与形式均未违反国家有关法律规定,应属有效,合同依法成立,即具有法律效力,双方当事人均应严格遵守,并按约履行合同义务。据此,原告的诉请不符合法律规定,法院不予支持。二审调解结案。[2]

个案中,由法官根据具体案情进行处理。

【案例4-84】 某国际进出口公司与李某买卖合同纠纷案

1997年3月24日,某国际进出口公司来人与李某协商,欲以9.7元/千克的价格购买一批生猪。当时生猪的市场价为8元/千克左右,故在公司业

---

〔1〕 参见国家法官学院案例开发研究中心编:《中国法院2015年度案例》(买卖合同纠纷),中国法制出版社2015年版,第54页。北京市第二中级人民法院(2013)二中民终字第9802号民事调解书。

〔2〕 参见国家法官学院案例开发研究中心编:《中国法院2013年度案例》(买卖合同纠纷),中国法制出版社2013年版,第77~78页。江苏省苏州市金阊区人民法院(2009)金民二终字第486号民事判决书。

务员起草了协议后，沉浸在发财梦中的李某不假思索地在协议上签字，却未注意协议上的价格是2.4元/千克。然后，李某把情况向王某做了说明，二人认为有钱可赚，于是迅速收购生猪共计9336千克，随即送至公司。公司验收后，拿出载明2.4元/千克的协议据此结账，但李某和王某不同意，后诉至法院。法院认为，原、被告所签协议中的生猪价格为2.4/千克，显失公平，应予撤销。被告主张9.7/千克的价格，查无实据，不能认定。法院判决撤销原协议，被告按生猪当时的市场价7.6元/千克支付价款。[1] 在本案中，被告因没有证据证明市场价格是9.7元/千克，且李某和王某虽为经营者，但充其量为商事交易习惯上的"小商人"，而该国际进出口公司则为"大商人"，二者交易能力差距甚大，并且2.4/千克的价格与市场价7.6元/千克相差3倍多，符合显失公平的主客观要件，故协议应予变更，法院的处理符合法律规定。

（四）表见代理效力的处理

《民法典》第五百零三条规定："无权代理人以被代理人的名义订立合同，被代理人已经开始履行合同义务或者接受相对人履行的，视为对合同的追认。"

《民法典合同编通则解释》第十九条规定："以转让或者设定财产权利为目的订立的合同，当事人或者真正权利人仅以让与人在订立合同时对标的物没有所有权或者处分权为由主张合同无效的，人民法院不予支持；因未取得真正权利人事后同意或者让与人事后未取得处分权导致合同不能履行，受让人主张解除合同并请求让与人承担违反合同的赔偿责任的，人民法院依法予以支持。

前款规定的合同被认定有效，且让与人已经将财产交付或者移转登记至受让人，真正权利人请求认定财产权利未发生变动或者请求返还财产的，人民法院应予支持。但是，受让人依据民法典第三百一十一条等规定善意取得财产权利的除外。"

《民法典合同编通则解释》第二十条第一、二款规定："法律、行政法规为限制法人的法定代表人或者非法人组织的负责人的代表权，规定合同所涉事项应当由法人、非法人组织的权力机构或者决策机构决议，或者应当由法人、非法人组织的执行机构决定，法定代表人、负责人未取得授权而以法人、非法人组织的名义订立合同，未尽到合理审查义务的相对人主张该合同对法人、非法人组织发生效力并由其承担违约责任的，人民法院不予支持，但是法人、非法人组织有过错的，可以

---

〔1〕 参见马强：《合同法新问题判解研究》，人民法院出版社2005年版，第152页。

参照民法典第一百五十七条的规定判决其承担相应的赔偿责任。相对人已尽到合理审查义务,构成表见代表的,人民法院应当依据民法典第五百零四条的规定处理。

合同所涉事项未超越法律、行政法规规定的法定代表人或者负责人的代表权限,但是超越法人、非法人组织的章程或者权力机构等对代表权的限制,相对人主张该合同对法人、非法人组织发生效力并由其承担违约责任的,人民法院依法予以支持。但是,法人、非法人组织举证证明相对人知道或者应当知道该限制的除外。"制定司法解释的法官认为,因此,其对公司决议的审查,只能是形式审查,基本要求包括:一是审查股东或者董事的身份是否属实;二是在关联担保的情况下,应当回避股东的是否参与了表决。至于公司以及机关决议系法定代表人伪造或者变造、决议程序违法、签章(名)不实、担保金额超过法定限额等事由抗辩债权人非善意的,人民法院一般不予支持,除非公司有证据证明债权人明知伪造或者变造。[1]

【案例4-85】 高明副食经营部诉统一公司买卖合同纠纷案

判决观点,在本案中,无权代理人杨某系被告统一公司销售部门的员工,且其销售给原告的商品亦系被告公司的产品,即本案确实存在一些使原告相信杨某具有代理权的情形,但法院认为原告在主观上并非为善意且无过失。首先,杨某虽然为被告公司销售部门的员工,但其职务自与原告合作以来一直为被告公司特通营业所主任,根据原告提交的证据及其当庭陈述,原告对这一事实应为明知,原告并非特通客户,即原告并非杨某代表被告公司所对应的客户类型;其次,根据原告的陈述,原告多年来与杨某交易的方式均为:未签订合同的情况下,原告向杨某支付现金或者转账后,杨某为原告送货,原告收货时不签字确认,即使原告不了解特通客户的含义,原告在识别杨某身份查看其员工识别证时也应注意到该识别证下端所列"业务工作九步曲"系显示收款及发货并非杨某的业务范围,同时,被告公司作为一个知名的大型企业,原告与被告上述充满了随意性的整个交易过程也与交易习惯极不相符。最后,原告曾于2012年与被告统一公司进行过合作,无论是合同签订,还是货款支付,货物接收都较为规范,与本案原告与杨某的交易方式极为不同,且在2012年的合作中,被告指定的与原告进行业务往来的主管也非杨某。综上,在本案中,原告在杨某亦未持有被告授权的情况下,仅凭杨某系被告公司销售部门的员工,即以一种极为随意且与之前交易习惯不符的方式与杨某进行交易,不能认定原告尽到了合理的注意义务。表见代理制度的立法

---

〔1〕 参见最高人民法院民事审判第二庭、研究室编著:《最高人民法院民法典合同编通则司法解释理解与适用》,人民法院出版社2023年版,第247页。

目的即为保护善意相对人的利益并维护交易安全，原告并未提交充分的证据证明其在整个交易过程中是善意且无过失的，故对原告认为杨某的行为构成表见代理，应由被告统一公司承担本案合同责任的主张，法院不予支持。判决：驳回原告高明副食经营部的全部诉讼请求。[1]

行为人与合同相对人对合同交货、付款方式的商谈情况与被代理人接受货物、实际付款的情况相吻合，说明行为人具备表面授权的客观要件，且相对人尽到了可能尽到的注意义务，主观上善意无过失，可以认定相对人有理由相信行为人有代理权，构成表见代理，代理人应当对此交易承担后果。

【案例4-86】 坤岩公司诉沈飞公司买卖合同纠纷案

二审法院认为，双方当事人均对签订《德国莱姆石采购合同》的事实无异议。根据马某文出庭作证的证人证言，该份合同是马某文草拟后，双方当事人签订，马某文根据孙某杰的指示负责履行；在合同履行中，坤岩公司的员工通过短信、微信邮件等方式，不仅与马某文就讼争石材的交货时间、方式、付款等具体内容进行沟通，还与王某月在付款方面进行数次交流，王某月在邮件中告知的付款时间、付款金额均与沈飞公司实际付款的时间和付款金额相吻合；涉案石材亦是用于沈飞公司中标的青岛绿城项目的石材幕墙工程。马某文、王某月的行为足以使坤岩公司相信马某文、王某月的行为能够代表沈飞公司，坤岩公司主张马某文的行为构成表见代理，予以采纳。马某文以沈飞公司的名义与坤岩公司就讼争合同项下的款项进行的计算，应认定有效，对沈飞公司和坤岩公司具有约束力。沈飞公司应根据《结算单》的内容向坤岩公司支付尚欠的货款2382094元，沈飞公司应按中国人民银行同期同类贷款的基准利率支付利息，坤岩公司的诉讼请求，予以支持。一审法院对该事实认定错误，依法予以改判。一审法院就沈飞公司反诉部分所认定的事实有相应的事实依据应予以维持。沈飞公司的上诉理由不能成立，依法应予以驳回。坤岩公司的上诉理由有相应的事实和法律依据，予以支持。判决：(1)维持一审判决第二项；(2)撤销一审判决第一项；(3)沈飞公司向坤岩公司支付尚欠货款2382094元及利息；(4)驳回坤岩公司的其他诉讼请求。[2]

代理人以被代理人名义从事的活动产生的法律后果由被代理人承担。

---

〔1〕 参见国家法官学院案例开发研究中心编：《中国法院2019年度案例》（买卖合同纠纷），中国法制出版社2019年版，第73~74页。云南省昆明市呈贡区人民法院(2017)云0114民初557号民事判决书。

〔2〕 参见国家法官学院案例开发研究中心编：《中国法院2019年度案例》（买卖合同纠纷），中国法制出版社2019年版，第89页。福建省厦门市中级人民法院(2017)闽02民终4643号民事判决书。

【案例4-87】 鑫方盛公司诉金运通公司、余某金买卖合同纠纷案

一审法院认为,余某智在企业对账函上签字,能够代表金运通公司。理由是:余某智在取得金运通公司书面授权的前提下与鑫方盛公司签订了《商品购销合同》,根据《商品购销合同》中关于“金运通公司变更经办人员时,应将变更后的人员提前三天书面通知鑫方盛公司,否则,由此造成的损失由金运通公司承担赔偿责任”的约定,如金运公司要变更经办人员,应在约定的时间内书面通知鑫方盛公司,现金运通公司并无证据证明其已变更了经办人员。而余某智作为金运通公司书面授权的人,从签订涉案合同直至最后的对账,均是余某智代表金运通公司经手负责,鑫方盛公司有理由相信余某智在企业对账函上签字的行为代表了金运通公司。虽企业对账函的底端备注了“请贵单位复核并加盖财务章或公章”,但该企业对账函是鑫方盛公司作出后向金运通公司发送的,金运通公司收到对账函后,授权代表余某智签字后又将企业对账函返还鑫方盛公司处,这个对账过程虽未经金运通公司盖章确认,但因金运通公司未对其企业员工亦是涉案合同经手人员的鑫方盛公司签字提出过异议,视为金运通公司认可鑫方盛公司签字对账的行为,现金运通公司抗辩余某智无权对账,无充分证据和理由,法院不予采信。

二审法院认为,虽然金运通公司主张余某智没有权利代表金运通公司在对账函中签字,但对账函中载明的货款金额与公司法定代表人余某金出具的欠条所载金额一致,且金运通公司在二审庭审中陈述称天津玉石庄项目尚未结清的货款金额为对账函中314282.98元扣除415号判决认定的230102.9元,故本案认定天津玉石庄项目中金运通公司尚未向鑫方盛公司结算的货款金额,关键在于认定对账函中载明的所欠货款金额3142823.98元是否包含415号判决认定的金运通公司应向鑫方盛公司给付的货款,而余某智是否有权代表金运通公司在对账函中签字与本案的处理结果并无直接关联,法院不再予以认定。〔1〕

职务代理,即基于所担任的职务而发生的代理法律关系。法人依据工作的不同性质设置了不同职务,具有特定职务的工作人员为了完成工作任务,以法人的名义对外经济活动,所产生的结果直接由法人承担。

【案例4-88】 厦门瑞康鑫贸易有公司诉雷某、开联建筑公司买卖合同纠纷案

判决观点,虽然原告未能提交其与被告开联建筑公司签订的书面合同,

〔1〕 参见国家法官学院案例开发研究中心编:《中国法院2018年度案例》(买卖合同纠纷),中国法制出版社2018年版,第140~143页。北京市第二中级人民法院(2016)京02民终3459号民事判决书。

且提交的《订料单》《送货单》《厦门保生堂工地供货对账单》未加盖开联建筑公司的公章，但结合原告提交的证据及被告雷某提交的证据可以认定雷某向原告确认尚欠货款的行为是职务行为，该责任应由开联建筑公司承担。理由如下：第一，从开联建筑公司与发包人签订的《建设工程施工合同》可以看出，其承包了保生堂研发中心办公楼幕墙工程项目，项目经理系黄某涛，与原告提交的《订料单》《送货单》上的审核人黄某涛相吻合；开联建筑公司认为案外人开联装饰公司承包的保生堂研发中心研发楼幕墙工程项目经理亦为黄某涛，无法确认黄某涛代表的是讼争项目的审核，因案外人开联装饰公司与发包人签订的建设工程施工合同的时间为2013年7月1日，而黄某涛在《订料单》《送货单》上签字的时间均在此之前，且在开元建筑公司与发包人签订的《建设工程施工合同》之后，故开联建筑公司提出的意见，与事实不符，法院不予采纳。第二，案外人南平铝业公司在（2014）延民初字第425号诉讼中提交的《铝型材购销合同》中约定开联建筑公司下单确认人为胡某刚，与本案原告提交的《订料单》审批人胡某刚相吻合，合同有效期亦与本案相符；南平铝业公司提交的《货物运输委托单》上"收获单位签章"处由蔡某雄、黄某涛签字确认，与原告提交的《订料单》《送货单》上蔡某雄、黄某涛的签字亦相符合。第三，本案在审理过程中，法院为了查清案件事实责令开联建筑公司提交证据证明向其他供应商购买五金配料等相应证据，开联建筑公司逾期未提交，应承担不利的法律后果。综上，法院认为，雷某在《订料单》及《厦门保生堂工地供货对账单》上签字的行为应视为其代表开联建筑公司采购确认货款的职务行为，因该行为产生的法律后果应由开联建筑公司承担。根据对账单，开联建筑公司尚欠原告货款263500.7元未支付，已构成违约，应承担相应的违约责任。故原告要求开联建筑公司支付货款263500.7元自起诉之日起的利息，有事实和法律依据，法院予以支持。原告要求雷某支付货款及利息的诉讼请求，法院不予支持。开联建筑公司提出的答辩意见，于法无据，法院不予采纳。雷某的答辩意见，有事实和法律依据，法院予以采纳。判决：（1）被告开联建筑公司向原告厦门瑞康鑫贸易有公司支付货款263500.7元及利息；（2）驳回原告厦门瑞康鑫贸易有公司的其他诉讼请求。[1]

在刑民交叉案件中，买受人向没有代理权的出卖人的工作人员支付货款不受表见代理制度的保护。

---

〔1〕 参见国家法官学院案例开发研究中心编：《中国法院2017年度案例》（买卖合同纠纷），中国法制出版社2017年版，第108～109页。福建省厦门市思明区人民法院（2014）思民初字第14794号民事判决书。

【案例4－89】 上海路盾道路材料有限公司诉上海陈铄实业有限公司买卖合同纠纷案

一审法院认为，虽然周某为原告的工作人员，但是并没有足够的客观表象使被告有理由周某代理原告收款的权限，而被告在向周某付款过程中主观上亦不属于善意且无过失，不能认定被告向周某个人的付款对原告构成表见代理。被告认为还应对承诺书、借条等证据中周某的笔迹进行鉴定，并在庭后申请法院依职权调取周某的证人证言。法院认为，即便在认定周某签字真实的情况下，被告向周某付款的行为亦不能受表见代理制度的保护，且即便周某最终因犯罪行为承担刑事责任，被告仍有义务按照合同约定的付款方式向原告支付货款，故对被告该两项申请均不予准许。法院认定被告已付金额为495万元。二审判决：驳回上诉，维持原判。[1]

限制民事行为能力人实施代理行为的，经默示追认的有效。

【案例4－90】 彭某平诉吕某福买卖合同纠纷案

二审法院认为，限制民事行为能力人可以单独实施与其年龄、智力相适应的民事行为。即使吕某林当时未满18岁，为限制民事行为能力人，但其已满16周岁，且依吕某福的说法，吕某林读到初二后辍学去学厨师，说明吕某林应当能够理解送货单上载明的内容并预见在送货单上签名的后果。吕某福称彭某平在本案起诉前曾多次向其催讨，并认可其早已看到过该送货单，而吕某福与吕某林系父子关系，且二人共同生活，表明吕某福完全有能力、有条件向吕某林进行核实。但吕某福至本案一审起诉前一直未就该送货单向彭某平提出异议，经一审法院合法传唤，无正当理由拒不到庭参加诉讼，据此可以推定吕某福默认吕某林在该送货单上签名的行为。判决：驳回上诉，维持原判。[2]

在民商事审判中对表见代理的构成往往不易形成客观上的固定标准，法官需要结合合同缔结、合同履行、交易模式、交易惯例等各种因素进行综合考量。在连续性交易中，不能孤立地看待某一次的交易而忽视合同双方合同之前及之后的行为特征，应尽可能探究当事人的意思表示，进而形成内心确信，恰当运用自由裁量权予以认定。

---

〔1〕 参见陈昶主编：《2019年上海法院案例精选》（买卖合同纠纷），上海人民出版社2021年版，第186～187页。上海市第一中级人民法院（2018）沪01民终272号民事判决书。

〔2〕 浙江省湖州市中级人民法院（2018）浙05民终1363号民事判决书。

【案例4－91】 中国铁路物资沈阳有限公司与天津市长芦盐业总公司买卖合同纠纷案

最高人民法院认为，长芦公司与建平公司在本案前即存在合作与交易，涉案合同亦是通过建平公司的一手经办而签订。在此前的大额交易中，亦是由建平公司代为转交汇票完成的，在此后三方交易中，长芦公司即使在向沈阳公司付款的情况下，也未提出涉案汇票从未收到这一主张。综合行为人与本人在涉案协议履行之前的行为、涉案合同签订过程、合同履行过程中各方态度等因素，足以认定长芦公司与建平公司之间形成了委托代理表象。基于对该表象之信任，建平公司领取汇票的行为构成表见代理，应视为沈阳公司向长芦公司付款完毕。一审法院对表见代理的认定仅仅限定在涉案单笔交易而没有综合分析各方当事人前后交易的整体情况，最终作出的结论属于认定事实不清，适用法律错误，故依法撤销一审判决，驳回长芦公司的诉讼请求。〔1〕

表见代理是无权代理的一种例外，旨在保护代理交易中相对人的合理信赖和交易安全，认定表见代理成立，被代理人将承担巨大的不利益。认定表见代理，应综合考量相对人主观是否善意无过失、代理行为客观表象是否充足等因素。

【案例4－92】 某建筑公司与荣某等有限公司与有限公司买卖合同纠纷再审案

二审法院认为，双方争议的焦点问题是赵某的行为是否构成表见代理。本案应从行为人荣某在主观上是否善意无过失、无权代理人赵某的行为在客观表象上是否充足等方面进行分析。荣某出于防范经营风险的考虑，在某建筑公司材料员及担保人郭某的带领下，到工地进行了考察，因此可以认定荣某在签订合同前尽到了谨慎的注意义务。且《签证单》及相关施工资料亦载明涉案工地的施工单位为某建筑公司项目部，结合相关证人证言，应认定荣某有理由相信涉案工地的施工人是某建筑公司。本案合同履行过程中，郭某作为收料员在《收料单》上加盖了某建筑公司的收料专用章，在案证据亦证实该章一直对外公开使用。因此，在客观表象上，荣某亦有充分理由相信其是将货物交付给了某建筑公司。原审据此认定赵某的行为构成表见代理，某建筑公司应当承担支付货款的义务。〔2〕

---

〔1〕 参见最高人民法院民法典贯彻实施工作领导小组编著：《中国民法典适用大全》（总则卷三），人民法院出版社2022年版，第1507页。最高人民法院（2015）民二终字第335号民事判决书。

〔2〕 山东省高级人民法院发布2022年度山东法院十大买卖合同纠纷典型案件。山东省高级人民法院（2020）鲁民再628号民事判决书。

专题五　买卖合同责任纠纷

买卖合同违约责任认定和赔偿纠纷，是现实生活中的多发问题，也是争议的焦点。本专题阐述有效合同中的违约，有效合同与无效合同中的损失赔偿。对于买卖合同中的特种买卖合同损失，将在特种买卖合同纠纷中进行专题阐述。对于网络买卖合同损失，可见网络买卖合同纠纷专题阐述。对涉及上述两部分损失内容，为避免重复本专题不予阐述。

一、买卖合同责任的理解

(一)买卖合同责任的含义

合同责任是当事人违反合同的义务,依法应当承担的不利法律后果。[1]

合同责任以合同债务不履行为前提,以过错为核心,以合同责任的承担方式和赔偿范围的确定方式为保障,构建了一个丰满健全的法律制度。[2]

合同责任是责任的一种。有学者认为,从文义上看,责任是指债务人对债权人强制干涉的服从状态,但责任也常被用于表达债务的意义。[3] 也有学者认为,责任是指债务人当为给付而未给付或不完全给付时,应服从债权人之强制取得之关系。由于此种强制取得的责任关系,附加于债务关系,债务才有拘束力,从而为实现债之目的,责任乃具有担保作用。[4] 合同责任主要是财产责任,但有例外,即合同责任与侵权责任竞合时,允许当事人有选择非物质性民事责任之权利。合同责任是违反合同义务的不利后果,但其具有相对性,即发生在特定的当事人之间,这是明显区别于侵权责任的。应该看到合同责任相对性的例外,即第三人侵害债权理论的出现。一般来讲,合同责任可以由当事人事先约定,这是基于意思自治原则,即可以由当事人在合同中事先约定违反合同义务应当承担责任的方式和方法,自然可以直接约定违反合同义务的违约金。但合同责任约定要受到法律的限制,因其归根结底是一种国家强制方式,不可能完全自由,超出法律规定责任范围和方式的约定无效,约定的违约金过高或过低的,可以请求法院进行适当调整。合同责任除了约定部分之外,还有相当一部分是法定责任,这是不可以由当事人自由约定的,对强制性规范的责任,即便约定也是无效的,这并未超出意思自治原则的范围。买卖合同责任是合同责任的一种,自然适用合同责任的理论和制度。

---

〔1〕 参见冉富强等:《合同责任研究》,吉林大学出版社 2008 年版,第 11 页。

〔2〕 参见张礼洪:《罗马法中的合同责任及其在现代中国的发展》,载梁慧星主编:《民商法论丛》1996 年第 1 号(第 5 卷),法律出版社 1996 年版,第 634 页。

〔3〕 参见王洪亮:《强制履行请求权的性质及其行使》,载《法学》2012 年第 1 期。

〔4〕 参见林诚二:《民法理论与问题研究》,中国政法大学出版社 2000 年版,第 208 页。

《民法典》第五百七十七条规定:“当事人一方不履行合同义务或者履行合同义务不符合约定的,应当承担继续履行、采取补救措施或者赔偿损失等违约责任。”第五百七十八条规定:“当事人一方明确表示或者以自己的行为表明不履行合同义务的,对方可以在履行期限届满前请求其承担违约责任。”

立法者认为,违约责任,即违反合同的民事责任,也就是合同当事人因违反合同义务所承担的责任。违约责任是当事人一方不履行合同义务或者履行合同义务不符合约定所应承担的后果,违约责任是合同义务的转化和延伸,合同义务是第一性义务,违约责任是第二性义务,两者具有同一性,无合同义务既无违约责任。〔1〕

出卖人需将标的物的所有权转移给买受人,买受人需要支付价款,但在合同履行过程中,因标的物质量存在争议而产生的纠纷不在少数。为了保护买受人的利益,法律规定出卖人交付的标的物不符合约定、交易习惯和行业标准时,买受人可以要求出卖人按照合同约定承担违约责任,或在对违约责任没有约定或约定不明确时,要求出卖人承担修理、退货、减少价款或者报酬等违约责任。

(二)买卖合同责任的形态

1. 根本违约

所谓根本违约,就是买卖双方或一方履行合同行为不符合约定,不能实现合同目的。根本违约分为两个方面,一是不全面履行或根本不履行,二是部分履行、瑕疵履行不能实现合同目的。

《民法典》第五百六十三条第一款第(三)项至第(五)项规定“当事人一方迟延履行主要债务,经催告后在合理期限内仍未履行”“当事人迟延履行债务或者有其他违约行为不能实现合同目的”“法律规定的其他情形”即合同目的不能实现构成根本违约。合同目的与根本违约的关系,应正确把握。以违约行为是否导致当事人的合同目的不能实现为标准判定根本违约的构成,无疑既符合相关民事立法目的以及合同责任的归责原理,又与法官的司法习惯相吻合。根本违约与大陆法系中合同目的不能实现是同一问题的两个方面,两者在内涵和功能上是内在统一于合同解除权行使之上的。换言之,合同目的不能实现是认定根本违约成立与否的实质条件,它侧重于守约方因违约行为所受损害的严重性;根本违约是导

〔1〕 参见黄薇主编:《中华人民共和国民法典合同编释义》,法律出版社2020年版,第263页。

致合同目的不能实现的诱因所在,它侧重于违约行为的严重性。[1]

2. 预期违约

预期违约可以分为默示违约与明示预期违约。默示预期违约与明示预期违约的根本区别在于,明示预期违约是用语言表示不履行合同义务,而默示预期违约则是对外部现象进行推断,即债权人对债务人不履行合同行为和客观情况的主观判断。在默示预期违约中,债权人的判断主要涉及几个方面的内容:一是债权人判断的标准,即应该以一个普通人的标准。二是判断的程度。即债务人的行为和客观情况是否存在造成合同履行不能或接受履行成为不必要的程度,否则其不负责任地臆断对方当事人预期违约并滥行救济权,将会损害合同的严肃性和对方当事人的合同利益。三是判断正确的举证。债权人认为债务人不履行合同义务的行为或客观情况构成默示预期违约的,应负举证责任。这是"谁主张,谁举证"原则在默示预期违约中的具体运用,也是对债权人主观判断的检验与限制,最终由法官自由裁量。

3. 预约合同违约

司法实践中,违反预约合同约定义务的,按照本约的原则予以认定和处理。

4. 违反合同从义务的违约

出卖人违反从合同义务构成违约,买受人拒交货款违反主合同义务构成根本违约的,各自应承担相应的违约责任。

5. 违反合同附随义务

所谓附随义务,是基于合同的性质、目的、交易习惯或惯例、法律和行政法规的规定及诚实信用原则产生的义务。附随义务直接来源于法律规定,是在合同约定之外具有或然性的义务,弥补双方当事人约定义务之不足,更好地确保合同目的的实现并维护双方当事人的利益。其最明显的特点是具有强制性,当事人不得约定排除,更不可能单方自行排除。违反附随义务的,亦应承担违约责任。

6. 双方违约责任

在实践中存在双方违约的行为,其违约责任如何承担是其难点问题。合同履行过程中,因双方均有违约行为,并因此都给对方造成损失的,因而需要相互承担

---

〔1〕 参见最高人民法院民事审判第一庭编:《中国民事审判前沿》2005 年第 2 集(总第 2 集),法律出版社 2005 年版,第 193 页。

违约损害赔偿责任，双方应在各自的过错范围内承担相应的责任。

实践中，对双方违约且可以划分违约程度大小的，在裁量责任时应有所区别。违约金责任相等部分的可以抵销，但一方违反另有合同专项约定的，仍应承担违约责任。

双方均存在违约行为，是否要互相承担责任应根据个案的具体情况确定，最终由法官裁量。

在当事人一方存在违约行为，另一方亦因违反合同的附随义务具有过错的情况下，由此产生的风险和造成的损失，应当由双方共同承担。

7. 其他违约行为

《民法典》第五百六十三条第一款第（四）项未详细列出“其他违约行为”的具体内容，从文义解释和体系解释的角度来看，“其他”是拒绝履行、延迟履行和不可抗力以外的其他违约行为。从学理上讲，违约行为是指一方不履行合同义务或履行合同义务不符合约定的行为，合同义务包括主给付义务、从给付义务和附随义务。因此，不履行从给付义务和附随义务也属于不履行合同义务的行为，符合违约行为的含义，应列入前述规定的“其他违约行为”的范围。

违约行为与合同目的不能实现两者之间的因果关系判定。从给付义务和附随义务的违反，一般在达到严重程度时，才会导致合同目的不能实现，两者之间需具备因果关系，具体需结合举证责任、合同履行程度、违约行为对合同的目的的影响程度等予以考虑。

（三）买卖合同的违约金

违约金是当事人在合同中约定或者由法律直接规定的一种违反合同时应向对方支付一定数额的金钱，这是违反合同时可以采用的承担民事责任的方式，只适用当事人有违约金约定或者法律规定违反合同应支付违约金的情形。[1] 从约定违约金上讲，违约金系当事人意思自治的结果，在督促合同主体积极履行义务方面具有不可替代的作用。约定的违约金低于造成的损失的，法官可以根据守约方的请求予以增加，这正是违约金用来弥补损失这一主要功能的体现。

约定违约金是一种合同关系。约定违约金也是一种民事法律行为，适用法律关于民事法律行为的一般规则。约定违约金是诺成合同，与定金合同不同，不以预先给付为要件。同时，约定违约金又可以看作一种附条件约定，只有在违约行

〔1〕 参见黄薇主编：《中华人民共和国民法典合同编释义》，法律出版社2020年版，第287页。

为发生的情况下，约定违约金才生效；违约行为不发生，违约金的约定不生效。[1]

违约金条款是合同双方合意的载体，也是判断违约行为的依据。违约金条款除具有对违约行为的惩罚性和对守约方的补偿性功能外，还应体现预先确定性和效率原则。约定违约金降低了发生纠纷时合同主体的举证成本，使合同主体在订立合同时即明确了违约后果，从而做到慎重订约、适当履约。签订违约金条款的当事人对自身违约所需承担的违约责任存在明确预见，法官不应主动调整。但当事人另有主张时，法官可以对违约金进行调整，相关内容将在后面论述。

关于违约责任条款的适用问题。违约责任条款通常体现了当事人在订立合同时的真实意思表示，违约后果是当事人在签订合同时就可以预见的，也表明当事人自愿接受其约束。尽管不同的违约责任条款会产生不同的违约责任，但是当多条违约责任条款显示某一个违约情形与具体违约行为的情形完全吻合时，该具体违约行为应适用相应的违约责任条款。因为合同的本质是在法律允许的框架内尊重当事人的真实意思表示，结合合同中约定的多种违约责任条款可以认定，当事人在签订合同时已经根据违约情形制定了匹配度最高的违约责任条款，故应当直接适用该条款。也就是说，违约方发生的违约行为应对应合同约定的多项违约责任条款中最合适的条款。个案中，由法官根据具体案情予以裁量。

违约金条款的区分认定。合同纠纷案件中若约定了一项或多项违约金条款，应当具体审查违约金条款的性质和适用前提，是针对解除合同条件下的违约金约定，还是普通的违约金条款。如果合同仅对解约条件下的违约金作出约定，但事实上双方系在继续履行合同，一方追究的是另一方继续履行合同前提下的违约责任，则解约违约金条款不能适用于该类案件，具体违约损失应当根据案情实际进行确定。

关于违约金适用次数问题，即同一违约行为能否科处两次违约金。双方当事人针对同一违行为约定了两笔违约金，守约方只能选择其中一笔主张权利。如果约定的违约金不足以弥补其损失的，守约方还可以主张赔偿损失。

逾期付款违约金和解约违约金并用合同同时约定了逾期付款违约金和解约违约金，当违约方仅有一个违约行为，且因此致使合同被解除时，逾期付款违约金和解约违约金能否同时适用，对此有不同观点。笔者认为，两种违约金是针对两种违约行为，应当同时适用，但应分段计算。具体来讲，通常情况下，自逾期付款之日至合同实际解除前一日违约方应承担逾期付款违约金，而自合同解除当日起，违约方承担的是解约违约金。但若守约方故意拖延行使合同解除权，企图因此多收取逾期付款违约金，则根据诚实信用原则，逾期付款违约金应计算至合同约定的解除条件成就之日的前一日。

---

[1]　参见黄薇主编：《中华人民共和国民法典合同编释义》，法律出版社 2020 年版，第 288 ~ 289 页。

关于违约金适用损益相抵规则问题。《买卖合同解释》第二十三条规定:“买卖合同当事人一方因违约而获有利益,违约方主张从损失赔偿数额中扣除该部分利益的,人民法院应予支持。”该条是关于合同中损益相抵的规定。损益相抵,是指受害人基于损失发生的同一原因而获得利益时,应在其所得的损害赔偿额中,扣除相应的利益。损益相抵规则属于赔偿责任范围的确定问题,是限定违约损害赔偿的一项规则,而非两个债权相互抵销,因而不适用债的抵销规则。〔1〕 损益相抵,是确定受害人因对方违约而遭受的“净损失”的规则,是计算受害人所受真实损失的规则,而不是减轻违约方本应承担责任的规则。〔2〕 对于违约金是否可适用损益相抵规则,实践中有不适用和适用两种观点。有法官认为,判断违约金过高或过低的依据是受害一方的实际损失。如果受害人因合同未履行获取相关利益,可以与违约金之间适用损益相抵的规则。〔3〕 最高人民法院法官认为,在合同当事人约定了违约金的支付方式或计算方法时,尤其是当约定的违约金过分高于违约金造成的损失时,并不排除损益相抵规则的适用。这是民法上损害赔偿责任通常具有的补偿性之要求,是避免任何一方当事人取得不当得利的体现,也是民法中的公平原则之反映。〔4〕

限制违约金与定金同时适用。根据当事人意思自治原则,当事人在订立合同时,可以约定违约金,也可以约定定金。但是根据《民法典》第五百八十八条的规定,违约金和定金不能同时适用,即一方违约时,对方可以选择适用违约金条款或者定金条款,不能既请求支付违约金又请求执行定金罚则。应注意的是,《民法典》第五百八十八条规定的择一适用的原则,针对的是同一违约行为,如果双方当事人在合同中针对不同违约行为分别作出了定金和违约金的约定,在一方存在以上所述的不同行为时,守约方依然可根据合同的约定分别主张定金和违约金。

违约金请求权转让问题。债权转让,又称债权让与,是指不改变债权的内容而将它转移于他人的合同。《民法典》第五百四十七条规定:“债权人转让权利的,受让人取得与债权有关的从权利,但该从权利专属于债权人自身的除外。受让人取得从权利不因该权利未办理转移登记手续或者未转移占有而受影响。”从权利以与主权利同命运为原则。所谓从权利,是指担保(物的担保、人的担保及金钱担保)及其他从属权利(利息债权、违约金请求权、损害赔偿请求权)。违约金请求权属从权利,是随同债权人主权利一并转让的,受让人有权主张违约金。

实践中,应注意违约金条款的性质认定。在买卖合同中,如钢材买卖因其自

---

〔1〕 参见曾世雄:《损害赔偿法原理》,中国政法大学出版社2001年版,第663页。

〔2〕 参见崔建远:《合同责任研究》,吉林大学出版社1992年版,第218页。

〔3〕 参见李玉林:《合同纠纷前沿问题审判实务》,中国法制出版社2014年版,第89页。

〔4〕 参见最高人民法院民事审判第二庭编著:《最高人民法院关于买卖合同司法解释理解与适用》,人民法院出版社2012年版,第483页。

身特殊性普遍存在逾期加价条款。逾期加价条款并非对价格调整机制的约定，而是对逾期付款违约行为的处罚约定，带有违约金的性质，属于对于违约损失赔偿计算方式的约定，出卖人可以依据该条款要求买受人承担违约责任。对逾期加价条款不能从字面上理解为价格变更方式的约定，应根据违约金的性质予以认定。

【案例5－1】 盛泰兴公司诉闽南建筑公司买卖合同纠纷案

二审法院认为，盛泰兴公司向闽南建筑公司交付了货物，闽南建筑公司也结算确认欠付货款，其已构成违约，应承担相应的违约责任。合同约定预期付款后应按日加收“资金占用费”，还约定按比例计收逾期付款违约金。前述条款均属于对违约方违约责任的约定，属于违约金条款。2016年2月23日的《对账单》显示，双方的交易总额为21562669.71元，一审判决支持并保护违约金（加价款数额）为8385131.13元，综合合同履行情况及当事人过错程度等因素，一审法院依法调整不再另行计算违约金并无不当。盛泰兴公司、闽南建筑公司的上诉请求不能成立，应予驳回；一审判决认定事实清楚，适用法律正确，应予维持。判决：驳回上诉，维持原判。[1]

【案例5－2】 金鑫聚源公司诉包头泽盛公司买卖合同纠纷案

关于“每吨每天加价5元”合同条款的性质问题。根据查明的事实，金鑫聚源公司于2011年5月中旬先后向包头泽盛公司交付了货物，双方于2011年5月20日补签书面合同。法院认为，本案当事人在合同中关于“每吨每天加价5元”的约定，在法律性质上应属于违约责任条款，系对买受人迟延付款承担违约责任的约定，金鑫聚源公司根据该条款主张的加价货款，实为逾期付款违约金。[2]

买卖合同中约定的滞纳金，根据合同约定的内容可以查明真实意思的，应认定为违约金。

【案例5－3】 瑞华公司诉滦平教育局买卖合同纠纷案

二审法院认为，关于滦平教育局在合同履行期间是否存在违约行为的问题。瑞华公司供应的设备经需方滦平教育局验收小组正式验收，并出具了验收报告，足以证明瑞华公司作为供方依约完成了设备交付、安装调试义务，所供设备完全符合合同约定。而滦平教育局未按照合同约定的付款时间履行支付价款义务，有失诚信，其行为已构成违约。关于滦平教育局承担违约责

---

〔1〕 参见国家法官学院、最高人民法院司法案例研究院编：《中国法院2021年度案例》（买卖合同纠纷），中国法制出版社2021年版，第217页。福建省厦门市中级人民法院（2019）闽02民终3732号民事判决书。

〔2〕 参见国家法官学院案例开发研究中心编：《中国法院2015年度案例》（买卖合同纠纷），中国法制出版社2015年版，第231页。北京市门头沟区人民法院（2013）门民初字第633号民事判决书。

任的范围认定。法律对违约金的设定具有预定性、赔偿性及惩罚性。本案中,关于滦平教育局应承担的违约责任:(1)双方关于合同第8.1条的约定,是对需方违反合同约定的付款时间而制定的一定数额的违约金条款,滦平教育局依该约定应向守约方承担设备款4292740元的5%违约金,即214637元。(2)双方关于合同第8.2条的约定,虽载有"滞纳金"的字样,但从具体约定内容看,实质应系需方逾期支付货款而应向守约方承担的违约金计算条款,即逾期付款利息损失。该约定系合同主体契约自由的体现,未违反法律、行政法规的禁止性规定,法院对该条款的效力予以认定。本着民事活动应遵循自愿、公平、等价有偿、诚实信用的原则,因合同关于第8.2条的约定比例,并未超过中国人民银行利率24%的规定,不属于法院应该调整的范围。本案诉讼源起滦平教育局未及时依约履行付款义务而构成违约行为,瑞华公司在诉讼期间申请财产保全而产生的诉讼保全责任保险的保险费,属于瑞华公司为保护己方权益而支出的合理必要费用,属于瑞华公司的损失部分,一审判令违约方滦平教育局承担并无不当。判决:驳回上诉,维持原判。[1]

(四)违约金与损害赔偿的关系

《民法典》第五百八十四条规定了违约赔偿的法定数额,双方在合同中约定的违约金与定金是其约定的赔偿方式。此外,在有的买卖合同中,当事人还有可能约定其他非典型的违约赔偿的计算方法。约定赔偿责任与法定赔偿责任适用关系上,在存在约定赔偿责任的情况下,应当依意思自治原则优先适用合同约定赔偿责任,但并不排除法定赔偿责任可以并用。也就是说,一方违约给相对方造成实际损失的,有可能除承担违约金外还可能赔偿实际损失。

1.违约责任与实际损失赔偿的关系

违约责任和实际损失赔偿有共同点并有内在紧密联系。二者的共同点是,违约责任和实际损失赔偿均是由违约方的违约行为造成而应当承担的责任,均以违约方的违约行为为基础或起因;二者都是对守约方的补偿,都可归结为造成守约方的主张权利范畴,守约方对此有权向违约方主张违约责任与实际损失赔偿。违

---

〔1〕 参见国家法官学院、最高人民法院司法案例研究院编:《中国法院2020年度案例》(买卖合同纠纷),中国法制出版社2020年版,第188页。山东省聊城市中级人民法院(2018)鲁15民终1279号民事判决书。

约后的救济措施中,二者属于不同类型的救济措施,针对不同的违约及后果发挥作用。从二者的特点来看,违约金作为一种违约的补救方式,具有实际损失赔偿所不具有的特点。由于违约金的数额可由当事人在订立合同时约定,这样,一旦发生违约,则不必再予以逐项计算,避免举证困难,而实际损害赔偿则正好相反,常常遇到计算损失的范围和举证困难。

违约责任与实际损失赔偿二者之间亦有区别,具体区别为:其一,成立内容不同。违约责任特指违约金,是双方签订合同时对违约行为预先约定的计取违约金数额或计算违约金数额的方法;而实际损失是合同双方签订合同时没有约定,因违约方违约的行为造成的各种经济损失。其二,性质不同。违约金是约定的,具有人为性,但有例外;而实际损失是法定的,具有客观性。其三,成立时间不同。违约金是在合同订立由双方预先约定;而实际损失是在合同成立后履行中发生的。其四,范围不同。违约金只是在合同订立时预先对违约行为明确的承担范围;赔偿实际损失,根据《民法典》第五百八十四条的规定,赔偿损失额应当相当于因违约造成的损失,包括合同履行后可以获得的利益,但不得超过违反合同一方订立合同时预见到或者应当预见到的因违反合同可能造成的损失。也就是说,赔偿实际损失的范围远大于主张违约金的范围。其五,目的不同。违约金可以是补偿性的,也可以是惩罚性的,担保合同的履行,对违约方实行制裁;而赔偿损失一般而言仅具有补偿性,不具有惩罚性。其六,适用条件不同。适用违约金时,不以实际损失的发生为前提,只要有违约事实存在,无论是否发生损失都应当支付;而赔偿损失条款生效则应当以实际损失的发生为前提,没有实际损失可以限制适用约定赔偿条款主张实际损失,必须存在可量化的损失但也应承认例外情况。其七,举证责任不同。主张违约责任,只要证明违约方有违反合同约定的行为即可,不需要证明违约方给其造成的损失,违约方认为损失过高的应承担举证责任;而主张赔偿实际损失必须举证证明每一项损失的具体数额。

就违约金请求权与损害赔偿请求权关系来讲,在债务人违约的情况下,基于《民法典》第五百七十七条和第五百八十五条,有可能同时产生违约金请求权与损害赔偿请求权。违约金请求权是以违约行为和双方约定了违约金为要件,损害赔偿请求权是以违约行为和损失为要件。二者的关系问题,在法律上并无相应规则,在学说上也无定论。学者认为,违约金请求权与损害赔偿请求权同时发生效力,违约金请求权与损害赔偿请求权互相并不排斥。[1] 法律和司法解释并未规定,在合同双方已约定违约金的情况下,当事人即丧失了要求违约方赔偿损失的权利。原《合同法解释(二)》第二十条规定了不支持赔偿损失的情形,其适用的前提是在守约方请求增加违约金以后而又请求赔偿损失的,并非对守约方放弃主

---

〔1〕 参见王洪亮:《违约金请求权与损害赔偿请求权的关系》,载《法学》2013 年第 5 期。

张违约金直接请求赔偿损失的否定。因为守约方因对方违约行为造成的损失已通过增加违约金的方式得到了救济,并不取决于合同是否约定了违约金。对守约方而言,是同时主张二者,还是择一行使,甚或先后行使,法律上并无明确规定,在个案中往往由守约方决定,法官对此处理亦不相同。

从违约金两种类型与实际损失的联系来看,在表现形式上有差异。理论界和司法界的共识为,违约金分为惩罚性违约金和补偿性违约金。补偿性违约金系双方预先估计的损害赔偿的总额,在实际损失发生时可以根据实际损失进行调整,与损害赔偿有重合,不完全等同于实际损失,可以超过实际损失,二者并不矛盾。惩罚性违约金,即合同(或法律)规定在不履行或不适当履行时支付的作为惩罚的一笔金额。从设立的功能来看,补偿性违约金的性质以补偿损失为主,惩罚性违约金以担保债务履行和惩治违约行为的功能为主,但从违约后的效果来看,补偿性违约金和惩罚性违约金均具有补偿损失的功能,在对违约金进行调整时,也均应以实际损失为基础,同时考虑设定违约金时当事人的意思自治因素,补偿性违约金以补偿为主,惩罚性违约金具有惩罚的功能。[1] 这里应注意的是,对惩罚性违约金来说,是不考虑实际损失的,在这一点上已达成共识。

在实践中,守约方不存在实际损失的,守约方只能选择主张违约金,其主张实际损失的,法律不予支持。守约方存在实际损失的,守约方可以选择主张违约金,亦可以选择主张赔偿实际损失,也可以选择同时主张违约金与赔偿实际损失,法律应尊重和支持守约方的选择。当然在守约方存在实际损失时,又有违约金约定的,守约方可以放弃违约金主张,而只主张赔偿实际损失。违约金和损害赔偿有时限制同时使用,即守约方不存在实际损失时,这在法理上可理解为二者同时以补偿为目的,不可重合。但应该注意到,仅主张违约金的,法律规定只有当违约金数额过分高于实际损失时,违约方可以请求法院减少违约金。违约金的高低是以守约方的实际损失作为参照标准的;也就是说,实际损失作为综合衡量的基础,应理解为违约造成的损失,包括预期利益。

需要厘清两种观点,一种观点为违约金与赔偿实际损失是总分关系当然不能一并主张,另一种观点为违约金不足弥补损失时,方可主张实际损失。笔者认为这两种观点是不正确的。就前一种观点而言,原《合同法》第一百一十二条并未有赔偿损失与违约金是总分关系的规定,立法者在《合同法》释义的第一、二版中未见其该类定义,最高人民法院司法解释及公布的案例亦未见该类提法,从法理角度讲并无此界定,故该观点无法律依据。就后一种观点而言,违约金和赔偿损失都是违约救济措施,均为守约方的权利,这种权利的行使并非受违约金不足弥补损失之限制,守约方行使何种权利由其自主决定,差别在于行使违约金请求权

---

〔1〕 参见赵蕾:《违约金和赔偿损失并用的范畴界定》,载《人民司法·案例》2018 年第 20 期。

必须有合同约定,而行使赔偿实际损失请求权基于法律规定无须合同约定,其例外是合同对损失有预定数额的。

既约定违约金损失金额又约定损失范围时,违约金损失应以约定损失范围为限。

【案例5-4】 恒孚公司诉巨力公司、张某买卖合同纠纷案

判决观点,本案原告恒孚公司称巨力公司在2013年9月至2014年8月仅进货270.49吨并提供了发货凭证,被告巨力公司未能举证证明在此期间进货量达到双方约定的500吨,故法院确认巨力公司未按协议约定履行义务之事实,对此巨力公司应承担相应的违约责任。双方协议中约定的损失170000元应属于违约金的约定,双方虽约定的损失赔偿金额为170000元,但又明确约定赔偿的损失范围为买卖合同案件的诉讼费、保全费、律师费和逾期付款违约金,根据我国合同法中的损失填补原则,赔偿范围应以原告的实际损失为限。双方当事人对保全费4580元、诉讼费6165元没有异议,予以确认;恒孚公司在(2013)泰靖桥商初字第0102号案件中委托律师参与诉讼,势必会产生一定的律师费,此项费用参照该案件的具体情况结合江苏省物价局《关于调整律师服务收费标准的通知》的收费规定予以确定;关于逾期付款违约金,恒孚公司在(2013)泰靖桥商初字第0102号案件中主张逾期付款违约金依据的是买卖合同中约定每日2‰的标准,该违约金约定过高,应予调整,具体应以违约造成的实际损失为基准,综合衡量合同的履行程度、当事人过错、预期利益、当事人缔约地位强弱等因素确定。综上,法院确认被告巨力公司应赔偿原告的总损失为48000元,对上述损失被告张某依法应承担连带赔偿责任。判决:被告巨力公司赔偿原告恒孚公司损失48000元;被告张某承担连带赔偿责任。[1]

2. 放弃违约责任后主张实际损害赔偿

守约方与违约方在合同履行中协商放弃违约方承担违约责任的,法律应尊重守约方的意思表示,守约方应受其放弃违约责任意思表示之约束,不得对违约方的违约责任再进行追究。笔者认为,守约方放弃对违约方责任追究并不等于放弃对其实际损失赔偿主张权利,二者不能画等号。因为实际损失是现实发生、客观存在的。从文义上讲,守约方放弃追究违约责任并没放弃实际损害赔偿。从意思表示上讲,守约方放弃追究违约责任有意思表示,而对实际损害赔偿并没有放弃

---

〔1〕 参见国家法官学院案例开发研究中心编:《中国法院2016年度案例》(买卖合同纠纷),中国法制出版社2016年版,第236~237页。江苏省靖江市人民法院(2014)泰靖桥商初字第89号民事判决书。

的意思表示，二者的意思表示范围和含义不发生重合。守约方因违约方违约行为造成了实际损害，应当允许守约方主张实际损害赔偿，这符合损害赔偿适用原则，也与法理、公平原则不发生冲突。如果在放弃违约责任协议中，对其后合同履行的事项另有约定的，其违反协议约定的仍应承担违约责任，放弃违约责任的效力不及于新约定条款，但有明确约定及于新约定的条款除外。需要注意的是，约定损害赔偿的调整问题。约定损失赔偿实际上只是约定了损害赔偿的计算方法，并不可能等于实际的损失。基于公平原则，对损害赔偿过分高于实际损失的应进行调整。

守约方放弃违约金后，在合同中同时约定赔偿与实际赔偿时，应以守约方主张的权利诉求而定。守约方对二者同时主张的，笔者认为，应支持其实际损失诉求，不宜再支持约定赔偿诉求，这样方符合公平原则。

需要进一步研究的是，守约方放弃违约金主张的，实际损失赔偿的额度是否全部或部分包含有违约金。笔者倾向于不包含约定的违约金，因为这一部分守约方已经放弃。

3. 违约金与赔偿实际损失并用

违约金能否与赔偿实际损失一并适用，法律虽然没有明确规定，但也并未否定二者并用，目前大多数人对并用已达成共识。违约金请求权与损害赔偿请求权各自独立，其中一个请求权发生效力的，并不排斥另一个请求权的效力。如果当事人约定的是惩罚性违约金，债务人一旦违约，债权人不仅可以要求债务人支付违约金，而且可以要求债务人继续履行与赔偿损失。如果约定的是补偿性违约金，在预期利益和可得利益的范围内可以与赔偿损失并用。换言之，在合同履行过程中，一方当事人违约并造成相对方实际损失的，守约方可主张违约金，也可一并主张赔偿实际损失，法律应支持守约方的选择。

在违约金与实际损失数额是否相加的关系上，最高人民法院在个案中的观点为：守约方的实际损失大于违约方应支付的违约金数额时，违约方还应承担违约赔偿责任，但赔偿数额应以守约方的实际损失为限。

现阶段，随着理论研究的不断深入，法院审判实践对此纠纷处理的判例，将违约金进行补偿性和惩罚性的分类，以便研究并用问题。

补偿性违约金与实际损失赔偿的并用问题。有法官认为，可以将违约金作为最低赔偿额用于折抵损害赔偿，如果违约金的数额明显低于守约方遭受的损害，则守违约方可以在请求支付违约的同时，另外要求赔偿损失，违约金与损害赔偿金之和在预期利益和可得利益的范围内可同时支持。[1]

---

〔1〕 参见赵蕾：《违约金和赔偿损失并用的范畴界定》，载《人民司法·案例》2018年第20期。

惩罚性违约金与实际损失的并用问题。根据合同自由原则，在法律规制的范围内合同双方可以约定惩罚性违约金不作为最低赔偿额计入损失范围。惩罚性违约金作为独立请求权，是对违约方违约行为进行惩罚而确保合同得以履行的违约金，与违约行为有无造成实际损失并无直接联系，违约行为没有造成实际损失的，守约方仍享有请求违约方承担违约金的权利；如果违约行为使守约方遭受了损失，守约方在行使违约金请求权的同时也可以行使赔偿损失请求权，法律应支持守约方要求违约方承担违约金以外损失的诉求。实践中，合同双方既约定惩罚性违约金又约定赔偿实际损失的，应视为惩罚性违约金不作为最低赔偿额计入实际损失范围。对于惩罚性违约金是否可以请求降低的问题，有法官认为，虽然惩罚性违约金在设定时与损失无关，但违约行为发生后，当事人可以依据法律、司法解释要求法院予以酌减。违约金酌减规则的目的在于保护债务人，属于强制性条款，当事人不能依照约定予以改变。但当事人未申请法院酌减的，理论上可以与损害赔偿一并适用，法院不应予以折抵。[1] 笔者认为，惩罚性违约金与实际损失在合同中同时约定，对合同双方都是公平的，双方都明知如果违约应承担巨大的合同责任，且都愿意承担，则可以推定违约方放弃对惩罚性违约金要求降低的权利，这是违约方处分自己的权利并无不妥，法律并不限制放弃自身权利，如果法官再支持违约方请求降低惩罚性违约金数额则有违公平和诚实信用原则。

关于违约金与赔偿实际损失并用的限制问题。学说上多主张区分不同违约金分别予以确定。学者认为，就赔偿性违约金而言，在其与损害赔偿请求权利益指向同一情形时，债权人不得同时请求损害赔偿；而就惩罚性违约金而言，债权人得一并主张违约金请求权与损害赔偿请求权。[2] 有学者将赔偿性违约金请求权与损害赔偿请求权指向利益同一情形归纳为，给付不能情形、给付迟延情形、不完全给付情形和附随义务情形等。学者还提出，从违约金的功能出发，结合损害赔偿法的基本原则，可以发现二者之间的选择性竞合关系。违约金请求权与损害赔偿请求权得因债务人违约而同时产生效力，若二者针对的利益并非同一，当事人自可累加主张，若指向同一利益，则不能累加主张，此为不得因损害赔偿而获利基本原则之应有之义。不得累加主张，并不意味着债权人只能主张违约金请求权，原则上债权人得选择行使，在债权人选择了行使违约金请求权的情况下，基于禁止不当得利的原理，违约金得计入损害赔偿额，作为最低损害赔偿额，损害小于违约金数额的，也不能缩减违约金请求权。但损害赔偿请求权并不因债权人选择违约金请求权而丧失，对于超出违约金的损害，债权人仍得主张赔偿，只是必须根据

[1] 参见赵蕾：《违约金和赔偿损失并用的范畴界定》，载《人民司法·案例》2018 年第 20 期。

[2] 参见韩世远：《合同法总论》（第 3 版），法律出版社 2010 年版，第 669 页。

一般的法定损害赔偿前提进行证明。相反,在债权人首先要求损害赔偿的情况下,违约金数额超过损害赔偿数额的,债权人仍得请求超出损害部分的违约金数额。[1] 也就是说,守约方既便发生了实际损失,如果属于违约金请求权与损害赔偿请求权指向同一利益的情形,亦应限制二者并用。

逾期付款违约金与逾期付款损失之间的区别和联系。最高人民法院法官认为,逾期付款违约金与逾期付款损失赔偿属于两种不同的违约责任形式,当事人基于契约自由原则约定的预期付款违约金可以与逾期付款损失赔偿在责任范围上不一致,即当事人通过主张逾期付款违约金所获得的赔偿额可以适当高于逾期付款损失,这是二者的根本不同。在当事人约定了逾期付款违约金但未约定期如何计算的情况下,逾期付款违约金的计算标准则应与逾期付款损失相当,以体现违约责任的损害填补功能。此时,裁判最终确定的违约方承担的责任形式仍应是违约金责任,而非赔偿损失责任,但在责任范围以及计算方法上,逾期付款违约金责任与赔偿损失并无不同。[2]

减价可以与违约金并罚,即使该违约金系赔偿性违约金,也不存在障碍。[3] 最高人民法院法官赞同这种观点。[4]

4. 违约金与约定损失赔偿金的关系

约定损失赔偿金与法定赔偿金共同构成违约损失赔偿。《民法典》第五百八十四条规定的损害赔偿责任,包括两部分内容,即法定损失赔偿金(惩罚性赔偿)和约定损失赔偿金。将约定损失赔偿金在合同签订、履行时间阶段区分,可分为合同订立时就约定或合同终止时约定。前者为通常多数情形,后者在实践中较少,即在合同终止履行后当事人达成违约损失赔偿金或赔偿方案。约定损失赔偿表现为两种形式,一是约定具体的赔偿数额,即赔偿金;二是约定损失赔偿的具体方式、方法。在订立合同时,当事人约定因违约产生的损失赔偿的计算方式,本质上是一个独立的附停止条件的合同条款,其效力高于法定损失赔偿。约定损失赔偿金在性质、功能上与违约金类似。其二者的区别除具有补偿性外,还带有一定的惩罚性。根据司法解释的规定,在能够确定实际损失的前提下,违约金可适当超过实际损失,但不能超过损失的30%;约定损失赔偿金,原则上不能高于实际

[1] 参见王洪亮:《违约金请求权与损害赔偿请求权的关系》,载《法学》2013年第5期。

[2] 参见最高人民法院民事审判第二庭编著:《最高人民法院关于买卖合同司法解释理解与适用》,人民法院出版社2012年版,第402页。

[3] 参见崔建远主编:《合同法》(第4版),法律出版社2007年版,第385页。

[4] 参见最高人民法院民事审判第二庭编著:《最高人民法院关于买卖合同司法解释理解与适用》,人民法院出版社2012年版,第380页。

损失。[1] 对于二者的关系，原《合同法解释（二）》第二十八条规定，当事人依照《合同法》第一百一十四条第二款的规定，请求人民法院增加违约金的，增加后的违约金数额以不超过实际损失额为限。增加违约金以后，当事人又请求对方赔偿损失的，人民法院不予支持。从该条规定的文义内容诠释，如果守约方已经提出增加违约金的，就无权再主张损失赔偿；如果守约方没有要求增加违约金，可以就不足部分另行主张损害赔偿。因此，在已造成实际损失的情况下，守约方除了有权要求违约方支付惩罚违约金以外，还有权要求违约方按照实际损失给予赔偿。最高人民法院法官认为，在考量合同解除时违约金与损害赔偿之间的关系时，应当考虑合同解除时的损害赔偿包括违约金指向的违约损害和此外损害，为尊重当事人的意思自治，人民法院应首先支持违约金的支付请求，然后依据《合同法》第一百一十四条确立的违约金调整方法予以调整：或认为违约金已涵盖了损害赔偿，不再支持损害赔偿请求；或认为违约金低于造成的损失，依当事人之请求，可增加相应的数额。[2] 在这里惩罚违约金与法定损失赔偿是并存的，并不违背合同法完全赔偿的基本原则。

5. 违约金与赔偿实际损失并存的优先选择

实践中，守约方不向违约方主张违约金，而是援用《民法典》第五百八十四条关于违约损害赔偿的规定是有争议的问题。违约损害赔偿责任是违约方承担违约责任的一种方式，是一种民事法律责任，其目的在于填补受害人的全部损失。违约金责任与违约损害赔偿责任，均是违反合同的民事责任形式，且都具有补偿的性质，即违约金请求权与损害赔偿请求权之间的关系不是选择之债，而是不同权利请求权的选择性竞合关系。有学者认为，在约定违约金与违约损害赔偿并存的情况下，债权人有权在两者之间进行选择。[3] 笔者认为，违约金与损害赔偿处于债权人可以自由选择的地位，并非在有违约金场合必须适用违约金，其违约金优先适用的观点在理论上不能成立。如果当事人约定违约金时明确表示违约金责任优先于违约损害赔偿，则遵从约定。如果没有约定，则债权人有选择的权利，因为现行法律并没有关于违约金责任优先于违约损害赔偿的设计及具体规定。在民法领域，法律没有禁止的皆可为，即守约方可以不选择违约金，而直接主张损害赔偿。

---

〔1〕 参见沈金锋、奚海青：《合同违约金与损害赔偿金适用问题浅析》，载《法制与社会》2012 年第 12 期。

〔2〕 参见最高人民法院民事审判第二庭编著：《最高人民法院关于买卖合同司法解释理解与适用》，人民法院出版社 2012 年版，第 430 页。

〔3〕 参见崔建远：《合同法》（第 3 版），北京大学出版社 2016 年版，第 411 页。

二、买卖合同责任的法律适用

(一)违约责任的认定

违约责任的认定,其实质是对当事人违反合同义务的判定,是对履行合同约定或法律规定行为的确认。违约责任判断的标准,就是当事人对合同的履行行为是否违反合同约定的内容或法律的规定。

违约责任是否成立,是违约方承担责任的前提和基础。违约责任成立的要件为:其一,违约责任作为一种从债务,成立的前提是存在有效的合同关系,如果主债务不成立,违约责任也就不成立。应注意的是,因违约而解除合同的场合,合同中的违约金条款仍然可以援用。其二,要有违约行为的存在,至于违约行为的类型,应根据当事人的约定或法律的直接规定。其三,违约责任的构成要求违约方过错。

《民法典》第五百六十六条第二款规定:"合同因违约解除的,解除权人可以请求违约方承担违约责任,但是当事人另有约定的除外。"依据该条款的规定,守约方享有主张违约责任的请求权。

合同约定多项违约责任的,应按照违约责任的不同类型,根据法律规定,并结合违约行为给守约方造成的实际损失确定违约责任的选择适用或并用。

违约责任条款约定不够明确时,在具体认定违约责任时,应当综合考察合同相对方的权利义务履行情况,对有些实质是违约条款而形式是普通条款的约定应当按违约条款来认定。双方约定违约情况不全面的,根据已有的约定优先以合同双方的意思自治为基础,确定违约责任的具体履行方式。

【案例5-5】 鑫盛豪公司诉黄河公司、鑫旺公司买卖合同纠纷案

一审法院认为,本案中双方当事人的争议焦点集中在以下几个方面:第一,鑫盛豪公司在本诉中向黄河公司主张的要求其支付钢材加价款的性质。针对此争议焦点法院认为,本案纠纷发生的原因是鑫盛豪公司认为黄河公司在履行上述4份合同的过程中,存在逾期向鑫盛豪公司支付货款的违约行为。根据上述合同中关于逾期付款处理方式的共同约定:"黄河公司在约定期限内未付款,延期时间在一个月内的,对未付部分,每拖延一天每吨加价3.3元,延期时间超过一个月不足两个月的,对未付款部分,每拖延一天每吨加价5元,超过两个月的,由双方协商解决。"从此约定的具体内容上看,是鑫盛豪公司与黄河公司就黄河公司发生逾期付款情形时黄河公司所承担违约责任的约定,即通过黄河公司额外支付钢材加价款的方式赔偿因黄河公司逾期付款给鑫盛豪公司造成的损失。黄河公司所承担的逾期付款违约责任随其逾期付款时间的延长而加重。此约定也是鑫盛豪公司向黄河公司要求支付钢材加价款及欠款利息的合同依据,其实质是鑫盛豪公司要求黄河公司承担逾期付款的违约责任。因此,法院认定,鑫盛豪公司在本诉请求中向黄河公司主张的支付钢材加价款的诉讼请求不是一般买卖合同法律关系中的支付货款,其实质是要求黄河公司按照合同约定承担逾期付款违约金。第二,关于黄河公司应当按照什么标准向鑫盛豪公司承担逾期付款的违约责任。根据4份合同中关于黄河公司未在约定期限内付款所承担违约责任的约定:"黄河公司在约定期限内未付款,延期时间在一个月内的,对未付部分,每拖延一天每吨加价3.3元,延期时间超过一个月不足两个月的,对未付款部分,每拖延一天每吨加价5元,超过两个月的,由双方协商解决。"由上述约定可以看出,黄河公司所承担的逾期付款违约责任随其逾期付款的时间的延长而加重。经审理查明,黄河公司在履行上述4份合同的过程中,其逾期付款的行为均超过了两个月。因双方当事人对违约金的计算并未形成一致意见,黄河公司承担的逾期付款违约金的计算标准应当按照每份合同未付款的部分,比照每拖延一天每吨加价5元的标准计算至该份合同全部货款支付完毕之日止。判决:(1)被告(反诉原告)黄河公司、被告鑫旺公司共同向原告(反诉被告)鑫盛豪公司支付货款393616.29元及违约金1344098.18元;(2)驳回被告(反诉原告)黄河公司的诉讼请求。二审法院同意一审法院的认定,判决:驳回上诉,维持原判。[1]

【案例5-6】 山东鑫增生物肥业有限公司诉杨某、臧某明买卖合同纠纷案

二审法院认为,上诉人杨某、臧某明与被上诉人山东鑫增生物肥业有限公司签订的《产品购销合同》,系双方的真实意思表示,且不违反法律和行政法规的规定,该合同合法有效。合同签订后,双方均应依照合同约定全面履行合同义务,上诉人拖延支付货款的行为已经构成违约,应承担违约的民事责任。上诉人提出的被上诉人未交付质量合格的货物已经构成违约的上诉理由,因上诉人臧某明在一审庭审过程中自认未及时给付货款是疫情原因未能卖出货物导致拖欠货款,且在二审中上诉人未能提交充分证据证明被上诉人交付的货物系质量不合格产品,上诉人应承担举证不能的不利后果,故其

---

〔1〕 参见国家法官学院案例开发研究中心编:《中国法院2019年度案例》(买卖合同纠纷),中国法制出版社2019年版,第233~234页。北京市第二中级人民法院(2017)京02民终6969号民事判决书。

上诉请求法院无法支持。综上,上诉人杨某、臧某明的上诉请求及其理由不能成立,一审判决认定事实清楚,适用法律正确,依法应予维持。判决:驳回上诉,维持原判。[1]

1.解除合同的违约责任

《买卖合同解释》第二十条规定:“买卖合同因违约而解除后,守约方主张继续适用违约金条款的,人民法院应予支持;但约定的违约金过分高于造成的损失的,人民法院可以参照民法典第五百八十二条第二款的规定处理。”本条是关于异议期间经过后的法律效果的规定。本条主要的含义为:明确了在买卖合同履行过程中,因出卖人的违约行为,致使买受人合同目的不能实现的,买受人可以解除合同,并由出卖人承担解除合同的赔偿责任。

【案例5-7】 段某申等诉杨某兵、杨某鹏买卖合同纠纷案

判决观点,本案中,被告虽交付了挖掘机给原告,但未能保证该挖掘机无贷款,导致挖掘机最终被债权人拖走,被告因此也被法院判决赔付其下家相应的损失。故被告的违约行为造成了原告合同目的不能实现,违反了其在买卖合同中的基本义务,依法应承担相应的违约责任。原告据此要求解除合同,返还购车款13.7万元并赔偿合理损失的诉求,应予支持。对于原告主张的损失95850元,其中胡某杰与段某申案中律师费8000元、诉讼费2540元、保全费1770元,并非必然发生的费用,法院不予支持。对于其中的运费4500元,根据本案查明的事实,案涉车辆的确是原告雇佣板车从连云港运抵河北徐水,被告杨某鹏在与原告贾某生的微信聊天中也提到徐水运费4500元,故法院对该费用予以支持。对于赔偿胡某杰31040元(更换挖勺损失8040元+可得利益损失2.3万元)、本案可得利益损失4.8万元(18.5万元与13.7万元的差价),共计79040元,该两项损失均是由原告对二手挖掘机进行再交易之后产生的损失。案涉挖掘机在本案交易时,双方作为专业从事二手车交易的主体对案涉挖掘机并无发票、合格证等相关手续是明知的,同时根据段某申与胡某杰案中双方诉、辩可知,案涉挖掘机在段某申与胡某杰进行交易时,胡某杰从本案原告处接到了虚假的合格证及发票,即本案原告存在为了便于案涉挖掘机的交易获利而制作了虚假的合格证及发票的行为,故原告对其后续损失的产生具有一定过错,针对该79040元法院酌定由被告杨某鹏赔付5.5万元。对于两被告辩称的原告伪造合格证及发票属于违法犯罪行为,不应从中获利,该部分损失不应支持的意见,法院认为,虽然原告在案涉挖掘机的再

---

〔1〕 辽宁省朝阳市中级人民法院(2022)辽13民终3435号民事判决书。

次交易过程中存在制作虚假的合格证及发票的行为，但合格证及发票只是为履行买卖合同的附随义务，再次买卖挖掘机行为并无违法行为，若完全否定原告该部分损失欠妥当，故法院对两被告的意见不予采纳。对于被告杨某鹏在诉讼中要求追加案外人曹某、王某、杨某东为本案被告的请求，法院认为，在被告杨某鹏与原告贾某生进行商谈买卖挖掘机的过程中，杨某鹏从未向贾某生披露过上述三人，贾某生也未从其他渠道获知上述三人的存在，现原告也未要求上述三人承担相应的责任，故法院认为，在本案中追加上述三人并非确有必要，至于被告与上述案外三人的法律关系，可另行解决。判决：(1)解除原告段某申、贾某生、刘某、段某舰与被告杨某鹏之间于2016年9月7日达成的关于价款13.7万元三一挖掘机的买卖合同；(2)被告杨某鹏返还原告段某申、贾某生、刘某、段某舰挖掘机款13.7万元，并赔偿损失5.95万元；(3)驳回原告段某申、贾某生、刘某、段某舰的其他诉讼请求。[1]

2. 双方违约的认定

在买卖合同的履行过程中，双方都有违反合同的情况，应当各自承担相应的责任。在双方过错相当，不能确定各方过错大小的情况下，法院判决各自承担一半的责任，公平地保护当事人的利益。对于责任大小的界定，是由法官行使自由裁量权确认的。

因双方均有违约行为是导致合同不能顺利履行的原因，双方理应各自承担损失。尽管双方当事人在合同履行过程中均有违约行为，但不影响合同的继续履行。

3. 违约责任方式的选择

违约责任方式选择的适用问题。出卖人构成违约，买受人可以要求出卖人承担违约责任。承担违约责任的方式有很多，诸如继续履行、采取补救措施或者赔偿损失等。在某一种方式履行不能的情况下，买受人可以变更诉讼请求，法院应支持买受人对违约责任方式的选择。

违约责任的选择权及其限制。《民法典》中规定了多种违约责任形式，在不同的违约形态下，守约方可以根据标的性质和损害的大小等情况请求违约方承担不同的责任形式，以通过法律的强制实现合同目的或达到与合同目的相同的效果。法律对守约方最为有力的保护方式，即为赋予其选择的权利，由守约方根据个案的实际情况及自身的利益状况，决定由违约方承担何种责任。在定金罚则与

---

〔1〕 参见国家法官学院、最高人民法院司法案例研究院编：《中国法院2021年度案例》(买卖合同纠纷)，中国法制出版社2021年版，第112～113页。江苏省连云港市连云区人民法院(2019)苏0703民初969号民事判决书。

违约金条款并存的情形下,《民法典》第五百八十八条第一款明确规定:"当事人既约定违约金,又约定定金的,一方违约时,对方可以选择适用违约金或者定金条款。"违约责任承担中权利人的选择受到限制,这主要发生在守约方同时主张违约方承担数种违约责任,同时也会发生某种单一责任形式的选择上。此种限制主要基于公平和效益的考虑。违约责任的功能主要在于对守约方损失的补偿,不具有惩罚的性质,这是公认的原理。如果守约方可以任意地要求数种违约责任形式并用,会导致守约方获得的利益远高于其因违约而产生的损失,这有悖于违约责任的补偿性,将导致双方利益的失衡。所以,当对两种并存责任进行选择时,要受到法律或合同约定的限制。

协议中约定违约责任的选择性条款问题。双方当事人在协议中就违约责任的承担方式约定了选择性条款,则意味着一方违约时,守约方获得了在约定违约责任范围内主张何种违约责任的选择权。除非作出特别约定,否则选择性条款只能择一行使,不能相继行使。守约方一旦作出选择,即意味着违约责任承担的具体方式固定下来。进而,守约方不能主张直接适用之前约定的选择性条款,再选择其他违约责任承担方式。

法律规定的违约金条款与定金条罚则竞合的情况下,选择的主体是"对方"即违约方的相对方,守约方有权选择违约金条款。也就是说,选择的权利归属于有权追究他方违约责任的一方。

违约金、解除合同、继续履行同属于违约后的补救措施,区别于不同种的救济方式,其适用的情形和发挥的作用有别。债权人在债务人违约以后,有权在请求支付违约金与要求解除合同、请求支付违约金与要求实际履行之间作出选择。债权人要求解除合同、实际继续履行,也可以放弃违约金的请求。不过,有选择权的是债权人而不是债务人。债务人可以要求解除合同、继续履行合同,但不可以放弃违约金的支付。也就是说,债务人在支付了违约金后,可以行使解除合同、继续履行的权利。

多项不同类型违约责任并存主张时,由法官根据法律规定和具体案情予以裁量。

【案例5-8】 华电能源公司诉格菱动力公司、工行靖江支行买卖合同纠纷案

判决观点,格菱动力公司未履行合同义务,致使华电能源公司的合同目的无法实现,已经构成根本违约。因此华电能源公司依法有权解除诉争合同。诉争合同第4.1.1条对于华电能源公司于合同签订后即应支付908000元款项表述为"预付款(定金)",但之后在合同文本中的表述、电汇凭证的备注、律师函及商谈纪要中的表述均为"预付款",且从合同文本看应系华电能源公司提供的文本,在文本表述前后不一致,对文本理解发生争议时,应认定该款项仅为预付款,而非定金。即使该款项为定金,由于合同中未约定定金性质,应认定为违约定金,而且华电能源公司还主张了违约金,违约定金与违约金不能同时主张。因此,对华电能源公司主张格菱动力公司双倍返还定金的诉讼请求,法院仅支持返还预付款908000元部分。华电能源公司主张的违约金181600元有合同依据,应予以支持。因诉争合同已约定违约金,华电能源公司主张的实际损失未超出违约金金额,故对华电能源公司主张格菱动力公司赔偿实际损失570320.03元的诉讼请求不予支持。华电能源公司因本案支出律师费35000元,根据法院对华电能源公司诉讼请求的支持情况及讼争合同关于律师费的约定,法院确定其中22687元由格菱动力公司承担。根据诉争《保函》载明的有效期及索赔文件要求,华电能源公司已于2015年9月22日向工行靖江支行送达了书面索赔通知,且本案证明格菱动力公司存在违约事实的证明材料已随传票于2016年1月27日邮寄送达给工行靖江支行,应视为华电能源公司已在《保函》有效期内向工行靖江支行送达索赔通知书并提供了格菱动力公司具有违约事实的证明文件。因此,华电能源公司主张承担《保函》责任的条件已成就。判决:(1)华电能源公司与格菱动力公司于2014年2月14日签订的编号为HDJN2014—C—02《[华电厦门集美分布式能源站一期]工程余热锅炉及辅助设备合同书》于2015年5月11日解除;(2)格菱动力公司向华电能源公司返还预付款908000元;(3)格菱动力公司向华电能源公司支付违约金1816000元;(4)格菱动力公司向华电能源公司赔偿律师费损失22687元;(5)工行靖江支行在908000元范围内对本判决第二项、第三项、第四项确定的格菱动力公司向华电能源公司付款义务承担连带清偿责任;(6)驳回华电能源公司的其他诉讼请求。[1]

合同违约方一个行为同时符合两种违约金条款时,构成责任的竞合,相对方对违约金条款享有选择权,但不能要求违约方重复承担违约责任。

【案例5-9】 启新辉公司诉三向公司买卖合同纠纷案

二审法院认为,启新辉公司与三向公司签订的采购合同合法有效,双方当事人均应遵照履行。启新辉公司已依约向三向公司支付了50%的货款169051元。采购合同约定,三向公司应于2013年8月13日合同签订后的90天内交货,三向公司在2014年2月25日发给启新辉公司的承诺函中承诺在2014年4月28日前送货,并在附件中对合同违约条款做了变更,启新辉公司对此未提出异议,应视为双方当事人对送货时间及违约条款达成了新的

---

〔1〕 参见国家法官学院案例开发研究中心编:《中国法院2019年度案例》(买卖合同纠纷),中国法制出版社2019年版,第244~245页。福建省厦门市集美区人民法院(2016)闽0211民初331号民事判决书。

约定,承诺函及附件构成采购合同的一部分。但是,三向公司一再违背自己的诺言,逾期未履行送货义务,已经构成根本违约,启新辉公司有权解除合同,并要求三向公司承担违约责任。采购合同及承诺函附件同时约定了两种违约金计算方式,即不交货的违约金及逾期交货的违约金。因本案合同被解除系由三向公司逾期交货造成,在违约行为同时符合两种违约责任的情况下,守约方有权选择适用何种违约责任,故本案应以承诺函附件第 9.2 条约定违约责任条款计算违约金。三向公司在承诺函中承诺的最后交货期限为 2014 年 4 月 28 日,合同自启新辉公司向三向公司送达律师函之日即 2014 年 6 月 19 日解除,故按照承诺函附件第 9.2 条计算的逾期违约金为 202861.2 元(60 天 ×1%/天 ×338102 元)。由于逾期违约金过分高于启新辉公司遭受的损失,且启新辉公司并未按照上述条款金额主张违约金,其诉请的违约金 10143 元未超过合同金额的 30%,故二审法院确认三向公司因其违约行为应向启新辉公司支付违约金 10143 元。综上,一审判决认定事实清楚,但适用法律错误,依法应予以纠正。判决:撤销一审判决,三向公司向启新辉公司支付违约金 101430 元。[1]

4. 合同约定事项不明的违约责任认定

实践中,合同事项约定不明确的,则违约责任不成立,对其请求承担违约责任的诉求不予支持。

5. 违约责任约定的撤销问题

双方当事人在合同中对违约责任进行约定,如果违约金与实际损失相比显失公平,则合同当事人可以请求法院予以调整,而不是撤销合同中约定的违约责任。换言之,违约责任的约定不存在可撤销的情形,合同一方请求撤销违约责任的不会获得法院的支持。

(二)违约金调整的认定

1. 违约金调整的理解

《民法典》第五百八十五条第二款规定:"约定的违约金低于造成的损失的,

---

〔1〕《人民司法·案例》2018 年第 2 期(总第 805 期)。广东省深圳市中级人民法院(2015)深中法商终字第 1742 号民事判决书。

人民法院或者仲裁机构可以根据当事人的请求予以增加;约定的违约金过分高于造成的损失的,人民法院或者仲裁机构可以根据当事人的请求予以适当减少。”

《民法典合同编通则解释》第六十四条规定:“当事人一方通过反诉或者抗辩的方式,请求调整违约金的,人民法院依法予以支持。违约方主张约定的违约金过分高于违约造成的损失,请求予以适当减少的,应当承担举证责任。非违约方主张约定的违约金合理的,也应当提供相应的证据。当事人仅以合同约定不得对违约金进行调整为由主张不予调整违约金的,人民法院不予支持。”

制定司法解释的法官认为,经反复论证和综合各方意见,本条最终采取了无效说的基本立场,但也将有关意思自治和公平原则的精神适当融入,规定合同一方仅以合同约定不得对违约金进行调整为由主张不予调整违约金的,人民法院不予支持。主要考虑是,违约金的调整是法律赋予民事主体的一项权利,其程序虽是由当事人的请求而启动,但其最终归属于司法调整的范畴,不能由当事人通过约定排除,否则将不利于维护法律确定的秩序和保护民事主体请求司法调整违约金的法定权利。对于违反公平原则的预先放弃调整违约金条款,法院不应当承认其效力。……此外,本条在表述上强调“仅以”,实际上是为了强调当事人约定不得对违约金进行调整的内容也不能阻却违约方依法请求调整。法院最终是否对违约金作出调整,关键在于当事人是否通过法定方式主张以及约定违约金是否低于或者过分高于所造成的损失。〔1〕

《民法典》第五百八十五条赋予法院对违约金的调整权。实践中,对法官可以适当减少或调高违约金的数额意见是一致的。但在何种情况下,可以调整有两种意见,一种意见认为,若诉讼中当事人没有对违约金的数额提出异议,即未请求适当增加或减少约定的违约金情况下,法官不能主动调整;另一种意见认为,无论当事人是否对违约金的数额提出异议,法官均有权对违约金予以调整。从现行法律和法理上看,在当事人未提出减少或增加违约金数额时,法官不能主动调整违约金数额,即使当事人约定违约金数额使双方利益明显失衡。这种不能主动调整(干预)为,不仅在一审程序中不能主动调整,在一审程序中当事人没有提出变更违约金数额,而在二审程序中提出的法官也不能主动调整违约金数额,即法院在违约金数额认定上始终处于被动地位。现行司法解释对违约责任的态度,明确了法院调整违约金的被动性。主要理由为:首先,从启动违约金请求主体来看,只能是当事人,法院不是启动主体,法院只是对当事人的请求进行裁判的主体;其次,尊重意思自治,决定了法官必要被动的干预;最后,法院被动干预,符合审判活动规律。当然,结合我国目前公众的法律意识程度和当事人的诉讼能力等客观情

---

〔1〕 参见最高人民法院民事审判第二庭、研究室编著:《最高人民法院民法典合同编通则司法解释理解与适用》,人民法院出版社2023年版,第721~723页。

况,法院在民事审判活动中发现当事人不行使变更违约金请求权则可能导致双方的权利义务明显不对等时,法院可以就当事人是否需要主张违约金过高问题进行释明,[1]即行使必要的权利提示。应当注意的是,对违约金高低的调整,其实质是法官行使自由裁量权。在个案中,法官根据公平原则、诚实信用原则并结合具体情况予以衡量。

2. 违约金调整原则与酌定因素

《民法典合同编通则解释》第六十五条规定:"当事人主张约定的违约金过分高于违约造成的损失,请求予以适当减少的,人民法院应当以民法典第五百八十四条规定的损失为基础,兼顾合同主体、交易类型、合同的履行情况、当事人的过错程度、履约背景等因素,遵循公平原则和诚信原则进行衡量,并作出裁判。约定的违约金超过造成损失的百分之三十的,人民法院一般可以认定为过分高于造成的损失。恶意违约的当事人一方请求减少违约金的,人民法院一般不予支持。"参与制定司法解释的法官认为,主要内容包括以下四点,其一,违约金司法酌减的基本依据。其二,违约金司法酌减的参考因素。其三,明确了调整幅度。其四,确立了鲜明的价值导向。[2]

违约金调整中公平原则的适用。对于违约金的调整,有三种提出调解的情形:一是违约方主动提出违约金过高需要调整;二是诉讼过程中并未有人提出合同违约金过高需要调整的;三是违约方不能作出调整违约金主张的。在这三种情况下,必须适用公平原则对违约金进行调整,但在适用过程的表现形式不同。具体来讲,第一种情况最为普遍,法官应结合案件的实际履行情况、违约方的过错程度、原告的实际损失等因素,根据公平原则,酌情确定违约金数额。第二种情况,虽然违约方未提出调整违约金,法官依据《民法典合同编通则解释》第六十六条第一款、《买卖合同解释》第二十一条规定予以释明,进行释明亦是公平原则的体现。第三种情况,指在出卖人即被告缺席的情况下,其无法作出调整违约金的意思表示。笔者认为,在被告缺席时,其未履行或履行合同义务不符合约定的程度较轻或属于整个合同义务的附随义务,其违约行为不构成根本违约;另外,合同中对违约金的约定往往过高,若完全依据合同约定认定违约金数额,违约方承担的责任将过分高于守约方实际受到的损失,出现显失公平的情况。法律有明文规定,当事人作出意思表示时,法官可以行使自由裁量权调整违约金的数额。不能因为当事人的意思表示缺位,就出现同案不同判的问题。虽然违约方没有做出调

---

〔1〕 最高人民法院《印发〈关于当前形势下审理民商事合同纠纷案件若干问题的指导意见〉的通知》(2009年7月7日,法发〔2009〕40号)。

〔2〕 参见最高人民法院民事审判第二庭、研究室编著:《最高人民法院民法典合同编通则司法解释理解与适用》,人民法院出版社2023年版,第724页。

整违约金的意思表示,但是法官应当依据合同法中的公平正义原则,根据案件中已经查明的事实,综合考察合同的履行情况、违约的情节轻重、守约方的实际损失等因素,酌定一个合理的数额。除第二种情况法官应先释明外,法官都是依据公平原则在一定区域内酌定,自由裁量违约金的。《民法典合同编通则解释》第六十六条第二款规定:"被告因客观原因在第一审程序中未到庭参加诉讼,但是在第二审程序中到庭参加诉讼并请求减少违约金的,第二审人民法院可以在当事人就是否应当调整违约金充分举证、质证、辩论后,依法判决适当减少违约金"应遵照执行。

违约金数额调整应考量过错程度。在违约责任的归原则上,虽然《民法典》采取的是无过错责任原则,但将当事人的过错程度作为违约金调整的考量因素,具有合理性和正当性。

最高人民法院法官认为,在考量合同解除时违约金与损害赔偿之间的关系时,应当考虑合同解除时的损害赔偿包括违约金指向的违约损害和此外的损害,为尊重当事人的意思自治,人民法院应首先支持违约金的支付请求,然后依据《合同法》第一百一十四条(对应《民法典》第五百八十五条)确立的违约金调整方法调整:或认为违约金已涵盖了损害赔偿,不再支持损害赔偿请求;或认为违约金低于造成的损失的,依当事人之请求,可增加相应的数额。[1]

法官对违约金的调整应注意以下方面的问题。

其一,与实际损失相适应。违约金的调整应当以实际损失为基础同时兼顾其他因素。因此违约金调减的幅度,首先必须考量违约行为给守约方造成的实际损失,这应是确立违约金调减幅度最为关键的因素。

其二,与履约情况、违约程度相适应。这包括两个方面的内容:一方面同样是未依约履行合同,履行情况显然将影响违约金具体的调整金额;另一方面,合同履行到何种程度事实上也体现了违约行为的违约程度。除此之外,违约程度有一个最突出的表现就是逾期履行中的逾期时间。

其三,与当事人的过错相适应。这包括两个方面内容:一方面,违约方的过错影响违约金调减幅度条件的确立意味着违约方是故意违约还是过失违约抑或无过错违约,将直接决定体现违约金所具有的惩罚性功能的程度,即在当事人故意违约的情况下法官在考虑是否调整违约金、如何调整违约金幅度等问题上都将出现倾向于惩罚违约方的价值导向;另一方面,守约方是否采取积极措施维护自身的合法权益也应该也应当包含在调整违约金幅度时考量的因素之中。若守约方作为权利人未采取积极措施维护自身的合法权益,从而导致损失扩大,其也应当

---

〔1〕 参见最高人民法院民事审判第二庭编著:《最高人民法院关于买卖合同司法解释理解与适用》,人民法院出版社2012年版,第430页。

承担一定的责任,即减少调整违约金的幅度。

3. 违约金过高或过低的参照点

《民法典合同编通则解释》第六十五条第二款规定:“约定的违约金超过造成损失的百分之三十的,人民法院一般可以认定为过分高于造成的损失。恶意违约的当事人一方请求减少违约金的,人民法院一般不予支持。”

目前,民法学界和司法界的主流观点是以违约行为造成的损失作为参照,也就是说需要与《民法典》第五百八十五条第二款规定的损失挂钩,根据《民法典》第五百八十五条第二款的文义表述,“造成的损失”无疑是法律规定最为明确且最为重要的衡量违约金高低的标准,因此以此为衡量违约金是否过高的基础标准。要注意的是,第五百八十五条第二款规定的“造成的损失”,应与第五百八十四条第一款规定的“所造成的损失”理解为同一含义。将违约造成的损失以实际损失作为参照,而非以可赔损失作为参照。损失包括直接损失和可得利益损失,其损失范围另有阐述。只有在调整的标准中包括可得利益损失的情况下,才能使非违约方因违约金责任的承担达到如同合同完全被履行时一样,即就像没有发生违约行为一样。以实际损失作为衡量违约金高低的基础,旨在排斥以合同总标的额、未履行合同部分为基础主张违约金等观点,这是必须予以明确的,不应有任何异议。支付违约金需要以存在损失为前提,但该损失是指同类合同、同类违约情况下的典型损害,不限于守约方实际产生的具体损害。例如,延迟付款的损害,通常是银行贷款利息,而不需要守约方证明其收到货款后款项的实际用途。

在司法实践中,法官对违约金过高或过低的调整是以守约方的损失为标准计算的,即以守约方的损失为限确定违约金数额。但在是以实际损失、间接损失、期待利益损失还是信赖利益损失为标准的问题上,观点分歧大,这实际上涉及损失的范围认识问题。所谓损失,是指因违约行为等事实导致守约方财产或者其他权益的损失。从损失是否具有财产内容来看,可以分为财产损失和非财产损失两种,前者是指可以用金钱计算的损失,后者是指不能以金钱计算的损失。财产损失还可以分为积极损失和消极损失,积极损失是指因违约行为导致现有财产的直接减少;消极损失是指因违约行为导致权利人失去的预期可得利益。我国立法中既没有采用大陆法系的分类,也没有采用英美法系的分类,而是采用了损失的概念。在司法实践中如何确定损失的内涵和外延,显得十分重要。

关于精神损害是否可以作为损失的问题。立法者认为,在计算损失的金额时,如果合同的标的物是具有人身意义的特定物,如具有特殊意义的照片,该标的物在普通的市场价格之外,还有精神因素和感情色彩因素,那么在计算赔偿数额时可以予以考虑。这也与《民法典》第一千一百八十三条第二款的规定精神损害一致，该款规定，因故意或者重大过失侵害自然人具有人身意义的特定物造成严重精神损害的，被侵权人有权请求精神损害赔偿。在以精神满足为目的的特殊类型的合同中，如与婚礼、葬礼、旅游等事务相关的合同中，精神损害具有可预见性，在计算违约金数额时，也可以对这些合同的特性予以考虑。[1] 也就是说，立法上认可了精神损害在特定情况下可以作为损失予以认定，也可以作为认定违约金过高或过低的参照标准。

守约方的实际损失是违约金调整的主要依据。

【案例5－10】　甲食品公司诉乙食品公司买卖合同纠纷案

判决观点，本案《合同协议书》第三条双方对违约金的计算方式作出了“三、货款结算方式：乙方每次下订单预付货款的30%，剩余的货款在2017年11月30日前结清。乙方逾期付款的，按所欠货款的总额，每天加收1%违约金，直至付清货款为止”的约定，上述约定的违约金明显过高，应予以调整。本案中，甲食品公司在本案中提出违约金以所欠货款34535元从2019年12月1日按照月利率2%予以计算的主张亦明显过高，法院酌情按所欠货款34539元的20%即6907.8元（34539元×20%）予以支持，该项主张超出部分不予支持。判决：(1)乙食品公司向甲食品公司支付货款34539元及违约金6907.8元，共计41446.8元；(2)驳回甲食品公司的其他诉讼请求。[2]

【案例5－11】　混凝土公司诉建筑公司、建筑公司北京分公司买卖合同纠纷案

二审法院认为，关于混凝土公司上诉提出的违约损失问题。双方所签合同中约定，未按合同约定给付价款的，自应付价款之日起按银行同期存款利率支付所欠价款的利息。混凝土公司主张因对方违约造成直接损失和间接损失，因此，要求对方按照更高的标准赔偿损失。根据《合同法》第一百一十四条第二款之规定，约定的违约金低于造成的损失的，当事人可以请求人民法院或者仲裁机构予以增加。建筑公司、建筑公司北京分公司长时间拖欠混凝土公司货款，给混凝土公司造成的资金占用损失远高于银行同期存款利率的标准，法院予以酌情调整。综上所述，一审判决认定事实清楚，但适用法律有误，二审法院予以纠正。判决：(1)维持一审判决第一项；(2)撤销一审判决第三项；(3)变更一审判决第二项为：建筑公司、建筑公司北京分公司共同支付混凝土公司违约损失（以4415772.72元为基数，自2016年10月31日

---

〔1〕 参见黄薇主编：《中华人民共和国民法典合同编释义》，法律出版社2020年版，第286页。

〔2〕 参见国家法官学院、最高人民法院司法案例研究院编：《中国法院2022年度案例》（买卖合同纠纷），中国法制出版社2022年版，第141页。广西壮族自治区崇左市扶绥县人民法院（2020）桂1421民初896号民事判决书。

起至2017年1月30日止，按照中国人民银行同期贷款利率两倍计算；以4415772.72元为基数，自2017年1月31日起至实际付清之日止，2019年8月19日之前按照中国人民银行同期贷款利率两倍计算，2019年8月20日之后按照一年期贷款市场报价利率两倍计算）；（4）驳回混凝土公司的其他诉讼请求。[1]

4. 违约金高低的认定标准

对违约金是否过高进行衡量时，要区分不同情形：（1）在违约方属于恶意的场合。当事人签订合同后，在履约时价格突然上涨，卖方违约将货物卖给别人而不卖给原已签订合同的买方，在这种情况下违约方是恶意违约。此时如果违约金很高，对方向违约方主张支付违约金时，违约方认为违约金约定高了，人民法院可以调整，但应当调整到适当程度，体现出对恶意违约的惩罚。（2）在违约方违约的情况下，非违约方也有过失的场合。在这种情况下，违约金约定过高时，可以将违约金往下调，比实际损失略高一点，做到基本相符，差距不大，不应过多地体现惩罚色彩。（3）在合同一方想通过高额的违约金从违约中获取暴利的场合。非违约方签订违约金条款的目的是一个不法目的，这种违约金的过高部分就应该认定是无效的，就要把违约金调整到和实际损失相等。[2] 实务中，对恶意的违约者违约金比例一般不予调整。[3] 同时也应注意，约定的惩罚性违约金过高也可以适当减少。[4] 如果非违约方对违约的发生也有过错，则表明违约及其后果与非违约方的行为之间也具有因果关系，因此应根据过错责任的要求减轻惩罚性违约金责任。有学者认为，如果是专为迟延设定的惩罚性违约金，则不应当要求违约金的数额与实际的损失基本保持一致。只要违约金的数额与实际的损失相比不是过高或者过低，仲裁机构或人民法院就不应对违约金的数额作出调整。[5] 商事领域违约金的调整，有别于民事活动。

买卖合同约定的违约金是否过高，不能简单地以民间借贷利率上限作为判断标准。

---

〔1〕 参见国家法官学院、最高人民法院司法案例研究院编：《中国法院2022年度案例》（买卖合同纠纷），中国法制出版社2022年版，第147页。北京市第二中级人民法院（2020）京02民终1927号民事判决书。

〔2〕 参见王闯：《合同法中的几个疑难问题》（上），载中外民商裁判网。载刘德权主编：《最高人民法院司法观点集成》，人民法院出版社2009年版，第120页。

〔3〕 参见最高人民法院民事审判第二庭编：《商事审判指导》2010年第1辑（总第21辑），人民法院出版社2010年版，第135~137页。

〔4〕 参见《最高人民法院公报》2011年第9期（总第179期）。

〔5〕 参见冉富强等：《合同责任研究》，吉林大学出版社2008年版，第217页。

【案例5－12】 某建设公司与某金属材料公司买卖合同纠纷案

二审法院认为,认定违约金是否明显过高,一般应以守约方因违约方违约造成的损失为基础进行判断,并兼顾合同履行情况、当事人过错程度、预期利益等因素综合确定。从涉案双方当事人及合同的履行情况分析,某建设公司自2014年合同履行开始一直未按照约定全额支付钢材款。至2015年年底最后一次供货完毕,仍欠付钢材款878万余元。至2021年9月1日某金属材料公司提起本案诉讼时,共欠付钢材款6582479.79元。某金属材料公司作为从事钢材购销的经营主体,对流动资金的需求较大。由于不能按期足额获得货款,其用于经营的流动资金势必受到严重影响,从而增加融资成本。根据公平原则和诚实信用原则,涉案合同约定的月息1.5%逾期付款利息并未明显过高。对于违约方某建设公司要求酌减逾期付款利息的主张不予支持。此外,逾期付款利息按照月息1.5%计算足以弥补某金属材料公司的损失,对于合同中另行约定的违约金不再重复支持。[1]

5. 对违约金的裁量

在司法实践中,对约定明显过高或在诉讼中经计算过高的情形,一方当事人提出异议的,法官可以予以调整。对于违约金数额,法官具有自由裁量权。

守约方主张违约金过高的,法官可以行使自由裁量权予以调整。

违约方因违约获取更大利益的,对违约金不予调整。

【案例5－13】 盛泽利恒公司诉虞瑞制冷公司买卖合同纠纷案

二审法院认为,关于双方约定的违约金是否过高的问题,根据本案查明的事实,虞瑞制冷公司存在不同程度的履行迟延,故应承担相应的违约责任。根据法律规定,当事人对自己提出的诉讼请求所依据的事实有责任提供证据加以证明,虞瑞制冷公司虽主张违约金过高,但未提供任何证据佐证,且盛泽利恒公司已就违约金数额主动进行了调整,同时提供了相应证据证明其实际损失的存在,故一审法院综合考察双方履约情况和过错程度,确认不能认定盛泽利恒公司主张的违约金过分高于其实际损失亦无不当。盛泽利恒公司要求虞瑞制冷公司支付违约金的请求合理正当,于法有据,应予支持。综上所述,虞瑞制冷公司的上诉请求均不能成立,应予驳回。一审判决认定事实清楚,适用法律正确,审理程序合法,应予维持。判决:驳回上诉,维持

---

〔1〕 山东省高级人民法院发布2022年度山东法院十大买卖合同纠纷典型案件,山东省高级人民法院(2022)鲁民终1604号民事判决书。

原判。[1]

在违约方未到庭参加诉讼的情况下,法官根据具体案情认为违约金约定过高时,可以运用释明权确定违约金数额。

买卖合同中违约金的调整既要考虑当事人的抗辩,亦要考虑公平原则。在当事人未提出抗辩的情况下,法官对违约金的计算标准应尊重当事人的意思自治,根据公平原则对违约金予以限制。若当事人一审未提出违约金过高的抗辩,二审法院可以予以调整且改判。

【案例5-14】 一定好公司诉美霖公司买卖合同纠纷案

二审法院认为,本案中,根据双方签订的《办公家具定制购销合同》的约定,美霖公司未按合同确定的时间支付定金、进度款、余款等款项,一定好公司可以延期交货并收取欠款部分滞纳金0.2%/天。美霖公司收货后未付清货款,一定好公司主张美霖公司应从2017年10月16日之后支付逾期付款滞纳金合法合理。但双方约定的逾期付款违约金过高,美霖公司上诉请求调整符合前述规定,法院予以采纳。法院酌定美霖公司按年利率24%,以61166元为本金,从2017年10月16日起至付清款项之日向一定好公司计付逾期付款的违约利息。综上所述,原审判决第一项、第三项并无不当,法院予以维持。原审判决第二项处理欠妥,法院予以变更。判决:(1)维持一审判决第一项、第三项;(2)变更一审判决第二项为:美霖公司向一定好公司支付逾期违约利息(以61166元为本金,从2017年10月16日起至付清款项之日,按年利率24%计算)。[2]

【案例5-15】 启润公司诉奥尼斯特公司买卖合同纠纷案

一审法院认为,启润公司与奥尼斯特公司签订的《白银采购合同》,奥尼斯特公司向启润公司出具的《承诺书》、函件,均系当事人的真实意思表示,内容不违反法律、行政法规的强制性规定,应认定为合法有效。奥尼斯特公司未能依约按时交付讼争货物的行为已构成违约,对此应当承担相应的违约责任。奥尼斯特公司抗辩其未履行合同的部分启润公司并未支付货款,故启润公司并未产生任何实际损失,违约金是对损失的补偿,故奥尼斯特公司不必支付违约金。根据《合同法解释(二)》第二十九条之规定,奥尼斯特公司并未举证证明本案双方当事人关于违约金的约定过分高于造成的损失,故启

---

〔1〕 参见国家法官学院案例开发研究中心编:《中国法院2018年度案例》(买卖合同纠纷),中国法制出版社2018年版,第263页。北京市第二中级人民法院(2016)京02民终7133号民事判决书。

〔2〕 参见国家法官学院、最高人民法院司法案例研究院编:《中国法院2021年度案例》(买卖合同纠纷),中国法制出版社2021年版,第235页。广东省广州市中级人民法院(2019)粤01民终20918号民事判决书。

润公司依约要求奥尼斯特公司支付违约金的诉讼请求，有事实与法律依据，依法予以支持。因奥尼斯特公司未依约交付货物，导致启润公司提起诉讼保全并产生保全费损失，启润公司诉请奥尼斯特公司承担本案诉讼保全费5000元，有事实与法律依据，予以支持。判决：(1)奥尼斯特公司向启润公司支付违约金964500元；(2)奥尼斯特公司向启润公司支付诉讼保全费5000元。二审法院判决：驳回上诉，维持原判。[1]

对部分履行合同约定违约金的调整，可以以合同未履行部分的价值为参照依据，以其不超过未履行部分总价值为违约金上限，综合考虑合同的履行情况、当事人的过错程度以及预期利益等因素合理调整违约金。

【案例5－16】　宜黄县尖峰新材料有限公司诉江西鑫邦电气有限公司买卖合同纠纷案

二审法院认为，关于违约金的判定是否过高的问题。本案合同对违约金有明确条款约定。违约金条款是合同主体契约自由的体现，除具有对违约行为的惩罚性和对守约方的补偿功能之外，还应体现预先确定性和效率原则。约定违约金降低了发生纠纷时合同主体的举证成本，使合同主体在订立合同时即明确违约后果，从而做到慎重订约、诚信履约。人民法院对约定违约金进行调整应依法、审慎，违约方主张违约金过高，应承担举证责任，只有在违约方举出初步证据证明违约金可能过高时，守约方才有义务证明约定的违约金在合理范围内，故一审法院在举证责任分配上并无不当。鑫邦公司提出其月生产能力只有30吨，以证明其不是不要货而是要逐渐交货。鑫邦公司不顾自身生产能力盲目签订供货时间反映了其在订约时的态度是不慎重的，订约后又不诚信履行，应该为自身行为承担后果。一审法院认定违约金金额时将违约金从合同约定的订单总金额的30%调整为未履行部分的30%，已经充分考虑了合同的履行情况、当事人的过错程度以及预期利益等综合因素，这一认定亦无不当。综上所述，鑫邦公司的上诉请求，不能成立，应予驳回；一审法院认定事实清楚，虽适用法律有部分不当，但判决结果正确，应予维持。判决：驳回上诉，维持原判。[2]

违约方主张降低违约金举证不能的，法官可以根据公平原则依职权予以调整。

---

〔1〕　参见国家法官学院案例开发研究中心编：《中国法院2019年度案例》（买卖合同纠纷），中国法制出版社2019年版，第240页。福建省厦门市中级人民法院（2017）闽02民终2375号民事判决书。

〔2〕　参见最高人民法院中国应用法学研究所编：《人民法院案例选》2019年第7辑（总第137辑），人民法院出版社2019年版，第93～94页。江西省抚州市中级人民法院（2017）赣10民终889号民事判决书。

【案例5－17】 成都市百顺实业有限公司诉中建技术集团、中建技术集团西南公司买卖合同纠纷案

二审法院认为，"每天每吨价格8元"是对钢材价格的约定，对一审认定该约定及利润补偿作出纠正。"每天每吨加价8元"的加价截止时间不受限制，虽是钢材流通行业的惯例，但可能导致钢材价格仅因买方欠款状况的持续而一直处于上涨状态，有违民法的公平原则，故加价截止时间应限定为两个月。另外，中建技术集团，中建技术集团西南公司主张调减"每日承担总货款5‰的违约金"，未能举证双方约定的违约金计算方式与实际损失存在的巨差，本应承担不利后果，终审判决认为如不调减违约金可能导致双方的利益失衡，有违民法的公平原则，遂依职权调解减违约金。因百顺实业的实际损失无法确定，终审判决综合案件性质及案涉行业特殊性、当事人过错等，将"每日承担总货款5‰的违约金"调减为"每日承担总货款1‰的违约金"。本案法律后果由中建技术集团西南公司的总公司中建技术集团承担。判决：对17批次的钢材分别计算单价，逾期违约金按每日承担总货款1‰的违约金计算。[1]

商事主体在买卖合同中约定的违约金即使过高的，调整后的违约金也应高于没有约定情形下根据司法解释计算的违约金。

【案例5－18】 江西宏盛嘉业混凝土工程有限公司与南昌市凯华建筑工程有限公司买卖合同纠纷再审案

再审法院认为，买卖合同中，买受人的逾期付款会影响出卖人(尤其是需垫资)的资金周转，造成经营损失，出卖人的实际损失并不仅限于逾期还款的资金占用利息损失。商事主体明确约定了逾期付款违约金，应有别于没有约定逾期付款违约金的情形，参照《买卖合同解释》第二十四条第四款关于"买卖合同没有约定逾期付款违约金或者该违约金的计算方法，出卖人以买受人违约为由主张赔偿逾期付款损失的，人民法院可以中国人民银行同期同类人民币贷款基准利率为基础，参照逾期罚息利率标准计算"的规定，违约金的调整应高于逾期罚息利率标准。[2]

---

〔1〕 参见国家法官学院案例开发研究中心编：《中国法院2013年度案例》(买卖合同纠纷)，中国法制出版社2013年版，第212～213页。四川省高级人民法院(2011)川民终字第33号民事判决书。

〔2〕 江西省高级人民法院(2021)赣民再87号民事判决书。

6. 提出调整违约金的时间

当事人调整违约金的请求在什么时间提出，即在何种程序中进行，对此法律和司法解释均未作出具体规定。笔者认为，在一审程序中，当事人可以提出调整违约金的请求，方式可以是反诉或抗辩，也可以在单独提起诉讼时要求对违约金数额作出调整，此时只能是反诉的方式，但应当在获取违约金赔偿之前提出。在获得违约金赔偿之前，当事人始终享有调整请求权，但在请求违约金赔偿时，因违约行为所受到的损失已经确定，当事人对损失的大小应当是明知的，当事人如不行使调整请求权，则说明其认可违约金约定的数额并非过高或过低，是可以接受的，没有必要行使变更请求权，从而选择放弃变更请求权。当事人在获得违约金赔偿之后，发现受到的损失与约定数额之间存在一定的差额，如果允许再予请求，将不利于稳定经济活动，不利于减少诉累。不服一审判决违约金数额的请求方，当然可以提起上诉。相对方不服违约金的数额，可以在二审的答辩中予以抗辩，而不能再提起诉讼。如果主张调整违约金数额的请求未在一审程序中提出，则不能在二审程序提起新的主张。如果当事人在一审中未对违约金数额提出抗辩，在二审程序中抗辩的法院不予支持，但基于新的证据能够证明违约金过高的情形除外。也就是说，当事人在一审中行使违约金抗辩未得到支持，在二审中继续行使违约金抗辩的，则不受违约金请求权的时效限制。最高人民法院法官认为，为了减轻当事人诉累，妥当解决违约金纠纷，法院可以就违约金是否过高的问题进行释明，但当事人在一审程序中经法院释明未请求调整违约金，在二审程序中提出调整的，法院不应支持。[1] 虽然当事人在一审中没有提出请求减少违约金的意思表示，但在上诉请求和理由中提出这种意思表示的，人民法院在二审中仍可以作出适当调整。[2]

7. 违约行为持续状态下的违约金调整问题

违约行为有持约状态的，违约方未及时停止违约行为，虽然守约方分段主张过违约金，为促使违约方积极停止违约行为，违约方仍应支付相应的违约金。违约方的主观过错明显，守约方没有过错，违约方因同一违约行为累计承担的违约金数额虽已接近合同总价款的1/2，但尚未达到须由法院依申请予以适当减少的过高程度。也就是说，对违约方的同一违约行为，守约方可以分阶段起诉主张违约金，法院支持守约方的再次起诉。对迟延履行的违约金累计是否予以限制，应

---

〔1〕 参见最高人民法院民事审判第二庭编：《商事审判指导》2009 年第 4 辑（总第 20 辑），人民法院出版社 2010 年版，第 6 页。

〔2〕 参见最高人民法院民事审判第二庭编著：《最高人民法院关于买卖合同司法解释理解与适用》，人民法院出版社 2012 年版，第 438 页。

视具体情况而定。如果无限累计违反了违约金系赔偿损失额预定的性质,不符合违约金过分高于实际损失予以减少的精神,就不得无限累计,就要对其再次主张的违约金予以调整;反之,就不宜限制违约金的累计,当然也就对其再次主张的违约金不予调整。

8. 逾期付款违约金的调整

逾期付款违约金是合同一方当事人迟延履行付款义务时依约应向对方当事人支付一定金钱或其他给付。逾期付款违约金在实务中又称滞纳金,但与税收、罚款缴纳等行政法律关系中作为执行罚的滞纳金不同。逾期付款违约金是违约金的具体形态之一,有其特殊性。

关于逾期付款违约金的计算与变更。《买卖合同解释》第十八条第一款规定:"买卖合同对付款期限作出的变更,不影响当事人关于逾期付款违约金的约定,但该违约金的起算点应当随之变更。"

关于逾期付款违约金买受人的抗辩。《买卖合同解释》第十八条第二款规定:"买卖合同约定逾期付款违约金,买受人以出卖人接受价款时未张逾期付款违约金为由拒绝支付该违约金的,人民法院不予支持。"第三款规定:"买卖合同约定逾期付款违约金,对账单、还款协议未涉及逾期付款责任,出卖人根据对账单、还款协议主张欠款时请求买受人依约定支付逾期付款违约金的,人民法院应予支持,但对账单、还款协议等明确载有本金及逾期付款利息数额或者已经变更买卖合同中本金、利息等约定的内容除外。"

关于逾期付款违约金的计算方法。《买卖合同解释》第十八条第四款规定:"买卖合同没有约定逾期付款违约金或者该违约金的计算方法,出卖人以买受人违约为由主张赔偿逾期付款损失,违约行为发生在2019年8月19日之前的,人民法院可以中国人民银行同期同类人民币贷款基准利率为基础,参照逾期罚息利率标准计算;违约行为发生在2019年8月20日之后的,人民法院可以违约行为发生时中国人民银行授权全国银行间同业拆借中心公布的一年期贷款市场报价利率(LPR)标准为基础,加计30%~50%计算逾期付款损失。"

对逾期付款违约金的调整,守约方不能证明其遭受实际损失的情况下,法官有权依当事人的申请酌定违约金,一般以全国银行同业拆借中心发布一年期的标准利率为准。违约方不能举证证实守约方实际损失明显低于约定违约金的情况下,法官不支持调整违约金的请求。守约方另有违约情况的,可以对违约金予以调减。

【案例5-19】 美正公司诉维思杰公司买卖合同纠纷案

二审法院认为,具体于本案而言,一方面,维思杰公司对其在交货顺延后仍然迟延交货的事由不能提出任何合理抗辩,故其违约过错明显存在;另一方面,美正公司作为交易市场主体,其采购设备投入后续项目运营完全属于其正常的商业活动范畴,故在相对方交货迟延时,其可能遭受的经营性损失不能完全等同于一般占用资金占用而产生的贷款利率损失,而双方签订的合同中约定的该项违约金标准即应视为双方已就损失计付方式达成协议,相应地,维思杰公司也对其违约后果有所预期,故在维思杰公司不能举证证实美正公司的损失明显低于187556.26元的情况下,对其提出的违约金调整主张不应予以支持。原审法院未按照上述法定原则对诉争违约金标准作出实质性审查,直接以年利率24%计付逾期交货违约金确有不当,二审法院对此予以纠正。另外,对美正公司延期付款的违约责任应由维思杰公司另行主张,但美正公司确认起诉要求的违约金金额已扣减一方逾期付款违约金数额,即美正公司同意将双方的债务进行抵销,且美正公司并未提出调整逾期付款违约金的计算标准,故维思杰公司承担的违约金可以扣减美正公司的违约金数额,共计为166556.26元(187556.26元－300000元×5‰×14)。对于美正公司提出的超出部分的诉讼请求,法院不予支持。综上所述,原审判决认定事实清楚,但适用法律有误,判决不当,二审法院予以变更。美正公司的上诉请求,理由部分成立,二审法院部分予以支持。判决:(1)撤销一审判决第二项;(2)变更一审判决第一项为:被上诉人维思杰公司向上诉人美正公司支付逾期交货违约金166556.26元;(3)驳回上诉人美正公司的其他诉讼请求。[1]

【案例5－20】　杭州某设备公司诉天津某科技公司买卖合同纠纷案

二审法院认为,双方关于迟延交付违约金的约定不属于《合同法》第一百一十四条第二款规定的"约定的违约金过分高于造成的损失"这一情形,不宜由法院进行调整。理由如下:第一,双方在合同中对迟延交付赔偿金的上限作出了限制。即合同第15.2条,"误期赔偿费的最高限额为迟延交付货物或没有提供服务的合同价的10%"。第二,本案为买卖合同,双方明确知晓其可能承担的违约责任。判决:(1)维持一审判决第三项;(2)撤销一审判决第一项、第二项;(3)上诉人天津某科技公司给付被上诉人杭州某设备公司244000元,扣除被上诉人杭州某设备公司应承担的违约金30554元;上诉人天津某科技公司给付被上诉人杭州某设备公司213446元;(4)上诉人天津某科技公司给付被上诉人杭州某设备公司利息;(5)驳回上诉人天津某科技

---

〔1〕　参见国家法官学院案例开发研究中心编:《中国法院2017年度案例》(买卖合同纠纷),中国法制出版社2017年版,第214页。广东省广州市中级人民法院(2015)穗中法民二终字第1886号民事判决书。

公司的其他诉讼请求。[1]

出卖人申请调整钢材买卖合同垫资期以外的资金占用费，可酌情予以支持。

【案例5－21】 全某蓉诉四川省都江堰建设工程有限责任公司买卖合同纠纷案

二审法院认为，案涉《钢材购销合同》第四条约定："甲方在货到工地当日以银行转账或现金向乙方支付全部货款，逾期则甲方向乙方每天每吨支付资金占用费肆元，时间不超过九十天，超过九十天则视为甲方违约，乙方有权向人民法院起诉，并按甲方所欠款额每天收取千分之二的违约金。"首先，上述约定表明双方在合同中对资金占用费作出明确约定，故原告关于资金占用费的诉求具有合同依据；其次，从上述约定并结合钢材行业的相关惯例分析，资金占用费实质为钢材加价款，其是作为钢材价款的组成部分，而不是逾期付款造成的利息损失和违约金。同时，虽然双方在《钢材购销合同》中约定，"乙方向甲方垫资钢材总量不超过120吨"，由于资金占用费作为钢材加价款本身就属于垫资的组成部分，不是垫资期间的利息，故不能免除120吨钢材资金占用费的给付责任。由于资金占用费本属于价款的组成部分，原审将都江堰建设公司支付的价款优先冲抵支付之日所产生的资金占用费的方法并无不当，并不属于先充抵利息后充货款以导致利滚利的计算方法。原审对违约金的调整是以实际损失为基础、兼顾合同的履行情况、当事人的过错程度等综合因素予以衡平后作出的，符合《合同法解释（二）》第二十九条的规定，二审法院予以维持。判决：驳回上诉，维持原判。[2]

当事人对逾期付款违约金作出的约定，并未明确具体的计算方式，法官应当予以支持。

【案例5－22】 黄某友等诉中天公司买卖合同纠纷案

判决观点，关于黄某友诉请要求被告支付尚欠货款利息的问题。在双方结算确认的欠条中明确记载："如不继续合作余款在10月30日结清，逾期则按3‰计息。"欠条是双方对支付货款的重新约定，欠条约定了对逾期支付货款按3‰计息，被告中天公司亦在欠条上盖章确认，故对原告黄某友要求被告支付尚欠货款利息的诉讼请求，法院予以支持；欠条中双方未明确利息的具体计算方式，黄某友主张以上欠货款为本金，按日3‰计算利息，但中天公

〔1〕 参见国家法官学院案例开发研究中心编：《中国法院2016年度案例》（买卖合同纠纷），中国法制出版社2016年版，第232页。天津市第一中级人民法院（2014）一中民终字第0046号民事判决书。

〔2〕 参见国家法官学院案例开发研究中心编：《中国法院2016年度案例》（买卖合同纠纷），中国法制出版社2016年版，第249页。四川省成都市中级人民法院（2014）成民终字第5597号民事判决书。

司予以否认。欠条中对逾期支付货款利息的约定实属对逾期付款的违约责任约定，但此违约责任的计算方式不明，中天公司逾期未付货款，必然造成黄某友的经济损失，黄某友的实际经济损失主要是利息损失，法院认为，利息计算标准以中国人民银行同期同类人民币利率为基础，参照罚息利率标准计算为宜。关于追债期间费用17130元的问题。黄某友及中天公司均未提供2012年2月5日煤粉购销合同的原件，无法查明双方在合同中是否对实现债权的费用有约定，且黄某友提交的证据亦未能充分证明是其实现债权而花费的费用，故对黄某友的此项诉讼请求，法院不予支持。判决：(1)被告中天公司支付尚欠原告黄某友煤粉货款933310元及利息；(2)驳回原告黄某友的其他诉讼请求。[1]

合同未约定逾期付款利息，出卖人不可以主张起诉买受人此前的利息，但可以主张在起诉买受人之后的利息。

【案例5-23】 麦某莲诉腾某飞、黄某萍买卖合同纠纷案

判决观点，被告腾某飞于2013年2月14日写给原告的《欠条》中明确写明其欠原告煤款的数量及还款时间等内容，庭审中，被告确认该《欠条》中记载的"欠款人腾某卫"是其本人，并表示愿意支付该欠款，这是腾某飞的真实意思表示，足以证明原、被告之间存在事实上的买卖合同关系。原告请求被告支付尚欠的货款40000元，法院予以支持。对于原告请求支付利息的问题，因双方没有约定逾期付款违约金，原告请求由被告自起诉之日2015年8月21日起，按照中国人民银行规定的同期同类贷款基准利率计付利息符合法律规定，法院予以支持。但应以实际尚欠的款项数额为基数，计算至本案生效判决书确定的履行期限届满之日止。对于原告请求由被告黄某萍承担民事责任的问题。因黄某萍未在该《欠条》上签字，其不是买卖合同的当事人，原告也未举出证据证实该债务属于夫妻共同债务，因此，原告的该项诉讼请求，法院不予支持。判决：(1)被告腾某飞支付煤款40000元及利息给原告麦某莲；(2)驳回原告麦某莲的其他诉讼请求。[2]

---

〔1〕 参见国家法官学院案例开发研究中心编：《中国法院2017年度案例》(买卖合同纠纷)，中国法制出版社2017年版，第226～227页。广西壮族自治区崇左市天等县人民法院(2015)天民初字第75号民事判决书。

〔2〕 参见国家法官学院案例开发研究中心编：《中国法院2017年度案例》(买卖合同纠纷)，中国法制出版社2017年版，第229页。广西壮族自治区百色市平果县人民法院(2015)平民二初字第401号民事判决书。

9. 违约方在自愿支付违约金后请求调整的问题

现行法律和司法解释对此未有规定,有学者认为,自愿支付违约金的债务人嗣后又以违约金过高为由请求酌减,似有前后矛盾之嫌,以诚实信用原则衡之,难谓正当。非出于自愿而支付者,如有欺诈、胁迫、重大误解等情势,应由其他机制予以解决。但是,如果是违约前提供的给付在违约后依约定转化为"违约金",典型者如分期付款合同中出卖人得保留买受人违约前已付款项,性质上更接近于失权约款,则不应在司法酌减问题上予以区别对待,至少可以类推适用。[1]

10. 违约金调整的限制

在诉讼过程中,如果一方当事人对违约金的数额提出异议,认为过高或过低时,法院有权调整;反之,则不能调整。

商事合同违约金调整限制问题。商事主体在订立合同时基于理性和自愿平等原则,理应对违约损失进行相对科学的预设,这也符合商品的等价交换原则。因此,若合同当事人系商事主体,在违约方未能提供违约金过高的证据情况下,法院应推定违约金数额与违约损失相当,对违约金不宜过多进行干预,原则上不予调整。

违约发生后约定的赔偿款项不属于违约金,同样亦不适用违约金调整规则,若无阻却事由应支持其约定的赔偿款项。对逾期支付赔偿款项的违约金,则不受此限制可调整。

(三)缔约过失责任的认定

所谓缔约过失责任,是指当事人在订立合同的过程中,一方因违背其根据诚实信用原则所应负有的先合同义务,导致合同不成立,或者合同虽然成立,但不符合法定生效条件而被确认无效,被变更或被撤销,而造成另一方信赖利益的损失所应承担的民事责任。从性质上讲,此种合同义务是一种法定义务而不是约定义务。违反先合同义务的,构成缔约过失。因缔约过失行为而导致合同不成立、不生效、无效或者被变更、撤销的,缔约过失行为人应对合理信赖合同能够有效成立的对方当事人赔偿基于此项信赖而发生的损害。缔约过失责任是近代世界合同法的重要制度,《民法典》第五百条对缔约过失责任作了一般规定,并明确规定三种情形为缔约过失责任。

---

〔1〕 参见姚明斌:《违约金司法酌减的规范构成》,载《法学》2014 年第 1 期。

缔约过失责任采取的是过错责任原则,构成要件应当包括客观要件和主观要件两个方面。缔约过失责任构成要件的具体内容为,其一,缔约一方当事人有违反法律规定附随义务和先合同义务的行为。在缔约阶段,当事人为缔结契约而接触协商之际,已由原来的普通关系进入信赖关系,双方均应依约与诚信原则互负一定义务,一般称为附随义务,即互相协助、互相照顾、互相告知、互相诚实等义务。其二,违反法定附随义务或先合同义务的行为给对方造成信赖利益的损失。所谓信赖利益损失,相对人因信赖合同有效成立却由于合同最终不成立或无效而受到的利益损失,即在缔约阶段因一方的行为已使另一方足以相信合同能成立或生效。其三,违反法定附随义务或先合同义务的缔约人在主观上必须存在过错或过失。其四,缔约一方当事人违反法定附随义务或先合同义务的行为与对方所受到的损失之间必须存在因果关系。

缔约过失责任与违约责任的区别为:其一,责任发生时间不同。缔约过失责任发生在合同缔约阶段;违约责任发生在合同有效成立后。其二,责任性质不同。缔约过失责任是一种法定的损害赔偿责任,目的是解决没有合同关系的情况下造成另一方信赖利益损失的问题;违约责任则可以由当事人自行约定,如可以约定违约金、损害赔偿金的计算方法和数额等。其三,责任赔偿范围不同。缔约过失责任赔偿当事人的信赖利益损失,以求恢复到先前的状态;违约责任赔偿当事人的期待利益损失,目的在于达到犹如合同全部履行的状态。在具体的责任形式上,缔约过失责任表现为单一的损害赔偿责任,违约责任表现为支付违约金、赔偿损失和实际履行等。其四,损害赔偿限度不同。缔约过失责任不存在应当预见到损失的限制性规定;违约责任产生的损失赔偿原则上不能超过违反合同一方订立合同时应当预见到的因违约可能造成的损失。在订立买卖合同时,出卖人故意隐瞒重大事实,则构成欺诈。该欺诈行为最终导致买卖合同解除,给买受人造成经营损失,应当承担民事责任。就该责任的性质是违约责任还是缔约责任,实践中主要有两种观点,即承担缔约过失责任、承担违约责任。后一种为主流观点,因为欺诈订立的买卖合同,不违反法律效力性强制性规定的,买卖合同有效成立。买受人作为受欺诈方可以自知道或者应当知道撤销事由之日起一年内行使撤销权。买受人行使撤销权撤销买卖合同的前提是合同有效,无效的买卖合同不存在撤销。买受人没有行使撤销权,则买卖合同有效成立并得到履行,该欺诈行为是导致出卖人违约的原因,出卖人应承担违约责任,而不应认定缔约过失责任。也有可能欺诈行为本身不违反合同约定,一定时间内没有产生损害,但是如果该欺诈行为所依托的事实发生了变化,随之可能导致出卖人违约,此时责任性质亦不是缔约过失。

【案例5－24】　沈飞公司诉弘联石材厂买卖合同纠纷案

一审法院认为,沈飞公司与弘联石材厂签订的《石材采购合同》中约定的买卖标的是“花岗岩石板材”，即仅约定石板材的品种为“花岗岩”，但关于石板材的型号等其他参数未作明确约定，该合同标的不具有唯一性和排他性，且无沈飞公司与弘联石材厂共同确认的货物清单，亦不能依据双方的其他证据推定合同标的物的型号，故诉争买卖标的尚未确定。因此，沈飞公司、弘联石材厂签订的买卖合同不成立。沈飞公司在买卖合同尚未成立之时即向弘联石材厂给付了款项，而弘联石材厂收取的该51.5万元买卖合同尚未成立而无合同依据，故应予以返还。因《石材采购合同》约定按沈飞公司挑选的石材供应，即《石材采购合同》签订后，沈飞公司负有履行选定合同标的物并及时通知弘联石材厂的义务，但沈飞公司未履行上述义务，导致合同不成立，故沈飞公司对此负有缔约过失责任。判决：弘联石材厂返还飞公司货款51.5万元。二审法院判决：驳回上诉，维持原判。[1]

应把信赖利益与交易风险区别开来，不能把缔约方因判断失误而带来的损失转嫁给缔约对方。因为即便缔约对方不违约，这种风险损失依然会发生。就是说，这种交易风险带来的损失与对方违反诚实信用义务的行为无关。

【案例5-25】 陕西咸阳星云机械有限公司与彩虹集团电子股份有限公司缔约过失责任纠纷案

最高人民法院认为，本案中星云公司所主张的损失，并非完全是在双方磋商订立正式供货合同过程中基于信赖合同成立且彩虹公司违背诚信所产生的信赖利益损失，而是部分由于为了进行交易而必须投入的成本付出，部分由于市场发生变化而产生的风险损失，部分由于拒绝彩虹公司提出的价格磋商条件而形成的停产损失，部分由于其根据彩虹公司的随时通知已向其供应了180余万件零部件、彩虹公司也已向星云公司支付了900余万元的事实而产生彩虹公司会继续接受其样品供货的误解所导致的过量生产和积压损失等。因此，对于星云公司进行交易所必需投入的成本和因市场变化而产生的风险损失以及因拒绝接受彩虹公司提出的合理市场价格停产而产生的扩大损失，应当由星云公司自行负担。对于因星云公司供应的零部件数量超过5份认定协议所规定的数量部分造成其相信彩虹公司会继续接收其供货的重大误解所产生的损失，应当由彩虹公司负担。原审法院在(2006)陕民二初字第16号案件中已经根据公平原则对因重大误解产生的损失赔偿进行了处理，即认定彩虹公司应承担星云公司为准备供货而生产的产品和积压的损失，判令彩虹公司接收星云公司积压的全部零部件产品、半成品和采购的专

---

〔1〕 参见国家法官学院、最高人民法院司法案例研究院编：《中国法院2021年度案例》(买卖合同纠纷)，中国法制出版社2021年版，第45页。福建省泉州市中级人民法院(2019)闽05民终1159号民事判决书。

用原材料,并同时向星云公司支付款项3887516元。法院认为,原审法院关于彩虹公司在本案中不再重复担责的认定正确,法院予以维持。星云公司关于彩虹公司因未与其签订正式供货合同而应承担包括专用设备投资、专用模具投资及设备安装、运输、电力配套设备、员工培训费用等在内的共计3001万元缔约过失责任的主张,于法无据,于理不合,法院不予支持。[1]

(四)特殊情形责任的认定

《民法典合同编通则解释》第五条规定:“第三人实施欺诈、胁迫行为,使当事人在违背真实意思的情况下订立合同,受到损失的当事人请求第三人承担赔偿责任的,人民法院依法予以支持;当事人亦有违背诚信原则的行为的,人民法院应当根据各自的过错确定相应的责任。但是,法律、司法解释对当事人与第三人的民事责任另有规定的,依照其规定。”制定司法解释的法官认为,本条旨在明确第三人的赔偿责任,至于第三人的赔偿范围,应根据具体案件情况,结合诚信原则、缔约过失责任等规定加以认定。需要说明的是,现有司法解释对担保人、会计师的责任已有明确规定,为避免司法解释之间的冲突,在法律、司法解释另有特别规定的情况下,应当优先适用特别规定。[2]

买方按照惯例将货款打入卖方业务员指定的账户,无过错时应由卖方承担法律后果。

【案例5-26】　林某美诉武鑫公司、林某买卖合同纠纷案

二审法院认为,林某系武鑫公司的销售人员,入职期间一直为该公司销售钢材,林某美有理由相信林某的行为是武鑫公司的行为。武鑫公司的交易方式一般为公司销售人员与买方直接联系业务,由销售人员到公司上报计划,公司发货,买方打款到销售人员告知的账户。林某美多次与武鑫公司销售人员购买钢材,货款都是打到销售人员指定的账户。武鑫公司指定的打款账户并不是唯一的,大多数情形是销售人员指定打款账户。林某亦是按上述模式与林某美进行交易的。林某美根据林某的告知,将款项打入账户并无过错。武鑫公司称该13万元系林某向林某美借入的私人欠款,但无其他证据佐证,对该观点不予采纳。武鑫公司对林某的职务行为应承担相应的民事责

---

〔1〕 参见最高人民法院民事审判第二庭编:《最高人民法院商事审判指导案例》(合同卷)(下),中国法制出版社2011年版,第762页。最高人民法院(2008)民二终字第8号民事判决书。

〔2〕 参见最高人民法院民事审判第二庭、研究室编著:《最高人民法院民法典合同编通则司法解释理解与适用》,人民法院出版社2023年版,第86页。

任。本案《通知函》发送时间在林某美给林某打款之后,一审判决对《通知函》发生之前林某的行为承担相应责任,并无不当。判决:驳回上诉,维持原判。[1]

双方违约时原则上应按各自违约行为分别承担相应责任,在评价对方的违约责任时,处理涉及合同抗辩规则、过失相抵或减损规则,一般不应考虑己方的违约状况。在一方迟延履行构成违约但未达到不能实现合同目的的程度时,原则上不承担违约责任,合同另有约定除外;而另一方违约达到不能实现合同目的的程度,则应承担违约责任。

情势变更情形下的违约责任承担问题。在买卖合同履行中,出卖人未按照约定的时间履行义务,则合同的履行受到政策的影响,故出卖人的行为已构成违约,应承担违约责任。

由于第三人原因造成买受人损失的,由出卖人承担违约责任。

【案例5-27】 张某武诉安顺佳达鸿途运输有限公司、严某江等买卖合同纠纷案

二审法院认为,本案二审的争议焦点为:(1)上诉人张某武诉请被上诉人佳达公司解除对案涉车辆的远程控制、拆除该车远程控制设备、恢复该车正常使用状态是否应予支持;(2)上诉人张某武诉请被上诉人赔偿损失的诉请是否应予支持;(3)被上诉人严某江、原审第三人重庆重汽公司是否应对上诉人的上述诉请承担连带责任。争议焦点一,上诉人张某武诉请被上诉人佳达公司解除对案涉车辆的远程控制、拆除该车远程控制设备、恢复该车正常使用状态是否应予支持。二审审理中查明,案涉车辆的远程控制状态已于一审诉讼过程中(2021年9月16日)解除,该车已恢复正常使用状态,故一审法院对于张某武解除车辆远程控制、恢复该车正常使用状态的诉请未予支持并无不当。对于张某武诉请被上诉人佳达公司拆除该车远程控制设备的诉请,根据《民法典》第一百八十六条的规定,"因当事人一方的违约行为,损害对方人身权益、财产权益的,受损害方有权选择请求其承担违约责任或者侵权责任",根据一审查明的事实,张某武向佳达公司购买货车并已付清全部车款,但佳达公司因未向原审第三人付清车款导致其向张某武交付的货车存在权利瑕疵,且佳达公司与张某武签订合同时并未约定远程控制设备事宜也未明确告知远程控制设备的存在,导致案涉货车被原审第三人远程锁死,佳达公司的违约行为已侵犯了张某武的合法权益,应当对限制张某武行使合法

[1] 参见国家法官学院、最高人民法院司法案例研究院编:《中国法院2021年度案例》(买卖合同纠纷),中国法制出版社2021年版,第31页。湖南省湘西土家族苗族自治州中级人民法院(2019)湘31民终531号民事判决书。

权益的远程控制设备进行拆除，现张某武主张佳达公司拆除远程控制设备的诉请，应予支持，故一审法院未予支持显属不当，二审法院予以改判。争议焦点二，上诉人张某武诉请被上诉人赔偿损失的诉请是否应予支持，虽然因上诉人车辆被锁死影响正常运行的事实确实存在，且系佳达公司履行交付车辆义务不符合合同约定，根据法律规定，应当赔偿张某武损失，但张某武未提供实际损失的有效证据，并不能充分证实其每日租金3000元已实际被扣除且已实际按每日3000元标准向案外人支付赔偿金等实际损失，且双方未在案涉合同中约定车辆不能运行的责任问题，因此一审法院在上诉人未能提供实际损失的有效证据的情况下，酌情按案涉合同中约定的逾期交付车辆的违约金即所交定金40000元的0.5‰计算30天损失金额为600元，被上诉人二审也未对此计算方式提出上诉，故一审该项判决二审法院予以维持。争议焦点三，被上诉人严某江、原审第三人重庆重汽公司是否应对上诉人的上述诉请承担连带责任，严某江系佳达公司的法定代表人，其与张某武签订案涉合同系履行公司的职务行为，其个人不应承担责任，另张某武系依据其与佳达公司签订的车辆买卖合同提起诉讼，而原审第三人重庆重汽公司并非本案车辆买卖合同的相对方，故上诉人要求原审第三人承担责任并无依据，对于上诉人的上述主张法院不予支持。综上所述，张某武的上诉请求部分成立。判决：(1)维持一审民事判决第一项；(2)撤销一审民事判决第二项；(3)被上诉人安顺佳达鸿途运输有限公司拆除上诉人张某武在其处购买的车辆识别代码为LZFF31X69MD020468的红岩牌CQ3316HYVG486L自卸货车的远程控制设备；(4)驳回上诉人张某武的其他诉讼请求。〔1〕

(五)定金责任的认定

所谓定金，是指合同当事人为了确保合同履行，依据法律规定，由当事人双方约定，合同订立时或订立后、履行前，按照合同标的物的一定比例，一方预先给付另一方的金钱，属于担保的一种形式。定金基于定金合同而产生，因而定金的成立，就是指定金合同的成立。定金作为担保的形式及内容，在《民法典》第五百八十六条、第五百八十七条和第五百八十八条中予以明确规定。司法实践中，因定金产生了诸多纠纷，常常产生不同认识以致处理上有较大的偏差。

社会生活中，定金作为一种具有一定的保障性且操作较为简便的担保方式，受到越来越多的关注与青睐，已在买卖、房地产等众多领域被广泛运用。实践中，

---

〔1〕 贵州省安顺市中级人民法院(2022)黔04民终511号民事判决书。

经常出现的在合同中约定一方向另一方交付一定数额的金钱作为某种形式的担保是否一定就是关于定金的约定,不能一概而论,应严格把握定金的本质和特点,结合具体的情况进行分析。

如何认定经济往来中各种各样被交付金钱的性质从而明确其法律后果,要遵循一个总的原则,即不以名称为唯一标准,要结合当事人围绕该笔交付的金钱所设定的权利义务进行分析得出结论,即准确界定合同中对该笔交付的金钱约定的内容,也就是说,要"名实"并重。一般认为,当事人交付留置金、担保金、保证金、订约金、押金或者订金等,但没有约定定金性质的,当事人主张定金权利的,法律不予保护。换言之,当事人的约定中没有冠以"定金"之名且没有定金罚则的相关内容的(既无定金之名也无定金之实),一律不按定金对待,不能适用定金罚则。《民法典合同编通则解释》第六十七条第一款规定:"当事人交付留置金、担保金、保证金、订约金、押金或者订金等,但是没有约定定金性质,一方主张适用民法典第五百八十七条规定的定金罚则的,人民法院不予支持。当事人约定了定金性质,但是未约定定金类型或者约定不明,一方主张为违约定金的,人民法院应予支持。"

在同时约定违约金责任和定金条款的合同中,一方违约时就要求非违约方根据合同约定的具体情形,自由选择最有利于保护自己合法权益的形式。定金或违约金选择适用有下列情形:其一,根据当事人在合同中的约定条件选择。当事人在合同中如果明确约定了定金和违约金适用的不同情况和条件,则当事人有权对定金和违约金同时选择。其二,根据合同的违约形态选择。如果一方当事人全部或部分不履行合同,相对方可以选择定金或者违约金中的一种。如果一方当事人迟延履行或瑕疵履行合同,相对方一般只能选择违约金。其三,根据违约发生的阶段选择。如果合同生效后尚未履行或处于履行的初始阶段,一方即明确表示不履行合同,此时相对方一般尚无损失或损失不大,可以选择定金条款。如果合同正在履行之中或一方已全部或大部分履行了自己的义务,此时另一方违约有可能给相对方造成损失,相对方可以选择违约金条款。如果约定的违约金不足以弥补损失的,相对方可以请求增加违约金,或者请求定金并罚。其四,根据当事人的损失情况选择。合同一方违约如果已经给相对方造成损失,相对方可以根据损失的大小以及合同所约定的违约金、定金数额的多少,确定选择定金或者违约金,以便能够有效地弥补自己的损失。如果相对方没有损失或损失不大,一般可以选择定金。其五,合同中只约定了定金,而相应的合同法规中有法定违约金的规定,则相对方(债权人)只能择一适用,而不能二者并用。

《民法典合同编通则解释》第六十八条规定:"双方当事人均具有致使不能实现合同目的的违约行为,其中一方请求适用定金罚则的,人民法院不予支持。当事人一方仅有轻微违约,对方具有致使不能实现合同目的的违约行为,轻微违约方主张适用定金罚则,对方以轻微违约方也构成违约为由抗辩的,人民法院对该抗辩不予支持。当事人一方已经部分履行合同,对方接受并主张按照未履行部分所占比例适用定金罚则的,人民法院应予支持。对方主张按照合同整体适用定金罚则的,人民法院不予支持,但是部分未履行致使不能实现合同目的的除外。因不可抗力致使合同不能履行,非违约方主张适用定金罚则的,人民法院不予支持。"制定司法解释的法官认为,经研究认为,定金的作用在于担保及促进合同当事人履行合同,在合同标的可分的情况下,如果合同已部分履行、部分没有履行,但又未导致合同目的的完全落空的情形下,部分履行不致合同目的不能完全实现,此时如果以全有或全无的规则来适用定金处罚,则有违公平原则。因此,对于部分履行并不致合同目的不能完全实现,且对方当事人也愿意接受部分履行的情况下,应当按照未履行部分所占合同标的数量比例适用定金罚则。[1] 也就是说,定金罚则可以根据违约情况按比例适用。

在司法实践中,需要澄清不适用定金罚则的若干情形:双方当事人对不履行合同均无过错责任的,具体为:其一,由于不可抗力造成合同不能履行或不能完全履行。其二,因出现当事人约定的免除责任的情况而使合同不能履行或不能完全履行。其三,因情势变更致合同不能履行或不能完全履行。其四,在公平原则下磋商不成或因不可归责于双方当事人的情况。若当事人协商的主合同无约定,则当事人协商不成的,不能认为是任何一方当事人违反预约合同的约定拒绝订立主合同,因而不能适用定金罚则。其五,政府行政行为的限制和干预,使签订认购书后无法订立主合同。双方当事人对不履行合同均有过错的,根据实际情况,由双方分别承担各自应负的责任。其一,交付定金一方没有按合同约定按时交付定金,对方也没有按时履行合同。其二,交付定金一方没有按合同约定的数额交付定金,对方也没有按时履行合同。

一审中未提出双倍返还定金在二审中提出的问题。在一审程序中,原告未主张双倍返还定金,则二审中提出请求,法院不予支持。

定金罚则只有在违约行为和无法实现合同目的的两个条件同时存在时才能适用,当事人一方不完全履行合同的,应当按照未履行部分合同内容的比例,适用定金罚则。定金数额的约定不能超过主合同标的额的20%,超过的部分可低抵作货款。

【案例5-28】 建工一建公司诉威玻公司买卖合同纠纷案

一审法院认为,合同约定,建工一建公司购买材料的数量为3500米,货款总额为245万元,建工一建公司按照约定向威玻公司支付了50万元作为

[1] 参见最高人民法院民事审判第二庭、研究室编著:《最高人民法院民法典合同编通则司法解释理解与适用》,人民法院出版社2023年版,第756页。

定金。整个项目实际所需管道数量为3000米,双方签订的合同管道数量为3500米,由此可知,双方签订涉案合同的目的是为威玻公司提供整个工程项目所需的管道。但在合同履行过程中,建工一建公司实际只购买了9车货值113.53万元的货物(管道数量为1620米+一个管道接头),与合同约定的数量3500米尚差1880米,在合同尚未完全履行,双方未协商一致的情况下,建工一建公司即单方向威玻公司发出《停止供货通知书》,致使双方签订的合同目的不能完全实现,建工一建公司构成违约,应承担违约责任。双方签订的合同标的为245万元,约定的50万元定金超过了主合同标的额20%的规定,因此只有49万元定金适用定金罚则,多出的1万元可抵作货款。建工一建公司部分履行合同,依照《担保法解释》第一百二十条的规定,实际履行部分所占的定金为22.706万元(113.53/245×49万元),未履行部分所占的定金为26.294万元(49万元-22.706万元),这部分定金建工一建公司不能抵作价款或者收回。建工一建公司购买9车价值113.53万元的材料,扣除可以抵作价款22.706万元定金及定标的额20%部分的1万元,建工一建公司实际上应支付威玻公司货款14.224万元。判决:(1)解除原告(反诉被告)建工一建公司与被告(反诉原告)威玻公司于2017年4月9日签订的材料购销合同;(2)驳回原告(反诉被告)建工一建公司的诉讼请求;(3)原告(反诉被告)建工一建公司支付被告(反诉原告)威玻公司货款14.224万元;(4)驳回被告(反诉原告)威玻公司的其他反诉请求。二审法院判决:驳回上诉,维持原判。[1]

部分履行合同不构成定金"不履行"约定债务的情形,不适用定金罚则。在合同中虽然写的是定金,但买受人交付出卖人的这笔钱并不具备定金的性质,因此不能适用定金罚则,只能按照双方的约定处理。

【案例5-29】 北京关键仙人掌保健食品有限公司诉山东小鸭集团冷藏设备有限公司买卖合同纠纷案

二审法院认为,小鸭公司与仙人掌公司签订的购销合同合法有效,双方均应按约履行各自的义务。合同成立后,仙人掌公司向小鸭公司交付了10万元定金。小鸭公司在收取仙人掌公司的定金后,未按约供足全部货物。根据《合同法》的相关规定,履行了部分供货义务不构成定金罚则的"不履行"约定的债务的情形。因此,小鸭公司不应双倍返还仙人掌公司定金。因双方在合同中约定"2004年5月20日货物全部送完,反之终止合同返还定金",

---

〔1〕 参见国家法官学院、最高人民法院司法案例研究院编:《中国法院2021年度案例》(买卖合同纠纷),中国法制出版社2021年版,第188~189页。广西壮族自治区崇左市中级人民法院(2019)桂14民终1104号民事判决书。

小鸭公司没有供足全部货物,双方应终止合同,小鸭公司返还仙人掌公司10万元定金。一审法院判决小鸭公司双倍返还定金于法无据,应予以纠正。小鸭公司的上诉理由成立,应予以支持。判决:(1)维持一审判决第二项;(2)撤销一审判决第一项;(3)小鸭公司返还仙人掌公司定金10万元;(4)驳回仙人掌公司的其他诉讼请求。[1]

法律规定的违约金条款与定金条罚则竞合的情况下,选择的主体是"对方"即违约方的相对方,守约方有权选择违约金条款。也就是说,选择的权利归属于有权追究他方违约责任的一方。

定金罚则仅适用于一方守约一方违约的情形,而不适用双方违约的情况。

【案例5-30】 三力公司诉中轻公司买卖合同纠纷案

二审法院认为,原审庭审中双方一致同意解除《铬矿期货销售合同》符合法律规定,应予支持。结合案件事实,连云港出入境检验检疫局外检报告载明案涉铬矿的CR203含量指标为41.68%,符合合同约定,三力公司以自检报告载明CR203含量指标与商检报告存在差异为由拒绝付款提货缺乏事实与法律依据,构成违约。中轻公司在合同还未解除的情况下,将案涉铬矿转卖第三人,其无证据证明转卖案涉铬矿后仍可履行合同约定的交货义务,即中轻公司转卖货物导致无法继续履行交货义务也构成违约。故三力公司、中轻公司均存在违约行为,应各自承担相应的违约责任。本案定金的性质是违约定金,旨在督促合同各方主体适当地、全面地履行合同义务,对违约方予以惩罚。如本案一方面认定因三力公司违约,中轻公司有权没收定金,同时认定中轻公司违约,三力公司有权要求中轻公司双倍返还定金,那么难以达到对违约方处以违约责任、保护守约方的立法目的,《合同法》第一百一十五条仅适用于单方违约,三力公司要求中轻公司双倍返还定金的诉请无合法依据,中轻公司基于合同继续占有定金亦无合法依据,加之双方均无证据证明其产生的其他损失,故应由中轻公司将定金875700元返还给三力公司。原审判决既认定双方当事人都构成违约,又判定公司双倍返还定金给三力公司,属于适用法律不当,依法应予纠正。判决:(1)维持一审判决第一项;(2)变更一审判决第二项为:中轻公司返还三力公司定金875700元;(3)撤销一审判决第三项;(4)驳回三力公司的其他诉讼请求。[2]

违约定金的适用前提应为根本违约,而不应适用于所有的违约行为。换言

---

〔1〕 参见北京市高级人民法院编:《审判前沿——新类型案件审判实务》2007年第1集(总第17集),法律出版社2007年版,第130页。

〔2〕 参见国家法官学院案例开发研究中心编:《中国法院2014年度案例》(买卖合同纠纷),中国法制出版社2014年版,第240页。四川省高级人民法院(2012)川民终字第72号民事判决书。

之,不构成根本违约的,一般违约行为限制适用违约定金罚则。

【案例5-31】 甲公司诉乙公司买卖合同纠纷案

一审法院认为,被告在收取原告供应的价值912516元铝镁锰合金垂纹板后,理应支付相应的货款。被告称该垂纹板存在质量问题,经司法鉴定,该合金垂纹板的化学成分、力学性能、板材厚度均符合规定,依据国家标准和行业标准,亦无法判断该合金锤纹板花纹高度是否合格,故法院对被告提出的质量异议不予支持。关于货款数额,法院认为,被告迟延给付货款的行为不足以导致合同目的不能实现,不构成根本违约,故不应当适用定金罚则,因此应当将被告已向原告支付的定金135000元从应付货款中扣除,即被告应当支付原告货款公司货款777516元。因合同明确约定以被告分批订货单为准,按实际发生量结算,故原告所主张的仓库占用费损失,亦缺乏相应的依据,法院不予支持。考虑到原告供货确有迟延,法院最终依法判令被告给付原告垂纹板货款777516元,原告向被告给付迟延供货违约金5437元,并判决驳回双方其他请求。二审法院判决维持原判。[1]

定金是债权担保的一种形式,《民法典》第五百八十六条规定了定金的性质、效力等内容,但未明确定金的类型。虽前述司法解释已被废止或修改,但考虑到各种类的定金在司法实践中大量存在,而理论界已依废止司法解释的规定,对定金的种类进行了类型化概括,双方约定的定金应为成约定金,在定金交付后即产生主合同生效的法律后果,与此同时该定金的担保功能也因合同的生效而完成。双方在合同生效后,即进入了合同的履行程序。双方在履行合同中产生的纠纷,因未约定相应定金作为担保,故不应再适用定金罚则。超出定金约定担保事项,不适用定金罚则。

【案例5-32】 某加工公司与某技术公司买卖合同纠纷案

判决观点,双方签订合同约定"需方付定金货款10000元汇入收款专用账户,此款到账后合同生效",该定金的性质应认定为成约定金。在合同生效后,该10000元即转化为货款。双方在合同中未约定可适用定金罚则的内容。某加工公司要求双倍返还定金的主张理由不成立,法院遂判决某技术公司返还8000元剩余款项。[2]

---

〔1〕 参见北京市高级人民法院编:《审判前沿——新类型案件审判实务》(总第48集),法律出版社2014年版,第92~93页。

〔2〕 山东省高级人民法院发布2022年度山东法院十大买卖合同纠纷典型案件,山东省武城县人民法院(2022)鲁1428民初140号民事判决书。

(六)违反附随义务责任的认定

在附随义务中适用混合过错。附随义务旨在保护债权人的利益圆满实现,并同时具有保护合同关系当事人的人身财产安全的功能。据此,以功能为标准,可将附随义务分为两类:一类为促进实现主给付义务,使债权人的给付利益获得最大可能的满足,即辅助功能;另一类为维护对方的人身或财产的利益,即保护功能。合同附随义务违反的归责原则,理论尚有不同观点。有学者认为,《合同法》第一百零七条(对应《民法典》第五百七十七条)规定了统一的义务违反的归责原则,即严格责任原则,而合同法对附随义务的违反,并没有要求债务人具有归责事由,故解释上宜认为债权人应当就债务人违反附随义务负举证责任,而债务人须就其具有免责事由负举证责任。有学者认为,应根据附随义务的具体类型,确定其违反的归责原则,违反先合同义务或后合同义务适用过错原则,合同履行过程中违反附随义务,则适用严格责任。[1] 也有学者认为,附随义务与给付义务不同,且合同法中的严格责任并不是合同义务不履行的唯一归责原则,对附随义务应单独适用过错原则。[2] 笔者认为,因为现行法律对附随义务的归责原则没有规定,上述第三种观点符合立法原意,从司法实践的判例来看,在已生效判决中,法院均会考虑当事人的主观过错,即是否存在过错,这意味着在附随义务中适用混合过错。

违反合同附随义务的不足以构成欺诈。

【案例5-33】 谭某安诉中升之星公司买卖合同纠纷案

二审法院认为,关于是否披露车辆保修信息的问题。关于对购车时是否有披露前述事项,中升之星公司作为专业的车辆经销商,其在销售车辆时,负有主动向消费者及时、完整披露车辆相关信息的义务,故在购车时是否披露相关信息,中升之星公司负有举证证明责任。中升之星公司无法提供证据证实其主张,应承担举证不能的责任,即中升之星公司未能在购车时向谭某安披露涉案车辆无法在奔驰中国公司授权的全国各地网点进行质保期内的免费保修。关于中升之星公司没有披露前述信息的行为是否构成欺诈问题。从中升之星公司在工商局的调解下与谭某安达成由中升之星公司承担保修费用及中升之星公司出具给谭某安《承诺书》中承担保修期的保修费用可

---

〔1〕 参见方龙华、吴根发:《论合同法上的保密附随义务》,载《法律适用(国家法官学院学报)》2001年第10期。

〔2〕 参见罗玉章、陆瓯:《浅析附随义务负担的规则原则》,载《律师世界》2003年第5期。

知,涉案车辆保质期内在全国范围的免费保修是中升之星公司应负的合同主要义务之一。因此,涉案车辆无法享有质保期内在全国范围的免费保修,中升之星公司已违反合同义务,构成违约。但是中升之星公司又通过《承诺书》的形式给予谭某安承担保修期内保修费用的承诺,该承诺足以弥补因中升之星公司的前述违约行为而导致谭某安可能遭受的损失。鉴于此,可以认定中升之星公司以替代履行的方式承担其合同义务,已对其违约行为进行纠正,补救并完善了合同义务。另外,相较于承担涉案车辆质保期内在全国范围的免费保修是合同的主要义务,是否披露涉案车辆的维保信息应是合同的附随义务。在前述合同主要义务已通过替代履行的方式得以实现的情况下,是否披露涉案车辆的维保信息这一合同的附随义务亦不足以对合同相对人即谭某安造成实质性的损害,其所主张的欺诈已无法成立。综上,一审法院认定事实清楚,适用法律正确,应予维持。判决:驳回上诉,维持原判。[1]

(七)侵犯消费者知情权的认定

《消费者权益保护法》第八条第一款规定:"消费者享有知悉其购买、使用的商品或接受的服务的真实情况的权利。"

相较于《民法典》,《消费者权益保护法》是民法领域的特别法,主要是针对消费者与经营者之间在买卖、承揽、服务等中产生的合同关系,消费者与经营者之间并不处于平等的交易主体地位,因此《消费者权益保护法》专章规定了消费者的权利与经营者的义务,并未明确规定提及经营者的权利与消费者的义务,如此可见有保护消费者的倾向。特别是在知情权问题上,消费者在选择商品或接受服务时,信息不对称是消费者受到损害的原因之一,特别是在科技迅猛发展的情况下,信息不对称是消费者受到损害的原因之一,因此知情权是一项基础性权利,涉及消费者的安全权、选择权能否最终实现。《消费者权益保护法》第八章专门规定了消费者享有知悉购买使用的商品或者接受的服务的真实情况的权利,第二十条又专门规定经营者向消费者提供有关商品或服务的质量、性能、用途、有效期等信息,应当真实、全面,不得作虚假或引人误解的宣传。这就要求在购买商品的过程中只要是与正确的判断、选择、使用有直接关系的情况与信息,消费者都有权知

---

〔1〕 参见国家法官学院、最高人民法院司法案例研究院编:《中国法院2020年度案例》(买卖合同纠纷),中国法制出版社2020年版,第134页。福建省泉州市中级人民法院(2018)闽05民终7110号民事判决书。

悉,经营者都应当提供。

根据《消费者权益保护法》第八条消费者知情权的规定,凡是消费者在选购、使用商品或者接受服务过程中与正确的判断、选择、使用等有关直接关系的信息,都应有权了解。但该条款未对侵害消费者知情权的后果进行直接规定,故侵害消费者知情权不是一项独立的请求权基础。经营者侵犯消费者包括知情权在内的权益,有时同时侵犯了法律保护的多种多层社会关系,有时是交叉的,有时是重合的,有它的复杂性。一般情况下是消费者知情权受到侵害,引起《消费者权益保护法》规定的其他侵权后果,可以是要求赔偿,也有可能构成欺诈。侵害消费者知情权并不必然导致欺诈消费者,但欺诈必然侵害消费者知情权,也就是说,欺诈成立的,必须以侵害消费者知情权为前提条件,缺少这一要件则不构成欺诈。《消费者权益保护法》第五十五条规定了欺诈行为的惩罚性赔偿,其中欺诈行为的认定应同时满足民法上关于欺诈构成要件的认定。

【案例 5-34】　石某林诉北京奥祥瑞汽车销售服务有限公司买卖合同纠纷案

判决观点,本案中,涉案车辆在出厂前进行 PDI 检查时虽发现了部分问题,但该 PDI 检测符合该车生产的行业惯例,其目的是确保该车产品的安全性能,且由生产厂家进行维修后,涉案车辆取得合格证,被告作为销售者对涉案车辆又进行了 PDI 检测,且检测结果为合格。基于以上情况,被告作为经销商,其有理由相信销售的车辆为合格产品,因此被告的行为不构成欺诈。关于原告以被告欺诈为由要求被告支付购车款 3 倍赔偿金的诉讼请求,无事实和法律依据,法院不予支持。PDI 检测虽属行业惯例,但对于检测中发现的问题如何处理,现行法律、法规没有明文规定,亦无成文的国家标准或行业标准予以规范。法院认为,PDI 检测情况是否应告知消费者,应根据 PDI 检测的结果是否合格、PDI 检测的问题是否影响车辆性能及使用功能,并进而影响消费者的购买选择来确定。本案中,在从厂家接受车辆时该车辆具有合格证,且被告进行 PDI 检测时的结果为合格,但被告在销售涉案车辆时是否知晓出厂前 PDI 检测情况存疑。即使被告知晓涉案车辆出厂前有厂家进行了 PDI 检测,从本案查明的情况看,第一次 PDI 检测出的问题系车辆出厂前的一些细小瑕疵,上述瑕疵对车辆性能及使用功能并无明显影响,且均已由厂家在出厂前进行返修并确认合格。从一般消费者的认知能力和消费心理来看,被告未向原告告知上述情况,也不构成对原告知情权的损害。综上,法院认为被告并未侵犯原告知情权。原告以被告侵犯其知情权、构成欺诈为由,要求解除原、被告之间的汽车买卖合同并要求被告返还购车款,无事实和法律依据,被告亦不同意,故法院均不予支持。关于原告主张被告赔偿损失的诉讼请求,结合本案已查明的事实,被告提交的 2016 年 2 月 22 日《购车服务明细表》《新车售前检查表》并非原告本人签字,原告称没有见过这两份文件,被告认可该两份文件系根据生产商要求制定的,法院认为这两份文件虽不影响原告在购买涉案车辆时对车辆进行外观检测,但被告允许他人代签的行为,存在履行瑕疵,法院据此酌定被告赔偿原告10000元,上述履行瑕疵并不构成根本违约,不影响合同的继续履行,不构成合同解除的法定事由。判决:(1)被告北京奥祥瑞汽车销售服务有限公司赔偿原告石某林1000元;(2)驳回原告石某林的其他诉讼请求。[1]

家用电器的生产日期属于消费者知情权范围。经营者销售家用电器"库存机",未主动告知电器的真实情况,侵犯了消费者的知情权自主选择权,消费者主张免费更换相同型号新电器的,法院应予支持。

【案例5-35】 李某诉江苏某电器有限公司买卖合同纠纷案

判决观点,根据《消费者权益保护法》的相关规定,消费者享有知悉其购买、使用的商品或者接受的服务的真实情况的权利,包括:商品生产日期;消费者享有自主选择商品或者服务的权利,有权进行比较、鉴别和挑选;经营者向消费者提供有关商品或者服务的质量、性能、用途、有效期限等信息,应当真实、全面,不得做虚假或者引人误解的宣传。本案中,原告2019年6月9日从被告处购买案涉空调时,被告并未告知原告该空调的生产日期距其购买时已近三年。虽然对于生产日期远近与空调的质量问题并无必然联系,但对于普通消费者购买心理来说,其对产品生产日期这一重要因素是存在合理期待的,对此应享有知情权。而被告作为销售者在向原告销售距其购买时已达三年期限的产品时,也负有告知的义务。虽然在原告购买时国家并未颁布有关空调的强制性安全使用年限标准,但其作为一种工业产品及家庭使用电器,仍应具有合理的使用年限,超期使用会对消费者带来安全隐患,有可能存在引发电器短路进而引起火灾、爆炸等风险。且空调出厂后即便存放未启用,长时间库存亦存在在各种外界环境因素作用影响下,发生电路板线路老化、漏电、冷媒泄漏、性能下降等一系列潜在危害的可能性。被告向原告销售生产日期为2016年7月涉案空调的行为,损害了原告作为消费者的知情权与选择权,对原告今后的空调使用产生潜在危害,现原告要求被告将案涉空调更换为新机,符合法律规定,法院依法予以支持。但考虑到空调生产、运输、销售、安装等环节对时间的需求,及原告购买时间与安装时间等延长,对于原告主张的新机生产日期可结合一般消费习惯及心理期待,酌定于2020

---

[1] 参见国家法官学院案例开发研究中心编:《中国法院2019年度案例》(买卖合同纠纷),中国法制出版社2019年版,第13~14页。北京市朝阳区人民法院(2016)京0105民初29497号民事判决书。

年1月1日之后生产的产品。对于原告要求被告赔偿5000元损失的诉请，法院认为原告提交的证据虽证明系为安装空调所产生，但因原告要求更换新机且需要继续安装使用，故其费用不应作为损失进行认定，对于该项诉请，依法不予支持。但因被告为原告更换新机时需要拆除原机、安装新机，且拆装责任的产生在于被告，故被告应免费为原告提供拆装机服务。[1]

（八）责任竞合的认定

责任竞合在本书中主要指违约责任与侵权责任竞合。在发生竞合纠纷案件中，并非仅对涉案的违约责任予以处理，而是根据个案的具体情况，由法官自由裁量。

如果受理竞合案件，既审理了违约纠纷，又审理了侵权纠纷，审结后当事人不服以另外一诉再行起诉的，法院不予受理，对其主张两个请求权并不限制，即违约责任与精神损害赔偿可以并列。《民法典》第九百九十六条规定："因当事人一方的违约行为，损害对方人格权并造成严重精神损害，受损害方选择请求其承担违约责任的，不影响受损害方请求精神损害赔偿。"因为违约责任中不包含精神损害赔偿，如果守约方因为合同违约造成人格权损害的，有权主张精神损害赔偿。

在责任竞合的情况下，法官应按原告的诉讼主张确定案件性质并作出处理。

法人的工作人员利用职务便利，以法人名义与相对人签订、履行合同，诈骗相对人的钱款，相对人对此存在过错的，工作人员的行为不构成表见代理，相对人要求法人承担合同责任的，法院不应支持。但法人也存在明显过错，且该过错与相对人的损失之间存在因果关系的，法人应当承担相应的赔偿责任。

相对人依据合同请求权提起诉讼，要求法人承担合同责任，法院经审理后认为法人不应当承担合同责任而应当承担侵权责任的，可以释明后要求相对人提出由法人承担侵权责任的备位请求。法人应承担的侵权赔偿责任与相对人的诉讼请求均为金钱给付的，法院也可以直接在诉讼请求的给付金额范围内判决法人承担相应的赔偿责任。

【案例5-36】 张某某诉北京宝泽行汽车销售服务有限公司买卖合同纠纷案

二审法院认为，薛某以代宝泽行收取购车款的名义诈骗张某某的钱款，

---

[1] 参见《最高人民法院公报》2023年第7期。江苏省南京市秦淮区人民法院（2020）苏0104民初511号民事判决书。

致张某某财产权益受损,现就宝泽行应向张某某返还购车款并赔偿利息损失的问题,分析认定如下:根据法律规定,只有张某某主观上为善意且无过失地相信薛某有权代宝泽行收取购车款,方可认定张某某向薛某个人付款的行为能够产生向宝泽行支付了购车款的法律后果。但首先,支付几十万元款项购买车辆并非普通人的日常性消费,买方应当具有较高的审慎义务,应当有向公司购买车辆就应当向公司付款的意识,不能轻易向工作人员个人付款。本案中,薛某第一次要求张某某向其个人银行账户汇款时,张某某提出疑问并询问是否有发票,在薛某未给出合理解释的情况下,张某某陆续向薛某个人支付款项。其次,合同已明确约定并提醒买方应当将款项支付到卖方财务部门和卖方的公司账户,向个人或个人账户给付钱款的,均不属于向卖方支付。而且张某某自述至今未取得盖章的合同、收据或发票,但在此情况下,张某某仍然在较长的时间内分三次向薛某的个人付款。综上,张某某主观上存在过失,薛某的个人收款行为不构成表见代理,对宝泽行不发生效力。一审法院判决宝泽行向张某某承担合同责任有误,二审法院予以纠正。但根据查明的事实,宝泽行对销售合同并未进行严格、规范的管理,将销售合同放置于公司,其销售人员可以随意领取。就宝泽行的销售流程而言,从与客户磋商、与客户签约到收取客户款项,销售人员一人可独自完成,缺乏有效的监督、制约,一旦对销售人管理不善,便可能造成销售人员侵吞客户款项的情况发生,给客户造成损失。本案中薛某的损失以及刑事判决中其他被害人的损失皆与此相关。宝泽行对公司销售合同、销售人员管理不善,销售流程存在风险、漏洞,对于张某某的损失具有过错,应当对张某某的损失承担赔偿责任。根据张某某与宝泽行的过错程度,酌定宝泽行对张某某该部分损失承担50%的赔偿责任。判决:(1)维持一审判决第一项;(2)撤销一审判决第二项、第三项、第四项;(3)宝泽行返还张某某购车款1万元并赔偿相应的利息损失;(4)宝泽行赔偿张某某购车款损失167575元及相应利息损失;(5)驳回张某某的其他诉讼请求。[1]

---

〔1〕 参见最高人民法院中国应用法学研究所编:《人民法院案例选》2022年第6辑(总第172辑),人民法院出版社2022年版,第125页。北京市第二中级人民法院(2020)京02民终2962号民事判决书。

三、买卖合同责任纠纷的处理

(一)买卖合同赔偿责任的处理

《民法典》《民法典合同编通则解释》《买卖合同解释》中相关赔偿的规定是处理赔偿责任的依据。

1. 赔偿类型

(1)逾期支付货款赔偿

按照《买卖合同解释》第十八条第四款的规定计算逾期付款损失。

利息可以作为违约责任中赔偿损失的认定标准。

【案例5-37】 智能电气公司诉开关公司买卖合同纠纷案

判决观点,原告智能电气公司已按双方约定履行了交货义务,被告开关公司未能按约定时间给付货款,经原告工作人员张某锋多次催要和发函征询的方式对账,开关公司确认截至2018年8月24日尚欠智能电气公司货款1287141元未付,智能电气公司不同意以尚欠货款70%的数额了结全部债务的和解方案,开关公司应当按欠款总额给付智能电气公司货款。故对智能电气公司要求开关公司给付货款1287141元的诉讼请求,法院予以支持。智能电气公司请求支付按照中国人民银行一年期贷款利率自和解协议签署之日(2018年8月24日)暂计算至2019年6月21日的利息,虽然2018年8月24日并非和解协议签署之日,但该日期是双方再次协商偿还债务的日期,法院支持以该日期为起算日,按照中国人民银行同期贷款利率暂计算至2019年6月21日的利息。经法院传票传唤,被告无正当理由未到庭应诉,亦未提交书面答辩意见,视为其放弃了答辩和举证质证的权利,不影响法院依据查明的事实依法作出裁决。判决:开关公司给付智能电气公司货款1287141元及利息。[1]

---

〔1〕 参见国家法官学院、最高人民法院司法案例研究院编:《中国法院2022年度案例》(买卖合同纠纷),中国法制出版社2022年版,第150页。北京市密云区人民法院(2020)京0118民初2421号民事判决书。

【案例5-38】 大庆高新国际工贸有限公司诉新疆天龙矿业股份有限公司买卖合同纠纷案

二审法院认为,本案的争议焦点为:(1)被上诉人是否需要赔偿上诉人328704.86元的损失;(2)被上诉人主张的履约保证金数额以及欠付货款利息应如何认定?关于争议焦点一,被上诉人是否需要赔偿上诉人328704.86元的损失,首先,上诉人与被上诉人签订的《工矿产品购销合同》系双方的真实意思表示,且内容不违反法律法规的强制性规定,合法有效,对双方当事人均具有约束力。上诉人上诉称,因被上诉人违约,未按合同约定数量、质量向其供货,给其造成328704.86元损失,故要求被上诉人赔偿。法院认为,关于被上诉人提供的第一批货物,双方已就交付货物数量、退货数量、扣减数量协商一致,就该批货物进行结算,双方确认供货吨位为341.92吨,货款为1128336元,被上诉人向上诉人开具发票,故该批货物不存在质量问题。对于第二批货物,被上诉人于2022年3月向上诉人供货后,上诉人未按约定于货物到场后进行检验,且亦未向被上诉人通知货物存在质量问题,并就涉案货物进行了使用;此外,上诉人并未提供证据证实被上诉人提供的货物存在质量问题给其造成了损失。故法院对上诉人主张涉案货物存在质量问题应向其赔偿损失的理由不予采信。其次,涉案合同约定被上诉人于合同生效之日起至2022年1月25日供货到位,其后,双方协商延期供货。上诉人于2022年3月8日发函要求被上诉人于3月20日前供货,虽然被上诉人迟了一天,即3月21~25日分三次向上诉人供货423.12吨,但上诉人接收并使用了上述货物,且并未提出异议,故本案被上诉人不存在延期供货的违约行为。最后,上诉人上诉称,被上诉人未按合同约定向其提供1000吨货物,仍差166.94吨,存在违约行为。法院认为,被上诉人于2022年1月向上诉人供货后,双方进行结算,被上诉人于2022年1月27日向上诉人出具发票。根据合同约定,上诉人天龙矿业公司于次月,即2022年2月即应向被上诉人支付货款,但上诉人至今未向被上诉人支付货款,故上诉人存在违约行为。在上诉人未按约定履行付款义务的情况下,被上诉人有权拒绝履行继续交付货物。上诉人要求被上诉人向其赔偿因从案外人处另行购买166.94吨货物的差价损失,于法无据,法院不予支持。关于争议焦点二,被上诉人主张的履约保证金数额以及欠付货款利息应如何认定,关于履约保证金,虽然被上诉人所供货物的数量仍差166.94吨,但2022年3月25日在被上诉人提供最后一批货物之后,至今为止上诉人并未要求被上诉人继续供给所需数量的货物;且上诉人对差额货物数量已从案外人处另行购买,涉案合同已经不具备继续履行的基础。故一审法院扣减质量不合格部分的保证金后,判决上诉人将所剩44000元履约保证金返还给被上诉人,并无不当,二审法院予以维持。

关于利息损失,被上诉人向上诉人提供涉案货物后,上诉人未按合同约定向被上诉人支货款,构成违约。一审法院判决上诉人支付逾期利息损失并无不当,二审法院予以维持。综上所述,上诉人新疆天龙矿业股份有限公司的上诉请求不能成立,应予驳回;一审判决认定事实清楚,适用法律正确,应予维持。判决:驳回上诉,维持原判。[1]

(2)合同解除赔偿

应当考虑到合同解除时的损害赔偿包括违约金指向的违约损害和此外的损害,为尊重当事人的意思自治,人民法院应首先支持违约金的支付请求,然后依据《合同法》第一百一十四条(对应《民法典》第五百八十五条)确立的违约金调整方法调整:或认为违约金已涵盖了损害赔偿,不再支持损害赔偿请求;或认为违约金低于造成的损失,依当事人之请求,可以增加相应的数额。[2] 合同解除的损害赔偿并不遵循完全赔偿原则。最高人民法院民事审判第一庭法官认为,此情形下赔偿损失,以当事人实际受到的损失(所受损害)为基础。细言之,包括对方订立合同所支出的必要费用、无责任方因返还对方已经给付物所支出的必要费用及责任方拒绝或迟延返还给付而使对方蒙受的损失等。可见以上范围应当是限缩的。[3] 通常认为,直接损失包括:其一,订立合同所支出的必要费用;其二,因相信合同能够履行而做准备所支出的必要费用;其三,债务人因拒不履行返还给付物的义务给债权人造成的损失;其四,债权人因返还给付物而支付的必要费用。

根据现行法律及理论通说,合同解除后产生恢复原状与赔偿损失的法律后果,损失赔偿的范围不仅包括债务不履行的损害赔偿,而且包括因合同解除而产生的损害赔偿。因合同解除而产生的损害主要体现为债权人因相信合同能够履行而作准备所支出的必要费用。

(3)违反附随义务赔偿

在不履行附随义务严重影响当事人的利益,或者致使合同不能履行的,也可以产生解除权。否则,应承担违约责任,给买受人造成损失的应当承担赔偿责任。

在买卖合同中,开具并交付有效的增值税发票,是出卖人的法定义务,出卖人由于自身原因未完成增值税发票的有效交付,是未完全履行合同的附随义务的行为。在增值税发票丢失,超过法定期限无补救措施的情况下,买受人可以要求出卖人赔偿相应的税款损失。

---

〔1〕 新疆维吾尔自治区昌吉回族自治州中级人民法院(2022)新23民终1943号民事判决书。

〔2〕 参见最高人民法院民事审判第二庭编著:《最高人民法院关于买卖合同司法解释理解与适用》,人民法院出版社2012年版,第430页。

〔3〕 参见最高人民法院民事审判第一庭编:《最高人民法院关于审理商品房买卖合同纠纷案件司法解释的理解与适用》,人民法院出版社2003年版,第300页。

【案例5-39】 吴江三帛纺织有限公司诉吴江市金蝶喷气织造厂买卖合同纠纷案

二审法院认为,金蝶厂称胡某标系三帛公司的员工,但未能提供证据证实,且三帛公司对此也予以否认,因此,仅凭增值税专用发票上胡某标的签字,不足以证明将该发票交给了三帛公司。因金蝶厂未谨慎审查胡某标的身份,致增值税专用发票抵扣联在流转中丢失,根据《国家税务总局关于增值税一般纳税人丢失防伪税控系统开具的增值税专用发票有关税务处理的通知》,本案双方当事人在发现增值税专用发票丢失后,只要根据通知的要求向税务机关提供相关材料,同样可以实现增值税进项税额的抵扣。然而,《国家税务总局关于增值税一般纳税丢失防伪税控系统开具的增值税专用发票有关税务处理的通知》规定增值税发票申报抵扣的期限为90日,涉案增值税专用发票的开具时间是2009年7月29日,至三帛公司2010年1月8日起诉,已超过90日,故上述发票已无法抵扣。鉴于从2009年8月至三帛公司起诉,三帛公司的销项税款在用进项税额抵扣后,尚有201420.67元(销项税2145271.68元-进项税额1943851.01元)需要向税务机关缴纳,由于24618.73元未能作为进项税额抵作销项税额,因此,三帛公司主张的24618.73元应认为是该公司实际发生的损失。综上,原审判决认定事实清楚,适用法律正确。判决:驳回上诉,维持原判。[1]

2. 赔偿损失的裁量

个案中,对于损失是否发生以及赔偿损失数额由法官根据案情酌定。

提供虚假增值税普通发票的一方当事人应当承担赔偿损失的违约责任。

【案例5-40】 天地伟业公司诉盛红津公司、旭海林峰公司买卖合同纠纷案

一审法院认为,关于被告旭海林峰公司主张的"涉案货物均从被告盛红津公司购买,被告盛红津公司为偷逃税款实施了套票行为"的辩解意见,旭海林峰公司未能举证证实盛红津公司实施了制作虚假发票的行为。关于原告要求盛红津公司承担共同赔偿责任的诉讼请求,依据已查明的事实,盛红津公司与原告及被告旭海林峰公司均不存在买卖合同关系,虚假发票仅系冒用其公司名称开具。因旭海林峰公司向原告提供了虚假发票导致原告被税务部门查处,其违约行为给原告造成了经济损失,应承担本案的民事责任。判决:被告旭海林峰公司赔偿原告经济损失1010348.58元。二审法院认为,旭

---

〔1〕 参见最高人民法院中国应用法学研究所编:《人民法院案例选》2012年第2辑(总第80辑),人民法院出版社2012年版,第173页。江苏省苏州市中级人民法院(2010)苏中商终字第0627号民事判决书。

海林峰公司在合同履行过程中,向天地伟业公司提交虚假发票,导致天地伟业公司被税务部门查处,并补缴了税款及滞纳金,原审法院判决旭海林峰公司承担赔偿责任并无不当。判决:驳回上诉,维持原判。[1]

3. 赔偿损失并用

违约金与定金并用。司法实践中,违约金与定金不能并用,两者存在互斥关系,但存在例外情况,即违约金可以和解约定金并用。笔者认为,选择以定金或者违约金作为赔偿请求标准时,应以守约方的最大利益为标准。如果违约金和定金高于造成的实际损失,守约方只需主张违约金或者定金(选择较高者进行主张)即可,如果违约金低于造成的实际损失,守约方可以选择只主张赔偿损失,或者在主张违约金的同时申请法院调高违约金。如果定金低于造成的实际损失,守约方也可以选择只主张赔偿损失,或者在主张定金罚则的同时要求违约方对超出定金部分的损害进行赔偿。

【案例5－41】　仁成公司诉特质锐公司买卖合同纠纷案

判决观点,对于原告提出要求被告赔偿损失的诉讼请求,因其提供的证据与本案缺乏关联性,不足以证明因被告违约行为导致原告产生上述损失,因此不予支持。对于原告提出的要求被告双倍返还定金并支付违约金的诉讼请求,法院释明原告选择定金或者违约金,原告坚持同时主张,但同时表示倘若法院不能同时支持,请求法院支持金额较高者。法院考虑到下列两个因素决定支持违约金:一是本案的违约金高于定金,二是合同对定金的约定不明确,虽然合同文本中使用了"定金"的措辞,但是后文对定金所作的解释说明为:"如有明显缺陷无法使用,甲方(仁成公司)有权退回设备并将定金收回。"该合同表述为"定金收回",而不是"双倍返还定金",该处对定金作出的说明与担保法上"定金"的性质不同,因原告已经将定金抵作货款,故法院对原告提出的要求双倍返还定金的诉讼不予支持,对原告提出的要求支付违约金的诉讼请求予以支持。关于违约金的具体数额,因未履行部分的合同价款为124.7万元,根据合同违约责任的约定:若特质锐公司未按合同约定交付货物则赔偿仁成公司"经济损失合同款的50%",对于"合同款"的理解,法院从公平角度解释为"未履行部分的合同款",最终法院认定违约金数额为62.35万元。因原告多支付货款3.79万元,被告应当返还给原告,故对原告提出的返还多支付货款3.79万元予以支持。判决:(1)原告与被告签订的买卖合同

〔1〕 参见国家法官学院案例开发研究中心编:《中国法院2017年度案例》(买卖合同纠纷),中国法制出版社2017年版,第218页。天津市第二中级人民法院(2015)二中民二终字第939号民事判决书。

中关于3台自动车床和4台锥面磨床的部分解除;(2)被告赔偿原告违约金62.35万元;(3)被告返还原告多支付的货款3.79万元;(4)驳回原告的其他诉讼请求。[1]

违约金与损害赔偿并用。违约金与损害赔偿并不等同,但有紧密联系。从实际损失的原则区分,违约金支付不考虑实际损失,损害赔偿要以实际损失为前提。但这里讲的违约金并未区分惩罚性违约金与补偿性违约金。惩罚性违约金并不考虑实际损失。补偿性违约金则正好相反,要考虑实际损失。补偿性违约金旨在赔偿实际损失,通说认为可以代替损害赔偿的方式,如果获得此种补偿性违约金,一般不可以另行要求赔偿损失。《民法典》确定的违约责任制度,从根本上决定了无论是要求违约方承担违约金还是赔偿金,其目的都不过是补偿受害方的实际损失,其性质属于赔偿金的预定。迟延履行约定的违约金,通说认为它是惩罚性违约金,理由是无论这一迟延履行是否造成损失,都得承担违约金责任。因为约定不履行违约金的,因其赔偿性而替代了合同的实际履行;而约定迟延履行违约金的,不能替代实际履行,并不是强调或表现多种情况下的违约金同其他情况下的违约金有惩罚性与赔偿性的区别。就迟延履行约定的违约金来说,性质上也是就迟延造成的损害赔偿的约定,同样受违约金调整规则的约束。司法实践中,通常的观点是,在当事人约定的违约金纯粹是损害赔偿预定的情况下,当事人又约定了违约损害赔偿,使违约金与损害赔偿并存,则可以认定违约金的约定无效。[2]

但随着理论与实践的发展,一般情况下,约定违约金相当于约定的损害赔偿。如果支付违约金后还不足以弥补实际损失的,守约方还可以要求赔偿损失。

【案例5-42】 青海省大柴旦大华化工有限公司与江苏绿陵润发化工有限公司买卖合同纠纷案

最高人民法院认为,至于大华公司所主张的违约金与赔偿金不能并用的问题,由于绿陵公司因大华公司违约造成的实际损失远高于合同中约定的违约金部分;原审法院在计算6840000元经济损失时已经对大华公司的利益给予足够的考虑,且大华公司在一审中明确同意,在违约金之外赔偿绿陵公司的经济损失,因此,大华公司关于违约金与赔偿金不能并用的主张,法院不予支持。[3]

---

〔1〕 参见国家法官学院案例开发研究中心编:《中国法院2015年度案例》(买卖合同纠纷),中国法制出版社2015年版,第227页。北京市密云县人民法院(2013)密民初字第3849号民事判决书。

〔2〕 参见张广兴等:《合同法总则》(下),法律出版社1999年版,第207页。

〔3〕 参见最高人民法院民事审判第二庭编:《最高人民法院商事审判指导案例》(合同卷)(下),中国法制出版社2011年版,第553页。最高人民法院(2008)民二终字第91号民事判决书。

多项损失与可得利益损失赔偿并用。在个案中,守约方有多项实际损失的,除了赔偿可得利益损失外,法官尚支持赔偿实际损失。

买卖合同中,既约定了逾期付款利息(包括计算方式和金额),又约定了违约金,二者能否同时适用的问题。在民商事领域,法无禁止皆自由。若双方当事人既约定了逾期付款利息又约定了违约金,系基于双方在合同中对违约责任的约定,该约定系双方当事人的真实意思表示,在不违反法律规定的前情况下,应为有效。若当事人主张同时使用,应当可以一并主张。

【案例5-43】　麟龙公司诉宏盛达公司买卖合同纠纷案

二审法院认为,本案中,宏盛达公司未按约向麟龙公司支付货款,所造成的资金占用损失,应当结合当前的市场融资成本予以衡量,占用货款资金的行为与民间借贷相类似,案涉合同约定的逾期付款利息及违约金与民间借贷双方约定的逾期还款利息、违约金也相类似,故一审法院参照《民间借贷规定》第三十条之规定,将本案合同约定的逾期付款利息和违约金的合并计算标准下降为年利率24%,并无不当。判决:驳回上诉,维持原判。[1]

4. 第三人原因导致合同违约损失的处理

《民法典》第五百九十三条规定:"当事人一方因第三人的原因造成违约的,应当依法向对方承担违约责任。当事人一方和第三人之间的纠纷,依照法律规定或者按照约定处理。"该条规定增加了"依法"两字的法律强制性,其他内容与原《合同法》第一百二十一条相同。由于第三人原因导致合同违约的,对当事各方主体法律责任的认定不能混为一谈,应区别对待。合同当事人之间的法律责任依据双方合同的约定处理,合同当事一方与合同之外的第三人的法律责任依据相关法律或他们之间存在的其他合同关系处理,即违约方向对方承担的损害赔偿责任,不会由于第三人的原因而免除。

5. 无效合同损失的处理

《民法典》第一百五十七条规定:"民事法律行为无效、被撤销或者确定不发生效力后,行为人因该行为取得的财产,应当予以返还;不能返还或者没有必要返还的,应当折价补偿。有过错的一方应当赔偿对方由此所受到的损失;各方都有过错的,应当各自承担相应的责任。法律另有规定的,依照其规定。"

《民法典合同编通则解释》第二十四条规定:" 合同不成立、无效、被撤销或者

[1] 参见国家法官学院、最高人民法院司法案例研究院编:《中国法院2020年度案例》(买卖合同纠纷),中国法制出版社2020年版,第161页。江苏省无锡市中级人民法院(2018)苏02民终2483号民事判决书。

确定不发生效力，当事人请求返还财产，经审查财产能够返还的，人民法院应当根据案件具体情况，单独或者合并适用返还占有的标的物、更正登记簿册记载等方式；经审查财产不能返还或者没有必要返还的，人民法院应当以认定合同不成立、无效、被撤销或者确定不发生效力之日该财产的市场价值或者以其他合理方式计算的价值为基准判决折价补偿。除前款规定的情形外，当事人还请求赔偿损失的，人民法院应当结合财产返还或者折价补偿的情况，综合考虑财产增值收益和贬值损失、交易成本的支出等事实，按照双方当事人的过错程度及原因力大小，根据诚信原则和公平原则，合理确定损失赔偿额。合同不成立、无效、被撤销或者确定不发生效力，当事人的行为涉嫌违法且未经处理，可能导致一方或者双方通过违法行为获得不当利益的，人民法院应当向有关行政管理部门提出司法建议。当事人的行为涉嫌犯罪的，应当将案件线索移送刑事侦查机关；属于刑事自诉案件的，应当告知当事人可以向有管辖权的人民法院另行提起诉讼。”制定司法解释的法官认为，总体而言，合同不成立、无效、被撤销或者确定不发生效力后，当事人应当承担的民事上的法律责任包括返还财产、折价补偿和赔偿损失。[1]

如双方当事人对合同无效均有过错，应将双方各自因合同无效遭受的直接损失相加后按照双方应承担过错责任的比例进行分摊。当然，如果双方存在其他过错行为导致损失扩大或发生特定损失（如恶意装修），对该特定损失或扩大的损失，由过错方承担或负责赔偿。双方均有过错，并非单方过错责任大小的划分，由法官行使自由裁量权确认。

6. 约定损失赔偿金的调整

当事人约定的损失赔偿金超过或者低于因违约造成的实际损失时，能否请求法院予以调整，《合同法》及相关司法解释没有作出明确规定，实务中有两种不同观点。笔者认为，约定损害赔偿金是否可以调整应区分情形而定。合同订立时约定的损失赔偿金，因是事先约定无法准确判断因违约而产生的经济损失，在合同履行过程中会面临许多不确定因素，约定的损失赔偿金可能与违约事实发生后产生的经济损失存在重大出入，依公平原则自然可以请求调整，其调整幅度与违约金相同。合同终止（解除）时约定的损失赔偿金，属于事后给守约方造成的经济损失可以有明确而具体的判断，其达成的具体赔偿数额或相关条款，应遵循民法的意思自治原则及合同法的自由原则，则不应予以调整。学者认为，“……至于事后约定，乃于损失发生后，由当事人合意以定其范围之谓。既由当事人合意以定，

---

〔1〕 参见最高人民法院民事审判第二庭、研究室编著：《最高人民法院民法典合同编通则司法解释理解与适用》，人民法院出版社 2023 年版，第 278 页。

则其内容如何,除有悖于公序良俗者外,自应从其所定”。[1] 换言之,事后当事人在自愿基础上达成的违约损失赔偿条款,应作为违约方承担责任的依据,即使约定的数额过高,法律也没有进行干预的必要。但有例外,约定赔偿协议存在《民法典》第一百五十三条、第一百五十条规定的无效或可撤销情形的,法律应予干预。

(二)买卖合同赔偿范围的处理

《民法典》中的相关赔偿规定,均是认定买卖合同赔偿范围的依据。《买卖合同解释》第十五条至第二十四条共计10个条文规定了买卖合同的赔偿,亦应作为此类合同赔偿的范围。

关于损害赔偿发生的情形,在实践中有两大类,一类是违约责任中的损害赔偿,另一类是缔约过失责任中的损害赔偿,二者有所区别。在司法实践中的区别主要体现在利益赔偿的范围上。违约责任通常要求赔偿期待利益的损失,包括实际损失与可得利益损失,并以可预见性规则为限制,目的在于使受害方达到合同如履行一样的状态。缔约过失责任中,当事人只能根据信赖利益的损失要求赔偿,旨在使受害方因信赖合同履行所支付的费用得到补偿。二者相比,在实践中违约损害赔偿的情形较多,问题也较为复杂。

实际损害赔偿范围的问题。当事人一方不履行合同义务,或者履行义务不符合约定和法律规定,给对方造成损失的,应完全补偿对方损失,但不得超过违反合同一方在违约时已经预见到或者应当预见到的直接因违约造成的损失。前款规定的损失,不仅包括现有财产的减少,也包括合同履行后可以获得的利益。在非商业合同中,违约方给对方造成精神损失的,也应赔偿。[2] 笔者持赞同意见。因为规定该种范围体现了完全补偿原则、可预见规则、违约范围上的因果关系以及违约精神损失赔偿。换言之,在一般情况下,赔偿损失的补偿性要求赔偿额与实际损害相符合,但并不一定绝对相等。赔偿损失以赔偿当事人遭受的全部损失为原则,既包括直接损失也包括间接损失,其目的就是要恢复到合同订立前的状态或者恢复到合同能够得到严格履行的状态。

1. 可得利益损失的赔偿范围

《民法典》第五百八十四条规定了可得利益赔偿原则。买卖合同中,因一方

---

〔1〕 参见郑玉波:《民法债编总论》(修订2版),陈荣隆修订,中国政法大学出版社2004年版,第228页。

〔2〕 参见刘延华:《违约责任制度研究——法经济学视角》,法律出版社2015年版,第218页。

违约,造成另一方订立合同的目的落空,另一方期待的合同利益无法实现,则可以适用《民法典》第五百八十五条第二款及《买卖合同解释》第二十二条的规定,对是否赔偿可得利益,主要有两种观点,一种观点是要赔,另一种观点是不赔。笔者同意第一种观点。原《合同法》第一百一十三条第一款规定是违约赔偿可得利益的法律依据,该条规定守约方的损失,不仅包括实际损失,还包括可得利益损失。《合同法》采纳的是可得利益应当赔偿的原则。《买卖合同解释》第二十二条也对可得利益赔偿作了明确规定。《民法典》第五百八十四条规定:“当事人一方不履行合同义务或者履行合同义务不符合约定,造成对方损失的,损失赔偿额应当相当于因违约所造成的损失,包括合同履行后可以获得的利益;但是,不得超过违约一方订立合同时预见到或者应当预见到的因违约可能造成的损失。”该条明确了赔偿可得利益原则。

也就是说,从守约方受到的损失方面讲,可得利益损失与实际损失没有本质上的差异,二者均为守约方所遭受的损失。需要注意的是,可得利益不同于间接损失,二者不是同一概念,间接损失与直接损失相对应,而可得利益损失是与积极损失相对应。有一些间接损失比如因违约方的行为使得合同之外的第三人遭受损失,可以认为是现实出现的实际损失,但不是可得利益损失。在可得利益计算时,根据案件的不同情况本着公平、合理、尊重交易习惯的原则准确认定可得利益损失。计算可得利益损失,是在违约方已经违反合同约定的情况下计算合同正常履行情况下守约方所能获得利益的状态。可得利益赔偿的适用要受到一定的限制,如可预见规则、减轻损失规则、混合过错规则以及损益相抵规则等,不能突破法定赔偿的限度(一些特殊的赔偿款中有法定标准的)。

一方当事人向对方当事人主张赔偿可得利益损失,其主张并不必然获得支持,还要受到可预见性标准、减轻损失规则、混合过错以及损益规则的限制,法官应进行综合判断。在守约方对可得利益损失的具体数额举证不足的情况下,应当分别运用可预见性规则、减损规则、损益相抵规则对可得利益的边界进行界定,并在此基础上明确与规则相对的具体事实,以确保对可得利益损失数额作出的酌定具有较为充分的依据。

《民法典》第五百九十一条规定了减损规则,是实践中常用的适用规则。所谓减损规则,又被称为减损义务,是指守约方负有采取合理措施减少损失的义务。买卖合同违约时,减损规则限制了守约方对救济权的选择,守约方要求违约方继续履行的主张很可能不被支持,而且在特定情况下,减损规则还要求守约方积极采取合理措施以避免损失扩大。权利义务相一致原则应贯穿合同履行的始终。买受人以出卖人违反先合同义务的瑕疵行为为由拒绝履行自己应承担的主要合同义务,履于不当行使履行抗辩权,应当承担相应的损害赔偿责任。也就是说,合同任何一方当事人在行使自己权利的时候要遵守适度性规则,行使权利超过适当限度的将承担损害赔偿责任。

合同履行后可以获得的利益扣除直接获得的利益后，即为预期利益。可见，预期利益是一种仅限于未来可以得到的利益，不包括履行本身获得的利益，而且主要是因为违约行为导致的利润损失。

《民法典合同编通则解释》第六十条规定："人民法院依据民法典第五百八十四条的规定确定合同履行后可以获得的利益时，可以在扣除非违约方为订立、履行合同支出的费用等合理成本后，按照非违约方能够获得的生产利润、经营利润或者转售利润等计算。

非违约方依法行使合同解除权并实施了替代交易，主张按照替代交易价格与合同价格的差额确定合同履行后可以获得的利益的，人民法院依法予以支持；替代交易价格明显偏离替代交易发生时当地的市场价格，违约方主张按照市场价格与合同价格的差额确定合同履行后可以获得的利益的，人民法院应予支持。

非违约方依法行使合同解除权但是未实施替代交易，主张按照违约行为发生后合理期间内合同履行地的市场价格与合同价格的差额确定合同履行后可以获得的利益的，人民法院应予支持。"

制定司法解释的法官认为，本条在总结审判实践经验，吸收理论研究成果并参考借鉴域外经验做法的基础上，就可得利益的赔偿，在传统的利润计算方法的基础上，又规定了替代交易法和市场价格法的一般规则，旨在进一步明晰可得利益的计算方法。这些方法的适用，一方面，要准确把握填平原则的要求，既要明确其择一行使的关系，又要进一步避免重复赔偿；另一方面，要注意体系化适用《民法典》合同编有关违约损失、赔偿损失的其他规则，比如可预见规则、过失相抵规则、损害扩大防免规则等。[1]

《民法典合同编通则解释》第六十一条规定："在以持续履行的债务为内容的定期合同中，一方不履行支付价款、租金等金钱债务，对方请求解除合同，人民法院经审理认为合同应当依法解除的，可以根据当事人的主张，参考合同主体、交易类型、市场价格变化、剩余履行期限等因素确定非违约方寻找替代交易的合理期限，并按照该期限对应的价款、租金等扣除非违约方应当支付的相应履约成本确定合同履行后可以获得的利益。

非违约方主张按照合同解除后剩余履行期限相应的价款、租金等扣除履约成本确定合同履行后可以获得的利益的，人民法院不予支持。但是，剩余履行期限少于寻找替代交易的合理期限的除外。"

制定司法解释的法官认为，因持续性定期合同履行期限较长，一方不履行支

---

〔1〕参见最高人民法院民事审判第二庭、研究室编著：《最高人民法院民法典合同编通则司法解释理解与适用》，人民法院出版社2023年版，第665页。

付价款、租金等金钱债务导致合同解除的,按照剩余履行期限对应的金钱债务为基础计算可得利益有违公平原则;按照剩余履行期算计算可得利益,非违约方在能够及时采取替代交易进行减损的情况下也会怠于减损,变相鼓励当事人放任损失的扩大,不利于社会整体交易效益的提升;按照剩余履行期限计算可得利益,还可能造成非违约方双重获益,也不符合诚信原则。因此,可以确定非约方寻找替代交易的合理期限,以此期限对应的价款、租金等为基础计算可得利益。[1]

《民法典合同编通则解释》第六十二条规定:"非违约方在合同履行后可以获得的利益难以根据本解释第六十条、第六十一条的规定予以确定的,人民法院可以综合考虑违约方因违约获得的利益、违约方的过错程度、其他违约情节等因素,遵循公平原则和诚信原则确定。"应予说明的是,本条采取了后位适用违约方获利确定守约方损失的规则,没有如同侵害人身权益纠纷中赋予被侵权人就其损失或者侵权人获利进行选择的权利。[2]

【案例5-44】 宜昌市千和贸易有限公司诉宁波保税区海禾婴幼儿食品有限公司等买卖合同纠纷案

判决观点,千和公司与海禾公司签订了一份《海禾国际经销合同书》,千和公司经销海禾公司从荷兰进口的瑞士玺乐集团旗下Hero品牌婴幼儿配方奶粉系列产品属实,双方签订的合同合法有效。因美素丽儿婴幼儿奶粉造假所致负面影响,海禾公司致函经销商,决定接受Hero集团的决定,将其代理权归还,双方已难以履行合同,可视为双方解除合同。因海禾公司所代理的瑞士玺乐集团旗下Hero品牌婴幼儿奶粉系列发生质量事件,未能保证产品的品质,违反了合同约定,应承担违约责任。海禾公司向千和公司发出《经销商退款确认函》,确认景天公司、宝供公司及账余货款及核销费用为202646元,并承诺在2013年12月30日以前分三次退清,该行为合法有效。千和公司将下架的奶粉退回海禾公司,海禾公司应当返还退货款,海禾公司要求千和公司分担损失无合同及法律依据。海禾公司扣除包装包形部分货款,确认退货价款432494元、返利金额12437元,但千和公司仅请求返利金额11800.9元。包装变形部分产品应归千和公司所有。由于海禾公司违约,导致合同预期利益损失,即退货部分的差价利益142800元(832听×78元/听、528听×72元/听、554听×72元/听)丧失。退货运费1120元系违约行为所造成,该费用予以认定。海禾公司对账余货款及核销费用202646元作出返还承诺,

---

〔1〕 参见最高人民法院民事审判第二庭、研究室编著:《最高人民法院民法典合同编通则司法解释理解与适用》,人民法院出版社2023年版,第686页。

〔2〕 参见最高人民法院民事审判第二庭、研究室编著:《最高人民法院民法典合同编通则司法解释理解与适用》,人民法院出版社2023年版,第700页。

对其他费用并无约定。贺某投资注册海禾公司,系自然人独资公司。在经营期间,海禾公司向经销商发布账户信息中有户名为贺某的两个账号,表明贺某的个人财产与公司财产并未独立,千和公司请求贺某对公司债务承担连带责任的观点成立。判决:(1)被告海禾公司返还原告千和公司账余货款及核销费用共计202646元;(2)被告海禾公司返还原告千和公司退货款432494元;(3)被告海禾公司支付原告千和公司返利款11800.9元;(4)被告海禾公司支付原告千和公司退货运费1120元、可得利益损失142800元;(5)被告海禾公司支付原告千和公司逾期利息损失,以202646元为基数,并从2014年1月1日起至本判决确定之日止,按银行同类贷款利率计算;(6)被告贺某对被告海禾公司的上述债务承担连带责任。[1]

【案例5-45】　甲科技公司诉乙科技公司买卖合同纠纷案

判决观点,甲科技公司支付完毕全部货款后,乙科技公司未能依合同约定7天后交付口罩,已经构成违约,应当承担违约责任。买卖合同没有约定逾期付款违约金或者该违约金的计算方法,出卖人以买受人违约为由主张赔偿逾期付款损失的,人民法院可以以中国人民银行同期同类人民币贷款基准利率为基础,参照逾期罚息利率标准计算。乙科技公司抗辩由于政府因素导致其进货方未能履行与其签订的合同属于不可抗力的情形。法院认为,乙科技公司未能举证证明其在履约过程中面临不能预见、不能避免且不能克服的客观情况;且根据合同相对性原则,其供货商未能如约向其供货的理由不能对抗其与甲科技公司签订合同应履行的义务,故法院对乙科技公司的上述抗辩意见无法采信。甲科技公司提供证据证明其未能如向案外人交付转售口罩,故无法获得该部分的转售利润。根据本案确认的证据及双方当事人的陈述,考虑到在签订合同时乙科技公司对甲科技公司的预期商业利润应当有所预见,法院认定甲科技公司的该部分预期利益损失与乙科技公司的违约行为存在一定的因果关系,甲科技公司要求预期利益损失于法有据。但考虑到甲科技公司与案外人约定的口罩交付时间较为紧迫,且甲科技公司可在乙科技公司告知其交付口罩存在困难时尽快从其他渠道购入口罩再交付案外人,以减少己方的损失,故甲科技公司对己方受到的预期利益损失应承担一定的责任。法院综合考虑乙科技公司的过错程度及甲科技公司的预期利益等因素,结合合同签订的实际情况,根据公平原则,酌情确定乙科技公司应向甲科技公司赔偿预期利益损失13.8万元。判决:(1)乙科技公司退还甲科技公司货

---

〔1〕　参见最高人民法院中国应用法学研究所编:《人民法院案例选》2015年第1辑(总第91辑),人民法院出版社2016年版,第79~80页。湖北省宜昌市西陵区人民法院(2014)鄂西陵民初字第00105号民事判决书。

款242万元;(2)乙科技公司以242万元为基数支付甲科技公司利息;(3)乙科技公司赔偿甲科技公司预期利益损失13.8万元;(4)驳回甲科技公司的其他诉讼请求。[1]

在涉防疫物资的买卖合同中,出卖人故意拖延不交付货物,并将货物高价零售他人,买受人解除合同时一并主张违约损害的,在合理考虑出卖人销售成本的基础上,可将出卖人转卖所得的利润金额作为确定损害赔偿金额的主要参考依据。

【案例5-46】 宁波华星科技有限公司诉上海华合复合材料有限公司买卖合同纠纷案

二审法院认为,华合公司收取全额款项后拒绝按约供货,导致华星公司的合同目的根本无法实现而解约,显然构成违约。且本案的特殊性在于系争合同标的物为新冠肺炎防疫物资,故应当参照《最高人民法院关于依法妥善审理涉新冠肺炎疫情民事案件若干问题的指导意见(一)》(以下简称《指导意见(一)》)作出判断。《指导意见(一)》第三条形成于重大突发事件影响社会民生的特殊时期,其规制目的既符合我国《民法典》关于正确引导商事交易行为,鼓励诚信履约,惩戒恶意违约的宗旨,又成为特殊时期商事行为的具体指引。该规定表明国家对疫情防控特殊时期涉防御物资买卖合同中违约一方的坚决惩治态度,即违约方不得因违约行为而有任何获利,且必须弥补守约方的损失。故而本案的关键在于如何更公平合理地确定赔偿金额。审计意见认为,未考虑加工费、直接人工费及制造费用的基础上,华合公司在4月5日合同签订后在200吨范围内的销售利润为3539242.84元。一审酌情认定华合公司赔偿50万元。二审法院认同一审关于华合公司因违约而获利之华星公司受损的事实认定,但是一审酌情确定的赔偿金额有些偏颇,自由裁量权行使存在不当。首次新冠疫情自2020年1月暴发至案涉合同4月签署,作为经营防疫物资原材料的企业,应已对市场行情有所预判,PP材料的市场价格在一定期间内出现大幅波动是必然情形。在此情况下,华合公司要约中确定的报价及供货量应为其结合市场情况及自身经营能力作出的综合判断,故其在收取华星公司全额货款后,又以价格上涨过快、履约将至亏损为由拒绝供货,主观过错明显。2020年4月5日签约后,华星公司于4月8日前付清全款,表明其要货的紧迫程度,而华合公司未按约款到发货。之后,华星公司于同年4月11日、14日再次催货,华合公司仍然拒绝。至此,华星

[1] 参见国家法官学院、最高人民法院司法案例研究院编:《中国法院2022年度案例》(买卖合同纠纷),中国法制出版社2022年版,第164~165页。北京市丰台区人民法院(2020)京0106民初16567号民事判决书。

公司不得已提出解除合同并要求赔偿差价损失。审计报告在200吨的范围内截取合同日期晚于华星公司签约日且付款日期不早于华星公司付款日的项目进行统计并测算利润,合理有据。4月14日虽是合同解除日,但并非华星公司的本意。华合公司将本应向华星公司供货延续至今日之后继续高价转售的行为也无法成为其依照《指导意见(一)》应当进行赔偿的阻却事由。基于此,华合公司对案涉合同的解除负有不可推卸的过错责任,应当依照《指导意见(一)》的规定承担赔偿责任。但需说明的是,虽一审酌定赔偿金额过低,然一审有关疫情防控时期,原料、人工、物流等履约成本必然出现大幅增长的事实判断合理。另外,考虑到华合公司作为中小民营企业在特殊时期可能存在的经营管理能力欠缺等情形,二审法院对其有关房租、水电、原料、人工、物流等客观成本真实存在,无法向审计机构逐一提供明确印证的抗辩予以部分采信。故二审法院在审计结论确定的华合公司销售利润3539242.84元的基础上进行适当扣除,酌情认定华合公司需赔偿华星公司损失金额200万元。至于2020年4月12日购销合同项下的货款,可予抵销,故华合公司应赔偿华星公司损失金额1857620元。二审法院遂改判华合公司赔偿华星公司损失1857620元。[1]

完全损害赔偿是指违约方因违约行为造成的可得利益减少,违约方依法承担赔偿责任。

【案例5-47】　顺业公司诉中天公司买卖合同纠纷案

二审法院认为,关于中天公司应否赔偿顺业公司支付越南公司6.3万元违约金的问题。首先,中天公司因无法按合同约定向顺业公司供货,造成顺业公司逾期向越南公司供货,顺业公司因此按合同约定支付越南公司违约金6.3万元的事实清楚,该6.3万元是中天公司违约造成顺业公司的直接经济损失。其次,根据《合同法》第一百一十三条第一款的规定,顺业公司在“采钢宝”App平台发布需求信息后,中天公司进行报价,之后和顺业公司签订了《工矿产品购销合同》,在这种情况下,中天公司应知道顺业公司的企业性质、经营范围等,即使中天公司不知道顺业公司与越南公司签订合同一事,但其也应对顺业公司的交易风险进行评估,充分预见到其如果违约将给对方造成的损失。合同违约方对合同关系以外的第三人造成何种损害是不可预见的,但对合同相对方造成何种损害和可能损害的后果应当预见。因此,顺业公司给付越南公司的违约金6.3万元,是中天公司签订合同时应当预见的因

---

〔1〕 参见《人民司法·案例》2023年第5期(总第988期)。上海市第二中级人民法院(2022)沪02民终6287号民事判决书。

违反合同可能造成的损失。一审法院以顺业公司给付越南公司的违约金超过中天公司订立合同时预见到或者应当预见到的因违反合同可能造成的损失为由判决驳回中天公司的该项诉讼请求不符合法律规定,二审法院予以纠正。综上述所,顺业公司的上诉请求成立,予以支持。判决:(1)维持一审判决第一项、第二项、第三项;(2)撤销一审判决第四项;(3)中天公司赔偿顺业公司违约金6.3万元;(4)驳回顺业公司的其他诉讼请求。[1]

实践中,违约方赔偿损失数额的范围应受到可预见规则的限制。《民法典》第五百八十四条但书部分规定:"但是,不得超过违约一方订立合同时预见到或者应当预见到的因违约可能造成的损失。"在适用可预见规则时,合理标准和身份识别标准是非常重要的,这两个标准结合在一起,才能比较准确地适用可预见规则。司法实践中,对可预见标准的把握,必须是以违约方能否预见到并不是以违约方自愿承认为原则。其是否预见是由法官根据合同性质、目的和交易习惯进行审查判断后最终确定的。如果在合同履行过程中,一方当事人发生了某种特殊情况,致使因违约造成的损失增加了,这种增加的损失在通常的情况下是不会发生的,也是一般人无法合理预见的,那么这种损失就不属于违约方应当承担赔偿的范围。也就是说,违约方仅就其违约行为给对方造成的损失承担赔偿责任,对由于市场风险等因素造成的,双方当事人均不能预见的损失,因非违约方过错所致,与违约行为之间没有因果关系,违约方不承担赔偿责任。如果在订立合同时,无法预见结果,违约方就不应赔偿。

【案例5-48】 新疆亚坤商贸有限公司诉新疆精河县康端棉花加工有限公司买卖合同纠纷案

最高人民法院认为,原审判决认定的亚坤公司本金损失6659358.11元不仅包括棉花减等的差价损失,也包括在此期间因市场行情下跌所造成的收益损失。该部分收益显属市场风险造成的,非为双方当事人所能预见,亦非康端公司过错所致。因康端公司与该部分损失之间不存在因果关系,故康端公司不应承担市场行情变化导致的亚坤公司的收益损失。原审判决将亚坤公司在市场行情低迷时基于转售关系所形成的销售价格与本案行情高涨时形成的购买价格之差作为亚坤公司的损失由双方分担显属不当,不仅合同关系各不相同,亦有违公平原则及过错责任原则,二审法院予以纠正。上诉人亚坤公司关于康端公司应补偿其棉花收益损失6152857.22元的上诉理由不能成立。二审法院对亚坤公司在购买棉花时所发生的实际损失,即棉花重量

---

〔1〕 参见国家法官学院、最高人民法院司法案例研究院编:《中国法院2021年度案例》(买卖合同纠纷),中国法制出版社2021年版,第199页。广西壮族自治区崇左市中级人民法院(2019)桂14民终258号民事判决书。

亏吨损失及质量减等的差价损失予以确认，对其他损失部分，即市场风险所致的收益损失、转售期间发生的运输费用、与案外人发生的借贷利息损失均因缺乏合同依据及法律依据而不予支持。[1]

对预见标准的判断，通说都是以客观标准进行，也就是说，对具体的损失，需结合违约方对具体的案情或情事进行的举证，在特定情景下，以一个抽象的“理性人”或“常人”等标准进行判断。

【案例5-49】　信龙公司诉正欣公司买卖合同纠纷案

二审法院认为，二审需要审查的是一审判决未支持信龙公司提出的正欣公司赔偿损失458630元的诉讼请求是否正确。守约方可以要求违约方赔偿可得利益损失，但应受可预见规则的限制。本案中，根据《产品购销合同》《合同补充条款》的约定，以及信龙公司要求正欣公司交货而无果的事实，因此而产生的差价损失即为信龙公司的可得利益损失，应予认定。综合正欣公司系钢材交易市场主体、合同中已明确钢材价格的涨跌情形及对钢材市场价格行情的分析、交易中正欣公司的获利可能性本身的因素，正欣公司违反合同可能造成的损失。判决：(1)维持一审判决第一项，即确认双方签订的《产品购销合同》及《合同补充条款》于2018年1月3日解除；(2)撤销一审判决第二项、第三项及案件受理费负担部分；(3)正欣公司应返还信龙公司款项645868.48元，并赔偿损失40万元，合计1045868.48元；(4)驳回信龙公司的其他诉讼请求。[2]

【案例5-50】　新华公司诉南宁广发重工集团有限公司、南宁发电设备总厂等买卖合同纠纷再审案

最高人民法院认为，关于新华公司是否存在损失，如果存在损失，损失数额如何确定的问题。双方签订的《经济合同》第十一条约定“每逾期交货一天罚款2000元，但最高不超过总价3%”。合同总价为1443万元，其3%为43.29万元。南发总厂逾期交货违约，首先应向新华公司承担违约责任。严格按照合同约定的计算方法，本案南发总厂逾期交货所应罚款的金额超过43.29万元。《经济合同》第二十六条约定，“机组按规定满负荷试运转72小时后，设备应保证安全运行五年，定为保质期。在保证期内，如因南发总厂设计、制造质量不良造成缺陷，应由南发总厂负责协调或无偿处理。南发总厂赔偿由此造成的损失”。南发总厂逾期交货，且设备存在质量问题，造成新华

[1] 参见《最高人民法院公报》2006年第11期。

[2] 参见国家法官学院、最高人民法院司法案例研究院编：《中国法院2020年度案例》(买卖合同纠纷)，中国法制出版社2020年版，第164页。浙江省绍兴市中级人民法院(2018)浙06民终1634号民事判决书。

公司不能正常发电，使其预期利润无法实现，新华公司客观上存在可得利益损失。国众联评估公司出具的评估报告，依据新华公司的财务资料、经营收益资料等进行计算，确认收入为每月164.9452元。一、二审据此评估报告，计算两台设备返修导致的发电收入损失费1402.1107万元，此为可得利益损失。可得利益损失仅是当事人在付出劳动、正常经营情况下可能获得的收入，可以作为判决赔偿的一个参照依据。根据《合同法》第一百一十三条之规定，可得利益损失不得超过违反合同一方订立合同时预见到或者应当预见到的因违反合同可能造成的损失。本案合同约定的总标的额仅为1443万元，当事人很难预见到迟延履行会承担千万元的赔偿责任。综合考虑本案合同金额、履行情况以及国众联评估公司的评估报告等，根据公平原则，最高人民法院酌情判定南发总厂向新华公司赔偿可得利益损失500万元。综合违约责任和损失赔偿责任，两项合计南发总厂应对新华公司承担543.29万元的责任。[1]

可得利益的损失，应是违约方在订立合同时应当预见到的损失，一方委托审计机构作出的审计意见，另一方未举示足以反驳其内容和结论的证据，且不对损失提出鉴定申请，亦未能提交证据证明审计意见存在鉴定机构或者鉴定人员不具备相关的鉴定资格、鉴定程序严重违法、鉴定结论明显依据不足等情形，法院可依据该审计意见确定可得利益的损失。

【案例5－51】 唐山市丰南区燊升宝利贸易有限公司与唐山国丰钢铁有限公司买卖合同纠纷再审案

最高人民法院认为，国丰公司存在未按照合同约定支付宝利公司货款的行为，构成违约，依法应当承担支付货款并赔偿损失的违约责任。宝利公司停产期间的损失，是国丰公司在订立合同时应当预见到的损失。根据《采购合同》第四条的约定，宝利公司应保证加工的铁水必须供给国丰公司，第十条约定的结算方式为“买受人每两天向出卖人支付一次货款”，再结合铁水生产需要大量资金购买原材料的行业特点以及双方此前存在的所谓“扶持”关系可知，国丰公司对宝利公司以国丰公司的回款维持生产是知悉的，如果国丰公司不支付货款超过一定的时间，势必引起宝利公司的停产。作为从事钢铁生产的专业公司，国丰公司在订立合同时应当能够预见到这一结果。关于《审计报告》能否作为认定损失的依据问题，原《民事证据规定》第二十八条规定：“一方当事人自行委托有关部门作出的鉴定结论，另一方当事人有证据足以反驳并申请重新鉴定的，人民法院应予准许。”本案中，《审计报告》系宝利公司于诉讼前单方委托作出，但国丰公司并未举示足以反驳其内容和结论

〔1〕 最高人民法院（2015）民提字第143号民事判决书。

的证据，且在原一审中明确提出不对损失提出鉴定申请，亦未能提交证据证明《审计报告》存在鉴定机构或者鉴定人员不具备相关的鉴定资格、鉴定程序严重违法、鉴定结论明显依据不足等情形，原审判决将《审计报告》作为认定损失的依据，并无不当。[1]

买卖合同当事人主张因标的物质量问题导致质保期外可得利益损失的，应举证证明该损失系因标的物存在质量问题所致以及能否排除标的物之外的原因。

【案例5－52】　吉林里程协合风力发电有限公司与江苏新誉重工科技有限公司买卖合同纠纷案

最高人民法院认为，案涉《发电机组采购合同》1.12约定，质量保证期内，卖方新誉公司保证合同设备的正常稳定运行并负责排除合同设备的任何缺陷。故此，质保期内因发电机组质量问题产生的发电量损失，属于案涉买卖合同中里程公司履约后可以获得的可得利益损失，不超过里程公司一方订立合同时预见到或者应当预见到的因违反合同可能造成的损失范围，应予支持。风力发电机组的发电量受发电机组性能配置、限电指标、产能设置、维护措施是否得当等诸多因素的影响。里程公司主张质保期外的电量损失属于可得利益损失，应举证证明该电量损失系因新誉公司生产的叶片存在质量问题所致以及能否排除叶片质量以外的原因。根据本案现有证据，尚难以认定质保期外因叶片质量问题导致的发电量损失。[2]

在买受人违约的情形下，可得利益即转售利益利润＝前后系列买卖合同中能够确定认得产品差价。

【案例5－53】　科技公司诉信息技术公司买卖合同纠纷案

二审法院认为，根据《合同书》的约定，定金具有解约定金性质。《告知函》有关终止合同，将10万元定金作为经济补偿的表述，可以视为信息技术公司行使了以丧失解约定金为代价的单方解除权，能够产生解除《合同书》的效果。鉴于《告知函》中的解约理由并非《合同书》中约定的解约事由，且并无任何证据证明存在"不可抗力"，"诸多因素"亦并无实质内容，因此信息技术公司单方解除合同仍是一种违约行为，科技公司主张的损失类型为可得利益损失，具有法律依据。买卖合同当事人一方违约造成对方损失，对方主张赔偿可得利益损失的，人民法院在确定违约责任范围时应当根据当事人的主张，依据《民法典》第五百八十四条、第五百九十一条、第五百九十二条、《买卖合同解释》第二十三条等规定进行认定。根据二审补充查明的情况：

---

〔1〕 最高人民法院(2021)民再275号民事判决书。

〔2〕 最高人民法院(2022)民终74号民事判决书。

《合同书》B21输出板与案外人签订合同中没有体现；单元底座的数量与乙公司签订的《合同书》中数量不同；显示屏与丙公司签订《销售合同》中不足以判断是否为同一标的物；触摸屏系统与甲公司《合同书》中的产品品牌不同，且后合同中摄像头等产品在《合同书》中均未体现，故科技公司主张的《合同书》金额减去案外三份合同金额的差距作为其全部可得利益损失的依据不足，法院仅将《合同书》中拼接单元与乙公司签订的《合同书》中对应设备的总额之间的差额减去信息技术公司已支付的10万元定金作为可得利益损失经计算为426000元。判决：(1)撤销一审判决；(2)信息技术公司赔偿科技公司经济损失426000元；(3)驳回科技公司的其他诉讼请求。[1]

《民法典合同编通则解释》第六十条第三款规定："非违约方依法行使合同解除权但是未实施替代交易，主张按照违约行为发生后合理期间内合同履行地的市场价格与合同价格的差额确定合同履行后可以获得的利益的，人民法院应予支持。"

非违约方主张按照违约行为发生后合理期间内合同履行地的市场价格与合同价格的差额确定合同履行后可以获得的利益的，人民法院依法予以支持。

【案例5－54】　某石材公司与某采石公司买卖合同纠纷案

判决观点，某采石公司提供的评估报告显示的石材荒料单价每立方米715.64元，是某石材公司在某采石公司违约后如采取替代交易的方法再购得每立方米同等质量的石料所需要支出的费用。以该价格扣除合同约定的供货价每立方米350元，即某石材公司受到的单位损失。[2]

一方当事人违约后，对方当事人采取消极措施致使损失扩大的，不得就扩大的损失请求违约方赔偿。如果对方当事人由于自身原因无法举证证明其损失，则法院可以驳回其损失赔偿的全部诉讼请求。

可得利益损失的调整与限制问题。个案中，法官以合同无法继续履行时点的市场价与买受人购买之间的差额作为可得利益损失，如果判令出卖人承担买受人损失数额，导致双方当事人之间利益的显失平衡，超出了当事人对违反合同可能造成损失的预期，那么法官可以行使自由裁量权酌定出卖人赔偿可得利益损失数额，平衡双方当事人的利益。在违约方承担可得利益损失的情况下，限制其承担惩罚性赔偿，即不再适用惩罚性赔偿的规定。

---

〔1〕 参见国家法官学院、最高人民法院司法案例研究院编：《中国法院2023年度案例》(买卖合同纠纷)，中国法制出版社2023年版，第219页。北京市第一中级人民法院(2021)京01民终9518号民事判决书。

〔2〕 最高人民法院发布《关于适用〈中华人民共和国民法典〉合同编通则若干问题的解释》相关典型案例9。

2. 缔约过失赔偿的范围

缔约过失赔偿存在于合同未成立或无效情形之中,缔约过失责任的赔偿范围,最主要的就是信赖利益损失,但并不局限于信赖利益损害赔偿范围,同样存在完全性利益的赔偿。有学者认为,信赖利益损失,也可以区别为所受损失和所失利益。[1] 赔偿信赖利益损失主要是当事人能够恢复至缔约时的经济状态,故赔偿信赖利益损失系缔约过失责任的一种。赔偿可得利益损失是为了使守约方达到合同履行后应得到的利益,系违约责任的一种。一般认为,可得利益不仅包括当事人为合同履行支付的费用和成本(信赖利益),还包括扣除该费用及成本后的利润,故信赖利益的赔偿数额不应大于合同有效时守约方的可得利益。《九民纪要》第三十二条、第三十三条规定了合同不成立、无效或者被撤销的法律后果及财产返还与折价补偿,明确缔约过失责任应予赔偿和如何赔偿。《九民纪要》释义法官将缔约过失责任确定为信赖利益损失,主要是缔约费用的损失。在确定范围时注意以下几点:一是信赖利益损失限于直接损失;二是不能参照合同约定来确定信赖利益的范围;三是信赖利益不得超过履行利益;四是信赖利益损失属于财产损失,不包括人身损害或精神损害。[2] 《九民纪要》第三十五条规定了损害赔偿。返还财产后当事人仍有损失的,可否同时请求损害赔偿,最高人民法院在本纪要中认为理论上可以,但实践中要避免双重受偿现象的发生。[3]

《民法典合同编通则解释》第五条规定:"第三人实施欺诈、胁迫行为,使当事人在违背真实意思的情况下订立合同,受到损失的当事人请求第三人承担赔偿责任的,人民法院依法予以支持;当事人亦有违背诚信原则的行为的,人民法院应当根据各自的过错确定相应的责任。但是,法律、司法解释对当事人与第三人的民事责任另有规定的,依照其规定。"

在合同未依法成立的情况下,对买受人的损失界定是疑难问题。买受人对合同未能依法成立存在一定过错,但出卖人违背诚实信用原则将标的物卖给第三人,应承担缔约过失产生损失的全部赔偿责任。未视为合同内容,但不等于不承担任何责任,因其虚假宣传行为造成买受人损失的,根据《民法典》第五百条规定的缔约过失责任,出卖人应承担相应的赔偿责任,法院应支持买受人的请求赔偿诉求。

---

〔1〕 参见韩世远:《合同法总论》(第4版),法律出版社2018年版,第185页。

〔2〕 参见最高人民法院民事审判第二庭编著:《〈全国法院民商事审判工作会议纪要〉理解与适用》,人民法院出版社2019年版,第260~261页。

〔3〕 参见最高人民法院民事审判第二庭编著:《〈全国法院民商事审判工作会议纪要〉理解与适用》,人民法院出版社2019年版,第268页。

3. 预约合同损失

《民法典合同编通则解释》第八条规定："预约合同生效后，当事人一方不履行订立本约合同的义务，对方请求其赔偿因此造成的损失的，人民法院依法予以支持。前款规定的损失赔偿，当事人有约定的，按照约定；没有约定的，人民法院应当综合考虑预约合同在内容上的完备程度以及订立本约合同的条件的成就程度等因素酌定。"

4. 其他违约损失

合同不成立、无效、被撤销或者确定不发生效力的赔偿。《民法典合同编通则解释》第二十四条规定："合同不成立、无效、被撤销或者确定不发生效力，当事人请求返还财产，经审查财产能够返还的，人民法院应当根据案件具体情况，单独或者合并适用返还占有的标的物、更正登记簿册记载等方式；经审查财产不能返还或者没有必要返还的，人民法院应当以认定合同不成立、无效、被撤销或者确定不发生效力之日该财产的市场价值或者以其他合理方式计算的价值为基准判决折价补偿。

除前款规定的情形外，当事人还请求赔偿损失的，人民法院应当结合财产返还或者折价补偿的情况，综合考虑财产增值收益和贬值损失、交易成本的支出等事实，按照双方当事人的过错程度及原因力大小，根据诚信原则和公平原则，合理确定损失赔偿额。

合同不成立、无效、被撤销或者确定不发生效力，当事人的行为涉嫌违法且未经处理，可能导致一方或者双方通过违法行为获得不当利益的，人民法院应当向有关行政管理部门提出司法建议。当事人的行为涉嫌犯罪的，应当将案件线索移送刑事侦查机关；属于刑事自诉案件的，应当告知当事人可以向有管辖权的人民法院另行提起诉讼。"

经销商违约，消费者又在第三人处购买同型号的汽车，二者之间的差价即应由经销商赔偿。

【案例5－55】 郭某某诉上海协通鹏骋汽车销售服务有限公司买卖合同纠纷案

二审法院认为，上诉人与被上诉人签订的汽车销售协议中并未就车辆供应紧张情况下需加价之事宜作出特别约定，诉争双方亦未对此达成补充协议，故上诉人在履约过程中单方面要求被上诉人额外加价的行为，实已构成违约。此后，在双方交涉的过程中，上诉人的工作人员又明确表示无法向被上诉人交付车辆，并要求被上诉人提供银行卡号以便退还预付费用等，上述言行足以表明上诉人拒绝履行合同。在此情况下，结合当时的市场环境，被上诉人无奈之下以相近的价格向案外人购买同型号的轿车,实属合理;由此造成被上诉人额外的损失,理应由上诉人予以赔偿。上诉人主张其从未表示过不履约,对被上诉人在一审中提供的电话录音不予认可,但上诉人在一、二审期间均未举证可以否定本案所涉电话录音的真实性,故对上诉人的该项主张,二审法院不予采信。上诉人主张被上诉人在冠松公司处加价升级导航系统及贴膜的费用不符合常理,对此,一审法院根据车辆销售市场的实际情况,对被上诉人所作的合理解释予以采信,经核,并无不妥;上诉人的该项上诉主张,缺乏依据,法院不予采信。上诉人主张不同保险限额下的保险费差额不应由其承担,一审已将包括保险费用在内的代办服务项目费用从被上诉人的损失范围中扣除,故上诉人的该项抗辩理由不能成立。综上所述,一审法院认定事实清楚,判决并无不当。判决:驳回上诉,维持原判。[1]

(三)买卖合同责任的减免处理

1. 守约方减损规则

《民法典合同编通则解释》第六十三条规定:"在认定民法典第五百八十四条规定的'违约一方订立合同时预见到或者应当预见到的因违约可能造成的损失'时,人民法院应当根据当事人订立合同的目的,综合考虑合同主体、合同内容、交易类型、交易习惯、磋商过程等因素,按照与违约方处于相同或者类似情况的民事主体在订立合同时预见到或者应当预见到的损失予以确定。除合同履行后可以获得的利益外,非违约方主张还有其向第三人承担违约责任应当支出的额外费用等其他因违约所造成的损失,并请求违约方赔偿,经审理认为该损失系违约一方订立合同时预见到或者应当预见到的,人民法院应予支持。在确定违约损失赔偿额时,违约方主张扣除非违约方未采取适当措施导致的扩大损失、非违约方也有过错造成的相应损失、非违约方因违约获得的额外利益或者减少的必要支出的,人民法院依法予以支持。"

制定司法解释的法官认为,本条规定根据相关审判实践经验,采用动态系统论的方法,细化了规定适用可预见规则的具体考量因素,包括合同目的、合同主体、合同内容等基础判断因素,以及交易类型、交易习惯、磋商过程等参考判断因素。同时,本条规定"按照与违约方处于相同或类似情况的民事主体"这一抽象

---

〔1〕 参见郭伟清主编:《2016 年上海法院案例精选》,上海人民出版社 2017 年版,第 55 页。

的一般理性交易人的客观标准,来判断违约方在合同订立时预见或应当预见的损失。[1]

当事人一方违约后,对方应当采取适当的措施防止损失的扩大,没有采取适当措施致使损失扩大的,不得就扩大的损失请求赔偿。减损规则是依据诚信原则而产生的,未尽到减损义务构成对诚信原则的违反。同时,按照过错责任原则的要求,一方在另一方违约后,未能采取合理措施防止损失扩大,其本身也有过错的,过错人应当对自己的过错行为导致的后果负责。

【案例5-56】 汽车工装公司诉汽车研发公司买卖合同纠纷案

判决观点,汽车工装公司与汽车研发公司之间存在买卖合同关系。汽车工装公司主张汽车研发公司应支付全部货款,汽车研发公司主张第一批样品确实已经交付,按照合同约定应付至合同总金额的60%,但是因为资金紧张没有支付,后又提出第一批样品有问题,不满足付款条件。法院认为,涉诉合同约定签订合同后付30%,第一批交样后付30%,汽车研发公司认可第一批交样后应当付到合同总金额的60%,虽然汽车研发公司提出第一批样品有问题,但是未能提交证据予以证明,法院认为第一批样品已验收合格,汽车工装公司要求支付全部货款没有合同依据,故法院认定汽车研发公司应当支付的货款金额为合同总金额835103.98元的60%即501062.39元。对于汽车工装公司主张的违约金,汽车研发公司认为合同中没有逾期付款应当承担违约金的约定,同时认为汽车工装公司主张的违约金过高要求法院予以调整。法院认为,汽车研发公司未按照合同约定支付货款,汽车工装公司可以向汽车研发公司主张违约金,但是汽车工装公司主张的违约金过高,汽车工装公司未提交证据证明第一批样品交付及验收合格时间,故对汽车工装公司主张的违约金法院酌情予以调整。对于汽车工装公司主张的律师费,汽车研发公司认为律师费不是诉讼中产生的必要费用。法院认为涉诉合同并未约定律师费用的承担问题,此费用亦非必要损失,汽车工装公司主张律师费用,于法无据,不予支持。判决:(1)被告汽车研发公司支付原告汽车工装公司货款501062.39元并支付违约金(以501062.39元为基数,自2020年6月8日起至实际给付之日止,按照全国银行间同业拆借中心公布的同期贷款市场报价利率为标准计算);(2)驳回原告汽车工装公司的其他诉讼请求。[2]

---

〔1〕 参见最高人民法院民事审判第二庭、研究室编著:《最高人民法院民法典合同编通则司法解释理解与适用》,人民法院出版社2023年版,第705页。

〔2〕 参见国家法官学院、最高人民法院司法案例研究院编:《中国法院2022年度案例》(买卖合同纠纷),中国法制出版社2022年版,第156~157页。北京市顺义区人民法院(2020)京0113民初11090号民事判决书。

【案例5-57】 青岛市光明总公司与青岛啤酒股份有限公司啤酒买卖合同纠纷案

最高人民法院认为，光明公司在青啤公司停止供酒后，有义务采取适当措施防止违约损失的扩大。因此，光明公司因青啤公司停止供酒所造成的损失持续发生期限，不应超过合同双方同意终止履行合同之日。在一审期间，双方于2001年12月25日同意终止履行合同，故应自青啤公司停止供酒至双方同意终止履行合同之日计算违约金。据此，青啤公司应向光明公司支付终止履约违约损失345000元。光明公司关于青啤公司应向其赔偿自停止供酒日至2023年12月31日的损失72639000元主张，于法无据，违背情理，法院不予支持。[1]

个案中，由法官根据具体案情进行裁量。

【案例5-58】 宝杰经营部诉中欧公司买卖合同纠纷案

一审法院认为，郭某宝作为宝杰经营部的经营者，向中欧公司购进80箱"R0yaL Dutch"啤酒用于出售，应认定属于从事工商业经营行为的个体工商户，依法应以登记的字号为当事人。依照《合同法》第一百三十六条的规定，出卖人应当按照约定或者交易习惯向买受人交付提取标的物的单证以外的有关单证和资料。中欧公司向宝杰经营部销售的"R0yaL Dutch"啤酒系进口的预包装食品。依照《食品安全法》第九十七条的规定，进口的预包装食品、食品添加剂应当有中文标签。因此，中欧公司在交付所销售的"R0yaL Dutch"啤酒时，应当向郭某宝提供中文标签。中欧公司并无证据证明已提供中文标签，应认定未全面履行交货义务。现市场监督管理机关对待售的65箱"R0yaL Dutch"啤酒予以没收，该部分损失，应由中欧公司承担赔偿责任。依照《合同法》第一百一十三条的规定，宝杰经营部主张按每箱零售价108元计算损失，未超出合理范围，法院予以支持。如此计算，中欧公司应赔偿的损失为7020元。依照《合同法》第一百一十九条第一款的规定，郭某宝作为经营者，应当清楚销售进口的预包装食品需附有中文标签，其在明知中欧公司未提供中文标签的情况下，没有及时提出异议，而是将部分货物进行违法销售，违反了减损义务，应自行承担因其违法经营行为扩大的损失，包括被没收的违法所得144元以及罚款28000元。对其要求中欧公司赔偿该部分损失的诉讼请求，法院不予支持。判决：(1)中欧公司赔偿宝杰经营部损失7020元；(2)驳回宝杰经营部的其他诉讼请求。二审法院同意一审法院的裁判意

---

[1] 参见最高人民法院民事审判第二庭编：《最高人民法院商事审判指导案例》(合同卷)(下)，中国法制出版社2011年版，第654页。

见，判决：驳回上诉，维持原判。[1]

【案例5－59】 周某怀诉江苏江中集团有限公司买卖合同纠纷案

一审法院认为，周某怀提供的不合规格部分的木方，本应使用多少结算多少，未用部分由其拉回。但违约行为的受害方负有减损义务，即便周某怀送的木方不符合约定的规格，江中公司接受后仍应妥善保管或者及时通知周某怀拉回，否则，就应承担相应的法律责任。本案中江中公司未能举证证明已及时通知周某怀取回不符合规格的木方，更未妥善保管好暂存木方，致使木方失去使用价值的损失理当由江中公司承担。因双方未约定何时付款，周某怀可以随时要求江中公司支付货款。一审法院判决江中公司支付货款65734.50元，二审调解结案，江中公司支付64000元。[2]

个案中，对于守约人过错大小、赔偿数额由法官根据具体案情自由裁量。

【案例5－60】 李某玲诉君尚包装公司买卖合同纠纷案

二审法院认为，李某玲因国庆中秋期间促销活动所需，与君尚包装公司通过淘宝及微信平台，就定制茶叶包装铁罐达成买卖合意，双方虽未签订书面买卖合同，但协商达成的内容系双方的真实意思，内容合法，应确认合同有效，双方当事人应当遵循诚信原则，秉承诚实，恪守承诺，按照约定全面履行自己的义务。2017年7月26日，双方当事人在微信中约定“25天左右发货”。但君尚包装公司未能在履行期限内发货，在李某玲的不断催促下，君尚包装公司才于2017年9月16日、21日邮寄部分铁罐样品，致使李某玲订立该买卖合同的目的不能实现。君尚包装公司因履行合同义务不符合合同的约定，给李某玲造成了损失，应当承担赔偿损失的违约责任。李某玲为本次国庆中秋促销活动共计支付174809元，但其在君尚包装公司违约后，未能采取适当的措施防止损失的扩大，根据《合同法》第一百一十三条的规定，李某玲不得就扩大的损失要求赔偿。一审法院判决认定事实清楚，但适用法律不当，予以部分改判。判决：(1)维持一审判决第一项；(2)撤销一审判决第二项；(3)君尚包装公司支付李某玲经济损失30000元；(4)驳回李某玲的其他诉讼请求。[3]

---

〔1〕 参见国家法官学院、最高人民法院司法案例研究院编：《中国法院2020年度案例》(买卖合同纠纷)，中国法制出版社2020年版，第45～46页。福建省厦门市中级人民法院(2018)闽02民终830号民事判决书。

〔2〕 参见国家法官学院案例开发研究中心编：《中国法院2013年度案例》(买卖合同纠纷)，中国法制出版社2013年版，第239页。江苏省南通市中级人民法院(2011)通中民终字第1431号民事调解书。

〔3〕 参见国家法官学院、最高人民法院司法案例研究院编：《中国法院2020年度案例》(买卖合同纠纷)，中国法制出版社2020年版，第184页。福建省泉州市中级人民法院(2018)闽05民终3119号民事判决书。

混合过错中,法官可以考虑具体案情裁量平均分担损失。

【案例5－61】　建发公司诉海新公司买卖合同纠纷案

一审法院认为,建发公司与海新公司签订的4份《产品购销合同》是合法有效的合同,对双方当事人具有约束力。上述合同签订之后,海新公司未依约足额支付保证金,建发公司虽依约进口了相应的货物,但未适当履行到货通知义务,故双方在合同履行过程中均负有过错。关于海新公司未足额支付保证金问题,因建发公司未据此提出相应主张,故不作为判断双方责任的依据。《产品购销合同》中已明确约定货物的装船期,海新公司作为委托人也应当主动关注货物的到港情况,故关于诉争合同项下建发公司未通知部分货物的未及时提货的问题,双方均负有过错。关于海新公司抗辩其曾要求提货,建发公司不予放货的抗辩意见,法院认为,诉争合同约定的赊销期限仅为货到后7个工作日,且赊销额度包括讼争合同及其他合同,从双方在诉讼过程中提供的录音、《询证函》以及2015年9月1日的《到货通知函》来看,双方对其他合同的款项支付情况有争议,故该赊销不足以影响合同的继续履行,该抗辩意见法院不予采纳。在《合同1》与《合同2》项下,建发公司已履行了到货通知义务,故该两份合同项下的货物转卖损失,应由海新公司承担,海新公司另需承担该两份合同项下未依约付款的违约金。《合同3》与《合同4》,没有证据证明建发公司履行了到货通知义务,故该两份合同项下的货物转卖损失,应由建发公司与海新公司各承担50%,海新公司应承担的违约金以其应付的货物差价损失为基数计算。海新公司应赔偿建发公司的货物差价损失为4275821.4元。关于违约金的损失,建发公司系自2015年11月5日起主张,并以其签订转卖合同的时间调整违约金的计算基数,该期间计算标准没有超过合同约定的标准,法院予以采纳。根据合同约定的计算标准及建发公司主张的计算期间,截至2016年6月20日共产生违约金997903.28元,前已论述,双方在合同履行中过程中均负有过错,故海新公司应承担的违约金以其应负担的货物差价损失为基数计算,截至2016年6月20日,海新公司应承担的违约金为744538.35元(4275821.40元/5730874.94元×997903.28元),此后应继续按照每日5‰的标准计算至实际付款之日止。建发公司主张的转卖过程中产生的包装及物流费用,证据不足,法院不予支持。建发公司主张的实现债权而支付的律师费和保全费,法院亦参照双方承担货物差价损失的比例计算,海新公司应承担的律师费14922.05元,保全费为3730.51元。建发公司超过部分的诉讼请求,法院不予支持。判决:(1)被告海新公司应支付原告建发公司货物差价损失4275821.4元(截至2016年6月20日为744538.35元,此后以4275821.4元为基数按每日5‰的标准继续计算至实际付款之日止),律师费(暂计至2016年7月5日)14922.05元、保全费

3730.51 元;(2)驳回原告建发公司的其他诉讼请求。在二审审理过程中,建发公司与海新公司达成调解协议。[1]

应引起注意的是,在我国的合同立法中,合同当事人采取适当措施避免损失扩大,属于合同当事人负担的不真正义务。不真正义务并非对方当事人请求权指向的对象,违反不真正义务也不需要承担违约责任,但由此发生的损失,由违反不真正义务的当事人自行负担。[2]

买受人负有防止损失扩大的义务,在第一次进行替代交易时发现标的物的市场价格上涨,则应以买受人进行第一次替代交易时的合同价格确定损失赔偿额,即以第一次替代交易的时间为防止违约损害损失扩大的时间。

【案例5-62】 绿陵公司诉大华公司买卖合同纠纷案

最高人民法院认为,大华公司无正当理由不履行合同约定的供销12000吨氯化钾的义务,导致绿陵公司只能以更高的价格从他处购买氯化钾,从而造成经济损失,对此大华公司理应承担赔偿责任。一审法院以大华公司未履行的供货数量12000吨为基础,根据合同约定价格与绿陵公司从他人第一次购买氯化钾时的合同价格的差额,计算绿陵公司的经济损失,符合法律规定。判决:驳回上诉,维持原判。[3]

在一方当事人签订合同时存在过失的情形下,双方对因此造成的损失应根据过错原则、公平原则进行分摊。

【案例5-63】 特彩公司诉艾可陶公司买卖合同纠纷案

判决观点,原告提供的发货单可以证明原告于2019年5月10日向被告发出了价值为23354元的货物。当事人对自己提出的诉讼请求所依据的事实或者反驳对方诉讼请求所依据的事实有责任提供证据加以证明。没有证据或者证据不足以证明当事人主张事实的,由负有举证责任的当事人承担不利后果。一般来讲,漆膜脱落、剥落、起鼓、起皮等现象的主要原因有:底面漆不配套、物面不洁、物面处理不当、施工温度影响等。被告认为原告提供的产品系不合格产品并提供了照片和聊天记录。法院认为,被告提供的上述证据不足以证明原告提供的产品系不合格产品,且原告对此也不予认可。被告应承担举证不能的法律后果。关于数量,本次购销合同的特殊性在于先由原告

〔1〕 参见国家法官学院案例开发研究中心编:《中国法院2019年度案例》(买卖合同纠纷),中国法制出版社2019年版,第250~251页。福建省厦门市中级人民法院(2017)闽02民终4568号民事调解书。

〔2〕 参见最高人民法院民事审判第二庭编著:《最高人民法院关于买卖合同司法解释理解与适用》,人民法院出版社2012年版,第462页。

〔3〕 参见周江洪等主编:《民法判例百选》,法律出版社2020年版,第375页。最高人民法院(2009)民二终字第91号民事判决书。

确定耗量，再由被告确定采购数量。关于耗量误差造成多采购的数量，被告可以退货，但因双方质量等争议造成22桶多彩漆（价值10468元）在被告处过期无法使用，对此损失双方均有过错，根据合同的履行情况、当事人的过错程度，法院酌定对此损失原告承担30%的责任，被告承担70%的责任，即被告支付该22桶多彩漆价款的70%即7543.6元。综上，被告尚应支付原告货款13045.6元。双方的合同中明确约定，责任方须按未执行合同价款的10%给予对方赔偿，被告还需另行支付原告违约金1304.5元。判决：被告艾可陶公司支付原告特彩公司货款13045.6元及逾期付款损失1304.5元。[1]

2. 双方过错的划分

买卖双方采取非正规方式交易车辆导致损失的，根据双方的过错划分责任比例。作为出卖方负有对标的物的瑕疵担保义务，违反该法定义务的应当承担相应责任。买受方在订立合同时就应当知晓该交易可能存在的潜在风险，但仍持放任心态，违反了交易中的必要谨慎义务，应承担相应的责任。至于责任的具体划分，需要根据具体案情予以确定，一般认为，主要考量因素是对该车辆上存在抵押权这一权利瑕疵的认识程度，认识程度越高注意义务越大，相应的责任也就越重。在责任的划分上，出卖人对瑕疵担保责任法定义务的认识程度相对更高，其应承担的责任就更大；买受方负有一定的审查义务，相对于出卖人的注意义务较小而责任亦较小。

【案例5-64】　齐某东诉周某斌买卖合同纠纷案

判决观点，原告齐某东与被告周某斌签订车辆转押协议，但双方并无主债权合同，庭审中双方均确认实为买卖合同，故法院认定该合同的法律性质为买卖合同。原告以合同目的无法实现为由诉请解除合同。对此，法院认为，首先，《合同法》第九十四条规定的合同法定解除权条件之一系因不可抗力致使不能实现合同目的，但本案中并不存在不可抗力的情形，故原告该理由不能成立，且本案亦不存在导致合同解除的其他情形。其次，因原告在购买车辆时已确知车辆登记所有权人并非被告，也即原告明知不论被告对车辆享有何种权利，其均不能直接经由被告转移车辆登记。在此情况下，原告仍继续付款交易，应认为其不谋求由被告将案涉车辆登记到自己名下，其所欲达成的目的仅为占有使用。鉴于被告已在车辆丢失的一年多前就车辆已完成交付，若非出现车辆丢失的情况，双方也不会再继续发生联系，应认为案涉

〔1〕　参见国家法官学院、最高人民法院司法案例研究院编：《中国法院2021年度案例》（买卖合同纠纷），中国法制出版社2021年版，第38页。江苏省常州市金坛区人民法院（2020）苏0413民初76号民事判决书。

合同已经履行完毕，已经履行完毕的合同无法解除。综上，法院对原告解除合同的诉请不予支持。原告诉请被告返还购车款，对此法院认为，案涉车辆在交付一年多后，因被车辆其他相关权利人取走导致原告丧失占有使用的权利，应认为其产生损失，对于该损失的承担应根据原、被告的过错程度予以确定。因产生损失的直接原因系该车辆还有其他权利人，原、被告采取非正规的方式交易该车辆是导致本案损失的原因。被告作为案涉车辆的出让方，负有标的物权利瑕疵担保义务，应承担主要责任；原告作为买受方，在订立合同时就应当知晓该权利可能存在的潜在风险，应承担次要责任。基于以上认识，法院根据车辆交易价格并结合车辆的使用情况，综合确定由被告赔偿原告6.5万元。原告诉请律师费，未提供相应证据，且无相关依据，法院不予支持。判决：(1)被告周某斌支付原告齐某东6.5万元；(2)驳回原告齐某东的其他诉讼请求。[1]

【案例5-65】 董某与汽车物资经销公司汽车买卖合同纠纷案

董某与汽车物资经销公司之间订立了汽车买卖合同。后董某驾驶汽车运载超重货物上路行驶，由于钢圈破碎导致翻车，给董某造成损害。董某向法院起诉汽车物资经销公司，要求该公司对自己承担全部损失的赔偿责任。交通事故处理部门认定汽车质量不合格是导致事故的主要原因，但董某超重行驶也是造成事故的原因之一。一审法院判决汽车物资经销公司对董某的全部损失承担赔偿责任，二审法院认为，汽车物资经销公司应承担主要责任，董某也应承担一定责任。虽然出卖人汽车物资经销公司应无条件地承担其出售车辆不合格的赔偿责任，但一审法院判决未考虑董某超重行驶造成钢圈破碎致车翻倒的原因之一即有过错，汽车物资经销公司承担全部损失的赔偿责任，属于适用法律不当。[2]

行为人冒用单位名义签订合同构成合同诈骗罪时，单位存在过错应承担赔偿责任，买受人有过错的亦应承担相应责任。

【案例5-66】 陈某波诉益典船舶公司买卖合同纠纷案

一审法院认为，本案中，被告的员工沈某伪造《授权委托书》，并擅自偷盖被告印章，虚构被告出售两辆轿车的事实，与原告签订《购车协议》，骗取

---

〔1〕 参见国家法官学院、最高人民法院司法案例研究院编：《中国法院2021年度案例》(买卖合同纠纷)，中国法制出版社2021年版，第230页。浙江省丽水市莲都区人民法院(2019)浙1102民初1220号民事判决书。

〔2〕 参见最高人民法院中国应用法学研究所编：《人民法院案例选》1996年第4辑(总第18辑)，人民法院出版社1997年版，第58页。最高人民法院民事审判第二庭编著：《最高人民法院关于买卖合同司法解释理解与适用》，人民法院出版社2012年版，第470页。

原告钱款。被告的公章由专人保管，由于被告对公章的保管不善，导致被告的公章多次被擅自使用，分别加盖在《授权委托书》《购车协议》和收条上，致使原告相信沈某系接受被告委托，出售被告的车辆。故被告在本案中存在过错，且这一过错与原告被沈某骗取钱款且无法获得退赔造成的损失有因果关系，被告应当对原告的损失承担与其过错相应的责任。而原告向沈某购车的过程中，也未尽审慎的注意义务。原告购买的车辆价值巨大，且双方并未签订正式的买卖合同，只是由沈某手写了不规范的《购车协议》，且约定的定金数额高昂，明显不符合正常的交易习惯。原告明知是被告出售车辆，却轻信沈某，将购车款陆续汇入沈某的个人账户，在整个购车过程中未向被告的其他人员核实。故原告对自身损失存在较大过错，亦应承担相应的责任。至于原告损失的数额，原告主张其通过银行转账支付购车款65万元，使用现金支付购车款55万元，共损失120万元。对此，法院认为，虽然沈某出具的两张收条载明收到的金额为120万元，但是原告并非在签订《购车协议》当日就按照约定支付了全部定金，原告称因资金不够自2012年7月至2012年9月陆续向沈某支付车款，最后由沈某出具了汇总的收条，即本案中的两张收条。这两张收条的落款日期分别与《购车协议》签订的日期为同一天，有悖常理。原告提供的银行取款凭证，无法反映出取款就是原告支付给沈某的购车款。公诉机关在指控沈某犯合同诈骗罪时亦认定原告支付给沈某的钱款数为65万元。原告未提供有效证据证明其实际支付给沈某120万元，故原告主张损失为120万元，法院难以采信。原告无法获得退赔的损失应为65万元。综上，结合双方的过错程度，法院酌定被告对原告的损失承担30%的赔偿责任。原告要求被告支付迟延退还购车定金的利息，于法无据，法院不予支持。判决：(1)被告益典船舶公司赔偿原告陈某波支付购车款的损失19.5万元；(2)原告陈某波的其他诉讼请求不予支持。二审法院判决：驳回上诉，维持原判。[1]

3. 限制赔偿的情形

《民法典》第五百九十二条第一款规定："当事人都违反合同的，应当各自承担相应的责任。"应当注意的是，当事人双方均违约，但如一方的违约明显大于另一方，构成根本性违约，还应该承担给对方造成的实际损失。

《民法典》第五百九十二条第二款规定："当事人一方违约造成对方损失，对方对损失的发生也有过错的，可以减少相应的损失赔偿额。"这即为混合过错规

---

〔1〕 参见国家法官学院案例开发研究中心编：《中国法院2018年度案例》（买卖合同纠纷），中国法制出版社2018年版，第145～146页。上海市第二中级人民法院（2015）沪二中民一（民）终字第214号民事判决书。

则。混合过错,又称与有过失、过失相抵,是指买卖合同中作为受害人的一方对损害的发生也有过错时,法院应违约方之请求,应当扣减相应的损失赔偿额。混合过错的适用条件为:其一,受害人因对方违约受有损害,这里的损害是指直接损失;其二,双方均有过错;其三,双方过错与损害有因果关系。应该强调的是,混合过错规则适用的前提是受害人对损失的发生有过错,而非对损害的扩大有过错。

《买卖合同解释》第二十四规定:"买受人在缔约时知道或者应当知道标的物质量存在瑕疵,主张出卖人承担瑕疵担保责任的,人民法院不予支持,但买受人在缔约时不知道该瑕疵会导致标的物的基本效用显著降低的除外。"该条款是对买受人主张赔偿责任的限制,但有例外即但书部分的规定。

《民法典合同编通则解释》第六十三条规定:" 在认定民法典第五百八十四条规定的"违约一方订立合同时预见到或者应当预见到的因违约可能造成的损失"时,人民法院应当根据当事人订立合同的目的,综合考虑合同主体、合同内容、交易类型、交易习惯、磋商过程等因素,按照与违约方处于相同或者类似情况的民事主体在订立合同时预见到或者应当预见到的损失予以确定。除合同履行后可以获得的利益外,非违约方主张还有其向第三人承担违约责任应当支出的额外费用等其他因违约所造成的损失,并请求违约方赔偿,经审理认为该损失系违约一方订立合同时预见到或者应当预见到的,人民法院应予支持。在确定违约损失赔偿额时,违约方主张扣除非违约方未采取适当措施导致的扩大损失、非违约方也有过错造成的相应损失、非违约方因违约获得的额外利益或者减少的必要支出的,人民法院依法予以支持。"

4. 扣除赔偿数额的情形

《买卖合同解释》第二十三条规定:"买卖合同当事人一方因对方违约而获有利益,违约方主张从损失赔偿额中扣除该部分利益的,人民法院应予支持。"该条是损益相抵规则的规定。守约方在对方违约而造成危害的同时,也因此而受有利益的,在计算损失时,违约方可主张从违约损失赔偿额中扣除守约方所获利益。

5. 涉外买卖合同责任处理

在国际货物买卖合同中,卖方交付的货物虽然存在缺陷,但只要买方经过合理努力就能使用货物或转售货物,不应视为构成《联合国国际货物销售合同公约》规定的根本违约的情形。

【案例 5 -67】 中化国际(新加坡)有限公司诉蒂森克虏伯冶金产品有限责任公司国际货物买卖合同纠纷案

最高人民法院认为,本案为国际货物买卖合同纠纷,双方当事人均为外国公司,案件具有涉外因素。……双方当事人在《采购合同》中约定的石油焦HGI指数典型值为36～46,而德国克虏伯公司实际交付的石油焦HGI指数为32,低于双方约定的HGI指数典型值的最低值,不符合合同约定。江苏省高级人民法院认定德国克虏伯公司构成违约是正确的。

关于德国克虏伯公司的上述违约行为是否构成根本违约的问题。首先,从双方当事人在合同中对石油焦需符合的化学和物理特性规格约定的内容看,合同对石油焦的受潮率、硫含量、灰含量、挥发物含量、尺寸、热值、硬度(HGI值)七个方面作出了约定。从目前事实来看,对于德国克虏伯公司交付的石油焦,中化新加坡公司仅认为HGI指数一项不符合合同约定,而对于其他六项指标,中化新加坡公司并未提出异议。结合当事人提交的证人证言以及证人出庭的陈述,HGI指数表示石油焦的研磨指数,指数越低,石油焦的硬度越大,研磨难度越大。但中化新加坡公司一方提交的上海大学材料科学与工程学院出具的说明亦不否认HGI指数为32的石油焦可以使用,只是认为其用途有限。故可以认定虽然案涉石油焦HGI指数与合同约定不符,但该批石油焦仍然具有使用价值。其次,本案一审审理期间,中化新加坡公司为减少损失,经过积极的努力将案涉石油焦予以转售,且其在就将相关问题致德国克虏伯公司的函件中明确表示该批石油焦转售的价格"未低于市场合理价格"。这一事实说明案涉石油焦是可以以合理价格予以销售的。最后,综合考量其他国家裁判对《联合国国际货物销售合同公约》中关于根本违约条款的理解,只要买方经过合理努力就能使用货物或转售货物,甚至打些折扣,质量不符依然不是根本违约。故应当认为德国克虏伯公司交付HGI指数为32的石油焦的行为,并不构成根本违约。江苏省高级人民法院认定德国克虏伯公司构成根本违约并判决宣告《采购合同》无效,适用法律错误,应予以纠正。[1]

6. 新冠疫情防疫物资买卖合同处理

涉新冠疫情防疫物资买卖合同纠纷中,在认定违约方的赔偿额时,仍应考虑因疫情导致的原材料大涨以及损失可预期等因素,以衡平双方利益。

【案例5－68】　无锡芯感智半导体有限公司诉深圳市美思先端电子有限公司买卖合同纠纷案

二审法院认为,案涉传感器为防疫物资,就芯感智公司主张的损失,综合考虑疫情及交易诚信原则因素,认定为219.11万元。首先,芯感智公司因为美思先端公司就2020年2月13日合同不供货的14万支传感器的损失可参

〔1〕　最高人民法院指导案例107号。

照芯感智公司采购的价格以及美思先端公司向斯倍安公司供货的价格确定。在芯感智公司要求美思先端公司履行2月13日采购合同时,美思先端公司未予理会,芯感智公司要完成向下游企业的交货义务,其必然需要向其他厂家订货,当时市场价格已经上行,必然产生损失。事实上,结合芯感智公司提供的证据,芯感智公司所称需要向下游供应15支传感器的陈述以及市场价格上涨的行情,芯感智公司于2020年3月4日按照25~31元/支的价格向芯盾公司采购传感器,符合常理,二审对芯感智公司对外采购传感器并支付了392.51万元予以确认。同时,考虑到2020年3月、4月生产传感器的成本确实上涨,芯感智公司也在与美思先端公司沟通的微信中表示愿意接受以新的价格订货,故以美思先端公司于2020年3月11日向斯倍安公司供货的价格为参照,确定14万支传感器的差价,从而认定因美思先端公司违约造成的芯感智公司的直接损失,已是综合考虑了芯感智公司的预期利益或损失、美思先端公司为防疫物资生产作出的贡献、防疫物资价格上涨的行情、诚信原则及公平原则。其次,关于2020年2月13日《采购合同》剩余的6万支传感器以及2020年2月17日《采购合同》中40万支传感器,芯感智公司尚有可得利益损失50.6万元。关于该部分可得利益损失,芯感智公司曾向美思先端公司称其出货时按照4.2元的单价出货给客户,可以说明其每支传感器的可得利益有1.1元,再结合传感器于2020年2月、3月确实价格较高的实际情况,酌定以该单价认定46万支传感器可得利益50.6万元。此外,在2020年2月、3月传感器的单价暴涨,美思先端公司向政府调控重点保障企业供货的价格也达到十几元至二十元,其可以预见不履行案涉两份《采购合同》可能给芯感智公司造成损失。判决:(1)撤销一审民事判决;(2)美思先端公司向芯感智公司赔偿219.11万元;(3)驳回芯感智公司的其他诉讼请求。[1]

(四)买卖合同连带责任的处理

1.买卖合同的担保责任

买卖合同的法律事实发生在《民法典》之后,应当适用《民法典》的规定。保证方式约定不明确的,应认定为一般保证。

---

〔1〕 参见最高人民法院中国应用法学研究所编:《人民法院案例选》2023年第6辑(总第184辑),人民法院出版社2023年版,第145~146页。江苏省无锡市中级人民法院(2021)苏02民终2033号民事判决书。

【案例5－69】　王某诉刘某利、崔某飞买卖合同纠纷案

判决观点，关于本案保证责任的问题，被告崔某飞作为担保人，作出保证的行为在《民法典》实施之后，按照《民法典》第六百八十六条第二款“当事人在保证合同中对保证方式没有约定或者约定不明确的，按照一般保证承担保证责任”之规定，本案崔某飞在合同中约定其为保证人，未约定保证方式，依照上述法律规定，被告崔某飞对该笔债务的保证方式视为一般保证，按照一般保证的责任承担，保证人对债务人的财产依法强制执行后仍不能履行的部分承担保证责任。被告刘某利、崔某飞经合法传唤未到庭应诉，视为放弃相关权利，所致不利后果由其自负。本案系《民法典》施行后法律事实引起的民事纠纷案件，适用《民法典》的规定。判决：(1)被告刘某利支付原告王某货款7.5万元及并承担逾期的违约金5000元，共计8万元；(2)被告崔某飞对债务人刘某利财产依法强制执行后仍不能履行的部分承担保证责任。〔1〕

【案例5－70】　港中旅公司诉快捷公司、叁壹捌公司买卖合同纠纷案

判决观点，原告港中旅公司向快捷公司供应了房车，履行了合同义务，快捷公司亦给付过部分货款，现双方经过往来函件，叁壹捌公司出具了还款计划，载明了欠款数额及还款期限，视为其对合同关系及尚欠数额的确认。快捷公司认可拖欠港中旅公司的部分货款未付，原因是公司经营困难无力支付，但公司经营状况不能成为拒绝支付所欠货款的正当理由。叁壹捌公司虽然单方面以书面形式向港中旅公司出具了还款计划书，但快捷公司已接受且未提出异议，故该保证合同成立。由于叁壹捌公司在还款计划中未明确约定保证方式，故认定为连带责任保证。因快捷公司未按还款计划的约定支付货款，故叁壹捌公司应承担连带责任保证的民事责任。鉴于双方约定的违约金过高，法院依法予以调整。判决：(1)被告快捷公司给付原告港中旅公司合同款7846036.51元；(2)被告快捷公司给付原告港中旅公司自2018年6月29日起至2019年8月28日的违约金2200813.24元；(3)被告快捷公司自2019年8月29日起至付清之日止，以7846036.36元为基数，按年利率24%计算，给付原告港中旅公司违约金；(4)被告叁壹捌公司对以上合同款及违约金承担连带清偿责任；(5)驳回原告港中旅公司的其他诉讼请求。〔2〕

公司滥用劳动关系中的优势地位要求员工为公司业务提供担保违背自愿原则，员工不承担保证责任。

---

〔1〕　参见国家法官学院、最高人民法院司法案例研究院编：《中国法院2022年度案例》（买卖合同纠纷），中国法制出版社2022年版，第221页。陕西省定边县人民法院(2021)陕0825民初1558号民事判决书。

〔2〕　参见国家法官学院、最高人民法院司法案例研究院编：《中国法院2021年度案例》（买卖合同纠纷），中国法制出版社2021年版，第202页。北京市密云区人民法院(2019)京0118民初12415号民事判决书。

【案例5－71】 蓝天公司诉高某玉、藁城水泥厂买卖合同纠纷再审案

二审法院认为,第一,高某玉在涉案合同中的担保人栏签字并非其主动所为。根据双方当事人的再审诉辩意见,蓝天公司要求业务员在业务合同中作为担保人签字系该公司的通常做法,称此为"商业惯例"。本案中,高某玉在两份《助磨剂买卖合同》中的担保人签字均系履职过程中在蓝天公司要求下所为。第二,高某玉的签字不能认定具有担保的真实意思表示。企业在经济活动中应自主经营、自负盈亏。企业出于合理控制经营风险考虑,要求员工在履职过程中对交易相对方的相关资质进行调查和核实,本无不当。但企业要求员工承担的这种工作责任不能超出一般员工的能力及可预见范围,应有一定限度,权责相当。在已尽到注意义务后,员工履职产生的相关经营风险和法律责任最终应由企业承担。本案中,蓝天公司滥用劳动关系中的优势地位要求员工在业务合同中作为担保人签字,是为免除公司的责任,将经营风险转移给高某玉,不符合法律规定。第三,高某玉不承担相关担保责任。担保活动应当遵循平等、自愿、公平、诚实信用的原则。虽然我国法律对蓝天公司相关做法的行为效力无明确规定,但高某玉在履职过程中应公司要求所签订的担保条款,并非平等主体之间涉及民事权利义务关系的协议,区别于普通民法意义上的担保合同。由于涉案合同文本来源于蓝天公司,对于高某玉来说该文本属于格式文本,且蓝天公司对高某玉在涉案合同担保人栏签字的问题没有作出合理解释,对其辩解未提交证据加以证明,故亦难以认定公司曾明确无误地告知高某玉在合同担保人栏签字即意味着需承担实体保证责任。综上,高某玉的再审请求成立。对蓝天公司主张高某玉承担连带给付责任的诉讼请求,法院不予支持。判决:(1)维持一审判决第一项;(2)撤销一审判决第二、三项;(3)驳回蓝天公司的其他诉讼请求。[1]

协议上盖的公司印章用与公司备案的印章不一致时,如果该印章在其他场合使用过,公司应按协议约定承担责任。

【案例5－72】 开成公司诉德晟公司买卖合同纠纷案

二审法院认为,德晟公司于2016年6月2日在债务处理协议上加盖了公司公章,同意为陈某生欠开成公司的债务6470627.96元承担连带责任。虽德晟公司不认可该印章的真实性,但经司法鉴定,该印章与德鼎公司法定代表人沈某于2016年5月19日使用的为同一枚印章。故德晟公司的鉴定费由其自行承担。债务处理协议对德鼎公司有约束力,德晟公司应当按照合

---

〔1〕 参见国家法官学院案例开发研究中心编:《中国法院2019年度案例》(买卖合同纠纷),中国法制出版社2019年版,第182～183页。北京市第三中级人民法院(2017)京03民再67号民事判决书。

同约定承担连带保证责任。德晟公司的保证范围应当是陈某生所欠开成公司的货款6470627.96元，债务处理协议未约定保证期间，《担保法》第二十六条第一款规定："连带保证的保证人与债权人未约定保证期间的，债权人有权自主债务履行期间届满起六个月内要求保证人承担保证责任。"开成公司在法律规定的保证期间内要求德晟公司承担保证责任，故德晟公司应当对上述债务承担连带保证责任。判决：(1)撤销一审判决；(2)由被上诉人陈某生向上诉人开成公司支付所欠货款6470627.96元及违约金1294125.59元；(3)被上诉人德晟公司对上述第二项债务中所欠货款6470627.965元承担连带保证责任，被上诉人德晟公司承担保证责任后有权向被上诉人陈某生追偿；(4)驳回上诉人开成公司的其他诉讼请求。[1]

担保期限届满后，担保人仅在欠条上重新签名并未明确继续履行保证责任的，保证责任免除。

【案例5－73】　奇台县兴农源商贸有限公司诉常某等买卖合同纠纷案

判决观点，关于被告马某玉、常某1的担保责任免除的问题。根据双方的还款时间和担保方式，依据法律规定，被告马某玉、常某1为被告常某提供担保的担保期限自2013年8月11日至2015年8月10日。庭审中原告称在2016年5月21日之前找过二被告催款，但未提供证据，二被告又不认可。虽然原告在2016年5月21日找到被告马某玉、常某1，二被告在欠条上重新签了名，根据《最高人民法院关于人民法院应当如何认定保证人在保证期间届满后又在催款通知书上签字问题的批复》的规定，原告认为2016年5月21日找到二被告后，二被告在欠条上签了名字，表示二被告继续承担担保责任，但二被告并不认可原告的主张。从欠条上二被告签名的内容只是二被告在欠条上重新签了各自的名字，并无其他内容，原告又未提供证实其与二被告签订新的保证合同的证据。因此，法院认为仅依据二被告的签字，不能认定二被告与原告之间成立了新的保证合同关系。故原告要求二被告承担保证责任的理由不能成立，二被告为被告常某提供担保的保证责任已经免除，被告马某玉、常某1在本案中不承担担保责任。判决：(1)被告常某给付原告奇台县兴农源商贸有限公司货款104500元、利息9375元；(2)驳回原告奇台县兴农源商贸有限公司的其他诉讼请求。[2]

各个分期履行的债务是整体购销合同项下的一部分，担保人的担保行为是为整

---

〔1〕参见国家法官学院、最高人民法院司法案例研究院编：《中国法院2020年度案例》(买卖合同纠纷)，中国法制出版社2020年版，第105页。云南省昆明市中级人民法院(2018)云01民终795号民事判决书。

〔2〕参见国家法官学院案例开发研究中心编：《中国法院2018年度案例》(买卖合同纠纷)，中国法制出版社2018年版，第294页。新疆维吾尔自治区奇台县人民法院(2016)新2325民初2832号民事判决书。

个购销合同提供担保,保证期间应当从整个债务的最后履行期限届满之日起算。

【案例5-74】 上海申航进出口有限公司诉西安喜洋洋生物科技有限公司等买卖合同纠纷再审案

再审法院认为,西安博康公司在涉案购销合同的实际履行中分4期提货,第四期货物系案外人希宝公司受西安博康公司委托,代理西安博康公司销售,故第四期货物的买方仍然是西安博康公司,合同的主体并未发生变更。涉案购销合同的债务属于分期履行的债务,每一笔债务或者几笔债务都是整个合同项下的一部分。西安喜洋洋公司和陕西圣唐公司系为整个购销合同提供担保,故保证期间应从整个债务的最后履行期限届满之日即2016年2月19日起算,上海申航公司提起本案诉讼时,保证期间未届满,西安喜洋洋公司和陕西圣唐公司应当按约定对西安博康公司的债务承担连带保证责任。二审判决分别计算涉案债务的保证期间,并以此确定担保人的责任有所不当,再审法院予以纠正。一审法院所作判决并无不当,应予以支持。判决:撤销二审判决,维持一审判决。[1]

2. 公司股东的责任

在股东出资期限尚未届至的情况下,不对公司的债务承担连带清偿责任。

【案例5-75】 胡氏公司诉宝威公司、余某洪、余某志买卖合同纠纷案

判决观点,关于余某洪、余某志是否应对宝威公司的上述债务承担补充赔偿责任的问题。根据双方当事人确认的企业信息资料,宝威公司的股东余某洪、余某志均采用的是认缴制,认缴出资时间为2025年5月4日,缴纳期限尚未到期,且目前公司尚在经营。本案中,股东余某洪、余某志是否承担补充赔偿责实际上是在探讨公司注册资本认缴制下股东出资责任加速到期的问题。对此,法院认为,首先,认缴制是公司法的明文规定,而加速到期无疑是对认缴制的突破,这种突破实质上加重了股东个人的责任,这种对个人责任的科处,在法无明确规定的情况下,不宜对相关条款作扩大解释;其次,原告并未提供证据证明宝威公司"不能清偿债务",且对该事实的认定应通过执行程序解决,而不宜在诉讼过程中判定;最后,原告作为债权人,并不是只有通过诉讼直接判定加速到期才能对债权人的利益予以救济,如可以通过认定行为无效规制股东转移公司财产行为、使用破产法实现股东出资义务加速到期等法律明确规定的方式维权。因此,在法无明文规定的情况下,以诉讼方式通过突破认缴制判定股东责任加速到期,进而让出资不实的股东承担补

---

〔1〕 参见茆荣华主编:《2018年上海法院案例精选》,上海人民出版社2020年版,第128页。

充责任，这一诉求理由不充分，法律依据不足，法院不予支持。故余某洪、余某志不应对宝威公司的上述债务承担补充清偿责任，更不应对宝威公司的上述债务承担连带清偿责任，原告诉请余某洪、余某志对宝威公司的上述债务承担连带清偿责任，理据不足，法院不予支持。判决：(1)被告宝威公司向原告胡氏公司支付货款138888元并赔偿逾期付款利息损失；(2)驳回原告胡氏公司超出上述判项的诉讼请求。[1]

股东将部分出资额交给公司而未经法定验资程序的视为未全面履行出资，股东在未出资额的本息范围内对公司债务不能清偿的部分承担补充赔偿责任，公司设立时的其他股东应当对此承担连带责任。

【案例5-76】 上海铭亭贸易有限公司诉芭芭拉娱乐有限公司、张某、季某明买卖合同纠纷案

一审法院认为，铭亭公司与芭芭拉公司之间的买卖合同关系依法成立，合法有效。芭芭拉公司应当按照其所确认的金额偿付铭亭公司货款及返还折扣让利款。故铭亭公司要求芭芭拉公司偿付货款131100元及折扣让利款10万元的诉讼请求，于法有据，予以支持。张某、季某明作为芭芭拉公司的股东，应当按期足额缴纳公司章程中规定的各自所认缴的出资额，但上述两股东未提供证据证明其已经按期履行缴纳出资的义务，应当在各自未出资范围内对公司债务承担补充赔偿责任。

二审法院认为，股东缴纳的出资，必须经依法设立的验资机构验资并出具证明，如季某明直接将出资款交给公司但未经法定验资程序的行为被视为足额缴纳了出资，此既不符合公司法对股东出资应履行法定验资程序的要求，亦难以保证股东按期足额缴纳其认缴的出资及落实公司资本充实原则。季某明作为公司的股东，应当按期足额缴纳公司章程中规定的各自所认缴的出资额，其未提供证据证明已经按期履行了出资的义务，应当在未出资的本息范围内对芭芭拉公司的债务承担补充赔偿责任。判决：驳回季某明的上诉请求，维持原判。[2]

出资不实的股东应当对公司债务承担补充责任。

【案例5-77】 金达成厂诉华巩公司、巩某买卖合同纠纷案

判决观点，华巩公司对欠款事实和金额无异议，故金达成厂要求华巩公

---

〔1〕 参见国家法官学院案例开发研究中心编：《中国法院2019年度案例》(买卖合同纠纷)，中国法制出版社2019年版，第175页。广东省中山市第二人民法院(2016)粤2072民初13614号民事判决书。

〔2〕 参见最高人民法院中国应用法学研究所编：《人民法院案例选》2012年第2辑(总第80辑)，人民法院出版社2012年版，第166页。上海市第一中级人民法院(2011)沪一中民四(商)终字第961号民事判决书。

司支付货款并赔偿逾期利息损失,应予支持。因华巩公司股东会决议及公司章程确定巩某应于2015年10月10日前完成增资1000万元,公司注册资本已变更为1500万元,但巩某并未实际出资,故金达成厂要求巩某在出资范围内承担补充责任,应予支持。股东按股东会决议及公司章程进行出资系法定义务,股东出资系公司资产的重要来源,公司注册资本系公司履行债务的重要信用保证,故无论华巩公司的债务发生于增资前还是增资后,巩某均应在1000万元范围内对公司的债务承担补充责任。另外,补充责任体现了公司与股东之间债务承担的先后顺序。综上,对巩某的抗辩意见不予采信。判决:(1)华巩公司支付金达成厂货款332335元并赔偿逾期付款利息损失;(2)巩某在未出资的1000万元的范围内,对判决第一项确定的华巩公司债务中不能清偿的部分,承担补充赔偿责任;(3)驳回金达成厂的其他诉讼请求。〔1〕

股东未履行减资通知义务的,在减资范围内承担补充赔偿责任。

【案例5-78】 江苏万丰光伏有限公司诉上海广力投资管理有限公司、丁某焜等买卖合同纠纷案

判决观点,注册资本作为公司资产的重要组成部分,既是公司从事生产经营活动的经济基础,也是公司对外承担民事责任的担保。注册资本的不当减少将直接影响公司对外偿债能力,危及债权人的利益。公司在股东认缴的出资期限届满前,作出减资决议而未依法通知债权人,免除了股东认缴但尚未履行的出资义务,损害了债权人利益。债权人起诉请求股东对公司债务在减资范围内承担补充赔偿责任的,人民法院应予支持。〔2〕

【案例5-79】 无锡市久安砼业有限公司诉无锡昊天建筑工程有限公司、袁某华等买卖合同纠纷案

二审法院认为,昊天公司结欠久安公司货款481722.14元应予支付;并应依约就其中2009年7月1日前的货款222737.34元支付自2009年7月1日起的逾期付款违约金(双方约定的计算标准是每日5‰,因约定过高调整为每日4‰),就其中2009年7月2日起的货款258985元赔偿自起诉之日起按中国人民银行同期贷款利率计算的逾期付款利息损失;并应依约赔偿久安公司在滨湖法院(2009)锡滨民二初字第684号案件中的诉讼费损失9058元和在本案中的律师费损失2万元。昊天公司股东陆某、周某伟、袁某华在未通知已知债权人久安公司的情况下径行减资,导致未交付第2期注册资本的情况下,减资股

〔1〕 参见国家法官学院案例开发研究中心编:《中国法院2018年度案例》(买卖合同纠纷),中国法制出版社2018年版,第231页。江苏省无锡市惠山区人民法院(2016)苏0206民初2641号民事判决书。

〔2〕 参见《最高人民法院公报》2021年第12期。

东仍应对债权人久安公司承担瑕疵出资责任；该责任性质属于赔偿责任，唯有存在减资造成昊天公司财产不足以清偿久安公司债权的损害结果时，债权人久安公司才能要求减资股东在减资范围内承担赔偿之责，因此表现为在减资范围内对昊天公司财产不足清偿久安公司债权部分的补充责任，而非一审判决的连带责任。判决：(1)维持一审判决第一、二、三、四、五、七项；(2)撤销一审判决第六项；(3)周某伟、袁某华、陆某分别在195万元、50万元、255万元范围内对昊天公司财产不足清偿久安公司的部分承担补充赔偿责任。[1]

有限责任公司的股东、股份有限公司的董事和控股股东，应当依法在公司被吊销营业执照后履行清算义务，不能以其不是实际控制人或者未实际参加公司经营管理为由，免除清算义务。

【案例5－80】　上海存亮贸易有限公司诉蒋某东、王某明等买卖合同纠纷案

二审法院认为，存亮公司按约供货后，拓恒公司未能按约付清货款，应当承担相应的付款责任及违约责任。房某福、蒋某东和王某明作为拓恒公司的股东，应在拓恒公司被吊销营业执照后及时组织清算。因房某福、蒋某东和王某明怠于履行清算义务，导致拓恒公司的主要财产、账册等均已灭失，无法进行清算，房某福、蒋某东和王某明怠于履行清算义务的行为，违反了《公司法》及其司法解释的相关规定，应当对拓恒公司的债务承担连带清偿责任。拓恒公司作为有限责任公司，其全体股东在法律上应一体成为公司的清算义务人。《公司法》及其相关司法解释并未规定蒋某东、王某明所辩称的例外条款，因此无论蒋某东、王某明在拓恒公司中所占的股份为多少，是否实际参与了公司的经营管理，两人在拓恒公司被吊销营业执照后，都有义务在法定期限内依法对拓恒公司进行清算。关于蒋某东、王某明辩称拓恒公司在被吊销营业执照前已背负大量债务，即使其怠于履行清算义务，也与拓恒公司财产灭失之间没有关联性。根据查明的事实，拓恒公司在其他案件中因无财产可供执行被中止执行的情况，只能证明人民法院在执行中未查找到拓恒公司的财产，不能证明拓恒公司的财产在被吊销营业执照前已全部灭失。拓恒公司的三名股东怠于履行清算义务与拓恒公司的财产、账册灭失之间具有因果联系，蒋某东、王某明的该项抗辩理由不成立。蒋某东、王某明委托律师进行清算的委托代理合同及律师的证明，仅能证明蒋某东、王某明欲对拓恒公司进行清算，但事实上对拓恒公司的清算并未进行。据此，不能认定蒋某东、王某明依法履行了清算义务，故对蒋某东、王某明的该项抗辩理由不予采纳。[2]

---

〔1〕　参见最高人民法院中国应用法学研究所编：《人民法院案例选》2013年第1辑（总第83辑），人民法院出版社2013年版，第178～179页。江苏省无锡市中级人民法院(2011)锡商终字第23号民事判决书。

〔2〕　最高人民法院指导案例9号。

个案中,法官根据具体案情确认股东承担补充赔偿责任。

【案例5-81】 上海德力西集团有限公司诉江苏博恩世通高科有限公司、冯某、上海博恩世通光电股份有限公司买卖合同纠纷案

二审法院认为,第一,公司减资时对已知或应知的债权人应履行通知义务,不能在未先行通知的情况下直接以登报公告形式代替通知义务。第二,公司减资时未依法履行通知已知或应知的债权人的义务,公司股东不能证明其在减资过程中对怠于通知的行为无过错的,当公司减资后不能偿付减资前的债务时,公司股东应就该债务对债权人承担补充赔偿责任。[1]

两个关联公司的人员及经营范围混同的行为违背了法人制度设立的宗旨,违背了诚实信用原则,其行为的本质与危害结果与《公司法》第二十条第三款的规定情形相当,应当承担连带清偿责任。

【案例5-82】 迪高公司诉美译公司、美怿公司买卖合同纠纷案

判决观点,首先,从迪高公司提交的采购材料单、成品出仓单及IQC进料检验报告记录记载的内容来看,上述书证均明确体现出美译公司员工李某应、岑某、聊某辉等人对原告提供货物签收及验收的相关事实,故法院采信迪高公司提交的上述书证,并据此认定迪高公司与美怿公司之间存在买卖合同关系。美译公司收到价值396193.55元的货物后未及时支付货款,已构成违约,除对所拖欠的货款396193.55元负有清偿责任外,还应承担逾期付款给迪高公司造成的利息损失。其次,参照《企业所得税法实施条例》和《税收征收管理法实施细则》关于关联企业的规定,以及《特别纳税调整实施办法(试行)》第五十一条关于"一方的购买或销售活动主要由另一方控制"属于企业关联关系的规定,从涉案的IQC进料检验报告记载的内容来看,聊某辉和岑某作为美怿公司的股东,自2014年7月20日公司成立之后,仍然对美译公司向迪高公司购买彩盒的行为进行质量检验审批。同时,从美怿公司参保人员的登记情况来看,美译公司股东廖某玲于2014年10月至2015年7月在美怿公司进行参保。据此,法院认定美译公司和美怿公司在经营和购销等方面存在直接或间接的控制关系,二者属于关联公司。此外,通过法院前面查明的事实,二公司不仅在公司组织结构和人员上存在严重的交叉、重叠,如公司股东在对方公司任职或参保,还在同一经营地点从事相同的业务活动,如经营地点均为中山市小榄镇德来南路横五街×号四楼,经营范围均为研发、生产、销售灯具及其配件、整流器、变压器、电器开关、电器等。鉴于此,二公

---

〔1〕 参见《最高人民法院公报》2017年第11期。上海市第二中级人民法院(2016)沪02民终10330号民事判决书。

司作为关联公司不仅在人员方面存在混同,还在业务方面存在混同。虽然二公司在工商登记部门登记为彼此独立的企业法人,但实际上相互之间界限模糊、人格混同,严重侵害了本案原告迪高公司的合法权益。美怿公司的上述行为违背了法人制度设立的宗旨,违背了诚实信用原则,其行为本质和危害结果与《公司法》第二十条第三款规定的情形相当,参照此条款的规定,美怿公司对美译公司的涉案债务承担连带清偿责任。判决:(1)被告美译公司向原告迪高公司支付拖欠的货款396193.55元及相应利息;(2)被告美怿公司对被告美译公司所负担的欠款债务承担连带清偿责任。[1]

【案例5-83】 徐工机械公司诉瑞路公司、川交机械公司、川交工贸公司等买卖合同纠纷案

二审法院认为,三公司人格混同,瑞路公司、川交机械公司应对川交工贸公司的债务承担连带清偿责任。第一,三公司人员混同。川交机械公司与瑞路公司的股东相同,法定代表人均为王某礼;川交工贸公司90%的股份由王某礼之妻张某蓉持有,其他股东均为川交机械公司的高级管理人员;三公司的经理均为王某礼,财务负责人、出纳会计、工商手续经办人相同;川交工贸公司的人事任免由川交机械公司决定。第二,三公司业务混同。三公司的经营范围基本重合,在实际经营中均经营工程机械相关业务;在对外进行宣传时信息混同、不作区分;在销售业中均使用唯一经销商身份,使用相同的销售手册、格式合同。第三,公司财务混同。三公司使用共同的账户,其中的资金来源及支配无法证明已进行区分,具体用款的依据均为王某礼的签字。综上,三公司在经营中无视各自的独立人格、随意混淆业务、财务、资金,相互之间界限模糊,无法严格区分,使得交易相对人难以区分准确的交易对象。在均与徐工机械公司有业务往来的情况下,还刻意安排将业务统计于川交工贸公司的名下,客观上削弱了川交工贸公司的偿债能力,有滥用公司独立人格以逃避债务之嫌。三公司虽在工商登记部门登记为彼此独立的企业法人,但实际上人员混同、业务混同、财务混同,已构成人格混同,损害了债权人的利益,违背了法人制度设立的宗旨,其危害性与《公司法》第二十条规定的股东滥用公司法人独立地位和股东有限责任的情形相当。为保护债权人的合法利益,规范公司行为,参照《公司法》第二十条的规定,川交机械公司、瑞路公司应当对川交工贸公司的债务承担连带清偿责任。判决:驳回上诉,维持原判。[2]

---

〔1〕 参见国家法官学院案例开发研究中心编:《中国法院2017年度案例》(买卖合同纠纷),中国法制出版社2017年版,第59~60页。广东省中山市第二人民法院(2015)中二法民二初字第453号民事判决书。

〔2〕 参见国家法官学院案例开发研究中心编:《中国法院2014年度案例》(买卖合同纠纷),中国法制出版社2014年版,第164~165页。江苏省高级人民法院(2011)苏商终字第107号民事判决书。

3. 夫妻债务的连带责任

以夫妻一方名义成立个人独资公司，有证据证明另一方共同经营的，应由夫妻双方对公司的债务承担连带责任。

【案例5－84】 厦门永聚和进出口有限公司诉泉州市富森塑料制品有限公司、林某云等买卖合同纠纷案

判决观点，本案系出卖人向买受人主张货款而引起的买卖合同纠纷。永聚和公司与富森公司之间形成事实买卖合同关系，双方当事人均应依法全面履行合同义务。现永聚和公司已经履行了交货义务，富森公司应依约支付货款。在案证据可以证明富森公司至今尚欠永聚和公司货款364962.5元未付，已经构成违约。现永聚和公司主张富森公司支付货款364962.5元及逾期付款违约金，有事实和法律依据，法院依法予以支持。关于逾期付款违约金，永聚和公司主张以尚欠款项364962.5元为基数，按照中国人民银行同期银行贷款利息标准，从起诉之日起计算至实际付款之日止，未违反相关法律规定，法院予以支持。另外，林某云系富森公司的唯一股东。《公司法》第六十三条规定："一人有限责任公司的股东不能证明公司财产独立于股东自己的财产的，应当对公司债务承担连带责任。"林某云未到庭诉讼，亦未提交证据证明公司财产独立于自己的财产，故林某云应对富森公司的上述欠款承担连带偿还责任。林某云和杨某府系夫妻关系，且富森公司和永聚和公司的业务往来均由杨某府接洽，《送货单》及《对账单》由杨某府签字确认，货款亦有通过杨某府账户转给永聚和公司，由此可以认定富森公司系林某云与杨某府夫妻共同经营，因此，杨某府亦应对富森公司上述欠款承担连带偿还责任。富森公司、林某云、杨某府经法院合法传唤，无正当理由拒不到庭参加诉讼，视为其主动放弃诉讼权利，法院在查明事实后，可依法径行判决。判决：(1)富森公司支付永聚和公司货款364962.5元及逾期付款违约金；(2)林某云、杨某府对本判决第一项确定的债务承担连带偿还责任。[1]

夫妻一方对外主动承担的债务，并非必然成为夫妻共同债务。

【案例5－85】 王某、祝某荣诉孙某、易佳利达公司等买卖合同纠纷案

判决观点，原告与被告易佳利达公司签订的两份购销合同是双方的真实意思表示，合同内容不违反法律及行政法规的强制性规定，该购销合同成立、生效。被告易佳利达公司迟延履行交付货物的义务，致使合同目的不能实

---

〔1〕 参见最高人民法院中国应用法学研究所编：《人民法院案例选》2018年第11辑(总第129辑)，人民法院出版社2019年版，第90页。福建省厦门市集美区人民法院(2017)闽0211民初3416号民事判决书。

现，原告主张解除合同，要求被告返还货款，后原告与被告孙某、易佳利达公司签订了三方还款协议，该协议是对原购销合同的变更，孙某作为新的合同当事人，履行偿还货款义务，易佳利达公司退出原购销合同关系，作为担保人出现在新合同关系中，对拖欠的货款承担连带还责任，该还款协议是当事人真实的意思表示，内容不违反法律及行政法规的强制性规定，应为有效，当事人应当按照协议约定履行自己的义务。被告孙某违反协议约定，到期没有偿还货款义务，被告易佳利达公司没有承担相应的担保责任，确属违约。故原告要求被告孙某偿还货款32万元这一诉讼请求法院予以支持，被告易佳利达公司对上述款项承担连带清偿责任。关于利息部分，因原、被告之间签订的三份还款协议对利息部分没有约定，原告主张的利息部分没有法律依据，故法院不予支持。关于原告要求被告焦某承担偿还货款义务这一部分，被告孙某与焦某是夫妻关系，夫妻共同债务是指为满足夫妻共同生活需要所负的债务，判定是否为夫妻共同债务，一是看夫妻是否有共同举债的合意，二是看夫妻是否分享了债务所带来的利益。本案中，焦某并未在还款协议上签字，偿还原告货款是孙某的个人行为，并无夫妻共同举债的合意，且焦某也并没有分享该还款行为带来的利益，故原告要求被告焦某偿还货款及利息这一请求，法院不予支持。关于原告要求被告杨某承担连带清偿责任这一部分，被告易佳利达公司的性质是一人有限责任公司，根据《公司法》第六十三条的规定，杨某作为易佳利达公司的法定代表人及股东，没有提供证据证明公司的财产独立于自己的财产，故应对公司的债务承担连带责任，故原告要求杨某承担连带清偿责任这一诉讼请求，法院予以支持。判决：(1)被告孙某给付原告货款32万元；(2)被告易佳利达公司、被告杨某对上述款项承担连带责任。[1]

债务人配偶从债务人的生产经营中受益的，应在其受益范围内对债务承担连带责任。

【案例5-86】　蒋某强诉钱某、沈某买卖合同纠纷案

二审法院认为，根据钱某提供的产品销售合同及银行账户交易明细，钱某在收到蒋某强于2018年11月15日支付的100万元货款后，于当日向供货商李某东转账30万元，加上全部账户自有款项27482.22元及后续多笔小额进账和出账，至2018年11月25日该账户内剩余680792.22元。根据(2018)苏0282民初12260号生效判决书认定的事实，法院在该案审理中依

---

〔1〕 参见国家法官学院案例开发研究中心编：《中国法院2019年度案例》(买卖合同纠纷)，中国法制出版社2019年版，第165页。辽宁省盘锦市双台子区人民法院(2017)辽1102民初826号民事判决书。

法查封了钱某银行账户内存款680792.22元,该款项认定为沈某与钱某的夫妻共同财产并平均分配。据此,沈某虽未直接参与钱某与蒋某强之间的电缆买卖事宜,但其在离婚案件中以夫妻共同财产为由实际分得的款项中包含蒋某强支付给钱某的货款,即沈某已从钱某全部的上述买卖经营活动中获取了收益。钱某自认其账户中剩余货款金额为68万元,则沈某应在其获益34万元范围内对钱某的债务承担连带责任。判决:(1)维持一审判决第一项;(2)撤销一审判决第二项、第三项;(3)钱某返还蒋某强100万元及利息;(4)沈某对上述100万元中的34万元及利息承担连带责任;(5)钱某在实际承担本判决第三项确定的付款义务后,可在判决第四项确定的金额范围内向沈某追偿。沈某在实际承担判决第四项确定的付款义务后,无权向钱某追偿;(6)驳回蒋某强的其他诉讼请求。[1]

4. 其他连带责任

合同约定向指定账户转款,系合同的履行方式,并没有违反法律的禁止性规定。账户出借人,既非借款人,也非借款实际使用人,不应承担还款责任。

【案例5－87】 天龙公司诉天海公司、彭某伟买卖合同纠纷案

判决观点,出借银行账户是违反金融管理法规的违法行为,但应区别不同情况追究出借人相应的民事责任,并非出借银行账户即承担责任,而应当考虑出借银行账户的原因和目的,出借人是否获益、出借人是否有具有过错等因素综合认定出借人的民事责任。本案中,彭某伟虽有出借银行账户的行为,但在案证据并不足以认定其对此有过错或因出借银行账户而获益,天龙公司亦无证据证明彭某伟出借银行账户的行为与天海公司未返还预付款有关,因此天龙公司以此主张彭某伟对涉案债务承担连带偿还责任,缺乏事实和法律依据,不予支持。[2]

委托代理人在代理期限届满之后进行的买卖行为,被代理人不再承担连带责任。

【案例5－88】 张某诉杜某等买卖合同纠纷案

一审法院认为,结合2010年7月21日被告夏家朝口碎石厂与被告中铁一局二分部签订的《砂石料采购供应》内容来看,该合同履行期限为2010年

---

〔1〕 参见国家法官学院、最高人民法院司法案例研究院编:《中国法院2023年度案例》(买卖合同纠纷),中国法制出版社2023年版,第278～279页。江苏省无锡市中级人民法院(2020)苏02民终1192号民事判决书。

〔2〕 参见国家法官学院案例开发研究中心编:《中国法院2019年度案例》(买卖合同纠纷),中国法制出版社2019年版,第260页。江苏省无锡市中级人民法院(2016)苏02民初135号民事判决书。

7月21日至10月20日，而被告杜某2013年1月7日向原告张某出具的欠条显示与被告之间的买卖行为发生在2012年8~11月，由此可以判定张某与杜某之间的买卖行为不属于2010年7月21日《砂石料采购供应》的组成部分。判决：(1)被告杜某向原告张某支付货款876905元及利息；(2)驳回原告张某的其他诉讼请求。二审法院判决：驳回上诉，维持原判。[1]

当事人的合同约定不一定采用按份责任和连带责任的表述，此时认定当事人所负责任是否为按份责任的关键在于合同中是否表述了各责任人之间是按照各自的责任份额向债权人承担责任，各责任人不对其他人所负的债务向债权人承担清偿责任的意思。

【案例5-89】　肇庆市甲轴承设备有限公司诉肇庆乙风机有限公司买卖合同纠纷案

二审法院认为，本案中，甲公司分别于2016年12月1日和2017年12月1日向乙公司和丙公司发出同一份《对账单》，乙公司和丙公司分别在该《对账单》上盖章并由财务人员签字确认拖欠甲公司货款。乙公司和丙公司并没有在该《对账单》上作出它们之间是按照各自责任份额向甲公司承担责任，不对另一方所负债务向甲公司承担清偿责任的意思表示。因此，乙公司和丙公司分别在同一《对账单》上盖章并由财务人员签字确认的行为，应认定为乙公司和丙公司对该《对账单》中的债务作出共同清偿责任即连带责任的意思表示。[2]

判定银行账户出借人是否承担民事责任及承担何种民事责任，并不因最高人民法院批复的失效而直接认定无须承担责任，而应根据出借银行账户的具体类型及当事人的约定或法律规定，区分不同情形进行具体分析认定。

【案例5-90】　张某文诉刘某、刘某赞买卖合同纠纷案

二审法院认为，双方当事人争议的焦点问题为：上诉人刘某赞应否承担补充赔偿责任。本案中，张某文向刘某赞银行账户转账发生在2021年8月7日，《最高人民法院关于出借银行账户的当事人是否承担民事责任问题的批复》自2021年1月1日起已被最高人民法院废止，一审法院适用该批复系适用法律错误，法院予以纠正，出借银行账户，是指个人或单位未按国家有关法律规定，将其个人账户或单位账户借给他人使用，借用人应对账户实际控制，

---

〔1〕参见国家法官学院案例开发研究中心编：《中国法院2016年度案例》(买卖合同纠纷)，中国法制出版社2016年版，第58页。四川省华蓥市人民法院(2014)华蓥民初字第375号民事判决书。

〔2〕参见中国审判理论研究会民事专业委员会编著：《民法典合同编条文理解与司法适用》，法律出版社2020年版，第101页。广东省肇庆市中级人民法院(2019)粤12民终223号民事判决书。

用于自身经济活动。本案中,张某文虽然按照刘某的要求将32000元转入刘某赞的银行账户,但张某文并未提供有充分证据证明刘某对刘某赞的账户进行实际控制,用于自身经营活动,因此刘某对刘某赞的银行账户并不存在上述使用情形。另外,张某文主张刘某与刘某赞之间存在合作或合伙关系,但根据张某与刘某之间的交易手套的过程及刘某向张某出具欠条的行为,并不能证明刘某赞参与案涉买卖合同中,且张某文也没有证据证明刘某赞在出借账户中受益,刘某赞出借银行账户的行为与张某的损失之间并没有直接因果关系。因此,一审判令刘某赞在不能清偿的32000元货款本金范围内承担补充赔偿责任,缺乏事实基础和法律依据。综上,上诉人刘某赞的上诉请求成立。判决:(1)维持一审判决第一、三项;(2)撤销一审判决第二项;(3)驳回被上诉人张某文的其他诉讼请求。[1]

(五)买卖合同欺诈赔偿的处理

在买卖合同纠纷中,欺诈赔偿主要是依据《消费者权益保护法》或其他法律规定,对经营者违反法律规定的欺诈行为进行的惩罚性赔偿。

对经营者进行欺诈赔偿,是以经营者构成消费欺诈行为为承担责任依据。欺诈行为系一方当事人故意告知对方虚假情况,或者故意隐瞒真实情况,诱使对方当事人作出错误的意思表示。消费欺诈行为,是指经营者在提供商品或服务的过程中,采取虚假或者其他不正当手段欺骗、误导消费者,使消费者的合法权益受到侵害。

1. 汽车买卖中的欺诈

【案例5-91】 张某静诉丰泰公司买卖合同纠纷案

二审法院认为,根据《消费者权益保护法》关于保护消费者知情权、选择权的有关规定及丰泰公司承诺交付新车的合同义务,丰泰公司应当向张某静交付全新、未经使用、未经维修的车辆。一旦交付的车辆存在瑕疵并经过维修,丰泰公司应在交付前向消费者主动披露车辆瑕疵及维修情况。本案中,张某静、丰泰公司对于涉案车辆在销售前曾进行车顶喷漆面修复的事实并无异议,但对于丰泰公司是否明知该事实存在争议。丰泰公司辩解因事先不知

---

〔1〕 参见国家法官学院、最高人民法院司法案例研究院编:《中国法院2023年度案例》(买卖合同纠纷),中国法制出版社2023年版,第268页。山东聊城市中级人民法院(2022)鲁15民终1446号民事判决书。

涉案车辆调拨之前进行过漆面修复的情况,不存在欺诈,但丰泰公司提供的证据并不足以证明其事实主张。即使涉案车辆漆面修复事实发生于江门利泰公司进行 PDI 操作阶段且江门利泰公司未能将该情况告知丰泰公司,但从张某静提供的照片可以看出,涉案车辆车顶喷漆痕迹系外观可见明显问题,属于汽车销售商丰泰公司应知能知的范畴;丰泰公司将车辆销售给张某静前,亦有售前检查义务。在此情况下,无论该车辆漆面修复行为是否发生在调拨之前,均应认定丰泰公司对涉案车辆的瑕疵维修事实处于明知状态。涉案车辆由于交付前进行过漆面修复,已非通常意义和一般交易习惯上所述的"新车",对消费者是否仍愿意购买系争车辆具有重大影响,对此经销商负有如实告知和说明的义务。丰泰公司未将涉案车辆瑕疵及维修情况如实告知张某静,侵犯了张某静的知情权、选择权,使其陷入错误认识并作出意思表示,属于故意隐瞒真实情况,构成销售欺诈。据此,一审法院结合张某静的诉请,适用《消费者权益保护法》的规定判令应向张某静赔偿其购买车辆价款的 1 倍(94672 元),于法有据,并无不当。判决:驳回上诉,维持原判。[1]

二手车覆盖假铭牌,经营者构成欺诈。

【案例 5-92】 李某玉诉锦锋公司、光讯公司买卖合同纠纷案

二审法院认为,锦锋公司与李某玉之间成立买卖合同关系。车辆生产日期是车辆的重要信息,是消费者购车的一项重要指标。李某玉在锦锋公司向其展示车辆铭牌、确定涉案车辆的生产日期为 2016 年后,决定购买涉案车辆。锦锋公司交付的车辆被覆盖假铭牌,系隐瞒车辆的真实情况,诱使消费者作出错误的意思表示,符合法律规定的欺诈行为构成要件。一审法院认定锦锋公司的销售行为构成欺诈,并根据《消费者权益保护法》第五十五条之规定,判决锦锋公司以涉案车辆价款的 3 倍赔偿李某玉,于法有据。判决:驳回上诉,维持原判。[2]

二手车销售隐瞒涉水事故构成欺诈,适用 3 倍赔偿。

【案例 5-93】 王某刚诉熟人网络公司买卖合同纠纷案

二审法院认为,本案中,熟人网络公司作为二手车市场的经营者,有专门的检测机构,在其收购二手车时,理应对车辆状况进行全面查验,车辆的事故

---

〔1〕 参见国家法官学院、最高人民法院司法案例研究院编:《中国法院 2020 年度案例》(买卖合同纠纷),中国法制出版社 2020 年版,第 27 页。广东省江门市中级人民法院(2018)粤 07 民终 2232 号民事判决书。

〔2〕 参见国家法官学院、最高人民法院司法案例研究院编:《中国法院 2021 年度案例》(买卖合同纠纷),中国法制出版社 2021 年版,第 92 页。江苏省徐州市中级人民法院(2019)苏 03 民终 2010 号民事判决书。

及维修情况系购买二手车时的重要考量事项，属于决定购买人对车辆性价比衡量的因素之一，故熟人网络公司在出售涉案车辆时，未就案涉车辆存在重大水淹事故告知王某刚，足以使王某刚基于获知的信息不全面而造成错误的意思表示。尽管熟人网络公司称其对案涉车辆的水淹事故不知情，但《消费者权益保护法》规定消费者获得3倍赔偿的前提是经营者存在"欺诈行为"，并不要求经营者具备欺诈消费者的主观故意。主观故意上的故意欺诈是一种心理状态，消费者难以就经营者的主观心理状态作出判断。熟人网络公司销售车辆时就车辆出售前的事故及维修项目未对王某刚进行告知，对王某刚而言熟人网络公司存在欺诈行为，已构成《消费者权益保护法》规定的经营者"欺诈"，应当承担赔偿责任。综上，熟人网络公司的上诉请求不能成立，应予驳回；一审认定事实清楚，适用法律正确。判决：驳回上诉，维持原判。[1]

【案例5－94】 李某利诉牡丹江市凯禾汽车贸易有限公司买卖合同纠纷案

一审法院认为，原告于2009年12月15日在被告处购买了一台车辆识别代码为LVXDAGAAI8L00053的江铃牌轿车，购车价格为43500元，车辆购置税2100元，共计45600元。该车经鉴定，原漆为红色，系后改为银灰色，被告在销售车辆时隐瞒了该车辆的真实信息，已经对原告构成欺诈行为。判决：(1)撤销原告李某利与被告凯禾公司签订的机动车买卖合同；(2)被告凯禾公司退还原告李某利购车款43500元；赔偿原告李某利43500元；赔偿原告李某利损失2661元(其中车辆购置税2100元、交通费561元)；同时原告李某利将所购买的车辆识别代码为LVXDAGAAI8L00053的江铃牌轿车返还给被告凯禾公司。二审法院认为，原审根据《合同法》及《消费者权益保护法》等法律规定，认定上诉人在本案销售车辆的行为构成欺诈并无不当。上诉人称鉴定结论缺少理论根据和科学依据，其主张没有证据支持。上诉人提出自己是经销商，诉争车辆是生产厂家生产，车的底漆和面漆用什么颜色与上诉人无关的上诉理由，与相关法律规定相悖，该主张亦不能成立。综上，上诉人凯禾公司对被上诉人李某利购买诉争车辆所产生的损失应依法承担赔偿责任。上诉人的上诉理由不成立，上诉请求依法不予支持。原审认定事实清楚，适用法律正确。判决：驳回上诉，维持原判。[2]

---

〔1〕 参见国家法官学院、最高人民法院司法案例研究院编：《中国法院2020年度案例》(买卖合同纠纷)，中国法制出版社2020年版，第53页。河北省石家庄市中级人民法院(2019)冀01民终2796号民事判决书。

〔2〕 参见国家法官学院案例开发研究中心编：《中国法院2014年度案例》(买卖合同纠纷)，中国法制出版社2014年版，第107～108页。黑龙江省牡丹江市中级人民法院(2012)牡商终字第60号民事判决书。

经销商在出售车辆时,故意隐瞒车辆为试乘试驾车辆,该行为已构成欺诈。

【案例5－95】　杨某东诉北京福铃丰瑞汽车销售有限公司买卖合同纠纷案

判决观点,福铃丰瑞公司在出售车辆时有义务告知杨某东车辆全面、真实的情况,但福铃丰瑞公司隐瞒了涉诉车辆曾贴有"试乘试架车"字样的事实。基于一般生活经验,杨某东在购物车时获知该车曾贴过"试乘试架车"字样,有理由选择不购买该车而选择其他车辆,无论该车是否事实上的"试乘试架车"。福铃丰瑞公司在杨某东购买涉案车辆时未将该车真实、全面信息告知杨某东,导致杨某东作出错误判断,福铃丰瑞公司的行为构成欺诈,应赔偿杨某东相当于车价款1倍的赔偿款并赔偿杨某东购置税、保险费等损失。判决:(1)被告福铃丰瑞公司返还原告杨某东购车款62500元;(2)原告杨某东将车牌号为京PQJ337的比亚迪小车退还给被告福铃丰瑞汽公司;(3)被告福铃丰瑞公司赔偿原告杨某东损失69207.51元。[1]

经销商在出售车辆时,故意隐瞒车辆发生过较大事故的事实,该行为已构成欺诈。

【案例5－96】　江某诉狮达二手车经营(上海)有限公司等买卖合同纠纷案

二审法院认为,关于狮达公司是否存在欺诈问题。狮达公司与江某签订的《狮达二手车销售合同》及《车辆转让协议书》中,均有手写"保证无事故、无泡水、无火烧"等内容。上述合同条款是双方的真实意思表示,对合同双方均具有约束力,狮达公司应按照上述约定向江某交付无事故的车辆,但依据已查明的案件事实,狮达公司向江某交付的涉案车辆却是发生过事故的车辆。鉴于涉案车辆是二手车辆的实际情况,车辆漆面轻微擦碰、划痕等小事故,在双方无明确约定的情况下,不能轻易归入本案所争议的事故范畴。本案中的维修记录显示涉案车辆更换修理过后盖门、后保等部位,涉案车辆显然发生过较大的交通事故。狮达公司也在庭审中陈述其知道车辆后盖更换过,虽然其陈述对更换原因以及是否发生过事故不清楚,但狮达公司作为专业二手车销售商,上述解释显然不合常理。故法院对上述陈述不予采信。狮达公司又主张其对事故标准的认定采用的是《二手车鉴定评估技术规范》,涉案车辆事故情形不能定义为事故车辆。然而,双方订立的合同中对事故的标准并无特别约定,狮达公司承诺的是"保证无事故",则车辆是否发生事故以及是否是事故,应按普

---

〔1〕　参见国家法官学院案例开发研究中心编:《中国法院2012年度案例》(买卖合同纠纷),中国法制出版社2012年版,第26页。北京市丰台区人民法院(2010)丰民初字第10642号民事判决书。

通消费者的通常理解。根据上述涉案车辆在4S店的维修情况,即使按照该规范的认定标准,也不能排除涉案车辆是事故车。综上,狮达公司在出售涉案车辆时,故意隐瞒车辆发生过较大事故的事实,该行为足以使江某陷入错误的认识,并作出违背其真实意思的表示,进而与狮达公司订立购车合同,狮达公司的行为已构成欺诈。依据《合同法》第五十四条、《消费者权益保护法》第五十五条之规定,江某有权利主张撤销双方之间的合同,且可以主张狮达公司赔偿其购买车辆的价款3倍。二审中,江某自愿将其上诉请求调整为请求判令狮达公司赔偿1倍购车款130000元,系其对自身民事权利和诉讼权利的处分,于法不悖,应当予以照准。判决:(1)撤销一审判决;(2)撤销江某与狮达公司于2015年9月14日签订的《狮达二手车销售合同》及《车辆转让协议书》;(3)狮达公司返还江某购车款人民币130000元,江某返还狮达公司车架号码为WDDFH3B2BJ7261××的灰色奔驰B200二手机动车一部,并配合狮达公司办理上述车辆过户手续;(4)狮达公司赔偿江某损失人民币130000元;(5)驳回江某的其他诉讼请求。[1]

【案例5-97】 邓某华诉上海永达鑫悦汽车销售服务有限公司买卖合同纠纷案

二审法院认为,汽车经销商对车辆后保险杠外观瑕疵予以"拆装后保、后保整喷"的维修超出了车辆售前正常维护和PDI质量检测的范围,经销商对此未履行告知义务的,侵犯了消费者的知情权、选择权,使其陷入错误认识,属于故意隐瞒真实情况,构成消费欺诈。消费者要求经销商按照《消费者权益保护法》赔偿损失的,经销商应承担车辆3倍价款的惩罚性赔偿责任。[2]

2. 非食品药品类欺诈

在非食品药品类消费者维权案件中,消费者是否因欺诈行为而陷入错误认识并作出意思表示的司法认定,应结合经营者告知虚假信息和隐瞒信息的程度、消费者购买行为的过程、购买次数、购买数量、一般社会群体的消费认知能力和消费观念等因素综合进行判断。

【案例5-98】 崔某利诉赛特奥莱公司买卖合同纠纷案

一审法院认为,本案中,崔某利有两次购买行为。就第一次购买行为而言,所购服装标签中的面料比例与诉讼中委托检验结果不符,但差异性非普

〔1〕 参见陈昶主编:《2020年上海法院案例精选》,上海人民出版社2022年版,第49页。

〔2〕 参见《最高人民法院公报》2018年第11期(总第265期)。

通关公众穿着所能感受，崔某利也承认在购买时对服装面料比例没有特殊需求，故标签错误并不足以使消费者陷入对面料成分比例的错误认识并基于该认识而作出错误购买的意思表示，故崔某利主张赛特奥莱公司销售该服装的行为构成欺诈，法院不予支持。鉴于的确存在标签错误，崔某利主张退货退款，法院予以支持。崔某利要求赛特奥莱公司支付赔偿金的诉讼请求，于法无据，不予支持。针对崔某利2016年3月21日所购服装而言，崔某利第一次购买同款服装后因疑存问题而送检测中心检测，第二次购买时间与《检测报告》记载的检测结果、批准、审核编制日期及发票开票日期为同一天。崔某利称第二次购买尚未取得报告，但无证据证明具体取得报告时间，即使如其所述，也表明其已存疑送检，结果未出而再次购买，要么是明知涉案服装标注与实际不符而进行购买，要么是自愿扩大损失。总之其该次购买行为非欺诈而为，就有关该次购买服装的诉讼请求，一审法院不予支持。关于检验费，崔某利将服装送检并实际支付了检验费，该服装在诉讼中再次鉴定确存瑕疵，故崔某利已付检验费系为主张自身权利支出的合理费用损失，相应诉求，法院予以支持。判决：(1)赛特奥莱公司退还原告崔某利货款6950元，同时原告崔某利将送检服装退还被告赛特奥莱公司；(2)被告赛特奥莱公司支付原告崔某利检验费500元；(3)驳回原告崔某利的其他诉讼请求。二审法院同意一审法院的裁判意见，判决：驳回上诉，维持原判。[1]

【案例5-99】　王某诉人人乐公司、人人乐公司西湖道店买卖合同纠纷案

一审法院认为，本案中双方的争议焦点为：二被告出售正面包装标有"杏仁"背面成分载明"甜扁桃油""飘柔杏仁长效柔顺滋养洗发露400mL"商品是否存在欺诈行为。对于该争议焦点，法院进行如下阐述：首先，涉诉商品系正规企业生产，产品质量并无其他问题，其在商品包装正面标注白色"杏仁"二字，配有大幅"扁桃仁"图片，背面载明"配方特含杏仁提取成分#"，成分表载明"甜扁桃油"，且特别标注"#注：甜扁桃油"。因此，并不能认定其存在故意隐瞒商品真实情况的行为。涉诉商品企业在包装上标注"杏仁"，并非故意告知对方虚假情况，而是在包装标识上指代笼统，存在瑕疵。其次，本案原告购买的系日化用品，并非食品，不具有食品药品的特殊性。一般消费者在购买洗发水时除清洁外更注重产品使用的不同功能，如滋养、去屑、防脱。而"甜扁桃油"与"杏仁油"均含有维生素E，二者在滋养头发的功效上是否存在较大差异，因原告在购买商品后并未使用，亦未向法院提交购买"甜扁桃

---

〔1〕参见国家法官学院、最高人民法院司法案例研究院编：《中国法院2020年度案例》(买卖合同纠纷)，中国法制出版社2020年版，第59~60页。北京市第三中级人民法院(2018)京03民终13577号民事判决书。

油”洗发水与“杏仁油”洗发水功效存在显著差异的相应证据,故不能认定原告基于商品包装标识作出了错误意思表示。最后,本案原告购买商品系用案外人王某明的支付宝支付款项,其提交的(2014)一中民四终字第947号判决书亦为案外人王某明就食品类成分标识问题进行的胜诉判决,其他判决亦为同类产品判决。现原告又以此为依据购买商品,显然对产品标识问题存在“明知”,本案原告在本法院及其他法院多次与各大型商场进行买卖合同诉讼,要求惩罚性赔偿,显然存在获利意图,有违诚实信用的交易原则。综上所述,二被告并不存在欺诈行为,原告基于此请求退货,并无事实依据,法院对此不予支持。对于原告赔惩罚性赔偿的诉讼请求,没有法律依据,法院不予支持。判决:驳回原告王某的诉讼请求。二审中,王某向二审法院申请撤回上诉。〔1〕

商品上虽同时标有中、英文两种标识,但中文标识与商品实际成分不符,违反了经营者应依法承担的实际质量与商品说明一致的义务,其行为构成欺诈。经营者发现中文标识存在错误后主动联系消费者并退货的行为,表明了经营者积极解决问题的态度,但对其销售商品的欺诈行为,应依法向消费者承担责任。

【案例5-100】 胡某威诉拉法耶特公司买卖合同纠纷案

二审法院认为,拉法耶特公司在中国销售的商品应当以其标有的中文标识作为向消费者告知的商品相关情况的标准。现拉法耶特公司向不特定对象出售中文标识成分与实际商品成分不相符的商品,其行为已构成故意告知虚假情况或故意隐瞒真实情况的主观要件;胡某威基于该商品中文标识描述,购买了涉案商品,其行为已构成作出了错误意识的要件,故应当认定拉法耶特公司在销售涉案商品时存在欺诈行为。其后拉法耶特公司的致歉行为虽表明了主动解决问题的态度,但对其销售商品时的欺诈行为,仍应依法向消费者承担责任。因本案所涉的买卖行为发生于2013年,应当适用当时的法律规定即经营者提供商品有欺诈行为的,应当按照消费者的要求增加赔偿其受到的损失,增加赔偿的金额为消费者购买商品的价款的1倍。判决:(1)撤销一审判决;(2)改判拉法耶特公司向胡某威赔偿10950元;(3)驳回胡某威的其他诉讼请求。〔2〕

旅游商品的经营者怠于履行告知义务,构成消极欺诈。

---

〔1〕 参见国家法官学院案例开发研究中心编:《中国法院2019年度案例》(买卖合同纠纷),中国法制出版社2019年版,第10~11页。天津市南开区人民法院(2017)津010民初4787号民事判决书。

〔2〕 参见国家法官学院案例开发研究中心编:《中国法院2016年度案例》(买卖合同纠纷),中国法制出版社2016年版,第81~82页。北京市第二中级人民法院(2014)二中民(商)终字第06788号民事判决书。

【案例5-101】 蔡某衡、舒某璐诉陶某买卖合同纠纷案

判决观点,本案所涉金色珍珠,原、被告双方一致确认经过染色处理的,并非天然金色的珍珠,故法院对此予以确认。蔡某衡、舒某璐在陶某经营的无锡市瑞宝旅游工艺品商店购买珍珠饰品时,应享有对其所购买的珍珠充分了解真实情况的权利,经营者也应尽到对蔡某衡、舒某璐所购买珍珠的真实情况如实告知的义务。蔡某衡、舒某璐在购买珍珠时,作为消费者,不能要求其具有专业的鉴别能力。对本案所涉珍珠系经过染色处理,并非天然金色珍珠的事实,经营者应主动向蔡某衡、舒某璐进行告知而未告知,也未按照《中华人民共和国国家标准珠宝石名称》的规定对经过染色处理的珍珠在基本名称中进行注明。经营者在经营中,滥用了消费者对其商业信任。结合法院对无锡市相关珍珠专卖柜台的调查,本案所争议的染色珍珠的成交价格与市场上销售的同规格天然金色珍珠的出售价格相近,易使消费者在被告处购买染色珍珠时产生该珍珠为天然金色的信赖,经营者的上述行为,属于故意隐瞒真实情况,诱使对方当事人作出错误意思表示,构成消费欺诈。根据《消费者权益保护法》第四十九条的规定,法院对蔡某衡、舒某璐要求陶某按照《消费者权益保护法》规定向其退赔60000元的诉请予以支持。对陶某提出在出售时没有隐瞒珍珠是通过染色处理的、珍珠不是天然色的事实,因而不存在欺诈的情形的辩称,因与其本人在《新闻直通车》节目中的陈述相矛盾,故法院不予采信。对蔡某衡、舒某璐要求陶某支付鉴定费250元的诉请,法院认为该费用系蔡某衡、舒某璐为进行本案诉讼所必需的花费,故对该诉请予以支持。向"提供商品或者服务有欺诈行为的"商家双倍索赔"商品价格或者接受服务的费用",是消费者的一项法定权利。蔡某衡、舒某璐为行使该权利,维护作为一名消费者的合法权利,确实花费了一定的交通费用,其要求经营者承担该部分费用,应予以适当支持。法院结合原告维权的实际将该部分费用酌定为200元。对蔡某衡、舒某璐要求陶某赔偿相关医药费150元、精神损失费5000元的诉请,因未有证据表明上述费用的产生与本案有直接联系,故法院对其上述诉请不予支持。对蔡某衡、舒某璐要求陶某赔偿误工费3000元的诉请,因蔡某衡、舒某璐均已超过退休年龄,并未有误工费用的产生,故对该项诉请不予支持。判决:(1)陶某立即退还蔡某衡、舒某璐珍珠购买费30000元,赔偿蔡某衡、舒某璐损失30000元;(2)陶某支付蔡某衡、舒某璐鉴定费250元;(3)陶某支付蔡某衡、舒某璐交通等费用200元;(4)驳回蔡某衡、舒某璐的其他诉讼请求。[1]

---

〔1〕 参见国家法官学院案例开发研究中心编:《中国法院2014年度案例》(买卖合同纠纷),中国法制出版社2014年版,第37~38页。江苏省无锡市滨湖区人民法院(2012)锡滨民初字第1077号民事判决书。

出卖人故意混淆日常防护型口罩与医用口罩的区别,应认定为实施了欺诈行为。

【案例 5－102】 洪某诉贸易公司买卖合同纠纷案

二审法院认为,贸易公司系以微信的方式发布销售口罩的广告,并通过邮寄方式送货,且洪某所主张的1700只口罩并未开封使用,故一审法院认为该1700只口罩属于经营者以网络方式销售的商品,洪某享有7天无理由退货的权利并无不当。根据现有证据,应当认定贸易公司提供的口罩的包装内没有合格证,故该口罩应当认定为不合格产品,结合贸易公司法定代表人钱某飞在与洪某的微信及电话沟通中均称口罩达到医用标准,是医用口罩,但实际提供的口罩却为日常防护型口罩的事实,一审法院认定贸易公司在销售过程中存在欺诈行为,判决贸易公司3倍赔偿并无不当。判决:驳回上诉,维持原判。〔1〕

【案例 5－103】 顾某诉上海松江好饰家家具市场经营管理有限公司等买卖合同纠纷案

判决观点,本案中,第三人张某作为经营者,在商铺门口悬挂“林牌”品牌的大幅店招,但实际上同时售卖“林牌”以外的地板品牌,且向原告出具的订货单及送货单上的抬头明确标识为“林牌地板 LIN FLOOR”,确有误导消费者之嫌。第三人张某虽辩称,其在销售地板的过程中,已明确告知原告提供的地板非“林牌”而系“工程版”,但对此未提供证据予以佐证,原告亦不予认可,且其与被告签订的商铺租赁合同中明确约定销售的地板品牌为“林牌”,故对其主张法院难以采信。据此,法院确认第三人张某的行为构成欺诈,对原告要求被告及第三人上海鹏林实业有限公司共同承担赔偿责任的请求,因缺乏事实与法律依据,法院不予支持。判决:(1)第三人张某退还原告顾某货款42774元;(2)第三人张某赔偿原告顾某128322元;(3)驳回原告的其他诉讼请求。〔2〕

3. 食品药品类欺诈

在食品药品纠纷中,消费者主张惩罚性赔偿,法院不支持生产者、销售者提出的消费者“明知存在质量问题而仍然购买”的抗辩意见。这是食品药品解释对消费维权案件中食品药品的特殊性规定。

---

〔1〕 参见国家法官学院、最高人民法院司法案例研究院编:《中国法院2022年度案例》(买卖合同纠纷),中国法制出版社2022年版,第86页。江苏省无锡市中级人民法院(2020)苏02民终5021号民事判决书。

〔2〕 参见陈昶主编:《2020年上海法院案例精选》,上海人民出版社2022年版,第88页。

在出售近似商标商品的情况下不构成欺诈。

【案例5-104】　王某诉金奎亮公司、河北稻香村公司买卖合同纠纷案

一审法院认为，本案中王某在金奎亮公司处购买涉案礼盒，双方成立买卖合同关系，该买卖合同关系系双方当事人的真实意思表示，亦不违反法律法规的强制性规定，应属合法有效。王某主张金奎亮公司、河北稻香村公司存在欺诈，应当证明有欺诈的故意、欺诈的行为，因欺诈导致王某作出错误的意思表示。首先，王某认为金奎亮公司出售的月饼为假北京稻香村，依据法院查明的情况，王某于2016年8月28日至9月8日在金奎亮公司处分多次购买月饼礼盒，销售单上明确注明商品的全名为河稻富贵锦礼、河稻盛典、河稻感恩礼等，且王某在销售单上签字确认。其次，从王某向法庭出示的礼盒来看，礼盒上注明的生产商为河北稻香公司，且多个礼盒大标识亦有"河北稻香村"字样。故对王某认为存在欺诈，要求金奎亮公司、河北稻香村公司退还购买月饼的款项及3倍赔偿的诉讼请求，法院不予支持。判决：驳回原告王某的诉讼请求。二审法院同意一审法院的裁判意见，判决：驳回上诉，维持原判。[1]

进口食品未加贴中文标签，卫生证书不能证明进口食品在流通环节符合我国的食品安全标准。

【案例5-105】　张某磊诉湖南大厦公司买卖合同纠纷案

二审法院认为，关于第一个争议焦点，根据《食品安全法》第二十六条第（四）项的规定，本案中，涉案食品系进口的预包装食品，但未按上述规定粘贴中文标签，故应认定为不符合食品安全标准的食品。关于第二个争议焦点，根据《食品安全法》第一百四十八条第（四）项的规定，本案中，湖南大厦主张涉案食品有卫生证书，其主观上不构成明知，且涉案食品中有中文标签，只是在销售时未粘贴，并不影响食品安全，也未对他人造成误导，仅是销售瑕疵，故不应当承担10倍的赔偿责任。对此，法院认为，湖南大厦未提供充分证据证明其对涉案食品尽到了必要的查验义务，涉案食品未粘贴中文标签属于显而易见的事实，故涉案食品即使有卫生证书亦不能证明主观上不构成明知。另外，涉案食品未粘贴中文标签不仅违反了法律的相关规定，而且使消费者对涉案食品的相关信息难以充分了解，因此不属于标签瑕疵的范畴。综上，湖南大厦的上诉理由缺乏事实与法律依据，法院不予支持。一审法院认

---

〔1〕 参见国家法官学院、最高人民法院司法案例研究院编：《中国法院2020年度案例》（买卖合同纠纷），中国法制出版社2020年版，第179页。北京市第二中级人民法院（2018）京02民终2991号民事判决书。

定湖南大厦构成销售明知是不符合食品安全标准的食品，并据此判决其承担10倍赔偿责任并无不当。关于湖南大厦上诉提出一审法院违反法定程序的问题，二审法院经审查认为，湖南大厦主张的情形不属于《民事诉讼法》第一百七十条第一款第（四）项规定的“原判决遗漏当事人或者违法缺席判决等严重违反法定程序”的情形，故二审法院不予支持。判决：驳回上诉，维持原判。[1]

进口食品无中文标识不符合食品安全标准。

【案例5－106】 唐某华诉颐泉超市公司买卖合同纠纷案

二审法院认为，原告唐某华持有购货小票、发票和商品实物，表明其与被告颐泉超市形成事实上的买卖合同关系，该买卖合同关系未违反国家法律和行政法规的强制性规定，应属有效。依据原告向法院提交的证据，法院认为被告向原告销售的商品应属于从国外进口的预包装食品。被告作为食品经营者，其向原告销售的食品应当符合《食品安全法》第六十二条、第九十七条、第九十二条第一款、第六十七条第一款、第七十一条第三款的相关规定。被告作为经营者，对其销售给原告的葡萄酒的标签等应当标识的相关信息均不知情，法院认为在我国销售的葡萄酒没有中文标签足以影响食品安全，在此情况下，法院认为结合北京市海淀区食品药品监督管理局没收了被告未出售的葡萄酒，并对被告超市进行了罚款的事实足以认定被告超市销售给原告的6瓶葡萄酒为不符合食品安全标准的食品，而被告作为食品经营者对此应当明知。依据《食品安全法》第一百八十四条第二款的规定，被告应退还原告货款908元，并赔偿原告9080元。判决：（1）撤销一审判决；（2）唐某华退还颐泉超市三瓶“2012法国RED FOX”葡萄酒（购买价格每瓶158元）、一瓶“750mL法国葡萄酒”（购买价格158元）、二瓶“A.03进口干红”（购买价格每瓶138元），如有毁损，则按毁损的数量与购买时的价格从本判决第三项中扣减；（3）颐泉超市退还唐某华货款908元；（4）颐泉超市赔偿唐某华9080元。[2]

【不同处理】 进口食品未加贴中文标签，不影响食品安全，不足以构成对消费者的误导，不能适用10倍赔偿金的规定。

【案例5－107】 田某诉思源酒店、艾威尔顿公司买卖合同纠纷案

二审法院认为，上诉人依据《食品安全法》第二十六条、第一百四十八条

---

〔1〕 参见国家法官学院案例开发研究中心编：《中国法院2018年度案例》（买卖合同纠纷），中国法制出版社2018年版，第34～35页。北京市第二中级人民法院（2017）京02民终2393号民事判决书。

〔2〕 参见国家法官学院案例开发研究中心编：《中国法院2018年度案例》（买卖合同纠纷），中国法制出版社2018年版，第38页。北京市第一中级人民法院（2016）京01民终2974号民事判决书。

的规定,要求被上诉人退还货款并支付价款10倍的赔偿金,但是《食品安全法》第一百四十八条规定的10倍赔偿金是针对“生产不符合食品安全标准的食品或者经营明知是不符合食品安全标准的食品”,本案中涉案产品的经营者提供了海关进口货物报关单、入境货物检验检疫证明及卫生证书、中文标签等证据,证明涉案产品在进口时经过入境货物检验检疫并准许进口。上诉人未提供证据证明涉案产品是不符合食品安全标准的食品,故不能认定涉案产品是不符合食品安全标准的食品;同时,涉案产品虽未加贴中文标签,但该行为并不影响食品安全,不足以构成对消费者的误导,故亦不能适用10倍赔偿金的规定。另外,一审法院虽然在认定思源酒店公司退还田某货款的同时亦认定田某退还相应的货物,若不能全部退还,则按照对等价款折抵货款,但其判决主文部分遗漏此判项,二审法院对此予以纠正。判决:(1)维持一审判决第一项即“四川广安思源酒店有限责任公司返还原告田某货款119400元”、第二项即“驳回原告田某的其他诉讼请求”;(2)上述人田某退还被上诉人广安思源酒店有限责任公司Jean Andre LAPITTE(中文名:让安德列拉菲)红酒30瓶,若不能全部退还,则按照红酒对应价格冲抵货款。[1]

【案例5-108】　张某诉沃尔玛莆田文献东路分店买卖合同纠纷案

二审法院认为,被上诉人沃尔玛莆田文献东路分店提供的案涉葡萄酒有海关进出口货物报关单、出入境检验检疫卫生证书以及经销商的授权书等证据,证明了其销售的葡萄酒进货渠道合法正当,经检验合格,并有卫生许可,上诉人张某也未能举证证明案涉商品存在产品缺陷和质量瑕疵等食品安全问题,导致有其他人食用后遭受人身损害、财产损失的情形;故上诉人的主张不符合《食品安全法》第九十六条规定的情形,其请求被上诉人沃尔玛莆田文献东路分店给予10倍赔偿的理由不能成立,不予支持。判决:驳回上诉,维持原判。[2]

宣传手册上的宣传语与实际不符,可以认定经营者的欺诈行为。

【案例5-109】　王某诉北京沃尔玛百货有限公司买卖合同纠纷案

二审法院认为,本案中案涉商品的宣传手册宣称的“营养保健品”与实际不符,属于虚假的商品说明、商品标准方式销售商品,从而影响消费者的交易行为,构成欺诈。《消费者权益保护法》第五十五条第一款的规定确立了对经营者欺诈行为的惩罚性赔偿制度,惩罚性赔偿尽管是损害赔偿的一种形

---

〔1〕 参见国家法官学院案例开发研究中心编:《中国法院2019年度案例》(买卖合同纠纷),中国法制出版社2019年版,第48页。四川省广安市中级人民法院(2017)川16民终1624号民事判决书。

〔2〕 参见国家法官学院案例开发研究中心编:《中国法院2017年度案例》(买卖合同纠纷),中国法制出版社2017年版,第9~10页。福建省莆由市中级人民法院(2015)莆民终字第2103号民事判决书。

式，但其不同于传统民法理论上的补偿性赔偿的概念，而是经营者对自己实施的欺诈行为所应承担的加重后果，因此，惩罚性赔偿不以损失的补偿为前提，更不以损失的实际发生为条件。只要经营者实施了欺诈行为，就应当向消费者承担3倍赔偿金的责任。由此，王某要求北京沃尔玛百货有限公司办理退货、返还货款并予以3倍赔偿的诉讼请求合法有据，应予以支持。判决：驳回上诉，维持原判。[1]

玛咖片未标食用限量及不适应人群，违反食品安全标准，经营者明知食品不符合食品安全标准仍然销售，消费者有权向其要求支付10倍价款。

【案例5-110】 杨某诉优禾大兴公司买卖合同纠纷案

二审法院认为，玛咖粉是国家规定的需要经过特殊审批方可用于食品生产经营的新资源食品，其标签标识应当符合国家法律、法规、食品安全标准以及卫生部公告的要求。优禾大兴公司并未提供证据证明玛咖粉与玛咖片有实质差异。因此，优禾大兴公司关于涉案玛咖片符合食品安全标准，且优禾大兴公司不存在明知涉案玛咖片不符合食品安全标准情形的上诉主张，没有实事及法律依据，法院不予采信。综上所述，优禾大兴公司的上诉请求不能成立，应予驳回。一审法院认定事实清楚，适用法律正确，应予维持。判决：驳回上诉，维持原判。[2]

【不同处理】 消费者一次购买商品数量超过一般消费习惯的，法官根据具体案情在赔偿数额上予以酌定。

【案例5-111】 莫某福诉宏鑫公司买卖合同纠纷案

二审法院认为，原审法院认定了案涉产品为不符合食品安全标准的食品，但莫某福作为一般消费者一次性购买大量的茶叶不符合常理，原审法院据此以一般消费者的购买量为10罐的标准认定莫某福的购买数量，从而酌情以支付10罐价格的10倍标准给予莫某福赔偿并无不妥，二审法院予以维持。判决：驳回上诉，维持原判。[3]

经营者销售过期食品应进行惩罚性赔偿。

---

〔1〕 参见国家法官学院案例开发研究中心编：《中国法院2018年度案例》（买卖合同纠纷），中国法制出版社2018年版，第31页。北京市第一中级人民法院（2016）京01民终5916号民事判决书。

〔2〕 参见国家法官学院案例开发研究中心编：《中国法院2018年度案例》（买卖合同纠纷），中国法制出版社2018年版，第43页。北京市第二中级人民法院（2016）京02民终10706号民事判决书。

〔3〕 参见国家法官学院案例开发研究中心编：《中国法院2018年度案例》（买卖合同纠纷），中国法制出版社2018年版，第46页。广东省广州市中级人民法院（2016）粤01民终17753号民事判决书。

【案例5－112】　宫某伟诉屈臣氏公司、屈臣氏三十分店买卖合同纠纷案

二审法院认为，本案中，宫某伟购得白兰氏馥莓饮(50毫升×6)1盒，系买给家人服用，且未进行生产销售，屈臣氏公司、屈臣氏三十分店未能证明宫某伟购买商品系为了生产经营，故宫某伟属于法律保护的消费者的范围。宫某伟提交的白兰氏馥莓饮(50毫升×6)1盒及相应的销售小票，证明从屈臣氏三十分店购买了过期食品。屈臣氏公司、屈臣氏三十分店主张上述产品可能并非从其处购买，但其在销售货物的购物小票上记载的信息未能明确指向特定的物品，其亦无法向法院提供宫某伟购物当日的销售记录，故应认定双方买卖关系成立。销售超过保质期的食品，会给购买和使用带来安全隐患，属于销售不符合食品安全标准的行为。故宫某伟要求退还购物款并进行10倍赔偿的诉讼请求，于法有据。判决：驳回上诉，维持原判。[1]

经营者销售未标注食品生产许可证号、生产日期的食品应进行惩罚性赔偿。

【案例5－113】　龙某诉聚精采公司买卖合同纠纷案

二审法院认为，本案的主要争议焦点为聚精采公司是否明知不符合食品安全标准的食品。生产许可证是食品生产和流通的前提，是食品符合食品安全标准的重要表征；生产日期和保质期是判断食品是否属于质量保证期间的表征，用以防止消费者使用过期食品。经营者销售未在包装上标注生产日期和生产许可证编号的食品，从实质上违反了食品安全标准，属于《食品安全法》(2009年修订)第四十二条规定的销售明知不符合食品安全标准的食品的行为，消费者除要求赔偿损失外还可以向生产者或者销售者要求支付价款10倍的赔偿金。故龙某的诉讼请求，于法有据，应予以支持。[2]

销售者明知是不符合食品安全标准仍然销售的，应承担惩罚性赔偿责任。

【案例5－114】　姚某诉家乐福公司和平店等买卖合同纠纷案

判决观点，姚某与家乐福公司和平店之间构成买卖饮料的买卖合同关系。家乐福公司和平店所售野利蓝莓汁饮料，属于食品，应当符合食品安全标准。本案中，家乐福公司和平店所售的野利蓝莓汁饮料在其外包装标签配料表中明确含有"甜塞糖"，为大众所知，具有公示意义，该店对此是明知的。工商机关出具的政府信息公开告知书认定，该种食品添加剂在相关《食品添加剂使用标准》中不存在，故该饮料不符合食品安全标准，而家乐福公司和平

---

〔1〕参见国家法官学院案例开发研究中心编：《中国法院2017年度案例》(买卖合同纠纷)，中国法制出版社2017年版，第3页。北京市第三中级人民法院(2015)三中民(商)终字第01156号民事判决书。

〔2〕参见国家法官学院案例开发研究中心编：《中国法院2017年度案例》(买卖合同纠纷)，中国法制出版社2017年版，第5～6页。北京市第三中级人民法院(2015)三中民(商)终字第06181号民事判决书。

店仍然销售，姚某作为消费者有权要求其支付价款损失及价款10倍的赔偿金。家乐福公司作为其总公司，应当共同承担赔偿责任。姚某查询本案被告的企业档案查询费系其本次诉讼产生的必要费用，对其该项诉讼请求，法院予以支持。家乐福公司和平店、家乐福公司的抗辩意见，法院不予采纳。综上，姚某的诉讼请求，法院予以支持。判决：被告家乐福公司和平店、家乐福公司向原告姚某赔偿损失9344.40元。[1]

【案例5－115】 孙某山诉南京欧尚超市有限公司江宁店买卖合同纠纷案

判决观点，第一，原告孙某山属于消费者。本案中，孙某山实施了购买商品的行为，且并未将所购香肠用于再次销售，其索赔属于行使法定权利。因此欧尚超市认为孙某山"买假索赔"不是消费者的抗辩理由不能成立。第二，被告欧尚超市属于销售明知不符合食品安全标准的食品。欧尚超市食品销售者负有保证食品安全的法定义务，应当对不符合安全标准的食品自行及时清理，但欧尚超市仍然摆放并销售超过保质期的"玉兔牌"香肠，未履行法定义务，可以认定为销售明知是不符合食品安全标准的食品。第三，被告欧尚超市的责任承担。当销售者销售明知是不符合安全标准的食品时，消费者可以同时主张赔偿损失和支付价款10倍的赔偿金，也可以只主张支付价款10倍的赔偿金。本案中，原告孙某山仅要求欧尚超市支付售价10倍的赔偿金，属于当事人自行处分权利的行为，应予支持。该赔偿获得的利益属于法律应当保护的利益，且法律并未对消费者的主观购物动机作出限制性规定。判决：被告欧尚超市赔偿原告孙某山5586元。[2]

【不同处理】 不能证明不符合食品营养标签管理规定的，不能适《食品安全法》，但可以适用《消费者权益保护法》保护消费者的合法利益。

【案例5－116】 钟某诉北京华润万家生活超市有限公司买卖合同纠纷案

判决观点，钟某提供证据证明北京华润万家生活超市有限公司（以下简称华润万家超市）向其销售的福事多精装牦牛骨髓粉中不符合"高钙""高蛋白质"标准，违反了卫生部关于食品营养标签的管理规定，华润万家超市就反驳钟某诉讼请求所依据的事实未提供充分相识的证据佐证，法院不予采信。故对钟某要求华润万家超市退还货款赔偿1倍货款及检测费的诉讼请求，法院应予支持。钟某要求的10倍价款赔偿金不符合《食品安全法》的相应规定，法院不予支持。判决：（1）被告华润万家超市退还原告钟某货款512元，

---

〔1〕 参见国家法官学院案例开发研究中心编：《中国法院2016年度案例》（买卖合同纠纷），中国法制出版社2016年版，第15页。江苏省常州市天宁区人民法院（2014）天商初字第932号民事判决书。

〔2〕 人民法院案例库2014－18－2－084－001。最高人民法院指导案例23号。

原告钟某向被告华润万家超市退还购买的福事多精装牦牛骨髓粉 4 盒；(2)被告华润万家超市赔偿原告钟某 512 元；(3)被告华润万家超市支付原告钟某检测费 270 元；(4)驳回原告钟某的其他诉讼请求。[1]

4. 惩罚性赔偿的限制

这里讲的惩罚性赔偿限制，是指侵犯了消费者的知情权但不构成欺诈，经营者仍应承担的赔偿责任，只不过不适用惩罚性赔偿。

虚假陈述并不必然构成欺诈，但侵犯了消费者的知情权。由于信息的不对称，销售者、经营者有义务提供与商品相符的宣传材料与信息，保障消费者的知情权。消费者只有在充分掌握了商品信息后，作出的决定才是其最真实的意思表示。尤其是在商品构造复杂、专业性强，从外观上很难判断商品质量、优劣、品质的情况下，消费者只能依据销售者、经营者的宣传了解商品，作出是否购买的决定。因此，真实全面的信息披露尤为重要。车辆销售者、生产销售宣传手册及官网的相关信息内容不实，构成对消费者知情权的侵害。

【案例 5－117】 刘某诉德万隆公司、捷豹路虎公司买卖合同纠纷案

一审法院认为，捷豹路虎公司的宣传手册中对涉案车辆性能记载和宣传已经被上海浦东市场监督管理局认定为虚假宣传行为，因此可以认定捷豹路虎公司存在虚假宣传行为，但虚假宣传并不当然构成民法意义上的欺诈。一方面，刘某在提车时，进行了新车检查，对于其中可以通过外观检查的项目，一般注意力即可发现功能的缺失与不足，未提出异议，且刘某正常使用涉案车辆已久。另一方面，作为一般消费者，不会因为上述几种项目的缺失而影响购买行为，上述的虚假陈述不会使消费者陷入错误意思而发生误导，因此捷豹路虎公司不构成民法意义上的欺诈。捷豹路虎公司作为涉案车辆的进口商与总经销商，德万隆公司作为涉案车辆的销售者，应当保证涉案车辆的宣传信息与车辆本身一致，其向消费者公开提供的宣传册、网络信息确实与实车配置不符，未能真实全面地提供产品信息，使消费者无法知悉其购买商品的真实、全面的情况，使消费者对车辆配置产生误解，侵犯了刘某作为消费者的知情权，损害了刘某的合法权益，应当承担相应的赔偿责任。判决：(1)德万隆公司、捷豹路虎公司赔偿原告刘某损失 15 万元；(2)驳回刘某的其他诉讼请求。二审法院认为，无论是知情权受到损害，还是惩罚性赔偿，针对的基础事实均是德万隆公司、捷豹路虎公司在本案中是否存在虚假宣传，只是程度

[1] 参见国家法官学院案例开发研究中心编：《中国法院 2014 年度案例》(买卖合同纠纷)，中国法制出版社 2014 年版，第 47 页。北京市丰台区人民法院(2012)丰民初字第 19600 号民事判决书。

不同,两者与刘某关于损失赔偿的诉请是一致的。该判决内容没有超出刘某诉讼请求的范围。关于德万隆公司、捷豹路虎公司是否侵犯了刘某的知情权同意一审法院的裁判意见。判决:驳回上诉,维持原判。[1]

非生活消费品的购买行为不能适用惩罚性赔偿制度。消费者购买的大数量商品中,属于生活消费的合理部分适用惩罚性赔偿。

【案例5-118】 苏某磊诉小猫北京三分公司、小猫公司买卖合同纠纷案

判决观点,涉案商品的实际长度不足,超过了规定的短缺量,应认定小猫北京三分公司履行合同义务不符合约定。小猫北京三分公司应退还苏某磊未使用的阻燃聚氯乙烯绝缘无护套电缆电线的价格,苏某磊应退还相应货物,如不能退货则折价扣减退款。苏某磊已经使用的货物不存在退款问题,法院对苏某磊相应诉讼请求金额不予保护。此外,经营者提供商品或者服务有欺诈行为的,应当按照消费者的要求增加赔偿其受到的损失,增加赔偿的金额为消费者购买商品的价格或者接受服务的3倍。本案中,苏某磊购买的涉案商品数量较多,实际使用数量不足3%,其有关因价格便宜而多购买的解释不符合家庭装修消费的常理,没有其他证据佐证其实际购买量在合理的生活消费用量范围内,加之涉案商品兼具生活资料与生产资料的双重特性,故法院认为苏某磊购买涉案商品并非单一的消费用途,已使用的数量尚可算作在合理生活消费范围内,而其他未使用的不足以证明为生活消费之用。故苏某磊主张以全部价款的3倍赔偿法院不予支持。判决:(1)被告小猫北京三分公司退还原告苏某磊货款69650元,原告苏某磊将涉案的阻燃聚氯乙烯绝缘无护套电缆电线红色190盘、蓝色195盘、双色105盘、黄色70盘、绿色70盘、白色70盘退还给小猫北京三分公司,若不能退款,则按每99.5元扣减被告熊猫北京三分公司应退还的价款;(2)被告小猫北京三分公司赔偿原告苏某磊5970元;(3)被告小猫公司对上述被告小猫北京三分公司的应付货款承担补充清偿责任;(4)驳回原告苏某磊的其他诉讼请求。[2]

消费者连续多次购买同一种商品应视为同一次购买行为,仅能获得一次性惩罚性赔偿。

【案例5-119】 简某华诉华润分公司买卖合同纠纷案

二审法院认为,华润分公司对简某华提供的购货凭证予以认可,简某华

---

〔1〕 参见国家法官学院、最高人民法院司法案例研究院编:《中国法院2020年度案例》(买卖合同纠纷),中国法制出版社2020年版,第175~176页。北京市第三中级人民法院(2018)京03民终4344号民事判决书。

〔2〕 参见国家法官学院案例开发研究中心编:《中国法院2018年度案例》(买卖合同纠纷),中国法制出版社2018年版,第53页。北京市朝阳区人民法院(2015)朝民(商)初字第58698号民事判决书。

亦提供了相应的商品,华润分公司否认商品与购货凭证之间的对应关系,对此华润分公司负有举证责任,现华润分公司未能提供证据否认简某华提供的商品并非本次购买,且简某华提供的商品与购货凭证完全相符,故应当认定简某华所提供的商品系本次购买。因涉诉商品在简某华购买时已过保质期,对此华润分公司应当承担返还货款的法律责任。鉴于简某华同日购买的相同商品在(2016)津0103民初667号案件已获得了惩罚性赔偿,原审法院根据案件的实际情况酌情认定本案中不支持简某华赔偿损失的诉讼请求并无不妥。判决:驳回上诉,维持原判。[1]

以营利为目的的多次重复购买,不应支持多次惩罚性赔偿。

购买人短时间内,在同一商家连续购买一种或多种有质量问题的食品、药品,对其购买的首单商品支持10倍赔偿,对后案涉及的产品不支持惩罚性赔偿。

【案例5-120】 黄某某诉重庆市合川区某生活超市买卖合同纠纷案

二审法院认为,首先,根据《食品安全法》和《最高人民法院关于审理食品安全民事纠纷案件适用法律若干问题的解释(一)》的相关规定,合川区某生活超市销售的涉案食品在黄某某购买时已超过保质期,为法律所禁止销售的不符合食品安全标准的食品。合川区某生活超市作为销售者,未尽到审查义务,应认定为销售明知不符合食品安全标准的食品,应当承担惩罚性赔偿责任。其次,根据已查明的事实,黄某某等人明知案涉食品超过保质期而故意购买,足以认定其行为不是为生活消费,系以谋利为目的。黄某某等人在短时间内在同一销售者处购买日常生活小零食,并以超过保质期为由向人民法院主张惩罚性赔偿,黄某某等人在法院提起的以生产者、销售者为被告的产品责任纠纷案件数量超过百起,黄某某等人的购买行为存在显而易见的谋利意图,并非生活消费使然,有违民事法律行为的诚实信用原则,不应予以倡导。再次,黄某某等在短时间内,在同一家商家连续购买一种或多种过期食品,对其购买到首单商品支持10倍赔偿,对后案涉及的产品则不支持惩罚性赔偿。即对合川区某生活超市销售的相关产品的惩罚性赔偿要求已在法院受理的(2022)渝01民终4212号、5233号、5438号案中予以支持,本案销售者因销售过期食品已承担了相应的民事赔偿责任,故本案中黄某某的诉讼请求不予支持。民事赔偿并不必然免除合川区某生活超市销售大量过期食品应承担的相应行政责任。判决:(1)维持一审判决第一项;(2)撤销一审判决

---

〔1〕 参见国家法官学院案例开发研究中心编:《中国法院2018年度案例》(买卖合同纠纷),中国法制出版社2018年版,第60~61页。天津市第二中级人民法院(2016)津02民终2956号民事判决书。

第二项。[1]

【案例5-121】 张某新诉北京京客隆商业集团股份有限公司等买卖合同纠纷案

判决观点,张某新在近40分钟的时间内,先后10次从定福庄店购买同一种商品,均单独打印购物小票,且其对多次重复购买行为未作出合理解释,应视为连续的一次性购买行为,构成一笔买卖合同,因法院已在(2015)朝民(商)初字第61693号案中对其退款以及惩罚性赔偿的诉讼请求予以支持。故对本案的诉讼请求,法院仅支持退款诉求。判决:(1)被告京客隆商业集团股份有限公司、京客隆商业集团股份有限公司定福庄店退还原告张某新货款5元;(2)驳回原告张某新的其他诉讼请求。[2]

对同一欺诈事由消费者不能多次主张赔偿款。

【案例5-122】 方某坤诉浙江超市有限公司买卖合同纠纷案

判决观点,由于被告出售给原告的产品外包装上将实际拨打过程中需要支付市话资费的4000318070号码标注为免费服务热线,此行为属于引人误解的虚假宣传行为,也属于欺诈行为,违反了《消费者权益保护法》第二十条第一款的规定。据此,被告应当退还货款,并赔付500元,但法院(2015)绍越商初字第4461号案与本案属于同样的欺诈事实,且被告主体同一,两案完全可以一案诉讼。因(2015)绍越商初字第4461号案已经赔付500元,故本案不再赔付500元。判决:(1)被告浙江超市有限公司支付给原告方某坤货款人民币11.9元;(2)驳回原告方某坤的其他诉讼请求。[3]

5. 销售欺诈与销售过失的区别

销售欺诈与销售过失的两个重要区别是销售者在销售过程中是否存在故意告知虚假情况或隐瞒真实情况,并诱使消费者作出错误的购买行为。销售过失也是一种违约行为,应承担相应的违约责任。

【案例5-123】 覃某诉桂福汽车销售公司、福特汽车公司买卖合同纠纷案

判决观点,在欺诈故意和欺诈行为方面,原告覃某购买汽车时,所出售的

---

〔1〕 参见《人民司法·案例》2023年第29期(总第1012期)。重庆市第一中级人民法院(2022)渝01民终5234号民事判决书。

〔2〕 参见国家法官学院案例开发研究中心编:《中国法院2018年度案例》(买卖合同纠纷),中国法制出版社2018年版,第63页。北京市朝阳区人民法院(2015)朝民(商)初字第61695号民事判决书。

〔3〕 参见国家法官学院案例开发研究中心编:《中国法院2017年度案例》(买卖合同纠纷),中国法制出版社2017年版,第27页。浙江省绍兴市越城区人民法院(2015)绍越商初字第4463号民事判决书。

汽车只有前两门有无钥匙进入功能,被告桂福汽车销售公司不存在就四门无钥匙进入系统进行特意宣传的行为,覃某也不能提供相应的证据证明桂福汽车销售公司对该系统进行了与实际情况不符的虚假宣传行为。在被欺诈方因错误作出的意思表示方面,四门无钥匙进入系统属于比较容易检验的功能,而且覃某有过旧款车型的使用经验,但是覃某在购买汽车时没有检验,而是在使用半年后才发现车辆与《车主手册》描述的“拉动一个车门外拉手或后备箱盖的把手,即可使车辆开锁”不一致,充分说明覃某并非因为该车具有四门无钥匙进入系统才购买的。故覃某主张桂福汽车销售公司存在销售欺诈没有事实和法律依据,法院不予支持。但是《车主手册》作为汽车买卖合同的重要部分,双方应当按照约定履行各自义务,否则应当承担违约责任。虽然桂福汽车销售公司不存在销售欺诈,但是其销售的汽车在无钥匙进入系统方面与附随的《车主手册》描述的“拉动一个车门外拉手或后备箱盖的把手,即可使车辆开锁”不一致,无法按照双方签订的《关于恢复“无钥匙”进入功能协议》履行其义务,存在违约行为,应当承担违约责任。根据《合同法》第一百零七条的规定,覃某购买的涉讼车辆已无法恢复四门无钥匙进入系统,桂福汽车销售公司应当赔偿损失给覃某。虽然覃某未能提供证据证明桂福汽车销售公司因违约造成的经济损失额,但是不具备全部四门无钥匙进入系统确实对其使用车辆造成一定影响,根据本案的具体情况,法院酌情认定40000元。至于覃某主张福特汽车公司承担本案的赔偿责任,因双方之间不存在买卖合同关系,法院不予支持。判决:(1)被告福汽车销售公司赔偿原告覃某40000元;(2)驳回原告覃某的其他诉讼请求。[1]

【案例5-124】 董某乐诉北京中进道达汽车有限公司买卖合同纠纷案

一审法院认为,由于作为经营者的中进道达公司介绍JEEP指南者限量版比运动款有更好的安全性,导致董某乐作出“放弃购买JEEP指南者运动款,决定购买比运动款贵了3万元JEEP指南者限量版”的错误意思表示,对此中进道达公司应承担相应的民事责任。但是,对于中进道达公司是否存在欺诈行为,法院认为,尽管2010年2月25日克莱斯勒公司的通知中表明对有关涉案车型存在配置缺少情况是“再次告知”,但是尚不足以证明董某乐与中进道公司签订《汽车销售合同书》时,中进道公司已经知晓同类车辆缺少TPMS数字式轮胎压力监测系统及前排座椅辅助侧气囊的事实。此外,董某乐提交的证据虽能够证明涉案车辆缺少TPMS数字式轮胎压力监测系统

---

〔1〕 参见国家法官学院案例开发研究中心编:《中国法院2017年度案例》(买卖合同纠纷),中国法制出版社2017年版,第232页。广西壮族自治区玉林市玉州区人民法院(2015)玉区法民初字第1462号民事判决书。

及前排座椅辅助侧气囊的配置,但不足以证明中进道达公司存在隐瞒真实情况的欺诈故意。故对董某乐要求中进道达公司赔偿损失金额中的合理部分,法院予以支持。判决:(1)被告中进道公司赔偿原告董某乐6万元;(2)驳回原告董某乐的其他诉讼请求。二审中,中进道达公司撤回上诉。〔1〕

不构成欺诈但构成违约的,出卖人应承担违约责任。

【案例5-125】 林某祥诉莆田市九牧汽车服务有限公司买卖合同纠纷案

一审法院认为,原告根据合同约定向被告履行付款义务后,被告理应向原告交付合同约定的标的物,而被告向原告交付的车辆并不符合合同的约定已构成违约。但双方对违约责任无明确约定,考虑到本案的实际情况,酌情认定被告赔偿相应的经济损失人民币50000元。由于原告所交纳的车辆购置税、保险费、报牌费系行政收费项目,应自行承担,故被告与原告在销售员林某琴介绍下认真比对后自愿购买上述车辆的抗辩理由不足,法院不予采纳。判决:(1)被告莆田九牧公司赔偿原告林某祥经济损失人民币50000元;(2)驳回原告林某祥对被告莆田九牧公司的其他诉讼请求。

二审法院认为,被上诉人莆田九牧公司不构成欺诈行为。上诉人林某祥根据合同约定向被上诉人履行付款义务后被上诉人理应向上诉人交付合同约定的标的物,而被上诉人向上诉人交付的车辆并不符合合同的约定,提供的是改装的智能一键启动及导航功能,已构成违约。原审认定事实清楚,适用法律正确,判决并无不当,上诉人林某祥的上诉理由不能成立,不予采纳。判决:驳回上诉,维持原判。〔2〕

不构成合同欺诈的,也要作出处理,但不存在赔偿问题。

【案例5-126】 蒋某诉某商贸公司买卖合同纠纷案

一审法院认为,被告的行为不构成欺诈,因此法院认为被告应将所收货款退给蒋某;对于蒋某要求赔偿1倍货款的损失及要求被告书面道歉因依据不足,法院不予支持。根据《合同法》第一百一十条之规定,判决被告某商贸公司退还原告货款人民币240元,驳回原告蒋某的其他诉讼请求。二审法院持相同的意见。〔3〕

---

〔1〕 参见国家法官学院案例开发研究中心编:《中国法院2013年度案例》(买卖合同纠纷),中国法制出版社2013年版,第96页。北京市第二中级人民法院(2012)二中民终字第1967号民事裁定书。

〔2〕 参见国家法官学院案例开发研究中心编:《中国法院2013年度案例》(买卖合同纠纷),中国法制出版社2013年版,第122~123页。福建省莆田市中级人民法院(2011)莆民终字第1155号民事判决书。

〔3〕 参见北京市高级人民法院编:《审判前沿——新类型案件审判实务》2010年第1集(总第31集),法律出版社2010年版,第102页。

非食药同源中药材不适用《食品安全法》的10倍赔偿规定，存在欺诈行为的可另行解决。

【案例5－127】　王某力诉优禾公司买卖合同纠纷案

二审法院认为，首先，根据相关规定，在商场、超市等非药品经营单位销售未施行批准文号管理的人参、鹿茸等滋补保健类中药材，不需要领取经营许可证；其次，根据食药监局的调查结果，涉案商品并不属于"三无"食品，有合法的进货来源及手续；最后，涉案商品发票载明为食品，但手写表标明为鹿茸，且根据食药监局的认定结果，鹿茸被列在《中国药典》2015年版的目录中，系中药材，且不属于食药同源物品，故涉案商品不属于食品，不应当适用《食品安全法》及《预包装食品标签通则》的相关规定，亦不应以"食品中不得添加药品"为由认定涉案商品违反《食品安全法》的相关规定。故王某力以优禾公司将鹿茸当作食品出售，不标注用法用量及注意事项，且属于"三无"产品，违反了《食品安全法》的相关规定为由要求优禾公司给付10倍赔偿金的诉讼请求，缺乏依据。若王某力认为优禾公司将马鹿鹿茸作为梅花鹿茸出售存在欺诈行为，其可另行解决。判决：(1)撤销一审判决；(2)驳回王某力的诉讼请求。〔1〕

6. 惩罚赔偿数额的调整问题

随着汽车等大额商品欺诈纠纷的增多，对有些大额商品的局部欺诈行为，如果仍按商品价款适用全额双倍规定，必将产生一系列问题。对此，有的法院探索出在大额商品的欺诈赔偿上摒弃全额惩罚的思路。在尚无具体法律规定支持的情况下，暂可以依据公平原则，以商品瑕疵部分价值为基数适用惩罚规定，或者以商品瑕疵部分的价值为基数，综合商品整体价值判定赔偿金额。

【案例5－128】　朱某发诉诸暨市方圆汽车销售有限公司买卖合同纠纷案

二审法院认为，原审法院认定方圆公司的销售行为构成欺诈亦无不当。但是《消费者权益保护法》第四十九条并未区分欺诈的具体情节、程度轻重，只笼统地规定只要实施欺诈行为，即应承担双倍赔偿的责任，使当事人双方的利益失衡。故改判退还车款77300元，并赔偿朱某发损失30000元。〔2〕

在判定销售者违反告知义务是否构成欺诈时，应从销售者隐瞒的信息是否属

---

〔1〕　参见国家法官学院、最高人民法院司法案例研究院编：《中国法院2021年度案例》(买卖合同纠纷)，中国法制出版社2021年版，第3页。北京市第三中级人民法院(2019)京03民终7041号民事判决书。

〔2〕　参见国家法官学院案例开发研究中心编：《中国法院2012年度案例》(买卖合同纠纷)，中国法制出版社2012年版，第9页。浙江省绍兴市中级人民法院(2010)浙绍商终字第277号民事判决书。

于影响消费者缔约的根本目的的重要信息、销售者隐瞒信息的主观恶意程度等方面加以综合考虑。

【案例5－129】 张某诉北京合力华通汽车服务有限公司买卖合同纠纷案

一审法院认为,原告张某购买汽车系因生活需要自用,被告合力华通公司没有证据证明张某购买该车用于经营或其他非生活消费,故张某购买汽车的行为属于生活消费需要,应当适用《消费者权益保护法》。根据双方签订的汽车销售合同的约定,合力华通公司交付张某的车辆应为无维修记录的新车,现所售车辆在交付前实际上经过维修,这是双方共同认可的事实,故本案争议的焦点为合力华通公司是否事先履行了告知义务。车辆销售价格的降低或优惠以及赠送车饰是销售商常用的销售策略,也是双方当事人协商的结果,不能由此推断出合力华通公司在告知张某汽车存在瑕疵的基础上对其进行了降价和优惠。合力华通公司提交的有张某签名的车辆交接验收单,因系合力华通公司单方保存,且备注一栏内容由该公司不同人员书写,加之张某对此不予认可,该验收单不足以证明张某对车辆以前维修过有所了解。故对合力华通公司抗辩称其向张某履行了该瑕疵告知义务,不予采信,应认定合力华通公司在售车时隐瞒了车辆存在的瑕疵,有欺诈行为,应退还车款并增加赔偿张某的损失。判决:(1)撤销张某与合力华通公司于2007年2月28日签订的《汽车销售合同》;(2)张某将其所购的雪佛兰景程轿车退还给合力华通公司;(3)合力华通公司退还张某购车款124200元;(4)合力华通公司赔偿张某购置税12400元、服务费500元、保险费6060元;(5)合力华通公司加倍赔偿张某购车款138000元;(6)驳回张某的其他诉讼请求。二审法院判决,驳回上诉,维持原判。[1] 该案中,被告售车时隐瞒了车辆存在的瑕疵,有欺诈行为,令其退车还款并增加赔偿张某的损失,但没有按车辆瑕疵双倍赔偿,表明了最高人民法院在这个问题上的态度。

(六)买卖合同知假买假的处理

职业打假人"知假买假"能否适用惩罚性赔偿,在理论上和实务中都存在较大争议。一般认为,如果确有证据能够证明买受人系职业打假人知假买假,即不应支持其获得惩罚性赔偿的诉讼请求。主要理由为:其一,与立法本意相悖。设立经营者欺诈的惩罚性赔偿制度的立法本意,是为了发挥其激励、惩罚和威慑的

[1] 人民法院案例库2013－18－2－084－002。最高人民法院指导案例17号。

制度功能，进一步强化对消费者合法权益的保护，打击制假贩假和生产销售劣质产品的经营者，而不是鼓励少数个人借此牟利甚至向经营者进行敲诈勒索。其二，知假买假人并非普通消费者。要求获得惩罚性赔偿的主体只能是普通消费者。根据《消费者权益保护法》第二条的规定，只有消费者为生活消费需要购买、使用商品或者接受服务，其权益才能受《消费者权益保护法》的特殊保护，否则只能按照其他有关法律、法规的规定主张权利。知假买假人并非为了生活消费，与法律规定的内容不符。其三，知假买假人主观上并非受到欺诈陷入错误认识。知假买假人明知出卖人对商品或服务的描述与事实不符，其订立合同的意思表示并非经营者隐瞒真相或虚假描述导致的错误，而是为了追求多倍赔偿的经济利益而主动为之，知假买假导致经营者欺诈行为欠缺法定构成要件，故经营者并非构成消费欺诈。也就是说，知假买假人的牟利性的打假行为不适用惩罚性赔偿，该行为不仅破坏了市场规律和与经济秩序，亦把法律作为牟利的工具，以此攫取利益，这与惩罚性赔偿制度的设立初衷相抵触。需要注意的是，知假买假虽然不能适用《消费者权益保护法》，但职业打假人仍可以获得《民法典》项下的保护，不构成经营欺诈也不能当然免除出卖人在买卖合同项下的瑕疵担保责任。职业打假人为了自身生活需要购买商品，同样适用《消费者权益保护法》的规定，不能将职业打假人排除消费者的适用范围之外。

【案例 5－130】　李某顺诉某宾馆买卖合同纠纷案

一审法院认为，关于第一个焦点，李某顺自位于某宾馆工商注册地的商品部购买案涉酒水，通过刷卡方式向某宾馆支付相应货款，某宾馆给李某顺开具发票。某宾馆虽否认与李某顺存在买卖合同关系，在诉讼中自认其商品部悬挂有某宾馆的营业执照，现无证据证明李某顺对某宾馆与邹某某签订的《写字间出租合同》知悉且认可。此外，公证书显示李某顺购买案涉酒水时取得的发票上的品名为房费，李某顺自认其中 690 元系房费，某宾馆称因时间久远无法核实其向李某顺开具发票的具体金额及款项性质，应自行承担举证不能的法律后果，结合其中 2 张发票备注为酒店内购买礼品，无相反证据推翻，一审法院对李某顺的相关陈述予以采信，并认定李某顺与某宾馆成立事实上的买卖合同关系。关于第二个焦点，依据酒业公司出具的《鉴定证明表》《产品辨认（鉴定）表》，案涉酒水并非该酒业公司生产、包装，可见案涉酒水的标签、标志、说明书所载内容不能反映其实际内容物的品质，生产经营过程及质量均存在安全隐患，应认定为不符合食品安全标准。某宾馆作为案涉酒水的销售者，未举证证明其在进货时查验了案涉酒水的来源及相关证明文件，亦未举证证明其已尽到销售者的审慎注意义务，致使违反食品安全标准的案涉酒水得以售出，应视为某宾馆明知案涉酒水不符合法律规定而销售的情形。关于第三个焦点，根据《食品安全法》的规定，有权要求产品销售者进行食品 10 倍赔偿的主体应系消费者。李某顺系在一定阶段时间内,集中在多地大量买入某一商品,然后在不同法院分别提起惩罚性赔偿诉讼,通过法院的判决获取大额利益。经检索关联案件,从数量上看,李某顺2016~2019年在北京多个法院存在100余起购买商品后进行索赔的诉讼;从金额上看,李某顺在单个案件中的索赔金额高至70余万元;从购买形式上看,在多起案件中均系在公证员陪同下购买商品并在购买后立即鉴定。从本案其购买酒水的具体细节来看,李某顺在公证处工作人员陪同下购买酒水,在购买后即请酒业公司的鉴定人员进行鉴定,其行为与普通消费者购买酒水的消费行为迥异。与消费者为了生活需要而使用商品的目的不同,李某顺系以索赔为目的的购买商品等活动,购买商品是其索赔中的一个环节,其行为整体具有营利性,属于变相的经营行为,不应认定李某顺在本案中属于消费者。判决:(1)被告某宾馆退还原告李某顺货款6.26万元,同时原告李某顺向被告某宾馆退还所购知名品牌酒水42瓶(500mL/瓶),如不能退还,按相应单价折抵应退货款;(2)被告某宾馆赔偿原告李某顺公证费15860元;(3)驳回原告李某顺的其他诉讼请求。二审法院同意一审法院的裁判意见,判决:驳回上诉,维持原判。[1]

【案例5-131】 宋某诉城乡华懋商厦买卖合同纠纷案

二审法院认为,《消费者权益保护法》实际上保护的是消费者,即基于生活需要购买、使用商品或接受服务之人。本案中,首先,宋某在2015年4月3日之前购买了同系列衣服,在经鉴定机构检测产品里料不合格的情况下,其在2015年4月10日又购买了涉案衣服,同样系列,商品的款号前几位代码均相同,此行为并非一个正常消费者的行为。其次,宋某在与上海丝绸公司的通话录音中认可自己是职业打假人,且宋某在向上海丝绸公司出具的说明中自认其购买了两款衣服共计80件,并就赔偿问题与厂家交涉,可以进一步看出宋某在短期内大量购入同系列服装,其并非普通消费者,其购买商品并非为生活消费所需。最后,宋某曾就80件衣服中的部分商品向东城区人民法院起诉,并自认为职业打假人,进一步说明了其购买涉案商品并非为生活消费需要。因本案涉案商品已包含在上述80件商品之内,结合上述事实之认定,宋某购买涉案商品并非为生活消费之需要,其权益不应受《消费者权益保护法》的保护,宋某无权依据《消费者权益保护法》第五十五条的规定主张3倍赔偿。但涉案商品的实际成分与吊牌标注不符,系不合格产品,一审法院关于宋某有权退货,被告应退还宋某相应货款的认定并无不当,二审法院

---

〔1〕 参见国家法官学院、最高人民法院司法案例研究院编:《中国法院2022年度案例》(买卖合同纠纷),中国法制出版社2022年版,第160~161页。北京市第三中级人民法院(2020)京03民终12382号民事判决书。

予以确认。一审法院关于被告在出售涉案商品过程中存在欺诈的认定有误，二审法院依法予以纠正。判决：(1)撤销一审判决；(2)宋某退还城乡华懋商厦LILY品牌女装两件，城乡华懋商厦退还宋某货款1798元；(3)驳回宋某的其他诉讼请求。[1]

职业打假人知假买假，法律不应支持其10倍的赔偿请求。

【案例5-132】 苏某诉璟燕公司买卖合同纠纷案

二审法院认为，本案中，璟燕公司作为出卖人将涉案产品在互联网上展示并发出邀约，买受人苏某通过互联网检索信息并作出购买承诺，双方形成合意而订立了买卖合同。苏某依照约定向互联网平台支付了相应款项后，璟燕公司通过互联网平台获悉苏某购买了涉案产品，依照约定将该产品通过邮寄方式送达苏某处，双方之间的买卖关系已经成立。但苏某收到货物后，以涉案产品存在质量为由，通过互联网平台请求退款且已收到了退款，至此讼争买卖合同依法解除。根据另查明的事实，自2016年8月至今，仅厦门市两级法院已立案受理96件苏某作为原告的买卖合同、网络购物合同纠纷一审案件，苏某以经营者存在产品质量、产品标识不规范等为由提起诉讼，要求经营者依照《消费者权益保护法》的规定赔偿其3倍或者10倍损失。由此可见，苏某并非单纯为生活消费需要而购买使用商品，而是为了获取高额赔偿，并以此牟利，并非《消费者权益保护法》及《食品安全法》所规定的消费者，不应受该法保护，苏某的诉讼请求依法应予以驳回。一审法院在诉争合同已经解除的情形下，仍以双方存在买卖合同，以致认定事实错误；没有正确评判苏某的身份，即判决购买价格10倍的赔偿，属于适用法律错误。判决：(1)撤销一审判决；(2)驳回苏某的全部诉讼请求。[2]

【不同处理】 对知假买假者应依法认定具有消费者身份，知假买假的动机不影响购买者向生产者或营销者主张多倍赔偿金；法院对消费欺诈的认定，无须按一般民法理论中的主客观构成要件判断，只要经营者实施了欺诈行为消费者就有权向其主张多倍赔偿金。

【案例5-133】 何某诉上海麦酒贸易有限公司、苏州工业园区瑞亚咖啡店买卖合同纠纷案

二审法院认为，本案争议焦点有二：一是谁是与何某建立买卖合同关系

---

〔1〕 参见国家法官学院案例开发研究中心编：《中国法院2019年度案例》(买卖合同纠纷)，中国法制出版社2019年版，第35~36页。北京市第一中级人民法院(2017)京01民终8011号民事判决书。

〔2〕 参见国家法官学院、最高人民法院司法案例研究院编：《中国法院2020年度案例》(买卖合同纠纷)，中国法制出版社2020年版，第173页。福建省厦门市中级人民法院(2018)闽02民终3304号民事判决书。

的主体;二是经营者是否应当承担价格10倍的赔偿责任。关于争议焦点一,买卖合同是出卖转移标的物所有权与买受人,买受人支付价款的合同。案涉酒品陈列在瑞亚咖啡店内,何某作为消费者欲购买,经协商一致,瑞亚咖啡店以8500元的价格出售给何某,何某向瑞亚咖啡店对外收款的二维码扫码付款,所得款项进入瑞亚咖啡店主的个人账户,买卖交易完成。瑞亚咖啡店认为涉案酒品系其股东耿某龙放在店内代售,然其并无证据证明其在出售涉案酒品之前明确告知过何某涉案酒品系代他人出售,且从之后何某与案外人耿某龙的聊天记录可以看出,何某在购买酒品时一直确认是在与瑞亚咖啡店交易,其已经从瑞亚咖啡店取得了涉案酒品的所有权,至于实际是谁所有、内部如何结算走账以及发票由谁开具,对本案并无影响。何某认为麦酒公司开具了发票,应当一起承担责任,法院认为发票系麦酒公司开具给瑞亚咖啡店,瑞亚咖啡店转手交给何某的行为并不能证明麦酒公司与何某之间存在买卖关系。一审认定何某与瑞亚咖啡店构成买卖关系,二审法院表示认同。关于争议焦点二,首先,瑞亚咖啡店作为销售者,应当保证其销售产品的安全性。何某向瑞亚咖啡店购买的涉案商品属于进口食品,根据《食品安全法》的相关规定,进口食品应当符合我国食品安全国家标准,应当经出入境检验检疫机构依照进出口商品检验相关法律、行政法规的规定检验合格,并按照国家出入境检验检疫部门的要求附随中文标识等合格证明材料。然而从现有证据看,涉案酒品没有中文标识,瑞亚咖啡店未能提供入境货物检验检疫证明、产品检验检疫卫生证书等证明产品质量安全的文件,难以证明其向何某提供的涉案商品符合我国食品安全国家标准。瑞亚咖啡店辩称涉案酒品符合质量安全标准,但未提供相应的证据,法院无法采信。其次,根据相关法律规定,生产不符合食品安全标准的食品或经营明知不符合食品安全标准的食品,消费者有权除要求赔偿损失外,还可以向生产者或经营者要求支付价款10倍或损失3倍的赔偿金。同时相关司法解释规定,因食品、药品质量问题发生纠纷购买者向生产者、销售者主张权利,生产者、销售者以购买者明知食品、药品存在质量问题仍然购买为由进行抗辩的,人民法院不予支持。据此,瑞亚咖啡店认为何某知假买假不应支付10倍赔偿,二审法院认为缺乏依据,难以支持。一审法院以何某未就涉案酒品不符合食品安全标准提供证据等为由,驳回何某10倍赔偿的诉讼请求,举证责任分配不当,二审法院予以纠正。判决:(1)维持一审判决第一项;(2)撤销一审判决第二项;(3)瑞亚咖啡店赔偿何某8.5万元。[1]

---

〔1〕 参见《人民司法·案例》2023年第11期(总第994期)。上海市第一中级人民法院(2022)沪01民终925号民事判决书。

专题六　买卖合同解除纠纷

买卖合同随着交易市场的发展，交易方式日益多元化，买卖合同纠纷案件日益增多，买卖合同的解除是审理买卖合同案件的难点与热点问题。

一、买卖合同解除的理解

合同解除，是指在合同有效成立后，因一方或双方当事人的意思表示，使合同关系终了，未履行的部分不必继续履行，已经履行的部分依具体情形进行清算的制度，它是合同特有的终止原因。[1] 一般认为，合同解除是合同当事人在一定情况下依法进行的一项法律行为，其目的在于消除原合同对双方当事人的法律约束力，其效果是导致合同不再履行，并恢复至合同成立前的法律状态。

（一）买卖合同解除权的含义

所谓解除权，是指合同当事人可以解除合同的权利，它的行使能够发生合同解除的法律后果。解除权是形成权，合同解除仅凭解除权人单方解除合同的意思表示即可，不需要合同相对方的同意。根据解除权发生的原因，解除权分为法定解除权和约定解除权两类。

在《民法典》第三编第七章第五百六十二条至第五百六十六条规定了合同解除；第二分编第九章买卖合同中的第五百九十七条、第六百一十条、第六百三十一条、第六百三十二条、第六百三十三条和第六百三十四条规定了买卖合同的解除。《买卖合同解释》第十九条规定了买受人的解除权。上述规定是当事人行使解除权的法律依据。

《民法典》第五百六十二条规定了协议解除权，第五百六十三条第一款规定了目的不能实现的法定解除权。《买卖合同解释》第十九条规定："出卖人没有履行或者不当履行从给付义务，致使买受人不能实现合同目的，买受人主张解除合同的，人民法院应当根据民法典第五百六十三条第一款第四项的规定，予以支持。"该条规定了买受人未经出卖人同意的合同解除权。该条包含以下几层含义：其一，该条是司法解释规定的买受人的法定解除权，也是单方解除权，但这只是买受人享有法定解除权的情形之一；其二，该条适用的前提是出卖人违反从给付义

---

〔1〕 参见韩世远：《合同法总论》（第4版），法律出版社2018年版，第644页。

务不能实现合同目的,应根据案件具体情况,由法官确认;其三,出卖人违反从给付义务与不能实现合同目的具有因果关系;其四,买受人可以同时行使合同解除权和损害赔偿请求权,如何行使由买受人自行决定,法院根据买受人的诉求审理作出裁决。

关于买卖合同解除权的范围。除双方协议解除和约定解除事由应列入解除范围之内外,还应包括以下范围:

(1)出卖人与买受人均可行使解除合同的范围,法律规定的事项如不可抗力等。

法律规定的事项解除合同依据为《民法典》第五百六十三条,该条规定:“有下列情形之一的,当事人可以解除合同:(一)因不可抗力致使不能实现合同目的……(五)法律规定的其他情形。”

不定期买卖合同随时解除依据为《民法典》第五百六十三条第二款,该条规定:“以继续性合同的债务为内容的不定期合同,当事人可以随时解除合同,但是应当在合理期限之前通知对方。”

(2)出卖人可以行使解除合同的范围:其一,买受人未支付或迟延支付货款;其二,分期付款买受人未按期付款。《民法典》第六百三十四条第一款规定:“分期付款的买受人未支付到期价款的数额达到全部价款的五分之一,经催告后在合理期限内仍未支付到期价款的,出卖人可以请求买受人支付价款或者解除合同。”

(3)买受人可以行使解除合同的范围:其一,出卖人拒不交付标的物,或由于出卖人的原因导致标的物部分或者全部毁损、灭失不能交付的。其二,所有权不能转移的。《民法典》第五百九十七条规定:“因出卖人未取得处分权致使标的物所有权不能转移的,买受人可以解除合同并请求出卖人承担违约责任。”其三,标的物不符合质量要求。《民法典》第六百一十条规定:“因标的物不符合质量要求,致使不能实现合同目的的,买受人可以拒绝接收标的物或者解除合同。买受人拒绝接受标的物或者解除合同的,标的物毁损、灭失的风险由出卖人承担。”其四,交付标的物不符合约定。《民法典》第六百三十一条规定:“因标的物的主物不符合约定而解除合同的,解除合同的效力及于从物。因标的物的从物不符合约定被解除的,解除的效力不及于主物。”第六百三十二条规定:“标的物为数物,其中一物不符合约定的,买受人可以就该物解除。但是,该物与他物分离使标的物的价值显受损害的,买受人可以就数物解除合同。”第六百三十三条规定:“出卖人分批交付标的物的,出卖人对其中一批标的物不交付或者交付不符合约定,致使该批标的物不能实现合同目的的,买受人可以就该批标的物解除。出卖人不交付其中一批标的物或者交付不符合约定,致使之后其他各批标的物的交付不能实现合同目的的,买受人可以就该批之后其他各批标的物解除。买受人如果就其中一批标的物解除,该批标的物与其他各批标的物相互依存的,可以就已经交付和未交付的各批标的物解除。”其五,不能实现合同目的的。《买卖合同解释》第十九条规定:“出卖人没有履行或者不当履行从给付义务,致使买受人不能实现合同目的,买受人主张解除合同的,人民法院应当根据民法典第五百六十三条第一款第四项的规定,予以支持。”其六,审判机关或者行政机关依法查封标的物致使标的物不能使用。

(二)买卖合同解除的条件

1. 约定解除条件

合同约定了解除条件的,应按合同约定审查解除条件是否成就。

【案例6-1】 厦门卓业科技有限公司与厦门纛远贸易发展有限公司买卖合同纠纷案

二审法院认为,合同的解除必须具备法律规定的条件。纛远公司提供给卓业公司的USB语言转接盒,被质量监督管理部门要求整改均不构成合同约定的解除条件或法律规定的解除条件。《经销协议》第三条第六款约定,纛远公司保证产品能正常使用,若出现政府明文禁止使用该产品或由于纛远公司原因致无法正常使用而造成该产品滞销,纛远公司应无条件收回由于以上原因造成的滞销产品,并按原价退还卓业公司已支付的全部货款。本案的USB语言转接盒,虽然被质量监督管理部门要求整改,但不属于合同约定的政府明文禁止使用该产品或由于纛远公司原因致无法正常使用而造成该产品滞销的情形。因此卓业公司要求解除合同,不符合合同约定的情形。二审法院驳回卓业公司退货的诉讼请求。[1]

【案例6-2】 黄石经纬纺织机械有限公司与汕头市四海纺织有限公司买卖合同纠纷案

二审法院认为,双方当事人签订《产品销售合同》之后,经纬公司依约交付合同约定的印花机并派员对机器进行调试。此后,双方形成会议纪要,约定经调试若印花效果仍不能达到双方合同要求则经纬公司无条件接受退货处理。上述约定应认定为双方对于解除《产品销售合同》约定了条件,对双

---

〔1〕 参见最高人民法院中国应用法学研究所编:《人民法院案例选》2006年第1辑(总第55辑),人民法院出版社2006年版,第301页。

方当事人均具有法律约束力。因经纬公司未能提供证据证明其已在约定时间前解决涉案印花机的质量问题,而经纬公司多次发送给四海公司的函件中显示,经纬公司承认印花机存在质量问题。因此,双方约定的解除合同的条件已经成就,四海公司有权根据会议纪要的约定提出解除合同。[1]

2. 法定解除条件

《民法典》第五百六十三条第一款规定:"有下列情形之一的,当事人可以解除合同:(一)因不可抗力致使不能实现合同目的;(二)在履行期限届满前,当事人一方明确表示或者以自己的行为表明不履行主要债务;(三)当事人一方迟延履行主要债务;经催告后在合理期限内仍未履行;(四)当事人一方迟延履行债务或者有其他违约行为致使不能实现合同目的;(五)法律规定的其他情形。"该条明确了合同目的不能实现为法定解除条件。合同目的是非常重要的,实现合同目的是签订合同最初的原动力和始终追求的目标。合同目的往往不会体现在具体的合同条款当中,且签约各方的合同目的也不尽相同,在合同履行过程中,当事人的合同目的还有可能发生变化。因此,合同目的往往带有主观性,法官只能根据合同性质、合同条款,当事人双方的行为等加以推断。合同发生纠纷进入诉讼程序之后,对合同目的界定是由法官裁定的。最高人民法院的法官认为,合同目的虽掌控于当事人,但在产生争议后,它无疑属于裁判者的解释范畴。[2] 也就是说,当事人虽然确立了合同目的,但对合同目的、成立、效力、内容等则由法官裁量。相对方出现违约情形的,法官需要首先判断该违约情形是否足以导致主张一方的合同目的不能实现,从而据此决定是否支持解除合同的请求。应注意的是,判断合同目的是否不能实现,首先要区分合同目的和合同动机,营利一般仅是合同的动机而非目的,当事人不能仅以营利目的落空或者不能实现为由,主张合同目的不能实现。[3] 实践中,对合同目的不能实现的判断,其一,根据合同主给付义务确定合同目的。其二,买卖双方对交易目的没有另行约定时按照买卖合同一般规则确定合同目的。

【案例6-3】 魏某诉范某刚、热冠公司买卖合同纠纷案

一审法院认为,当事人的违约行为致使不能实现合同目的的,可以解除合同。范某刚主张在安装热水器时将产品的说明书、保修卡交给了李某华,并告知李某华如何使用及注意事项,魏某对此不予认可,范某刚未提交证据

---

〔1〕 广东省汕头市中级人民法院(2017)粤05民终358号民事判决书。

〔2〕 参见最高人民法院民事审判第一庭编:《中国民事审判前沿》2005年第2集(总第2集),法律出版社2005年版,第201页。

〔3〕 参见黄薇主编:《中华人民共和国民法典合同编释义》,法律出版社2020年版,第229页。

予以证实,故法院对范某刚的抗辩意见不予采信。在范某刚并未告知李某华及魏某热水器怕冻、不能断电等注意事项并向魏某交付产品使用说明书的情况下,热水器因断电而损坏,范某刚的违约行为导致魏某购买产品的合同目的无法实现,符合法定解除条件。故对魏某要求解除买卖合同的请求予以支持,合同解除时间为范某刚收到魏某的起诉书之日,即2019年3月5日。对魏某要求退还货款的诉讼请求,双方认可魏某已向范某刚支付2.8万元,范某刚应将该部分货款退还魏某。范某刚与热冠公司并非代理销售关系,魏某的产品系从范某刚处购买,魏某并未举证证明产品质量存在缺陷,本案也并非因产品造成人身、财产损害的情况,故魏某要求热冠公司连带返还货款的诉讼请求缺乏事实和法律依据,不予支持。魏某要求二被告赔偿11.4万元,但未提交证据证明范某刚存在欺诈行为,故对魏某的该项诉讼请求,不予支持。关于辅材费用和运费损失,魏某未提交充分的证据,仅有微信记录显示支付运费700元,对该700元法院予以支持,其他主张不予支持。判决:(1)确认原告魏某与被告范某刚于2016年11月19日形成的买卖合同关系于2019年3月5日解除;(2)被告范某刚退还原告魏某货款2.8万元并支付运费损失700元;(3)驳回原告魏某的其他诉讼请求。二审法院判决:驳回上诉,维持原判。[1]

【案例6-4】 黄某邦诉吴某兴、黄某源买卖合同纠纷案

判决观点,在《汽车买卖协议书》未约定解除条件且双方也未协商一致解除合同的情况下,原告主张解除合同应当具备法定解除事由。本案争议的焦点在于被告未能处理违法行为造成车辆无法过户,是否构成违约,是否符合合同解除的法定情形。依照《机动车登记规定》第十八条第一款"已注册登记的机动车所有权发生转移的,现机动车所有人应当自机动车交付之日起三十日内向登记地车辆管理所申请转移登记"的规定,以及双方签订的《汽车买卖协议书》第四条"……甲方必须无条件提供与过户相关的证件、手续,积极配合、不得推诿"的约定,机动车转让后办理过户手续,是机动车出卖方的主要义务之一,原告购买车辆后,其有要求出卖方即被告协助办理产权过户手续的权利,而协助办理车辆过户手续亦是被告的主要义务。本案中,因被告多次违章行为并因该违章记录无法消除致使车辆无法办理过户手续,后被交通运输局责令停运整改,在此期间被告仍未能将车辆违章行为处理完毕,直至原告起诉、本案庭审结束,仍有违法行为未能处理,车辆仍无法办理

---

〔1〕 参见国家法官学院、最高人民法院司法案例研究院编:《中国法院2021年度案例》(买卖合同纠纷),中国法制出版社2021年版,第149~150页。北京市第三中级人民法院(2019)京03民终12029号民事判决书。

过户手续。因被告未能提供过户的合法手续,致使案涉车辆不能办理过户手续,严重影响了原告对车辆的正常使用和处分,其对车辆的所有权亦得不到保护,致使合同目的不能实现。依照《合同法》第九十四条之规定,原告请求解除合同符合法定解除的情形,故原告要求解除合同的诉讼请求,理据充分,予以支持。根据《合同法》第九十七条之规定,原告要求被告返还购车款,理据充分,法院应予以支持。在被告向原告返还购车款后,原告也应向两被告返还案涉车辆。综上所述,原告的诉讼请求部分有理,部分无理。判决:(1)解除原告黄某邦与被告吴某兴签订的《汽车买卖协议书》;(2)被告吴某兴、黄某源共同向原告黄某邦返还购车款10万元;原告黄某邦在被告黄某源、吴某兴足额返还购车款的当日向两被告返还案涉车辆;(3)驳回原告黄某邦的其他诉讼请求。〔1〕

【案例6-5】 尹某与天津某汽车销售公司买卖合同纠纷案

一审法院认为,案涉车辆多次出现行驶中熄火问题,天津某汽车销售公司经两次维修仍未能解决,故应认定案涉车辆存在质量问题,天津某汽车销售公司已构成违约。因案涉车辆无法保证安全上路行驶,尹某的合同目的无法实现,双方之间的买卖合同关系应当解除,故对尹某的诉讼请求予以支持,判决天津某汽车销售公司将购车款退还尹某,配合尹某办理车辆变更登记等相关手续,并对尹某的各项损失予以赔偿。二审法院依法判决驳回上诉,维持原判。〔2〕

在涉嫌盗抢、诈骗的二手车买卖合同中买方享有法定解除权。

【案例6-6】 常某伟诉子文政公司、旧机动车交易市场买卖合同纠纷案

二审法院认为,本案买卖协议是双方的真实意思表示,且不违反法律、行政法规的强制性规范,应属合法有效,双方均应恪守履行。依据《合同法》第一百五十条的规定,出卖人就交付的标的物,负有保证第三人不得向买受人主张任何权利的义务,但法律另有规定的除外。子文政公司应当保证车辆在权利上不存在瑕疵,但经公安机关认定,该车辆系案外人杨某平丢失之车,现其已将车辆取回,致使常某伟无法继续使用该车辆,常某伟购买并使用车辆的合同目的无法实现,属于《合同法》第九十四条第四项规定的当事人可以解除合同的情形。另外,因常某伟购车与车辆被取回时间相隔较短,且常某伟不具有过错,故其要求返还该车款的请求应予支持。判决:驳回上诉,维持

---

〔1〕 参见国家法官学院、最高人民法院司法案例研究院编:《中国法院2021年度案例》(买卖合同纠纷),中国法制出版社2021年版,第141~142页。广西壮族自治区贺州市昭平县人民法院(2019)桂1121民初1094号民事判决书。

〔2〕 天津市高级人民法院发布2022年消费者权益保护典型案例。

原判。[1]

出卖人已经履行了主要合同义务,不符合法定解除条件。

【案例6－7】　中燕公司诉车网公司买卖合同纠纷案

二审法院认为,针对争议焦点一,《合同法》第九十四条规定了合同解除的情形和条件。本案中,《汽车产品购销合同》签订后,车网公司向中燕公司交付车辆底盘,中燕公司对涉案车辆底盘验收合格,可以认定车网公司已经履行了车辆底盘交付的主要义务。中燕公司对涉案底盘加装车联网系统和加装清扫作业设备的顺序存在争议,由于《汽车产品购销合同》对安装顺序并无明确约定,中燕公司也未能提供充分证据证明必须采取其主张的安装顺序,故中燕公司主张车网公司未先安装车联网系统构成违约,《汽车产品购销合同》应当解除的主张缺乏依据。针对争议焦点二,根据《汽车产品购销合同》第三条的约定,中燕公司向车网公司支付250000元定金,车网公司将涉案车辆底盘发到中燕公司验收合格之日,中燕公司应支付全款。车网公司已将涉案车辆底盘发至中燕公司指定的收货地点,中燕公司也已对涉案底盘验收合格并出具《合同车辆验收报告》,中燕公司应向车网公司支付货款。由于车网公司交付的涉案车辆底盘尚未安装车联网系统,一审判决确定中燕公司应支付15540000元,其余部分货款待车网公司完成改装配置义务后按《汽车产品购销合同》约定另行支付,并无不当。判决:驳回上诉,维持原判。[2]

【案例6－8】　黄某升诉钟某瑞买卖合同纠纷案

判决观点,本案中,原告已给付被告购车款人民币75000元,被告也已把桂NN6138小轿车交付给原告,买卖合同已成立。虽然被告没有按照《车辆转让协议书》中的约定处理桂NN6138小轿车在2013年5月25日11时前的交通违章行为,但合同主要义务已履行,协议书中也没有约定违约金解除合同的条款以及处理有关桂NN6138小轿车交通违章记录的期限,且原告也承认被告在交易后曾联系前去办理过户手续但原告以被告用其他电话联系他,不知道是被告而不去办理过户手续。被告尚未构成根本违约,不符合合同解除的法定条件。故法院对原告要求解除合同,双方互相返还财产的诉讼请求不予支持。原告要求被告赔偿桂NN6138小轿车出租费损失人民币

---

〔1〕　参见国家法官学院案例开发研究中心编:《中国法院2019年度案例》(买卖合同纠纷),中国法制出版社2019年版,第214页。北京市第二中级人民法院(2017)京02民终9757号民事判决书。

〔2〕　参见国家法官学院、最高人民法院司法案例研究院编:《中国法院2020年度案例》(买卖合同纠纷),中国法制出版社2020年版,第101~102页。北京市第二中级人民法院(2018)京02民终11261号民事判决书。

15640元。法院认为,原、被告双方的《车辆转让协议书》涉及桂NN6138小轿车的交易,以及该车手续的合法性和过户问题的约定,没有涉及车辆租赁问题。该车能否租赁与被告是否处理桂NN6138小轿车违章记录没有关联。原告要求被告赔偿租车费损失的诉讼请求依据不足,理由不成立。但原告有要求被告在合理期限内处理完毕桂NN6138小轿车的交通违章记录和办理车辆过户的权利。原、被告可另行协商处理或原告通过法律途径向被告主张权利。故法院对该诉讼请求不予支持。判决:驳回原告黄某升的诉讼请求。[1]

(三)买卖合同解除条件的把握

由于社会形态的多样性和复杂性,合同解除条件是否成就是应把握的重点,应结合具体案情由法官裁定。

1. 合同解除要素把握

对于合同解除条件,笔者认为,一般应从以下几个方面予以把握。

其一,合同履行违反约定。一方当事人的违约行为是在合同期限届满之前发生的,在合同履行后发生则为非常态。《民法典》第五百六十三条规定了4种法定解除合同的情形,即不可抗力、预期违约、迟延履行主要债务或其他违约行为致使合同目的不能实现等,外加法律规定的其他情形。第五百六十二条规定了约定解除。约定的条件成就,就可以行使解除权。所谓条件成就,就是事先订立的合同,对解除的原因协商一致达成共识,在合同履行过程中发生了原先约定好的解除原因,一方当事人不愿意履行合同而终止的请求。成就的认定,必须严格依照约定;如不符合约定,则应限制单方解除。

其二,违约致使合同目的不能实现。合同目的是当事人订立合同的动因,也是其后全部履行合同行为的追求所在。对合同目的的把握应注意与合同约定的关系。在司法实践中,对买受人的合同目的要严格审查,其不符合解除条件的,视为条件不成就,不能支持解除买卖合同。

其三,合同解除通知问题。解除权人有权不经通知相对方而直接向法院起诉。详见其后阐述。

其四,特殊条件,是指法律规定的其他情形。其他情形解除合同的外部特征

〔1〕 参见国家法官学院案例开发研究中心编:《中国法院2016年度案例》(买卖合同纠纷),中国法制出版社2016年版,第221页。广西壮族自治区钦州市钦南区人民法院(2014)钦南民初字第117号民事判决书。

为:一是法律条款有明确规定,这种规定是在第五百六十三条规定的4种情形之外的规定。二是法律条款规定了不同类型合同都有相应的解除原因,具体的解除原因体现了该类型合同的特点。如《民法典》第六百一十条规定,因标的物质量不符合质量要求,致使不能实现合同目的的,买受人可以拒绝接受标的物或者解除合同。三是适用诸多的合同解释,几乎涵盖了分则规定的主要合同。四是发生争议时,由法官裁量其是否属于“其他情形”的解除合同范围、解除合同条件的成就。

2. 合同解除条件成就的认定

合同解除条件成就认定,有两个方面应引起足够重视。其一,对合同条款的解释。合同系在双方当事人意思表示一致的基础上达成的,对双方当事人具有法律上的约束力,即当事人之间的“准法律”。双方当事人都有解释权,但当合同双方对事关解除合同内容条款的解释出现分歧起诉法院时,实际上法院依法取得了相应的解释权。法官在对该条款进行解释时,应综合各种因素,包括文义、合同目的、合同性质等,考量双方在订立合同时的原意及合同的具体履行情况,作出符合交易习惯又与公序良俗不悖、客观公正又最接近双方真实意思的解释,保证正确认定解除合同条件是否成就。其二,合同履行中对合同内容的修正。合同是双方的合意,意思表示形式具有多样性,既有明示条款,也有默示条款。在一个合同关系中,构成合同内容的不仅是书面的、生硬的合同条款,还可能包括其他方式达成的合意。法官在处理合同纠纷时,不能机械地拘泥于合同条款,要综合考虑合同性质、合同目的,尤其是合同履行中合同内容的变更情形,因为很多合意变更都是在合同履行过程中形成的,且以当事人的实际履行行为变更原合同内容,进而确认当事人的真实意思。对于事后一方当事人否认其实际行为的性质,提出解除合同的不予支持。

对既不符合合同约定解除条件,也不符合法定解除条件的,法律不支持解除合同的诉讼请求。

车辆交付未过户遭遇摇号政策,不能解除车辆买卖合同。

【案例6-9】　金某超诉郭某锋买卖合同纠纷案

判决观点,金某超与郭某锋签署车辆买卖协议后,互相交付了车辆和购车款,均已履行主要义务。首先,动产物权的设立和转让,除法律另有规定的,自交付时发生效力;公安机关办理的机动车登记系行政管理手段,并非判别所有权的依据。车辆交付后,郭某锋取得所有权,其有权进行转卖。其次,金某超主张系郭某锋的原因导致车辆未办理转移登记,但未举证证明,相反其一直未将过户的必要材料(车动车登记证书)交付郭某锋。最后,依据合同性质,金某超作为出卖人,其目的应为取得价款,车辆转移登记仅是附随义务;金某超收到车款后,其合同目的已经实现;从车辆交付至《北京市小客车数量调控暂行规定》施行时尚有7个多月的时间,金某超有充分的时间要求并配合郭某锋办理转移登记,而金某超怠于行使权利和履行配合义务,致使转移登记遭遇摇号政策和车辆已不为郭某锋占有的事实障碍,实属金某超自身行为所致。综上,金某超主张解除车辆买卖协议,没有事实依据和正当理由,不符合合同法关于法定解除权的规定。判决:驳回原告金某超的诉讼请求。〔1〕

应当明确指出,合同解除是在合同有效的前提下行使解除权。如果合同无效就不存在合同条件成就,也就不存在解除权的问题。

【案例6-10】 王某文诉星德宝公司买卖合同纠纷案

判决观点,本案的争议焦点在于王某文是否有权解除双方签订的《汽车销售合同》。王某文提出由于星德宝公司未履行合同约定的办理石家庄牌照的业务致使其无法实现合同目的,要求解除合同。根据石家庄交管局出具的撤销机动车登记决定书,王某文的机动车注册登记被撤销的原因在于王某文不在石家庄实际居住,其通过不法手段取得不符合规定的《居住登记凭证》。根据《机动车登记规定》初次申领机动车号牌、行驶证的,机动车所有人应当向住所地的车辆管理所申请注册登记。首先,王某文应当明知自己的住所地不在石家庄市,不符合石家庄市机动车注册登记条件。其次,王某文未提供证据证明不符合规定的《居住登记凭证》是星德宝公司为其办理的。最后,即使合同约定的"石家庄牌照"可以理解为星德宝公司代王某文办理石家庄机动车注册登记,办理登记所需资料亦应由王某文提供,且王某文应对其提供的资料的真实性负责。综上,王某文要求行使法定合同解除权解除双方签订的《汽车销售合同》,于法无据,法院不予支持。判决:驳回原告王某文的全部诉讼请求。〔2〕

《九民纪要》第四十七条规定:"合同约定的解除条件成就时,守约方以此为由请求解除合同的,人民法院应当审查违约方的违约程度是否显著轻微,是否影响守约方合同目的的实现,根据诚实信用原则,确定合同应否解除。违约方的违约程度显著轻微,不影响守约方合同目的的实现,守约方请求解除合同的,人民法院不予支持;反之,则依法予以支持。"出卖人与买受人均有违约行为,在买受人构成根本违约时,出卖人可以行使合同解除权,但对其主张买受人违约责

〔1〕 参见国家法官学院案例开发研究中心编:《中国法院2014年度案例》(买卖合同纠纷),中国法制出版社2014年版,第73页。北京市密云县人民法院(2012)密民初字第804号民事判决书。

〔2〕 参见国家法官学院案例开发研究中心编:《中国法院2018年度案例》(买卖合同纠纷),中国法制出版社2018年版,第243页。北京市朝阳区人民法院(2016)京0105民初61680号民事判决书。

任不予支持。

在解除权条件具备后的合理期间内未行使解除权，视为放弃解除权。但买卖双方自行协商后，出卖人表示不能继续履行合同的，应按法定解除合同条件解除。

【案例 6－11】　渔阳集团诉中大燕京公司买卖合同纠纷案

二审法院认为，中大燕京公司未按照合同约定的时间交付车辆，属于违约行为。虽然渔阳集团尚有 48 万元的购车款未予支付，但在中大燕京公司未按约履行交车义务的情况下，渔阳集团未支付购车款属于行使抗辩权，不是违约行为。由于渔阳集团在解除权条件已经成就的情况下未在合理时间内及时行使解除权，还发函催促中大燕京公司履行交车义务，致使中大燕京公司仍正在为继续履行合同采购车辆，中大燕京公司迟延交付车辆的行为事实上得到了渔阳集团的认可，故一审法院以渔阳集团在解除权条件具备后的合理期间内未行使解除权，应视为渔阳集团放弃解除权的行使为由驳回渔阳集团的诉讼请求并无不当。二审期间，中大燕京公司与渔阳集团自行协商确认未交付车辆修复时间，但中大燕京公司表示在该时间内无法完成修复义务，何时能够履行不清。经法院反复释明，中大燕京公司均表示不能继续履行合同，故本案合同已经不具备继续履行的基础，双方所签合同应予解除。中大燕京公司表示合同解除后，可以收回已经交付的汽车并退还渔阳集团 990 万元购车款，法院对此不持异议。由于本案车辆逾期交付以致不能交付导致合同解除的责任在于中大燕京公司，故渔阳集团按合同约定的延期交付导致合同解除的违约责任向中大燕京公司主张 99 万元违约金并无不当。综上，由于二审出现新的事实，致使一审法院判决不当。判决：(1) 撤销一审判决；(2) 渔阳集团与中大燕京公司于 2009 年 10 月 21 日签订的《汽车买卖合同》予以解除；(3) 渔阳集团退还中大燕京公司大中牌 YCK6603 客车及大中牌 YCK6899HPI 客车各一辆；(4) 中大燕京公司退还渔阳集团购车款 990 万元；(5) 中大燕京公司给付渔阳集团违约金人民币 99 万元。[1]

3. 合同解除条件的裁量

司法实践中，买卖合同履行期间一方当事人行使单方解除权引发的诉争经常发生。如何认定单方解除权是否妥当，以下几个方面需要特别注意。

其一，恶意违约解除。

恶意违约制造合同无法履行的，应认定为合同解除条件的不成就，一方当事

〔1〕 参见国家法官学院案例开发研究中心编：《中国法院 2015 年度案例》(买卖合同纠纷)，中国法制出版社 2015 年版，第 181～182 页。北京市第二中级人民法院(2013)二中民终字第 221 号民事判决书。

人为自己的利益不正当阻止合同生效条件成就的,应视为条件已成就。对此类纠纷,法官必须运用利益衡量的理论,作出继续履行利弊与否的社会价值判断,以使个案裁判的正义追求符合整个社会的正义观,从而获得社会效果与法律效果的统一。

社会生活中恶意造成标的物毁损,能否支持解除合同,或继续履行合同的问题。对此应注意从以下几个方面把握:一是了解解除合同目的的正当性,已经产生法律效力的合同,可以依据双方的约定或法律规定的予以解除。但是,如果订立合同的一方当事人为了达到解除合同的目的,恶意违约制造标的物毁损,致合同无法实际履行的,应当不予支持恶意的当事人。也就是说,解除的目的必须正当,而不是故意损害相对方或第三人的合法、合理的利益。二是了解标的物灭失行为的原因。标的物灭失是何种原因造成的,灭失的原因与其一方当事人的行为有无内在联系,如果有联系,则表明可以与目的结合进行考虑,反之,则不能够认定。三是作出合理判断及处理。对恶意造成的标的物灭失的认定,由法官自由裁量。

其二,法定或约定解除条件成就的例外解除。

司法实践中,当一方违约达到法定或约定的解除条件时,通常赋予守约方解除合同的权利,对违约方要求解除合同的,一般不予支持。但存在例外情形,即不能单纯从现行法律规定分析,还要从社会效果分析,为了充分发挥物的价值,维持社会经济秩序和法律关系现状,有利于案件执行,遵照民法的公平、诚信原则,对实际上无法继续履行的买卖合同,法官应及时判令予以解除。也就是说,只要合同具备继续履行的条件,无论守约方还是违约方,都不得擅自解除买卖合同。换言之,一方不得以承担违约责任为代价解除不符合法定或约定解除条件的买卖合同,除非该合同实际上无法继续履行。

对法定或约定解除条件不成就时,出卖人解除买卖合同,而买受人对其解除买卖合同不持异议的,法院可以认定买卖合同已解除。

其三,限制解除。

买卖合同一方在履行过程中存在多个违约行为,但多个违约行为均不影响合同目的的实现时,不应认定为根本违约,合同解除的约定与法定解除条件均不成就。不能实现合同目的的根本违约,不是以一方违约行为多少为认定依据,除非合同明确约定任意一个违约行为均可解除合同,否则应当限制合同解除。

其四,综合判断。

在没有书面协议的情况下,一方当事人主张双方已协商一致解除合同,法官在认定协商解除是否真实存在时,应根据是否发生纠纷等案件的具体情况予以综合判断。

买卖合同中,当事人双方即使就相关条款约定了单方解除权,仍需结合相对方有无相应的违约情形及合同的实际履行情况予以认定。

个案中,法官可以根据当事人的行为判买卖定合同是否已经解除。合同解除权的时间节点应为解除人向对方送达解除合同的意思表示到达之时。合同解除时间的明确对于合同解除后双方债务的解决、违约责任的确定具有重要作用,因此有必要在判决中确认合同的解除时间。

个案中既有约定解除又有法定解除,依据何种解除条件作为解除依据问题。在合同中有约定解除和法定解除两种条件约定,一方当事人的违约行为构成根本违约时,则应依据法定解除处理。约定解除权和法定解除权是两种不同的权利,二者之间并不明确存在冲突关系和互联矛盾的关系。尤其是法定解除事由出现后,当事人完全可以依据法定解除权解除合同。

个案中,争议合同既符合法定解除条件又有协议解除条件的,在认定违约方、解除人是否享有合同解除权的前提下,还应进一步区分协议解除是否属于协商解除或约定解除。一般情况下,应优先适用协议解除。

附随义务因不具有独立性,且非系对待性给付义务,因此违反附随义务,并不必然使对方产生合同解除权。但当附随义务的不履行,与合同目的的实现关联甚大,导致订约方的合同目的不能实现时,应当赋予守约方合同解除权。

其五,判断依据。

对解除合同妥当的判断,应以买卖合同的目的能否实现作为单方解除权行使正确与否的判断标准。对无正当理由行使单方解除权的,应予限制,法院不予支持。

社会生活中,虽然不属于合同约定的单方解除条件,也不属于法定解除条件的特殊情形,也就是约定或法定解除条件之外,民间习俗也可以成为解除合同的依据。

4. 约定条件内容不清楚或有争议的处理

对解除条件有争议,其争议的关键涉及内容不清楚或不明确的,可以按合同的解释处理。如还不清楚解决不了,可以起诉到法院由法官裁决。法官认为符合解除条件的,支持行使解除权人的请求,否则,驳回诉讼请求。

【案例 6 -12】 利达通信(苏州)有限公司与南京熊猫通信发展有限公司、江苏海外集团物资技术有限公司买卖合同纠纷案

一审法院查明,因 M16 手机售后出现严重的批量性质量问题,认为熊猫公司依据框架协议约定,解除合同条件已经成就。判决驳回利达公司要求继续履行合同的诉讼请求。利达公司在上诉中认为框架性协议附件二《质量验收协议书》对 M16 产品的质量标准有明确标准,利达公司已交付的 M16 产品符合《质量验收协议书》约定的质量标准。最高人民法院认为,上诉人利达公司关于熊猫公司的单方解除权不能成就,合同应继续履行的主张不能成

立，法院不予支持。一审法院关于解除合同条件已经成就，熊猫公司享有合同解除权，合同应终止履行的判决，事实清楚，于法有据，法院予以维持。[1]

笔者认为，在法定解除中并不排斥限制合同双方自行约定解除条件的权利。根据合同自由原则，合同双方不仅可以自行约定解除条件，还可以对法律规定的解除条件作出约定。法律只是对可以解除合同的法定条件进行了规定，并不排斥限制当事人的自行约定。

5. 合同解除应注意的问题

法定解除与约定解除既有联系又有区别。两者的联系表现为，约定解除可以对法定解除作出补充，比如约定违反合同中的任何一项规定，不论程度如何，均可解除合同。区别则表现为，法定解除是法律直接规定的解除条件，该条件具备时，解除权人可以直接行使解除权，将合同解除；而约定解除是双方的法律行为，一方的行为不能导致合同解除。显然，法定解除与约定解除在概念和适用对象上存有不同。[2]

协商解除和约定解除权，虽然都是基于当事人双方的合意，但二者有区别，表现在：(1)协商解除是当事人双方根据已经发生的情况，达成解除原合同的协议；而约定解除权是约定将来发生某种情况时，一方和双方享有解除权。(2)协商解除不是约定解除权，而是解除现存的合同关系，并可以对解除合同后的责任分担、损失分配达成共识；而约定解除权本身不导致合同的解除，只有在约定的解除事由发生时，通过行使解除权方可使合同归于消灭。[3]

约定解除权与附解除条件的区别在于：在约定解除的情况下，约定的解除事由产生时，合同不是自动解除，享有解除权的当事人若行使解除权，则产生合同解除的法律效果；享有解除权的当事人若不行使解除权，则合同应当继续履行。而在附解除条件的情况下，在当事人约定的解除权条件成就时，合同当然失去效力自行解除，无须行使合同解除权，即使当事人仍希望合同继续有效。有学者认为，此类条件成就时，合同便当然地、自动地归于消灭，无须权利人发出解除合同的通知。解除条件成就后，当事人一方仍向相对人发出商讨继续履行合同的意思表示，只要相对人没有同意继续履行合同，就不影响系争合同业已消灭的事实。[4]究竟是约定解除权抑或附解除条件的合同，取决于当事人的意思表示，应结合该

---

〔1〕 参见最高人民法院民事审判第二庭编：《最高人民法院商事审判指导案例》（合同卷）（下），中国法制出版社2011年版，第495页。

〔2〕 参见最高人民法院民事审判第一庭编著：《最高人民法院关于审理城镇房屋租赁合同纠纷案件司法解释的理解与适用》，人民法院出版社2009年版，第188页。

〔3〕 参见黄薇主编：《中华人民共和国民法典合同编释义》，法律出版社2020年版，第222页。

〔4〕 参见崔建远：《附解除条件不同于合同解除》，载《法学杂志》2015年第7期。

约定的内容、该约定与整个合同的关系、约定的目的等因素予以确定。[1]

6. 协商解除的认定

出卖人根据买受人解约的意向而出具同意解约的承诺函，应认定双方协商解除合同，而不构成单方解约。

【案例6－13】　跨克公司诉尔格公司买卖合同纠纷案

判决观点，尔格公司向跨克公司出具的承诺函上的文字表述为“我公司同意终止该合同”，就文字内容作字面理解，应为跨克公司先行提出解约意向而后尔格公司作出同意解除合同的意思表示，故应认为双方协商解除合同。既然是双方协商解除合同，则不存在尔格公司解约是否符合单方解约情形，亦不构成根本性违约，故法院对跨克公司的上述主张不予采信。另外，尔格公司在同意解除合同的同时单方使用定金罚则能否成立的问题。首先，跨克公司与尔格公司签订的合同对交货期限和付款方式作了明确的约定，且注明为款到发货，跨克公司应为合同先履行方，而跨克公司因与上家普巨公司产生矛盾，导致与尔格公司的合同不再履行，在合同约定的交货期从未支付任何货款，尔格公司未进行催告并不影响跨克公司违约事实的成立。在合同履行中，跨克公司应为违约方，尔格公司作为守约方对有过错的跨克公司适用定金法则依法并无不当。其次，尔格公司是基于跨克公司的解约要求向其出具了这份承诺函，该份承诺函系跨克公司同意与普巨公司解除合同的条件之一，如果跨克公司认为承诺函上的免责内容未达到其约定条件，其完全可以据此不与普巨公司解除合同，跨克公司在收取了该份承诺函后即与普巨公司解除了合同，则跨克公司的行为表明其已实际接受了承诺函的约定内容。现跨克公司以尔格公司单方解除合同构成根本性违约及解除行为不当为由要求尔格公司双倍返还定金，无事实和法律依据，法院不予支持。[2]

(四) 买卖合同解除的类型

1. 因根本违约而解除

因抵押权人扣押车辆导致合同履行不能，出卖人构成根本违约，买受人有权

---

〔1〕 参见黄薇主编：《中华人民共和国民法典合同编释义》，法律出版社2020年版，第223页。

〔2〕 参见国家法官学院案例开发研究中心编：《中国法院2012年度案例》（买卖合同纠纷），中国法制出版社2012年版，第40～41页。江苏省无锡市惠山区人民法院（2009）惠民二初字第0980号民事判决书。

解除合同。

【案例6-14】 陆某诉黄某毅、二手车交易公司买卖合同纠纷案

一审法院认为,第一,关于原告是否享有合同解除权及要求返还购车款的问题。被告黄某毅代表被告二手车交易公司与原告签订的《车辆转让协议书》,系双方当事人的真实意思表示,内容不违反法律的强制性规定,为合法有效合同。根据《合同法》第九十四条的规定,二手车交易公司明知涉案车辆存在已登记的抵押权仍将车辆出售给原告,导致涉案车辆被抵押权人扣押,原告购买车辆无法使用、支配,被告的行为已构成根本违约。因此,原告要求解除车辆转让合同,于法有据,应予以支持。合同解除后,原告请求二手车交易公司退还购车款3.28万元,理由充分,应予以支持。第二,关于是否应当准予原告陆某申请撤回对第三人罗某某、杭州某公司起诉的问题,原告和二手车交易公司是《车辆转让协议书》的合同双方,根据合同相对性原则,罗某某、杭州某公司无须作为第三人参加诉讼,且本案的处理结果与第三人并无利害关系。判决:(1)解除原告陆某与被告二手车交易公司于2017年11月11日签订的《车辆转让协议书》;(2)被告二手车交易公司退还原告陆某购车款3.28万元;(3)驳回原告陆某对被告黄某毅的诉讼请求;(4)驳回原告陆某于本案的其他诉讼请求。二审法院判决:驳回上诉,维持原判。[1]

【案例6-15】 泉州市鲤城宗大规模具厂与力驰丽尔机械上海有限公司买卖合同纠纷案

一审法院认为,双方当事人均必须全面履行合同约定的义务,出卖人应履行交付合同约定的标的物的首先义务,并对标的物的品质瑕疵负担保义务,但被告违反合同约定,提供给原告非台湾生产的数控铣床,致使原告不能实现购买台湾生产的数控铣床的目的,被告的行为已构成违约,原告享有请求法定解除合同的权利。原告请求解除双方签订的买卖合同,符合法律规定,应予支持。二审法院持同样的意见。[2]

空调制冷不能、打不着车可以构成合同法定解除条件。

【案例6-16】 朱某诉加达永盛公司买卖合同纠纷案

二审法院认为,朱某购买车辆的目的系正常、安全地使用车辆,而本案中其购置的车辆在质保期内多次因空调质量问题进行修理,且两次出现打不着

---

〔1〕 参见国家法官学院、最高人民法院司法案例研究院编:《中国法院2022年度案例》(买卖合同纠纷),中国法制出版社2022年版,第94~95页。广西壮族自治区河池市中级人民法院(2020)桂12民终1594号民事判决书。

〔2〕 参见最高人民法院中国应用法学研究所编:《人民法院案例选》2007年第2辑(总第60辑),人民法院出版社2007年版,第222页。

车的车辆质量安全问题，同时加达永盛公司亦认可该车空调存在质量问题，上述问题的存在严重影响了朱某正常、安全地使用车辆，使朱某购买车辆的合同目的不能实现，故朱某有权解除合同，要求加达永盛公司退还车辆购置款。加达永盛公司关于空调问题并不构成根本违约，本案不符合法定解除合同条件的上诉理由不能成立，法院不予支持。关于加达永盛公司主张即使解除合同，一审法院不考虑车辆折旧因素判决退全款，有失公平的上诉理由，二审法院认为本案解除合同，系由于加达永盛公司交付的车辆存在质量问题造成的，而朱某在合同履行过程中并不存在违约行为和主观过错，故法院对加达永盛公司关于退款应考虑折旧因素上诉理由不予支持。综上，加达永盛公司的上诉理由均不能成立。一审法院认定事实清楚，适用法律正确，程序合法。判决：驳回上诉，维持原判。[1]

买卖合同中卖方提供的原料未能通过国家规定的标准，导致买方生产的产品无法办理相关批准证书，不能合法销售的，可以认定合同目的不能实现，买方有权解除合同。

【案例6－17】　大庆市龙庆投资有限公司与河南汉白明月酒厂买卖合同纠纷案

最高人民法院认为，判定龙庆公司要求解除合同的主张是否成立，应对明月酒厂生产的原料酒是否存在质量问题以及是否导致合同目的无法实现作出正确认定。龙庆公司以明月酒厂生产的原料酒未通过毒理学安全性评价试验，致使其无法取得保健食品批准证书，无法实现其生产保健食品酒的目的为由要求解除协议书，双方在1999年11月30日签订的《协议书》中，对明月酒厂提供的原料应满足什么要求、符合什么标准未予以约定，对龙庆公司所述的购买明月酒厂原料酒就是为了作为保健食品酒推向市场销售的目的在《协议书》中亦无体现。法院认为，虽然龙庆公司和明月酒厂在1999年11月30日签订的《协议书》中，对龙庆公司购买明月酒厂原料酒的目的及明月酒厂生产的原料酒应符合什么标准未进行约定，但从双方合作的过程及《协议书》签订的背景来看，双方当初合作的目的就是共同开发汉白明月保健药酒，明月酒厂对自己生产的汉白明月酒场具有保健功能亦做了大量宣传，因此，龙庆公司所述其购买明月酒厂原料酒就是为了取得保健食品批准证书，将该酒推向市场销售的目的具有事实基础，明月酒厂的抗辩主张不能成立。根据《保健食品管理办法》的规定，申请保健食品批准证书，必须提交

[1] 参见国家法官学院案例开发研究中心编：《中国法院2014年度案例》（买卖合同纠纷），中国法制出版社2014年版，第66～67页。北京市第一中级人民法院（2012）一中民终字第11904号民事判决书。

毒理学安全性评价报告,而明月酒厂生产的原料酒无法通过毒理学安全性评价试验是客观存在的事实,因此,龙庆公司要求解除买卖关系的主张应予以支持。[1]

二手车出卖人交付给买受人已被篡改车辆识别代号的车辆,即便无法认定被篡改行为是否构成欺诈,亦应认定出卖人构成根本违约,买受人不能正常使用案涉车辆,买卖合同目的无法实现,其有权要求解除合同并返还购车款。

【案例6-18】 李某某诉黄某等买卖合同纠纷案

二审法院认为,本案中,出卖人黄某等于买受人李某某之间就案涉二手车买卖的主要条款达成协议,且不存在合同无效的法定情形,双方之间的买卖合同依法成立并生效。作为出卖人的黄某等确已通过国家车辆管理部门将案涉车辆的所有权转移登记至李某某名下,买受人李某某亦支付了全部购车款,同时取得了机动车登记证书、机动车行驶证和机动车号牌。但在案涉车辆所有权登记至李某某之前,三处车辆识别代号已被篡改。本案现有证据无法证明黄某等篡改了案涉车辆的识别代号,无法证明黄某等在买卖合同成立之前既已知晓案涉车辆的识别代号被篡改,故无法认定黄某等有欺诈行为,但黄某等交付的标的物为车辆识别代号被篡改的二手车,这既有违反黄某等关于车辆状况无问题的承诺,也违反了相应的国家标准,已构成违约。况且,案涉车辆现被案外人王某占有,李某某实际已无继续使用该车辆的可能,不能实现合同目的。故根据《合同法》第九十四条第四项、第九十七条及第一百四十八条之规定,李某某主张解除其与黄某等之间的买卖合同并返还购车款108000元,于法有据,二审法院予以支持。判决:(1)撤销一审民事判决;(2)解除上诉人李某某与被上诉人黄某、罗某及吉安车亿佰汽车贸易有限公司之间的买卖合同;(3)被上诉人黄某、罗某及吉安车亿佰汽车贸易有限公司向上诉人李某某返还购车款108000元;(4)驳回上诉人李某某的其他诉讼请求。[2]

【案例6-19】 烟台中升裕迪汽车销售服务有限公司与戚某买卖合同纠纷案

二审法院认为,铭牌错误并非车辆本身存在产品缺陷或质量问题,迟延履行了更换铭牌的义务,仅构成轻微违约,只导致车辆暂时挂不上车牌,在铭牌更换之后,即符合挂牌条件,不会产生“不能实现合同目的”的结果,故不

---

〔1〕 最高人民法院审判监督庭编著:《全国法院优秀再审裁判文书精选》,法律出版社2010年版,第533~541页。最高人民法院(2006)民二抗字第28号民事判决书。

〔2〕 参见最高人民法院中国应用法学研究所编:《人民法院案例选》2021年第3辑(总第157辑),人民法院出版社2021年版,第6~7页。江西省吉安市中级人民法院(2020)赣08民终2606号民事判决书。

符合法律规定的合同解除条件。当然,经销商迟延履行更换铭牌的义务,给消费者造成的损失应予以赔偿。[1]

2. 因标的物瑕疵而解除

因出卖人的权利有瑕疵致使标的物所有权不能转移,买受人有权要求出卖人解除合同、赔偿损失。

【案例6-20】 李某江诉邹某华买卖合同纠纷案

判决观点,原、被告就涉案车辆形成买卖合同关系,被告将车辆交付给原告,后被权利人融资担保公司收回,原告购买涉案车辆的目的不能实现,原告要求解除与被告之间的车辆买卖合同诉讼请求,于法有据,法院予以支持。关于购车款,至2019年6月30日原告已使用该车辆近15个月,应支付相应的使用费。对使用费的数额法院根据车辆品牌和北京市汽车租赁市场的行情综合认定,并从返还的购车款中予以扣除。使用费的数额由法院根据车辆品牌和北京市汽车租赁市场的行情综合认定为每月3000元,总额为4.5万元。故邹某华应返还李某江购车款13.5万元。原告主张的保险费、车船税损失,具体数额由法院根据保险期间及保险使用情况予以确定;第二次保险期间自2019年4月26日至2020年4月25日,第二次共缴纳保险费、车船税合计16233元。至2019年6月30日,车辆被权利人融资担保公司收回,李某江此次保险使用期间为65日,此期间保险费、车船税数额为2925元应予以扣除。故邹某华应返还李某江保险费、车船税13308元。关于车辆维修费之诉讼请求,原告未提交相应证据予以证明,故不予支持。判决:(1)解除原告李某江与被告邹某华关于案涉奔驰车的买卖合同关系;(2)被告邹某华返还原告李某江购车款13.5万元;(3)被告邹某华给付原告李某江保险费、车船税13308元;(4)驳回原告李某江的其他诉讼请求。[2]

认定合同履行中的瑕疵,要结合案情具体分析,不能"一刀切"。

【案例6-21】 扬某强诉湖北苏宁电器有限公司买卖合同纠纷案

一审法院认为,原、被告应当按约定全面履行自己的义务。依据专家司法鉴定意见,空调系统存在设计、安装质量问题,造成被告所供产品不符合约定等状况,显然系被告瑕疵履行合同;且在两年多均未消除,给对方造成一定

---

[1] 山东省烟台市中级人民法院(2017)鲁06民终4122号民事判决书。

[2] 参见国家法官学院、最高人民法院司法案例研究院编:《中国法院2022年度案例》(买卖合同纠纷),中国法制出版社2022年版,第124页。北京市密云区人民法院(2020)京0118民初9764号民事判决书。

的经济损失，最终不能实现合同目的，构成根本性违约。一审法院判决，解除原、被告之间签订的电器产品买卖合同；原告返还被告提供的奥克斯空调电器产品（包括更换后的卖产品）；被告返还原告货款27万元，并补偿原告经济损失1.5万元。二审法院认为，苏宁公司提供的空调不能正常使用，经多次整改仍不能达到合同约定的技术参数，无法使扬某强经营的酒店正常使用涉案的中央空调是不争的事实，苏宁公司在该买卖合同的履行中已经构成违约，原判以交付的标的物使用不能达到目的为由，支持扬某强诉请解除双方买卖合同，合法有效，并无不当。〔1〕本案中，作为具有专业技术知识的行业供应商，在长达两年时间纠纷的交涉中，对其产品安装质量不符合合同约定，虽采取检测、更换部分设备行为，但均未能从该产品实质问题所在采取切实可行的措施，解决产品使用中的所有症状，消除其履行瑕疵。由此，对原告经营酒店影响较大，且造成一定的经济损失，最终不能达到原告购买产品的目的，已构成根本性违约。对原告要求解除合同，返还已交款项27万元的主张，法院应予支持。对原告要求被告赔偿经济损失的主张，考虑到本案原告实际遭受到一定损失的事实，依据有关合同法的立法精神，应当给予原告适当的经济补偿。

出卖抵押车后被第三方贷款公司拖车，买受人可以与卖家解除合同。

【案例6-22】 兰某锦诉胡某买卖合同纠纷案

判决观点，本案中，胡某并未提交相关证据证明其对案涉车辆享有所有权或处分权，却将车辆转让给兰某锦，导致因权利人追回车辆而给兰某锦造成损失，双方协议无法履行，合同目的已无法实现，符合《合同法》第九十四条规定的合同法定解除情形，双方签订的车辆买卖协议应予解除。因该合同取得的财产，应当予以退还，故对兰某锦要求返还购车款的主张，法院予以支持。由于该车辆已经被收回，兰某锦非由于自身原因客观上无法将车辆返还给胡某，胡某可以向相关民事主体另行主张权利。被告胡某未能提交授权委托书，且其系以自己的名义与原告签订《抵押车协议》，整个交易过程均发生在原、被告之间，被告应作为合同相对人直接向原告承担责任。判决：(1)被告胡某返还原告兰某锦购车款8.3万元；(2)驳回原告兰某锦的其他诉讼请求。〔2〕

---

〔1〕 参见扬军：《瑕疵履行合同的解除》，载《人民法院报》2010年3月25日，第7版。

〔2〕 参见国家法官学院、最高人民法院司法案例研究院编：《中国法院2022年度案例》（买卖合同纠纷），中国法制出版社2022年版，第137页。湖南省岳阳市岳阳县人民法院(2020)湘0621民初634号民事判决书。

3. 批量性质量问题或因质量问题合同的解除

关于产品质量是否符合国家规定及合同约定标准问题，应当根据具体案情进行认定。因生产方生产的产品质量不符合国家与合同约定标准，在生产方已交付的产品上市后就出现了严重的批量性质量问题，且经过多次整改维修后送样检测仍不合格，致使购买方在销售中多次被退货，在订立合同预期的经济目的无法实现的情况下，购买方有权解除并终止履行合同。

【案例 6－23】 利达通信(苏州)有限公司与南京熊猫通信发展有限公司、江苏海外集团物资有限公司买卖合同纠纷案

最高人民法院认为，上诉人利达公司主张其设计开发的 M16 产品质量完全符合国家有关强制性标准及《框架协议》约定的质量验收标准。但 M16 产品通过国家检测部门检测合格并取得入网许可证仅能证明 M16 产品送检样品合格而不能证明整批产品均合格，且利达公司自检质量合格并出具质量合格声明仅为其单方行为，不能证明产品质量不存在缺陷。利达公司主张熊猫公司对产品进行后续加工并销售，应视为其确认产品质量合格，但熊猫公司仅在光机上粘贴入网许可证标签后即进行包装销售，其行为既不构成后续加工，也不能证明产品质量不存在缺陷。故上诉人关于产品质量符合标准，熊猫公司对产品进行后续加工并销售应视为其确认产品质量合格的主张不能成立，法院不予支持。根据熊猫公司多次就质量问题与利达公司进行磋商和交涉的事实，以及双方代表签署的相关会议纪要、熊猫公司郭某、喻某等人发给利达公司的电子邮件等证据，可以证实利达公司生产的产品存在质量问题。利达公司收到熊猫公司因产品质量问题的退货后无证据表明其曾提出过异议，该事实表明利达公司并未否认所供产品在质量上存在严重缺陷。一审判决认定利达公司所供 M16 产品存在质量问题，事实清楚，证据充分，二审法院予以维持。上诉人利达公司与被上诉人熊猫公司构成买卖法律关系，没有证据证明利达公司生产的 M16 产品符合国家规定与合同约定标准。依据《合同法》第一百四十八条关于"因标的物质量不符合质量要求，致使不能实现合同目的的，买受人可以拒绝接受标的物或解除合同"的规定，在利达公司已交付的 35400 台 M16 产品上市后就出现了严重的批量性质量问题，且经过多次整改维修后送样检测仍不合格，致使熊猫公司在销售中多次被退货，在订立合同预期的经济目的无法实现的情况下，熊猫公司有权解除合同。[1]

---

〔1〕 参见最高人民法院民事审判第二庭编：《最高人民法院商事审判指导案例》(合同卷)(下)，中国法制出版社 2011 年版，第 494 页。

【案例6-24】 翟某诉水之归处公司、张某买卖合同纠纷案

判决观点,本案中,原告翟某按照法庭要求提交的甲油膜产品并未加贴正式标签,缺少必要的记载信息,属于不合格产品,造成无法实现合同目的,被告的行为已构成违约。因此,原告要求解除《产品合作协议书》,返还未发货的货款33857元、剩余产品价款15827.15元、保证金1万元的诉讼请求,予以支持。被告水之归处公司向翟某交付的展示柜系合同附随标的物,合同解除后货款应予退还,翟某应将展示柜及赠品予以返还。根据《公司法》的规定,一人有限责任公司的股东不能证明公司财产独立于股东自己财产的,应当对公司的债务承担连带责任。水之归处公司为一人有限责任公司,股东张某未能提供证据证明公司财产独立于股东自己的财产,故应对上述债务承担连带责任。判决:(1)解除《产品合作协议书》;(2)被告水之归处公司返还未发货货款33857元、剩余产品价款15827.15元、保证金1万元,原告翟某返还HELLO TOMORROW甲油膜407盒,如未能返还,则按相应金额予以折价;(3)被告水之归处公司返还展示柜货款6800元,原告翟某返还甲油膜展示柜一台、甲油膜赠品115盒,如未能返还,则按相应金额予以折价;(4)被告张某对被告水之归处公司债务承担连带责任。[1]

4.违反从给付义务的解除

《民法典》第五百九十九条规定的出卖人向买受人交付提取标的物单证以外的有关单证和资料的义务,即为典型的从给付义务。第五百六十三条规定了合同解除的法定条件,其中第一款第四项规定"当事人一方迟延履行债务或者有其他违约行为致使不能实现合同目的"。《买卖合同解释》第十九条规定:"出卖人没有履行或者不适当履行从给付义务,致使买受人不能实现合同目的,买受人主张解除合同的,人民法院应当根据民法典第五百六十三条第一款第四项的规定予以支持。"立法对违反从给付义务导致合同解除作了明确规定,即规定不能实现合同目的可以解除合同。通常情况下,从给付义务的履行结果不属于合同目的,部分给付义务的行对实现目的存在重大影响。但违反从给付义务导致合同目的落空的,从而使无过错方获得合同解除权。

《民法典合同编通则解释》第二十六条规定:"当事人一方未根据法律规定或者合同约定履行开具发票、提供证明文件等非主要债务,对方请求继续履行该债务并赔偿因怠于履行该债务造成的损失的,人民法院依法予以支持;对方请求解除合同的,人民法院不予支持,但是不履行该债务致使不能实现合同目的或者当

---

〔1〕 参见国家法官学院案例开发研究中心编:《中国法院2019年度案例》(买卖合同纠纷),中国法制出版社2019年版,第220~221页。北京市朝阳区人民法院(2017)京0105民初21201号民事判决书。

事人另有约定的除外。”司法解释制定的法官认为，违反从给付义务虽然原则上不导致合同解除，但例外情况下导致损害后果严重，致使合同目的落空，对方请求解除合同的，人民法院应予支持。[1]

【案例6－25】 翟某迪诉汽车销售服务公司买卖合同纠纷案

判决观点，根据翟某迪与汽车销售服务公司签订的《汽车代购合同》的约定，翟某迪直接向汽车销售服务公司支付货款、汽车销售服务公司向翟某迪交付车辆，能够证明双方之间存在车辆买卖合同关系，该买卖合同系合同双方当事人的真实意思表示，并未违反法律、行政法规的强制性规定，应属合法有效，双方均应按照约定履行自己的义务。汽车销售服务公司主张与翟某迪系委托合同关系，但其未向翟某迪提供厂家账户等相关信息，庭审中明确表示为将赚取的差价告知过翟某迪，亦无证据证明双方约定的委托费用，故汽车销售服务公司的该项主张，于法无据，法院不予采信。

出卖人应当按照约定或者交易习惯向买受人交付提取标的物单证以外的有关单证和资料。本案中，汽车销售服务公司未能按照合同约定向翟某迪提供车辆的完整随车文件，而车辆作为交通工具，完整的随车文件对车辆及驾车人员的人身安全具有重要的意义，故翟某迪享有解除合同的权利。2019年7月17日，翟某迪通过微信向汽车销售服务公司主张解除合同，故翟某迪关于《汽车代购合同》于2019年7月17日解除的主张，于法有据，法院予以支持。

当事人可以约定一方向对方给付定金作为债权的担保。债务人履行债务定金应当抵作价款或者收回。给付定金的一方不履行约定的债务的，无权要求返还定金；收受定金的一方不履行约定的债务的，应当双倍返还定金。关于翟某迪向汽车销售服务公司支付的1.9万元“订金”的性质一节，《汽车代购合同》中约定“需方需在协议时间内将车辆订金汇入供方指定账号，协议合同中如出现紧急改动情况须及时和供方沟通，违约导致合同解除，需方无须要求返还订金”，根据该条约定，双方约定的“订金”具有担保债权的作用，因此具有定金性质。故翟某迪要求汽车销售服务公司双倍返还定金3.8万元，于法有据，法院予以支持。判决：(1)翟某迪与汽车销售服务公司2019年7月11日签订的《汽车代购合同》于2019年7月17日解除；(2)汽车销售

---

〔1〕 参见最高人民法院民事审判第二庭、研究室编著：《最高人民法院民法典合同编通则司法解释理解与适用》，人民法院出版社2023年版，第301页。

服务公司双倍返还翟某迪定金3.8万元。[1]

受领交付的车辆买受人有权要求出卖人交付有关单证资料,出卖人不履行从合同义务,买受人可以主张解除合同。

【案例6-26】 金莱顿公司诉浩众公司买卖合同纠纷案

判决观点,本案中,被告拒绝交付诉争车辆的有关单证和资料,也不同意为原告更换其他车辆,原告取得的天津市小客车更新指标有效期将至,如果没有相关单证和资料,则原告虽然因被告的交付行为取得诉争车辆的所有权,却不能办理所有权登记和牌照,致使原告购买车辆的目的无法实现。原告主张解除双方之间的买卖合同,应予支持。根据《合同法》第九十七条的规定,合同解除后,当事人受领的给付失去法律依据,应该予以返还。判决:确认原、被告之间的买卖合同解除,原、被告双方相互返还诉争车辆和购车款100540元。[2]

实践中,对违反从给付义务致使合同目的不能实现的要视案情界定。

【案例6-27】 A公司与B公司烟花爆竹探测器买卖合同纠纷案

B公司履行了主给付义务,但不履行交付相关单证的从给付义务。法院认为,A公司要求B公司交付上述单证资料,符合我国《合同法》第三百一十六条的规定。合同约定不能免除B公司应当提供产品相关单证的义务。B公司未能提供原产地证明、进口报关单、出厂合格证书、原厂产品说明书等单证资料,导致A公司不能实现合同目的,已构成违约,B公司应当承担合同不能继续履行的后果。故判决双方的合同解除,B公司返还A公司8万元。[3]

5. 特殊情形的解除

不违背债务人意思的第三人清偿行为,可与债权人合意解除代偿。

【案例6-28】 建筑公司诉甲金属材料公司买卖合同纠纷案

一审法院认为,方某洋、何乙向甲金属材料公司所支付的350万元源于建筑公司或者何甲、何乙的自筹资金,如建筑公司将350万元作为其向甲金

---

〔1〕 参见国家法官学院、最高人民法院司法案例研究院编:《中国法院2022年度案例》(买卖合同纠纷),中国法制出版社2022年版,第119~120页。北京市昌平区人民法院(2020)京0114民初853号民事判决书。

〔2〕 参见国家法官学院案例开发研究中心编:《中国法院2016年度案例》(买卖合同纠纷),中国法制出版社2016年版,第128页。天津市滨海新区人民法院(2014)滨民初字第1304号民事判决书。

〔3〕 参见最高人民法院民事审判第二庭编著:《最高人民法院关于买卖合同司法解释理解与适用》,人民法院出版社2012年版,第411页。

属材料公司支付的货款,则至2017年5月25日已超出其按发票应当支付的货款金额。然建筑公司此后又分别于2017年9月15日、11月3日继续向甲金属材料公司付款350万元、150万元,由于合同约定供方将税务发票交需方签收确认后付款,建筑公司与何甲、何乙明确约定每笔付款均需申请,建筑公司未经财务审核,向甲金属材料公司连续过付巨额款项,有悖常理。何甲、何乙不仅是兄弟,也是案涉工程的共同承包人,甲金属材料公司根据何甲的要求退回其垫付的资金并未损害建筑公司的利益。在建筑公司的工程款能够到位时,何甲有权要求甲金属材料公司将其筹措的资金归还。判决:(1)驳回建筑公司的诉讼请求;(2)建筑公司给付金属材料公司运费及财务费用共计1377725.83元;(3)驳回金属材料公司的其他反诉请求。

二审法院认为,方某洋、何乙向甲金属材料公司支付货款的行为系第三人代为清偿行为,在建筑公司不知情的情况下,其行为效力仅及于代偿人与债权人。何甲、何乙系案涉工程的共同承包人,其有权要求甲金属材料公司将其筹措的资金予以退还。甲金属材料公司于2017年9月18日根据何甲的委托退还350万元,就该部分款项,双方已合意解除原代偿行为,故应当认定甲金属材料公司向何甲退还的350万元并非建筑公司支付的案涉货款。判决:驳回上诉,维持原判。[1]

在汽车限购政策下,可根据具体情况解除汽车买卖合同。

【案例6-29】　时某阳诉孔某军买卖合同纠纷案

判决观点,在合同履行中,原、被告未按合同约定及时办理买卖车辆的备案手续系过户登记,对此双方均有责任。2010年12月23日,北京市为控制小客车的数量,缓解交通压力,有关部门出台了《北京市小客车数量调控暂行规定》实施细则。根据该细则的规定,需要取得本市小客车指标的,应当通过摇号方式无偿取得。本案中,原、被告双方于2010年12月6日达成了汽车买卖协议并实际履行了主要合同义务,但没有办理买卖车辆的备案手续及过户登记,恰逢上述规定出台,北京市小客车购置政策发生重大变化,因为根据该规定,原告因仍具备涉诉车辆登记的车主身份而不能参与摇号实现购买新车的目的,时至本案辩论终结前,被告亦未能通过摇号取得购买小客车的指标。综合考虑目前通过摇号取得购车指标的概率,涉诉车辆的过户可能长期难以落实,此种状态的持续直接导致原告购买新车的目的长期难以实现,故本案买卖合同的继续履行一方面将加重原告的负担,另一方面也不利于双方

〔1〕参见国家法官学院、最高人民法院司法案例研究院编:《中国法院2022年度案例》(买卖合同纠纷),中国法制出版社2022年版,第115~116页。江苏省南通市中级人民法院(2020)苏06民终617号民事判决书。

交易的稳定性,且原告此项负担不为双方订立合同时所能预见。综上,由于受上述限购政策的影响,本案的车辆买卖目前尚不具备过户条件,也不能实现合同目的,故原告要求解除合同的诉讼请求理由正当,法院应予支持。根据合同解除的处理原则,合同解除后,尚未履行的,终止履行;已经履行的,根据履行情况和合同性质处理。就本案合同的履行情况和合同性质,被告应将购买原告的车辆及相关手续返还给原告,原告将被告支付的购车款返还给被告。原告还要求被告支付其使用该车辆期间的折旧费2000元,法院考虑到该车辆已运行多年,被告使用时间较短等具体情况,原告的该项请求法院不予支持。判决:(1)原告时某阳与被告孔某军之间的车辆买卖合同解除;(2)被告孔某军将吉利牌两厢轿车(车牌号:京YCT539)一辆及该车辆的登记证、行驶证、购车发票、购车税务发票返还给原告时某阳;原告时某阳返还给被告孔某军支付的购车款5000元;(3)驳回原告时某阳的其他诉讼请求。[1]

6. 预期违约解除买卖合同

债务人欠缺履行能力+不能提供担保构成预期违约,是以自己的行为表明不履行合同义务的扩张解释。

【案例6-30】 白银公司诉开封东京公司买卖合同纠纷案

最高人民法院认为,被告因融资困难要求原告支付额外预付款,以及原告派员调查证明被告无履行能力的事实,原告有权要求被告提供相应的履约担保,在被告未提供相应担保的情况下,原告有权以预期违约为由解除合同。[2]

7. 未取得处分权的买卖合同解除

《民法典》第五百九十七条规定:"因出卖人未取得处分权致使标的物所有权不能转移的,买受人可以解除合同并要求出卖人承担违约责任。法律、行政法规禁止或者限制转让的标的物,依照其规定。"

8. 情势变更解除买卖合同

《民法典合同编通则解释》第三十二条第二、三款规定:"合同的基础条件发生了民法典第五百三十三条第一款规定的重大变化,当事人请求变更合同的,人

[1] 参见国家法官学院案例开发研究中心编:《中国法院2013年度案例》(买卖合同纠纷),中国法制出版社2013年版,第34~35页。北京市延庆县人民法院(2011)延民初字第1341号民事判决书。

[2] 参见周江洪等主编:《民法判例百选》,法律出版社2020年版,第361页。最高人民法院(2018)民终377号民事判决书。

民法院不得解除合同;当事人一方请求变更合同,对方请求解除合同的,或者当事人一方请求解除合同,对方请求变更合同的,人民法院应当结合案件的实际情况,根据公平原则判决变更或者解除合同。

人民法院依据民法典第五百三十三条的规定判决变更或者解除合同的,应当综合考虑合同基础条件发生重大变化的时间、当事人重新协商的情况以及因合同变更或者解除给当事人造成的损失等因素,在判项中明确合同变更或者解除的时间。”

一般情况下,允许当事人依据情势变更原则解除买卖合同,但在特定条件下人可依据情势变更原则限制解除买卖合同。

【案例6-31】 广东甲药业集团有限公司诉上海乙药业有限公司买卖合同纠纷再审案

最高人民法院认为,根据《停止进口药品公告》以及国家食药监总局的要求,乙公司停售并召回了案涉细菌溶解物并退还甲公司;甲公司亦将案涉细菌溶解物封存于公司仓库不再销售。乙公司已无法进行案涉细菌溶解物的招标、推广及销售等相关工作。至于《分销合同》是否仅可适用情事变更原则予以解除的问题,根据《合同法解释(二)》第二十六条的规定,情势变更原则适用于合同成立以后客观情况发生了当事人在订立合同时无法预见的非不可抗力造成的不属于商业风险的重大变化。由于双方当事人在《分销合同》中已对产品质量问题的责任承担进行了约定,说明其在订立合同时并非无法预见案涉细菌溶解物的质量问题。故《分销合同》不应适用情势变更原则予以解除。原审法院根据乙公司的诉讼请求判决解除《分销合同》,事实和法律依据充分。甲公司以原审判决解除《分销合同》认定基本事实缺乏证据证明,且适用法律错误为由申请再审,理据不足,法院不予支持。[1]

(五)买卖合同解除的范围

《民法典》中的相关解除规定,均是认定买卖合同解除范围的依据。

《民法典》第五百六十二条规定:“当事人协商一致,可以解除合同。当事人可以约定一方解除合同的事由。解除合同的事由发生时,解除权人可以解除合同。”本条是关于协商解除合同和约定解除合同解除权的规定。本条包含以下几层含义:其一,本条规定了两种解除方式,即协商解除和约定解除;其二,协商解除

〔1〕 参见中国审判理论研究会民事专业委员会编著:《民法典合同编条文理解与司法适用》,法律出版社2020年版,第255页。最高人民法院(2019)民申1897号民事裁定书。

发生在合同履行期间,通过订立一个新的合同解除原来的合同;其三,约定解除是在合同订立时,约定合同在合同履行过程中出现某种情况,都有权解除合同,这种约定解除的事由呈现开放性,可以超出第五百六十三条规定法定解除的范围;其四,行使约定解除权的,应当通知对方。

《民法典》第五百六十三条规定:"有下列情形之一的,当事人可以解除合同:(一)因不可抗力致使不能实现合同目的;(二)在履行期限届满前,当事人一方明确表示或者以自己的行为表明不履行主要债务;(三)当事人一方迟延履行主要债务,经催告后在合理期限内仍未履行;(四)当事人一方迟延履行债务或者有其他违约行为致使不能实现合同目的;(五)法律规定的其他情形。以持续履行的债务为内容的不定期合同,当事人可以随时解除合同,但是应当在合理期限之前通知对方。"本条是关于法定解除事由的规定。本条包含以下几层含义:其一,本条列举了法定解除的范围,并规定了兜底条款;其二,本条规定了继续性合同的随时解除权;其三,本条强调了合同目的是否能够实现,这是判断是否产生法定解除权的重心。如果合同目的仍能够实现,则一般不产生法定解除权。

1. 有效部分解除

司法实践中,对买卖合同部分无效、部分有效情形下能否对合同有效部分予以解除,有不同观点。笔者认为,在同一合同中存在无效和有效两种情形时,对有效部分可以解除。

2. 协商解除合同的范围

在社会生活中,当事人协商一致,可以解除买卖合同。但该合意解除的只是出卖人与买受人之间达成的买卖合同部分,而非其他合同如中介合同。因为中介合同是中介人向委托人报告订立合同的机会或者订立合同的媒介服务,委托人支付报酬的合同。中介合同为服务性合同,通常只有两方当事人,即为他方提供报告订约机会或提供交易媒介的中介人,以及给付报酬一方的委托人。在二手买卖合同中,非因中介人的过错造成买卖合同解除,中介合同仍然有效,且中介人不承担违约责任。

3. 预约合同的解除

根据《民法典》第四百九十五条的规定,买卖预约合同可以与本约合同一样解除。欲解除预约合同的当事人,应当提供证据证明对方当事人不愿意订立本约合同,或本约合同的订立存在障碍,该障碍具体为何事由,是否可以避免或克服,是否足以导致本约合同无法订立。未举证或举证不能的,法院不予支持其解除请求。换言之,解除预约合同的请求主体限定在守约方。在不能强制缔结本约合同时，法院能否判决解除预约合同，应视案情而定，在双方当事人均同意解除或订立本约合同存在无法克服或避免的障碍的，则可判决解除。在现有法律框架下，对预约合同不应适用继续履行的违约责任，守约方的救济应通过其他手段予以解决。根据定金性质，应推定当事人在协商定金数额时对解除合同的代价作了相对科学的预设，任何一方均可以主动承担定金责任而解除合同，即不签订本约的一方承担定金责任。一方当事人以主动牺牲为代价解除预约合同，与之有牵连的服务合同亦可以同时解除。

4. 利益期待可能性锐减合同解除

期待可能性理论来源于刑法，是指从行为时的具体情况来看，可以期待行为人不为违法行为，而实施适法行为的情形。在合同法领域，应当表述为利益期待可能性，即行为人签订合同时意欲获得某种利益而在主观上所持有的渴望状态。如果合同赖以履行的客观形势发生变化，行为人对所签合同失去信心，主观上意欲阻碍合同的履行，由积极渴望变为消极抵触，就会出现利益期待可能性锐减，该种情形下合同应予解除。

5. 债务到期无法履行合同的解除

在合同中，双方当事人除对给付标的、质量、数量等进行约定外，日期也是当事人在合同中约定的重要条件。相应地，时效利益也是合同关系中双方当事人可享有的重大利益。一方当事人因另一方没有在特定时间内给付特定标的导致合同目的无法实现，进而要求解除合同的情形很多，而且具有相应的法律依据。

关联性合同，是指不同合同之间因具有某种事实上的联系，从而导致这些合同产生互为彼此的履行基础或履行保障关系的合同。关联性合同一般分为两种，一种是主从合同，另一种是普通的关联性合同。在主从合同关系中，主合同具有主体性，关系到合同交易的根本目的。从合同具有从属性，本身没有独立的合同目的，没有独立的履行行为，其履行是为实现主合同目的服务的。在成立时间方面，主合同成立在前，从合同成立在后，主合同不成立则从合同不可能成立；在效力方面，主合同起支配作用，主合同无效则从合同当然无效，主合同解除则从合同当然解除，从合同居于从属地位，从合同无效不影响主合同的效力，从合同一般也不得单独解除。普通的关联性合同，作为履行基础性的前一个合同或者其后成立的后续性合同效力各自独立，可以分别解除。

6. 部分合同解除

根据《民法典》第六百三十二条的规定，买受人的合同解除权分两种情形行使，一是解除部分合同，即标的物为数物，其中一物不符合约定的，买受人可以就该物解除。二是解除全部合同，即标的物为数物，其中一物不符合约定，该物与他物分离时标的物的价值显受损害的，买受人可以就此解除全部合同。同时也明确了买受人的合同解除权由买受人选择决定，即买受人可以选择部分或者全部解除合同。

【案例 6－32】 某能源公司诉某设备公司分期付款买卖合同纠纷案

二审法院认为，关于合同如何解除的问题，虽然双方签订的《工业品买卖合同》系双方真实意思表示，不违反法律、法规的强制性规定，合法有效，双方当事人应当依照合同约定履行自己的义务。但在合同履行过程中，后期通过协商以实际行动变更了合同履行期限，但某设备公司未按照合同约定交付除16立方浮选机以外的其他设备，某设备公司迟延履行其他设备的交付已超出合理期限，某能源公司要求解除该部分设备的合同应予支持。根据《民法典》第六百三十二条的规定，标的物为数物，其中一物不符合约定的，买受人可以就该物解除。但是该物与他物分离使标的物的价值显受损害的，买受人可以就数物解除合同。本案中《工业品买卖合同》分别载明了物资名称、并单独作价。虽然某设备公司主张本案设备系成套设备，无法分割，但其在一审庭审时提交了一份《工业品买卖合同》，载明已将生产完毕的浓缩机出卖，故本案不符合该物与他物分离使标的物的价值显受损害的情形，且根据《民法典》第九条的规定，民事主体从事民事活动，应当有利于节约资源、保护生态环境。故民事主体在行使财产权利时，应当充分发挥物的效能，使有限的资源一定范围内得到充分的利用。关于资金占用期间损失，合同因设备公司违约解除，某能源公司要求支付资金占用费符合法律规定，应予支持，以176044.9元为基数，自2021年5月21日起至实际支付之日止，按同期一年期贷款市场报价利率3.85%计算，其他主张因证据不足，不予支持。判决：(1)维持一审判决第一项、第五项；(2)撤销一审判决第二项、第三项、第四项；(3)被上诉人某设备公司返还上诉人某能源公司货款176044.9元及相应的资金占用损失；(4)驳回上诉人某能源公司的其他诉讼请求。[1]

分批交付标的物合同解除的审查。

---

〔1〕 参见国家法官学院、最高人民法院司法案例研究院编：《中国法院2023年度案例》（买卖合同纠纷），中国法制出版社2023年版，第160页。山东省济宁市中级人民法院（2021）鲁08民终6254号民事判决书。

【案例6－33】　上海浦耀贸易有限公司与济南铎晟商贸有限公司买卖合同纠纷再审案

二审法院认为，同一日签订标的物为同一种类物的多份买卖合同，每份合同的主体、标的物数量、单价、交货方式、质量检验及违约责任条款均具体明确，标的物在合同签订时未特定化，分别履行并不影响标的物的性状，则各份合同并非一个整体性的合同，而是可以单独履行的彼此独立的合同。部分合同或其中部分未履行内容的解除并不必然影响后续合同的履行。[1]

7. 合同僵局的解除

《九民纪要》第四十八条规定："违约方不享有单方解除合同的权利。但是，在一些长期性合同如房屋租赁合同履行过程中，双方形成合同僵局，一概不允许违约方通过起诉的方式解除合同，有时对双方都不利。在此前提下，符合下列条件，违约方起诉请求解除合同的，人民法院依法予以支持：（1）违约方不存在恶意违约的情形；（2）违约方继续履行合同，对其显失公平；（3）守约方拒绝解除合同，违反诚实信用原则。人民法院判决解除合同的，违约方本应当承担的违约责任不能因解除合同而减少或者免除。"

买受人明确表示不再支付货款，也不需要货物，不存在恶意，守约方拒绝解除合同，但继续履行合同对买受人显失公平，则应当支持违约方解除合同的请求。解除合同不影响守约方主张违约责任。

【案例6－34】　伍某某诉金明仕饮机械设备（北京）有限公司买卖合同纠纷案

判决观点，本案中，伍某某未按合同约定的时间支付相应的款项，并且明确表示不再付款，致使不能实现合同目的，加之金明仕公司尚未生产合同约定的设备，因此现伍某某要求解除合同，法院予以支持。法院起诉状送达金明仕公司之日视为解除合同的通知到达之日，故自2017年10月12日起，双方之间的《设备购销合同书》解除。根据《合同法》第九十七条的规定，本案中，伍某某已经支付了5万元，现其要求金明仕公司予以返还，于法有据，法院予以支持。判决：（1）确认原告伍某某与被告金明仕公司于2016年5月20日签订的《设备购销合同书》自2017年10月12日解除；（2）被告金明仕公司向原告伍某某返还5万元。[2]

---

〔1〕 上海市高级人民法院（2017）沪民再8号民事判决书。

〔2〕 参见最高人民法院中国应用法学研究所编：《人民法院案例选》2020年第10辑（总第152辑），人民法院出版社2021年版，第53页。北京市西城区人民法院（2017）京0102民初33337号民事判决书。

合同僵局情形下,违约方申请解除合同的认定标准把握。

【案例6-35】 管理公司诉食品公司、贾某琴买卖合同纠纷案

一审法院认为,按照《销售合同》的约定,如食品公司逾期超过10天仍无法向管理公司交货,管理公司有权解除合同。根据食品公司的履行情况,管理公司依约具备行使单方解除权解除的条件。鉴于约定解除权的行使属于形成权,系单方法律行为,依解除权人单方意思表示到达对方即可产生解除合同关系的法律效力,故约定解除权的行使应当通过向对方发出解除通知的方式行使。但是,管理公司经办人于2020年8月21日通过微信向食品公司姚某扬发送了《合同解除协议》并征求其意见,属采用协商解除的方式向食品公司发出解除合同的要约,而食品公司并未对该解除合同要约表示承诺,双方并未达成解除买卖合同关系的协议。但庭审中经法院询问管理公司明确表示请求法院确认其2020年8月21日发出的《合同解除协议》系单方行使解除权的行为,双方的销售合同应当自食品公司当日收到该所谓通知时解除,而非直接通过诉讼方式主张解除合同,对此法院不予支持。但是,食品公司已经事实上将涉案货物转卖给他人,无法履行交付约定10柜牛肉货物的合同义务,且该公司反诉主张解除双方的买卖合同关系,双方在事实上不能履行涉案销售合同。《民法典》施行前成立的合同,当事人一方不履行非金钱债务或者履行非金钱债务不符合约定,对方可以要求履行,但是有《民法典》第五百八十条第一款第一项、第二项、第三项除外情形之一,致使不能实现合同目的,当事人请求终止合同权利义务关系的,适用《民法典》第五百八十条第二款的规定。根据该规定,法院可以根据当事人的请求终止双方的买卖合同关系,但是并不影响违约责任的承担,故法院对食品公司请求确认双方于2021年2月23日解除买卖合同法律关系的诉讼请求予以支持,因系食品公司的违约行为导致合同无法继续履行,其仍应当承担合同解除后返还预付款及清关费用和税费的法律责任并承担相应的违约责任。贾某琴作为一人有限责任公司的股东,不能证明公司财产独立于股东自己的财产的,应当对公司债务承担连带责任。判决:(1)管理公司与食品公司之间的买卖合同关系解除;(2)食品公司向管理公司返还货款、代扣关税及清关费用,并赔偿逾期交货违约金;(3)贾某琴对食品公司的前述债务承担连带责任。二审法院同意一审法院裁判意见,判决:驳回上诉,维持原判。[1]

---

〔1〕 参见国家法官学院、最高人民法院司法案例研究院编:《中国法院2023年度案例》(买卖合同纠纷),中国法制出版社2023年版,第155~156页。北京市第一中级人民法院(2021)京01民中7334号民事判决书。

二、买卖合同解除的法律适用

（一）买卖合同解除程序

《民法典》第五百六十五条规定："当事人一方依法主张解除合同的，应当通知对方。合同自通知到达对方时解除；通知载明债务人在一定期限内不履行债务则合同自动解除，债务人在该期限内未履行债务的，合同自通知载明的期限届满时解除。对方是对解除合同有异议的，任何一方当事人均可以请求人民法院或者仲裁机构确认解除行为的效力。当事人一方未通知对方，直接以提起诉讼或者申请仲裁的方式依法主张解除合同，人民法院或者仲裁机构确认该主张的，合同自起诉状副本或者仲裁申请书副本送达对方时解除。"本条是关于合同解除程序的规定。原《合同法》第九十六条第一款规定也作了类似规定。本条主要包括两方面内容：一是必须享有解除权，二是行使解除权应当通知对方当事人。根据该条规定，合同当事人一方行使解除权时，应当通知合同相对方，合同自通知到达对方时解除，无须征得对方的同意，但是，为了保护相对方的合法权益，防止权利人滥用合同解除权，该条同时赋予了合同相对方解除的异议权，即合同相对方如对解除合同有异议，可以请求法院或仲裁机构确认。需要注意的是，司法实践中，一方当事人通知对方解除合同，对方随即致函的，则不发生解除合同效力。

司法实践中，一方当事人根据约定事由或法定事由通知对方解除合同时，绝大多数当事人怠于行使确认解除合同效力的请求权。怠于行使此项权利的事由不是同意解除，而是置之不理。一方当事人相隔一定时期后，根据已解除合同的效力，行使终止履行处分合同标的物时，或诉讼请求恢复原状、赔偿损失时，对方才请求法院或者仲裁机构确认解除合同的效力，结果使解除合同的效力长期处于不稳定状态，也使约定解除和法定解除的法律制度大打折扣，有时发生合同标的物已被处分现象，即使确认解除合同无效，也很难使原合同得到很好的继续履行，既不利于对合同解除人的及时保护，也不利于维护合同交易的安全和稳定。根据《民法典》第五百六十五条第一款关于"合同自通知到达对方时解除"之规定，此时合同应处于解除状态。但如果法院判决合同不解除，则守违约方根据合同解除状态所采取的行动就必须恢复原状，将造成不必要的损失。如果违约方向法院提出确认之诉,法院的判决结果对此影响甚大。

《民法典合同编通则解释》第五十三条规定:"当事人一方以通知方式解除合同,并以对方未在约定的异议期限或者其他合理期限内提出异议为由主张合同已经解除的,人民法院应当对其是否享有法律规定或者合同约定的解除权进行审查。经审查,享有解除权的,合同自通知到达对方时解除;不享有解除权的,不发生合同解除的效力。"

1. 解除合同的方式

解除权行使有三种方式,基于解除权是形成权,无论是出卖人还是买受人均可行使单方解除权,其一,解除方直接通知合同相对方,在通知到达相对方时产生合同解除的法律后果。法院通过判决确认解除合同有效,解除时间仍是解除方的通知到达合同相对方的时间,而不是法院判决的时间。其二,解除方向法院提起诉讼,请求解除双方签订的买卖合同,法院作出解除买卖合同的裁决,裁决生效日为买卖合同解除时间。法院对租赁合同解除所作的裁决是变更之诉,而非确认之诉。其三,解除方向法院提起诉讼,请求确认双方签订的买卖合同已经被解除,法院审查认为对方的异议不成立,判决双方之间的买卖合同解除,此时合同解除时间为解除方提起的确认合同解除的时间。

个案中,法官根据具体案情将解除合同的"通知"在形式上作扩大性解释,认定"行为"也是"通知"一种形式。

【案例6-36】 顾某锋、顾某琴诉许某亚买卖合同纠纷案

二审法院认为,协议签订后,许某亚即开始至相关部门办理土地使用权属变更手续,并缴纳了数10万元土地出让金及相关规费,如果顾某要求许某亚履行合同而许某亚不履行,顾某应及早通过诉讼主张权利,要求许某亚履行合同,或要求许某亚返还定金并赔偿损失。但顾某未能提供该方面的任何有效证据。顾某对此应承担举证不能的后果,本案应推定上诉人主观上有怠于履行合同的故意。在顾某不履行合同的情况下,许某亚将加油站另行出售他人的行为并不构成违约。判决:驳回上诉,维持原判。[1] 本案中,顾某病故,本案中止审理。嗣后,顾某的子女顾某锋、顾某琴申请参加本案诉讼。

应当注意的是,在法律规定的特殊情况下,行使解除权可以采取推定的方式。比如,《企业破产法》第十八条规定:"人民法院受理破产申请后,管理人对破产申请受理前成立而债务人和对方当事人均未履行完毕的合同有权决定解除或继续

---

〔1〕 参见国家法官学院案例开发研究中心编:《中国法院2017年度案例》(买卖合同纠纷),中国法制出版社2017年版,第90页。江苏省盐城市中级人民法院(2015)盐商终字第0098号民事判决书。

履行,并通知对方当事人。管理人自破产申请之日二个月内未通知对方当事人,或者自收到对方当事人催告之日起三十日内未答复的,视为解除合同。管理人决定继续履行合同的,对方当事人应当履行;但是,对方当事人有权要求管理人提供担保。管理人不提供担保的,视为解除合同。”

同时,在法律规定的特殊情况下,解除权必须通过人民法院或者仲裁机构行使。《民法典》第五百三十三条第一款规定,合同成立后,合同的基础条件发生了当事人在订立合同时无法预见的、不属于商业风险的重大变化,继续履行合同对于当事人一方明显不公平的,受不利影响的当事人可以与对方协商;在合理期限内协商不成的,当事人可以请求人民法院或者仲裁机构变更或者解除合同。[1]

2. 解除合同的时间

个案中,要根据当事人的诉讼请求确认合同解除的时间。当事人向法院起诉请求法院判决解除合同的,法官经审查认为符合法定或约定的解除合同的条件,判决双方当事人之间的合同解除,合同解除的时间从法院判决生效之日起算。

《民法典合同编通则解释》第五十四条规定:“当事人一方未通知对方,直接以提起诉讼的方式主张解除合同,撤诉后再次起诉主张解除合同,人民法院经审理支持该主张的,合同自再次起诉的起诉状副本送达对方时解除。但是,当事人一方撤诉后又通知对方解除合同且该通知已经到达对方的除外。”

合同一方当未向对方发出通知,直接起诉主张解除合同,经审查符合解除条件的,法官可予支持,并以起诉状副本(反诉状)送达之日为合同解除日。

【案例 6 – 37】　双欧汇公司诉襄汾选煤厂、九龙煤焦公司买卖合同纠纷案

二审法院认为,根据《合同法》第九十六条第一款的规定,“合同自通知到达对方时解除”,可知合同解除权是一种形成权,不需要征得对方同意,依照解除权人单方意思表示即可改变相应法律关系。合同解除权是普通形成权,解除通知到达对方时合同解除,无须以向法院提出诉讼方式行使。若解除权人直接以诉讼的方式解除合同,应属于确认之诉,即要求法院确认其主张的关系存在或不存在的请求。法院作出的生效判决,仅是确认合同于解除合同的通知即起诉状到达对方之日已解除。因此,如上文所述,双欧汇公司享有法定解除权,其提起本案诉讼,是其解除合同意思表示的一种表达方式。在解除合同的通知即起诉状送达襄汾选煤厂时,合同便已解除,起诉状送达之日便是合同解除之日。即便之后人民法院作出合同解除的生效判决,合同解除的时间也应溯及至解除合同的通知日即起诉状到达对方之日。判决的

[1] 参见黄薇主编:《中华人民共和国民法典合同编释义》,法律出版社 2020 年版,第 238 页。

生效日期并非合同的解除日期。[1]

3. 解除合同的后果

买卖合同中约定买受人如果拖欠货款超过一定期限，出卖人有权解除合同，收回标的物并追究买受人的违约责任。但出卖人要通过合理方式通知买受人，并进行催告，否则不发生解除的效果。

实践中，约定解除权行使的形式是否合法常发生争议。现行法律对约定解除权的行使，以通知为形式要件，合同自通知到达对方时解除。

（二）解除权行使的合理期限

买卖合同中解除的合理期限，《民法典》第五百六十四条没有规定具体时间，这是立法者留给法官基于案件情况行使自由裁量权的空间。期限是否合理侧重于判断者的主观感受，也应符合当事人的预期与社会公众的一般评价标准。主流观点认为，合理期限属于不确定概念，既不属于除斥期间，又不属于诉讼时效，应定性为失权期间。法律对合理期限规定的宗旨，一方面督促债权人积极行使权利，明确债务人责任的承担方式；另一方面对债权人怠于行使权利的行为予以惩戒，推动合同争议的解决。在特定合同纠纷案件中，合理期限的确定应结合涉案合同的种类、标的、性质、目的、履行情况、交易习惯等因素并结合诚信原则予以综合判断。

合理期限的识别为，当事人事先约定、事后补充约定、按照合同条款或交易习惯确定以及参照法律规定。换言之，坚持约定优先。在确定解除权行使合理期限时，应考虑的因素和把握的方面有：其一，诚实信用原则；其二，信赖利益；其三，交易习惯。

《民法典》第五百六十四条规定："法律规定或者当事人约定解除权行使期限，期限届满当事人不行使的，该权利消灭。法律没有规定或者当事人没有约定解除权行使期限，自解除权人知道或者应当知道解除事由之日起一年内不行使，或者经对方催告后在合理期限内不行使的，该权利消灭。"该条规定了解除权消灭的期限，这是判定解除权消灭的法律依据。

买卖合同中，法律没有规定，当事人也没有约定解除权行使期限，且相对方未

---

〔1〕 参见国家法官学院、最高人民法院司法案例研究院编：《中国法院2020年度案例》(买卖合同纠纷)，中国法制出版社2020年版，第143～144页。北京市第一中级人民法院(2018)京01民终8828号民事判决书。

催告的,当事人应当在对方未继续履行后的合理期限内行使解除合同权,具体期限可根据标的的性质、交易习惯等具体情况认定。若基于解除合同权享有的交付货物请求权已过诉讼时效的,解权人不得再向法院请求解除合同,即行使解除权的合理期限最长不得超过诉讼时效期间。

合理期限经过后导致违约方受保护法益处于无法实现的状态、继续履行对违约方明显不公、合同目的无法实现的情形。

【案例6-38】　重庆蕊馨园艺景观工程有限公司诉海南中农东方有限公司买卖合同纠纷案

二审法院认为,首先,蕊馨公司诉称的交付货物请求权已过诉讼时效。依据《民法通则》第一百三十五条的规定,向人民法院请求保护民事权利的诉讼时效期间为2年,法律另有规定的除外。2008年,《诉讼时效规定》第六条规定,可以确定履行期限的合同,诉讼时效期间从履行期限届满之日起计算。本案中,买卖合同明确约定中农公司的供货时间为2015年7月26日以前,蕊馨公司交付货物请求权的诉讼时效期间应当从2015年7月27日起算,但蕊馨公司于2019年7月29日才提起诉讼,早已超过2年的诉讼时效期限。鉴于中农公司在一审、二审诉讼中提出了诉讼时效抗辩,且无证据证明本案存在诉讼时效中断、中止的法定事由,故对中农公司已过诉讼时效的抗辩,予以支持。在此情况下,蕊馨公司直至2019年才提出解除合同的主张,有规避中农公司诉讼时效抗辩之嫌,且其解除合同的请求明显超过了合理期间。根据《合同法》第九十四条第三项、第四项的规定,本案中买卖合同中并未约定解除合同的相关事项,中农公司不履行合同主要义务即未交付货物,足以导致合同目的不能实现,构成根本性违约,蕊馨公司可以行使法定解除权,但合同解除权必须要在合理的期限内行使,如果认定债权已超过诉讼时效,又允许当事人通过解除合同的方式再次寻求法律的保护,明显与诉讼时效制度的设立初衷相冲突,故对已超过诉讼时效的债权,债权人不得以行使合同解除权的方式另行主张,其合同解除权的行使因超过合理期限而受限。中农公司未在2015年7月26日前向蕊馨公司供货,从2015年7月27日起蕊馨公司就应当知道解除涉案合同的事由,但蕊馨公司直至2019年才提起解除合同之诉,蕊馨公司虽享有法定解除权,但行使已超过合理期限,不得再主张解除合同,其返还货款的请求,应予驳回,原判决解除涉案买卖合同的理由不成立,应予纠正。判决:(1)撤销一审判决;(2)驳回被上诉人蕊馨公司的诉讼请求。[1]

---

〔1〕 参见最高人民法院中国应用法学研究所编:《人民法院案例选》2021年第2辑(总第156辑),人民法院出版社2021年版,第107~108页。重庆市第四中级人民法院(2020)渝04民终336号民事判决书。

【案例6－39】 上海银龙水务设备有限公司诉宿迁市旭日装饰工程有限公司买卖合同纠纷案

二审法院认为,旭日公司作为债权人在合理期限内未要求债务人履行。合同约定的交货期满后,旭日公司于2018年1月15日委托律师发出《律师函》,要求银龙公司于接函后3日内解决违约一事,否则将依法通过诉讼主张巨额赔偿或者违约金。但银龙公司未继续履行,旭日公司亦未积极主张权利。旭日公司在之后长达两年多的时间内,既未向银龙公司主张履行,也未通过向法院起诉的方式请求履行或者解除合同并要求银龙公司赔偿损失。况且,在银龙公司向一审法院起诉请求解除合同要求旭日公司支付货款后,旭日公司既不同意银龙公司的诉请,也未提出反诉要求银龙公司承担继续履行等违约责任。由此可见,虽然旭日公司在合同约定的交货期届满前后曾向银龙公司主张履行,但其之后长期怠于向银龙公司主张履行的行为构成《民法典》第五百八十条第一款规定的"债权人在合理期限内未请求履行"的除外情形。[1]

(三)合同解除异议的行使

原《合同法》第九十六条规定了异议程序、合同相对方的异议权,异议的对象是被解除合同。但是原《合同法》对合同解除的两个方面未作出明确规定,一是相对方行使异议权的期限,直接导致从法律上合同相对方可以随时就解除合同效力提出诉讼或者仲裁;二是未提出异议的法律后果,缺乏在法院(或仲裁机构)裁决前,合同的效力解除还是没有解除的法律规定。对原《合同法》第九十六条规定的异议权期限、法律后果的漏洞,《合同法解释(二)》(已废止)对此进行弥补。该司法解释第二十四条对异议期间的确定规定了两种方式:(1)当事人约定的异议期间。即在约定解除权时,事先约定异议权的行使期间,异议期间届满相对方没有表示异议的,相对方的异议权消灭。解除权人也可以在行使解除权时提出合理的异议期间,如果对方表示同意,即可视为对异议期间作了约定。(2)司法解释规定的异议期间。在双方没有事先约定异议期间,事后也无法就异议期间达成协议,法律需要确定非解除权人行使异议的期间。但该异议期间不能过长,否则会使法律关系长期处于不稳定状态,也使得法律规定关于解除权的规定落空。当

---

〔1〕 参见最高人民法院中国应用法学研究所编:《人民法院案例选》2022年第9辑(总第175辑),人民法院出版社2022年版,第148～149页。上海市第一中级人民法院(2021)沪01民终2526号民事判决书。

然，该异议期间也不能过短，否则非解除权人就没有合理的时间行使异议权。司法解释将异议期间确定为解除合同通知到达之日起3个月，有助于执法尺度的统一。《合同法》《合同法解释（二）》废止后，应当按照《民法典》的相关规定理解把握合同异议期。

《民法典》第五百六十五条第一款后半部分规定："对方对解除合同有异议的，任何一方当事人可以请求人民法院或者仲裁机构确认解除行为的效力。"该条明确规定了合同双方的异议权。立法者释义为，在一方当事人向对方发出解除通知之后，对方对解除表示了异议，认为解除通知的发出人不享有解除权的，但对方不向人民法院或者仲裁机构确认合同效力的，此时，为了确定当事人之间的法律关系，解除通知的发出人也可以在收到对方的异议后，请求人民法院或者仲裁机构确认解除行为的效力。本条第一款对此予以明确规定，较《合同法》第九十六条第一款规定的"对方有异议的，可以请求人民法院或者仲裁机构确认解除行为的效力"更为明确。首先，双方都有请求人民法院或者仲裁机构确认解除行为效力的权利。其次，对方的异议与请求人民法院或者仲裁机构确认解除行为的效力并不等同，对方提出异议不一定以请求人民法院或者仲裁机构确认解除行为效力的方式提出，可以以更为简便的方式提出。这有助于对方提出异议方式的简便，同时也有利于双方的相互制约，尽快确定双方之间的法律关系。[1]

《民法典》第五百六十五条规定的"可以"请求确认解除行为的效力，对解除通知有异议的当事人救济方式规定为"可以"，即赋予其可以通过请求人民法院或者仲裁机构确认解除合同效力的方式寻求救济，而未采用"必须"的表述，即并未限定为唯一的救济方式。对方以诉请继续履行合同的方式否定解除通知、解除效力的其他救济方式，并不违反该条规定。换言之，对方对解除合同有异议的，可以通过诉讼请求继续履行合同否认解除通知的效力。

【案例6-40】　无锡焦化有限公司诉中国再生资源开发有限公司买卖合同纠纷案

最高人民法院认为，关于再生公司是否享有合同解除权及合同是否已经解除问题。再生公司主张，其2011年5月29日发出的解除合同通知送达无锡焦化公司后，其与无锡焦化公司之间的《处置合同》即已解除。但再生公司的解除通知若要产生合同解除的效力，应当以再生公司享有《处置合同》的解除权为前提。根据我国《合同法》第九十三条、第九十四条的规定，本案不存在合同双方协商一致解除合同及合同约定解除的条件成就的情形，本案不存在因不可抗力、对方明示或者以行为表示不履行、迟延履行经催告后仍

〔1〕参见黄薇主编：《中华人民共和国民法典合同编释义》，法律出版社2020年版，第237～238页。

不履行、迟延履行或有其他违法行为致使合同目的不能实现的情形。再生公司以无权处理残留危化物的资质致使合同目的不能实现为由解除合同,并不符合法律规定的行使解除权的条件。而且,本案中双方的合同目的是处置无锡焦化公司的旧生产设备及地上建的构筑物,如前所述,虽然再生公司没有处置残留危化物的资质,但现行法律并未禁止其委托第三方对残留物的处置,故该目的并非不能实现。原审判决对再生公司解除《处置合同》的诉讼请求未予支持,事实和法律依据充分,二审法院予以维持。

《合同法》第九十六条第一款规定:"当事人一方依照本法第九十三条第二款、第九十四条规定主张解除合同的,应当通知对方。合同自解除通知到达对方时解除。对方有异议的,可以请求人民法院或仲裁机构确认解除合同的效力。"2011 年 5 月 29 日,再生公司向无锡焦化公司发出解除合同的通知后,焦化公司即于 2011 年 7 月 7 日以再生公司违约为由,向无锡市南长区人民法院诉请再生公司继续履行本案争议合同。无锡焦化公司要求再生公司继续履行合同的诉请包含了否定再生公司解除通知的效力的意思。因在立法的条文表述上,《合同法》第九十六条对就解除通知有异议的救济方式的规定为"可以",即赋予其"可以"通过请求人民法院或者仲裁机构确认解除合同的效力的方式寻求救济,未采用"必须"的表述,即并未限定为唯一的救济方式。该规定亦为否定解除请求确认解除通知效力之外的通过诉讼否认解除通知、解除效力的其他救济方式。故再生公司有关其 2011 年 5 月 29 日发出的解除合同的通知送达无锡焦化公司时合同即已解除,如无锡焦化公司对解除有异议,须首先向法院提起确认解除合同的效力后,方可请求法院判令继续履行合同的主张,法院不予支持。综上,再生公司的上诉请求缺乏事实和法律依据,原审判决判令再生公司继续履行《处置合同》并依法承担相应的迟延履行责任依据充分,适用法律正确,依法应予维持。判决:驳回上诉,维持原判。[1]

【案例 6 – 41】 江苏聚力新能源有限公司与北京七星华创电子股份有限公司买卖合同纠纷再审案

最高人民法院认为,买卖合同一方当事人以通知方式解除合同,另一方未对其发出的解除通知提出异议。该解除通知是否发生效力还应审查通知方解除合同的理由是否符合《民法典》第五百六十二条、第五百六十三条规定的情形。若通知方不具有约定或法定解除权,则即使收到通知方未在合理期限提出异议,该解除通知也不发生解除合同的法律效力。[2]

---

〔1〕 最高人民法院(2012)民二终字第 116 号民事判决书。

〔2〕 最高人民法院(2016)民申 1049 号民事裁定书。

(四)单方解除权的放弃

合同解除权本质上是形成权,权利人可以基于自己的单方意志决定合同是否解除,但为了避免给交易带来严重的不稳定性,有必要对单方解除权予以适当的限制,尤其是在行使期限上。

在违约方出现约定的违约行为,守约方未及时行使单方解约权,且接受违约方履约后,守约方即不能再以违约方此前的违约行为为由要求解除合同。因为约定解除权性质上属于形成权,权利人可以自行决定是否行使或放弃,放弃的方式有明示或默示,其后续接受违约方继续履行合同义务的行为应视为默示放弃自己的解约权,一旦放弃就不再享有此项权利,即限制行使解除权。最高人民法院的法官认为,解除权是一项民事权利,约定解除权和法定解除权都可以明示放弃。实务中,双方约定的合同解除权成就时,一方未能以法定方式向违约方解除合同,而是继续接受违约方履行合同的,其行为变更了合同约定的解除条款,视为放弃解除权,不能再依约定解除合同。[1]

(五)违约方解除权的认定

原《合同法》未对出卖人由于自身原因或买受人以承担违约责任为代价解除合同作出明确规定。《九民纪要》第四十八条规定:"违约方不享有单方解除合同权利。但是,在一些长期性合同如房屋租赁合同履行过程中,双方形成合同僵局,一概不允许违约方通过起诉的方式解除合同,有时对双方都不利。在此前提下,符合下列条件,违约方起诉请求解除合同的,人民法院依法予以支持:(1)违约方不存在恶意违约的情形;(2)违约方继续履行合同,对其显失公平;(3)守约方拒绝解除合同,违反诚实信用原则。人民法院判决解除合同的,违约方本应承担的违约责任不能因解除合同而减少或者免除。"该条款有条件地认可了违约方的合同解除权。对于该条中所列的三个条件的关系,《九民纪要》释义法官认为,总结司法经验,本条规定,同时具备以下三个条件,违约方可以起诉请求解除合同。[2] 这里的"合同僵局",主要是指在长期合同中,一方由于经济形势的变化、履约能力

---

〔1〕 参见最高人民法院民事审判第二庭编著:《〈全国法院商事审判工作会议纪要〉理解与适用》,人民法院出版社2019年版,第312页。

〔2〕 参见最高人民法院民事审判第二庭编著:《〈全国法院商事审判工作会议纪要〉理解与适用》,人民法院出版社2019年版,第316页。

等原因,导致不可能履行长期合同,需要提前解约,而另一方拒绝解除合同。从审判实践来看,出现合同僵局大多是因为合同难以继续履行,或者事实上不可能实际履行。合同僵局是指在债务人不能履行合同的情况下,债务人虽然可以援引该条对抗债权人的实际履行主张,但合同关系并不因此消灭,债务在合同预定的期限内始终存在。

《民法典》第五百八十条第二款规定:"有前款规定的除外情形之一,致使不能实现合同目的的,人民法院或者仲裁机构可以根据当事人的请求终止合同权利义务关系,但是不影响违约责任的承担。"该条规定的是法定解除情形,立法本意是从赋予合同履行过程中守约方保护自身权利出发,视合同的履行情况作出是否解除合同的意思表示。但从法条的字面理解,并未明确第五百六十三条赋予合同解除权给哪一方,这也给司法实践造成了一个难题。实践中,行使合同解除权的多见于守约方,违约方行使合同解除权的并不多见。违约方能否行使合同解除权,应区分不同合同类型进行讨论,在委托合同、承揽合同中对解除合同主体对是否违约没有要求,在本书中不作讨论。笔者认为,该条款实质是规定了违约方的合同解除权。该条中的当事人既包括守约方也应包括违约方,并未将违约方行使合同解除权予以限制。换言之,守约方或违约方在符合一定条件时,也可以解除合同。这种解除包括买受人由于自身原因导致买卖合同的解除,也包括出卖人可以以承担违约责任为代价,解除不符合法定或约定解除条件的买卖合同。对后者的解除应该持更慎重的态度,法官行使裁量权更为严格。从使社会资源发挥最大的效益出发,一方当事人的履行费用过高时,法官可以根据实际情况决定解除合同。合同解除后,对被解除方应该给予充分的赔偿,以便实现双方利益的平衡。

由于一方当事人的原因导致买卖合同实际无法履行,若守约方要求继续履行合同,违约方要求解除合同,应及时予以解除,同时判令违约方承担相应的违约责任。当然,在合同能够继续履行的情况下,守约方既可以要求继续履行合同,也可以依法行使合同解除权,对此法院应予以尊重。也就是说,只要合同具备继续履行的条件,无论守约方还是违约方,都不得擅自解除买卖合同。换言之,一般情况下只有在合同实际上无法继续履时,一方才可以以承担违约责任为代价解除不符合法定或约定解除条件的买卖合同。

允许违约方解除合同,属合同严守原则的例外,只有具有足够充分且正当的理由时才能适用,需要同时满足《九民纪要》第四十八条规定的三个条件。除此之外,笔者亦认为,其一,合同目的无法实现。这是允许合同解除的价值基础,合同失去存在的功能性,继续履行会造成社会资源浪费。其二,合同继续履行将使双方利益严重失衡。双方利益对比具有基于公平原则调整的必要性。违约方不能存在为获取更大利益而违约的投机性。其三,守约方的利益能够通过损害赔偿予以补足。由于一方违约在先,故必须在保证守约方利益补偿的基础上才能解除。

【案例 6 -42】　思能达公司诉三河中誉公司买卖合同纠纷案

判决观点,合同签订后,双方均已履行部分合同义务。现思能达公司要求解除合同,主要理由为三河中誉公司违反合同约定的付款方式,要求预付全部货款后再发货。三河中誉公司在合同签订后,积极组织备货,已经做好了履行合同的准备。思能达公司迟延支付首期合同款,先行违约,其后又拒绝向三河中誉公司告知具体的发货地址,致使其不能履行合同义务。因思能达公司违约在先,三河中誉公司要求其预付全款,现三河中誉公司亦表示可以按照合同约定的付款方式履行合同。但思能达公司已另行与上虞电力公司签订《采购合同》,思能达公司以自己的行为表明不履行合同主要债务。根据《合同法》第九十四条第二款的规定,故本案《采购合同》可以解除。合同解除后,尚未履行的,终止履行,已经履行的,根据履行情况和合同性质,当事人可以要求恢复原状、采取其他补救措施,有权要求赔偿损失。三河中誉公司已收取的思能达公司 40 万元货款应予返还。思能达公司要求三河中誉公司支付违约金 1.46 万元,因思能达公司违约在先,其关于违约金的诉讼请求,缺乏事实依据和法律依据,法院不予支持。三河中誉公司反诉要求思能达公司继续履行合同,并支付剩余货款 33 万元,合同已无法继续履行,法院对三河中誉公司的反诉请求,不予支持。因合同解除给三河中誉公司造成的损失以及思能达公司应承担的违约责任,三河中誉公司可以另行起诉。判决:(1)解除本案双方签订的《采购合同》;(2)被告三河中誉公司返还原告思能达公司货款 40 万元;(3)驳回原告思能达公司的其他诉讼请求;(4)驳回被告三河中誉公司的全部反诉请求。[1]

(六)买卖合同解除的溯及力

合同解除的法律后果是合同关系归于消灭,但是,在理论上、实务中对合同解除前当事人的债权、债务关系的效力有不同观点,一种观点认为合同解除原则上只能对将来发生效力,另一种观点认为合同解除应发生溯及既往的效力。[2]《民法典》第五百六十六条的规定与原《合同法》第九十七条的规定精神一脉相承,表明了我国法律从实际出发,借鉴国外经验,采取灵活的规则即具体问题具体分析

---

〔1〕 参见国家法官学院案例开发研究中心编:《中国法院 2014 年度案例》(买卖合同纠纷),中国法制出版社 2014 年版,第 54 ~55 页。北京市海淀区人民法院(2012)海民初字第 19905 号民事判决书。

〔2〕 参见王利明、崔建远:《合同法新论 · 总则》,中国政法大学出版社 1997 年版,第 472 页。

的态度，根据合同的性质和履行的不同情况对待合同解除溯及力的问题，因此符合社会实际生活的现实需要。买卖合同解除是否具有溯及力，应考虑合同的性质和具体履行情况以及保护守约方等综合因素予以确定。

合同解除无溯及力时，解除前的合同关系仍然有效，因此，解除前进行的给付具有法律根据，只是自合同解除之时起尚未履行的债务被免除。这样，就发生了如下问题：当事人一方已经部分或全部履行了债务，对方却未履行相应的给付义务，或者虽然也履行了债务，但双方各自的履行在数量上不对等。对这一问题若采取所有物返还显然不妥，因为给付人在合同解除后仍未取得给付物的所有权。因此，可以运用不当得利制度予以解决，即受领人将其多得的给付按不当得利规则予以返还。《民法典》第五百六十六条第一款（原《合同法》第九十七条）规定的当事人可以"采取其他补救措施"，可以解释为包含了不当得利返还。合同解除有溯及力时，基于合同发生的债权债务关系溯及既往地消灭，给付物的所有权重归给付人享有，不构成不当得利。当给付物已被受益人消费或由第三人善意取得时，受益人取得的价款或享有的利益就成为不当得利，诉讼时效的起算点应当按照本条文的规定进行适用。〔1〕

在司法实务中，应从以下三方面予以把握：非继续性合同解除原则上有溯及力。所谓非继续性合同，是指履行为一次性行为的合同。就非继续性合同的性质而言，它被解除时能够恢复原状，即已经进行的给付能够返还于给付人。恢复原状是合同解除在有溯及时所具有的直接效力，是双方当事人基于合同发生的债务全部消灭的必然结果。合同解除溯及力包括合同成立后尚未履行的情形，也包括发生合同部分或者全部履行的情况。溯及力适用，涵盖法定解除和约定解除。

继续性合同解除原则上无溯及力。所谓继续性合同，是指合同的履行在一定的持续时间内完成，而不是一时或者一次完成的合同。继续性合同包括供电、供水、供气等持续性合同，也包括租赁、借贷、仓储、承揽、委托等合同。供电、供水、供气等在合同成立后的使用过程中，已完全消耗掉，要求当事人返还根本无法实现。租赁、借贷等合同以使用、收益标的物为目的，已经被受益方享用了标的物的效益，是不能返还的，也就是说不能够恢复原状。在提供劳务合同中，如仓储保管、技术服务、技术开发、委托、承揽、建设工程等继续性合同，以提供劳务或者工作成果为标的，一方实际已经提供的劳务或者已经物化的技能，另一方接受劳务后，很难就其已经使用或收益变动部分作出返还，以恢复原状。在委托合同中，由于受托人是以委托人的名义为委托人处理事务，常与第三人发生一定法律关系，如果委托合同的解除溯及合同成立之时，将使受托人基于委托人的委托而从事的

〔1〕参见最高人民法院民事审判第二庭编：《最高人民法院关于民事案件诉讼时效司法解释理解与适用》，人民法院出版社2008年版，第163～164页。

各种委托行为失效,导致委托人与第三人之间发生的法律关系失去存在基础,从而将给善意第三人造成损害。因此,委托合同解除不具有溯及力。

特殊情形下解除合同不具有溯及力。主要为:如果合同一方接受履行后,将标的物又合法地转让给第三人,在此种情况下,前一合同的解除不应发生恢复原状的效力,以免损害第三人的利益。如果标的物已损毁、灭失,不可能返还原物,又无其他可替代物时,当事人也不能要求恢复原状,自然不具有溯及力。

还需要说明的是,在协议解除的情况下,有无溯及力原则上应取决于当事人的约定,无约定时由法院或仲裁机构根据具体情况确定。由于客观原因造成合同不能履行而解除合同的,原则上可无溯及力(有例外)。

在违约解除的情况下,有无溯及力应具体分析违约给对方造成的实际损害的大小,一般可以考虑以下因素:其一,比例因素。即违约部分的价值或金额与整体合同之间的比例。如果卖方少交或交付与合同不符的部分货物价值占全部合同金额的大部分,一般认为构成根本违约。其二,控制力因素。即违约部分对合同目标实际的影响程度。在某些案件中,尽管违约部分的价值并不高,但对合同的实现存在重大的影响,在这种情况下,一般也可以认为构成根本违约。其三,时间因素。合同迟延履行时,根据时间对合同目标实现的影响程度,对一些具有时间性的商品,交货迟延往往使买方无法实现商业目标,应视为根本违约。其四,整体性因素。在分批交货合同中,根据一批交货义务的违反对整个合同的影响程度而定,如果合同是可分的,则对某些交货义务的违反一般不构成根本违约;如果该合同是不可分的,某批交货与合同不符,将使整个合同目的无法实现,一般构成根本违约。其五,成本比较因素。在无法判定是否违反合同关键因素的情况下,如果继续履行所造成的社会财富损失小于因解除合同所造成的社会财富损失,则不宜认定为根本违约。合同从当事人角度讲,是为了实现其特定经济目的;从社会角度讲,则是为了优化社会资源的配置。所以,对特定合同的违约是否采用根本违约这种严厉的制裁方式,主要应当判断实现合同的关键利益是否被违反。在无法判断时,应当从是否有利于实现社会利益最大化角度判断是否根本违约。如果合同因违约被解除可以获取利益时,就不应认定合同构成根本违约,而应继续履行,同时由违约方对守约方予以赔偿,以平衡双方利益,实现合同的最大利益。其六,修补损失因素。考虑违约的后果及损害能否得到及时的修补。一般情况下,对有些合同如借款合同应当允许借款人及时全部支付拖欠的贷款和利息、罚息、复息等费用。某些情况下,即使违约行为是严重的,但如果这种违约是可以修补的,那么就不能被认定为构成根本违约。

(七)买卖合同任意解除权的认定

所谓任意解除权,是指不需要以对方违约为理由而主张解约的权利。现行法律规定可以行使合同任意解除权的当事人包括不定期合同、委托合同的合同双方,或加工承揽合同、保险合同的单方等。任意解除权除法定外,当事人能否在合同中自由约定有争议。有法官认为,除了对任意解除权的法律后果亦即违约责任的承担,订约进行了详细磋商,且该违约责任足以弥补因任意解除合同可能遭受的损失之外,当事人不能在合同中自由约定。因为订立合同是一种法律行为,具有明确的订立目的性。民事主体订立合同,是为了追求预期目的,即在当事人之间形成某种法律关系,从而具体地享受民事权利、承担民事义务。依法成立的合同,对双方均具有法律约束力。当事人约定依照约定履行各自义务,不得擅自变更或解除合同。如果允许当事人在合同中随意约定任意解除权,那么交易的初衷将不复存在,必将对经济秩序的稳定造成毁灭性打击。[1]

实践中,对合同中约定的解除权抑或违约金应慎重审查。买卖合同中约定期未满合同一方单方终止合同,应提前告知对方并支付违约金,该条款是否视为赋予合同一方任意解除权,应根据履约本意、违约责任的具体约定等客观情况予以具体分析。若是长期占有且使用目的明确,应认定该条款约定系合同履行中违约责任的约定,并非赋予双方任意解除合同的权利。

当事人在买卖合同约定便利终止权类似于任意解除权,一般认为可以成立。

【案例 6-43】 K 公司诉环保公司买卖合同纠纷案

二审法院认为,环保公司与 K 公司之间签订的《买卖合同》系双方当事人真实意思表示,内容未违反国家法律、行政法规的强制性规定,应属合法有效。依据《买卖合同》的约定,其内容符合合同法关于买卖合同的构成要件,系买卖合同法律关系,一审法院对此认定正确,本院对此不持异议。依据《买卖合同》的约定,环保公司可在任何时候出于自身便利向 K 公司发出书面通知全部或部分终止合同。该案中,环保公司基于自身的便利于诉讼中向 K 公司发出《终止合同书》,终止涉案《买卖合同》的履行,在此情况下,K 公司要求环保公司支付合同款并赔偿逾期付款利息缺乏依据,该院不予支持。K 公司虽称经其催告,环保公司未在合理期限内行使解除权,环保公司所有的解除权消灭,但 K 公司未就此主张向本院提交充足证据予以证明,故 K 公司

---

〔1〕 参见最高人民法院中国应用法学研究所编:《人民法院案例选》2017 年第 9 辑(总第 115 辑),人民法院出版社 2017 年版,第 92 页。

该主张缺乏依据，本院不予采信。因环保公司便利终止合同所产生的法律后果，双方当事人可另诉解决。因环保公司于诉讼中终止合同，本院决定由环保公司承担一、二审案件受理费。判决：撤销原判，驳回 K 公司的全部诉讼请求。[1]

（八）买卖合同解除权行使期限的消灭

解除权的行使，是法律赋予当事人保护自己合法权益的手段，但该权利的行使不能毫无限制和制约。行使解除权会引起合同关系的重大变化，如果享有解除权的当事人长期不行使解除的权利，就会使合同关系处于不确定状态，影响当事人权利的享有和义务的履行。因此，解除权应当在一定期间行使。有法官认为，《合同法》在关于解除权消灭制定的规定中存在一个明显的漏洞，即没有规定在解除权行使期限不明确的合同中，在没有对方当事人催告的情形下，解除权人行使解除权的最长期间，即解除权消灭的除斥期间。应当说，不行使催告的情形在实践生活中是很常见的。[2] 催告后的合理期限，根据个案的不同情况确定，享有解除权人应本着诚实信用原则，在收到催告后尽早通知对方是否解除合同。由此看来解除权的合理行使期间依据只能是诚实信用原则和法官的自由裁量。法官在针对具体案件进行分析和自由裁量时，可以参照同样为形成权的合同撤销权的行使期间，即具有撤销权的当事人自知道或者应当知道撤销事由之日起一年内没有行使撤销权，撤销权消灭，也就是一年的除斥期间。《民法典》第五百六十四条规定："法律规定或者当事人约定解除权行使期限，期限届满当事人不行使的，该权利消灭。法律没有规定或者当事人没有约定解除权行使期限，自解除权人知道或者应当知道解除事由之日起一年内不行使，或者经对方催告后在合理期限内不行使的，该权利消灭。"该条是解除权消灭的法律依据。该条规定了行使解除权消灭的三种期限：一是有规定或者有约定的，期限届满当事人不行使的；二是没有规定或没有约定的，自解除权人知道或者应当知道解除事由之日起一年内不行使的；三是没有规定或者没有约定的，在对方催告后的合理期限内不行使的。

合同解除权行使的期限与解除权的消灭有内在联系，期限届满则解除权消灭。对合同解除权消灭应当考虑以下因素：一是适用合同解除权消灭的前提是合

---

〔1〕 参见国家法官学院、最高人民法院司法案例研究院编：《中国法院 2023 年度案例》（买卖合同纠纷），中国法制出版社 2023 年版，第 147～148 页。北京市第一中级人民法院（2021）京 01 民终 3488 号民事判决书。

〔2〕 参见最高人民法院民事审判第一庭编：《中国民事审判前沿》2005 年第 2 集（总第 2 集），法律出版社 2005 年版，第 180 页。

同仍有继续履行的基础。二是确定解除权人接受对方继续履行,推定其默示放弃解除权的裁判规则。解除权人选择解除合同还是继续履行合同,往往是对自身利益权衡的结果。如果解除合同有利于解除权人重新选择合同相对方,那么解除权人选择解除合同的可能性会大一些;反之,如果解除合同不利于解除权人,则解除权人倾向于选择继续履行合同。但无论最终作何选择,解除权人都只能择其一行使。解除权人选择了继续履行合同,就意味着其放弃了解除合同。三是之前的合同解除权消灭并不能排除之后的合同解除权行使。如果基于某一特定事由产生了解除权,这一解除权是由于解除权人接受相对方履行而导致消灭的,在此后另一时间因同一事由或不同事由产生了新的解除权,解除权人仍然可以提出解除合同以救济自己的合法权益。裁判者需要审查新的解除事由是否成立,而不能因此前曾出现合同解除权消灭的事由而简单否定解除权人行使新的合同解除权。[1]亦有法官认为,需注意,当事人解除权的消灭,并不意味着该当事人以后不能再享有解除权。若当事人此后又约定了解除权或发生了新的法定情形而使该当事人享有了解除权,其依然可依法行使解除权。[2]

【案例 6-44】 常州市鸿协安全玻璃有限公司与赛维 LDK 太阳能高科技南昌有限公司买卖合同纠纷案

二审法院认为,关于赛维公司提出的诉请是否应予支持的问题。法院认为,鸿协公司在 2016 年 5 月 20 日收到赛维公司订单的预付款 858770.64 元后一直未交货,根据《合同法》第九十三条第二款的规定,赛维公司行使合同解除权的条件已经成就,赛维公司依法享有合同解除权。根据《合同法》第九十五条的规定,本案中,双方对解除权的行使期限并无约定,上诉人鸿协公司也未催告赛维公司行使解除权,因此,仅从《合同法》明确的规定来看,鸿协公司关于解除权消灭的抗辩理由缺乏法律依据,赛维公司的解除权并未消灭,赛维公司可以诉请解除合同。从本案实际的情况来看,双方也无继续履行合同之意愿,一审判决解除合同并无不当。上诉人该项上诉主张没有法律依据,依法不能成立。[3]

---

〔1〕 参见贾宏斌、刘宏立:《迟延办证情形下合同解除权的行使边界》,载《人民司法·案例》2018 年第 14 期。

〔2〕 参见杜月秋、孙政编:《民法典条文对照与重点解读》(第 2 版),法律出版社 2021 年版,第 252 页。

〔3〕 参见最高人民法院民法典贯彻实施工作领导小组编著:《中国民法典适用大全》(合同卷二),人民法院出版社 2022 年版,第 903 页。江西省高级人民法院(2017)赣民终 254 号民事判决书。

(九)合同解除权放弃与合同变更

合同解除权从性质上讲是一种形成权,是合同当事人的一种重要实体性权利。一方当事人有意放弃一个本该享有的合同利益,这种放弃是自愿的,并且没有再主张解除合同权利的意思,法律不应否定其放弃权利行为。实践中,解除权人主动配合、协助相对方履行合同如支付货款、接受货款等行为,可视为其放弃合同解除权的行为,是解除权人主张并在继续履行合同,表明双方对原合同约定又重新进行了协商和变更。

【案例6-45】　上海东方磁卡工程有限公司诉博可机械(上海)有限公司买卖合同纠纷案

判决观点,原、被告双方签订的《设备销售合同》及附件,合法有效。原告主张确认合同解除,必须满足双方约定解除条件或符合法律规定解除合同的要件。关于约定解除。法院经审理认为,双方在合同中并未约定合同解除条件,而是在索赔条款中约定货物质量、规格和数量等不符合合同约定的,原告有权拒收货物或索赔。然而原告收货后未提出质量异议,也无证据表明被告的产品质量、规格和数量等不符合约定。原告诉请确认2012年12月17日发函的解除合同效力,但之后,双方就合同履行问题达成合意,原告完成设备安装工作,视为原告撤回该解除通知。原告主张约定解除条件解除合同难以成立。关于法定解除。法院审理后认为,虽被告有延迟供货和附随义务的违约行为,但不足以行使法定合同解除权,原告应继续支付货款。根据测试结论设备整体经调试能够正常运行生产,并结合合同的履行事实,即原告在明知合同条款推荐的管道长充为10米时,仍自行决定安装了35米的管道,原告也负有不可推卸的责任,法院向原告释明,原告提出了备用诉请:如法院不确认双方之间的合同解除,则判令被告承担违约责任,赔偿原告各项损失2981734元(包括管道制造费损失87628元、加热器差价损失125500元、预期残次品增加损失988416元,增加司炉工等额外成本支出损失1621440元及以200万元为基数,按中国人民银行同期贷款利率的预付款利息损失158750元)。判决:(1)被告(反诉原告)赔偿原告(反诉被告)损失30万元;(2)反诉被告(原告)支付反诉原告(被告)货款人民币50万元;(3)驳回原告(反诉被告)的其他诉讼请求;(4)驳回被告(反诉原告)的其他诉讼请求。[1]

---

[1] 参见中华全国律师协会民事专业委员会编:《中国民商事案例精选》(2012~2014),法律出版社2014年版,第84~85页。上海市松江区人民法院(2013)松民二(商)初字第2428号民事判决书。

三、买卖合同解除纠纷的处理

《民法典》第五百六十六条第一款规定："合同解除后，尚未履行的，终止履行；已经履行的，根据履行情况和合同性质，当事人可以要求恢复原状、采取其他补救措施，并有权要求赔偿。"这是合同解除后如何处理的规定。司法实践中，涉及合同解除后的处理是一个多发争议问题。

（一）买卖合同解除的处理原则

1. 约定优先

合同后处理的原则是有约定遵从约定，即对合同约定的违约责任、赔偿损失及返还原告财产等一并处理。对违约责任与赔偿损失部分，可见违约和损害赔偿纠纷专题阐述。

2. 返还和补偿

根据《民法典》的有关规定，合同解除后，尚未履行的，终止履行；已经履行的，根据履行情况和合同性质，当事人可以要求恢复原状、采取其他补救措施，并有权要求赔偿损失。

实践中，解除合同是由于不可归责于双方当事人的原因时，可能会给出卖人造成损失，根据公平原则，购买人在解除合同时应该补偿出卖人必要的损失。审判实践中，补偿数额一般由法官综合考虑出卖人的实际损失、双方在合同中的约定、买受人的过错等因素酌情确定。

（二）合同解除相互返还的处理

《民法典》第五百六十六条的规定涉及溯及力问题。并非所有的合同解除都有溯及力,但买卖合同的解除一般应具有溯及力。其溯及力表现在买卖合同解除后,对于买受人而言,出卖人已经交付货物的,买受人应将货物返还给出卖人,出卖人未交付货物的,买受人丧失要求出卖人交付货物的权利。

合同解除后返还的范围,应放在个案中确认,而不能"一刀切"。

【案例6-46】 青岛市光明总公司与青岛啤酒股份有限公司啤酒买卖合同纠纷案

最高人民法院认为,关于光明公司的车辆、啤酒设备的返还以及酒桶押金返还问题。根据本案查明的事实,在合同履行过程中,青啤公司先后向光明公司提供厢货保温车17辆、鲜啤酒桶4000只、进气阀和出酒阀各2000个。青啤公司的销售分公司于1999年12月24日向光明公司提供啤酒机243台。青啤公司销售分公司亦于1999年4月21日为光明公司生酒经销公司开具包装物提单和两张各载金额为70万元和42.5万元的包装物押金收款单以及回空退款凭单联。依据双方的合同约定,双方终止合同后,光明公司应将设备退还给青啤公司。据此,法院认为,合同解除后,光明公司应将上述厢货保温车、酒桶、进气阀和出酒阀、啤酒设备(啤酒机)退还给青啤公司。尽管二审期间青啤公司声称并未收取酒桶押金,但其提供的青啤公司财务章使用说明并不足以否定光明公司提交的上述证据,因而青啤公司应按押金收款单记载数额退还光明公司交付的酒桶押金1125000元。故原审法院关于本案所涉车辆、啤酒设备的返还以及酒桶押金返还一节的判决正确,二审法院予以维持。[1]

个案中对合同解除的返还范围,由法官根据具体案情裁量。

【案例6-47】 宁波朗生医药有限公司诉上海爱的发制药有限公司等买卖合同纠纷案

判决观点,原告与两被告之间签订的《许可、经销及供货协议》系双方当事人的真实意思表示,应确认为合法有效。原告在协议签订后按约支付被告上海爱的发公司100万元款项,后因两被告向主管部门撤回注册申请,双方合作目的无法实现并通过邮件合意解除合同,故原告要求解除协议的诉请,法院予以支持。合同解除后,尚未履行的,终止履行;已经履行的,根据履行情况和合同性质,当事人可以要求恢复原状、采取其他补救措施,并有权要求赔偿损失。法院依据双方的过错程度、涉案合同的实际履行情况,酌情认定上海爱的发公司应退还原告50万元,原告主张的利息损失的诉请,因涉案款

---

[1] 参见最高人民法院民事审判第二庭编:《最高人民法院商事审判指导案例》(合同卷)(下),中国法制出版社2011年版,第655页。

项是否应退还及如何退还,并非双方事先达成一致或法律规定的到期债权债务,而系双方存在重大争议并由法院已生效判决最后作出确认,故原告以起诉日主张上诉款项的利息损失无事实和法律依据,法院不予支持。判决:(1)解除原告宁波朗生医药有限公司与被告上海爱的发公司、ETHYPHARM之间于2011年9月9日签订的《许可、经销及供货协议》;(2)被告上海爱的发公司返还原告宁波朗生医药有限公司款项50万元;(3)驳回原告宁波朗生医药有限公司的其他诉讼请求。[1]

【案例6-48】 卓某辉与钟某强买卖合同纠纷再审案

再审法院认为,涉案车辆是由登记车主陈某清质押给徐某康,卓某辉又以转质押的形式从徐某康处取得该车辆,并非基于原车主直接转让取得,其所获得的权利不得高于前手的权利。由于徐某康对涉案车辆仅享有质权,而非所有权,对涉案车辆无处分权,故作为徐某康后手的卓某辉,其对涉案车辆亦无处分权。结合卓某辉在接受公安机关询问时明确表示其卖车时明示钟某强该车是抵押车辆,无法过户的事实可知,卓某辉不符合善意取得的要件,不能取得该车的所有权。钟某强支付了购车款78000元却无法取得车辆所有权,其有权请求解除双方的买卖合同,并要求赔偿损失。买卖合同解除后,有关合同解除的后果和责任,损失的承担应由双方当事人依过错程度分担。本案涉案车辆已被办理抵押登记的权利人开走,但抵押权人无权占有车辆,仅能在债权人不清偿债务时,对车辆进行处分并就处分价值优先受偿。涉案车辆是由卓某辉通过转质取得,卓某辉对车辆是否有权占有,在卓某辉将车辆交付给钟某强后,对车辆的合法占有亦转移给钟某强,因此,在本案合同解除的情况下,钟某强应将车辆返还给卓某辉。对于钟某强未能将车辆返还给卓某辉造成的损失,卓某辉可通过另诉解决。[2]

购买的宠物携带传染疾病,买家可以要求退货退款,卖家不得以疾病可治疗为由拒绝解除合同。

【案例6-49】 王某韩诉陈某买卖合同纠纷案

判决观点,公民合法的民事权利受法律保护。原告在被告处购买幼猫,双方之间买卖合同关系成立。双方虽未明确约定标的物质量,但按照交易习惯被告应提供符合健康标准的猫。现原告主张被告交付的猫患有传染病不符合质量标准并提交微信聊天记录、打车记录、电子病历等证据,被告否认其

---

[1] 参见茆荣华主编:《2018年上海法院案例精选》,上海人民出版社2020年版,第220页。

[2] 参见最高人民法院民法典贯彻实施工作领导小组编著:《中国民法典适用大全》(物权卷三),人民法院出版社2022年版,第1741~1742页。广东省高级人民法院(2018)粤民申6924号民事裁定书。

交付的猫患有疾病且认为原告送检的猫并非其交付的猫但未能提供证据证明，故法院采信原告的主张，被告提出电子病历显示猫年龄为1岁，故原告送检的猫并非被告出售的猫，在法院询问被告对涉案猫是否患有毛衣原体病进行检查时其表示不申请，故对于被告的上述抗辩，法院不予采信。因被告交付的猫患有传染病，原告据此要求解除与被告之间的买卖合同有据，法院予以支持。合同解除后，被告应承担退还货款并赔偿原告损失的相应民事责任，故对于原告在被告处购买猫产生的费用以及为猫看病的费用，被告应一并予以返还。原告要求解除合同后被告接走猫，被告表示同意，法院对此不持异议。原告主张被告支付使用的宠物用品（猫砂盆）等消耗费500元，但其未提交证据，故法院对此不予支持。原告要求被告参照宠物医院宠物住院护理标准对其进行赔偿，于法无据，法院不予支持。判决：(1)解除王某韩与陈某之间的宠物买卖合同；(2)陈某退还王某韩购猫款5500元；(3)陈某将出售给王某韩的一只英国短毛猫接走；(4)陈某赔偿王某韩为猫看病费用1875.47元；(5)驳回王某韩的其他诉讼请求。[1]

（三）买卖合同解除违约的处理

《民法典》第五百六十六条第二款规定："合同因违约解除的，解除权人可以请求违约方承担违约责任，但是当事人另有约定的除外。"该条规定了合同解除违约责任，同时规定可以约定排除违约责任。依据该条款的规定，守约方主张违约责任受法律保护。

《买卖合同解释》第二十条规定："买卖合同因违约而解除后，守约方主张继续适用违约金条款的，人民法院应予支持；但约定的违约金过分高于造成的损失的，人民法院可以参照民法典第五百八十二条第二款的规定处理。"

合同解除大多与一方或双方当事人的违约行为有关，对当事人违约责任的界定，有利于分清在合同解除后产生的责任，确定对合同不能履行所造成损失的承担。

合意解除中，区分违约责任问题。合同一方设置障碍阻挠相对方依约履行，其在主观和客观上的过错是明显的。在双方当事人互负债权债务的关系中，合同一方将首付款提存，即可获得继续履行双方之间合同之权利。但在双方事实上合

---

〔1〕参见国家法官学院、最高人民法院司法案例研究院编：《中国法院2023年度案例》（买卖合同纠纷），中国法制出版社2023年版，第151～152页。北京市平谷区人民法院(2021)京0117民初3082号民事判决书。

意解除合同的前提下,合同一方未将首付款提存并不存在过错,仅是丧失了主张继续履行合同的权利。提存制度系为救济债务人而设立的,并进而保障合同履行,绝非再次附加债务人的义务,将其视为债务义务之强制的观点明显不符合立法之本意。

1. 合同解除的过错责任

合同解除后的责任,应当根据诚信原则,综合当事人的过错程度、实际损失等因素,认定当事人各自应当承担的责任。实际损失无法认定时,可以根据公平原则考虑总量控制。

合同解除后,在违约方已经支付违约金的情况下,根据公平原则,守约方应当返还违约方支付的价款及其利息,保护违约方的正当合法利益。违约方应当承担因其违约行为所导致的法律后果,但这并不意味着违约发生后,违约方的正当利益也不予保护。

一方当事人提出解除合同,在未与对方协商一致的情况下,拒绝对方提出减少损失的建议,坚持要求对方承担解除合同的全部损失,并拒绝履行合同,致使自身利益受到损害的,应自负全部责任。

2. 合同解除的损害赔偿

《民法典》中的相关赔偿规定,均是认定买卖合同解除赔偿范围的依据。

解除合同不属于违约责任的承担方式,属于合同违约后的一种补救措施;合同解除后的法律后果不表现为违约责任,而是主要表现为包括不当得利返还和损害赔偿在内的民事责任。合同解除后的损害赔偿首先应包括因恢复原状而发生的损害。合同解除的法律效果就是要将当事人之间的权利义务关系恢复到合同订立前的状态,恢复原状作为合同解除的首要责任,其目的就在于通过当事人之间相互返还已履行的财产,恢复到当事人财产的原始状况。如果通过返还财产的办法仍不足以使当事人的财产关系恢复到原来的状态,加之还存在因订立、履行合同或返还财产等实际支出的费用,就需借助损害赔偿予以补救。合同解除后,损害赔偿是一项主要权利,也是实践中极易引起争议的问题。

我国法律承认合同解除与损害赔偿并存。[1] 在合同解除作为违约救济方式不足以弥补非违约方损失时,守约方可以主张损害赔偿请求权。

关于损害赔偿的范围。损害赔偿的范围包括两部分,一是债务不履行所致的损害,属于违约损害赔偿的部分内容。该赔偿义务是在合同解除前因违约行为发生的,无论合同是否解除都会存在,不因合同解除而消灭。二是因合同解除而导

---

〔1〕 参见黄薇主编:《中华人民共和国民法典合同编释义》,法律出版社2020年版,第241页。

致的损害,即信赖利益的损害。信赖利益的损害是指当事人相信合同有效并可得到履行但实际并未得到履行所发生的损害。信赖利益赔偿请求权系依据诚实信用原则,直接依据法律规定产生,不以合同的有效成立为前提。[1] 实务界认为,所谓信赖利益,是指非违约一方基于对对方承诺的信赖,改变了自己的处境,如为准备履行合同支付了某些费用,或者丧失了订立其他合同的机会,非违约一方要求违约方赔偿以消除他因信赖对方承诺而遭受的损害。[2]《民法典》第五百六十六条规定的赔偿损失应理解为赔偿信赖利益的损失。

合同解除权、损害赔偿权利行使与当事人权利平衡问题,即对损害赔偿的确定应当进行具体分析,并在个案中选择确定。如果选择损害赔偿或合同解除都足以使合同当事人的权利得到充分保护,就没有必要同时采取两种方式。若合同解除后,确因一方过错造成另一方的损害,则有过错方应当向相对方赔偿所造成的损害,不能因合同解除而免除其应负的赔偿责任。此赔偿责任除应包括不履行合同义务所致的损害,还应包括合同解除以后,因恢复原状而发生的损害赔偿。[3] 合同解除的目的在于溯及地消灭合同的存在,在当事人因合同解除遭受损失时,通过赋予损害赔偿请求权,使其损失得到弥补。但需注意这种损害赔偿请求权不同于合同未解除时因违约导致的情形。根据《民法典》第五百五十条的规定,有违约行为的一方当事人请求解除合同,没有违约行为的另一方当事人要求继续履行合同,在违约方继续履约所需的财力、物力超过合同双方基于合同履行所能获得的利益,合同已不具备继续履行的条件时,为平衡双方当事人的利益,可以允许违约方解除合同,但必须由违约方承担赔偿责任,以保证对方当事人的现实既得利益不因合同解除而减少。

【案例 6－50】　化纤公司诉实业公司买卖合同纠纷案

一审法院认为,本案争议焦点在于涉案《设备买卖合同》应否解除。法院认为,本案被告未能按照合同约定如期交付货物,存在严重违约情形,导致合同目的无法实现,原告依法享有并行使解除权,涉案合同应当解除。综上,法院认定双方于 2020 年 4 月 2 日签订的《设备买卖合同》于 5 月 13 日解除,鉴于涉案合同已经解除,尚未履行的 28 台设备终止履行,对于已经交付的两台设备,双方对于设备交付、货款支付并无异议,对此对应的货款 176 万元应予扣除,其余货款应由被告返还原告。被告占用资金期间,原告确实存在利息损失,原告主张利息应属合理。对利息计算标准,法院将其调整为按照同期全国银行间同业拆借中心公布的贷款报价利率计算。对于计息起诉时间,

[1] 参见蔡立东:《论合同解除制度的重构》,载《法制与社会发展》2001 年第 5 期。
[2] 参见吕伯涛主编:《适用合同法重大疑难问题研究》,人民法院出版社 2001 年版,第 174 页。
[3] 参见王利明:《违约责任论》(修订版),中国政法大学出版社 2003 年版,第 725～727 页。

法院认为双方合同于5月13日解除,利息损失从5月13日起算更为合理。对于原告主张被告双方双倍返还定金9856000元的诉讼请求,于法不悖,法院对其诉求予以支持。对于反诉原告的诉讼请求,法院认为依据不足,无法支持。判决:(1)确认原告化纤公司与被告实业公司于2020年4月2日签订的《设备买卖合同》于2020年5月13日解除;(2)被告实业公司返还原告化纤公司货款19712000元并支付利息;(3)被告实业公司向原告化纤公司返还双倍定金9856000元;(4)驳回反诉原告实业公司的其他诉讼请求。二审法院同意一审法院裁判意见,判决:驳回上诉,维持原判。〔1〕

因买方原因导致特定货物买卖合同无法履行的,买方赔偿损失的范围应包含全部合同标的。

【案例6-51】 体育产业公司诉建筑工程公司买卖合同纠纷案

二审法院认为,本案二审中争议的焦点为建筑工程公司应向体育产业公司赔偿损失的金额。……在本案中,《销售铺装合同》约定体育产业公司向建筑工程公司销售专用人工草坪,并免费铺装。因此,涉案价款中并不包括铺装费用,建筑工程公司上诉主张应扣除铺装成本缺乏事实依据。建筑工程公司同时主张应扣除增值税费金额亦缺乏事实与法律依据,对其相应上诉主张不予采纳。综上所述,建筑工程公司的上诉请求,不能成立,应予驳回;一审判决认定事实清楚,适用法律正确,应予维持。判决:驳回上诉,维持原判。〔2〕

非违约方行使合同解除权的视为已经放弃了要求继续履行合同的权利。

【案例6-52】 三峡联合职业大学与重庆市恒洪教学设备有限公司买卖合同纠纷案

二审法院认为,非违约方行使合同解除权,即已经放弃了要求继续履行合同的权利,合同解除后,不能再要求对方当事人实际履行合同。本案中,购销合同解除后,900套公寓床未交付,出卖人不能要求买受人继续支付货款,而只能要求买受人赔偿损失。〔3〕

合同解除后,双方无损失发生的则不予处理,只对交付的货款和定金作出

〔1〕 参见国家法官学院、最高人民法院司法案例研究院编:《中国法院2023年度案例》(买卖合同纠纷),中国法制出版社2023年版,第116~117页。上海市第一中级人民法院(2020)沪01民终141号民事判决书。

〔2〕 参见国家法官学院、最高人民法院司法案例研究院编:《中国法院2023年度案例》(买卖合同纠纷),中国法制出版社2023年版,第188~189页。北京市第二中级人民法院(2021)京02民终8300号民事判决书。

〔3〕 重庆市第五中级人民法院(2020)渝05民终1144号民事判决书。

处理。

《民法典》第五百六十六条对合同解除后，当事人所请求赔偿的损失究竟是信赖利益损失还是履行利益损失并没有予以界定，在理论上和实践上均有争议，且影响到各地法院对此处理的执法尺度统一。有学者认为，合同解除后非违约方所主张的赔偿损失范围，应区分不同情形分别予以认定：(1)在合同可以继续履行的情形下，如果非违约方选择解除合同，此时，其仅应主张信赖利益损失赔偿。因为一方面，在合同可以继续履行的情形下，非违约方可以选择请求违约方继续履行合同或者解除合同，如果其主动消除合同效力，则其不应当再对合同的履行享有期待利益，不应当赔偿履行利益损失；另一方面，从当事人的本意来看，如果非违约方要实现其履行利益，则其完全可以通过请求违约方继续履行的方式实现，而没有必要选择解除合同。此时，如果非违方选择解除合同，则可以认为合同继续履行对其没有必要，或者其认为信赖利益已大于其履行利益，此时应当认定，非违约方仅能主张履行利益损失赔偿。(2)在合同无法继续履行的情形下，应当允许非违约方主张履行利益损失。既然合同本身已经无法履行，那么非违约方将无法通过请求违约方继续履行的方式实现其履行利益，此时，非违约方在主张解除合同后，应当有权主张履行利益损失的赔偿。〔1〕

【案例6－53】　北京昆仑轴承有限公司诉北京天马轴承有限公司买卖合同纠纷案

一审法院判决：(1)解除昆仑公司与天马公司签订的《工业品买卖合同》中第二项10套FCDP180650型轴承的买卖合同关系；(2)天马公司返还昆仑公司货款人民币82万元；(3)昆仑公司返还天马公司10套外圈材质为GC18(高碳铬轴承钢)FCDP180650型轴承的全部残存件。关于昆仑公司损失范围的确定。昆仑公司对其经济损失124434元的组成明确为包括进行材质鉴定发生的鉴定检测费1000元、昆仑公司与第三人正常履行合同可以获得产品差价即利润11万元、往来第三人处发生的交通费13434元。故判决天马公司赔偿昆仑公司经济损失共计14434元(含交通费及检测费)。二审判决仅将一审交通费计算不当之处进行了改判，其他内容均维持了一审判决。〔2〕

【案例6－54】　原某海诉方某鹏买卖合同纠纷案

一审法院认为，买卖合同是出卖人转移标的物的所有权于买受人，买受人支付价款的合同。本案中，原告向被告购买车辆，原告已经向被告支付了相应的价款，被告也已经履行了交付车辆的义务，关于标的物车辆在买卖合

〔1〕　参见王利明：《合同编解除制度的完善》，载《法学杂志》2018年第3期。

〔2〕　参见国家法官学院案例开发研究中心编：《中国法院2012年度案例》(买卖合同纠纷)，中国法制出版社2012年版，第14页。北京市第一中级人民法院(2010)一中民终字第18243号民事判决书。

同成立时的成交价,原告主张7万元,被告予以否认,原告只提供了微信转账的部分交易款项到庭,而原告以原某艺名下的桂R8809号奇瑞小汽车用于抵销部分车款的价值也无法证明,因此原告称其与被告买卖标的物车辆的成交价为7万元的主张,依法不予采纳。关于原、被告于2015年5月30日签订的《车辆转让协议》是否应当解除的问题。根据《合同法》第九十四条第五项的规定,本案中,《车辆转让协议》中的标的物桂R×××××号东风日产牌小汽车已经由于非原告的原因被法院扣押并拍卖,致使原告不能实现合同目的,原告请求解除《车辆转让协议》,符合法律规定,依法予以支持;关于被告是否应该退回车款给原告及退回多少车款的问题。被告将欧阳某名下的桂R×××××号东风日产牌小汽车卖给原告,其有义务将车过户给原告,完成车辆所有权的整体移交,因被告不提供机动车登记证书致使该车辆不能过户到原告名下,最后该车被法院扣押并拍卖,使原告无法继续使用该车,是被告的责任,故被告应赔偿原告的损失。由于原告已经使用上述车辆多年,不能按该车买卖时的成交价赔偿,只能按照现在的价值即拍卖成交价39200元赔偿给原告。关于原告请求被告每天按200元赔偿自2020年7月29日起至退回全部车款之日止的损失给原告的主张,没有法律依据,且原告也并没有提供相关证据证实其主张的合理合法性,依法不予支持。判决:(1)解除原告原某海与被告方某鹏于2015年5月30日签订的《车辆转让协议》;(2)被告方某鹏赔偿39200元给原告原某海;(3)驳回原告原某海的其他诉讼请求。二审法院认为,本案中,上诉人与被上诉人签订的车辆买卖协议生效并履行后,由于上诉人未将涉案车辆办理过户登记给被上诉人,致使车辆被法院查封拍卖,过错在上诉人一方。因此,被上诉人在其不能实现合同目的的情况下,有权要求上诉人赔偿损失。一审法院按照该车的拍卖价格确定损失数额判决上诉人作出赔偿有法律依据,二审法院予以维持。上诉人的上诉主张,理由不能成立,依法应予驳回。判决:驳回上诉,维持原判。[1]

解除合同中对扩大损失的承担问题,依据《民法典》的相关规定处理。

3. 解除合同时未对违约责任的处理

《民法典合同编通则解释》第五十二条规定:"当事人就解除合同协商一致时未对合同解除后的违约责任、结算和清理等问题作出处理,一方主张合同已经解除的,人民法院应予支持。但是,当事人另有约定的除外。有下列情形之一的,除当事人一方另有意思表示外,人民法院可以认定合同解除:(一)当事人一方主张

---

〔1〕 广西壮族自治区贵港市中级人民法院(2021)桂08民终1077号民事判决书。

行使法律规定或者合同约定的解除权,经审理认为不符合解除权行使条件但是对方同意解除;(二)双方当事人均不符合解除权行使的条件但是均主张解除合同。前两款情形下的违约责任、结算和清理等问题,人民法院应当依据民法典第五百六十六条、第五百六十七条和有关违约责任的规定处理。"

(四)无法继续履行解除的处理

其一,法律上不能继续履行。也就是说,继续履行不得违反法律规定。如果强制实际履行,则违反了法律的规定。如在债务人破产时,债务人不得履行与某个普通债权人所订立的合同。

其二,依据合同的性质不能履行或债务的标的不适合继续履行。对一些基于人身依赖关系而产生的合同。

合同签订的基础和前提发生变化后,在双方协商不成,且履行费用过高的情况的处理。

其三,继续履行已根本不可能。继续履行的目的,是促使违约方履行原合同规定的义务,但如果因违约方的违约使合同丧失了履行的可能性,这种情形呈现多样化,如合同标的物是特定物且已毁损灭失,在此种情况下,强制违约方履行义务就是不可能的。个案中,由法官根据案情自由裁量。

合同标的物不存在,是合同不能继续履行的主要原因。

【案例6-55】　杭州富瑞司纺织有限公司诉绍兴东方能源工程技术有限公司买卖合同纠纷案

二审法院认为,关于涉案合同能否解除的问题。根据庭审查明的事实,涉案设备已于2015年9月24日实际拆除,被上诉人已安装完毕从他人处购买的设备,并验收合格,符合环保部门的要求,应当认为上诉人要求被上诉人继续履行涉案合同已无必要。且被上诉人早于2015年1月5日就书面函告上诉人设备存在问题,要求上诉人尽快修复,但上诉人直至被上诉人拆除设备之日仍没有修复,且未能提供充分证据证明涉案设备不存在问题,故其主张根据合同约定,即使涉案设备存在问题,且尚有10天的整改期,在整改未果后被上诉人才有权解除合同的理由缺乏事实依据,法院不予采信。至于合同的具体解除日期,虽然被上诉人于2015年2月6日发送律师函给上诉人时解除合同的依据不充分,但之后进行的各项鉴定以及环保部门出具的《环境监察整改通知书》显示,涉案设备确实存在问题,且已达到被上诉人合同目的不能实现之情形,而2015年2月6日距2015年1月5日被上诉人向上述人提出设备问题时已超过了合同约定的10天整改期,故原审法院将上诉人收到被上诉人发送的律师函,即2015年2月7日作为合同解除日并无不当。判决:驳回上诉,维持原判。[1]

个案中,是否继续履行由法官根据具体案情处理。

【案例6-56】 包钢集团机械设备制造有限公司与内蒙古久和能源装备有限公司买卖合同纠纷案

二审法院认为,继续履行是法律规定对违约责任的一种强制形式。但是否适用于具体个人,需要根据案件事实情况、实际需要及当事人的意思表示综合考虑。本案债务人经营不善,陷入债务危机,涉诉案件数十起,用于采购债权人合同部件的经营项目已终止运行,其在诉讼中亦明确表示已无履行合同的能力,依据法律的相关规定,在合同无法继续履行或者强制履行成本过高的情况下,应当允许违约方以承担违约责任的方式作为代价换取对合同履行义务的免除,这样不仅能使守约方的利益得到有效保护,也有利于最大限度地实现合同双方的利益平衡和经济利益的最大化,避免资源浪费,履行成本过高,以致扩大违约方的损失。[2]

买卖标的物未特定化时,可以适用法定解除的规定解除合同。

【案例6-57】 欧阳某某诉温某买卖合同纠纷案

一审法院认为,第一,法院生效判决已经判决解除2018年5月23日订立的买卖两只"种猫"合同中的一只"种猫"合同,因原、被告均同意解除部分标的物合同,被告也愿意继续履行合同,故法院认定双方继续履行一只"种猫"合同。本案系被告在继续履行买卖"种猫"合同中产生新的纠纷,故原告的起诉不属于重复诉讼。第二,原、被告之间解除的一只"种猫"合同中的"种猫"系原告通过视频选定且已支付部分价款,后双方因买卖合同履行方式发生争议,原告诉至法院后解除,而本案继续履行的"种猫"原告尚未选定,原告仅支付定金尚未支付合同价款,买卖标的物尚未特定化,原、被告对于后续履行方式与未达成一致意见,履行方式的争议仍然存在,原、被告对于前次诉讼中已经存在且在后续履行过程中面临的问题应当充分了解,且应当清楚若继续履行合同双方需就"种猫"的选定、价格支付、"种猫"的交付时间、标准、违约责任等问题秉承诚实信用原则进行协商,否则此合同较此前红山区人民法院已经解除的"种猫"合同更缺乏履行的基础。因在武汉市中级人民法院作出终审判决后,原、被告双方均未主动联系对方以积极协商合同

---

〔1〕 参见国家法官学院案例开发研究中心编:《中国法院2018年度案例》(买卖合同纠纷),中国法制出版社2018年版,第240页。浙江省绍兴市中级人民法院(2016)浙06民终1906号民事判决书。

〔2〕 浙江省高级人民法院(2020)浙民终279号民事判决书。

履行事宜直至本案诉讼。又因在一审判决作出后，原、被告对继续履行合同一事无异议的情况下，被告存在随意涨价的行为致使继续履行合同出现障碍，且在本案诉讼过程中即使被告愿意按原告此前想法(按照8万元的价格出售"种猫"并调整部分交易流程)协商解决的情况下，原告仍以缺乏信任基础为由拒绝继续履行，故各方对于推进合同继续履行均有过错。第三，现原、被告仅在"种猫"选定的价格上能够达成一致意见，对于如何进行"种猫"的选定、价格支付、"种猫"的交付时间、标准等一系列具体履行方式均无法达成一致意见，合同缺乏继续履行的条件，强行要求继续履行合同，涉及上述一系列问题需要原、被告沟通协商解决，而原、被告因"种猫"买卖合同纠纷自2019年诉讼至今，已经难以通过自行沟通协商解决继续履行合同面临的一系列问题，反而容易产生新的纠纷导致合同履行陷入僵局，致使合同目的难以实现。综上，对于原告要求解除原、被告之间的买卖合同的诉讼请求，法院予以支持。对于合同不能继续履行原、被告均有过错，故对于原告提出要求被告双倍返还定金的诉讼请求法院不予支持，结合各方的过错、实际损失并基于公平原则的考量，法院酌定被告返还原告10000元。判决：(1)解除原告欧阳某某与被告温某之间于2018年5月23日订立的买卖两只"种猫"合同中的另一只"种猫"合同；(2)被告温某返还原告欧阳某某10000元；(3)驳回原告欧阳某某的其他诉讼请求。二审法院认为，一审法院结合双方在合同履行过程中均存在过错，双方已丧失信任基础等情形，判决解除涉案买卖合同，并酌定温某向欧阳某某返还10000元，并无不当，应予维持。综上，温某的上诉请求及理由不能成立，应予驳回。判决：驳回上诉，维持原判。[1]

其四，买卖合同解除与继续履行的关系。实务中，一方请求解除合同，另一方请求继续履行的，要视具体案情而定。如果守约方申请继续履行合同在法律上或者事实上不能的，则法院不应支持。

(五)买卖合同限制解除的处理

1. 对商事合同解除的限制

所谓商事合同，是指以取得一定经济利益为目的的合同，是有偿合同、要式合

〔1〕 参见国家法官学院、最高人民法院司法案例研究院编：《中国法院2023年度案例》(买卖合同纠纷)，中国法制出版社2023年版，第137～139页。湖北省武汉市中级人民法院(2021)鄂01民终14006号民事判决书。

同，这种解除合同的行使要受到一定的限制。

【案例6-58】 江阴市西城钢铁有限公司诉上海国利汽车真皮饰件有限公司买卖合同纠纷案

最高人民法院认为，因为市场行情的变化属于非即时清结合同所面临的正常市场交易风险，且西城公司对于国利公司关于支付70%的预付款系为了锁定钢材原材料价格的陈述没有异议，故西城公司以此主张合同目的无法实现缺乏依据。综上，西城公司主张《工矿产品购销合同》及《补充协议》应当解除，既没有合同依据，也不符合《合同法》第九十四条的规定。[1]

【案例6-59】 食品公司诉包装设备公司买卖合同纠纷案

二审法院认为，第一，食品公司主张该合同系格式合同，包装设备公司在该类设备买卖中并无垄断地位，不属于强势一方，因此，食品公司认为涉案合同及包装设备公司制作的格式条款与事实不符。包装设备公司交付设备后，经过初步安装调试对设备进行调试并非卖方合同主义务，从双方约定的交货时支付90%的货款来看，对设备调试仅属于卖方的附随义务，即使该附随义务履行不能，仅仅构成一般违约，不能证明该设备质量不合格。第二，本案买卖合同卖方的主要义务是交付并安装设备，由于食品公司要求商业利益最大化，对设备提出的要求超出了合同约定，不能说明其买卖合同目的不能实现。综上，食品公司的上诉理由不能成立，应予驳回。一审法院认定事实清楚，适用法律正确，应予维持。判决：驳回上诉，维持原判。[2]

2. 部分解除中的限制

依照合同法的法理，合同部分解除是合同解除的一种特殊形式，发生了部分权利义务终止的后果。但是，如果将要解除的部分条款构成了合同的主要内容，或者对该部分条款的解除将使合同的主要目的不能实现，或者部分解除将使当事人的权利义务严重不对称，进而损害另一方当事人的合法权益时，该部分条款不能被单独解除。当事人提出类似的诉讼请求，不能得到支持。[3]

---

〔1〕 最高人民法院(2018)民终533号民事判决书。

〔2〕 参见国家法官学院、最高人民法院司法案例研究院编：《中国法院2023年度案例》(买卖合同纠纷)，中国法制出版社2023年版，第14～15页。福建省漳州市中级人民法院(2021)闽06民终3695号民事判决书。

〔3〕 参见刘德权主编：《最高人民法院司法观点集成》(民商事卷续)，人民法院出版社2011年版，第124页。

3. 对解除条件较为宽泛的约定限制

法官在认定约定解除条件是否成就时，应从违约方的过错程度、违约行为的形态及违约行为的后果等方面综合考虑，根据诚信原则以及鼓励交易原则，对解除条件较为宽泛的解除权作出限制。

4. 显著轻微违约解除的限制

买受人履约瑕疵成就合同约定解除条件问题。为鼓励交易，改善营商法治环境，法官应审慎适用合同解除制度，从合同性质、内容、履约情形、诚实信用原则等角度对违约行为进行综合考虑，以判定违约行为是否满足行使合同解除权的条件。即使从形式上看合同约定的解除条件已经成就，出卖人以此为由请求解除合同，可参考《九民纪要》第四十七条的规定，依法审查违约方的违约程度是否显著轻微，是否显著影响守约方合同目的的实现，并根据诚实信用原则，确定合同应否解除。在买受人的违约程度显著轻微，不影响守约方合同目的实现的情况下，一般不支持守约方行使合同解除权。也就是说，违约方的违约行为显著轻微时，应依据诚信原则对合同约定解除权予以适当限制。

5. 单方解除权解除的限制

司法实践中，如何认定享有合同解除权的一方在约定解除权条件成就后，又要求相对方继续履行的行为，有不同观点。《民法典》规定，一方当事人享有约定解除权时，可以解除合同。但对享有解除权的一方在解除权成就后又要求对方继续履行合同的，解除权是否消灭未作明确规定，对解除权消灭事由的规定存在漏洞。对此，可类推适用《民法典》关于撤销权消灭事由的规定，并参考民法中的权利失效理论、英美法系中的"禁反言"原则对该漏洞予以补充。在合同约定的解除条件成就后，解除权人应当就解除合同还是继续履行合同择其一行使。若解除权人又要求相对方继续履行合同的，应视为其以自己的行为放弃解除权，该解除权消灭。

【案例6－60】　国泰世华商业银行股份有限公司诉盈达电子商务软件系统（上海）有限公司买卖合同纠纷案

一审法院认为，本案双方的争议焦点在于原告是否有权行使合同约定的解除权。根据原、被告在合同中的约定，如果原告于合同签订一年后仍未能拿到合法执照，则有权终止合同。然而，被告提供的电子邮件证明，原告在上述解除合同的条件成就后，仍然要求被告继续履行合同，被告也按照原告的要求履行了合同义务。原告的行为表明其已放弃了合同约定的解除权。约定解除条件成就后，解除权人应当就解除合同还是继续履行合同择其一行使,解除权人既然选择了继续履行合同,就意味着其放弃解除合同。若解除权人接受了相对方的履行,还允许其享有解除权,无疑将损害相对人的利益,违反《合同法》规定的公平原则。退一步说,即便原告没有放弃解除权,也应当在合理期限内行使。合同解除权作为形成权,必须受到除斥期间的限制,否则,当事人之间的权利义务关系将长期处于不确定状态,不利于对相对人交易安全的保护。本案被告虽然未催告原告行使解除权,但原告在合同约定的一年后仍未拿到合法执照,已经知道解除权已经产生,其应当在合理期限内权衡利弊,决定解除合同与否。原告未能提供有效证据证明其在2008年12月1日或之前已通知被告解除,且即便原告确于2008年12月1日通知被告解除合同,也已明显超过合理期限,其解除权已经消灭。综上,原告已丧失合同约定的解除权,其要求解除合同的理由不成立。原告基于合同解除要求被告返还货款的诉讼请求法院不予支持。二审法院认为,在合同约定的解除条件成就后,有解除权的一方当事人可以向对方发出解除合同的通知,也可以要求对方继续履行合同,但解除权人只能择其一而行之,否则将使双方当事人的合同法律关系处于一种不稳定状态。如果在合同解除权条件成就后,解除权人仍然要求对方继续履行合同,则意味着其以默示的方式放弃了解除权。故本案中国泰银行已经丧失了合同解除权,判决:驳回上诉,维持原判。[1]

(六)合同解除与不安抗辩权的选择处理

社会生活中,一方当事人对合同相对人的行为,既可追究违约责任也可行使不安抗辩权时,此时存在如何行使解除权的问题。

一般认为,《民法典》与原《合同法》规定了诸多救济权利,如合同解除权、撤销权、维修、减少或不支付费用等。《民法典》第五百二十六条规定:"当事人互负债务,有先后履行顺序,应当先履行债务一方未履行的,后履行一方有权拒绝其履行请求。先履行一方履行债务不符合约定的,后履行一方有权拒绝其相应的履行请求。"应当先履行的当事人,有确切证据证明对方有丧失或者可能丧失履行债务能力的情形时,享有不安抗辩权。也就是说,在合同履行中基于同一个行为,适用时往往存在法条竞合的现象,即表明权利人此时享有两种救济权,要求承担违约责任、解除合同,或者行使不安抗辩权。

〔1〕 参见最高人民法院中国应用法学研究所编:《人民法院案例选》2011年第4辑(总第78辑),人民法院出版社2011年版,第154页。

（七）买卖合同继续履行的处理

在买卖合同不存在法律规定不能履行等除外的情况下，因违约方的违约，守约方有权选择继续履行的救济措施，而非解除合同。

【案例6-61】　金珊瑚公司诉矿产无锡分公司等买卖合同纠纷案

一审法院认为，金珊瑚公司要求继续履行买卖合同，更符合契约信守与诚实信用原则。第一，《合同法》第一百零七条规定，当事人一方不履行合同义务或者履行合同义务不符合约定的，应当承担继续履行、采取补救措施或者赔偿损失等违约责任。从法律规定的违约责任救济方式的位序来看，继续履行应当是优先被选择的路径，依照合同应当严守原则，合同的合法拘束力应当被保护，在继续履行合同与解除合同之间，除非符合法律规定的不能履行情形或者法定解除情形，当事人请求继续履行合同的权利应受到优先保护。本案中，金珊瑚公司作为守约方有权根据自身利益选择最佳救济路径，其要求违约方继续履行合同的权利应当予以优先考虑。第二，本案不存在《合同法》第一百一十条第三项规定的不能继续履行情形，当事人双方在2016年6月15日发现货物质量问题后即在积极协商处理，金珊瑚公司并非怠于行使权利，只是双方对解决方案未能达成一致意见，金珊瑚公司也未明确放弃要求继续履行合同的意思表示，矿产无锡分公司以双方之前未致合意的洽谈推定金珊瑚公司已放弃其他救济途径，实为单方臆测，不具有事实基础和法律依据。在双方协商无果后，金珊瑚公司在6个月左右其诉请继续履行合同，非不谓积极主张权利，以通常的交易注意义务和风险救济反应速度来判断，难谓金珊瑚公司在合理期限内未要求履行，当然，本案中亦不存在《合同法》第一百一十条规定的其他不能继续履行的情形。第三，当事人双方均是从事不锈钢交易的商业主体，作为理性经济人，对不锈钢价格在2016年6月后一路上涨的趋势，法院有理由相信，双方均有相当的行业关注和理性认识，矿产无锡分公司作为违约方理应认识到价格上涨可能带来的违约代价上升，理应判断出对方有要求继续履行合同的诉求可能，矿产无锡分公司也有可能在合理期限内积极采取措施解决违约纠纷，降低自身的违约代价，但从本案审查的情况看，不难看出被告采取了自我救济的积极措施，反而以对方未在合理期限内主张履行相苛责。第四，根据《合同法》第六十三条关于逾期交货应自负价格变动不利后果的法律规定，即使304型号不锈钢卷的市场价格大幅上升，造成矿产无锡分公司继续履行合同的成本攀升，这亦是矿产无锡分公司违约后所应承担的不利后果，应为矿产无锡分公司所能预见。况且,矿产无锡分公司也未举证证明其继续履行合同所要交付的304型号不锈钢卷就是价格上涨后购买或生产的,其所谓利益对比显著失当的事实基础并非当然存在。从另一个角度讲,当下继续履行合同,可能会造成金珊瑚公司获利远超当初的后果,但这仅是合同继续履行后的客观结果,不能作为否定金珊瑚公司主张权利的正当事由,法律判断不能不考虑因果关系的正当性。总之,矿产无锡分公司关于继续履行合同显失公平的意见难谓妥当,法院对此不予采信。判决:(1)矿产无锡分公司向金珊瑚公司交付规格3.0×1520×C的304型号不锈钢33.32吨、规格4.0×1520×C的304型号不锈钢26.26吨;(2)矿产无锡分公司赔偿金珊瑚公司经济损失25769.95元及逾期交货的利息;(3)矿产无锡分公司不能清偿部分,由矿产公司承担清偿责任;(4)金珊瑚公司向矿产无锡分公司交付59.58吨410型号的不锈钢卷;(5)驳回金珊瑚公司的其他本诉请求;(6)驳回矿产无锡分公司的其他反诉请求。二审法院认为,合同履行是实现当事人订立合同目的的有效措施,在违约法律关系中,应赋予守约方根据个案的实际及自身的利益状况选择继续履行的权利,使守约方获得原合同规定的利益。本案中,金珊瑚公司选择继续履行是违约后的补救措施,有利于合同目的的实现。判决:驳回上诉,维持原判。[1]

个案中,合同是否可以继续履行,由法官根据具体案情予以裁定。

【案例6-62】 无锡焦化有限公司诉中国再生资源开发有限公司买卖合同纠纷案

最高人民法院认为,关于《处置合同》能否继续履行的问题。再生公司主张,我国《固体废物环境污染环境防治法》第五十七条第一款规定,“从事收集、储存、处置危险废物经营活动的单位,必须向县级以上人民政府环境保护行政主管部门申请领取经营许可证;从事利用危险废物经营活动的单位,必须向国务院环境保护行政主管部门或省、自治区、直辖市人民政府环境保护行政主管部门申请领取经营许可证”,而再生公司无上述资质,故其不能从事危险废物的收集、储存、利用处置的经营活动。但本案中,《处置合同》买方的主要合同义务不是危化物的收集、储存、利用和处置活动,而是给付竞买价款并将旧生产设备、土地上的建筑物进行拆除、清理。相对于该项义务而言,处置危化物的义务是上述合同义务履行中的具体行为,并不构成合同的主要义务。故在竞买文件规定的竞买人资质中,要求竞买人应具有二级及以上建筑物爆破拆除工程专业承包资质和化工生产设备安装资质,并有从事化

〔1〕 参见国家法官学院案例开发研究中心编:《中国法院2019年度案例》(买卖合同纠纷),中国法制出版社2019年版,第255~257页。江苏省无锡市中级人民法院(2017)苏02民终4317号民事判决书。

工生产企业的拆迁经历，而非危化物的处置和经营资质。对处置残留危化物义务，现行法律既未规定必须由生产企业执行，也未限定再生公司不得委托其他具备该项资质的企业处置。我国《固体废物环境污染环境防治法》第五十七条第三款“禁止将危险废物提供或者委托给无经营许可证的单位从事收集、储存、利用、处置的经营活动”的规定亦表明，可以将危险废物委托给有经营许可证的单位进行处置，故再生公司以其不具备危化物的处置资质为由，主张《处置合同》无法继续履行，法院不予支持。[1]

违反合同约定后仍具有继续履行的意愿和条件的，可以继续履行。

【案例6-63】 某工程有限公司诉某贸易有限公司等买卖合同纠纷案

判决观点，1. 合同一方当事人在合同订立后，通过其单方的意思表示希望变更合同，另一方当事人以自己的行为表示接受，由此可以产生合同变更的法律后果，双方应该按照变更后的合同履行各自的权利、义务。2. 合同的实际履行是违约救济的一种重要方式。当双方具备继续履行的主客观条件，原告要求实际履行合同的诉请应予以支持。3. 定金作为一种担保方式，具有实践性的特点，即以实际交付定金作为定金责任约定条款产生法律效力的前提条件，当一方并未实际支付任何定金时，其提出的仅认可在定金法则内承担责任的观点不能成立。[2]

（八）法院依职权解除合同

现行法律、司法解释没有规定法院可以依职权解除合同，但有些地方法院有这方面的规定。北京市高级人民法院《民商事案件解答之五（试行）》第十七条规定：“当事人无法协议解除合同，继续履行又有现实困难的，法院应认定合同一方当事人或双方当事人的合同目的已经不能实现，判令合同解除。对于合同解除的后果，法院应根据《合同法》第九十七条规定的内容，及当事人对合同解除后的处理约定行使释明权，以决定是否一并处理合同解除后当事人之间债权债务的实体问题。”在一方或双方均未提出解除合同诉求的情况下，法院是否可依职权解除合同，有两种对立观点，一种是可以解除，如北京市高级人民法院的观点；另一种持反对观点。有律师认为，当事人是否行使解除权属于当事人对自身权利的处分，应当予以尊重。双方当事人均不主张解除合同，但经审查合同无法继续履行的，

---

〔1〕 最高人民法院（2012）民二终字第116号民事判决书。

〔2〕 人民法院案例库2023-08-2-084-021。上海市闵行区人民法院（2010）闵民二（商）初字第1216号民事判决书。

法院应当向当事人行使释明权，告知当事人可以变更诉讼请求解除合同，双方当事人均不同意变更的，应当驳回当事人的诉讼请求，但法院不得依职权解除合同。〔1〕笔者倾向后一种观点，应对此加强探索取得共识。

与其相关联的，法院依职权确认解除合同的效力问题。一方当事人已经通知相对方解除合同，其后又向法院起诉请求确认解除合同效力的，亦有两种观点，一种观点认为依据原《合同法》第九十六条第一款的规定，仅限于异议人可以提出，解除权人无权提出。另一种观点认为异议人和解除权人都可以提出确认效力。笔者倾向后一种观点，主流观点和绝大多数法院处理都属于后者。现行法律虽未明确但也未禁止解除权人请求法院确认解除合同效力。当然，在合同相对方对其解除合同有异议的，也可以提出请求确认合同效力。

〔1〕 参见朱树英主编：《法院审理房地产案件观点集成》，中国法制出版社2012年版，第401~402页。

专题七　买卖合同质量纠纷

买卖合同纠纷案件中提出质量异议是普遍存在的问题，涉及如何处理质量异议案件、质量检验期间如何鉴定、是否准许启动质量鉴定程序、因质量问题而引起的赔偿范围等。《民法典》共有8个条文（第六百一十五条至第六百二十三条）直接涉及质量检验问题，本专题就买卖合同标的物质量多发争议展开阐述。

一、买卖合同标的物质量的理解

（一）标的物质量的含义

《民法典》第六百一十五条规定："出卖人应当按照约定的质量要求交付标的物，出卖人提供有关标的物质量说明的，交付的标的物应当符合说明的质量要求。"立法者释义为，按照约定的质量要求交付标的物，是出卖人的一项基本义务。需要说明的是，本条规定是一个原则性的规定，究竟何为按照要求履行了义务，还需要看当事人的具体约定。当事人作出具体而又明确的约定，有利于出卖人交付符合要求的标的物，有利于买受人收到符合自己所需要的标的物。为减少纠纷及方便合同的履行，建议双方当事人在缔约过程中就标的物的质量要求作出约定。〔1〕

《民法典》第六百一十六条规定："当事人对标的物的质量要求没有约定或者约定不明确，依据本法第五百一十条的规定仍不能确定的，适用本法第五百一十一条第一项的规定。"本条确立了质量漏洞的补充顺序。立法者释义为，应当说，这是一种比较原则的表述。由于实际生活中买卖合同的情况纷繁复杂，涉及的标的物以及合同标的额千差万别，试图在法律中作出具体明确的规定不仅很难做到而且不利于调整具体的合同关系。对本条的理解，可以参考上述国际公约的有关规定，它在实践中的适用则要结合所遇到的个案进行具体的分析，以确定"通常标准"或者"特定标准"的内容，即在具体问题的处理过程中体现法律规定的原则和精神。〔2〕

标的物的质量瑕疵分为外观瑕疵和隐蔽瑕疵。外观瑕疵，是指用通常的办法，通过感官检验即可发现的瑕疵。隐蔽瑕疵，是指通过感官检验无法发现的瑕疵，需要对标的物进行理化检验、生物检验或进行使用才能发现的瑕疵。

---

〔1〕 参见黄薇主编：《中华人民共和国民法典合同编释义》，法律出版社 2020 年版，第 355 页。

〔2〕 参见黄薇主编：《中华人民共和国民法典合同编释义》，法律出版社 2020 年版，第 358 页。

(二)标的物质量检验

《民法典》第六百二十条规定:“买受人收到标的物时应当在约定的检验期限内检验,没有约定检验期限的应当及时检验。”从该条文可知,买受人对合同标的物的检验和通知义务即为买受人的法定义务,即便当事人未就此进行约定,买受人也负有该义务。所谓检验,是买受人对出卖人所交付的买卖合同标的是否符合约定的数量、质量、包装等内容进行验证的行为。此处的“及时”通常应当理解为:有法定时间的,依据法定时间进行检验;没有法定时间的,应当在收货时或者收货后的合理的时间进行检验。[1]

检验、提出异议和通知在法律上的必要性。德国学者通说认为,“检查和通知并非可以通过诉讼强制执行的债务人义务,仅仅是其不履行会对买受人造成重大不利益的纯粹职责和负担”。[2] 卡尔·拉伦茨教授将其定性为“负担性义务”,即法律并不强制当事人履行,如果当事人没有履行,则一般只是丧失法律上的某种利益或者接受某种不利益。我国台湾学者则将买受人的检查通知义务认定为对己义务,[3]即一方当事人不按照法律要求作为和不作为时,将受到法律上之不利。现行法律也课以买受人及时检验、提出异议和通知的权利和义务,以便出卖人及时采取补救措施,保护善意出卖人的利益,这是诚信原则和公平原则在买卖合同中的具体体现。如果买受人不及时检验、提出异议和通知,则会丧失因货物瑕疵而享有的对出卖人的请求权,除非这种瑕疵是检查不能发现的。

现场质量审计,是质量管理部门对药品供应商人员机构、厂房设施和设备、物料管理、生产工艺流程和生产管理、质量控制实验室的设备、仪器、文件管理等进行检查,以全面评价质量保证系统的活动。

(三)标的物质量检验期

质量检验期限解决的是标的物存在质量瑕疵的问题,就是买受人提出质量异议的期间。主流观点认为,质量检验期间可分为约定期间、合理期间、两年期间和质量保证期间(质保期、保质期)。其间,作为法律上的概念,是指期日与期日之

---

〔1〕 参见黄薇主编:《中华人民共和国民法典合同编释义》,法律出版社 2020 年版,第 365 页。

〔2〕 [德]C. W. 卡纳里斯:《德国商法》,杨继译,法律出版社 2006 年版,第 689 页。

〔3〕 参见黄立主编:《民法债编各论》,中国政法大学出版社 2003 年版,第 78 页。

间的时间跨度,也即时间段。因为其对判断法律行为的合法性具有重要意义,因此几乎在每一部法律中均可觅其身影。检验期间是一个内涵丰富的概念,既可以由当事人约定,也可以由法官酌定,同时法律还规定了两年的最长期间。

关于检验期间的性质,通说认为,检验期间不同于质量保证期和诉讼时效,但关于检验期间是否为除斥期间,学界有不同认识,主张扩展除斥期间对象的新说将检验期间纳入其中。根据法律和法理分析,一般认为检验期间并非除斥期间,二者存在许多区别。其一,检验期间的对象是不真正义务而非权利。其二,检验期间并非固定期间,而由当事人约定或在无约定时,综合合同的交易性质、交易目的、交易方式、交易习惯、标的物的种类、数量、性质、安装和使用情况、瑕疵的性质、买受人应尽的合理注意义务、检验方法和难易程度、买受人或者检验人所处的具体环境、自身技能以及其他合理因素,依据诚信原则和公平原则确定合理期间,并应及时检验,即检验期间不固定。其三,除斥期间届满消灭的仅是形成权,检验期间内买受人没有提出质量异议并在合理期间内通知的,不仅无权提出异议,还会丧失主张违约责任、要求解除合同、抗辩权等其他多种权利。

检验期间与质量保证期间的作用与意义并不相同,二者容易在处理买卖合同纠纷时混淆。质量保证期间是出卖人向买受人承诺标的物符合质量要求或使用期间。通俗地讲,就是指该标的物的正常使用寿命。质量检验期间解决的是标的物在交付时是否存在质量瑕疵的问题。

《民法典》第六百二十一条规定:"当事人约定检验期限的,买受人应当在检验期限内将标的物的数量或者质量不符合约定的情形通知出卖人,买受人怠于通知的,视为标的物的数量或者质量符合约定。当事人没有约定检验期限的,买受人应当在发现或者应当发现标的物的数量或质量不符合约定的合理期限内通知出卖人。买受人在合理期限内未通知或者自收到标的物之日起二年内未通知出卖人的,视为标的物的数量或质量符合约定;但是,对标的物有质量保证期的,适用质量保证期,不使用该二年的规定。出卖人知道或者应当知道提供的标的物不符合约定的,买受人不受前两款规定的通知时间的限制。"本条是关于买受人检验标的物的异议通知的规定。本条主要包括以下几层含义:其一,本条明确了约定、没有约定和最长三种检验期;其二,买受人将质量不符合的问题通知出卖人是法定义务;其三,规定了买受人的异议通知义务豁免。

关于约定的检验期与最长两年期的关系问题。立法者释义为,本条规定买受人在标的物收到之日起 2 年内未通知出卖人的,视为标的物的数量或者质量符合约定。也就是说,在 2 年内,无论买受人是否发现或者应当发现标的物不符合约定,只要未向出卖人提出异议,就视为其认可接受了标的物。2 年的时间基本上是可以适用绝大多数的买卖合同。如果合同对标的物的质量保证期作出了约定,如某啤酒在标识中注明保质期 180 天,就应当认为,这构成了当事人对最长的异议通知时间的约定,这时就不适用本条"两年"法定期限的规定。[1]

现行法律对质量异议规定了不同的期间,同时又规定了约定期间、酌情期间、诉讼时效期间,特殊期间,适用何种期间会导致诉讼结果不同。买受人在收到出卖人交付的标的物后,须承担质量检验义务以及质量瑕疵通知义务。买受人在发现买卖合同中的标的物存在不符合质量要求的情形时,必须在一定期限内向出卖人发出通知,超过约定的质量异议期或者在合理的期限内未发出通知,则视为标的物质量合格。

《民法典》第六百二十二条规定"视为",此处法律规定的"视为"在性质上属于法律拟制,是立法或司法基于某种原因,将两种本不相同的事实等同起来,作相同的法律评价,使不同的事实产生相同的法律效果。法律拟制与法律上的推定不同,法律上的推定是指由某事实的存在或真实推定出另一事实,但推定的事实并不一定就是客观真实的,允许当事人以相反证据予以推翻;而法律拟制不能被证据推翻。上述期间一旦经过买受人即丧失法律救济权和期限利益,买受人丧失救济权和抗辩权。

在实践中,大多数法院将质量异议期间界定为除斥期间,亦即权利人在一定期间内以一定的方式向义务人行使其权利,否则期间经过后该权利即告消灭。与诉讼时效相比,除斥期间是不会发生变化的,不存在特殊情形使其中止、中断、延长。质量异议能否预先放弃,现行法律并没有明确规定。在通常的情形下,放弃质量异议不会与国家和社会公共利益产生冲突,这就决定了国家应当对其少干涉甚至不干涉。

(四)标的物质量检验标准

标的物质量检验标准是认定出卖人交付的标的物是否符合合同约定的基准和依据,也是解决合同质量纠纷的前提条件。

就标的物质量标准来说,涉及国家标准、行业标准、企业标准、通常标准和合同约定标准。

国家标准,就是由国家统一制定的标准。

行业标准,就是由某一个行业制定的适用本行业产品的标准。

企业标准,就是由本企业实施的生产产品的标准。

通常标准,是指社会群体对某类产品认可的标准。

合同约定标准,是指合同双方当事人就合同所涉及的产品自行约定的标准,

---

〔1〕 参见黄薇主编:《中华人民共和国民法典合同编释义》,法律出版社2020年版,第369页。

是双方合意的结果。

判断双方争议标的物质量标准的顺序是，有合同约定标准的从其约定，约定优先。没有约定的，可按国家标准、行业标准、企业标准、通常标准的顺序进行适用。

最高人民法院民事审判第一庭意见，人民法院审理质量纠纷案件，应当根据产品质量标准确定产品是否合格。在有不同产品标准当事人对此没有约定的情况下，应当按照强制性标准优于推荐性标准、国家标准优于行业标准的原则，优先适用强制性标准和国家标准；如果都属于推荐性标准，应当适用较低的标准。[1]

合同中如果缺少关于质量标准的约定，或者引用的标准客观上不存在，又未经合同双方共同确认的技术参数、技术图纸、样品的，应当认定就质量标准问题存在合同漏洞，则需运用合同漏洞填补规则予以填补。在这种情况下，如果一方当事人申请质量鉴定，经过合同漏洞填补仍不能得出一个具体的技术参数标准的，则鉴定没有实质意义，原则上法官不应准许鉴定申请。

按照《民法典》关于合同漏洞的填补规则，在买卖合同法律关系中，当事人就质量没有约定或者约定不明确的，可以协议补充，不能达成补充协议的，按照合同有关条款或者交易习惯确定；仍不能确定的，依照《民法典》或者其他法律关于买卖合同的相关规定处理；没有相关规定的，按照国家标准、行业标准履行；没有国家标准、行业标准的，按照通常标准或者符合合同目的的特定标准履行。

立法者认为，将买卖合同当事人之间关于标的物质量的约定作为质量判断的首要标准，是出于对当事人意思自治的尊重。《民法典》第五百一十条、第五百一十一条、第六百一十五条以及第六百一十六条的具体规定，为当事人确立了六个层次的质量判断标准：一是当事人约定的标的物质量标准；二是样品或者有关质量说明；三是协商一致的标的物质量标准；四是有关条款或交易习惯所确定的标准；五是国家或者行业标准；六是通常标准或符合合同目的的特定质量标准。[2]

【案例 7－1】 拓柏克公司诉凯康源公司、浩诚公司买卖合同纠纷案

二审法院认为，由于案涉合同对设备的质量未作出明确约定，双方当事人也未能协商达成补充约定，无法按照合同有关条款或者交易习惯确定，案涉设备没有国家标准、行业标准、企业标准，凯康源公司、浩诚公司亦未提交证据证明该设备有相应的通常标准。鉴于无论是针对设备本身还是针对设备生产的产品，因本案缺乏鉴定所依据的标准和基准，凯康源公司多次变更申请事项要求进行的鉴定都难以开展，也不能达到凯康源公司的证明目的，

---

〔1〕 参见最高人民法院民事审判第一庭编：《民事审判指导与参考》2010 年第 3 集（总第 43 集），法律出版社 2011 年版，第 133～134 页。

〔2〕 参见黄薇主编：《中华人民共和国民法典合同编释义》，法律出版社 2020 年版，第 375 页。

而凯康源公司最后一次就鉴定问题向一审法院提交的《中华人民共和国机械行业标准 GB/T 7532—94 旋压件工艺编制原则》针对的是工艺编制原则，并非针对设备本身或设备生产的产品的强制性标准，因此，一审法院未予准许凯康源公司的鉴定申请并无不当。凯康源公司购买案涉设备系为了生产草帽灯灯座，应当视为符合合同目的的特定标准，该认定亦无不当，依法予以确认。凯康源公司上诉认为一审法院对其鉴定未予准许属于审判程序违法，缺乏依据，不能成立。虽然拓柏克公司、泰易达公司分别与浩诚公司签订合同，但凯康源公司确认泰易达公司销售给浩诚公司的设备已交付给凯康源公司且其计划向泰易达公司付款，而且，上述三方当事人达成的补充协议中确认的合同总价款为1339000元，该金额系拓柏克公司与浩诚公司、泰易达与浩诚公司签订的两份合同金额之和，在拓柏克公司发给浩诚公司的联系函中，拓柏克公司与浩诚公司对账的设备数量、货款金额亦与两份合同之和相对应，况且泰易达公司也已将其基于与浩诚公司签订的合同享有的剩余货款本金、违约金的债权转让给拓柏克公司。因此，一审法院综合以上事实，认定凯康源公司、浩诚公司、拓柏克公司已经协商一致确认拓柏克公司可通过代位诉讼方式就泰易达公司签订的合同向凯康源公司主张权利，合法有据，应予确认。凯康源公司以其与拓柏克公司不存在任何经济往来、其与泰易达公司也从未发生任何买卖关系为由要求驳回拓柏克公司的全部诉讼请求，依据不足，不能成立。拓柏克公司认可浩诚公司已经向其支付货款924000元，故一审法院判令凯康源公司还需向拓柏克公司支付剩余货款415000元是正确的。判决：驳回上诉，维持原判。[1]

在无法判断产品的合理使用周期时，应根据相关法条确定。

【案例7－2】 青海甲化工有限公司诉江苏乙电缆厂有限公司买卖合同纠纷案

最高人民法院认为，系列合同在约定了一年质量保修期的同时，又约定了设备保证期为“合理使用寿命周期届满为止”，电缆设备属于易腐蚀的消耗产品，会出现电缆老化、电缆盘锈蚀等情况，无法判断产品的合理使用寿命周期，根据《合同法》第一百五十四条“当事人对标的物的质量要求没有约定或约定不明确，依照本法第六十一条的规定仍不能确定的，适用本法第六十二条第一项”的规定，本案中双方当事人在系列合同中均约定了质量保修期，但是对质量保证期约定不明，一审法院按照上述法律规定确定案涉质量保证

〔1〕 参见国家法官学院、最高人民法院司法案例研究院编：《中国法院2020年度案例》（买卖合同纠纷），中国法制出版社2020年版，第22～23页。福建省厦门市中级人民法院（2018）闽02民终4601号民事判决书。

期为两年。[1]

出卖人按照国家新的标准交付的产品，高于买卖合同订立的旧标准。

【案例7-3】　甲机械（余姚）销售有限公司诉宁波乙电器有限公司买卖合同纠纷再审案

二审法院认为，乙公司主张公司甲提供的机器存在质量问题。首先，乙公司在接受甲公司交付04标准的注塑机时并没有提出履行的异议，也没有作出拒绝接受的表示。其次，94标准属于被04标准所替代的标准，国家04标准是为了适应社会和科学技术的不断进步、适应产品进步而颁布的新标准。按照新标准提供的机器设备只会优于老标准制造的机器设备。最后，乙公司至今没有提供证据证明甲公司按04标准提供的注塑机各方面的标准低于94标准而无法使其达到合同目的，因此甲公司提供的04标准的机器不会对乙公司的合同目的造成不利后果。[2]

出卖人和买受人之间约定的检验标准与买受人和第三人约定的检验标准不一致的，应当以出卖人和买受人之间约定的检验标准为标的物检验标准。

【案例7-4】　上海甲图像技术有限公司诉郑州乙科技股份公司买卖合同纠纷案

二审法院认为，双方当事人的争议核心问题是设备检测调试的标准，上海甲图像技术有限公司（买方）与案外人河南丙电气公司之间签订合同的约定不同于本案双方当事人之间的约定。郑州乙科技公司（卖方）曾多次前往案外人处对该设备进行调试，买方虽要求以其与案外人的合同约定为调试标准，但未能与卖方达成一致。卖方已积极履行了对设备进行调试的合同义务。买方以其与案外人之间的合同约定作为调试标准，进而主张卖方未完成调试安装致使该套设备无法完成验收。因该状况系验收标准的分歧造成的，买方也未能提供有力证据证明卖方对该设备的调试未达到其双方之间的合同验收标准，应承担举证不能的责任。[3]

作为买卖的标的物的奶牛在合同中没有约定质量标准，也没有国家、行业标准，发现奶牛无子宫、无生育和泌乳能力，应从签订合同的目的是否符合奶牛的特

---

〔1〕　参见中国审判理论研究会民事专业委员会编著：《民法典合同编条文理解与司法适用》，法律出版社2020年版，第93页。最高人民法院（2019）民终38号民事判决书。

〔2〕　参见中国审判理论研究会民事专业委员会编著：《民法典合同编条文理解与司法适用》，法律出版社2020年版，第272页。浙江省高级人民法院（2008）浙民再抗字第44号民事判决书。

〔3〕　参见中国审判理论研究会民事专业委员会编著：《民法典合同编条文理解与司法适用》，法律出版社2020年版，第276页。河南省郑州市中级人民法院（2015）郑民二终字第2028号民事判决书。

征等方面认定出卖方是否构成违约。

【案例7-5】 王某松诉郭某泉买卖合同纠纷案

二审法院认为，双方之间买卖奶牛的事实存在，原审认定双方之间为买卖合同关系并无不当。双方买卖合同的标的物为奶牛，但郭某泉提供的奶牛无子宫、无生育和泌乳能力，以致不能实现合同目的，并使其价值减少，郭某泉依法应承担违约责任。郭某泉辩称双方在买卖奶牛时并未约定出卖的奶牛必须有子宫，能泌乳，因此，自己出售的奶牛没有子宫，不能生育、泌乳，不算违约行为，不应承担违约责任，该主张不能成立。双方买卖的标的物是奶牛，顾名思义，奶牛就是产奶的牛。郭某泉出售的奶牛不能产奶，不具备奶牛的特征，就是违约行为。所以郭某泉辩称自己没有违约的理由不能成立，法院不予支持。判决：驳回上诉，维持原判。〔1〕

没有对车辆的质量作出明确约定的，应按照相应的国家标准履行。

【案例7-6】 马某刚与蒋某华买卖合同纠纷案

二审法院认为，汽车作为特殊的动产，不同于一般的标的物，需要上路行驶才能实现其功能与价值，故按照一般常理解释，蒋某华签订案涉《汽车转让协议》的合同目的不仅限于取得案涉汽车的所有权，还包括能够正常使用及上路行驶，车辆能够通过年检是上路行驶的必要条件。双方当事人没有就案涉车辆的质量作出明确约定，依据《民法典》第五百一十条、第五百一十一条之规定，应按照相应的国家标准履行，在本案中即按照国家市场监督管理总局、国家标准化管理委员会于2020年5月26日发布的《机动车安全技术检验项目和方法》的规定履行。《机动车安全技术检验项目和方法》第6.8.1.2条规定："在用机动车安全检验时，2015年3月1日起注册登记的货车，重中型挂车的空车质量与机动车注册登记时记载的整备质量技术参数相比，误差应满足：重中型货车、重中型挂车不超过±10%或±500kg，轻微型货车不超过±10%或±200kg，且轻型货车的空车质量小于4500kg。"案涉机动车经四川中典司法鉴定所鉴定，不符合规定，马某刚虽主张鉴定结论缺乏真实性且鉴定机构对"空车质量"理解错误，但考虑到马某刚并非专业鉴定人员，其对"空车质量"的解释仅是其个人理解，且马某刚并未提交充分证据对诸如鉴定机构及鉴定人员的资质、检材真实性与完整性等鉴定程序与鉴定意见的实质内容予以反驳，故对鉴定意见予以采信。案涉车辆的相关参数不符合国家标准，将影响车辆的正常使用，进而影响合同目的的实现。因马某刚交付的车

〔1〕 参见最高人民法院中国应用法学研究所编：《人民法院案例选》2006年第3辑（总第57辑），人民法院出版社2007年版，第211页。河南省焦作市中级人民法院（2006）焦民终字第106号民事判决书。

辆不符合国家相关标准，致使合同目的不能实现，一审法院援引《民法典》第五百六十三条第一款第一项关于“有下列情形之一的，当事人可以解除合同，（一）因不可抗力致使不能实现合同目的”的规定判令解除合同，并无不当。[1]

在质量要求条款约定不明确又无法达成补充协议时，对非标设备可采取要素检验法，通过对设备样品特性、生产效率要求、最长使用年限、调试维修次数等合同要素，确定是否符合合同目的的特定标准。

【案例7－7】　江西纤密研医疗科技有限公司诉东莞市民升智能设备有限公司等买卖合同纠纷案

判决观点，案涉设备存在质量问题，不符合约定的质量标准，对原告要求二被告退货退款的诉讼请求，予以支持，残次品损失及赔偿费综合确定为4万元。理由如下：首先，根据合同约定，东莞民升公司、深圳民升公司设备应当符合厂标和行业标准，而案涉设备没有依法认证的厂标，其提交的《操作手册》上也缺乏生产厂商、产品型号、质量标准、生产效率的关键内容，该手册中载明的机器型号、尺寸与案涉设备不一致。厂商标准就是企业标准，该标准的认定应当向社会公开、公示并在产品说明书中注明，而案涉设备没有产品说明书。其次，根据《合同法》第六十二条第一款的规定，质量要求不明确的，按照国家标准、行业标准履行；但因口罩机属非标准设备，暂未有国家和行业标准，即使没有相应的行业标准，产品也应当符合通常标准或合同目的的特定标准。案涉设备在卖方派遣的工程师指导下生产仍出现大量残次品，耳带口罩机无法正常生产，且经质量监督鉴定部门认定其质量性能不合格。可见，东莞民升公司、深圳民升公司提供的是无法正常使用的自动耳带口罩机。判决：(1)被告东莞民升公司、深圳民升公司退还原告纤密研公司货款918000元，赔偿损失4万元，合计958000元；(2)驳回原告纤密研公司的其他诉讼请求。[2]

【案例7－8】　捷跑电子科技有限公司诉青岛海信进出口有限公司国际货物买卖合同纠纷案

二审法院认为，标的物瑕疵担保责任中的“质量要求”，在国际货物买卖合同中，通常包括产品出口国与进口国规定的技术标准与质量要求。在买卖双方未就质量标准和要求事先作出明确、具体约定的情况下，由于产品交付

---

〔1〕 参见最高人民法院民法典贯彻实施工作领导小组编著：《中国民法典适用大全》（合同卷二），人民法院出版社2022年版，第1293页。贵州省遵义市中级人民法院（2021）黔03民10471号民事判决书。

〔2〕 参见最高人民法院中国应用法学研究所编：《人民法院案例选》2023年第2辑（总第180辑），人民法院出版社2023年版，第103～104页。江西省瑞安县人民法院（2020）赣0925民初647号民事判决书。人民法院案例库2023－07－2－084－062。

前后两次检验在项目、技术规范方面的可比性，使得产品交付前后的检验变化更能有针对性地反映产品的质量状况。

产品召回制度通过召回本身防止损害的发生与扩大，并不以现实损害为前提，且召回措施的内容具有多样性。就产品召回所对应的风险防控而言，在产品已经输出的情况下谁更方便、有效地合理预防、消除风险，谁即应当及时、正确地采取相应措施。[1]

经货物经检验检疫部门检验的货物并不必然推导出符合约定的货物标准。

【案例7－9】 某贸易公司与管件公司买卖合同纠纷案

二审法院认为，货物经检验检疫部门检验并办理报关手续，仅证明出口货物符合我国国家技术规范强制性要求，不必然推导出该货物符合国际货物买卖合同中约定的货物标准。[2]

应当注意的是，向第三人的交付标准与向买受人的交付标准冲突判断问题。《民法典》第六百二十四条规定："出卖人依照买受人的指示向第三人交付标的物，出卖人和买受人约定的检验标准与买受人与第三人约定的检验标准不一致的，以出卖人和买受人约定的检验标准为准。"本条是关于出卖人向第三人履行的情形下检验标准的规定。本条主要包括以下几层含义：其一，本条明确了向第三人履行应当以出卖人和买受人约定的检验标准为准。其二，本条确立了以主观标准为主、客观标准为辅的判断标准。其三，本条明确了判断标准：一是严守合同相对性原则，如果两份合同约定的质量标准不一致，根据主观标准优先的原则，以出卖人和买受人合同约定的质量标准为依据，判断质量标准；二是在合同约定的质量不明确时，应当借助于其他5个层次的判断标准，正确界定标的物是否存在质量问题。在此前提下，可以确保审判尺度的统一，对于当事人权利的保护和司法秩序的维护，都具有重要的意义。[3]

在转手买卖中，后手对标的物经验收质量标准不合格的，应视为出卖人交付的标的物质量不合格。

【案例7－10】 金银公司诉湘泉公司买卖合同纠纷案

二审法院认为，产品质量不合格并因此致买受人人身或者财产损害会发生民事责任的竞合，出卖人应承担违约的民事责任或者侵权的民事责任，买受人依法享有选择请求权；或提起违约之诉要求出卖人承担违约责任，或提起侵权之诉要求出卖人承担侵权责任。故金银公司因废钢铁质量纠纷提起

---

〔1〕 参见《最高人民法院公报》2013年第11期(总第205期)。
〔2〕 天津市高级人民法院(2015)津高民四终字第2号民事判决书。
〔3〕 参见黄薇主编：《中华人民共和国民法典合同编释义》，法律出版社2020年版，第375页。

诉讼享有选择请求权。金银公司起诉时,其诉讼请求笼统主张产品质量责任,未区分合同关系的产品责任和非合同关系(即侵权行为)的产品责任,只是在理由部分提出湘泉公司的行为构成了质量侵权。一审法院依此以侵权行为地裁定其对本案享有管辖权并确定本案的案由为产品责任纠纷,符合《最高人民法院关于适用〈中华人民共和国民事诉讼法〉若干问题的意见》第二十九条的规定,并无不当。在本案进入实体审理阶段后,金银公司陈述的事实和提供的理由主要围绕湘泉公司的违约行为展开。此种情形下,一审法院将本案案由改为行纪合同标的物质量纠纷,并最终确定为买卖合同标的物质量违约纠纷,既不违反法律的禁止性规定,也尊重当事人的选择,保证案件的及时处理。故湘泉公司提出一审法院一再改变案由,充当"第二原告"角色,从而变相剥夺了其诉讼权利的主张,不予支持。

除法律另有禁止性规定外,凡具有利用价值、符合回收目的的废钢铁均可成为买卖合同标的物。因此,能回收利用、成为买卖合同标的物的废钢铁必然有其质量要求。由于废钢铁没有法定的质量标准,其质量要求随利用价值、回收目的的不同而有不同,故判定废钢铁是否符合质量要求,不可能经由产品质量机构检验、鉴定(即便检验也无法得出鉴定结论),只能依当事人的约定予以判断。在当事人没有约定的情况下,则应依照《合同法》第六十二条第(一)项之规定,按照通常标准或者符合合同目的的特定标准予以判定。本案中金银公司与湘泉公司之间订立的废钢铁买卖合同采用的是口头形式,是否约定了质量要求,质量要求的标准如何以及是否就质量约定违约责任无法直接证实,应视为没有约定或者约定不明确而应当以符合该合同目的的特定标准确定。南昌铁路局姚家洲火车站出具的货票记载湘泉公司将该诉争的废钢铁直接发给特钢公司,表明湘泉公司应当知道金银公司收购废钢铁是为特钢公司提供回炉废钢料,也说明本案诉争的废钢铁的质量验收工作,在金银公司未进行的情况下,应由特钢公司进行。故从符合该合同目的的特定标准而言,金银公司与湘泉公司就诉争的4车皮废钢铁约定的质量标准和违约责任公司应不低于金银公司与特钢公司签订的废钢铁购销合同约定的质量标准和违约责任。湘泉公司发送的诉争4车皮废钢铁内含AS有害物公司,经特钢公司验收,确定为质量不合格。综上,湘泉公司发送的诉争4车皮废钢铁存在质量不合格的违约事实,湘泉公司应承担违约责任,该责任不低于金银公司因此而承担的违约责任。[1]

---

〔1〕 参见最高人民法院民事审判第二庭编著:《最高人民法院关于买卖合同司法解释理解与适用》,人民法院出版社2012年版,第310~311页。江西省新余市中级人民法院(2005)余民二终字第04号民事判决书。

二、买卖合同标的物质量的法律适用

(一)质量合格的认定

标的物的质量是否合格,关乎买卖合同的交易目的能否实现,质量问题的严重程度亦影响违约责任、合同解除等的认定。实践中,买卖双方通常会约定设备的验收交付。若买受人未经验收直接使用设备,或者现场验收合格后使用过程中又提出质量异议的,法院应着重审查设备是否存在隐蔽瑕疵,此时买受人往往承担更严苛的举证责任,甚至需要委托专业检验机构进行确认。

对于质量是否合格的判断,一般应遵循以下顺序:首先,出卖人应当按照约定的质量要求交付标的物。出卖人提供有关标的物质量说明的,交付的标的物应当符合该说明的质量要求。其次,如果当事人对标的物的质量要求没有约定或者约定不明确,则可以签订补充协议;不能达成补充协议的,按照合同有关条款或者交易习惯确定。最后,通过以上方式仍不能确定质量标准的,则按照国家标准、行业标准履行;没有国家标准、行业标准的按照通常标准或者符合合同目的的特定标准履行。

货物质量合格与否的认定路径为:首先,检索质量条款;其次,启动司法鉴定;再次,尊重买卖双方合意;最后,参考行业惯例。

出卖人分批交付标的物的,可采取前后对比的方法认定质量合格与否。

【案例7-11】 古猿人公司诉建工公司买卖合同纠纷案

一审法院认为,在《补充合同》项下,双方的争议焦点在于古猿人公司供应的文化砖是否存在质量问题。本案中,双方对《采购合同》项下文化砖的质量并无异议,建工公司也是基于此向古猿人公司订购了第二批文化砖并签订了《补充合同》,因此,古猿人公司应当保证所提供的第二批文化砖与第一批文化砖的质量具有一致性和稳定性。通过对比实验可以看出,在同一时间、地点、由相同的人员使用同种粘结剂,采用同样的铺贴手法和施工工艺进行铺贴,几日后由同一名工人使用相同的方法进行敲打,试验结果出现显著差异,新、旧文化砖在墙砖脱落的难易程度以及墙砖与粘结剂的结合度方面存在较大差异,新砖的质量标准较旧砖已出现显著降低。因此对建工公司存在质量问题的抗辩意见，法院予以采纳。法院判决：(1)扣除不合格的新砖以及配套拐脚的货款，建工公司应向古猿人公司支付货款328075.12元并赔偿逾期付款损失；(2)驳回古猿人公司的其他诉讼请求。二审法院认为，同意一审法院认定新砖平面存在质量问题的裁判意见，但认为建工公司未对新砖拐角的质量提出异议，故该部分货款的价值应计入建工公司应向古猿人公司支付的货款数额中。一审法院认定事实清楚，适用法律正确，处理结果部分有误，二审法院予以纠正。判决：(1)撤销一审判决；(2)建工公司支付古猿人公司货款333874.87元；(3)建工公司赔偿古猿人公司逾期付款利息损失；(4)驳回古猿人公司的其他诉讼请求。[1]

未经许可生产的食品，应认定为不符合食品安全标准。

【案例7－12】　富某诉斛中酒公司买卖合同纠纷案

二审法院认为，本案中，富某主张涉案产品不符合食品安全标准，根据《食品安全法》第三十四条的规定及国家质检总局及卫生部的有关规定，石斛作为原料只能用于保健食品，本案涉案产品未标明保健食品批号，且在涉案产品说明书中亦标明“本公司正申请保健生产许可证和一对一的产品保健号”，综上可以认定涉案产品不属于保健食品。涉案产品将铁皮石斛作为食品原料，违反了食品安全标准。此外，涉案产品未标注生产日期、保质期、生产者信息、生产许可证编号等基本信息，违反了《食品安全法》第六十七条第一款的规定，不符合食品安全标准，亦不属于标签瑕疵。综上，斛中酒公司作为涉案产品的销售者，向富某销售不符合食品安全标准的涉案产品，富某据此要求退货退款并进行10倍赔偿符合法律规定。一审法院认定涉案产品违反法律规定，对富某退货退款的主张予以支持并无不当，二审法院予以维持。一审判决关于富某主张10倍赔偿的请求权基础不能成立的认定有误，二审法院予以纠正。富某的上诉成立，予以支持。判决：(1)维持一审判决第一项；(2)撤销一审判决第二项；(3)斛中酒公司向富某赔偿7.98万元。[2]

在包装中引用《本草纲目》对食品原料医疗功效的记载，不违反食品安全标准。

---

〔1〕 参见国家法官学院、最高人民法院司法案例研究院编：《中国法院2021年度案例》(买卖合同纠纷)，中国法制出版社2021年版，第21～22页。北京市第一中级人民法院(2019)京01民终4359号民事判决书。

〔2〕 参见国家法官学院、最高人民法院司法案例研究院编：《中国法院2021年度案例》(买卖合同纠纷)，中国法制出版社2021年版，第18页。北京市第二中级人民法院(2019)京02民终6779号民事判决书。

【案例7-13】 胡某玲诉美廉特公司买卖合同纠纷案

二审法院认为,胡某玲上诉称,美廉特公司赠送的多力黑芝麻糊存在违法宣传功效,误导消费之情形,但美廉特公司在食品外包装上系客观引用了《本草纲目》对芝麻的描述,适当标注了适用范围,胡某玲该项上诉主张缺乏事实与法律依据,法院不予支持。胡某玲又上诉称,美廉特公司销售产品时存在强制交易之情形,但其未提交充分证据予以证明,法院不予支持。综上所述,胡某玲的上诉请求不能成立,应予驳回;一审判决认定事实清楚,适用法律正确,应予维持。判决:驳回上诉,维持原判。[1]

标签未标明具体含量的瑕疵,并不代表质量不合格。

【案例7-14】 吴某澎诉麦德龙公司、麦德龙公司湖里商场买卖合同纠纷案

二审法院认为,首先,涉案产品作为食用调和油,由葵花籽油和橄榄油两种原料油调制而成。橄榄油作为食用油的一种,吴某澎未能举证证明橄榄油是有别于其他普通植物油,属于有价值、有特性的配料,麦德龙公司、麦德龙公司湖里商场认为涉案产品的标识没有标明橄榄油的具体含量不属于法律、行政法规或行业规范中应当强制标明添加量的范围,法院予以采信。其次,从涉案产品外包装的文字内容分析,该产品已经以明显较大的字体告知消费者其为"橄榄葵花食用调和油"。其中"橄榄"和"葵花"的字体相同,在其下方较小字体的"精选多力葵花籽油与特级初榨橄榄油"中"多力葵花籽油"与"特级初榨橄榄油"的字体亦相同。可见涉案产品标识的文字并未强调是"橄榄油"。该产品的图形部分,不仅有"橄榄"而且还画了"葵花籽","橄榄"和"葵花籽"的比例分配相当,亦未特别突出"橄榄"的图形。吴某澎主张涉案产品的标签、说明及外包装已构成对消费者的误导,依据不足,法院不予采信。最后,根据"谁主张,谁举证"的法律规则,吴某澎主张涉案产品可能存在配比不科学而产生危害人体健康的后果,吴某澎应承担举证责任。目前,国家未对食用调和油的配比作出强制性规定,吴某澎亦未能举证证明涉案产品的品质存在安全和调配不当的问题,吴某澎的上述主张,缺乏事实和法律依据,法院不予支持。吴某澎要求麦德龙公司、麦德龙公司湖里商场退还货款并予以10倍赔偿的诉讼请求不能成立。判决:驳回上诉,维持原判。[2]

检材自然灭失,无法进行检测,应认定产品质量合格。

---

〔1〕 参见国家法官学院案例开发研究中心编:《中国法院2019年度案例》(买卖合同纠纷),中国法制出版社2019年版,第3页。北京市第二中级人民法院(2017)京02民终2091号民事判决书。

〔2〕 参见国家法官学院案例开发研究中心编:《中国法院2019年度案例》(买卖合同纠纷),中国法制出版社2019年版,第7页。福建省厦门市中级人民法院(2017)闽02民终3627号民事判决书。

【案例7-15】　潍坊鑫盛膨润土厂诉寿光市泰丰铸造公司、张某莹买卖合同纠纷案

判决观点，原告与被告之间的买卖煤粉合同合法有效，原告依据送货单索要货款的事实清楚，证据充分，法院予以支持。被告寿光市泰丰铸造公司作为买受人未支付货款，应负清偿责任。被告张某莹作为被告寿光市泰丰铸造公司的职工，为原告出具送货单的行为系职务行为，由此产生的法律责任应由被告寿光市泰丰铸造公司承担。被告以所供产品煤粉存在质量问题为由进行抗辩，并提交检验报告一份，原告质证后认为该检验报告单系单方委托，被告提交的考核通报亦属内部通报，属于企业自身的管理行为，对外不具有法律效力。法院认为，被告提交的检验报告和内部通报均系未经双方认可的单方行为，不足以证明原告所供产品具有质量问题，故对被告的抗辩，法院不予采信，可待证据充足后，另行主张权利。判决：(1)被告寿光市泰丰铸造公司支付原告潍坊鑫盛膨润土厂货款83104元；(2)驳回原告的其他诉讼请求。[1]

车辆质量是否合格并不以生产商的检验证明为标准而应以车辆的现实状况为依据。

【案例7-16】　姜某诉北方华驿公司买卖合同纠纷案

二审法院认为，本案的争议焦点系北方华驿公司交付的车辆是否符合质量要求。需要指出的是，车辆的质量是否合格应依据车辆的现实状况，而非生产者或销售者的检验证明。家用汽车产品出现影响正常使用、无法正常使用或者产品质量与法规标准以及企业明示的质量状况不符合的，应认定为产品质量有问题。目前我国就汽车修理、更换、退货责任等问题无明确规定，但鉴于汽车属于交通工具，其使用存在一定的风险，如无视警报灯及相关警告说明的警告，可能导致车毁人亡的严重事故。姜某购买车辆的合同目的在于正常使用车辆，在车辆购置未满一年且未发生交通事故等外部损害的情况下，排气系统故障报警灯常亮，经多次检修仍未明确故障原因，北方华驿公司亦未积极配合姜某对涉案车辆进行妥善处理，上述故障严重影响了姜某正常使用车辆，使姜某的购车目的不能实现，故姜某要求返还车辆、返还购置款项的诉讼请求有事实及法律依据，法院予以支持。北方华驿公司的上诉理由，缺乏证据佐证，法院不予采信。一审法院判决认定事实清楚，适用法律正确，

---

〔1〕　参见国家法官学院案例开发研究中心编：《中国法院2016年度案例》(买卖合同纠纷)，中国法制出版社2016年版，第6页。山东省寿光市人民法院(2014)寿商初字第1662号民事判决书。

处理并无不当，应予维持。判决：驳回上诉，维持原判。[1]

没有相关鉴定机构对产品质量鉴定的，可选择权威机构进行鉴定。

【案例7-17】 哈博公司诉中科公司买卖合同纠纷案

二审法院认为，中科公司的产品是否存在质量问题是本案的争议焦点。鉴于目前国内对涉案产品没有专门的鉴定机构，一审法院委托国内权威检测机构，测试机构运用行业内先进技术和设备出具的测试报告，中科公司未提交有效证据反驳测试报告，法院对该测试报告予以采纳。测试报告显示中科公司向哈博公司提供质量不合格产品，构成违约，一审法院酌定判令中科公司对哈博公司给予赔偿并无不当。判决：驳回上诉，维持原判。[2]

标的物的质量判断涉及特定行业标准、技术要求和检验规则，应以检测机构的鉴定结论为依据。

【案例7-18】 衡水桥闸工程橡胶有限公司与曲靖市公路建设开发有限责任公司买卖合同纠纷再审案

最高人民法院认为，关于案涉橡胶支座的质量是否合格问题。本案购销合同所涉橡胶支座的质量是否合格，双方当事人存有争议，这也是本案诉讼的直接诱因。橡胶支座的质量判断涉及特定行业标准、技术要求和检验规则，并非专业外人士仅凭日常经验和直观判断所能认定，因此双方当事人在一审诉讼中同意委托专门的检测机构予以鉴定检测为据。同济检测站受一审法院委托进行检测，没有证据证明检测程序存在违法或不当之处。关于检测资质，《公路水运工程试验检测管理办法》（以下简称《检测管理办法》）第三十条规定："公路水运工程质量事故鉴定、大型水运工程项目和高速公路项目验收的质量鉴定检测，质检机构应当委托通过计量认证并具有甲级或者相应专项能力等级的检测机构承担。"由此可见，公路水运工程质量事故鉴定，大型水运工程项目和高速公路项目验收的质量鉴定检测，应当由两类特定的检测机构承担：一类是具备甲级资质的检测机构；另一类是虽不具备甲级资质但具有相应专项能力等级的检测机构。法院认为，本案中的橡胶支座用于江石一级公路建设，并非用于高速公路项目，不属于《检测管理办法》确定的应由甲级资质机构承担的检测项目之列。即使江石一级公路项目可以比照高速公路项目确定检测机构，根据《检测管理办法》的规定，在检测机构具备

〔1〕 参见国家法官学院案例开发研究中心编：《中国法院2014年度案例》（买卖合同纠纷），中国法制出版社2014年版，第52页。北京市第二中级人民法院（2012）二中民终字第10647号民事判决书。

〔2〕 参见国家法官学院案例开发研究中心编：《中国法院2013年度案例》（买卖合同纠纷），中国法制出版社2013年版，第7页。北京市第二中级人民法院（2011）二中民终字第1758号民事判决书。

相应的专项能力的情况下,也可以进行检测,而无论是否具备甲级资质。从本案当事人提交的同济检测站的资质等级证书来看,虽然资质等级为乙级,但其经审核认证的检测业务范围中明确包括橡胶支座,因此同济检测站具备橡胶支座的检测能力和资质。在本案已历经数年,相关证据形变质迁,客观事实难以完全重现查证的情况下,法院即以同济检测站的检测报告为据,根据查明的法律事实,认定橡胶支座质量合格。原审判决认定同济检测站不具备橡胶支座的检测资质,其出具的检测报告不能作为定案依据不当,二审法院予以纠正。曲靖公路公司提供的照片和光盘等证据,能够反映橡胶支座安装后出现的变形等问题并已更换的事实,但导致橡胶支座出现变形等问题的原因并不唯一,除产品质量外,还存在安装方法不当等其他可能的因素;在没有证据排除其他可能因素的情况下,仅以橡胶支座安装后出现问题的事实不足以直接推导出橡胶支座质量不合格的结论。[1]

(二)质量异议的认定

《民法典》第六百二十三条规定:“当事人对检验期限未作约定,买受人签收的送货单、确认单标等载明标的物数量、型号、规格的,推定买受人已经对数量和外观瑕疵进行检验,但是有相关证据足以推翻的除外。”本条是关于标的物数量和外观瑕疵检验的规定。本条主要包括以下几层含义:其一,本条规定了签收即推定为检验合格的一般原则;其二,本条规定了例外原则,即有相反证据足以证明当事人没有对数量和外观瑕疵进行检验的。

《买卖合同解释》第十三条规定:“买受人在合理期限内提出异议,出卖人以买受人已支付价款、确认欠款数额、使用标的物等为由,主张买受人放弃异议的,人民法院不予支持,但当事人另有约定的除外。”本条是关于瑕疵异议的法律效果的规定。本条主要包括以下几层含义:其一,本条明确了买受人支付欠款、确认欠款数额、使用标的物等履约行为不等同于放弃异议权,二者不能画等号,二者并不存在必然的因果联系,买受人的履约行为不能视为接受标的物。其二,注意区分买受人使用情况与标的物瑕疵认定情形。买受人负担的瑕疵通知义务,蕴含买受人请求出卖人补足数量或承担违反质量瑕疵担保责任的前提。买受人对标的数量、质量等瑕疵担保责任救济权的行使,取决于合同或法律对检验期的规定和标

---

〔1〕 最高人民法院(2012)民提字第30号民事判决书。

的物在事实上是否符合合同的约定。[1] 其三,本条规定了例外原则。买卖双方可以约定,买受人支付欠款、确认欠款数额、使用标的物等行为视为出卖人交付的标的物质量合格,也就是说买受人自愿放弃异议权,法律应尊重当事人的意思自治,该约定受法律保护。

现实生活中,出卖人往往以质量异议期的约定为由规避对标的物隐蔽瑕疵的瑕疵担保责任,由于隐蔽瑕疵难以被发现,合同约定的检验期只能作为数量和外观瑕疵的质量异议期,而不应作为隐蔽瑕疵的质量异议期。

【案例7-19】 混凝土公司诉北京某公司买卖合同纠纷案

二审法院认为,北京某公司主张混凝土公司所供混凝土在项目结构验收时发现部分产品与合同约定的强度不符,质量存在问题,并据此提供了复核报告、检测报告、监理公司的证明等证据用于证明其主张成立。但依照双方签订的书面采购合同的约定,对浇筑到工程部位的混凝土发现质量异常现象的,北京某公司应在24小时内书面通知混凝土公司进行核实,如有争议,双方应会同工程监理、建设行政主管部门共同确认责任,并提出书面责任处理意见。属于北京某公司浇筑不及时或养护不当原因,责任由北京某公司承担;属于产品质量的,由此给北京某公司造成的损失由混凝土公司承担。现北京某公司并未提交充分证据证明其在发现混凝土质量异常现象后,依照合同约定书面通知了混凝土公司进行核实及会同工程监理、建设行政主管部门共同确认责任,亦无提交充分证据证明其发现的质量异常现象系由混凝土公司所供产品存在严重质量问题造成。根据一审法院查明的事实,北京某公司对每批货物都进行抽样检测,检测结果亦符合合同约定,故依据现有证据难以认定其上述提出的混凝土公司所供产品存在严重质量问题的主张成立。故依据《买卖合同解释》第四十四条的规定,本案中,北京某公司虽主张混凝土公司所供货物存在严重的质量问题,但亦并未对其因此造成的损失赔偿提出明确的反诉请求,综合上述理由,法院对北京某公司的该项上诉主张不予支持。

北京某公司与混凝土公司签订的《预拌混凝土采购合同》中明确约定了最终结算依据,虽然合同同时约定了最终结算的方式须由北京某公司派出项目部上报结算书初步意见稿,经公司审批并加盖双方印章后,才能作为合同的最终结算,但合同对双方无法通过对账达成最终结算一致的解决方式未作出明确约定。根据一审法院查明的事实,混凝土公司供货至2018年5月11日已经完成,之后双方一直未办理结算手续。北京某公司亦单方确认案涉工

---

〔1〕 参见最高人民法院民事审判第二庭编著:《最高人民法院关于买卖合同司法解释理解与适用》,人民法院出版社2012年版,第343页。

程竣工验收的时间为2018年12月31日。故在双方无法就工程完工办理对账结算的情况下,一审法院结合合同约定和案涉工程的竣工验收完成时间,认定北京某公司的付款条件已经成就,并依据混凝土公司提交的供货小票判决支持其供货价款,并无不当,二审法院予以支持。综上所述,北京某公司的上诉理由均不能成立。判决:驳回上诉,维持原判。〔1〕

假货并不能当然地对抗质保期的约定,也不能对抗付款的合同义务。

【案例7－20】　科技公司诉工程公司买卖合同纠纷案

二审法院认为,在双方约定了检验期及质量保证期的情况下,工程公司应在约定的期限内对科技公司所供产品进行检验,并以合同约定的书面方式提出异议,但从2008年科技公司交货到2010年起诉前,工程公司从未提出任何异议,应当视为标的物的数量或者质量符合约定,工程公司应按约向科技公司支付货款。其未按约支付货款,应承担相应的违约责任。鉴于科技公司要求的违约金数额已超过尚欠货款本金,法院调整为以本金数额为限。因此,科技公司的诉讼请求部分合理有据,法院应予支持。一审法院适用法律错误,进而处理结果不当,二审法院予以纠正。判决:(1)撤销一审判决;(2)工程公司支付科技公司尚欠货款80797.5元;(3)工程公司支付科技公司违约金80797.5元;(4)驳回科技公司的其他诉讼请求。〔2〕

个案中,法官根据具体案情认定买受人是否提出了质量异议。

【案例7－21】　元丰机械制造公司与陆某买卖合同纠纷案

二审法院认为,本案中,双方虽约定了10天的检验期间,但因双方买卖的物品系纺织机械,其性质和安装程序决定了买方无法在10天内验收机械的内在质量,故合同中约定的10天应属外观瑕疵异议期间。至于本案中对隐蔽瑕疵提出异议的合理期间认定,因双方在合同中约定,机械公司所售产品的保质期为自产品交付之日起一年,该期间可以作为认定陆某对隐蔽瑕疵提出异议合理期间的参照期间。陆某在此期间就机械运转问题提出异议,双方已对此进行了沟通交流,机械公司亦派人进行了维修,应认定陆某在合理

〔1〕参见国家法官学院、最高人民法院案例开发研究院编:《中国法院2022年度案例》(买卖合同纠纷),中国法制出版社2022年版,第209～210页。北京市第三中级人民法院(2020)京03民终11962号民事判决书。

〔2〕参见国家法官学院案例开发研究中心编:《中国法院2014年度案例》(买卖合同纠纷),中国法制出版社2014年版,第7页。北京市第二中级人民法院(2011)二中民终字第4635号民事判决书。

期限内对隐蔽瑕疵提出了质量异议。[1]

【案例7-22】 混凝土公司诉环保公司买卖合同纠纷案

二审法院认为,关于货款金额、违约金及律师费的认定,二审法院同意一审法院的裁判意见。环保公司辩称混凝土公司提供的混凝土存在质量问题,但在签字确认的对账单上并未提出质量异议,亦未提供其他充分证据予以证明,理应承担举证不利的后果。故一审判决,并无不当。环保公司的上诉请求不能成立,二审法院不予支持。一审判决认定事实清楚,适用法律正确,应予维持。判决:驳回上诉,维持原判。[2]

买卖双方对标的物检验期间未作约定,买受人签收的送货单、确认单等载明了标的物的数量、型号、规格的,应当认定买受人已对数量和外观瑕疵进行了检验,但有相反证据足以推翻的除外。

【案例7-23】 李某洪诉广州市甲种子有限公司买卖合同纠纷再审案

最高人民法院认为,本案中,该批菠菜种子的代收人李某洪对种子数量、包装等确认后签字并领取,事后李某洪未对该批种子质量、包装等提出异议,应当认定已经对标的物的数量和外观等进行了检验。李某洪作为专业从事蔬菜种植的人员,在甲公司未向其告知种植条件和种植方法,其也未在播种前向甲公司咨询过案涉种子的播种期、生长环境、适宜温度、气候条件等技术性问题的情况下,即进行大面积种植,与常理不符。加之,甲公司提交的8份经销商、种植户出具的证明(证言)均证明甲公司在对外销售的外包装上附有种子标签,依法履行了告知义务。[3]

在检验期间内未提出质量异议,则无权要求卖方承担物的瑕疵担保责任。

【案例7-24】 褚某虹诉广派十七公司买卖合同纠纷案

二审法院认为,褚某虹自广派十七公司试穿、检查并购买涉案大衣,广派十七公司当场即将大衣交付给褚某虹,在案证据不足以证明服装在销售时存在所主张的染色、内衬过长及吊牌信息缺失等问题。关于涉案服装的进货渠道,现有证据不足以证明广派十七公司在销售时有欺诈性的宣传行为,或者

---

〔1〕 参见最高人民法院民法典贯彻实施工作领导小组编著:《中国民法典适用大全》(合同卷二),人民法院出版社2022年版,第1348页。江苏省连云港市中级人民法院(2015)连商终字第000278号民事判决书。

〔2〕 参见国家法官学院、最高人民法院案例开发研究院编:《中国法院2022年度案例》(买卖合同纠纷),中国法制出版社2022年版,第3页。江苏省无锡市中级人民法院(2020)苏02民终301号民事判决书。

〔3〕 参见中国审判理论研究会民事专业委员会编著:《民法典合同编条文理解与司法适用》,法律出版社2020年版,第275页。最高人民法院(2015)民申字第2239号民事判决书。

涉案服装有仿冒商标侵害品牌商品权的情形。关于价格欺诈,二审法院同意一审法院的裁判意见。判决:驳回上诉,维持原判。[1]

买受人单方开箱检验使用货物,也未在合同约定的期限内提出品质异议,应视为对货物品质异议权利的放弃。

【案例 7－25】　机电公司诉水泥公司买卖合同纠纷案

二审法院认为,机电公司与水泥公司在《电气材料买卖合同书》第六条对货物验收标准方法及质量异议期作了明确约定,其中第二款约定:"(1)产品到达买方安装现场后 10 日内,根据合同规定,对其包装、数量及外观质量进行开箱检验;(2)若卖方接到买方关于货物到现场检验收通知后 10 日内不能按期到达现场的,买方有权自行开箱检验,卖方对买方所查的缺陷、缺件应认可。"在本案诉讼过程中,水泥公司没有提交证据证明其在收到对方的货物后,向对方发出要求其到场检验的通知。水泥公司在自己开箱、安装使用电缆线的过程中,并未对涉案货物的外观质量及数量提出异议;水泥公司在机电公司多次催收货款过程中,也未声明电缆线存在跳码的情况;甚至在一审审理期间也未对外观质量及货物数量提出抗辩。水泥公司在接收货物后,单方开箱验收、安装使用电缆线近一年,提出机电公司所供货物数量不足,已超出合同约定的异议期限。判决:水泥公司支付货款逾期付款违约金,驳回水泥公司的反诉请求。[2]

(三)质量检验期的认定

《民法典》第六百二十二条规定:"当事人约定的检验期限过短,根据标的物的性质和交易习惯,买受人在检验期限内难以完成全面检验的,该期限仅视为买受人对标的物的外观瑕疵提出异议的期限。约定的检验期限或者质量保证期短于法律、行政法规规定期限的,应当以法律、行政法规规定的期限为准。"本条是关于约定的检验期限或者质量保证期过短情形的规定。本条主要包括以下几层含义:其一,本条明确了适用前提条件是约定的检验期限过短或质量保证期短于法律、行政法规期限。其二,本条将约定的检验期限过短界定为对外观瑕疵提出异议的期限,而不适用隐蔽瑕疵检验。虽然没有否定约定检验期限的效力,但作了

---

〔1〕 参见国家法官学院、最高人民法院司法案例研究院编:《中国法院 2020 年度案例》(买卖合同纠纷),中国法制出版社 2020 年版,第 7 页。北京市第三中级人民法院(2018)京 03 民终 10971 号民事判决书。

〔2〕 四川省高级人民法院(2010)川民终 68 号民事判决书。

限缩处理。其三,判断当事人约定的检验期限是否过短的因素。立法者认为,应主要从三个方面加以考虑:一是应当根据标的物的性质和交易习惯,在综合考虑的情况下,判断约定的检验期限对隐蔽瑕疵的检验是否过短;二是买受人是否存在怠于通知的行为,如果买受人在约定检验期限内发现隐蔽瑕疵却没有及时通知出卖人的,应当视为标的物的质量符合约定;三是买受人对不能及时检验隐蔽瑕疵是否存在过失。买受人依法应当在收货后及时检验标的物,但是其没有采取适当的措施发现隐蔽瑕疵存在的,则不能认定检验期限过短。[1] 其四,明确了约定的检验期限和质量保证期短于法定期限的法律适用。其五,在当事人没有约定质量检验期限但有约定或者法定质量保证期时,我们认为可以将质量保证期作为约定检验期限。在约定的检验期限与质量期限不一致时,应当以较长的期限作为检验期限,这样更加符合公平原则和诚信原则。[2]

【案例7-26】 建工公司诉巨星公司买卖合同纠纷案

一审法院认为,建工公司与巨星公司签订的《产品订购合同砌块(GBF蜂巢芯)》系双方当事人的真实意思表示,未违反法律、行政法规的强制性规定,合法有效。合同约定交货时验收,如有异议当场提出(因叠装无法验收的质量有瑕疵的除外),并且其可拒绝收货。合同签订后,巨星公司于2014年2月2日至2015年7月20日向建工公司提供了GBF蜂巢芯,建工公司于2015年7月24日安装完毕。本案中,建工公司提出的"裂缝""风窝"和"麻面""露筋"等缺陷,均属于产品外观质量方面的问题,应当是显而易见的,如存在问题,建工公司在收货时就应当发现,即使是因为产品叠装不能及时发现,也能够在安装时发现,但建工公司在收货和安装时均未提出异议,而是所有产品均安装完成,在巨星公司提起关于支付货款的诉讼后,才提出产品质量的异议。建工公司怠于通知,应视为巨星公司提供的产品质量符合约定。建工公司提交的检测报告、工程质量整改通知书、现场照片不足以证明交货即存在质量问题。判决:驳回建工公司的诉讼请求。二审法院认为,建工公司并未举示证据证明其曾在收货和安装完毕之后的合理期间内就巨星公司供应的产品存在质量问题向巨星公司提出过异议。本案的现有证据并不足以认定建工公司供应的产品不符合双方合同约定的产品质量标准,也不足以认定建工公司的损失是因为巨星公司提供的产品不符合双方约定而造成,建工公司要求巨星公司进行赔偿的诉讼请求不能成立。判决:驳回

[1] 参见黄薇主编:《中华人民共和国民法典合同编释义》,法律出版社2020年版,第371页。
[2] 参见黄薇主编:《中华人民共和国民法典合同编释义》,法律出版社2020年版,第372页。

上诉,维持原判。[1]

【案例 7 – 27】 首佳公司诉天超公司买卖合同纠纷案

二审法院认为,首佳公司于本案合同项下提供的灯具均为市场采购,并非专门定制,因此并不符合承揽合同的特征。本案电子整流器的 CCC 认证应标识于产品表面,是否有 CCC 认证标识应属于外观瑕疵,天超公司应当及时发现该批产品没有 CCC 认证标识,天超公司仍在工程施工申请验收单上签字确认,且该批灯具一直处于正常使用中,应当视为天超公司对该批灯具数据和外观瑕疵进行了检验,故该标的物的质量符合双方约定。涉案产品如在使用过程中出现质量问题,天超公司在保质期内可以要求首佳公司提供质保服务。判决:驳回上诉,维持原判。[2]

《民法典》《买卖合同解释》均有关于标的物检验的规定,但是买受人提出异议的行为方式,法条及解释均未涉及,这就需要法官根据案情,从法理出发,进行个案剖析并作出裁判。

【案例 7 – 28】 张某诉解某买卖合同纠纷案

一审法院认为,原告张某与被告解某之间虽未签订书面合同,在张某已于 2009 年履行了交货义务,解某亦予以接受,故双方之间的买卖合同关系成立。该合同系双方当事人之间的真实意思表示,且其内容未违反法律、行政法规的强制性规定,应属合法有效。张某履行交货义务后,在双方约定的一年保修期内,解某发现张某提供的玻璃出现了质量问题,并及时告知了张某。但之后解某只拆卸了大约 50% 的问题玻璃,并以没有时间为由,至今未拆卸其余有质量问题的玻璃。因解某已将其从张某处购买的玻璃制成窗户并安装于其客户家中,张某不可能自行拆卸修理剩余玻璃。解某作为买受人,发现玻璃存在质量问题的通知义务不应仅限于告知,还应包括拆卸玻璃。对于剩余有质量问题的玻璃,解某一直怠于履行通知义务,可视为该部分玻璃质量符合约定。关于解某提出原告张某应更换剩余有质量问题的抗辩要求,法院不予支持。2012 年 8 月 15 日,解某为张某出具欠条一份,虽然该份欠条上的签名为“谢某”,欠款金额大小写不一致,但解某在庭审过程中认可该欠条确实为其本人书写,欠款金额也确为 3470 元,故法院对该欠条的真实性不持异议。一审法院判决:被告解某返还原告张某货款 3470 元。二审法院判决:

---

〔1〕 参见国家法官学院、最高人民法院司法案例研究院编:《中国法院 2021 年度案例》(买卖合同纠纷),中国法制出版社 2021 年版,第 10 ~ 11 页。重庆市第五中级人民法院(2019)渝 05 民终 5004 号民事判决书。

〔2〕 参见国家法官学院案例开发研究中心编:《中国法院 2018 年度案例》(买卖合同纠纷),中国法制出版社 2018 年版,第 7 页。北京市第三中级人民法院(2016)京 03 民终 12571 号民事判决书。

驳回上诉,维持原判。[1]

约定检验期限过短的处理规则。

【案例 7 -29】 某材料公司与某工程公司买卖合同纠纷案

二审法院认为,买受人主张合同约定的隐蔽瑕疵检验期间过短的,应当综合当事人交易行为、标的物及瑕疵情况、检验方法及时间等因素,依据诚实信用原则进行判断。有证据证明买受人能够在约定的检验期内完成全面检验而怠于检验并提出质量异议的,应当承担不利的法律后果。[2]

(四)质量合理期间的认定

所谓合理期间,是指买受人对标的物进行正常检验以及通知出卖人所必需的时间。合理期间包括两个时间,即发现瑕疵所需时间和进行瑕疵通知所需时间。“合理期间”的起始点,以买受人检验发现质量存在问题为起点,发现问题的时间就是计算收货人“在合理期间通知出卖人”中的“合理期间”起始点。“合理期间”是一个非常难以确定的期间,应靠经验法则来判断。[3]

《买卖合同解释》第十二条规定:“人民法院具体认定民法典六百二十一条第二款规定的‘合理期限’时,应当综合当事人之间的交易性质、交易目的、交易方式、交易习惯、标的物的种类、数量、性质、安装和使用情况、瑕疵的性质、买受人应尽的合理注意义务、检验方法和难易程度、买受人或者检验人所处的具体环境、自身技能以及其他合理因素,依据诚实信用原则进行判断。民法典第六百二十一条第二款规定的‘二年’是最长的合理期限。该期限为不变期间,不适用诉讼时效中止中断或者延长的规定。”本条是关于提出异议的合理期间的规定。本条主要包括以下几层含义:其一,本条明确了法官在自由裁量“合理期间”时应考虑因素的范围;其二,本条明确了“合理期间”的认定,是一个事实问题;[4]其三,“合理期间”是一个原则性的规定,在司法实践中,属于法官行使自由裁量权的范

---

〔1〕 参见国家法官学院案例开发研究中心编:《中国法院 2015 年度案例》(买卖合同纠纷),中国法制出版社 2015 年版,第 131 ~132 页。北京市第二中级人民法院(2013)二中民终字第 16212 号民事判决书。

〔2〕 江苏省南京市中级人民法院(2019)苏 01 民终 1230 号民事判决书。

〔3〕 参见最高人民法院民事审判第二庭编著:《最高人民法院关于买卖合同司法解释理解与适用》,人民法院出版社 2012 年版,第 317 页。

〔4〕 参见最高人民法院民事审判第二庭编著:《最高人民法院关于买卖合同司法解释理解与适用》,人民法院出版社 2012 年版,第 319 页。

畴;[1]其四,“合理期间”两个起算点的把握。一个是买受人发现标的物数量或质量瑕疵的次日,另一个是买受人应当发现标的物数量或质量瑕疵的次日。所谓“应当发现”,是指买受人对标的物进行正常的检验,并基于其合理的判断即能发现标的物的瑕疵,而不需凭借特殊的工具、仪器等设备或者有赖于有关专家的专业分析和判断。这个时间点是根据合同的目的、标的物的性质等具体情况作出的法律推定。在无法查明买受人是否发现标的物瑕疵的情况下,应使用合理推定的方法确定检验期间的计算。[2]

“合理期间”与“质量保证期间”的关系,与“合理期间”与“自标的物收到之日起两年内”的关系一样,当事人没有约定检验期间的,买受人应当在发现或者应当发现标的物的数量或质量不符合约定的合理期间内通知出卖人。故将约定的质量保证期间理解为最长合理期间更为合适,也更符合立法本意,即在当事人没有约定检验期间但约定了质量保证期间时,不能直接将质量保证期间认定为检验期间,而是要将合理期间作为检验期间,只是该合理期间最长不得超过质量保证期间。质量检验期间是对标的物在交付时存在的瑕疵提出异议的期间。质量保证期间是对标的物在使用过程中出现问题时承诺予以处理的期限,该质量瑕疵是否在交付时就存在,则在所不问。超过了检验期间,仅仅视为标的物在交付时不存在瑕疵,并不妨碍买受人针对使用中出现的质量问题在质量保证期内要求出卖人履行承诺。

如何准确把握买受人检验的合理期间,是困扰审判实践的主要难题之一。个别法院不再适用或最小化适用合理期间标准确定检验期间,而统一适用两年的最长时间规定。实践中,有的法院在认定合理期间时倾向于作出对买受人有利的解释,将审查的重点放在产品是否存在质重瑕疵、瑕疵程度及违约责任等方面,这些做法不仅不利于保护善意出卖人的权益,也违背了通过合理期间的瑕疵通知制度加快经济流转、迅速解决纷争的立法目的,应根据《买卖合同解释》第十二条的规定对合理期间进行判断。

出卖人和买受人未约定质量异议合理期间,买受人收到货物未满两年,买受人提出的质量异议尚在合理期间。买受人在签订对账单后提出异议的,未提供充分证据证明质量问题的,质量异议不能认定。

买卖合同约定了检验期间,认定是否属于合理期间时,应当结合当事人之间的交易性质、交易目的、交易方式、交易习惯、标的物的种类、数量、性质、安装和使用情况、瑕疵的性质、买受人应尽的合理注意义务、检验方法和难易程度、买受人

---

〔1〕 参见最高人民法院民事审判第二庭编著:《最高人民法院关于买卖合同司法解释理解与适用》,人民法院出版社2012年版,第324页。

〔2〕 参见最高人民法院民事审判第二庭编著:《最高人民法院关于买卖合同司法解释理解与适用》,人民法院出版社2012年版,第324页。

或者检验人所处的具体环境、自身技能以及其他合理因素,依据诚实信用原则进行判断。

【案例7-30】 奥宁电子公司诉神州数码公司买卖合同纠纷案

判决观点,原告奥宁电子公司与被告神州数码公司之间的《货物买卖框架合同》及相应电子订单共同构成双方之间的买卖合同,应当依法予以保护。3C证书主要是指质量安全标准所做产品抽样检测的结果,允许用户将证书放在认证产品的包装上。有3C标志的产品并不意味属于全部满足所有方面质量要求的产品,被告关于"有3C标志就属于质量合格产品"的说法没有法律依据。本案《货物买卖框架合同》中有"乙方须在货物交付后3个工作日之内验收……否则,视同一次验收合格……因乙方原因未能验收的,货物交付三日后视为货物全部验收合格"等约定,这个约定也只能像合同中描述的那样,针对"产品品牌、原厂商、产地、规格型号、数量是否与本合同和装箱单等文件相符"进行检验。要求奥宁电子公司在订购3800余台平板电脑中检验出600余台问题产品在到货3日内反馈,除非逐一开机查验,这对于产品经销商来说,既不可能,也不合常理。从奥宁电子公司提供的故障平板电脑送站检验鉴定的统计情况来看,确定质量问题的时间段主要集中在2013年5月至2014年年初,这与奥宁电子公司购入飞利浦PI3800平板电脑后再行销售的时间逻辑一致。也就是说,只有产品销售到终端客户手中时,才可能开机检验或在使用中发现质量问题。鉴定机构出具的《鉴定意见书》印证了奥宁电子公司送站检测所发现的质量问题,而如此之多的电池、系统方面的隐蔽质量瑕疵,应当由生产者、销售者承担相应责任。所以,神州数码公司关于奥宁电子公司没有在到货3日内提出质量异议视为质量全部合格的辩称,法院不予支持。作为电子产品的分销商,奥宁电子公司从终端客户得到飞利浦PI3800平板电脑存在严重质量问题的反馈,并获取飞利浦特约维修站填写的"产品随即退货卡",进而向上游经销商神州数码公司主张退还货款,于法有据。鉴于飞利浦PI3800平板电脑的价格变化,法院按双方在法庭上确认的折换价格1台477元计算退还货款的金额,并酌定相应利息损失。判决:(1)被告神州数码公司退还原告奥宁电子公司货款310527元;(2)原告奥宁电子公司退还被告神州数码公司飞利浦PI3800B2/93平板电脑651台,由被告神州数码公司到上海市青浦区汇龙路338号自提,交付前如发生毁损或灭失,由原告奥宁电子公司按每台477元向被告神州数码公司赔偿,如被告神州数码公司逾期不提货,则产品毁损或灭失的风险由被告神州数码公司自行承担;(3)被告神州数码公司赔偿原告经济损失(以310527元为基数,按金融机构一年期贷款基准利率计算,自2015年3月12日起至实际支付之日止);(4)驳回原告奥宁电子公司的其他诉讼请求。[1]

【案例7-31】　点众电子公司诉天合兄弟公司买卖合同纠纷案

判决观点,本案中,合同约定收货方自收到产品之日起3日内对外观进行检验,点众电子公司主张的信号拖尾、重影、失真等质量问题属于显性瑕疵,点众电子公司亦认可属于外观检验的范畴,并不属于隐蔽性瑕疵,故可适用上述约定的检验期间。现无证据证明点众电子公司在约定期间内提出了质量异议,也无证据证明点众电子公司所述更换设备事宜,应视为产品外观质量验收合格。即使上述质量并不属于外观检验,或认定上述约定的检验期限过短,考虑到双方交易的标的物为液晶拼接屏,用途为第三方客户的项目,点众电子公司在收货后可以通过试用、试看、调试、第三方客户反馈等方式及时发现所述的信号拖尾、重影、失真等问题,检验方法并不具有高难度,也无须特殊专业技能,故确定检验期的合理期限也不宜过长。综合考虑交易性质、交易方式、标的物的使用情况、瑕疵的性质等合理因素,合理期限也应以6个月为宜。该合理期限的确定与约定的质保期并不矛盾,现到货时间为2013年3月24日,点众电子公司所称的质量异议函件的时间为2013年10月14日,已经超过6个月期限,点众电子公司在质量异议的提出上并未尽到合理注意义务。综上,无论是合同约定的检验期间,还是结合各种因素确定的合理期间,点众电子公司所提质量异议均已超期,其主张货物存在质量问题,并据此提出解约、退货退款的诉讼请求,法院不予支持,其所提鉴定申请,法院不予同意。天合兄弟公司的相应答辩意见,法院予以采信。判决:驳回原告点众电子公司的全部诉讼请求。[2]

买卖双方对提出质量异议的起算时间未作约定的,法官根据具体案情予以裁定。

【案例7-32】　金石公司诉航天公司买卖合同纠纷案

二审法院认为,航天公司与金石公司对提出质量异议的起算时间未作约定,结合合同条款及产品质量问题的特征综合考虑,前述加工合同中约定验收的依据为产品图纸,且航天公司提出的质量异议内容为"裂纹""内部比较粗糙"等涉及外观瑕疵的问题。因此,一审法院认定应从航天公司收到货物之日起计算检验期间并无不当,二审法院对航天公司的该项上诉请求不予采纳。航天公司在上诉中称因合同涉及的标的物为军工产品,需要依照图纸对

---

〔1〕参见国家法官学院案例开发研究中心编:《中国法院2019年度案例》(买卖合同纠纷),中国法制出版社2019年版,第50~51页。北京市海淀区人民法院(2015)海民(商)初字第13426号民事判决书。

〔2〕参见国家法官学院案例开发研究中心编:《中国法院2018年度案例》(买卖合同纠纷),中国法制出版社2018年版,第14页。北京市朝阳区人民法院(2013)朝民初字第40695号民事判决书。

外形、规格和尺寸进行精确测量后才能判断产品是否合格,从收货之日起20个工作日计算异议期间太短。法院认为,航天公司未能提供充分证据对其主张的检验期间过短的问题予以证明,未能提供充分理由排除使用关于检验期间的约定,故法院对其该项上诉主张不予采信。航天公司在一审审理过程中称其分三批收到涉案货物,日期分别为2014年12月13日、2014年12月25日、2015年5月4日,金石公司对航天公司主张的第三次收货时间不予确认,航天公司在一、二审中均未能提供充分证据证明其主张的2015年5月4日收货,故法院对其主张的第三次收货不予采信。因此,应从2014年12月25日起计算检验期间。同时,航天公司主张其向金石公司邮寄不合格通知单的时间为2015年1月27日,金石公司对此不予认可,航天公司亦未能提供充分证据对此予以证明。此外,即便航天公司于2015年1月27日提出质量异议,也已超过了检验期间。判决:驳回上诉,维持原判。[1]

质量异议期限的确定。

【案例7-33】 上海弗昂德机械有限公司诉北京佳瑞环境保护有限公司买卖合同纠纷案

二审法院认为,当事人在合同中没有约定检验期间的,买受人应当在合理期间内提出瑕疵异议。超过合理期间,买受人即丧失了主张标的物与合同不符的权利。超过检验期间与合理期间,将产生法律拟制标的物在交付时无瑕疵的后果,不论标的物是否确实存在瑕疵。认定个案中"合理期间"可以考虑的因素如下:(1)当事人之间的交易性质、交易目的、交易方式和交易习惯;(2)标的物的种类、数量、性质、安装和使用情况;(3)标的物瑕疵的程度;(4)买受人自身应尽的合理注意义务、检验方法和难易程度;(5)买受人或者检验人所处的具体环境、自身技能。本案中,从双方当事人陈述的"安装验收"标准和条件来看,系争标的物的"安装验收"并不需要借助于特别的工具或者特别的方法进行检验,但是否存在质量问题,确实需要经过一定运行时间才可以判断,综合考虑上述因素,认定合理期间为3个月。买受人既未在合理期间就标的物在交付时的数量或者质量瑕疵提出异议,又未在质量保证期间内就标的物在使用过程中出现的质量问题提出异议,应当视为标的物在出卖人交付时不存在数量或者质量瑕疵。[2]

---

〔1〕 参见国家法官学院案例开发研究中心编:《中国法院2018年度案例》(买卖合同纠纷),中国法制出版社2018年版,第10~11页。北京市第二中级人民法院(2016)京02民终8552号民事判决书。

〔2〕 北京市第一中级人民法院(2014)一中民终字第503号民事判决书。

买卖合同未约定质量异议期，则应该在合理期限提出质量异议。

【案例7－34】　塔星公司诉建峰公司买卖合同纠纷案

一审法院认为，原告塔星公司按照合同约定履行供货义务后，根据双方的交易习惯，被告建峰公司即应承担向原告支付货款的义务。被告虽辩称原告提供的石材不合格，向法院申请石材质量鉴定，但在原、被告之间无法达成一致意见的前提下，被告无法证实其已经使用的石材哪些是由原告提供，故鉴定无法进行。原、被告双方虽未在石材销售合同中约定质量异议期，但被告认为石材质量不合格是由石材厚度引起的，该要求标准明确，易于识别，应当在合理期限内通知原告。被告亦未提供充分证据证明原告为被告提供的石材质量不合格，且没有提供证据证明在合理期限内书面通知了原告，原告亦不认可被告曾针对石材向其提出过任何异议。另外，被告对原告之间买卖关系的陈述存在矛盾之处，故对被告的辩称意见，法院不予采信。对于原告要求逾期付款违约金一项，符合合同约定，法院予以支持。判决：(1)被告建峰公司给付原告塔星公司货款214366.1元；(2)被告建峰公司给付原告塔星公司逾期付款违约金20000元。二审法院裁定：准许建峰公司撤回上诉。[1]

【案例7－35】　设备公司诉S公司买卖合同纠纷案

判决观点，《精密多线切割机购销合同》约定设备到S公司工厂安装调试完成后，S公司在6个月内支付余款344000元。机械设备公司于2017年年底交付两台多线切割机，并进行了安装调试。机械设备公司主张当时设备已经调试成功并投入生产，而S公司主张案涉设备未调试成功。法院认为，首先，从原告提供的微信聊天记录，反映S公司于2018年4月至2019年12月向机械设备公司索要设备密码，机械设备公司也向S公司提供了一号机5次密码；二号机6次密码；其次，2018年4月14日，在机械设备公司向S公司催要货款时，S公司并未提出调试成功以及质量存在问题，而是回复“可以的”，并在2018年、2019年陆续支付了多笔货款。从上述两项事实表明，S公司对机械设备的公司调试应已验收合格，且案涉设备也已经投入生产使用。S公司抗辩设备未调试成功，与事实不符，法院不予采信。另外，根据相关法律规定，买受人收到标的物时，应当在约定的检验期间内检验，没有约定检验期间的，应当及时检验。当事人没有约定检验期间的，买受人应当在发现或者应当发现标的物的数量或质量不符合约定的合理期间内通知出卖人。买受人在合理期间内未通知或者自标的物收到之日起两年内未通知出卖人的，

---

〔1〕参见国家法官学院案例开发研究中心编：《中国法院2013年度案例》（买卖合同纠纷），中国法制出版社2013年版，第9页。北京市第二中级人民法院（2012）二中民终字第1034号民事裁定书。

视为标的物数量和质量符合约定。S公司提供的证据显示,其在2018年11月30日机械设备公司向其催讨货款时反馈设备大半年没用,一直在修理,在这之前均无证据反映其就设备不符合约定通知机械设备公司,且机械设备公司在2018年4月3日、4月9日、11月8日、11月27日均向S公司发送设备密码,与S公司陈述的设备无法使用存在矛盾。S公司购买设备的目的系生产使用,机械设备公司在2017年年底交付设备后,S公司在2018年11月底才提出设备无法使用,超出了合理期间,属于怠于通知,标的物的质量应视为符合约定。故对S公司提出的鉴定申请,法院不予采信。综上,法院认为,机械设备公司与S公司签订的《精密多线切割机购销合同》系双方当事人的真实意思表示,内容不违反法律法规的禁止性规定,应为有效,双方均应按约履行合同义务。机械设备公司交付了两台精密多线切割机,并经调试完成后,S公司应当按约定支付货款,S公司支付货款650000元,余款210000元至今未付,构成违约,应承担相应的违约责任。S公司反诉要求解除合同,并返还货款及利息,缺乏依据,法院不予支持。对于案涉两台设备,机械设备公司应当继续向S公司提供设备密码。判决:(1)被告(反诉原告)S公司支付给原告(反诉被告)机械设备公司货款210000元及利息;(2)驳回原告(反诉被告)机械设备公司的其他诉讼请求;(3)驳回被告(反诉原告)S公司的反诉请求。[1]

质量检验合理期间应根据具体案情和诚实信用原则依法裁量。

【案例7-36】 江苏南通三建集团有限公司诉乔某良买卖合同纠纷案

二审法院认为,一方面,上诉人不能证明被上诉人供应的地砖存在质量问题。对于存在色差问题的地砖有多少,是否系被上述人提供,上诉人并未提供充分的证据予以证明。另一方面,即使存在色差的地砖是被上诉人提供,因上诉人在合理期限内并未提出质量异议,也应视为质量符合约定。由于双方当事人没有约定检验期间,因此,上诉人应在收到货物后及时检验。检验后发现或应当发现质量问题的,应在合理期间内通知被上诉人。地砖块如存在色差质量问题,一般而言,应在粘贴地砖的过程中及时发现,确保施工质量符合规范要求,防止因色差问题导致的重作,故地砖的质量异议期确定为粘贴过程中、粘贴完毕前较符合常理。根据现有证据,上诉人只是在地砖全部粘贴完毕后,被上诉人起诉货款时提出了质量异议,在地砖粘贴过程中并未提及时提出质量异议,已经超过了提出质量异议的合理期限,应视为地

---

〔1〕 参见国家法官学院、最高人民法院司法案例研究院编:《中国法院2023年度案例》(买卖合同纠纷),中国法制出版社2023年版,第2~3页。浙江省台州市椒江区人民法院(2021)浙1002民初994号民事判决书。

砖符合质量约定。判决:驳回上诉,维持原判。[1]

【案例 7-37】　弗昂德公司诉佳瑞公司买卖合同纠纷案

二审法院认为,本案二审争议的焦点在于弗昂德公司向佳瑞公司提供的货物是否存在质量问题。对此,法院认为,法院依据佳瑞公司关于设备于2010年10月已经安装完毕;"验收"是指设备安装完毕后通水通电能够运转;"试运行"是指合同涉及的设备通电通水后可以运转,只要可以运转就可以视为安装验收完毕;组织及验收均由佳瑞公司组织实施的陈述,依据《合同法》第一百五十八条第二款认定佳瑞公司提出质量异议的合理期间为3个月。佳瑞公司在法院认定的合理期间以及收到合同标的物之日起的质量保证期内均未通知弗昂德公司设备质量不符合约定。因此,可以认为弗昂德公司向佳瑞公司提供的设备不存在质量问题。判决:驳回上诉,维持原判。[2]

买卖合同未约定检验期间,法官根据案涉产品的特殊情况确定合理期间。

【案例 7-38】　健恒实业有限公司诉苏州苏恒金属制品有限公司买卖合同纠纷案

判决观点,本案中当事人并未约定质量检验期间,根据《合同法》第一百五十八条的规定,结合双方约定供方对质量负责的条件为轧棍投入使用后直接磨损在3毫米以内,健恒公司作为买受人发现或者应当发现质量问题的合理期应与轧棍投入使用后直接磨损3毫米的期间相当,但因轧辊直径磨损3毫米与轧棍使用状态的外界因素相关,无法为该期间作出直接、具体的认定。双方在合同中虽另行约定的余款付款条件为"保质期满",但并未对保质期作出明确具体约定,故当事人关于保质期的约定也应视为约定不明。在此前提下,根据前述法律规定,结合轧棍的实际使用情况,本案中,买受人发现或者应当发现并提出质量问题的合理期间应当以不超过收到货物之日起两年较为合理。健恒公司提出异议时已超过两年期限,且亦未提供证据证明苏恒公司知道或者应当知道标的物不符合约定,因此健恒公司提出质量异议并要求退货应受前述法律规定合理期限的限制,故判决对健恒公司提出的退货主张不予支持。[3]

---

〔1〕 参见国家法官学院案例开发研究中心编:《中国法院2013年度案例》(买卖合同纠纷),中国法制出版社2013年版,第21页。江苏省宿迁市中级人民法院(2011)宿中商终字第4号民事判决书。

〔2〕 参见国家法官学院案例开发研究中心编:《中国法院2016年度案例》(买卖合同纠纷),中国法制出版社2016年版,第23~24页。北京市第一中级人民法院(2014)一中民(商)终字第503号民事判决书。

〔3〕 参见最高人民法院民法典贯彻实施工作领导小组编著:《中国民法典适用大全》(合同卷二),人民法院出版社2022年版,第1336~1337页。江苏省太仓市人民法院(2016)苏0585民初7700号民事判决书。

(五)质量异议抗辩的认定

《买卖合同解释》第十四条规定:"民法典第六百二十一条规定的检验期限、合理期限,二年期限经过后,买受人主张标的物的数量或质量不符合约定的,人民法院不予支持。出卖人自愿承担违约责任后,又以上述期间经过为由翻悔的,人民法院不予支持。"本条是关于异议期间经过后的法律效果的规定。本条主要包括以下几层含义:其一,本条明确了买卖合同中的三个期间经过后,买受人主张异议的权利丧失,其主张标的物质量不合格的诉请不受法律保护;其二,出卖人在检验期经过之后自愿承担责任的,基于诚信原则不得反悔;其三,因出卖人知道或者应当知道其提供的标的物不符合约定而给买受人造成损失的,在确定责任承担范围方面,应当适用过错与责任相一致的原则。对买受人由于未及时检验即投入生产等自身原因所造成的扩大损失,不宜由出卖人承担全部责任,买受人亦应承担与其过错相适应的责任。[1]

买受人收货后未在约定质保期内或法定期限内提出质量异议,在出卖人催交货款时再以质量问题主张先履行抗辩权的,不予支持。

【案例7-39】 商贸公司诉建设公司买卖合同纠纷案

二审法院认为,根据已查明的事实,2019年2月1日,商贸公司向建设公司出具一份《承诺书》,载明建设公司尚欠工程款141123元。建设公司又向商贸公司付款3万元,尚欠商贸公司111123元。第一,关于商贸公司主张剩余货款的支付条件是否成就的问题。合同约定建设公司支付货款的条件需要由商贸公司提供增值税专用发票,故建设公司辩称商贸公司尚未支付增值税专用发票而不付款。建设公司的抗辩理由源于先履行抗辩权,先履行抗辩权的构成要件之一是双方当事人因同一合同互负债务,在履行上存在关联性,形成对价关系。本案中,商贸公司按时交付合格货物和建设公司支付货款是买卖合同应付的合同对价义务。提供增值税专用发票只是商贸公司应履行的附随义务而非主要义务,附随义务的迟延履行并未直接影响合同目的的实现。建设公司的付款义务与商贸公司提供增值税专用发票并不形成合同的对价关系。建设公司接收了商贸公司交付的货物也未提出质量异议,由此证明商贸公司已完成了其主要合同义务,建设公司也应按照合同约定的价款履行付款义务。因此应当认定建设公司支付货款的条件已经成就。《合同

[1] 参见最高人民法院民事审判第二庭编著:《最高人民法院关于买卖合同司法解释理解与适用》,人民法院出版社2012年版,第354页。

法》第六十七条第一款规定“当事人应当按照约定全面履行自己的义务”,包括主要义务和附随义务。本案中,为保证合同的有序履行,避免再次发生纠纷,减少当事人诉累,商贸公司应当在建设公司履行付款义务的同时向建设公司交付与建设公司支付货款数额等值的增值税专用发票。

第二,关于商贸公司应否赔偿建设公司主张的维修费损失40万元的问题。根据《合同法》第一百一十一条的规定,建设公司要求商贸公司赔偿维修费项目的前提是,商贸公司供应的货物存在质量问题且在约定的期限内建设公司履行了通知义务。案涉货物于2017年7月、8月交付,建设公司没有提供证据证明在收货后2年内向商贸公司提出了质量异议,即使案涉货物存在质量问题,但建设公司怠于通知,依照《合同法》第一百五十八条的规定,视为案涉货物质量符合约定。建设公司提出的质量鉴定申请对证明待证事实已无意义,一审法院不予准许,并无不当。合同第三条第二点载明的“防火、防盗门按幢分批安装完成后甲方向乙方支付80%,工程竣工验收后支付总工程款的98%,2%留着质量保修金,满2年后,无质量问题付清”系双方对付款方式的约定,建设公司主张保修期整体工程于2018年12月通过验收时起算无依据,依法不予采纳。对建设公司要求商贸公司赔偿维修费损失40万元的反诉请求,法院依法不予支持。综上,建设公司的上诉请求部分成立。判决:(1)维持一审判决第二项;(2)变更一审判决第一项为:建设公司支付货款111123元给商贸公司;(3)商贸公司交付与建设公司支付上述第二项货款数额等值的增值税专用发票给建设公司。[1]

【案例7-40】　纸业公司诉条形码公司买卖合同纠纷案

一审法院认为,根据双方签订的买卖合同,在纸业公司履行交货义务后,条形码公司已按合同约定进行了验收,将所受领的热敏纸全部进行了加工。条形码公司所述纸业公司所供热敏纸有严重质量问题时,既不将原纸封存,又无质检部门鉴定。加上热敏纸是一种高敏纸,不排除条形码公司在加工过程中造成热敏纸出现质量问题。故驳回了某条形码公司的反诉请求。二审法院维持原判。[2]

预先放弃质量异议的约定系当事人的真实意思表示,并没有违反法律的禁止

---

〔1〕 参见国家法官学院、最高人民法院案例开发研究院编:《中国法院2022年度案例》(买卖合同纠纷),中国法制出版社2022年版,第9~10页。广西壮族自治区玉林市中级人民法院(2021)桂09民终2407号民事判决书。

〔2〕 参见最高人民法院民事审判第二庭编著:《最高人民法院关于买卖合同司法解释理解与适用》,人民法院出版社2012年版,第510页。湖南省长沙市中级人民法院(2011)长中民二终字第3078号民事判决书。

性规定,应认定有效约定,充分体现了当事人的自由处分原则。

【案例7－41】 防护用品公司诉进出口贸易公司等买卖合同纠纷案

二审法院认为,根据《一次性防护口罩购销协议》第二条的约定,乙方(防护用品公司)已经将产品交甲方(进出口贸易公司)审核,甲方对乙方的产品质量规格均予以认可。乙方认可甲方提出的关于双方签约的315万只口罩给予4万只口罩补货的要求,在乙方按照本协议约定的补货数量给予补货的前提下,甲方不得对乙方产品质量提出质量异议。根据对该条款的理解,防护用品公司认可向进出口贸易公司供完315万只口罩后,要给予进出口贸易公司4万只口罩补货,但防护用品公司至今未向进出口贸易公司支付4万只口罩,故进出口贸易公司要求防护用品公司按照当时市场价5.4万元(4万只×1.35元/只)予以折抵,符合协议约定,但根据协议约定,进出口贸易公司之后不得向防护用品就案涉口罩提出质量异议。判决:(1)维持一审判决第二项;(2)变更上述民事判决主文第一项为:进出口贸易公司支付防护用品公司货款69.85万元及逾期付款利息;(3)驳回防护用品公司的其他诉讼请求。[1]

【案例7－42】 丽生公司诉天地人和公司买卖合同纠纷案

一审法院认为,天地人和公司认为该合同项下丽生公司所供货物是假药,理由是该批货物混杂了龙血竭,不是血竭,属于假药。天地人和公司为证明其主张,提交了其自行制作的检测图和检测说明,但天地人和公司提交的证据不足以证明所检测的血竭是丽生公司所供之货物,故法院对该组证据不予采纳。天地人和公司向法院申请鉴定该货物是血竭或龙血竭或血竭和龙血竭的混合物。法院认为,双方当事人在交易过程中没有对诉争血竭的样本进行封存以备检验,该些货物的包装箱和包装袋可以随意打开,无法确认存放于该些包装箱和包装袋内的货物即为丽生公司所供之货物。从天地人和公司提供的单个血竭的照片来看,该血竭上的标志已不完整,是否为丽生公司所供之货难以核实,且天地人和公司收到该货物至今已长达10个月之久,在此期间天地人和公司如何保管、存放诉争货物现已无法确认,故是否存在与其他货物混淆、交叉污染的情况无法查明。综上,由于天地人和公司主张进行抽样鉴定的货物无法核实是否为丽生公司所供货物及是否存在交叉污染等情况,鉴定所需之检材无法确认,故法院对天地人和公司的鉴定申请不予采纳。涉案《购销合同》明确约定了检验期间,根据《合同法》第一百五十

---

〔1〕 参见国家法官学院、最高人民法院案例开发研究院编:《中国法院2022年度案例》(买卖合同纠纷),中国法制出版社2022年版,第16页。安徽省滁州市中级人民法院(2021)皖11民终675号民事判决书。

七条和第一百五十八条第一款的规定,天地人和公司应当将收到诉争的货物在约定的检验期间进行检验,并将诉争货物的数量或质量不符合约定的情形通知丽生公司,天地人和公司怠于通知的,视为诉争货物的数量和质量符合约定。天地人和公司抗辩其验收是对产品包装和外观的验收,与涉案合同货物验收部分所提及的质量描述不符,亦与天地人和公司作为生产、销售经批准药剂的企业应有的专业态度不符。天地人和公司在庭审中自认已经使用其中130公斤的诉争货物生产药品,并于生产药品后自行进行检测发现丽生公司所供之货物是假药,天地人和公司作为药品生产企业,没有对药品的原材料进行质量检查便将原材料投入生产有悖常理。天地人和公司没有在约定的检验期间内对诉争货物的质量提出异议,并于收货近半年后出具《企业询证函》明确应付丽生公司2414000元,却于丽生公司提起本案诉讼后对诉争货物的质量提出异议,根据《买卖合同解释》第二十条的规定,法院对天地人和公司的该项主张不予支持。综上,天地人和公司应按约定向丽生公司支付该部分货款1584000元。丽生公司依约供货后,天地人和公司理应按照合同约定在付款期限内支付货款,天地人和公司逾期付款,已经构成违约。涉案两份《购销合同》均约定,天地人和公司未依据合同约定的期限向丽生公司支付货款的,自逾期之日起,按合同金额的5%向丽生公司支付违约金。现丽生公司主张按照合同约定计收违约金140700元,天地人和公司经法院释明后没有对违约金的计算标准提出异议,且该约定亦合理合法,故法院对丽生公司的该项主张予以支持。判决:(1)天地人和公司向丽生公司支付货款83000元;(2)天地人和公司向丽生公司支付货款1584000元;(3)天地人和公司向丽生公司支付违约金140700元。二审法院同意一审法院的裁判意见,判决:驳回上诉,维持原判。[1]

双方约定的检验期届满后,买受人再以质量不符合约定抗辩的,不受法律保护。

【案例7-43】　九天利建公司诉海纳天成公司买卖合同纠纷案

二审法院认为,根据双方当事人的诉辩意见,本案的争议焦点是海纳天成公司是否应对涉案芯片的质量问题承担违约责任,对此,法院认为,第一,根据《合同法》第一百五十八条第一款的规定,本案双方签订的《九天利建公司采购合同》约定的检验期为1个月,九天利建公司于2013年10月31日签收涉案芯片后,于2013年12月13日向海纳天成公司提出质量异议,已超过

---

〔1〕　参见国家法官学院、最高人民法院司法案例研究院编:《中国法院2020年度案例》(买卖合同纠纷),中国法制出版社2020年版,第11～13页。广东省广州市中级人民法院(2018)粤01民终267号民事判决书。

双方约定的检验期。第二,九天利建公司主张双方约定的检验期1个月为外观瑕疵提出异议的期间,但双方签订的《九天利建公司采购合同》对此未作明确约定,九天利建公司对该项主张亦未提供证据予以证明,法院对九天利建公司的该项主张不予采信。第三,双方签订的《九天利建公司采购合同》约定全部产品验收合格10日内付清余款,九天利建公司业已付清货物余款。综上,因九天利建公司怠于通知海纳天成公司涉案芯片存在质量问题,应视为涉案芯片的质量符合双方签订的《九天利建公司采购合同》的约定,故九天利建公司主张海纳天成公司提供的涉案芯片存在质量问题并要求其承担违约责任,法院不予支持。海纳天成公司的上诉请求具有法律依据,法院予以支持。综上,一审判决适用法律错误,二审法院依法予以纠正。判决:(1)撤销一审判决;(2)驳回九天利建公司的全部诉讼请求。[1]

产品验收期间未提出异议,验收期间届满后申请产品质量鉴定的法律不予支持。

【案例7-44】 飞科公司诉台正公司买卖合同纠纷案

二审法院认为,双方当事人的争议焦点在于诉争货物是否存在质量问题。本案诉争的《设备制造合同》已经明确约定了检验期间,但台正公司并未在约定期间内提出质量异议,根据《合同法》第一百五十八条第一款的规定,可以认定本案中设备符合约定。事实上,在超过检验期间一至两个月后,台正公司仍继续支付货款及持续使用设备的行为也印证了这一点。综上,上诉人台正公司的上诉请求没有相应的事实和法律依据,不予支持。原审认定事实清楚,适用法律正确,应予维持。判决:驳回上诉,维持原判。[2]

买受人对质量进行抗辩的,经法院委托鉴定质量有问题的抗辩予以采信,其他无法证明质量有问题的抗辩不予支持。

【案例7-45】 科斯特公司诉奥米斯公司买卖合同纠纷案

二审法院认为,根据奥米斯公司的主张,出现质量问题的水箱配件共有三部分,分别是奥米斯公司卖给佛山欧尔派卫浴有限公司的坐便器水箱配件,卖给揭西县棉湖花芳建材经营部的坐便器水箱配件,以及库存奥米斯公司仓库中的水箱配件2440套。对于奥米斯公司卖给佛山市欧尔派卫浴有限公司的坐便器是否存在水箱配件质量问题,奥米斯公司的依据不充分,理由

---

〔1〕 参见国家法官学院案例开发研究中心编:《中国法院2016年度案例》(买卖合同纠纷),中国法制出版社2016年版,第20页。北京市第一中级人民法院(2014)一中民(商)终字第9846号民事判决书。

〔2〕 参见国家法官学院案例开发研究中心编:《中国法院2014年度案例》(买卖合同纠纷),中国法制出版社2014年版,第20~21页。福建省厦门市中级人民法院(2012)厦民终字第2938号民事判决书。

是:(1)奥米斯公司与佛山市欧尔派卫浴有限公司未能提供产品发货或提货、运输、往来款项结算等依据以证明买卖关系的真实存在。(2)佛山市欧尔派卫浴有限公司自行委托有关鉴定机构所作的检验报告是单方行为,没有证据证明抽检的样品就是科斯特公司提供给奥米斯公司的水箱配件。(3)科斯特公司与奥米斯公司的购销合同约定:奥米斯公司在安装过程中发现质量问题,科斯特公司保证包退包换。奥米斯公司并未向科斯特公司反映过安装过程中发现的质量问题,应视为水箱配件不存在质量问题。奥米斯公司对其出售给揭西县棉湖花芳建材经营部的坐便器中的水箱配件存在质量问题,因无法提供充分证据证实证明买卖关系及质量问题的真实性,法院无法采信。关于库存于奥米斯公司仓库中的2440套水箱配件的质量问题,原审法院已委托有关鉴定机构对前述配件进行抽检,抽检结果不合格,科斯特公司对该鉴定结论未能提供充分的反驳理由,故认定该批水箱配件存在质量问题。判决:(1)撤销一审判决;(2)奥米斯公司应付科斯特公司货款人民币563583元及利息;(3)奥米斯公司应将库存的2440套水箱配件退还给科斯特公司,科斯特公司收到前述配件后付还奥米斯公司货款人民币61000元;(4)驳回奥米斯公司反诉的其他诉讼请求。[1]

买卖合同未约定检验期,但约定了质保期,在质保期内买受人未提出质量异议的,买受人提出的质量抗辩不成立。

【案例7-46】 华信公司诉力化公司买卖合同纠纷案

一审法院认为,双方签订的工业品买卖合同系有效合同,对双方均具有约束力。华信公司依约供货后,力化公司应当按照约定的数额支付价款,故对华信公司请求力化公司支付货款70000元的诉讼请求予以支持;华信公司未在交付锅炉时将与锅炉正常使用有关的压力容器质量证明书等资料同时交付力化公司,存在一定过错,故对华信公司要求力化公司赔偿其经济损失9964元的诉讼请求不予支持;华信公司已全部履行了供货义务,故对力化公司以华信公司供货不全为由减除未送货产品价值的抗辩主张及反诉请求不予支持;力化公司利用华信公司提供的锅炉自2006年10月投产,到2007年10月双方约定的质保期方满,华信公司于2009年4月起诉,并未超出法定的诉讼时效期间,故对力化公司关于华信公司起诉已超过诉讼时效的抗辩主张不予支持;力化公司无证据证明曾在约定期间内向华信公司提出过有关锅炉及随机备品质量方面的异议,也无证据证明华信公司提供的锅炉力化公司于

〔1〕 参见国家法官学院案例开发研究中心编:《中国法院2013年度案例》(买卖合同纠纷),中国法制出版社2013年版,第13页。广东省潮州市中级人民法院(2011)潮中法民二终字第72号民事判决书。

2006年10月投产使用造成工期延误,故对力化公司要求华信公司赔偿因工期延误和产品质量问题造成的经济损失200000元的反诉请求不予支持。判决:(1)力化公司支付华信公司货款70000元;(2)驳回华信公司要求力化公司赔偿经济损失9964元的诉讼请求;(3)驳回力化公司的反诉请求。二审法院判决:驳回上诉,维持原判。[1]

【案例7-47】 包头甲高分子工业有限公司诉乙环保工程股份有限公司买卖合同纠纷案

最高人民法院认为,本案双方当事人签订的合同中未约定货物检验期间,但约定了一年的质量保证期。根据《合同法》第一百五十八条的规定,本案中买受人甲公司通知乙公司货物检验不合格的"合理期间"应为一年质量保证期。乙公司于2009年10月16日、10月24日、11月21日、12月5日、12月28日及2010年9月陆续将合同约定的4套电磁炉设备交付甲公司。甲公司在货物验收过程中均未提出质量问题,而是承认乙公司所属设备符合合同要求并已经实际使用。甲公司虽然上诉主张原审判决认定事实错误,但在二审中没有提供证据证明其于一年质保期内向乙公司提出了质量异议的事实。根据《买卖合同解释》第二十条的规定,《合同法》第一百五十八条规定的检验期间经过后,买受人主张标的物的数量或者质量不符合约定的,人民法院不予支持。故甲公司以产品存在质量问题为由对乙公司行使合同履行抗辩权和请求赔偿权,不予支持。[2]

买卖合同约定的检验期过短,出卖人主张货物已超过检验期合格的抗辩,法院不予支持。

【案例7-48】 上海晟濠实业有限公司与安平县海久丝网制品有限公司买卖合同纠纷案

二审法院认为,晟濠公司与海久公司签订的购货合同是双方的真实意思表示,对合同双方均具有约束力,双方均应按照合同约定全面履行各自的义务,海久公司未按照合同约定的质量标准提供货物导致晟濠公司无法实现合同目的,海久公司构成违约。关于海久公司抗辩晟濠公司未在合同约定的验收日期内验收,案涉货物应视为合格的问题。海久公司主张案涉货物于2020年8月17日送达晟濠公司指定工地,如晟濠公司认为涉案货物存在质量问题,其应在3日内提出书面异议。晟濠公司在2020年8月21日通过微

〔1〕 参见国家法官学院案例开发研究中心编:《中国法院2013年度案例》(买卖合同纠纷),中国法制出版社2013年版,第24页。山东省东营市中级人民法院(2011)东商终字第18号民事判决书。

〔2〕 参见中国审判理论研究会民事专业委员会编著:《民法典合同编条文理解与司法适用》,法律出版社2020年版,第270~271页。最高人民法院(2014)民二终27号民事判决书。

信方式告知案涉货物不合格已经超过了检验期,因此应当按照合同约定视为案涉货物合格。法院认为海久公司的该项抗辩主张不能成立,理由如下:第一,《民法典》第六百二十二条第一款规定:“当事人约定的检验期限过短,根据标的物的性质和交易习惯,买受人在检验期限内难以完成全面检验的,该期限仅视为买受人对标的物的外观瑕疵提出异议的期限。”案涉丝网是以卷状的形式送达晟濠公司指定工地。在未打开安装的情况下,3 日内晟濠公司仅能就案涉丝网的外观进行检验,难以就丝网的质量进行检验。因此双方约定的检验期限过短。第二,合同双方约定检验期的目的在于督促买受人及时履行检验义务,避免使双方的权利义务处于不确定状态。晟濠公司于 2020 年 8 月 21 日就以微信通知了海久公司案涉货物不合格,并未怠于行使权利。如仅超过合同约定的检验期 1 日即视为案涉货物合格,则对晟濠公司的检验义务未免过于苛刻。对海久公司关于晟濠公司未在合同约定的 3 日检验期限内验收产品并提出质量异议,案涉产品应视为合格的主张,法院不予支持。〔1〕

〔1〕 参见最高人民法院民法典贯彻实施工作领导小组编著:《中国民法典适用大全》(合同卷二),人民法院出版社 2022 年版,第 1347 页。河北省衡水市中级人民法院(2021)冀 11 民终 2722 号民事判决书。

三、买卖合同标的物质量纠纷的处理

(一)质量异议纠纷的处理

现实生活中,出卖人往往以质量异议期的约定为由规避对标的物隐蔽瑕疵的瑕疵担保责任,由于隐蔽瑕疵难以被发现,合同约定的检验期只能作为数量和外观瑕疵的质量异议期,而不应作为隐蔽瑕疵的质量异议期。

【案例7-49】 金玛瑙公司诉华普公司买卖合同纠纷案

一审法院认为,金玛瑙公司与华普公司签订的《产品供货合同》系各方当事人的真实意思表示,应属合法有效,各方当事人均应按照合同约定及相关法律规定严格遵守并履行各自的义务。惠普产品支持中心对QR482A存储主机设备保修期限的记录情况属于上述设备的客观状态,标的物这一客观状态是否符合合同约定,能否实现合同目的,需要结合合同条款及相关法律规定予以认定。从《产品供货合同》有关保修条款的约定来看,金玛瑙公司与华普公司之间并未针对合同设备明确约定保修期限的起止日期,亦未就此达成补充协议,在此种情况下,应当结合行业惯例和双方的交易习惯予以确定。从双方当事人的邮件往来记录可以判断,华普公司作为合同设备的专业代理商,在其与包括金玛瑙公司在内的下游客户交易过程中,已有确定的行业惯例并形成了相对固定的交易习惯,即正常交付货物保修期的起始时间与合同的实际履行时间应当保持大致一致,从而确保设备在合理的期限内交付给下游客户和最终用户时能够享受到惠普3年技术支持的保修服务,不应存在保修期不足的质量瑕疵。本案中,华普公司发货时合同设备的保修期已经超过8个月至1年不等,显然不能满足合同中有关惠普3年技术支持加24小时服务的保修条款约定,因此,法院认定华普公司交付的10套QR482A存储主机设备存在隐蔽质量瑕疵,华普公司瑕疵担保责任不因金玛瑙公司未在合同约定的期间内完成检验而免除。华普公司作为卖方,向金玛瑙公司提供存在质量瑕疵的合同设备,其行为已经构成违约,应当承担相应的违约责任。华普公司供应的合同货物存在质量瑕疵,但由于《产品供货合同》并未明确约定相应违约责任,双方亦未达成补充协议,金玛瑙公司可依据法律规定结合合同的实际履行情况提出违约责任主张。本案中,金玛瑙公司要求华普公司减少价款的前提是让步接受瑕疵设备从而核减商品价值,但其同时又要求赔偿以设备原价为基数进行折价销售的损失,显然缺乏合理依据;另外,如减少价款可以弥补产品瑕疵,则设备的后续销售问题应属金玛瑙公司自担风险的商业行为。综上,法院依法支持金玛瑙公司减少价款的诉讼请求,对于其要求支持折价销售产生的实际损失的诉讼请求,予以驳回。判决:(1)华普公司向金玛瑙公司返还货款24万元;(2)驳回金玛瑙公司的其他诉讼请求。二审法院判决:驳回上诉,维持原判。〔1〕

销售商、生产商提供的汽车质量不合格,应对购买者的损失承担连带责任。

【案例7-50】　梁某平诉富华公司、新凯汽车集团买卖合同纠纷案

一审法院认为,本案争议的焦点是涉案车辆整车是否合格,被告的行为是否构成欺诈。从娄底市质量技术监督局娄星分局委托湖南省汽车摩托车(整车)产品质量监督检测中心对涉案车辆及该车该批次的检验结果、娄底市质量技术监督部门对被告富华公司的处理结果,以及娄底市中级人民法院对娄底市质量技术监督部门处理结果的情况来看,梁某平所购车辆存在重大质量问题,应属不合格产品,虽然富华公司对鉴定部门的鉴定资质存在异议,但并没有提供相反证据证明该涉案车辆不存在质量问题。关于富华公司的行为是否构成欺诈,根据新凯汽车集团提供的国家有关部门的认证资料来看,其是经国家相关部门认可的生产厂家,具有生产汽车的相应资质,出现不合格产品的现象应该不是主观原因造成的。作为销售商的富华公司对此并不是明知的,在主观上也不存在故意,故富华公司的行为不构成欺诈。对梁某平主张欺诈并请求撤销买卖合同及要求加倍赔偿的请求,不予支持。鉴于本案的实际情况,双方的交易虽然已经完成,新凯汽车集团对该车也进行了更换和维修,但是由于其提供的产品确实存在质量问题。梁某平对该车质量已完全不信任,并在事发后一直未使用,因此他们之间的买卖合同应予解除。但涉案车辆已被质量技术监督部门没收,属于行政处罚执行范畴,故本案不予处理。车款应由富华公司和新凯汽车集团返还,梁某平因此受到的损失被告应予赔偿。梁某平的损失应确定为购买车辆所产生的一切费用和投诉后鉴定等方面所花费的损失,以及购车后所产生的孳息及误工损失,即梁某平向该院提交的车价款72800元、处理质量问题产生的费用合计19572元(其中餐费550元予以剔除)。产生的孳息按银行同期贷款年利率的7.56%计

---

〔1〕　参见国家法官学院、最高人民法院司法案例研究院编:《中国法院2021年度案例》(买卖合同纠纷),中国法制出版社2021年版,第6页。北京市第一中级人民法院(2019)京01民终6396号民事判决书。

算，即 72800 元 ×7.56% ×20 ÷12 =9172 元。另考虑到梁某平在事发后为处理质量问题有一定的误工存在，酌情考虑误工损失 3000 元。至于新凯汽车集团提出其与富华公司不存在合同关系，不是本案被告的抗辩，因新凯汽车集团向法院陈述与新凯销售公司是委托关系，虽然新凯销售公司的行为代表新凯汽车集团行使的，同时作为产品制造者，所提供的产品存在质量问题，自然应承担相应责任，因此其抗辩理由不成立。被告富华公司提出是为新凯销售公司经销，不应承担责任的抗辩，因从中获取了利益，其理由不能成立，二被告应对梁某平的损失互负连带赔偿责任。判决：(1)解除梁某平与富华公司签订的买卖合同；(2)富华公司、新凯汽车集团返还梁某平购车款 72800 元，并赔偿梁某平损失 31744 元；(3)驳回梁某平的其他诉讼请求。二审法院维持了一审判决。[1]

出卖人向买受人交付的标的物被证实确有质量问题，违反了交付合格产品的基本合同义务；而买受人作为专业的生产企业收货时放弃验收并直接使用，对由此而产生的损失负有直接责任，其诉请不受法律保护。

【案例 7 –51】 台晟公司诉达利公司买卖合同纠纷案

二审法院认为，台晟公司与达利公司的《合约书》签订后，双方理应按照约定切实履行各自的权利义务。从本案的事实来看，达利公司于 2007 年 2 月履行了交付买卖标的物的义务，台晟公司也于同年 3 月 20 日支付了货款，双方的买卖关系至此并无争议。但需要指出的是，双方《合约书》中对质量的约定并未得到切实履行。首先，双方均未能保管好双方一致确定的标样；其次，达利公司未随货向台晟公司提供检测报告；再次，台晟公司也未按《合约书》验收的标准约定即"一周内若检验出大货严重次品且不能用于生产的，将此货品全部退还供方"进行检验；最后，台晟公司在将达利公司交付的面料加工为成衣并投入市场销售被消费者投诉后，才对涉案的面料进行检测。台晟公司、达利公司双方均应当吸取教训，引以为戒。从法律的角度来看，涉案纠纷因质量问题引起，双方就质量验收环节有明确约定，台晟公司作为服饰生产的专业公司在接受面料时对面料的验收权利，以及将面料加工为成衣后对其消费者的义务等诸多环节的严格遵守和落实，均可并且也应当能够避免涉案纠纷的发生，况且发现涉案质量问题的检测要求并非无法满足，检测难度也非高不可及。就双方《合约书》中对验收的约定和达利公司《出货单》上有关"一经裁剪或染色，达利公司概不负责"的提示而言，本案纠纷

[1] 参见最高人民法院民事审判第二庭编著：《最高人民法院关于买卖合同司法解释理解与适用》，人民法院出版社 2012 年版，第 341 ~342 页。湖南省娄底市中级人民法院(2009)娄中民三终字第 70 号民事判决书。

系因台晟公司疏于对达利公司交付的面料进行验收,放弃其享有的验收权利所致,台晟公司应对自己的行为承担相应的法律后果。从诚信的角度来看,达利公司向台晟公司交付的货物经两次检测均被证实确有质量问题,达利公司亦应以本案为鉴,切实加强生产管理,完善全面质量管理体系,生产并向其相对方交付质量符合约定的合格产品。鉴于达利公司在本案的审理中就本案的处理作出了积极和善意的表示,该意思表示符合诚实信用的法律原则,二审法院予以准许。原审法院就本案的事实作出的过错方判断和责任确定确有不当,二审法院依法予以更正。判决:(1)撤销一审判决;(2)驳回台晟公司的诉讼请求;(3)准许达利公司自愿支付台晟公司人民币20000元。[1]

特定设备买卖存在履约瑕疵,但是双方针对现存特定的设备买卖,达成买卖合同的基础是基于对设备本身的认可,因此履约瑕疵不能导致合同解除。

【案例7-52】 烟台京华眼科医院与烟台宇天电子科技有限责任公司买卖合同纠纷再审案

最高人民法院认为,本案双方的争议焦点在于交付的设备是否符合合同的约定,双方在履约中是否存在违约行为。第一,本案的买卖合同不同于普通的货物买卖合同,是双方对指定设备的买卖,双方在商议买卖本案争议的这台指定设备时,这台设备已经在宇天公司手中。双方在实际交付中,宇天公司如约完成了交付双方指定的这台设备的义务,京华公司也接受并使用了这台指定的设备。在本案的买卖中,宇天公司交付的设备也是指定的这台设备,不存在对设备进行调换问题。宇天公司交付的从上家购买的这台上网设备的合同上写明的是S4(升级版),设备仪器的标签也写明是S4。宇天公司在出售这台设备时,仅写明了S4,没有把升级版的字样写在合同中,从诚信角度讲合同是有瑕疵的。双方是针对现存特定设备的买卖,达成买卖合同的基础是基于对设备本身的认可,京华医院认可这台设备就是认可了这台设备自身的性能和状况。

第二,签约时双方对设备现状是否知情。作为专业的眼科医院,对购买高精密的设备用于在人体眼睛上做手术应尽到谨慎的义务,因此,在购买前不可能对市场用于近视眼手术的美国准分子仪器的功能、市场行情不作调查了解。双方当事人在商议买卖美国准分子治疗仪时,宇天公司已明确告知京华医院该设备已经使用过不是新品。京华医院不可能不对设备的技术性能及新旧状况进行实际考察。双方买卖的这台美国准分子激光治疗仪是特定

---

〔1〕 参见最高人民法院民事审判第二庭编著:《最高人民法院关于买卖合同司法解释理解与适用》,人民法院出版社2012年版,第352~353页。上海市第一中级人民法院(2009)沪一中民四(商)终字第405号民事判决书。

的样机,S4 标签和 S3 标签同时都印在机器上,185 万元价格也是双方针对设备的现状商议的价格,京华医院作为购买和使用者,用 185 万元购买设备,却称对样机没有看到,对样机的实际状况不了解,是不能让人信服的。设备的侧面标签写明 S4,内部标签写明 S3,这些不同之处是存在于表面的,京华医院称对此不知情,也无法让人相信。即便如京华医院再审中所称,在双方办理验收时,凭外观一时无法确定其确切的型号,在试用中,仪器电脑自动打印的治疗记录中出现了 S3 型号的记载,才知道该设备不是 S4;那么从第一例手术开始,京华医院就应该看到 S3 的记载,但是京华医院做完 10 例手术后依然没有向宇天公司提出异议。这从另一方面也可以验证,京华医院对设备的状况是知道的。京华医院应该诚信履约,在接收货物后应支付欠付的货款 130 万元。

第三,京华医院是否在设备检验期内提出了异议。依据双方签订的合同书第五条的约定,京华医院成功完成 10 例手术,双方验收合格后,京华医院将剩余货款 130 万元支付给宇天公司。第七条约定,货物到达京华医院后,由双方开箱验收,如货物有短缺,宇天公司应在半个月内更新补齐。京华医院要求宇天公司交付符合合同约定设备的权利,应当受到《合同法》第一百五十八条规定的对标的物检验期间的限制,依照《合同法》第一百五十八条的规定,本案中,京华医院没有在合同约定的检验期内主张宇天公司提供的货物存在问题或不合格。2007 年 3 月 19 日,宇天公司将准分子激光治疗仪安装调试正常后,京华医院完成了合同约定的 10 例手术,在一审庭审时京华医院认可已经做了 20 例手术。在宇天公司追要尚欠的货款时,其也没有提出设备有任何问题,直到宇天公司提起诉讼,京华医院在反诉中才提出设备是 S3 不是 S4 的问题。仍然没有提出解除合同退款退货要求,也没有以签约时受欺骗为由行使合同撤销权。鉴于京华医院没有在合同约定的检验期内主张宇天公司提供的货物存在质量问题,应视为准分子激光治疗仪符合合同的约定要求。

第四,双方履约时有无违约行为。宇天公司虽然按时交付了准分子激光治疗仪,但双方为欠款发生争议后,2007 年 5 月 26 日,宇天公司将准分子激光治疗仪的治疗卡取走。治疗卡是设备的一个组成部分,宇天公司擅自取走治疗卡的行为应视为未完全履行交付货物的责任,其应当承担部分逾期交货的违约责任。但是宇天公司提供的证据表明,2008 年 10 月 17 日,京华医院仍在使用该准分子激光治疗仪为患者做手术。京华医院对此予以否认,称其租用其他单位的设备做的手术,但医院不能举出租用设备的证据。对此可以认定从 2008 年 10 月 17 日起,京华医院自行消除了缺少治疗卡的障碍,可以正常使用该治疗仪。故宇天公司的违约金按已付货款 55 万元为基数,按合同约定的每日1‰比例,从2007年5月27日起计算至2008年10月16日止。同时,京华医院也没有按合同约定支付尚欠的130万元货款,其逾期支付的行为也构成违约。但是,宇天公司在起诉时没有主张京华医院支付逾期付款的违约金,故法院仅支持其对货款的诉请。[1]

买卖合同未约定的质量检事项,不得无故加重出卖人的义务。

【案例7-53】 万全万公司诉远成公司买卖合同纠纷案

一审法院认为,万全万公司与远成公司于2016年8月12日签订的《质量保证协议书》合法有效,双方均应依约履行。双方在《产品供销合同》中约定"产品质量标准和有效期:乙方销售的产品质量须符合AJI92标准;到货时产品的剩余有效期不得少于物料中有效期的80%",远成公司向万全万公司交付的案涉货物的总有效期符合案涉买卖合同的约定。万全万公司主张交付验收时远成公司未提供现场质量审计文件,案涉货物属于质量不合格产品。对此,法院认为,现场质量审计是质量管理部门对药品供应商的人员机构、厂房设施和设备、物料管理、生产工艺流程和生产管理、质量控制实验室的设备、仪器、文件管理等进行检查,以全面评价质量保证系统。本案中,案涉货物为L-盐酸半胱氨酸(一水合物),属于食品添加剂范畴,远成公司仅是案涉货物的供应商,不是案涉货物的生产单位,《质量保证协议书》和案涉买卖合同中均未明确约定可对案涉货物生产单位进行现场质量审计或提供现场质量审计文件。合同未约定的事项,不得无故加重当事人的义务,在签订案涉买卖合同之前,双方已两次进行了L-盐酸半胱氨酸(一水合物)买卖交易。远成公司的案涉货物的交易流程、交货方式等也符合双方前两次相关物品买卖的交易习惯。况且,万全万公司并未提供证据证明案涉货物存在不符合合同约定的AJI92质量标准的情形。因此,万全万公司主张案涉货物为质量不合格产品,要求解除合同并赔偿损失,缺乏事实依据,法院不予采纳。判决:驳回原告万全万公司的全部诉讼请求。二审法院同意一审法院的裁判意见,判决:驳回上诉,维持原判。[2]

买受人怠于通知标的物数量和质量不符合约定的,视为标的物的数量和质量符合约定。

---

〔1〕 参见最高人民法院民事审判第二庭编:《最高人民法院商事审判指导案例》(第五卷)(上),中国法制出版社2011年版,第139~146页。最高人民法院(2010)民提字第169号民事判决书。

〔2〕 参见国家法官学院、最高人民法院司法案例研究院编:《中国法院2020年度案例》(买卖合同纠纷),中国法制出版社2020年版,第48~49页。福建省厦门市中级人民法院(2018)闽02民终124号民事判决书。

【案例7-54】 河北日晟网络科技有限公司与北京中科慧启胜教育科技有限公司买卖合同纠纷案

二审法院认为,双方签订的《阿里云教育一体机销售合同》第3条规定:“3.1 甲方(日晟公司)在师资培训和验收合格后5个工作日内,向乙方(慧启胜公司)支付剩余货款100000元。3.2 乙方(慧启胜公司)已经将一体机运至甲方(日晟公司)指定地点并完成安装调试。3.3 签署合同后,至2021年1月31日为止,乙方根据甲方安排组织每门课一名老师的师资培训,并保证受训老师签署培训满意度调查问卷。若直至截止日2021年1月31日,甲方未组织师资培训和验收,视为甲方验收合格,自动放弃培训,甲方付清剩余货款。若乙方未能在2021年1月31日之前其提供培训付款顺延。”本案中双方合同约定的剩余货款支付条件是师资培训和验收合格后5个工作日内。首先,关于验收一节,根据《民法典》第六百二十一条第一款的规定,本案中双方在合同约定的检验期限或验收期为截至2021年1月31日之前。现双方均认可一体机设备在2020年8月涉案合同签订时已交付并完成安装调试,日晟公司并未提交证据证明其在2021年1月31日前组织验收或就一体机设备质量问题提出过异议,也未就软件平台及课件交付问题进行催促,故应当视为验收合格。其次,关于师资培训一节,慧启胜公司提交的相关证据可以证明其于2020年12月19日完成了师资培训并取得了相关满意度调查表,符合合同约定的“至2021年1月31日为止,乙方根据甲方安排组织每门课一名老师的师资培训,并保证受训老师签署培训满意度调查问卷”。日晟公司虽上诉主张师资培训走形式、不合格,但提交的聊天记录仅是其单方陈述,慧启胜公司并未认可;且双方合同中并未约定师资培训的合格标准等,故日晟公司的该项上诉意见,缺乏依据,法院不予采纳。综上,双方合同约定的剩余货款的支付条件已经成就,日晟公司应当支付慧启胜公司剩余货款。[1]

【案例7-55】 天津华泰汽车车身制造有限公司与力神动力电池系统有限公司买卖合同纠纷案

最高人民法院认为,关于力神公司交付的电池是否存在违反合同约定的质量问题。天津华泰公司及其关联方主张其通过电子邮件的方式向力神公司多次反映电池系统装车过程中出现的问题,如缺维修开关、高压漏电、单体欠压、电量显示不准、不通讯、充电时间长、续航里程短等。其中大部分问题均属于售后维修问题,充电时间长、续航里程短则不属于技术协议要求的质

---

〔1〕 参见最高人民法院民法典贯彻实施工作领导小组编著:《中国民法典适用大全》(合同卷二),人民法院出版社2022年版,第1337~1338页。北京市第三中级人民法院(2021)京03民终19202号民事判决书。

量标准。力神公司已于2016年6月2日针对具体问题提出解决方案，通过电子邮件的方式将改善措施和现状发送至天津华泰公司，天津华泰公司此后并未就此提出异议，2017年1月16日，天津华泰公司与力神公司签订会议纪要，确定案涉电池系统的交付情况，并就库存处理和货款交付达成初步意向，亦未对产品质量提出异议。直至力神公司提起本案诉讼后，天津华泰公司才于2018年12月18日向力神公司发送质量问题通知函，主张涉案货物存在质量问题并要求索赔，已经超出了质量异议的合理期间。关于5～10个工作日是质量异议期还是外观瑕疵异议期的问题。涉案购销合同约定，货到后天津华泰公司应在5～10个工作日内完成验收，如果在10个工作日内未完成验收，则以验收合格对待。天津华泰公司主张该时间为外观验收的期间，涉案电池系统存在检验期内难以发现的隐蔽瑕疵，应另行确定质量异议期。法院认为，5～10个工作日内确实难以发现电池的隐蔽瑕疵，应当认定为外观瑕疵异议期。但即使涉案电池系统存在隐蔽瑕疵，天津华泰公司亦应在合理期限内进行检验。本案中，天津华泰公司在收到交付的电池系统后长达3年的时间未履行检验义务，明显超出合理期间。原审法院认定天津华泰公司在收到涉案货物后并未按照购销合同的约定在5～10个工作日内进行全面验收，应按照验收合格对待，有所不当，但并不影响本案的处理结果。[1]

货物质量存在问题的，买受人有权支付退回修改部分货物和多余面料款。

【案例7－56】　服饰公司诉邹某海买卖合同纠纷案

判决观点，服饰公司与邹某海存在买卖合同关系，双方均应按照合同履行义务。现服饰公司已依约交付货物，邹某海提出货物存在质量问题而未及时支付货款。对此，法院认为，首先，《服装订购合同书》中约定“甲方在验收清点完毕后，一周内如有质量问题通知我司，我司将给予修改。如果超过日期，视为甲方验收合格”，邹某海在收到服装的当天即向服饰公司反馈存在的问题，并有微信聊天记录为证。其次，邹某海于2019年9月27日将存在问题的服装退回服饰公司，服饰公司签收并备注“退回修改”字样，虽然双方的微信聊天记录及庭审中，服饰公司均表示并非因为服装存在质量问题才同意退回修改的，但是服装公司一直在与邹某海沟通修改事宜，签收行为是对邹某海提出质量问题的确认。故邹某海无须支付已退回修改部分服装的货款，而对于已经交付没有异议的服装费用，邹某海应当承担支付货款义务，即由邹某海支付服饰公司货款4087元（13386元－3950元－5349元）。关于多

---

〔1〕　参见最高人民法院民法典贯彻实施工作领导小组编著：《中国民法典适用大全》（合同卷二），人民法院出版社2022年版，第1338～1339页。最高人民法院（2019）民终1641号民事判决书。

余面料款合同约定由乙方包工包料,服饰公司提供的微信聊天记录已无法证明邹某海同意多余料款由其承担,对该诉求,法院不予支持。邹某海未及时支付货款是因为服装存在瑕疵需要修改导致,不构成违约,对于服饰公司诉求的违约金,不予支持。判决:(1)被告邹某海支付原告服饰公司货款4087元;(2)驳回原告服饰公司的其他诉讼请求。[1]

(二)质量检验纠纷的处理

在买卖合同纠纷的审判实务中,对买受人提出质量异议的情形,若买受人系超过法律规定的质量异议期间提出质量问题并拒付相应货款的,原则上依法不应予以认定,除非有证据能够证实出卖人对此予以认可。

【案例7-57】 淄博炳森机械制造有限公司诉淄博一腾石化设备工程有限公司买卖合同纠纷案

二审法院认为,双方签订的《采购合同》虽然约定了标的物分阶段检测验收,但是并未约定检验期间。根据《合同法》第一百五十八条第二款的规定,一腾公司主张其根据合同约定,在生产现场进行检验时发现产品存在质量问题,理应退货。但是两份货款分别为14342元和60060元的退货单,一腾公司于2016年4月20日才通过顺丰快递的方式退货,其既无证据证明存在质量问题,也已经超过了前述规定的质量异议期。一腾公司拒绝支付该部分货款的抗辩理由不成立。货款金额为75515元的退货单,炳森公司的业务人员孙某征已经签字予以认可,虽然炳森公司否认其真实性,但是并无反驳证据,故孙某征的行为对炳森公司具有约束力。炳森公司请求一腾公司支付该部分产品款项75515元的理由不成立,不予支持。一腾公司因该部分产品存在质量问题,要求退货,炳森公司的业务员已经确认,一腾公司以此抗辩,理由成立,一审判决在本案中一并予以处理并无不当。判决:(1)撤销一审判决;(2)一腾公司向炳森公司支付货款163526.8元并赔偿经济损失;(3)一腾公司退还炳森公司价值75515元的货物,若不能退还,则赔付相应价值;(4)驳回炳森公司的其他诉讼请求。[2]

---

[1] 参见国家法官学院、最高人民法院司法案例研究院编:《中国法院2023年度案例》(买卖合同纠纷),中国法制出版社2023年版,第7~8页。福建省厦门市同安区人民法院(2021)闽0212民初4469号民事判决书。

[2] 参见国家法官学院、最高人民法院司法案例研究院编:《中国法院2020年度案例》(买卖合同纠纷),中国法制出版社2020年版,第3页。山东省淄博市中级人民法院(2018)鲁03民终3914号民事判决书。

【案例7－58】　昌宁县宏程成功林场诉姚某军买卖合同纠纷案

判决观点，本案双方当事人没有约定检验期间，但买卖合同的标的物在运送给被告前，原告通知被告到货物上车地点进行检验，货物是在被告同意转运的前提下才上车的，说明被告已经对标的物进行了检验。根据《合同法》第一百五十八条的规定，基于本案买卖合同标的物的种类和性质，被告完全可以通过货物的外观对标的物进行及时检验，被告应当在货物装车前对货物进行及时检验，被告若认为货物质量不符合约定，被告应当在货物起运前向原告提出瑕疵异议。然而，被告未向原告提出瑕疵异议，而是随货物一同到被告住所地，并将货物卸入家中，后又对合同标的物进行了加工。因此，被告提出瑕疵异议的合理期间应当在货物起运时。根据上述法律和司法解释的规定，被告提出瑕疵异议的合理期间已经经过，视为标的物的质量符合约定，被告对标的物质量不符合约定的抗辩理由不成立，被告应当支付原告所欠货款。被告所欠货款按2800棵打核桃杆，每棵7元，计为19600元，扣减被告已经支付的6000元，被告应当支付原告货款13600元。原告主张2014年6月30日的损失与双方买卖合同的约定不符，因当天原告送货到被告住所地属履行合同确定的义务，不存在主张损失的事实。2014年7月2日，原告邀请他人到村委会要求调处纠纷的损失，因无充分证据证实，法院不予支持。原告诉请的2400棵烤烟杆不属于买卖合同关系，而是委托合同关系。鉴于双方当事人对代销价格、代销后的报酬等基本合同条款均有争议，本案不予合并审理，原告可另行提起诉讼。判决：(1)被告姚某军支付原告昌宁县宏程成功林场货款13600元；(2)驳回原告昌宁县宏程成功林场的其他诉讼请求。[1]

买受人逾期提出质量异议，视为付款条件已成就。

【案例7－59】　天成厂诉博世秾公司买卖合同纠纷案

一审法院认为，双方的争议焦点为天成厂是否已经履行设备的安装调试及验收义务，付款条件是否成就。综合双方的陈述与证据，可以认定天成厂派遣人员对涉案设备进行了安装调试的事实，未能整机运行的原因是博世秾公司处的电量不足，该原因不能归结于天成厂。设备验收系买卖双方均负有的义务，且双方约定质量异议在货到后1个月内以书面形式提出，但博世秾公司在2013年1月收到设备并经安装调试后长达3年的时间始终未对设备验收提出异议，该过错应由其自行承担。买受人逾期付款应承担相应的违约

---

〔1〕 参见国家法官学院案例开发研究中心编：《中国法院2016年度案例》（买卖合同纠纷），中国法制出版社2016年版，第11～12页。云南省大理白族自治州永平县人民法院(2014)永民初字第219号民事判决书。

责任。博世秾公司结欠天成厂货款160000元,扣除运杂费20500元,余款139500元应当按约及时付清。天成厂要求逾期付款利息按银行同期同类贷款基准利率自起诉之日计算至实际履行之日,事实充分,理由正当,应予支持。判决:(1)博世秾公司支付天成厂货款139500元及利息;(2)驳回天成厂的其他诉讼请求。二审法院同意一审法院的裁判意见,判决:驳回上诉,维持原判。[1]

【案例7-60】 林甸县阳光燃料有限公司诉林甸伊利乳业有限公司买卖合同纠纷案

判决观点,被告以原告交付的煤炭质量不符合合同的约定,提出按照合同的约定原告交付的每车煤均应出具该批煤的质量检验报告单。被告并为此提供了大庆市产品质量监督检验所出具的(2009)黑质监验字(108)号检验报告,主张扣减原告的煤款。该报告不符合双方约定的煤炭质量送检程序,不是双方共同取样送检,不能作为被告提出的煤的质量不符合约定的扣款依据。被告提出原告交付的每车煤均应出具该批煤的质量检验报告单,在实际履行中原告虽然没有提供相关质量检验报告单,但原告交付的每车批次煤被告均已接受,对质量检验报告单的有无没有提出异议。综上,被告欠原告的煤款应当给付。在诉讼中,原告增加要求被告给付违约金50000元的诉讼请求。原、被告合同终止的原因是煤的质量问题发生争议,致使合同终止,双方中的一方不存在合同中约定的无故终止合同的违约事实,原告增加违约金的诉讼请求法院不予支持。判决:(1)被告林甸伊利乳业有限公司给付原告林甸县阳光燃料有限公司煤的价款165644.54元;(2)驳回原告要求被告给付违约金50000元的诉讼请求。[2]

买受人未在约定或法定期间内验收的,不能以此为由拒付货款。

【案例7-61】 凯睿达公司诉岜山化纤公司买卖合同纠纷案

二审法院认为,本案中,虽然双方签订的合同在结算方式条款中约定安装调试验收合格为后期付款的条件,但并未约定检验期间,岜山化纤公司作为买受人,应当及时检验,因岜山化纤公司怠于检验,也未有证据证明其在前述法律规定的合理期限或两年期内对上诉人所供设备存在质量问题通知过出卖人,由此,应当认定凯睿达公司交付的货物符合双方约定的质量标准,自货物交付之日即2012年5月23日至上诉人主张利息损失的起算日2015年

[1] 参见国家法官学院案例开发研究中心编:《中国法院2019年度案例》(买卖合同纠纷),中国法制出版社2019年版,第124页。江苏省无锡市中级人民法院(2017)苏02民3260号民事判决书。

[2] 参见国家法官学院案例开发研究中心编:《中国法院2014年度案例》(买卖合同纠纷),中国法制出版社2014年版,第17页。黑龙江省大庆市林甸县人民法院(2011)林商初字第153号民事判决书。

10月20日,已过3年,超过前述法律规定的最长两年质量异议期间和合同约定的一年质保期间。此时,未经调试验收已不能成为邕山化纤公司拒付货款的理由,故上诉人的诉讼请求,有事实和法律依据,法院予以支持。一审对此处理不当,二审法院予以纠正。凯睿达公司主张的逾期付款利息损失,符合法律规定,亦应予以支持。判决:(1)撤销一审判决;(2)被上诉人邕山化纤公司支付上诉人凯睿达公司货款29.5万元及利息。[1]

【案例7-62】 北方永邦公司诉重庆非致公司买卖合同纠纷案

一审法院认为,本案的争议焦点之一是,对北方永邦公司于2014年7月1日提供的50部"借货"产品及1部"换货"产品,重庆非致公司是否应支付相应的货款。北方永邦公司发送的50部"借货"产品,重庆非致公司收到该产品后应将换下的产品及时退还北方永邦公司。重庆非致公司主张已退还50部,但北方永邦公司认可收到49部产品,在重庆非致公司未能举证退货数量的情况下,法院采纳北方永邦公司认可的数据,即重庆非致公司尚有1部"换货"产品未退还。北方永邦公司已将在重庆非致公司处的51部产品开具了金额为86700元的增值税发票,说明双方已对"借货"的用途进行了变更,重庆非致公司收到发票时未质疑发票中记载的内容,视为其认可负有支付发票款项的义务。重庆非致公司应当支付此批货款86700元。本案的争议焦点之二是,北方永邦公司提供的重庆非致公司的防爆手机是否存在质量问题,并足以导致重庆非致公司拒绝履行付款义务、单方解除合同。《产品供销合同》已为买方约定了质量检验期间,即收货后的5日内。重庆非致公司在2014年7月初时已经知道了防爆手机的电池易发生问题,仍然与北方永邦公司签订了年度买卖合同。重庆非致公司在2014年7月、10月先后收到北方永邦公司提供的手机后,未在5日内就手机的质量问题提出书面异议,并且将手机直接交用户使用,故应视为北方永邦公司提供的手机符合质量约定。重庆非致公司并未举证证明在其收到卖方的发票之前,北方永邦公司存在严重的拒绝履行售后服务的情形,故重庆非致公司应当在收到卖方提供的发票后,支付相应的货款。重庆非致公司拖欠货款174200元,已构成违约,应承担违约责任。北方永邦公司主张的货款、利息、违约金和律师费等诉讼请求,符合合同约定,法院予以支持。北方永邦公司要求重庆非致公司返还10部备用手机,但其并未申请证明10部备用手机已交付给重庆非致公司,故法院对此项诉讼请求,不予支持。重庆非致公司主张的手机质量问题,应在其支付欠款后,通过卖方的售后服务解决。北方永邦公司应本着对客户负

---

[1] 参见国家法官学院案例开发研究中心编:《中国法院2019年度案例》(买卖合同纠纷),中国法制出版社2019年版,第128页。山东省淄博市中级人民法院(2017)鲁03民终3849号民事判决书。

责的态度,继续做好售后服务工作。重庆非致公司的反诉请求,法院不予支持。判决:(1)重庆非致公司给付北方永邦公司货款174200元及利息;(2)重庆非致公司给付北方永邦公司违约金425元、律师费15000元;(3)驳回北方永邦公司的其他诉讼请求;(4)驳回重庆非致公司的反诉请求。二审法院判决:驳回上诉,维持原判。[1]

买受人未在约定或法定期间内提出异议的,应当支付剩余货款。出卖人有过错的,不能向买受人主张逾期付款违约金。

【案例7-63】 金源公司诉明申公司买卖合同纠纷再审案

再审法院认为,金源公司没有提供充分证据,证明自己分别在约定的调试期、验收期内和一年的三包期内提出设备不能生产-9、-12型号线缆的问题。一审开庭笔录记载金源公司关于其没有提出异议是因为当时只生产小规模(-5、-7)产品的解释,也证明金源公司在上述期限内没有提出异议。金源公司应当向明申公司支付尚欠的132000元货款而未支付,因此金源公司无权要求明申公司支付违约金。合同约定的产品调试一周内完成应当是明申公司积极履行的行为,在双方对是否已经调试生产-9、-12型号线缆有争议的情况下,明申公司作为调试义务人,应当用证据证明其履行义务的事实,而明申公司不能提交已经成功调试的证据,应确认明申公司在履行合同中也存在过错,并且在约定的验收期内以及验收期之后,双方均没有共同验收,对此双方均有过错。因此明申公司也无权据此要求金源公司支付违约金。关于金源公司要求降价问题。金源公司没有在约定的调试期内、验收期内和一年的三包期内向明申公司提出设备不能生产-9、-12型号线缆的问题,在本案中,金源公司没有证据设备不能生产-9、-12型号线缆,其关于降价的诉讼请求没有依据。综上,金源公司尚欠明申公司货款132000元,应当向明申公司支付。双方在合同中约定安装调试合格验收期满一周内付清余款,但是双方至今没有验收,因此金源公司的付款义务应当确认为明申公司在本案中提出反诉之日,即2007年1月19日,对此后的欠款孳息也应一并支付。原审判决认定事实、适用法律部分有误。判决:(1)撤销二审判决;(2)维持一审判决第三项、第四项;(3)撤销一审判决第一项;(4)变更一审判决第二项为:金源公司向明申公司付清剩余设备款132000元和利息。[2]

在买卖合同中,瑕疵通知义务,即要求买受人在发现其收取的货物存在权利

---

[1] 参见国家法官学院案例开发研究中心编:《中国法院2018年度案例》(买卖合同纠纷),中国法制出版社2018年版,第2~3页。北京市第一中级人民法院(2016)京01民终2972号民事判决书。

[2] 参见李勇主编:《买卖合同纠纷》,法律出版社2011年版,第311页。山东省高级人民法院(2008)鲁民提字第209号民事判决书。

瑕疵或者品质瑕疵时应及时将这种情况通知出卖人。瑕疵通知义务履行得及时，可以对出卖人采取相应的补救措施，如减少价金、更换货物、及时修补，甚至在货物瑕疵构成根本违约时，买受人可以在发出瑕疵通知后解除后果的法律效果三个条件中的一个重要条件。如果买受人没有及时地将货物的瑕疵通知给出卖人，视为货物的品质符合合同要求，由此所造成的不利后果应由买受人自己承担。

【案例7-64】 长新公司诉金星公司国际货物买卖合同纠纷

二审法院认为，长新公司收取4部电扶梯始终没有针对该货物本身提出异议，数年后其以金星公司交付货物的包装问题和无报关单为由，主张金星公司构成根本违约，拒付剩余货款并请求退款。该主张没有事实依据且有悖于法律规定；一审法院在没有证据证明本案诉讼的标的物系非法入关的情况下，即以金星公司不能证明4部电扶梯进口的合法性为由，认定合同目的无法实现，并作出解除合同、由金星公司取回货物退回货款，驳回该公司反诉请求的判决属认定事实不清，适用法律错误，处理结果不当，二审法院予以纠正。[1]

未在合理期限内提出质量异议，不能以质量不符合约定为由主张解除合同。

【案例7-65】 潍坊市宏源防水材料有限公司与山东杰达机械工业有限公司买卖合同纠纷再审案

最高人民法院认为，关于宏源公司主张杰达公司未按照合同约定将设备安装完成调试成功，未按合同约定验收，未生产出合格产品的问题。(1)宏源公司未在合理期间内提出质量异议。本案中，双方当事人在涉案合同中约定："十五、验收标准和方法：1.生产线按合同中相应的主要参数考核，单机设备按设备使用说明书考核。2.生产线稳定运转200小时，产品质量和产量达到要求，分别对$20g/m^2$、$35g/m^2$、$45g/m^2$、$80g/m^2$、$120g/m^2$规格产品进行考核。"根据上述约定，本案双方当事人约定的检验期间是生产线稳定运转200小时。在约定的检验期间内，宏源公司应当将质量不符合约定的情形通知杰达公司。宏源公司未及时通知，应视为设备质量符合约定。一、二审法院考虑到杰达公司的设备属于需安装运转后一段时间才能发现内在质量缺陷的产品，将宏源公司提出质量异议的合理期间认定为自设备安装调试完毕运转之日起6个月，已经充分考虑了宏源公司利益。(2)从另案查明的事实分析。一方面，另案生效判决认定宏源公司已经生产出产品并进行了销售；另一方面，2005年设备安装投产后，宏源公司一直未向杰达公司提出解除合同的主

[1] 参见北京市高级人民法院编：《审判前沿——新类型案件审判实务》2006年第2集（总第16集），法律出版社2007年版，第37页。

张,且已经支付了90%即324万元的设备款。但直至杰达公司2007年另案诉至法院要求付清剩余10%的设备款时,宏源公司才提出杰达公司的部分设备没有交付和交付后质量不合格,合同已经解除的问题,显然不合常理。(3)宏源公司申请再审时,未提交充分证据证明涉案设备未调试成功、未生产出合格产品的主张。综上,宏源公司该项再审申请理由不能成立。关于宏源公司主张一审未进行鉴定,程序错误的问题。一审判决认为,因宏源公司的行为,导致设施设备本身质量存在问题还是使用不当出现问题,无法作出准确结论,故未进行鉴定。二审法院组织询问时,宏源公司承认其确实未经杰达公司同意,自行维修、改造了生产线设备,转移了涉案生产线的生产场所,故一审未进行鉴定的理由正当,不存在程序错误的问题。宏源公司再审申请理由不能成立。[1]

产品合格证、产品型号及产品说明书、厂名、厂址、生产及出厂日期等均属于收货时即能及时发现的产品缺陷即外观缺陷,买受人未提出异议的,应视为交付的产品符合合同约定。

【案例7-66】 佛山大立针纺织机械有限公司与隋某吉、高密市全吉针纺织有限公司买卖合同纠纷再审案

最高人民法院认为,《设备购销合同》中约定:"设备性能质量以订购时隋某吉向佛山大立公司提供所需设备的功能要求或提示样布为验收标准,现场安装调试合格后,双方签字认可。"隋某吉在验收单中注明缺少的零部件或者将"零部件配齐"字样划去,可见隋某吉对验收单的签署是非常慎重的。2003年12月26日,隋某吉向佛山大立公司出具的承诺书表示,调试成功后方可签署验收单。可见隋某吉对签收验收单的作用是完全知晓的。7份验收单上注明了安装时间、完成时间、签署验收单时间,完成时间均晚于安装时间。因此,验收单上注明的完成时间即机器设备检验调试完成的时间,隋某吉在记载了完成时间的验收单上署名,表明其对7台机器均认可调试成功。2003年12月9日,佛山大立公司回函,此时仅交付了两台机器,即30″28G90F单面机和34″24G72双面机,且回函指明了更换30″28G90F单面机。之后,隋某吉又陆续出具付款承诺书、签订《补充协议》、继续接收佛山大立公司交付的机器设备,这进一步证明对其余7台机器设备的质量是认可的。

《使用说明书》是隋某吉在原审提交的证据材料,隋某吉购买机器设备时应当了解使用说明书第1页产品特征(1)的内容,机器设备主体由佛山大

---

〔1〕 最高人民法院(2012)民申字第1650号民事裁定书。

立公司设计制造。机器设备是否是台湾100%原装进口,并不能据此认定不能符合或不能达到台湾山立兴机械股份有限公司设计生产的定性标准。隋某吉依据《使用说明书》所标注的计算技术标准说明佛山大立公司销售的机器设备不符合该标准。二审判决关于佛山大立公司向隋某吉交付的机器及针筒,未按双方约定的台湾山立兴机械股份有限公司设计生产的定性标准执行的认定,法院予以纠正。

综上所述,隋某吉在涉案7台机器设备验收单上签字确认调试成功,且没有在合同约定的时间内提出书面质量异议,也未能提供证据证明设备到厂即是“三无产品”,不符合合同约定的质量标准。隋某吉以佛山大立公司销售的机器设备是“三无产品”,存在质量问题为由拒绝支付剩余的款项,构成了违约。隋某吉应当按照合同约定支付剩余货款93万元,并承担违约责任。佛山大立公司已经按合同约定交付了7台机器设备,并提交了隋某吉出具的验收单、付款承诺等证实其交付的机器设备并非“三无产品”,符合双方约定的质量标准。佛山大立公司通过《补充协议》同意调换30″28G90F单面机1台,对于该台机器设备及一个备用针筒(24G),佛山大立公司存在违约行为,应从隋某吉支付的剩余货款中扣减,并承担隋某吉返还该台机器设备的运输费用。隋某吉逾期付款与佛山大立公司交付的30″28G90F单面机1台存在质量问题不无关系,双方当事人在合同履行中均有违约行为,应各自承担相应的责任。二审判决关于佛山大立公司未按双方约定的质量标准履行合同首先构成违约,隋某吉提出退货并返还其货款的认定,法院予以纠正。二审判决关于全吉公司与佛山大立公司之间未发生业务往来,无须承担连带给付货款的责任认定,法院予以维持。[1]

未在约定的期限内行使合同解除权,应视为质量符合约定。

【案例7-67】　阿瓦提小摊羊肉制品公司与阿瓦提县鸿广蔬菜配送有限责任公司买卖合同纠纷案

二审法院认为,本案中,小摊羊公司(买受人)陈述鸿广公司(出卖方)交付的货物存在质量问题,根据双方提交的换货单等证据,鸿广公司交付的货物确实存在质量瑕疵,但在小摊羊公司发现交付的货物不符合约定的情况下,通知鸿广公司后,鸿广公司及时予以更换,但小摊羊公司并未在合同约定的期限内通知对方以行使合同解除权,应视为质量符合约定,在此情况下,小摊羊公司并未按照合同约定履行自己要求供货的义务,导致合同履行期限内

〔1〕　参见最高人民法院民事审判第二庭编:《商事审判指导》2011年4辑(总第38辑),人民法院出版社2012年版,第205~215页。最高人民法院(2011)民抗字第46号民事判决书。

未全部履行,应由小摊羊公司承担违约责任。[1]

买受人未及时检验,应自行承担不利后果。

【案例7-68】 曾某香与李某坤买卖合同纠纷案

二审法院认为,曾某香与李某坤之间买卖西瓜的合同关系成立。曾某香按照约定支付货款,李某坤安排车辆将西瓜送运至曾某香处,双方均已全面履行了合同义务。现曾某香提出诉讼请求,要求李某坤退还货款以及曾某香支付给第三方的运费,根据庭审调查的情况,曾某香实际上是要求李某坤承担西瓜质量不合格的赔偿责任。根据《民法典》第六百二十条、第六百二十一条的规定,曾某香应当在收到西瓜后及时检验,在发现西瓜质量不合格的情况下,应当及时通知李某坤,并收集、保存因西瓜质量不合格给本人造成损失的证据以便在诉讼中维护自己的合法权益。从曾某香提供的与李某坤的微信聊天记录来看,在2021年7月19日西瓜到货的当天上午,曾某香确实通过微信告知李某坤西瓜存在质量问题,并要求李某坤赔偿曾某香200元。李某坤在当天18时16分给曾某香发送语音信息,让曾某香将坏了的西瓜挑出来拍成视频告知李某坤。但是至庭审时,曾某香并未提供质量不合格西瓜的数量。曾某香开庭时陈述,从李某坤处购买的西瓜只卖出了5000元左右,大部分西瓜在2021年7月27日联系市场工作人员拖走倒掉了。西瓜属于鲜果类食物,其对保存条件、温度、存放时间等均有严格的要求,曾某香提供的图片证据既不能证明图片上腐败变质西瓜的数量,也不能证明李某坤提供的有质量问题而被拖走倒掉的西瓜数量。所以,曾某香的具体损失数额无法确定,故曾某香请求按照全部货款数额赔偿损失的请求,不予支持。根据《民事诉讼法》的相关规定,当事人对自己的主张有责任提供证据,否则应当承担举证不能的不利后果。[2]

【案例7-69】 南通华新环保科技有限公司与浙江奥力环保设备有限公司买卖合同纠纷案

二审法院认为,南通华新环保科技有限公司(以下简称华新公司)认为浙江奥力环保设备有限公司(以下简称奥力公司)提供的无轴螺旋体不符合质量标准,部分无轴螺旋体发生断裂给华新公司造成损失,故华新公司不应支付剩余货款。对此,法院评析如下:首先,根据《民法典》第六百二十条的

---

〔1〕 参见最高人民法院民法典贯彻实施工作领导小组编著:《中国民法典适用大全》(合同卷二),人民法院出版社2022年版,第1226页。新疆维吾尔自治区阿克苏地区中级人民法院(2021)新29民终1325号民事判决书。

〔2〕 参见最高人民法院民法典贯彻实施工作领导小组编著:《中国民法典适用大全》(合同卷二),人民法院出版社2022年版,第1324页。湖南省岳阳市中级人民法院(2021)湘06民终3919号民事判决书。

规定,买受人收到标的物应当在约定的检验期内检验,没有约定检验期的,应当及时检验。第六百二十一条规定,当事人没有约定检验期的,标的物有质量保证期的,适用质量保证期,不适用该2年的规定。案涉两份《购销合同》为华新公司与奥力公司的真实意思表示,合法有效。两份《购销合同》均未约定产品的验收标准、方法及异议期限。故华新公司应及时检验,在合理期限内对案涉产品质量进行检测并提出异议。至质量保证期届满时,华新公司未就产品质量向奥力公司提出异议。对标的物约定有质量保证期的,买受人发现质量不符合约定应在质量保证期内通知出卖人,在未约定检验期时,买受人更应在质量保证期内对产品予以检验。故依照上述规定,华新公司未及时地履行检验义务,案涉无轴螺旋体质量视为符合双方约定。其次,就断裂的两根无轴螺旋体产品,华新公司与奥力公司于(2020)苏0612民初3132号案件中达成调解协议,双方已无争议;就案涉无轴螺旋体的其余产品,经华新公司确认仍在使用中,并未予以替换,亦应视为华新公司对奥力公司产品质量的实际确认。因此,一审法院认定并无不当。华新公司应向奥力公司支付剩余货款。[1]

买受人在出库单上签字且未提出异议,推定为对商品的型号进行了检验。

【案例7-70】　固始县利来针织有限公司与东莞市利胜机电设备有限公司买卖合同纠纷案

二审法院认为,在一审判决作出前,固始县利来针织有限公司(以下简称利来公司)并未对东莞市利胜机电设备有限公司(以下简称利胜公司)提供的产品及型号提出异议,且在利胜公司向其索要货款的过程中,也未对产品型号提出任何异议,且将利胜公司开具的增值税专用发票用于抵扣相应税款。虽然二审中利来公司提交了产品铭牌照片一张,拟证明利胜公司提供的产品型号和合同约定不符,但该照片的真实性无法认定,且铭牌照片也不能达到利胜公司提供的产品并非合同约定产品的证明目的。《民法典》第六百二十三条规定,当事人对检验期限未作约定,买受人签收的送货单、确认单等载明标的物的数量、型号、规格的,推定买受人已经对数量和外观瑕疵进行检验,但是有相关证据足以推翻的除外。本案中,利来公司已于2018年4月28日在利胜公司提供的《出库通知单》上签字认可且未提出异议,也没有相反证据予以证实,故应当认定利来公司已经对案涉产品的型号进行检验,利胜公司提供的产品符合双方约定。利来公司在二审中关于利胜公司提供的产

〔1〕参见最高人民法院民法典贯彻实施工作领导小组编著:《中国民法典适用大全》(合同卷二),人民法院出版社2022年版,第1325页。浙江省湖州市中级人民法院(2021)浙05民终1489号民事判决书。

品不符合约定的上述理由没有事实和法律依据,不予支持。〔1〕

(三)质量补救措施的处理

《民法典》第五百八十二条规定:"履行不符合约定的,应当按照当事人的约定承担违约责任。对违约责任没有约定或者约定不明确,依据本法第五百一十条的规定仍不能确定的,受损害方根据标的的性质以及损失的大小,可以合理选择请求对方承担修理、重作、更换、退货、减少价款或者报酬等违约责任。"本条是关于履行不符合约定补救措施的规定。本条主要包括以下几层含义:其一,本条明确了质量不符合约定的补救措施;其二,本条列举了承担修理、重作、更换、退货、减少价款或者报酬等违约责任;其三,买卖双方对质量违约责任有约定的,从其约定;其四,买卖双方对补救措施没有约定或者虽有约定但约定不明确的,可以协议补充,不能达成补充协议的,按照合同相关条款或者约定交易习惯确定;其五,本条列举的补救措施中的适用顺序选择应有合理性;其六,本条列举的补救措施外,还包括其他方式。

《买卖合同解释》第十五条规定:"买受人依约保留部分价款作为质量保证金,出卖人在质量保证期未及时解决质量问题而影响标的物的价值或者使用效果,出卖人主张支付该部分价款的,人民法院不予支持。"本条是关于质量保证金的规定。本条主要包括以下几层含义:其一,本条明确了适用前提是出卖人在质量保证期未及时解决质量问题而影响标的物的价值或者使用效果;其二,本条明确了出卖人要求退还保证金的法律不予支持。

《买卖合同解释》第十六条规定:"买受人在检验期限、质量保证期、合理期限内提出质量异议,出卖人未按要求予以修理或者因情况紧急,买受人自行或者通过第三人修理标的物后,主张出卖人负担因此发生的合理费用的,人民法院应予支持。"本条是关于自行修理或通过第三人修理标的物而发生的合理费用负担的规定。本条主要包括以下几层含义:其一,本条的适用前提是在规定的期间内提出质量异议;其二,规定了存在法定的修理事由,一为未按要求修理,二为情况紧急;其三,合理费用由出卖人承担;其四,人民法院在审判实践中适用本条规定时,应当注意把握质量检验、质量异议、主张修理、费用负担之间的逻辑关系,厘清裁判的进路,避免在适用条件的判断上出现遗漏和逻辑混乱。从逻辑上看,四者之

〔1〕 参见最高人民法院民法典贯彻实施工作领导小组编著:《中国民法典适用大全》(合同卷二),人民法院出版社2022年版,第1353~1354页。河南省信阳市中级人民法院(2021)豫15民终364号民事判决书。

间存在递进关系,前者为后者的基础,后者的主张是否成立一般应以前者的行使是否适当作为前提和基础。基于四者之间的特殊逻辑关系,人民法院在审理质量瑕疵而导致的替代性损害赔偿案件时,首先应按逻辑顺序对质量检验、质量异议,是否主张修理逐一进行审查判断,在确认必要前提都已具备的情况下,才应考虑对替代性损害赔偿费用本身是否合理进行查证判断。[1]

《买卖合同解释》第十七条规定:"标的物质量不符合约定,买受人依照民法典第五百八十二条的规定要求减少价款的,人民法院应予支持。当事人主张以符合约定的标的物和实际交付的标的物交付时的市场价格计算差价的,人民法院应予支持。价款已经支付,买受人主张返还减价后多出部分价款的,人民法院应予支持。"本条是关于减价的违约责任、如何减价以及返款问题的规定。本条主要包括以下两层含义:其一,本条明确了减价的条件是质量不符合约定;其二,本条规定了减价的时间标准和价格标准。

标的物存在瑕疵时,买受人可以主张修理、更换、减价、退货、损害赔偿不同的救济方式,买受人应首先根据约定主张相应的救济方式;在没有约定时,有权根据实际情况选择适用,修理等再履行请求权并不必然具有优先使用地位。最高人民法院法官认为,在审判实务中,宜按实定法规则处理,不能认定再履行请求权具有优先适用地位。[2] 换言之,买受人选择质量承担责任方式,是行使法律规定的救济方式。一般情况下,应尊重买受人对责任承担方式的选择。在买受人没有解除合同,而且合同也没有约定质量不合格是违约责任的承担方式时,买受人可以根据标的物的性质以及损失的大小,合理选择要求对方承担修理、更换、重做、退货、减少价款或者报酬等违约责任。所谓"合理选择",即综合考虑质量瑕疵的程度、不同的补救方式的成本等确定相应的责任承担方式。具体来说,能通过修理解决的,应当避免更换或重装;能通过外部方式加以改善的,应当通过减少价款赔偿损失等方式予以解决,以贯彻权利救济中的比例原则。个案中,由法官根据具体案情行使自由裁量权予以认定。

【案例 7-71】　苏华公司诉日昌公司买卖合同纠纷案

一审法院认为,关于涉案三台变压器应为铝箔还是铜箔问题,由于涉案合同和设计图纸中都未以文字形式对此作出明确约定,在双方存在争议的情况下,按照《变压器类产品型号编制方法》(JB/T 3878—2010)的规定,涉案三台变压器应为铜箔。日昌公司交付苏华公司的涉案变压器均为铝箔,不符

---

〔1〕 参见最高人民法院民事审判第二庭编著:《最高人民法院关于买卖合同司法解释理解与适用》,人民法院出版社 2012 年版,第 374 页。

〔2〕 参见最高人民法院民事审判第二庭编著:《最高人民法院关于买卖合同司法解释理解与适用》,人民法院出版社 2012 年版,第 373 页。

合约定。涉案变压器以铝箔代替铜箔确实不符合约定,日昌公司因此构成违约。根据《合同法》第一百一十一条的规定,从质量问题上说,涉案变压器主要表现在升温方面,而国家并未禁止变压器使用铝箔。从使用状态上说,箱式变电站投入使用至今已超过1年时间,而且目前仍在使用中。从相关费用来说,如果更换变压器,必然产生停电、拆卸、安装等高昂费用。基于以上因素,在当事人未作出特别约定、合同亦未解除的情况下,更换变压器不属于解决本案纠纷的合理方式。苏华公司可以通过减少价款等合理方式另行主张权利。因此,法院对苏华公司要求更换变压器的诉讼请求不予支持。由于变电站已在使用中,对苏华公司要求提供全站设备国家级产品检验试验合格报告的诉讼请求,法院不予支持。日昌公司履行了供货义务,只是该履行行为属于不完全给付,与合同约定的违约金责任的情形不符,对苏华公司的违约金请求不予支持。判决:驳回苏华公司的全部诉讼请求。二审法院认为,原审法院认定日昌公司提供的产品与合同约定不符并无不当。但因案涉标的物的主要问题体现在升温方面,且由于箱式变电站已投入使用,更换标的物成本亦较高。综合本案情况,原审法院认定更换变压器不属于解决本案纠纷的合理方式亦无不妥。另外,变电站已经处于使用过程中,苏华公司要求日昌公司提供全站设备国家级产品检验试验合格报告,还要求日昌公司给付50万元违约金,没有合同依据,法院均不予支持。原审判决认定事实清楚,适用法律正确,应予维持。判决:驳回上诉,维持原判。〔1〕

标的物存在质量瑕疵的情形,买受人须合理选择主张修理请求权或者更换请求权。在出卖人未能通过修理恢复标的物的性能,修理无法实现合同目的的前提下,买受人可以变更选择,主张更换请求权。

【案例7-72】 任某生诉宜兴市广海元汽车销售公司买卖合同纠纷案

判决观点,原告任某生从被告广海元公司购买轿车,双方之间成立买卖合同关系,双方应依照合同约定履行义务。广海元公司交付的机动车存在质量问题,不符合合同约定,根据《合同法》的规定,任某生"可以合理选择要求对方修理、更换、重作、退货、减少价款或报酬等违约责任"。当事人订立合同的目的是实现各自的期望。本案中,任某生购买轿车的目的是充当交通工具,便于生活工作,在其购车不到两年的时间内,该车多次出现变速箱质量问题,历经多次修理仍故障不断。此种情形,对于任某生而言,仅凭修理(更换部件)已无法实现合同目的。此外,变速箱是机动车最重要的部件之一,变速

〔1〕 参见国家法官学院、最高人民法院司法案例研究院编:《中国法院2021年度案例》(买卖合同纠纷),中国法制出版社2021年版,第14~15页。北京市第二中级人民法院(2019)京02民终7241号民事判决书。

箱反复出现问题，说明车辆存在安全隐患，任某生为实现合同目的以及消除自身、他人之安全隐患，主张更换车辆的要求于法有据。虽然原、被告双方曾就纠纷解决达成调解协议，但广海元公司未能履行调解协议约定的义务。签订调解协议的目的是恢复车辆的使用协议性能，实现任某生的购车目的，而安全驾驶是任某生购买车辆的最基本的要求。修理过程的状况显示，仅凭修理（更换部件）难以确保驾车安全。因此，调解协议不能对抗任某生的更换请求。判决：支持原告任某生更换同款轿车的诉讼请求。〔1〕

经鉴定为以旧翻新产品，买受人有权要求出卖人承担退货并赔偿损失的违约责任。

【案例7-73】 同方公司诉东方正龙公司买卖合同纠纷案

判决观点，《采购合同》中约定，122台15寸唯一牌CRT显示器用于商务学院校园网建设；在岳麓法院的生效民事判决书中确认同方公司为商务学院提供了120台显示器，用于东方正龙语音室，《产品质量鉴定报告》中120台显示器的规格型号为“WEIYI15”。故法院认定岳麓法院的生效民事判决中判令同方公司予以更换或赔偿款项96000元的120台显示器即为东方正龙公司依据《采购合同》向同方公司提供的显示器。岳麓法院的生效民事判决判定同方公司“将商务学院两间东方正龙语音室显示器更换为符合国家技术标准的合格产品，如未按判决书指定期间更换上述设备，则应赔偿商务学院96000元”。《采购合同》中明确约定东方正龙公司提供的全部产品，必须是符合国家相关质量标准的全新未使用过的产品。直至2010年6月24日《产品质量鉴定报告》作出后，各方才能确认本案所涉产品系以旧翻新机，才能确认东方正龙公司确实存在违约行为。故同方公司要求东方正龙公司支付其赔偿款96000元的诉讼请求，法院予以支持。同方公司应将本案所涉120台显示器退还东方正龙公司。判决：（1）被告东方正龙公司赔偿原告同方公司损失108023元；（2）原告同方公司退还被告东方正龙公司依据《采购合同》提供用于湖南商务职业技术学院校园网建设的120台15寸唯一牌CRT显示器（A级管），如原告同方公司不能按指定期限退还上述显示器，则应按每台显示器30元的价格赔偿被告东方正龙公司损失，该损失在本判决第一项被告东方正龙公司的赔偿义务中抵销。〔2〕

关于买受人行使救济措施的限制问题。《买卖合同解释》第二十四条规定：

---

〔1〕 参见周江洪等主编：《民法判例百选》，法律出版社2020年版，第351～352页。江苏省宜兴市人民法院（2011）宜民初字第2540号民事判决书。

〔2〕 参见国家法官学院案例开发研究中心编：《中国法院2014年度案例》（买卖合同纠纷），中国法制出版社2014年版，第10页。北京市海淀区人民法院（2012）海民初字第15159号民事判决书。

"买受人在缔约时知道或者应当知道标的物质量存在瑕疵,主张出卖人承担瑕疵担保责任的,人民法院不予支持,但买受人在缔约时不知道该瑕疵会导致标的物的基本效用显著降低的除外。"本条是关于买卖合同标的物存在质量瑕疵情形下,买受人的主观状态与出卖人瑕疵担保责任之间关系的规定。本条包含以下几层含义:其一,本条适用的前提条件是买受人在缔约时知道或者应当知道标的物质量存在瑕疵;其二,本条规定的例外即但书部分,缔约时不知道该瑕疵会导致标的的物的基本效用显著降低的。

【案例7-74】 A公司诉B公司买卖合同纠纷案

一审法院认为,因购买的电缆存在不符合国家标准的情况,双方达成减少价款10万元的合意。质量不符合约定时,A公司采取减少价款的方式,系其权衡了质量问题的进一步风险与其自身利益需求后所做的自主判断,不应再将质量问题引起的后果归于B公司,故判决驳回A公司的诉讼请求。A公司上诉称其认为尽管电缆存在质量瑕疵,但还是可以使用的,现系争电缆在未使用的情况下即发生自燃,明显存在质量瑕疵且无法使用,因此原审法院认为A公司在权衡质量问题的风险与自身利益的需求后签订补充协议与事实不符。二审法院最终维持了一审判决。[1]

经营者应对在保修期内的微型计算机商品提供免费三包服务,其向消费者主张其维修服务属于付费项目的,应当依正当程序原则履行合理告知及证明义务。经营者在维修收费时未履行正当告知程序,诉讼中又无法提供符合基本形式要件的维修记录,或提供的收费依据存在明显瑕疵的,消费者主张返回已支付的维修费,法院应予支持。

【案例7-75】 金某某诉苹果公司修理合同纠纷案

二审法院认为,关于苹果公司是否应当承担免费保修义务问题,根据苹果公司在其官方网站及产品三包服务凭证中所作的承诺,其向购买合法苹果电脑的消费者直接提供三包服务。金某某现表示接受苹果公司的相关服务承诺,故双方之间的三包服务合意已经达成。在保修期内,苹果公司应当向金某某履行整机免费保修义务。关于维修费,维修费收据虽能证明金某某在付费后知晓维修事项,但并不能证明其与苹果公司达成了确认维修事项不属于免费保修范围的合意。苹果公司主张维修费用应当以其履行了合理告知及证明程序为前提,即其应当在维修活动中完整保存维修记录,并在维修完

---

〔1〕 参见最高人民法院民事审判第二庭编著:《最高人民法院关于买卖合同司法解释理解与适用》,人民法院出版社2012年版,第507页。上海市第二中级人民法院(2010)沪二中民四(商)终字第1403号民事判决书。

成后向消费者出示说明维修过程，以正当程序证明其主张维修费用的请求权基础。但苹果公司提交的《Genius Bar 授权文件》中缺少金某某的签名，记载的形成时间与苹果公司的主张自相矛盾，而且内容不符合《微型计算机商品修理更换退货责任规定》的要求，不能据此认定苹果公司在收费前向金某某履行了正当的告知程序。同时，苹果公司虽主张系争电脑因外力损害导致IPD 线断裂，但未尽举证责任。因此，苹果公司在免费保修业务基础上的维修费请求权基础不能成立，应当向金某某返还所收取的 443.83 元维修费。此外，金某某主张苹果公司在履行维修合同过程中造成了其财产损失，但未予证明，不予支持。综上所述，对金某某的上诉请求予以部分支持。判决：(1)撤销一审判决；(2)苹果公司应当返还金某某人民币 443.83 元；(3)驳回金某某的其他诉讼请求。[1]

个案中，对于因质量问题部分扣减货款的，由法官根据具体案情行使自由裁量权确定。

【案例 7－76】　深圳市魅极照明科技有限公司与李某军等买卖合同纠纷案

二审法院认为，本案为买卖合同纠纷，关于涉案货款应否扣减的问题，魅极公司、李某军上诉主张亿电公司的产品存在质量问题，魅极公司已提出异议，但亿电公司不予解决，按照双方的约定，魅极公司可扣减或不支付存在质量问题的货款，而且魅极公司的法定代表人米某义在微信聊天中也同意扣款。经审查，从双方法定代表人的微信聊天记录、亿电公司针对部分不良产品所做的《客诉处理分析报告》等证据可知，亿电公司的部分产品存在质量问题，虽然亿电公司自行检测后认为原因在于对产品使用的方法不当，但亿电公司的法定代表人米某义在微信聊天中也表示对有质量的问题的产品可以扣除货款，可见双方对产品质量及是否扣除货款曾协商处理。本案中，虽然魅极公司并未举证证明产品存在质量问题的具体数量，但其已将存在质量问题的产品样本交由亿电公司检测，而且亿电公司的法定代表人也表示可以扣除部分货款，从公平原则及本案的实际出发，为更好地处理双方纠纷，根据《民法典》第六百一十七条的规定，法院酌情扣减部分货款，以魅极公司支付货款的 20% 为宜，即魅极公司、李某军支付货款 67662.51 元(84578.14 元 × 80%)给亿电公司。魅极公司、李某军的上诉请求合理部分，予以支持。[2]

---

〔1〕 参见最高人民法院中国应用法学研究所编：《人民法院案例选》2021 年第 7 辑(总第 161 辑)，人民法院出版社 2021 年版，第 125 页。上海市第一中级人民法院(2019)沪 01 民终 50 号民事判决书。

〔2〕 参见最高人民法院民法典贯彻实施工作领导小组编著：《中国民法典适用大全》(合同卷二)，人民法院出版社 2022 年版，第 1304 页。广东省江门市中级人民法院(2021)粤 07 民终 6472 号民事判决书。

【案例7-77】 熊某银与靖江市卓越广告有限公司买卖合同纠纷再审案

再审法院认为,本案中,依据双方的合同约定,案涉设备为92万元,一、二审查明熊某银已支付27.6万元。如前所述,卓越公司应承担交货标的不符合约定、产品质量瑕疵的违约责任,由于双方在合同中对产品的违约责任并未明确约定,故法院综合全部事实,依据上述法律规定,酌定按照设备价款的70%支付货款,扣除已经支付的27.6万元,熊某银对案涉货款尚需支付36.8万元。至于原二审判决后已经执行的部分,本判决生效后,双方在执行程序中解决。[1]

合同条款免除出卖人对瑕疵标的的担保义务,但合同并未约定免除出卖人的售后维护义务,出卖人应承担维修义务。

【案例7-78】 昆山洁宏无纺布制品有限公司与海安美佳医用敷料有限公司买卖合同纠纷案

二审法院认为,案涉《设备转让协议》的签订背景系在新冠疫情防控形势较为紧张之时,买受人洁宏公司作为商事主体,其签约前在生产车间口罩生产线观看调试,对两条设备的产品质量、产能、速度等均予认可,并自愿免除出卖人美佳公司的瑕疵担保责任,应系对收益和风险进行充分均衡之后作出的决策。该协议不存在违法违规之处,故《设备转让协议》合法有效,双方均应按约确定权利、履行义务。洁宏公司主张依照《买卖合同解释》之规定,买受人在缔约时知道或者应当知道标的物存在瑕疵,主张出卖人承担瑕疵担保责任的,人民法院不予支持,但买受人在缔约时不知道该瑕疵会导致标的物的基本效用显著降低的除外。案涉生产线目前无法运转,无法满足其基本效用,故出卖人仍需承担瑕疵担保责任。就此法院认为,上述条款是买卖标的物为瑕疵物品,买受人在缔约时知道或者应当知道标的物质量存在瑕疵,买受人知道质量瑕疵的程度与其订立买卖合同的目的相悖,或对质量瑕疵的严重程度缺乏了解的情况下规定的对买受人的救济。本案《设备转让协议》中并未约定标的物系瑕疵物品,不存在买受人了解瑕疵与实际严重不对等情形,故不适用该条款。综上,洁宏公司案涉生产线存在瑕疵、美佳公司构成根本违约要求解除买卖合同,缺乏事实和法律依据,不予支持。需要指出的是,虽然出卖人对瑕疵标的担保义务已有合同条款免除,但合同并未约定免除出卖人的售后维护义务。《设备转让协议》中约定:“今后该两条生产线的售后维护由洁宏公司与中科公司直接对接。”该协议中并未有中科公司签字确认,

---

〔1〕 参见最高人民法院民法典贯彻实施工作领导小组编著:《中国民法典适用大全》(合同卷二),人民法院出版社2022年版,第1045页。江苏省高级人民法院(2020)苏民再102号民事判决书。

中科公司在本案的诉讼中也一直坚持认为其仅与美佳公司存在合同关系，故不能认定出卖人美佳公司的售后维护义务已转移给中科公司。至于该义务的具体履行方式，可由美佳公司与洁宏公司、中科公司自行协商，各方应积极作为，促使生产线尽早恢复运转，避免造成社会生产资源的浪费，为疫情防控助力。综上，洁宏公司的上诉请求不能成立。一审判决认定事实清楚，判决结果并无不当，应予维持。[1]

应注意的是，对质量保证金与违约金的并用问题有不同观点。最高人民法院法官认为，二者能否并用不能一概而论，应区分不同类型予以分别处理。违约责任方式与质量保证金的功能目的不存在冲突时，二者可以并用；否则，只能选择其一行使。质量保证金虽然是金钱担保，但是在标的物质量确有瑕疵时，又成为买受人以金钱方式弥补损失的一种措施。买卖合同中违约责任的承担方式既有金钱方式，也有金钱之外的责任承担方式，修理更换等方式。如果质量保证金与违约责任在性质、功能、目的上不存在重合和冲突，二者当然可以并用。[2]

（四）质量缺陷赔偿的处理

本部分质量缺陷赔偿的处理，针对的是因产品不符合约定造成的各种损失处理。

种子存在质量问题，没有可参照农作物的产量损失的，则根据具体情况确定。

【案例 7－79】　臧某定诉石丰公司买卖合同纠纷案

二审法院认为，双方之间实际上形成买卖合同关系，石丰公司应向臧某定提供符合国家标准及与包装说明相符的番茄种子。臧某定提出质量和测产鉴定，石河子市种子管理站因无鉴定资质，对其鉴定效力不予认定；新疆农林业司法鉴定所重新对臧某定种植的红宝十号、红宝三号进行了质量鉴定、面积测量、产量测产，该鉴定程序合法；因红宝十号、红宝三号是新引进的高产品种，当地无同种产品3年平均亩产产量可予以对比，故鉴定单位将普通番茄品种的平均亩产进行对比，应该理解为臧某定种植的红宝十号、红宝三号所获产量与其他农户种植的普通番茄品种所获产量相比没有减少损失，并未排除与红宝十号、红宝三号特殊高产品种的实际产量及承诺产量进行对比

〔1〕　参见最高人民法院民法典贯彻实施工作领导小组编著：《中国民法典适用大全》（合同卷二），人民法院出版社2022年版，第1314～1315页。江苏省南通市中级人民法院（2020）苏06民终3767号民事判决书。

〔2〕　参见李玉林：《合同纠纷前沿问题审判实务》，中国法制出版社2014年版，第132～133页。

是否有损失的结论,该鉴定客观合理合法有效。石丰公司向臧某定提供假红宝十号番茄种子,应当依法承担违约责任;臧某定所称的红宝三号地已经被采摘完,无法认定品种是否是红宝三号,故对红宝三号质量问题不予认定。因红宝三号产品说明中承诺一般亩产8吨,红宝十号虽没有明确亩产量,但将两个品种每亩保株率、单株坐果数、单果重量进行对比可知,红宝十号的一般亩产量应该高于红宝三号,经测产,臧某定的实际平均亩产4126公斤,远低于石丰公司的承诺约定,石丰公司的违约行为成立,应承担违约赔偿责任。红宝十号、红宝三号种子价格、产量远高于普通番茄品种的单价和产量,具有特殊性,不应将其作为普通番茄作物计算产量,因本地既无3年红宝十号、红宝三号统计资料,也无当地当年同种作物单位面积平均产值的数据,故对臧某定土地物化成本进行鉴定。考虑到臧某定已收获的产量、播种时间、土地状况、种植经营管理等因素,以及双方当事人数次的调解方案,臧某定可得利益损失调整至按当年每亩地资金及劳动力投入的1倍计算可得利益损失较为合适,即300125.90元(1153元×260.3亩×1倍)。判决:(1)维持一审判决第二项;(2)撤销一审判决第一项;(3)石丰公司赔偿臧某定可得利益损失3001251.90元。[1]

买受人认为出卖人交付的设备有质量问题,经出卖人处理后,买受人认为还存在质量问题但又不申请质量鉴定的,其诉求无受法律保护。

【案例7-80】 博泳公司诉蓝格赛公司买卖合同纠纷案

判决观点,博泳公司与蓝格赛公司签订的《销售合同》系双方当事人的真实意思表示,内容合法,应属有效,双方应当按照合同的约定积极履行。蓝格赛公司将货物交付博泳公司后,博泳公司发现4台主机存在质量问题,要求蓝格赛公司处理,蓝格赛公司亦积极进行了处理。本案的焦点在于,经过维修以后,该4台主机是否存在质量问题。现有证据不足以证明该4台主机经过维修之后,仍然存在质量问题,且经法院询问,博泳公司亦不主张对该4台主机是否存在质量问题申请鉴定。法院认为博泳公司主张蓝格赛公司提供的货物经维修后仍存在的质量问题的证据不足,不予确认。法院认为博泳公司要求蓝格赛公司退还货款、赔偿损失及仓储费及货款利息损失的诉讼请求于法无据,法院不予确认。判决:驳回博泳公司的全部诉讼请求。[2]

---

〔1〕 参见国家法官学院案例开发研究中心编:《中国法院2014年度案例》(买卖合同纠纷),中国法制出版社2014年版,第34~35页。新疆生产建设兵团第八师中级人民法院(2012)兵八民二终字第93号民事判决书。

〔2〕 参见国家法官学院案例开发研究中心编:《中国法院2012年度案例》(买卖合同纠纷),中国法制出版社2012年版,第26页。北京市海淀区人民法院(2010)海民初字第21900号民事判决书。

买受人先后提出退货解除合同和修理、继续履行等具体主张，法院根据案件的实际情况，对其主张的合理部分予以支持。

【案例7－81】　A公司诉B公司买卖合同纠纷案

二审法院认为，本案买卖合同合法有效，争议的两台加热炉存在质量瑕疵，A公司有权要求退货。经调解，双方查看加热炉现场后达成限期修理的协议，A公司变更退货请求为维修和履行原协议的请求，法院依法准许。判决结果是B公司赔偿A公司的损失。[1]

因除尘器无法运转被环保部门行政处罚属于间接损失，该损失虽然不是环保设备公司提供的冲天炉除尘设备出现质量问题所直接导致的，但从设备出现质量问题到设备停运再到铸造公司向空中排放不符合环保要求的废气，直到被环保部门行政处罚，这四者之间无疑形成了一条上下承接、前后贯通的因果链条，因此，能够认定铸造公司被环保部门行政处罚而造成的损失与环保设备公司提供不合格设备之间存在间接因果关系。

【案例7－82】　济南康德铸造有限公司诉黄海双狮环保设备有限公司买卖合同纠纷案

二审法院认为，本案所涉除尘设备系环保设备公司通过竞标专门为铸造公司定制的除尘设备，滤袋作为除尘设备的重要组成部分，应当能够承受铸造公司冲天炉的温度，不致起火，方能满足铸造公司的生产需要。但滤袋在除尘设备安装测试工作过程中，先后两次起火，且环保设备公司认可在2006年4月20日滤袋第一次起火时，其工作人员在现场不间断进行观察，现环保设备公司上诉称，起火可能是环保设备公司提供除尘设备自身质量之外的原因，在二审法院向其释明其应当就滤袋起火原因并非其设备自身问题承担举证责任，否则应承担举证不能的无利后果，环保设备公司在指定的期限内并未提交滤袋起火原因的鉴定申请，其应当承担举证不能的不利后果。由于环保设备公司向铸造公司提供的除尘设备质量不合格，除尘设备在短短4个月内被维修数次，且除尘滤袋两次起火，导致设备无法使用，铸造公司被当地环保部门予以行政处罚。一审法院据此认为，环保设备公司所提供的除尘设备不能满足双方在买卖合同中约定的“需方的需要”及“国家环保要求”，双方签订合同目的不能实现并无不当，本案情形符合《合同法》第九十四条第一款第四项的规定。一审法院依据铸造公司已书面通知环保设备公司解除合

---

〔1〕　参见最高人民法院民事审判第二庭编著：《最高人民法院关于买卖合同司法解释理解与适用》，人民法院出版社2012年版，第508页。陕西省宝鸡市中级人民法院（2011）宝市中法民二终字第117号民事判决书。

同，且环保设备公司已收到该通知的事实，认定双方之间的买卖合同依法解除并无不当。综上，上诉人环保设备公司的上诉理由不能成立。判决：驳回上诉，维持原判。〔1〕 本案中，环保部门对铸造公司行政处罚的罚款1万元，一、二审法院都判决由环保设备公司赔偿。

出卖人交付的标的物不符合质量要求的，买受人可以依法请求承担违约责任。

【案例7-83】 四川甲机械集团有限责任公司诉四川甲机械集团有限责任公司乙矿山机器厂买卖合同纠纷案

二审法院认为，案涉设备存在质量问题，达不到合同约定的技术参数，应是多方面原因造成的。设计、制造、安装和使用环节的缺陷和操作不当均有可能导致。甲公司乙矿机厂作为设备的制造方对质量问题应负主要责任。从案涉合同的约定来看，丙公司作为需方提供技术参数，并在实际操作中参与了案涉设备的设计，但设计参数的准确性仍由甲公司乙矿机厂负责，也即甲公司乙矿机厂作为设备的制造、提供方对设备符合合同约定的技术参数负有不可推卸的责任。这也是甲公司乙矿机厂在纠纷过程中积极配合丙公司处理质量问题的原因。丙公司主张依照合同约定，甲公司乙矿机厂负责确保设计的正确性和指导设备的安装工作，即使存在上述因素，也应归责于甲公司乙矿机厂。丙公司亦参与了案涉设备设计参数的确定，且案涉设备的安装工作实际由丁公司负责，丙公司将上述因素综合导致的质量问题完全归责于甲公司乙矿机厂与案件事实不符，也不符合公平原则。综上，依照《合同法》第一百五十五条的规定，甲公司、甲公司乙矿机厂应对案涉设备存在的问题负主要责任。甲公司、甲公司乙矿机厂关于案涉设备存在质量问题，且即使存在质量问题，也不应由其承担责任的上诉理由与本案查明的事实不符，法院不予支持。〔2〕

【案例7-84】 朱某杰与西安石砚贸易有限责任公司买卖合同纠纷案

二审法院认为，本案中，朱某杰在公安部门的询问笔录中认可与胡某望口头约定煤炭质量为发热量5000大卡以上，在彭某某、刘某伟的询问笔录中也予以证实，故石砚公司与登杰源公司煤炭买卖合同中口头约定煤炭发热量为5000千卡/千克以上的事实应予以认定。原、被告在合同履行过程中，石砚公司向登杰源公司及时提出煤炭发热量不符合约定、南阳热电公司收到煤

---

〔1〕 参见李勇主编：《买卖合同纠纷》，法律出版社2011年版，第347~348页。

〔2〕 参见中国审判理论研究会民事专业委员会编著：《民法典合同编条文理解与司法适用》，法律出版社2020年版，第265页。四川省高级人民法院（2017）川民终166号民事判决书。

炭后出具热至3975千卡/千克的事实应予认定，登杰源公司因第三人飞亚公司造成违约应依法承担违约责任，故买受人石砚公司请求出卖人登杰源公司承担违约责任、赔偿损失的诉讼主张，合法有据，应予支持。[1]

出卖人发电机组质量经鉴定不符合合同约定，应承担相应的损失。

【案例7－85】　吉林里程协合风力发电有限公司诉江苏新誉重工科技有限公司买卖合同纠纷案

最高人民法院认为，根据双方当事人的诉辩主张及案件的审理情况，本案的争议焦点：(1)案涉发电机组质量是否符合合同约定，由此产生的损失应如何承担；(2)案涉发电机组质保期如何认定，因发电机组质量问题导致的损失应否受质保期的限制；(3)因发电机组质量问题导致的发电量损失如何认定，责任如何承担。具体评析如下。

(一)关于案涉发电机组质量是否符合合同约定以及由此产生的损失应如何承担的问题。案涉两份《发电机组采购合同》系新誉公司与里程公司自愿签订，不违反法律、法规强制性规定，合法有效。双方当事人均应恪守合同约定，依约履行合同义务。案涉《发电机组采购合同》附件《技术规范书》第1.1条约定："风电机组设计寿命20年，其中主要部件(风轮、发电机、齿轮箱、主轴、机舱、主机塔架)在设计寿命期间不必更换。"《发电机组采购合同》之《技术附件》附件1技术规格书约定："1.1风力发电机风轮由3个叶片、叶片轴承及轮毂构成。3.1风轮叶片数量：3支(德国技术，本公司制造)。"根据上述合同约定，叶片属于风电机组的主要部件，应符合在设计寿命20年期间不必更换的合同要求。根据里程公司提交的镇赉风电场案涉发电机组现场照片及公证材料记载内容，可以认定案涉发电机组发生大范围叶片断裂、弯曲、停机等客观事实。根据中国电力企业联合会司法鉴定中心(北京)出具的《风力发电机组故障原因司法鉴定意见书》的鉴定意见，结合贾某向里程公司工作人员发送的《叶片折断分析报告》，能够认定案涉发电机组的主要部件叶片存在质量问题，不符合满足产品正常安全运行和长期使用的合同约定标准。一审法院据此判令新誉公司承担因叶片质量问题产生的维修更换费用，有事实和合同依据，并无不当。因《风力发电机组故障原因司法鉴定意见书》对发电机组其他设备质量问题作出推断性结论，一审法院结合里程公司提交的各维修单位出具的拆解及检测报告、齿轮箱鉴定及维修方案等证据情况，综合认定质保期内发电机组其他设备发生故障并判令新誉公司承担

〔1〕　参见最高人民法院民法典贯彻实施工作领导小组编著：《中国民法典适用大全》(合同卷二)，人民法院出版社2022年版，第1303～1304页。陕西省铜川市中级人民法院(2021)陕02民终672号民事判决书。

更换维修费用,亦无不当。新誉公司主张第三方出具的检查报告不应采信,但未提交足以反驳的证据及理由。故对其此项上诉理由,法院不予采信。关于新誉公司上诉主张《风力发电机组故障原因司法鉴定意见书》存在根本错误问题。经查,该司法鉴定系白城市中级人民法院根据里程公司的申请,依法委托中国电力企业联合会司法鉴定中心(北京)作出,鉴定人依法出庭接受了质询。新誉公司虽对鉴定意见不予认可,但未提供足以反驳的相反证据及理由,亦未申请重新鉴定。其所称预验收合格证等未经质证问题,一审法院已向双方当事人释明但双方均未提交,且该问题并不影响对叶片质量问题的鉴定结论。故此,该鉴定意见可以作为认定案涉发电机组叶片存在质量问题的依据。关于新誉公司上诉主张贾某邮件不应采信问题。贾某邮件所附《叶片折断分析报告》系通过新誉公司电子邮箱发送至里程公司工作人员的电子邮箱,邮件所附发件人贾某的电子名片印有新誉公司名称等信息;里程公司一审时提交了贾某社保信息及新誉公司企业信息,二审提交了贾某代表新誉公司参加并签字的会议纪要。综合上述证据,能够证明该《叶片折断分析报告》系新誉公司工作人员所发。故此,贾某邮件所附《叶片折断分析报告》,可以作为认定案涉发电机组叶片存在质量问题的依据。

(二)关于质保期如何认定以及因发电机组质量问题导致的损失应否受质保期限制问题。案涉两份《发电机组采购合同》对质量保证期、预验收、最终验收、验收过程中的权利义务进行了明确约定。作为卖方,新誉公司负有承担安装、调试、试运行的合同义务。但新誉公司至今未提供任何有关案涉发电机组安装、调试、试运行的证据,或里程公司拒绝配合安装、调试、试运行的证据。案涉设备于2007年12月、2008年8月至11月交付完毕,实际运转并对外售电。根据公平原则,结合另案的生效裁判,可以认定案涉设备已经预验收并进入质保期。在案证据亦可证明案涉机组存在质量问题及新誉公司在案涉风场提供服务时间超过其主张的质保期的事实。综合上述情况,一审法院根据合同约定及举证规则,酌定以能够认定的发电机组实际运转时间作为本案质保期起算时间,并对各发电机组均以27.5个月为质保期,符合案件实际,并无不当。依据《合同法》第一百五十三条和第一百五十五条的规定,出卖人应当按照约定的质量要求交付标的物,出卖人交付的标的物不符合质量要求的,买受人可以依法请求其承担违约责任。案涉《发电机组采购合同》1.20约定:“设备缺陷是指卖方因设计、制造错误或疏忽所引起的本合同设备(包括部件、原材料、铸锻件、元器件等)达不到本合同规定的性能、质量标准要求的情形。”9.15约定:“潜在缺陷指设备的隐患在正常情况下不能在制造和短期运行过程中被发现的情况。当发现这类潜在缺陷时,卖方应按照本合同的规定进行修理或调换。”根据上述法律规定和合同约定,因案涉叶片存在设计生产质量问题而导致的全部有关叶片更换安装及维修费用,不应受质保期的限制。至于发电机组的其他设备,因现有证据不能认定其存在根本质量问题或设计缺陷,故此其故障导致的损失认定及责任承担应受质保期的限制。一审判决关于质保期的认定正确,二审法院予以认可。

(三)关于发电机组质量问题导致的发电量损失如何承担问题。《合同法》第一百一十三条第一款规定,当事人一方不履行合同义务或者履行合同义务不符合约定,给对方造成损失的,损失赔偿额应当相当于因违约所造成的损失,包括合同履行后可以获得的利益,但不得超过违反合同一方订立合同时预见到或者应当预见到的因违反合同可能造成的损失。案涉《发电机组采购合同》1.12 约定,质量保证期内,卖方新誉公司保证合同设备的正常稳定运行并负责排除合同设备的任何缺陷。故此,质保期内因发电机组质量问题产生的发电量损失,属于案涉买卖合同中里程公司履约后可以获得的可得利益损失,不超过里程公司一方订立合同时预见到或者应当预见到的因违反合同可能造成的损失范围,应予支持。风力发电机组的发电量受发电机组性能配置、限电指标、产能设置、维护措施是否得当等诸多因素的影响。里程公司主张质保期外的电量损失属于可得利益损失,应举证证明该电量损失系因新誉公司生产的叶片存在质量问题所致以及能否排除叶片质量以外的原因。一审中里程公司提交了其自行委托鉴定机构出具的鉴定意见,二审中未就此项上诉理由提交新的证据。一审法院委托上海砝鉴检测技术有限公司出具的《鉴定意见书》主要统计了故障时长并以此为依据计算了电量损失。根据本案现有证据,尚难以认定质保期外因叶片质量问题导致的发电量损失。一审法院依据案涉《发电机组采购合同》关于质保期的规定,采用上海砝鉴检测技术有限公司出具的《鉴定意见书》中核准的数据,判令新誉公司赔偿质保期内的发电量损失,结论并无明显不当。故对里程公司此项上诉请求,不予支持。综上,里程公司、新誉公司的上诉请求均不能成立,法院均不予支持。原审判决认定事实清楚,适用法律正确,裁判结果并无不当。判决:驳回上诉,维持原判。[1]

出卖人不能以买受人已使用了设备为由免除己方物的瑕疵担保义务。

【案例 7-86】 某智能公司与某机械公司买卖合同纠纷案

二审法院认为,某机械公司未提交证据证明涉案设备交付时验收合格。法院经现场勘验,要求某机械公司换回其原有的零部件后,进行现场试生产,以进行设备检验,但某机械公司不予配合。法院另要求某机械公司对某智能

〔1〕 最高人民法院(2022)民终 74 号民事判决书。

公司所提出的质量问题进行恢复和维修,某机械公司亦拒绝提交维修方案。后法院根据某智能公司的申请,委托专业鉴定机构对涉案熔喷布设备进行鉴定,鉴定意见为:两套设备在设计、生产时就缺少基本零件和关键部件、安全设施,质量不合格,无法生产出合格的熔喷布。法院遂判决解除涉案买卖合同,判令某机械公司返还货款。[1]

---

〔1〕 山东省高级人民法院发布2022年度山东法院十大买卖合同纠纷典型案件,山东省高级人民法院(2022)鲁民申2403号民事裁定书。

专题八　买卖合同交付纠纷

交付是买卖合同重要的必经环节，出卖人应当保证标的物具备相应合格条件后才能交付，买受人认为标的物符合购买目的后才会接收标的物。标的物买卖交付在理论上并无太多争议，在司法实践中却是争议颇大的问题之一。《民法典》合同编第九章涉及交付的规定有第五百九十八条至第六百零三条计6个条文，再加上交付风险的第六百零四条至第六百一十一条计8个条文，共计14个条文可见交付涉及的相关问题较多，本专题就买卖合同交付与其紧密相连所有权转移问题及其风险承担进行阐述。

一、买卖合同交付的理解

(一)买卖合同交付的含义

所谓交付,即转移占有。交付是指权利人将自己占有的物转移其他人占有的行为,[1]一般而言,交付是占有的现实转移。在买卖合同中,交付意味着转移占有。转移占有是指占有人通过法律行为将其占有物交付他人,受让人因此而取得占有。占有人转移占有,自受让人取得事实上对物的管领力时完成。占有转移必须满足以下三个条件:一是前提条件,出让人必须占有标的物(自行交付),或虽非亲自占有标的物,却保持对标的物的实际控制能力;二是主观方面,有转移占有的意思表示,出让人主观上必须要有转让的意思表示;三是客观方面,有转移占有的行为。动产所有权的转移以交付为准。

所谓交付,主流观点认为出卖方将所售货物及相关销售票据交付给买受人的过程。交付是出卖人的最基本、最主要的义务。

在现实生活中,交付的方式和内容是多种多样的,当事人也可以根据法律规定作出相应的约定。在此约定下,出卖人不仅应当按照法律规定交付货物,更应当履行合同约定的义务,减少交付在法律上不完整而产生的诸多纠纷。

1. 买卖合同交付的主要规定

《民法典》第五百九十八条规定:"出卖人应当履行向买受人交付标的物或者交付提取标的物单证,并转移标的物所有权的义务。"立法者释义为,标的物的交付是指对标的物占有的转移。民法理论将标的物的交付分为现实的交付和拟制的交付两种。现实的交付,是指出卖人将标的物的占有直接转移于买受人,使标的物处于买受人的实际控制之下。如将出卖的商品直接交给买受人,将出卖房屋的钥匙交给买受人等,都是现实交付。拟制的交付,是指出卖人将标的物占有的权利转移于买受人,以替代现实的交付。本条规定的出卖人应当履行向买受人交

---

〔1〕 参见王利明:《物权法研究》(修订版)(上卷),中国人民大学出版社2007年版,第372页。

付“提取标的物单证”的义务，就是一种拟制的交付。[1]

《民法典》第五百九十九条规定：“出卖人应当按照约定或者交易习惯向买受人交付提取标的物单证以外的有关单证和资料。”应当明确的是，“以外的有关单证和资料”的具体范围可以是合同约定的，也可以是合同之外根据交易习惯确定的。发生争议进入诉讼程序后，由法官根据具体案情确定范围。《买卖合同解释》第四条列明了“以外的有关单证和资料”的常见范围。

《民法典》第六百条规定：“出卖具有知识产权的标的物的，除法律另有规定或者当事人另有约定外，该标的物的知识产权不属于买受人。”本条明确属于知识产权买受人，必须有法律的规定或者当事人的约定。

《民法典》第六百零一条规定：“出卖人应当按照约定的时间交付标的物。约定交付期限的，出卖人可以在该交付期限内的任何时间交付。”该条明确了交付的时间和交付的期限，这两个交付时间概念，都是买卖双方协商一致的结果，并且直接约束出卖人。约定有具体的交付日期的，应当按照约定的具体日期交付；没有约定具体日期但约定了交付期限的，出卖人可以在该交付期限内的任何时间交付。由于按照约定期限交付是出卖人的义务，不履行或者不正确履行这一义务须承担违约责任。不按照合同约定的期限履行义务包括两种情况：一是出卖人提前交付标的物，买受人接货后，仍可按合同约定的交货时间付款；合同约定自提的，买受人可以拒绝提货。二是出卖人逾期交付标的物，应在发货前与买受人协商，买受人仍需要的，出卖人应当照数补交，并负逾期交货责任；买受人不再需要的，应当依法办理解除合同的手续。[2]

《民法典》第六百零二条规定：“当事人没有约定标的物的交付期限或者约定不明确的，适用本法第五百一十条、第五百一十一条第四项规定。”本条明确了没有约定标的物的交付期限或者约定不明确的处理规则。一般来讲，对于上述情况买卖双方可以重新协商达成补充协议，不能达成补充协议的，按照合同的相关条款或者交易习惯确定。如果仍然不能确定，出卖人可以随时履行，买受人也可以随时要求出卖人履行，但应该给出卖人必要的准备时间。应注意的是，这种确定交付时间的规则，有先后顺序，首先是双方协商，其后才按照合同相关条款或者交易习惯确定，最后才是随时履行。

《民法典》第六百零三条规定：“出卖人应当按照约定的地点交付标的物。当事人没有约定交付地点或者约定不明确，依据本法第五百一十条的规定仍不能确定的，适用下列规定：（一）标的物需要运输的，出卖人应当将标的物交付给第一承运人以运交给买受人；（二）标的物不需要运输，出卖人和买受人订立合同时知

---

〔1〕 参见黄薇主编：《中华人民共和国民法典合同编释义》，法律出版社2020年版，第327页。
〔2〕 参见黄薇主编：《中华人民共和国民法典合同编释义》，法律出版社2020年版，第332页。

道标的物在某一地点的,出卖人应当在该地点交付标的物;不知道标的物在某一地点的,应当在出卖人订立合同时的营业地交付标的物。”本条明确了出卖人交付标的物地点的规定。应注意的是,在没有约定交付地点或者约定不明确的,确定规则的顺序是,首先是双方协商,其次才按照合同相关条款或者交易习惯确定,再次是适用本条第二款规定,最后才是适用第五百一十一条第三项规定。

《买卖合同解释》第二条规定:“标的物为无需以有形载体交付的电子信息产品,当事人交付方式约定不明确,且依据民法典第五百一十条的规定仍不能确定的,买受人收到约定的电子信息产品或者权利凭证即为交付。”本条规定了电子信息产品的交付规则。本条主要包括以下几层含义:其一,本条确定了两种交付方式,即交付权凭证和在线网络传输的方式接收或下载该产品。其二,电子信息产品不属于民法上的“物”,出卖人对电子信息产品所拥有的权利也不是民法上的所有权。从权利转移观之,电子信息产品交付后,出卖人仍然可以占有、使用、复制该产品,并拥有法律所赋予的出卖人对该产品的其他所有权利,电子产品本身所包含的著作权也不因电子信息产品的买卖而转移。买受人若欲取得电子信息产品的著作权,须与出卖人另行达成著作权转让合同。买受人取得的不是电子信息的所有权。从某种意义上来说,其取得的仅是该产品复制品的权利,而不包括信息网络传播权。〔1〕 其三,关于分阶段交付问题。如果根据特定电子信息产品的特性,交付是分阶段进行的,且各阶段所涉及的信息需结合在一起才能构成完整的电子信息产品,则对任一阶段交付的接收并不等于交付的完成,而须在全部信息都已接收时,才能视为完成交付。如果分阶段交付的电子信息产品在内容或功能上相对独立,则每一阶段交付的信息被接收时,则视为完成该部分的电子信息产品的交付。〔2〕

《买卖合同解释》第四条规定:“民法典第五百九十九条规定的‘提取标的物单证以外的有关单证和资料’,主要应当包括保险单、保修单、普通发票、增值税专用发票、产品合格证、质量保证书、质量鉴定书、品质检验证书、产品进出口检验书、原产地证明书、使用说明书、装箱单等。”本条规定了买卖合同履行阶段出卖人交付有关单证和资料的范围。本条主要包括以下几层含义:其一,本条确定了有关单证和资料的范围,包括但不限于本条所列举的范围,应根据不同的买卖合同确定其具体的范围。其二,明确了交付单据合同义务的性质。本条司法解释的规定就是界定出卖人履行交付单证和资料等从合同从义务(从给付义务)的具体范围。从合同义务不决定合同的性质和类型,但具有辅助主合同义务之功能,确保

〔1〕 参见最高人民法院民事审判第二庭编著:《最高人民法院关于买卖合同司法解释理解与适用》,人民法院出版社2012年版,第116页。

〔2〕 参见最高人民法院民事审判第二庭编著:《最高人民法院关于买卖合同司法解释理解与适用》,人民法院出版社2012年版,第118页。

债权人利益能够获得最大满足。[1] 其三,出卖人未按照约定或者交易习惯向买受人交付提取标的物单证以外的有关单证和资料,导致买受人合同目的不能实现的,符合合同解除的法定条件,买受人可以请求法院解除合同。

2. 买卖合同交付的法律意义

交付的法律意义主要有三个方面:其一,交付是出卖人履行主合同义务的行为;其二,交付产生标的物所有权转移的法律后果;其三,交付产生标的物风险转移的法律后果。

交付在《民法典》物权编和合同编中的法律意义不同。最高人民法院的法官认为,在物权法中交付是动产物发生变动的一种公式方法,要求交付是一种能够为世人所认识的外观现象,只有能够被不特定的人直观地认识,才能发挥公示之功能;而在合同法中,交付是合同的履行行为,只要满足合同的要求和法律的规定,是否为合同以外的他人所察觉则不重要。物权法中的交付追求的是最终的结果,动产转让最终的结果必然是占有的改变,至于交付是如何进行的,物权法并不十分关注;而在合同法中,如果交付不能满足合同的约定,则构成违约。[2]

3. 买卖合同交付的方式

依据民法理论,交付的本质在于标的物占有的转移,受领交付者取得对标的物的事实管领力。最典型的交付方式为现实交付,受领交付者直接获得标的物的现实占有。除现实交付外,民法上还有拟制交付,即以变通的方法代替实际交付。

拟制交付又称观念交付,分为简易交付、指示交付和占有改定三种方式。

简易交付,是指合同订立之前,买受人已经基于其他原因实际占有标的物。换言之,双方当事人就标的物达成让与的合意,代替该物现实转移占有的交付。该种交付方式必须是该标的物已经处于受让人的实际占有之下。

指示交付,又称返还请求权的让与,是指标的物由第三人占有时,出卖人将向第三人请求返还的权利让与买受人,以代替现实交付。换言之,动产买卖关系中,出让人将标的物的权利凭证,如仓单、提单交给买受人,以代替物的现实交付。交易流程简要包括出让方将仓储方、上游出让方出具的仓单、提单交付受让方,同时指示仓储方、上游出让方向受让方转移货权,由受让方持单据向仓储方、上游出让方进行提货。凭证交付的交易模式减少了实物交付的烦琐与不便,简化了交易流程。

---

[1] 参见最高人民法院民事审判第二庭编著:《最高人民法院关于买卖合同司法解释理解与适用》,人民法院出版社 2012 年版,第 130 页。

[2] 参见最高人民法院民事审判第二庭编著:《最高人民法院关于买卖合同司法解释理解与适用》,人民法院出版社 2012 年版,第 114 页。

占有改定,是指买卖双方约定标的物所有权转移给买受人后,标的物仍由出卖人实际占有,买受人取得间接占有,代替实物的交付。占有改定必须符合三个要件,其一,买卖双方达成转移标的物权利的合意,使受让人取得动产所有权。其二,买卖双方约定出卖人继续占有标的物。其三,出卖人已经对标的物进行了直接占有和间接占有。占有改定中用来替代交付的法律关系,一般是合同,但也可以是其他法律关系。

代办托运就是出卖人将货物交给承运人的过程,也应视为交付。

4. 买卖合同交付的内容

买卖合同交付的内容要求,就是按照合同约定全面、完整地交付标的物,并且交付的质量、时间、地点、方式符合约定。

应注意交付范围的把握。所谓交付范围,是与验收联系在一起的,验收的过程就是交付的过程,在一定意义上验收范围就是交付范围。

5. 买卖合同交付义务范围的确定

买卖合同交付义务期限的确定,其一,依合同约定确定;其二,根据合同中有关条款确定,即根据约定的交付方式确定交付期限、根据标的物的状况或者性质确定交付期限和根据标的物的用途确定交付期限三种方式;其三,依交易习惯确定;其四,依法律规定确定。

买卖合同交付义务地点的确定,其一,依合同约定确定;其二,根据合同中有关条款确定,即根据前述法律和司法解释的规定确定;其三,依交易习惯确定;其四,依法律规定确定。主要包括两种确定方式,一是依据标的物的性质确定;二是依据标的物是否需要运输确定,根据具体情况确定。

买卖合同交付其他义务的确定,其一,依合同约定确定;其二,根据合同有关条款确定,即根据前述法律和司法解释的规定确定;其三,依交易习惯确定;其四,依法律规定确定。

6. 买卖合同交付的补充规则

根据《民法典》第五百一十条的规定,对交付地点约定不明的,应当按照下列顺序进行补充:其一,双方协议补充。补充协议构成合同的组成部分。其二,整体解释补充或交易习惯补充。可详见《民法典》第六百零二条规定的顺序。

(二)买卖风险承担的理解

“风险”一词,常常用来表示实际发生的或可能发生的不利益。[1] 学理上一般认为,引发风险的事由包括不可抗力、意外事件、第三方原因以及货物的自然特性。由于这些现象的发生与否、何时发生、发生地点以及导致的损失后果一般都是当事人无法预见、无法防止和无法克服的,具有极大的不确定性,故构成风险。[2]

风险承担,是指买卖的标的物在合同生效后因不可归责于双方当事人的事由,如地震、火灾、飓风等致使发生毁损、灭失,该损失应当由哪一方承担当事人承担。[3]

货物的风险转移依据法律或合同约定来承担。目前的主流观点有两种,即所有权主义和交付主义。所谓所有权主义,是指买卖合同标的物的风险由所有人承担,以所有权转移的时间为风险转移的时间,无论实际占有是否转移。所谓交付主义,是指标的物的风险由占有人负担,而不问标的物的所有权在何时转移。我国民法理论上一般认为,在没有特别规定或特别约定的情况下,交付本身就含有“转移所有权”的内容,交付也即意味着所有权转移。根据《民法典》的规定,在一般情况下,无论是采取所有权主义还是采取交付主义,交付时风险就开始从卖方转移给了买方。

风险负担制度作为在当事人之间就标的物毁损、灭失的不幸损害进行合理分配的制度,向来都是买卖法之核心问题。买卖合同风险由谁负担就意味着谁将承担不利的后果,涉及买卖双方当事人最根本的利益。[4] 有学者认为,买卖法的目的就在于把基于合同关系所产生的各种损失的风险在当事人之间进行适当分配。[5]

1. 买卖合同风险的法律规定

《民法典》第六百零四条规定:“标的物毁损、灭失的风险,在标的物交付之前

---

〔1〕 参见王利明:《合同法研究》(第三卷),中国人民大学出版社2012年版,第87页。

〔2〕 参见最高人民法院民事审判第二庭编著:《最高人民法院关于买卖合同司法解释理解与适用》,人民法院出版社2012年版,第222页。

〔3〕 参见黄薇主编:《中华人民共和国民法典合同编释义》,法律出版社2020年版,第336页。

〔4〕 参见最高人民法院民事审判第二庭编著:《最高人民法院关于买卖合同司法解释理解与适用》,人民法院出版社2012年版,第187页。

〔5〕 参见冯大同主编:《国际货物买卖法》,对外经济贸易大学出版社1993年版,第132页。

由出卖人承担,交付之后由买受人承担,但是法律另有规定或者当事人另有约定的除外。”本条规定了买卖标的物毁损、灭失风险承担的规则。本条主要包括以下几层含义:其一,本条确定了以标的物交付为界限划分的风险承担一般规则;其二,本条明确规定法律另有规定或者当事人另有约定的除外。也就是说,在法律另有规定时,应按法律规定确定风险承担。常见的法律规定必须办理一定的手续,标的物所有权才能转移,则应依法律规定的手续办理完毕后确定风险承担。在合同约定自合同成立或者标的物价款支付完毕时起所有权转移,则依合同约定条件成就后确定风险承担。

《民法典》第六百零五条规定:“因买受人的原因标的物未按照约定的期限交付的,买受人应当自违反约定时起承担标的物毁损、灭失的风险。”本条是关于买卖标的物由于出卖人原因致使交付迟延的情况下风险转移的规定,也是买卖合同标的物以交付划分风险原则的例外规定。本条主要包括以下几层含义:其一,本条确定了出卖人迟延交付应承担风险的规则;其二,由于买受人原因致使出卖人不能交付标的物,将产生与交付一样的效果,即买受人承担标的物毁损、灭失、风险的责任的条件,简单可以概括为四个方面:一是买受人须有原因。这里的原因,一般来讲是指买受人的过错,该过错应该包括故意和过失两种情况。二是须有出卖人不能按照约定的期限交付标的物的事实存在。如果没有这一事实的存在,也不会出现本条的情况。三是出卖人不能按照约定的期限交付标的物的事实是由买受人引起的。也就是说,必须有因果关系。四是买受人承担的风险期限为自约定交付之日至实际交付之时。〔1〕

《民法典》第六百零六条规定:“出卖人出卖交由承运人运输的在途标的物,除当事人另有约定外,毁损、灭失的风险自合同成立时起由买受人承担。”本条是关于路货买卖中标的物风险转移的规定。本条主要包括以下几层含义:其一,本条确定的风险转移时间点为合同成立时。其二,本条的适用范围:一是出卖人出卖的标的物为“运输的在途标的物”,如果不是“运输的在途标的物”不适用本条的规定;二是当事人没有对运输的在途标的物毁损、灭失的风险作出特别约定,如果有特别的约定,则应适用特别的约定,不能适用本条的规定。〔2〕 其三,本条规定的情形主要发生于国际货物买卖合同之中。

《民法典》第六百零七条规定:“出卖人按照约定将标的物运送至买受人指定地点并交付给承运人后,标的物毁损、灭失的风险由买受人承担。当事人没有约定交付地点或者约定不明确,依据本法第六百零三条第二款第一项的规定标的物需要运输的,出卖人将标的物交付给第一承运人后,标的物毁损、灭失的风险由买

〔1〕 参见黄薇主编:《中华人民共和国民法典合同编释义》,法律出版社 2020 年版,第 340 页。

〔2〕 参见黄薇主编:《中华人民共和国民法典合同编释义》,法律出版社 2020 年版,第 341 页。

受人承担。”本条是关于出卖人将标的物交付给承运人即为履行交付义务的情况下，标的物风险转移的规定。本条主要包括以下几层含义：其一，本条对运输途中的货物风险承担划分了交付界限；其二，当事人没有约定交付地点或约定不明确的，出卖人将标的物交付第一承运人后，标的物的风险由买受人承担。

《民法典》第六百零八条规定：“出卖人按照约定或者依据本法第六百零三条第二款第二项的规定将标的物置于交付地点，买受人违反约定没有收取的，标的物毁损、灭失的风险自违反约定时起由买受人承担。”本条是关于买受人不履行接受标的物义务情况下，标的物毁损、灭失风险承担的规定。本条主要包括以下几层含义：其一，本条明确了买受人不接受标的物违反约定的风险承担原则；其二，本条明确了买受人只要不接受标的物的客观事实存在，即应承担风险，而不区分主观原因；其三，明确了风险点在出卖人履行部分标的物的交付行为之后。

《民法典》第六百零九条规定：“出卖人按照约定未交付有关标的物的单证和资料的，不影响标的物毁损、灭失风险的转移。”本条是关于出卖人交付有关标的物单证和资料的义务与标的物毁损灭失风险承担的关系的规定。本条主要包括以下几层含义：其一，本条明确了适用前提条件是，标的物已经交付买受人，如果标的物没有交付买受人的，即便已经交付有关标的物的单证和资料，也不应视为标的物毁损、灭失风险的转移；其二，出卖人不交付标的物的单证和资料，并不意味着所有权的保留，并不影响标的物的风险由出卖人转移给买受人。

《民法典》第六百一十条规定：“因标的物不符合质量要求，致使不能实现合同目的的，买受人可以拒绝接受标的物或者解除合同。买受人拒绝接受标的物或者解除合同的，标的物的毁损、灭失由出卖人承担。”本条是在出卖人根本违约的情况下，风险承担的规定。本条主要包括以下几层含义：其一，本条明确了适用的前提条件是，出卖人存在根本违约的情形，即标的物质量不符合要求和合同的不能实现两个条件，这是两个并列条件；其二，在买受人拒绝接收或发出解除合同通知期间，买受人客观上形成了临时代为照管的状态，该标的物并没有构成法律意义上的交付买受人，因此不能发生风险转移，出卖人仍然应承担风险；其三，本条关于风险负担的规则属于任意性规范，当事人可以通过协议加以改变；如果当事人之间没有特别的约定，则应适用本条的规定。[1] 也就是说，买卖双方可以约定排除本条的适用。

《民法典》第六百一十一条规定：“标的物毁损、灭失的风险由买受人承担的，不影响因出卖人履行义务不符合约定，买受人请求其承担违约责任的权利。”本条是关于买受人承担风险与出卖人违约责任关系的规定。本条主要包括以下几层含义：其一，本条明确了出卖人承担违约责任不因买受人承担风险而减免；也就是

〔1〕 参见黄薇主编：《中华人民共和国民法典合同编释义》，法律出版社 2020 年版，第 346 页。

说,出卖人违约与买受人承担风险分开认定。其二,本条规定确实可能与前条的规定存在交叉。比如,出卖人向买受人交付标的物不符合质量要求,致使不能实现合同目的的情况下,买受人可以依前条的规定主张权利。即买受人既可以通过拒收标的物或者解除合同而不承担标的物毁损、灭失的风险,也可以进一步要求出卖人承担相应的违约责任。[1]

《买卖合同解释》第八条规定:"民法典第六百零三条第二款第一项规定的'标的物需要运输的',是指标的物由出卖人负责办理托运,承运人系独立于买卖合同当事人之外的运输业者的情形,标的物毁损、灭失的风险负担,按照民法典第六百零七条第二款的规定处理。"本条是解释标的物需要运输的含义。本条主要包括以下几层含义:其一,本条明确了出卖人负有代办义务将标的物向承运人移交;其二,承运人是独立于买卖双方之外的运输业者,不是出卖人自备运输工具移交给自己的承运人;其三,交付地点没有约定和约定不明确的,应当根据合同相关条款进行正确的把握。

《买卖合同解释》第九条规定:"出卖人根据合同约定将标的物运送至买受人指定地点并交付给承运人后,标的物毁损、灭失的风险由买受人负担,但当事人另有约定的除外。"本条是关于特定地点货交承运人的风险转移规则的规定。本条主要包括以下几层含义:其一,本条明确了适用的前提条件是,合同中对出卖人应当在指定地点将标的物交付给承运人存在明确约定;其二,在标的物运至合同约定的指定地点之前,无论经过多少次运输,货物毁损、灭失的风险不转移,均由出卖人承担。

《买卖合同解释》第十条规定:"出卖人出卖交由承运人运输的在途标的物,在合同成立时知道或者应当知道标的物已经毁损、灭失却未告知买受人,买受人主张出卖人负担标的物毁损、灭失的风险的,人民法院应予支持。"本条是关于路货买卖中出卖人隐瞒风险时的风险负担规定。本条主要包括以下几层含义:其一,本条明确了适用的前提条件是,合同中对风险负担有明确约定;其二,出卖人主观上存在明知,即在合同成立时知道或者应当知道标的物已经毁损、灭失,对此主观明知的证明由买受人承担相应的举证责任;其三,买受人能够证明出卖人在主观上是明知的,其风险由出卖人承担,举证不能的风险不转移,由买受人承担。

《买卖合同解释》第十一条规定:"当事人对风险负担没有约定,标的物为种类物,出卖人未以装运单据、加盖标记、通知买受人等可识别的方式清楚地将标的物特定于买卖合同,买受人主张不负担标的物毁损、灭失风险的,人民法院应予支持。"本条是关于未经特定的标的物风险负担的规定。本条主要包括以下几层含义:其一,本条明确了适用的前提条件是,合同中对风险负担没有明确约定;其二,

---

〔1〕 参见黄薇主编:《中华人民共和国民法典合同编释义》,法律出版社2020年版,第347页。

未对种类物进行特定化处理。这种特定化的界定是依据合同约定,而不是依标的物本身的物理属性。

2. 买卖合同风险的具体范围

风险负担的确定原则,其一,当事人约定优先原则。对风险负担有约定的,从其约定。其二,标的物交付原则。

出卖人负担风险的情况:其一,现实交付之前由出卖人承担;其二,占有改定期间,出卖人占有标的物的风险由出卖人承担;其三,指示交付的,返还请求权成立之前;其四,在合同成立时知道或者应当知道标的物已经毁损、灭失却未告知买受人;其五,简易交付双方达成合意前;其六,试用买卖中,明确约定了风险由出卖人承担;其七,拍卖中,在交付之前由委托人(即出卖人)承担风险,拍卖人不承担标的物风险;其八,出卖人违反合同约定。

买受人负担风险的情况:其一,现实交付之后由买受人承担;其二,占有改定期间后,买受人占有标的物的风险由买受人承担;其三,指示交付的,返还请求权成立之后;其四,简易交付双方达成合意后;其五,试用买卖中,未明确约定风险由买受人承担;其六,拍卖中,在拍卖物交付之后由买受人承担风险;其七,买受人因迟延受领等自身原因违反合同约定。

(三)交付与所有权的关系

根据《民法典》第五百九十八条的规定,现实交付的同时转移标的物所有权,两者是同步完成的行为,但存在例外情形。船舶、航空器和机动车等物权的设立、变更、转让和消灭,未经登记不得对抗善意第三人。出卖人将机动车交付买受人,依照法律规定或合同约定,应协助买受人办理机动车过户手续。也就是说,根据《民法典》的相应规定,动产物权的设立和转让,自交付时发生效力,但法律另有规定的除外。普通动产一物两卖或多卖中,实行支付在先即受领在先转移顺序的原则。特殊动产一物两卖或多卖中,在交付与所有权的关系上,除法律另有规定外,交付是特殊动产物权变动的生效要件,登记是其物权变动的对抗要件。在交付与登记发生冲突时,交付优于登记的原则。[1]

《民法典》合同编中“交付”是物权理论上的物权变动,而不是一种基于当事人之间的买卖合同关系而享有的所有权占有事实状态,并不必然产生所有权变动

〔1〕 参见最高人民法院民事审判第二庭编著:《最高人民法院关于买卖合同司法解释理解与适用》,人民法院出版社2012年版,第175页。

的法律效果。因此,出卖人履行了交付使用货物的义务后,对某些需要办理所有权的,出卖人在合同义务履行完毕前,还须协助买受人办理所有权登记,将所有权转移给买受人。

【案例 8－1】　刘某诉王某玲买卖合同纠纷案

判决观点,刘某与王某玲签订的车辆买卖协议系双方的真实意思表示,未违反法律、行政法规的强制性规定,属合法有效,双方当事人均应切实履行。庭审中,虽王某玲提出车辆买卖协议是虚假的、不成立的,刘某并未实际给付王某玲 75 万元购车款,刘某只是将 5 万元款项循环转账了 15 次,而且这 5 万元最终汇到了案外人刘某功的账户上的抗辩,并未提交充分证据予以证明,亦未举证证明刘某汇至其账户的钱来源非法。另外,就王某玲所述的与案外人刘某功之间的借贷关系,其并未举证证明与本案存在关联,那么王某玲与案外人刘某功是否存在纠纷,其可另行解决,法院对王某玲的上述抗辩意见不予采信。刘某提交的业务回单能够证明其已将 75 万元购车款支付给了王某玲,王某玲理应按约履行全部的合同义务,现王某玲虽已交付了涉案车辆及部分证照,但王某玲尚未将涉案车辆的车辆登记证书交付刘某,亦未协助刘某完成涉案车辆的过户登记,王某玲已构成违约,其应继续履行合同,刘某的主张符合合同约定,亦未违反法律规定,法院予以支持。关于如何进行过户登记,鉴于刘某在北京尚无购车资格,故不能在北京办理过户登记,刘某亦要求将涉案车辆过户至其户籍地江西省南昌市安义县,因此双方可到刘某的户籍地江西省南昌市安义县相关车辆管理部门办理过户手续,将涉案车辆过户至刘某名下。判决:被告王某玲将车牌号为京 Q1 ×××× 梅赛德斯—奔驰 WDDNG5EB 小型轿车的机动车登记证书交付给原告刘某,协助原告刘某办理车户车辆过户手续,将被告王某玲名下的车牌号为京 Q1 ×××× 梅赛德斯—奔驰 WDDNG5EB 小型轿车过户至原告刘某名下。[1]

借名买车的违法行为不受法律保护,借名人在交付车辆时享有实际权利。

【案例 8－2】　贾某安诉邱某建买卖合同纠纷案

一审法院认为,2012 年邱某建以贾某安的名义购买了宝来牌小轿车并将车辆登记在贾某安名下,违反了《北京市小客车数量调控暂行规定》的规定,扰乱了国家对居民身份证和北京市对小客车配置指标管理的公共秩序,违反了《合同法》第七条的规定,属违法行为。根据《道路交通安全法实施条例》第一百零三条的规定,上述行为应当由相关行政部门依照法律法规予以

〔1〕　参见国家法官学院案例开发研究中心编:《中国法院 2018 年度案例》(买卖合同纠纷),中国法制出版社 2018 年版,第 161 ~162 页。北京市大兴区人民法院(2015)大民(商)初字第 12922 号民事判决书。

处理。关于京G7××××宝来牌小轿车的所有权归属,根据《物权法》第二十三条的规定,机动车登记并非设权登记,机动车的登记所有人并非一定是机动车的实际所有人。机动车作为特殊动产,所有权的设立和转移,自交付时发生法律效力。京G7××××车牌号登记项下的宝来牌小轿车由邱某建出资购买并实际占有使用,故车辆的所有权归邱某建所有,贾某安无权主张车辆及相关证照的返还。判决:驳回贾某安的全部诉讼请求。二审法院裁定:准许贾某安撤回上诉。[1]

---

〔1〕 参见国家法官学院案例开发研究中心编:《中国法院2018年度案例》(买卖合同纠纷),中国法制出版社2018年版,第127~128页。北京市第二中级人民法院(2015)二中民(商)终字第08914号民事判决书。

二、买卖合同交付的法律适用

(一)买卖合同交付瑕疵的认定

根据《民法典》和司法解释的相关规定,出卖人未按法律规定和合同约定交付货物,应认定为交付瑕疵。

(1)汽车经销商在销售时未向消费者披露车辆原厂瑕疵隐患,消费者有权要求经销商更换新车。

【案例8-3】 白某雷诉骏宝威公司买卖合同纠纷案

一审法院认为,本案中,骏宝威公司作为卖方应就履行义务举证。双方签订的《车辆销售明细表》约定,骏宝威公司向白某雷提供的车辆是全新完好车辆,必须符合厂家的出厂质量标准。双方签订《车辆销售明细表》十几天后,白某雷即向骏宝威公司提出车辆存在质量问题。《司法鉴定意见书》显示,涉案车辆不仅在保险杠处存在脱漆问题,车辆前方左右两侧、前翼子板和后部等部位均有掉漆的痕迹,而且均不是外力碰撞所致。骏宝威公司未提供充分的证据证明其向白某雷交付的车辆符合《车辆销售明细表》中约定的质量标准。《消费者权益保护法》规定,消费者享有知悉其购买、使用的商品或者接受服务的真实情况的权利。消费者享有自主选择商品或者服务的权利。经营者向消费者提供有关商品或服务的质量、用途、有效期限信息,应当真实、全面、不得作虚假或者引人误解的宣传。经营者应当保证在正常使用商品或者接受服务的情况下,确保其提供的商品或者服务应当具有的质量、性能、用途和有效期限。本案中,白某雷购买小轿车用于日常生活使用,其权益受《消费者权益保护法》的保护。涉案车辆生产商一汽大众公司向一审法院回函表明,骏宝威公司在销售涉案车辆前已获悉包括涉案车辆在内批次车辆的前后保险杠倒车雷达处存在漆面脱落问题。骏宝威公司在向白某雷出售涉案车辆时,未在《车辆销售明细表》《售前检查证明》《商品车检查记录表》《三包凭证》等书面材料中予以告知,现亦无证据证明曾通过其他方式告知,事实上,骏宝威公司交付的车辆确出现上述问题,其销售行为有违诚实信用原则,并影响白某雷的知情权及购买权的行使。综合全案,法院认为,骏宝威公司在未披露车辆瑕疵隐患的情况下向白某雷交付了不符合双方约定的车辆，白某雷在知悉上述情况后，要求更换，系依法维护消费者权益的合理、正当行为。故白某雷要求骏宝威公司更换同款全新完好车辆的诉讼请求，于法有据，一审法院予以支持。判决：(1)判令被告骏宝威公司给原告白某雷更换全新完好的大众牌FV7187ZADBG汽车1辆，原告白某雷将案涉大众牌FV7187ZADBG汽车1辆退还被告骏宝威公司；(2)被告骏宝威公司赔偿原告白某雷鉴定费3000元、律师费1.5万元及交通费200元；(3)驳回原告白某雷的其他诉讼请求。二审法院认为，一审判决认定事实清楚，适用法律正确，应予维持。判决：驳回上诉，维持原判。[1]

(2)出卖人未交付车辆合格证的，买受人有权要求交付并要求出卖人承担交付瑕疵造成损失的赔偿责任。

【案例8-4】 李某松诉联拓公司买卖合同纠纷案

判决观点，李某松在联拓公司购买机动车辆，双方形成买卖合同关系。李某松已履行交付购车款的合同义务，联拓公司亦应向李某松交付所购车辆和车辆合格证，故李某松有权要求联拓公司交付涉案车辆的合格证。根据《道路交通安全法》第八条的规定，李某松必须持有涉案车辆合格证才能办理机动车登记。联拓公司未交付车辆合格证的违约行为导致涉案车辆未能办理正式登记，影响车辆的正常使用，李某松是基于涉案车辆可以正常上路行驶购买了机动车交强险和商业险并缴纳了保险费。经核算，李某松支付交强险保费950元，机动车商业保险费5250.24元，后退保时由保险公司退回2661.08元，故联拓公司应对李某松支付的保险费3539.16元承担损失赔偿责任。判决：(1)联拓公司向李某松交付涉案车辆的合格证；(2)联拓公司向李某松赔偿保险费损失3539.16元；(3)驳回李某松的其他诉讼请求。[2]

【案例8-5】 吴某清诉贺州市骏隆汽车贸易有限公司买卖合同纠纷案

二审法院认为，(1)关于合同履行的违约责任。上诉人与被上诉人之间订立的机动车买卖合同系有效合同。根据机动车买卖合同的特性，被上诉人作为买方的合同义务主要表现为交付货款，上诉人作为卖方的合同义务不仅表现为交付车辆，而且应当履行向买方提供车辆的合格证书、销售发票及协助买方办理车辆登记入户等合同附随义务。在合同履行过程中，被上诉人在

---

〔1〕 参见国家法官学院、最高人民法院司法案例研究院编：《中国法院2021年度案例》(买卖合同纠纷)，中国法制出版社2021年版，第211～212页。北京市第三中级人民法院(2019)京03民终2568号民事判决书。

〔2〕 参见国家法官学院案例开发研究中心编：《中国法院2018年度案例》(买卖合同纠纷)，中国法制出版社2018年版，第164页。北京市大兴区人民法院(2015)大民(商)初字第12912号民事判决书。

买卖合同订立的当天即全额交付了购车款42800元,全面履行了合同义务,但上诉人在收到货款后除交付车辆外,并没有催促被上诉人及时提供身份证信息并开具销售发票供被上诉人办理车辆入户登记时使用,也没有将车辆的合格证及时交付给被上诉人,更未在合理期限内提醒被上诉人到机动车辆登记管理部门办理入户手续。综合全案证据以及双方当事人对案件事实的陈述和辩论意见,上诉人长期搁置车辆合格证没有及时交付被上诉人,也没有催促被上诉人提供身份证信息及时开具销售发票并提醒被上诉人在规定期限内办理车辆入户登记手续,是导致被上诉人延误办理最终无法办理车辆入户登记手续的根本原因。尤其是在车辆的销售公告期限(2009年6月30日)届满后,被上诉人因无法办理入户登记手续而向工商部门投诉后,贺州市消费者协会于2013年1月18日主持调解,上诉人明知车辆已无法办理入户登记手续,无证据表明车辆销售公告届满后办理入户登记手续的情况下,仍然在调解协议书中承诺尽力在2013年2月6日之前协助被上诉人办理车辆入户登记手续,误导被上诉人继续期待上诉人配合其办理车辆登记手续,以致被上诉人经过漫长的等待最终无法实现合法正常使用所购车辆的合同目的。上诉人在合同履行过程中的行为已构成根本违约,理应承担相应的违约责任。因此,一审判决认定上诉人在本案中承担违约责任是正确的。上诉人提出不存在违约行为的上诉主张,与事实不符,法院不予采纳。(2)由于上诉人在履行买卖合同过程中存在根本违约行为,导致被上诉人所购车辆至今不能办理入户登记手续,不能将车辆投入合法营运活动,被上诉人的合同目的已无法实现,故一审判决解除买卖合同是正确的,一审法院根据上诉人的违约事实、违约性质,依照《合同法》第九十七条的规定,判决上诉人将货款42800元返还被上诉人并赔偿相应的利息损失,被上诉人将车辆返还给上诉人并无不当,二审法院予以维持。被上诉人明知未办理入户登记手续的机动车辆不得用于商业营运活动,在获知车辆销售公告期限已届满不能办理入户登记手续后,没有诉求解除合同、双方返还财产而是继续使用该车辆,从而造成被上诉人自身财产损失的扩大,根据《合同法》第一百一十九条的规定,被上诉人擅自使用车辆造成的其他损失,应由被上诉人自行负担。由于上诉人在合同履行中存在根本违约行为,在明知车辆不能办理入户手续的情况下,没有积极与被上诉人协商解决合同解除事宜,放任被上诉人控制车辆以致车辆价值随时间的推移而不断贬损,故对于车辆折旧损失应由上诉人自行承担。综上,上诉人上诉提出其在履行合同中不存在违约事实、车辆不能办理入户登记手续是由于被上诉人提出修改合格证的不合理要求且拒绝提供身份证信息开具销售发票的原因、返还货款给被上诉人的同时应当扣除车辆折旧费用的主张,依据不足,理由不能成立,法院不予支持。判决:驳回上诉,维持原判。[1]

(3)出卖人、挂靠人应向买受人提供车辆过户的全套手续,并协助办理过户。

【案例8-6】 葛某成诉海宏公司、朱某林买卖合同纠纷案

判决观点,原告葛某成与被告朱某林签订的车辆买卖合同成立并合法有效,原、被告应依约履行。出卖人协助买受人办理标的物过户手续应是出卖人的合同附随义务,本案双方在买卖合同中已明确约定"如需过户朱某林必须协助葛某成办理",因此葛某成按照合同约定向朱某林支付全部购车款后,朱某林理应履行合同义务,协助原告办理车辆过户手续。朱某林将新B27113号东风货车转让给原告之后,虽然海宏公司未与原告重新签订书面挂靠合同,但从2009年1月1日至今,原告按照海宏公司的要求交纳了管理费等相应费用,双方已形成事实上的汽车营运服务合同关系。在2012年7月27日海宏公司向原告出具的证明中,海宏公司亦认可原告与其公司存在挂靠关系,原告系新B27113号东风货车的实际车主,故海宏公司理应为原告办理车辆过户手续。海宏公司提出"海宏公司与朱某林签订的挂靠合同,海宏公司至今仍与朱某林存在挂靠关系"的辩称意见,与本案事实不符,亦与该公司出具的证明内容不符,故该辩解意见法院不予采纳。海宏公司提出"朱某林将公司垫付的2008年车辆保险费6488.02元及利息结清后,海宏公司才同意协助原告办理车辆过户手续"的辩解意见,该笔保险费是发生在原告购买车辆之前,如果海宏公司认为朱某林欠其保险费可与朱某林协商处理或另案主张,但不能以此作为拒绝为原告办理车辆过户手续的理由,故海宏公司该辩解意见于法无据,法院不予采纳。本案中,朱某林和海宏公司均负有协助原告办理车辆过户手续之义务,故原告要求二被告提供新B27113号车过户全套手续的诉讼请求合法,法院予以支持。判决:(1)被告海宏公司向原告葛某成提供新B27113号车过户的相关证照,即被告的组织机构代码证、委托书、车辆过户表、机动车的登记证书等,并协助办理新B27113号车过户;(2)被告朱某林在被告海宏公司给原告办理新B27113号车过户手续时给予协助。[2]

---

〔1〕 参见国家法官学院案例开发研究中心编:《中国法院2016年度案例》(买卖合同纠纷),中国法制出版社2016年版,第269~270页。广西壮族自治区贺州市中级人民法院(2014)贺民二终字第221号民事判决书。

〔2〕 参见国家法官学院案例开发研究中心编:《中国法院2015年度案例》(买卖合同纠纷),中国法制出版社2015年版,第119~120页。新疆维吾尔自治区玛纳斯县人民法院(2013)玛民二初字第242号民事判决书。

(4)出卖人将车辆合格证作为抵押物的,买受人有权主张返还。

【案例8-7】　徐某诉淳泰公司、招行武汉经开区支行等买卖合同纠纷案

二审法院认为,徐某与淳泰公司签订的购车协议明确约定,在卖方向买方交付车辆时,应当提供产品合格证。淳泰公司为了融资,与神龙公司、招行武汉经开区支行签订协议,约定招行武汉经开区支行对汽车合格证进行监管,其实质是将车辆合格证作为履行合同的担保。担保物权的标的物必须是特定物,且以支配担保物的价值为内容,具有处分上的支配性和可让性即流通性。车辆合格证只是汽车符合国家对机动车装备质量及有关标准要求的证明,属于车辆的附属单证,本身不具有财产属性,不具备财产价值,亦不具有流通性,不能脱离车辆而单独存在。招行武汉经开区支行以监管的方式占有车辆合格证,不符合法律规定的物的担保中的抵押、质押或留置要件,不能产生设定担保物权的法律效力,其占有涉案车辆合格证,缺乏合法依据,不能对抗善意买受人徐某。因淳泰公司向徐某交付车辆后,徐某即取得了该车辆的所有权,作为附属的合格证,也应随之转移。招行武汉经开区支行占有车辆合格证,妨害了徐某依法享有的物权。物权是对世权,具有排他性,徐某基于物权请求权,主张招行武汉经开区支行返还合格证,符合法律规定,应予支持。招行武汉经开区支行关于徐某无权向其主张给付汽车合格证的上诉理由不成立,不予采信。判决:驳回上诉,维持原判。[1]

【案例8-8】　徐某标与沭阳楚翔金盛贸易有限公司、江苏楚润金正汽车销售有限公司、广州汽车集团乘用车有限公司、广汽汇理汽车金融有限公司买卖合同纠纷案

判决观点,原告与楚翔公司签订的订购合同系双方的真实意思表示,不违反法律、法规的强制性规定,合法有效。原告已按约定向楚翔公司支付了购车款,楚翔公司已向原告交付涉案车辆,原告取得涉案车辆的所有权。广汇公司辩称,楚翔公司系代楚润公司向原告出售涉案车辆,构成无权处分,原告取得涉案车辆不构成善意取得。首先,楚翔公司并非代楚润公司出售涉案车辆,其与楚润公司之间的涉案车辆系买卖合同关系;其次,即使楚润公司尚未取得涉案车辆的所有权,原告系从市场以合理价格购买的涉案车辆,楚翔公司已向原告交付车辆,原告的行为也构成善意取得,对车辆享有所有权。因此,法院对广汇公司的上述辩解不予采信。车辆合格证系机动车生产企业按照国家相关要求制作形成并随车交付的证明车辆合格的法定文件,附属于

---

〔1〕 参见国家法官学院案例开发研究中心编:《中国法院2018年度案例》(买卖合同纠纷),中国法制出版社2018年版,第171页。安徽省滁州市中级人民法院(2016)皖11民终868号民事判决书。

车辆,其权属归车辆所有人。广汇公司系基于楚润公司之间的质押约定占有涉案车辆合格证,但是车辆合格证不具有财产属性及权利内容,车辆合格证不能作为设立质权的标的,楚润公司与广汇公司将涉案车辆合格证作为质押标的设立的质权无效。车辆合格证仅是证明车辆合格的法定文件,对车辆所有人以外的他人没有任何价值,但对原告而言,没有车辆合格证,其购买的车辆无法上牌,也无法使用。广汇公司占有涉案车辆合格证没有任何价值,且影响原告对车辆的正常使用,不符合物权法物尽其用的立法目的。[1]

(5)不同的生产厂家即使生产同一品牌的产品,在产品质量、产品服务、产品性能等方面也会有一定的差异。买受人在订立合同时约定了同一品牌,也约定了生产厂家的,出卖人交付的标的物虽是同一品牌,但不是约定的生产厂家,出卖人的交付仍然不符合合同约定。

【案例8-9】 南昆公司诉聚融公司买卖合同纠纷案

一审法院认为,本案中合同约定的装载机的生产厂家为"徐工科技",该简称应认定同"徐州工程机械科技股份有限公司"(后公司更名为徐工集团工程机械股份有限公司)系同一意思表示,该公司厂址所在地为江苏徐州。据此,南昆公司应当向聚融公司交付厂址在江苏徐州的徐工集团工程机械股份有限公司生产的装载机。现南昆公司向聚融公司交付的是厂址在重庆市九龙坡区九龙园区生产厂家生产的装载机,而该生产厂家的名称为徐工重庆工程机械有限公司(以下简称徐工重庆公司)。虽然徐工集团工程机械有限公司是徐工重庆公司的股东,但徐工重庆公司有独立的法人主体地位,二者不是同一主体,二者生产的产品也不相同。因此,南昆公司向聚融公司交付的标的物不符合合同约定,南昆公司应当承担相应的责任。在南昆公司交付装载机后,聚融公司随即向其提出了更换装载机和解除合同的函件,南昆公司收到上述函件后应当更换符合合同约定的装载机,但南昆公司至今未更换。南昆公司的上述行为已经构成迟延履行主要债务,且聚融公司在合理期间内进行了催告,南昆公司仍未履行。根据我国《合同法》的相关规定,聚融公司有权解除合同。因南昆公司未按照合同约定履行合同的主要义务而导致合同解除,南昆公司应当承担相应的责任。根据我国《合同法》的相关规定,收受定金不履行约定的债务的,应当双倍返还定金。因此,聚融公司的诉讼请求法院予以支持。因南昆公司向公司交付的装载机不符合合同约定,要求公司支付所欠货款及承担违约金没有事实和法律依据,故其诉讼请求法院

[1] 参见最高人民法院民法典贯彻实施工作领导小组编著:《中国民法典适用大全》(物权卷二),人民法院出版社2022年版,第810~811页。江苏省沭阳县人民法院(2018)苏1322民初3908号民事判决书。

不予支持。判决:(1)原告(反诉被告)南昆公司与被告(反诉原告)聚融公司于2011年1月10日签订的《工程机械买卖合同》解除;(2)原告(反诉被告)南昆公司双倍返还被告(反诉原告)聚融公司定金总计2万元;(3)驳回原告(反诉被告)南昆公司的诉讼请求。

二审法院认为,南昆公司提供的证据只能证明其交付的标的物是"徐工牌",但双方当事人签订的买卖合同中除明确约定了牌号商标为"徐工"外,还专门约定生产厂家为"徐工科技"。依据双方的约定,品牌和生产厂家在本案中并非同一概念,且徐工科技和徐工重庆公司系两个不同的民事主体,故南昆公司交付的标的物不符合合同约定,已经构成根本违约。一审法院认定事实清楚,适用法律正确,应予维持。判决:驳回上诉,维持原判。[1]

(二)买卖合同交付争议的认定

对买受人主张的出卖人未交付相关合格证、技术资料、环保审批手续等资料,应查明这是出卖人在履行抗辩权还是违反约定交付。

【案例8-10】　甲公司诉乙公司买卖合同纠纷案

二审法院认为,甲公司已经履行了买卖合同中出卖人的主要义务,乙公司作为锅炉买受人,至今未按合同约定支付剩余货款的行为构成了违约。乙公司违约在先的情况下,又违法使用锅炉,应对此自行承担责任。现乙公司没有证据证明其在锅炉安装后的合理期限内向甲公司提出质量异议,甲公司请求乙公司支付货款于法有据。乙公司上诉提出甲公司未依约将锅炉的相关合格证、技术资料、环保审批手续等资料交付乙公司,由于没有合法的审批手续,乙公司亦无法使用买卖的标的物,导致合同目的无法实现,其有权要求解除合同。鉴于甲公司现持有锅炉出厂时的相关手续,可以证明该锅炉出厂时系合格产品,甲公司未交付相关手续及未办理安装验收的行为是对乙公司未按约支付货款的违约行为行使先履行抗辩权,且提供标的物的相关手续系买卖合同中买受人的从给付义务,故不能成为买受人拒绝依约支付货款的抗辩事由,乙公司可以另行主张相关手续。判决:驳回乙公司的上诉,维持原判。[2]

---

〔1〕　参见国家法官学院案例开发研究中心编:《中国法院2013年度案例》(买卖合同纠纷),中国法制出版社2013年版,第16~17页。重庆市第五中级人民法院(2012)渝五中法民终字第743号民事判决书。

〔2〕　参见最高人民法院民事审判第二庭编著:《最高人民法院关于买卖合同司法解释理解与适用》,人民法院出版社2012年版,第135页。

标的物交付地点约定不明确的，出卖人将标的物交给承运人时即认为履行了交付义务。

【案例8－11】 涛丰公司诉王氏公司买卖合同纠纷案

二审法院认为，本案的争议焦点是王氏公司在香港向“联邦快递公司”交运涉案货物的行为，是否属于履行买卖合同的“交付”行为。

“联邦快递公司”在本案中的身份，应认定为承运人。它名为提供快递服务的公司，实际承担的是接受托运人（寄件人）委托，将货物从一地运输到目的地交给收货人（收件人）的运输任务，托运人交运货物时填写的一式多联的托运单证（本案中为国际空运单）就是运输合同的证明。

涛丰公司与王氏公司协议将交货方式变更为“货到香港后由联邦快递公司递送”，但从“货到香港后由联邦快递公司递送”的约定中，很难确定标的物的交付地点。在对标的物的交付地点约定不明确时，根据《合同法》第一百四十一条第一款第（一）项的规定，“标的物需要运输的，出卖人应当将标的物交付给第一承运人以运交买受人”，王氏公司把货物交给承运人“联邦快递公司”的行为，即为履行买卖合同的“交付”行为，交付地点是香港。

涛丰公司与王氏公司在改变交货方式后，没有就货物的风险转移问题另行约定。《合同法》第一百四十二条规定，“标的物毁损、灭失的风险，在标的物交付之前由出卖人承担，交付之后由买受人承担，但是法律另有规定或者当事人另有约定的除外”。王氏公司将货物交付“联邦快递公司”，即履行了交付义务后，货物灭失的风险就转移至涛丰公司。

此外，一审查明的事实，诸如涛丰公司回复王氏公司催讨货款的回函（电子邮件）中载明：“现在，我们的律师已通过人民法院开始对丢失的货物追索费用。一旦我们明确了结果，我们将据此赔偿对方。”以及涛丰公司要求王氏公司出具委托书，据此向“联邦快递公司”就涉案货物的遗失问题提起赔偿之诉等，均可印证涉案货物被“联邦快递公司”遗失后，涛丰公司与王氏公司认可货物灭失的风险已转移给涛丰公司的事实，涛丰公司亦把向“联邦快递公司”要求赔偿视为自己的权利和责任。

鉴于另案审理的涛丰公司与“联邦快递公司”之间的赔偿之诉尚未审结，关于王氏公司没有为涉案货物保价是否存在过错，以及如果有过错，涛丰公司为此受到的损失是多少等问题都未确定，所以一审法院关于就这部分主张，涛丰公司可以另行起诉王氏公司的认定，并无不当。

综上所述，本案系买卖合同纠纷，王氏公司将货物在香港交运“联邦快递公司”后，交付义务已经履行完毕，其要求涛丰公司支付货款及赔偿因违约造成的利息损失，于法有据，应予支持。涉案货物灭失的风险，在王氏公司履行交付义务后，已经转移给涛丰公司，“联邦快递公司”将货物遗失一事，并不影响王氏公司的货款主张权。涛丰公司的上诉理由缺乏事实和法律依据,对其上诉请求不予支持。判决:驳回上诉,维持原判。[1]

应强调的是,单凭增值税发票不能认定出卖人已经交付了标的物,还要结合其他证据加以认定。出卖人开具增值税发票与交付标的物是两种不同的法律行为,受不同的法律调整。开具增值税发票是依照《增值税条例》等有关法律调整,是履行纳税义务的行为;交付标的物则是依据双方之间的合同进行的,受《民法典》调整。在企业之间的交易中,既存在先付款后开具发票的情形,也存在先开具发票后付款的情形;既存在先交货后开发票的情形,也存在开发票后交货的情况;甚至存在很多代开发票现象,情形不一而足。对此,一般应根据当事人的约定、商业惯例和交易习惯等因素综合加以认定。但在日常生活消费领域,商场超市的购物发票、饭店宾馆开具的餐饮服务发票等,因这些行为一般是即时清结的交易行为,买卖双方一手交钱,一手交货和开票,形成的这些普通税务发票原则上可以作为交付货物的单证。

实践中,出卖人逾期交货的争议,由法官根据案件的实际情况确认。

【案例8-12】 新华公司诉南宁广发重工集团有限公司、南宁发电设备总厂等买卖合同纠纷再审案

最高人民法院认为,关于南发总厂是否存在逾期交货行为的问题。南发总厂称,新华公司承包[2008]联系26号工作联系单可以证明设备在2008年7月28日已经交货安装。但该联系单记载,“设备到货情况并不能满足设备的正常安装,同时已到货的设备在安装工程中缺件、设备缺件缺陷等问题频频出现”。因而可知2008年7月设备并未全部到货,存在缺陷、缺件的情况,不符合双方约定的有关国家验收标准及技术协议的交货条件。南发总厂主张以此认定双方的实际交货时间,不能成立。根据2008年7月31日的《补充协议》,双方对延期交货进行了约定,“1.南发总厂提供1#机组加工关键节点时间表,并采取有效措施确保在2008年8月30日前完成第1台主机全套设备的生产并发货;1#机组的自动化部分在2008年9月25日前完成。2.南发总厂在2008年12月15日前完成第2台机组全部全套设备的生产并发货”。但南发总厂并未按此时间交换,且无法提供相关证据证明具体的交货时间。原审根据新华公司2011年8月10日出具的“延期交货情况说明”中关于“2008年7月供方交货第一套水轮发电机组”的记载,确定第一、第二套水轮发电机组实际交货的时间分别为2008年7月、2009年6月22日,认定

---

[1] 参见最高人民法院民事审判第二庭编著:《最高人民法院关于买卖合同司法解释理解与适用》,人民法院出版社2012年版,第221页。上海市高级人民法院(2007)沪高民四(商)终字第13号民事判决书。

南发总厂逾期交货并无不当。[1]

买卖合同的标的物及交货期间根据约定的质量条款确定。

【案例8-13】 甲机器有限责任公司诉乙机床集团有限公司买卖合同纠纷案

二审法院认为,案涉买卖合同约定甲机器公司购买一台乙机床公司生产的"数控双柱立式车铣床"和一套"铣削系统"(含铣头),同时约定"乙机床公司负责机床安装、调试操作及维修人员培训、验收合格,完成交钥匙工程"。从上述合同约定的内容看,甲机器公司购买的是一台整机机床及一套铣削系统(含铣头),并非机床零部件。根据《合同法》第一百五十三条的规定,案涉《买卖合同》项下的标的物应系一台安装调试完毕并验收合格的整机机床和一套铣削系统(含铣头),该标的物验收合格之日即为实际交货日期。案涉买卖合同约定"交货期为32周",并约定"支付合同总额3%预付款开始计算交货期",甲机器公司支付该笔预付款的时间为2010年7月19日,以此推算"交货期为32周",即交货期的截止日期应为2011年2月28日,乙机床公司应在2011年2月28日前向甲公司交付一台安装调试完毕且验收质量合格的整机机床。原审判决以双方未约定"安装完毕并验收合格作为交货日期"为由,认定不能以验收之日确定交货日期,应予纠正。[2]

若买受人没有指明交货地点,出卖人最终也可以在交付日之前通知买受人至其营业地提货。

【案例8-14】 甲动力机械集团有限公司诉陕西乙实业有限公司买卖合同纠纷案

二审法院认为,乙公司按照合同约定先履行了第一次的付款义务,之后甲公司应在合同约定的2013年3月15日前将货物送至某县乙公司的指定地点,但是在实际履行过程中,甲公司迟延履行交付义务。其辩称是因为合同约定的交货地点不明确导致迟延交货,故不应承担违约责任,但是基于本案合同履行地点某县的地理环境复杂性、标的物的特殊性及合同性质与交易习惯,甲公司作为卖方,交付货物是其主要义务,应承担比乙公司更严格的责任。因此在发货前,其应作出通知并询问乙公司以确定最终的交货地点以便顺利履行交货义务的积极行为,然而甲公司并没有证据证明其在约定的交货之前通知乙公司确认过交货地点;即使乙公司没有指明地点也不必然导致甲

---

〔1〕 最高人民法院(2015)民提字第143号民事判决书。

〔2〕 参见中国审判理论研究会民事专业委员会编著:《民法典合同编条文理解与司法适用》,法律出版社2020年版,第262页。黑龙江省高级人民法院(2015)黑高商终字第67号民事判决书。

公司迟延交付。根据《合同法》第一百四十一条的规定,如乙公司没有指明交货地点,甲公司最终也可以在交付日之前通知乙公司至其营业地提货,甲公司亦没有证据证明履行过通知义务。[1]

在电子商务合同的履行中,当虚拟交易和实际交付发生冲突之时,不能仅以网上电子确认收货作为合同履行的依据,应综合考量案件中各种证据的证明力,认定实际交付状态,并以实际交付状态为标准判断合同的履行状态。

【案例8－15】　慈溪市东丰合纤有限公司诉余姚市中原进出口有限公司买卖合同纠纷案

判决观点,原告在浙江塑料城网上交易市场的确认验货验票行为只能对浙江塑料城网上交易市场对冻结的款项汇入被告的账户具有约束力,但不能证明被告实际交货的事实,原告所提异议理由成立。原、被告之间的买卖合同关系合法有效,原、被告应依约全面履行合同义务。因被告未能向原告交付货物,原告的诉讼请求,理由正当,法院予以支持。判决:被告余姚市中原进出口有限公司向原告慈溪市东丰合纤有限公司交付中沙(天津)石化有限公司生产的型号为HP550J的PP塑料原料39吨,并从2010年11月11日起至判决履行之日止,对货款448500元按银行同期贷款利率赔偿经济损失。[2]

对无形资产的买卖,法律没有明确规定交付标准。一般认为,根据软件尤其是App类供下载运行的软件的交付惯例,认为能够正常上线运行,且提供了后台管理系统及交付源代码等,应当依法视为交付。

【案例8－16】　华商安融商业保理有限公司诉深圳前海合利商业保理有限公司买卖合同纠纷案

判决观点,本案包括两个方面:一方面为知识产权类软件的买卖合同,买卖合同的标的是无形物,是较为特殊的买卖合同;另一方面是培训服务合同,即原告交付软件后应当对被告的相关人员进行业务指导及培训。针对原告华商安融公司的诉讼请求及被告的反诉请求,法院认为首先应当解决两个争议焦点:一是涉案的“民盛保理App”是否已经交付被告合利公司;二是华商安融公司是否已经提供双方约定的培训。对于第一个争议焦点,法院认为,华商安融公司已提供充足的证据证明其已完成涉案标的物的交付。对无形

---

〔1〕　参见中国审判理论研究会民事专业委员会编著:《民法典合同编条文理解与司法适用》,法律出版社2020年版,第46页。陕西省高级人民法院(2016)陕民终687号民事判决书。

〔2〕　参见最高人民法院中国应用法学研究所编:《人民法院案例选》2012年第1辑(总第79辑),人民法院出版社2012年版,第245页。浙江省余姚市人民法院(2011)甬余商初字第260号民事判决书。

物的交付,法律并没有明确的规定,但根据软件尤其是App类供下载运行软件的交付惯例来看,能够正常上线运行,且提供了后台管理系统及交付源代码等,应当依法视为交付。第二个争议焦点,法院认为,华商安融公司提供的证据所反映的事实可以证明原告已按照合同约定进行了培训服务。在上述事实认定的基础上,对原、被告各项诉讼请求及反诉请求,法院作出如下认定:(1)原告华商安融公司已依约交付软件并进行了约定的培训内容,被告合利公司应向原告华商安融公司支付费用余额40万元;(2)对原告华商安融公司主张的利息,应从原告华商安融公司交付源代码之日2017年9月5日起计算,利息标准按同期同类银行贷款计算,原告华商安融公司主张从2017年5月10日起计算,没有事实依据,法院不予支持;(3)被告合利公司要求解除合同,原告华商安融公司归还预付款5万元、违约金1万元的反诉请求,由于合同已经履行完毕,这些反诉请求没有事实和法律依据,法院全部予以驳回。判决:(1)被告合利公司支付原告华商安融公司费用余款40万元;(2)被告合利公司支付原告华商安融公司欠款利息;(3)驳回原告华商安融公司的其他诉讼请求;(4)驳回被告合利公司的反诉请求。[1]

(三)买卖合同交付方式的认定

实践中存在"走单不走货"的交易模式,即交易过程中只有形式上的购销合同及结算协议,不存在货权转移或实物交付,甚至没有实物存在。对此类交易的甄别、合同性质及效力的认定,一直是审判实务中的难点。

【案例8-17】 广州市煤建有限公司诉深圳市中油通达石油有限公司买卖合同纠纷案

判决观点,本案为买卖合同纠纷,原告提交了与被告签订的《油品购销合同》,主张其向被告供应货物后被告拖欠货款,原告对其主张的货物已交付的事实负有举证责任,否则要承担举证不能的后果。首先,原告与被告虽然签署了《货物确认单》,但根据原告陈述的交易流程,原告供应给被告的货物来源于第三人东莞晔联公司,是由第三人东莞晔联公司直接向被告交货,而第三人东莞晔联公司对原告陈述的事实予以否认,既否认向被告交付了货物实物,也否认向被告签发过提货凭证。在原告提交了其与东莞晔联公司签订的

---

〔1〕 参见深圳前海合作区人民法院课题组著:《民商事案件裁判思维与裁判方法:22个精选案例裁判思路解析》,法律出版社2019年版,第331~332页。广东省深圳前海合作区人民法院(2017)粤0391民初1835号民事判决书。

《油品购销合同》、付款凭证的情况下，第三人东莞晔联公司作为原告认可的上游供应商，其否认向被告交货的陈述对其自身不利，该陈述可信度、证明力较高。其次，买卖合同交易过程中，既有实物的交付，也有“走单不走货”的货权转移，但即便是“走单不走货”的货权转移交易模式，也应具备指示交付的通知、货权转移的证明、提货所应具备的提单或是仓单等基本单据。而本案中，原告既无证据证明其通知了第三人东莞晔联公司向被告交付货物，也无证据证明向被告转移了货权，且《油品购销合同》约定的抽样封存、检验报告，原告也无法提交。最后，本案证据显示，东莞晔联公司、原告、被告存在长期往来。在本案交易中，被告并未直接向东莞华联公司购买货物，而是通过原告向东莞晔联公司采购，再由原告转售给被告，采用这种方式增加了交易成本，明显不合常理。根据《民事诉讼法解释》第一百零八条的规定，由于原告对其是否交付货物这一事实现有证据存在矛盾，待证事实真伪不明，故法院对原告主张其已向被告交付货物的说法不予采信，对原告要求被告支付货款的诉讼请求，法院不予支持。判决：驳回原告广州市煤建有限公司的全部诉讼请求。[1]

合同双方约定由卖方办理托运手续，买方自提货物并承担运费的方式交付货物。双方当事人虽然并未在合同中明确约定标的物的交付地点，但从托运单记载的到货地可知，无论卖方向哪一个人托运人办理托运，均需按托运单载明的地点将货物送达，货物到达指定地点后再由买方自提。虽然由买方支付运费，但与承运人成立运输关系的主体仍然是卖方。

【案例8-18】 翟某伟诉广州市德心诚数码科技有限公司买卖合同纠纷案

二审法院认为，广州市德心诚数码科技有限公司（以下简称德心诚公司）作为出卖人，翟某伟作为买受人均应按照法律的规定行使约定的权利并履行约定的义务。关于交付地点的问题。首先，出仓单及托运单显示昆明或为收货地址或为到站地址，该两份证据均指向涉案货物应运至昆明，翟某伟将在昆明收货。其次，双方均未通过任何形式明确在昆明之外的地点交货。因此，原审法院认定交付地点昆明符合本案的事实。最后，虽然双方约定由翟某伟支付运费，但与物流公司成立运输关系的主体仍为德心诚公司。可见，仅凭运费不能认定托运人实际为翟某伟。关于风险承担的问题。根据《合同法》第一百四十二条的规定，本案货物的交付地为昆明，因此，标的物在运输途中毁损、灭失的风险仍应由出卖方也就是德心诚公司承担。本案的

〔1〕 参见国家法官学院案例开发研究中心编：《中国法院2018年度案例》（买卖合同纠纷），中国法制出版社2018年版，第84页。广东省广州市越秀区人民法院（2015）穗越法民二初字第867号民事判决书。

交付地点明确,并不适用《合同法》第一百四十一条的规定。德心诚公司关于风险应由翟某伟承担的上诉理由不能成立。判决:驳回上诉,维持原判。[1]

合同价款支付约定不明确的,按照有利于实现合同目的的方式履行。

【案例8－19】 浙江中南建设集团有限公司与浙江广播电视工程公司买卖合同纠纷案

二审法院认为,案涉合同系双方的真实意思表示,不违反法律、行政法规的强制性规定,合法有效。合同中约定"本合同总价款为94.72万元",且约定"除非双方另有约定,合同价格在本合同有效期内固定不变"。因此,对上诉人提出双方未进行结算,无法确认价款的上诉理由,法院不予采纳。案涉项目已经竣工验收,被上诉人也向上诉人开具了发票,现被上诉人提供的证据足以证明其已经履行了供货义务,上诉人认为被上诉人未完全履行合同义务,应当提供证据予以证明,否则应承担举证不能的责任。案涉合同对"施工进度验收单"未进行约定,"每月进度款申报材料"系上诉人与浙江省电力建设公司合同中的约定,且该合同中约定根据工程进度按月向上诉人支付合同价款,而上诉人与被上诉人之间的合同履行期限不足一个月,上诉人认为被上诉人违约在先没有事实和法律依据。现被上诉人主张自2016年12月11日起支付逾期付款利息具有事实和法律依据,故对上诉人称其不应当承担利息的上诉理由,法院不予采纳。上诉人应当承担支付货款和利息的责任。[2]

(四)买卖合同占有改定的认定

占有改定表现为动产物权的让与人与受让人之间特别约定,标的物仍然由出让人继续占有,而受让人取得标的物的间接占有以代替标的物的实际交付。认定时要查明占有改定是否为当事人之间转移所有权的合意和使买受人间接占有的合意。

---

〔1〕 参见国家法官学院案例开发研究中心编:《中国法院2016年度案例》(买卖合同纠纷),中国法制出版社2016年版,第172页。广东省广州市中级人民法院(2014)穗中法民二终字第1184号民事判决书。

〔2〕 参见最高人民法院民法典贯彻实施工作领导小组编著:《中国民法典适用大全》(合同卷二),人民法院出版社2022年版,第1371页。新疆维吾尔自治区阿克苏地区中级人民法院(2021)新29民终1870号民事判决书。

【案例8-20】　苏某等诉杜某等买卖合同纠纷案

二审法院认为，关于焦点一，上诉人杜某与被上诉人苏某、李某玲于2012年3月1日在平等自愿的基础上签订买卖车辆协议，系双方的真实意思表示，且不违反法律、行政法规的强制性规定，该协议成立并生效。双方在该协议中约定了车辆价款为36万元，两被上诉人向杜某交付了购车款，但双方并未约定车辆的交付日期，两上诉人与两被上诉人对车辆交付一事各执一词。《物权法》第二十七条规定："动产物权转让时，双方又约定由出让人继续占有该动产的，物权自该约定生效时发生效力。"上诉人与被上诉人2012年8月25日对账，李某玲在对账凭证上书写"今收到车辆运行利润6万元"；上诉人与被上诉人李某玲2012年12月15日对账，李某玲在对账凭证上书写"李某玲于2012年12月15日对账，从2012年3月至2012年11月账面经营利润余15844元"。通过以上事实可见，杜某与两被上诉人签订买卖车辆协议后，两被上诉人又将车辆交给杜某管理，并已实际收取车辆的经营利润，上诉人已通过占有改定方式将车辆交付给两被上诉人，两被上诉人陈述因杜某未交付车辆构成根本违约与事实不符，法院不予采信。两被上诉人陈述协商待车辆挂靠手续转移完毕后交付车辆，其未提供证据予以证实，且与其于2012年8月25日、2012年12月15日给上诉人的书写内容相互矛盾，故法院对被上诉人陈述收到的6万元系杜某返还购车款的事实不予采信。另外，上诉人提供了昌吉市钰峰商贸运输有限责任公司的证明，两被上诉人不认可该证明的真实性，但并未提供足以反驳该证明的证据，法院对该证明的真实性予以采信。昌吉市钰峰商贸运输有限责任公司明确表示可协助两被上诉人办理车辆挂靠手续，故两被上诉人要求解除合同的原审诉讼请求无事实和法律依据，法院对上诉人主张不予解除合同的上诉请求予以支持。关于焦点二，因上诉人杜某已将新B—××××号车辆交付给苏某、李某玲，双方签订的买卖车辆未予解除，故上诉人杜某、王红不应向苏某、李某玲返还购车款30万元及赔偿损失15300元，法院对上诉人主张不予返还购车款及赔偿损失的上诉请求予以支持。判决：(1)撤销一审判决；(2)驳回被上诉人苏某、李某玲原审全部诉讼请求。[1]

---

〔1〕　参见国家法官学院案例开发研究中心编：《中国法院2017年度案例》(买卖合同纠纷)，中国法制出版社2017年版，第133页。新疆生产建设兵团第八师中级人民法院(2014)兵八民二终字第128号民事判决书。

(五)买受人拒绝受领的认定

“受领”,按其字面理解为接收、领取之意。[1] “受领”是相较于给付或者债务履行提出而言的。一般认为,“受领”是指债权人对债务人提供的债务履行予以接受或给予必要协助,使债务人能够完成债务履行,使债务关系归于消灭的行为或者过程。[2]

《民法典》第五百八十九条规定:“债务人按照约定履行债务,债权人无正当理由拒绝受领的,债务人可以请求债权人赔偿增加的费用。在债权人受领迟延研期间,债务人无须支付利息。”本条是关于债权人无正当理由拒绝受领的法律后果的规定。本条主要包括以下几层含义:其一,本条规定了债权人无正当理由拒绝受领的构成要件;其二,债权人无正当理由拒绝受领,不影响债务人的给付义务,并不会使债务人的给付义务消灭;其三,本条规定了拒绝受领的法律后果。

《民法典》第六百零八条规定:“出卖人按照约定或者依据本法第六百零三条第二款第二项的规定将标的物置于交付地点,买受人违反约定或者没有收取的,标的物毁损、灭失的风险自违反约定时由买受人承担。”

根据《民法典》和司法解释的相关规定,出卖人未按法律规定和合同约定交付的货物,买受人可以拒绝受领,这种拒绝受领是符合法律和合同约定的,并不承担违约责任。司法实践中,存在买受人拒绝受领的各种现象。其一,买受人拒绝接收出卖人的全部标的物。造成这种情况的原因是多方面的,如对合同项下的条款发生争议、货物质量发生争议、买受人自身经济情况恶化、购买计划的全面调整以及出卖人发错货物品种型号、规格等。其二,买受人拒绝接收出卖人的部分标的物。造成这种情况的原因也是多方面的,如交付的部分标的物质量不合格、买受人不能按合同约定付款、购买计划进行部分调整不需要再购买全部货物等。其三,买受人拒绝接收出卖人多交付的标的物。出卖人多交付的标的物,是出卖人违约自身的过错,买受人当然有权拒绝受领,可见《买卖合同解释》第三条的规定。其四,受人暂缓接收出卖人的部分标的物。造成这种情况的原因也是多方面的,如不可抗力、新冠疫情等。

对于买受人拒绝受领应区分情况认定,其一,由于买受人自身原因造成的,买受人应承担全部责任;如果是由于出卖人原因造成的,由出卖人承担全部责任。

---

〔1〕 参见茆荣华主编:《〈民法典〉适用与司法实务》(第2版),法律出版社2021年版,第458页。

〔2〕 参见郑玉波:《民法债编总论》(修订2版),陈荣隆修订,中国政法大学出版社2004年版,第285页。

其二，既有出卖人原因也有买受人原因造成的，根据各自原因力的大小划分责任比例。其三，根据暂缓受领标的物的原因，依据公平原则认定。

【案例8－21】 江西蓝宝新材料有限公司与日照市润蒲木业有限公司买卖合同纠纷案

二审法院认为，本案中，货运公司独立于涉案合同双方，运费实际由买受人即原告支付，被告负责代办货运，合同中约定采用货物承运的方式，货运出厂后被告概不负责，未明确具体的交货地点，依照《民法典》第六百零三条、第六百零四条、第六百零七条的规定，标的物需要运输的，出卖人应当将标的物交付给第一承运人以运交给买受人；出卖人将标的物交付第一承运人后，毁损、灭失的风险由买受人承担。在买卖合同关系中，原告作为买受人，原告有及时接收货物、履行质量检验和瑕疵通知义务，原告仅在拆卸4包货物后，对余下14包货物拒不拆卸验收，未全面履行合同义务，因此造成的货物毁损、灭失的风险由买受人承担，所产生的再次货运费用、仓储管理费用等应由原告承担。综上所述，原、被告之间的买卖合同关系事实清楚，买卖合同合法有效，应受法律保护。被告作为供货方按照合同约定向原告履行了交付货物的合同义务，原告在未全面履行收货检验的情况下，拒收货物，并以被告交付的货物存在严重的质量瑕疵为由要求解除买卖合同关系，同时要求退还已经支付的合同价款，没有事实基础和法律依据。[1]

---

〔1〕 参见最高人民法院民法典贯彻实施工作领导小组编著：《中国民法典适用大全》（合同卷二），人民法院出版社2022年版，第1240～1241页。江西省上饶市中级人民法院（2021）赣11民终1553号民事判决书。

三、买卖合同交付纠纷的处理

(一)买卖合同交付争议的处理

在买卖双方发生争议后,法官根据原告的诉求结合查明的案情予以裁量。

出卖人未提供原产地证明、进口报关单、报关税单、出厂合格证书、原厂产品说明书等单证资料,买受人有权主张解除合同。

【案例8-22】 A公司诉B公司买卖合同纠纷案

判决观点,A公司与B公司签订的买卖合同合法有效,双方当事人应当按照合同约定履行各自的义务。A公司履行了支付8万元货款的义务,B公司应当全面、适当地履行合同义务。A公司从B公司购买的英国产摩尔烟花爆竹探测器样品一台,属于从英国进口的产品,尽管合同中没有明确B公司须交付摩尔烟花爆竹探测器的原产地证明、进口报关单、报关税单、出厂合格证书、原厂产品说明书等单证资料,但依据产品的性质、产品的交易目的和合同的交易习惯,B公司有义务交付摩尔烟花爆竹探测器的相关单证资料。A公司要求B公司交付上述单证资料,符合我国《合同法》第一百三十六条的规定。合同约定不能免除B公司应当提供产品相关单证的义务。B公司未能提供原产地证明、进口报关单、出厂合格证书、原厂产品说明书等单证资料,导致A公司不能实现合同目的,已构成违约,B公司应当承担合同不能继续履行的后果。判决:双方合同解除,B公司返还A公司8万元。[1]

出卖人所交付的物品有瑕疵时,应将此情况告知买受人,否则将承担违约责任。

【案例8-23】 廉某楚诉某地区计生委出售车辆合同纠纷案

二审法院认为,本案的上诉人计生委和被上诉人廉某楚虽为双方真实意思表示,但交易车辆尚未办理有关车辆过户手续,并且在实际履行过程中双

---

〔1〕 参见最高人民法院民事审判第二庭编著:《最高人民法院关于买卖合同司法解释理解与适用》,人民法院出版社2012年版,第136~137页。

方均存在一定的过失,致双方所签协议无法继续履行,从而完成合法的交易,因此,上诉人与被上诉人的车辆买卖行为不受法律保护。判决:驳回上诉,维持原判。〔1〕 本案中,廉某楚与计生委签订庆玲五十辆客货车辆买卖合同,并约定车价5万元。签订合同当日上午,计生委驾驶员与廉某楚到车管所对车辆进行审验,因当时检测台未开,车辆未上检测台。双方当事人在试车交车过程中只看了车的外部状况。廉某楚经过试车,自感满意,随后起程开往哈巴河县。车到盐池乡时不能行使,廉某楚找拖车公司将车拖至布尔津县。其后,又雇车拖至计生委库房。双方共同委托有经验的修理工检查车辆,结论为近期没有打开过车辆发动机,即发动机非为原车所配,有严重的质量问题。廉某楚向法院提起诉讼要求解除合同,一审法院支持了其诉求。

买卖合同一方可在不违约的情况下主动避免标的物毁损,但拒绝采取措施应承担标的物毁损的主要后果。

【案例8-24】 田某怀诉汪某召买卖合同纠纷案

一审法院认为,本案的标的物是被告家柑橘树上60以上带叶的鲜果,那么,被告不得事先采摘,存放在家里等原告收购,否则为被告违约。被告必须按照原告指定的时间临时采摘,摘后即由原告装车运走。本案中,原告没有通知被告采摘柑橘,显然,被告在本案中没有违约行为。双方定于2018年腊月二十六前采摘完柑橘,约定的履行期限尚未届满,原告未提货也不为违约。本案双方均无违约行为,故不适用定金罚则。本案两次下雪均发生在双方约定的履行期间内,履行期间届满前,柑橘因已全部冻坏在树上导致双方发生纠纷。当地冬季很可能会下雪,对此双方应当有所预见,但双方在合同中未对此风险的负担作出约定。下雪是自然天气因素,是当事人意志以外的因素,但应当预见而没有预见、没有约定下雪的风险负担,该风险造成的标的物毁损、灭失的双方均有责任。现实中橘农销售柑橘,属于弱势一方,本案原告要求被告按照原告指定的时间临时采摘,采摘前下雪造成柑橘毁损、灭失的风险不应完全归结于被告一方。下第一场雪后,被告给原告打过电话要求原告及时提货,以免柑橘被冻坏,即被告已向原告明确提示了标的物面临的风险,第三人和原告亲戚到被告柑橘园看了树上的柑橘,认为影响不大,原告由于当时市场价格低而没有及时提货,导致树上的柑橘因第二场雪全部毁损、灭失,此责任在原告。原告在电话中要求被告降价,即要求变更合同,被告未同意,原告表示按合同办,即放弃了要求变更合同的请求。被告已向原告明

〔1〕 参见最高人民法院中国应用法学研究所编:《人民法院案例选》2002年第1辑(总第39辑),人民法院出版社2002年版,第142页。

确提示了标的物面临的风险,原告没有通知被告采摘,被告信守合同,没有采摘柑橘,没有过错。现原告有定金损失,被告有柑橘损失(被告述有5万斤,第三人述有3万~4万斤),本案应适用公平原则进行处理。原告收到被告电话后,已明知标的物面临的风险,而没有及时提货以规避风险,对标的物的毁损、灭失,原告的责任大于被告。权衡双方的损失,从公平原则出发,本案不予返还定金较为合理。根据第三人所述,下第一场雪后,其与原告亲戚到被告家看了树上的柑橘,让被告用棚布把柑橘树盖起来。对此,被告否认,第三人举不出证据加以证实,法院不予认定。判决:驳回原告田某怀要求被告汪某召返还定金1.5万元的诉讼请求。二审法院认为,一审判决认定事实清楚,适用法律正确,应予维持。判决:驳回上诉,维持原判。〔1〕

普通商品提货单仅为一般债权凭证,对其进行买卖在法律上应定性为债权让与。债权让与人仅对让与的债权负有瑕疵担保责任,对债务人的履行能力不承担担保责任,债务人履行瑕疵带来的不利后果应由买受人承担。

【案例8-25】 徐某敏诉苏某蓉买卖合同纠纷再审案

判决观点,徐某敏、苏某蓉二人自愿买卖砖票,徐某敏也持砖票到砖厂提取了部分页岩砖。因此,砖票上记载的砖的质量及王某昭的供应风险均已转移给徐某敏。判决:驳回徐某敏的诉讼请求。

再审法院认为,苏某蓉与徐某敏之间的砖票买卖实属债权让与,并不是实物——页岩砖的买卖;徐某敏应当向不能继续履行合同义务的债务人王某昭主张违约责任,苏某蓉对王某昭的履行行为不承担担保责任。再审法院依法维持原判决,即驳回徐某敏的诉讼请求。〔2〕

对交付地点发生争议的,法官应根据具体案情确认交付是否符合约定。

【案例8-26】 广东省金属材料公司与江苏峻丰国际贸易有限公司、中天钢铁集团有限公司买卖合同纠纷再审案

最高人民法院认为,对于第一单发货申请,根据承运人留存的物资调配单、杭州崇贤港出具的情况说明等证据,可以证明江苏峻丰国际贸易有限公司(以下简称峻丰公司)已经将与广东省金属材料公司(以下简称金属材料公司)第一单发货申请一致的货物运至杭州崇贤港并交付。金属材料公司主张第一单发货地点是上海长耕码头,峻丰公司没有按照要求发货。但金属材

---

〔1〕 参见国家法官学院、最高人民法院司法案例研究院编:《中国法院2021年度案例》(买卖合同纠纷),中国法制出版社2021年版,第192~193页。湘西土家族苗族自治州中级人民法院(2019)湘31民终1034号民事判决书。

〔2〕 参见最高人民法院中国应用法学研究所编:《人民法院案例选》2012年第3辑(总第81辑),人民法院出版社2012年版,第201页。重庆市巫山县人民法院(2009)山民抗再字第1号民事判决书。

料公司第一单发货申请上并未注明交货地点，也没有提供其指定上海长耕码头为交货地点的证据。中天钢铁集团有限公司依据金属材料公司第一单发货申请作出的内部发货申请上载明的交货地点为杭州崇贤港，一、二审法院据此并结合常理及交易惯例认定第一单发货申请的货物交付地点为杭州崇贤港，峻丰公司履行了第一单发货申请项下的交货义务并无不当。一、二审法院认为即使不能确定货物交付地点为杭州崇贤港，依据《合同法》第一百四十一条和第一百四十五条的规定，也应认定峻丰公司将案涉货物交给第一承运人长生公司后，视为履行完毕其交货义务。〔1〕

对交付的数量有争议的，以实际查明的数量为准。

【案例 8－27】　克拉玛依市国营牧场与新疆鸿升现代农牧业科技发展有限公司买卖合同纠纷案

二审法院认为，《草料验收接收单》《饲料草移交协议》虽然载明交付的玉米数量为 66.56 吨，但经庭审查明，在签署上述文件时玉米未过磅称重，双方亦约定玉米数量以最终过磅数量为准。鸿升农业公司出示的过磅单载明已过磅数量为 35.3 吨，仓库内剩余玉米经庭审核实为 8.54 吨，故法院认定克市国营牧场交付的玉米数量为 43.84 吨（35.3 吨＋8.45 吨）。据此，鸿升农业公司应向克市国营牧场支付玉米货款 105216 元（2400 元/吨×43.84 吨）。克市国营牧场辩称其已于 2021 年 9 月 5 日将玉米仓库的钥匙交给鸿升农业公司，鸿升农业公司此后对玉米进行了处分，现存玉米不能作为实交玉米的认定依据，但克市国营牧场未提交证据证实其主张，且依据双方的约定，交付玉米的数量应当过磅称重，克市国营牧场仅依据《草料验收接收单》《饲料草移交协议》载明的数量主张其履行了交付义务，与双方约定不符，鸿升农业公司亦不予认可，法院依法不予支持。〔2〕

增值税发票本身不能单独作为买卖合同出卖人已经履行交货义务的依据。

【案例 8－28】　中国铁路物资北京有限公司诉包头市成峰金属制品有限公司、包头市吉宇钢铁有限责任公司买卖合同纠纷案

二审法院认为，增值税专用发票作为一般纳税人经营活动中从事商事活动的重要凭证，也是记载该专用发票开具方应纳税额和受票方抵扣进项税额的合法证明，主要是税务机关计算税金和抵税的重要依据。增值税发票本身

---

〔1〕 参见最高人民法院民法典贯彻实施工作领导小组编著：《中国民法典适用大全》（合同卷二），人民法院出版社 2022 年版，第 1240 页。最高人民法院（2014）民申字第 1868 号民事裁定书。

〔2〕 参见最高人民法院民法典贯彻实施工作领导小组编著：《中国民法典适用大全》（合同卷二），人民法院出版社 2022 年版，第 1353 页。新疆维吾尔自治区克拉玛依市中级人民法院（202）新 02 民终 662 号民事判决书。

不能单独作为买卖合同出卖人已经履行交货义务的依据，出卖人仍然要提供其他送货凭证证明其已经履行了标的物交付义务。[1]

(二)买卖合同交付的特殊处理

1. 出卖人提前交付

出卖人应当按照约定的交付期限交付标的物，出卖人不按约定时间交付标的物一般有两种情形：一是提前交付，二是迟延交付。对于迟延交付的，买受人可以按照法律规定或者合同约定要求出卖人承担违约责任。对于提前交付的，立法者认为，早于此时间，即为提前履行，严格意义上也是一种违约。按照《民法典》合同编通则部分的规定，买受人可以拒绝出卖人提前履行债务，但提前履行不损害买受人利益的除外。出卖人提前履行债务给债权人增加的费用，由出卖人承担。[2] 也就是说，对出卖人的提前交付，买受人可以接受也可以拒绝接受，出卖人无权请求买受人提前接受标的物。是否接受出卖人提前交付，权利在买受人处，不在出卖人处。在特殊情况下，如果出卖人提前交付不损害买受人的利益，买受人又同意接受的，可视为双方变更了交付时间。如果在前述情况下，按立法者的释义不论买受人是否同意都应当接受。出卖人提前交货，买受人有仓库可以容纳，买受人是否必须接受，不能把接受作为义务认定。应注意的是，出卖人提前交付而买受人拒绝的，出卖人此后不再履行的，仍属于违反合同，应承担违约责任。出卖人提前交付给买受人增加的费用，理应由出卖人承担。

2. 被采取强制措施的标的物交付

在交付之前，如果出卖人控制的标的物被国家机关采取强制措施，导致出卖人无法交付的，如何认定交付行为是否完成，是司法实践中经常遇到的一个问题。主流观点认为，出卖人控制的标的物被国家机关采取强制措施，强制措施针对出卖人导致其无法交付标的物的，出卖人应当承担合同不能履行的违约责任；强制措施针对买受人且其已经支付全部价款的，应视为标的物已经交付。这种区分两种情况的认定符合法律规定精神和民法理论，亦是科学的。

---

〔1〕 北京市第二中级人民法院(2016)京02民终2994号民事判决书。

〔2〕 参见黄薇主编：《中华人民共和国民法典合同编释义》，法律出版社2020年版，第331页。

3. 出卖人多交付部分货物的费用和损失处理

《买卖合同解释》第三条规定："根据民法典第六百二十九条的规定，买受人拒绝接收多交部分标的物的，可以代为保管多交部分标的物。买受人主张出卖人负担代为保管期间的合理费用的，人民法院应予支持。买受人主张出卖人承担代为保管期间非因买受人故意或重大过失造成的损失的，人民法院应予支持。"本条是关于买受人拒绝接收多交部分标的物的场合，标的物保管费用及损失承担的规定。本条主要包括以下几层含义：其一，本条确定适用的前提条件是标的物在异地交付；其二，买受人拒绝接收的应通知出卖人；其三，买受人保管的方式，可以根据出卖人的指示或要求、自己保管、委托第三人保管、紧急处置标的物或者返还多交付的标的物；其四，买受人为保管多交付的标的物而支出的合理费用，应当由出卖人承担，可先由买受人垫付，其后由出卖人偿付；其五，在买受人代为保管多交付标的物期间，如果买受人因保管行为而承受额外的损失，该部分损失应由出卖人承担；但如因买受人故意或重大过失造成损失的，则买受人无权向出卖人主张该部分损失。

4. 普通动产多重买卖交付问题

《买卖合同解释》第六条规定："出卖人就同一普通动产订立多重买卖合同，在买卖合同均有效的情况下，买受人均要求实际履行合同的，应当按照以下情形分别处理：（一）先行受领交付的买受人请求确认所有权已经转移的，人民法院应予支持；（二）均未受领交付，先行支付价款的买受人请求出卖人履行交付标的物等合同义务的，人民法院应予支持；（三）均未受领交付，也未支付价款，依法成立在先合同的买受人请求出卖人履行交付标的物等合同义务的，人民法院应予支持。"本条是关于一般动产多重买卖合同的实际履行顺序的规定。本条主要包括以下几层含义：其一，本条确定适用的前提条件是普通动产一物两卖或多卖；其二，明确了交付在先即受领在先顺序的原则。

【案例 8－29】　乙公司诉甲公司买卖合同纠纷案

判决观点，甲公司与乙公司签订买卖合同后，又与丙公司签订同一标的物的买卖合同，多重买卖的责任在甲公司。由于乙公司未能举证证明甲公司与丙公司签订买卖合同存在恶意串通的情形，且甲公司与丙公司签订的买卖合同系双方当事人的真实意思表示，并不违反国家法律或者社会公共利益，因此甲公司与丙公司签订的买卖合同有效。因甲公司已将挖掘机交付给丙公司，挖掘机的所有权已经转移，故乙公司关于请求甲公司交付该特定挖掘机的请求权不能成立，法院不予支持。甲公司应当按照合同约定向乙公司支付违约金24万元。[1]

5. 特殊动产多重买卖交付问题

《买卖合同解释》第七条规定："出卖人就同一船舶、航空器、机动车等特殊动产订立多重买卖合同，在买卖合同均有效的情况下，买受人均要求实际履行合同的，应当按照以下情形分别处理：(一)先行受领交付的买受人请求出卖人履行办理所有权转移登记手续等合同义务的，人民法院应予支持；(二)均未受领交付，先行办理所有权转移登记手续的买受人请求出卖人履行交付标的物等合同义务的，人民法院应予支持；(三)均未受领交付，也未办理所有权转移登记手续，依法成立在先合同的买受人请求出卖人履行交付标的物和办理所有权转移登记手续等合同义务的，人民法院应予支持；(四)出卖人将标的物交付给买受人之一，又为其他买受人办理所有权登记转移登记，已受领交付的买受人请求标的物所有权登记在自己名下的，人民法院应予支持。"本条是关于船舶、航空器、机动车等特殊动产交付的规定。本条主要包括以下几层含义：其一，本条确定适用的前提条件是特殊动产一物两卖或多卖。其二，明确了除法律另有规定外，交付是特殊动产物权变动的生效要件，登记是物权变动的对抗要件。在交付与登记发生冲突时，交付优于登记。[2]

6. 电子合同买卖交付问题

《民法典》第五百一十二条规定："通过互联网等信息网络订立的电子合同的标的为交付商品并采用快递物流方式交付的，收货人的签收时间为交付时间。电子合同的标的为提供服务的，生成的电子凭证或者实物凭证中载明时间为提供服务时间；前述凭证没有载明时间或者载明时间与实际提供服务时间不一致的，以实际提供服务的时间为准。电子合同的标的物为采用在线传输方式交付的，合同标的物进入对方当事人指定的特定系统且能够检索识别的时间为交付时间。电子合同当事人对交付商品或者提供服务的方式、时间另有约定的，按照其约定。"本条是关于电子合同交付商品或者提供服务的方式时间的规定。就电子合同交付商品部分而言，本条主要包括以下几层含义：其一，本条确定适用的前提条件是电子合同成立并生效后的交付。其二，采用快递物流方式交付的，收货人的签收时间为交付时间。其三，在电子合同交易中，合同标的物进入对方当事人指定的

---

〔1〕 参见最高人民法院民事审判第二庭编著：《最高人民法院关于买卖合同司法解释理解与适用》，人民法院出版社2012年版，第170页。

〔2〕 参见最高人民法院民事审判第二庭编著：《最高人民法院关于买卖合同司法解释理解与适用》，人民法院出版社2012年版，第175页。

特定系统且能够检索识别的时间为交付时间。相对方没有指定接收电子标的物的特定系统的,以相对人知道或者应当知道该数据进入该系统生效。其四,电子合同当事人对交付商品的方式、时间另有约定的,按照其约定。

7. 动产流动质押质物交付

动产流动质押中,质物未实际交付的,质权人不能实现动产质权。

【案例8-30】 营销公司诉H科技公司等买卖合同纠纷案

一审法院认为,本案中,营销公司依据2017年协议要求H科技公司、T科技公司承担质押担保责任,H科技公司、T科技公司则抗辩称质押物未交付故质权未设立。关于系争质押物是否有监管人实际控制、质押物是否实际交付,本案中由债权人、出质人与监管人订立三方监管协议,尽管协议约定物流公司系受营销公司的委托监管质物。但从质押物监管方式来看,物流公司与T科技公司签订《仓库租赁合同》,质押物仍存放在T科技公司仓库内。从《仓库租赁合同》的约定来看,仍由T科技公司负责场地和仓库货物的日常保管、进出库,而仓储物的灭失、损毁亦由T科技公司自行承担责任。同时,物流公司亦有权将货物质押及监管协议项下仓储、保管、监管义务转委托T科技公司履行。尽管合同也约定物流公司有权自行安排人员监管租赁场地,但从物流公司、T科技公司陈述的实际监管情况来看,物流公司仅派两名人员在工作时间至仓库进行进出库点数,并未取得对仓库货物的有效管控,质物出库时也并未取得监管人同意,因此,物流公司并未实际履行监管职责。事实上,法院保全的谈话笔录反映,系争货物已远不足约定的最低折算总重量。从各方在合同中的约定和实际进行的监管方式可见,本案中质押物实际上仍然有出质人管理控制,质押物并未实际交付,质权并未实际设立。对营销公司主张实现系争质权的诉讼请求,法院不予支持。营销公司可另行向质押人H科技公司、T科技公司及监管人——物流公司主张违约责任。法院判决:H科技公司向营销公司支付货款、利息违约金,驳回营销公司实现动产质权的请求。二审法院判决:驳回上诉,维持原判。[1]

---

〔1〕 参见国家法官学院、最高人民法院司法案例研究院编:《中国法院2023年度案例》(买卖合同纠纷),中国法制出版社2023年版,第291~292页。上海市高级人民法院(2021)沪民终54号民事判决书。

(三)涉及第三人交付的处理

1.第三人代为交付

根据合同的相对性理论,合同关系发生在合同当事人之间,合同的义务和责任应由当事人承担,除法律和合同另有约定以外,第三人不对合同当事人承担合同上的义务和责任。换言之,与合同无关的人无须对合同负责。合同第三人是合同当事人以外的,与当事人一方或双方发生一定法律联系的,享有特定的权利和义务,其行为影响到合同当事人或其地位受合同当事人行为影响的独立民事主体。

由第三人代为履行债务,亦称第三人负担合同。在实践中,债务人并不总是自己履行义务,债务人往往通过第三人或者由第三人代其履行义务,这种情形,在合同理论上称为涉他契约,即以第三人为给付或第三人取得给付为标的之契约。[1] 涉他契约分为两种:第三人负担契约和为第三人之契约。《民法典》第五百二十三条规定了第三人履行制度,就其实质考察,此为第三人负担合同。本文重点讨论的是由第三人交付问题。

《民法典》第五百二十三条规定:"当事人约定由第三人向债务人履行债务,第三人不履行债务或者履行债务不符合约定的,债务人应当向债权人承担违约责任。"该条规定的"当事人约定"是指合同当事人的约定,即债权人和债务人之间的约定,可以认为是出卖人与买受人之间的约定。合同约定的义务应当由债务人向债权人履行,这是由合同关系的相对性决定的,但当事人可以在合同中约定由第三人向债权人履行债务。只要在当事人达成合意以后,且第三人同意代为履行,就可以由第三人代为履行。换言之,第三人不履行代为交付义务或者交付的标的物不符合合同约定的,应由出卖人承担违约责任,第三人不承担违约责任。

【案例8-31】 杭叉叉公司诉川闽物流公司买卖合同纠纷案

一审法院认为,被告川闽物流公司与原告杭叉叉公司签订《工程机械买卖合同》购买叉车后,双方确立了买卖合同关系。双方签订的《工程机械买卖合同》系当事人双方的真实意思表示,不违反法律和行政法规的强制性规定,应确认合法有效,双方均应依约全面履行合同。被告作为买受人,负有向

[1] 参见史尚宽:《债法总论》,中国政法大学出版社2000年版,第610页。

原告支付货款的义务。因同集利公司并非案涉买卖合同的买受人,其对案涉货款无法定或约定的支付义务,双方约定案涉货款中的45000元"从同集利(公司)运费扣掉",应认定双方约定由同集利公司代被告向原告履行支付货款义务。根据《合同法》第六十五条的规定,现同集利公司仅代为支付了29674元货款,剩余的货款16326元应由被告向原告支付。被告未支付剩余货款,应由被告向原告承担违约责任。原告诉请被告支付163265元货款,并按月利率2%的标准支付违约金和实现债权支出的律师费,具有合同和法律依据,法院予以支持。判决:(1)被告川闽物流公司支付原告杭叉叉公司货款16326元及逾期违约金;(2)被告川闽物流公司支付原告杭叉叉公司律师费2000元。二审法院同意一审法院的裁判意见,判决:驳回上诉,维持原判。〔1〕

【案例8-32】　张某福诉周某强等买卖合同纠纷案

二审法院认为,本案系买卖合同纠纷,各方当事人均对张某福系卖方,许某平系买方,一审法院判令许某平应向张某福支付尚欠的货款及保全担保保险费等事实无异议,法院予以确认。张某福主张柳某洪、周某强应对本案讼争货款及保全担保保险费承担共同还款责任,一审法院对其该项请求未予以支持,张某福不服向法院提起上诉,依照《民事诉讼法解释》第三百二十三条的规定,本案仅围绕张某福的该项上诉请求进行审理,张某福以柳某洪、周某强与星华昌源集团有限公司没有劳动合同关系,系挂靠星华昌源集团有限公司的包工头,柳某洪、周某强向张某福出具《授权委托书》或《承诺函》的行为系债务加入的意思表示;柳某洪、周某强未履行《授权委托书》或《承诺函》的行为已构成违约为由,主张柳某洪、周某强承担共同还款责任。根据"谁主张,谁举证"的法律规则,当事人应当对其主张承担相应的举证责任。诉讼中,张某福未能举证证明柳某洪、周某强与星华昌源集团有限公司系挂靠关系,法院对其该项主张不予采信。星华昌源集团有限公司于2015年1月1日向柳某洪、周某强出具《授权委托书》,委托柳某洪、周某强为星华昌源集团有限公司承接的永春县温泉小区安置房(一期)工程项目的施工代表,因此周某强作为委托人与许某平、张某福签订《授权委托书》及柳某洪向张某福出具《承诺函》的行为,均系代表星华昌源集团有限公司履行和对永春县温泉小区安置房工程项目的现场管理行为,相应的法律后果不应由柳某洪、周某强承担,张某福要求对许某平的债务承担共同还款责任,缺乏相应的法律依据,一审法院未予以支持,并无不当。张某福的上诉理由不能成立,依法

〔1〕参见国家法官学院案例开发研究中心编:《中国法院2019年度案例》(买卖合同纠纷),中国法制出版社2019年版,第156页。福建省厦门市中级人民法院(2017)闽02民终2162号民事判决书。

应予以驳回。一审判决认定事实清楚,程序合法,审判结论正确,依法应予以维持。判决:驳回上诉,维持原判。[1]

比特币作为特定的虚拟商品,不是真正意义的货币,不具有法偿性和强制性,但比特币挖矿机作为有形实物,并未被禁止交易。卖方通过向第三人发出指示,转让了请求第三人返还诉争货物的权利以代替交付,且买方受让该请求权时,该权利并无瑕疵,应认定卖方已经履行买卖合同中的交付义务,买方由于其他原因未收到货物的,不再享有向卖方主张履行合同义务的权利。

【案例8-33】 武汉无忧分发科技有限公司诉王某某买卖合同纠纷案

判决观点,本案中,原、被告双方虽然没有签订书面的买卖合同,但是原告提供的QQ聊天记录、转账凭证以及当事人的陈述可以证明双方之间存在买卖合同关系。双方对买卖合同标的物的型号及数量均予以确认,且被告亦予以认可。故法院确认,双方之间的买卖合同系双方的真实意思表示,合法有效,双方均应恪守。根据相关法律规定,动产物权设立和转让前,第三人依法占有该动产的,负有交付义务的人可以通过转让请求第三人返还原物的权利代替交付。本案中,被告将系争货物托管在托管公司,原、被告及托管公司的主要联系人李某三方经多次联系,已对系争货物的数量、状态进行了确认,并确认系争货物实际托管于托管公司,由被告出售。原告付款后,被告指示系争货物转给原告,原告亦与李某联系,就系争货物的发货方式、发货时间、发货地点等进行确认,李某亦实际发了货。被告作为负有交付义务的人,通过向第三人发出指示,转让了请求第三人返还系争货物的权利以代替交付。因此,法院认定,被告已经履行了买卖合同中的交付义务,原、被告之间的合同已经履行完毕,且根据李某的聊天记录中的回复,可以确认原告受让该请求权时,该请求权并无瑕疵。现原告因未收到系争货物,起诉要求解除合同,并要求被告赔偿损失,无事实和法律依据,法院不予支持。至于原告因未能收到系争货物所致之损失,可通过其他途径另行主张权利。判决:驳回武汉无忧分发科技有限公司的全部诉讼请求。[2]

出卖人以通知单的形式告知仓储单位向买受人交付货物、同时确认货物所有权已转移至买受人名下后,仓储单位据此再通知买受人提货并确认所有权已转移至买受人名下,仓储单位的该通知行为属于按照出卖人的意思将货物交付给买受

---

〔1〕 参见国家法官学院、最高人民法院司法案例研究院编:《中国法院2020年度案例》(买卖合同纠纷),中国法制出版社2020年版,第139页。福建省厦门市中级人民法院(2018)闽02民终5824号民事判决书。

〔2〕 参见最高人民法院中国应用法学研究所编:《人民法院案例选》2020年第12辑(总第154辑),人民法院出版社2021年版,第105页。上海市闵行区人民法院(2018)沪0112民初19244号民事判决书。

人、从而辅助出卖人履行交付义务，其一般不构成仓储单位保证所存货物与通知单所列货物相符的承诺。货物品质与买卖合同约定的货物不符时，仓储单位的该通知行为并不构成欺诈，也未加重买受人的合同义务，其无须向买受人承担侵权责任。买受人应当向出卖人主张承担违约责任。

【案例8－34】 常熟兴华港口有限公司与上海百鑫实业发展有限公司等买卖合同纠纷再审案

最高人民法院认为，百业信公司、百鑫公司分别于2006年6月6日、6月13日、6月22日与汇达公司订立销售合同，约定将其88件共计1581.762吨304不锈钢售与汇达公司，汇达公司于2006年7月22日与百鑫公司订立《采购合同》，约定将其88件共计1581.762吨304不锈钢售与百鑫公司，上述销售合同、《采购合同》的效力并不影响兴华港公司作为货物仓储人的地位，存货人仍可依据相应的法律关系要求仓储人返还所存的货物，所以兴华港公司在本案中的法律责任问题与上述销售合同、《采购合同》是否属于企业间借贷的问题没有直接关系，兴华港公司提出的上述销售合同、《采购合同》实际属企业间借贷应为无效、其应因此而免责之理由，法院不予采信。

《采购合同》订立后，汇达公司于2006年8月4日向兴华港公司发出《货权转移及确认通知》，其上半部分记载汇达公司通知兴华港公司将该通知附件所列钢卷交付给百鑫公司，兴华港公司在该通知下半部分及告知百鑫公司该通知附件所有货物已转移至百鑫公司名下、百鑫公司发出放货通知即可提货，兴华港公司的该告知行为应属按照汇达公司的业务将货物交付百鑫给公司、从而辅助汇达公司履行交付义务。兴华港公司在该通知中手写的“明细以货物标签为准”也可表明兴华港公司在辅助履行中所交货物并不以通知附件为准，故兴华港公司的前述告知行为仅属于兴华港公司对百鑫公司交付货物的通知，并不构成兴华港公司保证所存货物与《货权转移及确认通知》附件所列货物相符的承诺。目前存放在兴华港公司的货物与《采购合同》约定的货物不符，汇达公司原法定代表人沈某新称该88件不锈钢实际材质与唛头标签不符完全是由东联公司和汇达公司造成的，百鑫公司也称该诉争货物自始不存在，是虚构的，汇达公司也无货可供，这表明汇达公司违反《采购合同》的约定，向百鑫公司交付不符合约定的货物，故百鑫公司提出的兴华港公司已经验收了《货权转移及确认通知》附件中所列货物入库的主张，难以成立，法院不予采信。

百鑫公司与兴华港公司并未就《货权转移及确认通知》附件中所列货物订立仓储合同，也无证据证明百鑫公司作为存货人将通知附件中所列钢卷交付给兴华港公司保管，所以百鑫公司主张其与兴华港公司之间就《货权转移及确认通知》附件中所列货物成立了仓储合同关系，与事实不符，法院不予采信。兴华港公司向百鑫公司送达《货权转移及确认通知》后,汇达公司在《采购合同》中的交付货物的义务即已履行完毕,百鑫公司成为汇达公司交付货物的所有权人,现百鑫提取货物,兴华港公司将汇达公司实际交付的货物交付与百鑫公司,并无不当。故百鑫公司与兴华港公司给付的货物与《货权转移及确认通知》附件中所列货物不符而主张兴华港公司应当承担赔偿责任,缺乏事实依据,法院不予支持。

因百鑫公司与兴华港公司并未就《货权转移及确认通知》附件中的钢卷成立仓储合同关系,故百鑫公司主张《货权转移及确认通知》系该通知附件中所列货物的仓单,缺乏事实基础。而且《货权转移及确认通知》的内容不符合仓单的法定记载事项,也无证据证明该通知可以流转。同时,该通知本身既未载明也无其他证据表明该通知是百鑫公司提取钢卷的凭证以及百鑫公司必须凭借该通知才能向兴华港公司提取钢卷,事实上,该通知中载明百鑫公司仅需发出放货通知就可以提取货物,百鑫公司无须出具该通知就可以向百鑫公司提取钢卷。以上事实足以表明《货权转移及确认通知》不具有仓单的法律属性,故对百鑫公司提出的《货权转移及确认通知》是仓单的主张,法院不予支持。一审判决认为,《货权转移及确认通知》是百鑫公司与兴华港公司之间形成了仓储合同关系、兴华港公司应当承担该法律关系下的赔偿责任,属于适用法律错误,最高人民法院予以纠正。

由于百鑫公司与汇达公司在2006年7月22日就签订了《采购合同》,该合同中确定了百鑫公司的付款义务,所以在兴华港公司向百鑫公司发出《货权转移及确认通知》前,百鑫公司的付款义务已经存在,兴华港公司发出该通知的行为并未加重百鑫公司的义务,百鑫公司向汇达公司支付本案诉争货款的义务不是基于该通知及兴华港公司的告知行为,而是基于《采购合同》的约定。百鑫公司依约履行付款义务后,汇达公司履行的交付货物义务不符合合同约定时,百鑫公司应当依照法律规定向汇达公司主张违约责任。虽然《采购合同》中约定百鑫公司收到兴华港公司货权转移及确认通知书再付款,但兴华港公司向百鑫公司发出的《货权转移及确认通知》中汇达公司称其已收到百鑫公司支付了《采购合同》中的全部货款,并要求兴华港向百鑫公司转移货权、兴华港公司据此盖章后才将《货权转移及确认通知》给予百鑫公司,百鑫公司在本案中提交的答辩状中也认可兴华港公司在《货权转移及确认通知》中盖章确认与百鑫公司付款同时进行,在《货权转移及确认通知》中兴华港公司的落款日期手写体为"06/08/07",该日期可以表明兴华港公司向百鑫公司发出该通知的时间并未在百鑫公司付款之前,所以百鑫公司未按照《采购合同》的约定、在汇达公司未完成交付行为就向汇达公司付出了本案诉争的货款,故对兴华港公司提出的其发出的《货权转移及确认通知》并不构成百鑫公司之信赖依据的主张，法院予以认定。现汇达公司交付的钢卷不符合约定，百鑫公司与应当承担不利的后果。二审判决认定百鑫公司向汇达公司支付货款是基于对兴华港公司发出《货权转移及确认通知》的信赖，故兴华港公司应承担相应的赔偿责任，应属不当，最高人民法院予以纠正。

兴华港公司对一审法院管辖权问题提出异议，因最高人民法院已将本案进行再审，故对其异议不再考虑。兴华港公司认为本案一、二审判决将百鑫公司与汇达公司之间的买卖合同关系、百鑫公司与兴华港公司之间的仓储合同关系合并审理存在错误，最高人民法院经审理认为兴华港公司与百鑫公司不存在仓储合同关系、兴华港公司对百鑫公司不承担赔偿责任，故对一、二审合并审理是否恰当，最高人民法院已不再考虑。百鑫公司在一审中并未向东联公司提起诉讼，现兴华港公司无须向百鑫公司承担赔偿责任，所以无须将百鑫公司与东联公司间的法律关系纳入本案审理。百鑫公司的7687363.32元是否构成重复受偿，属另外的法律关系，最高人民法院不予审理。

综上，百鑫公司与兴华港公司不构成仓储合同关系，《货权转移及确认通知》不属于仓单，也不构成百鑫公司付款之信赖依据，百鑫公司请求兴华港公司依照《货权转移及确认通知》承担赔偿责任，最高人民法院不予支持。兴华港公司提出的其不应对百鑫公司向汇达公司所付款项承担赔偿责任的主张，具有事实及法律依据，最高人民法院予以支持。因兴华港公司、百鑫公司仅对二审判决及一审判决第五项提出再审请求，故对当事人未提出再审请求的其他判项应予维持。一、二审判决认定事实基本清楚，但适用法律错误，最高人民法院予以纠正。判决：(1)撤销二审判决；(2)维持一审判决民事判决主文第一、二、三、四、六项；(3)撤销一审民事判决第五项；(4)驳回百鑫公司对兴华港公司的诉讼请求。[1]

是否构成指示交付，由法官根据具体案情进行裁量。

【案例8-35】 吕某与睢宁县茂盛米厂买卖合同纠纷再审案

最高人民法院认为，第三人依约负有向转让人交付动产的义务，但是该动产已由第三人与仓储方另行订立仓储合同由仓储方直接占有、控制，同时第三人向仓储方设定抵押且标的物已经处分。转让人由于与仓储方没有合同关系，不享有对动产返还请求权；且标的物已经处分导致客观上无法返还。故出卖人就该动产向受让人转让返还请求权不构成指示交付。[2]

---

〔1〕 参见最高人民法院民事审判第二庭编：《最高人民法院商事审判指导案例》（第5卷）（上），中国法制出版社2011年版，第184～186页。最高人民法院（2010）民提字93号民事判决书。

〔2〕 参见最高人民法院民法典贯彻实施工作领导小组编著：《中国民法典适用大全》（物权卷一），人民法院出版社2022年版，第207页。最高人民法院（2020）民再366号民事判决书。

2. 向第三人交付

向第三人履行债务,亦称第三人利益合同,是指双方在合同中约定由一方当事人向合同关系外的第三人给付,使第三人成为合同的受益人,取得设立的权利。第三人利益合同通常表现为当事人在订立合同时,以一项附合的“利益第三人约款”使第三人取得该合同的权利。也就是说在形式上,第三人利益合同体现为一个基础合同加上一个利益第三人约款。《民法典》第五百二十二条规定:“当事人约定由债务人向第三人履行债务,债务人未向第三人履行债务或者履行债务不符合约定的,应当向债权人承担违约责任。法律规定或者当事人约定第三人可以直接请求债务人向其履行债务,第三人未在合理期限内明确拒绝,债务人未向第三人履行债务或者履行债务不符合约定的,第三人可以请求债务人承担违约责任;债务人对债权人的抗辩,可以向第三人主张。”该条款是第三人利益合同的法律依据。就标的交付而言,该条第一款明确,出卖人未按约定向第三人或交付不符合合同约定,应向买受人承担违约责任。该条第二款明确第三人依据法律规定或者当事人约定权利享有直接给付请求权。

《民法典合同编通则解释》第二十九条规定:“民法典第五百二十二条第二款规定的第三人请求债务人向自己履行债务的,人民法院应予支持;请求行使撤销权、解除权等民事权利的,人民法院不予支持,但是法律另有规定的除外。合同依法被撤销或者被解除,债务人请求债权人返还财产的,人民法院应予支持。债务人按照约定向第三人履行债务,第三人拒绝受领,债权人请求债务人向自己履行债务的,人民法院应予支持,但是债务人已经采取提存等方式消灭债务的除外。第三人拒绝受领或者受领迟延,债务人请求债权人赔偿因此造成的损失的,人民法院依法予以支持。”应强调的是,第三人取得的仅是基于合同产生的请求权,撤销权、解除权等决定合同地位的权利并未由第三人取得,仍应由债权人行使。[1]

在无特别说明的情况下,转让提单仅产生指示第三人交货的效果。

【案例8-36】 嘉森公司诉威克公司买卖合同纠纷案

二审法院认为,嘉森公司以函件的方式要求威克公司将剩余的1404.4吨甲苯提单直接转让给嘉森公司,由嘉森公司凭自己的提单提货,这一函件的意思仅表明嘉森公司要求威克公司向嘉森公司开具以嘉森公司为提货人的提单,或威克公司将以自己为提货人的提单转让给嘉森公司,使嘉森公司可持以自己为收货人的提单提货,从而使威克公司完成交货行为。该函件并无债权转让和债务转让的意思。货物提单作为一种物权凭证,基于提货单的

---

〔1〕 参见最高人民法院民事审判第二庭、研究室编著:《最高人民法院民法典合同编通则司法解释理解与适用》,人民法院出版社2023年版,第336页。

非制式性,以及提货单与基础合同相分离的特点,提货单的转让并不意味着债权人有更换债务人的意思表示,也不代表债务人可就此脱离原合同关系。结合威克公司向嘉森公司开具增值税发票的行为,可进一步证明威克公司仍是合同相对方。本案中,威克公司并未拥有任何物权凭证,也未向嘉森公司交付任何物权凭证,仅是要求悦弘公司向嘉森公司交付货物。此属第三人履行,第三人未向嘉森公司履行时,威克公司仍应承担继续履行的责任。判决:驳回上诉,维持原判。[1]

在买卖合同中,卖方可依据合同约定将货物交付给第三人履行合同义务。若无合同约定,卖方向第三人交付货物,是否产生给付义务履行完毕的法律效力,可从以下两个方面进行判断,其一,第三人是否具有受领权限;其二,是否存在足以使债务人对第三人具有受领权限形成合理信赖的权利表象。换言之,当合同一方主张自己向第三人交付了标的物产生效果时,法官应该根据案情作出具体判断。

【案例 8-37】 科技公司诉科技发展公司买卖合同纠纷案

判决观点,科技公司与科技发展公司之间具有买卖合同关系,现科技发展公司与科技公司对于产品是否已经交付产生争议。科技发展公司辩称,案外人张某系科技公司的员工,故张某要求科技发展公司将产品送至门店的行为系科技公司指定送货地点的行为。对此,没有证据证明张某与科技公司之间存在劳动关系或劳务关系。故该抗辩意见,法院不予采信。

科技发展公司辩称,张某与科技公司构成表见代理,故科技发展公司根据张某的要求将产品运送至销售门店的行为已经完成交付。根据《合同法》第四十九条的规定,表见代理制度要求代理人的无权代理行为在客观上形成具有代理权的表象,并要求相对人在主观上善意且无过失地相信行为人有代理权。合同相对人主张构成表见代理的,应当承担举证责任,不仅应当举证证明代理行为存在诸如合同书、公章、印鉴等有权代理的客观表象,还应证明其善意无过失地相信行为人具有代理权。本案中,没有证据证明张某曾向科技发展公司出具过科技公司的授权手续,亦没有证据证明张某曾以书面或口头形式表示接受过科技公司的授权。故无法认定张某与科技公司之间构成表见代理。

科技发展公司辩称,科技公司的法定代表人已知其将产品送至张某门店且未提异议,应视为科技公司对送货地点的默认。对此,在没有证据证明科技公司已向科技发展公司指定送货地点的情况下,科技公司对科技发展公司

---

〔1〕 参见国家法官学院案例开发研究中心编:《中国法院 2013 年度案例》(买卖合同纠纷),中国法制出版社 2013 年版,第 119 页。江苏省无锡市中级人民法院(2011)锡商终字第 303 号民事判决书。

送货至张某门店的已知及未提异议不能视为科技公司对送货地点的默认。

故法院无法认定科技发展公司已按照合同约定向科技公司交付了产品。因案涉产品已经毁损,故科技公司要求确认《购买电视合同》已经于起诉书送达被告之日解除的诉讼请求,法院予以支持。科技发展公司应退还科技公司支付的货款,科技公司主张合同利息损失至解除之日起算。判决:(1)科技发展公司与科技公司于2018年3月15日签订的《购买电视合同》于2019年8月30日解除;(2)科技发展公司返还科技公司货款14.5万元;(3)科技发展公司给付科技公司利息损失;(4)驳回原告科技公司的其他诉讼请求。〔1〕

3. 应当注意的问题

第三人代为履行与债务转移的区别。二者的共同点为,均存在第三人代为履行的意思表示,但二者也存在不同之处。其一,生效条件不同。第三人代为履行不需要经过债权人的同意,只要第三人与债务人达成合意即可。债务转移成立的前提条件是取得债权人的同意,且债权人同意必须以合同的方式进行。其二,法律地位不同。在第三人代为履行中,第三人仅是债务人的"履行辅助人",其并不是合同中的当事人。在债务转移中,无论全部转移还是部分转移,第三人的身份都会变成合同的当事人,成为新的债务人。其三,法律关系不同。在第三人代为履行中,第三人只是作为债务履行的辅助人,与债权人没有合同关系,债务人不因第三人代为履行而退出合同关系。在债务转移中,第三人替代了原债务人的部分或全部义务,与债权人形成了新的合同关系,若原债务人全部转移了义务,则原债务人就脱离了原债权债务关系。其四,法律责任不同。在第三人代为履行中,基于合同相对性原则,在第三人不履行债务或者履行债务不符合约定的情形下,债权人只能向债务人主张权利。在债务转移中,由于第三人与债权人之间形成了新的合同关系,原债务人退出了第三人承受的债务范围内的债权债务关系,故在第三人不履行债务或履行债务不符合约定时,债权人仅能向第三人主张权利。

第三人承诺履行债务与由第三人代为履行的区别,从表面上看,两者都是由第三人履行债务,原债务人均不退出原债权债务关系。但第三人承诺履行债务隶属并存的债务承担,第三人取得债务人的地位,第三人不履行承诺的债务,债权人可以直接向第三人提出权利请求,第三人应对自己不履行或者不适当履行与原债务人承担连带责任(或约定的责任)。由第三人代为履行,又称履行负担,第三人

---

〔1〕 参见国家法官学院、最高人民法院司法案例研究院编:《中国法院2022年度案例》(买卖合同纠纷),中国法制出版社2022年版,第63~64页。北京市昌平区人民法院(2020)京0114民初6618号民事判决书。

并未取得债务人的地位，债权人不得直接向第三人请求履行债务，债务人应对第三人的不履行或者不适当履行承担合同责任，第三人不承担合同责任。

债务加入、代为履行均由第三方代替或部分代替原债务人清偿债务，两者在司法实践中经常混淆。债务加入又称并存的债务承担，是指原债务人并没有脱离原债务关系，而第三人加入原存的债务关系中，与债务人共同承担债务。

出卖方不享有物权请求权的指令交割不构成指示交付。指令交割约定无效之下，可认定为第三人代为履行。

【案例 8－38】　化纤公司诉贸易公司、国际公司买卖合同纠纷案

二审法院认为，因贸易公司向 H 公司下达放货指令时货物并未现实交付，合同中关于自该时间货物所有权转移的约定如要产生效力应当符合法律特别规定。贸易公司称该约定属于指示交付性质。然而，指示交付是指动产物权设立和转让前，负有交付义务的人可以通过转让请求第三人返还原物权利代替交付。仅有贸易公司对 H 公司占有的货物享有所有权的前提下，其向化纤公司转移对 H 公司提货的权利才构成指示交付。对于 H 公司尚未生产或明确预留给贸易公司的货物，合同约定的所有权转移形式实际无法完成，故本案指示交付并未成立。在此前提下，结合本案当事人并未约定 H 公司直接向化纤公司承担违约责任，一审法院认定合同约定的货物交付性质为第三人代为履行，并无不当。现 H 公司未向化纤公司交付全部货物，视为贸易公司未能履行合同义务，故一审法院认定贸易公司应向化纤公司承担相应的违约责任，并无不当。判决：驳回上诉，维持原判。[1]

（四）买卖合同交付风险的处理

《民法典》第六百零四条规定："标的物毁损、灭失的风险，在标的物交付之前由出卖人承担，交付之后由买受人承担，但是法律另有规定或者当事人另有约定的除外。"也就是说，法律另有规定，或者当事人另行特别约定风险转移时间及条件的，按照其规定及约定，否则，交付时，风险即转移。当然，所谓的风险转移，并不是说标的物的问题都由买受人负责，出售人不承担任何责任。风险转移，只是对标的物毁损灭失的风险承担问题。不影响出售人履行债务不符合约定，买受人要求其承担违约责任的权利。

---

〔1〕　参见国家法官学院、最高人民法院司法案例研究院编：《中国法院 2023 年度案例》（买卖合同纠纷），中国法制出版社 2023 年版，第 125 页。江苏省无锡市中级人民法院（2021）苏 02 民终 2834 号民事判决书。

《民法典》第六百零八条规定:“出卖人按照约定依据本法第六百零三条第二款第二项的规定将标的物置于交付地点,买受人违反约定没有收取的,标的物毁损、灭失的风险自违反约定时由买受人承担。”

最高人民法院的法官认为,《民法典》并未直接系统规定买受人受领迟延的法律后果,但通过体系解释方法,可以对其进行总结:第一,出卖人可提存或自助拍卖、变卖以消灭债务。第二,标的物的风险由买受人负担。第三,出卖人可以请求买受人赔偿其保管或保护标的物所支出的必要费用。[1]

根据《民法典》和司法解释的相关规定,对因货物交付发生风险的争议作出处理。

【案例8－39】 大众旭公司诉东泰公司买卖合同纠纷案

判决观点,本案中大众旭公司与东泰公司通过微信联系达成了墙地砖买卖合同,该合同真实有效,对双方具有约束力。在合同履行中,大众旭公司在收货时发现购买的墙地砖存在被水浸泡、包装破损的事实,法院对该事实予以确认。但就货物受损责任的归属问题,双方存在争议。大众旭公司主张东泰公司未交付质量合格的货物存在违约责任,结合东泰公司的抗辩意见,围绕该争议问题以下几个方面应当厘清:一是东泰公司是否交付了案涉货物;二是若认定货物已交付,则货物受损是否发生在运输中;三是若认定货物受损系在运输途中所致,则风险负担如何厘定。法院综合本案证据及查明的事实,结合双方相关争议作出以下认定:第一,关于双方争议的东泰公司是否已向大众旭公司交付出卖的货物的问题,法院认为,东泰公司与大众旭公司并未约定货物的交付地点,双方微信中涉及的无锡市锡山区团结中路26号为告知货运司机的到货地,并非对买卖合同中货物交付地点的约定;关于货物的交付方式,虽然东泰公司对运输车辆的确定一直与大众旭公司保持联系,但“沂罗物流”运输凭证上的主要信息系由东泰公司提供而形成,实际运输既非卖方送货,亦非买方自提,而是由张某刚驾驶车辆所有人新华驿公司的运输车辆完成,即承运人系独立于买卖合同当事人之外的运输业者,故案涉货物的交付方式属于东泰公司代办托运以运交买受人大众旭公司的情形。根据法律规定,在没有约定交付地点或者约定不明确的情形下,东泰公司在完成货物装车交付承运人起运时即完成了出卖货物的交付。第二,关于案涉货物存在被水浸泡、包装破损的质量瑕疵是东泰公司出售的货物交运前即已存在还是在运输途中所致的问题,东泰公司提供的证人证言等证据,法院经审查认定并结合法院调查材料等相关事实,能够确信货物存在的被水浸泡、

[1] 参见最高人民法院民法典贯彻实施工作领导小组编著:《中国民法典适用大全》(合同卷二),人民法院出版社2022年版,第1245页。

包装破损的质量瑕疵系因承运人未妥善保管以及在运输途中发生破损事实的存在具有高度可能性,法院认定该事实存在。第三,东泰公司以代办托运方式交付货物后,货物受损的后果承担应属于合同法规定的风险负担问题。我国《合同法》规定,当事人没有约定交付地点或者约定不明,依照法律的规定仍不能确定的,标的物需要运输的,出卖人将标的物交付给第一承运人后,除法律另有规定或当事人另有约定以外,毁损、灭失的风险由买受人承担。本案案涉货物系由东泰公司以代办托运方式交付承运人后,大众旭公司之前发生了货损事实,因双方对货物的风险负担并未作出约定,故根据法律规定的风险负担规则,该货损风险应由买受人大众旭公司承担。东泰公司就买卖合同之主要义务履行完毕,并无证据证明东泰公司存在交付的标的物不符合质量要求致使不能实现合同目的的违约事实,因而东泰公司无须向大众旭公司承担合同解除、退还货款的违约责任。综上,大众旭公司的诉讼请求缺乏事实及法律依据,法院不予支持。判决:驳回大众旭公司的诉讼请求。[1]

出卖人自将标的物交由承运人运输开始,标的物毁损、灭失的风险就转移至买受人,出卖人即已完成合同义务,买受人有义务按合同约定支付货款。

【案例8-40】 向某江诉吴某祥买卖合同纠纷案

二审法院认为,上诉人向某江与被上诉人吴某祥口头约定,向某江以代办运输的方式将塑料薄膜卖给吴某祥,吴某祥才支付货款及运费,双方之间形成代办运输的买卖合同关系。合同成立后,在运输途中货车发生交通事故致使货物毁损,《合同法》第四十四条规定:"出卖人出卖交由承运人运输的在途标的物,除当事人另有约定的以外,毁损、灭失的风险自合同成立时起由买受人承担。"即出卖人将标的物交由承运人运输开始,该标的物毁损、灭失的风险就已转移至买受人,出卖人已完成合同义务,买受人有义务按合同约定支付货款。因此,吴某祥有义务向向某江支付货款,况且,吴某祥除已经支付3000元货款外,对尚欠货款已向向某江出具"欠条",确认欠到货款13000元,表明双方的买卖合同关系已经履行完毕。[2]

【案例8-41】 董某福与吴某弦买卖合同纠纷案

判决观点,本案出卖人、买受人之间就案涉粮草形成买卖合同关系,并约定由出卖人支付运费,买受人交付了全部粮草款,那么,在出卖人将案涉粮草

---

〔1〕 参见国家法官学院案例开发研究中心编:《中国法院2019年度案例》(买卖合同纠纷),中国法制出版社2019年版,第151~152页。江苏省无锡市新吴区人民法院(2017)苏0214民初4244号民事判决书。

〔2〕 参见中国审判理论研究会民事专业委员会编著:《民法典合同编条文理解与司法适用》,法律出版社2020年版,第250页。江西省吉安市中级人民法院(2016)赣08民终864号民事判决书。

交给承运人实际就完成了交付，粮草的所有权转移给买受人，毁损、灭失的风险也一并转移。[1]

特定物交易中的风险，由法官根据案情确定是否构成欺诈。

【案例8－42】 谢某福诉徐某国、黄某林买卖合同纠纷案

一审法院认为，原、被告买卖的标的物为翘头案及雕龙装饰柜，系特殊商品，在无任何参考标准的情况下，实物查看往往是确定是否交易的根本途径，相应的交易风险就由双方自行承担。本案原告与被告徐某国在交易过程中，原告通过现场查验物品，双方确定价格，原告确认购买，徐某国上门交货，以物换物及补差价方式支付款项，双方虽未签订书面协议，但口头的买卖合同已成立、生效并履行完毕。从原告与徐某国磋商、缔结、履行合同的情况来看，均体现了双方的真实意思表示，如此产生的所谓交易风险应由原告及徐某国自行承担。判决：驳回原告谢某福的诉讼请求。二审法院判决：驳回上诉，维持原判。[2]

出卖人货交第一承运人运输，买受人收货组织卸货中，装卸工受伤死亡，买受人支付赔偿金后不能向出卖人追偿。

【案例8－43】 陈某元诉齐某元买卖合同纠纷案

二审法院认为，业已生效的石河子市人民法院（2013）石民初字第2835号、（2014）石民初字第2289号判决均认定上诉人齐某元与被上诉人陈某元之间存在油葵买卖合同关系，故认定双方之间成立买卖合同关系。双方买卖油葵的民事法律行为未采用书面形式对权利义务进行约定，依据《合同法》第一百三十三条、第一百四十一条第（一）项、第一百四十五条之规定，齐某元人在布尔津县将油葵交付货车司机承运时，该批油葵即已经交付给陈某元，之后该批货物毁损、灭失的风险均由陈某元承担，与齐某元无关。此后，双方对油葵交付地点和风险转移的问题并无另行约定，由于齐某元签名的“委托书”并无具体委托事项，不能据此认定双方之间存在合同关系。此案因买卖合同引起，案由应确定为买卖合同纠纷，原审确定案由为委托合同纠纷错误，应予纠正。双方签订“委托书”时，买卖标的物已经交付买受人，卸货人员受伤事故已经发生，故不能以运费负担推定交货地点，亦不能以装卸费负担推定陈某元接受齐某元的委托组织卸货。货物运达后，陈某元接收货

---

〔1〕 参见最高人民法院民法典贯彻实施工作领导小组编著：《中国民法典适用大全》（合同卷二），人民法院出版社2022年版，第1235页。吉林省公主岭市人民法院（2021）吉0184民初7996号民事判决书。

〔2〕 参见国家法官学院案例开发研究中心编：《中国法院2018年度案例》（买卖合同纠纷），中国法制出版社2018年版，第27页。浙江省宁波市中级人民法院（2015）浙甬商终字第1284号民事判决书。

物,组织卸货是买受人陈某元的个人事务,其雇佣的装卸人员死亡,应由陈某元承担赔偿责任。陈某元无证据证实齐某元委托其负责处理赔偿事宜,故陈某元无权向齐某元主张赔偿费用。"委托书"中对装卸费、运费负担的约定,应视为双方对买卖合同所涉相关费用的约定,双方应按约定履行,齐某元应当给付陈某元运费、装卸费。原审判决齐某元支付陈某元垫付的医疗费、死亡补偿金的处理结果错误,予以改判。齐某元的上诉理由成立,对其上诉请求,二审法院予以支持。判决:(1)撤销一审判决;(2)上诉人齐某元支付被上诉人陈某元垫付的运费、装卸费8459元(7819元+640元);(3)驳回被上诉人陈某元的原审其他诉讼请求。[1]

标的物的灭失、毁损风险与交付一并转移。

【案例8-44】 宋某一诉赵屯乡政府买卖合同纠纷案

一审法院认为,本案中原告诉称双方就买卖树苗一事达成口头协议,并提供了由被告赵屯乡政府果树站站长李某祥书写的证明、通话录音、赵屯乡2012年小果树栽植情况表三份证据,其真实性和效力法院予以确认。被告辩称赵屯乡政府与宋某一之间不存在书面形式的买卖合同,且没有被告的收货凭证,然依据《合同法》的规定,买卖合同并非要式合同,原、被告双方亦未约定必须采用书面形式,因此,是否采用书面形式不是买卖合同成立、生效的必要条件。同时,李某祥出具的证明、时任乡长的调查笔录,足以证实该批树苗宋某一已经交付给赵屯乡政府,李某祥作为被告方的果树站站长,购买树苗行为在其职责范围之内,故法院对被告该项辩解不予采纳;同时,被告辩称自己的往来账目上不存在该笔树苗的应付款,前任领导对该笔业务也没有书面文件予以交接、认可。法院认为,该笔业务是否存在于被告的往来账目之上,被告赵屯乡政府负责人之间是否存在书面交接系属被告内部的管理问题,被告内部的管理行为并不能产生其对外民事行为的效力,因此,对被告该项辩解法院不予采纳。被告又辩称时任乡长的陈述不能代表被告,法院认为,被告向原告购买树苗的行为发生在时任乡长任期之内,对其陈述的当时情况应当予以认可。被告再辩称,宋某一交付给赵屯乡政府果树站站长李某祥的果树苗成活率没有达到90%,树苗大量死亡,导致上级政策没有得到落实,树苗款无法结算。法院认为,被告没有证据证明原、被告在达成协议时存在树苗成活率达到90%的约定,导致树苗死亡的原因非常复杂,被告不能证明死亡树苗为原告提供,亦不能证明树苗未成活的原因是原告提供的树苗存

---

[1] 参见国家法官学院案例开发研究中心编:《中国法院2017年度案例》(买卖合同纠纷),中国法制出版社2017年版,第55~56页。新疆生产建设兵团第八师中级人民法院(2015)兵八民二终字第63号民事判决书。

在质量问题所致。依据《合同法》的规定，在法律没有规定或当事人没有约定的前提下，买卖合同标的物所有权在交付时转移，标的物灭失、毁损的风险也一并转移，案涉树苗自交付被告时其所有权与灭失、毁损风险即一并转移至被告，故被告该项辩解，法院不予采纳。判决：被告赵屯乡政府给付原告宋某一树苗款195900元及利息。二审法院判决：驳回上诉，维持原判。〔1〕

【案例8－45】 付某林诉师宗菌子山吉祥家庭农场买卖合同纠纷案

二审法院认为，上诉人付某林与被上诉人师宗菌子山吉祥家庭农场签订《苗木购销合同》并支付定金后，对其所供苗木进行标定、断根的行为，系买受人对买卖合同标的物的选定并进行处分的民事行为，该民事行为的发生，表明出卖人实际交付了标的物，买受人实际取得了对标的物的控制和处分的权利。在此之后，非由于出卖人的原因导致买卖合同标的物灭失的，出卖人依法不应承担定金返还责任。故上诉人付某林提出一审法院判决认定合同标的物的交付有悖双方约定的交货时间和交付方式等上诉理由不能成立，法院不予采信。判决：驳回上诉，维持原判。〔2〕

已经交付的货物，灭失风险由买受人承担。

【案例8－46】 厦门众瑞纸业有限公司诉南宁市圣大纸业有限公司买卖合同纠纷案

判决观点，燃烧的货物即为被告交由原告指定的承运人李某德承运的双方第10次交易的货物。被告主张已经将价值204385元的货物交给承运人李某德，2013年11月29日零时左右，承运人李某德驾驶的豫P6H701重型半挂牵引车的挂车及车上货物在广昆高速公路（南梧段）464KM横县校椅收费站匝道处燃烧。根据《合同法》第一百四十五条的规定，被告将货物交给原告指定的承运人承运后已经履行了交货义务，货物灭失的风险应由原告自行承担，因此，原告主张要求被告退回货款194724元及利息，不予支持。判决：驳回原告厦门众瑞纸业有限公司的诉讼请求。〔3〕

买卖合同中，买受人以质量异议拒绝接受标的物导致标的物毁损、灭失的，应自行承担责任。

---

〔1〕 参见国家法官学院案例开发研究中心编：《中国法院2017年度案例》（买卖合同纠纷），中国法制出版社2017年版，第156～157页。辽宁省大连市中级人民法院（2015）大民三终字第1142号民事判决书。

〔2〕 参见国家法官学院案例开发研究中心编：《中国法院2017年度案例》（买卖合同纠纷），中国法制出版社2017年版，第160页。云南省曲靖市中级人民法院（2015）曲中民终字第892号民事判决书。

〔3〕 参见国家法官学院案例开发研究中心编：《中国法院2016年度案例》（买卖合同纠纷），中国法制出版社2016年版，第169页。广西壮族自治区南宁市横县人民法院（2014）横民二初字第45号民事判决书。

【案例8-47】 万基威公司诉向某等买卖合同纠纷案

一审法院认为,本院从宋某签订合同的事实、汇鑫公司与宋某通过电子邮件联系后万基威公司即汇款、传真报验委托书的事实、宋某与被告向某通过电子邮件联系脐橙款的退还事宜事实、万基威公司自认货物退回后宋某即通知的事实,结合宋某的名片及宋某当庭在电话中的陈述,可以认定宋某是代表万基威公司从事的一系列行为,即使宋某不是万基威公司的员工,也构成一种表见代理。万基威公司依合同约定向汇鑫公司支付了全部货款,汇鑫公司亦按照合同约定将货物置于约定的交付地点青岛黄岛港,并通知宋某,宋某到港验货后以质量不符合交货标准为由未收取货物、卸货,致使承运人在交付地点滞留5天后依运输合同约定将货物运走处理,货物毁损灭失的风险应该由万基威公司承担。判决:驳回万基威公司的诉讼请求。

二审法院认为,万基威公司认为汇鑫公司交付的脐橙被挤压腐烂,有质量问题,达不到出境货物质量的检验标准,按照国际贸易惯例,可以向宜昌出入境检验检疫局提出异议,也可以申请青岛出入境检验检疫局对该批货物质量重新查验。但万基威公司出口部经理宋某只是单方简单查看,即以货物有质量问题为由拒收,且货物有质量问题并未取得汇鑫公司的认可。万基威公司主张的货物质量问题,除宋某的单方陈述外,再无其他证据证明。宋某是万基威公司的员工,是本案买卖合同签订履行的具体负责人,与本案有利害关系。宋某的陈述作为利害关系人的证人证言且是孤证,法院不予采信。万基威公司主张汇鑫公司负责人向某曾承诺退款,但未提交任何证据佐证,法院不予采信。判决:驳回上诉,维持原判。[1]

出卖人按照约定将标的物置于交付地点,买受人违反约定没有收取的,标的物毁损、灭失的风险自违反约定之日起由买受人承担。

【案例8-48】 甲(广州)科技有限公司诉乙科技(深圳)有限公司买卖合同纠纷案

二审法院认为,甲公司作为出卖方已经将旧设备置于交付地点,但乙公司没有按照合同约定在2015年2月15日前将全部货物提取完毕,双方当事人在合同中约定的货物损毁灭失风险自乙公司提货时起转移的条款应该以满足约定的提货期限内提货为前提条件,因此,合同项下旧设备毁损灭失的风险自2015年2月16日起应由乙公司负担。乙公司不能提供证据证明旧设备部件被盗发生的时间在2015年2月15日前,其应承担举证不能的法律

---

〔1〕 参见国家法官学院案例开发研究中心编:《中国法院2014年度案例》(买卖合同纠纷),中国法制出版社2014年版,第84页。湖北省宜昌市中级人民法院(2012)鄂宜昌中民三终字第330号民事判决书。

后果。[1]

自约定日起标的物长期存放在出卖人的仓库而造成的毁损风险由买受人承担。

【案例8-49】 陈某仙诉施某琴买卖合同纠纷案

二审法院认为,2011年6月27日,原告陈某仙与顾某华一起在被告仓库内对选定的服装进行打包、封包,计45个包裹,并由顾某华在其中41个包裹上进行了标注,以表明该批货物为原告所有。从原告完成封包行为起,已封包的服装即从种类物变为特定物,被告施某琴有义务向原告交付封包类的服装,原告也有义务按照约定在提货时支付剩余所欠的货款。2011年10月22日,原告只愿意提取已付价款等价的羽绒服,拒不接受剩余羽绒服,也不支付剩余的290000元货款,不符合双方在销货清单上约定的"提货时货款一次性付清"。原告违约在先,被告有权拒绝其提货要求。根据约定,原告应当在2011年10月20日左右提货,原告拒不支付剩余货款,致使提货物不成,按照《合同法》第一百四十三条的规定,"因买受人的原因致使标的物不能按照约定期限交付的,买受人应当自违反约定之日起承担标的物毁损、灭失的风险",因此自该日起因羽绒服长期存放被告仓库而造成的衣物霉斑、蓬松度下降等毁损风险应当由原告承担。原告于提货时拒不支付剩余货款,违约在先,依法应由其承担违约责任。[2]

【案例8-50】 高台县鑫通伟商贸有限公司与高台县碱泉子林牧业科技开发有限责任公司买卖合同纠纷案

二审法院认为,本案中合同约定买受人于约定的期限拉运完毕玉米,但买受人怠于履行拉运义务,根据法律规定,由于买受人的原因致使标的物未按照约定期限交付的,买受人应当自违反约定时起承担标的物的毁损、灭失的风险,因此造成本案玉米发生霉变等灭失的风险,应当由买受人承担。[3]

个案中,交付的风险由法官根据具体案情确定。

【案例8-51】 某公司诉某某买卖合同纠纷案

判决观点,根据原、被告确认的双方微信聊天记录内容,被告向原告咨询

---

〔1〕 参见中国审判理论研究会民事专业委员会编著:《民法典合同编条文理解与司法适用》,法律出版社2020年版,第252页。广东省广州市中级人民法院(2016)粤01民终2367号民事判决书。

〔2〕 参见中国审判理论研究会民事专业委员会编著:《民法典合同编条文理解与司法适用》,法律出版社2020年版,第248页。浙江省台州市中级人民法院(2013)浙台商终字第512号民事判决书。

〔3〕 参见最高人民法院民法典贯彻实施工作领导小组编著:《中国民法典适用大全》(合同卷二),人民法院出版社2022年版,第1246页。甘肃省张掖市中级人民法院(2022)甘07民终297号民事判决书。

双目夜视仪并表达购买意愿，在原告通过照片、视频向被告展示货品后，被告表示“……如果在65000左右我会买”“不要超过7万元嘛……”可见被告表达了对原告在微信中向其展示之货品（PVS23夜视仪）的购买意愿并确认价格。合同作为当事人自愿订立之契约，对双方均具有约束力。被告在双方沟通中，已向原告明确了其接受的货品价格。双方达成买卖合意后，原告发货并对货品进行了保价。而被告提出以同类货品市场价格及货品申报价值来确定货品价格的说法，并无相关依据，故对被告该辩称意见，法院不予采信。现原告按照被告确认货品价格65000元向被告主张权利，于法不悖，法院予以确认。被告另称，原告在寄送系争货品时，未进行开箱查验，无法证明其向被告提供货品的完整性，对此观点未提供相关依据，法院难予支持。至于被告提出原告向被告交付的货品存在严重破损，影响正常使用，导致合同目的未实现，要求解除买卖合同之反诉主张。首先，被告对其说法未提供相关证据证明，且在双方确认的微信聊天记录中，被告表示“……我试了一下里面两个电极触点是好的，贴上去，还能用”，这与被告辩称意见亦存在矛盾；其次，标的物的所有权自交付之日起转移。出卖人出卖交由承运人运输的在途标的物，除当事人另有约定的以外，毁损、灭失的风险自合同成立时起由买受人承担。结合本案情况，系争货品所有权自原告将其交由承运方寄送起转移至被告，货品毁损之风险理应由被告承担。且被告未按法院要求提供涉案标的物，对于标的物在运输过程中发生毁损、灭失造成的损失，被告可另案主张。因此，对被告之反诉请求，法院难予支持。[1]

【案例8-52】　某公司诉抗某买卖合同纠纷案

判决观点，买卖合同是出卖人转移标的物的所有权于买受人，买受人支付价款的合同。当事人一方不履行合同义务或者履行合同义务不符合约定的，应当承担继续履行、采取补救措施或者赔偿损失等违约责任。标的物毁损、灭失的风险，在标的物交付之前由出卖人承担，交付之后由买受人承担，但是法律另有规定或者当事人另有约定的除外。本案中，原、被告于2022年7月5日就车辆买卖达成口头合意，被告即支付了原告3000元，并表示“尽可能安排明天提车”，原告表示同意，双方买卖合同成立，合同真实有效，双方均应恪守。因此，被告抗某买卖不成立的意见，法院不予采纳。至于第三人述称的被告系职务行为，代表第三人购车，买卖主体双方为原告、第三人的意见，从双方微信沟通内容与付款主体看，难以成立，故法院不予采纳。之后，被告微信发给原告提车司机程某的信息，2022年7月6日，程某前往提车地

---

〔1〕 上海市普陀区人民法院（2017）沪0107民初22552号民事判决书。

点验车、提车,车辆由程某提走之后,标的物毁损、灭失的风险由被告承担。被告询问原告的打款账号,原告要求被告打钱,按照交易习惯和双方沟通,双方对当日支付剩余车款达成合意。当日,车子由程某提走,被告未支付原告剩余车款的原因在于被告未收到其客户的车款,但这并不能免除被告不支付原告剩余车款的法定义务,况且被告在电话联系后表示"车子是走了,再打钱""应该没问题"。综上,原告要求被告支付款项并赔付利息损失,合法有据,法院予以支持。至于被告抗某原告并未按照行业交易习惯即必须是查车款到账再放车以及未提供车辆交付程某的交车清单的意见,一则被告未提供以往交车清单的相关证据,二则从原、被告微信沟通及交易来看,双方认识已久,相互之间有多次车辆买卖,彼此有信任的基础,诚然,车款到账再放车更能保障原告的权益,但在车款未到账车已提走的情形下,应不影响原告权利的行使和主张,更不应成为被告不支付车款的理由。[1]

根据《民法典》第六百一十二条、第六百一十三条的规定,出卖人就交付的标的物负有权利瑕疵担保义务,但买受人订立合同时知道或者应当知道第三人对买卖的标的物享有权利的,出卖人不承担责任。买受人明知车辆存在权利瑕疵仍然购买,应自担风险。

【案例8-53】 邹某与路某买卖合同纠纷再审案

再审法院认为,涉案《车辆债权受让协议》系双方真实意思表示,该协议明确约定了车辆的来源、性质及交易存在的潜在风险,并约定了风险责任承担,该协议内容不违反法律法规的强制性规定,合法有效。邹某按照协议价格将款项交付路某,路某也将车辆交付邹某,该协议已经履行完毕。邹某称涉案车辆被某租赁公司拖走,诉请返还购车款,该情形属于邹某签订协议时应当预见的风险。遂判决驳回邹某的诉讼请求。[2]

---

〔1〕 上海市奉贤区人民法院(2022)沪0120民初20766号民事判决书。

〔2〕 山东省聊城市中级人民法院(2023)鲁15民申42号民事裁定书。

专题九　特种买卖合同纠纷

《民法典》合同编第六百三十四条规定的分期付款买卖合同；第六百三十五条和第六百三十六条规定的凭样品买卖合同；第六百三十七条、第六百三十八条、第六百三十九条和第六百四十条规定的试用买卖合同；第六百四十一条、第六百四十二条和第六百四十三条规定的所有权保留合同；第六百四十四条规定的招标投标买卖合同；第六百四十五条规定的拍卖合同，可称为6种特殊类型。这6种类型的合同除了具有一般合同的特性外，还具有其自身独有的特点，有必要对其区别于一般合同之处加以分析，以便准确、妥当地处理此类合同纠纷，本专题就此展开阐述。

一、分期付款买卖合同的法律适用

（一）分期付款买卖合同的理解

分期付款买卖合同，是指由出卖人先向买受人交付标的物，买受人将应付的总价款，在一定期限内分次向出卖人支付的买卖合同。分期付款买卖是一种特殊买卖，其根本特征在于买受人在接受标的物后不是一次性支付全部价款，而是将全部价款分成若干份，分不同日期支付。分期付款买卖在某种意义上属于一赊购，但买受人在接受标的物之后，不是在一定期限内一次性支付价款，而是在一定期限内分批次地支付。[1]

与一般买卖相比，分期付款买卖最大的特点是，出卖人在合同成立或仅收到部分价款时须交付标的物，剩余价款由买受人在受领标的物后分若干次付清。分期付款买卖使买受人未支付全部价款即取得买卖标的物，出卖人存在不能取得全部价款的风险。

《民法典》第六百三十四条第一款规定："分期付款的买受人未支付到期价款的数额达到全部价款的五分之一，经催告后在合理期限内仍未支付到期价款的，出卖人可以请求买受人支付全部价款或者解除合同。"第二款规定："出卖人解除合同的，可以向买受人请求支付该标的物的使用费。"本条是对分期付款买卖的规定。本条主要包含以下几层含义：其一，明确规定分期付款买卖合同出卖人的单方解除合同的条件，即买受人未支付到期价款的数额应占全部价款的1/5，且必须经催告。这两个条件是并列的，缺一不可。其二，出卖人有选择支付全部价款或解除合同两种权利，由出卖人自主决定。其三，解除合同后，出卖人有权请求买受人支付标的物使用费。

《买卖合同解释》第二十七条规定："民法典第六百三十四条第一款规定的'分期付款'，系指买受人将应付的总价款在一定期限内至少分三次向出卖人支付。分期付款买卖合同的约定违反民法典第六百三十四条第一款规定，损害买受人利益，买受人主张该约定无效的，人民法院应予支持。"本条是对分期付款买卖

---

〔1〕 参见黄薇主编：《中华人民共和国民法典合同编释义》，法律出版社2020年版，第389～390页。

进行的界定。本条主要包含以下几层含义:其一,分期付款买卖合同的期数,必须在三次或三次以上,否则不构成分期付款买卖合同。其二,一般情况下,出卖人在买受人交付第一次价款的同时将标的物交付买受人,但买卖双方另有约定的,从其约定。这属于当事人自由约定的事项,法律不宜作出强行要求。[1] 其三,该条规定了买受人救济的条件,即合同约定损害其自身合法利益的,可以请求法院确认合同无效。这里的合同约定损害,应作广义的理解,在个案中根据具体案情确定。其四,分期付款买卖合同中对买受人逾期支付价款未作约定的,出卖人可以依照法律规定主张合同解除等相关权利。最高人民法院的法官认为,在分期付款买卖合同中出卖人处于优势地位,其可供自由选择的保护措施很多,出卖人完全可以通过与买受人的约定方式实现价金债权,法律完全没有必要以法定方式保护出卖人。相反,买受人往往是交易中的弱者,更应得到特别保护。[2] 其五,买受人范围区分与合同约定问题。可分两种情况讨论,买受人为消费者时,基于处于弱者地位,面对经营者提供的格式条款,法律需要关注的对象和实行倾斜保护,应依照《消费者权益保护法》和相关法律规定判断合同的约定。在买受人为非消费者场合,综合考虑买卖合同的差异、格式条款订立合同的普遍性、出卖人常常具有垄断地位等因素,倾向于认为买受人处于弱势地位,作为非消费者的买受人与消费者区别不大,仍然认定上述约定不发生效力。[3] 但应注意的是,有些情况下,买卖双方都是商事主体且实力相等的,合同约定效力的认定问题则有所不同。

《买卖合同解释》第二十八条规定:"分期付款买卖合同约定出卖人在解除合同时可以扣留已受领价金,出卖人扣留的金额超过标的物使用费以及标的物受损害赔偿额,买受人请求返还超过部分的,人民法院应予支持。当事人对标的物的使用费没有约定的,人民法院可以参照当地同类标的物的租金标准确定。"本条是对分期付款买卖解除后处理的规定。本条主要包含以下几层含义:其一,分期付款买卖合同解除的,出卖人有权请求支付标的物使用费。其二,标的物使用费可以从买受人已交付的货款中扣留。其三,标的物使用费的确定方式,有约定的从其约定;没有约定的,人民法院可以参照同类标的物的租金标准确定。这里的"可以"是法官行使自由裁量权的空间。司法解释的该规定是授权性规定,不是强制

---

〔1〕 参见最高人民法院民事审判第二庭编著:《最高人民法院关于买卖合同司法解释理解与适用》,人民法院出版社 2012 年版,第 573 页。

〔2〕 参见最高人民法院民事审判第二庭编著:《最高人民法院关于买卖合同司法解释理解与适用》,人民法院出版社 2012 年版,第 579 页。

〔3〕 参见最高人民法院民事审判第二庭编著:《最高人民法院关于买卖合同司法解释理解与适用》,人民法院出版社 2012 年版,第 579 页。

性规范,这从"可以"这一表述上能够体现出来。[1] 通常情况下,按照合同有关条款或者交易习惯确定。其四,标的物使用费的扣款范围,出卖人可以扣除标的物使用费和受损赔偿额的合计数额,超过部分应退还给出卖人。对合同约定已支付货款的部分不予退还的,其约定超过标的物使用费的部分无效。

关于分期付款的意思表示时间点,最高人民法院的法官认为,与普通买卖相比,特种买卖的构成须满足特定条件。分期付款是由出卖人向买受人授信,出卖人需要承担更多的信用风险,故在实际生活中,与普通买卖的一次性付款相比,相同标的物在分期付款形式下买受人需要支付的价款高于一次性支付,或者在价格相同的情况下需要买受人支付占用相应资金而产生的额外利息,买受人多支付的部分与出卖人额外承担风险相对应,也是买受人获得期限利益的对价。因此,分期付款买卖在订立合同时就应达成分期付款的意思表示,否则不能构成分期付款买卖。[2]

在买卖交易的过程中,经常出现以分期付款的方式支付货款的情况,从日常生活中的以分期付款的方式购车、购手机、购家电,到在大宗货物的买卖过程中,包括大型设备、建材等的买卖。采用分期付款的主要原因一方面是买方资金不足,需要一段时间筹集资金;另一方面是买方以这种分期付款的方式延长使用时间以达到验证货品质量的目的。但是,同时分期付款的方式也增加了卖方的回款风险,而保留所有权的分期付款方式,可以有效降低卖方的回款风险。

(二)分期付款买卖合同的认定

出卖人将货物全部交付给买受人,在买受人及时支付货款的情况下签订了新的付款协议书,在外观表现上有别于传统定义的分期付款买卖合同。但从本质上与分期付款买卖的合同性质相同,应按分期买卖合同认定。新签订的分期付款协议再次违约后,出人有权要求买受人全额支付欠款。

【案例 9-1】　机械制造公司诉仪表技术公司买卖合同纠纷案

判决观点,机械制造公司与仪表技术公司之间的买卖关系是双方当事人真实意思的表示,合法、有效。截至立案前,仪表技术公司尚结欠机械制造公司价款 818872.18 元,双方均无异议,法院予以确认。分期付款的买受人未

---

〔1〕 参见最高人民法院民事审判第二庭编著:《最高人民法院关于买卖合同司法解释理解与适用》,人民法院出版社 2012 年版,第 585 页。

〔2〕 参见最高人民法院民法典贯彻实施工作领导小组编著:《中国民法典适用大全》(合同卷二),人民法院出版社 2022 年版,第 1416~1417 页。

支付到期价款的金额达到全部价款的1/5的,出卖人可以要求买受人支付全部价款。本案中,涉案结欠货款金额为818872.18元,仪表技术公司逾期金额为30万元,逾期部分已超过全部欠款的1/5,故对机械制造公司要求仪表技术公司一次性支付全部欠款的诉讼请求,予以支持。关于逾期付款的利息损失,仪表技术公司理应及时支付货款,现仪表技术公司未及时支付货款,应当承担相应的逾期付款利息损失。现仪表技术公司最后一笔付款时间为2019年8月,即逾期两个月最晚为2019年10月,因付款协议书未明确约定每月付款的最后日期,故法院将利息的起算点时间确定为2019年11月1日。判决:(1)仪表技术公司支付机械制造公司货款818872.18元及相应逾期付款利息损失;(2)驳回机械制造公司的其他诉讼请求。[1]

设定分期付款条件的买卖合同不同于简单的分期付款,出卖人应积极履行合同约定的相关义务并据此主张条件已成就,或条件未成就的原因在于买受人。在分期付款条件的买卖合同中,所附条件通常是出卖人的义务,出卖人只有按照合同约定履行义务,支付货款的期限才能确定,其方有权主张货款。

【案例9-2】 雷州半岛水产设备厂诉福建元盛食品工业有限公司买卖合同纠纷案

判决观点,关于付款条件是否成就问题,首先,关于2009年4月18日签订的《订货合同书》,现原告仅能证明其于2009年5月6日将诉争设备送至被告处,且自认其并未与被告验收,故合同项下仅有"设备到场3日内付30%货款"的付款条件成就,20%余款的付款条件尚未成就。其次,关于2009年4月18日签订的《设备整改合同书(含安装)》及2009年6月25日签订的《福建元盛食品工业园裹浆裹粉生产线设备采购及安装合同》,现原告仅能证明其将设备送至被告处,但既未能证明设备的安装调试时间,又未能证明被告已将该设备投入使用,且于庭审中自认并未安装完毕该设备,故该合同项下的50%余款的付款条件未成就。关于诉讼时效是否届满问题,现因三份合同约定的最后一期履行期限均未届满,故本案诉讼时效尚未起算。判决:(1)被告福建元盛食品工业有限公司向原告雷州半岛水产设备厂支付货款29400元及利息;(2)驳回原告的其他诉讼请求。[2]

---

〔1〕 参见国家法官学院、最高人民法院司法案例研究院编:《中国法院2022年度案例》(买卖合同纠纷),中国法制出版社2022年版,第228页。江苏省无锡市滨湖区人民法院(2020)苏0211民初941号民事判决书。

〔2〕 参见国家法官学院案例开发研究中心编:《中国法院2017年度案例》(买卖合同纠纷),中国法制出版社2017年版,第163页。福建省福州市马尾区人民法院(2015)马民初字第273号民事判决书。

【案例9－3】　凯琪公司诉汉蓝公司买卖合同纠纷案

二审法院认为，诉争双方当事人签订的《设备供货合同》第六条约定付款方式是分期付款，上诉人主张货款支付的条件分别为："设备安装完毕单机试车验收合格，买方在收到卖方出具的增值税发票后""水处理系统整体验收合格后""质保期满无质量问题"。现上诉人并未提交证据证明单机试车验收合格，双方在诉讼中均确认诉争项目已经安装并投入使用，至今尚未通过环保验收，故上诉人主张被上诉人支付货款的条件尚不成就，原审就此判决正确，予以维持。[1]

付款条件未成就，不能要求相对方支付尾款。

【案例9－4】　金港玉龙公司诉南通建筑公司买卖合同纠纷案

判决观点，金港玉龙公司与南通建筑公司签订的两份《工业品买卖合同》系当事人的意思表示真实，内容不违反法律法规的强制性规定，该两份《工业品买卖合同》合法有效，双方均应按照合同约定享有权利履行义务。上述两份合同对付款方式明确约定，尾款20%在安装完毕后付清，即尾款支付属附条件约定，附条件成就时，南通建筑公司应按约定予以支付。现因南通建筑公司所购材料用于北京某酒店装修工程至今尚未开工，其支付尾款条件尚未成就，故金港玉龙公司要求南通建筑公司支付合同尾款及利息的诉讼请求，缺乏事实及法律依据，法院不予支持。南通建筑公司主张的尾款20%于安装完毕后再行支付的抗辩意见，有事实依据和法律依据，法院予以采纳。判决：驳回原告金港玉龙公司的诉讼请求。[2]

虽名为租赁合同，但应根据合同内容认定为分期买卖合同。

【案例9－5】　河南省江涛实业有限公司诉张某新分期付款买卖合同纠纷案

最高人民法院认为，《车辆租赁合同》约定了租赁期限，但同时又约定了车辆价格，而且是以车辆总价格为基数计算每月付款数额；该合同约定车辆全部价款及利息付清后所有权归张某新；明显与租赁合同不转移所有权相矛盾，因此该合同不是租赁合同。合同中约定的付款方式是以车辆总价为基数，以租赁期限为分期付款周期核定每月付款数额。该合同中约定了车辆价款、付款方式、所有权的转移，虽名为"租赁合同"，但实质是保留所有权的分

---

〔1〕　参见国家法官学院案例开发研究中心编：《中国法院2017年度案例》（买卖合同纠纷），中国法制出版社2017年版，第247页。福建省福州市中级人民法院（2015）榕民终字第2595号民事判决书。

〔2〕　参见国家法官学院案例开发研究中心编：《中国法院2016年度案例》（买卖合同纠纷），中国法制出版社2016年版，第90页。北京市石景山区人民法院（2014）石民初字第4584号民事判决书。

期付款买卖合同。[1]

(三)分期付款买卖合同的处理

买卖合同中分期付款的不安抗辩,是指分期付款的买受人未支付到期价款金额达到全部价款的1/5,且经催告后在合理期限内仍未支付到期价款时,出卖人担忧其无法获得相应的价款,从而提出抗辩要求受人支付尚未到期的全部价款或者解除合同。

【案例9-6】 饲料公司诉吴某瑜买卖合同纠纷案

判决观点,被告吴某瑜欠原告饲料款36810元的事实,有原告提供的对账单证实,事实清楚,证据充分,法院予以确认。因被告于2019年8月1日已经偿还欠款3000元,故被告尚欠原告饲料款33810元。根据《民法通则》第一百零八条、《合同法》第一百六十七条第一款的规定,原、被告约定由被告每月还款3000元,尽管原告起诉时部分欠款仍未到期,但被告已经偿还的3000元尚未达到全部价款的1/5,故原告有权要求被告支付全部货款。因此,原告主张被告欠款为33810元,合法合理,法院予以支持。被告吴某瑜经法院传票传唤,无正当理由拒不到庭参加诉讼,根据《民事诉讼法》第一百四十四条的规定,法院依法作缺席判决。判决:被告吴某瑜向原告饲料公司支付货款33810元。[2]

【案例9-7】 华通公司诉王某祥分期付款买卖合同纠纷案

一审法院认为,2013年7月8日、2014年5月8日华通公司与王某祥先后签订了两份《工矿产品买卖(购销)合同》,是当事人的真实意思表示,内容不违反法律规定,合法有效,法院予以确认。双方当事人应当按照合同约定履行各自的义务,违约应当承担违约责任。根据《工矿产品买卖(购销)合同》的约定,至2014年10月30日前,王某祥应当支付第一台S×××××型摊铺机货款127万元。至2015年10月30日前,应当支付第二台摊铺机货款127万元,共计254万元。华通公司共收到总付款金额212.32万元(华通公司称其中212万元为货款,3200元为配件款,因没有相关证据证明王某祥

---

[1] 参见最高人民法院民法典贯彻实施工作领导小组编著:《中国民法典适用大全》(合同卷二),人民法院出版社2022年版,第1421页。最高人民法院(2020)民终234号民事判决书。

[2] 参见国家法官学院、最高人民法院司法案例研究院编:《中国法院2022年度案例》(买卖合同纠纷),中国法制出版社2022年版,第241页。广东省高州市人民法院(2020)粤0981民初2120号民事判决书。

另需支付配件款,故法院对华通公司主张的3200元配件款不予采信),尚有41.68万元未付,王某祥未依约向华通公司支付货款,已构成违约,华通公司要求王某祥支付剩余货款并承担违约责任,法院予以支持。因第三人赵某斌非合同相对方,故赵某斌不承担付款义务。基于法院对事实部分的认定,反诉原告王某祥的起诉缺乏事实依据,法院不予支持。判决:(1)被告王某祥支付原告华通公司价款41.68万元并承担违约金143891.98元;(2)驳回原告华通公司对第三人赵某斌的诉讼请求;(3)驳回反诉原告王某祥的诉讼请求。二审法院同意一审法院的判决,判决:驳回上诉,维持原判。[1]

解除分期付款买卖合同是最常见的处理方式。

【案例9-8】　鸿鑫公司与恒丰公司买卖合同纠纷案

一审法院认为,被告恒丰公司分期付款未支付到期价款的数额超过全部价格的1/5,原告已在2021年7月发出函告催收,被告恒丰公司仍未履行,根据《民法典》第六百三十四条的规定,原告有权解除合同。原告与被告恒丰公司的合同约定货款未支付完之前,原告拥有本次合同产品的所有权,根据《民法典》第六百四十一条、第六百四十二条的规定,原告有权取回标的物即阳极板。判令:解除原、被告于2020年12月11日签订的《电解锰阳极板购销合同》,被告返还原告电极板3937张。二审法院判决:驳回上诉,维持原判。[2]

在总合同项下多笔交易滚动的付款情形下,应根据具体案情确定被告未付款项及违约责任。

【案例9-9】　五月山公司诉宝恒公司买卖合同纠纷案

判决观点,在总合同项下多笔交易滚动的付款情形下,根据《合同法》关于债的清偿抵充顺序的相关规定,当债务人的给付不足以清偿同一债权人所负的数笔相同种类的全部债务的,除非债权人与债务人对清偿的债务或者清偿抵充顺序有明确约定,否则应优先抵充已到期的债务。若清偿全部债务的,应按照实现债权的有关费用、利息、主债务顺序抵充。判决:(1)被告宝恒公司向原告五月山公司支付违约金3万元;(2)驳回原告五月山公司的其

---

〔1〕　参见国家法官学院、最高人民法院司法案例研究院编:《中国法院2020年度案例》(买卖合同纠纷),中国法制出版社2020年版,第223页。江苏省镇江市中级人民法院(2018)苏11民终2148号民事判决书。

〔2〕　重庆市第四中级人民法院(2022)渝04民终37号民事判决书。

他诉讼请求。[1] 本案中,被告先后10次付款,所付款额基本与总货款持平。法院对每笔交易中的主张并对已付款项先行抵充的违约金予以调整,参照银行同类贷款利率确定。

在分期购车合同中收取的车贷服务费,没有合同依据是不合理的。

【案例9-10】 王某华诉奥吉通公司买卖合同纠纷案

二审法院认为,车购易贷款业务本身是经销商和银行之间的合作项目,前提为持卡客户购买合作经销商的指定车型。本案中,双方均认可王某华办理的贷款为车购易业务,且王某华在奥吉通公司处购买了车辆,招商银行向奥吉通公司出具了车购易业务说明。需要说明的是,王某华之所以能够使用招商银行提供的贷款购买涉案车辆是基于奥吉通公司与招商银行之间合作的车购易业务平台,平台本身就是奥吉通公司所提供服务的组成部分,王某华要求退还5000元车贷服务费的主张,缺乏事实,法院不予支持。根据奥吉通公司对9100元车贷服务费性质的解释,该9100元实质上系消费者本人应负担的车辆贷款利息,奥吉通公司收取的该项费用缺乏合同依据,虽然王某华在整车销售明细单上签字予以确认,但亦不能证明奥吉通公司就收取的9100元进行了充分说明,现王某华要求退还该费用的主张理由正当,法院应予支持。但其要求支付相应利息的请求,缺乏依据,法院不予支持。综上所述,王某华的部分上诉请求成立。判决:(1)撤销一审民事判决;(2)奥吉通公司退还王某华车贷服务费人民币9100元;(3)驳回王某华的其他诉讼请求。[2]

分期付款买卖合同若无法确定价款支付节点,应当视为约定不明,出卖人可以随时提出履行请求或解除合同,但应遵循买卖合同的交易习惯和规定,给债务人必要的准备时间,进而根据合同履行情况、市场行情等综合因素,赔偿守约方因此而造成的损失,使守约方的利益恢复到合同如期履行的状态。

【案例9-11】 上海建工材料环港预拌混凝土有限公司诉中国建筑第七工程局有限公司买卖合同纠纷案

一审法院认为,本案的争议焦点为:(1)本案是否适用《民法典》第六百三十四条关于分期付款买卖合同剩余价款加速到期的规定;(2)被告应当支付货款的金额;(3)被告是否应当支付违约金及违约金适用标准。对此,法

[1] 参见国家法官学院案例开发研究中心编:《中国法院2018年度案例》(买卖合同纠纷),中国法制出版社2018年版,第251页。新疆维吾尔自治区昌吉回族自治州阜康市人民法院(2015)阜民初字第499号民事判决书。

[2] 参见国家法官学院案例开发研究中心编:《中国法院2018年度案例》(买卖合同纠纷),中国法制出版社2018年版,第284~285页。北京市第三中级人民法院(2016)京03民终10080号民事判决书。

院分别评判如下：关于未付货款能否加速到期的问题。本案系被告因建设工程需要向原告采购商品混凝土，尽管案涉货款的支付也是分期，但由于本案买卖的标准是因建设工程需要的商品混凝土，因此具有与以消费为目的的一般买卖不同的特点：一是被告购买的混凝土是为其公司建设工程需要，并非满足生活的消费；二是原告为商品混凝土的出卖人，基于其出卖货物、被告购买混凝土支付款货款的特点，原告同意被告分期回收相应的货款而承担风险，与一般以消费为目的的分期付款买卖中出卖人收回价款的风险并不等同；三是若按照该条款规定解除合同，也不存在向买受人要求支付标的物使用费的情况。综上所述，因建设工程需要买卖商品混凝土分期付款合同，与一般以消费为目的分期付款买卖合同有较大区别。因此，对案涉混凝土采购合同不宜简单地适用《民法典》第六百三十四条规定的货款加速到期及合同解除权。对于货款的方式和期间，应当综合合同的约定、履行过程中的实际情况及目前社会经济形势等方面综合评定。关于原告要求的货款。本案的关键是对付款节点的认定，双方对付款进度不明确，在原告已完成供货义务，被告已收到全部发票、双方对结算数额并无异议、双方结算已经 1 年被告仍未付款、何时竣工验收合格不能确定的情况下，原告要求被告全部支付货款，符合法律规定，法院予以支持。对于违约金标准，结合本案实际情况、目前建筑市场状况、双方对最终结算定案完成和工程竣工验收合格等约定付款节点不确定导致约定不明，兼顾原告所受损失及预期利益等多重因素，法院对原告要求的违约金标准进行调整。参照全国银行间同业拆借中心公布的不同时期一年期贷款时间报价利率标准酌定按照 3.7% 的标准计算。

二审法院认为，一审认定中建七局支付涉案全部货款的欠款 3488739.33 元及违约金的起止时间、计算标准符合事实与法律，兼顾公平原则，中建七局的上诉请求不能成立，判决驳回其上诉请求。[1]

---

〔1〕 参见《人民司法·案例》2023 年第 32 期（总第 1015 期）。河南省郑州市中级人民法院（2022）豫 01 民终 19031 号民事判决书。

二、凭样品买卖合同的法律适用

（一）凭样品买卖合同的理解

凭样品买卖的合同，又称货样买卖，是指买卖双方根据货样样品而订立的由出卖人按照样品交付标的物的合同。凭样品买卖属于一种特殊的买卖合同，其特殊性主要表现在三个方面：一是合同标的物的质量、属性等是根据样品确定的，并且该样品应当是订立合同时存在的样品；二是当事人基于对样品的信赖而定约；三是交付的标的物根据样品衡量，即当事人在合同中明确规定根据样品确定标的物的品质。需要特别说明的是，如果出卖人向买受人提示样品，而后双方订立合同时未明确表明进行的是凭样品买卖合同，则双方不成立凭样品买卖合同。所以，按照商店中摆列商品购物不属于凭样品买卖。[1]

《民法典》第六百三十五条规定："凭样品买卖的当事人应当封存样品，并可以对样品质量予以说明。出卖人交付的标的物应当与样品及其说明的质量相同。"本条是对凭样品买卖中样品和交付标的物要求的规定。本条主要包含以下几层含义：其一，样品是样品买卖的核心问题。"当事人应当封存样品"，这一规定包含三层意思：一是样品必须是订立合同时的样品；二是样品封存必须为双方认可；三是双方当事人应当对封存的样品盖章或者签字。至于封存的具体方法，当事人可以根据具体情况作出具体的约定。其二，明确了样品质量的要求。这一规定同样包含三层意思：一是对样品的质量的说明应为双方当事人认可；二是对质量说明应当根据样品具体情况确定，一般包括外观、型号、技术要求等；三是样品质量国家有强制性规定的，须遵守强制性规定，不得违反，如国家有关安全卫生的强制性要求就必须遵守。[2]

《民法典》第六百三十六条规定："凭样品买卖的买受人不知道样品有隐蔽瑕疵的，即使交付的标的物与样品相同，出卖人交付的标的物的质量仍然应当符合种类物的通常标准。"本条是对凭样品买卖的出卖人对样品隐蔽瑕疵负责的规定。

---

〔1〕参见黄薇主编：《中华人民共和国民法典合同编释义》，法律出版社2020年版，第393页。

〔2〕参见黄薇主编：《中华人民共和国民法典合同编释义》，法律出版社2020年版，第393～394页。

本条主要包含以下几层含义：其一，出卖人对交付的标的物存在的隐蔽瑕疵承担责任；其二，出卖人不因交付的标的物与样品相符，就对标的物的隐蔽瑕疵免责；其三，对样品的隐蔽瑕疵，如果出卖人明知该隐蔽瑕疵而故意隐瞒，则可认为对买受人构成欺诈，买受人依法可以撤销合同。从另一角度来看，样品的隐蔽瑕疵，如果买受人知道样品存在该瑕疵的，则买受人不享有本条规定的权利。[1]

《买卖合同解释》第二十九条规定："合同约定的样品质量与文字说明不一致且发生纠纷时当事人不能达成合意，样品封存后外观和内在品质没有发生变化的，人民法院应当以样品为准；外观和内在品质发生变化的，或者当事人对是否发生变化有争议而又无法查明的，人民法院应当以文字说明为准。"本条是对用品买卖中标的物质量判断标准和依据的规定。本条主要包含以下几层含义：其一，适用的前提条件是，合同约定的样品已经封存，没有封存的样品只能以文字说明为准；其二，样品买卖只要求样品是现存的，出卖人交付的货物的品质只要与样品的品质一致即可；[2]其三，一般认为样品需要在双方订立时提供样品；其四，出卖人应按照样品所确定的质量标准向买受人交付标的物；其五，封存的样品品质发生变化的，应当以文字说明为准。

凭样品买卖合同的成立要件，其一，需要双方明确的样品买卖的意思表示。当事人应当在买卖合同中明确表示合同属于凭样品买卖合同，明确约定"以样品确定标的物的品质""按样品买卖""出卖人交付的标的物质量必须与样品相符合"等。应注意的是，当事人可以约定排除非主要的、不影响标的物效用或合同目的的某些品质，但是在合同中排除以样品品质担保全部标的物质量的，已经失去了样品这一特殊要件，因而不构成样品买卖合同。其二，样品客观存在。一般认为，样品可以是现货，也可以是出卖方根据合同要求特制的样品。常态是在合同订立时的样品，由双方买卖双方确认。当然也可以在合同订立之后，出卖人或买受人基于合同约定提供了样品，或者合同直接约定其中一方在合同签订后提供样品，但应由双方确认并形成文字记录。最高人民法院的法官认为，样品买卖只要求样品是现成的，出卖人交付的货物的品质只要与样品的品质一致即可，至于出卖人交付的标的物是在提供样品时就存在，还是提供样品后另行生产无关紧要。[3] 其三，确认、封存样品，为合同的履行、交付提供直接依据。

---

[1] 参见黄薇主编：《中华人民共和国民法典合同编释义》，法律出版社 2020 年版，第 396 页。

[2] 参见最高人民法院民事审判第二庭编著：《最高人民法院关于买卖合同司法解释理解与适用》，人民法院出版社 2012 年版，第 590 页。

[3] 参见郭明瑞、王轶：《合同法新论 · 分则》，中国政法大学出版社 1997 年版，第 50 页。

(二)凭样品买卖合同的认定

凭样品买卖合同是买卖合同的一种类型,凭样品买卖一般认为要求提供样品实物,由买卖双方根据实物的质量、价格、颜色、性能、用途等确定交易标的物。

【案例9-12】 科析公司诉明生仪器厂买卖合同纠纷案

二审法院认为,本案在二审中的争议焦点为明生仪器厂提供的痰盒是否符合双方的约定。明生仪器厂认为本案合同系凭样品买卖合同,双方确认的样品为直径40毫米、高30毫米的有盖纸杯,明生仪器厂是按样品生产并未违反约定。根据《合同法》第一百六十八条的规定,凭样品买卖的当事人应当封存样品,并可以对样品质量予以说明。明生仪器厂与科析公司并未封存样品,导致法院对样品的品质无法验证,对此双方均负有责任,明生仪器厂提出应由科析公司承担样品的举证责任的上诉主张,法院不予支持。此外,从合同的签订过程来说,双方在签订合同前已对样品进行确认,通常会将已确认样品的品种、型号记载于合同中,在现有证据不能证明双方对痰盒的型号、规格、质地另有约定的情况下,应推定《供货合同》中的痰盒为直径40毫米、高30毫米的蜡纸盒约定与双方已确认的样品一致,作为双方当事人的真实意思表示,对双方具有约束力。涉案痰盒的实际使用方普瑞赛斯公司出具的收条,载明收到明生仪器厂的痰杯系无盖纸杯,显然不符合双方关于痰盒质地为蜡纸盒的约定,明生仪器厂的行为已构成违约,应承担退货并赔偿科析公司损失的责任。综上所述,原审认定事实清楚,适用法律正确,处理结果恰当。判决:驳回上诉,维持原判。[1]

出卖人交付的产品符合样品外观质量,买受人提出产品隐蔽瑕疵的应举证证明。

【案例9-13】 甲股份有限公司诉景德镇市乙陶瓷有限公司买卖合同纠纷案

判决观点,本案买卖合同属凭样品买卖,甲公司对乙公司交付的第三批货物,以事后才知道为陶板而不是瓷板为由,提出产品质量瑕疵问题。但甲公司已对此交付的第一批、第二批产品进行了验收。买方甲公司在事前即知道标的物的材质,并非事后才知道。双方认可本案交付的产品符合按样品外观质量,但买方提出产品存在隐蔽瑕疵。买方提供的证据不能直接证明该产

〔1〕 参见李勇主编:《买卖合同纠纷》,法律出版社2011年版,第373页。

品的内在质量以及发生破裂的原因。本案产品是否存在内在质量问题无法查明，根据"谁主张，谁举证"原则，对买方提出的本案产品质量及破裂原因的主张，根据本案情况及现有证据无法认定，故对本案诉争产品推定为符合合同约定的产品。[1]

（三）凭样品买卖合同的处理

凭样品买卖合同与试用买卖的区分问题。实际上，两者的区别比较明显：其一，样品买卖中样品一般不用于使用，而试用买卖中的标的物常常供买受人使用。其二，试用买卖中的标的物有可能供试用之物，故这种买卖常常为特定物之买卖。而样品买卖中的样品原则上不是买卖的标的物，样品作为指定买卖标的物的"种类"及"品质"。[2] 其三，样品买卖的根本特征在于出卖人交付的货物与样品须具有同一品质，它是以样品确保标的物品质，而不是以出卖人交付标的物符合样品的品质为生效条件，也不是以出卖人交付的标的物不符合样品的品质为解除条件。[3] 质言之，标的物与样品品质相符与否只是合同的履行问题，而不是合同效力发生的问题。试用买卖中常常将买受人的同意购买作为合同的停止条件。这是两者区别的一个重要特征。[4] 最高人民法院的法官认为，凭样品买卖与试用买卖均为特种买卖，均是在订立合同时亦有少量标的物存在。二者的差异在于：（1）凭样品买卖一般为种类物买卖，样品只是在订立合同时用于确定标的物的品质，并非将来需要正式交付的标的物；试用买卖为特定物买卖，买卖的标的物在订立合同时已经明确。（2）凭样品买卖不要求对样品进行试用，也不要求将样品交给交付给买受人；试用买卖的标的物一般要提供给买受人进行试用。（3）凭样品买卖合同经当事人意思表示一致即成立，无特别约定的成立后即生效，标的物与样品是否相符只是合同的履行问题，不影响合同的效力；试用买卖中合同经当事人意思表示一致而成立，但并不当然生效，需要买受人同意购买才能生效。[5]

凭样品买卖的当事人应当封存样品，并对样品质量予以说明。

---

[1] 参见中国审判理论研究会民事专业委员会编著：《民法典合同编条文理解与司法适用》，法律出版社 2020 年版，第 291～292 页。江西省景德镇市中级人民法院（2016）赣 02 民初 44 号民事判决书。

[2] 参见黄茂荣：《买卖法》（增订版），中国政法大学出版社 2002 年版，第 52 页。

[3] 参见唐德华主编：《合同法条文释义》（下），人民法院出版社 2000 年版，第 1047 页。

[4] 参见最高人民法院民事审判第二庭编著：《最高人民法院关于买卖合同司法解释理解与适用》，人民法院出版社 2012 年版，第 590～591 页。

[5] 参见最高人民法院民法典贯彻实施工作领导小组编著：《中国民法典适用大全》（合同卷二），人民法院出版社 2022 年版，第 1427～1428 页。

【案例9－14】 鹤壁甲建材公司诉张某良买卖合同纠纷案

二审法院认为,鹤壁甲公司与张某良之间的《劈开砖供货合同》系凭样品买卖合同。双方当事人未对样品进行封存,系对买卖合同标的物的质量标准约定不明,双方就合同标的物的质量也不能达成一致意见。现合同无法实际履行,合同可以解除。由于对买卖合同标的物的质量标准约定不明,故鹤壁甲公司在履行过程中不存在违约行为,张某良要求支付违约金的诉讼请求不成立。但张某良已支付的合同预付款3万元应予返还。[1]

个案中,法官根据具体案情处理凭样品买卖合同纠纷。

【案例9－15】 中国台湾地区马特国际有限公司诉烟台康康纺织科技有限公司买卖合同纠纷案

二审法院认为,《订购合同》未对货物应具备导电性作出约定。在双方的微信沟通记录中,中国台湾地区马特国际有限公司(以下简称马特国际公司)亦未明确提出要求货物要具备导电性。马特国际公司表示双方约定按照第一次合作时的质量标准生产、交付涉案货物,但对该第一次合作时货物是否具有导电性,双方意见亦不统一,马特国际公司未能提交烟台康康纺织科技有限公司(以下简称康康纺织公司)认可且具有导电性的样品。由此,马特国际公司未能证明双方达成了关于交付的货物应具备导电性的一致意见,其主张康康纺织公司违约,理由不成立。[2]

出卖人按样品生产并交付的产品,买受人未提出质量异议的,视为合格产品。

【案例9－16】 广州市天同鞋业有限公司与冯某树等买卖合同纠纷案

二审法院认为,根据双方微信聊天记录内容可知,涉案货物是冯某树根据广州市天同鞋业有限公司(以下简称天同鞋业)、张某进给的样品制作的相同物品,故涉案买卖合同属于买卖合同中的凭样品买卖合同。长短问题是能及时通过肉眼、刻度测量等简单方法查明的,不属于隐蔽瑕疵。送货单上明确载明:"货物当面点清,如有质量问题,请于三天内与我厂联系,否则恕不负责。"但冯某树于2019年9月24日、25日交付货物后,于2019年10月10日向张某进发送对账单时,天同鞋业、张某进都未提出交付的货物存在质量问题,而且还要求冯某树将对账单发送给天同鞋业的财务,可见天同鞋业、张某进不仅无视双方原约定的质量异议期,也未在合理期限内提出质量异议。

---

〔1〕 参见中国审判理论研究会民事专业委员会编著:《民法典合同编条文理解与司法适用》,法律出版社2020年版,第290页。河南省许昌市中级人民法院(2018)豫10民终509号民事判决书。

〔2〕 参见最高人民法院民法典贯彻实施工作领导小组编著:《中国民法典适用大全》(合同卷二),人民法院出版社2022年版,第1429页。山东省高级人民法院(2020)鲁民终673号民事判决书。

况且,在天同鞋业已使用的冯某树交付的300套鞋扣,2019年12月16日至2020年9月11日,仅存在六七双因鞋扣脱落而返修的情况,且天同鞋业、张某进亦未举证证实鞋扣脱落的原因系由于鞋扣过短,即如果冯某树交付的货物与样品相比确实短1.5毫米,也未影响实际的正常使用,不构成货物质量不合格进而不支付货款的条件。[1]

〔1〕参见最高人民法院民法典贯彻实施工作领导小组编著:《中国民法典适用大全》(合同卷二),人民法院出版社2022年版,第1435～1436页。广东省广州市中级人民法院(2021)粤01民终24436号民事判决书。

三、试用买卖合同的法律适用

(一)试用买卖合同的理解

试用买卖合同,也称试验买卖合同,是指出卖人和买受人约定,买受人对标的物进行试用,并由买受人决定是否购买标的物的一种特殊的买卖合同。在试用买卖中,买卖当事人双方约定由买受人使用或者试验标的物,以买受人经过一段时间后认可标的物为合同生效条件。[1]

《民法典》第六百三十七条规定:"试用买卖的当事人可以约定标的物的试用期限。对试用期没有约定或者约定不明确,依照本法第五百一十条的规定不能确定的,由出卖人确定。"本条是对试用买卖试用期限的规定。本条主要包含以下几层含义:其一,试用买卖约定由买受人试用或者检验标的物;其二,试用买卖是以买受人认可标的物为生效条件的买卖;其三,买受人享有决定是否购买标的物的权利;其四,标的物的所有权在试用期限内不发生转移;其五,试用期由买卖双方约定,有约定的从约定,没有约定的,按照合同相关条款或者交易习惯确定,当然也可由出卖人确定。有学者认为,试用买卖的出卖人,有允许买受试验期标的物之义务。[2] 试用期发生争议进入诉讼程序后,由法官裁定试用期间。应注意的是,试用期可长可短,具体时间完全由买卖双方决定,而不是由法律统一规定,而且现行法律也未对此作出规定。

《民法典》第六百三十八条规定:"试用买卖的买受人在试用期内可以购买标的物,也可以拒绝购买。试用期届满,买受人对是否购买标的物未作表示的,视为购买。试用买卖的买受人在试用期内已经支付部分价款或者对标的物实施出卖、出租、设立担保物权等行为的,视为同意购买。"本条是对试用买卖合同中买受人享有选择权以及认可标的物的规定。本条主要包含以下几层含义:其一,试用期内买受人对是否购买标的物享有选择权;其二,超出试用期限买受人不作决定时,视为购买标的物;其三,试用期内买受人的处分行为,应当视为同意购买标的物。

---

〔1〕 参见黄薇主编:《中华人民共和国民法典合同编释义》,法律出版社2020年版,第396页。

〔2〕 参见史尚宽:《债法总论》,中国政法大学出版社2000年版,第85页。

这是对买受人同意购买的一种法律推定,推定成立买卖合同生效、标的物所有权转移和风险负担转移。试用买卖中,只要买受人没有保留地支付全部或部分价款,或者就标的物的出卖、租赁、设定担保物权等非试用行为,且出卖人知道或者应当知道的,应当推定买受人同意购买,买受人即使不认可,也不得通过相反证据予以推翻。当然,如果买受人能够证明其从事非试用行为认识错误,其内心并没有同意购买的意思,则可以适用意思表示错误的相关规定,撤销该意思表示。当然,买受人撤销同意购买的意思表示后,对出卖人因此遭受的损失,应当承担赔偿责任。〔1〕 换言之,同意购买的法律推定不能推翻但可以撤销。

《民法典》第六百三十九条规定:“试用买卖的当事人对标的物使用费没有约定或者约定不明确的,出卖人无权请求买受人支付。”本条是对试用买卖使用费的规定。本条主要包含以下几层含义:其一,试用买卖,出卖人主张标的物使用费的前提是有明确约定,使用费没有约定或者约定不明确的,其诉求不受法律保护;其二,即使出卖人无权请求买受人支付使用费,但是如果买受人在试用期间没有尽到一般注意义务,未能按照规定的用途或者标的物的通常性能进行试用,导致标的物发生毁损、灭失的,由于试用买卖采用的是附生效条件理论,当事人在试用期间并不存在权利义务关系,因此,出卖人无法向买受人主张违约责任。但是,出卖人可以依据《民法典》侵权责任编的相关规定,在买受人的行为符合侵权责任构成要件的前提下,可以要求买受人承担赔偿损失的侵权责任。〔2〕

《民法典》第六百四十条规定:“标的物在试用期内毁损、灭失由出卖人承担。”本条是对试用期间由出卖人承担标的物风险的规定。本条主要包含以下几层含义:其一,试用期间由出卖人承担标的物的风险是原则性规定;其二,买卖双方约定标的物在试用期内毁损、灭失的风险由出卖人买受人共同承担,该约定受法律保护,发生争议时,按照约定进行处理;其三,标的物风险转移的时间,应以买受人向出卖人作出同意购买标的物的意思表示时为界限。

《买卖合同解释》第三十条规定:“买卖合同存在下列约定内容之一的,不属于试用买卖。买受人主张属于试用买卖的,人民法院不予支持:(一)约定标的物经过试用或者检验符合一定要求时,买受人应当购买标的物;(二)约定第三人经试验对标的物认可时,买受人应当购买标的物;(三)约定买受人在一定期限内可以调换标的物;(四)约定买受人在一定期限内可以退还标的物。”本条是对试用期买卖排除情形的规定。本条主要包含以下几层含义:其一,明确试用标准买卖不是试用买卖。试用标准买卖合同的生效并不完全取决于买受人的单方意愿,而

---

〔1〕 参见最高人民法院民事审判第二庭编著:《最高人民法院关于买卖合同司法解释理解与适用》,人民法院出版社2012年版,第612~613页。

〔2〕 参见黄薇主编:《中华人民共和国民法典合同编释义》,法律出版社2020年版,第402页。

是受试用标准的约束,包含出卖人的意思。该类合同虽然具有试用买卖合同一些形式上的特征,但是其实质上是以一定客观标准合同生效条件的合同,与试用买卖存在本质区别:试用买卖中,买受人同意是整个制度的基础,而试用标准买卖的基础是出卖人与买受人约定的标准是什么以及标的物经试用是否符合约定的标准。[1] 具体表现在所附条件不同、风险负担产生的效果不同、瑕疵担保责任不同。其二,明确第三人试验后买卖不是试用买卖。第三人试验后买卖,是指当事人双方约定,如果第三人经试验对商品满意,买受人购买该商品的买卖。试用买卖中,试用买卖是否生效,完全取决于买受人,即使试验标的物的品质符合合同规定的标准,买受人也有权拒绝。在第三人试验后买卖中,买卖合同的效力完全取决于第三人的认可,若第三人认可标的物而买受人拒绝的,出卖人可以请求法院裁决。因此,该类型买卖与试用买卖是两种不同型的类型的买卖。[2] 其三,明确保留换货买卖不是试用买卖。保留换货的买卖,是指买卖双方在订立合同约定时,于一定期限内买受人可以任意调换标的物。所谓调换,不仅限于同种类物的调换,也包括不同种类物的调换。[3] 其四,明确保留退货买卖不是试用买卖。保留退货的买卖,是指买卖双方在订立合同时约定,于一定期限内买受人可以退换标的物,并要求出卖人退还价款。与调换货物一样,保留退货完全取决于买受人的意愿,即使标的物没有任何瑕疵,买受人仍然可以退货。[4]

试用买卖是一种附条件的买卖,是指当事人双方约定由买受人试用或者检验标的物,以买受人认可标的物为条件的买卖合同。试用买卖合同经当事人双方意思表示一致而成立。但该种合同对买卖权利义务关系的发生附有买受人认可标的物的生效条件,也就是说,买卖合同在买受人认可标的物时才生效。买受人经试用期或者检验对标的物不认可,则买卖合同不发生法律效力。可见,买受人认可标的物的,则为条件成就。如果买受人不认可标的物,则为条件不成就,买卖合同不生效。

(二)试用买卖合同的认定

标的物使用已过试用期的试用买卖,出卖人同意退货退款的,应视为试用买

[1] 参见最高人民法院民事审判第二庭编著:《最高人民法院关于买卖合同司法解释理解与适用》,人民法院出版社2012年版,第618~619页。

[2] 参见最高人民法院民事审判第二庭编著:《最高人民法院关于买卖合同司法解释理解与适用》,人民法院出版社2012年版,第620页。

[3] 参见最高人民法院民事审判第二庭编著:《最高人民法院关于买卖合同司法解释理解与适用》,人民法院出版社2012年版,第621页。

[4] 参见最高人民法院民事审判第二庭编著:《最高人民法院关于买卖合同司法解释理解与适用》,人民法院出版社2012年版,第622页。

卖合同生效的条件未成就,买卖合同不生效。

【案例 9-17】　黄某程诉南安市佳胜电脑机械有限公司买卖合同纠纷案

一审法院认为,合同签订后,原告依约支付定金 2 万元给被告,后又支付货款 6000 元给被告,被告也将 2 台针织机交付给原告投入使用,但在试用过程中,发现机台存在质量问题,双方经协商处理未果,经南安市诗山法律服务所法律工作者陈某胜书面联系,被告同意退货退款。有原告提供的函件为据,法院予以确认。被告认为陈某胜在函件上添加对被告不利的内容,该证据依法不能认定的主张,法院不予采纳。原、被告达成一致退货退款协议,根据《合同法》第九十三条第一款"当事人协商一致,可以解除合同"的规定,应认定原、被告已协商解除合同,因此,原告要求判令解除双方签订的试用买卖合同的诉讼请求,符合合同约定,法院予以支持。合同解除后,原告应返还被告针织机 2 台,被告应返还原告货款 8 万元。原告认为收取的是定金 8 万元的主张,缺乏事实依据,法院不予采纳。因原、被告已协商解除合同,故反诉原告诉南安市佳胜电脑机械有限公司(以下简称佳胜公司)要求反诉被告黄某程支付尚欠货款 9 万元的诉讼请求,缺乏事实和法律依据,法院不予支持。判决:(1)解除原告黄某程与被告佳胜公司签订的《JS 系列电脑针织机销售合同》;(2)被告佳胜公司退还原告黄某程 8 万元;(3)原告黄某程将电脑针织机(品种:电脑横机;型号:357G/52"起底板")2 台返还给被告佳胜公司;(4)驳回原告黄某程的其他诉讼请求;(5)驳回反诉原告佳胜公司的诉讼请求。二审法院认为,上诉人与被上诉人签订《JS 系列电脑针织机销售合同》并未违反法律、行政法规的强制性规定,应认定有效。上诉人的法定代表人黄某阳签字同意被上诉人退回试用的 2 台针织机,并由佳胜公司退回被上诉人已经交付的货款,应视为双方已经协议解除本案的销售合同。上诉人的上诉理由及上诉请求缺乏依据,因此,对上诉人的上诉请求不予支持,原审法院认定事实清楚,适用法律和作出的判决并无不当,应予维持。判决:驳回上诉,维持原判。〔1〕

试用期届满,买受人对是否购买标的物未作表示的,应视为同意购买标的物。

【案例 9-18】　东莞市甲超声波机械有限公司诉深圳市乙电子制造有限公司买卖合同纠纷案

二审法院认为,乙公司收到甲公司的要约后,在《订购合同》旁用括号标注"样机试用",并增加"若未购此设备,物流费用由我司支付"的内容,回传

---

〔1〕 参见国家法官学院案例开发研究中心编:《中国法院 2014 年度案例》(买卖合同纠纷),中国法制出版社 2014 年版,第 126 页。福建省泉州市中级人民法院(2013)泉民终字第 302 号民事判决书。

给甲公司。乙公司上述添加内容对买卖合同进行了实质性变更,将一经成立即生效的合同变更为试用买卖合同。甲公司收到传真件后当天向乙公司交付标的物,并在《送货单》上注明试用期为7天,乙公司签收货物对此表示确认。双方合同对试用期没有约定或者约定不明确,且依照法律规定仍不能确定的,由出卖人确定。甲公司作为出卖人提出试用期间为7天,具有法律效力。乙公司自收取货物后试用期限届满前,对是否购买涉案标的物未作出表示,应视为同意购买涉案标的物。[1]

【案例9-19】 咸阳中联开太农机工程有限公司诉宝鸡海升现代农业有限公司买卖合同纠纷案

二审法院认为,试用买卖的买受人在试用期内可以购买标的物,也可以拒绝购买;试用期限届满,买受人对是否购买标的物未作表示的,视为购买。咸阳中联开太农机工程有限公司(以下简称中联公司)与宝鸡海升现代农业有限公司(以下简称海升公司)在《产品合同》中约定试用期为设备抵达海升公司后两天。海升公司在验收设备后未在约定使用期内归还该设备,应视为双方的买卖合同生效。根据《合同法》第一百五十八条的规定,当事人约定检验期间的,买受人应当在检验期间内将标的物的数量或者质量不符合约定的情形通知出卖人。买受人在合理期间内未通知或者自标的物收到之日起2年内未通知出卖人的,买受人怠于通知的,视为标的物数量或者质量符合约定。海升公司2019年4月27日验收了中联公司提供的设备型号为3WFQ—2000ZA的塔型牵引式风送喷雾机,其称在初期使用中即发现该设备存在安全质量问题,但从中联公司一审提交的双方工作人员的微信记录看,海升公司在中联公司多次催要货款中非但未提出产品质量问题,而且承诺2020年10月15日前付清货款。上述事实,应当视为中联公司提供的货物质量符合约定。[2]

试用期满后双方的业务关系终止、免费试用条件未成就的,买受人应支付使用费。

【案例9-20】 无锡甲水处理有限公司诉无锡乙纸业有限公司买卖合同纠纷案

二审法院认为,甲公司与乙纸业公司虽在访谈记录中有“同意免费”的内容,但双方在洽谈决议中最终决定。试用买卖合同约定了免费试用的条件

---

〔1〕 参见中国审判理论研究会民事专业委员会编著:《民法典合同编条文理解与司法适用》,法律出版社2020年版,第293页。广东省深圳市中级人民法院(2013)深中法商终字第1332号民事判决书。

〔2〕 参见最高人民法院民法典贯彻实施工作领导小组编著:《中国民法典适用大全》(合同卷二),人民法院出版社2022年版,第1444页。陕西省咸阳市中级人民法院(2021)陕04民终3932号民事判决书。

是签订正式买卖合同,因试用期满后双方业务关系终止,并未订立书面合同,免费试用条件并未成就。乙纸业公司主管刘某亦以短信形式向甲公司确认了要交付费用的事实。双方之间不形成法律意义上的试用买卖合同,应按照约定履行价款支付等义务。[1]

个案中,试用买卖合同关系是否成立,由法官根据具体案情予以裁定。

【案例9-21】　新永联机械厂有限公司诉北京广增包装制品有限公司买卖合同纠纷案

二审法院认为,后两台机器E型瓦楞机和电动切纸机是否为试用买卖关系是本案的另一个焦点问题。按照书面买卖合同,机械厂提供给包装公司瓦楞纸板生产线设备,E型瓦楞机和电动切纸机是为该生产线后增加的设备,包装公司接受该两台机器试用至今,其未举证证明曾向机械厂提出过退货或不再使用拒绝买受的表示。根据包装公司为证明机械厂出售后两台设备价格过高向一审法院提交的报价单(证据五),应当认定包装公司有同意买受的意思表示,只是对价格有争议。根据《合同法》第一百七十一条"试用买卖的买受人在试用期内可以购买标的物,也可以拒绝购买。试用期间届满,买受人对是否购买标的物未作表示的,视为购买"的规定,包装公司自2002年8月接受并占有后两台机器后,一直对是否购买两台机器未作出表示,应当视为买受人包装公司对该两台机器购买而不是拒绝,更为公平合理。E型瓦楞机和电动切纸机的价格问题是本案的第三个焦点问题。机械厂上诉主张E型瓦楞机的价格是27万元,电动切纸机的价格是6万元,但机械厂仅提供了其卖给其他厂家关于两台机器价格的证据,并没有提供同行业的市场参考价格,不具有客观性,二审法院不予采纳。包装公司虽不承认其与机械厂的买卖关系成立,但在一审法庭开庭质证过程中,其在证据五中报出了E型瓦楞单面主机的价格为15.8万元,机械横切机为4万元的价格,鉴于双方交货时对试用买卖关系约定不明,且该设备已被包装公司占有并使用,且包装公司提出的价格已存有买受之意思表示,故依据包装公司提出的价格确认其应给付该两台机器的价格更为公平,即19.8万元。综上所述,机械厂关于买卖合同所涉及的生产线质量符合约定以及后增加的两台机器E型瓦楞机和电动切纸机属于买卖关系,并请求包装公司支付货款的上诉理由成立,二审法院予以支持。原审判决认定事实有误,适用法律不当,应予纠正。判决:

---

〔1〕　参见中国审判理论研究会民事专业委员会编著:《民法典合同编条文理解与司法适用》,法律出版社2020年版,第295页。江苏省无锡市中级人民法院(2013)锡商终字第0374号民事判决书。

(1)撤销一审判决;(2)包装公司向机械厂支付货款58800元及利息损失。[1]

【案例9-22】 宜昌卓能科技有限公司诉湖北交投宜恩高速公路运营管理有限公司买卖合同纠纷案

二审法院认为,双方当事人即使达成试用、测试的合意,但在双方未约定期限的情况下,宜昌卓能科技有限公司(以下简称卓能公司)作为出卖人亦未确定期限,则湖北交投宜恩高速公路运营管理有限公司(以下简称宜恩高速管理公司)于2014年年底通知卓能公司取回案涉设备可以认定为其在合理期限内未作出同意购买的意思表示,同时拆除设备供电,闲置不用的行为亦可以认定为其对质量有异议而拒绝购买。法院认为,宜恩高速管理公司作为买受人已经作出拒绝购买的意思表示,故双方并未对案涉10台节能设备达成买卖的合意。虽然宜恩高速管理公司2016年通过第三方招标解决了案涉节能设备中的2台价款,但上述2台节能设备早已被拆除供电,闲置未用,上述情形不符合《买卖合同解释》第四十一条第一款关于买受人在试用期内支付部分价款视为同意购买的相关规定,不得视为宜恩高速管理公司对案涉节能设备的质量无异议同意购买。[2]

出卖人不能证明买受人同意购买的,其主张货款的请求不受法律保护。

【案例9-23】 大连富德成套设备有限公司诉常州合全药业有限公司买卖合同纠纷案

二审法院认为,本案中,合同约定:"试用期限为:自收到产品并安装调试合格后计算,试用时间为90天,试用结束后,甲方需要给出评估意见,是否能够符合要求还是不能满足要求。"大连富德成套设备有限公司(以下简称富德公司)未举证证明案涉产品已安装调试合格,无证据认定试用期已经结束,亦无证据认定常州合全药业有限公司(以下简称合全公司)同意购买案涉产品,故应驳回富德公司要求合全公司支付货款的诉讼请求。[3]

---

〔1〕 参见北京市高级人民法院编:《审判前沿——新类型案件审判实务》2007年第1集(总第17集),法律出版社2007年版,第81~82页。

〔2〕 参见最高人民法院民法典贯彻实施工作领导小组编著:《中国民法典适用大全》(合同卷二),人民法院出版社2022年版,第1452~1453页。湖北省宜昌市中级人民法院(2020)鄂05民终1933号民事判决书。

〔3〕 参见最高人民法院民法典贯彻实施工作领导小组编著:《中国民法典适用大全》(合同卷二),人民法院出版社2022年版,第1453页。辽宁省大连市中级人民法院(2021)辽02民终7241号民事判决书。

(三)试用买卖合同的处理

试用期届满,买受人的支付货款条件成就,买受人应当按照合同约定支付货款。

【案例9－24】　先锋音讯公司诉北方信开公司买卖合同纠纷案

判决观点,原告先锋音讯公司与被告北方信开公司签订的书面合同,从内容上看,应认定双方存在买卖合同关系,买卖合同系双方当事人的真实意思表示,且未违反国家法律的强制性规定,故应属有效,对先锋音讯公司与北方信开公司双方具有同等约束力。双方签订的合同属于试用买卖合同,先锋音讯公司作为试用买卖的出卖方已经履行了合同义务,北方信开公司作为试用买卖的买受人在试用期内可以购买标的物,也可以拒绝购买。试用期届满,如果没有对是否购买标的物作出表示的,应视为购买。北方信开公司在试用期届满后并没有要求退货,因此应按合同约定支付货款,北方信开公司至今未给付货款的行为,显属违约,应承担相应的违约责任,故先锋音讯公司在北方信开公司违约的情形下,要求北方信开公司给付货款5120元及延期付款利息的诉讼请求,于法有据,法院予以支持。北方信开公司经法院依法传唤,无正当理由拒不到庭参加诉讼,视为放弃庭审抗辩权利,不影响法院依据查明的事实和证据进行裁判。判决:被告北方信开公司给付原告先锋音讯公司货款5120元及延期付款利息384元。[1]

【案例9－25】　福建甲纺织科技股份有限公司诉宁波乙机械有限公司买卖合同纠纷案

二审法院认为,双方签订的《试用协议》约定由乙公司提供设备给甲公司免费使用3个月,协议是否生效取决于甲公司的意愿。该协议符合试用买卖合同的构成要件。乙公司交付的设备虽与约定型号不一致,但甲公司明知且未提出异议,并进行试用,可以认定买方同意按交付设备型号买卖,亦按照试用协议履行。双方约定试用3个月,其间双方并未明确约定延长试用期。买方甲公司虽称设备未达到预期但又未在3个月内提出拒绝购买,双方试用买卖合同应在试用期过后已经生效,卖方有权要求买方支付

---

〔1〕　参见李勇主编:《买卖合同纠纷》,法律出版社2011年版,第374～375页。北京市海淀区人民法院(2009)海民初字第20769号民事判决书。

货款。[1]

试用买卖期间,买受人对标的物灭失有过错的,应承担赔偿责任。

【案例9-26】 某保险公司诉乙保险代位求偿权纠纷案

判决观点,保险公司与甲签订的私家汽车保险合同、甲与乙之间签订的是汽车试用协议均是各自真实一致的意思表示,且无违法,应均有约束力。保险公司在投保车辆被盗的保险事故发生后,已依据保险合同约定向被保险人甲履行了给付赔偿义务,依法同时取得了向事故发生责任人代位求偿的权利。至于甲与乙签订的《协议》,无论定性属于汽车试用买卖关系抑或保管关系,该协议内容已导致对车辆实际控制、占有的改变,实际占有人乙在协议期间对车辆负有妥善保管以及协议期满后(如双方无意签订正式车辆买卖合同)将原车完好无损地返还给原车辆所有人甲的义务;在此期间所发生的车辆损坏、灭失等风险责任亦应由乙负担;协议期满乙不能交付车辆的,即负有照价赔偿的责任。本案中,乙在占有、使用涉案车辆期间,将车辆停放于无专人看管的场所,且在毫无防范措施的情况下被盗,以致车辆发生灭失,依法应向甲承担赔偿责任;保险公司对被保险人甲理赔后,依法具有在赔偿金额范围内代位行使甲向责任人乙的代位求偿的权利。综上,保险公司要求乙赔偿给其保险款损失56810元的主张与事实相符,予以支持。乙辩称其对车辆被窃不存在保管不善过错的主张与事实不符,不予采信。判决:乙赔偿保险公司人民币56810元。[2]

【案例9-27】 广东通宇股份有限公司与杭州紫光网络技术有限公司买卖合同纠纷案

二审法院认为,本案中,广东通宇股份有限公司(以下简称广东通宇公司)接收了涉案设备,经试用后拒绝购买,应当向杭州紫光网络技术有限公司(以下简称杭州紫光公司)返还涉案设备,但广东通宇公司在通过第三方运输的过程中造成涉案设备毁损灭失,就广东通宇公司与杭州紫光公司之间的试用买卖合同而言,涉案设备毁损灭失的过错在于广东通宇公司,故广东通宇公司应向杭州紫光公司承担涉案设备毁损灭失的赔偿责任。至于广东通宇公司主张其与申通物流公司之间的货物运输合同与本案关联之诉问题,法院认为,根据合同相对性原则,申通物流公司并非本案试用买卖合同的相对方,杭州紫光公司也不是货物运输合同的相对方,且广东通宇公司与申通公

---

〔1〕 参见中国审判理论研究会民事专业委员会编著:《民法典合同编条文理解与司法适用》,法律出版社2020年版,第294页。浙江省宁波市中级人民法院(2017)浙02民终2751号民事判决书。

〔2〕 参见最高人民法院民事审判第二庭编著:《最高人民法院关于买卖合同司法解释理解与适用》,人民法院出版社2012年版,第628~629页。

司之间的货物运输合同关系已另案起诉，故广东通宇公司主张申通物流公司应在本案中向杭州紫光公司承担赔偿责任没有事实和法律依据，法院不予支持。[1]

【案例9-28】 宿迁青华中学与江苏睿思易信息技术有限公司买卖合同纠纷案

二审法院认为，因试用期内涉案黑板在宿迁青华中学（以下简称青华中学）占有控制下，故青华中学对涉案黑板具有妥善、使用保管的义务，青华中学也认可在江苏睿思易信息技术有限公司（以下简称睿思易公司）前去取回涉案黑板时已发生损坏，故该损坏责任由青华中学承担。青华中学在试用期内未向睿思易公司反映过黑板存在质量问题且也未提供任何证据证明该黑板存在质量问题。案涉合同中明确约定了所借设备损坏按照所附产品清单照价赔偿，且涉案黑板属于推广产品，其是否贬值应以市场售价为准，其在青华中学试用7个月时间后如果完好无损，并非必然会发生出售价格降低的情况，因而，青华中学主张从损失款中扣除贬值部分的上诉请求无事实依据，不予支持。[2]

对试用买卖合同的生效、延续及退货等争议，由法官根据具体案情处理。

【案例9-29】 KORONA株式会社与温州汇方国际贸易有限公司买卖合同纠纷案

二审法院认为，(1)关于试用期是否延长问题。根据案涉合同约定的付款条件“买方使用满意后于2018年3月1日以前100%的汇款……”应认定合同约定的试用期至2018年3月31日届满，并根据担任KORONA株式会社代理商的裴某日的证人证言，于2018年3月前后，因汇方公司向其反映案涉机器反应速度及声音问题，其于2018年5月带人前去调试后，告知再给汇方公司一个月试用期。鉴于裴某日的代理商身份及其在本案试用买卖中的作用，故应认定试用期延长至2018年6月底。(2)关于汇方公司是否认可案涉机器的问题。同样根据裴某日的证人证言，汇方公司试用前后均表示对案涉机器不满意，并从试用期届满后双方当事人协商降价处理未果，KORONA株式会社分别于2018年12月21日、2019年2月25日向汇方公司发送的《协议书》证明双方均同意退货的事实，可以认定汇方公司并无按原价购买的意思，KORONA株式会社对此亦知悉，故而双方协

---

[1] 参见最高人民法院民法典贯彻实施工作领导小组编著：《中国民法典适用大全》（合同卷二），人民法院出版社2022年版，第1467页。广东省中山市中级人民法院（2017）粤20民终1463号民事判决书。

[2] 参见最高人民法院民法典贯彻实施工作领导小组编著：《中国民法典适用大全》（合同卷二），人民法院出版社2022年版，第1468页。江苏省宿迁市中级人民法院（2020）苏13民终2011号民事判决书。

商降价处理,否则无此必要。价格对买受人决定是否购买影响重大,降价购买不是原价格购买,也不等同于购买。因此,汇方公司表达的不满意应视为不同意购买,即对案涉机器不予认可,试用买卖合同不生效。双方当事人之后就案涉机器降价处理进行的磋商,不能视为试用买卖合同的延续。〔1〕

对于使用费的争议,由法官根据具体案情进行处理。

【案例 9－30】 沈阳柳达商贸公司与抚顺市中心医院买卖合同纠纷案

二审法院认为,2012 年《买卖合同解释》第四十三条规定,试用买卖的当事人没有约定使用费或约定不明确,出卖人主张买受人支付使用费的,人民法院不予支持。本案双方并没有约定使用期内的设备使用费,一审法院不予支持该主张并无不当。一审法院认为,因双方未约定使用期限,中心医院对购买该设备亦未作出承诺,柳达公司在缔约过程中未及时行使收回设备、约定试用期限等民事权利,应自行承担不利后果,故柳达公司主张中心医院给付设备使用费 30 万元无法律依据,不予支持。柳达公司主张的信赖利益损失与设备使用费是不同的性质,不能在本案中一并裁判。〔2〕

【案例 9－31】 东莞市宏辉新精密机械科技有限公司与广东海天精机有限公司买卖合同纠纷案

二审法院认为,涉案《购买(试用)合同》约定的试用期为 30 天,即 2020 年 6 月 13 日至 7 月 13 日,东莞市宏辉新精密机械科技有限公司(以下简称宏辉新公司)在试用期届满后并未通知广东海天精机有限公司是否购买,应视为购买,故宏辉新公司在试用期结束后对涉案机器的继续使用不属于试用期的延续。试用期结束后,宏辉新公司继续使用涉案机器,就应当承担继续使用期间的使用费或折旧费,并承担因使用保管不善导致的零部件损失。〔3〕

【案例 9－32】 青岛农业大学、北京艾德豪克国际技术有限公司与郭某忠买卖合同纠纷案

二审法院认为,北京艾德豪克国际技术有限公司不能充分证明其已将涉

---

〔1〕 参见最高人民法院民法典贯彻实施工作领导小组编著:《中国民法典适用大全》(合同卷二),人民法院出版社 2022 年版,第 1444～1445 页。浙江省温州市中级人民法院(2020)浙 03 民终 1137 号民事判决书。

〔2〕 参见最高人民法院民法典贯彻实施工作领导小组编著:《中国民法典适用大全》(合同卷二),人民法院出版社 2022 年版,第 1459 页。辽宁省抚顺市中级人民法院(2018)辽 04 民终 1240 号民事判决书。

〔3〕 参见最高人民法院民法典贯彻实施工作领导小组编著:《中国民法典适用大全》(合同卷二),人民法院出版社 2022 年版,第 1459 页。广东省广州市中级人民法院(2021)粤 01 民终 21733 号民事判决书。

案设备安装调试合格,也无法证明将设备安装调试合格的具体时间且双方在合同中并没有关于使用费的约定,故对北京艾德豪克国际技术有限公司上诉主张郭某忠支付试用仪器使用费不予支持。[1]

---

〔1〕 参见最高人民法院民法典贯彻实施工作领导小组编著:《中国民法典适用大全》(合同卷二),人民法院出版社2022年版,第1460页。北京市第二中级人民法院(2017)京02民终8583号民事判决书。

四、所有权保留买卖合同的法律适用

(一)所有权保留买卖合同的理解

所有权保留的买卖,是指在转移所有权的商品交易中,根据法律规定或合同约定,出卖人将财产占有转移给买受人,但仍保留对该财产的所有权,待买受人履行付款义务或者其他义务后,财产所有权才发生转移的买卖合同。所有权保留制度的核心是所有权的附条件转移,并同时以延缓所有权转移这一方式对债务产生实际的担保效用。从性质上看,它实际上是一种权利转移型的非典型担保,兼具买卖与担保的双重功能。司法实践中,大部分面临的都是买卖存在障碍,主张实现担保取回权的纠纷案件。对于该权利的性质和效力,学理上存在诸多争议,如"解除权效力说""就物求偿说""附法定期限解除企业说"等理论,但无论哪一种学说,都认可在一定条件下的物的占有转移。

《民法典》第六百四十一条规定:"当事人可以在买卖合同中约定买受人未履行支付价款或者其他义务的,标的物所有权属于出卖人。出卖人对标的物保留的所有权,未经登记,不得对抗善意第三人。"本条是对买卖合同标的物所有权保留条款的规定。本条主要包含以下几层含义:其一,该条款只是提示性的,而不是强制性的。买卖双方可以自主约定是否保留所有权,法律不作统一规定。双方约定了标的物的所有权,其约定受法律保护。其二,经过登记的标的物所有权保留,发生对抗第三人的效力,未经登记的标的物所有权保留不具有对抗效力。其三,该条款只适用于动产所有权保留,而不适用于不动产所有权保留。

《民法典》第六百四十二条规定:"当事人约定出卖人保留合同标的物的所有权,在标的物所有权转移前,买受人有下列情形之一,造成出卖人损害的,除当事人另有约定外,出卖人有权取回标的物:(一)未按照约定支付价款,经催告后在合理期限内仍未支付;(二)未按照约定完成特定条件;(三)将标的物出卖、出质或者作出其他不当处分。出卖人可以与买受人协商取回标的物,协商不成的,可以参照适用担保物权的实现程序。"本条是对所有权保留出卖人取回权的有关规定。本条主要包含以下几层含义:其一,该条明确规定了出卖人享有的取回权;其二,该条明确了三种情形下的出卖人取回权范围;其三,第三人支付合理对价善意取得标的物，出卖人不能行使取回权，造成出卖人损失的，应由买受人承担赔偿责任。

《民法典》第六百四十三条规定："出卖人依据前条第一款的规定取回标的物后，买受人在双方约定或者出卖人指定的合理回赎期限内，消除出卖人取回标的物的事由的，可以请求回赎标的物。买受人在回赎期限内没有回赎标的物，出卖人可以以合理价格将标的物出卖给第三人，出卖所得价款扣除买受人未支付的价款以及必要费用后仍有剩余的，应当返还买受人；不足部分由买受人清偿。"本条是对买受人回赎权以及出卖人再出卖权的规定。本条主要包含以下几层含义：其一，该条明确规定了买受人享有的回赎权，但应受回赎期间的限制。其二，该条明确所有权保留买卖合同中，应约定买受人回赎的期间，或者由出卖人指定合理期间。双方未约定回赎期，诉讼期间也未能协商一致，出卖人有权指定回赎期，属于当事人处分权利，法官不宜直接判决回赎期。其三，在回赎期间，买受人既可以行使回赎权也可以放弃回赎权，即由买受人自由选择决定。其四，买受人放弃行使回赎权的，出卖人可以以合理价格卖予第三人。其五，出卖人所得价款扣除买受人未支付的价款以及必要费用后仍有剩余的，应当返还买受人；不足部分由买受人清偿。

《买卖合同解释》第二十五条规定："买卖合同当事人主张民法典第六百四十一条规定关于标的物所有权保留的规定适用于不动产的，人民法院不予支持。"本条是对所有权保留及对其适用的规定。本条主要包含以下几层含义：其一，该条明确规定不动产不属于所有权制度的适用对象，对该类诉请不受法律支持。其二，所有权保留约定的内容，应该与《民法典》第六百四十一条的规定一致。从该条内容看，其仅是规定了简单的所有权保留，没有规定延伸的所有权保留，出卖人保留所有权的应当是债权合同中约定的标的物，该标的物出售后的替代物或加工后形成的添附物，不宜作为保留所有权的标的物，否则法律关系将过分复杂，也可能与既有的物权制度产生冲突。另外，虽然司法解释未明确可保留所有权的动产的范围，但是因货币的特殊性，其不应作为保留所有权的对象。[1]

《买卖合同解释》第二十六条规定："买受人已经支付标的物总价款的百分之七十五以上的，出卖人主张取回标的物的，人民法院不予支持。在民法典第六百四十二条第一款第三项情形下，第三人依据民法典第三百一十一条的规定已经善意取标的物所有权或者其他物他权，出卖人主张取回标的物的，人民法院不予支持。"本条是出卖人行使取回权限制条件的规定。本条主要包含以下几层含义：其一，该条明确规定买受人已经支付标的物总价款的 75% 以上的，限制出卖人行使

〔1〕 参见最高人民法院民事审判第二庭编著：《最高人民法院关于买卖合同司法解释理解与适用》，人民法院出版社 2012 年版，第 528 页。

取回权。已经支付标的物总价款的75%以上是一个事实状态,只要达到该数额即可产生阻却效力。其二,明确规定第三人善意取得的,限制出卖人行使取回权。

(二)所有权保留买卖合同的认定

买受人对分期付款买卖合同所有权保留抗辩的,法院不予支持。

【案例9-33】 高安市某某有限公司与黄某某买卖合同纠纷案

判决观点,原告高安市某某有限公司与被告黄某某签订的《购车分期付款保留所有权合同》,系双方当事人的真实意思表示,合法有效,未违反法律规定,双方构成分期付款买卖合同法律关系,被告辩称合同约定案涉车辆所有权仍由原告所有,本案应为融资租赁合同纠纷。法院认为,合同中约定车辆所有权归原告所有,系分期付款买卖合同所有权保留,符合《民法典》第六百四十一条的规定,故对其抗辩理由不予支持。原、被告均应按照该合同的约定履行义务。即原告按照合同约定向被告交付案涉车辆,被告则应按照约定支付车辆购车款。[1]

买受人拒绝付款的,由法官根据具体案情予以裁量。

【案例9-34】 孙某杰诉北京金诺公司买卖合同纠纷案

一审法院认为,本案中,孙某杰与北京金诺公司签订了《分期销售合同》,该合同的内容不违反国家法律、法规的强制性规定,合法有效,双方当事人均应全面履行。孙某杰未按照上述合同中已经约定的期限分期付款,孙某杰虽辩称涉案挖掘机存在质量问题,但双方在上述合同中已经约定了"孙某杰不得因设备使用过程中出现问题为由拒绝付款及相关费用",故孙某杰以此为由拒绝付款,不符合合同约定。同时,孙某杰提出的由业务员收款不放心、账号不一致等理由,不能构成孙某杰不按照约定付款的绝对理由,法院对此不予采纳。在孙某杰未按照约定付款的情况下,北京金诺公司单方将涉案挖掘机从孙某杰处拖走,与双方约定的"通过司法程序将挖掘机收回"的内容不符,但鉴于涉案合同系所有权保留合同,在孙某杰付清挖掘机款项前,北京金诺公司保留该机器的所有权,在一定程度上可视为行使对该机器所有权的行为,但上述行为由于不符合涉案合同约定而存在瑕疵,现北京金诺公司单方将涉案挖掘机拖走,孙某杰要求解除涉案合同,北京金诺公司在庭审中

---

〔1〕 参见最高人民法院民法典贯彻实施工作领导小组编著:《中国民法典适用大全》(合同卷二),人民法院出版社2022年版,第1484页。江西省高安市人民法院(2021)赣0983民初237号民事判决书。

同意解除合同，法院判令解除双方的合同。关于孙某杰要求返还首付款10万元的请求，因涉案合同已经解除，故对该项请求，法院予以支持。关于孙某杰要求双倍返还定金2万元的请求，依据不足，法院不予支持，鉴于合同已经解除，北京金诺公司应向原告返还定金1万元。关于北京金诺公司反诉要求孙某杰支付租金及滞纳金的请求，根据法律规定，出卖人解除分期付款买卖合同的，可以向买受人要求支付该标的物的使用费。本案中，涉案机器被北京金诺公司于2010年9月18日单方拖回前，一直由孙某杰控制使用，现在合同解除的情况下孙某杰应向北京金诺公司支付一定额度的使用费，由于合同双方未就合同解除情况下使用费的情形进行约定，本案将根据孙某杰使用机器的期限，双方对合同解除存在的过错等情况酌情判定使用费的数额。关于滞纳金，因本案中北京金诺公司存在履约行为有瑕疵、款项收取不规范等情形，现要求孙某杰支付滞纳金，法院不予支持。判决：(1)解除原告(反诉被告)孙某杰与被告(反诉原告)北京金诺公司于2010年5月14日签订的《分期销售合同》；(2)被告(反诉原告)北京金诺公司向原告(反诉被告)孙某杰退还首付款10万元、定金1万元；(3)原告(反诉被告)孙某杰向被告(反诉原告)北京金诺公司支付使用费4万元；(4)驳回原告(反诉被告)孙某杰的其他诉讼请求；(5)驳回被告(反诉原告)北京金诺公司的其他反诉请求。二审法院调解结案。[1]

买卖双方签订所有权保留合同，在善意第三人取得标的物所有权的情形下，出卖人不能再依据买卖合同保留标的物的所有权。

【案例9-35】　广东甲电梯有限公司诉武夷山市乙置业有限公司买卖合同纠纷案

二审法院认为，虽然原、被告双方约定了电梯的保留所有权，由于被告又将包括电梯在内的房屋转让给本案第三人，并办理了房屋产权登记。第三人受让时支付了合理的对价。依照法律规定电梯过户不需要登记，且没有证据证明第三人在购买房屋时知晓电梯系出卖人保留所有权，可以认为第三人善意取得该电梯的所有权，原告不能再依据设备买卖合同保留对电梯的所有权。[2]

回赎期由买卖双方协商确定，协商不成的由出卖人指定。

---

〔1〕参见国家法官学院案例开发研究中心编：《中国法院2014年度案例》(买卖合同纠纷)，中国法制出版社2014年版，第112页。北京市第二中级人民法院(2011)二中民终字第15776号民事调解书。

〔2〕参见中国审判理论研究会民事专业委员会编著：《民法典合同编条文理解与司法适用》，法律出版社2020年版，第299页。福建省南平市中级人民法院(2010)南民终字第971号民事判决书。

【案例9-36】 杭州甲股份有限公司诉吉林长岭乙能源有限公司买卖合同纠纷案

二审法院认为,甲公司根据所有权保留合同行使取回权,在未经过回赎期、未另行出卖标的物、未进行结算、返还剩余货款条件也未成就的情况下,甲公司可以拒绝先返还货款。甲公司基于所有权保留主张取回标的物,仅形成确认出卖人单方行使取回标的物的法律效果,不同于合同解除还可能产生双方互相返还、恢复原状的法律后果。甲公司对返还货款没有提出请求,返还货款不属于本案的审理范围。回赎期的确定主要采取双方协商确定或由出卖人指定方式。本案中甲公司对此标的物行使取回权,本质上是继续履行买卖合同的一种方式,在回赎期内,如乙公司消除取回标的物事由的,可以主张回赎标的物。回赎期实质是给买受人继续履约的宽限期,双方协商不成的,由出卖人指定。本案中双方未约定回赎期,在诉讼期间也未能协商一致,甲公司作为出卖人有权指定回赎期,属于当事人行使的处分权利,人民法院应当秉承谨慎处理原则,不宜直接判决回赎期。[1]

所有权保留买卖合同出卖人与共同买受人之一协商处置标的物不构成违约。

【案例9-37】 管某现诉机械厂、王某志买卖合同纠纷案

一审法院认为,管某现要求机械厂返还货款,理由是机械厂未交付合同标的物,但从查明事实及王某志的陈述看,机械厂履行了交付合同标的物的义务。管某现支付的8万元系交付给机械厂购买起重机货款,王某志并未获得该8万元,且机械厂也不负有向管某现返还8万元的义务。(2018)苏0206民初3713号调解书明确的是王某志支付货款的义务,并未明确所有权归属问题,机械厂放弃对管某现主张债权系自行处分民事权利行为,不损害管某现的利益。判决:驳回管某现的诉讼请求。

二审法院认为,依照本案中王某志、机械厂的陈述及2012年12月27日管某现、王某志及王某国出具给机械厂的欠条,可以认定机械厂已向管某现及王某志交付了案涉起重机。机械厂向一审法院提起诉讼,诉讼中王某志与机械厂通过签订调解协议的方式对案涉买卖合同进行了了结,客观上调解协议也已经替代了此前所签欠条,机械厂与王某志协商对案涉设备进行减价并由王某志支付剩余价款,并不损害管某现的利益,调解协议并未涉及设备所

---

〔1〕 参见中国审判理论研究会民事专业委员会编著:《民法典合同编条文理解与司法适用》,法律出版社2020年版,第302页。吉林省高级人民法院(2017)吉民终54号民事判决书。

有权归属问题。判决：驳回上诉，维持原判。[1]

(三)所有权保留买卖合同的处理

出卖人怠于行使取回权，应当承担标的物价值减损的法律后果。

【案例9-38】 三门峡市汽车工业销售有限责任公司诉王某社、王某女买卖合同纠纷案

二审法院认为，关于上诉人的第一项上诉请求，原审法院查明王某社于2003年11月19日将两辆车交还市汽车工业销售公司，该事实证据充分，法院予以确认。原审法院按照截至2003年11月的标准计算利息、保险费并无不当，上诉人要求利息按照同期银行贷款利率算至2005年9月30日的诉求没有事实依据，法院不予采纳。管理费已经包含在车款中，不应再重复计算，违约金原审法院按照合同判决1500元符合约定及法律规定，滞纳金、律师费部分没有事实及法律依据，故该上诉理由法院不予采纳。关于上诉人的第二项上诉请求，市汽车工业销售公司与王某社于2001年12月1日、4日签订的两份汽车租购合同系双方的真实意思表示，不存在无效或可撤销的情形，即为有效合同，双方应当严格按照合同约定履行。按照合同约定，在未还清银行本息前，市汽车工业销售公司保留车辆的所有权，如王某社不按期归还贷款及交纳各种费用，市汽车工业销售公司有权解除合同、直接收回车辆。王某社违约后，将其购买的车辆交回市汽车工业销售公司，市汽车工业销售公司收到车辆，并收取了补办车辆手续的相关费用，视为已实际对车辆收回，符合双方对合同履行方式的约定。市汽车工业销售公司作为车辆的所有权人和登记车主，收到车辆后怠于依合同行使合同解除权和车辆的处分权，属于没有按合同约定及时采取有效措施从而放任损失扩大，该损失扩大的后果应由市汽车工业销售公司承担，故对上述请求法院不予支持。关于上诉人的第三项上诉请求，平陆县价格认定中心于2003年11月17日作出的61号《价格鉴定结论书》，已经平陆县物价局平价字〔2010〕10号文件就该鉴定书出具日期纠正为2004年5月12日的实际日期。法院二审期间市汽车工业销售公司向法庭提交了《关于"反映平陆县价格认定中心2003年第61号认定结论书存在问题"的调查结论》，证明价格鉴定人员作出第61号鉴定结论时具

---

〔1〕 参见国家法官学院、最高人民法院司法案例研究院编：《中国法院2023年度案例》(买卖合同纠纷)，中国法制出版社2023年版，第182～183页。江苏省无锡市中级人民法院(2021)02民终2668号民事判决书。

备鉴定资质。由于原承办人员病故的原因,平陆县价格认定中心直至2004年5月12日才出具本案两辆车的价格鉴定结论,该鉴定结论出具时间的错误,已经过平陆县物价局文件进行纠正,该瑕疵不影响鉴定结论本身的形式和内容合法,不具备重新鉴定的法定条件及客观要件,该上诉理由法院不予采纳。关于上诉人的第四项上诉请求,经查,市汽车工业销售公司与王某社的合同并未约定押金及返还条件,市汽车工业销售公司收取王某社两辆车押金54000元的事实上诉人亦予认可,依押金性质应当返还,原审法院判决没有超出原审反诉原告的诉求范围,该上诉理由二审法院不予采纳。综上所述,原审判决认定事实清楚,适用法律正确。判决:驳回上诉,维持原判。[1]

在所有权保留买卖中,买受人逾期付款的,出卖人根据合同约定可以主张取回权和违约金。

【案例9-39】 福诚公司诉华欧公司、优拓公司买卖合同纠纷案

判决观点,截至2011年3月31日,原告已经向被告分批交付了价值共计2403312.23元的货物,根据原告与被告华欧公司在《购销合同》中的约定,华欧公司应在2011年4月3日内付完所有货款,但是华欧公司截至2011年8月29日,尚欠原告货款803312.23元,已逾期支付货款超过90天,合同在实际履行过程中,总价款已实际变更为2403312.23元,故合同总价款的20%为480662.45元。被告华欧公司、优拓公司未以任何形式要求法院调整违约金,故原告要求华欧公司支付逾期付款违约金580712元,法院予以支持480662.45元。优拓公司的保证责任还处于保证期间内,应按约定对华欧公司应支付的480662.45元承担连带偿还责任。《购销合同》中的所有权保留条款及双方签订的《所有权保留协议》系双方当事人的真实意思表示,且内容不违反法律规定,法院依法认定合法有效,故原告主张取回机器设备,于法有据,法院予以支持。判决:(1)华欧公司返还福诚公司的机械设备;(2)华欧公司支付福诚公司逾期付款违约金480662.45元;(3)优拓公司对华欧公司逾期付款违约金480662.45元承担连带偿还责任,优拓公司在承担上述保证责任后,有权向华欧公司追偿。[2]

所有权保留买卖合同中,法律可以同时支持取回标的物和逾期付款违约金。

---

〔1〕 参见国家法官学院案例开发研究中心编:《中国法院2015年度案例》(买卖合同纠纷),中国法制出版社2015年版,第146~147页。河南省三门峡市中级人民法院(2013)三民三终字第154号民事判决书。

〔2〕 参见国家法官学院案例开发研究中心编:《中国法院2014年度案例》(买卖合同纠纷),中国法制出版社2014年版,第228页。福建省厦门市湖里区人民法院(2012)湖民初字第3882号民事判决书。

【案例9－40】　工程机械公司诉朱某双等买卖合同纠纷案

判决观点，原告工程机械公司与被告朱某双在《分期销售合同》第三条第一款约定，“乙方（注：指朱某双）确认，在乙方付清全部货款及违约金（若有）之前，本合同项下的挖掘机产品的所有权属于甲方（注：指工程机械公司）”。根据《合同法》第一百三十四条“当事人可以在买卖合同中约定未履行支付价款或者其他义务的，标物的所有权属于出卖人”的规定，双方之间形成所有权保留的分期付款买卖合同关系。

根据《买卖合同解释》（2012年）第三十五条第一款的规定，工程机械公司与朱某双在《分期销售合同》第一条第一款第一项约定，朱某双未按期足额支付货款的，工程机械公司可以直接收回本合同项下的挖掘机产品。根据该合同约定和司法解释的规定，工程机械公司可以取回挖掘机。该解释第三十六条第一款规定：“买受人已经支付标的物总价款的百分之七十五以上，出卖人主张取回标的物的，人民法院不予支持。”现朱某双仅向工程机械公司支付首付款20万元及4期分期货款7.32万元，合计27.32万元，占75万元总价款的36.42%，不到75%，便停止支付剩余款项，截至2020年5月已累计12.81万元，且未经工程机械公司同意私自拆除挖掘机GPS数据，违反双方合同约定，故工程机械公司主张取回挖掘机的条件成就，对其相关主张予以保护。

根据《买卖合同解释》（2012年）第七条第一款的规定，工程机械公司取回挖掘机后的合理期限内（庭审中工程机械公司指定的回赎期间为14日），朱某双可以在支付分期付款本息及相关费用后，请求回赎挖掘机，自不待言。因此，朱某双可于14日内消除工程机械公司取回标的物的事由后，回赎该挖掘机；逾期没有回赎的，工程机械公司可以另行出卖。

根据《买卖合同解释》（2012年）第二条第二款的规定，在所有权保留买卖合同中，朱某双的合法使用权人可以占用和正常使用挖掘机，并取得相关收益，但是未经所有权人工程机械公司同意私自拆除挖掘机GPS数据，应予赔偿。本案挖掘机虽尚未取回，但其损失已经客观产生。要求工程机械公司先行取回，再行主张损失，不符合司法解释规定的精神实质。因此，朱某双应赔偿工程机械公司相应的财产损失8000元。朱某、于某东分别向工程机械公司出具《担保书》，自愿提供连带保证责任，应受其意思表示的约束。庭审中，工程机械公司放弃“被告朱某双一次性偿还剩余货款共计47.8万元”之诉讼请求，系对自己诉讼权利的处分，符合法律规定，应予准许。判决：(1)原告工程机械公司可以于本判决生效后立即向被告朱某双取回案涉挖掘机，被告朱某双应予以配合；(2)被告朱某双赔偿原告工程机械公司挖掘机价值减少的损失（拆除GPS）8000元；(3)被告朱某、于某东对前述第二项负连带责任;(4)驳回原告工程机械公司的其他诉讼请求。[1]

出卖人行使取回权并不导致买卖合同关系解除,出卖人仍有权依据合同要求买受人支付价款。

【案例9-41】 南京颖元科技有限公司诉重庆松弛贸易有限公司等买卖合同纠纷案

判决观点,双方在合同中约定所有权保留合法有效,但是原告颖元公司是否享有涉案8台设备的所有权区分不同情况:第一,所有权以特定物的存在为前提,案涉设备的4台(机号13106、13206、13001、13002)是否灭失已无法查证,那么是否还存在该4台设备的所有权不能确定,因而不能确认原告享有前述4台设备的所有权。第二,针对已被法院先行查封的3台设备(机号13107、13209、13200)颖元公司可以在执行异议之诉中解决权属争议,故本案不再审查该3台设备所有权的问题。第三,双方在合同中约定,在被告松弛公司支付全部价款前,设备所有权属于颖元公司。现松弛公司仅支付12万元,未支付完合同约定的价款,所以所有权转移的条件尚未成就,因此尚存于迈斯莱卡公司的1台设备(机号16028)的所有权属于颖元公司。本案中,松弛公司未按期支付价款,《买卖合同解释》(2012年)第三十五条第一款规定的行使取回权的条件已经成就,且没有证据显示存在前述解释第三十六条所规定的已支付价款超过总价款的75%以及第三人善意取得物权的两种限制情形,故原告有权取回机号为16028的设备。尽管该设备存放于被告迈斯莱卡公司厂房内,但是颖元公司有权向二被告主张取回该设备。首先,松弛公司作为买受人对涉案设备享有占有、使用等部分权能,其对该设备具有一定的管控力。其次,迈斯莱卡公司实际使用该设备,对该设备具有一定的管控力。且作为实际使用人在《租赁合同》及《设备价款支付协议》上加盖了公章,应知晓所有权保留及取回标的物的相关约定。最后,松弛公司、迈斯莱卡公司的法定代表人均为叶某,两公司关系密切。故机号16028的设备处于松弛公司和迈斯莱卡公司共同管控之下,颖元公司有权向二被告主张取回该设备。由于双方未就回赎期协商一致,颖元公司指定3个月回赎期具有合理性,应予采纳。颖元公司依据所有权保留条款主张行使取回权,取回权的行使并不必然导致合同关系的解除。因为出卖人保留所有权的目的并非最终不向买受人转移标的物的所有权,而是通过保留所有权担保价金的实现。出卖人行使取回权后买受人仍可回赎即是合同

---

〔1〕 参见国家法官学院、最高人民法院司法案例研究院编:《中国法院2022年度案例》(买卖合同纠纷),中国法制出版社2022年版,第232~233页。吉林省长春市绿园区人民法院(2020)吉0106民初1060号民事判决书。

关系并未解除的证明之一,因此,即使颖元公司主张行使取回权,其与松弛公司的关系仍然存续,其有权依据合同要求松弛公司支付货款。判决:(1)被告松弛公司向原告颖元公司支付4台立式加工中心机的货款88万元及赔偿逾期付款损失;(2)机号为16028的立式加工中心机,在被告松弛公司支付完剩余货款前,属于原告颖元公司所有;(3)原告颖元公司有权向被告松弛公司、迈斯莱卡公司取回本判决第二项中列明的立式加工中心机,若原告颖元公司取回前述立式加工中心机,被告松弛公司未在该立式加工中心机被取回之日起3个月内回赎的,原告颖元公司可以另行出卖该立式加工中心机。[1]

个案中,应注意区分买受人违约行使与合同解除取回权行使的法律性质和法律后果两种情形。

【案例9-42】 辽阳锅炉厂与长白山保护开发区润森热力有限公司取回权纠纷案

二审法院认为,出卖人由于买受人违约行使取回权后原买卖合同并不解除,原合同有效的情况下出卖人已经获得的价款不存在返还问题。出卖人取回标的物再出卖的目的,是弥补出卖人原先未获清偿的价款,并不是返还已支付的价款。买受人违约时,出卖人取回标的物再出卖的价金,在弥补出卖人未获清偿的价款后如果还有剩余,因原买卖合同中的价款债权已实现,剩余的价金归原买受人所有,并予以退还。换言之,再出卖的价金不足以弥补出卖人未获清偿的价款,出卖人原买卖合同中的债权未能实现,出卖人可以继续向买受人追偿。买受人违约行使与合同解除取回权行使的法律性质和法律后果不同。[2]

【案例9-43】 杭州杭氧股份有限公司与吉林长岭鸿聚通能源有限公司买卖合同纠纷案

二审法院认为,在所有权保留买卖合同履行的过程中,如买受人逾期付款的,出卖人可以取回标的物。在取回标的物后,出卖人有权在回赎期后,另行出卖标的物,并应当按照规定扣除相应的交易成本和未清偿货款,将剩余部分价金退还给买受人,如不足以清偿的,则可以继续向买受人主张。因此,本案双方在未经过回赎期、未另行出卖标的物、未进行结算,返还剩余货款的

---

〔1〕 参见最高人民法院中国应用法学研究所编:《人民法院案例选》2022年第9辑(总第170辑),人民法院出版社2022年版,第85页。重庆自由贸易试验区人民法院(2019)渝0192民初8572号民事判决书。

〔2〕 参见最高人民法院民法典贯彻实施工作领导小组编著:《中国民法典适用大全》(合同卷二),人民法院出版社2022年版,第1504页。吉林省高级人民法院(2019)吉民终564号民事判决书。

条件也未成就的情况下,杭州杭氧股份有限公司拒绝先返还货款的理由成立,应予支持。从请求权的基础看,杭州杭氧股份有限公司是基于所有权保留主张取回标的物,并非基于合同解除后主张返还标的物的,二者的请求权基础不同,其法律后果也不同。这是因为基于所有权保留对标的物请求取回,仅形成确认出卖人单方行使取回标的物的法律效果,而基于合同解除请求返还标的物的,可能会产生双方互相返还、恢复原状的法律后果。此外,本案中杭州杭氧股份有限公司对标的物行使取回,吉林长岭鸿聚通能源有限公司消除取回权的事由的,可以主张回赎标的物。回赎期实质是给买受人继续履约的宽限期,回赎期的确定主要采取两种方式:一是双方协商确定;二是协商不成的,由出卖人指定回赎期。[1]

在所有权买卖保留合同中,买受人在支付全部价款前只享有占有、使用、收益的权利,并没有处分权。在买受人不依约定履行义务,损害出卖人的合法权益时,出卖人享有从买受人处取回标的物的权利。在买受人未取得标的物的所有权时,转让标的物给第三人的,出卖人是否有权从第三人处取回标的物,应根据第三人受让标的物是否属于善意而定。第三人支付了合理价款善意受让的,出卖人不能从第三人处取回标的物,只能向买受人主张相应的权利。

【案例9-44】 群翔公司诉雅新公司等买卖合同纠纷案

判决观点,群翔公司与雅新公司签订的买卖合同,是当事人的真实意思表示,且不违反法律法规的强制性规定,合法有效。根据《合同法》第一百三十四条的规定,当事人可以在买卖合同中约定买受人未履行支付价款或其他义务的,标的物的所有权属于出卖人。因此,买卖合同中"本交易为附条件买卖,在货款未付清前标的物的所有权,仍归属于卖方所有"的条款合法有效。法院认为,对交易设备设定所有权保留的,买方付清价款前,交易设备所有权属于卖方,未经同意买方不得擅自处分交易设备。在买方未处分交易设备的前提下,卖方有权直接向买方行使取回权。但是如果买方在付清价款前擅自将交易设备处分给第三人的,卖方是否有权直接向第三者行使取回权,应当根据第三人是否善意、有偿等具体情形确定。本案中,雅新线路板公司与雅新公司签订买卖合同后实际占有了涉案争议设备,并向合同卖方雅新公司支付了合理的价款。因涉案财产所有权人群翔公司在设定所有权保留时未依法进行登记,亦未通过其他方式向合同外第三人进行公示,合同外第三人雅新线路板公司不可能知晓设备出让人系无权处分,其受让财产应属善意。因

---

〔1〕 参见最高人民法院民法典贯彻实施工作领导小组编著:《中国民法典适用大全》(合同卷二),人民法院出版社2022年版,第1504~1505页。吉林省高级人民法院(2017)吉民终54号民事判决书。

此雅新线路板公司依法取得涉案财产设备的所有权,其将设备依法进行了抵押,抵押行为亦合法有效。综上,原告群翔公司请求两被告返还上述设备的诉讼请求不能成立。本案纠纷因雅新公司未能按约支付货款所致,应承担相应的民事责任。判决:驳回原告群翔公司的诉讼请求。[1]

【案例9-45】 珠海广通汽车有限公司诉湖南新干线汽车运输有限公司、长沙欢途汽车客运有限公司买卖合同纠纷案

判决观点,涉案《购销合同》的标的物是汽车,汽车作为一种特殊动产,属于所有权保留的客体。现涉案车辆已经全部交付给新干线服务公司,但新干线服务公司未按合同约定支付余款12800万元,并且将涉案车辆以转卖或挂靠方式登记在新干线运输公司、速驰客运公司、欢途客运公司名下,其行为对珠海广通公司造成了损害。珠海广通公司有权依照法律规定和合同约定提出确权的诉讼请求。至于新干线服务公司支付的200万元定金,可另行起诉主张。

新干线运输公司和速驰客运公司抗辩主张其是善意第三人,对已经登记在其名下的涉案车辆依法取得了所有权。就本案而言,新干线服务公司已经将涉案车辆153辆客车交付给新干线运输公司并登记在其名下,将40辆客车交付给速驰客运公司并登记在其名下,因新干线服务公司主观上不具有善意,客观上也没有向新干线运输公司支付合理对价,速驰客运公司因与新干线服务公司并没有真实的交易关系,更不用说支付合理对价。故该两被告辩称其是善意第三人没有事实和法律依据。[2]

通过对法律条文进行法律解释可知,对保留所有权的买卖合同,现行立法对出卖人对于买卖标的物是否可自行行使取回权持否定态度。在此立法背景下,若遇情势紧迫情形,出卖人可以在符合自助行为构成要件的前提下,不经协商而取回买卖标的物,以实现债权管控目的。

【案例9-46】 厦门扬森数控设备有限公司诉晋江耀辉模具有限公司等买卖合同纠纷案

判决观点,扬森公司与耀辉公司之间存在买卖合同法律关系。在案涉合同签订后,扬森公司已履行了其作为卖方的供货义务,而耀辉公司仅支付了25000元货款,未能按照合同约定履行支付其余货款的义务,已构成违约。案涉合同共涉及5台机床设备的买卖,鉴于耀辉公司未能履行晋劳仲案

---

[1] 参见李勇主编:《买卖合同纠纷》,法律出版社2011年版,第376页。江苏省苏州市中级人民法院(2007)苏中民三初字第0094号民事判决书。

[2] 参见最高人民法院民法典贯彻实施工作领导小组编著:《中国民法典适用大全》(合同卷二),人民法院出版社2022年版,第1499~1500页。湖南省高级人民法院(2018)湘民初52号民事判决书。

(2020)805～810号调解书中约定的义务,其所有的一台YS—760B数控机床已被法院查封,对该台机床,法院将另行出具裁定处理。对于其余4台机床设备,法院认为,目前耀辉公司陷入经营困境处于停产停业状态,对外存在拖欠工人工资等其他债务,该公司对案涉机床设备未委派人员监管,机床设备处于不安全状态,在此紧迫情况下,扬森公司作为所有权保留人,参照自力救济的权利保护方式取回案涉4台YS—760B雕铣机机床,符合法律规定,应予认可。本案中,扬森公司已取回案涉4台机床设备并实际占有,故无须再要求耀辉公司履行返还机床设备的义务。据此,法院对扬森公司诉求确认案涉4台机床设备享有所有权的诉讼请求予以支持,但对扬森公司诉求耀辉公司返还4台机床设备的诉讼请求不予支持。另外,根据本案合同的约定,鲜某某系耀辉公司对扬森公司所负债务的担保人,应依约对耀辉公司的债务承担连带清偿责任,但因案涉4台机器设备已由扬森公司取回,鲜某某无须再承担返还案涉4台机器设备的连带责任。判决:(1)确认原告对YS20200631号买卖合同所涉的4台YS—760B雕铣机机床享有所有权;(2)驳回原告的其他诉讼请求。[1]

---

〔1〕 参见最高人民法院中国应用法学研究所编:《人民法院案例选》2022年第5辑(总第171辑),人民法院出版社2022年版,第82页。福建省厦门市集美区人民法院(2020)闽0211民初1269号民事判决书。

五、招标投标买卖合同的法律适用

(一)招标投标买卖合同的理解

招标投标买卖,是指招标人公开买卖标的物的出卖条件,投标人参加竞标竞买,招标人选定中标人的买卖方式。[1] 有学者认为,招投标是指在货物、工程和服务采购时的一种达成交易的方式。[2]

《民法典》第六百四十四条规定:"招标投标买卖的当事人的权利和义务以及招标投标程序等,依照有关法律、行政法规的规定。"本条是对招标投标买卖的规定。本条主要包含以下几层含义:其一,该种合同订约程序具有特殊性,一般分为招标、投标和中标三个阶段。其二,该种合同适用范围具有明确的限制。其三,该种合同必须采用书面形式。其四,必须按照招标文件订立买卖合同。《招标投标法》第四十六条第一款规定:"招标人和中标人应当自中标通知书发出之日起三十日内,按照招标文件和中标人的投标文件订立书面合同。招标人和中标人不得再行订立背离合同实质性内容的其他协议。"这就表明,并非投标书的所有内容都自然地转化为合同条款。其五,招标人和中标人签订买卖合同时,双方协商可以适当变更招标投标的部分内容,但不得实质性地改变招标投标文件的内容。其六,本条仅对招标投标买卖合同作了原则性规定,即招标投标买卖合同当事人的权利义务以及招标程序等,仅依《民法典》合同编的规定不能做出正确的、完整的判断,应当依照《招标投标法》《政府采购法》的相关规定处理,以及适用或者参照适用各级政府颁布的行政法规和政府规章。

招标投标买卖是买卖合同中的一个特种买卖类型,一般应用于大众货物的买卖与集中购物等,如常见国家行政机关购买计算机、公务用车大宗买卖。《民法典》中仅用一个条文(第六百四十四条)规定处理该纠纷的原则,即"依照有关法律、行政法规的规定"。招标投标活动规定较为详细和具体的是《招标投标法》,该法确立了招标、开标、评标、定标等基本制度。由于投标活动具有交易过程的公

---

〔1〕 参见黄薇主编:《中华人民共和国民法典合同编释义》,法律出版社2020年版,第413页。

〔2〕 参见林善谋编:《招标投标法适用与案例评析》,机械工业出版社2007年版,第4页。

开性、交易活动的竞争性、交易地位的平等性等特征,《招标投标法》对自发布招标公告至确定中标人的整个招标投标过程,规定了较为明确的程序,从法律上力争使招标投标全过程透明、公开、公正、有法可依,这与普通的一般买卖合同有巨大的不同。任何违背《招标投标法》规定程序的行为,将被认定为废标。《招标投标法》的相关规定,严格约束投标人和招标人,其招投标行必须遵守规定而不能逾越,因此招投标买卖是一种程序强化性的买卖。应注意的是,《招标投标法》的立法目的在于规范招标投标市场秩序,所以其具有行政监管法律的特点。这与《民法典》平等主体间的交易行为进行规制的立法目的不同,因此在法律适用中的衔接上尚应加大探索力度。

(二)招标投标买卖合同的认定

《民法典合同编通则解释》第四条第一款规定:“采取招标方式订立合同,当事人请求确认合同自中标通知书到达中标人时成立的,人民法院应予支持。合同成立后,当事人拒绝签订书面合同的,人民法院应当依据招标文件、投标文件和中标通知书等确定合同内容。”参与制定司法解释的法官认为,中标通知书到达中标人后即成立本约合同。本条采纳了第二种观点……明确任何一方毁约的法律责任在性质上属于违约责任,而非缔约过失责任。[1]

受要约人对要约的内容作出实质性变更的,为新要约。

【案例9-47】 甲公司诉乙公司买卖合同纠纷案

本案中,甲公司重新发出的投标报价书,内容发生了实质性的变化,表明其并未接受与乙公司先前提出的邀约。甲公司是在招标文件要求提交招标文件截止时间届满以后,变更或修改了招标的内容和标的,显然不符合《招标投标法》的规定,从内容上来看也不能认定是同一次招标文件必要的澄清或者修改,是前后两次提出了不同的要约邀请。甲公司没有对此要约进行承诺,即乙公司没有中标,该次招投标就此结束,甲公司理应归还乙公司为此次投标缴纳的投标保证金。甲公司上诉认为,前后两次招标通知存在延续性,属于同一次招标。二审法院认为,甲公司第二次招标文件修改了承包内容,属要约实质性的变更,第二次招标行为不是第一次招标行为的延续。甲公司对招标的内容做的实质性的变更,应视为甲公司对乙公司的要约未作出承诺,并提出了新的要约,原要约即失效。新要约虽写明第一次保证金转为第

---

〔1〕 参见最高人民法院民事审判第二庭、研究室编著:《最高人民法院民法典合同编通则司法解释理解与适用》,人民法院出版社2023年版,第77~78页。

二次保证金，但并无对其进行没收的规定，亦未经投标人承诺，现甲公司认为乙公司未进行第二次投标，应视为乙公司对新的要约未作出承诺。[1]

县教育局通过招标投标程序与出卖人签订《采购合同》后，未按照《采购合同》向出卖人采购钢材，反而以合同未对货物名称、数量等进行约定为由推脱责任，造成出卖人无法实现合同目的，依法应承担违约责任。

【案例9-48】 邯郸市金城机电物资有限公司诉磁县教育局买卖合同纠纷案

一审法院认为，本案中，物资公司提交的《采购合同》中虽约定了合同金额，但根据《招标文件》、成交通知书及双方签订《采购合同》的目的可知，采购项目为钢材，数量为906.458吨，合同金额为3639429元，故物资公司与县教育局签订的《采购合同》已成立。县教育局作为发包人，将相关工程分包给某建筑公司，且约定其提供材料、设备，导致物资公司与县教育局签订的《采购合同》事实上不能履行，县教育局应承担不履行合同的违约责任。判决：(1)解除物资公司与县教育局所签订的《采购合同》；(2)县教育局支付物资公司相关损失39000元；(3)驳回物资公司的其他诉讼请求。二审法院判决：驳回上诉，维持原判。[2]

招标投标合同有效的，对双方当事人具有约束力。

【案例9-49】 北京市同兴昌商贸有限公司与北京延庆经济开发区管理委员会买卖合同纠纷案

二审法院认为，招标文件和招标投标过程合法有效，招标文件对双方当事人具有约束力。投标人未与招标人签订合同，导致合同最终不能成立，不得返还保证金。[3]

(三)招标投标买卖合同的处理

招标投标买卖合同是一类合同特殊合同，其具有一般买卖的特征，但与其又

---

〔1〕 参见中国审判理论研究会民事专业委员会编著：《民法典合同编条文理解与司法适用》，法律出版社2020年版，第46页。浙江省高级人民法院(2010)浙商外终字第10号民事判决书。

〔2〕 参见最高人民法院中国应用法学研究所编：《人民法院案例选》2016年第3辑(总第97辑)，人民法院出版社2016年版，第80页。

〔3〕 参见最高人民法院民法典贯彻实施工作领导小组编著：《中国民法典适用大全》(合同卷二)，人民法院出版社2022年版，第1513页。北京市第一中级人民法院(2008)一中民终字第13564号民事判决书。

有很大差异。发出中标通知书后,招标人和中标人不得再行订立背离合同实质性内容的其他协议。

【案例9-50】 重庆市永川区中医院诉重庆市天网高新技术有限公司买卖合同纠纷案

一审法院认为,招标投标买卖中招标是要约邀请,投标是要约,定标是承诺。因此,招标投标中心向天网公司发出中标通知书后,永川中医院与天网公司之间的买卖合同已成立。双方当事人虽然可以签订书面合同,但是不能背离招投标合同的实质内容。故《电子监控系统销售合同书》"销售人员必须保证兑现招标投标书服务的所有承诺(备注:含整机保修一年)"的约定已经背离了《投标书》中质保期为18个月的内容,背离了《电子监控系统销售合同书》中"招标书中的所有内容不得偏离,任何偏离的合同条款都属无效"和《招标投标法》第四十六条"招标人和中标人应当自中标通知书发出之日起三十日内,按照招标文件和中标人的投标文件订立书面合同。招标人和中标人不得再行订立背离合同实质性内容的其他协议"的规定,应属无效,该约定无效,不影响合同其他部分的效力。该批设备的保质期应为18个月。由于天网公司未按约进行维修,永川中医院雇请第三方,支付修理费2600元,应由天网公司承担。天网公司辩称保修期为1年的理由,法院不予采信。判决:(1)确认天网公司销售给永川中医院的监控设备的免费保修期为18个月,即从2008年9月27日起至2010年3月26日止;(2)在天网公司免费保修期内,永川中医院支付的设备维修费2600元,由天网公司承担。二审法院判决:驳回上诉,维持原判。[1]

招标投标过程中,采购人不签订买卖合同的应承担缔约过失责任。

【案例9-51】 振元公司诉技工学校买卖合同纠纷案

一审法院认为,关于原告能否要求被告承担损害赔偿责任的问题。根据我国《政府采购法》第四十六条第二款的规定,本案中,中标通知书发出之日起即对采购人被告和中标供应商原告均产生约束力,这种约束力表现为签订购销合同的法律约束力,即原告和被告均应按中标通知书的要求签订购销合同,否则应承担相应的法律责任,包括民事责任。鉴于《政府采购法》明确规定政府采购合同应当采用书面形式,故在原告和被告签订书面合同之前,原告和被告之间的合同关系并未成立,因此上述民事责任并不应表现为违约责任,而应属于我国《合同法》第四十二条规定的缔约过失责任。就本案而言,

[1] 参见国家法官学院案例开发研究中心编:《中国法院2012年度案例》(买卖合同纠纷),中国法制出版社2012年版。重庆市第五中级人民法院(2010)渝五中法民终字第1494号民事判决书。

原告和被告之间虽未签订书面合同，但中标通知书的内容实际上已将原告和被告与签订的购销合同的实质内容固定化，正是基于此种信赖，原告为了及时履行其在竞标的供货承诺，才与尔松公司签订了《购销合同》，并为此支付了定金，但由于被告在接到中标通知书后，违背诚实信用原则，未按中标通知书的要求与原告签订合同，其行为直接导致原告未能履行尔松公司的合同而致使原告已交付的定金不能收回，可见，原告的定金损失是因被告拒签合同造成的。综上，根据我国《合同法》第四十二条第三款之规定，原告现要求被告赔偿其定金损失，于法有据，应予支持。但鉴于法律已明确规定定金数额不得超过主合同标的额的20%，而原告交付给尔松公司的定金已超过该数额，故该定金超出法律规定的部分，法院不予支持。原告要求被告赔偿的定金损失，法院按原告与尔松公司所签合同总标的额551700元的20%即110340元予以支持。原告为参加本案政府采购而支出的标书制作、复印及打印费共计3000元，亦属于因被告拒签合同而给原告造成的损失，对于该笔损失，被告亦应予赔偿。判决：被告技工学校赔偿原告振元公司损失113340元。二审法院调解结案。[1]

【案例9－52】　上海美特幕墙有限公司与上海上咨建设工程咨询有限公司等买卖合同纠纷案

二审法院认为，招标人和中标人应当自中标通知书发出之日起30日内，按照招标文件和中标人的投标文件订立书面合同；招标人和中标人不得再行订立背离合同实质性内容的其他协议。中标人提供合同范本改变工期、改变支付进度款的时间节点、金额及适用指标等因素属于更改合同实质性内容的范围，投标人应承担未能签订合同的责任。[2]

在招标投标纠纷中，中标通知书的发出在招标人与中标人之间成立预约合同法律关系，一方当事人无正当理由拒不与对方签订合同，构成违约。如对当事人已对违约责任进行约定，比如约定定金、违约金，应按约定处理；如没有约定，违约方赔偿损失的范围应限于信赖利益损失。

【案例9－53】　工贸公司诉H公司预约合同纠纷案

判决观点，本案中，《竞争性磋商文件》明确约定“采购人和成交供应商

---

〔1〕 参见国家法官学院案例开发研究中心编：《中国法院2013年度案例》（买卖合同纠纷），中国法制出版社2013年版，第85～86页。广西壮族自治区南宁市中级人民法院（2011）南市民二终字第553号民事调解书。

〔2〕 参见最高人民法院民法典贯彻实施工作领导小组编著：《中国民法典适用大全》（合同卷二），人民法院出版社2022年版，第1514页。上海市第二中级人民法院（2010）沪二中民二（民）终字第443号民事判决书。

应当自成交通知书发出之日起30日内签订书面采购合同”，根据上述约定，成交通知书的发出使得采购人与成交供应商均具有在一定期限内与对方订立采购合同的义务，从这个角度分析，成交通知书在内容性质上与上述法律条文中的“认购书、订购书、预订书、意向书、备忘录”并无实质区别，因此，应当认为成交通知书的发出使得采购人与供应商之间成立以签订书面采购合同为义务的预约合同，一方无正当理由拒不签订书面采购合同的，应承担预约合同的违约责任。关于上述法律条文中预约合同的违约责任如何界定，一般认为，预约合同的义务是签订合同的行为，并不是交易本身，违约预约合同仅导致丧失一次交易机会，并不涉及履行利益的赔偿，因此，此处的损害赔偿仅指信赖利益的赔偿。工贸公司主张的直接损失包括代理费19600元、成本费7500元以及向上游供货商交纳的基本保证金3万元，仅能认定损失为19600元，而结合定金为3万元的事实，适用定金罚则足以弥补原告的损失，故工贸公司要求再支付直接损失19600元没有事实和法律依据。判决：(1)H公司双倍退款工贸公司保证金共计6万元；(2)驳回工贸公司的其他诉讼请求。[1]

---

〔1〕 参见国家法官学院、最高人民法院司法案例研究院编：《中国法院2023年度案例》(买卖合同纠纷)，中国法制出版社2023年版，第214页。山东省东营市东营区人民法院(2021)鲁0502民初5553号民事判决书。

六、拍卖合同的法律适用

(一)拍卖合同的理解

拍卖,是指以公开竞价的方式,将特定物品或财产权利转让给最高应价者的买卖方式。[1] 拍卖是一种具有中介性质的特殊买卖,交易并非由标的物的出让方与受让方直接进行,而是通过拍卖人的中介服务来完成,由拍卖人操纵整个拍卖交易活动。通常情况下,拍卖交易的当事人包括4方,即委托人、拍卖人、竞买人与买受人(竞买人在拍得拍卖标的时,竞买人与买受人身份竞合,但在竞价的过程中,竞买人的权利义务和最后拍卖买受人的权利义务因拍卖标的的归属有所不同),委托人与拍卖人之间形成委托法律关系,拍卖人与竞买人或买受人之间形成拍卖合同法律关系,委托人与竞买人或买受人之间并无直接法律关系。拍卖成交后,拍卖人与买受人签订拍卖合同,成为合同的相对方,适用合同的相关法律规范。

《民法典》第六百四十五条规定:"拍卖的当事人的权利和义务以及拍卖程序等,依照有关法律、行政法规的规定。"本条是对拍卖的规定。本条主要包含以下几层含义:其一,拍卖合同可分为拍卖委托、拍卖公告、实施拍卖和交付拍卖标的物4个阶段。其二,拍卖合同订立特殊的邀约与承诺。拍卖人发布的拍卖公告是要约邀请,在拍卖会上竞买人的报价为要约,在竞买人轮番报价后,竞买人中出现最高应价者,再无他人应价时,拍卖人应敲槌确定该竞买人为买受人,拍卖成交,拍卖人的落槌为承诺。其三,委托人、拍卖人应履行瑕疵告知义务。其四,拍卖成交后,拍卖人负有向买受人移交拍卖标的的义务。其五,拍卖活动依据拍卖法的相关规定。

近年来网络司法拍卖发展迅猛,实践中存在模式多样、主体多元、操作不规范等诸多问题。为了规范司法拍卖活动,最高人民法院于2017年1月1日实行的《网络司法拍卖规定》,在确保司法拍卖公平、公正,最大限度保障竞买人的知情权,方便社会监督,减少权力寻租空间等方面起到积极作用。

---

〔1〕 参见黄薇主编:《中华人民共和国民法典合同编释义》,法律出版社2020年版,第415页。

应强调的是,拍卖公司在拍卖前做出的对拍卖标的不承担瑕疵担保责任的声明,必须明确具体;声明的条文保证竞买人能正确理解而不致产生误解或歧义;免责声明须遵循诚实信用原则,知道或者应当知道的瑕疵不能声明不担保;拍卖人确实无法做出明确判断的,只要已特别提示,应视为竞买人愿意承担由此带来的风险,即商事交易自担风险的前提是双方依诚实信用原则完全告知有关交易的信息。

(二)拍卖合同的认定

《民法典合同编通则解释》第四条第二款规定:"采取现场拍卖、网络拍卖等公开竞价方式订立合同,当事人请求确认合同自拍卖师落槌、电子交易系统确认成交时成立的,人民法院应予支持。合同成立后,当事人拒绝签订成交确认书的,人民法院应当依据拍卖公告、竞买人的报价等确定合同内容。"制定司法解释的法官认为,司法强制拍卖的成交时间仍然是拍卖物拍定之时。[1]

艺术品拍卖预展中,竞买人对某件拍品产生兴趣也可以直接进行交易。由于在预展中的直接购买,没有经过竞拍程序,竞买人与拍卖公司并没有形成拍卖合同关系,因而不能完全受拍卖法的约束。竞买人与委托人直接形成了买卖合同关系,受买卖合同相关法律调整,委托人应当对拍品承担瑕疵担保责任。

【案例9-54】 兰某波诉中嘉国际拍卖有限公司买卖合同纠纷案

判决观点,我国《拍卖法》规定:本法适用于中华人民共和国境内拍卖企业进行的拍卖活动;拍卖是指以公开竞价的形式,将特定物品或者财产权利转让给最高应价者的买卖方式。本案原告自称铜镜系在拍卖预展时从被告处购买,对此被告表示不清楚,但被告亦未提供原告系在拍卖会上以最高价拍得铜镜的相关证据,故法院确认铜镜系在拍卖预展时从被告处购买。原告与被告虽未签订正式的买卖合同,但原告向被告支付价款,被告向原告交付铜镜的行为可以认定原告与被告形成了买卖合同关系,该合同不具有拍卖合同的性质。因被告不能披露铜镜的委托拍卖人,故法院确认该买卖合同直接约束原告与被告。被告给原告出具收款结算单时,原告已向被告支付了价款,被告亦向原告交付了铜镜,双方的权利义务关系终止。被告印制的2011年春季艺术品拍卖会瓷器、杂项图录5491号拍卖品为唐代铜鎏金海兽葡萄镜,收款结算账单载明的拍品名称为铜鎏金海兽葡萄镜,并未载明为唐代,原

〔1〕 参见最高人民法院民事审判第二庭、研究室编著:《最高人民法院民法典合同编通则司法解释理解与适用》,人民法院出版社2023年版,第81页。

告对铜镜的质量存在重大误解，应当只知道铜镜不是产自唐代之日起1年内要求撤销买卖合同。现原告以被告的过失和违约，将现代的铜镜标为唐代为由，起诉要求退还该铜镜给被告，要求被告赔偿经济损失及利息，缺乏法律依据，法院不予支持。判决：驳回原告兰某波的诉讼请求。[1]

竞买人的最高应价未达到保留价时，该应价不发生效力，拍卖师应停止拍卖。

【案例9－55】　曾某龙诉江西甲拍卖有限公司、乙银行股份有限公司上饶市分行、徐某炬拍卖合同纠纷案

最高人民法院认为，拍卖师在当前最高应价未达到保留价宣布拍卖结束的，仅单独询问当前出价最高的竞买人并在对方同意接受保留价后便落槌宣布拍卖成交，此行为不符合向全体竞买人报价这一必须遵循的公平、公正原则，侵害了其他竞买人公平参与竞价的合法权益，在客观上也未能使委托人的利益实现最大化。因此，落槌行为应认定为无效。拍卖过程中竞买人之间对落槌有争议的，拍卖师无力解释和妥善处理时，其无权自行宣布该落槌无效，而应通过合法途径确认此落槌行为的效力。拍卖师在宣布此次拍卖活动结束后，又继续进行拍卖，无论前次最高竞价人是否参与均违反拍卖程序，因此后一次落槌也当属无效。[2]

我国税收管理方面的法律、法规对于各种税收的征收均明确规定了纳税义务人，但并未禁止纳税义务人与合同相对人约定由合同相对人或者第三人缴纳。税法对税种、税率、税额的规定是强制性的，对实际由谁缴纳并未作出强制性或禁止性规定。

【案例9－56】　姚某诉广东省平远县水务局拍卖合同纠纷案

判决观点，本案争议的焦点：(1)《确认书》第七条是否有效；(2)原、被告双方是否存在违约行为；(3)被告的反诉是否成立。关于争议焦点一，原告姚某与被告平远县水务局的涉案店铺交易经第三人梅州市拍卖行通过公开拍卖程序由姚某竞买成交，该交易是双方当事人的真实意思表示，合法有效。被告平远县水务局与第三人签订的《委托拍卖合同》和原告姚某与第三人签订的《确认书》均明确约定："买受人自行负责办理产权过户手续，除土地出让金、土地增值税、企业所得税及印花税由委托人承担外，其他涉及各有关部门按规定应收取的一切税、费均由买受人承担。"虽然我国税收管理方面的法

---

〔1〕　参见国家法官学院案例开发研究中心编：《中国法院2016年度案例》（买卖合同纠纷），中国法制出版社2016年版，第119～120页。北京市东城区人民法院（2013）东民初字第13352号民事判决书。

〔2〕　参见中国审判理论研究会民事专业委员会编著：《民法典合同编条文理解与司法适用》，法律出版社2020年版，第304～305页。最高人民法院（2005）民一终字第43号民事判决书。

律、法规对各种税收的征收均明确规定了纳税义务人,但是并未禁止纳税义务人与合同相对人约定由合同相对人或者第三人缴纳税款,即对实际由谁缴纳并未作出强制性或禁止性规定。因此,当事人在合同中约定由财政部、国家税务总局制定颁布实施的《营业税改增值税试点实施办法》第一条中确定的纳税人以外的人即合同相对人承担相关税费的,与相关法律、行政法规的强制性规定并无抵触。原告引用的部门规章系《营业税改增值税试点实施办法》第一条的内容确认第八条的约定内容为依据主张《确认书》第八条约定内容无效,依照《合同法解释(一)》第四条人民法院确认合同无效"不得以地方性法规、行政规章为依据"的规定,原告的此项主张不成立,应认定上述约定合法有效。关于争议焦点二,原、被告争议的印花税、增值税、城建税、教育附加等均为过户所需缴纳的税费,被告平远县水务局已先行缴纳,依照上诉约定,原告姚某应支付给被告,现姚某不予支付,其行为已构成违约,应承担给付上述税费的违约责任。平远县水务局在履行涉案合同的过程中以原告未履行合同约定的应由原告承担的相关税费义务为由,暂不为原告过户提供相关资料和履行协助义务是行使合同履行抗辩权的行为,并不违约。关于争议焦点三被告的反诉是否成立的问题,本案被告的反诉请求与原告本诉的诉讼请求均基于出售与购买涉案店铺这一相同事实,因此,应当合并审理。判决:(1)驳回原告姚某的全部诉讼请求;(2)反诉被告姚某向反诉原告平远县水务局付清代为垫付的税费合计87968.57元;(3)驳回被告平远县水务局的其他诉讼请求。[1]

拍卖中,出卖人的身份确定应以拍卖三方当事人之间的法律关系得到确认为前提。委托人与拍卖人之间成立的是委托合同,拍卖人在以委托人的名义出卖时,将产生直接代理效果。发生竞买人转让拍卖标的物的行为时,拍卖人向受让人出具拍卖成交确认书的行为,视为同意转让行为,竞买人与买受人的权利义务发生概括继受,受让人依法享有合同解除权。

【案例9-57】 吉林国贸流通集团有限公司诉农行吉林市分行、吉林市圣鑫拍卖有限公司合同纠纷再审案

最高人民法院认为,根据一、二审判决、农行吉林市分行的再审申请理由和圣鑫公司的答辩意见,本案的主要争议焦点:(1)吉林国贸是否因涉案资产与农行吉林市分行形成买卖合同关系;(2)如果吉林国贸与农行吉林市分行形成买卖合同关系,吉林国贸是否有权解除该关系;(3)二审没有判令圣

---

〔1〕 参见最高人民法院中国应用法学研究所编:《人民法院案例选》2018年第6辑(总第124辑),人民法院出版社2018年版,第134页。广东省平远县人民法院(2017)粤1426民初268号民事判决书。

鑫公司承担责任是否属于遗漏诉讼请求。关于吉林国贸是否因涉案资产与农行吉林市分行形成买卖合同关系的问题。根据《合同法》第七十九条的规定,本案中,宋某与吉林国贸签订《转让协议》,约定将宋某通过圣鑫公司竞价竞得的成交物品转让给吉林国贸,该转让行为不属于《合同法》第七十九条规定"不得转让"的情形,不违反法律、行政法规的强制性规定,合法有效。从农行吉林市分行向圣鑫公司发送的《关于催交吉林市北国春天江北店抵债资产拍卖成交确认书的函》可知,农行吉林市分行已经收到了全部拍卖价款,并且知道吉林国贸已成为涉案资产的实际买受人。法院认为,吉林国贸和宋某已经通过圣鑫公司向农行吉林市分行支付了涉案资产的全部价款,吉林国贸又通过《转让协议》从宋某处获得对案涉资产的全部债权,与农行吉林市分行形成买卖合同关系。二审关于吉林国贸与农行吉林市分行形成买卖合同关系的认定正确,法院予以维持。关于吉林国贸是否有权解除与农行吉林市分行之间的合同关系问题。根据《合同法》第九十四条的规定,本案中,吉林国贸已向农行吉林市分行交付全部拍卖价款,农行吉林市分行应按照委托拍卖合同的约定将拍卖标的物移交给吉林国贸。但农行吉林市分行至今未履行房屋变更的义务,致使合同目的无法实现。二审判决吉林国贸有权解除与农行吉林市分行之间的合同关系正确,予以维持。关于二审没有判令圣鑫公司承担责任是否属于遗漏诉讼请求的问题。本案中,吉林国贸诉请解除与农行吉林市分行因案涉资产形成的合同关系,返还已付价款4500万元及利息,并请求判令圣鑫公司对利息损失承担连带责任。一审支持了吉林国贸对农行吉林市分行的诉讼请求,驳回了吉林国贸对圣鑫公司的诉讼请求,并未遗漏诉讼请求。二审法院认为,"至于农行吉林市分行主张圣鑫公司为吉林国贸出具拍卖成交确认书不合法以及未交付拍卖成交档案,均属于农行吉林市分行与圣鑫公司因委托拍卖合同关系产生的法律后果,并非二审审理范围,对此不予评判",该认定并无不当,予以维持。故农行吉林市分行关于二审存在遗漏诉讼请求的主张缺乏依据,不予支持。裁定:驳回农行吉林市分行的再审申请。[1]

企业资产以网络竞拍方式整体转让,拍卖人在竞价公告中明示拍卖标的物中的部分项目与竞价公告资产可能存在误差,买受人购得拍卖标的后以其中部分资产存在短少为由,主张核减成交价款的,委托人(出卖人)不承担责任。

〔1〕 参见最高人民法院中国应用法学研究所编:《人民法院案例选》2018年第1辑(总第119辑),人民法院出版社2018年版,第77~78页。最高人民法院(2017)民申586号民事裁定书。

【案例9－58】 方某诉安徽省邮政公司拍卖合同纠纷案

判决观点,因本案中涉及财产的转让方式是网络竞价,由于网络竞价是拍卖方式的一种,竞价公告是拍卖人通过网络发出的拍卖公告,对转让的资产进行宣传介绍并公布拍卖物的价格,其实质是要约邀请,是对不特定的人发出,并希望他人向自己发出要约的意思表示,并非与他人订立合同,只是订立合同的预备行为。因此,竞价公告作为要约邀请其内容对原告不产生合同的约束力。原告作为网络竞买人通过网络竞价1120万元竞买被告转让的资产,其出价是要约,拍卖人同意,其拍定是承诺,整个网络竞拍程序合法有效。另外,依据《拍卖法》第四十八条第一款的规定,拍卖人应当在拍卖前展示拍卖标的,并提供查看拍卖标的的条件和有关资料。被告发布的竞价公告中载明:本次转让的房屋中有2753.85平方米的房屋尚未取得《房屋所有权证》,且注明具体情况可查询资产评估报告书,该资产评估报告书同时强调,该评估意见仅作为交易各方资产交易的价值参考依据,不能取代交易各方进行资产交易价格的决定。因此,被告已尽到了对拍卖标的物瑕疵的告知义务,被告组织宣城友缘宾馆的资产拍卖程序合法。原、被告双方签订的《资产转让合同》是双方当事人真实自愿的意思表示,内容不违反法律法规的强制性禁止性规定,应为合法有效,双方应当全面适当地履行。该合同第1条约定资产评估报告书是双方签订合同内容的一部分。资产评估报告书第三项评估对象和评估范围载明的建筑面积为3472.92平方米;该评估报告书"第十一大项特别事项说明"第8条明确本次评估中有关该项房产的面积2753.85平方米未办理房屋产权证,且说明上述面积均以安徽省邮政公司申报面积为准。由此可知,原告应知晓该未办理房屋产权证部分可能会与将来办证证载面积存在误差,但原告对此并未提出异议并与被告签订了《资产转让合同》,双方就转让资产的实物进行了清点、造册并签字确认。该合同签订后,原告对转让资产进行了勘察,在明知房屋面积短少时仍于2010年8月3日与被告办理了产权过户手续,其在合理期限内未对房屋建筑面积短少的部分提出异议,应视为被告交付的标的物之一的房屋面积符合合同约定、原告放弃对房屋建筑面积短少部分要求被告承担责任的权利。现原告认为转让资产中建筑面积短少,要求被告核减成交价款返还人民币135.77362万元没有事实和法律依据,依法不予支持。判决:驳回原告方某的诉讼请求。〔1〕

拍卖法规定根据评估结果确定国有资产拍卖的保留价,评估结果超过了有效

〔1〕 参见最高人民法院中国应用法学研究所编:《人民法院案例选》2012年第4辑(总第82辑),人民法院出版社2013年版,第98~99页。安徽省宣城市中级人民法院(2011)宣中民一初字第00010号民事判决书。

期,但无证据证明拍卖标的的成交价远远低于成交时的实际价值而损害国家利益的,拍卖应合法有效。

【案例9-59】　孙某杰诉江苏省信息中心、江苏省产权交易所、江苏省拍卖总行有限公司拍卖合同纠纷案

二审法院认为,(1)涉案合同经孙某杰多轮竞价后,最终以77万元的最高价拍卖形成,是孙某杰与信息中心的真实意思表示,且不违反法律法规的强制性规定,合法有效。2010年12月22日,孙某杰承诺若竞得托普公司的整体产权,若未按竞买须知及产权交易合同的规定按时支付全部交易价款,将承担全部违约责任,转让方有权随时解除产权交易合同。但在合同成立后,孙某杰拒绝按约交纳成交价款,经催告后仍不交纳,应构成根本违约。(2)孙某杰要求增加"企业资产评估基准日到交割日的净资产与有效评估基本相一致"条款,系对已经成立的合同进行变更,根据《合同法》的规定,变更合同应经买卖双方协商一致。信息中心不同意增加该条款,孙某杰要求在合同中增加该条款无事实依据。而且,经拍卖成立的合同内容在拍卖前已经通过向社会公告确定,相关意向受让方和竞买方据此作出是否参加拍卖以及如何出价的决定。如在拍卖后对合同的内容再进行变更,则对其他相关意向受让方或竞买方不公平,也违反《拍卖法》的规定,故孙某杰在拍卖成交后要求在合同中增加条款欠缺法律依据。(3)产交所已于2010年8月26日在其网站上发布公开征集托普公司整体意向受让方公告,明确《评估报告》的基准日,并将《评估报告》列为备查文件。孙某杰对其中显示的评估基准日为2009年8月31日前有效期至2010年8月30日止,应是明知的,其在签署文件、缴纳保证金、领取号牌的情况下参加了拍卖竞买,在此过程中对评估报告的有效期并未提出异议。产交所在公布征集托普公司整体产权公开转让意向受让方公告时,《评估报告》仍在有效期内。法律并未明确规定评估报告有效期应延续至拍卖进行时。本案中,《评估报告》载明的评估价仅作为拍卖行拍卖国有资产标的的参考价,而非交易价。《关于进一步规范国有企业改制工作的实施意见》的根本宗旨系为了防止国有资产的流失,孙某杰无证据证明此次拍卖活动的成交价远远低于成交时托普公司净资产的实际价值,且77万元的成交价严重损害国家利益。其以产权交易合同未按《关于进一步规范国有企业改制工作的实施意见》的规定,对企业资产评估基准日到交割日的净资产变动进行追溯调整为由,主张各被上诉人违法在先,其未违约的上诉理由,不能成立,不予采纳。综上,一审判决认定事实清楚,适用法律

正确,实体处理适当,程序并不违法,依法予以维持。判决:驳回上诉,维持原判。〔1〕

委托人通过以物抵债享有处分权的不动产可以成为拍卖中的拍品。委托人和拍卖人对拍卖房产的现状进行了说明并表示不能确保竞买人办理产权登记手续,应视为委托人和拍卖人对拍品的瑕疵进行了明示。竞买人竞买成功后以不能办理产权登记手续,实现不了合同目的为由要求解除合同,不能获得法院支持。

【案例9-60】 中财长信投资有限公司诉中国东方资产管理有限公司北京办事处拍卖合同纠纷案

二审法院认为,原告竞买取得的债权资产包因属不良资产,还需原告通过自身操作,依法主张权利才有可能实现财产权益。原告取得债权资产包后,收回了部分债权,并取得了两套别墅的所有权,已经实现了一定的财产权益,但能否实现原告在竞买债权资产包时预期的目的亦存在不确定的风险。针对原告在参与拍卖时获取的“有2套别墅办理了房屋所有权证”的信息,“10套别墅尚未办理所有权证”的信息应为尚未办理购房人的所有权证。故被告在委托拍卖时并未就10套别墅提供虚假信息,原告在参加拍卖时获取到10套别墅信息确系10套别墅的现状。原告在竞买债权资产包时应按拍卖规则的约定,充分了解债权资产包的现状,未咨询或对标的物不了解而参加竞拍者责任自负。原告在10套别墅的房屋所有权登记在北亚科技名下,并明知新的买受人办理房屋所有权证存在一定难度的情况下自愿参加了拍卖并竞买成功,故由此引起的法律后果原告应自行承担。被告虽未取得10套别墅的房屋所有权证,但现有证据能够证明被告通过以物抵债的方式取得了10套别墅的处分权,故原告所诉被告对10套别墅既无所有权,也无处分权,与现有证据不符,法院不予采信。原告虽以不能实现合同目的为由要求解除合同,并给被告发送了解除拍卖合同通知书,但因拍卖合同在履行过程中并未出现不可抗力的事由,被告亦不存在违约行为,因此原告并不享有法定解除拍卖合同的权利。因拍卖合同尚未解除,故对原告的其他诉讼请求,法院亦不予支持。判决:驳回上诉,维持原判。〔2〕

房屋买卖必须遵守房地一体的原则,不能将房屋及其占用范围内的土地分割交易;以划拨方式取得土地使用权,转让房地产时,须经政府主管部门审批,否则

---

〔1〕 参见最高人民法院中国应用法学研究所编:《人民法院案例选》2012年第1辑(总第79辑),人民法院出版社2012年版,第252~253页。江苏省南京市中级人民法院(2011)宁商终字第793号民事判决书。

〔2〕 参见北京市高级人民法院研究室编:《审判前沿——新类型案件审判实务》(总第57集),法律出版社2019年版,第140~141页。

合同不生效。

【案例9-61】 秦某虎诉无锡市双赢拍卖有限公司拍卖纠纷案

判决观点,讼争的8栋房屋的土地使用权由无锡市冷冻食品厂通过划拨方式取得,根据《房地产管理法》的有关规定,以划拨方式取得土地使用权的,转让房地产时,应当根据国务院的规定,报有批准权的人民政府审批。《拍卖法》也规定,依照法律规定或者按照国务院规定需经审批才能转让的物品或者财产权利,在拍卖前应当依法办理审批手续。双赢公司将8栋房屋拍卖给秦某虎时未经有关部门审批,在诉讼后亦未提供政府部门同意拍卖上述房屋的审批手续。故双赢公司的拍卖行为无效。在合同确认无效后,双方应返还因合同而取得的财产,故双赢公司应当返还秦某虎人民币35000元及佣金17500元,同时秦某虎也应将8栋房屋返还给双赢公司。双赢公司辩称拍卖公告已明示8栋房屋的使用权是通过划拨取得的,经查,拍卖公告均表明不含土地使用权,语义不明且已违法,故其辩称意见法院不予采纳。判决:(1)被告双赢公司将江无锡市冷冻食品厂8栋房屋拍卖给原告秦某虎的行为无效;(2)被告双赢公司返还秦某虎人民币35000元及佣金17500元。[1]

实践中,应注意网络竞价拍卖的特殊规定。

【案例9-62】 青海红鼎房地产有限公司与青海省国有资产投资管理有限公司、青海省产权交易市场确认合同有效纠纷案

最高人民法院认为,网络竞价交易具有及时性和公开性的特点,产权人、竞买人、竞买组织方均应严格遵守相关交易规则。虽然网络竞价系统自动生成《竞价结果通知单》,但因违反交易规则不能形成有效承诺的,交易依法不能成立。网络竞拍是拍卖的一种特殊形式,在其有特别规定时依其规定,在无特别规定时,可以适用《拍卖法》的一般规定。[2]

买受人以拍品真伪问题进行抗辩的,法院不予支持。

【案例9-63】 朱某甲、沈某甲等诉朱某丙、中国嘉德国际拍卖有限公司拍卖合同纠纷案

二审法院认为,本案的争议焦点之一为案涉拍品的真伪问题能否作为朱某丙的抗辩主张。关于这一问题,《拍卖法》第六十一条第二款规定,拍卖

---

〔1〕 参见最高人民法院中国应用法学研究所编:《人民法院案例选》2005年第2辑(总第52辑),人民法院出版社2006年版,第164~165页。江苏省无锡市滨湖区人民法院(2004)锡滨民二初字第750号民事判决书。

〔2〕 参见最高人民法院民法典贯彻实施工作领导小组编著:《中国民法典适用大全》(合同卷二),人民法院出版社2022年版,第1532页。最高人民法院(2015)民二终字第351号民事判决书。

人、委托人在拍卖前声明不能保证拍卖标的的真伪或者品质的,不承担瑕疵担保责任。本案中,无论是《委托竞投授权书》,还是嘉德公司制作的《拍卖规则》均注明了拍卖公司不承担瑕疵担保责任。且朱某丙本人不是首次参加拍卖活动,其亦自认在拍卖前本人亲自参加了案涉拍品的拍卖预展会。依据以上事实,法院认为朱某丙对拍卖的相关规则及瑕疵担保的相关规定是明知的,其上诉称嘉德公司未就格式条款中的相关重要内容对其进行重点提示及说明,相关格式条款无效的意见,缺乏事实和法律依据,法院不予支持。一审法院作出朱某丙以案涉拍品为赝品作为抗辩主张不能成立的审理意见,不违反相关法律规定,并无不当,法院不持异议。因为案涉拍品是否为赝品不能作为抗辩主张,故不属于本案的审理范围,因此,对朱某丙提出的《调查取证申请书》《鉴定申请书(一)》《专家辅助证人出庭申请书》等请求,法院不予准许。综上所述,朱某丙的上诉请求不能成立,应予驳回;一审判决认定事实清楚,适用法律正确,应予维持。判决:驳回上诉,维持原判。[1]

(三)拍卖合同的处理

拍卖人应对拍卖标的物存在瑕疵承担相应的赔偿责任。

【案例9-64】 于某峰诉丰顺路宝公司买卖合同纠纷案

二审法院认为,于某峰与丰顺路宝公司之间成立的拍卖合同关系,系双方当事人的真实意思表示,并未违反法律、行政法规的强制性规定,应为有效,双方均应依约履行。根据拍卖规则的规定,丰顺路宝公司应当为于某峰办理车辆过户手续,但丰顺路宝公司至今未能协助于某峰办理,致使于某峰完全取得车辆所有权的目的无法实现,故其有权要求解除拍卖合同并返还车辆以及相应拍卖款项。由于车辆已经进水,故于某峰在拍卖成交后,将车辆进行修理并不违反拍卖规则和社会常理,而且按照拍卖规则的规定,其亦应将车辆修理完毕才能领取相应手续并办理过户,现由于丰顺路宝公司的原因致使于某峰无法办理过户手续,故相应的修车费用亦应由丰顺路宝公司承担。为使车辆能够上路正常行驶,于某峰还为车辆投保了机动车道路交通事故责任强制保险和商业保险,并支付了相应费用,其将车辆返还后,该费用亦属于于某峰的合理损失,丰顺路宝公司应当予以赔偿。于某峰未提供任何证据证明其因丰顺路宝公司的行为而遭受的其他损失,故其要求丰顺路宝公司

〔1〕 参见最高人民法院中国应用法学研究所编:《人民法院案例选》2022年第2辑(总第168辑),人民法院出版社2022年版,第142页。北京市第二中级人民法院(2021)京02民终2466号民事判决书。

赔偿经济损失35000元没有事实依据，法院不予支持。庭审中，丰顺路宝公司认为，该公司仅承担协助办理过户的义务，未能办理过户系因为车主杨某卿拒绝配合。对此，法院认为，丰顺路宝公司的拍卖规则规定：因车辆需要维修后才能办理相应过户手续的，车辆所有手续、备用钥匙和车辆牌照由拍卖人保存，待车辆修复完毕后与拍卖人交接所有手续及办理车辆过户事宜。也就是说，丰顺路宝公司已经在拍卖规则中明确认可买受人应与其办理车辆过户事宜，该交易规则系于某峰与丰顺路宝公司之间的拍卖合同的组成部分，对双方具有约束力，现丰顺路宝公司未能将车辆过户至于某峰名下显属违约，应当承担相应的责任。同时，根据相关规定，当事人一方由于第三人的原因造成违约的，应当向对方承担违约责任，因此，即使丰顺路宝公司系由于车主杨某卿的原因未能办理过户，其亦应当向于某峰承担相应的责任，其与此有关的相应辩称没有法律依据，法院不予采信。丰顺路宝公司亦未提供证据证明其他主张，故法院对其他主张亦不予采信。判决：(1)解除于某峰与丰顺路宝公司之间的拍卖合同关系；(2)顺路宝公司返还于某峰购车款、佣金、车辆施救费及过户保证金共计303380元；(3)丰顺路宝公司赔偿于某峰保险费及修车费共计242795.13元；(4)于某峰将车牌号码为京P9PD03的车辆(含钥匙两把、车牌两个、机动车行驶证一本)退还丰顺路宝公司，丰顺路宝公司予以接收；(5)驳回于某峰的其他诉讼请求。二审中，丰顺路宝公司以双方达成和解并已履行完毕为由向二审法院申请撤回上诉。二审法院裁定准许撤回上诉。[1]

买受人与拍卖行恶意串通导致与标的物相关权利人的权利受侵害，法院可以依法宣布拍卖无效或撤销拍卖。

【案例9-65】 广东龙正投资发展有限公司、广东景茂拍卖行有限公司申请执行复议案

最高人民法院认为，受人民法院委托进行的拍卖属于司法强制拍卖，人民法院发现拍卖有错误的，有权宣布无效或予以撤销。本案中，广东省高级人民法院查明买受人龙正公司与景茂拍卖行的股东均系亲属，两公司存在关联关系，对此申请复议人没有否认，法院予以确认。在景茂拍卖行与买受人之间因股东亲属关系而存在关联关系的情况下，除非能够证明拍卖过程中有其他无关联关系的竞买人参与竞买，且进行了充分的竞价，否则可以推定景茂拍卖行与买受人之间存在串通。该竞价充分的举证责任应由景茂拍卖行

---

〔1〕 参见国家法官学院案例开发研究中心编：《中国法院2015年度案例》(买卖合同纠纷)，中国法制出版社2015年版，第222~223页。北京市第二中级人民法院(2013)二中民终字第15084号民事裁定书。

和与其有关联关系的买受人承担。本案拍卖中仅一次叫价即以保留价成立，并无竞价。而买受人龙正公司和景茂拍卖行不能提供其他两个竞买人的情况。经审核，其复议中提供的向工商管理部门备案的材料中，并无另外两个竞买人参加竞买的资料。拍卖资料经过了保存期不是其不能提供竞买人情况的理由。据此不能认定有其他竞买人参加了竞买。故可认定景茂拍卖行与买受人龙正公司之间存在串通行为。鉴于本案拍卖系直接以评估机构确定的市场价的70%之保留价成交的，故评估价是否合理与拍卖结果是否公正合理有直接关系。对广丰大厦的两次评估价格相差悬殊的问题，申请复议人不能提供合理解释，法院认可广东省高级人民法院关于第二次评估结论明显不合理的认定。无论评估结果过低是否为申请复议人的责任，其对标的物评估价格及成交过低应属明知。本案中与广丰大厦相关的权利有申请交付广丰大厦预售房屋、回迁房屋和申请返还购房款工程款、银行借款等，总额达15亿多元，仅购房人登记所交购房款即超过2亿元。而本案拍卖价款仅为2412万元，对于没有优先受偿权的本案申请执行人毫无利益可言，明显属于无益拍卖。且拍卖后广东省高级人民法院将与广丰大厦有关的所有权利负担一概除去，而将广丰大厦整栋房产移转给买受人，导致与广丰大厦相关的权利无法得到依法有效保护，侵害了与广丰大厦相关的权利人的合法权益。鉴于景茂拍卖行负责接收与广丰大厦相关的权利的申报工作，且买受人与其存在关联关系，故可认定景茂拍卖行与买受人对上述问题也应属明知。因此，对于此案拍卖导致与广丰大厦相关的权利人的权利受到侵害，景茂拍卖行与买受人龙正公司之间构成恶意。[1]

拍卖合同作为特殊的买卖合同，委托人未告知标的物的瑕疵状况，拍卖人在尽到适当注意的前提下仍未能了解标的物存在瑕疵的，拍卖人可以免于承担瑕疵担保责任。

【案例9-66】 克拉玛依市甲拍卖有限责任公司、刘某东诉乙公路运输有限公司拍卖合同纠纷案

二审法院认为，上诉人甲拍卖公司依照法律规定的程序拍卖涉案车辆，被上诉人刘某东参加竞买并购得涉案车辆，双方之间存在事实上的拍卖合同关系，双方签订的《拍卖规则》《注意事项》系其真实意思表示，内容不违反法律法规的强制性规定，故合法有效，具有法律约束力，双方当事人均应按照约定履行各自的义务。根据《拍卖法》第十八条第二款“拍卖人应当向竞买人说明拍卖标的的瑕疵”及第二十七条“委托人应当向拍卖人说明拍卖标的的

[1] 最高人民法院指导案例35号。

来源和瑕疵”的规定，在拍卖法律关系中，拍卖人对拍卖标的物的来源和瑕疵有义务进行了解，委托人也有义务向拍卖人告知标的物的瑕疵状况，并且拍卖人应当将标的物存在瑕疵的情况告知竞买人。根据《拍卖法》第六十一条第二款“拍卖人、委托人在拍卖前声明不能保证拍卖标的的真伪或者品质的，不承担瑕疵担保责任”及《买卖合同解释》第三十二条的规定，拍卖合同作为特殊的买卖合同，委托人未告知标的物的瑕疵状况，致使拍卖人在尽到适当注意义务的前提下仍未能了解到标的物存在瑕疵的，拍卖人可以免于承担瑕疵担保责任。本案被上诉人乙公路运输公司认为涉案车辆经过鉴定，符合机动车安全技术标准，故将涉案车辆委托甲拍卖公司进行拍卖。甲拍卖公司按照法律规定，对涉案车辆的资产评估报告等资料进行核实并接受委托，其已尽到适当的注意义务。被上诉人刘某东将竞拍的涉案车辆提出并办理过户登记后，涉案车辆的所有权归刘某东所有，涉案车辆毁损、灭失等风险由刘某东承担。刘某东主张的修理费及保养维修以及修复车辆外观瑕疵而产生的费用，因竞拍车辆有预展期，故刘某东作为竞拍人有义务对竞拍的车辆进行了解，并且能够获知车辆是否存在外观瑕疵。对于刘某东主张安全气囊更换问题，此系上诉人涉案车辆的隐蔽瑕疵，需要通过一定的方式进行检验才能发现，甲拍卖公司在接受委托时对涉案车辆已尽到适当的注意义务，其事先声明不能保证标的物的真伪及品质，符合交易习惯和公平原则。因此，原审法院以甲拍卖公司未履行隐蔽瑕疵的说明义务为由，判决甲拍卖公司在收取佣金的范围内承担市场价与拍卖价的差额，无事实及法律依据。[1]

在拍卖法律关系中，拍卖人应当将自己明知或应知的拍卖标的的瑕疵告知买受人，委托人应当将自己明知或应知的瑕疵告知拍卖人，否则即应对瑕疵造成的损害承担赔偿责任。能够通过“声明不保证”免除责任的瑕疵仅限于拍卖标的物的真伪和品质，且只能在拍卖人和委托人不可能知道拍卖标的物存在上述瑕疵的情况下方能免责。此外，拍卖法律关系中存在委托拍卖和拍卖合同关系两重法律关系，委托人因负有首要的告知义务，拍卖人因先行负责原则，两者均负有对买受人的损害承担瑕疵担保的责任。

【案例9－67】　何某基诉建行华侨城支行、金坤公司拍卖合同纠纷案

二审法院认为，本案二审主要的争议焦点为涉案拍卖标的是否存在瑕疵及建行侨城支行、金坤公司是否应对何某基的损失承担责任及责任的范围。根据《拍卖法》第十八条及第二十七条的规定，买受人在参与竞买前或参与

---

〔1〕　参见中国审判理论研究会民事专业委员会编著：《民法典合同编条文理解与司法适用》，法律出版社2020年版，第267页。新疆维吾尔自治区克拉玛依市中级人民法院（2015）克中民二终字第159号民事判决书。

竞买时,有权知道可能影响拍卖标的物的价值的所有瑕疵,如果这些瑕疵因他人的过错被隐蔽,该买受人在成为实际买受人时,就有权为自己因此蒙受的损失主张权利。相应地,拍卖人应当将自己明知或者应当知道的拍卖标的物的瑕疵告知买受人,委托人应当将自己明知或者应知拍卖标的物的瑕疵告知拍卖人,否则,即应对瑕疵造成的损害承担责任。在本案中,第一,涉案拍卖标的存在重大瑕疵。本案拍卖标的为涉案305个车位上的权益,然而,已生效的最高人民法院(2016)最高法民申3443号民事裁定书中认定涉案的两份《房地产预售契约》并未生效,依据两份《房地产预售契约》要求兴盛公司交付车位的条件未成就,因此涉案拍卖标的即基于生效合同对车位享有的合同之债存在重大瑕疵。第二,建行华侨城支行、金坤公司存在过错。建行华侨城支行作为委托人同为金融从业机构,金坤公司作为营利性专业拍卖机构,两者相比买受人何某基有更多了解拍卖标的的机会,也更应负有对拍卖标的物的瑕疵全面、专业审查及披露的义务,却疏于对正威公司是否为获得涉案拍卖标的物合同权益支付相应对价款等事实作尽职审查,应推定建行华侨城支行、金坤公司应当知道拍卖标的存在因为支付对价合同尚未生效的重大瑕疵。《拍卖法》第六十一条第二款规定:"拍卖人、委托人在拍卖前声明不能保证拍卖标的的真伪或者品质的,不承担瑕疵担保责任。"建行华侨城支行、金坤公司虽抗辩其已在何某基签署《竞买协议》、竞买须知等多份文件时进行了风险提示,且何某基本人也多次承诺已经知晓拍卖标的的瑕疵,自愿承担不能取得车位的任何风险和责任,故应自行承担相应后果。然而,《拍卖管理办法》第五十三条第二款规定:"……拍卖企业、委托人明确知道或应当知道拍卖标的有瑕疵时,免责声明无效。"涉案拍卖标的瑕疵是正威公司未支付合同对价致两份《房地产预售契约》未生效,并不属于《拍卖法》第六十一条第二款规定的关于拍卖标的的真伪和品质的范畴,且涉案拍卖标的存在重大瑕疵属于建行华侨城支行、金坤公司应当知道的范畴,故根据上述法律规定,涉案免责声明应归于无效。第三,建行华侨城支行、金坤公司应向何某基承担瑕疵担保责任。《拍卖法》第六十一条第一款规定:"拍卖人、委托人违反本法第十八条第二款、第二十七条的规定,未说明拍卖标的的瑕疵,给买受人造成损害的,买受人有权向拍卖人要求赔偿;属于委托人责任的,拍卖人有权向委托人追偿。"基于前文分析,建行华侨城支行、金坤公司均因疏忽未作深入审查并如实告知买受人何某基关于涉案拍卖标的存在的重大瑕疵,致使何某基在不明真相的情况下购买拍卖标的物而产生损失,应向何某基承担瑕疵担保责任。根据《拍卖法》第二十七条的规定,委托人负有首要的告知义务,如果委托人未能履行此项义务,将难以推卸瑕疵担保责任。同时,《拍卖法》第六十一条第一款规定的是拍卖人先行负责的原则,即无论该瑕疵责任应由拍卖人负担，还是应由委托人承担，均可由拍卖人先行承担责任。因此，一审法院根据拍卖合同关系的相对性原则，判令拍卖人金坤公司向买受人何某基赔偿拍卖佣金1415385.2元，合理合法，二审予以维持；另基于委托人建行华侨城支行的第一性告知义务，以及拍卖人金坤公司先行负责原则，判令建行华侨城支行向何某基赔偿拍卖款28307704元及何某基为主张涉案305个车位上的权益支出的诉讼费损失1042339.97元，并由金坤公司承担连带责任于法有据，二审亦予维持。至于建行华侨城支行与金坤公司的责任分摊问题，当事人可另寻法律途径予以解决。判决：驳回上诉，维持原判。[1]

在拍卖中，拍卖师应在最高应价下落槌，落槌即表示拍卖成交，最高应价不得低于保留价，如果最高应价并未达到保留价时拍卖师未停止拍卖而是落槌，该拍卖生效。同时，结合拍卖过程的实际情况、当事人的过错程度等因素，根据公平原则和诚实信用原则平衡并判定相关责任。

【案例9-68】　邓某根诉南昌市农业局、江西宏隆拍卖有限公司拍卖合同纠纷案

二审法院认为，2011年6月17日农业局（甲方）与宏隆公司（乙方）签订了一份《委托拍卖合同书》。该合同为双方的真实意思表示，且合同内容不违反法律、行政法规的强制性规定，故合法有效。邓某根于2011年9月15日报名参加了上述标的的竞买，并向江西省南昌公共资源交易中心交纳了保证金200万元。审理中，邓某根为了减少损失向江西省南昌公共资源交易中心申请退回保证金200万元，原审法院认定该行为符合情理，不导致拍卖合同无效，认定事实清楚，法院予以认可。农业局在拍卖开始前提供给拍卖公司的关于该标的《底价通知》中并未写明拍卖底价为900万元，而是将该拍卖标的分为两个部分定底价，分为两行写为100万元和800万元，将其中的建筑面积为902.56平方米的南昌市于都街147号（第一层）房地产的拍卖底价写为人民币100万元，而将建筑面积为109.64平方米的南昌市系马桩147号（第一层）房地产拍卖底价定为人民币800万元，故在邓某根出价870万元时落槌。邓某根对此不知情，没有过错。《拍卖法》第五十一条规定："竞买人的最高应价经拍卖师落槌或者以其他公开表示买定的方式确认后，拍卖成交。"本案中，拍卖师在三次报价均无人加价后落槌，表示该拍卖成交，拍卖合同成立并生效。同时，《拍卖法》第五十条第二款规定："拍卖标的有保留价

---

〔1〕　参见最高人民法院中国应用法学研究所编：《人民法院案例选》2020年第7辑（总第149辑），人民法院出版社2021年版，第103～105页。广东省广州市中级人民法院（2019）粤03民终425号民事判决书。

的，竞买人的最高应价未达到保留价时，该应价不发生效力，拍卖师应当停止拍卖标的的拍卖。”按照拍卖的法律规定和行业规定，除了在有保留价的拍卖中，最高价没有达到保留价等特殊情况下，拍卖师应该在最高价时落槌。本案中，拍卖师在拍卖开始前应当知道拍卖标的的保留价，在邓某根出价870万元并且三次报价无人加价时，应当停止拍卖，但是其未停止拍卖而是落槌。这表明其作为委托人农业局的代理人，对竞买人的最高价的认可。民事活动应当遵循诚实信用原则，农业局认为拍卖师在最高价没有达到保留价时落槌无效，缺乏事实和法律依据，法院不予支持。民事活动还应该遵循公平、等价有偿的原则，本案中的拍卖标的的评估价值为861.66万元，作为出卖方将保留价定为900万元是合理的，也符合市场交易的行情，且拍卖过程中，拍卖师的误解导致未达到保留价时落槌，原审判决邓某根共支付农业局900万元对价，符合公平、等价有偿原则。另外，宏隆公司的拍卖师因误解在最高报价未达到保留价时落槌，对该拍卖纠纷应承担部分责任，原审判决宏隆公司应承担本案的诉讼费，并无不当。综上，原审判决认定事实清楚，适用法律正确，应予维持。判决：驳回上诉，维持原判。[1]

竞买人主体资格的认定不应以竞买人是否交纳号牌押金或保证金为必要条件，除法律、行政法规有明确限制之外，拍卖人可以根据实际情况决定是否允许他人登记成为竞买人。

在拍卖过程中，竞买号牌系竞买人参加竞买的身份标志，登记并领取竞买号牌的竞买人应对持其所领竞买号牌者参与竞买的行为承担责任。

【案例9－69】 北京中汉拍卖有限公司诉唐某拍卖合同纠纷案

判决观点，中汉拍卖公司于2010年11月22日举办了2010年北京中汉秋季拍卖会，在拍卖会前，北京市文物局下发文件予以审核，中汉拍卖公司在拍卖会之前和之后均向工商管理部门进行了备案。唐某本人参加了该场拍卖会。本案的争议焦点：唐某与中汉拍卖公司就第5016号拍品是否成立合法有效的拍卖合同，如何确定双方的合同条款以及双方拍卖合同应否解除。

（一）唐某是否为第5016号拍品的合格竞买人。首先，拍卖会之前，唐某持本人有效身份证件，填写《竞投者登记单》领取了第250号竞买号牌，正式登记为拍卖会的竞买人，并且参加了本次拍卖会。在拍卖师拍卖5016号拍卖品时，由唐某领取的250号竞买号牌举牌应价，拍卖师落槌宣布250号竞

〔1〕 参见最高人民法院中国应用法学研究所编：《人民法院案例选》2013年第3辑（总第85辑），人民法院出版社2014年版，第219～220页。江西省高级人民法院（2013）赣民一终字第42号民事判决书。

买人以16万元的落槌价竞得该拍卖品，唐某在拍卖会现场并未提出异议。其次，中汉拍卖公司的网站公示的拍卖流程明确告知竞买人：拍卖人向竞买人收取一定数量的竞买保证金，是为了保证拍卖的成功，防止竞买人不负责任地出价，维护委托人的利益。虽然本次拍卖会唐某未缴纳竞买保证金，但中汉拍卖公司认可唐某的竞买人和买受人资格，且唐某在现场拍卖会上还拍得其他拍品并支付了价款，故唐某具备该拍卖会的竞买人和买受人资格。唐某关于其未交纳号牌押金不是正式竞买人，其未缴纳拍卖保证金应视为放弃竞买的答辩意见，法院不予采信。

（二）5016号拍卖品的拍卖合同是否成立，是否适用《瓷器工艺品图录》后所附的《拍卖规则》的相关规定。按照法律规定，在拍卖交易中，拍卖师喊价行为即代表中汉拍卖公司向所有竞买人发出的要约邀请，竞买人的举牌行为系竞买人向拍卖公司发出的要约，拍卖师的落槌行为系对举牌竞买人所发要约的承诺，一旦落槌双方即就所拍标的物达成一致的意思表示，双方之间的合同即告成立。

本案中，拍卖会的视频资料显示：在拍卖5016号拍卖品时，拍卖师宣布5016号拍卖品由250号竞买号牌以16万元的落槌价落槌成交。唐某未在5016号拍卖品《拍卖成交确认书》上签字，而是由张某刚在该确认书上签字。对此，法院认为，首先，唐某虽然称其不认识张某刚，但对于250号竞买号牌由他人举牌应价无法做出合理解释。在其与中汉拍卖公司的通话录音中又认可张某刚系其朋友、用其250号竞买号牌竞买了5016号拍卖品。张某刚在拍卖5016号拍卖品时用唐某的250号竞买号牌举牌应价，唐某在拍卖现场并未提出异议，在张某刚签署5016号《拍卖成交确认书》后，唐某也支付了相应的购买价款。故唐某对张某刚用250号竞买号牌竞价应当是明知的。唐某签名确认的《竞投者登记单》载明：竞买号牌是竞买人具备买权的标志，应妥善保管，竞买人不得擅自将竞投号牌转给第三方，由于竞买人丢失或转让竞买号牌等原因引起的一切后果由竞买人自负。唐某应当知道其登记并领取的250号竞买号牌在拍卖过程中即代表其本人，应对张某刚用250号竞投号牌举牌应价承担法律后果。其次，《民法通则》规定，本人知道他人以本人名义实施民事行为而不作否认表示的，视为同意。唐某在拍卖会现场作为登记的250号竞买牌号的竞买人，在他人使用250号竞买号牌举牌应价时以及拍卖师宣布250号竞买号牌以16万元的落槌价竞得5016号拍卖品时均未提出异议或作相反的意思表示。因此，唐某应当承担由此产生的法律后果。唐某作为竞买人参与中汉拍卖公司举办的拍卖活动，以16万元的落槌价拍得5016号拍卖品（清乾隆青花缠枝莲纹小瓶），并由其认可的张某刚与中汉拍卖公司签订《拍卖成交确认书》，双方就5016号拍卖品的拍卖达成一致意思表示,即形成了拍卖合同关系,当事人应当按照约定全面履行自己的义务。

诉讼中,中汉拍卖公司主张应适用《瓷器工艺品图录》所附《拍卖规则》的相关规定。虽然中汉拍卖公司提出其向唐某送达了该《拍卖规则》,但唐某予以否认,中汉拍卖公司未就此举证,因此中汉拍卖公司并未向唐某送达《拍卖规则》。因此,《瓷器工艺品目录》后附的《拍卖规则》不能作为约束双方当事人的依据。中汉拍卖公司在网站上公示了拍卖流程和《拍卖规则》,唐某亦将拍卖流程作为证据提交,唐某签字的《竞投者登记单》中亦注明:竞买人已详细阅读并了解中汉拍卖公司《拍卖规则》。故唐某应当知晓中汉拍卖公司的拍卖流程和《拍卖规则》的内容,双方应当在网站上公示拍卖流程和《拍卖规则》确定双方的权利义务。唐某签署的《竞投者登记单》中的条款亦是双方合同约定的内容,由于网站公示的拍卖流程、《拍卖规则》的日期在先,《竞投者登记单》签署的日期在后,故内容不一致之处应当以《竞投者登记单》为准。

(三)5016号拍卖品的拍卖合同应否解除,唐某应否承担赔偿责任。《拍卖法》规定,买受人应当按照约定支付拍卖标的的价款,未按照约定支付价款的,应当承担违约责任。中汉拍卖公司在网站公示的《拍卖规则》规定:拍卖成交后买受人应自成交日起7日内一次付清购买价款并领取拍卖品(包装及搬运费自负),否则应承担违约责任。双方当事人形成拍卖合同关系,唐某应当按照约定遵守拍卖规则及时支付相应的价款。现唐某未按约定履行支付价款的义务,已构成违约。且由于唐某未及时支付价款,5016号拍卖品被委托人闫某武取走,双方的拍卖合同已无法实际履行,故中汉拍卖公司起诉要求解除双方关于5016号拍卖品的拍卖合同,于法有据,法院予以支持。双方的合同解除后,尚未履行的,终止履行,已经履行的,根据履行情况和合同性质,当事人可以要求恢复原状、采取其他补救措施,并有权要求赔偿损失。故唐某应当赔偿由此给中汉拍卖公司造成的损失。关于拍卖佣金,《拍卖法》规定,买受人应向拍卖人支付佣金,双方当事人可以约定拍卖佣金。5016号拍卖品的《拍卖成交确认书》显示,双方约定了12%的拍卖佣金比例。拍卖佣金系拍卖人从事拍卖活动应得的报酬,中汉拍卖公司举行了拍卖会并对5016号拍卖品进行了拍卖,故中汉拍卖公司有权向唐某收取拍卖成交价12%的佣金19200元。关于利息,中汉拍卖公司的网站公示《拍卖规则》和《竞投者登记单》均约定:中汉拍卖公司有权自拍卖成交后第8日起就买受人未付款部分按照日万分之三收取利息。唐某由于迟延履行支付价款义务构成违约,给中汉拍卖公司造成的利息损失,应予赔偿。本案中,中汉拍卖公司已于2011年1月28日将拍卖标的返还委托人,中汉拍卖公司从该日起无法实际履行双方的拍卖合同，故中汉拍卖公司的利息损失的计算期间应为2010年11月29日至2011年1月27日。关于保管费，唐某所签的《竞投者登记单》约定：中汉拍卖公司自拍卖成交第8日起就买受人未付款部分按照每日万分之一收取保管费。由于唐某未及时支付购买价款，致使5016号拍卖品由中汉拍卖公司保管，保管费系拍卖公司为履行合同支出的合理费用，中汉拍卖公司有权要求唐某赔偿其保管费的损失。由于中汉拍卖公司已于2011年1月28日将5016号拍卖品返还委托人闫某武，此后不再发生保管费。保管费的计算期间为2010年11月29日至2011年1月27日。对于中汉拍卖公司超出部分的诉讼请求，缺乏依据，法院不予支持。关于委托人佣金、图录费和保险费。根据中汉拍卖公司与委托人闫某武在《委托拍卖合同》中的约定，拍卖成交后，中汉拍卖公司有权向委托人收取拍卖佣金、图录费和保险费，并约定了费用的收取标准。上述费用系中汉拍卖公司在拍卖成交后可获得的可期待利益。本案中，由于唐某的违约行为导致中汉拍卖公司无法向委托人收取佣金、图录费和保险费，因而造成中汉拍卖公司的可期待利益损失。故中汉拍卖公司有权要求唐某赔偿其拍卖佣金损失11200元、整页图录费损失1500元。保险费损失1600元。判决：(1)解除原告中汉拍卖公司与被告唐某于2010年11月22日订立的关于5016号拍卖品即清乾隆青花缠枝莲纹小瓶的拍卖合同；(2)被告唐某赔偿原告中汉拍卖公司佣金损失19200元；(3)被告唐某赔偿原告中汉拍卖公司利息损失；(4)被告唐某赔偿原告中汉拍卖公司保管费损失；(5)被告唐某赔偿原告中汉拍卖公司应收委托人佣金、图录费、保险费损失14300元；(6)驳回原告中汉拍卖公司的其他诉讼请求。[1]

合同解除并不导致合同的不复存在，因为合同解除并不消灭履行合同的目的。在合同目的不能通过原始性权利义务实现时，在合同解除后，当事人可以通过主张损害赔偿实现合同目的。鉴于此，可得利益损失应获得赔偿。就可得利益的赔偿而言，具体金额的多少，仍需要考虑当事人的违约程度、合同的履行情况等因素进行综合判断。

【案例9-70】 乐某仁诉上海崇源艺术品拍卖有限公司委托合同纠纷案

二审法院认为，乐某仁与崇源公司签订的《委托拍卖合同书》，崇源公司作为乐某仁的代理人，由其对乐某仁提供的拍品组织拍卖，其应当妥善处理受托事项。乐某仁主张崇源公司在拍卖已经成交的情况下，擅自同意买受人

---

〔1〕 参见最高人民法院中国应用法学研究所编：《人民法院案例选》2012年第3辑（总第81辑），人民法院出版社2012年版，第240～243页。北京市朝阳区人民法院(2011)朝民初字第16919号民事判决书。

退货,从而导致拍卖合同的解除。崇源公司辩称其为退货事宜曾与乐某仁进行沟通,乐某仁予以否认,而崇源公司没有任何证据加以证明。相反,崇源公司于2009年6月23日向案外人出具了退货单,但在2009年7月30日崇源公司致乐某仁的函件中又未向乐某仁说明实情,仍向乐某仁承诺在收取款项后支付全部出售收益,可见崇源公司自始至终未就退货事宜征得乐某仁同意,而是擅自解除了与买受人的拍卖合同,崇源公司的行为显然存在过错,其应当承担由此产生的法律后果。乐某仁以曾经拍卖的成交款与保留价的差额作为损失,向崇源公司主张赔偿,于法不悖,应当予以支持。崇源公司的上诉请求,缺乏事实和法律依据,不予支持。原审法院所作判决,予以维持。据此维持原审崇源公司赔偿乐某仁375500元的判项。[1]

---

〔1〕 参见国家法官学院案例开发研究中心编:《中国法院2014年度案例》(合同纠纷),中国法制出版社2014年版,第84页。上海市第一中级人民法院(2012)沪一中民一(民)终字第358号民事判决书。

专题十　网络买卖合同纠纷

近年来，随着电子商务的迅猛发展，网上购物迅猛发展。集低价、便捷、品类齐全等优点于一体的网购，已经成为不少消费者生活的重要助手。在网络购物人数和交易量猛增的同时，网络买卖合同纠纷频发。随着线上购物的普及，网购纠纷成为司法实践中的一类热点争议问题。本专题就网络买卖合同的相关问题做一阐述。

一、网络买卖合同的理解

（一）网络买卖合同的含义

网络购物合同本质上是一种买卖合同，是一种特殊类型的买卖合同，与传统的面对面交易的买卖合同不同，其是买卖双方以网络为媒介和平台进行交易的买卖合同。这也决定了其在司法认定上，与传统买卖合同必然有所区别。

网络购物合同的成立和生效问题。《民法典》第四百九十一条第二款规定："当事人一方通过互联网等信息网络发布的商品或者服务信息符合要约条件的，对方选择该商品或者服务并提交订单成功时合同成立，但是当事人另有约定的除外。"该条确定的电子合同订立规则，与《电子商务法》的相关规定一致。买卖双方可以在线签署方式订立合同。

在网络购物平台中，卖家发布的商品出售信息的法律定性，即认定其系要约还是要约邀请，无疑是网络购物合同成立和生效问题的关键。对此应通过卖方表达的意思、商品出售信息的内容以及交易习惯等综合判定。如果在网络购物平台的商品出售信息中，已经明确标明商品名称、对商品本身的介绍、购买方法、商品价格、付款方式、发货方式等内容的，其实际已符合《民法典》合同编规定的构成要约的两个实质性条件，即内容具体确定和表明受要约人承诺，要约人即受意思表示约束，应当认定为要约。买受人按照网页设置的交易程序进行交易，完成订购、付款等交易行为，就是对出卖人要约的承诺，网页交易状态显示为待商家发货，表明该交易已成立并生效。总之，网络购物合同经过卖家要约和买家承诺的过程，且该承诺已抵达卖家，双方网络购物买卖合同依法成立并生效。

网络购物合同的撤销与变更问题。应当依据《民法典》合同编的相关规定予以判断。一般认为，基于网络购物所具有的迅捷、非面对面、针对不特定群体和信息不对称等特点，对其在《民法典》中的合同原则尤其是合同的撤销和变更原则的把握上，应与传统的商品交易有所区别，即需要把维护交易安全作为首选价值取向。经营者一方，必须秉持更加审慎和诚信的原则，应当对其发布的产品要约信息负责，要约信息一经发布，不能赋予其因输入错误而随意撤销合同的权利，否则网络交易中的经营者随意以输入错误为由要求撤销合同，危害的将是大量不特定人群的交易安全和合同的稳定性,从而最终损害消费者的合法权益并导致实质上的不公正。网络合同中的经营者若存在电子输入错误,应及时进行纠正并采取相关的补救措施,因电子输入发生错误,且未及时更正对应的电子数据造成的不利后果应该由经营者自行承担。

在网络销售中,不乏由于促销活动,特惠、打折或秒杀而产生的极为低价的商品,这正是网购吸引消费者的原因之一。故不能仅以价格差距判断合同成立的合法性。

网络买卖的交付和交付时间。根据《民法典》第五百一十二条的规定,在网络买卖方面,其一,通过互联网等信息网络订立的电子合同,其标的物采用快递物流方式交付的,收货人的签收时间为交付时间。其二,电子合同的标的物采用在线传输方式交付的,标的物进入对方当事人指定的特定系统能够检索识别的时间为交付时间。其三,电子合同当事人对交付商品的方式、时间另有约定的,按照其约定。

网络购物合同没有传统的书面合同,也没有商场、超市的购货小票。

(二)网络买卖格式条款的理解

《民法典》第四百九十六条规定:"格式条款是当事人为了重复使用而预先拟定,并在订立合同时未与对方协商的条款。采用格式条款订立合同的,提供格式条款的一方应当遵循公平原则确定当事人之间的权利和义务,并采取合理的方式提示对方注意免除或者减轻其责任等与对方有重大利害关系的条款,按照对方的要求,对该条款予以说明。提供格式条款的一方未履行提示或者说明义务,致使对方没有注意或者理解与其有重大利害关系的条款的,对方可以主张该条款不成为合同的内容。"本条是关于格式条款的规定。本条包含以下几层含义:其一,规定了格式条款提供方的提示说明义务;其二,规定了格式条款提供方在提示说明时必须采用合理的方式;其三,未提示说明的格式条款不成为合同内容。

《民法典》第四百九十七条规定:"有下列情形之一的,该格式条款无效:(一)具有本法第一编第六章第三节和本法第五百零六条规定的无效情形;(二)提供格式条款一方不合理地免除或者减轻其责任、加重对方责任、限制对方主要权利;(三)提供格式条款一方排除对方主要权利。"本条是关于格式条款无效的规定。本条包含以下几层含义:其一,规定了与其他民事行为通用的无效情形;其二,规定了格式条款特有的无效情形;其三,格式条款无效不影响合同其他部分效力的,其他部分仍然有效。

《民法典》第四百九十八条规定:"对格式条款的理解发生争议的,应当按照通常理解予以解释。对格式条款有两种以上解释的，应当作出不利于提供格式条款一方的解释。格式条款和非格式条款不一致的，应当采用非格式条款。”本条是关于格式条款解释的规定。本条包含以下几层含义：其一，按照通常理解予以解释；其二，适用不利解释规则；其三，非格式条款决定合同内容。

《民法典合同编通则解释》第十条规定：“提供格式条款的一方在合同订立时采用通常足以引起对方注意的文字、符号、字体等明显标识，提示对方注意免除或者减轻其责任、排除或者限制对方权利等与对方有重大利害关系的异常条款的，人民法院可以认定其已经履行民法典第四百九十六条第二款规定的提示义务。

提供格式条款的一方按照对方的要求，就与对方有重大利害关系的异常条款的概念、内容及其法律后果以书面或者口头形式向对方作出通常能够理解的解释说明的，人民法院可以认定其已经履行民法典第四百九十六条第二款规定的说明义务。

提供格式条款的一方对其已经尽到提示义务或者说明义务承担举证责任。对于通过互联网等信息网络订立的电子合同，提供格式条款的一方仅以采取了设置勾选、弹窗等方式为由主张其已经履行提示义务或者说明义务的，人民法院不予支持，但是其举证符合前两款规定的除外。”制定司法解释的法官认为，不能认为提供格式条款的一方只要设置了勾选、弹窗等方式就完成了提示义务、说明义务，还应当结合本条第一款、第二款的标准，根据在案证据做出客观全面的分析评价。[1]

网络买卖与线下买卖不同，采用的全部为格式条款，格式条款为多发争议的焦点。提示说明义务的履行方式与线下交易存在较大差异，即不能面对面交流和手写签名。根据网络购物合同格式条款的基本特征，其与普通线下格式条款具有明显的不同：其一，对互联网技术的依赖性；其二，格式条款具有隐匿性；其三，适用法律的特殊性；其四，合同的主体身份难以确定；其五，被弱化的提示义务。

最高人民法院的法官认为，由于网络消费是在虚拟环境中完成的，交易合同一般采用格式条款的方式订立，消费者一般不具有与电子商务经营者协商合同条款的机会和能力。消费者在合同订立方面处于弱势地位，通常要么接受格式条款，要么放弃交易。实践中，存在电子商务经营者利用其优势地位，制定不公平、不合理的格式条款，侵害消费者合法权益的情况。因此，依法规制网络消费格式条款，在尊重合同自由原则的同时进行合法性审查，对于维护消费者权益就显得格外重要。[2]

---

〔1〕　参见最高人民法院民事审判第二庭、研究室编著：《最高人民法院民法典合同编通则司法解释理解与适用》，人民法院出版社 2023 年版，第 136 页。

〔2〕　参见最高人民法院民事审判第一庭编：《民事审判指导与参考》2022 年第 2 辑（总第 90 辑），人民法院出版社 2022 年版，第 134 页。

1. 合理方式

《民法典》第四百九十六条规定，订入规则中明确格式条款提供方提示说明必须采用合理的方式。何谓合理方式是一个网络交易需要研究的问题。《网络交易平台合同格式条款规范指引》第九条规定："网络交易平台经营者应当在其网站主页面显著位置展示合同格式条款或者其电子链接，并从技术上保证平台内经营者或消费者能够便利、完整地阅览和保存，不得仅以提示进一步阅读的方式履行提示义务。"本条规定了以下几层含义：其一，以链接方式展现格式条款应在显著的位置以显著的方式展示电子链接，不能将链接放置在用户不易发现的位置；其二，通过点击链接进入合同文本的操作应简单、直接、能够通过链接进入合同文本，不能将合同文本置于多重链接之下；其三，格式条款应主动向用户提示链接下的内容与缔约之间的关系，应将点击阅读链接下的合同内容设置为缔约流程的必经程序，不点击阅读并同意这些内容无法完成缔约，不能仅是提示用户需进一步阅读。也就是说，平台经营者提示说明的合理方式应体现在显著位置、直接进入链接和不点击阅读便不能完成缔约三项内容，缺少任何一项内容则不构成合理方式。满足合理方式的实质要求，即提供格式条款的一方对格式条款中免除或者限制其责任的内容，在合同订立时采用足以引起对方注意的文字、符号、字体等特别标识。司法实践中，一般从三个方面进行审查：外观醒目性、特殊标识醒目和内容醒目性。法官认为，网络格式条款的提供方比普通用户更具有专业的知识和技术。相比传统的书面形式，网页上的内容更容易被用户忽视，或者被经营者隐藏，因此对网络交易中的经营者格式条款的提示和说明除了醒目要求外，应充分体现主观主动性、便于获取性。[1] 该种认识已成为司法界的主流共识。

【案例10－1】 北京某公司诉宁某买卖合同纠纷案

一审法院认为，原告并未要求注册用户必须阅读并同意其"使用条件"，"使用条件"在相关链接网站的最下端，且需点击链接方能查看，不易被消费者辨识，原告以加粗的字体显示产品型号、订购数量等，却仅以普通字体提示"使用条件"，且页面下方以色度较暗的字体显示，不易被消费者注意，故消费者在亚马逊网站无须阅读"使用条件"即可完成购买的全过程。原告未尽到提请注意。二审法院持同样的意见。[2]

---

〔1〕 参见茆荣华主编：《〈民法典〉适用与司法实务》（第2版），法律出版社2021年版，第303页。

〔2〕 参见北京市第三中级人民法院（2014）三中民终字第9381号民事判决书。

【案例 10－2】　陈某诉北京世纪卓越信息技术有限公司网络购物合同纠纷案

一审法院认为,世纪卓越公司在其公司经营的网站中公布的"使用条件"系世纪卓越公司未与相对人协商的、预先设定的、不允许相对人对其内容做出变更的格式条款。格式条款虽有避免重复订立提高效率的优势,但提供商品或服务的一方在拟定格式条款时,往往会利用自己的优势地位,将一些有利于自己的免责条款和限制条款订入合同,影响了合同当事人之间的利益平衡。因此,法律对于此类格式条款订入合同有明确的要求,进行了严格的限制,规定提供格式条款的一方应当采取合理的方式提请对方注意免除或者限制其责任的条款。本案中亚马逊网站的"使用条件"约定,仅在亚马逊网站向消费者发出送货确认的电子邮件通知已将该商品发出时,双方之间的合同才成立,排除了其商品陈列系要约以及消费者基于要约进行承诺的权利,其实质和后果是赋予了世纪卓越公司单方决定是否发货的权利并免除了世纪卓越公司不予发货的违约责任。这是对消费者基于一般消费习惯所认知的交易模式的重大改变,因而对消费者的合同利益产生实质的影响,亚马逊网站对此应当作出合理的、充分的提示,提醒消费者注意该项特别约定,并判断选择是否从事此项交易。但从查明的事实来看,亚马逊网站并未尽到提请注意的义务。从注册环节来看,世纪卓越公司并未要求注册用户必须阅读并同意其"使用条件";从页面展示来看,"使用条件"的相关链接位于网站的最下端,且需点击链接才能查看,不易被消费者辨识;从检查订单环节来看,世纪卓越公司以加粗的字体显示产品型号、订购数量、送货地址、付款方式等,却仅以普通字体提示"使用条件",页面下方以色度较暗的字体显示,不易被消费者注意,故消费者在亚马逊网站无须阅读"使用条件"即可完成选择商品并购买的全过程。由此,法院认为,世纪卓越公司未就使用条件的格式条款以合理的方式提请消费者注意,特别是没有在消费者提交订单之前予以明确提示,故世纪卓越公司关于"使用条件"的相关条款应视为没有订入合同,当然也不应对消费者发生效力。二审法院判决:驳回上诉,维持原判。[1]

2. 提示说明

《民法典》第四百九十六条规定,订入规则中明确格式条款提供方的提示说明义务。提示说明是合理方式的逻辑延伸,就网络交易而言要解决的是提示说明

〔1〕 参见北京市高级人民法院研究室编:《审判前沿——新类型案件审判实务》(总第 55 集),法律出版社 2017 年版,第 31～32 页。

的对象、内容、程度等。具体来讲,其一,说明对象,是格式条款的免责条款和限责条款;其二,说明的时间,必须是在网络合同订立时;其三,说明的具体方式,包括文字、符号、字体等特别标识,以及在合同相对人要求的情况下所进行的特别说明;其四,由格式条款提供人承担说明义务举证责任。有学者提出了判断说明义务合理程度依据的因素:其一,文件的外形;其二,提请注意的方法;其三,清晰明白的程度;其四,提请注意的时间;其五,提请注意的程度。[1] 必须能够引起一般相对人的注意,合理注意在不同情况下确定的标准是不同的,但总体来说,应通过合理的方式提请注意而使相对人对条款的内容有足够的了解。换句话说,应向相对人提供合理机会了解条款的内容。[2]

应强调的是,强化格式条款提供者的提醒义务,一方面,要遵循合理的提醒原则,提醒的方式要显著,达到足以引起消费者注意的标准。在流程设置上,确保提醒方式到位。另一方面,提醒的范围要得当。经营者应当对免责条款或者限制自己责任条款、涉及消费者重大利益条款给予实质上的提醒,严格控制形式上的提醒,做到足够保障消费者知悉。从鼓励交易的目的出发,在确保重点格式条款提醒的前提下,不宜对一般性条款提高提醒要求。

个案中,有的法院认为网络经销商发布的用户协议展示了内容,消费者加入该协议注册登记成为用户,就应遵守用户协议的规定。

【案例 10-3】 陈某诉走秀公司网络购物合同纠纷案

二审法院认为,网络用户协议虽系格式条款,但网络公司对该协议的具体内容通过其网站已经向用户做全面展示,条款内容也没有违背公平原则,亦未导致权利义务失衡,通过注册登记成为网站用户的行为表明其已了解并接受协议条款,故该协议对双方当事人均有约束力,应属合法有效。网络公司通过网站推出名牌手表促销活动,面对数量不特定的网络客户群体,该促销信息的发布应属要约邀请,客户对应所下的订单应视为要约,网站对该邀约以何种方式作为承诺的标志,应当依照网站《用户协议》之相关约定。陈某下订单后支付了部分订单货款,但其从未收到网站发出的送货确认的短信或电子邮件,根据双方协议的约定,双方买卖合同未成立。据此,合同解除的前提条件也不存在,因网络公司明确不能成就双方的买卖合同,故网络公司已收取的货款人民币 25089 元应当返还给陈某。判决:(1)维持原审走秀公司返还陈某货款和逾期利息;(2)撤销原审判决解除合

[1] 参见王利明:《合同法研究》(第一卷),中国人民大学出版社 2002 年版,第 392 页。
[2] 参见王利明:《合同法研究》(第一卷),中国人民大学出版社 2002 年版,第 394 页。

同的判决主文。[1]

采用格式条款订立合同的,提供格式条款的销售者应当采取合理的方式提请消费者注意免除或限制责任的条款。销售者未在关键流程设置显著的确认程序供消费者单次购买行为进行“一对一”确认,未提醒消费者注意“激活的手机不再受理七天无理由申请”的格式条款,属于在履行对消费者告知义务时存在瑕疵。瑕疵告知行为不属于欺诈,消费者要求支付3倍赔偿款的诉讼请求应当不予支持。

【案例10-4】　张某理诉上海宝尊电子商务有限公司网络购物合同纠纷再审案

再审法院认为,本案争议的焦点为申请人张某理购买的盖乐世C8手机能否适用7天无理由退货的规定,被申请人上海宝尊电子商务有限公司(以下简称宝尊公司)是否存在欺诈行为。本案中,宝尊公司在手机网页购物端对该款已激活的手机不再受理7天无理由申请退货的情况进行了标注,但付款结算亦属于商品销售的必经流程,且该流程更为重要,直接影响双方权利义务的形式,该公司未在此关键流程设置显著的确认程序供消费者对单次购买行为进行“一对一”确认,未提醒消费者注意“激活的手机不再受理七天无理由申请”的格式条款,属于在履行对消费者告知义务时存在瑕疵,故这一限制性条款不能适用此次销售。原审法院关于张某理提出的宝尊公司在销售的必经流程提示的理由与事实不符的认定显属不当。张某理认为所购买的手机适用7天无理由退货的理由成立,法院予以支持。宝尊公司在本案中仅在履行告知义务上存在瑕疵,不属于欺诈,张某理要求宝尊公司支付其3倍赔偿的诉讼请求无事实和法律依据,法院不予支持。判决:(1)撤销二审判决、一审判决;(2)解除张某理与宝尊公司的买卖合同;(3)张某理将其所购盖乐世C8手机一台退还给宝尊公司;(4)宝尊公司支付张某理购买盖乐世C8手机支付的款项2399元;(5)驳回张某理的其他诉讼请求。[2]

经营者制定的格式条款未提请消费者注意的,对消费者不发生效力。

【案例10-5】　陈某诉某公司买卖合同纠纷案

二审法院认为,某公司在网站中公布的“使用条件”属于格式条款。某网站对于该格式条款应当以显著的方式提请消费者注意。但从某网站的注

---

〔1〕　参见沈志先主编:《合同案件审判精要》,法律出版社2013年版,第10页。上海市第一中级人民法院(2012)沪一中民一(民)终字第1696号民事判决书。

〔2〕　参见最高人民法院中国应用法学研究所编:《人民法院案例选》2020年第7辑(总第149辑),人民法院出版社2021年版,第69~70页。湖南省高级人民法院(2019)湘民再518号民事判决书。

册环节看，某公司并未要求注册用户必须阅读并同意其使用条件，而且该公司未尽到对格式条款的提示和说明的义务，故该格式条款对陈某无约束力。当事人订立合同应当采取要约、承诺方式。某公司将待售商品的名称、型号、价格等详细信息陈列于其网站之上，消费者可以直接点击购买并支付价款，其内容明确具体，符合要约的特征。陈某作为消费者通过网站在其允许的状态下自由选购点击加入购物车，并在确定其他送货、付款信息之后确认订单，支付了货款，应当视为作出了承诺。某网站的“使用条款”对陈某并无约束力，且在双方无其他特殊约定的情况下，某公司与陈某之间的合同已经成立。[1]

3. 网络提示说明的方式

以超链接方式提示说明是常见的方式。在这种方式中，页面上不直接显示合同条款，需要消费者点击相应的链接之后才能进入合同条款的页面进行浏览。如果不进行链接可以直接下单购买商品，格式条款的内容消费者并不知晓。网络买卖双方发生争议之后，对经营者提供格式条款是否尽到说明义务观点不一。个案中，有的法院认为经营者尽到了说明义务，也有法院认为经营者未尽到说明义务。

在网络交易中，以卷轴展示的方式常见于手机使用的方式。鉴于电脑屏幕尤其是手机屏幕的限制，经营者不可能一次性将所有的格式条款均展示在一张固定页面，文本框中卷轴展示的方式，由相对方通过滑动鼠标的动作，滚动浏览全部条款。实践中，这种文本往往冗长复杂、不但充满专业术语且字体较小，消费者很难对全部条款进行浏览，即便浏览也很难理解，对限制条款、免责条款注意不够。一般消费者为了在网上购买商品，不可能对合同内容冗长复杂的问题学习法律或者请教律师，即对整个格式合同作出概括的同意。经营者未采取显著的字体和颜色变化、弹出单独条款等方式对重要的格式条款进行特别提示，客观上导致格式条款夹杂在繁多的条款中，消费者无法注意到，对此应认定经营者未尽到合理提示说明义务。

(三)网络买卖合同的甄别

1. 直播电商购物合同

近年来，直播电商行业发展势头迅猛，已成为最火爆的互联网产业之一。直

---

〔1〕 参见最高人民法院民法典贯彻实施工作领导小组编著：《中国民法典适用大全》(合同卷一)，人民法院出版社2022年版，第275页。北京市第三中级人民法院(2014)三中民终字第09383号民事判决书。

播电商行业普遍存在“低价限量销售”惯例,大部分直播间主播销售的商品独家折扣大,价格往往低于正常的促销价格。这正是直播电商的最大优势,也是吸引消费者眼球,可以创造千亿级增量市场的主要原因。

电视购物合同中产品的销售者没有固定店铺,只是在某个时段某个电视台播放产品广告,从而使消费者产生特定认识,进而购买广告中的商品,消费者也是凭借商家的广告说明与自己购买商品是否一致判断标的物的质量是否达标。从这个意义上讲,电视购物合同可以构成样品买卖合同。

2. 淘宝网店铺转让

淘宝网禁止店铺转让的规定,是约束商家的内部管理性规定,受约束的双方当事人应该是淘宝网与商家,而不是转让合同的当事人本身就是商家,该内部规定无法对原商家内部转让的效力产生影响。

【案例 10－6】　蔡某诉马某鹏买卖合同纠纷案

一审法院认为,红笛小屋淘宝店系双方同居关系存续期间开办的淘宝网店,后双方同居关系解除并对同居期间的财产进行了分割,由于淘宝网店不能分割为两个,只能在双方之间进行分配,因此,双方签署的《转让合同》实际上属于对共同财产的分割,不属于网店的转让,该合同不违反淘宝网的网店实名和店铺不得转让的有关规则。判决:马某鹏向蔡某交付淘宝网账号“红笛小屋”的密码及支付宝的密码。

二审法院认为,《转让合同》是双方当事人自愿签订的,且未违反国家法律、行政法规的强制性规定,淘宝网及支付宝服务协议只是商家的规定,可以要求各淘宝商户按照规定进行网络交易,但不能以此认定合同的效力,原审判决适用法律并无不当,马某鹏的该项上诉理由不能成立。判决:驳回上诉,维持原判。[1]

虚拟店铺的产权界定依据实名注册信息,如果实体店与网店捆绑转让,网店转让被确认无效的,买卖合同整体无效。

【案例 10－7】　冯某涛诉蔡某梁、石某云买卖合同纠纷案

判决观点,原告冯某涛与被告蔡某梁于 2012 年 1 月 13 日签订转让合同,约定转让的标的物系华夏、鲁班、典藏、红木坊、精雕街、名木天下共 6 家网店及实体店即 0207 店的全部有形和无形资产,这些网店的所有权人系石某云等人并非蔡某梁,而实体店 0207 店又依附于华夏根雕网店,蔡某梁没有

〔1〕 参见国家法官学院案例开发研究中心编:《中国法院 2017 年度案例》(买卖合同纠纷),中国法制出版社 2017 年版,第 101 页。北京市第一中级人民法院(2015)一中民(商)终字第 552 号民事判决书。

这些网站的所有权人的授权和事后追认,故其与冯某涛就这6家网店及0207店的全部有形资产和无形资产所签订的转让合同无效。因该无效转让合同取得的财产,应当予以返还。因此,冯某涛要求确认上述与蔡某梁签订的转让合同无效及由蔡某梁返还转让款5万元的诉求,法院予以支持。对于冯某涛主张因其6家网店的转让,造成了租用房屋的房租损失2400元及雇用员工的工资损失12000元,以及华夏网店的支付宝被提现813元,因冯某涛没有举证证实这些损失客观存在,故法院对其主张的这些损失不予认定,对其要求蔡某梁赔偿这些损失的诉求不予支持。冯某涛因该无效转让合同取得的实物和资金(包括旧的佳能单反相机2部、茶桌3张、红花梨大板3片等),其同意返还给蔡某梁,应予照准。至于0207店的押金2000元及装修费用4800元、华夏根雕店消保1000元、鲁班店消保500元、所有网店宝贝拍摄上传费用17400元,虽一并捆绑转让,但实际上没有在冯某涛手中,其无须返还。判决:(1)确认原告冯某涛与被告蔡某梁于2012年1月13日签订的转让合同无效;(2)被告蔡某梁向原告冯某涛返还转让款人民币5万元;(3)原告冯某涛向被告蔡某梁返还旧的佳能单反相机2部、茶桌3张、红花梨大板3片、红花梨脚架1对、电摩2辆、办公桌5套、打印机1台、饮水机1台、大风扇2台、租金余款人民币3000元;(4)驳回原告冯某涛的其他诉讼请求。[1]

网络店铺店主通过与网络平台经营者签订服务协议而享有网络店铺的经营权,双方之间存在合同关系。如店主将网络店铺转让给他人,相当于将其与网络平台经营者之间的合同关系项下的权利义务一并予以转让,属于《民法典》规定的权利义务的概括转让,须经对方当事人即网络平台经营者的同意。如未经网络平台经营方的同意,该种网络店铺转让行为不发生法律效力。

【案例10-8】 李某诉姚某旻、浙江淘宝网络有限公司买卖合同纠纷案

二审法院认为,本案中,姚某旻通过与淘宝公司签订服务协议并经实名认证,取得系争淘宝店铺的经营权。服务协议内容经双方认可且不存在违反法律、行政法规强制性规定、损害社会公共利益等情形,双方形成合法有效的合同关系。经营多年后,姚某旻通过签署《淘宝网店转让合同》,将系争淘宝店转让给李某,尽管双方之间的转让合同还涉及库存货、客户资料等其他内容,但实际上系姚某旻将其与淘宝公司之间合同关系项下的权利义务一并转让给李某。根据《合同法》之规定,当事人一方将自己的合同中的权利和义务一并转让给第三方的,须经对方当事人的同意。现姚某旻与李某未征得淘

〔1〕 参见国家法官学院案例开发研究中心编:《中国法院2016年度案例》(买卖合同纠纷),中国法制出版社2016年版,第108~109页。福建省厦门市翔安区人民法院(2013)翔民初字第508号民事判决书。

宝公司同意,私自转让系争淘宝店铺,该转让行为不发生法律效力。另外,根据双方转让合同的约定及李某的陈述,李某对淘宝公司之服务协议不得以任何方式转让其淘宝店铺的登录名、淘宝昵称和密码,亦应当明知,故李某主张《淘宝网店转让合同》合法有效,要求姚某旻及淘宝公司协助变更淘宝店铺后台的实名认证信息,缺乏法律依据,不予支持。淘宝公司作为网络平台的经营方查封系争淘宝店铺,系根据《淘宝规则》之规定,针对内部工作人员做出的正常管理行为,并无不当。李某要求淘宝公司解封系争淘宝店铺之主张,亦缺乏依据,不予支持。淘宝店铺存在一定程度之信用等级,该信用等级与店主的经营能力及信誉息息相关,是消费者网络购物时的重要参考因素。在缺乏必要、有效公示手段的情形下,店主私自转让淘宝店铺,确会导致经营能力及信誉与信用等级不匹配的情况,对网络交易安全带来不可知、不可控的影响,淘宝公司之服务协议规定限制淘宝店铺的私自转让,有其合理性。虽然诉争店铺是网络空间之店铺,但在法律适用与法律评判上,与现实空间并无二致。原审判决强调个案的特殊性,并将行为结果作为行为本身合法性的评判标准,于法而言,有欠妥当,不予认同。判决:撤销一审民事判决,驳回李某的全部诉讼请求。〔1〕

〔1〕 参见最高人民法院中国应用法学研究所编:《人民法院案例选》2017 年第 2 辑(总第 108 辑),人民法院出版社 2017 年版,第 132 页。上海市第一中级人民法院(2015)沪一中民一(民)终字第 4045 号民事判决书。

二、网络买卖合同的法律适用

（一）网络买卖合同要约的认定

购物网站通常将商品的名称、性能、材质、价格等内容陈列于网站上，对该行为是要约还是要约邀请存在争议。一般认为，网络购物虽然与传统购物有所不同，但是在要约的判断上，并没有本质的区别。因此，要判断网络陈列商品的性质，还应当遵循要约的根本原则。首先，经营者在网络上发布商品信息，将品种数量、单价、送货办法等内容一一列出。因此对于消费者来说，这些内容是具体确定的。虽然消费者并不能看到具体的商品实物，但正是由于互联网的特征，消费者也不可能对商品实物进行查看，只需要对商品作出初步判断即可。其次，经营者在网络上发布商品信息后，只要消费者点击购买，便可以即时形成电子订购单或合同。也就是说，经营者在发布信息初始就具有了明确的缔约意图，愿意受合同约束。从这个意义上讲，此商品陈列信息应当符合要约的构成要件，应为要约。需要注意的是，如果该类信息发布时明确说明了消费者是在点击购买后，需要由网站经营者或实际购买销售者确认合同才能成立的，此时应当视为要约邀请。

虽然法律规定要约可以撤销，但是由于互联网的特性，要撤销电子要约几乎是不可能完成的。

对于承诺的撤销，一般来说，承诺到达受要约人时生效。《民法典》中并没有撤销承诺的规定，但是笔者认为，消费者通过网络购买商品，依托经营者的描述进行判断，消费者通过点击购买进行承诺，过程十分短暂，可能会发生错误。为了更好地保护消费者的利益，应当结合网络购物的特点，有条件地赋予消费者承诺撤销权。

应注意网络销售模式的特殊性，抢购广告与商品的抢购页面直接连接，点击该广告后即进入抢购页面。相当于网络经营者明确在网络上表明了产品的型号、质量、价格等信息，作出了出售商品的要约，之后消费者以抢购的方式完成了承诺行为，随之达成了买卖协议。

经营者通过电视购物方式推销产品的，广告者在推销过程中具体的承诺性描述应为经营者的明确要约。电视购物平台在电视购物合同中不仅扮演了中介者的角色,还扮演了保证者的角色。作为一种大众传媒,电视从产生之初就在消费者心中产生信任感,他们相信自己亲眼看到、亲耳听到的信息,所以电视购物平台因其特殊的传播方式,对消费者的购买行为具有很大的影响作用,因此,电视购物合同中电视台亦对消费者承担着保证责任。

随着电子商务的蓬勃发展,各种形式的促销手段层出不穷,但网购行为产生网络购物合同的本质并无变化,要约与承诺是网络购物中必不可少的成立条件。平台内经营者在网上店铺中制定并公布限时免单规则,在法律性质上应认定为要约,但与传统买卖合同要约有一定的区别,该种要约是附条件的。双方的买卖合同成立并生效后,限时免单规则成为双方购物合同的约定条款,系双方购物合同的组成部分,对当事人双方均具有约束力。一旦消费者符合免单规则的要求即条件成就,则免除消费者货款是销售者必须履行的合同义务。

【案例 10－9】　张某新诉周某华网络购物合同纠纷案

判决观点,平台内经营者在店铺内发布其销售具备商品名称价格等内容的商品信息,符合《合同法》中关于要约的规定。经营者发布的免单规则系经营者向消费者要约的组成部分。原告在活动期间下单并付款,双方的购物合同成立并生效,免单规则成为对双方具有约束力的约定条款。该约定属于附条件履行合同义务的条款,在消费者符合免单规则时条件成就,被告须免除货款。综上,被告制定的涉案免单规则系双方购物合同内容的组成部分。原告提交的限时免单活动的公式截图,并未标识下单优先还是付款优先,询问客服后得知为付款优先,此时客服应视为代表被告。被告虽提交了“整点下单第一位免单”的网页截图,但原告不认可其真实性且无法确认是原告参与涉案免单活动时被告公示规则的截图,被告应承担举证不能的责任。被告称其根据淘宝网的数据确定被免单知道,但淘宝公司表示未参与涉案活动,故被告无证据证明原告的下单时间晚于实际被免单者。综上,法院认定,涉案按限时免单活动的规则应为在整点起先后下单的消费者中,付款在先者为被免单者。根据现有证据,被告的限时免单活动中设定的规则为实际付款为准,原告付款时间确实在先。被告未认定其为被免单人,属违约行为,故法院支持原告要求退还货款的主张。关于原告主张被告之涉案行为系欺诈消费者,应当承担 3 倍赔偿的诉讼请求。法院认为,原告未证明其购买的涉案商品在质量、性能等方面存在问题或者被告存在引人误解的宣传等情形。无证据表明被告的免单活动系以欺骗消费者为目的的虚假活动,且实际被免单者真实存在。故被告之涉案行为不构成欺诈,因此不予支持该项诉讼请求。判决:(1)被告周某华退还原告张某新购货款 898 元;(2)驳回原告的其他诉讼请求。[1]

卖家在网络平台发布的信息，内容确定具体确定的且接受该意思表示约束的应认定为要约。

【案例10－10】 风某岩诉鼎瀛公司买卖合同纠纷案

一审法院认为，被告在阿里巴巴网站发布的商品出售信息明确、确定，符合合同要约的全部特征。原告在发现上述商品出售信息后即按照网站设置的交易程序进行交易，并完成订购付款等交易行为，是对被告要约的承诺。本案网购合同经过被告要约，原告承诺之过程，该承诺已抵达被告，双方之间的网络购物买卖合同已发成立并生效。本案纠纷的发生是由于被告电子输入错误且未及时更正电子数据造成的，过错完全在于被告。经营者应秉持更加谨慎、诚信之原则，必须对其发布的产品要约信息负责，一经发布，不因其输入错误赋予其随意撤销合同的权利，否则将最终损害消费者的合法权利。被告应对自身重大错误自行承担法律责任。原告要求被告继续履行合同的诉讼请求，应予支持。判决：被告鼎瀛公司向原告风某岩交付"天然波罗的海琥珀密蜡海漂原石精品老蜡20G—50—100克"1728克。二审法院认为，鼎瀛公司的商品页面信息内容明确具体，已经构成一项对其有约束力的要约，而非要约邀请或产品宣传广告。双方订立的网购合同成立并生效。鼎瀛公司应当依据网络交易的交易程序及规则履行自己的义务。判决：驳回上诉，维持原判。[2]

【案例10－11】 张某良诉誉满家公司、天猫公司买卖合同纠纷案

判决观点，第一，被告誉满家公司在网站上发布的商品信息明晰地记载了商品的名称、价格、付款方式、交货方式等，内容具体明确，符合合同的要约全部特征，非产品的宣传方式或者要约邀请，原告在发现案涉商品的出售信息后，按照网站设定的交易程序进行交易并完成订购、付款等交易行为，构成对被告要约的有效承诺，双方之间的合同已经成立并生效。第二，誉满家公司在庭审中确认标注的价格错误，系由于调价原因引起，即本案的纠纷因誉满家公司电子输入发生错误，未及时更正对应的电子数据造成，过错在于誉满家公司，因此产生的不利后果由誉满家公司自行承担。另外，查证的证据显示，誉满家公司要求原告支付配送邮费9万元，该主张超出合同约定的范

---

[1] 参见国家法官学院、最高人民法院司法案例研究院编：《中国法院2021年度案例》（买卖合同纠纷），中国法制出版社2021年版，第128～129页。北京互联网法院（2019）京0491民初3463号民事判决书。

[2] 参见国家法官学院案例开发研究中心编：《中国法院2017年度案例》（买卖合同纠纷），中国法制出版社2017年版，第77～78页。山东省淄博市中级人民法院（2015）淄商终字第89号民事判决书。

围,属于对合同内容的重大变更,原告予以拒绝于法有据。第三,被告天猫公司系网络平台的服务商,并非本案买卖合同的当事人及合同的实际履行人,因此,原告要求天猫公司承担连带责任的诉求,理据不足,依法不予支持。判决:(1)被告誉满家公司继续履行案涉合同,向原告张某良交付索尼 KD—65X9500B 65 寸 LED 超高清 3DWifi 智能 4k 液晶电视机 3 台;(2)驳回原告张某良对被告天猫公司的诉讼请求。〔1〕

个案中,法官根据合同成立的要件判断是否构成要约和承诺。

【案例 10－12】　郑某与浙江天猫供应链管理有限公司网络购物合同纠纷案

判决观点,被告通过网络向不特定多数人发布的限时抢购价 39.9 元的促销信息,具有网络促销广告性质,但其包含了商品的图片、规格、型号、价格、抢购时间、送货时间等具体的内容,且体现了只要买家按活动规则下单付款被告即可发货的意思表示,符合《合同法》第十四条关于要约的规定。《合同法》第十五条第二款规定:"商业广告的内容符合要约规定的,视为要约。"因此,被告发布的案涉商品促销售息应当视为要约。《合同法》第十三条规定:"当事人订立合同,采取要约、承诺方式。"在网络购物环境下,买家只有成功提交订单,才能有效表达同意要约的意思,从而作出承诺。本案中,被告并未开放 39.9 元案涉商品的下单功能,原告无从提交订单,无法作出承诺,故双方之间的网络购物合同未成立。原告将商品放入购物车,只是表达准备购买的意思,并没有成功提交订单,不构成承诺。被告发布的促销信息传递出确定的出售意愿并明确了承诺期限;特别是在网络环境下,电商平台用户数量众多、促销信息传播迅速,会对众多消费者产生影响。原告有理由相信,被告作为专业电商经营者,是在对上述网络促销特点有充分认识的情况下,专业、审慎地发布上述促销信息,原告因而对被告不撤销该信息寄予合理信赖。被告撤销的是撤销限时抢购价 39.9 元的促销信息,即对不得撤销的要约予以撤销,导致原告在该要约确定的抢购时间内无法以 39.9 元的价格下单购买案涉商品。因此,被告未对消费者信赖利益尽到必要的注意义务,作出上述撤销行为,违反了诚信原则,属缔约过失行为。〔2〕

秒杀是网上竞拍的一种新方式,即网络卖家为吸引消费者发布一些超低价的价格的商品,所有买家在同一时间网上抢购的一种销售方式。秒杀活动中商家通

---

〔1〕 参见国家法官学院案例开发研究中心编:《中国法院 2017 年度案例》(买卖合同纠纷),中国法制出版社 2017 年版,第 81～82 页。广东省东莞市第一人民法院(2015)东一法东民二初字第 588 号民事判决。

〔2〕 参见最高人民法院民法典贯彻实施工作领导小组编著:《中国民法典适用大全》(合同卷一),人民法院出版社 2022 年版,第 149～150 页。广州互联网法院(2018)粤 0192 民初 106 号民事判决书。

常会设置竞拍规则,其中数量限购、限时限购是秒杀活动的常见竞拍规则。商家一般明确限拍一件的要求,说明该要约的内容是不可变更的。买家若要增加数量则应视为新要约,应与卖家充分协商。网络购物具有一定的自主性和技术性,在网络购物过程中,商品的价格只有卖家才能修改,买家只能选择商品的种类和数量。

【案例10-13】 李某荣诉茶叶公司买卖合同纠纷案

二审法院认为,被上诉人在淘宝网店上对产品销售进行广告宣传,进行秒杀活动,并没有违反相关法律法规的规定,是合法有效的。其进行广告,即为对外发出要约,上诉人按照广告要求汇款,即视为承诺。上诉人提供的聊天记录中,并不能证实被上诉人同意订购40盒茶叶,且被上诉人也已退款。因此被上诉人在合同履行过程中,不存在违约行为,不应对上诉人的后一买卖行为承担责任。综上,一审程序合法,认定事实清楚,适用法律正确,应予维持。判决:驳回上诉,维持原判。[1]

(二)网络买卖合同成立的认定

网络购物中现货代购的卖家与买家之间成立买卖合同关系。

【案例10-14】 崔某伟诉蓝某秀买卖合同纠纷案

判决观点,关于崔某伟与蓝某秀之间是否构成买卖合同关系的问题。本案涉及海外代购商品,“海外代购”即指通过网络,为别人购买商品寄回或带回给国内消费者并从中收取报酬的行为。海外代购分为现货代购和非现货代购。所谓的“现货代购”,是指卖家已提前购得了特定商品,并将商品信息在自己的网站店铺或平台上发布,明确该商品的价格,只需购买者选择合适的型号、数量,即可点击购买。所以卖家网站上陈列的所有标有“代购”的现货奶粉,价格和规格等已经明示,属于“明码标价”,买家只要选择并且付款,即可完成一笔交易,买卖双方就成立买卖合同关系。本案中,崔某伟称其购买的是爱他美奶粉现货,蓝某秀未出庭予以抗辩,且崔某伟提供的订单信息上显示所购的产品均为现货,而非从德国直邮的产品,故崔某伟与蓝某秀之间形成了买卖合同关系。

关于蓝某秀是否应当退还货款及赔偿额如何确定的问题。由于崔某伟购

---

〔1〕 参见国家法官学院案例开发研究中心编:《中国法院2014年度案例》(买卖合同纠纷),中国法制出版社2014年版,第117页。广西壮族自治区钦州市中级人民法院(2012)钦民二终字第21号民事判决书。

买奶粉的时间是2015年4月10日，该时间系在《食品安全法》(2015年)实施之前，所以本案裁判应当适用《食品安全法》(2009年)第六十条的规定。本案中，在崔某伟购买的爱他美奶粉的包装上，没有中文标签，不得入境销售。综上，法院对崔某伟要求销售者蓝某秀退货并退还其购物款，同时支付购物款10倍的赔偿金的主张，予以支持。但本案中，崔某伟购买的产品金额共计2787元，快递费共计86元，快递费不属于货款，故法院仅支持崔某伟要求蓝某秀退还货款2787元的主张，对于退还快递费部分不予支持。以2787元货款为基数计算出购物款10倍的赔偿金应为27870元，故崔某伟有权要求蓝某秀支付的赔偿金为27870元。公证费系崔某伟为准备诉讼证据进行的合理支出，该损失其有权要求蓝某秀予以支付，法院对崔某伟要求支付公证费1000元的主张，予以支持。判决：(1)原告崔某伟向被告蓝某秀退还爱他美1+奶粉8盒，爱他美2+奶粉4盒，同时被告蓝某秀向原告崔某伟退还货款2787元；(2)被告蓝某秀向原告崔某伟支付赔偿款27870元；(3)被告蓝某秀向原告崔某伟支付公证费1000元；(4)驳回原告崔某伟的其他诉讼请求。[1]

电视购物节目中，广告者在推销过程中具体的承诺性描述应视为经营者的明确要约。

【案例10－15】 周某丽诉科技公司买卖合同纠纷案

判决观点，第一，当事人应当按照约定全面履行自己的义务。当事人应当遵循诚实信用原则，根据合同的性质、目的和交易习惯履行通知、协助、保密等义务。具体到本案，原告向被告支付手表价款，被告向原告交付手表，已构成事实买卖合同关系，应按照合同约定履行各自的义务。第二，出卖人交付的标的物应当与样品及其说明的质量相同。第三，经营者提供的商品或者服务，造成消费者财产损害的，应当根据法律规定或者当事人约定承担修理、重做、更换、退货、补足商品数量、退还货款和服务费用或者赔偿损失等民事责任。经营者提供商品或者服务有欺诈行为的，应当按照消费者的要求增加赔偿其受到的损失，为消费者购买商品的价款或者接受服务费用的3倍；增加赔偿金额不足500元的，为500元。法律另有规定的，依照其规定。具体到本案，被告提供的证据可以显示诉争物品确系进口产品。但被告在电视购物频道宣传其售卖的手表所有金色部分均为足金打造，被告亦在庭审时自认此项事实，但其邮寄到原告手中的手表并非足金，均为表面金，被告的该项行为已构成欺诈行为。被告应向原告退还货款并按照原告的要求增加价款3

---

〔1〕 参见国家法官学院案例开发研究中心编：《中国法院2018年度案例》(买卖合同纠纷)，中国法制出版社2018年版，第79～80页。北京市西城区人民法院(2015)西民(商)初字第15338号民事判决书。

倍的赔偿金额。被告称原告系恶意购买,并非受欺诈,法院认为该意见均为被告的主观推断,缺乏足够证据支持,故对该项抗辩意见不予采信。关于原告主张被告向其提供手表进口报关单的诉讼请求,法院认为此系被告的举证责任问题,被告已经在庭审时提供了该项材料,且原告的该项诉求并不构成民事法律关系中的诉讼请求,故法院对其该诉讼请求不予处理。判决:(1)周某丽将案涉金表两块退还给科技公司;(2)科技公司收到本判决主文第一项手表之日起7日内退还周某丽货款7.38万元;(3)科技公司赔偿周某丽22.14万元。[1]

【不同处理】 有的法院未对销售商在网页上的不利消费者的不利格式条款进行审查,将销售商收取货款而又退款的行为认定合同未成立,判决销售商承担缔约过失责任。

【案例10-16】 李某辉诉世纪卓越公司买卖合同纠纷案

二审法院认为,亚马逊网站在使用条件部分明确约定商品展示的性质为要约邀请,消费者下单为要约,只有网站发出送货确认才构成承诺。消费者同意该使用条件,视为双方就此达成了合意。所以,消费者下单付款后,在网站确认发货前合同并未成立。世纪卓越公司并未确认可以向李某辉发货,故双方之间的买卖合同关系未成立。世纪卓越公司在无法交付涉案商品的情况下仍然接受消费者下单,并未告知消费者商品价格错误一节,其行为存在过错,应承担缔约过失责任。因世纪卓越公司单方取消订单,致使李某辉丧失了以94元价格购买到扫地机的交易机会,世纪卓越公司应向李某辉赔偿正常销售价格与94元之间的差价损失。[2]

出售人通过互联网等网络媒体发布商品,若内容符合要约条件,买受人选择该商品并提交订单成功时,应当认定合同成立。

【案例10-17】 杨某诉永辉云创科技有限公司网络购物合同纠纷案

判决观点,本案的争议焦点有二:一是双方之间的网络购物合同是否成立,永辉公司是否应当依照订单履行合同义务;二是永辉公司是否构成欺诈,是否需要承担3倍赔偿责任。关于争议焦点一,杨某主张其与永辉公司之间的买卖合同或网络购物合同已经成立生效,杨某支付了货款,永辉公司就应当依照约定交付商品。现永辉公司拒不交付商品并单方面解除合同,是明显

---

〔1〕 参见国家法官学院、最高人民法院司法案例研究院编:《中国法院2022年度案例》(买卖合同纠纷),中国法制出版社2022年版,第237~238页。北京市石景山区人民法院(2020)京0107民初9358号民事判决书。

〔2〕 参见周江洪等主编:《民法判例百选》,法律出版社2020年版,第86页。北京市第三中级人民法院(2017)京03民终1140号民事判决书。

的违约行为。永辉公司则认为，飞天茅台53度酒系特殊的稀缺商品，在门店没有库存的前提下，正常情况下一般消费者是不可能买到的。杨某必定采取了某种不法的技术手段，通过后台程序下单，据此形成的订单是不成立的。并且，“扫码购”应当是消费者在门店内直接持有商品扫码支付价款的一种购物方式，但杨某是在家中扫码下单的，也不符合“扫码购”的要求和条件，因此购买行为是无效的。法院认为，通过互联网的方式购买商品，消费者能够选择确定的商品并提交成功的，应当认定网络购物合同成立。本案中，杨某确已通过购物软件提交订单并付款，订单显示成功且开具了发票，应当认为杨某与永辉公司之间的合同成立。永辉公司现主张杨某是通过非法技术手段获取订单的，但没有提供证据加以证明，故对永辉公司的辩称意见，法院实难采信。此外，永辉公司还指出“扫码购”是需要在门店内当场对商品进行扫码才能结算的，为此还出示了“扫码购”使用规则。杨某则表示当时在购买时，并没有显示这一条款，永辉公司出示的条款是修改后的。对此，法院认为，若消费者与商家对购买方式有约定的，可以依照约定履行。但永辉公司出示的“扫码购”使用规则与杨某使用的App使用规则的确不相同，无法证实永辉公司已事先告知了杨某购买规则或已经得到了杨某的同意。并且，杨某确实通过“扫码购”下单成功，永辉公司主张库存不足所提供的证据亦不够充分。且永辉公作为购物软件的制作者、管理者，理应具备防止网络消费者对早已没有库存的商品进行下单的技术能力，但永辉公司并未采取此类措施。现却以“没有库存就不可能下单”“合同未成立”进行抗辩，缺乏事实依据。因此，法院认为，网络购物合同成立，双方应当依照约定履行义务。现永辉公司单方面取消订单并退款，已构成违约。永辉公司作为具有一定知名度和规模的经营者，具有履行合同的能力，杨某又坚持要求永辉公司继续履行合同，故永辉公司应当承担继续履行的违约责任。关于争议焦点二，杨某主张永辉公司存在欺诈，应当承担3倍赔偿责任。所谓欺诈，是指一方当事人故意告知对方虚假情况或者故意隐瞒真实情况，而导致对方错误的意思表示。本案中，考察永辉公司的行为，仅以库存不足为由取消订单并退款，并不存在向消费者出售以次充好、以假充真、以不合格商品假冒合格商品等行为，也没有对消费者造成误导或带来其他损失，故不应当认定为欺诈。因此，法院对杨某主张永辉公司存在欺诈的主张不予支持。鉴于永辉公司有能力继续履行合同，应优先适用继续履行合同的承担方式。判决：永辉公司交付杨某飞天茅台53度酒6瓶，杨某同时支付永辉公司5586元。[1]

---

〔1〕　参见郭伟清主编：《民法典新规则案例解析》，法律出版社2020年版，第144～145页。上海市杨浦区人民法院（2020）沪0110民初10615号民事判决书。

在合同一方存在真意保留的情形时，判断合同是否成立和生效应在现有法律框架下，从交易安全、信赖保护等角度，区分买受人是否明知或应知对方存在真意保留行为，从而作出不同处理。

【案例10-18】 邬某诉佛山聚阳新能源有限公司买卖合同纠纷案

二审法院认为，合同成立的实质要件是当事人就订立合同形成了一致的意思表示。聚阳公司为提高销量排名安排“一元交易”刷单，尽管在行为上作出了一元价格在1688com网络交易平台销售空气热水器的表示，但其主观的真实意思并非以1元价格对外出售价值万元的案涉商品，而是以“一元交易”自导自演进行刷单。聚阳公司作为表意人，其作出“一元交易”的意思表示应认定为真意保留。对于真意保留的法律效果，我国现行民事法律并未作出直接规定。在现行法律构架下，可以从意思表示解释规则出发加以规范。《民法总则》第一百四十二条第一款、第二款对是否存在相对人的意思表示的解释方法作出了区别规定。相较于无相对人的意思表示，有相对人的意思表示解释是以表示主义为原则，意思表示为例外，相对人不知悉或不应当知悉表意人真意的，应当按照表示主义解释意思表示，以此保护相对人的合理信赖，维护交易安全。据此，真意保留情形下的法律适用规则应归纳如下：一是相对人不知悉或不应当知悉表意人内心保留的，应当以表示意思解释表意人的意思表示；二是相对人知悉或应当知悉表示人内心保留的，应当按照表意人的真意解释意思表示。

本案中，邬某分4次向聚阳公司购买了共计20台空气能热水器，分别为4台、4台、4台和8台。邬某作为网络交易的购买方，在其首次购买4台空气能热水器时，没有证据证明邬某明知聚阳公司标注的1元单价系虚伪表示，不宜认定其明知聚阳公司标价系虚伪意思表示，双方订立的第一份买卖合同成立并生效。距第一次购买时间已经超过一个半月，在聚阳公司没有实际向其发货的情况下，邬某在未与对方沟通并确认交易真实性，且未催促发货的情况下，反而又分别3次下单购买了16台热水器，其明知和利用对方存在虚伪表示“薅羊毛”的心理较为明显。据此能够认定，邬某在后三笔交易中，其主观上明知或应知聚阳公司以一元销售空气能热水器的意思表示并非该公司的真实意愿，即聚阳公司保留了真意。在此情形下，应当以聚阳公司的真实意思解释其意思表示，聚阳公司的真实意思是“刷单”，而非订立合同，因而应认定双方之间未形成订立合同的一致的意思表示，买卖合同未成立。关于第一份合同，聚阳公司违反合同约定，拒不履行交付4台规格为5P的空气能热水器的义务，构成违约，邬某有权要求聚阳公司赔偿损失。因聚阳公司违约导致邬某不能取得4台规格为5P的空气能热水器，则该4台规格为5P的空气能热水器的实际价值即为邬某基于合同履行后能够获得的履行利益，

4台规格为5P的空气能热水器的市场价格即为邬某的实际损失,聚阳公司应按此数额赔偿邬某36000元。关于双方在后形成的3份订单,因合同未成立,聚阳公司应向邬某返还其已付货款16元和运费1元。除此之外邬某并无其他损失,无权要求聚阳公司赔偿。阿里巴巴公司并非本案中的合同当事人,在提供网络交易平台服务过程中无过错,不应向邬某承担责任。判决:(1)撤销一审判决;(2)聚阳公司赔偿邬某损失36000元;(3)聚阳公司向邬某返还其货款16元和运费1元;(4)驳回邬某的其他诉讼请求。[1]

(三)网络买卖合同行为的认定

随着传统团购由线下转线上,并逐渐扩展至微信、QQ、钉钉等社交软件平台,团购行为涉及的法律关系更加复杂。互不相识的网友自发建群,在群主、管理员的组织下,以更具性价比的价格购买共同需要的产品。在群主作为卖方、群成员成为购买者,或群主参与拼单、代表群成员共同购买,这些自发组织的拼购行为构成不同纬度的买卖合同关系。群主和组织者既不参与拼单,又非直接供货方,仅组织并同意向卖方购买,在收取了群成员的货款后,双方达成买卖合意,也形成了对价给付,符合买卖合同双务、有偿、诺成等法律特征,应按买卖关系认定。

【案例10-19】　王某诉孔某奔买卖合同纠纷案

判决观点,本案原、被告对原告支付价款、由被告发货的客观行为没有异议,那么判断原、被告是否存在买卖关系的关键,在于双方是否存在买卖的合意,作为即时通讯的网络应用服务的一种,微信聊天记录符合电子数据的形式,在与原载体核对无异且原、被告均认可的情况下,可以作为认定双方是否存在买卖意思表示的依据。原告与网友甲的聊天记录中,提及"能买2000个吗""你给3万个吧,那个人赚了1毛钱1个",从网友甲与被告之间谈及"之前2000个按照3块钱一个转的""我让她按3.1""那个2000个就不让她补啦可以吗"等聊天内容可知,原告和网友甲系按每个口罩3元、转账3.1元的价格向被告转账;从被告与其上家的微信聊天"我客户一直在催了""我钱没赚到心态搞崩了",可见,被告也是以营利而非纯粹帮忙的心态进行的一系列操作,可以推定双方存在买和卖的意思表示,则原、被告之间的买卖合同因实际履行而成立。原告支付价款后,被告应当向原告交付标的物。

---

〔1〕　参见最高人民法院中国应用法学研究所编:《人民法院案例选》2021年第4辑(总第158辑),人民法院出版社2021年版,第114~115页。江苏省宿迁市中级人民法院(2018)苏13民终2202号民事判决书。

现被告无法履行合同义务,且前期也返还了部分货款,可见双方曾对合同解除协商一致。即使被告不认可,本案也构成被告经催讨后在合理期限内仍未履行发货义务的法定解除条件。合同解除后,已经履行的部分,当事人可以要求恢复原状,则原告要求返还货款的请求于法有据。至于被告抗辩的货源卖家涉嫌诈骗、应待刑事案件处理完毕后由货源卖家退赃。法院认为,被告选择自己生产或由上家发货、货款全额或部分交付给上家以及上家能否提供货物,均系被告作为营利的卖家应当承担的商业风险,不应作为对抗买卖合同履行及责任承担的理由,被告的抗辩不予采纳。判决:被告孔某奔返还原告王某货款36099元。[1]

商家承诺"假一赔万"的行为有效,应受其约束。

【案例10-20】 廖某素诉深圳市东东抢科技有限公司网络购物合同纠纷案

判决观点,原、被告之间对网络购物的约定,实质上是双方成立的买卖合同。"假一赔万"系被告自愿作出的真实意思表示,并不侵害社会和他人的利益,亦不违反法律的强制性规定,故双方的买卖合同成立并生效,双方的权利义务关系应受法律保护。被告提供给原告的商品,经检测,真丝含量为零,并不符合合同中关于"材质为真丝,面料主成分含量:91%~95%"的约定。被告作出"假一赔万"的承诺,是对自己设定的义务,使合同相对方取得"假一赔万"的权利。根据《合同法》有关诚实信用原则的规定,被告应向原告履行赔偿义务。虽然"假一赔万"可以理解为"假一赔一万元""假一赔一万倍",原告主张按"假一赔万"要求被告支付赔款,系对其权利的自由处分,法院不予干涉。原告要求被告返还购物款299元的诉讼请求,合理合法,法院予以支持。被告可以在返还原告购物款时向原告要求取回涉案商品。原告为了检测所购面料是否为真丝花费检测费用200元,该费用系由于被告的违约行为而产生,故应由被告承担。被告深圳市东东抢科技有限公司经法院传唤无正当理由拒不到庭,既是对国家法制的藐视,也是对其自身权利的放弃,法院依法缺席判决。由此产生的不利后果,应当由其自负。判决:被告深圳市东东抢科技有限公司返还原告廖某素购物款299元,支付违约金1万元,服装面料检测费用200元。[2]

网络购物中,商家在网页上发布的有关销售商品质量的保修条件、免责事由等声明,因购物人无法参与协商,故当购物者在网上购买该商品达成买卖合同关

---

[1] 参见国家法官学院、最高人民法院司法案例研究院编:《中国法院2022年度案例》(买卖合同纠纷),中国法制出版社2022年版,第245页。浙江省玉环市人民法院(2020)浙1021民初3910号民事判决书。

[2] 参见国家法官学院案例开发研究中心编:《中国法院2014年度案例》(买卖合同纠纷),中国法制出版社2014年版,第257页。浙江省金华市婺城区人民法院(2012)金婺商初字第952号民事判决书。

系时，此类声明属于合同关系中的格式条款，应适用《民法典》有关格式条款的规定。如果该格式条款免除商家责任、加重买方责任，排除买方主要权利的，该格式条款无效。

【案例 10－21】　上海诺盛律师事务所诉上海圆迈贸易有限公司买卖合同纠纷案

二审法院认为，圆迈公司作为京东商城的经营商，应当按照国家有关规定或者商业惯例向消费者出具购物凭证或者服务单据，消费者也有权利要求经营者出具发票，经营者不得拒绝。本案中，圆迈公司为迎合部分消费者报销等需求，在其购物网站中设立相应的流程操作提供可以选择的发票内容，使购物者可以不按实际购买货物的品名选择填写发票内容，双方的行为均有违《发票管理办法》中关于应如实开具发票内容的相关规定，税务部门对此可依法予以处理。同时，根据《产品质量法》第四十条的规定，本案中，诺盛律师事务所在安装电扇过程中发现电扇撑杆存在缺陷无法安装，即向圆迈公司提出换货，圆迈公司对电扇车撑杆存在质量问题的事实没有异议，其在答复中援引系争条款以发票载明的货物名称为由拒绝承担保修义务。根据网上购物流程的操作，购物者在选择发票内容时页面上有以红色文字显示的提示条款，故圆迈公司已以合理的方式提醒消费者注意系争条款中的免责内容。但就条款内容而言，虽然双方未按规定如实开具发票，但双方之间就购买美的转页扇的买卖合同关系依然有效成立，圆迈公司应履行作为销售商的法定义务。诺盛律师事务所所购电扇系《部分商品修理更换退货责任规定》中列入的目录的产品，实行谁经销谁负责三包的原则，在三包有效期内圆迈公司有义务为消费者办理修理、换货、退货。圆迈公司称发票内容开具为办公用品故无法向生产者主张要求承担维修义务，但其主张并无合同内容及法律依据，发票内容未能如实开具为明细系圆迈公司向消费者提供选择所致，故圆迈公司以此为由免除其应承担的义务，法院不予支持，圆迈公司作为提供格式条款的一方将本应由自己承担的责任以发票的内容并非商品明细为由予以免除，既免除了其作为销售商应承担的责任，也加重了消费者的责任并排除了消费者的主要权利，该条款应属无效条款，法院予以改判。二审法院判决：(1)维持一审判决第一项；(2)撤销一审判决第二项；(3)圆迈公司在京东商城网站上规定的“为了享受商品的正常质保，我们建议您将发票开具为商品明细，否则您将无法享受产品厂商或京东商城的正常质保”内容的条款无效。[1]

---

〔1〕　参见最高人民法院中国应用法学研究所编：《人民法院案例选》2012 年第 2 辑(总第 80 辑)，人民法院出版社 2012 年版，第 162～163 页。上海市第二中级人民法院(2010)沪二中民四(商)终字第 1423 号民事判决书。

“刷单”行为依法应受到规制。“刷手”与电子商务经营者为了“刷单”虚构交易目的订立的网络购物合同构成通谋虚伪表示，应区分表面法律行为与隐藏法律行为。表面网络购物法律行为是以虚假意思表示为之，应为无效。隐藏虚构交易法律行为违反了《电子商务法》第十七条的规定，亦应认定为无效。合同无效后，由于虚假订单客观上业已产生，对网络营商环境的损害也已实际造成，从规制网络“刷单”行为，维护电子商务交易秩序，应当将“刷手”为“刷单”支付的货款、电子商务经营者支付给“刷手”组织者的款项认定为非法活动的财物，依法予以收缴。

【案例10－22】 杨某玉诉广州柒汐漫电子商务有限公司合同纠纷案

判决观点，本案系原告以案涉合同无效为由，起诉被告承担返还财产民事责任的纠纷。案涉合同形式上虽为网络购物合同，但实为双方虚构交易进而为被告经营的网络店铺刷销量事宜达成一致的协议。因此，本案并非因网络购物合同的订立、履行产生的纠纷，故不宜以网络购物合同纠纷作为本案案由，本案案由定为合同纠纷为宜。根据原告起诉依据的事实、理由以及被告的答辩意见，本案的争议焦点为：(1)案涉合同的效力如何认定；(2)原告是否有权要求被告退还案涉款项2万元。

具体到本案，第一，原告于2019年4月24日在阿里巴巴平台创建编号为421789507091257935的案涉交易单，并通过余额宝账户向被告付款2万元。根据《电子商务法》第四十九条有关“电子商务经营者发布商品或者信息符合要约条件的，用户选择该商品或者服务并提交订单成功，合同成立”的规定，案涉网络购物合同已于2019年4月24日成立。因此，可以认定原告与被告均有订立网络购物合同的意思表示。第二，原告与被告有关网络购物的意思表示与双方刷销量、赚报酬的目的不一。买卖合同系出卖人转移标的物所有权与买受人，买受人支付价款的合同。原告在提交案涉订单时即知晓案涉商品不可能实际交付，事实上被告亦未实际发货，原告与被告均确认原告提交案涉订单并支付价款的目的并非取得案涉商品的所有权，而是为被告经营的网络店铺刷销量，原告获得相应的报酬。第三，原告与被告存在虚构交易的故意。原告系案外人钟某灵介绍为被告刷销量的“刷手”，在提交案涉订单时既知晓其行为系为被告虚构交易，该行为给原告出于赚取刷单报酬目的故意为之。被告抗辩是在原告申请退款时才得知原告为其刷销量，但从被告在案涉交易订单提交当日已进行虚假发货以及自述向案外人何某广支付刷单款项等行为来看，被告同样存在虚构交易的故意。第四，案涉虚构交易的行为及原告与被告通谋实施。虽然未有证据显示原告与被告直接就虚构交易的方式、报酬等进行过谋议，但被告将网络店铺交由案外人何某广经营管理，何某广系代理与被代理的关系，何某广委托钟某灵组织包括原告在内的“刷手”为被告刷销量，该民事法律行为对被告发生效力。况且，在案涉订单提交前,原告与被告便知晓虚构交易的方法及刷单报酬的计算和支付方式。也就是说,电子商务无须面对面的特点,使得原告与被告在素未谋面的情况下完成了双方通过虚拟交易实现原告为被告刷销量,被告支付刷单报酬的意思联络。事实上,原告与被告在客观上完成了原告提交虚拟订单、支付货款(实为垫付)、被告虚假发货等一系列行为,交易订单已经生成,即使原告于2019年5月1日在阿里巴巴平台上申请退款,也不影响虚假订单已实际产生的事实。因此,原告与被告订立网络购物合同,意在以假意网络购物掩盖刷销量、赚报酬的真意,属于上述《民法总则》第一百四十六条规定的通谋虚伪行为。根据该规定,原告与被告以虚假的意思表示实施的民事法律行为,即网络购物合同的效力,因双方缺乏真实的意思表示而无效。隐藏的民事法律行为的效力,即双方与原告为被告刷销量,被告向原告支付一定的费用为合同内容的行为效力,依照有关法律规定处理。

原告在实施本案民事法律行为时已满18周岁,系完全民事行为能力人。被告系依法登记成立的法人,其在阿里巴巴平台注册网络店铺从事销售商品经营活动,属于《电子商务法》第九条第三款规定的平台内经营者,具有相应的民事行为能力。原告与被告的真实意思均系为被告经营的网络店铺刷销量。因此对原告与被告实施刷销量行为效力的认定,关键在于判断该行为是否违反法律、行政法规的强制性规定或者有违公序良俗。在我国经济发展进入新常态的大背景下,电子商务蓬勃发展,深刻改变了经济社会的发展格局,电子商务逐渐成为我国经济发展的新动力。电子商务不同于传统交易,属于典型的面对面交易,交易双方信息严重失衡。接受商品或服务一方只能通过经营者在网络上披露的商品或服务信息,单向获取相关信息,从而做出判断和选择。因此,在电子商务交易中,电子商务经营者正确、全面披露商品和服务信息,是保证接受商品或服务一方知情权选择权和电子商务交易秩序的重要基础。根据《电子商务法》第十七条的规定,法律对电子商务经营者提供虚假销售状况信息的行为作出禁止性规定,旨在通过对虚伪行为进行否定评价,实现规范电子商务经营者之间公平竞争的市场秩序,电子商务经营者披露商品信息的行为,保证电子商务健康有序和可持续发展。本案中原告与被告通谋实施的刷销量行为,其目的是通过虚构交易向平台用户提供虚假销售状况信息,使平台用户对被告经营的网络店铺在商品销售方面产生错误认识,误导平台用户选择被告销售的商品,从而增加商品销量,被告因此获益。该行为不但误导了平台用户,也扰乱了电子商务经营者之间公平竞争的市场秩序,于电子商务健康有序和可持续发展无益。因此,原告与被告实施的刷销量行为因违反上述法律规定而无效。综上所述,原告要求被告返还2万元款项的诉讼请求,缺乏法律依据,法院不予支持。判决:驳回原告杨某玉的全部诉讼请求。[1]

消费者签收标的物时风险转移。

【案例 10－23】 苏某诉甲企业发展(上海)股份有限公司网络购物合同纠纷案

判决观点,本案中,苏某通过电子商务平台在甲公司处购买涉案商品,双方之间建立了网络购物合同关系,系双方当事人的真实意思表示,且形式和内容不违反法律、行政法规的强制性规定,应为有效。涉案合同约定采用快递物流形式交付马桶,苏某在甲公司多次提醒其在签收前开箱验货的情况下,未履行及时查验义务即签收涉案马桶,其签收时视为完成涉案马桶的交付,涉案马桶的毁损、灭失风险转移给苏某承担。[2]

未成年人通过监护人的手机 App 软件购买快币、打赏主播的行为主体认定,应将购币频率、金额、打赏主播的时间、打赏内容,未成年人及其监护人使用手机等具体情况作为事实依据。根据 App 软件平台提供方、购币流程特别是货币资金流入账户等事实认定以未成年人作为购买快币交易对象(合同相对方)的,依据《民法典》的相关规定,认定打赏购币行为无效。同时,应考察未成年人监护人的过错程度,进行价值判断,公平、合理地认定 App 软件平台提供方的责任。

【案例 10－24】 吴某洁诉北京快手科技有限公司网络购物合同纠纷案

一审法院认为,吴某洁在快手公司的快手 App 软件平台购买虚拟货币快币,吴某洁购买快币的合同相对人是快手公司,双方形成网络购物合同。吴某洁在不满 10 岁的情况下购买了近 10 万元的快币用于打赏主播,该行为事后未能得到其法定代理人的同意、追认,亦非纯获利益的民事法律行为或者与其年龄、智力相适应的民事法律行为,该合同行为无效。但本案中,吴某洁在晚上 9 点以后,甚至十一二点仍在快手 App 上打赏主播,其监护人未能履行监护责任,且未能妥善保管自己的手机和银行卡密码,吴某洁的监护人应当对吴某洁购买快币的民事行为承担相应的责任。综上,酌定由快手公司返还吴某洁货币款 6 万元,尚在吴某洁 275188××××账号内的快币 34647 个(折合人民币 4949.57 元),由快手公司自行收回,如该快币已被使用,返还金额可相应折减。因涉案合同无效,且吴某洁的监护人具有一定的过错,吴某洁主张利息的诉请,不予支持。关于快手公司辩称无证据证明是吴某洁购

---

〔1〕 参见最高人民法院中国应用法学研究所编:《人民法院案例选》2020 年第 8 辑(总第 150 辑),人民法院出版社 2021 年版,第 145～149 页。广州互联网法院(2019)粤 0192 民终 23162 号民事判决书。

〔2〕 参见中国审判理论研究会民事专业委员会编著:《民法典合同编条文理解与司法适用》,法律出版社 2020 年版,第 93 页。北京互联网法院(2019)京 0491 民初 31028 号民事判决书。

币打赏主播及购币款系由苹果 Apple 公司及主播收取,应予扣除的意见,本案中,案涉快币的充值时间与吴某洁自身学习、生活可支配的时间段基本吻合,且充值频率较高,甚至一分钟内数次充值,在 2017 年 10 月 3 日,仅半小时左右就充值 46 次,金额高达 32108 元,且打赏的主播多为未成年人或所播内容为校园生活等,故吴某洁的陈述真实可信。另外,吴某洁系从快手公司开发并运营的快手 App 软件内直接购买快币,与快手公司形成合同关系,并非向快手主播及苹果 Apple 公司购买,吴某洁与快手主播及苹果 Apple 公司之间不存在合同关系,至于快手公司与其主播及苹果 Apple 公司各方对购币款分配的约定,对吴某洁不发生效力,故对快手公司的上述辩称意见均不予采纳。判决:(1)快手公司返还吴某洁购币款 6 万元;(2)驳回吴某洁的其他诉讼请求。二审法院判决:驳回上诉,维持原判。[1]

网店客服代表店铺进行交易,应认定为消费者与商家进行的交易行为。

【案例 10-25】 李某诉某书店信息网络买卖合同纠纷案

判决观点,案涉交易发生时,赵某系 M 书店员工,并作为 M 书店经营网络店铺的客服与李某就购书事宜进行了磋商,该行为属于网店客服职权范围内的事项。M 书店并未就交易磋商的方式和渠道进行特殊提示或告知,无论该行为是通过电商平台还是微信,只是磋商渠道和方式不同。李某有理由相信赵某的行为是代表 M 书店与其进行交易磋商,赵某的行为对 M 书店发生效力。李某与 M 书店之间就购买书籍建立了网络购物合同关系。后李某提出变更购买图书的名称及数量,并要求退还剩余款项,赵某表示同意,应视为李某与 M 书店就合同内容进行了变更,M 书店应当退还剩余款项 10777 元,故判决支持了李某的诉讼请求。[2]

经营者与消费者建立微信群协商所售商品质量、价款、数量、履行地点及履行期限等内容不属于网络电商经营方式。

【案例 10-26】 电子公司诉服装公司买卖合同纠纷案

二审法院认为,电子公司与服装公司虽系通过手机微信方式联系买卖产品事宜,但因并非经营服装公司单方以网络、电视、电话、邮购等方面对不特定对象发布广告并销售商品,而是与购买方电子公司通过微信进行了详尽协商并就标的物的质量、数量、型号、规格、价格履行期及履行地点等合同主要

---

〔1〕 参见最高人民法院中国应用法学研究所编:《人民法院案例选》2020 年第 1 辑(总第 143 辑),人民法院出版社 2020 年版,第 124 页。江苏省常州市中级人民法院(2019)苏 04 民终 550 号民事判决书。

〔2〕 参见最高人民法院民事审判第一庭编:《民事审判指导与参考》2022 年第 1 辑(总第 89 辑),人民法院出版社 2022 年版,第 44~45 页。消费者权益保护典型案例 7。

内容进行了明确约定,即微信群是双方协商沟通合同内容的通讯工具而非销售商品的平台。据此,本案不符合《消费者权益保护法》第二十五条的规定,电子公司无权根据该规定单方面在收到货物7日内无理由解除合同。因电子公司与服装公司就所买卖产品的数量、型号、规格、单价、付款方式、交易期限等合同主要内容达成了一致意见,故双方之间的买卖合同成立并生效。因服装公司按合同约定期限履行了交付标的物的合同义务,故电子公司无权单方解除合同。判决:驳回上诉,维持原判。[1]

(四)网络买卖合同主体的认定

网络经销商采取集团化运营的模式,根据不同分工共同完成买卖合同项下的交易行为,二者均为合同相对方。

【案例10-27】 上海朗智机械设备有限公司诉京东公司、圆迈公司买卖合同纠纷案

一审法院认为,京东商城在确认原告法定代表人提交的订单时,并未向原告披露合同的交易主体,涉案合同的交易主体无法根据双方的书面约定予以确定。但从合同履行可见,京东公司负责京东商城的网站经营,发布商品信息,接受原告订单,处理原告关于质量问题的维修要求;圆迈公司负责京东商城上海地区的销售,由其送货、收款并开具发票,买卖合同中卖方的主要义务系由京东公司和圆迈公司共同履行完成,原告亦予以接受,符合相关法律规定要件,可以认定原告与二被告之间的买卖合同成立。从消费者角度看,原告称其购买时系认为向京东商城购物,原告该认识符合消费者的一般习惯。原告在京东商城浏览、提交订单时,仅凭网站显示的信息无法明确买卖合同的相对方。网络经销商认为开具发票的单位系合同的相对方,限制了消费者的知情权和交易主体的选择权,不符合《合同法》的平等原则和自由原则。从网络经销商的角度看,为了更好地扩大网络经销的规模,降低网络销售的成本,网络经销商会采取集团化运营的模式,将同一合同项下的不同内容交由集团中负责不同业务的独立单位分别完成。在合同双方无明确约定的情况下,简单地将被告之一作为唯一的交易主体,承担全部的交易风险,显然与网络经销商的经营模式不符。而且,在网络交易的环境下,对交易主体

---

〔1〕 参见国家法官学院、最高人民法院司法案例研究院编:《中国法院2023年度案例》(买卖合同纠纷),中国法制出版社2023年版,第306页。江苏省泰州市中级人民法院(2021)苏12民终750号民事判决书。

的审查较传统交易更难，网络经销商有条件在合同缔结时向消费者披露交易相对方，其在提供给消费者的格式条款中未予披露交易主体，造成双方对合同主体理解发生争议的，应由其承担相应的法律后果。综上，法院认为，除非网络经销商在与消费者缔结合同时已明确告知了交易主体，否则，消费者与网络经销商就交易主体发生争议时，消费者可以将向其履行合同义务的不同主体作为合同相对方，并可选择或同时要求这些主体承担合同责任。因被告提供的商品存在质量问题致无法使用，原告要求退货退款符合合同法定的解除条件，原告的其他诉讼请求依据不足。判决：被告京东公司退还原告货款899元，并从原告处取回问题硬盘，原告予以配合；被告圆迈公司对上述第一项中的退款义务承担连带责任；驳回原告的其他诉讼请求。二审法院认为，京东公司、圆迈公司系通过不同分工共同完成与原告之间的交易行为，二者均为合同相对方，应承担连带责任。判决：驳回上诉，维持原判。〔1〕

随着电商平台覆盖地域范围的不断扩大，出现了经营者主体分离的现象，即由电商集团或总公司旗下的若干分公司、子公司或者关联公司分别完成向消费者承担宣传、订单确认、结算、送货、开票、维保等一系列卖方权利义务，经营者销售行为的统一认定是审理案件的难点和重点。一般认为，消费者购买自营商品时，其关于合同相对人的真实意思表示应为网络交易平台，消费者有理由实际相信实际交付的主体系有权代理，其行为的后果应由网络交易平台承担。消费者有权向电商集团旗下的分公司、子公司或关联公司主张权利。

【案例10－28】　靳某诉北京苏宁公司买卖合同纠纷案

二审法院认为，靳某系在苏宁易购网站上选择“苏宁自营”商品下单购买的涉案打印机，北京苏宁公司向其交付打印机，开具发票。在这种网上购物交易中，销售者的销售行为具有不同于传统实体店销售的显著特征。本案中，“苏宁自营”商品由苏宁云商集团或其关联公司销售，具体销售方以销售发票记载的开票主体为准，而发布“苏宁自营”商品宣传信息的苏宁易购网站是由苏宁云商集团的控股子公司江苏苏宁公司经营的，苏宁易购网站的管理者南京苏宁公司是江苏苏宁公司的全资子公司，向靳某交付涉案打印机并开具发票的是苏宁云商集团控股子公司北京苏宁云商公司。由此可见，苏宁云商集团及其关联公司的销售行为是通过苏宁云商集团各个子公司和关联公司的分工合作完成的。苏宁易购网站发布“苏宁自营”商品的宣传信息，但不向消费者交付商品、开具发票，北京苏宁云商公司等苏宁云商集团的子

---

〔1〕　参见国家法官学院案例开发研究中心编：《中国法院2014年度案例》（买卖合同纠纷），中国法制出版社2014年版，第26～27页。上海市第一中级人民法院（2012）沪一中民四（商）终字第865号民事判决书。

公司或关联企业向消费者交付商品、开具发票,但不发布“苏宁自营”商品的宣传信息。基于此,对于苏宁易购网站发布的“苏宁自营”商品信息,消费者有理由相信是苏宁云商集团及其关联公司发布的。因此,法院认定苏宁易购网站发布的“苏宁自营”商品信息应当视为苏宁云商集团及其关联公司发布的商品宣传信息。本案中,南京苏宁公司作为苏宁易购网站的管理者,在苏宁易购网站对涉案打印机发布与打印机实际功能不符的宣传信息,宣武市场监督管理局对南京苏宁公司的虚假宣传行为进行了认定和行政处罚。南京苏宁公司对涉案打印机的虚假宣传行为应当视为北京苏宁公司的虚假宣传行为。本案中,北京苏宁公司通过南京苏宁公司实施的虚假宣传行为,误导靳某购买了涉案打印机,北京苏宁公司的上述行为应当认定为欺诈行为。本案中,北京苏宁公司销售涉案打印机给靳某的过程中存在欺诈行为,靳某主张北京苏宁云商公司返还涉案打印机货款 1398 元并 3 倍赔偿货款 4194 元,具有事实和法律依据。判决:(1)撤销一审判决;(2)北京苏宁公司退还靳某货款 1398 元并赔偿靳某 4194 元;(3)靳某退还北京苏宁公司 2 台 Hp 惠省喷墨无线打印一体机 Deskjet2548;(4)驳回靳某的其他诉讼请求。[1]

需要说明的是,实践中,还存在平台内经营者将店铺交由他人打理的情况,此种情况下,经营利益等仍为平台经营者享有,消费者的交易对象为平台内经营者,帮助打理店铺的人实际上类似平台内经营者的工作人员,承担销售者责任的通常为平台内经营者。[2]

适用中应当注意的是,如果消费者明知交易对象并非平台内商家,比如,客服等工作人员明确告知消费者其提供的商品另有渠道,并非平台内经营者提供,消费者明知交易对象并非平台内经营者而是另有他人,此种情形类似实践中的“飞单”情形,与《最高人民法院关于审理网络消费纠纷案件适用法律若干问题的规定(一)》(以下简称《网络消费纠纷解释(一)》)第五条规定的消费者的交易平台内的经营情况不同,责任主体及责任的承担应当结合案情案件情况予以认定。[3]

社区微信群团购的帮卖团长与推广商品连接方式赚取佣金,具有销售行为长期性、销售货源不固定性、直接向群成员销售、以营利为目的等特点。在帮卖团长不能证明其已经通过足以使消费者辨别的方式表明其并非销售者并标明实际销售者时,消费者主张帮卖团长承担销售者责任的,法院应予支持。

---

〔1〕 参见国家法官学院案例开发研究中心编:《中国法院 2018 年度案例》(买卖合同纠纷),中国法制出版社 2018 年版,第 202 页。北京市第二中级人民法院(2016)京 02 民终 8860 号民事判决书。

〔2〕 参见最高人民法院民事审判第一庭编:《民事审判指导与参考》2022 年第 2 辑(总第 90 辑),人民法院出版社 2022 年版,第 138 页。

〔3〕 参见最高人民法院民事审判第一庭编:《民事审判指导与参考》2022 年第 2 辑(总第 90 辑),人民法院出版社 2022 年版,第 138 ~ 139 页。

【案例10－29】　索某某诉徐某产品销售者责任纠纷案

一审法院认为,关于徐某是否为案涉销售者的问题,《消费者权益保护法》第三条规定,经营者为消费者提供其生产、销售的商品或者提供的服务应当遵守本法。《电子商务法》第九条规定,电子商务经营者,是指通过互联网等信息网络从事销售商品或者提供服务的经营活动的自然人、法人和非法人组织。本案群接龙微信小程序中的"帮卖"作为一种新兴的线上销售模式,其本质仍是以营利为目的的利用信息网络进行商品交易,消费者与销售者之间成立网络购物合同关系。徐某作为案涉商品的帮卖团长,通过编辑、转发商品具体信息、图片至微信群的方式推广商品,并以营利为目的的持续性对外销售商品,属于上述法律规定的销售者。索某某直接向徐某购买案涉商品,徐某是否直接接触货款和商品不影响消费者身份的认定。因此,徐某是案涉商品的销售者,应当承担相应的法律责任。关于是否存在欺诈行为以及应否承担3倍赔偿责任,应当综合考量案涉商品品牌、材质、性能等是否与宣传内容相符,销售者是否存在主观故意,以及是否导致消费者陷入错误认识而作出购买决定等因素。本案中,徐某在销售案涉商品时,以"MUJI无印良品全棉色织水洗棉四件套"进行宣传推广,并声称系"国内正品授权"。在推广信息中使用"因疫情滞留""超低价""活动开团价"等表述,容易使消费者误认为能够以较低的价格购买因疫情而未能交付的"无印良品"正品。对于索某某在购买案涉商品时询问是否为正品,徐某虽答复称"代工产品",并截图百度百科"代工现象"解释代工的含义,但并未进行正面答复,而且实际交付消费者的案涉商品亦挂有"无印良品"的标牌。综合上述交易过程,法院认定徐某构成消费欺诈,应当承担3倍赔偿责任。徐某主张索某某系有预谋的恶意竞争而购买案涉商品,目的是污蔑其信誉,强逼其退出朗诗小区群接龙活动,但并未提供证据予以证明,法院不予采信。判决:徐某退还索某某货款169元,并支付3倍赔偿款507元;索某某同时将货品退还徐某。二审法院判决:驳回上诉,维持原判。[1]

主播是否承担经营者责任需结合直播带货行为进行分类认定。

【案例10－30】　王某某诉许某某、某公司信息网络买卖合同纠纷案

判决观点,本案的争议焦点:(1)许某某直播带货行为的性质认定及责任承担;(2)某公司作为直播平台应否承担法律责任。第一,许某某直播带货行为的性质认定及责任承担。首先,被告许某某具有经营者身份。在信息

〔1〕　参见最高人民法院中国应用法学研究所编:《人民法院案例选》2023年第5辑(总第183辑),人民法院出版社2023年版,第41～42页。江苏省南京市中级人民法院(2021)苏01民终8133号民事判决书。

网络买卖合同类纠纷中,具有经营者身份是承担经营者责任的前提。被告许某某持有的直播账号在2019年3月27日注册快手小店,并在小店中发布数10条第三方平台商品跳转链接。经法院协查,能够确认涉案直播时间段内被告许某某在其直播间一直挂有"小黄车"标识,其自述一旦导流销售成功可获得相应的提成收入,可见许某某利用主播身份不断为商家导流,宣传推广服务,具有对外出售商品以获利的主观意图,被告许某某具有电子商务经营者身份。其次,被告许某某的涉案带货行为构成经营行为,是一种持续性的营利行为。被告许某某为了出售自身产品,通过直播带货形式引导私下交易,出售涉案手机的行为系利用主播的直播行为进行引流,以实现流量变现。在此情形下,被告许某某兼具主播和商品销售者双重身份,许某某此次带货行为属于经营行为。再次,被告许某某出售涉案手机的行为构成欺诈。被告许某某在交易过程中明确告知原告王某某涉案手机功能无问题,可以正常使用,而收货后却发现该手机无法正常使用,许某某属于隐瞒事实,向原告王某某告知虚假情况,导致王某某陷入错误认识并因此支付相应的价款,被告许某某的上述行为构成欺诈。最后,被告许某某应承担的法律后果。被告许某某提供的涉案手机并非正品,导致合同目的落空,双方合同解除,被告许某某应当承担退还购机款并赔偿购机款3倍价款的责任。同时,原告为维护自身权益而产生的误工费、交通费、住宿费等财产损失,系被告许某某的违约行为及事后恶意逃避责任所致,应由被告许某某一并承担。第二,某公司作为直播平台应否承担法律责任。确定平台身份是分析平台责任的基础。某直播平台在本案中并非电子商务平台,系提供直播服务的网络服务提供者,故应以此为基础审视平台的责任承担。某公司作为服务提供者,在接到投诉后及时进行处理,尽到了平台义务,且现无证据证明某公司事先知道涉案行为而未采取必要措施。因此,某公司不承担相关责任。判决:(1)原告王某某与被告许某某订立的网络购物合同于2020年4月4日解除;(2)被告许某某向原告王某某退还购机款4000元,并赔偿原告王某某12000元;(3)被告许某某赔偿原告王某某合理支出2924.89元;(4)驳回原告王某某的其他诉讼请求。[1]

"闲鱼""转转"等平台上的买卖多属于二手物品交易,交易目的为处置个人闲置物品,不存在经营性质。但现在越来越多的商家利用二手交易平台进行批量性销售全新产品、通过其他链接跳转售卖,企图利用二手交易平台掩盖经营者身份,进而逃避法律责任。"闲鱼"等二手交易平台上的卖家,实际从事商业经营活动的,应当依据消费者权益保护法承担经营者责任。

---

〔1〕 参见北京市高级人民法院研究室编:《审判前沿——新类型案件审判实务》(总第63辑),法律出版社2023年版,第155~156页。

【案例 10－31】 潘某诉张某买卖合同纠纷案

判决观点,张某在“闲鱼”App 的账号名为“Tata 门业闲鱼”,商品页面显示其销售的门型号齐全,均为全新,且同时具有淘宝店铺,故张某通过“闲鱼”App 销售全新木门的行为,已明显不属于在该平台出售二手闲置物品的范畴。结合本案实际情况,认定张某为电子商务经营者身份。潘某为家庭装修而购买涉案木门,其作为消费者享有合法权益。张某作为电子商务经营者有义务如实披露商品信息,张某在网络平台虚假标记品牌,在微信中宣传和使用 Tata 品牌,并承诺与官网同渠道发货,事后自认涉案木门并非 Tata 品牌,现有证据亦可以证实张某实际销售的木门与网页展示的木门存在较大差距。张某的销售行为已经构成欺诈,应当依法承担 3 倍赔偿的法律责任。[1]

(五)网络买卖举证责任的认定

网络购物中的举证责任具有一定的特殊性。网络购物销售的商品通常是异地销售,产品又通常采用送货上门的方式送到买受人手中。如果按照传统的“谁主张,谁举证”的证明规则分配举证责任,买受人则处于不对等的弱势地位,导致买受人在合同纠纷中处于被动地位。因此,对于网络购物合同来说,应当提供给买受人相应的质量保证书、产品合格书和售后服务保证书以及买卖合同成立收据等证明材料,并且明确写明销售者、售后服务等信息。除此以外,为了平衡网络购物合同中双方的利益关系,应根据“谁离证据更近,谁最可能掌握证据,则由谁来举证”的原则分配举证责任,对一些待证事实实行举证责任倒置的规定。

网上购物的消费者提出的诉讼请求应有证据支持,证据是否充分,由法官根据案情予以裁量。

【案例 10－32】 杨某勇诉天翌公司网络购物合同纠纷案

二审法院认为,第一,关于涉案商品营养标签对脂肪含量的标注是否违反了营养通则的规定,涉案商品营养标签对脂肪含量的标注是否违反了该食品本身的标准。对此,法院论述如下:(1)法院认为,脂肪属于应当强制标示的核心营养素,本案中,天翌公司并未提供证据证明涉案的食品属于生鲜食品,法院无法判定涉案食品在生产过程中是否加入了其他配料,而且涉案食品本身亦用营养成分表的形式标注了营养成分,因此,天翌公司关于涉案商品属于豁免强制标准营养标签的食品的主要证据不足,法院不予采信。

---

〔1〕 山东省高级人民法院发布 2022 年度山东法院十大买卖合同纠纷典型案件,山东省济南市历下区人民法院(2022)鲁 0102 民初 13085 号民事判决书。

(2)获得营养成分含量的方法,可以分为直接检测法以及间接计算法。利用权威机构发布(中国疾病预防控制中心营养与食品安全所编著的《中国食物成分表》)的数据根据原料进行计算是一种间接计算的方法。涉案食品属于水果类及制品类的核果内食品中的杏干,在《中国食物成分表》中标明的脂肪含量为0.4g/100g。营养通则规定,当脂肪含量≤0.5g/100g(固体)或100mL(液体)时,可以声称该食品无或不含脂肪。涉案食品的营养标签标注的脂肪含量标注为0g/100g,所要表达的意思并不违反前述要求。(3)营养标签标示值允许存在误差,而误差是判断标签标示值是否正确的依据,不能以误差来判断产品是否合格,判定食品是否系合格食品的标准应当是该食品本身产品标准。现杨某勇提供的证据不能证明涉案食品本身是否符合食品本身标注的标准GB 16325—2005。(4)杨某勇一审期间提交的检测报告系针对提供的样品中的杏肉及杏籽的脂肪含量的检测,首先,法院无法确定该检测的样品是否为天翌公司向其出售的产品;其次,该检测报告并没有写明具体的检测方法,实际的检测方法是否适宜涉案食品法院无法判断;最后,涉案食品含有非可食用部分,这对检查过程或结果有影响,法院亦无从得知。(5)即便杨某勇提交了针对涉案食品杏肉部分脂肪部分的检测报告,又即便实际检测的数值大于营养通则对脂肪含量的“0”界限值要求,根据查明的事实,法院认为这仅能说明涉案食品的营养标签不合格,并不能判定涉案食品本身不符合食品的产品标准。因此,法院认为涉案商品营养标签对脂肪含量的标注并不违反营养通则的规定,本案中并无有效证据证明涉案商品营养标签对脂肪含量的标注违反了该食品本身的标准。

第二,关于本案应否适用《食品安全法》第一百四十八条第二款。根据《食品安全法》第一百四十八条第二款的规定,法院认为前述规定,因生产者或经营者的不同会有不同的积极适用条件,但有相同的消极适用条件。具体到案件中,只有符合积极条件,同时不属于消极条件时,才能适用前述规定。积极的适用条件:对生产者而言,就是生产了不符合食品安全标准的食品。就经营者而言,不仅要求食品客观上不符合食品安全标准,而且要求经营者知其经营的食品不符合食品安全标准。消极的适用条件:如果生产者生产或者经营者经营的食品不符合食品安全标准是因为标签和说明书的瑕疵导致的,标签、说明书的瑕疵如果不影响食品安全并且不会对消费者造成误导,那么就不能适用前述规定。本案中,首先,杨某勇并无有效证据证明涉案食品的脂肪含量标注数值违反了营养通则的规定。如前“第一”所述,脂肪含量是否超出了食品安全国家标准允许的误差范围是判断食品营养标签本身是否正确的依据,并不是判断涉案食品本身的脂肪含量是否符合其产品标准的依据。其次,天翌公司属于涉案食品的经营者。天翌公司向一审法院提交了涉案食品的出厂检测报告、生产商的资质证明文件，一审中其亦对营养成分表中的脂肪含量的标准数值进行了合理说明，天翌公司对营养标签的标注形式在主观上不存在过错。因此，本案不符合《食品安全法》第一百四十八条第二款的适用条件，杨某勇提出的诉讼请求，均是基于其请求符合前述规定提出，因此，均应予驳回。判决：驳回上诉，维持原判。[1]

在网络交易的买卖合同中，买卖合同双方未通过正规电子商务交易平台进行交易，网聊记录可以作为证据，但应当确定使用者身份且与其他证据形成证据链。

【案例 10－33】 张某诉王某菡买卖合同纠纷案

判决观点，从交易双方微信、支付宝账户的实名登记信息来看，账户的所有人确为本案原、被告本人，即原、被告为本案买卖合同纠纷的适格主体，从付款的时间和金额来看，微信聊天记录内容与支付宝、微信交易记录、交易备注相吻合，原告张某与被告王某菡通过微信聊天合意达成的买卖合同合法有效。依法成立的合同对当事人具有法律约束力，当事人应当按照约定履行自己的义务。原告向被告支付了货款，被告应依约交付相应货物，经原告催讨后仍未在合理期限内交付货物，已构成根本违约。被告陆续退还部分货款的行为表明其已无继续履约的意愿，而是愿意解除双方之间的买卖合同，原告受领被告退款的行为表明其同意解除合同。根据《合同法》第九十七条之规定，合同解除后，对原告已履行部分货款被告有退还义务。关于尚欠应退货款的金额，从 2016 年 3 月 13 日、6 月 4 日、9 月 9 日三笔被告向原告还款记录的备注“一共 177736 元，微信 4 万元”“货款 1 万元，还有 4 万元，桑某某给我后给你”“还有 3 万元”来看，可以认定双方对所欠货款已经进行了结算，截至 2016 年 9 月 9 日被告尚欠原告 3 万元应退货款。此后，2017 年 1 月 18 日被告又向原告退货款 5000 元，最后被告尚欠原告货款 25000 元。故对原告主张被告退还货款 25000 元的请求，法院予以支持。综上所述，原告的诉请事实清楚，证据充分。判决：被告王某菡向原告张某退还货款 25000 元。[2]

网络购物合同中，出卖人对其履行的交付货物义务应承担举证责任。

---

〔1〕 参见国家法官学院、最高人民法院司法案例研究院编：《中国法院 2020 年度案例》（买卖合同纠纷），中国法制出版社 2020 年版，第 36～38 页。北京市第一中级人民法院（2018）京 01 民终 5607 号民事判决书。

〔2〕 参见国家法官学院案例开发研究中心编：《中国法院 2019 年度案例》（买卖合同纠纷），中国法制出版社 2019 年版，第 70 页。广西壮族自治区贺州市昭平县人民法院（2016）桂 1121 民初 748 号民事判决书。

【案例10－34】 代某珊诉聂某富买卖合同纠纷案

二审法院认为,双方约定由聂某富送货上门,交货地点在代某珊家。聂某富作为履行交货义务人,应当对其是否履行交付货物义务承担举证责任。经审查,根据运单、顺丰速运的证言及顺丰速运将货物包裹取回的事实,能够认定代某珊未收取CPU。聂某富提交的现有证据,亦不足以证明代某珊已收取CPU。代某珊的合同目的已经不能实现,一审法院支持代某珊提出的合同解除请求,聂某富配合返还货款并支付利息的诉讼请求,并无不当。综上所述,聂某富的上诉主张不能成立,法院不予支持;一审法院判决认定事实清楚,适用法律正确,处理并无不当,法院予以维持。判决:驳回上诉,维持原判。〔1〕

出卖人应对其销售的手机是否存在瑕疵承担举证责任。

【案例10－35】 王某真诉电子商务公司、A贸易公司信息网络买卖合同纠纷案

二审法院认为,讼争合同系厦门电子商务公司与王某真之间的真实意思表示,王某真依约支付对价,有权请求厦门电子商务公司交付符合约定的产品。在案的服务报告书可以证明厦门电子商务公司交付的手机经过了"非授权改装",结合王某真签收的货物和售后申请的时间差,一审法院认定"非授权改装"发生在王某真取件前是正确的。厦门电子商务公司作为讼争手机的销售主体,有充分的举证权利,证明了其向王某真交付的产品符合双方约定或已经明确告知讼争手机经过"非授权改装"的事实,否则应承担举证不能的法律后果。然而厦门电子商务公司提交的证据仅能概括反映厦门电子公司类型产品的进销渠道,并不能具体反映讼争手机的产销情况,更不足以完成前述举证义务。一审法院认定厦门电子商务公司否认欺诈的抗辩理由不能成立,并无不当,据此判决解除讼争合同,判令厦门电子商务公司返还货款,增加赔偿金额是正确的,应予维持。综上,厦门电子商务公司的上诉请求不能成立,应予驳回;一审判决认定事实清楚,适用法律正确,应予维持。判决:驳回上诉,维持原判。〔2〕

消费者对网络经营者是否存在欺诈行为进行举证。判断网络经营者的欺诈行为与消费者对商品错误认识之间是否存在因果关系,应结合日常经验和合理注

---

〔1〕 参见国家法官学院案例开发研究中心编:《中国法院2013年度案例》(买卖合同纠纷),中国法制出版社2013年版,第61页。北京市第二中级人民法院(2011)二中民终字第12047号民事判决书。

〔2〕 参见国家法官学院、最高人民法院司法案例研究院编:《中国法院2023年度案例》(买卖合同纠纷),中国法制出版社2023年版,第311～312页。福建省厦门市中级人民法院(2021)闽02民终5082号民事判决书。

意义务标准进行判断。网络经营者提供的商品或服务与其宣传基本一致,并不明显低于其宣传的标准,不足以使消费者对商品或服务产生错误认识的,不应认定其行为构成欺诈。

【案例10－36】　黄某华诉苏州纽贝滋营养乳品有限公司网络购物合同纠纷案

判决观点,本案原告提起3倍赔偿损失的请求权基础系《消费者权益保护法》第五十五条第一款之规定"经营者提供商品或者服务有欺诈行为的,应当按照消费者的要求增加赔偿其受到的损失"。本案中,被告苏州纽贝滋营养乳品有限公司在其商品宣传页面使用"提高智力发育、增强抵抗力、增强免疫力、改善肠道、世界领先的工艺"等宣传语句,只是一种促销的宣传手段和广告语,并无将幼儿配方的奶粉混同为保健食品的欺诈目的,不足以令消费者作出错误购买的意思表示。因此,原告提供的证据不足以证明被告存在欺诈行为,故对原告诉请被告赔偿3倍购物款的诉请,不予支持。根据黑龙江省质量监督检测研究院的检验报告以及被告公司的检验报告单,可以认定本案讼争的幼儿配方奶粉质量符合国家标准,原告要求被告退还购物款并承担退货运费的诉请,没有事实和法律依据,法院不予支持。判决:驳回原告黄某华的诉讼请求。[1]

微信代购中,经营者和消费者因代购商品质量问题发生纠纷,但均无有力证据证明商品真伪时,应适用过错责任原则,根据原、被告提供的证据并结合案件具体情况酌情裁判。

【案例10－37】　张某某诉郑某网络购物合同纠纷案

判决观点,原告与被告之间存在真实的网络购物合同,双方对所购货物的数量及总价款均无异议,法院依法予以确认。现原、被告双方对名牌奢侈品的真伪存在争议,由于被告不能证明其所销售货物的正规进货渠道,原告以明显低于市场价值的价格购买被告所销售的名牌奢侈品,双方对此均应承担一定的责任,原、被告各自承担50%的责任。原告要求被告进行1倍赔偿的诉请,无法律和事实依据,依法不予支持。判决:(1)被告郑某退还原告张某某货款26244元;(2)被告郑某赔偿原告张某某交通费、食宿费人民币500元;(3)驳回原告张某某的其他诉讼请求。[2]

---

〔1〕　参见最高人民法院中国应用法学研究所编:《人民法院案例选》2018年第3辑(总第121辑),人民法院出版社2018年版,第40页。浙江省常山县人民法院(2016)浙0822民初1131号民事判决书。

〔2〕　参见《人民司法·案例》2017年第8期(总第775期)。河南省安阳市文峰区人民法院(2014)文民一初字第983号民事判决书。

消费者应及时行使7天无理由退货的法定解除权,超期退货应承担举证责任。消费者不能举证证明其持有的商品系经营者销售的情况下,应承担败诉的不利后果。

【案例10-38】 袁某诉藏某公司、京某公司网络购物合同纠纷案

二审法院认为,首先,本案涉案邮票不适用无期限退货的规定。《消费者权益保护法》第二十五条规定:“经营者采用网络、电视、电话、邮购等方式销售商品,消费者有权自收到商品之日起七日内退货,且无需说明理由”;第五十四条规定:“依法经有关行政部门认定为不合格的商品,消费者要求退货的,经营者应当负责退货”。袁某未于收到涉案邮票之日起7日内退货,涉案邮票并非经有关行政部门认定为不合格的商品,不适用无期限退货的规定。其次,本案的举证责任分配错误。袁某是京某网上商城的会员,熟悉该网站的退货流程。尤其是袁某曾经购买藏某公司经营的与涉案邮票同款的邮票,理应有高度的注意义务。袁某于2013年6月22日购买涉案邮票,未在7日之内查验涉案邮票的真伪并做出相应的处理,不符合常理。袁某于2014年5月提出退货,其保管、控制涉案邮票达11个月,其间藏某公司丧失占有,故本案的举证责任在袁某,即由其举证证明提交的邮票是藏某公司出售的。现其不能举证提交的邮票是藏某公司出售的,应承担不利的举证后果。原审审理中,袁某申请就涉邮票中猴票是否为全新原版进行鉴定,藏某公司与京某公司对检材不予认可。在此情况下,本案对鉴定意见无法采用。判决:撤销一审判决,驳回袁某的诉讼请求。[1]

---

〔1〕 参见北京市高级人民法院研究室编:《审判前沿——新类型案件审判实务》(总第56集),法律出版社2017年版,第184页。

三、网络买卖合同纠纷的处理

(一)网络买卖赔偿责任的处理

《网络消费纠纷解释(一)》第四条规定:“电子商务平台经营者以标记自营方式或者虽未标记自营但实际开展自营业务所销售的商品或者提供的服务损害消费者合法权益,消费者主张电子商务平台经营者承担商品销售者或者提供服务者责任的,人民法院应予支持。电子商务平台经营者虽非实际开展自营业务,但其所作标识足以误导消费者使消费者相信电子商务平台经营者自营,消费者主张电子商务平台经营者承担商品销售者或服务提供者责任的,人民法院应予支持。”

《网络消费纠纷解释(一)》第五条规定:“平台内经营者出售商品或者提供服务过程中,其工作人员引导消费者通过交易平台提供的支付方式以外的方式进行支付,消费者主张平台内经营者承担商品销售或者服务提供者责任,平台内经营者以未经过交易平台支付为由抗辩的,人民法院不予支持。”

《网络消费纠纷解释(一)》第十一条规定:“平台内经营者开设网络直播间销售商品,其工作人员在网络直播中因虚假宣传等给消费者造成损害,消费者主张合法平台内经营者承担赔偿责任的,人民法院应依法予以支持。”

根据《消费者权益保护法》第五十五条之规定,经营者提供商品或者服务有欺诈行为的,可以按照法律规定要求惩罚性赔偿。在网购纠纷中,卖家的商品宣传中如果具有不符合一般消费者认知的标识,并且该宣传足以诱使买家消费的,应认定构成欺诈。

1. 责任竞合

买受人在出卖人的网络平台上购买商品,出现违约责任与侵权责任竞合时,买受人可选择其中一种责任形式,由出卖人赔偿因此造成的损失,选择后另一种责任形式则灭失。

【案例10－39】　黄某钰诉科技贸易公司买卖合同纠纷案

判决观点,被告出于销售商品并获取利润的目的在购物网站上展示出售的电视机,并在展示的页面中对电视机的型号、尺寸、分辨率、价格等进行了明确的表述,原告对以上细节进行确认后认为符合其购买的目的自愿购买了该电视机,原、被告之间的买卖行为不违反法律和行政法规的强制性规定,买卖合同依法成立。双方都应当按照约定履行义务,被告提供给原告的电视机在尺寸和屏幕的分辨率上明显不符合双方的约定,致使原告的合同目的不能实现,被告的行为显然属于违约,因此对原告要求被告退还购物款859元的诉讼请求,法院予以支持,但原告应将电视机原物退还给被告。根据《侵害消费者权益行为处罚办法》的规定,被告未按照约定向原告提供符合广告页面详情中尺寸及分辨率的电视机,不符合原告在下单时购买电视机的要求,因此应当认定被告存在欺诈行为。根据《消费者权益保护法》的规定,原告要求被告赔偿电视机价款的3倍2577元,法院予以支持。在原告办理退货退款的过程中,被告在没有证据证实原告存在骗保行为的情况下就称原告要求退货是骗保行为,构成对原告人格尊严的侵害,根据《消费者权益保护法》的规定,原告要求被告赔礼道歉,法院予以支持。被告只是在回复原告时称原告骗保,没有造成恶劣的社会影响,被告可以以口头或书面形式向原告道歉。被告经法院合法传唤,无正当理由拒不到庭参加诉讼,系对自身享有诉权的放弃,由此产生不利于其本人的法律后果,应当自负。判决:(1)被告科技贸易公司向原告黄某钰退还购货款859元,原告黄某钰将电视机退还给被告科技贸易公司;(2)被告科技贸易公司向原告黄某钰赔偿损失2577元;(3)被告科技贸易公司以口头或书面形式向原告黄某钰赔礼道歉。[1]

2. 惩罚性赔偿

在网络购物合同纠纷中,买受人以《食品安全法》为依据请求10倍赔偿的受法律保护。

【案例10－40】　夏某诉茶叶贸易公司、茶叶经营部网络购物合同纠纷案

二审法院认为,东莞市食品药品监督管理局认定茶叶贸易公司未尽到应尽的查验义务,出售的案涉茶叶为超过保质期的产品,违反了《食品安全法》第三十四条和第五十三条的规定,对其作出行政处罚,证实案涉茶叶违反食品安全标准,夏某要求退货退款和10倍赔偿的上诉主张,符合《食品安全法》

---

〔1〕 参见国家法官学院、最高人民法院司法案例研究院编:《中国法院2022年度案例》(买卖合同纠纷),中国法制出版社2022年版,第249页。广西壮族自治区贵港市港南区人民法院(2020)桂0803民初680号民事判决书。

第一百四十八条第二款的规定,应予支持。判决:(1)维持一审判决第一项、第二项、第三项;(2)茶叶贸易公司赔偿夏某3.5万元。[1]

网络商户出售以旧充新货物构成消费者欺诈,应承担惩罚性赔偿。

【案例10-41】　史某杰诉易华公司买卖合同纠纷案

二审法院认为,第一,史某杰为证明其向易华公司购买了案涉显卡向法院提供了订单、销售出库单、发票、显卡包装盒等证据材料,其已完成了相应的举证责任,易华公司不认可案涉显卡由其向史某杰出售并无充分的证据证明,而且易华公司作为专业销售电脑产品的商家,其在出售时未向史某杰告知具体序列号极其重要作用,在收到史某杰退货后也未记载显卡序列号,且在此后双方交涉过程中将显卡包装盒上的序列号作为史某杰所购显卡的序列号,在易华公司未对此提供相应证据的情况下,应认定史某杰向易华公司所购显卡即案涉显卡。第二,关于易华公司是否存在欺诈行为。易华公司作为专业销售电脑配件产品的商家在向史某杰出售案涉显卡时并未告知显卡的真实信息,将曾维修过的显卡作为全新显卡向史某杰出售,而该显卡因质量问题无法进行保修,亦无法正常使用,经华硕电脑定点维修服务中心检测确认此前曾维修的情况,易华公司与史某杰沟通时承认出货渠道出现问题,一审判决其承担3倍货款的赔偿责任等并无不当。综上所述,易华公司的上诉请求不能成立,应予驳回;一审判决认定事实清楚,适用法律正确,应予维持。判决:驳回上诉,维持原判。[2]

进口商品未粘贴中文标签违反了《食品安全法》第二十六条的规定,属于不符合食品安全标准的食品,适用惩罚性赔偿的规定。

【案例10-42】　金某然诉长沙众群贸易有限公司买卖合同纠纷案

一审法院认为,关于5月19日的两笔订单。该订单项下的商品,长沙众群公司网页中明确标识为进口商品,进口商品没有粘贴中文标签,不符合食品安全标准的要求。金某然要求退款退货并10倍赔偿于法有据。关于5月30日的一笔订单,该笔订单在发货前,长沙众群公司明确告知金某然订单下的商品无中文标签和商品来源情况,按照常理金某然应该知晓自购订单下商品不会有国内保健品的批号且在使用剂量上应与国内标准不同。金某然未

---

〔1〕参见国家法官学院、最高人民法院司法案例研究院编:《中国法院2022年度案例》(买卖合同纠纷),中国法制出版社2022年版,第257页。湖北省武汉市中级人民法院(2020)鄂01民终898号民事判决书。

〔2〕参见国家法官学院、最高人民法院司法案例研究院编:《中国法院2020年度案例》(买卖合同纠纷),中国法制出版社2020年版,第32页。江苏省常州市中级人民法院(2018)苏04民终1663号民事判决书。

取消订单且要求长沙众群公司继续发货,表明金某然确认商品的状态,金某然收到商品后又以其事先明知的理由主张长沙众群公司要求退款、退货和10倍赔偿缺乏事实和法律依据。判决:(1)被告长沙众群公司退还原告货款4863元,同时原告金某然向被告长沙众群公司返还健美生进口辅酶Q10软胶囊和伟博大豆异黄酮胶囊;(2)被告长沙众群公司赔偿原告48630元;(3)驳回原告金某然的其他诉讼请求。二审法院认为,一审法院认定事实清楚,适用法律正确。判决:驳回上诉,维持原判。[1]

网络经营者将不能享受专柜保修服务的商品承诺为“行货”构成欺诈。

【案例10-43】 唐某忠诉世纪卓越公司买卖合同纠纷案

二审法院认为,第一,“行货”并非法律上的术语,亦非标准行业术语,双方也未对其含义进行约定,故应依照交易习惯对其进行理解。依照当前市场的交易习惯,“行货”系经过合法的报关手续等正规渠道进入国内市场的境外商品,能在国内市场享受售后服务及质量保证。依据普通消费者的通常认识,能够享受国内特约经销商和特约维修点的保养、保修等售后服务是“行货”的重要特征。世纪卓越公司作为网站经营者,其明知手表不能参加全国联保,却仍将商品描述为“行货”,应当认定世纪卓越公司的行为构成欺诈。第二,唐某忠的购买行为发生于2012年9月1日,应当适用《消费者权益保护法》(2009年修正),该法第四十九条规定了经营者欺诈应当返还货款并进行一倍赔偿。第三,一审法院对本案审理是否属于程序违法。一审法院基于福建省漳州市中级人民法院作出的生效裁定对本案进行管辖,并无不当。判决:(1)撤销一审判决;(2)世纪卓越公司退还唐某忠货款12228元,并向唐某忠支付赔偿款12228元;(3)唐某忠将其2012年9月1日从世纪卓越公司购买的价格12228元的TTTONI梅花表Cosmo宇宙系列机械男表一只退还给世纪卓越公司;(4)驳回唐某忠的其他诉讼请求。[2]

经营者价格欺诈的,消费者有权要求赔偿。

【案例10-44】 王某诉小米科技有限责任公司网络购物合同纠纷案

二审法院认为,本案就10400mAh移动电源,小米公司在米粉节抢购前专门制作了宣传页面进行广告宣传,即原价69元的10400mAh移动电源米粉节49元,在米粉节该广告仍然存在。基于小米公司网络抢购此种销售方

---

〔1〕 参见国家法官学院案例开发研究中心编:《中国法院2019年度案例》(买卖合同纠纷),中国法制出版社2019年版,第44页。北京市第三中级人民法院(2017)京03民终7986号民事判决书。

〔2〕 参见国家法官学院案例开发研究中心编:《中国法院2017年度案例》(买卖合同纠纷),中国法制出版社2017年版,第13页。北京市第三中级人民法院(2015)三中民(商)终字第03660号民事判决书。

式的特殊性,该广告与商品的抢购界面直接连接且消费者需在短时间内作出购买的意思表示。王某认同小米公司广告价格49元,故在米粉节当日作出抢购的意思表示,其真实意思表示的价格为49元。小米公司现认可小米商城活动界面显示错误,存在广告价格与实际价格不一致之情形,但其解释为电脑后台系统出现错误。由于小米公司事后就后台出现错误问题并未在网络上向消费者作出声明,且无证据证明米粉节当天其电脑后台出现故障,导致其广告价格与实际结算价格不一致,故法院认定小米公司对此存在欺诈消费者的故意,王某关于10400mAh移动电源存在欺诈撤销合同的请求合理,法院予以支持。就5200mAh移动电源,王某与小米公司均同意解除双方之间的网络购货合同,法院对此予以确认。判决:(1)撤销一审判决;(2)解除王某与小米公司2014年4月8日订立的有关5200mAh移动电源的网络购物购物合同;(3)解除王某与小米公司2014年4月8日订立的有关10400mAh移动电源的网络购物购物合同;(4)王某退还小米公司10400mAh移动电源一个及5200mAh移动电源一个;(5)小米公司退还王某购买款108元,并赔偿王某500元;(6)驳回王某的其他诉讼请求。[1]

经营者身份是商品信息的重要组成部分,特别是对于某些种类商品,经营者身份承载了商品的品牌信誉、售后服务保障等内容,对消费者选购商品有较大的影响。网络经营者在商品宣传页面对重要的商品信息的披露应当达到明显使一般消费者知悉的程度。对重要的商品信息披露不准确、不全面或者不明显的,也可认定其构成隐瞒商品信息。法官可以根据商品信息的重要程度判断是否足以使消费者陷入错误认识并基于错误认识作出意思表示。

【案例10-45】 王某诉零元购电子商务公司、湖南电信公司买卖合同纠纷案

二审法院认为,王某从某电子商务公司负责运营的湖南电信旗舰店购买涉诉苹果手机,双方的买卖合同关系成立,本案的争议焦点为某电子商务公司的销售行为是否构成欺诈。王某认为某电子商务公司未在网络宣传页面提到实际销售者与名义销售者不符的情形,导致王某错误地认为经营者为湖南电信公司,基于对湖南电信公司的品牌信任而购买涉诉苹果手机,某电子商务公司构成欺诈。某电子商务公司上诉主张其在网站的商品详情一栏中的正规发票里面标注了开具发票的单位为某电子商务公司,不存在隐瞒消费者的情形。首先,《消费者权益保护法》第五十五条第一款规定,一方当事人

---

〔1〕 参见国家法官学院案例开发研究中心编:《中国法院2016年度案例》(买卖合同纠纷),中国法制出版社2016年版,第37~38页。北京市第一中级人民法院(2014)一中民(商)终字第8587号民事判决书。

故意告知对方虚假情况，或者故意隐瞒真实情况，诱使对方当事人作出错误意思表示的，可以认定为欺诈行为。《消费者权益保护法》第八条第一款规定："消费者享有知悉其购买、使用的商品或接受的服务的真实情况的权利。"实际经营者是谁属于商品的重要信息，涉及企业信誉、售后服务等方面的问题，故知晓该商品的实际经营者是消费者购买商品时的重要参考。经庭审询问，在涉诉的售后服务主体选择上确实存在容易给消费者造成混淆的情况，其售后服务存在差别。其次，因网站注册名称为湖南电信旗舰店，消费者有合理理由认为电信公司为该网店的经营者，而某电子商务公司上诉主张其在正规发票样式中标注了开具发票的单位为某电子商务公司，但是该信息并未足够明显地在网络宣传页面标注。并且消费者难以从发票样式中看出实际经营主体。故某电子商务公司在客观上隐瞒了商品的真实情况，消费者基于对涉诉商品经营者的错误认识并基于该认识作出了购买商品的意思表示。因此，客观上某电子商务公司的销售行为存在欺诈。消费者难以对经营者的主观状态进行直接的证明，因此，应当从经营者在销售商品时是否尽到注意义务、具体的销售行为对消费者和经营者构成的影响，结合消费者的举证能力及案件的客观事实，综合推断经营者是否存在欺诈的故意。手机的实际经营者对手机本身的质量保证以及售后服务有重要意义，某电子商务公司作为湖南电信旗舰店的实际经营者，其应当对影响消费者选择商品的重要信息告知消费者。此外，从行为的效果上看，某电子商务公司未在网络宣传页面明确告知消费者其为湖南电信旗舰店的实际经营者，使消费者基于对电信公司品牌知名度以及售后服务方面的信任陷入错误认识购买涉诉商品，客观上有利于提高其销量，可能给其带来更大的收益。另外，关于王某主张某电子商务公司在宣传页面中将产品的实际单位"英寸"标注为"寸"，虽然存在标注行为不够规范的情形，但不足以构成对消费者的误导。综合上述情况，法院认为，某电子商务公司的行为存在主观上的故意，客观上的欺诈行为，故本案可推定某电子商务公司的行为构成欺诈，王某要求某电子商务公司退还货款并3倍赔偿符合法律规定，法院予以确认。判决：驳回上诉，维持原判。[1]

销售者在二手商品网站从事经营活动构成欺诈的，应当承担赔偿责任。

【案例10-46】 高某诉杨某网络信息购物合同纠纷案

判决观点，杨某在二手网络交易平台假借出售个人闲置物品的名义长期

---

〔1〕 参见最高人民法院中国应用法学研究所编：《人民法院案例选》2018年第5辑（总第123辑），人民法院出版社2018年版，第91～92页。北京市第三中级人民法院（2016）京03民终字第14124号民事判决书。

从事经营销售活动，并以虚假宣传的方式销售假冒商品，致高某陷入错误认识，进而订立合同，形成交易，杨某的行为应认定为商业性经营行为，其行为构成销售欺诈。高某主张杨某依据《消费者权益保护法》承担经营者责任，法院应予支持。故判令杨某退还高某已支付商品价款并承担商品价款3倍的惩罚性赔偿。[1]

消费者第一次发生错误认识的，应认定经营者为欺诈。消费者第二次未发生错误认识的，不应认定经营者为欺诈。

【案例10－47】　王某诉南京亮达电子商务有限公司、浙江天猫网络有限公司网络购物合同纠纷案

判决观点，本案系网络购物合同纠纷，原告王某为生活消费需要而购买商品，其合法权利应当受到法律保护，被告南京亮达作为经营者负有诚实经营的义务，不得作虚假宣传。南京亮达在其天猫销售网站上公示了三份编码不一致的三星授权证明书，其发布虚假信息的行为违反了《消费者权益保护法》的相关规定，南京亮达应当向原告王某退还4条三星手机S4原装数据线47.88元，并向原告王某3倍赔偿其损失。因南京亮达已向原告退还了上述货款47.88元，王某要求南京亮达退还4条三星手机S4原装数据线47.88元，法院不予支持；因南京亮达按货款47.88元3倍赔偿原告王某的损失不足500元，按照法律规定应以500元计算。王某在已经购买4条三星手机S4原装数据线，已知悉南京亮达三星授权证明书存在问题的情况下，再次在南京亮达购买324条三星手机S4原装数据线，不属于原告发生错误认识而支付款项的情形。虽然南京亮达向王某发送空包裹的行为有违诚实信用原则，但其已将324条三星手机S4原装数据线货款3878.28元退还给王某，故该324条数据线交易不能认定南京亮达构成欺诈。王某要求南京亮达向其退还324条数据线货款3878.28元并要求3倍赔偿的诉讼请求，不予支持。被告浙江天猫作为网络平台提供者尽到了合理的审查义务，其在王某与南京亮达发生争议后介入调解，涉案货款已全额退还原告，不符合"应知销售者利用其平台侵害消费者合法权益，未采取必要措施"的情形，故浙江天猫不应对原告主张的3倍赔偿责任承担连带责任。判决：被告南京亮达公司赔偿王某损失500元，驳回原告王某的其他诉讼请求。[2]

---

〔1〕 参见最高人民法院民事审判第一庭编：《民事审判指导与参考》2022年第1辑（总第89辑），人民法院出版社2022年版，第47页。消费者权益保护典型案例9。

〔2〕 参见最高人民法院中国应用法学研究所编：《人民法院案例选》2017年第1辑（总第107辑），人民法院出版社2017年版，第95～96页。山东省济南市槐荫区人民法院（2016）鲁0104民初756号民事判决书。

3. 赔偿限制

判断网店不当宣传是否构成欺诈时,应以常识标准和谨慎义务作为判断标准。对于一些常见的消费物品,应以常识标准,普通消费者正常认识程度为准,以是否能使一个理性的普通人在施以平常的注意力的情况下,是否可能产生误解来判断。

【案例10-48】 白某平诉黄某纯网络购物合同纠纷案

二审法院认为,黄某纯在淘宝网上注册的商家"网豆美眉",在涉案商品展示页面宣称"全网最低价""销量冠军""索尼Z3钢化膜仅限今天拍下即送"等信息,然存在一定的虚假宣传,但作为买家的白某平在淘宝网上购物,应当知道黄某纯发布的上述信息只是一种促销的宣传手段和广告语,且白某平在淘宝网完全能够根据网页上显示的"综合""价格""人气"等排名进行相应的判断。因此,黄某纯发布的上述信息客观上对白某平是否购买涉案商品的确定影响不大,因此,原判未认定黄某纯的行为构成欺诈,理由充分,并无不当。至于白某平提出黄某纯未按约及时发货,与是否构成欺诈没有关系,对此也难以采信。综上,原审认定事实清楚,适用法律正确,判决并无不当。白某平之上诉,理由不足,依法不予支持。判决:驳回上诉,维持原判。[1]

判断违反绝对化用语禁令的广告宣传是否构成欺诈,应结合相关公众的一般注意力、发生误解的事实、被宣传对象的实际情况、日常生活经验等因素予以综合判断。消费者对购买普通商品应尽到基本理性的审慎义务,个体的轻率购买行为不构成错误意思表示,相关行政措施不应作为直接认定经营者欺诈的依据。

【案例10-49】 张某前诉广州军刀旅行用品有限公司网络购物合同纠纷案

一审法院认为,本案的争议焦点为被告的宣传行为是否构成对原告的欺诈。涉案广告宣传行为确因使用"最优质""最好"等字样而违反了《广告法》的相关规定,并已受到行政部门的相关处理,不当的广告宣传行为并不必然构成对消费者的欺诈,应结合欺诈的构成要件进行判断。首先,是否存在欺诈故意。涉案拉杆箱密码锁的不当广告宣传用语,被告在出具给工商部门的情况说明中予以承认,并表示在接到客户投诉的第一时间进行了清查整改,亦签收了工商部门的《责令改正通知书》,可见被告并无通过广告宣传欺诈消费者的故意。其次,是否存在欺诈行为。虽然被告对涉案拉杆箱的密码锁宣传使用了不当的广告用语,并无证据证明该密码锁存在以次充好等质量问

〔1〕 参见国家法官学院案例开发研究中心编:《中国法院2017年度案例》(买卖合同纠纷),中国法制出版社2017年版,第74页。浙江省宁波市中级人民法院(2015)浙甬民二终字第707号民事判决书。

题，或者对其他核心的质量信息未能进行真实全面的描述，故被告的上述行为上不足以构成虚构事实或隐瞒真相。最后，是否使被欺诈人陷入错误认识而作出意思表示。本案原告作为具有民事行为能力的理性人，对所购买产品的各项主要参数应有基本的合理判断。原告可依据广告页面的相关信息综合判断是否购买该款拉杆箱，而且仅凭对密码锁绝对化的广告用语便轻率购买涉案产品，是其自身未尽合理的审慎义务。原告购买行为不属于错误的意思表示，该意思表示的后果应由原告自行承担。原告关于被告欺诈而要求退一赔三的诉讼请求无事实及法律依据，不予支持。判决：驳回原告张某前的诉讼请求。二审法院判决：驳回上诉，维持原判。[1]

网络购买的商品数量远远超出生活消费，明显知假买假诉请惩罚性赔偿的不应支持。

【案例10－50】　王某松诉云海公司买卖合同纠纷案

判决观点，被告云海公司是否存在"欺诈"，应当结合民事法律上的"欺诈行为"构成要件综合认定。本案中，原、被告双方在网络平台进行商品交易，交易时的商品的类型、功效、主要成分等信息均可查询，商品信息公开透明。原告并不存在获取信息上的弱势地位，也不存在交易信息上的不对称，这在原告提供的证据中得到了证实。原告在付款后的很短时间内进行退款，也未能提供证据证明其受到了损失。被告对商品进行明码标价，并将商品信息提供给消费者查询，没有故意隐瞒真实情况，原告王某松不存在因判断错误而导致意思表示错误的情形，云海公司的行为也就不符合民法上欺诈的构成要件。此外，在原告举证的被告在商品网页中对产品功效部分的描述，仅出现了"预防动脉硬化、预防心绞痛、脑栓塞、脑血管痉挛症发生"，其他并无"预防""治疗"等宣传，但"三七"产品本身就有药用价值，不违反《广告法》真实性之要求，故对商家是否违规宣传应当由行政执法机关予以认定，对商家违规宣传的惩处亦应由行政执法机关处理，法院不予认定。综上，法院对原告的诉讼请求不予支持。[2]

消费者购买大量商品并非为个人生活需要，不适用惩罚性赔偿。

【案例10－51】　王某诉蓝田公司买卖合同纠纷案

判决观点，关于争议焦点一，本案中，原告王某浏览被告蓝天公司注册的

---

〔1〕 参见最高人民法院中国应用法学研究所编：《人民法院案例选》2018年第3辑（总第121辑），人民法院出版社2018年版，第32页。上海市第一中级人民法院（2017）沪01民终1561号民事判决书。

〔2〕 参见国家法官学院案例开发研究中心编：《中国法院2017年度案例》（买卖合同纠纷），中国法制出版社2017年版，第239～240页。江苏省盐城市滨海县人民法院（2015）滨商初字第0722号民事判决书。

杰杰丝蓝天衣莎天猫专卖店的网页,在与被告协商后,下单购买了杰杰丝牌羊毛衫45件,并通过支付宝向被告支付了货款。王某与蓝天公司之间的买卖合同关系明确。且王某已经按照交易惯例向被告支付了全额货款,履行了买受人的义务。蓝天公司理应依照双方的约定及时向王某发送货物。2015年9月27日,王某收到该批羊毛衫后,经湖州出入境检验检疫局综合技术服务中心出具的鉴定报告认定,羊毛衫中并不含羊毛或羊绒成分(实际成分为49.6%的粘纤、33.5%的聚酯纤维、16.9%的锦纶),这与被告网页上宣传的情况(羊毛衫含羊毛70%)完全不符。因此,蓝天公司销售劣质羊毛的行为显然违反了《合同法》第六条、第一百三十五条、第一百五十三条之规定,构成违约。蓝天公司在其天猫网店的网页上明确承诺"本店全部实物拍摄,假一罚十",该承诺系蓝天公司向买家作出的保证,且不违反国家法律、行政法规的相关规定,其依法应严格遵守。关于争议焦点二,根据《消费者权益保护法》第二条的规定,《消费者权益保护法》保护的对象是以生活消费为目的的消费者,而不是生产者或经营者,且消费目的是满足个人和家庭的需要。本案中,王某向蓝天公司一次性购买相同款式、型号的羊毛衫45件,其购买目的显然不是个人生活需要,并且王某也未提供相关证据对购买该批羊毛衫的目的予以说明,其依法应承担举证不能的法律后果。因此,在本案中,王某不属于《消费者权益保护法》所保护的对象,其依照该法第五十五条之规定,要求蓝天公司赔偿3倍损失缺乏法律依据,法院不予支持。关于鉴定费用200元,该部分费用系王某为确定涉案物品质量支出的必要费用,依法应当认定为王某的直接损失,该损失系由蓝天公司销售假货造成,应当由蓝天公司负担。判决:(1)被告蓝天公司向原告王某归还货款5350元,同时,原告王某将案涉羊毛衫44件退还给被告蓝天公司;(2)被告蓝天公司赔偿原告王某损失53550元;(3)驳回原告王某的其他诉讼请求。[1]

价格欺诈行为,是指经营者利用虚假的或者使人误解的标价形式或者价格手段,欺骗、诱导消费者或者其他经营者与其交易的行为,系行为人基于故意之主观目的,向消费者披露虚假情况或者故意隐瞒真实情况以诱导对方作出错误意思表示的行为。

【案例10-52】 张某诉上海简橙贸易有限公司网络购物合同纠纷案

判决观点,本案中,原告先后在被告经营的网店中提交订单两份。在其提交编号为2013914361111118260的订单之前,原告已经通过"天猫"商城自

---

〔1〕 参见国家法官学院案例开发研究中心编:《中国法院2018年度案例》(买卖合同纠纷),中国法制出版社2018年版,第56~57页。山东省聊城市茌平县人民法院(2015)茌商初字第889号民事判决书。

动聊天软件与被告就价格、优惠券使用、产品型号等问题进行磋商，被告已明确告知原告，参加促销活动的商品不可使用优惠券，型号为海尔 BCD—548 的电冰箱最低成交价格为3899 元，并向原告提供了只能使用海尔 BCD—470 型号的特定店铺优惠券 300 元。在得到被告的答复后，原告又就其他问题与被告客服人员进行协商，并且其订单提交时间在得到客服人员答复之后，据此可知，双方已就优惠券使用问题及成交价格等信息进行充分磋商，被告已经全面、真实、准确、及时地披露了商品信息，保障了原告的知情权及选择权。原告在被告明确告知后，仍在提交订单时使用约定仅能单次用于特定商品的优惠券，有悖诚信原则。故法院认为被告并不存在故意诱导原告作出错误意思表示、故意隐瞒真相和告知其他虚假情况的欺诈行为。综上所述，一审法院对原告以被告存在价格欺诈为由判令解除原、被告之间的订单合同并退回货款，支付 3 倍赔偿金的诉请不予支持。判决：驳回原告张某的全部诉讼请求。[1]

经营者的广告宣传虽然违法，消费者并未因此产生错误认识并作出错误的意思表示，不构成民事领域的欺诈。

【案例 10－53】 谭某诉上海智奥一号信息技术有限公司买卖合同纠纷案

二审法院认为，作为具有民事行为能力的公民应当明知法律、法规的规定，并且原告有驾驶执照，更应对该法律的规定有充分认识。被告虽受到了行政处罚，行政处罚不当然能认定被告存在欺诈行为，原告主张欺诈仍应依照民事法律的相关规定予以确定。原告在购买涉案产品后，短时间内即进行公证、维权的行为，足以说明原告购买涉案产品具有特殊目的，被告的宣传显然不会对原告产生错误引导。判决：驳回上诉，维持原判。[2]

经销商对商品的描述符合相关电子行业的标准，与实际提供的商品符合，不存在虚假宣传行为，并无故意告知对方虚假情况或者隐瞒真实情况诱使消费者作出错误意思表示的行为，不构成欺诈。

【案例 10－54】 杨某诉华为软件技术公司网络购物合同纠纷案

二审法院认为，一审法院在华为公司是否存在虚假宣传的认定上确有不妥，对华为公司的上诉主张予以支持。一审法院对华为公司的广告宣传是否对杨某引起消费误导并构成欺诈的认定充分、合理，予以维持。华为公司在“华为商城网站”MATES 手机销售广告页面使用该手机拥有“蓝宝石镜头”

---

〔1〕 参见陈昶主编：《2020 年上海法院案例精选》（买卖合同纠纷），上海人民出版社 2022 年版，第 61 页。

〔2〕 参见陈昶主编：《2020 年上海法院案例精选》（买卖合同纠纷），上海人民出版社 2022 年版，第 75 页。

的表述不构成虚假宣传,不对消费者造成欺诈。双方当事人订立的网络购物合同真实、有效,不符合可撤销的法定情形。杨某要求华为公司返还手机价款29393元并赔偿3倍价款88179元及支付鉴定费1000元于法无据,一审法院不予支持是正确的。法院审理中,放弃赔偿3倍价款88179元的请求,予以准许,但其仍然坚持要求华为公司返还手机价款及支付鉴定费的请求难以支持。判决:驳回上诉,维持原判。[1]

自愿购买销售者已明确告知过期的酒水,不支持10倍赔偿。

【案例10-55】 某商行与李某信息网络买卖合同纠纷再审案

再审法院认为,消费者明知食品不符合安全标准而自愿购买后索赔的,即所谓"知假买假"应否适用惩罚性赔偿,不能一概而论,应结合个案的具体案情分析认定。本案中,虽然某商行销售的"至宝特质三鞭酒"已经过了产品上标注的保质期,但某商行在淘宝的销售页面上对该情形已经作出了说明和"介意勿拍"的提醒,同时表明该产品亦具有不限于饮用的收藏价值。而且,在李某购买涉案商品时,某商行的客服再度进行了提醒,上述事实足以证明某商行在销售涉案商品时并无故意误导消费者的欺诈意图。而李某在被明确告知商品已过期和提醒"介意勿拍"的情况下仍然坚持购买,购买后又立即提出退一赔十的请求,且不同意某商行退还货款的处理意见,其主观牟利意图十分明显,客观上亦不存在因购买过期产品而受到损害的可能。其行为有违民事活动中应当遵循的诚信原则,其主张的惩罚赔偿请求不具有正当性和受法律保护的必要性,故不应适用惩罚性赔偿的规定。[2]

4. 违约责任

电商平台经营者以更低价格出售高度重合的商品组合,违反价保承诺的,构成违约。

【案例10-56】 高某某诉欧莱雅(中国)有限公司网络购物合同纠纷案

一审法院认为,《消费者权益保护法》第二十条第一款规定,经营者向消费者提供有关商品或者服务的质量、性能、用途、有效期限等信息,应当真实、全面、不得作虚假或者引人误解的宣传。欧莱雅公司的微博内容不存在对商品质量、功效的扩大或虚假描述,高某某对案涉商品本身亦未提出存在缺陷、瑕疵等异议。关于商品销售价格,直播电视行业普遍存在"低价限量带货"

---

〔1〕 参见茆荣华主编:《2018年上海法院案例精选》,上海人民出版社2020年版,第120页。

〔2〕 山东省高级人民法院发布2022年度山东法院十大买卖合同纠纷典型案件,山东省高级人民法院(2022)鲁民申10201号民事裁定书。

的情形,该价格策略不具有普适性,本案中出现相似商品在直播间售价更低的现象,具有一定的合理性,因此欧莱雅公司并无欺诈故意,不存在欺诈行为,无须承担惩罚性赔偿责任。高某某与欧莱雅公司之间成立网络购物合同,后者的微博内容明确传达了购买预售商品较“双十一”当天购买更划算的意思表示,应当视为要约,属于合同内容。比对案涉两款商品,可以发现:从折扣率看,预售套装整体折扣率为50%,直播间秒杀套装整体折扣率为68%。从商品组合看,两款均含紫米精华,且紫米精华重叠率高达75%。从商品销售价格之和看,两者相差700元。虽然不同的主商品指向不同的消费群体,但不排除欧莱雅公司的此种营销方案,实际上使以高某某为代表的部分消费群体,出于对欧莱雅公司官方微博“最划算”的承诺的信赖而放弃对类似商品和高度重合商品售价的期待和观望,进而在直播间秒杀活动推出后产生对预售商品“最划算”的主观认知。虽然案涉两种商品属于完全独立的商品主体,但从一般消费者的认知上看,不应以此否定消费者缔结合同时想得到“最划算”相似商品和高度重合商品组合的合同目的。此外,冷静期权利属于消费者的权利,而非义务。行使“七天冷静期无理由退货”权利并非信赖利益保护的唯一方式,高某某可通过向欧莱雅公司主张违约责任弥补损失。综上,欧莱雅公司违反了对高某某“最划算”承诺,构成违约,综合考虑两款商品的种类、数量、售价以及直播商品限量销售等因素,酌情判定欧莱雅公司赔付200元。判决:(1)欧莱雅公司向高某某赔偿200元;(2)驳回高某某的其他诉讼请求。二审法院判决:驳回上诉,维持原判。[1]

出卖人不构成欺诈,但构成违约的亦应承担相应的赔偿责任。

【案例10-57】　龙某君诉乐视控股公司等网络购物合同纠纷案

判决观点,乐视控股公司为乐视商城ICP备案牌照持有者,乐视网公司为会员服务提供者,根据乐视致新公司提交的公证书、发票、送货单、网页信息等证据,可以印证其在乐视商城上销售自营商品,应为涉案网络购物合同的出卖方,龙某君为涉案网络购物合同的买受方。本案的争议焦点在于乐视致新公司在销售涉案电视的过程中是否存在欺诈行为并据此适用《消费者权益保护法》规定的惩罚性赔偿。根据已查明的案情,乐迷社区登载“9·19主商品”专场官方公告,促销内容涵盖购买超级电视、超级手机、智能软件等多种产品以及多种款型,本案诉争的超级电视款型,即超级电视X50Air张艺谋《归来》艺术版仅为上述活动内容的其中之一,龙某君作为消费者之一参加

〔1〕 参见最高人民法院中国应用法学研究所编:《人民法院案例选》2021年第4辑(总第158辑),人民法院出版社2021年版,第165~166页。广东省广州市中级人民法院(2020)粤01民终20345号民事判决书。

了上述“9·19主商品专场”,在乐视商城下订单购买了上述型号超级电视。2015年9月19日活动当天,针对当天访问量过大造成系统崩溃的情况,乐视商城及时发布了公告,对部分用户无法提交订单、活动持续时间、活动优惠等做出确认和处理。2015年9月24日活动结束后,针对瞬时流量过大造成服务器拥堵,系统恢复正常后订单量激增的情况,乐视商城再次发布了致歉公告,对部分发货会有迟延进行了道歉,同时通知消费者以下订单两款畅销机型S40Air全配版和X50Air张艺谋《归来》艺术版的支付率远超预期,可以选择免费升级为新品超级电视第三代,此外还注明了免费升级的具体信息以及赠送内容。从上述乐视商城多次发布的广告内容以及处促销过程中的履约行为判断,此次促销活动针对不特定的众多消费者,促销内容包括多款产品的多种款型,仅对购买诉争超级电视两种款型的部分消费者由于备货量不足未能按照订单款型发货,且乐视商城已经通过公告予以通知,并且电话征询了消费者意见,因此无法推断出乐视商城存在刻意隐瞒涉诉机型备货量不足从而诱使消费者做出错误购买行为的故意,尚不足以认定乐视商场存在欺诈行为,不符合欺诈的构成要件,对龙某君基于欺诈要求乐视致新公司承担3倍惩罚性赔偿的诉讼请求,法院不予支持。但是,乐视致新公司未能向龙某君提供订单中所载明款型的超级电视,同时送货时间也晚于公告中承诺的时间,其行为已构成违约,由此导致龙某君选择拒收货物,乐视致新公司应承担龙某君因此造成的损失,包括资金占用利息的损失和律师费,法院对此予以支持。判决:(1)被告乐视致新公司赔偿原告龙某君利息损失;(2)乐视致新公司赔偿原告龙某君律师费3000元;(3)驳回原告龙某君的其他诉讼请求。[1]

《网络消费纠纷解释(一)》第十条规定:“平台内经营者销售商品或者提供服务损害消费者合法权益,其向消费者承诺的赔偿标准高于相关法定赔偿标准,消费者主张平台内经营者按照承诺赔偿的,人民法院应依法予以支持。”

电子商务经营者销售商品时对消费者作出有利承诺的,其后不履行承诺构成违约。

【案例10-58】 齐某某诉罗某某网络信息购物合同纠纷案

判决观点,罗某某在销售涉案商品时,通过商品网络详情页对齐某某做出承诺,所售商品“半年内质量问题换新”,按社会普通消费者的通常理解,此处的“换新”应指电池整机换新,而非构成电池组成部分的零部件换新。

---

〔1〕 参见国家法官学院案例开发研究中心编:《中国法院2018年度案例》(买卖合同纠纷),中国法制出版社2018年版,第22~23页。北京市朝阳区人民法院(2015)朝民(商)初字第63004号民事判决书。

罗某某确认交付给齐某某的锂电池存在质量问题，但未按销售承诺给齐某某换新电池，而是将部分零件进行了更换。齐某某要求罗某某按照承诺，对整个电池换新，但罗某某拒绝。齐某某只能另行购买新的电池使用。罗某某在销售商品存在质量问题的情况下，拒不按照销售承诺履行更换义务，已构成违约。现其违约行为以致合同目的无法实现，齐某某要求解除合同，退还货款，依法应予支持。[1]

5. 其他处理

买受人在未签收前被他人冒领的，不能认为出卖人已完成交货义务。

【案例 10－59】　倪某诉马某信息网络买卖合同纠纷案

判决观点，本案的争议焦点是马某有无完成交付货物的合同义务。从马某在中国投资资讯网发布售卖纪念币的帖子看，其委托顺丰速递公司邮寄货物，是其选择向倪某交付货物的方式。马某将货物交由速递公司发运，但倪某未签收货物，不能认为马某已完成货物交付的义务，其已构成违约。判决：对倪某要求马某赔偿货款 57000 元及经济损失的诉讼请求予以支持。[2]

应注意的是，职业索赔固然不值得提倡，但是法官不能因为买家坚持惩罚性赔偿就否认卖家不成立欺诈，更不能在肯定成立欺诈后滥用自由裁量权，违反法律规定酌定卖家赔偿数额。只要法官在欺诈构成要件的基础上进行分析说理，正确适用法律规定，那么保护消费者合法权益与构建诚信的市场环境即可实现有机统一。

(二) 网络买卖平台责任的处理

网络交易平台是指为开展网上交易提供的计算机信息系统，其立足网络交易，并突破了传统买卖场所的含义，是具有网络意义的市场存在。

《消费者权益保护法》第四十四条规定，网络交易平台应承担的法律责任有三个：其一，网络交易平台不能提供销售者或者服务者的真实名称、地址和有效联系方式的。应注意的是，即使消费者购物时的经营信息有效，如果在发生争议时，网络交易平台无法提供有效的经营信息，仍然应当承担先行赔偿责任。换言之，

---

〔1〕 参见最高人民法院民事审判第一庭编：《民事审判指导与参考》2022 年第 1 辑（总第 89 辑），人民法院出版社 2022 年版，第 49 页。

〔2〕 参见最高人民法院民法典贯彻实施工作领导小组编著：《中国民法典适用大全》（合同卷一），人民法院出版社 2022 年版，第 467 页。

网络交易平台提供者不能提供销售者或者服务者的相关信息,消费者可以要求网络交易平台提供者承担赔偿责任。其二,即使网络交易平台提供者能够提供销售者或者服务者的相关信息,但若其对消费者作出更有利的承诺,则消费者可以要求网络交易平台提供者与销售者或者服务者承担连带赔偿责任。其三,网络交易平台提供者明知或者应知销售者或者服务者利用其平台侵害消费者合法权益,且未采取必要措施,则消费者可以要求网络交易平台提供者与销售者或者服务者承担连带赔偿责任。也就是说,网络交易平台承担的责任主要为先行赔付或连带责任两个方面。

《消费者权益保护法》《电子商务法》《食品安全解释(一)》都规定了电商平台资质审核义务、平台管理义务、安全保障义务等,如果电商平台未尽相关义务,消费者有权主张电子商务平台经营者承担连带赔偿责任,这有助于明确责任承担主体,及时维护消费者的合法权益。个案中,法官应综合案情和证据,从综合角度把握电子商务平台对平台内经营者履行相关义务的基本认定规则。网络销售平台尽到了相关义务,消费者也没有证据证明网络销售平台知道或应当知道销售者在平台销售不符合食品安全的问题,则不应当让网络销售平台承担责任。

《网络消费纠纷解释(一)》第十四条规定:"网络直播销售商品损害消费者合法权益,网络直播营销平台经营者不能提供直播间运营者的真实姓名、名称、地址和有效联系方式的,消费者依据消费者权益保护法第四十四条规定向网络直播营销平台经营者请求赔偿的,人民法院应予支持。网络直播营销平台经营者承担责任后,向直播间运营者追偿的,人民法院应予支持。"该条是网络平台经营者承担责任的规定。主要包含以下三层含义:其一,网络平台经营者承担的先行赔付责任以直播运营者应承担责任为前提;其二,网络平台经营者的先行赔付责任与直播运营者承担的责任系不真正连带责任;其三,网络平台经营者对消费者做出的对消费者更有利的先行赔付承诺优先于本条规定适用。

【案例 10-60】 王某诉装点文化公司信息网络买卖合同纠纷案

判决观点,王某提供的订单均显示"和田玉大师作品",但收藏证书显示的加盖印章的协会并不存在,能够认定王某购买的商品与经营者注明的产品说明不符,经营者构成欺诈。根据《消费者权益保护法》第四十四条第一款的规定,王某通过玩物得志平台服务并未获知直播间经营者的基本信息,故王某可以要求装点文化公司对其进行赔偿,退还王某支付的商品价款3060元,法院判决支持了王某的诉讼请求。[1]

---

〔1〕 参见最高人民法院民事审判第一庭编:《民事审判指导与参考》2022年第2辑(总第90辑),人民法院出版社2022年版,第169页。

【案例 10－61】　杨某香诉商贸公司等网络购物合同纠纷案

判决观点，电子商务平台经营者知道或者应当知道平台内的经营者销售的商品或者提供的服务不符合保障人身、财产安全的要求，或者有其他侵害消费者合法权益的行为，未采取必要措施的，依法与该平台内经营者承担连带责任。对关系消费者生命健康的商品或服务，电子商务平台经营者对平台内经营者的资质资格未尽到审核义务，或者对消费者未尽到安全保障义务，造成消费者损害的依法承担相应的责任。本案中，一方面，杨某香未能举证证明网络销售公司就商贸公司销售的涉案产品存在侵害消费者合法权益的行为明知或者应当知道，故应当承担举证不能的法律后果；另一方面，网络销售公司对商贸公司的资质资格（营业执照、经营资格）进行了审核，不能将每一个商品的质量符合法律和合同约定的责任（应属出卖方的责任）强加由电子商务平台经营者承担。

网络交易平台不能提供销售者或者服务者真实名称、地址和有效联系方式的，消费者也可以向网络交易平台提供者要求赔偿。本案中，网络销售公司已经提供商品公司的真实名称、注册地址、联系方式，此处的有效，并非指诉讼过程中的有效送达，而是注册时是否合法、是否虚假。

另外，本案中，网络销售公司既未收取卖家或买家的任何技术服务费，亦未抽取卖家和买家成交的提成费用，于卖家既不属于柜台租赁关系，于双方也不属于中介服务关系，仅是为双方提供网络交易平台，未赚取任何费用，亦不应加重其法律责任。判决：(1) 商贸公司退还杨某香货款 7818 元，赔偿杨某香 78180 元；(2) 驳回杨某香的其他诉讼请求。〔1〕

网络电商平台对商品销售价格构成欺诈的，应适用惩罚性赔偿。

【案例 10－62】　古某诉北京某在线电子商务有限公司买卖合同纠纷案

判决观点，依据双方的诉辩主张，本案的争议焦点归纳为以下两项：一是古某是否属于《消费者权益保护法》中的消费者；二是某在线公司销售涉案商品的过程中是否存在欺诈。第一，古某是否属于《消费者权益保护法》中的消费者。消费者是相较于经营者及生产者和销售者的概念，只要在市场交易中购买或使用商品不是为了生产经营需要，而是为了生活消费的，就应当认定为消费者。本案中，古某购买涉案碗筷消毒柜两台并已经使用其应属于《消费者权益保护法》中的消费者。第二，某在线公司销售涉案商品的过程中是否存在欺诈。某在线公司销售康保 ZTP118F－3（H）家用碗筷消毒柜

---

〔1〕 参见国家法官学院、最高人民法院司法案例研究院编：《中国法院 2022 年度案例》（买卖合同纠纷），中国法制出版社 2022 年版，第 260～261 页。天津市津南区人民法院（2020）津 0112 民初 2168 号民事判决书。

时,页面标识"699 元震撼开团! 重磅引爆! 10.16~10.18! 仅此三天! ￥799 已降 300 元"。根据普通消费者的通常理解,此表述是原售价格 1099 元,799 元的销售价格以及实际降价 300 元,699 元的价格仅存在于 2017 年 10 月 16 日至 2017 年 10 月 18 日这三天。经北京市发展和改革委员会查实,商品促销活动的原价 799 元,2017 年 10 月 28 日的销售价格为 699 元。商品的价格和优惠情况是消费者决定购买商品的重要因素。在促销活动中,某在线公司存在虚假标注原销售价格、优惠幅度、优惠期间的行为,此行为足以使消费者对优惠信息产生错误认识从而产生购买意愿,且导致古某实际购买了促销商品。因此,某在线公司的上述行为涉及虚假宣传、价格欺诈,已经构成欺诈。判决:某在线公司支付古某赔偿金 4794 元。[1]

网络交易平台提供者对经营者虚假宣传构成欺诈应当承担连带责任。

【案例 10-63】 王某诉京东公司买卖合同纠纷案

二审法院认为,本案的争议焦点问题为王某是否有权向京东公司主张权利,京东公司出售涉诉商品是否构成欺诈,京东公司应承担的责任。第一,王某是否有权向京东公司主张权利。依据《消费者权益保护法》第四十四条的规定,本案中京东公司虽然不是涉案羊绒被的销售者,但是作为网络交易平台提供者,其对足以引起消费者误解的产品信息图片没有采取必要措施,应承担连带责任,王某有权向京东公司主张权利。第二,京东公司出售涉诉商品是否构成欺诈。涉诉商品采用了"极品绵羊绒被"名称,王某称其购买时理解为材质好到了极致。从字面意思来看,普通消费者有理由认为该羊绒被的材料能够达到区别于同类产品的优质的程度,最高级用语本身不应使用于对商品的描述中,但京东公司未能证明该棉被使用的材质存在达到"极品"优质的特性,且京东公司作为网络交易平台提供者对属于误导普通消费者的信息没有采取必要措施,可推定存在诱使消费者陷入错误认识并购买商品的行为,构成欺诈。第三,京东公司应承担的责任。依据《消费者权益保护法》第四十五条第一款、第五十五条第一款的规定,王某要求京东公司退还货款并按照货款金额进行 3 倍赔偿的诉讼请求,于法有据。判决:驳回上诉,维持原判。[2]

网络交易平台在卖家入驻时对其身份进行了审查,在披露了卖家的真实姓名地址和联系方式的情况下,卖家由于何种原因无法联系并不影响法院通过其他方

[1] 参见国家法官学院案例开发研究中心编:《中国法院 2019 年度案例》(买卖合同纠纷),中国法制出版社 2019 年版,第 40 页。北京市海淀区人民法院(2017)京 0108 民初 45886 号民事判决书。

[2] 参见国家法官学院案例开发研究中心编:《中国法院 2017 年度案例》(买卖合同纠纷),中国法制出版社 2017 年版,第 243 页。北京市第三中级人民法院(2015)三中民(商)终字第 05302 号民事判决书。

式送达法律文书,也不影响消费者通过诉讼途径维护合法权益。在上述情况下,网络交易平台披露的卖家信息应认定为有效,并不承担先行赔付的责任。

【案例 10－64】　周某诉朱某龙、淘宝公司买卖合同纠纷案

判决观点,根据查明的事实,原告周某主张被告淘宝公司承担上述责任的主要理由为被告淘宝公司披露的卖家朱某龙的地址和联系方式非真实有效,导致无法向卖家朱某龙送达起诉状副本和开庭传票。对此,法院认为,法律规定的网络交易平台提供者不能提供销售者真实名称、地址和有效联系方式的情况下承担先行赔付责任的立法本意在于要求网络交易平台提供者对利用网络开展经营活动的经营者的身份进行审查与核实,在消费者与经营者发生争议时能够向消费者披露经营者真实身份和经营者资质以便消费者通过合法的途径进行维权。本案中,淘宝公司在卖家朱某龙注册时对其身份进行了审核,并披露了朱某龙的真实姓名、地址和有效联系方式,至于本案未能通过司法专邮向卖家朱某龙有效送达起诉状副本和开庭传票,并不影响原告周某通过诉讼途径继续维权,故对原告周某的该项主张法院不予采信。判决:驳回原告周某的诉讼请求。[1]

网络交易平台提供者明知或者应知销售者或者服务者利用其平台侵害消费者的合法权益,未采取必要措施的,由网络交易平台承担责任。

【案例 10－65】　陈某诉纽海电子公司买卖合同纠纷案

二审法院认为,依据《卫生部关于进一步规范保健食品原料管理的通知》(卫法监发〔2002〕51 号),涉案产品中添加的鹿胎、鹿茸、益母草、当归、红景天均属于非普通食品原料,2014 年 8 月陈某已向 1 号店客服投诉,2014 年 9 月陈某向吉林省食品药品举报中心投诉涉案产品,纽海电子公司已知悉涉案产品不符合食品安全标准,但并未采取必要措施。此后,盈谷公司注销,在诉讼中陈某无法向盈谷公司主张权利,故纽海电子公司作为食品的经营者依法应当与销售者承担连带赔偿责任。根据《食品安全法》(2009 年修订)第九十六条的规定,本案陈某购买的食品中添加了非普通食品原料,故一审法院判决纽海电子公司退还陈某货款并 10 倍赔偿并无不当。判决:驳回上诉,维持原判。[2]

网络交易平台提供者能提供销售者的相关信息,且未有其他承担责任情形

〔1〕 参见国家法官学院案例开发研究中心编:《中国法院 2019 年度案例》(买卖合同纠纷),中国法制出版社 2019 年版,第 269 页。北京市通州区人民法院(2017)京 0112 民初 1734 号民事判决书。

〔2〕 参见国家法官学院案例开发研究中心编:《中国法院 2018 年度案例》(买卖合同纠纷),中国法制出版社 2018 年版,第 298 页。北京市第三中级人民法院(2016)京 03 民终 4409 号民事判决书。

的,则不承担赔偿责任。

【案例 10 – 66】 刘某清诉浙江淘宝网络有限公司买卖合同纠纷案

一审法院认为,根据双方提交的证据,可以证实刘某清通过淘宝公司经营的淘宝网站购买了天然巴西黄玉好运象摆件,但淘宝公司仅为上述商品交易提供网络交易平台服务,并非商品的销售者。淘宝公司不是买卖合同的相对方,对于刘某清要求解除双方买卖合同的诉讼请求,无事实依据,法院不予支持。根据《消费者权益保护法》第四十四条之规定,根据查明的事实,淘宝公司在庭审中向刘某清提供了销售者的真实姓名、地址和有效联系方式,且假一赔十的承诺系销售者作出,而非淘宝公司作出。在法院作出判决前,刘某清提供的证据无法证明淘宝公司明知或者应知销售者利用平台侵害消费者合法权益而未采取必要措施,应由其承担不利后果,现刘某清要求淘宝公司就天然巴西黄玉好运象摆件承担退款及赔偿责任,无事实及法律依据,法院不予支持。判决:驳回原告刘某清的其他诉讼请求。二审法院判决:驳回上诉,维持原判。〔1〕

网络平台服务未违反法律"通知—删除"义务或者不具有显而易见违法情形的,可排除网络平台服务提供者连带责任的适用。

【案例 10 – 67】 中国生物多样性与绿色发展基金会诉浙江淘宝网络有限公司、广东省速美环保有限公司环境公益侵权责任纠纷案

二审法院认为,浙江淘宝公司接到起诉状后,下架了"年检神器"的相关产品,停止对速美公司提供平台服务,未违反《侵权责任法》第三十六第二款规定的"通知—删除"义务;浙江淘宝公司提供的网络服务也难以认定为具有显而易见的违法情形,中国绿发会诉请浙江淘宝公司承担连带责任缺乏事实和法律依据,不予支持。判决:驳回上诉,维持原判。〔2〕

电商平台服务协议中明确将优惠的交易对象限定为普通消费者,而排除以转售营利为目的的购买者,取消网络购买订单为正当合法合理行为,对此不承担任何责任。

【案例 10 – 68】 薛某某诉上海京东才奥电子商务有限公司网络购物合同纠纷再审案

再审法院认为,本案各方的争议焦点为被申请人是否有权取消申请人的

〔1〕 参见国家法官学院案例开发研究中心编:《中国法院 2017 年度案例》(买卖合同纠纷),中国法制出版社 2017 年版,第 176 页。北京市第一中级人民法院(2015)一中民(商)终字第 6908 号民事判决书。

〔2〕 参见《人民司法·案例》2021 年第 23 期(总第 934 期)。浙江省高级人民法院(2019)浙民终 863 号民事判决书。

网络购买订单、被申请人是否滥用及损害申请人的个人信息和被申请人关于“合理怀疑”之证据来源是否合法。

首先,关于被申请人是否有权取消申请人的网络购买订单问题。原审查明,1号店平台是B2C电商平台,针对的用户是进行正常生活消费的普通消费者(针对企业另有专门通道)。1号店《服务协议及隐私声明》明确:“只允许每位用户使用一个1号店网站账户。如有证据证明或1号店有理由相信您存在注册或使用多个1号店网站账户的情形,1号店有权采取冻结或关闭账户、取消订单、拒绝提供服务等措施……销售方仅向消费者提供商品或服务,若销售方根据您过往的购买记录、购买数量、IP地址、设备号、退货率、投诉率等因素合理怀疑您并非因生活消费购买商品或服务,则销售方有权单方取消订单。”同时,1号店首页公示的《违规订单处理规则》已经明确了处理原则:“违规订单的情形包括但不限于以下行为:一人或多人合意使用一个或多个1号店账户购买商品或服务等数量超过正常生活消费需求的订购行为……利用软件、技术手段、拆单或其他方式,为套取优惠、折扣、赠品、运费或其他利益而注册一个或多个1号店账号、一人使用等一或多个1号店账户,或合意使用同一或多个1号店账户进行下单的行为……若出现第一条中的任一情形,用户承诺自愿接受1号店或商家对违规订单进行任意一项或多项操作:1.取消订单;2.不发货;3.对已出库、发货的订单进行拦截、退回……若出现本规则中规定的违规订单情形,1号店、商家将采取取消订单、不予发货、不向客户提供商品和服务等措施,无任何赔付、补偿……”

从协议内容看,上述条款系平台将相对优惠的价格之交易对象限定为普通消费者,而非以转售营利为目的的购买者。上述内容属于正常商业考量和市场行为范畴,并未违反国家关于市场竞争秩序及消费者权益保护方面的强制性规定。在此基础上,协议约定“若销售方根据您过往的购买记录、购买数量、IP地址、设备号、退货率、投诉率等因素合理怀疑您并非因生活消费购买商品或服务”之条件下,“销售方有权单方取消订单”,系对违约后果之约定,亦不违反相关强制性规定。上述协议内容以首部加“●”标记、文字加粗加黑,应视为平台已尽提示说明之义务。申请人注册1号店账户时,通过点击同意的形式在线签署该协议后注册成功,应视为已知晓并同意协议内容,故上述权利义务属于当事人意思自治确定,对双方均有约束力。申请人对首页公示的《违规订单处理规则》也应当知情。现被申请人根据涉案账户订单显示的收货人、收货手机号、收货地址、购买商品和数量以及下单IP、设备号等信息均关联指向申请人之事实,认为其存在“购买商品或服务等数量超过正常生活消费需求的订购行为”,已经构成申请人“并非因生活消费购买商品或服务”之合理怀疑,并据此按照协议约定取消订单并无不当。

其次,关于被申请人是否滥用及损害申请人的个人信息,关于“合理怀疑”之证据来源是否合法问题。原审查明,1号店《服务协议及隐私声明》明确:“1号店有权对用户的注册信息及购买行为进行查阅,若发现注册信息和购买行为中存在任何问题的,有权向用户发出询问及要求改正或者做出冻结或关闭账户、取消订单等处理。”“本1号店(包括PC端、移动端及应用程序)由上海京东才奥电子商务有限公司运营并由其关联公司提供各种支持”“可能取得个的个人信息类型包括:(1)注册信息……(2)个人或公司联系方式……(3)订购信息……(9)您的设备信息……(10)您的行为和交易信息……”被申请人作为1号店的实际运营主体,为维护电商平台的正常交易秩序,在确保相对人知情权并获得同意后,可以在合理、必要的限度内依法收集处理履行合同所必需的相关交易信息和个人信息,这也符合《民法典》第一千零三十五条关于处理个人信息的规定,即处理个人信息应当遵循合法、正当、必要原则,并应征得该自然人同意,公开处理信息的规则,明确处理信息的目的、方式和范围,且不违反法律、行政法规的规定和双方的约定。本案中被申请人用于支持其“合理怀疑”的信息来源,即收货人、收货手机号、收货地址、购买商品和数量以及下单IP、设备号等信息,并未超出合同履行目的及必要范畴,事先也已在协议中明确告知,申请人通过点击同意的形式在线签署该协议后注册成功,应视为已知晓并同意协议内容。申请人也未能提供证据证明被申请人存在买卖或者损害其个人信息的相关行为,故对其主张难以支持。裁定:驳回蔡某某的再审申请。[1]

应注意的是,直播带货的直播平台,与其他平台不同。互联网直播平台、互联网音视频平台等以生产、提供内容为主要业务的平台,为其用户提供网络直播营销服务。因此,如果直播平台上存在商务活动,也会被认定为符合《电子商务法》第九条第二款所规定的“场景+功能”的电子商务平台认定标准,亦应承担平台主体的责任。消费者在直播间购买商品权益受损时,可以追责的主体有主播、直播间的经营者、直播平台。涉及产品责任的,还可以向生产者主张权利。

(三)网络买卖合同退货的处理

《网络消费纠纷解释(一)》第二条规定:“电子商务经营者就消费者权益保护法第二十五条第一款规定的四项除外商品做出七日内无理由退货承诺,消费者主

---

〔1〕 参见最高人民法院中国应用法学研究所编:《人民法院案例选》2022年第8辑(总第174辑),人民法院出版社2022年版,第116~118页。上海市高级人民法院(2021)沪民申441号民事裁定书。

张电子商务经营者应当遵守其承诺的,人民法院应予支持。”

根据《消费者权益保护法》第二十五条的规定,经营者采用网络、电视、电话、邮购等方式销售商品,消费者有权自收到商品之日起 7 日内退货,且无须说明理由,但下列商品除外:(1)消费者定做的;(2)鲜活易腐的;(3)消费者拆封的音像制品、计算机软件等数字化商品;(4)交付的报纸、期刊。除前款所列商品外,其他根据商品的性质并经消费者在购买商品时确认不宜退货的商品,不适用无理由退货。消费者退货的商品应当完好。经营者应当自收到退回商品之日起 7 日内返还消费者支付的商品价款。退回商品的运费由消费者承担;经营者和消费者另有约定的,按照其约定。

需要说明的是,“七天无理由退货”不代表退货“无限制、无条件”。原国家工商行政管理总局出台的《网络购买商品七日无理由退货暂行办法》第六条列举了 4 种绝对不适用 7 天无理由退货的商品,第七条列举了三类附条件可以不适用 7 天无理由退货的商品。

【案例 10－69】　高某华诉科技公司、某银行网络购物合同纠纷案

判决观点,原告通过科技公司在购物商城上开设的店铺下单购买案涉商品,原告与科技公司之间形成买卖合同关系。“七天无理由退货”系对消费者合法权益的保护措施,消费者行使该权利并非毫无限制。根据商品的性质并经消费者在购买时确认不宜退货的商品,不适用无理由退货。消费者在进行手机激活操作时,手机生产商公司后台记录产品激活的时间,并据以计算维修和服务保障的期限,已经激活的产品退回再进行销售的,将影响商品的价值,进而影响后续消费者的权利,故在科技公司与电脑贸易公司签订的《授权经销商协议》,限制被告转售退回的商品,亦不得将开箱的产品退回。科技公司在销售案涉商品时,已向原告作出了明确提示,原告作为完全民事行为能力的成年人,足以理解相关提示的含义,了解下单的法律后果,其仍下单购买即表明其对相关提示内容予以确认和接受。原告购买案涉商品后,已将案涉商品开封使用,进行了激活操作。再以“七天无理由退货”为由,要求退货退款,没有依据。针对原告关于手机生产商公司官网退货的政策主张,品牌手机的销售渠道包括官网直营销售、通过经销商渠道销售。即使手机生产商公司在其直营销售渠道提供更优惠的退货政策,相关政策亦仅适用通过其直营通道购买手机的消费者,对其他经销商无约束力。某银行作为电子商务平台的经营者,并非买卖合同的一方,在交易过程中,未作出更有利于消费者的承诺。案涉商品的交易过程中,二被告并未损害原告的合法权益,原告针对二被告的各项请求均于法无据,法院不予支持。判决:驳回原告高某华的诉

讼请求。[1]

不适用7天无理由退货的网络销售产品需要有显著的确认程序,且在消费者单次购买时确认。

【案例10-70】 杨某诉苏宁云商公司买卖合同纠纷案

判决观点,关于焦点一,根据《消费者权益保护法》(2013年修正)第二十五条的规定,综合以上法律规定,应当认为,某一商品如果同时符合下列条件,其不适用无理由退货的规定:(1)一经激活或者试用,价值贬损较大;(2)网络商品销售者在商品销售必经流程中设置了显著的确认程序,供消费者对单次购买行为进行确认。本案中,苏宁云商公司作为网络商品的销售者,主张诉争商品不适用无理由退货的规定,应就以上事实承担举证责任。然而,第一,本案双方认可涉案手机已经激活,但是,苏宁云山公司未举证证明价值贬损较大;网络商品销售者所设置的"显著的确认程序,供消费者单次购买行为进行确认"显然应当与消费者点击购买行为形成两个独立完成的流程。苏宁云商公司主张其在非首页位置进行了提示并且消费者进行了点击购买即网络商品销售者完成了该项义务,混淆了"确认不适用无理由退货"与"确认购买"两个行为,与法律规定相悖,故法院对被告的辩称意见不予采信。关于焦点二,原告主张涉案手机不断弹出"新iCIoud条款与条件"对话框构成质量问题的意见。法院认为,众所周知,iCIoud手机的软硬件具有一体性,杨某所称的"新iCIoud条款与条件"提示条款系该手机软件之iCIoud部分使用中必须查看、接受查看并不予接受的提示性对话框。对此,杨某可以选择查看并选择接受或者不接受该条款,承受使用或不使用iCIoud软件的后果,该提示性对话框不构成产品质量问题。杨某据此主张苏宁云商公司存在欺诈,缺乏事实与法律依据,法院不予支持。判决:(1)苏宁云商公司退还杨某手机款2679.79元;(2)杨某将其于2016年5月18日在苏宁云商网络购物平台购买的价格为2688元AppIe iCIoud的32g金色移动联通4G手机1部退还给苏宁云商公司;(3)苏宁云商公司赔偿杨某交通费损失140元;(4)驳回杨某的其他诉讼请求。[2]

【案例10-71】 吴某诉京东商城买卖合同纠纷案

判决观点,原告吴某在被告京东商城购买电视,被告出具了发票,原告与被告之间存在买卖合同关系,该买卖合同关系未违反国家法律和行政法规的

---

〔1〕 参见国家法官学院、最高人民法院司法案例研究院编:《中国法院2022年度案例》(买卖合同纠纷),中国法制出版社2022年版,第253页。北京互联网法院(2020)京0491民初7489号民事判决书。

〔2〕 参见国家法官学院案例开发研究中心编:《中国法院2019年度案例》(买卖合同纠纷),中国法制出版社2019年版,第147~148页。北京市丰台区人民法院(2017)京0106民初17361号民事判决书。

强制性规定,应属有效。原告与被告之间的权利义务不仅受《合同法》调整,还应适用《消费者权益保护法》。本案的争议焦点有两个:一是买卖合同的解除问题;二是原告主张的3倍赔偿款问题。第一,关于买卖合同的解除问题。依据《消费者权益保护法》第二十五条的规定,原告在收到被告出售的电视4天后,即提出退货申请,虽然提出的理由为"电视漏光",被告称原告对商品已开包使用,不能适用"七天无理由退货"的规定。对此,法院认为,"七天无理由退货",消费者作为买方既可以说明理由,也可以不说明理由。不说明理由,被告须接受退货;如果说明理由,而且涉及质量异议,更应该接受退货。消费者通过网络、电视、邮购等方式购买商品,除了开包会使商品质量发生变化(如食品)外,大多数商品开包调试并不影响其质量。另外,在出售涉案商品时,写明该商品"支持七天无理由退货",说明双方已约定解除合同的条件,被告的行为亦违反了该项承诺。法院对原告吴某要求解除买卖合同、退还货款的诉讼请求,予以支持。第二,关于原告主张的3倍赔偿款问题。依据《消费者权益保护法》第五十五条的规定,原告提出要求被告支付3倍赔偿款的诉讼请求。被告作为经营者应向消费者提供有关商品的质量、性能、用途、售后等信息,应当真实、全面、不得作虚假或者引人误解的宣传。从原告提供的证据来看,被告销售的乐视LED液晶电视并无国家标准,作为一个新产品,无国家显示器标准也属合理情况。被告在销售过程(包括广告)并未对该商品作虚假宣传。被告"支持七天无理由退货"的承诺,其后来提出该单商品已开包使用,无法无理由退货,是不履行其承诺,是对《消费者权益保护法》第二十五条的限制适用,是对其承诺的违反,但仍不构成欺诈。原告要求被告支付3倍赔偿款的诉讼请求,缺乏合理依据,法院不予支持。考虑原告因提起诉讼,存在一定的经济损失,法院酌定被告赔偿原告经济损失500元。判决:(1)解除原告吴某与被告京东商城于2015年12月25日订立的买卖合同关系;(2)被告京东商城到原告吴某处将乐视牌第三代X43型43英寸2D智能LED液晶电视一台及相关附件取回,并于收到商品之日退还原告吴某货款2088元;(3)被告京东商城赔偿原告吴某经济损失500元;(4)驳回原告吴某的其他诉讼请求。[1]

7天无理由退货中"七天"的起算点是消费者收到货物之日,但该规则又有一个隐含前提,即消费者收到了质量合格的产品,如果不是质量合格的产品就不适用7天期限。经营者交付的商品质量不合格,消费者要求更换、退货的法定权利,并不受7天的期间限制,该权利与7天无理由退货的权利属不同性质。也就是

〔1〕 参见国家法官学院案例开发研究中心编:《中国法院2018年度案例》(买卖合同纠纷),中国法制出版社2018年版,第185~186页。北京市海淀区人民法院(2016)京0108民初664号民事判决书。

说,只有在消费者收到质量合格的商品的前提下,才应起算7天无理由退货退换货的期限。

【案例10-72】 邓某华诉创东公司买卖合同纠纷案

二审法院认为,因创东公司第一次交付给邓某华的手机存在质量问题,创东公司应承担违约责任,邓某华有权要求更换手机,故邓某华第一次更换手机并非适用7天无理由退货条款。邓某华于2013年1月18日收到创东公司更换的新手机后要求创东公司根据7天无理由退换货的承诺退货,是其依约行使权利的行为,也符合《消费者权益保护法》第二十五条的规定,7天无理由退换货的期限应从2013年1月18日起计算。创东公司于1月22日同意退货,邓某华将新手机邮寄给创东公司,其退货行为并没有超出7天期限。因此,邓某华要求创东公司退还货款其从起诉之日起按照中国人民银行同期贷款利率支付利息,法院依法予以支持。适用7天无理由退货的,消费者应当承担运输费用,故邓某华要求创东公司向其支付运费66元及利息,法院不予支持。判决:(1)撤销一审判决;(2)创东公司向邓某华退还货款940元及利息;(3)驳回邓某华的其他诉讼请求。[1]

买受人退货的,买卖合同应予解除。

【案例10-73】 黄某雄诉马某华买卖合同纠纷案

二审法院认为,本案中,黄某雄通过淘宝会员向马某华注册登记的淘宝卖家购买摩托车一辆,双方成立了有效的买卖合同关系。根据《民法典》第六百一十条"因标的物不符合质量要求,致使不能实现合同目的的,买受人可以拒绝接受标的物或者解除合同。买受人拒绝接受标的物或者解除合同的,标的物毁损、灭失的风险由出卖人承担"与第六百一十五条"出卖人应当按照约定的质量要求交付标的物。出卖人提供的有关标的物质量说明的,交付的标的物应当符合该说明的质量要求"的规定,马某华应当向黄某雄交付符合质量要求的摩托车。黄某雄提交的证据证实,黄某雄在收到摩托车后发现有漏油问题,一直与出卖人协商更换摩托车,让出卖人告知寄回地址,黄某雄于2019年7月30日将摩托车寄回至江苏省无锡市山区查桥新世纪给马某华,黄某雄于2019年8月收到摩托车后早已过了此款车按国家规定须于2019年7月1日前办理上牌落户的时间限制。由于出卖人马某华交付的摩托车存在漏油问题,导致黄某雄超过上牌时间,不能落户,不能实现合同目的,黄某雄有权解除双方之间的买卖合同关系,现黄某雄已将摩托车寄回至

〔1〕 参见国家法官学院案例开发研究中心编:《中国法院2017年度案例》(买卖合同纠纷),中国法制出版社2017年版,第144页。广东省广州市中级人民法院(2015)穗中法民二终字第922号民事判决书。

江苏省无锡市山区查桥新世纪给马某华,故黄某雄要求马某华退还购车款及配件款12240元和支付车辆购置税300元的诉讼主张,予以支持。[1]

应注意的是,实践中,法院在适用7天无理由退货时主要有两种判决理由,其一,商品详情介绍页面和交易成功后的信息显示页面标注的"七天无理由退货"并不当然免除卖家的再次告知义务,卖家还需在商品销售的必经流程中设置显著的确认程序,供买家对单次购买行为进行确认。其二,卖家未在提交订单付款这一关键流程进行单独确认,且未提醒买家注意,此后主张"拆封后不再支持七天无理由退款"的系格式条款,该约定不适用本次销售。

二手商品网络买卖合同信息披露义务履行不到位造成合同目的不能实现,买家有权要求退货退款。

【案例10－74】　杨某桥诉毛某祥信息网络买卖合同纠纷案

判决观点,原告向被告购买涉案商品,双方之间形成信息网络买卖合同关系。当事人对自己的诉讼请求和主张负有举证之责,举证不能的,应承担不利后果。本案中,被告作为卖家告知原告涉案商品购买自网络购物平台店铺且提交订单详情截图,并称涉案商品为德行版本,并未披露其商品收购自闲鱼其他买家事实。事实上,原告在核实被告提供的网络购物平台店铺后才购买的涉案商品,被告不如实披露购买渠道,使得原告无法真正核实涉案商品来源。原、被告在庭审中均认可购买渠道以及是否经过多次交易对涉案产品价格都存在影响。原告当庭提交证据证实涉案商品存在问题,首先通过查询涉案商品序列号发现涉案商品可能是国行产品,其次通过与正品经销商同类商品对比的方式发现涉案商品与正品存在差异,最后将涉案商品邮寄给经销商售后,得知涉案商品非品牌产品,对于上述证据,被告虽然均不认可,但其并未提交任何相反证据。法院认定的事实系基于现有证据和证据规则的相关规定而作出的法律上的推定和认定,法律事实不完全等同于"自然事实"。被告交付涉案商品存在问题,致使不能实现合同目的,现原告有权要求被告退货退款。原告主张被告支付因此产生的交通费用,原告并未举证证明,法院不予支持。判决:(1)解除原告杨某桥与被告毛某祥于2019年8月30日签订的订单编号为60000684853700××××的合同;(2)被告毛某祥返还原告杨某桥支付的货款2800元,原告杨某桥向被告退还涉案商品耳机一件(现状返还,退货运费由被告毛某祥负担);(3)驳回原告杨某桥的其他诉

---

[1] 参见最高人民法院民法典贯彻实施工作领导小组编著:《中国民法典适用大全》(合同卷二),人民法院出版社2022年版,第1287～1288页。

讼请求。[1]

(四)网络销售者不发货的处理

在网络购物中,产品销售者为了提高销量,往往以“秒杀”等低价促销方式吸引消费者,以达到宣传的目的。在消费者“秒杀”成功后,卖家对有利润的订单正常发货,对利润不高甚至亏本的订单拒不发货,消费者投诉无门只能选择退款。网络购物中,产品销售者利用拒不发货方式侵害消费者合法权益带有一定的普遍性。网络购物往往标的额不大,售卖双方由于距离远等原因使得消费者维权不便,在一定程度上助长了销售者的嚣张态势。法院应对消费者权益加大保护力度,对售卖者违反诚信行为加大打击力度。个案中,消费者要求履行已经成立的买卖合同的,法官应予以支持。

【案例 10-75】 李某丹诉孙某买卖合同纠纷案

判决观点,孙某发布的半实心黄金手镯 9999 足细光圈新款光面贵妃手镯女 GOLD,重 17.05 克,价格 1067 元售卖信息,得到李某丹的认可并全额支付价款,故不存在重大误解。孙某应当知道在淘宝网平台发布的手镯价格为 1067 元,并作为宣传,吸引消费者认购的一种手段;在李某丹全额支付价款后,若认定为淘宝店铺工作人员因工作失误导致价格设置错误,不仅对李某丹显失公平,亦违背了诚实信用原则。为此,孙某关于该买卖合同存在重大误解而显失公平的抗辩理由并不符合法律规定,不予采信。关于诉争标的物金手镯是否属于特定物,涉案合同有无履行的客观可能性问题,特定物是与种类物相对的一个法律概念,种类物是指具有共同特征,用品种、数量、质量规格,即通过度、量、衡加以确定的物。李某丹通过淘宝网平台认购金手镯,只能凭借商家发布的售卖信息针对产品的品种、数量、质量、规格和价格进行选择,故李某丹认购手镯应当属于种类物非特定物。据此确认具有履行合同的客观可能性。判决:(1)被告孙某根据 336371969684945330 的订单内容向原告李某丹发货;(2)若被告未在法定期限内履行发货义务,则按照 17.05克黄金市场价格向李某丹支付赔偿金。[2]

---

〔1〕 参见国家法官学院、最高人民法院司法案例研究院编:《中国法院 2023 年度案例》(买卖合同纠纷),中国法制出版社 2023 年版,第 301~302 页。北京互联网法院(2019)京 0491 民初 40120 号民事判决书。

〔2〕 参见国家法官学院、最高人民法院司法案例研究院编:《中国法院 2021 年度案例》(买卖合同纠纷),中国法制出版社 2021 年版,第 125 页。四川省雅安市雨城区人民法院(2019)川 1802 民初 1207 号民事判决书。

电子交易合同的成立及效力判定除依据《民法典》中关于合同的规定外，还应当使用《电子签名法》的相关规定。电子签名，是指数据电文中以电子形式所含、所附用于识别签名人身份并表明签名人认可其中内容的数据，可靠的电子签名与手写签名或者盖章具有同等的法律效力。

【案例 10－76】 郑某诉泽居网络公司、苏宁易购公司买卖合同纠纷案

判决观点，郑某通过苏宁易购的电子商务平台的公开信息，按照交易平台设定的程序下单向泽居网络购买格力系列家用中央空调并成功支付了4680元价款，法院确认郑某与泽居网络之间的买卖关系成立并生效，泽居网络应按约向郑某交付上述空调，对郑某的该项请求，法院予以支持；对于郑某要求泽居网络未按合同约定及时交货逾期费用（根据网站信息，订单金额4680元的30%）及因泽居网络不履行合同而造成的郑某误工、交通、通信等费用500元整的诉请，因缺乏依据，法院不予支持。泽居网络对郑某所支付价款的解释为系统和员工失误等原因造成，法院认为，电子交易具有迅速、竞价、非面对面、群体不特定、信息不对称等特点，网络销售中也不缺乏超低价、1元秒杀等促销手段，这也是网络有别于传统的交易模式、更吸引消费者的原因之一，不能仅以价格差距判断合同成立的合法性。郑某仅向泽居网络购买了一台空调而非批量空调，并非恶意购买，因此，法律应保护电子交易的效率和安全，泽居网络即使标价错误，由此产生的下单错误也应由泽居网络自行承担责任；苏宁易购系提供电商平台的服务方，不是本案买卖关系的权利义务方，诉讼期间，郑某也明确表示诉请中的责任承担人为泽居网络，故苏宁易购在本案中无须承担责任。[1]

【案例 10－77】 孙某乐诉世纪卓越公司买卖合同纠纷案

二审法院认为，世纪卓越公司将其待售商品的名称、型号、价款等详细信息陈列于其网站之上，且消费者可以直接点击购买并支付价款，其内容明确具体，符合要约的特征。孙某乐作为消费者通过网站在其允许的状态下自由选购点击加入购物车，并在确定其他送货、付款信息之后确认订单，支付了货款，应当视为进行了承诺。自此，亚马逊网站的“使用条款”对孙某乐并无约束力，且双方无其他约定的情况下，世纪卓越公司与孙某乐之间的合同已经成立。一审法院对此认定正确，法院予以确认。世纪卓越公司关于双方合同不成立的上诉理由，缺乏事实和法律依据，法院不予采信。世纪卓越公司与孙某乐的买卖合同已经成立，且不违反法律、行政法规的强制性规定，该合同合法有效，双方均应依约履行合同义务。孙某乐已于订购涉案商品时支付了

---

〔1〕 浙江省兰溪市人民法院(2016)浙0781民初3109号民事判决书。

货款,世纪卓越公司未能按照约定给付涉案商品,已构成违约。世纪卓越公司在诉讼中主张其在网站发布的涉案商品由于系统错误,但世纪卓越公司作为商家在网上发布信息系面对众多消费者,其应当尽到严格审慎的核查义务。此外,世纪卓越公司在告知孙某乐无法发货时,其理由亦系"缺货",非系统错误。鉴于此,双方买卖合同关系成立,世纪卓越公司单方面取消订单属于违约,应向孙某乐承担相应的违约责任。根据《合同法》第一百零七条的规定,孙某乐要求世纪卓越公司承担继续履行的违约责任,于法有据,应予支持,一审法院对此认定并无不当,二审法院予以确认。虽然世纪卓越公司称其库内无涉案商品,无法继续履行。但该商品属种类物,且世纪卓越公司未能提交其不能继续采购到货的证据,故对世纪卓越公司的上述理由,法院不予支持。判决:驳回上诉,维持原判。[1]

网络经营者单方取消网购单的,法院不予支持。

【案例10-78】 陈某诉世纪卓越公司买卖合同纠纷案

二审法院认为,第一,陈某是否为本案买卖合同的适格主体。涉诉电子邮箱收到亚马逊网站发来的确认收到订单以及取消订单的电子邮件,可以证明本案买卖合同的买方系该电子邮箱的使用人。陈某掌握电子邮箱的用户名和密码,并经过公证可以顺利登录上述电子邮箱,在无相反的证据下可以判断陈某即为该电子邮箱的实际使用人,即陈某是本案买卖合同的主体。第二,网站"使用条件"是否对双方发生约束力。亚马逊网站的"使用条件"约定,仅在亚马逊网站向消费者发送送货确认的电子邮件通知已将该商品发出时,双方之间的合同才成立,免除了世纪卓越公司不予发货的违约责任,属于格式条款。从网站注册环节看,世纪卓越公司并未要求注册用户允许阅读并同意其"使用条件";从页面展示看,"使用条件"的相关链接位于网站的最下端,且需点击链接始能查看,不易辨识;从检查订单环节看,世纪卓越公司以加粗的字体显示产品型号、订购数量、送货地址、付款方式等,却仅以页面下方色度较暗的普通字体提示"使用条件",不易被消费者注意。因此,世纪卓越公司未尽到对格式条款的提示和说明的义务,该格式条款对陈某无约束力。第三,世纪卓越公司与陈某之间的买卖合同是否已成立。世纪卓越公司将待售商品的名称、型号、价款等详细信陈列于其网站之上,且消费者可以直接点击购买并支付价款,内容明确具体,符合要约的特征。陈某作为消费者通过网站在其允许的状态下自由选购点击加入购物车,并在确定其他送货、

---

〔1〕 参见国家法官学院案例开发研究中心编:《中国法院2016年度案例》(买卖合同纠纷),中国法制出版社2016年版,第33~34页。北京市第三中级人民法院(2014)三中民终字第9383号民事判决书。

付款信息之后确认订单,支付了货款,应当视为进行了承诺。在双方无其他特殊约定的情况下,世纪卓越公司与陈某之间的合同已经成立。第四,世纪卓越公司是否应当承担继续履行合同的责任。世纪卓越公司在诉讼中主张其在网站发布的涉案商品系由于系统错误,但世纪卓越公司作为商家在网上发布信息系面对众多消费者,其应当尽到严格审慎的核查义务。此外,世纪卓越公司在告知陈某无法发货时,其理由亦系"缺货",而非系统错误。鉴于双方买卖合同关系成立并生效,世纪卓越公司单方面取消订单属于违约,应向陈某承担相应的违约责任。陈某要求世纪卓越公司承担继续履行的违约责任,于法有据,应予支持。判决:驳回上诉,维持原判。[1]

电子商务经营者以库存数量标注错误为由拒绝交付商品,应承担违约责任。

【案例 10－79】 陈某某诉上海欧尚超市有限公司闵行店网络购物合同纠纷案

判决观点,原告的购买行为已经完成,订单已经形成,可视为承诺生效,原、被告之间的买卖合同成立并生效。在网络购物中,网站通常应当采用提示剩余库存量、在超过库存量之后无法下单、限制单笔订单购买数量等系统设置保证交易顺利进行,但被告在欧尚到家 App 发出要约时,在明知 53 度 500mL 飞天茅台酒存在库存数量不足的情况下未提示库存量,致使合同成立、生效后无货供应,被告单方取消订单、退还货款的行为确实构成违约,故被告关于其库存盘点错误导致录入 App 数据有误,致使其无法履行合同,不应当承担责任的辩解,于法无据,法院不予采信。根据法律规定,当事人一方不履行合同给对方造成损失的,应当承担赔偿损失等违约责任,赔偿额应当相当于因违约所造成的损失,包括合同履行后可以获得的既得利益,但不得超过违反合同一方订立合同时预见到或者应当预见到的因违反合同可能造成的损失。法院认为,被告作为网购平台,理应遵守诚实信用原则,承担起保障市场交易实现的责任,当然本案中的茅台酒官方定价仍为 1499 元,且并非全然无法购买,故在原告未能证明其实际损失的情况下,原告现将诉讼请求要求按照其他网站相对较高价格计算每瓶差价的方式调整为酌情主张 5000 元,尚属合理,应予以确认。判决:被告上海欧尚超市有限公司赔偿原告陈某某 5000 元。[2]

---

〔1〕 参见国家法官学院案例开发研究中心编:《中国法院 2016 年度案例》(买卖合同纠纷),中国法制出版社 2016 年版,第 224～225 页。北京市第三中级人民法院(2014)三中民(商)终字第 09383 号民事判决书。

〔2〕 参见最高人民法院中国应用法学研究所编:《人民法院案例选》2021 年第 3 辑(总第 157 辑),人民法院出版社 2021 年版,第 14～15 页。上海市闵行区人民法院(2020)沪 0112 民初 4922 号民事判决书。

电子商务合同成立后卖家不履行发货义务,且以虚假情况诱导消费者持续等待或者加价购买,应认定构成欺诈。

【案例10－80】 李某诉某家具公司、某网络公司信息网络买卖合同纠纷案

判决观点,李某提交的证据能够证明在某家具公司购买涉案商品,双方之间建立了网络购物合同关系,双方均应依约履行。针对本案所涉茶几的订单,在案证据显示,原告已明确表示退款,且被告某家具公司亦主张该笔订单已经解除,双方就涉案茶几订单已经达成退款的合意,故对原告要求被告某家具公司退还茶几款的诉讼请求,法院予以支持。针对涉案斗柜订单,本案中原告已向被告支付了涉案斗柜的货款,被告客服人员亦在聊天记录中明确表示分别购买斗柜和茶几送松木凳;在履行过程中,原告明确表示不同意就涉案斗柜订单退款,被告某家具公司未举证证明其与原告之间订单达成解除合同的合意,亦未证明举证证明在无法履行的情形,故就被告某家具公司主张其按照平台规则赔付原告违约金,涉案订单已经解除不再需要履行发货义务的抗辩意见,法院不予采纳,原告要求某家具公司继续履行涉案斗柜、松木凳的发货义务,法院予以支持。

关于原告要求就涉案订单3倍赔偿诉讼请求。法院认为,构成欺诈应当符合两方面条件,一方面,客观上欺诈方故意实施了欺诈行为;另一方面,主观上受欺诈方因此作出错误意思表示,即消费者由于经营者故意的错误陈述、隐瞒真实情况陷入对商品的错误认识而作出意思表示。本案中,原告于2020年11月11日下单购买涉案商品后,于2020年11月至2021年4月数次询问被告某家具公司发货情况,被告以试组孔位、环保检查等理由表示需延期发货,但并未提交任何证据予以证明,后联系原告时又表示有现货,仍需要原告补拍差价链接才能发货。原告在"双十一"活动期间于网络店铺购买了涉案商品,卖家的发货义务系合同履行的应有之义,而某家具公司却较长时间内拒不履行发货义务,且未举证证明存在合理事由;在原告要求被告某家具公司发货期间,被告在其他平台继续销售涉案同款茶几。某家具公司在涉案订单的履行过程中以虚假信息诱导原告持续等待发货或补拍差价,存在欺诈,故对原告要求就涉案订单,按照3倍货款进行赔偿的诉讼请求,法院予以支持。

关于某网络公司是否承担赔偿责任,法院认为,根据已查明的事实,某网络公司系电子商务平台的经营者,平台上公示了买卖合同相对方的信息。原告亦知晓涉案订单的销售方为某家具公司,原告提交的证据不能证明某网络公司存在作为平台应承担连带责任的其他情况,故对原告要求被告某网络公司交付产品赔偿损失的主张没有事实和法律依据,法院不予支持。判决:(1)被告某家具公司退还原告李某茶几货款783.15元;(2)被告某家具公司向原告李某交付斗柜、松木凳各一件;(3)被告某家具公司赔偿原告李某

5482.05 元;(4)驳回原告李某的其他诉讼请求。[1]

网购平台针对特定客户定位优惠的条款属格式条款但有效,网购者不满足特定资格的,商家可据此享有合同解除权。

【案例 10 - 81】　黄某某诉某电子产品商贸公司买卖合同纠纷案

判决观点,本案中,被告在经营的在线商户中开展 2020 新学期优惠返场活动,制定并公示了相关规则。原告拟以学生资格购买涉案产品,享受优惠价格。而被告开展此次优惠返场活动针对的是有特定资格的消费群体,在公示规则中已明确说明只有消费者在为教育目的且属于教师、员工、学生及父母有资格的购买人前提下,才可享受优惠价格。同时,已告知消费者品牌可能会向有资格的购买人发送单独的电子邮件,要求顾客提供相关的学生/教职员工正副本,以验证其购买资格,否则可能会导致订单被取消。原告对被告可能要求及其补充相关信息已确认其购买资格,应当是明知的,此为原告应履行的合同义务,不属于免除被告公司责任、加重用户责任、排除用户主要权利的情形,且诉争条款亦不属于合同法规定的应属无效的情形。原告主张诉争条款无效,没有依据。当事人订立合同,采取要约,承诺方式。承诺生效时,合同成立。本案中,原告在被告经营的在线商城订购涉案产品并付款,被告亦收到了上述钱款。而被告公司的规则中明确约定"仅当收到您的全额付款时我们才接受您的订单",故双方之间合同关系成立,且未违反相关法律法规的强制性规定,应属有效。双方均应按照合同约定履行义务。因双方在合同中约定,未提供验证信息,可能导致订单取消。本案中,被告向原告发送电子邮件要求原告提供信息进行资格确认,因原告未依约及时提供资格确认的信息,被告采用邮件通知的方式行使解除权,将取消订单的通知送达原告,构成有效通知。涉案买卖合同自通知到达原告时解除。故原告要求继续履行买卖合同的请求,于法无据。判决:驳回原告的诉讼请求。[2]

(五)网络买卖合同撤销的处理

根据法律规定,合同显失公平的,具有撤销权的一方有权依法申请法院撤销。

---

〔1〕 参见国家法官学院、最高人民法院司法案例研究院编:《中国法院 2023 年度案例》(买卖合同纠纷),中国法制出版社 2023 年版,第 296 ~ 297 页。北京互联网法院(2021)京 0491 民初 28900 号民事判决书。

〔2〕 参见国家法官学院、最高人民法院司法案例研究院编:《中国法院 2023 年度案例》(买卖合同纠纷),中国法制出版社 2023 年版,第 141 ~ 142 页。北京市东城区人民法院(2021)京 0101 民初 6542 号民事判决书。

虽然现行法律并未对错标价格的救济途径作出规定,但从公平合理的角度出发,对于按错标价订立的合同,如果履行合同约定的权利义务,会造成买卖双方利益的极大不平衡,可以认定构成显失公平并予以撤销。

【案例10-82】 薛某某诉北京京东叁佰陆拾度电子商务有限公司买卖合同纠纷案

判决观点,本案的争议焦点有三个:一是本案当事人的主体资格是否适格;二是关于系争金币的买卖合同是否成立;三是如系争金币的买卖合同成立,被告(反诉原告)是否有权撤销合同。

关于争议焦点一,根据查明的事实,京东商城网站的注册账户et008的实际控制人为薛某某。255429949号订单的收货人为薛某某之姐薛某,订单款项系通过薛某某之妻沈某名下的银行卡支付的,薛某与沈某的证人证言均证明系争金币的实际买受人为薛某某,在255429949号订单提交成功后,京东商城向上述订单提交人发送了确认订单的电子邮件,该电子邮件接收人的电子邮箱et008@126.com的实际控制人亦为薛某某。综合上述事实,法院认为,系争金币的买受人应为原告(反诉被告)薛某某。系争金币的规格、价格等销售信息公布在京东公司所有的京东商城网站上,虽然该商品展示网页上标注有"由诺曼诺兰开票、发货"等字样,但并无关于系争金币的出卖人第三方而非京东公司的特别提示,薛某某下单后,京东公司已通过向其发送电子邮件的方式确认下单成功,确认邮件中亦未向原告指出该买卖合同的相对方正和公司,故薛某某有充分理由相信系争金币的出卖人即为京东公司。基于以上分析,法院认为,本案的当事人主体资格适格,原告(反诉被告)薛某某与被告(反诉原告)京东公司分别为买卖合同的买受人和出卖人。

关于争议焦点二,根据法律规定和一般交易观念,京东公司将系争金币的名称、外观、规格、型号、售价、库存状态等详细商品信息公布于网站之上,内容明确具体,网站用户可根据上述商品信息自由选择购买,故京东公司在网站上公布系争金币的商品信息的行为符合要约的特性。网站用户在选择购买商品、填写送货、付款订单信息、完成付款之后确认订单,应当视为进行了承诺。虽然关于买卖合同的成立要件,京东公司在京东商城网站用户注册协议第6条第6.2款中规定,"只有京东商城向用户发货,货物到达用户处之后,买卖合同才成立,而之前用户的付款行为仅为要约",但该条款系京东公司反复使用、预先拟定、未与网站用户协商内容的格式条款。格式条款固然具有降低交易成本、提高交易效率等特点,但由于格式条款由一方当事人预先拟定,相对人无法参与条款的制定过程,故格式条款的合意性相对较弱。为确保合同当事人之间的利益平衡,防止格式条款的拟定方利用其优势地位设置减轻或免除其自身合同责任的条款,法律对此类格式条款进行了相应的规制，规定格式条款的提供方应当遵循公平原则确定合同当事人之间的权利和义务，并采取合理方式提请对方注意免除或者限制责任的条款，按照对方的要求对该条款予以说明。京东商城网站用户注册协议第6条第6.2款关于合同成立要件的相关内容，与上述法律规定和一般交易观念关于合同成立要件的理解有所不同，该第6条第6.2款实质上使京东公司在网站用户已提交订单并完成付款义务后，仍有权单方决定是否发货并免除了京东公司不予发货的违约责任。故对这一减免京东公司法律责任、严重影响网站用户权益的格式条款，京东公司应尽到特别的说明义务。但关于该格式条款，京东公司仅在网站用户注册协议及在用户提交订单后向用户发出的订单确认邮件中加以提示。京东商城网站协议条款众多、内容烦琐，网站用户需通过连续下拉文本框滚动条的方式才能阅读注册协议的全部内容；对注册协议第6条第6.2款这一对网站用户权益产生重大影响的合同成立要件内容，京东公司并未在网站显著位置充分提示用户加以注意。虽然京东公司在2012年6月30日向薛某某发送的确认邮件中，以"重要声明"方式重申了注册协议第6条第6.2款的内容，但该邮件系在薛某某成功提交订单并完成付款后发出，已无法起到提示消费者注意并判断决定是否订立合同的作用。由此，法院认为，因京东公司未就合同成立要件的格式条款以合理方式提请网站用户注意，故京东公司关于合同成立要件的相关格式条款不发生法律效力。法院认为，根据法律规定和一般交易观念，本案中，被告（反诉原告）京东公司已在京东商城网站上发出系争金币的销售要约，原告（反诉被告）薛某某已通过在网站上付款、提交订单等方式完成对京东公司要约的承诺，京东公司与薛某某就系争金币订立的买卖合同已经成立。

关于争议焦点三，依法成立的合同，原则上自成立时生效，但具有撤销权的当事人有权依法请求法院撤销合同。即便不考虑本案系争金币为具有一定收藏价值的限量发行纪念币这一可能对金币价格产生影响的重要因素，系争金币成色为99.9%金，重量达1公斤，在原告（反诉被告）薛某某提交订单时，与系争金币重量、成色相同的黄金市场价亦远高于订单价48500元。即便原告（反诉被告）薛某某购买系争金币时京东商城网站进行商品促销，但因系争金币的订单价与市场价销售相差巨大，即使是普通消费者也应清楚该订单价格异常，故薛某某称系争金币以48500元出售系优惠价之主张，缺乏事实依据，有违常理，法院不予采信。因系争金币订单价48500元远低于其成本及市场价，如仍要求被告（反诉原告）京东公司按该价格履行合同义务，交付金币，则会出现京东公司与薛某某合同权利、义务明显不对等、合同利益严重不均衡等显失公平的法律后果。故京东公司以显失公平为由请求撤销其与薛某某订立的买卖合同，于法有据，法院予以准许。因京东公司已于

2012年7月18日将薛某某支付的系争金币订购款48500元退还薛某某的付款账户,故本案亦不存在撤销合同后的财产返还问题。

综上所述,法院认为,原告(反诉被告)薛某某与被告(反诉原告)京东公司于2012年6月30日就系争金币订立的买卖合同已经成立,但因被告(反诉原告)京东公司工作人员错误操作,致使系争金币的订单价格远低于其成本及市场价,如继续履行合同,将造成显失公平之后果,故京东公司请求撤销该买卖合同,法院予以准许。判决:(1)驳回原告(反诉被告)薛某某的诉讼请求;(2)撤销原告(反诉被告)薛某某与被告(反诉原告)京东公司于2012年6月30日就1枚"诺曼诺兰2012年中国壬辰(龙)年金银纪念币1公斤梅花型金质纪念币"订立的合同(订单号:255429949)。[1]

网站标价错误是否构成重大误解,存在不同的处理意见。分歧主要有以下两个方面:一是网络购物合同是否成立,即网站商品展示页面的性质认定,属于要约还是要约邀请;二是在合同成立的前提下,标价错误是否构成重大误解,能否撤销网购合同。一般认为,网购合同中重大误解的适用具有特殊性,主要表现在以下方面,一是在网购交易信息极度不对称的情况下,经营者应承担更严格的提示说明义务,重大误解的认定更加重视诚实信用与信赖利益保护,错误重大性中"诚实信用理性人"的认定标准应高于传统交易。二是网络合同中重大误解的认定范围应当进行限缩。网络交易模式下价格参数的参照性易于获取,从而使重大误解的类型相较于传统的社会交易模式有所限缩,对商品价格合理信赖的认定标准高于传统交易,主要取决于商家是否采取了促销、优惠活动,是否使消费者无法识别是价格优惠还是价格错误。三是在信息和处理能力极度不平等的状态下,意思表示以及合同的解释要根据信息强弱做出适当倾斜,更应当向消费者方面倾斜。换言之,网站标价错误原则上不能认定经营者构成重大误解。

网络平台在优惠活动或促销期间出现的低价商品,能够使消费者产生合理信赖的,应当认定消费者属于善意交易相对人,双方当事人应当继续履行合同,经营者主张是基于重大误解导致出现低于成本价格出售商品并请求撤销的,法院应不予支持。

【案例10-83】 赵某圳诉芭莎珠宝(深圳)有限公司网络购物合同纠纷案

一审法院认为,第一,涉案买卖合同能否被撤销。首先,芭莎公司未超期行使撤销权。根据《民法总则》第一百四十七条的规定,芭莎公司于2019年11月14日向京东客服反映订单异常情况,可以认定芭莎公司已经知悉涉案订单的情况,其撤销权的撤销期限自2019年11月14日起算。撤销权属于

[1] 参见郭伟清主编:《2015年上海法院案例精选》,上海人民出版社2016年版,第22~24页。

形成权，该意思表示到达对方即为生效。芭莎公司于2019年3月11日在答辩状中提出要求撤销涉案合同，即为行使撤销权，并未超过三个月的行使期限，该意思表示到达赵某圳时即为生效。合同当事人双方对合同能否被撤销发生争议时，一方当事人提起诉讼属于解决争议的方式，而非行使撤销权的必要条件。其次，芭莎公司主张的事由不符合行使撤销权的条件。《合同法》第五十四条规定，因重大误解订立的合同，当事人一方有权请求人民法院或者仲裁机构变更或者撤销。根据芭莎公司的陈述意见和本案证据，造成赵某圳低价购买涉案商品的原因是芭莎公司错误理解京东平台促销活动规则，该误解并非对买卖合同的行为性质，对方当事人、标的物的品种、质量、规格和数量等的错误认识。本案中，芭莎公司对订立买卖合同的性质、销售何种商品、以何种价格销售商品、是否参加促销活动等认识均无错误，不构成买卖合同中的误解。芭莎公司以消费者购买商品时使用优惠而导致合同价格低于其成本价为由主张存在重大误解并请求撤销合同，不符合法律规定，法院不予支持。芭莎公司不应将其自身的过错所造成的经营风险转移给消费者，损害消费者的权益。第二，芭莎公司承担何种民事责任。法院认定芭莎公司主张撤销合同的理由不成立，且双方当事人签订的买卖合同意思表示真实，合法有效，故该合同对双方具有约束力。赵某圳向芭莎公司支付货款后，芭莎公司至今未向赵某圳发货，故赵某圳请求芭莎公司履行双方买卖合同的义务，于法有据，予以支持。《合同法》第一百三十五条规定，出卖人应当履行向买受人交付标的物或者交付提取标的物的单证，并转移标的物所有权的义务。结合本案的实际情况，芭莎公司需要履行的义务为向赵某圳履行京东电子商务平台订单85097887012的商品（涉案18k金钻石耳钉一对）交付义务。判决：(1)芭莎公司向赵某圳履行京东电子商务平台订单85097887012的商品（涉案18k金钻石耳钉一对）交付义务；(2)驳回芭莎公司的全部反诉请求。二审调解结案。[1]

商品买卖合同中，卖方在订立合同前的协商阶段，对买方多次要求的商品形状，如单个商品的净重量，没有给予足够的关注，导致买方因重大误解订立合同的，买方享有对合同的解除权，该撤销的合同自始没有法律效力。

【案例10－84】　郭某环诉苍南县怡阔工艺品有限公司买卖合同纠纷案

判决观点，本案中，原告通过网络购物平台向被告订购束口背包袋，双方协商过程中原告曾询问商品重量，被告答复约48克，原告基于此答复对被告

---

〔1〕 参见最高人民法院中国应用法学研究所编：《人民法院案例选》2020年第3辑（总第145辑），人民法院出版社2020年版，第6～7页。广东省广州市中级人民法院（2019）粤01民终17265号民事调解书。

提供的商品重量予以认可。在后续的磋商中,被告向原告出具的订单未列明商品重量,仅标明商品材质为210D涤纶布,原告对此提出疑问,表示对材质不理解,并再次强调只要保证袋子的单个重量为48克就可以,被告对此未做明确回答,致使原告存在重大误解订立合同并向第三方支付平台支付货款。原告付款后收到样品,经测量商品净重约32克,差值16克应认定超出被告自述袋子自重48克左右的可忽略误差范围,原告因此要求解除购买合同,法院予以支持。被告对商品描述与实际不符,被告对此存在过错,应当承担合同撤销后的法律后果,原告已支付的货款应由阿里巴巴支付宝账户退回原告的对应账户。判决:原告郭某环与被告苍南县怡阔工艺品有限公司通过阿里巴巴平台订立的束口背包袋购买合同予以撤销,原告有权要求阿里巴巴第三方平台即支付宝账户退还代收货款19300元。[1]

---

〔1〕 参见最高人民法院中国应用法学研究所编:《人民法院案例选》2020年第1辑(总第143辑),人民法院出版社2020年版,第118页。辽宁省阜新市海州区人民法院(2018)辽0902民初1673号民事判决书。

专题十一　买卖合同程序纠纷

本专题就买卖合同争议案件管辖、举证责任及其相关程序问题予以阐述。

一、买卖合同争议程序的理解

（一）买卖争议案件的管辖

买卖合同纠纷案件管辖法院，有合同有约定的从约定；合同没有约定或约定无效的，由被告住所地或合同履行地法院管辖。

【案例 11-1】 明鑫公司诉中铁十五局、揭惠高速公路管理中心买卖合同纠纷案

判决观点，原告明鑫公司与被告中铁十五局签订了《土方购买及运输协议》，中铁十五局结欠货款，原告请求被告支付欠款，该案为明鑫公司与中铁十五局之间的买卖合同纠纷，应由被告住所地或合同履行地法院管辖。根据《民事诉讼法解释》的规定，合同对履行地没有约定或者约定不明确，争议标的为给付货币的，接收货币一方所在地为合同履行地。本案中，当事人对合同履行地没有约定，原告即接收货币一方所在地不在受理法院管辖范围内，中铁十五局的住所地亦不在受理法院管辖范围内，故受理法院对该案没有管辖权。裁定：对原告明鑫公司的起诉，法院不予受理。[1]

【案例 11-2】 淮矿物流公司管理人诉广钢金钧公司买卖合同纠纷案

最高人民法院认为，虽然该《商品购销合同》系传真件，但是，淮矿物流公司管理人说明了双方的交易习惯以及《商品购销合同》的形成过程。传真件显示的传真日期与合同订立日期相矛盾这一事实，并不能直接证明淮矿物流公司伪造了《商品购销合同》。一审法院依据《商品购销合同》关于协议管辖的约定，确定该院对本案有管辖权并无不当，广钢金钧公司关于本案应移送广州市荔湾区人民法院管辖的上诉理由不能成立。可以双方交易习惯确

〔1〕 参见国家法官学院、最高人民法院司法案例研究院编：《中国法院 2021 年度案例》（买卖合同纠纷），中国法制出版社 2021 年版，第 250 页。广东省普宁市人民法院（2019）粤 5281 民初 1575 号民事裁定书。

定合同的效力。裁定:驳回上诉,维持原裁定。[1]

买卖合同纠纷中,出卖人单方利用格式条款改变主合同约定管辖的,不发生效力,不能认为双方对管辖进行了明确约定和变更。

【案例11-3】 建材公司诉建设公司买卖合同纠纷案

二审法院认为,上诉人建设公司与被上诉人建材公司于2019年11月20日签订《买卖合同》,该合同第七条约定:"合同争议解决方式:先协商解决,协商不成则诉讼,并由项目所在地人民法院管辖。"根据《民事诉讼法》第三十四条"合同或者其他财产权益纠纷的当事人可以书面选择被告住所地、合同履行地、合同签订地、原告住所地、标的物所在地等与争议有实际联系的地点的人民法院管辖,但不得违反本法对级别管辖和专属管辖的规定"之规定,建材公司与建设公司在买卖合同中约定的管辖符合法律规定,该约定管辖有效。建材公司虽然在向建设公司提交的《销售发货单》中对管辖法院进行了变更,建设公司工作人员在销售发货单"收货人"处签字,建设公司未在该销售发货单管辖法院变更处盖章确认,同时亦未对签署该销售发货单的工作人员在改变管辖的问题上予以授权,故一审法院以建设公司工作人员在销售发货单上签字确认即视为对《买卖合同》中约定的管辖的变更认定不当,本案仍应按照《买卖合同》中的约定,由项目所在地人民法院管辖。综上,建设公司的上诉理由成立,予以支持,一审法院确定管辖有误,应予纠正。裁定:撤销一审裁定,将本案移送建设公司项目所在地人民法院审理。[2]

在票据关系的直接前后手之间,存在合同债权债务关系的,应当允许当事人选择主张票据追索权或合同债权行使诉权,也应当允许另一方当事人同时主张票据抗辩权和合同债权的抗辩权。

【案例11-4】 阳城县皇城相府(集团)实业有限公司诉晋城市国能能源运销公司北板桥发运处买卖合同纠纷案

二审法院认为,上诉人与被上诉人订立了煤炭买卖合同,上诉人先后从被上诉人处以上门自提的方式拉走了煤炭64车,结算煤款共计1986450元。2012年3月15日,上诉人背书转让给被上诉人200万元银行承兑汇票一张,以此支付煤款。后该承兑汇票被河南省驻马店市中级人民法院因河南骏化发展股份有限公司与晋城市国能能源运销公司北板桥发运处买卖合同纠纷

〔1〕 参见中国审判理论研究会民事专业委员会编著:《民法典总则编条文理解与司法适用》,法律出版社2020年版,第251页。最高人民法院(2014)民二终字第180号民事裁定书。

〔2〕 参见国家法官学院、最高人民法院司法案例研究院编:《中国法院2022年度案例》(买卖合同纠纷),中国法制出版社2022年版,第214页。湖北省鄂州市中级人民法院(2021)鄂07民辖终3号民事裁定书。

一案采取保全措施，将该承兑汇票冻结。被上诉人向该承兑汇票的付款行请求付款，该承兑汇票的付款行以法院冻结为由拒绝付款，并出具了拒付证明。法院认为，因付款行拒绝付款，被上诉人没有实际得到煤款，此时其既可以向上诉人主张合同债权，也可以向上诉人主张追索权，两者发生竞合时，被上诉人可以择一诉权行使。原告阳城县皇城相府（集团）实业有限公司以买卖合同关系向阳城县人民法院提起诉讼，要求上诉人支付煤款，阳城县人民法院亦以买卖合同纠纷立案受理并无不妥。上诉人提出的本案系票据纠纷的主张法院不予采纳。本案系买卖合同纠纷，货物采取自提方式，应以提货地阳城县为合同履行地。故阳城县人民法院对本案具有管辖权，上诉人的上诉理由不能成立，应予驳回。裁定：驳回上诉，维持原裁定。[1]

买卖合同双方在同一时期签订多份合同，且多份合同中对管辖约定不一致的情况下，首先需要判断不同合同约定的内容是否一致，如果多份合同约定的内容一致，当然应当适用最新签订的合同约定；在多份合同内容不一致的情况下，要分析不同合同之间的关系，明确不同的合同对双方权利义务的规制方向，根据原告诉请依据的合同确定管辖法院。

【案例 11－5】　恩泽兴正公司诉音乐之声公司买卖合同纠纷案

二审法院认为，本案恩泽兴正公司以买卖合同纠纷为由起诉请求判令音乐之声公司支付货款等，故本案属于因合同纠纷提起的诉讼。根据《民事诉讼法》第三十四条的规定，本案中，恩泽兴正公司（供方）与音乐之声（需方）于 2013 年 7 月 1 日签订《购销合同》及《补充协议》，合同约定有效期为 2013 年 7 月 1 日至 2015 年 6 月 30 日。音乐之声、恩泽兴正公司与案外人保乐力加公司于 2014 年签订《保乐力加中国销售和品牌推广协议》，该协议的有效期为 2014 年至 2015 年 6 月 30 日，主要约定了销售保乐力加产品的品牌推广要求、各方责任等内容，该协议并未约定双方买卖的具体事项。因此，双方之间有关酒水的买卖关系引起的纠纷应依据 2013 年 7 月 1 日双方签订的《购销合同》及《补充协议》解决。恩泽兴正公司主张其起诉要求的货款依据亦是《购销合同》及《补充协议》，故本案应当依据《购销合同》第六条第七项"合同履行发生争议，应协商解决，协商不成的，由供方所在地人民法院管辖"的约定确定管辖法院。双方的约定管辖合法有效，因供方恩泽兴正公司的住所地位于北京市朝阳区，故一审法院北京市朝阳区人民法院依法对本案

［1］参见最高人民法院中国应用法学研究所编：《人民法院案例选》2014 年第 3 辑（总第 89 辑），人民法院出版社 2015 年版，第 213～214 页。山西省晋城市中级人民法院（2013）晋市法民终字第 372 号民事裁定书。

享有管辖权。裁定:驳回上诉,维持原裁定。[1]

当事人在合同中约定"由各自所在地管辖",应认定该约定有效,双方均可选择由原告住所地人民法院管辖。

【案例11-6】 湖南泰和集团股份有限公司与佛山市南海高达建筑机械有限公司买卖合同纠纷管辖权争议请示案

最高人民法院认为,第一,湖南省岳阳市岳阳楼区人民法院受理的泰和公司与高达公司一案,不属于侵权责任纠纷。同意湖南省高级人民法院的意见,岳阳市岳阳楼区人民法院将案件认定为产品责任纠纷是不适当的,此案应为买卖合同纠纷。第二,岳阳市岳阳楼区人民法院受理的泰和公司与高达公司买卖合同纠纷一案与广东省佛山市南海区人民法院受理的泰和公司与高达公司买卖合同纠纷一案均是基于双方当事人签订的供货合同及补充附件,两个案件属于基于同一事实、同一法律关系而产生的纠纷,双方当事人分别起诉而形成的管辖权争议案件,为了便于查清案件事实,保证裁判的统一性,由同一法院合并审理为宜。第三,双方当事人于2011年11月1日签订的《供货合同》第十三项第三点约定:如发生纠纷,诉讼地为甲方(泰和公司)所在地。后双方于2011年11月13日签订的《合同补充附件》约定:如发生纠纷,双方需共同协商处理,并由各自所在地管辖,同时写明合同补充附件与原供货合同具有同等的法律效力。结合《供货合同》、《合同补充附件》以及《最高人民法院关于合同双方当事人协议约定发生纠纷各自可向所在地人民法院起诉如何确定管辖的复函》的规定,双方关于管辖的约定有效,双方均可选择由原告住所地人民法院管辖。第四,根据《最高人民法院关于在经济审判工作中严格执行〈中华人民共和国民事诉讼法〉的若干规定》第二条的规定,佛山市南海区人民法院于2012年12月14日立案,立案在先,岳阳市岳阳楼区人民法院于2013年5月8日立案,立案在后,岳阳市岳阳楼区人民法院应将案件移送立案在先的法院管辖。岳阳市岳阳楼区人民法院受理案件的诉讼标的额为209.35万元,符合佛山市南海区人民法院一审管辖标准。故指定广东省佛山市南海区人民法院合并审理两案。[2]

非涉外案件双方当事人约定的境外仲裁机构解决争议的条款无效。

---

〔1〕 参见国家法官学院案例开发研究中心编:《中国法院2018年度案例》(买卖合同纠纷),中国法制出版社2018年版,第288页。北京市第三中级人民法院(2016)京03民辖终1451号民事裁定书。

〔2〕 参见杜万华主编:《最高人民法院民商事案件审判指导》(第5卷),人民法院出版社2018年版,第408~409页。

【案例11－7】 东莞市力王电池有限公司诉骏升科技（中国）有限公司买卖合同纠纷案

二审法院认为，本案为买卖合同纠纷，双方当事人均为中国法人，当事人之间民事法律关系的设立、变更、终止的法律事实以及诉讼标的均在我国境内，不属于《民事诉讼法》规定的涉外民事案件。《民事诉讼法》第二百七十一条规定明确了仅有涉外经济贸易、运输和海事中发生的纠纷，当事人可以约定将纠纷提交中华人民共和国涉外仲裁机构或者其他仲裁机构仲裁。《合同法》第一百二十八条第二款亦规定了"涉外合同的当事人可以根据仲裁协议向中国仲裁机构或者其他仲裁机构申请仲裁"，该规定亦明确了仅有涉外民事案件的当事人可以选择境外的仲裁机构裁决。因此，即使双方约定由香港国际仲裁中心仲裁，由于本案不属于涉外民事案件，该约定的条款无效。《民事诉讼法》第二十三条规定："因合同纠纷提起的诉讼，由被告住所地或者合同履行地人民法院管辖。"现被上诉人住所地在本市番禺区，故原审法院对本案具有管辖权。综上，原审裁定正确，予以维持。上诉人提出的上诉意见，理由不能成立，不予采纳。裁定：驳回上诉人骏升科技（中国）有限公司的上诉，维持原裁定。〔1〕

买卖合同约定了仲裁条款，一方当事人以侵权为由向人民法院起诉要求解决争议，人民法院是否有管辖权，本案判决没有正面回答这个问题，而是采取迂回曲折的方法否定人民法院的管辖权。人民法院查明不构成侵权的情况下，对其诉求不予支持。

【案例11－8】 荣成市西霞口船业有限公司诉瓦锡兰芬兰有限公司、西特福船运公司等买卖合同纠纷再审案

最高人民法院认为，西霞口船业坚持就涉案纠纷提起侵权责任之诉，因瓦锡兰芬兰有限公司与西特福船运公司分别是在芬兰、荷兰登记注册的公司且涉案船用主机及推进系统从荷兰进口，本案具有涉外因素，西霞口船业所称侵权行为地在中华人民共和国境内，依照《涉外民事关系法律适用法》第四十四条关于侵权责任适用侵权行为地法律的规定，一、二审法院适用中华人民共和国法律处理本案纠纷正确。〔2〕

债务转移的，按《民事诉讼法解释》第三十三条的规定确定管辖。

---

〔1〕 参见国家法官学院案例开发研究中心编：《中国法院2016年度案例》（买卖合同纠纷），中国法制出版社2016年版，第193页。广东省广州市中级人民法院（2014）穗中法立民终字第3534号民事裁定书。

〔2〕 最高人民法院（2016）民再15号民事判决书。

【案例11-9】 成渝钒钛科技有限公司与重庆能源投资集团物资有限责任公司买卖合同纠纷案

二审法院认为,《抹账协议》约定债务人将欠债权人的货款转由第三人支付,该行为属于债务人将自己承担的债务全部或部分转移第三人承担的债务转移行为。《民事诉讼法解释》第三十三条规定:"合同转让的,合同的管辖协议对合同受让人有效,但转让时受让人不知道有管辖异议,或者转让协议另有约定且原合同相对人同意的除外。""合同义务的转移"也是"合同转让"的情形之一,此种情形应按该条规定确定管辖。[1]

在同一时期签订多份合同且对管辖约定不一致时的审查规则。

【案例11-10】 北京恩泽兴正商贸有限公司诉北京音乐之声餐饮文化有限公司买卖合同纠纷案

二审法院认为,双方在同一时期签订多份合同,且多份合同中对管辖约定不一致时,应审查各份合同约定的具体权利义务关系,不能简单地以合同签订的时间先后顺序就当然适用最新合同约定的管辖地。在审查各份合同之间的关系和具体内容后,应按照双方买卖合同的约定所载明的管辖地确定案件的管辖法院。[2]

(二)买卖合同履行地

在当事人同一合同项下不同种类的合同义务发生争议,进而产生多个履行地的情况下,应当以原告主张的主要合同义务确定合同履行地,主要合同义务无法确定的,依照《民事诉讼法》第三十五条的规定确定管辖法院。

【案例11-11】 联众公司诉德华公司买卖合同纠纷案

二审法院认为,因被上诉人有多个诉讼请求,本案存在多种诉讼类型和多个争议标的,各诉讼类型有管辖权的人民法院和各争议标的的履行地的人民法院对本案均有管辖权。其中,被上诉人起诉上诉人给付货款,争议标的为给付货币,被上诉人为接受货币一方,其所在地为合同履行地;被上诉人起诉上诉人赔偿逾期提货损失和保管费用,争议标的为其他标的,上诉人为履行义务一方,其所在地为合同履行地。故上诉人和被上诉人的所在地均为涉案

---

〔1〕 参见最高人民法院民法典贯彻实施工作领导小组编著:《中国民法典适用大全》(合同卷一),人民法院出版社2022年版,第809~810页。重庆市高级人民法院(2021)渝民辖终34号民事裁定书。

〔2〕 北京市第三中级人民法院(2016)京03民辖1451号民事裁定书。

合同履行地,该两地人民法院对本案均有管辖权。因被上诉人住所地位于天津市静海区,故天津市静海区人民法院对本案具有管辖权。综上,上诉人的上诉主张,理据不足,法院不予支持。一审裁定认定事实清楚,适用法律正确,法院应予维持。裁定:驳回上诉,维持原裁定。[1]

返还货款不适用"接受货币一方",应由合同履行地管辖。

【案例 11－12】　天助公司诉龙腾公司买卖合同纠纷案

判决观点,《民事诉讼法解释》第十八条第二款"争议标的为给付货币"是指争议的合同义务本身是以给付货币为内容。本案中,天助公司以买卖合同为主张权利的基础,该买卖合同中的合同义务应理解为:天助公司系买受人为支付货币的一方,龙腾公司系出卖人为交付货物的一方。确定合同履行地不能仅凭诉讼请求的内容,而应结合诉讼请求所指向的合同义务。本案中天助公司不能以其接受货币一方为由确定其住所地为合同履行地。《民事诉讼法》第二十三条规定:因合同纠纷提起的诉讼,由被告住所地或者合同履行地人民法院管辖。本案中,双方没有明确约定管辖法院,亦未约定合同履行地,因此,本案应由被告住所地人民法院管辖。根据本案住所地,本案应由山东省济南市章丘区人民法院管辖。综上,龙腾公司提出的管辖权异议成立,本案应由山东省济南市章丘区人民法院管辖处理。裁定:龙腾公司对本案管辖权提出的异议成立,本案移送山东省济南市章丘区人民法院处理。[2]

买卖合同与承揽合同在实践中容易发生混淆,往往引起管辖权异议和管辖权争议。准确把握两种合同的区别,正确认定合同的性质,是确定此类案件管辖的前提和关键。

【案例 11－13】　安徽创威油脂有限公司诉湖北省武穴市巨霸粮油设备制造有限公司承揽合同纠纷请示案

最高人民法院认为,安徽创威油脂有限公司诉湖北省武穴市巨霸粮油设备制造有限公司买卖合同纠纷案,与湖北省武穴市巨霸粮油设备制造有限公司诉安徽创威油脂有限公司、舒年宝定作承揽合同纠纷案,系因履行同一合同引发的纠纷,依法应当合并审理。本案合同为承揽合同,合同履行地为湖北省武穴市,且湖北省武穴市人民法院立案在先。依照《民事诉讼法》第三

---

〔1〕 参见国家法官学院、最高人民法院司法案例研究院编:《中国法院 2021 年度案例》(买卖合同纠纷),中国法制出版社 2021 年版,第 118 页。天津市第一中级人民法院(2019)津 01 民辖终 129 号民事裁定书。

〔2〕 参见国家法官学院案例开发研究中心编:《中国法院 2019 年度案例》(买卖合同纠纷),中国法制出版社 2019 年版,第 159 页。江苏省溧阳市人民法院(2017)苏 0481 民初 7577 号民事裁定书。

十七条第二款的规定,指定本案由湖北省武穴市人民法院管辖。安徽省东至县人民法院应依法撤销对管辖权异议的有关规定,将案件移送湖北省武穴市人民法院合并审理。[1]

在审理再审案件时,如果原审法院在没有管辖权的情形下对案件进行了审理,且认定事实不清、证据不足,则对原审法院作出的裁定或判决应予撤销。案件应移送至有管辖权的人民法院审理。

【案例11-14】 佛山市南海佳荣制衣有限公司与天津天橡工业进出口有限公司买卖合同纠纷再审案

最高人民法院认为,本案系基于天橡公司与佳荣公司的买卖合同关系而产生的诉讼,双方并未采取书面形式选择管辖法院,因此应适用《民事诉讼法》第二十四条的规定,由被告住所地或者合同履行地人民法院管辖。根据《最高人民法院关于适用〈中华人民共和国民事诉讼法〉若干问题的意见》第十九条第一款的规定,购销合同的双方当事人在合同中对交货地点有约定,以约定的交货地点为合同履行地;没有约定的,依交货方式确定合同履行地;采取自提方式的,以提货地为合同履行地;采取代办托运方式运货的,以货物发运地为合同履行地。天橡公司在本案一审期间提交了一份《加工生产销售合同》,主张该合同约定的交货地点是天橡公司仓库,即合同履行地为天津。但该合同系传真件,且合同上加盖的佳荣公司公章与佳荣公司在佛山市南海区公安局留存的印鉴不符,真实性难以确认。天津一中院、天津高院在没有其他证据佐证的情况下直接依据该合同记载的内容确定合同履行地不当,应予纠正。双方对交货方式存在争议,天橡公司主张代佳荣公司办理货物发运,佳荣公司承担运费和保险费,即采取代办托运的方式送货。为证明其主张,天橡公司提交了航空、汽车货运单及保险费发票,但上述单据均为复印件,不足以单独作为认定案件事实的依据,且即使按照上述单据记载的内容,大部分货物的发运地也不在天津。综上,佳荣公司与天橡公司对交货地点约定不明,天橡公司提交的证据不足以证明涉案货物及采取代办托运方式送货且发运地为天津,依据上述法律和司法解释的规定,合同履行地不应认定为天津,天津一中院对本案管辖错误。鉴于本案的合同履行地难以确定,依据《民事诉讼法》第二十四条的规定,结合诉讼标的数额,本案应由被告佳荣公司住所地广东省佛山市南海区人民法院管辖。综上,天津一中院、天津高院在没有管辖权的情况下对本案进行了审理,且认定事实不清、证据不足,相关裁定、判决应予撤销。本案应移送至有管辖权的人民法院审理。裁定:

---

〔1〕 参见《最高人民法院民商事案件审判指导》(第1卷),人民法院出版社2012年版,第698页。

(1)撤销一、二审民事裁定;(2)撤销一、二审民事判决;(3)本案移送广东省佛山市南海区人民法院审理。[1]

"争议为给付货币的"系针对合同义务本身而言,而不是针对诉讼请求,不能简单地认为诉讼请求包括给付货币的内容就可以适用合同履行地条款。

【案例11-15】 新疆某农业发展有限公司诉贵州某化肥有限公司买卖合同纠纷案

二审法院认为,双方签订的涉案《化肥产品购销合同》约定向合同履行地人民法院提起诉讼,但均未对合同履行地进行明确约定。《民事诉讼法解释》第十八条第二款规定:"合同对履行地点没有约定或者约定不明确,争议标的为给付货币的,接收货币一方所在地为合同履行地;交付不动产的,不动产所在地为合同履行地;其他标的,履行义务一方所在地为合同履行地。即时结清的合同,交易行为地为合同履行地。"其中"争议标的为给付货币"是指当事人诉讼请求所指向的合同义务为给付货币,系针对合同义务本身而言,而不是针对诉讼请求,不能简单地认为诉讼请求中包括付货币的内容就可以适用该款规定。本案为买卖合同纠纷,贵州某化肥有限公司作为出卖人的合同义务是交付标的物,新疆某农业发展有限公司作为买受人的合同义务是支付价款,"接受货币一方所在地"应为贵州某化肥有限公司的住所地。综上,原审人民法院仅以新疆某农业发展有限公司的诉讼请求中包含给付货币的内容就认为其所在地为合同履行地错误。本案"接受货币一方所在地"应为贵州某化肥有限公司的所在地贵州省贵阳市,结合涉案诉讼标的额,本案应由贵州省贵阳市中级人民法院管辖。裁定:(1)撤销原审民事裁定;(2)本案移送贵州省贵阳市中级人民法院处理。[2]

买卖合同中未明确约定合同履行地的,根据具体案情认定合同履行地。

【案例11-16】 山东菏泽茂盛木业有限公司与天津欧派集成家居有限公司买卖合同纠纷案

最高人民法院认为,虽然买卖双方在《购销协议》中约定由合同履行地法院管辖,但协议中并未明确约定合同履行地,法院将送货地认定为程序法上确定案件管辖的合同履行地,缺乏法律依据。在当事人没有明确约定合同履行地的情形下,根据案涉合同买卖货物的主要特征,售货方承担着交付货

---

〔1〕 参见最高人民法院民事审判第二庭编:《最高人民法院商事审判指导案例》(第5卷)(上),中国法制出版社2011年版,第846页。最高人民法院(2010)民提字122号民事裁定书。

〔2〕 参见《新疆审判》2021年第2期(总第130期)。

物的义务,其所在地可认定为合同履行地。[1]

(三)网络买卖争议的管辖

正确的民事案由有利于当事人准确选择受理法院,同时便于当事人确定其请求权基础。在2011年最高人民法院制定的《民事案件案由规定》中,网购纠纷属于三级案由"买卖合同纠纷"下的"网络购物合同纠纷"。2020年最高人民法院修正的《民事案件案由规定》将"网络购物合同纠纷"修改为"信息网络买卖合同纠纷",该修改使网购纠纷的案由名称更加科学,所包含的内容也更加广泛。《民事诉讼法解释》第二十条规定:"以信息网络方式订立的买卖合同,通过信息网络交付标的的,以买受人住所地为合同履行地;通过其他方式交付标的的,收货地为合同履行地。合同对履行地有约定的,从其约定。"《最高人民法院关于审理侵害信息网络传播权民事纠纷案件适用法律若干问题的规定》第二条规定:"本规定所称信息网络,包括以计算机、电视机、固定电话机、移动电话机等电子设备为终端的计算机互联网、广播电视网、固定通信网、移动通信网等信息网络,以及向公众开放的局域网络。"据此,根据体系解释的原理,以信息网络方式订立的买卖合同中的"信息网络"应该采取同样的理解。

根据《民事诉讼法解释》第二十条之规定,信息网络买卖合同纠纷中,在未约定合同履行地的情况下,收货地法院管辖的前提是"以信息网络方式订立的买卖合同""通过其他方式交付标的的"。换言之,适用该规定要求买卖双方是通过信息网络的方式达成买卖合意,然后主要以物流快递形式交付标的物。不是通过信息网络的方式"订立"买卖合同的,不能适用本条规定。如果双方是通过当面沟通,口头达成购买协议,那么案件应为买卖合同纠纷,适用买卖合同纠纷的管辖。如果买卖双方仅通过微信、电话等方式对合同的履行过程而非对合同内容的订立进行协商,则同样不适用收货地法院管辖的规定。

是否只要通过计算机、电话、微信等方式订立买卖合同的,就认为是信息网络买卖合同,实务中存在不同的观点。第一种观点认为,只要利用信息网络进行交易的均属于信息网络买卖合同的范畴;第二种观点认为,网上购物中只有利用信息网络向不特定对象售卖商品的,才能认为属于信息网络买卖合同;第三种观点认为,从制定"信息网络买卖合同"案由的背景出发,信息网络买卖合同应指以"开放性"为特征的典型网购行为,不具有该特征的则不宜认定为信息网络买卖合同。笔者倾向于第一种观点,不应区分卖家与买家是"一对一"关系还是"一对

[1] 最高人民法院(2022)民辖75号民事裁定书。

多”关系，只要通过微信等信息网络方式订立合同的，统一认定为信息网络买卖合同纠纷。

买卖合同一方主张合同中的特定条款系格式条款而要求确认无效或采取对该方有利条款的解释时，法官首先从特定条款的重复性、不特定性和双方交易地位、有无协商等方面综合判定是否属于格式条款，确认为格式条款后再根据条款内容和提请相对人注意等情况认定条款的效力。

【案例11－17】　林某平诉纽海信息技术（上海）有限公司买卖合同纠纷案

二审法院认为，首先，虽然上诉人提供的《1号店用户服务协议》载明“《如就本协议内容或其执行发生任何争议，双方应首先通过友好协商方式解决；协商不成的任何一方均应向上海市浦东新区人民法院提起诉讼”，该条款是上诉人提供的格式条款，且并未以特别提示等合理内容提醒被上诉人注意，故根据《民事诉讼法解释》第三十一条的规定“经营者使用格式条款与消费者订立管辖协议，未采取合理方式提请消费者注意，消费者主张管辖协议无效的，人民法院应予支持，”该条款无效。其次，本案系网络购物合同纠纷。《民事诉讼法解释》第二十条规定：“以信息网络方式订立的买卖合同，通过信息网络交付标的的，以买受人住所地为合同履行地；通过其他方式交付标的的，收货地为合同履行地。合同履行地有约定的，从其约定。”本案中，涉案买卖合同是通过信息网络订立的，涉案产品是以送货的方式交付的，被上诉人提供的订单等显示，涉案产品的收货地址为广东省广州市白云区齐富路九石岭15号体育场203，收货地址可视为本案合同履行地，在原审法院辖区内，故原审法院对本案有管辖权。综上所述，上诉人的上诉理由不成立，法院予以驳回。原审裁定正确，法院予以维持。〔1〕

网络平台公司提供的案件纠纷管辖格式条款，加重消费者责任的是无效条款。

【案例11－18】　陈某微诉宝瑞通公司、淘宝公司买卖合同纠纷案

判决观点，淘宝网站上的《淘宝服务协议》第十条关于管辖的内容：“因使用淘宝平台服务所产生及与淘宝平台服务有关的争议，由淘宝与您协商解决。协商不成时任何一方均可向被告所在地人民法院提起诉讼。”根据《合同法》第三十九条第二款“格式条款是当事人为了重复使用而预先拟定，并在订立合同时未与对方协商的条款”的规定，该协议管辖条款属于格式条款。在发生争议时法院需要对其中的协议管辖条款的效力进行审查，以排除不合理协议管辖条款。根据《合同法》第三十九条第一款的规定，本案中，从《淘

〔1〕 广东省广州市中级人民法院（2016）粤01民辖终344号民事裁定书。

宝服务协议》管辖条款提请原告注意的情况来看,淘宝公司没有采取合理方式提请原告注意该条款,注册人进入注册页面时,淘宝公司所提供的同意《淘宝服务协议》选项,已经默认为选定同意,淘宝公司并没有对注册人直接明示上述条款的具体内容。并且在该协议中,淘宝公司也没有通过合理而又明确的方式让注册人注意到该争议解决条款。本案中的协议管辖条款是夹在大量的烦琐资讯中,使原告难以注意到该格式条款的具体内容,故不能认定淘宝公司已经采取了合理方式提请原告注意。从《淘宝服务协议》中协议管辖条款是否加重原告的责任来看,协议管辖条款对消费者不公平、不合理,严重不合理地加重了消费者在管辖方面的负担。对广大消费者而言,网上购物的商品往往价格不高,其住所地或合同履行地往往与网站或网店商家所在地相隔甚远。如果根据《淘宝服务协议》中关于协议的规定,可能使网站或网店商家所在地以外的所有消费者负担大量额外的、相比购物价格明显不合理的差旅和时间花费,导致消费者的诉讼权利无法正常实现。根据《合同法》第三十九条、第四十条,《消费者权益保护法》第二十六条的规定,《淘宝服务协议》中的管辖条款应为对原告无效的格式条款。根据《民事诉讼法解释》第三十一条的规定,原告主张协议管辖条款无效依据和法律依据充分,应予支持。根据《民事诉讼法》第二十三条"因合同纠纷提起的诉讼,由被告住所地或者合同履行地人民法院管辖",《民事诉讼法解释》第二十条"以信息网络方式订立的买卖合同,通过信息网络交付标的的,以买受人住所地为合同履行地;通过其他方式交付标的的,收货地为合同履行地。合同对履行地有约定的,从其约定"的规定,快递单显示的收货地址在海南省海口市龙华区,原告的住所地以及合同履行地均在本院辖区,故法院对本案有管辖权。原告主张法院对本案有管辖权的事实依据和法律依据充分,应予支持。北京宝瑞通公司根据无效的格式条款提出管辖异议的理由不能成立,应不予支持。裁定:驳回宝瑞通公司对本案管辖权提出的异议。[1]

对于网购合同中的格式管辖条款效力的认定,若存在网络经营者未采取合理方式提请消费者注意、管辖条款存在不同理解、管辖条款不合理加重消费者维权成本等,应确定无效。

---

〔1〕 参见国家法官学院案例开发研究中心编:《中国法院2019年度案例》(买卖合同纠纷),中国法制出版社2019年版,第290~291页。海南省海口市龙华区人民法院(2016)琼0106民初10369号民事裁定书。

【案例 11－19】　孙某福诉日快通(上海)电子商务中心买卖合同纠纷案

二审法院认为,按照本案当事人诉争的民事法律关系的性质,本案案由应确定为信息网络买卖合同纠纷。本案中管辖条款要发生效力,须经过双方当事人协商一致。此外,经营者使用格式条款与消费者订立管辖协议,应采取合理方式提请消费者注意。本案中的海外订购须知,从形式上看,虽然置于购物网页中,但从实际购物流程看,查看须知并非消费者购物的必经程序。而且须知中的管辖条款字体很小,消费者很难注意。因此,海外代购须知中的管辖条款在整个购物流程中,不能体现已经经过双方当事人协商一致,也不能反映被告已经采取合理的方式提请消费者注意,故该管辖条款对双方当事人并无约束力。依据《民事诉讼法解释》第二十条的规定,以信用信息网络方式订立的买卖合同,通过信息网络交付标的的,以买受人住所地为合同履行地。合同对履行地有约定的,从其约定。本案中,经营者通过寄送快递的方式向买受人交付标的,收货地位于重庆市江津区,该地址为本案合同履行地。孙某福选择向重庆市江津区法院起诉,该院对本案具有管辖权。裁定:撤销一审裁定,本案由重庆市江津区法院管辖。[1]

网络购物中的管辖条款未能体现经过双方当事人协商特点的,不能反映经营者已经向消费者尽到了合理的提示义务。

【案例 11－20】　王某诉捷安特公司买卖合同纠纷案

二审法院认为,管辖协议条款必须经过双方当事人协商一致。即便是管辖协议格式条款,亦应在合同签订前由合同拟定方给予对方合理提示。本案所涉《购物须知》虽然植于购物网页中,但从实际购物流程看,查看《购物须知》并非交易相对方购物的必经程序,也就是说,交易相对方可以不用查看《购物须知》,亦可购物成功。《购物须知》的管辖条款在整个购物流程中,未能体现“经过双方当事人协商”之特点,因此,本案所涉《购物须知》中管辖条款对交易相对方应属无效。本案应当按照《民事诉讼法》第二十三条、《民事诉讼法解释》第二十条的规定确定管辖法院。本案中,王某所诉之交易系买卖双方通过互联网买卖商品,买卖双方在本案王某所诉之 4 个订单中约定线下提货门店的地址均为“北京市朝阳区定福店西街一号勘察勘测设计研究院一层 16 号门面房”,该地址即为本案的合同履行地。因本案的合同履行地位于北京市朝阳区,因此北京市朝阳区人民法院作为合同履行地人民法院依法对本案有管辖权。综上,王某的上诉理由成立,上诉请求应予支持。一审

---

〔1〕 参见《人民司法·案例》2023 年第 17 期(总第 1000 期)。重庆市第五中级人民法院(2021)渝 05 民辖终 606 号民事裁定书。

裁定认定事实和适用法律有误,应予纠正。裁定:(1)撤销一审民事裁定;(2)本案由北京市朝阳区人民法院处理。[1]

在网络购物纠纷中,双方通过第三方交易平台支付宝订立书面买卖合同,在没有明确约定管辖权时,可以将《支付宝争议处理规则》中约定的"以买家留下的收货地址作为货物交付地点"的交易惯例,视为约定收货地为合同履行地,收货地所在地人民法院应享有管辖权。

【案例 11-21】 寞某中诉百丽电子商务(上海)有限公司买卖合同纠纷案

一审法院认为,原、被告之间通过电子数据交换的形式即通过第三方交易平台支付宝订立了书面买卖合同。因原、被告自愿选择使用支付宝服务进行交易,故《支付宝争议处理规则》应作为双方买卖合同的组成部分,对双方均具有约束力。《支付宝争议处理规则》约定:"交易双方可以自行约定货物的交付地点,以买家留下的收货地址作为货物交付地点。"因此,本案中的履行地点为买家原告留下的收货地址,该收货地址在宿迁市宿豫区苏果超市汇通快递公司旁,故宿迁市宿豫区人民法院和上海市虹口区人民法院对本案均享有管理权。综上,被告百丽公司提出的管辖异议不能成立。裁定:驳回百丽公司对本案管辖权提出的异议。二审法院裁定:驳回上诉,维持原裁定。[2]

双方通过微信买卖货物的,由收货地人民法院管辖。

【案例 11-22】 曹某与钟某、楚某买卖合同纠纷案

最高人民法院认为,本案系买卖合同纠纷。《民事诉讼法》第二十四条规定,因合同纠纷提起的诉讼,由被告住所地或合同履行地人民法院管辖。《最高人民法院关于审理侵害信息网络传播权民事纠纷案件适用法律若干问题的规定》第二条规定,本规定所称信息网络,包括以计算机、电视机、固定电话机、移动电话机等电子设备为终端的计算机互联网、广播电视网、固定通信网、移动通信网等信息网络,以及向公众开放的局域网络。

本案中,曹某与钟某通过微信交流,订购熔喷布,约定通过货运配送,收货地为安徽省安庆市××工业园××道,故案涉买卖合同属于以信息网络方式订立的买卖合同。根据《民事诉讼法解释》第二十条的规定,以信息网络方式订立的买卖合同,通过信息网络交付标的的,以买受人住所地为合同履行地;通过

---

[1] 参见国家法官学院案例开发研究中心编:《中国法院 2018 年度案例》(买卖合同纠纷),中国法制出版社 2018 年版,第 113 页。北京市第三中级人民法院(2016)京 03 民辖终 1336 号民事裁定书。

[2] 参见最高人民法院中国应用法学研究所编:《人民法院案例选》2014 年第 4 辑(总第 90 辑),人民法院出版社 2016 年版,第 235~236 页。江苏省宿迁市中级人民法院(2013)宿中商辖字第 0027 号民事裁定书。

其他方式交付标的的,收货地为合同履行地。合同对履行地有约定的,从其约定。曹某与钟某明确约定收货地在安徽省安庆市怀宁县,安徽市怀宁县人民法院作为合同履行地法院,对本案有管辖权。安徽省怀宁县人民法院将有管辖权的案件,裁定移送河南省固始县人民法院处理不当,本院予以纠正。[1]

(四)起诉受理条件的处理

当事人因同一事实、同一诉讼标的,只要经过一次诉讼程序且经司法作出最终处理,其针对同一事实、同一诉讼标的的诉权就归于消灭,其“一事”就不应被法院“再理”。如果已经受理,则应驳回起诉,而不能作出实体处理;如果一审作出实体处理,二审则应依法裁定撤销原判,驳回起诉。

【案例 11-23】 光明轮胎集团有限公司等诉高青和谐化工有限公司买卖合同纠纷案

二审法院认为,在和谐化工起诉光明轮胎要求支付货款的案件中,光明轮胎因不服(2008)平商初字第 693 号民事判决而提起上诉。光明轮胎的上诉请求中已经包含了要求赔偿税款抵扣损失 81600 元,这与本次诉讼的诉讼请求一致,而其上诉理由亦与本次诉讼的理由一致。虽然光明轮胎针对(2008)平商初字第 693 号民事判决提起的上诉以调解方式结案,但这也是对其上诉的终审处理。因此光明轮胎就其相同的请求和事实与理由再次要求人民法院进行处理,违反了民事诉讼应遵循的“一事不再理”原则,故光明轮胎的本次起诉不符合受理条件,依法应当驳回起诉。原审法院判决驳回光明轮胎的诉讼请求,系对光明轮胎已被进行过实体处理的诉讼请求再次作出实体处理。因此,原审法院对本案作出的实体处理不当,应予纠正。裁定:撤销一审判决,驳回光明轮胎的起诉。[2]

【案例 11-24】 林某诉正泰电气股份有限公司买卖合同纠纷案

一审法院认为,林某本次起诉要求撤销《协议书》的依据为其签署《协议书》系代表明大电气的职务行为,故《协议书》中的债务并非其个人债务;如果认定该笔债务系其个人债务,则对林某个人而言显失公平。因此,从林某的诉讼目的来看,其还是要求法院对其签署《协议书》的行为究竟是

---

〔1〕 最高人民法院(2022)民辖 22 号民事裁定书。

〔2〕 参见国家法官学院案例开发研究中心编:《中国法院 2012 年度案例》(买卖合同纠纷),中国法制出版社 2012 年版,第 166 页。山东省淄博市中级人民法院(2010)淄商终字第 303 号民事裁定书。

个人行为还是代表明大电气的职务行为作出认定。在(2010)温乐商初字第647号案件中,本案被告以《协议书》为主要依据诉至法院要求判令林某支付《协议书》所确定的货款及相关违约金。林某作为前诉被告提出了其签署《协议书》系代表明大电气的职务行为的抗辩意见。该法院对林某此项抗辩意见进行了审查、认定,进而作出了一审判决。现林某以相同的事实、相同的理由要求法院再次对其签署《协议书》的行为作出认定,违反了"一事不再理"的民事诉讼原则。裁定:驳回原告林某的起诉。二审法院认为,本案争议已经有另案审理,故上诉人就相同事实、相同的法律关系再次提起诉讼,系重复诉讼,原审根据"一事不再理"原则,裁定驳回起诉正确,应予维持。上诉人的上诉请求,没有法律依据,不予支持。裁定:驳回上诉,维持原裁定。〔1〕

《民法典合同编通则解释》第三十八条规定:"债权人向人民法院起诉债务人后,又向同一人民法院对债务人的相对人提起代位权诉讼,属于该人民法院管辖的,可以合并审理。不属于该人民法院管辖的,应当告知其向有管辖权的人民法院另行起诉;在起诉债务人的诉讼终结前,代位权诉讼应当中止。"

代位权诉讼经法院判决成立未执行到次债务人的财产,债权人与债务人的债权债务关系未消灭,债权人起诉债务人的不构成一事不再理。

【案例11-25】 北京大唐燃料有限公司诉山东百富物流有限公司买卖合同纠纷案

最高人民法院认为,本案的争议焦点:第一,(2014)鲁商初字第96号民事判决书涉及的41284386.55元款项是否应在本案中予以扣除;第二,(2014)浙甬初字第74号民事判决书涉及的36369405.32元债权,大唐公司是否有权向百富公司另行起诉。第一,关于(2014)鲁商初字第96号民事判决书涉及的41284386.55元款项问题。二审中,百富公司的代理人对该笔款项的数额不持异议,并对不应扣减该笔款项予以认可,故该笔款项不应扣除。第二,关于(2014)浙甬初字第74号民事判决书涉及的36369405.32元债权问题。大唐公司有权就该笔款项另行向百富公司主张,理由如下:第一,《合同法解释(一)》第二十条规定,债权人向次债务人提起的代位权诉讼经人民法院审理后认定代位权成立的,由次债务人向债权人履行清偿义务,债权人与债务人、债务人与次债务人之间相应的债权债务关系即予消灭。根据该规定,认定债权人与债务人之间相应债权债务关系消灭的前提是次债务人已经

〔1〕 参见最高人民法院中国应用法学研究所编:《人民法院案例选》2012年第3辑(总第81辑),人民法院出版社2012年版,第197页。上海市第一中级人民法院(2011)沪一中民一(民)终字第2204号民事裁定书。

向债权人实际履行相应清偿义务。本案所涉执行案件中,因并未执行到万象公司的财产,浙江省象山县人民法院已经作出终结本次执行的裁定,故在万象公司并未实际履行清偿义务的情况下,大唐公司与百富公司之间的债权债务关系并未消灭,大唐公司有权向百富公司另行主张。第二,代位权诉讼属于债的保全制度,该制度是为防止债务人财产不当减少或者应当增加而未增加,给债权人实现债权造成障碍,而非要求债权人在债务人与次债务人之间择一选择作为履行义务的主体。如果要求债权人择一选择,无异于要求债权人在提起代位权诉讼前,需要对次债务人的偿债能力做充分调查,否则应当由其自行承担债务不得清偿的风险,这不仅加大了债权人提起代位权诉讼的经济成本,还会严重挫伤债权人提起代位权诉讼的积极性,与代位权诉讼制度的设立目的相悖。第三,本案不违反"一事不再理"原则。根据《民事诉讼法解释》第二百四十七条的规定,判断是否构成重复起诉的主要条件是当事人、诉讼标的、诉讼请求是否相同,或者后诉的诉讼请求是否实质上否定前诉的裁判结果等。代位权诉讼与债务人的诉讼并不相同,从当事人角度看,代位权诉讼以债权人为原告、次债务人为被告,而对债务人的诉讼则以债权人为原告、债务人为被告,两者的被告身份不具有同一性。从诉讼标的及诉讼请求上看,代位权诉讼虽然要求次债务人直接向债权人履行清偿义务,针对的是债权人与债务人之间的债权债务,两者在标的范围、法律关系等方面亦不相同。从起诉要件上看,与对债务人诉讼不同的是,代位权诉讼不仅要求具备《民事诉讼法》第一百零八条规定的起诉条件,同时还应当具备《合同法解释(一)》(已失效)第十一条规定的诉讼条件。基于上述不同,代位权诉讼与对债务人的诉讼并非同一事由,两者仅具有法律上的关联性,故大唐公司提起本案诉讼并不构成重复起诉。综上所述,大唐公司的上诉请求成立,法院予以支持。判决:(1)撤销一审民事判决;(2)百富公司向大唐公司返还货款153468000元;(3)百富公司向大唐公司赔偿占用货款期间的利息损失;(4)驳回大唐公司的其他诉讼请求。[1]

除法律及相关司法解释有直接规定外,解除权人无请求法院解除合同的权利,法院也无权直接作出解除合同的判决。但对当事人要求解除合同的诉讼请求,只要符合《民事诉讼法》的规定,人民法院就应予受理,不宜从程序上裁定不予受理或者驳回起诉。

---

〔1〕 参见最高人民法院民事审判第二庭编:《商事审判指导》2019年第2辑(总第49辑),人民法院出版社2019年版,第159~160页。最高人民法院指导案例167号,最高人民法院(2019)民终6号民事判决书。

【案例11－26】 青岛海纳等离子科技有限公司诉淄博市淄博银河高科技开发有限公司买卖合同纠纷案

二审法院认为,合同解除有法定解除和协议解除,前者是单方行为,后者是双方法律行为。双方法律行为是当事人通过协商解除合同,单方行为解除由通知解除,但法律并未规定通知解除是唯一的解除方式,当事人亦可请求人民法院或仲裁机构予以解除。本案上诉人海纳科技公司请求法院解除合同返还定金及货款,应当属于人民法院的受案范围。因此上诉人海纳科技公司的上诉理由成立,法院予以支持。裁定:(1)撤销一审民事裁定书;(2)指令山东省淄博市淄博区人民法院对本案进行审理。[1]

---

〔1〕 参见最高人民法院中国应用法学研究所编:《人民法院案例选》2010年第1辑(总第71辑),人民法院出版社2010年版,第159页。山东省淄博市中级人民法院(2009)淄商终字第412号民事裁定书。

二、买卖合同争议的证据认定

(一)买卖争议举证责任的理解

《民事诉讼法》第六十七条第一款规定:“当事人对自己提出的主张,有责任提供证据。”《民事诉讼法解释》第九十条第一款规定:“当事人对自己提出的诉讼请求所依据的事实或者反驳对方诉讼请求所依据的事实,应当提供证据加以证据,但法律另有规定的除外。”《民事证据规定》第一条规定:“原告向人民法院起诉或者提出反诉,应当提供符合起诉条件的相应的证据。”法律和司法解释规定了“谁主张,谁举证”的责任,或称举证责任,又叫证明责任。

举证责任是指在诉讼中,法官或陪审团无法确定某种事实(确定某种法律效果的权利发生、变更或消灭所必要的事实)的存在时,对当事人所产生的不利后果。具体地说,是指对当事人有利的法律效果(或者当事人的请求)未获得法庭承认。[1] 也有学者认为,证明责任中的“责任”,是指两个方面,即举证的义务与举证不能时的法律后果。[2] 原告在诉讼中主张显失公平的事实是通过举证完成的,法官认定的事实是裁判的根据。所谓以“事实”为基础,既包括案件的客观事实,也包括依照法律所推定的事实。[3] 在二者的关系上,事实真实是基础,法律真实是补充。

买卖双方原为相邻的商家,双方不仅有商业往来,也存在私人的民间借贷。双方在交易中没有签订正式的买卖合同,卖方仅在空白纸上记录买受人要货的欠款情况并有其签字确认,最终将一并确认。买受人支付货款和偿还借款均是通过微信转账,没有注明转款的事项。发生纠纷时,应根据其主张的事实承担举证责任。

---

〔1〕 参见叶自强:《举证责任》,法律出版社 2011 年版,第 36 页。

〔2〕 参见樊崇义主编:《证据法学》,法律出版社 2003 年版,第 136 页。

〔3〕 参见叶自强:《举证责任》,法律出版社 2011 年版,第 76 页。

【案例 11 -27】 刘某强诉郭某超买卖合同纠纷案

判决观点,本案被告通过口头约定向原告购买大理石材料,原告按约定提供大理石,双方进行了对账并签订了还款计划书,因此,原、被告之间的买卖合同关系成立并生效。原、被告于 2020 年 1 月 22 日签订还款计划书,就之前的货款予以核算确认并约定了还款时间、逾期利息、律师费等内容,被告应按照计划书的约定向原告偿还借款。对原告认可被告已归还的 1.4 万元应予扣减。被告主张 21190 元实际为原告向被告购买大理石所欠货款,且被告已通过微信转款 42625 元给原告还款,以上两笔款项应从所欠原告 76350 元的货款中扣减后,剩余款项才是被告尚欠原告的货款。被告同时主张还款计划书系其与原告饮酒后,趁其喝多后,原告让其在计划书上签名的,不认可计划书中货款数额的真实性。法院认为,根据"谁主张,谁举证"原则,原告提供的被告签名的清单、欠条、还款计划书等证据原件足以证明双方之间的买卖合同关系成立且被告欠货款事实,被告未能提供相应证据推翻原告的主张并证实自己的主张,应承担举证不能的不利后果。虽然被告提供的转账记录证实转款 42625 元给原告,原告也向被告转款 1.82 万元,但双方转款往来交易均未备注说明或通过其他佐证材料证明转款性质,被告向原告的多笔转款中如"1020 元""475 元"等存在十位数、个位数零头,与日常生活中归还欠款交易的习惯不符。故法院认为,除原告认可被告用于还款的 1.4 万元外,其余被告向原告的转账均无法证明为归还原告货款的事实。法院对被告的上述主张均不予支持。判决:(1)被告郭某超向原告刘某强支付货款7732.05 元及利息 38.86 元,合计为 7770.91 元;(2)被告郭某超向原告刘某强支付货款 76350 元及利息 8785.76 元,合计为 85135.76 元;(3)被告郭某超向原告刘某强支付委托律师费 5300 元;(4)驳回原告刘某强的其他诉讼请求。[1]

《民事诉讼法解释》第九十二条第三款规定:"自认的事实与查明的事实不符的,人民法院不予确认。"审判实践中,当事人以牺牲较小的利益承认于己不利的行为,换取更大利益的行为时有发生。"自认的事实与查明的事实不符",是指当事人在诉讼中自认的事实,与法官依据法律、司法解释的规定以及在案证据,已经形成内心确认的事实不相符,当事人的自认亦不能动摇法官心证的情形。

【案例 11 -28】 木业公司诉物流公司、黎某买卖合同纠纷案

一审法院认为,黎某以物流公司的名义与原告洽谈购买原木,原告提供了被告黎某的聊天记录予以佐证,且在原告催收货款时,黎某明确表示将由

---

〔1〕 参见国家法官学院、最高人民法院司法案例研究院编:《中国法院 2022 年度案例》(买卖合同纠纷),中国法制出版社 2022 年版,第 173 ~ 175 页。广西壮族自治区鹿寨县人民法院(2020)桂 0223 民初 2438 号民事判决书。

物流公司支付款项且当庭自认系买卖合同的实际相对方,故法院对其为合同的买受人予以确认,其应该对欠付的货款承担清偿责任。被告物流公司辩称其对该买卖合同不知情,但其作为市场主体,对公司印章未尽到合理的管理义务,且收货地址为物流公司及在货款结算后出具《还款承诺书》盖章的行为,足以令原告认定合同相对人系物流公司,物流公司有明显过错,对债务清偿承担连带责任。判决:(1)被告黎某支付货款本息共计20万元给原告木业公司;(2)被告物流公司对上述债务承担连带清偿责任。

二审法院认为,本案中,原审被告黎某以上诉人物流公司的名义,与被上诉人木业公司洽谈购买原木,被上诉人根据黎某的指示交付约定的原木,并确定上诉人为收货人。后因货款未按时支付,上诉人向被上诉人出具了一份《还款承诺书》,约定如未能付款,承诺连本带息支付涉案欠款,该还款承诺书有上诉人签章确认。黎某在本案中虽承认买卖木材是其个人行为,并同意支付承诺的款项,但黎某以上诉人的名义洽谈业务,并以上诉人的名义向被上诉人出具《还款承诺书》,该承诺书具有担保性质。因此,本案应认定黎某以挂靠上诉人的形式从事民事活动,原审判决挂靠人和被挂靠人依法承担民事责任,有事实和法律依据。上诉人上诉认为本案买卖是黎某的个人行为,欠款应由黎某个人承担,理由不成立,法院不予支持。一审判决认定事实清楚,适用法律正确,程序合法,应予维持。判决:驳回上诉,维持原判。[1]

双方对案件事实存在较大争议的不构成一方自认。

【案例11-29】　罗某群诉戚某年买卖合同纠纷案

二审法院认为,罗某群虽然在民事起诉状中载明“戚某年于2013年6月支付货款2万元”,但未明确该款是以现金、银行汇款还是其他形式予以支付;后罗某群在原审庭审中因记录错误,民事起诉状中“戚某年于2013年6月支付货款2万元”实际即为戚某年举证的2014年1月29日所汇的2万元,其所主张的戚某年已付货款总金额不变。根据上述情形,不能认定罗某群已自认戚某年于2013年6月以现金支付货款2万元的事实。在此情形下,不能免除戚某年主张曾于2013年6月以现金支付罗某群货款2万元的举证责任。戚某年对自己主张的事实不能提供证据证明,应承担举证不能的不利后果。综上,戚某年的上诉理由缺乏依据不能成立,不予支持。原审法院认定事实清楚,适用法律正确,审判程序合法,判决得当。判决:驳回上诉,

---

〔1〕　参见国家法官学院、最高人民法院司法案例研究院编:《中国法院2022年度案例》(买卖合同纠纷),中国法制出版社2022年版,第178~179页。广西壮族自治区钦州市中级人民法院(2021)桂07民终90号民事判决书。

维持原判。[1]

(二)买卖争议举证责任的分配

举证责任的分配是证据法学上的重要概念,是指法院按照一定的标准,将事实真伪不明的风险在双方当事人之间进行分配,在待证事实真伪不明时,由负有举证责任的一方承担不利后果。举证责任的分配是举证责任制度的核心所在。

关于举证责任的基本原则,《民事诉讼法》及相应司法解释、证据规定均作出了原则性规定。然而,相关规定及学理解释并不能很好地确定举证责任的归属,简单依据“谁主张,谁举证”原则无法应对复杂的现实情况。在实践中,能够反映案件事实真相的有关材料由于时间的推移、客观环境的变化以及人为破坏等原因而丧失了证明价值,加上证明手段的匮乏以及科技发展水平的制约,以致经常会出现法官及当事人虽已穷尽所有的方法发现和调查证据,仍不能认定案件事实的情况。即使案件事实的真伪无法确定,但是法官必须对案件作出裁判,此时只能依赖举证责任的分配。在出现证据僵局时,双方当事人的证据均不能达到法官的内心确信标准,案件事实将陷入真伪不明的状态,法官只能加重一方当事人的举证责任,通过举证不能的方式否定其主张事实之存在,在此过程中,自由裁量权即自由心证就具有必要性。

买卖合同法律关系是民事合同关系的一种,在分配举证责任上,当然也应当遵循民事诉讼举证分配的一般规则。具体来讲,其一,出卖人的举证责任。根据民事诉讼举证责任分配的通常标准,在买卖合同纠纷中,在出卖人主张债权时,其举证责任是需要证明买卖合同的真实存在且已履行;而债权的真实存在,需要两个事实,一是双方的买卖合同已成立并生效,二是货物已实际交付给买受人,即出卖人已履行了买卖合同中约定的义务。其二,买受人的举证责任。买受人的举证责任实际是证明自己的抗辩主张。其承担举证责任,需要对推定存在的买卖合意承担反证义务,因此,无论买受人围绕买卖合意提出何种抗辩理由,其均是在完成自己证明买卖合意不存在这一反证义务。在买受人举证之后,法官将举证责任分配给出卖人,由出卖人承担买卖关系成立的举证责任。

法官运用公平原则和诚实信用原则对当事人的举证责任进行再分配,是行使法官自由裁量权的体现,该自由裁量权的行使并不是可以随意而为,应当综合以下因素:其一,合理评估双方当事人收集评估证据的能力、便利条件、难易程度,将

---

〔1〕 参见国家法官学院案例开发研究中心编:《中国法院 2017 年度案例》(买卖合同纠纷),中国法制出版社 2017 年版,第 261 页。浙江省宁波市中级人民法院(2015)浙甬商终字第 965 号民事判决书。

举证责任分配给更有能力、更有条件收集证据的一方,从而使当事人更趋于平等对抗的诉讼地位,方符合公平原则。其二,依据待证事实发生的盖然性做出判断。法官可以根据一般的客观规律、生活经验、交易习惯等确定待证事实发生的可能性,把举证责任分配给如果待证事实成立则对其有利的一方,以此补强待证事实成立的高度盖然性。其三,结合纠纷发生的前因后果,当事人前后的言行表现是否一致,以形成谁更遵守诚实信用原则的内心确信,进而确定举证责任印证这一内心确信。

举证责任的分配要根据不同的案件事实,区分争议点是买卖双方内部关系还是与出卖人之间的外部关系,合理分配举证责任,并注意举证责任的转移。

1. 买卖合同成立的举证

实践中,在没有书面合同的场合,认定合同是否成立时,均涉及口头达成的协议,对此经常发生争议。在举证责任的分配上,应坚持“谁主张,谁举证”的原则,但法官在操作中应视类型合同有一定的灵活性。最高人民法院的法官认为,对普通的买卖合同成立的问题,法律并无举证责任倒置的规定,因此,不能将证明买卖合同成立的举证责任分配给否认买卖合同成立的一方。但在主张合同成立的一方已经提交交货凭证、结算凭证或者债权凭证的证据场合,仅凭被告的否定性抗辩,即否认买卖合同成立的事实,或者要求原告就此进一步举证,则会导致原告举证负担过重的不公平状态。因此,人民法院不能根据被告的否定性抗辩,直接否定买卖合同成立的事实;在必要时,可要求被告就买卖合同不成立的事实进行举证。[1]《买卖合同解释》第一条规定:“当事人之间没有书面合同,一方以送货单,收货单、结算单、发票等主张存在买卖合同关系的,人民法院应当结合当事人之间的交易方式、交易习惯以及其他相关证据,对买卖合同是否成立作出认定。对账确认函、债权确认书等函件、凭证没有记载债权人名称,买卖合同当事人一方以此证明存在买卖合同关系的,人民法院应予支持,但有相反证据足以推翻的除外。”该条规定了证明买卖合同成立的途径。

个案中,凭短信、入库单可以认定双方之间存在买卖合同关系。

【案例 11-30】 刘甲诉装配公司、城建公司买卖合同纠纷案

一审法院认为,关于刘甲与装配公司、城建公司是否存在买卖合同关系问题。首先,刘甲通过短信与城建公司的工作人员协商货物的规格、价格。城建公司认可本案的供货是由原告办理的。其次,城建公司材料入库单记载的规格型号、单价与刘甲和该公司协商的一致。再次,据城建公司材料入库

〔1〕 参见最高人民法院民事审判第二庭编著:《最高人民法院关于买卖合同司法解释理解与适用》,人民法院出版社2012年版,第41页。

单的内容,制单刘乙、审核刘乙系城建公司的工作人员。最后,城建公司辩称与装配公司存在买卖合同关系,但在庭审中仅向法院提供了增值税普通发票,在本案中不足以证明装配公司向城建公司提供货物的事实,并且装配公司系城建集团的子公司,对此抗辩意见,法院不予支持。城建公司辩称认为刘甲系装备公司的销售人员,但未向法院提供证据加以证明,故对此抗辩意见,法院不予支持。综上,刘甲与城建公司存在买卖合同关系,与装备公司不存在买卖合同关系。故刘甲要求城建公司支付货款636952元的诉讼请求,应予支持。关于利息损失,刘甲主张按年利率4.25%计算,法院予以支持。根据城建公司材料入库单的时间,自2013年11月30日至2018年11月30日利息损失135427.5元(636952元×年利率4.25%÷365天×1826天)。关于本案是否已过诉讼时效问题。本案中装配公司、城建公司未向法院提供证据证明对何时履行货款有过约定。城建公司的工作人员在2018年和刘甲的电话录音中明确表示刘甲应向装配公司索要货款,视为不同意履行义务。根据城建公司入库单的时间至2018年4月25日未超过最长诉讼时效20年。装配公司、城建公司辩称本案已超过诉讼时效期间的意见法院不予支持。判决:(1)被告城建公司向原告刘甲支付货款636952元;(2)被告城建公司向原告刘甲支付利息损失135427.5元;(3)驳回原告刘甲要求被告装备公司承担责任的诉讼请求。二审法院判决:驳回上诉,维持原判。[1]

【案例11-31】 宋某明诉心宠公司买卖合同纠纷案

一审法院认为,根据法律规定,当事人对自己的主张有责任提供证据。第一,宋某明称,购宠协议系宋某明与猫场的人员签订,但宋某明无法提供购宠协议的原件,且心宠公司对该协议的真实性不予认可,故对购宠协议的真实性,法院不予认可。第二,宋某明未在心宠网站上进行注册,根据其提供的心宠协议复印件上记载的订单号,在心宠公司的网站上及客户电话中均查询不到涉案订单,无法证明宋某明通过心宠网站的介绍购买宠物的事实。第三,关于宋某明称在望京工商所心宠公司认可双方存在买卖关系的意见,根据法律规定,在诉讼中,当事人为达成调解协议或者和解协议作出妥协而认可的事实,不得在后续的诉讼中作为对其不利的根据,但法律另有规定或者当事人均同意的除外。在本案诉讼中,心宠公司明确表示不认可与宋某明之间存在买卖合同关系,故一审法院不能将心宠公司在工商调解阶段的陈述作为认定双方存在买卖合同关系的依据。综上所述,宋某明要求心宠公司支付

---

〔1〕 参见国家法官学院、最高人民法院司法案例研究院编:《中国法院2022年度案例》(买卖合同纠纷),中国法制出版社2022年版,第191页。新疆维吾尔自治区乌鲁木齐市中级人民法院(2020)新01民终1049号民事判决书。

相关费用的诉讼请求，证据不足，一审法院不予支持。判决：驳回宋某明的全部诉讼请求。二审法院判决：驳回上诉，维持原判。[1]

个案中，凭商场售货小票可以认定双方存在买卖合同关系。

【案例 11－32】　王某诉家乐福公司等买卖合同纠纷案

判决观点，本案争议的焦点为王某与家乐福天通苑店之间是否成立买卖合同关系。王某持有涉案商品实物以及家乐福天通苑店销售小票，二被告认可该销售小票是家乐福天通苑店出具的，但否认涉案绿树苹果脆片系从家乐福天通苑店购买，辩称 2016 年 7 月 21 日家乐福天通苑店并没有这个批次的产品出售，北京市食品药品监督管理局的现场调查笔录和照片可以证明这一事实。法院认为，北京市食品药品监督管理局于 2016 年 7 月 28 日对家乐福天通苑店进行现场检查，该份证据不能证明 2016 年 7 月 21 日家乐福天通苑店没有涉案商品销售，二被告未能提交其他证据证明自己的主张，故法院对二被告的辩解意见不予采信。根据王某提交的证据可以认定双方构成买卖合同关系，该买卖合同关系系双方当事人的真实意思表示，内容不违反法律、行政法规的强制性规定，应属合法有效，王某履行交付货款的义务后，家乐福天通苑店应交付法律规定的产品。[2]

个案中，凭欠条可以认定双方存在买卖合同关系。

【案例 11－33】　刘某权诉朱某万买卖合同纠纷案

判决观点，本案中，原告持被告出具的欠条向法院主张权利，结合查明的事实，可以认定原、被告之间存在真实有效的买卖合同关系。被告应对所欠价款进行支付，故原告刘某权要求被告朱某万支付 46000 元沙款的诉讼请求，法院依法予以支持。根据《买卖合同解释》第二十四条第四款的规定，刘某权要求被告支付逾期付款的利息，法院予以支持。逾期付款利息以 46000 元为本金，按照银行同期同类贷款利率，自 2012 年 1 月 1 日起计算至本案全部货款清偿之日止。判决：被告朱某万向原告刘某权支付沙款 46000 元及利息。[3]

---

〔1〕 参见国家法官学院、最高人民法院司法案例研究院编：《中国法院 2021 年度案例》（买卖合同纠纷），中国法制出版社 2021 年版，48～49 页。北京市第三中级人民法院（2019）京 03 民终 12292 号民事判决书。

〔2〕 参见国家法官学院案例开发研究中心编：《中国法院 2018 年度案例》（买卖合同纠纷），中国法制出版社 2018 年版，第 66 页。北京市昌平区人民法院（2017）京 0114 民初 13895 号民事判决书。

〔3〕 参见国家法官学院案例开发研究中心编：《中国法院 2015 年度案例》（买卖合同纠纷），中国法制出版社 2015 年版，第 44 页。湖南省怀化市麻阳苗族自治县人民法院（2013）麻民二初字第 69 号民事判决书。

出卖人主张代理人代表买受人的，应对代表买受人签订、履行合同承担举证责任。

【案例11－34】 腾云公司诉中联公司买卖合同纠纷案

二审法院认为，腾云公司主张与中联公司存在买卖关系，并已交付货物，应承担相应的举证责任。腾云公司在原审提交的《付款通知书》、《对账函》、增值税发票中虽写明客户是中联公司，但上述单证并非中联公司出具，未经中联公司确认，且腾云公司亦没有证据证明中联公司已收到增值税发票，因此，上述证据无法证明买卖关系的主体是中联公司。中联公司工地用的货物是否是腾云公司的货物，与该货物是否是中联公司直接向腾云公司购买并无必然联系，腾云公司在原审提交的照片无法证明中联公司向其购货。讼争的《付款通知书》《对账函》均系林某、林某龙签署，这两人与中联公司是什么关系，为何足以让腾云公司相信可以代表中联公司，应当由腾云公司承担举证责任。腾云公司无法举证，两人的签字行为无法认定可以代表中联公司。综上，上诉人腾云公司的上诉理由不能成立，其上诉请求应予驳回。原审法院对举证责任分配正确，认证合法。一审法院认定事实清楚，适用法律正确，依法应予维持。判决：驳回上诉，维持原判。[1]

增值税发票作为单一证据不能认定存在买卖合同关系。

【案例11－35】 飞达公司诉华天工具厂买卖合同纠纷再审案

再一审法院认为，飞达公司在开出收货方为华天工具厂的三张增值税发票后，华天工具厂对该三张发票进行了认证抵扣，该抵扣行为不能直接证明华天工具厂与飞达公司之间存在真实的交易关系，更不能证明华天工具厂收到增值税发票项下的货物。要证明存在真实的交易关系还需结合其他证据证明，如双方之间签订的买卖合同、过磅单、收货凭证、送货凭证等证据。在诉讼中，飞达公司未能提供上述证明真实交易关系的证据，提供的证据仅为三张增值税发票和一张收到华天工具厂1万元的收款收据(由飞达公司自己开具)。收款收据为收款人(飞达公司)自行书写开具，不能证明华天工具厂收到货物支付货款的事实，收款收据也只能证明交付现金的事实，两份证据之间不能形成证据链证明飞达公司与华天工具厂之间存在真实的交易关系。在庭审中，华天工具厂对收到增值税发票项下的货物和交付1万元现金予以否认。因此根据飞达公司提供的现有证据，不能证明华天工具厂收到三张增值税发票项下的货物。飞达公司应承担举证不能的后果。判决：撤销一审判

---

〔1〕 参见国家法官学院案例开发研究中心编：《中国法院2017年度案例》(买卖合同纠纷)，中国法制出版社2017年版，第98页。福建省厦门市中级人民法院(2015)厦民终字第134号民事判决书。

决;驳回飞达公司的诉讼请求。再二审法院判决:驳回上诉,维持再一审判决。[1]

增值税发票与其他证据佐证,能认定成立买卖合同关系。

【案例 11-36】 曹某荣诉福建达利食品集团有限公司买卖合同纠纷案

判决观点,原告与被告之间的买卖合同合法有效。原告提供的证人证言、《收货便条》与陈某燕的陈述相结合,可以证明被告收取原告的鸡蛋时,有向原告出具不列供货人、收货人不签名、不标明收货时间、不加盖收货单位印章的《收货便条》的交易习惯。原告提供的5份《收货便条》记载的鸡蛋净重与原告开具给被告据以抵税处理的增值税发票体现的鸡蛋重量完全吻合,被告虽提出增值税发票开具的情况与实际交易有差距,但已对这部分税款进行了抵扣,又未提供证据证明税后存在退货或销售折让等情形,且被告持有全部的《收料单》,却不按法院要求举证,故应承担对此不利的法律后果。根据原告提供的《收货便条》及增值税发票,认定2010年3月25日后被告向原告购买的鸡蛋货款共计679020.45元,扣除已支付的款项,尚欠50万元,应予偿付。判决:福建达利食品集团有限公司向原告曹某荣支付货款50万元。[2]

购买方接受并提交认证的增值税专用发票可以作为认定实际交易价格的直间证据。

【案例 11-37】 中国航油集团宁夏石油有限公司诉宁夏兰星石油销售(集团)公司买卖合同纠纷案

最高人民法院认为,发票记载与实际经营业务情况或者交易情况相符是国家对增值税发票使用的首要要求。因此,在无相反证据的情况下,购买方接受销售方开具的载明价格与合同价格不符的增值税专用发票,并提交税收征管机关认证的情况下,应当将增值税专用发票作为认定实际交易价格的直接证据,人民法院可以据此认定双方协商一致变更了合同价格。增值税专用发票直接关系国家税收利益,且对查明本案案情具有关键作用,原审法院依职权向税收征管机关调取有关增值税专用发票认证情况的行为符合证据规则要求,该证据可以作为认定本案事实的根据。[3]

---

〔1〕 参见国家法官学院案例开发研究中心编:《中国法院2015年度案例》(买卖合同纠纷),中国法制出版社2015年版,第41~42页。江苏省镇江市中级人民法院(2013)镇民再终字第19号民事判决书。

〔2〕 参见国家法官学院案例开发研究中心编:《中国法院2014年度案例》(买卖合同纠纷),中国法制出版社2014年版,第208页。福建省泉州市惠安县人民法院(2011)惠民初字第209号民事判决书。

〔3〕 参见最高人民法院民事审判第二庭编:《商事审判指导》2011年第1辑(总第25辑),人民法院出版社2011年版,第191~192页。

同为票据关系当事人的买卖合同一方当事人依据票据基础法律关系即买卖合同提起诉讼,应定性为买卖合同纠纷,而非票据纠纷。原告方应首先就双方之间存在买卖法律关系举证,票据本身能否证明票据原因关系,应进行具体分析。在票据有效的情况下,票据债务人仍可能依据票据基础关系进行抗辩。

【案例 11-38】 青岛鑫润商贸有限公司诉青岛冠华建设有限公司买卖合同纠纷再审案

再审法院认为,本案的焦点问题是鑫润公司主张冠华公司支付欠款325844元是否有事实和法律依据。本案是买卖合同纠纷,应当由鑫润公司举证证明双方之间买卖关系的存在。鑫润公司据以主张权利的支票因签章不全被银行退票,根据《票据法》第八十四条的规定,出票人签章属于支票绝对记载事项,涉案支票缺少签章被银行退票,鑫润公司用该支票作为证据,要求冠华公司付款,在出票人冠华公司否认双方之间存在直接债权债务关系的情况下,持票人鑫润公司作为买方应当举证证明涉案买卖合同基础关系的存在。鑫润公司提交的2006年7月1日发票存根联、记账联和2006年7月3日银行进账单,仅能证明双方在2006年7月3日前有过买卖合同关系,不能证明该时间之后双方实际发生过诉争业务关系。2006年7月16日的出库单是鑫润公司单方出具的,没有冠华公司的签章,冠华公司不予认可,鑫润公司亦未提供其他证据证明双方存在真实的交易关系和债权债务关系,故鑫润公司应当承担举证不能的法律后果。综上,鑫润公司提交的证据均不能证明与冠华公司之间存在真实的债权债务关系,申请再审人冠华公司的再审请求成立。原审以存在瑕疵的支票为依据判令冠华公司偿还欠款不当,应当予以纠正。判决:(1)撤销二审判决;(2)维持一审判决即驳回鑫润公司的诉讼请求。[1]

2. 质量纠纷的举证

在买卖合同质量纠纷案件中,买受人承担质量瑕疵的举证责任。

【案例 11-39】 科技公司诉新能源公司、林某买卖合同纠纷案

一审法院认为,反诉原告主张反诉被告提供的光伏组件存在质量问题。关于经检测存在光伏组件隐裂问题,合同约定系反诉原告自提,送货单也印证了这一约定,反诉原告主张实际系反诉被告安排运货,非反诉原告自提。首先,该主张与合同约定及送货单记载的事实不符;其次,送货单记载的运输

---

〔1〕 参见最高人民法院中国应用法学研究所编:《人民法院案例选》2014年第3辑(总第89辑),人民法院出版社2015年版,第219~220页。山东省高级人民法院(2013)鲁民提字第218号民事判决书。

车辆基本系赣字牌照,有两单系皖字牌照,反诉被告系绍兴的企业,实际经营地亦在绍兴,如果确系其安排运货至反诉原告处,运输车辆牌照没有绍兴乃至浙江省内的,不符合常理,交货方式应为反诉原告到反诉被告处提货。鉴定人员出庭时陈述,一般光伏组件买卖,会进行到货、安装及验收的检测。反诉原告自认仅做验收检测。反诉被告提供的光伏组件生产后的EL测试照片证明在此处能够进行EL检测,作为购买方的反诉原告在提货时,完全可以要求反诉被告配合进行提货时的EL检测,显然反诉原告在有条件的情况下没有进行提货自检。鉴定人员出庭时陈述,光伏组件在运输、安装时可能发生产品隐裂。本案审理中,对光伏组件检测时,光伏组件已使用两年左右,反诉原告亦提供了生产光伏组件后自检的EL测试照片,照片显示组件无隐裂,故反诉原告现有的证据不能证明诉讼中司法鉴定发现的光伏组件存在隐裂系反诉被告交付的产品存在质量问题。对于光伏组件的衰减率,根据诉讼中的检测结果,光伏组件的功率符合合同约定的质量保证。反诉原告认为应按照国能新能〔2015〕194号文件确定光伏组件的质量标准。法院认为,国能新能〔2015〕194号文件系国家标准或行业标准。根据《合同法》第六十一条的规定,本案反诉原、被告对质量保证有明确约定。国能新能〔2015〕194号文件系国家有关部委关于促进先进光伏技术产品应用和产业升级的意见,非光伏组件强制性的最低门槛要求。故反诉原告要求将该文件标准作为双方交易产品的质量要求,缺乏合同依据,法院不予支持。至于反诉原告认为反诉被告应按照《产品质量法》《消费者权益保护法》提供相应的说明书等材料,并按照两法承担相应的责任。首先,《产品质量法》第一条规定,为了加强对产品质量的监督管理,提高产品质量水平,明确产品质量责任,保护消费者的合法权益,维护社会经济秩序,制定本法。《消费者权益保护法》第二条规定,消费者为生活消费需要购买、使用商品或者接受服务,其权利受本法保护;本法未作规定的,受其他有关法律、法规保护。本案反诉原告向反诉被告购买光伏组件并不属于前述两法的适用范围。其次,提供说明书等系合同的附随义务,卖方是否履行该附随义务并不阻却买方履行支付货款的主要义务,也不能以此认定买方交付的货物存在质量问题。综上,反诉原告主张反诉被告出售的光伏组件存在质量问题,要求反诉被告更换缺陷组件、赔偿损失或减少合同价款,缺乏依据,法院不予支持。同样,对于反诉原告在诉讼中提出要求对其损失进行司法鉴定,法院不予准许。判决:(1)被告新能源公司支付给原告科技公司货款2015966元,支付截至2019年2月26日的违约金106112.15元,并支付货款2015966元从2019年2月27日至实际履行日止的违约金;(2)驳回原告科技公司的其他诉讼请求;(3)驳回反诉原告新能源公司的诉讼请求。二审法院同意一审法院的裁判意见,判决:驳回上诉,维持原判。[1]

【案例11－40】 康盛公司诉吉鑫公司买卖合同纠纷案

二审法院认为,本案二审的争议焦点:(1)康盛公司向吉鑫公司提供的瓦楞纸有无质量问题,吉鑫公司要求康盛公司退回全部瓦楞纸并赔偿损失有无事实和法律依据;(2)一审法院的审理程序是否存在违法之处。关于争议焦点一,现有证据不足以证明康盛公司向吉鑫公司提供的瓦楞纸存在质量问题,吉鑫公司要求康盛公司拖回全部瓦楞纸并赔偿损失的请求不能得到支持。首先,本案双方当事人未签订书面合同对产品质量进行约定,根据《合同法》的规定,当事人在订立合同时对产品质量要求约定不明确的,应当符合国家标准、行业标准。从瓦楞纸的国家标准来看,并不涉及吉鑫公司提出的气味及重金属含量这些指标内容。故吉鑫公司主张案涉瓦楞纸存在质量问题,依法不能成立。其次,虽然吉鑫公司在2018年12月9日才通过微信向康盛公司提出产品质量问题,但其法定代表人陈述在12月7日就被工人告知产品有异味,在双方就该质量异议能否成立未达成一致意见的情况下,其在12月7日当天晚上通过网银向康盛公司支付了全部款项(后被其撤回),又于12月10日、12月11日仍向相关客户发货,其行为无法令人相信康盛公司的瓦楞纸存在质量问题。最后,吉鑫公司主张客户退款或造成损失的问题,虽然有仓库照片及吉鑫公司在2018年12月7～11日的送货单,但上述证据并不足以证明案涉瓦楞纸存在质量问题而退货,且吉鑫公司在二审中明确表示没有退货的手续,故其主张的造成损失103168.29元的事实,也无充足证据予以证明。综上,对吉鑫公司提出的康盛公司提供瓦楞纸存在质量问题,应当全部退货并赔偿其损失103168.29元的上诉理由,证据不足,应不予采纳。关于争议焦点二,如前所述,由于双方当事人未对产品质量进行约定,根据《合同法》的规定,产品应当符合国家标准、行业标准。就瓦楞纸的国家标准而言,并无吉鑫公司在一审申请鉴定的气味及重金属含量标准内容,司法鉴定机构退回鉴定,并无不当。吉鑫公司主张按欧盟标准进行质量鉴定,缺乏事实与法律依据,故一审法院在鉴定机构表示无法鉴定后,不再进行质量鉴定,并无程序违法之处。判决:驳回上诉,维持原判。[2]

---

〔1〕 参见国家法官学院、最高人民法院司法案例研究院编:《中国法院2022年度案例》(买卖合同纠纷),中国法制出版社2022年版,第196～197页。浙江省绍兴市中级人民法院(2020)浙06民终4161号民事判决书。

〔2〕 参见国家法官学院、最高人民法院司法案例研究院编:《中国法院2021年度案例》(买卖合同纠纷),中国法制出版社2021年版,第27页。江苏省盐城市中级人民法院(2019)苏09民终4024号民事判决书。

出卖人不能举证否定买受人在标的物检验期间提出异议的，可以证明买受人履行的质量异议举证成立。

【案例11－41】　珠江塑料公司诉张某军买卖合同纠纷再审案

再审法院认为，张某军提供了其与珠江塑料公司负责协调处理此案纠纷的公司委托代理人武某的谈话录音，该录音反映出珠江塑料公司将应交付给张某军的5台注塑机变更为4台，并协商因设备无法正常生产而由珠江塑料公司把设备全部拉回，但张某军要求退款交付的定金5万元及赔偿损失1万元，双方未达成和解协议。珠江塑料公司的委托代理人武某在二审法院庭审中提出张某军的录音资料不真实、不完整，但对录音中张某军所说的由珠江塑料公司拉走设备的内容认可。事后双方对合同约定的其他条款也均未再履行。珠江塑料公司在本案中也未提供证据证明其提供的设备经过测试验收且能正常运转。因此，珠江塑料公司主张张某军未在合理期间内就所购设备存在质量问题通知公司与事实不符。裁定：驳回珠江塑料公司的再审申请。[1]

对质量异议行使的先履行抗辩权应提交证据予以证明。

【案例11－42】　三河铝材厂诉建工新燕公司买卖合同纠纷案

二审法院认为，建工新燕公司上诉称三河铝材厂所提供的成品与半成品材料存在质量问题，但其仅提交了2013年12月23日协议书，2013年8月29日的窝工费用通知单及照片等证据，就2013年12月23日协议书，三河铝材厂否认该协议书的真实性，而该协议书亦与2014年8月28日双方签订的《项目结算单》相互矛盾，法院对该份协议书不予采纳。窝工费用通知单并无三河铝材厂相关签收证据，法院难以采信。建工新燕公司提交的相关照片亦不能得出所提供的产品存在质量问题。故对建工新燕公司该项上诉主张，法院不予支持。建工新燕公司上诉又称一审法院错误适用法律，建工新燕公司不支付货款系行使先履行抗辩权。从现有证据看，三河铝材厂已依约交付产品，履行了合同义务，建工新燕公司亦未在合同约定的质量异议期内提出质量异议，亦未提供充分证据证明三河铝材厂所提供的产品存在质量问题，建工新燕公司主张其有权行使先履行抗辩权，缺乏法律依据。判决：驳回上诉，维持原判。[2]

---

〔1〕　参见国家法官学院案例开发研究中心编：《中国法院2017年度案例》（买卖合同纠纷），中国法制出版社2017年版，第138页。新疆生产建设兵团第八师中级人民法院（2014）兵八民二终字第176号民事判决书。

〔2〕　参见国家法官学院案例开发研究中心编：《中国法院2017年度案例》（买卖合同纠纷），中国法制出版社2017年版，第221页。北京市第二中级人民法院（2015）二中民（商）终字第09612号民事判决书。

买受人提出质量抗辩的，出卖人应当承担质量合格的举证责任。

【案例11－43】 林某诉张某熙买卖合同纠纷再审案

再审法院认为，申请再审人张某熙对被申请人林某的部分产品提出质量抗辩，被申请人作为该产品的销售者应当承担证明所销售产品质量合格的举证责任，其在无确实充分的证据否定福建省产品质量检验研究院作出的《测试报告》的情况下，应承担举证不能的不利后果。根据上述《测试报告》和埃克森美孚（中国）投资有限公司出具的《证明》等证据，经分析认定被申请再审人销售的美孚两种产品质量不合格，再审申请人对该部分产品的货款享有抗辩权。但由于申请再审人未对其他产品提出异议，遵循诚实信用、公平合理的原则，其对该部分产品货款合计人民币14604元，应予支付。原二审判决认定部分事实有误，应予纠正。判决：(1)撤销二审判决、一审判决；(2)再审申请人张某熙支付被申请人林某货款人民币14604元。[1]

出卖人没有提供相反证据以反驳买提供的检测报告，承担不利后果。

【案例11－44】 苏州工业园区和日工贸有限公司诉九州方园新能源股份有限公司买卖合同纠纷案

二审法院认为，由于苏州公司没有提供相反证据以反驳九州公司提供的《闪灯检测报告》。因此，一审确认《闪灯检测报告》的证明力符合法律规定，并无不当。抽样检验是指从一批产品中随机抽取少量产品进行检验，据以判断该批产品质量是否合格的统计方法和理论。它与全面检验的不同之处在于，后者需对整批产品逐个进行检验，把其中的不合格产品拣出来，而抽样检测根据样本中的产品的检验结果推断整批产品的质量。如果推断结果认为该批产品符合预先规定的合格标准，就予以接收，否则就拒收。所以，经过抽验认定合格的一批产品中，还可能含有一些不合格品。根据查明的事实，《闪灯检测报告》所涉三块电池组件系抽样送检，送检的三块电池组件中有一块最大功率233.5W未达到《采购合同》约定的功率240W正公差，属于货物的技术标准不符合合同约定。九州公司根据抽样检测结果向苏州公司书面提出更换不合约定组件，苏州公司对此却未予更换。因此，一审按抽样检验1/3功率不合格的比例推断苏州公司提供的电池组件中33%组件不合格符合案件的客观事实，并无不当。根据查明的事实，《采购合同》第二条第二款"峰值功率质保—补救措施"属于"产品质量保证及售后服务"的约定。由于送检的三块电池组件中有一块技术标准不符合《采购合同》的约定，因此，九州

---

〔1〕 参见国家法官学院案例开发研究中心编：《中国法院2014年度案例》（买卖合同纠纷），中国法制出版社2014年版，第14页。福建省宁德市中级人民法院（2012）宁民再终字第10号民事判决书。

公司有权依《采购合同》第六条第一款的违约责任对苏州公司进行抗辩。综上，苏州公司主张"一审认定其提供的4217块电池组件中33%组件不合格，应按不合格组件价值对九州公司承担双倍赔偿的违约责任有错误"的理由不能成立，二审法院不予支持。判决：驳回上诉，维持原判。[1]

3. 履行合同义务的举证

仅以他人转账凭证无法认定履行了合同债务。

【案例11－45】　冠辰商贸诉薛某朋、柳某买卖合同纠纷案

二审法院认为，薛某朋是否已全额归还冠辰商贸押金15万元，因双方对薛某朋向王某林转账5万元以及通过柳某账户于2017年1月25日转账给杨某旭5万元，再由杨某旭转给王某林的事实不持异议，法院对此予以确认。关于另外5万元的押金问题，法院认为薛某朋所举证据，不足以证明其已经退还，理由如下：薛某朋与杨某旭就如何退还押金的陈述并不一致，甚至在一、二审中薛某朋对如何退还押金陈述了完全不一样的两种方式。其在一审中陈述，以随船每次多发部分冲抵押金的方式抵扣，证人杨某旭一审陈述是以少发部分货物的方式进行抵扣。在二审中，薛某朋又称其是通过柳某账户于2018年7月22日，向杨某旭汇款5万元，退还了剩余的5万元押金。二审中，杨某旭亦作证陈述2018年7月22日收到柳某5万元转款是向冠辰商贸退还的押金。此次汇款距离冠辰商贸起诉尚不到1年，薛某朋如何退还押金的记忆发生如此大的偏差，与常理不合。证人杨某旭的记忆在一、二审中亦同样是发生与薛某朋基本一致的偏差，更无法解释。且杨某旭在收到柳某2018年7月22日的汇款后并未将该款转汇给冠辰商贸。因此，法院对薛某朋的陈述及证人杨某旭的证言，不予采信。因薛某朋与杨某旭之间尚有其他经济往来，故仅凭柳某向杨某旭汇款5万元的银行流水，不足以证明该款项即为薛某朋向冠辰商贸返还的押金。综上，薛某朋的上诉请求不能成立，应予驳回；一审判决查明事实清楚，适用法律正确，应予维持。判决：驳回上诉，维持原判。[2]

买受人认为出卖人交付的产品不符合合同约定违反了价格保护条款，应承担举证责任。

---

〔1〕　参见最高人民法院中国应用法学研究所编：《人民法院案例选》2015年第4辑（总第94辑），人民法院出版社2016年版，第98页。湖北省宜昌市中级人民法院（2013）宜中民三终字第00327号民事判决书。

〔2〕　参见国家法官学院、最高人民法院司法案例研究院编：《中国法院2021年度案例》（买卖合同纠纷），中国法制出版社2021年版，第122页。安徽省马鞍山市中级人民法院（2019）皖05民终1258号民事判决书。

【案例 11－46】 广州顺爽公司诉成都凯派公司买卖合同纠纷案

二审法院认为,本案的争议焦点为,广州顺爽公司是否违反合同约定,将相同产品以低于公司出售的价格销售给第三方,以及交付的产品是否符合合同约定。当事人对自己主张的事实负有举证责任。成都凯派公司对其主张的本案争议的事实应承担举证证明。第一,成都凯派公司认为广州顺爽公司承诺出售的是高价的“放油阀”而交付的是低价的“抽油宝”,实际上是认为广州顺爽公司提供的产品与合同约定不符。双方合同中约定的标的产品为“汽车放油阀”,广州顺爽公司出示的三款产品名称虽有区别,但均系汽车放油阀,与合同约定的产品“汽车放油阀”产品种类一致。合同并未明确放油阀的具体款型,广州顺爽公司提交的三款实物放油阀虽与其外包装展示的外观均有差别,但其中一款与成都凯派公司提交的实物一致。关于合同约定的价款是双方协商一致的结果,成都凯派公司现并无证据证明广州顺爽公司交付的放油阀产品不能满足其生产和销售需要。故成都凯派公司不能证明广州顺爽公司交付的产品不符合约定。第二,成都凯派公司委派工作人员以第三方名义与广州顺爽公司进行交易,但未取得交易产品的实物,无法与成都凯派公司现有的产品进行比对,不能确认广州顺爽公司向第三方出售的产品与本案交易的产品相同。故不能证明广州顺爽公司违反了合同约定的价格保护条款。综上,成都凯派公司的主张缺乏足够的证据支撑,其上诉请求不能成立。一审认定事实清楚,适用法律正确。判决:驳回上诉,维持原判。[1]

4. 履行交货义务的举证

开具增值税发票不能证明出卖方已经履行了交货义务。

【案例 11－47】 铁路物资公司诉成峰金属公司、吉宇钢铁公司买卖合同纠纷案

二审法院认为,对合同是否履行发生争议的,由负有履行义务的当事人对其已经将涉案全部货物交付给铁路物资公司承担举证责任。成峰金属公司在一审中提交货物明细清单、增值税发票证明其履行了交付货物的义务,但货物明细单系其单方出具,没有得到收货人铁路物资公司的确认,增值税发票主要是税务机关计算税金和抵扣税款的重要凭证,其不能单独作为成峰金属公司已经履行全部交货义务的依据,故成峰金属公司提交的现有证据不

---

〔1〕 参见国家法官学院、最高人民法院司法案例研究院编:《中国法院 2020 年度案例》(买卖合同纠纷),中国法制出版社 2020 年版,第 234 页。四川省成都市中级人民法院(2019)川 01 民终 8652 号民事判决书。

足以证明其履行了全部交货义务。判决:驳回上诉,维持原判。[1]

【案例 11－48】　天豪公司诉三环公司买卖合同纠纷案

二审法院认为,在天豪公司不认可的情况下,仅凭增值税专用发票抵扣资料不足以证明三环公司已履行交货义务。证人戴某妮作为货物的收取人与本案有利害关系,收取货物时其既非天豪公司员工也未受其委托,仅凭证人戴某妮的证言认定其系天豪公司代理人的证据明显不足,三环公司无理由相信戴某妮有权代表天豪公司收取货物,戴某妮收取货物的行为应由其自行承担法律后果,三环公司可另案主张。本案二审诉讼过程中,三环公司要求天豪公司返还增值税发票,明显超出了本案的审理范围,三环公司亦可另案主张。据此,三环公司的上诉理由不能成立。原审法院认定事实清楚,适用法律正确,判决得当,依法应予维持。判决:驳回上诉,维持原判。[2]

在买卖合同纠纷中,出卖人仅以增值税专用发票证明货物已交付,但买受人不认可的,出卖人仍应证明货物交付的事实。

【案例 11－49】　汇升公司与东华公司买卖合同纠纷案

最高人民法院认为,东华公司的上述主张不能成立。关于增值税专用发票与货物交付之间的关系问题。《买卖合同解释》第八条第一款规定:"出卖人仅以增值税发票及税款抵扣资料证明其已履行交付标的物义务,买受人不认可的,出卖人应当提供其他证据证明交付标的物的事实。"根据该条规定,出卖人仅凭增值税专用发票不能证明货物已交付,在买受人对货物是否交付存有异议时,出卖人仍应承担举证责任。本案中,东华公司与汇升公司《煤炭买卖合同》第五条"货款、运杂费结算方式及结算期限"中约定:"先付款,后交货,现汇一票结算。"东华公司、汇升公司均认可"一票"即指增值税专用发票,但该条仅是将增值税专用发票作为双方交易的结算凭证,合同中没有开具增值税发票即认定货物交付的相关约定。东华公司也未能提供证据证明双方存在"先交货,后开票"的交易事实。因此,在涉案货物是否交付存有争议的情形,作为出卖方的东华公司仍应承担举证责任。东华公司上诉称,其开具增值税专用发票时就应认定货物已交付,没有合同和法律依据。[3]

出卖人应出具向买受人交付货物的证据。

---

〔1〕 参见国家法官学院案例开发研究中心编:《中国法院 2017 年度案例》(买卖合同纠纷),中国法制出版社 2017 年版,第 129 页。北京市第二中级人民法院(2016)京 02 民终 2994 号民事判决书。

〔2〕 参见国家法官学院案例开发研究中心编:《中国法院 2016 年度案例》(买卖合同纠纷),中国法制出版社 2016 年版,第 152 页。浙江省台州市中级人民法院(2014)浙台商终字第 536 号民事判决书。

〔3〕 最高人民法院(2016)民终 26 号民事判决书。

【案例11－50】 李某泽诉桂标石场、卢某彬买卖合同纠纷案

二审法院认为,本案中,上诉人主张被上诉人与一审第三人余某坚、杨某佑、杨某业为合伙关系,上诉人已通过向被上诉人的合伙人杨某佑提供了价值300151.09元的石材,上诉人已按被上诉人的要求履行完毕30万元的供货义务。但被上诉人与一审第三人余某坚、杨某佑、杨某业对上诉人主张的合伙关系均予以否认且上诉人在本案中提交的证据也不足以证实被上诉人与一审第三人余某坚、杨某佑、杨某业之间存在合伙关系,故上诉人称已向杨某佑供货就是履行其与被上诉人之间的口头买卖合同,与法院在案证据反映的法律事实不符,对其该上诉主张不予采信。因此,在上诉人没有证据证实其已履行供货的情况下,一审法院判决支持被上诉人的诉求是正确的,法院依法予以维持。判决:驳回上诉,维持原判。[1]

5. 主张货款的举证

【案例11－51】 张店五金商行诉淄博化工科技公司买卖合同纠纷案

判决观点,本案中,结合双方提交的证据及陈述,可以确定原告与被告之间存在长期业务关系,但原告仅以发票主张2015年11月30日至2018年12月8日被告尚欠货款411991元,无其他证据予以佐证,且被告不予认可,依照《买卖合同解释》第八条第一款规定“出卖人仅以增值税专用发票及税款抵扣资料证明其已履行交付标的物的义务,买受人不认可的,出卖人应当提供其他证据证明交付标的物的事实”,原告要求被告支付拖欠货款411991元的诉讼请求,证据不足,法院依法不予支持。在其证据充分后,可再行主张权利。[2]

6. 解除合同的举证

现有证据不足以证明全部产品质量存在问题,则解除合同的请求不应得到法律支持。

【案例11－52】 青海省宁京水务有限责任公司与本溪北台铸管股份有限公司买卖合同纠纷案

最高人民法院认为,发生法律效力的合同,当事人应当全面履行。除非

〔1〕 参见国家法官学院、最高人民法院司法案例研究院编:《中国法院2021年度案例》(买卖合同纠纷),中国法制出版社2021年版,第239页。广西壮族自治区贵港市中级人民法院(2019)桂08民终1308号民事判决书。

〔2〕 山东省淄博市张店区人民法院(2019)鲁0303民初5419号民事判决书。

出现合同约定或者法定解除合同的条件,才能解除双方的合同关系。本案买卖合同第三条约定有质量问题如何处理内容,而且铸管公司已按要求更换了14根出现质量问题的铸管并打压合格,现有证据不足以证明球墨铸管全部存在质量问题,水务公司上诉称其无法实现合同目的,没有充分的事实依据佐证和支持。故其解除双方之间的合同并返还已付货款的上诉请求因无合同依据,也与法律规定条件不符合,法院不予支持。[1]

7. 交易习惯的举证

实践中,考虑交易习惯是由于作为交易主体的行为通常受习惯的支配,有时当事人之所以没有在合同中作出明确约定,就是因为双方对已形成的交易习惯认为自然属于合同内容,无须明示。需要注意的是,当事人对自己所主张的交易习惯,需要提供充分证据予以证明。一方面,需要证明确实存在该交易习惯;另一方面,该交易习惯应当为双方当事人共同认可或遵循。基于交易习惯的多样性,在认定和适用时,应当特别注意公开性、公认性、合法性原则,除能够证明在双方当事人之间达成了特别的交易习惯外,对于更大范围的交易习惯,应当原则上以一定地域或行业内反复、稳定存在,具有区域或行业内交易主体共同认知和认可的习惯,方能确认为交易习惯,而且,在适用交易习惯时应当以不存在反证为前提。

【案例11-53】　陈某仓诉王某娟买卖合同纠纷案

判决观点,陈某仓对自己提出的主张有责任提供证据。陈某仓在王某娟处购买热水器及厨具后交纳定金300元,其在退热水器定金时,王某娟将100元热水器转为厨具定金。王某娟的工作人员彭某在安装单上原"安装工人收余款"2900元处写有"代收2800元"字样,并签字。现双方对代收人的身份产生异议。陈某仓认为王某娟代安装工人收取货款,而王某娟认为安装工人为代收货款人。按买卖交易习惯,在安装工人安装后代销售人员收取货款,同时为消费者提供相应的收据或发票。因此,彭某写有的"代收"字样应理解为其向安装工人代收货款数额发生改变的明示,即货款由2900元变为2800元。现陈某仓未能提交其交纳全部货款的收据或发票,故其仅以标有"代收"字样的安装单作为给付货款的证据,该证据有瑕疵。为此,法院判决驳回陈某仓要求王某娟退回货款3100元的诉讼请求。该判决已发生法律效力。[2] 从判决结果上看,陈某仓败诉系因证据存在瑕疵造成,实际上在审理

〔1〕 参见最高人民法院民事审判第二庭编:《最高人民法院商事审判指导案例》(合同卷)(下),中国法制出版社2011年版,第496页。

〔2〕 参见北京市高级人民法院民一庭编:《北京民事审判疑难案例与问题解析》(第二卷),法律出版社2007年版,第496页。

过程中,由于陈某仓提交的“安装单”上的收款部分内容含糊,不能直接证明双方争议的事实,在此情况下,法官根据陈某仓提供的证据和案件的实际情况,采用了一系列逻辑推理的方法,最终推定被告王某娟陈述的事实成立。以交易习惯为基础的推理过程为:其一,消费者购买大件商品时,交齐货款索要相应的发票是符合交易习惯的。本案中陈某仓交纳3100元货款却未索要相应的发票,明显违背常理。其二,对安装单中“代收”字样的解释的推理。如按陈某仓所述此处代收系表明王某娟代安装工人收取货款,但按交易习惯收到货款应表述为“已收”或“结清”等,而仅以“代收”表明其交纳货款,这是违背常理和交易习惯的。其三,陈某仓虽称已交纳货款,但不能对安装单的存在作出合理解释。按(带货)安装交易习惯,安装工人安装后代销售人员收取货款,同时为消费者提供相应的收据或发票。因为安装单不得作为交纳货款的凭据。在经过一系列推理之后,法官认定陈某仓未能提交其交纳全部货款的收据或发票,故陈某仓仅以标有“代收”字样的安装单作为给付货款的证据,该证据有瑕疵。故法院驳回了陈某仓的诉讼请求。

【案例11-54】 廖某生诉姚某买卖合同纠纷案

判决观点,原告主张其分别于2013年8月4日向被告汇款17150元、8月24日汇款12250元,两次共计29400元的货物预付款,都没有收到被告的货物,被告应当承担违约责任。法院认为,按照双方合同的约定,每次被告发货给原告,在原告收到货之后,原告就打货款到被告的指定账户,原、被告一直按此合同约定履行义务,这已经成为双方的交易习惯。原告提出2013年8月4日向被告汇款17150元、8月24日汇款12250元,两次共计29400元为定货款,其应提供证据证明双方改变上述交易习惯的事实,根据《民事诉讼法》第六十四条及《民事证据规定》第二条的规定,当事人对自己提出的主张,有责任提供证据。因原告没有证据予以证实,故法院对其提出返还定货款29400元的主张不予支持。原、被告在合同中约定了押金,虽有押金字样,但作了若一方不按合同履行义务时,可以扣留押金或双倍返还押金的约定,故其性质应为定金。双方的合同约定了6个月的期限,现6个月期限已过,双方均已按约履行了1年期间,故根据《合同法》第一百一十五条的规定,债务人履行债务后,定金应当抵作价款或者收回,原、被告均按合同约定履行了义务,故被告应该返还3万元押金给原告廖某生。判决:(1)被告姚某返还押金3万元给原告廖某生;(2)驳回原告廖某生的其他诉

讼请求。[1]

8. 被告抗辩的举证

被告抗辩不是买卖合同相对人不是适格主体的,应当承担举证责任。

【案例 11－55】　钢材经销部诉农某丰买卖合同纠纷案

判决观点,原告运送 13 批钢材供钦州市 0601 人防地下指挥所坑道工程(二期)项目使用,合计货款 89952 元,被告对此承认,应予认定。本案争议的焦点是被告应否承担付款责任。合同是平等主体的自然人、法人、其他组织之间设立、变更、终止民事权利义务关系的协议。在本案中,原、被告之间虽无书面合同,但因是被告向原告采购钢材,且被告在还款合同上作为欠款人签名确认,据此,应认定原、被告之间成立买卖合同关系。该合同合法有效,受法律保护。被告称其是被迫签字,查无实据,法院不予采信。被告作为买受人应当履行支付货款的义务,其未按还款合同载明的期限付款,构成违约,应当承担违约责任。原告请求被告支付货款 89952 元,于法有据,法院予以支持。被告辩称钢材是人防工程使用,其非欠款人,不承担付款责任。对此,法院认为,合同于当事人意思表示一致时即告成立,案涉钢材用于何处并不影响买卖合同的成立,被告作为合同相对人就应当承担支付货款的义务,对被告此一辩驳意见,法院不予采纳。如被告确系受他人委托向原告购买钢材,在委托人不能支付货款的情况下,根据《合同法》第四百零三条第二款之规定,被告应当向原告披露委托人,由原告选择向受托人或者委托人主张权利,但直至本案辩论结束,被告仍未能向原告披露委托人以供选择,故原告以被告为相对人主张货款权利,符合法律规定。综上,无论被告作为买受人还是委托人,原告均有权向其主张货款权利,被告主张其不是欠款人不承担付款责任的理由不能成立,法院不予采纳。关于违约金,被告对原告主张的违约金有异议,认为双方没有约定违约金或违约金过高,主张不予承担。本案无证据证明双方之间的口头买卖合同约定有付款期限及违约金,销售欠款单所载付款期限有 1 天或 3 天,违约金标准亦有多种,说明双方在结算之前并没有约定付款期限及违约金,欠款单所载付款期限及违约金应为原告单方所为。因此,还款合同所载逾期付款违约金 13493 元并无合同依据,被告对此也不予认可,对原告主张的 13493 元违约金请求,法院不予支持。还款合同约定货款于 2020 年 5 月 30 日之前还清,被告未依此履行构成违约,应当承

[1] 参见国家法官学院案例开发研究中心编:《中国法院 2017 年度案例》(买卖合同纠纷),中国法制出版社 2017 年版,第 165～166 页。广西壮族自治区梧州市蒙山县人民法院(2015)蒙民初字 620 号民事判决书。

担违约责任。被告主张每月3%的违约金过高,鉴于原告因逾期付款所致损失体现为利息损失,法院酌定违约金按全国银行间同业拆借中心公布的贷款市场报价利率的4倍计算。对于保险费,双方的合同对因购买诉讼财产保全责任保险而支出的保险费未作约定,故对保险费请求不予支持。判决:(1)被告农某丰向原告钢材经销部支付货款89952元;(2)被告农某丰向原告钢材经销部支付逾期付款违约金,违约金以89952元为基数自2020年5月31日起至还清欠款之日止,按全国银行间同业拆借中心公布的贷款市场报价利率的4倍计算;(3)驳回原告钢材经销部的其他诉讼请求。[1]

被告抗辩买卖关系消灭的应承担举证责任。

【案例11-56】 中车公司诉中铁联合公司买卖合同纠纷案

二审法院认为,本案中,中车公司主张其与中铁联合公司于2014年1月7日签订《买卖合同》后,中车公司依约向中铁联合公司预付货款3768万元,中铁联合公司未依约交付货物,中车公司于2018年8月28日发出通知解除涉案合同,提起本案诉讼要求中铁联合公司退还预付货款并给付逾期退款损失、律师费。中车公司就其所提诉讼主张提交了买卖合同、付款凭证、催告函、合同解除通知等证据予以证明。中铁联合公司主张双方于2014年1月7日签订的《买卖合同》系应中车公司的要求为帮助解决中车公司下属企业长期挂账债权问题而签订,系无实物流转的购销合同,据此主张该合同意思表示不真实,应属无效合同。根据法律及司法解释的规定,中铁联合公司应当就其所提反驳主张提供相应的证据。本案《买卖合同》显示,双方在合同上均予以盖章确认,相关付款凭证与合同约定能够相互印证,中铁联合公司虽然提交了《审计结论与决定》等用以证明其所提反驳主张,但上述《审计结论与决定》系中铁联合公司系统的内部决议,并非双方联合作出,中车公司对审计所述事实亦不予认可。因中铁联合公司在本案审理过程中就其所提反驳主张未提交充分有力证据,故中铁联合公司依法应承担不利后果,一审法院认为中铁联合公司内部决议不影响涉案买卖合同的对外效力并不当。判决:驳回上诉,维持原判。[2]

---

〔1〕 参见国家法官学院、最高人民法院司法案例研究院编:《中国法院2022年度案例》(买卖合同纠纷),中国法制出版社2022年版,第182~183页。广西壮族自治区钦州市钦北区人民法院(2020)桂0703民初2074号民事判决书。

〔2〕 参见国家法官学院、最高人民法院司法案例研究院编:《中国法院2021年度案例》(买卖合同纠纷),中国法制出版社2021年版,第146页。北京市第二中级人民法院(2019)京02民终15394号民事判决书。

9. 违约金与损害赔偿举证责任的分配

《民法典合同编通则解释》第六十四条第二款规定："违约方主张约定的违约金过分高于违约造成的损失，请求予以适当减少的，应当承担举证责任。非违约方主张约定的违约金合理的，也应当提供相应的证据。当事人仅以合同约定不得对违约金进行调整为由主张不予调整违约金的，人民法院不予支持。"

当事人以违约金请求主张权利的，只需举证证明触发违约金条款的违约行为存在即可，此为违约金条款的举证简化规则。当事人主张损害赔偿的，需要按照一般的法定损害赔偿的前提进行证明。

根据"谁主张，谁举证"的原则，违约方提出调整的主张必须要负举证责任，但考虑到违约方不可能举出守约方损失全部证据的因素，因此，由其举出让法官对违约金约定公平性产生怀疑的证据即可。此时法官可以进行举证责任的分配，将证明违约金约定合理的举证责任分配给守约方承担。在请求调整违约金高低的举证责任上，首先，由请求方承担一定的举证责任，即违约金约定不公平的证据；其次，由法官行使自由裁量权，将违约金约定合理的责任分配给守约方承担。这表明法官对举证责任自由分配是受限制的，而不是在分配举证责任时不考虑"谁主张，谁举证"的原则，不能随意地破坏举证原则，因为对此法律和司法解释并未明确举证责任倒置。行使举证分配的裁量权应明确举证责任分配的顺序，第一步，由违约方提供证据；第二步，由守约方提供证据。最高人民法院的法官认为，违约方需提供足以让法官对违约金约定的公平性产生怀疑的初步证据，然后法官可将举证责任分配给守约方。[1]

【案例 11-57】 杰必信公司诉英达公司买卖合同纠纷案

二审法院认为，杰必信公司向英达公司提交了向三亚吉阳项目部支付违约金的转账凭证，转账凭证的附言中标明转账系支付通风管道、防火阀的费用，并不能证明该 8 万元系杰必信公司所称的支付违约金，与三亚吉阳项目部出具的收据中写明的"违约金"不一致，两份证据无法相互印证。此外，结合杰必信公司提供的其他证据形式与提交时间，法院认为提交的现有证据不足以证明其所主张的已经产生了 0.8 万元违约金损失。一审法院依英达公司答辩意见对英达公司应支付的违约金予以调整，即以延迟交货贷款年息 24% 的标准向杰必信公司支付违约金，并无不当，法院予以认可。判决：驳回

---

〔1〕 参见最高人民法院研究室编：《最高人民法院关于合同法司法解释（二）理解与适用》，人民法院出版社 2009 年版，第 210 页。

上诉,维持原判。[1]

关于违约金高低的举证程度问题。在认定实际损失时,举证的优势在守约一方,违约方往往很难证明守约方的实际损失,但并非不承担其应负的举证责任。

10. 销售欺诈的举证

消费者应就消费欺诈的构成要件承担举证责任,不能仅以购车后发生的新车上市事实推断经营者在售车前即存在主观的欺诈故意。

【案例 11 -58】 娜某某诉理想智造汽车销售服务(大连)有限公司、北京车和家信息技术有限公司买卖合同纠纷案

二审法院认为,不能仅以购买行为后发生的新车上市事实,推断购买行为之前理想公司、车和家公司的主观状态。《民事诉讼法解释》第一百零九条规定:"当事人对欺诈、胁迫、恶意串通事实的证明,以及对口头遗嘱或者争议事实的证明,人民法院确信该待证事实存在的可能性能够排除合理怀疑的,应当认定该事实的存在。"娜某某主张理想公司、车和家公司构成欺诈的情况下,其未能就该两家公司已经提前明确知晓理想新款车辆的上市时间、配置、价格,但故意指使销售人员欺瞒消费者,并最后导致娜某某作出错误意思表示进行举证,其应自行承担不利后果。考虑到理想汽车新款是否上市、上市时间、价格属于内部决策事宜,可能根据内部或外部环境的变化而变化,理想公司作为涉案车辆的销售公司,其关于不知晓理想汽车新款车辆的上市计划的抗辩亦属合理,娜某某一审中提交的微信记录亦能佐证销售人员不知晓上市事宜。判决:驳回上诉,维持原判。[2]

消费者对将展车作为新车出售完成举证责任后,经营者应对不构成欺诈承担举证责任。

【案例 11 -59】 尚某领诉吉通公司买卖合同纠纷案

二审法院认为,尚某领为证实涉案车辆系展车,提供了照片、录音等相应的证据,且对交车时里程表线未接好这一事实提供了录音证据,而吉通公司提交的车辆确认表中显示的是交车时车辆一切项目完好。根据相关法律规定,尚某领作为消费者已经尽到了举证责任,吉通公司作为销售商,其应对所交付的车辆不存在尚某领主张之瑕疵提供证据,但其为证明不存在该瑕疵而

---

〔1〕 参见国家法官学院案例开发研究中心编:《中国法院 2019 年度案例》(买卖合同纠纷),中国法制出版社 2019 年版,第 131 页。北京市第三中级人民法院(2017)京 03 民终 6708 号民事判决书。

〔2〕 参见最高人民法院中国应用法学研究所编:《人民法院案例选》2022 年第 11 辑(总第 177 辑),人民法院出版社 2023 年版,第 101 ~102 页。北京市第三中级人民法院(2021)京 03 民终 19647 号民事判决书。

提交的交车确认表不能认定确系经过消费者实际确认在交付时完好无误的证据，吉通公司应当承担不利法律后果。尚某领要求退车退款应予支持。鉴于尚某领与工商银行签订的《工行山东省分行购车专用卡分期付款合同》系为履行尚某领与吉通公司之间的买卖合同，现尚某领要求退车退款系主张解除其与吉通公司之间的买卖合同的诉求，车辆买卖合同已经解除，尚某领与工商银行之间的《工行山东省分行购车专用卡分期付款合同》亦应解除，造成两合同解除的责任在吉通公司，合同解除后吉通公司应当承担相应的赔偿责任。判决：(1)撤销一审判决；(2)尚某领将自吉通公司购买的发动机号码为2TRA703F01×××，车辆识别代码（车架号码）VFIVYRTY3EC52××××的科雷傲2.5四驱舒适型白色车辆一辆返还给吉通公司；(3)吉通公司返还尚某领已经支付的购车费用86979元，以及尚某领向中国工商银行股份有限公司济南槐荫支行偿还的贷款本息144280元（截至2017年9月12日）；(4)解除尚某领与中国工商银行股份有限公司济南槐荫支行于2015年5月18日签订的《工行山东省分行购车专用卡分期付款合同》；(5)吉通公司返还中国工商银行股份有限公司济南槐荫支行剩余贷款本金37328元；(6)驳回尚某领的其他诉讼请求。[1]

消费者主张惩罚性赔偿的应当承担举证责任。

【案例11－60】　王某虎诉北京家乐福商业有限公司买卖合同纠纷案

判决观点，王某虎从家乐福公司购买了酸牛奶，称家乐福公司销售的酸牛奶涉嫌冒用生产许可证。家乐福公司对此提出异议，并就此提交了石家庄君乐宝乳业有限公司的全国工业产品生产许可证。故法院对王某虎的该项意见不予采信。王某虎称其购买的酸牛奶中的嗜酸乳杆菌、乳双歧杆菌、增稠剂、阿斯巴甜（含苯丙氨酸）几种物质为违法添加物，家乐福公司对此提出异议，并就此提供关于石家庄君乐宝乳业有限公司生产的君乐宝红枣酸牛奶的检验报告一份，检验结论为该样品检验合格。且经查明，嗜酸乳杆菌、乳双歧杆菌系国家相关部门批准的新资源食品，增稠剂、阿斯巴甜（含苯丙氨酸）系符合国家相关标准的食品添加剂。王某虎就此提交的证据不足以证明其主张，故王某虎主张的事实法院不予认定。王某虎作为消费者，如认为家乐福公司所售产品行政审批手续存在违法违规之处，可以向相关行政管理部门提出，以保护广大消费者的合法权益，同时促进生产经营者规范经营行为，维护社会经济秩序。综上，王某虎要求家乐福退还货款并赔偿的诉讼请求，证

〔1〕　参见国家法官学院案例开发研究中心编：《中国法院2019年度案例》（买卖合同纠纷），中国法制出版社2019年版，第21～22页。山东省济南市中级人民法院(2017)鲁01民终3843号民事判决书。

据不足,法院不予支持。驳回原告王某虎的诉讼请求。[1]

11. 抗辩权的举证

(1)先履行抗辩权的举证责任

在双方债务均已届清偿期时,一方当事人无权在对方当事人已经履行的情况下拒绝对方当事人要求其履行相应债务的请求。后履行一方当事人拒绝先履行一方相应的履行要求,主张先履行抗辩权的,应承担举证责任,证据不足以支持其构成先履行抗辩权的,则应承担举证不能的法律后果。

【案例 11-61】 北京丽都炜杰商贸有限公司与南通一建集团有限公司买卖合同纠纷案

二审法院认为,关于南通一建公司提出的一审法院认定事实不清的上诉意见,《北京市工业品买卖合同》中已明确约定,验收的标准和方法是货到工地,双方共同验收,理论检尺;异议为货到工地24小时内;出卖人对标的物质量负责的条件和期限是货到工地3日内,买受人对钢筋进行复试,并合格后使用,否则视为合格。异议为货到工地3日内,货到工地出现任何事与出卖人无关。南通一建公司未能提供有效的证据证明其在合同约定的时间内提出质量异议,应视为对丽都商贸公司提供的该批钢材质量予以认可。一审法院对于该项事实的认定并无不当。故上诉人南通一建公司的该项上诉意见不能成立,二审法院不予支持。南通一建公司主张其未支付剩余款项系行使先履行抗辩权的行为,不构成违约,亦缺乏事实及法律依据,不能成立,二审法院亦不予支持。[2]

需要注意的是,包括后履行抗辩权在内的履行抗辩权,负有结果意义上的证明责任。确定举证责任是否因举证义务完成而转移时,负有结果意义上的证明责任的当事人的证明标准,要高于不负担结果意义上的证明责任的当事人。不负担结果意义上的证明责任的当事人只要证明待证事实真伪不明即完成了证明责任,负有结果意义上的证明责任的当事人只有证明待证事实的存在具有高度盖然性时方可认定其完成了证明责任。[3]

(2)不安抗辩权的举证责任

不安抗辩权面临的只是后履行方不履行合同的危险,而非现实危险,所以《民法典》规定先履行方负有举证责任,即要有确切证据证明对方丧失或可能

---

〔1〕 参见国家法官学院案例开发研究中心编:《中国法院2012年度案例》(买卖合同纠纷),中国法制出版社2012年版,第31页。北京市丰台区人民法院(2010)丰民初字第00180号民事判决书。

〔2〕 参见李勇主编:《买卖合同纠纷》,法律出版社2011年版,第316页。

〔3〕 参见李勇主编:《买卖合同纠纷》,法律出版社2011年版,第148页。

丧失履行合同能力的危险，而不能凭空推测或根据主观臆想而断定对方不能履行或不会对待履行，以此防止先履行方滥用不安抗辩权，保证不安抗辩权的正确行使。如果缺乏确切证据证明后履行方能力降低而单方中止合同的，应承担违约责任。

这里应注意的是，行使不安抗辩权的一方必须承担举证义务，证明对方履行能力明显降低，有不能对待给付的现实危险。这种"现实危险"的事实应当在订立合同之后，否则，法律没有必要对在订立合同时就已经知道或应当知道上述事实存在的当事人给予特别保护。有学者提出放弃通论，改为采用"在缔约时已存在财产恶化等危及对待给付的状况"，并延续至缔约后未能消除的，除先履行方在缔约时已经知道或者应当知道的以外，可以行使不安抗辩权。〔1〕这对举证责任是有影响的。

笔者认为，在不安抗辩中的证据采信中，应采用"高度盖然性证据"原则，先履行方拥有证据能够证明后履行方存在较大的可能性，可视为先履行方拥有了"确切证据"，后履行方有异议的，应承担反证义务。如果后履行方不能证明履约能力未恶化，则先履行方可行使不安抗辩权。应注意的是，在抽逃资金、转移财产对其履约构成影响的举证，对是否构成影响的举证责任由后履行方承担。〔2〕

12. 显失公平纠纷的举证

证据问题是诉讼理论和实践的难点问题，显失公平的举证更是其难点之一，这也是司法实践中当事人主张显失公平的案件极难得到法院支持的重要原因。

实践中，由于显失公平的举证难度大，法官应进一步加强对当事人的举证指导。当事人可以因没有证据或证据不足而败诉，不应该因自己的错误认识或举证能力低未提供证而败诉，所以在举证开始前或举证进行的过程中，在当事人存在举证困惑或困难时，法官有必要进行释明，给当事人以举证思路。

需要指出的是，依据举证责任分配规则作出裁判，毕竟是在无法查明案件事实的情况下不得已而为之的选择，故应当尽量减少适用举证责任分配规则判决一方败诉的情况。如果一方当事人提出的证据已经证明该事实的发生具有高度的盖然性，法官即可对该事实予以确认。

---

〔1〕 参见郭玉坤：《不安抗辩权制度的不安事由探究》，载《法学杂志》2009年第9期。

〔2〕 参见郭玉坤：《不安抗辩权制度的不安事由探究》，载《法学杂志》2009年第9期。

(三)买卖争议举证转移倒置

完整的举证责任概念是主观举证责任和客观举证责任的结合,主观举证责任是指在诉讼过程中,当事人为避免败诉向法院提出证据的责任,客观举证责任是指在案件事实存在真伪不明时,由一方当事人承担不利后果。客观举证责任往往是固定的,由实体法明文规定,而主观举证责任则会随着案情的发展,在当事人之间发生转移。应当承担举证责任的一方当事人提供的证据已基本能够证明其主张的事实,相对方如果否认该事实成立,则应当承担证明责任,若其不能提出足以推翻该事实的证据,可以认定该事实成立;反之,能提出足以推翻该事实的证据,则证明责任转由主张的当事人承担,这就是举证责任的转移。

一般认为,对于《民法典》上推定的规定,应倒置举证责任。《民法典》上的推定系实体法规定,不同于诉讼法或证据法上不提交证据的推定。二者的不同之处在于,前者为举证责任的实体分配,由实体法调整;后者是举证责任的程序分配,由诉讼法调整。具体来讲,其一,根据事物之间的规律联系确立的《民法典》推定。如《民法典》第一百七十一条规定:“行为人没有代理权、超越代理权或者代理权终止后,仍然实施代理行为……相对人可以催告被代理人自收到通知之日起三十日内予以追认。被代理人未作表示的,视为拒绝追认……”该条推定规定中的前提事实是“被代理人未作(追认)表示”的事实,它引起对被代理人不发生效力,由行为人承担责任的后果;推定的事实是被代理人“拒绝追认”的事实,由此引发善意相对人可以撤销合同的后果。《民法典》第八百三十一条后半部分规定:“收货人在约定的期限或者合理期限内对货物的数量、毁损等未提出异议,视为承运人已经按照运输单证的记载交付的初步证据。”该条推定规定中的前提事实是“承运人已经按照运输单证的记载交付”的事实。在前述两例中,前提事实与推定事实之间存在如此紧密的联系,以至于这种密切联系使法官有理由相信,通过《民法典》上的推定认定案件事实几乎同运用证据证明一样可靠,而且省去了复杂的证明过程,有利于诉讼顺利进行。其二,使当事人极难证明的事实变得较为容易而确定《民法典》上的推定。相关的法律规定有《民法典》第六百八十条第二款关于:“借款合同对支付利息没有约定的,视为没有利息”的推定,第七百零七条关于“当事人未采用书面形式,无法确定租赁期限的,视为不定期租赁”的推定,第八百八十九条第二款关于“当事人对保管费没有约定或者约定不明确,依据本法第五百一十条的规定仍不能确定的,视为无偿保管”的推定。其三,为公正合理地分配举证责任而确定的《民法典》的推定。在争议事实的有关证据材料完全处于一方当事人的支配与控制之下,由掌握这些证据材料的当事人负举证责任,让无法取得或接触证据材料的对方当事人负举证责任显然不公平。立法者可以通过法律推定将举证责任倒置,由掌握证据材料、有条件证明的一方负举证责任。

买卖合同争议事实的复杂性凸显了举证责任在该类案件审理中的基础性作用,而举证责任的运用需要法官根据各证据与案件事实、证据与证据之间的关联性程度作出综合审查判断,只有在一方所举证据达到对阻却对方主张的充分条件时,举证责任方能转移。

【案例 11－62】　黄某洪诉张某江买卖合同纠纷案

判决观点,原告黄某洪采取送货上门的方式销售产品,被告张某江向其进货,双方形成买卖合同关系,黄某洪是出卖人,张某江是买受人。双方对当天未支付货款没有采取书写欠条的方式固定债务,而是由原告填写《销货清单》交由被告签字,待被告交付货款后再移交单据,形成了一定的交易习惯。出卖人使用的《销货清单》为三联单,第一联为存根联,由出卖人留存备查;第二联为销售联(或客户联)应当交付给买受人作为付款凭证;第三联为记账联,为出卖人记账所用。如果被告当天未支付货款,"结算后才交付的单据"应为销售联或者客户联。按照双方形成的上述交易习惯,确定价款是否已经支付的关键在于销售联或者客户联(第二联)由谁持有。如果出卖人持有第二联,说明价款尚未履行;如果买受人持有第二联,说明价款已经交付;如果双方均不持有第二联,并不当然认定买受人未支付价款,还需要其他证据予以佐证。双方对 2016 年 5 月 30 日交付的货物及价款均无异议,现原告主张债权的销货清单只有存根联和记账联,没有销售联或者客户联,无法直接证明该笔货款尚未支付;被告主张该笔货款已经履行,也未提供证据加以证明,导致争议事实难以认定。结合被告对 2016 年 5 月 30 日前后的多次购销均已付清货款的情形,根据公平原则和诚实信用原则,原告作为出卖人据以证明债权债务的举证责任仍不能免除。故原告主张的事实缺乏充分证据,其诉讼请求不能得到支持。判决:驳回原告黄某洪的诉讼请求。[1]

在举证责任倒置原则下,出卖人不能提供相应证据的,应以鉴定意见作为定案依据。

【案例 11－63】　赵某帮、司某强诉刘某国买卖合同纠纷案

判决观点,2015 年 4 月原告赵某帮、司某强从被告刘某国处购买了宁杞 1 号枸杞苗木,双方即形成了苗木买卖的法律事实。现经司法鉴定部门鉴

---

〔1〕 参见国家法官学院案例开发研究中心编:《中国法院 2019 年度案例》(买卖合同纠纷),中国法制出版社 2019 年版,第 193～194 页。云南省文山壮族苗族自治州东北县人民法院(2017)云 2626 民初 1617 号民事判决书。

定,被告销售给原告的宁杞1号枸杞苗木纯度为4.7%。其余苗木为假宁杞1号枸杞苗木,没有枸杞生产和种植的价值,所造成的经济损失应当由被告予以赔偿。关于鉴定结论应不予采纳的问题,法院委托的鉴定机构具有相应的资质,鉴定专家亲临种植现场勘验鉴定程序合法,作出的鉴定意见合法有效,法院予以采信。根据相关法律规定,对于因产品质量引起的引发的纠纷,实行举证责任倒置的原则,即应当由被告提供相应的证据,证明其向原告出售的枸杞苗木系宁杞1号,但被告未向法庭提交证据,故其提出鉴定结论应不予采纳的意见不能成立。被告关于不应赔偿的枸杞苗款和经济损失,被告是受原告的委托购买枸杞苗木,双方之间应为无偿的委托合同关系的问题,被告在都兰县宗加地区长期从事枸杞苗木的贩卖,原告找到被告定购苗木,预付了定金,收到苗木付清了全部货款,双方已形成事实上的买卖关系,并非委托关系,故被告关于双方是无偿委托合同关系的辩称理由,不予采纳。判决:被告刘某国赔偿原告赵某帮、司某强各项经济损失667305元,鉴定费9000元,合计676305元。[1]

一方提交的材料被认定为自认的,可免除相对方对该项事实的举证责任。

【案例11-64】 升隆公司诉贵州机械公司买卖合同纠纷案

二审法院认为,当事人均表示对"包括运费在内的货款数额为2033913元没有异议",争议的焦点为应否从2033913元中扣除运费计算欠付款,贵州机械公司应否支付运费。依据上述事实,对"贵州机械公司应否支付运费"作出判断涉及两个问题:第一,贵州机械公司提交的《大连升隆机械有限公司发往贵阳代理商发货明细》应否采信。贵州机械公司在一审开庭前提交了《大连升隆机械有限公司发往贵阳代理商发货明细》,庭审时,该公司表示不再作为证据提交,该证据未经法院组织举证和质证。依据《民事诉讼法解释》第九十二条之规定,贵州机械公司提交的《大连升隆机械有限公司发往贵阳代理商发货明细》虽未经举证、质证,但仍应推定贵州机械公司认可其真实性,该明细属于《民事诉讼法解释》第九十二条规定中"书面材料"的范围,明细中列明的发货金额中包含运费,对贵州机械公司不利,双方争议的发货金额中包含运费,对此升隆公司无须举证证明。第二,"补充协议第二条约定:运费变更为由升隆公司承担"应如何解释。协议书及《大连升隆机械有限公司发往贵阳代理商发货明细》有关运费承担的表述与补充协议第二条的约定相冲突,应作如何解释。依照《合同法》第一百二十五条第一款的规定,

〔1〕 参见国家法官学院案例开发研究中心编:《中国法院2019年度案例》(买卖合同纠纷),中国法制出版社2019年版,第197页。青海省海西蒙古族藏族自治州都兰县人民法院(2016)青2822民初165号民事判决书。

本案中，对补充协议第二条不能孤立地理解，应以协议书为基础，并结合履行过程中的其他证据确认该条款的真实意思。协议书第一条、第三条结算方式约定，“运费由贵州机械公司承担”，依照双方提交的《大连升隆机械有限公司发往贵阳代理商发货明细》，应认定双方在实践中均认可应支付的发货金额中包括运费。综合考虑以上因素，补充协议第二条“运费变更为由升隆公司承担”的真实意思应为：运费改由升隆公司先行支付，贵州机械公司的发货金额中包含运费，运费的最后承担者应是贵州机械公司，贵州机械公司上诉主张“应当将运费每吨800元从2033931元中扣除计算欠付货款”，与事实不符，不予支持。判决：驳回上诉，维持原判。[1]

鉴于平行进口商具有的信息比较优势，在平行进口车辆买卖纠纷合同约定不明时，进口商应承担更加严格的举证责任和说明义务。

【案例11－65】　刘某良诉深圳前海牧得隆平行进口商贸有限公司买卖合同纠纷案

判决观点，刘某良与深圳前海牧得隆平行进口商贸有限公司（以下简称牧得隆公司）形成买卖合同关系，双方均应按约定全面履行各自的义务。牧得隆公司辩称其已按约交付了符合合同约定的车辆，根据对平行进口车的特点和产生背景的分析，法院认为牧得隆公司作为平行进口商具有天然的信息优势，应当对平行进口车辆的交付承担更加严格的举证责任和说明义务。基于上述规则，法院认为牧得隆公司未尽到更加严格的举证责任和说明义务，判决牧得隆公司违约，刘某良有权解除合同并要求退还购车款。[2]

《民法典合同编通则解释》第二十三条第二款规定：“根据法人、非法人组织的举证，综合考虑当事人之间的交易习惯、合同在订立时是否显失公平、相关人员是否获取了不正当利益、合同的履行情况等因素，人民法院能够认定法定代表人、负责人或者代理人与相对人存在恶意串通的高度可能性的，可以要求前述人员就合同订立、履行的过程等相关事实作出陈述或者提供相应的证据。其无正当理由拒绝作出陈述，或者所作陈述不具合理性又不能提供相应证据的，人民法院可以认定恶意串通的事实成立。”根据该条规定，无论是法官依职权或者依据原告的请求，被告都承担倒置的举证责任。

---

〔1〕　参见国家法官学院案例开发研究中心编：《中国法院2019年度案例》（买卖合同纠纷），中国法制出版社2019年版，第287～288页。辽宁省大连市中级人民法院（2017）辽02民终9490号民事判决书。

〔2〕　参见深圳前海合作区人民法院课题组著：《民商事案件裁判思维与裁判方法：22个精选案例裁判思路解析》，法律出版社2019年版，第341页。广东省深圳前海合作区人民法院（2015）深前法民初字第44号民事判决书。

(四)买卖争议证据举证的采信

在法官与当事人的交流中,提出证据由当事人进行,对证据的采信、事实和法律的判断由法官完成。对原告举证不充分的,法官行使自由裁量权予以裁定。

从理论上讲,对证据的采信就是对证据的判断,就是自由心证的过程。判断证据证明力的强弱及其取舍、斟酌,实践中主要凭借法官的自我理性判断,对案件事实的认定必须建立在内心深处对自己主观判断确认真实无疑的基础之上。这种自由心证的强度依次分为微弱的心证、盖然的心证、盖然的确信心证和必然的确信心证4个程度。这就要求法官必须具有良好的法律知识、社会经验、逻辑推理和道德良知,最大限度地发挥高度盖然性的积极作用,以使法律事实尽可能地接近客观事实。参与制定司法解释的法官认为,从司法实践来看,高度盖然性标准的把握在多数情况下仍需要依靠法官的主观判断,要求法官按照良知、理性、经验规则、逻辑推理对证据证明力的有无和大小进行判断。[1]

高度盖然性证明标准(优势证据标准),是现行我国民事证据采用的证明标准。该标准意在降低判决事实基础的要求,法官可以借鉴现代自由心证的规则,基于高度盖然性(事物发展的高度概率)认定案件事实,在证据优势基础上形成内心确认,得出待证事实虽还不能排除其他可能性,但十之八九是如此的结论即可认定为法律事实。适用高度盖然性标准需要注意以下几点:其一,不能违背法定的证据规则;其二,不能主观臆断;其三,必须达到确信的程度;其四,不允许仅凭微弱的证据优势认定案件事实;其五,要求最终认定的证据能够形成完整的证据链,得出唯一的证明结论。

【案例11-66】 洪某发诉卢某华买卖合同纠纷案

判决观点,关于洪某忠证明大概在2016年12月或是2017年1月,卢某华让洪某发去洪某忠的茶叶店提取近2万元的茶叶,洪某忠负责转交,与2016年11月20日的销售清单能够相互印证;关于洪某忠证明于2016年11月22日销售清单上有林某雯的签字,是洪某发以林某雯的名义购买的,洪某发也确认林某雯系洪某忠茶叶店的店员,法院要求洪某发必须到庭,其以出差为由拒绝到庭,但其未能举证证明其不能到庭的合理理由,故法院对洪某忠的上述证言即2016年11月20日、2016年11月22日的销售清单予以采信。关于2016年11月4日、2016年11月16日的销售清单,法院认为2016

---

〔1〕 参见最高人民法院民事审判第二庭、研究室编著:《最高人民法院民法典合同编通则司法解释理解与适用》,人民法院出版社2023年版,第59页。

年11月3日洪某发向卢某华账户转账3万元,2016年11月4日卢某华向洪某发账户返还货款3000元,2016年1月4日销货清单载明洪某发提取27000元茶叶;2016年1月16日洪某发向卢某华账户转款5万元,2016年10月16日卢某华向洪某发账户返还货款9200元,2016年10月16日销货清单载明洪某发提取40800元茶叶,转账记录与销货清单能够相互印证,且洪某发分别于2016年11月4日、2016年11月16日向卢某华转账系第一笔、第二笔转账,如洪某发在没有提货的情况下,其却在2016年11月19日继续转账3000元,而第三笔交易金额仅为17440元即2016年11月20日载明的17440元,该行为明显不合常理,故法院对2016年11月4日、2016年11月16日的销货清单,予以采信。关于林某云的证言,法院认为其未能明确洪某发何时提取茶叶,不能明确提取茶叶的数量,也没有看到卢某华开具的销售清单,其证言无法证明洪某发提取茶叶的具体情况,且与卢某华提供的销售清单也不能对应,故不予采信。综上,法院认定洪某发分别于2016年11月4日、2016年11月16日从卢某华处提取27000元茶叶、40800元茶叶,2016年11月20日通过洪某忠向洪某发交付17440元茶叶,2016年11月22日洪某发通过林某雯提取19920元茶叶,合计105160元。法院认为,洪某发向卢某华账户转账并提取茶叶的行为系买卖合同行为,双方之间的买卖合同系双方当事人的真实意思表示,内容不违反法律规定,应确认合法有效,双方均应按约定履行合同义务。洪某发共向卢某华支付货款20万元,卢某华返还货款12200元,洪某发于2017年2月7日提取82640元茶叶,2016年11月分4次提取茶叶105160元,卢某华已向洪某发交付等额茶叶,故对洪某发主张卢某华退还货款105160元及利息的诉讼请求,法院不予支持。至于洪某发主张卢某华承担诉讼保全费的诉讼请求,没有法律依据,法院不予支持。判决:驳回洪某发的诉讼请求。[1]

【案例11-67】　唐山曹妃甸混凝土有限公司诉中太建设股份有限公司买卖合同纠纷再审案

最高人民法院认为,本案争议的焦点是中太公司是否欠曹妃甸公司混凝土款7544466.15元。(1)双方存在真实的混凝土销售合同法律关系。曹妃甸公司与中太公司签订的三份商品混凝土销售合同及补充协议意思表示真实,不违反法律的强制性规定,应当认定为有效。当事人应当依照合同约定全面履行自己的义务,曹妃甸公司向中太公司供应混凝土,中太公司应当按照合同约定支付相应的混凝土价款。(2)在中太公司不提供相关证据的情

---

〔1〕　参见国家法官学院案例开发研究中心编:《中国法院2019年度案例》(买卖合同纠纷),中国法制出版社2019年版,第189~190页。福建省厦门市翔安区人民法院(2017)闽0213民初557号民事判决书。

况下,基于曹妃甸公司提交的现有证据可以认定中太公司尚欠其混凝土款。曹妃甸公司提交的29份发货单证明了双方交易的基础事实。双方合同约定的混凝土价款结算方式:(1)乙方(曹妃甸公司)持有的甲方(中太公司)现场签认的商业商品混凝土发货数量为准。(2)甲乙双方每15天,对签认的商品混凝土发货单进行复核,并履行100%的确认手续。曹妃甸公司在二审庭审中出示了29份发货单,该发货单记载有时间、混凝土的型号、数量、收货单位。再审中,曹妃甸公司的29份发货单整合为18本,实质内容并没有变化。虽然中太公司提出29份发货单均没有中太公司的章,发货单的签字不是原始签字,并且29份发货单所涉的签字人与曹妃甸公司提出的11份对账清单的人员不一致,同一个人签名存在笔迹不明显、不一致等瑕疵,但这些发货单上的瑕疵并不能否认曹妃甸公司曾向中太公司供应混凝土的基本事实,中太公司承认已向曹妃甸公司实际支付7142721.85元的货款也佐证了发货单的客观存在。至于这些发货单包含的瑕疵,曹妃甸公司对此作了解释:由于合同未约定具体的签收人,签字人较多,也可能存在代签行为,但29份发货单均属于原始单据,能够得到11份对账清单的进一步确认。中太公司如果对上述发货单的真实性以及曹妃甸公司的解释不予认可,完全可以提出反证,证明其实际收到曹妃甸公司混凝土的时间、型号、数量等,并据此对曹妃甸公司的主张进行抗辩,但中太公司自始至终没有提交任何相关证据证明自己的主张。曹妃甸公司提交的证据可以证明其有理由相信景某军有代理权。中太公司对景某军的签字行为不予认可,但承认景某军是其员工。双方在合同中也未约定具体人员负责货款结算事宜。曹妃甸公司提交的2010年4月7日由景某军签字的发票收条有4项内容,第一项记载了混凝土数量和金额,签字接收人是景某军;第二项记载了第一项票据原件收回,签字确认人也是景某军;第三项记载了“以上方量金额确认无误”,签字确认人是黄某;第四项记载了“同意”的签字人是杨某平。曹妃甸公司认为,景某军在对账清单上对混凝土方量和金额的签字确认,得到了黄某的签字确认,黄某的签字确认又得到了杨某平的同意,而杨某平是曹妃甸公司与中太公司2010年7月27日《商品混凝土销售合同》的签字人。曹妃甸公司在二审庭审中出具的有中太公司员工仝某敏签字确认的发票收条,中太公司认可该收条所记载的3张发票中太公司已经收到,故景某军出具发票收条行为有先例可循,考虑到景某军在案涉交易中的身份以及增值税发票的特性,可以认定中太公司收到了曹妃甸公司向其开具的全部增值税发票。景某军还多次参与后续的对账结算行为,其于2011年10月9日签字确认的混凝土对账清单,同时加盖了中太公司项目部的技术资料专用章。就此而言,曹妃甸公司相信景某军在案涉交易中具有代理中太公司的权利,最高人民法院予以支持。一审、二审及再审中,法院多次向中太公司释明应提供双方合同银行结算凭证等交易证据以证明自己关于案涉交易已经结算完毕的主张,但中太公司作为大型股份有限公司,仅以项目部失火结算资料全部烧毁为由进行抗辩,显然不符合公司财务管理的通常要求,亦与情理不合,且中太公司在本案诉讼过程中先是否认与曹妃甸公司有合同关系,否认景某军是其工作人员,否认收到过发票,否认支付货款,后又承认景某军是其工作人员,承认收到部分发票,承认支付过货款,显然有违诚实信用原则。本案中,曹妃甸公司主张中太公司尚欠混凝土款的证据证明明显占优,中太公司主张双方已经结清货款没有提供任何证据证明。根据《民事诉讼法解释》第一百零八条第一款关于"对负有举证证明责任的当事人提供的证据,人民法院经审查并结合相关事实,确信待证事实存在具有高度可能性的,应当认定该事实存在"的规定,曹妃甸公司基于现有证据主张中太公司尚欠曹妃甸公司混凝土款 7544466.15 元具有高度可能性,最高人民法院予以支持。[1]

1. 证据采信的重点

法官应当在审查买卖合同、交付凭证等直接证据形式上的真实性、合法性、关联性之外,还应当根据证据取得的方式、证据形成原因、证据形式、证据提供者情况及与案件的关系等,对证据的证明力进行审查和判断,并对比双方当事人提供证据的证明力大小,按照民事诉讼证据盖然性标准,形成内心确信,作出最终采信认定。

法官在审查证人证言时,应当严格按照《民事诉讼法》《民事诉讼法解释》《民事证据规定》等规定进行,特别是对客观证据较为薄弱的案件,更要注意甄别证人证言的真实性、合法性。在认定证人证言时,还可以灵活运用对质等方法,以便更好地查清案件事实。

在民事案件中,法官职权的介入及心证的运用一般发生在当事人的证明方法皆已穷尽的情形之下,因法官无法以事实不清为由拒绝裁判,此时案件进展的推动力由当事人转至法官。民事诉讼待查的事实均系既往事件,法官审理案件只能立足过去,依据证据认证规则衡量各方当事人提交的证据,据此认定案件事实,并对案件进行裁判,这个过程是法官心证产生的过程。法官须依照逻辑规律和经验法则对证据的证明力进行分析判断。实践中,法官主要依据自身的经验法则,结合当事人本人的陈述,以及对细节的反复推敲,运用高度盖然性的证明标准,最终达到自身的内心确信,并在判决说理部分对争议焦点进行充分、合理、合情的阐

---

〔1〕 最高人民法院(2016)民再197号民事判决书。

述,展示其行使自由裁量权的过程,使其采信证据确认争议事实让当事人接受,使判决达到定分止争的目的。

【案例 11 - 68】 李某兵诉朱某跃买卖合同纠纷案

二审法院认为,朱某跃提出收据上的紫砂泥价格是事后添加的,其签名未署在收款栏而在合计金额栏不合理,其通过短信催讨借款时李某兵未提出泥料款抵偿借款等诸多异议,李某兵也提供了向其他人销售紫砂泥的收款收据予以反驳。虽然李某兵将收款收据作为送货凭证存在形式上的瑕疵,但如朱某跃所述,是其将紫砂泥出售给李某兵,而不是其向李某兵购买紫砂泥,在双方之前的借贷诉讼中,李某兵已将涉案两份收款收据作为证据提交法院,证明朱某跃购买紫砂泥,以约定泥料款抵偿借款,但朱某跃仅称泥料款与借款无关,显然不合常理。综合双方所举证据,李某兵已经提供了朱某跃签名的收款收据,以及向他人销售紫砂泥使用的收款收据,而朱某跃不能证明其向李某兵销售紫砂泥的事实,对在前案借贷诉讼中泥料款的陈述也无法作出令人信服的解释,故李某兵提供证据的证明力明显较大,对李某兵主张朱某跃向其购买紫砂泥的事实,法院予以采纳。朱某跃还主张涉案紫砂泥价格过高,因未举证证明其所购紫砂泥的规格和等级,且紫砂泥交易系市场行为,交易双方可自由协定价格,故法院不予支持。综上所述,朱某跃的上诉请求不能成立,应予驳回;一审判决认定事实清楚,适用法律正确,应予维持。判决:驳回上诉,维持原判。[1]

【案例 11 - 69】 徐某杰诉王某某、王某梅买卖合同纠纷案

二审法院认为,根据徐某杰提交的欠条及各方当事人的当庭陈述,能够证实徐某杰与王某某之间存在买卖合同关系及王某某尚欠货款的事实。关于欠款数额,王某某向徐某杰出具的欠条中明确载明欠款为钻井配件款,且先后两次在该欠条上签字予以确认,能够证实欠款数额为 19 万元。王某某虽辩称欠条中包含利息,但并未提交相应证据证实,且对欠款的实际数额当庭表示记不清了,其应承担举证不能的法律后果。徐某杰交付货物后,王某某未及时支付徐某杰的货款,已构成违约,故王某某除应支付货款外,还应赔偿因其逾期付款给徐某杰造成的利息损失,徐某杰主张的利息计算方式及起止时间符合法律规定,法院予以支持。关于王某梅是否承担还款责任的问题。根据《民事诉讼法》的相关规定,二审案件审理的范围是与上诉请求有关的事实认定和法律适用问题。本案中,因徐某杰未提起上诉,视为其对一

---

〔1〕 参见国家法官学院、最高人民法院司法案例研究院编:《中国法院 2020 年度案例》(买卖合同纠纷),中国法制出版社 2020 年版,第 217 页。江苏省无锡市中级人民法院(2018)苏 02 民终 2856 号民事判决书。

审判决的认可,故对该部分事实的认定不属于二审审理的范围。综上所述,王某某的上诉请求不能成立,应予驳回;一审判决认定事实清楚,适用法律正确,应予维持。判决:驳回上诉,维持原判。[1]

买卖合同一方当事人认为对方提交法庭的合同存在单方涂改,但又不提交已方持有的合同原件或者相关证据的,对其主张法院不予支持。

【案例 11 -70】 盛泰兴公司诉闽南建筑公司买卖合同纠纷案

二审法院认为,双方对对方持有的合同文本是真实签署的文本的事实均不持异议,争议焦点在于合同第 7 条、第 8 条有关闽南建筑公司指定的有权签收人和货款结算人是谁的问题。该条款的性质属于授权性条款。在内部授权和外部授权发生冲突时,应以外部授权为准,以保护善意相对人的合理信赖利益。闽南建筑公司并无证据证明盛泰兴公司持有的合同文本中有关"邱某一"的授权内容系盛泰兴公司事后添加的。[2]

【案例 11 -71】 良企公司诉陈某标买卖合同纠纷案

二审法院认为,上诉人只提交了照片,但并无其他证据证明照片上的人就是被上诉人的员工;且订货单传真件与送货单仅为复印件,无原件供法庭核对,亦无被上诉人的签名和盖章,或是被上诉人授权的代表的签章,且被上诉人对此也不予认可,其真实性无法确定;关于证人出庭作证申请书中申请出庭的证人均是上诉人自己的员工,与上诉人之间有利害关系,也证明不了待证事实,故上诉人的证据无法证实本案与被上诉人有直接的关联性,更无法证实上诉人与被上诉人之间存在买卖合同关系,上诉人的上诉主张法院不予支持。判决:驳回上诉,维持原判。[3]

2. 被告抗辩证据判断的标准

被告抗辩证据达到何种判断标准是实践中的疑难问题。一般认为,被告证明自己抗辩主张的证明标准,不应当适用一般举证所需要的高度盖然性标准。在原告仅依据转款凭证提起的民间借贷案件中,给被告分配举证责任,本身就是为了倾斜保护债权人的利益,而作出的偏离一般举证规则的特殊安排。这种举证责任配置已经给被告添加了额外的举证义务,将被告置于不利的境地,在此情形下,如果再对被告的抗辩举证义务设置较高的高度盖然性标准,可能会导致诉

---

〔1〕 山东省东营市中级人民法院(2022)鲁 05 民终 675 号民事判决书。

〔2〕 福建省厦门市中级人民法院(2019)闽 02 民终 3732 号民事判决书。

〔3〕 参见国家法官学院案例开发研究中心编:《中国法院 2017 年度案例》(买卖合同纠纷),中国法制出版社 2017 年版,第 257 页。广东省惠州市中级人民法院(2015)惠中法民二终字第 228 号民事判决书。

讼中原、被告权利义务的失衡。在诉讼中,只要被告举示的抗辩证据能够证明抗辩主张的合理性和可能性,动摇法官对原、被告双方存在借贷合意的确信,应视为被告完成了抗辩举证义务,即便未达到高度盖然性标准,亦不影响其证据不能成立抗辩主张。在具体案件的审理中,法官可以结合个案特点,综合考虑原、被告双方之间的关系、款项流向、款项额度、转账时间、频率特点、利息支付情况等案件相关事实,评判被告举示的证据能否证明其抗辩主张的合理性和可能性,并在此基础上界定其内心对借贷合意的确信是否因被告举示的证据而发生动摇,同时对被告抗辩是否完成了举证义务作出判断。换言之,对被告抗辩证据的判断标准要低于盖然性证明标准。

【案例 11 – 72】 辅仁公司诉乐济堂公司买卖合同纠纷案

二审法院认为,辅仁公司主张与乐济堂公司存在买卖合同关系,乐济堂公司在二审中并不否认,法院对此予以确认,双方二审争议的焦点是乐济堂公司尚欠货款金额如何认定。辅仁公司提供的销售清单虽无乐济堂公司盖章或签字,但与辅仁公司向乐济堂公司开出的增值税发票以及后者支付部分货款的建行电子回单能够相互印证,且部分增值税发票已有乐济堂公司进行扣税认证,故认定辅仁公司提交的前述证据已能初步证明其主张。乐济堂公司以其医药出入库系统为据辩解未收到相应的货物,但证据并未完整反映双方之间的交易情况且真实性存疑,已体现的部分交易对应的票据编号与辅仁公司提交的发票上备注的编号及销售清单一致,其举证明显不足。且乐济堂公司在一审答辩时称双方不存在买卖合同关系,双方仅在 2016 年 10 月 7 日发生一笔 385.8 元的交易,二审中又称不否认双方存在交易但其仅认证了 27 万元的发票且其系统数据中仅有 5 万元的记录与辅仁公司的销售清单相吻合,其陈述前后不一又未能对此作出合理解释。另外,辅仁公司于 2016 年 12 月 12 日向乐济堂公司发出对账单,乐济堂公司时任法定代表人杨某民在与该公司原股东股权转让纠纷一案(2016 年 9 月立案,2017 年 8 月一审判决作出)中以该对账单为据主张所载货款为公司股权变更前的对外负债,说明乐济堂公司已收到该对账单且有将所载欠款纳入公司债务的意图。从全案证据来看,辅仁公司主张的事实具有高度盖然性,一审法院对其主张予以支持并无不当。至于辅仁公司与乐济堂公司曾为关联企业、辅仁公司曾因违规经营被行政处罚问题,并不影响本案处理,乐济堂公司的相关上诉理由不予采纳。综上,乐济堂公司的上诉请求不能成立,应予驳回。一审判决认定事实清楚，适用法律正确，应予维持。判决：驳回上诉，维持原判。[1]

【案例11－73】　重庆老院子商贸有限公司诉王某菊买卖合同纠纷案

二审法院认为，首先，双方当事人对双方之间曾建立买卖合同关系，王某菊已收到老院子公司供应的货物以及王某菊曾欠老院子公司2万元货款等事实均无异议。根据《民事证据规定》第五条第二款之规定，作为买卖关系中负有给付货款之履行义务的王某菊应当对起其所称的已于2013年2月前后向老院子公司清偿了所欠的2万元货款之辩称予以举证证明。其次，王某菊据以证明已清偿所欠货款的证据就是其所持有的欠条手写件，而老院子公司起诉要求王某菊的证据为该公司持有的欠条复写件。对此法院认为，由于手写件是书写原件时与手写件出于一处、同时形成的，故欠条手写件与复写件都是原始证据，具有相同的证明力。再者，对欠条复写件上备注"正月付（2013年）"的形成时间及含义双方当事人各执一词。王某菊称该备注是其在2013年2月清偿欠款时所写以表明其已还款。老院子公司则称该备注是王某菊出具欠条时所写，备注是王某菊承诺在2013年正月（农历）还款。对于上述争议问题双方当事人均未举证证明，但因王某菊负有证明其已清偿所欠货款的举证责任，故其应承担举证不能的不利后果。综上，法院认为，负有证明货款已清偿之举证责任的王某菊所举示的证据尚不足以证明其所主张的事实，故根据《民事证据规定》第二条之规定，王某菊应承担举证不能的不利后果，其应向老院子公司支付所欠的2万元货款。综上所述，老院子公司的上诉请求成立，法院予以支持。一审判决对举证责任分配不当，属于适用法律错误，法院予以纠正。判决：（1）撤销一审判决；（2）被上诉人王某菊向上诉人老院子公司支付货款2万元及利息。[2]

【案例11－74】　伊犁菱怡电梯有限公司诉杨某子、伊宁市城市建设有限责任公司买卖合同纠纷案

一审法院认为，买卖合同是出卖人转移标的物的所有权于买受人，买受人支付价款的合同。杨某子挂靠城建分公司承建案涉工程，为凌云佳苑二期12、14、15、16、17、18号楼工程的实际施工人，杨某子应是涉案买卖合同的相对方。菱怡公司作为从事商业经营的市场主体，在经营活动中，应留存相应的交易凭证，证明其按合同约定全部履行了交付货物义务。菱怡公司虽提交

---

〔1〕 参见国家法官学院、最高人民法院司法案例研究院编：《中国法院2020年度案例》（买卖合同纠纷），中国法制出版社2020年版，第94页。福建省福州市中级人民法院（2018）闽01民终6547号民事判决书。

〔2〕 参见国家法官学院案例开发研究中心编：《中国法院2016年度案例》（买卖合同纠纷），中国法制出版社2016年版，第187页。重庆市第一中级人民法院（2013）渝一中法民终字第03886号民事判决书。

了工业品买卖合同、案外人的钥匙收条及钥匙交接表,上述证据仅能证明签订了单元门、防火门合同及向案外人交付了单元门、防火门钥匙的事实,菱怡公司提交的凭证未能证明交付数量、规格和向杨某子完成了相应的交付行为,杨某子对完成交付的事实亦不予认可,菱怡公司是否完成交货无法认定,菱怡公司主张给付防盗门款178924元及利息的诉讼请求,无法支持。判决:驳回菱怡公司的诉讼请求。

二审法院认为,本案的争议焦点为菱怡公司的一审诉讼请求应当如何认定。针对焦点问题,菱怡公司与城建分公司签订的案涉工业品买卖合同是双方的真实意思表示,不违反法律、行政法规的强制性规定,合法有效并受法律保护,双方当事人均应按照合同约定全面履行自己的义务。根据《民事诉讼法》第六十七条第一款"当事人对自己提出的主张,有责任提供证据"的规定,对菱怡公司主张货款17824元、违约金2346.2元的请求,按照案涉合同约定菱怡公司向城建分公司提供门的数量应当以实际供货量为准,因菱怡公司未能提供充分证据证明其向城建分公司提供门的实际数量,故菱怡公司的该项请求,于法无据,法院不予支持。城建分公司经法院传票传唤,无正当理由拒不到庭,视为自愿放弃举证、质证、答辩的民事诉讼权利。综上所述,一审判决认定事实和适用法律虽有瑕疵,但判决结果正确。菱怡公司的上诉请求不能成立,应予驳回。判决:驳回上诉,维持原判。[1]

3. 证据链判断的标准

证据链在现行法律条文中并没有规定,是在理论上阐述或在实践中使用的词语。一般认为,证据链是指彼此联系相互印证的能够证明待征事实的数个证据的集合。能够形成证据链意味着全案证据之间形成了一个不相矛盾、能够相互印证且能够证明案件事实的证据群。数个证据形成的证据链共同证明待证事实,使待证事实逻辑清晰地再现,故而称证据链具有完整性,证据链闭合,形成了证据链圈。对证据链的判断,是在对每个证据链判断的基础性上,即在每份证据中三性不存在瑕疵,而不是将相互联系的数个证据堆砌在一起,并作统一判断。换言之,对证据链的判断,要还原到每份证据本身,均应适用证据规则确定的审查方法和原则。只有符合证据真实性、合法性、关联性的证据,才能纳入证据链,用来确定案件事实。

---

〔1〕 新疆维吾尔自治区高级人民法院伊犁哈萨克自治州分院(2023)新40民终79号民事判决书。

【案例 11 – 75】　利文公司诉德易公司买卖合同纠纷案

二审法院认为，双方签订了 3 份销售合同，在实际履行过程中利文公司又向德易公司出售了上述合同约定之外的部分货物。双方就买卖涉案货物成立买卖合同法律关系。利文公司为证明向德易公司供应了 185525 元的货物，提交了出库单、增值税发票、发票确认回执单、汇款凭证等证据。出库单内容与增值税发票上载明的货物明细能够对应，上述增值税发票经德易公司签收确认且已经抵扣。利文公司提供的证据能够形成完整的证据链，证明其向德易公司供应货物的总价为 185525 元。德易公司不认可利文公司主张的货款数额，但并未提供充分的反驳证据。德易公司称部分出库单上其员工的签字系伪造，但并未提交充分的证据证明。德易公司在诉讼中提出异议的部分出库单此前已付款，其通过付款行为做出的意思表示具有法律效力。综合比较双方当事人提交的证据，利文公司提供的证据形成了证据优势，一审法院对利文公司主张的供货数额予以采信，并判令德易公司支付欠款，处理正确，应予维持。关于逾期付款利息意见一节，二审法院同意一审法院的裁判意见。判决：驳回上诉，维持原判。[1]

【案例 11 – 76】　海力公司诉伟华公司买卖合同纠纷案

判决观点，针对本诉，海力公司提交了 2014 年 10 月 23 日（最近一次）的电子对账明细单，伟华公司尚欠海力公司货款 365353.21 元，伟华公司予以认可，故本诉涉及的欠款金额可以确定。但诉讼中，伟华公司认为海力公司提交的产品存在质量问题，提起反诉要求赔偿损失。为了证明质量问题，伟华公司提交了反馈单、会谈纪要等证据材料，会谈纪要形成时间晚于质量反馈单，故应以会谈纪要为依据，会谈纪要为买卖双方各派代表形成，确认废品芯子和不合格薄膜共计 19890.82 元，产品不符合约定，该部分与 2014 年 10 月 23 日对账明细中的退货价值不一致，故会谈纪要中不合格部分应当在价款中扣除。会谈纪要还确认问题薄膜生产的电容价值 236102 元，因该部分系因问题薄膜生产，该部分价值系问题薄膜造成的损失，该损失应从欠款中予以扣除。扣除上述两部分后，伟华公司尚欠 109360.39 元，应当予以偿还。关于利息问题，因海力公司本身存在违约过错行为，对利息主张法院不予支持。关于伟华公司反诉要求的其他赔偿问题，伟华公司提交了其向海力公司发送的电子邮件，其中包括使用海力公司提供薄膜生产的产品清单及供应对象、问题产品的时效分析及退货清单等，同时提交了律师函，但因上述材料系

---

〔1〕 参见国家法官学院、最高人民法院司法案例研究院编：《中国法院 2020 年度案例》（买卖合同纠纷），中国法制出版社 2020 年版，第 205 页。北京市第二中级人民法院（2018）京 02 民终 9072 号民事判决书。

伟华公司单独提交，未经海力公司认可，未经第三方参与评价，故无法确认其真实性，应不予采信。伟华公司还提交了佛山奥里斯特电器有限公司、东方博沃（北京）有限公司、广州托普电器有限公司、天津市津开电器有限公司签订的合同或提交的发票及反馈单，用以证明伟华公司采用海力公司提供的问题薄膜生产的产品出售给4家公司，造成产品更换产生损失，但伟华公司提交的合同及质量反馈函上显示的产品质量不能确定是否使用了海力公司提交的薄膜，更不能确定伟华公司已经实际履行了更换产品义务，同时伟华公司提交的记账凭证、托运邮寄单据及发票也不能证明系更换产品发生的，故伟华公司提交的上述证据不能形成完整的证据链，不能证明其余损失的主张，其相应的反诉请求法院不予支持。另外，关于会谈纪要，海力公司认为其代表吕某臣并未在纪要上签字，但从海力公司对会谈纪要的质证来看，海力公司认可其派吕某臣参与会谈的过程，质证发表的意见与会谈纪要的记载一致，会谈纪要的真实性应当予以认可。为反驳伟华公司提出的质量问题，海力公司还提交了其他用于证明质量不存在问题的证据材料，经查，该部分证据材料与认定本案法律事实无直接关联，应不予采信。判决：(1)伟华公司向海力公司返还109360.39元；(2)驳回海力公司的其他诉讼请求；(3)驳回伟华公司的其他反诉请求。[1]

以车抵债能够形成证据链的，可以排除执行。

【案例11－77】 铁岭天鸿电器有限责任公司诉铁岭金来建筑材料有限责任公司、李某宇等买卖合同纠纷案

一审法院认为，原告因不服本院作出的(2020)辽12执异2号执行裁定书，向原审法院提起案外人执行异议之诉。原告主张对原审法院查封的辽M×××××号雷克萨斯牌车辆享有所有权，并提交了其与第三人佘某伟签订的顶车协议；佘某伟与第三人沈阳铭世达公司签订的抵顶工程款协议；沈阳铭世达公司制作的会计凭证、汽油费票据；佘某伟支付涉案车辆的保险费、汽油费票据，以上证据来源合法、内容真实，与原告主张的待证事实相关联。结合被告李某宇、第三人佘某伟、沈阳铭世达公司的陈述，各证据间能够形成证据链，能够证明沈阳铭世达公司以李某宇的名义购买了涉案车辆，将涉案车辆抵顶给佘某伟，佘某伟将该车辆抵账给原告，由原告占有使用至今的案件事实。原审法院作出的(2015)铁民二初字00055号民事调解书中虽然约定李某宇为保证偿还货款提供了涉案车辆作为担保，根据《最高人民法院关于

---

〔1〕 参见国家法官学院案例开发研究中心编：《中国法院2017年度案例》(买卖合同纠纷)，中国法制出版社2017年版，第235～236页。河南省郑州市中原区人民法院(2015)中民二初字第191号民事判决书。

人民法院民事调解工作若干问题的规定》第二十条规定:“调解书约定给付特定标的物的,调解协议达成前该物上已经存在的第三人的物权和优先权不受影响”,《物权法》第二十三条规定:“动产物权的设立和转让,自交付时发生效力,但法律另有规定的除外。”佘某伟在法院查封前已实际占有使用涉案车辆,该调解协议中以涉案车辆作为担保的约定不能对抗涉案车辆所有权已由佘某伟享有的物权。被告铁岭金来公司虽然对原告提交部分证据的真实性有异议,但是未能提交相应的证据予以反驳,对其辩解理由,原审法院不予采信。佘某伟将涉案车辆顶账并交付给原告使用至今,涉案车辆物权的设立和转让已发生效力,且不存在法律规定除外的情形,故对原告要求确认涉案车辆所有权属于原告所有的诉讼请求,原审法院予以支持。原告对执行标的享有足以排除强制执行的民事权益,故应判决不得执行该执行标的。《民事诉讼法解释》第三百一十四条第一款规定:“对案外人执行异议之诉,人民法院判决不得对执行标的执行的,执行异议裁定失效。”对于原告要求撤销(2020)辽12执异2号执行裁定书及(2019)辽12执恢28号之一执行裁定书的诉讼请求,不予支持。判决:(1)不得执行被告李某宇名下的车牌号为辽M×××××号雷克萨斯牌轿车一台;(2)确认车牌号为辽M×××××号雷克萨斯牌轿车所有权属于原告铁岭天鸿公司所有;(3)驳回原告铁岭天鸿公司的其他诉讼请求。

二审法院认为,铁岭天鸿公司提交了其与第三人佘某伟签订的顶车协议;佘某伟与第三人沈阳铭世达公司签订的抵顶工程款协议;沈阳铭世达公司制作的会计凭证、汽油费票据;佘某伟支付涉案车辆的保险费、汽油费票据及李某宇、佘某伟、沈阳铭世达公司的陈述,能够证明沈阳铭世达公司以李某宇的名义购买了涉案车辆,将涉案车辆抵顶给佘某伟,佘某伟将该车辆抵账给铁岭天鸿公司,由其占有使用至今的案件事实。李某宇作为车辆登记人也表示,案涉车辆并非其所有,只是以其名义登记,其也未实际使用、缴费。故案涉车辆的所有权并不属于李某宇。《物权法》第二十三条规定:“动产物权的设立和转让,自交付时发生效力,但法律另有规定的除外。”佘某伟在法院查封前已实际占有使用涉案车辆,所有权已转移给佘某伟。佘某伟将涉案车辆抵账并交付给铁岭天鸿公司使用至今,涉案车辆物权的设立和转让已发生效力,且始终未被法院实际扣押。铁岭金来公司未能提交充分的证据予以反驳。铁岭天鸿公司对执行标的享有足以排除强制执行的民事权益,故二审法院对上诉人的上诉请求,不予支持。判决:驳回上诉,维持原判。[1]

---

〔1〕 辽宁省高级人民法院(2020)辽民终1204号民事判决书。

合同变更的认定。

【案例 11-78】 南京艾诗达尼电气科技有限公司诉江苏湃福安全用品有限公司买卖合同纠纷案

二审法院认为，虽不能提交协商变更的书面证据，但若一方当事人提交的间接证据已能形成证据链，达到了高度概然性的证明标准，能够证明当事人已经协商一致变更合同内容，法院应予认可。[1]

4. 电子数据证据的审查

《民事诉讼法解释》第一百一十六条第二、三款规定："电子数据是指通过电子邮件、电子数据交换、网上聊天记录、博客、微博客、手机短信、电子签名、域名等形成或者存储在电子介质中的信息。存储在电子介质中的录音资料和影像资料，适用电子数据的规定。"《最高人民法院、最高人民检察院、公安部关于办理刑事案件收集提取和审查判断电子数据若干问题的规定》对电子数据的定义是：案件发生过程中形成的，以数字化形式存储、处理、传输的，能够证明案件事实的数据。

对买卖合同电子数据证据的审查，实际上是对其证据效力的审查。相较于传统证据，对电子数据证据的审查仍然要坚持对证据三性的审查原则，但操作上会有不同侧重点。对证据真实性的审查，一般认为，只要相对方不能证明短信系伪造、编造或在传输过程等环节存在瑕疵，则该短信息证据的真实性就可以认定。实践中，电子数据证据的形式种类繁多，审查真实性时不仅要结合基本特点，更需要结合案件的实际情况和相关法律规定，分配举证责任。对证据合法性的审查，要从主体合法、形式合法与程序合法三个层面展开，即提供证据的主体、证据的形式和证据的收集程序或提取方法必须符合法律的有关规定。对买卖合同电子数据证据来说，举证人所提供的证据是用其手机生成并储存的信息，在庭审时可以当庭展示，其手机信息内容可以被书面摘录，符合主体及形式合法的要求，同时一方在收集、提取证据时没有侵害他人权益的行为和情形。对证据关联性的审查应从两个层面展开，其一，载体关联性审查，即载体与案件当事人及其他诉讼参与人的关联性。在当前实行手机号实名制的情况下，每一个手机号码均对应一个唯一的用户，在没有其他相反证据的情况下，两个特定的用户之间的短信收发行为和通话行为可认定为两个特定的用户在特定的时间发生的通信行为，即可确定其关联性。其二，内容关联性审查，即买卖合同电子数据的数据信息同案件事实之间的关联性。在买卖合同纠纷中，需要围绕买卖合同涉及的两个问题展开，即能否体现出双方之间曾经或后续形成了买卖合意，能否体现出货物已经交付及具体的

---

〔1〕 江苏省南通市中级人民法院(2020)苏06民终716号民事判决书。

数量。

需要注意的是,部分数据是否存在通过删除部分信息达到断章取义效果的情况,必要时需要从运营商调取通信记录、从专业机构的鉴定、公证书确定;确定信息中是否具有诱导性谈话的内容、存在歧义的内容;相对方的回复是明确认可还是间接认可抑或默认,均需逐一审查。

买卖合同电子数据证据与传统证据相比,因其自身的特殊性以及法律规范尚不健全,其效力认定问题更为复杂,法官需要结合案件的具体情况,经过综合分析判断,方可予以认定,最终认定案件事实。

5. 电子数据证据的采信

电子数据,是指通过电子邮件、电子数据交换、网上聊天记录、博客、微博客、手机短信、电子签名、域名等形成或者存续在电子介质中的信息。存储在电子介质中的录音资料和影像资料,适用电子数据的规定。

随着网络技术的不断发展,商事主体通过微信、QQ 等通信平台进行交易的情况日益普遍。出现纠纷时,以电子数据作为证据甚至是关键证据的情况也越来越多,而电子数据因其数量多、变化快、易篡改以及专业技术强等特点成为法官在认定证据时的难点。对 QQ 聊天记录等电子数据的真实性,应结合在案其他证据予以综合认定。

【案例 11-79】 电子公司诉科技公司、黎某伟买卖合同纠纷案

一审法院认为,本案中,物流单系从对外开放的物流网站获取,任何第三人均可以查询,电子公司已提交物流查询过程的录像光盘,经核对该内容与书面物流单的内容一致,不存在伪造的情况,故对物流单的真实性予以确认。对于 QQ 聊天记录,已经现场勘查,电脑中存储的内容与电子公司提交的材料一致,对此予以确认,对 QQ 聊天内容的真实性予以认定。审理中,电子公司、科技公司均对《产品买卖合同》的真实性无异议,法院予以确认。结合 QQ 聊天记录中,林某发送的载有科技公司公章的订单及“付款回单”中载明付款人银行账户的相关信息与《产品买卖合同》中手写的账户信息一致的事实,结合该聊天记录中林某对货物单价及货款的陈述,法院认定李某系科技公司的员工,其行为系职务行为,相关法律后果由公司承担。通过 QQ 聊天记录及物流单可知,科技公司在 2019 年 2~4 月分别向电子公司订购了型号为 7N65、8N65 的货物,双方聊天中对货物单价分别为 0.75 元、0.8 元予以确认,以上事实与增值税专用发票上记载的内容可以相互印证,且科技公司在知晓货款 6.05 万元以后从未表示异议,故法院对 4 份出库单的真实性予以确认。结合以上证据,认定电子公司已履行了交货义务,对电子公司要求科技公司支付货款 6.05 万元的请求予以支持。结合本案事实,法院对利息主张及黎某伟应承担的责任予以认定。判决:(1)科技公司向电子公司支付价款6.05万元并支付逾期付款利息;(2)黎某伟对本判决第一项下科技公司欠付电子公司的5.25万元价款承担连带责任保证;(3)驳回电子公司其他的诉讼请求。二审法院同意一审法院的裁判意见,判决:驳回上诉,维持原判。[1]

电子数据存在疑点时,不能作为认定案件事实的根据。

【案例11-80】 陈某炼诉李某莲等买卖合同纠纷案

判决观点,虽然陈某炼提供的微信聊天记录截图左上角体现"陈某和"的字样,但陈某炼未提供相对人的微信号的用户信息。同时,陈某炼仅提供了一段手机通话录音,但未提供通话对方的电话号码、通话记录、通话时间等相关证据。陈某炼提供的上述视听资料和电子数据存在疑点,不能单独作为认定案件事实的根据,而陈某炼未提供其他证据佐证其待证事实,故依法不予确认。陈某炼起诉主张陈某河尚欠其货款,应当就其主张买卖合同关系和债权债务的存在承担举证责任,但陈某炼提供的证据不足以证实其事实主张,陈某炼应当承担不利的后果,故对陈某炼的诉讼请求,依法不予支持。判决:驳回陈某炼的诉讼请求。[2]

【案例11-81】 刘某昆诉孙某帅、杨某丽买卖合同纠纷案

二审法院认为,在孙某帅提交的微信截图打印件中,一方自称是森鑫批发铝材,另一方未显示姓名或名称,且该截图无年份标识,孙某帅未提供其他证据佐证该截图与本案的关联性,无法证明该2000元是孙某帅偿还的本案所涉刘某昆的欠款,一审法院对该证据不予采信并无不当,法院予以确认。虽然孙某帅陈述刘某昆出示的欠条是残缺版不完整。还有"后期把货补齐再支付货款"、刘某昆的签字等内容,但孙某帅认可该欠条的真实性,且其未提交相应证据佐证该欠条还有其他内容,同时结合2018年5月13日刘某昆的委托代理人与孙某帅的通话录音,能够认定孙某帅收到了涉案货物。另外,杨某丽与孙某帅系夫妻关系,杨某丽认可涉案签欠条上签名的真实性,其在欠条上签字的行为应视为共同偿还欠款的承诺,故一审法院认定孙某帅、杨某丽共同偿还铝材款64381元并无不当,法院予以支持。综上所述,孙某帅、

---

〔1〕 参见国家法官学院、最高人民法院司法案例研究院编:《中国法院2022年度案例》(买卖合同纠纷),中国法制出版社2022年版,第169页。江苏省无锡市中级人民法院(2020)苏02民终3888号民事判决书。

〔2〕 参见国家法官学院、最高人民法院司法案例研究院编:《中国法院2022年度案例》(买卖合同纠纷),中国法制出版社2022年版,第201页。福建省南安市人民法院(2020)闽0583民初1104号民事判决书。

杨某丽的上诉不能成立，应予驳回；一审判决认定事实清楚，适用法律正确，应予维持。判决：驳回上诉，维持原判。[1]

只有录音光盘无证补强，不能证明案件事实。

【案例11-82】　李某诉张某林买卖合同纠纷案

二审法院认为，李某起诉张某林要求张某林偿还所欠货款，李某作为原告对自己提出的诉讼请求所依据的事实有责任提供证据加以证明，但李某仅提供了自己指称李某与张某林的对话录音，由于该录音是否为张某林本人的声音并不确定，李某也未能进一步提交其他充分证据证实其诉讼主张，李某应对此承担举证不能的法律后果。原审法院根据《民事证据规定》第六十九条“下列证据不能单独作为认定案件事实的依据……（三）存有疑点的视听资料”的规定，对李某要求张某林给付货款32554元的诉讼请求不予支持的判决合法有据，应予维持。综上，李某的上诉请求不能成立，法院不予支持。原审判决认定事实清楚，适用法律正确。判决：驳回上诉，维持原判。[2]

海关出具的报关单电子数据表可以作为证据采信。

【案例11-83】　合庆公司诉东纶公司买卖合同纠纷案

一审法院认为，第一，东纶公司尚欠合庆公司的货款金额。关于厦门海关出具的《报关单电子数据表》的证据效力问题。《报关单电子数据表》虽载明“电子数据仅供参考，不作为证据使用”，但该数据表系经厦门海关工作人员查询海关统计数据查询分析系统所得，其合法性和客观真实性不因厦门海关由于部门工作和职能范围的特殊性所进行的标注而丧失，故该数据表可以作为本案证据使用和认定。东纶公司确认案外人骐骥公司、亚东公司是其客户指定的货运代理公司，骐骥公司与亚东公司分别在《提货单》中“托运人”处加盖公司印章，同时出具《证明》载明东纶公司委托代理出口货物，出货公司均为合庆公司。由此，可以确认东纶公司向合庆公司购买货物后，委托骐骥公司与亚东公司出具了《证明》载明代理出口货物的具体数量，与厦门海关出具的《报关单电子数据表》载明的数据换算后的数据，能够相互印证，法院据此认定合庆公司交付给东纶公司的货物的数量即为骐骥公司与亚东公司出具的《证明》的代理出口货物的数量，合庆公司按照合同约定的单价计

---

〔1〕 参见国家法官学院、最高人民法院司法案例研究院编：《中国法院2020年度案例》（买卖合同纠纷），中国法制出版社2020年版，第208页。山东省济南市中级人民法院（2018）鲁01民终8920号民事判决书。

〔2〕 参见国家法官学院、最高人民法院司法案例研究院编：《中国法院2020年度案例》（买卖合同纠纷），中国法制出版社2020年版，第219页。山东省济南市中级人民法院（2018）鲁01民终135号民事判决书。

算出尚欠货物金额2266809.34元,法院予以确认。至于合庆公司主张的超成本72355.3元、版费204900元、快递费46292.74元、样布费用52040元,缺乏事实和法律依据,法院不予支持。第二,关于付款条件是否成就的问题。《订购合同》约定出货后起15天内结算付款(参考收到客户支付款项的第二天支付货款)、"收到客户支付款项的第二天支付货款"的约定仅为参考,东纶公司应于出货第二天起15天内支付货款,其辩称付款条件尚未成就,缺乏法律依据,法院不予采信。双方未约定逾期付款利息,合庆公司仅能自起诉之日即2015年12月7日起按照中国人民银行贷款利率主张利息,超过部分不予支持。至于东纶公司要求中止本案审理,法院已书面告知东纶公司,因不符合必须中止审理的情形,本案不予中止。判决:(1)被告东纶公司支付原告合庆公司货款2266809.34元及逾期利息;(2)驳回原告合庆公司的其他诉讼请求。二审中双方达成民事调解。[1]

6. 主张损失证据不足的,法院对其损失不予支持

【案例11-84】 嘉信公司诉顺荣公司买卖合同纠纷案

判决观点,关于损失,根据嘉信公司提交的证据,嘉信公司与案外人志展公司于2019年5月10日签订《石材供货合同》,同日,双方签订《终止合同协议书》,之后,双方于2019年6月3日再次签订《石材供货合同》,第二份合同显示的单价明显高于第一份合同的报价。嘉信公司主张该期间案涉合同所需石材的单价增幅较大,导致其支付更多货款,嘉信公司提交了鸿投石材公司及鸿源石材公司出具的《石材报价表》以及嘉信公司与志展公司的《结算表》予以佐证。嘉信公司未提交其已实际支付货款的凭证,不足以证明嘉信公司已实际支付该货款。法院认为,嘉信公司提交的上述证据不足以证明案涉石材价格上涨的真实性和合理性,嘉信公司未提交其他认定案涉石材价格上涨的证据,故嘉信公司主张的损失依据不足,法院不予认可。综上,嘉信公司的全部诉讼请求,法院予以部分支持。[2]

翻译件不足以证明未经法律规定、行业规定、公众认知等的外文含义,不能证明涉诉商品属于超过最佳饮用期的食品。

---

〔1〕 参见国家法官学院案例开发研究中心编:《中国法院2018年度案例》(买卖合同纠纷),中国法制出版社2018年版,第193~194页。福建省厦门市中级人民法院(2016)闽02民终4692号民事调解书。

〔2〕 参见国家法官学院、最高人民法院司法案例研究院编:《中国法院2021年度案例》(买卖合同纠纷),中国法制出版社2021年版,第227页。福建省厦门市思明区人民法院(2019)闽0203民初13430号民事判决书。

【案例 11－85】　李某诉北京某公司买卖合同纠纷案

二审法院认为,李某在北京某公司购买商品,北京某公司向李某出具发票,李某与北京某公司之间存在买卖合同关系,该买卖合同关系不违反法律、行政法规的禁止性规定,合法有效。关于涉诉商品瓶颈上所印“BBD”的具体含义。本案现有证据不足以证明北京某公司于 2017 年 5 月 11 日向李某出售的泰格瑞桃红气泡葡萄酒属于超过最佳饮用期的食品。理由如下:(1)涉商品中的中文标签显示涉案商品的灌装日期为 2015 年 6 月 9 日,保质期 10 年。李某于 2017 年 5 月 11 日购买涉案商品时并未超过保质期。(2)北京某公司提交的证据可以证明其来源合法,入境货物检验检疫证明上记载的生产日期、名称与涉案商品标签记载的内容相符。(3)涉案泰格瑞桃红气泡葡萄酒瓶颈处的全部文字为“20141095BBD:06/16 08:32”,在未明确全部代码或者“BBD”的具体指代为何或者“BBD”通常含义的情况下,法院认为翻译公司针对“BBD:06/16”作出的翻译结论“最好在 6 月 16 日前饮用”不足以采信。(4)此外,即便“BBD:06/16”的实际含义为“最好在 6 月 16 日前饮用”,依据瓶颈处的标识“20141095BBD:06/16 08:32”亦无法得出在哪一年的 6 月 16 日前饮用最佳的结论。(5)依据李某的陈述其已经将购买的 4 瓶泰格瑞桃红气泡葡萄酒全部倒掉,法院亦无法借助专业技术手段判断李某购买的葡萄酒的品质是否已经过了最佳饮用期。李某的上诉理由均不能成立,法院对其上诉请求不予支持。判决:驳回上诉,维持原判。[1]

7. 对举证妨碍的处理

个案中,一方当事人构成举证妨碍的,应承担不利的法律后果。

【案例 11－86】　河北中储物流中心与北台钢铁(集团)有限责任公司买卖合同纠纷再审案

最高人民法院认为,关于北钢公司给付北京天元工贸公司的 111.3 万元是否应从《询证函》所确认的款项中扣除。河北中储向北钢公司主张货款的依据是北钢公司签字确认的《询证函》,北钢公司认为其向北京市天元工贸公司支付的 111.3 万元应从《询证函》中扣除,但现有证据无法确定 111.3 万元是否已经抹账,而河北中储不同意审计,在此情况下 111.3 万元能否从《询证函》确认的数额中扣除涉及河北中储是否存在举证妨碍的问题。《民事证据规定》第七十五条规定:“有证据证明一方当事人持有证据无正当理由拒

---

〔1〕 参见国家法官学院、最高人民法院司法案例研究院编:《中国法院 2020 年度案例》(买卖合同纠纷),中国法制出版社 2020 年版,第 226 页。北京市第一中级人民法院(2018)京 01 民终 4373 号民事判决书。

不提供,如果对方当事人主张该证据的内容不利于证据持有人,可以推定该主张成立。”中钢公司主张的111.3万元并未抹账这一消极事实,其难以提供具体证据予以证明。根据双方认可的事实,如双方以钢票进行抹账,双方会签订抹账协议,北钢公司会向河北中储开具增值税发票,故如双方就111.3万元已经进行抹账,河北中储应当持有相应的抹账协议和增值税发票。河北中储在诉讼中也认可存在抹账协议和相应的发票,只是具体对应哪份抹账协议和哪张发票并不清楚。一审中双方曾进行对账,但未能完成。在此情况下,111.3万元是否已经抹账只能通过对相关账目的审计才能审查清楚,河北中储不提供账目进行审计,将导致111.3万元是否已经抹账这一客观事实无法查清,其行为构成举证妨碍。河北中储认为,其对111.3万元是否抹账的事实并不承担举证责任,有权拒绝审计。该主张实际上认为只有承担举证责任的当事人才可能存在举证妨碍,这不符合举证妨碍的规范目的。举证妨碍规范的对象不包括负有举证责任的一方当事人,甚至可以说主要是针对不负有举证责任的一方当事人。河北中储以其不承担举证责任为由主张其可以不同意审计,缺乏法律依据,不能得到支持。同时,由于案涉审计的费用由败诉方承担,审计结果是否符合客观事实应在审计结果出来后根据审计程序、审计方法等是否合法、科学进行判断,河北中储本案审理过程中拒绝审计的理由亦不能成立。河北中储不同意审计构成举证妨碍,应承担不利后果。另外,本案是因河北中储不服辽宁省高级人民法院再审判决由最高人民法院提审,故河北中储有义务提供证据证明辽宁省高级人民法院的再审判决确有不当。然而,河北中储不提供相关账目,拒绝审计,也未提供任何证据证明其申诉理由正当,故其申诉理由不应得到支持。[1]

---

〔1〕 参见杜万华主编:《最高人民法院民商事案件审判指导》(第3卷),人民法院出版社2015年版,第580~581页。

三、买卖合同争议疑难问题

(一)买卖合同涉及刑民交叉的处理

刑民交叉的概念和内涵,法律并无明确规定,理论上有多种表述。

民刑交叉案件是指民事案件与刑事案件在法律事实、法律主体方面完全重合或者部分重合,从而导致案件的刑事、民事部分在程序处理、责任承担等方面相互交叉和渗透。正是由于案件法律事实产生了交叉(完全重合或者部分重合),根据不同的法律规范,产生了不同的法律责任(刑事责任和民事责任),涉及完全相同或者部分相同的主体承担,需要两种不同的诉讼程序(通过刑事诉讼运用公权力进行制裁和通过民事诉讼对私权利进行救济)实现权利救济,才产生案件的交叉问题。[1]

刑民交叉案件,民事争议的事实与刑事犯罪事实之间可能存在牵连关系、重合关系等。

最高人民法院的法官认为,因民事案件与刑事案件裁判理念不同、裁判标准不同,承担的民事责任或者刑事责任等不同,应当具体问题具体分析,因案施策;既要体现民事责任优先,又不能干扰、削弱刑事责任承担,更不能出现一份权利获得多份救济的后果。协调、平衡好刑民交叉案件,是司法裁判的终极目标。[2]

同一法律事实在同时受到刑法规范和民法规范调整评价时,两种规范调整的客体、评价的对象并不相同,相应的法律责任也完全不相同,不能以公法规范评价民事法律行为是否产生私法上的效果。刑法规范所调整保护的客体是国家利益和社会公共利益,所对应的法律关系是犯罪上与国家之间的刑事法律关系。

最高人民法院认为,办理民刑交叉案件的基本思路是按照事实的同一性程度,进行区分认定和处理。对于因同一事实、相同当事人同时涉及刑事、民事责任,如因刑事犯罪行为侵犯人身权利、财产权利,以及受害人对刑事程序中依法予

---

〔1〕 参见杜万华主编:《最高人民法院民间借贷司法解释理解与适用》,人民法院出版社 2015 年版,第 123 页。

〔2〕 参见《人民司法·案例》2019 年第 20 期(总第 859 期)。

以追缴、责令退赔的财产享有合法民事权益的,为“竞合型”民刑交叉案件,一般应当遵循“先刑后民”的处理原则,在刑事程序中合并审理,民事权利救济可通过刑事附带民事诉讼或追赃、退赔等方式获得实现。当事人单独提出民事诉讼的,人民法院一般不予受理,应告知受害人或者利害关系人可在刑事程序中提起附带民事诉讼,同时将涉嫌刑事犯罪的相关材料、线索移送刑事侦查机关。但在刑事案件中未对民事责任予以处理,应允许当事人另行提起民事诉讼。因不同事实、相同当事人分别涉及刑事、民事责任,为“牵连型”民刑交叉案件,参考《九民纪要》第一百二十八条的规定,一般采取并行处理的原则,即民事案件与刑事案件应分别受理,分开审理。〔1〕

签订买卖合同属于双方的合意行为,对其效力的评判应在民法规范范畴内进行,刑法上的诈骗行为映射到民法领域,所对应的是民事欺诈行为,对于行为人因受欺诈所实施的民事法律行为,依照《民法典》的相关规定处理。

1. 刑民交叉案件的中止审理

依据《民事诉讼法》第一百五十三条第一款第五项关于“本案必须以另一案的审理结果为依据,而另一案尚未审结”的规定,只有民事诉讼的审理必须以刑事案件的审理结果为依据的情形下,民事案件才应中止审理。具体来说,可以适用中止审理的情形包括:其一,刑事案件需查明和最终认定的事实真相,对民事案件的处理结果将产生影响的;其二,刑事案件所侦查的事实,可能会出现民事案件不能掌握的,对案件最终处理结果产生极大影响的事实,为避免刑事案件与民事案件的矛盾,也应当中止审理。当然,如果能够确认刑事案件正在调查或可能查明的事实不会影响民事案件中当事人的责任承担,则无须中止审理。至于可以继续审理案件的范围,只要正在审理的民商事纠纷与刑事案件不属于“同一法律关系”,或者是“不同的法律事实”,或者民事案件相关事实无须经刑事程序认定等,就可以继续审理。

【案例 11-87】 安费诺公司诉恒生公司买卖合同纠纷案

二审法院认为,安费诺公司起诉解除与恒生公司之间的采购合同,并要求返还货款、支付利息,本案为买卖合同纠纷。由于张某冰等人涉嫌非法买卖、运输、储存危险物质罪案件,本案涉案货物货款被公安机关扣押及冻结,原审法院在诉讼中以案件的审理须以侦查结果为依据为由裁定中止审理,该做法并无不当。现有证据不能说明本案有经济犯罪嫌疑,因此,上诉人安费诺公司提起的本次诉讼,原审法院应予审理,上诉人的上诉请求成立,二审法

〔1〕 参见杨临萍主编:《最高人民法第六巡回法庭裁判规则》,人民法院出版社2022年版,第29~30页。

院予以支持。原审裁定驳回起诉不当，二审法院予以纠正。裁定：(1)撤销一审民事裁定；(2)本案指令珠海市金湾区人民法院审理。[1]

2. 刑民交叉行为的处理

案外人提起的民事再审原审当事人涉嫌虚假诉讼立案侦查时，原审原告请求撤回起诉，再审法院应裁定准许原审原告撤回起诉，同时撤销原审判决。

"先刑后民"只是协调刑民交叉案件的方法之一，并未被赋予一般原则的地位。在刑民交叉的情况下，还有"刑民并行"和"先民后刑"的处理方式，三者平行于同一位阶。代理人在代理权限内以被代理人的名义与第三人签订的合同具有法律效力，即使代理人受到刑事追究，也不能因此免除被代理人应当承担的合同责任。

【案例 11-88】　洋浦中合石油化工有限公司诉包头市云通煤炭运销有限责任公司买卖合同纠纷案

判决观点，原、被告签订的《煤炭买卖合同》，系双方当事人的真实意思表示，未违反有关法律、法规，合法有效。被告出卖的煤炭质量不符合约定，原告有权依据合同约定解除合同。故原告主张要求被告退还已付货款的诉请，理由正当，应予支持；本案买卖合同关系的当事人是原、被告，被告代理人吴某明的职务行为产生的法律后果应当由其所在的单位即被告承担，其职务行为是否构成犯罪不影响本案的审理，故被告主张本案买卖合同中被告代理人吴某明的行为构成犯罪，应中止审理本案，且被告不应对吴某明的行为承担法律责任的主张，不予采纳。判决：被告退还原告货款 576.8 万元。[2]

刑事审判权和民事审判权这两种权力对公权利和私权利的保护应该是平等的，不存在权利保护的先后问题，不能对先刑后民予以扩大适用。

【案例 11-89】　王某东诉北京天利伟业旧机动车经纪有限公司买卖合同纠纷再审案

再审法院认为，王某东依据与天利伟业公司签订的车辆买卖协议书，起诉天利伟业公司退还车款，双方诉争的法律关系系民事合同法律关系，人民法院应予受理。本案中双方签订的买卖协议中的标的物涉嫌盗抢车辆，故该协议无效。现车辆已被公安机关扣押，无法返还。天利伟业公司作为经营旧

---

〔1〕 参见国家法官学院案例开发研究中心编：《中国法院 2018 年度案例》（买卖合同纠纷），中国法制出版社 2018 年版，第 102 页。广东省珠海市中级人民法院（2015）粤 04 民终 1633 号民事裁定书。

〔2〕 参见最高人民法院中国应用法学研究所编：《人民法院案例选》2011 年第 2 辑（总第 76 辑），人民法院出版社 2011 年版，第 156 页。海南省洋浦经济开发区人民法院（2010）浦民初字第 9 号民事判决书。

机动车的专业机构,未能尽审查义务,未能依约保证王某东所购车辆无任何经济纠纷及法律责任和交通违章,存在过错,应当退还王某东购车款。二审裁定以该车涉嫌盗抢,尚无最终结果为由,不应由人民法院作为民事案件受理有误,二审法院予以纠正。判决:(1)撤销二审民事裁定书;(2)维持一审民事判决书。[1]

合同纠纷涉及民刑交叉案件时,因合同无效或违约行为造成合同相对方损失的应承担赔偿责任。

【案例11-90】 济宁市市中区对外贸易公司与哈尔滨市利达贸易有限公司买卖合同纠纷案

最高人民法院认为,原审判决认为本案属正常的经济纠纷并认定本案合同有效,属适用法律不当。刑事判决已经认定利达公司经理毕某胜和龙滨酒厂毛某的行为构成诈骗罪,并判处其刑罚,故本案合同应认定无效,利达公司应向外贸公司返还525万元预付货款,并赔偿利息。毛某的行为属犯罪行为,而非职务行为,故龙滨酒厂不应对本案承担担保责任。龙滨酒厂对公章具有疏于管理的过错,应对本案承担相应的赔偿责任。鉴于本案的所谓保证担保是毛某盗盖龙滨酒厂的公章所为,且没有证据证明该厂的法定代表人知道毛某的所谓担保行为,也没有证据证明龙滨酒厂曾授权或者追认毛某的上述行为。本案经最高人民法院审判委员讨论决定,参照相关司法解释的规定并根据本案的实际情况,判决三九企业集团对本案债务在200万元的范围内承担补充赔偿责任。[2]

刑民交叉案件中两受骗人的损失责任划分,应根据各自的过错承担相应的责任。

【案例11-91】 上海复旦光华信息股份有限公司与湖南湘邮科技股份有限公司买卖合同纠纷再审案

最高人民法院认为,本案的争议焦点为合同效力以及湘邮公司5362688元货款损失的责任承担问题。首先,关于本案合同的效力问题。根据(2008)桂刑经终字第27号刑事判决书认定的事实,雷某东为达到诈骗犯罪的目的,以其实际控制的网安公司、科飞公司分别与湘邮公司、复旦公司签订了两份虚假的买卖合同,同时,湘邮公司与复旦公司也签订了本案两份订货

---

〔1〕 参见国家法官学院案例开发研究中心编:《中国法院2012年度案例》(买卖合同纠纷),中国法制出版社2012年版,第29页。北京市高级人民法院(2010)高民抗提字第1628号民事判决书。

〔2〕 参见刘德权主编:《最高人民法院司法观点集成》(第2版),人民法院出版社2014年版,第2016页。

合同。各方之间并不存在真实的买卖关系，均是被雷某东利用的实施诈骗犯罪的一个环节，湖南高院认定本案两份订货合同均为无效正确，应予维持。对于合同的无效，湘邮公司、复旦公司均有过错，应按照过错比例分担损失。湘邮公司依据合同约定支付复旦公司的货款7418120元中，已收回2055432元，尚有5362688元未能收回，已形成实际损失。湘邮公司、复旦公司应当按照过错大小承担相应的民事责任。其次，关于湘邮公司5362688元货款损失的责任承担问题。首先，从签约的过程来看，湘邮公司的职员邱某伟经冯某介绍给雷某东认识并与雷某东签订了相关合同文本。在与广西网安协会签订了保密协议后，湘邮公司分别与网安公司、复旦公司订立本案系列合同。复旦公司并未参与湘邮公司的签约过程。从合同的履行方面来审查，湘邮公司在复旦公司既未供货也未提供资料的情况下，不仅支付了第一份合同项下的3037960元预付款，而且又支付了40%货款即3037960元货款给复旦公司，还与网安公司进行虚假交接与验收，向网安公司出具足额增值税发票；在10%定金以外的货款没有收回的情况下，又与网安公司、复旦公司订立第二份合同，并支付预付款1342200元；在向网安公司追索欠款未果的情况下，未能及时报案。综合事实分析，湘邮公司在签约、履约过程中均未能尽到审慎的注意义务，其对合同的无效及货款的损失应当承担主要的过错责任。复旦公司在得知湘邮公司与网安公司之间的验收及付款等行为后，将湘邮公司货款收取1%的差额后付给科飞公司，并未牟利，其行为与湘邮公司的实际损失之间没有直接的因果关系。但是，复旦公司在本案中实施的收款、转账行为，客观上成为雷某东成功实施诈骗的一个重要环节。尽管其发现犯罪线索后及时报案，挽回了部分损失，但对其合同的无效仍有一定的过错，应当承担湘邮公司货款损失的次要责任。鉴于雷某东案的刑事判决已经生效，追缴的赃款亦向湘邮公司予以返还。若再有返还的赃款，应从湘邮公司5362688元的损失数额中予以扣除。目前，对湘邮公司的实际损失以5362688元为限，由复旦公司承担20%即1072537.60元；湘邮公司自行承担80%即4290150.40元。综上，原审判决认定事实清楚，但划分责任比例不当，最高人民法院予以改判。申请再审人复旦公司的部分申诉理由成立，最高人民法院予以支持。判决：(1)维持二审判决主文第一、二、四项；(2)变更民事判决主文第三项为复旦公司对湘邮公司的损失5362688元承担20%即1072537.60元的赔偿责任。[1]

---

〔1〕 参见最高人民法院民事审判第二庭编：《最高人民法院商事审判指导案例》(第5卷)(上)，中国法制出版社2011年版，第154～155页。最高人民法院(2010)民提字62号民事判决书。

3. 关于合同上加盖印章的刑事与民事责任的认定

对此类民刑交叉问题责任的认定，在刑事部分，行为人盗窃、盗用或私刻单位印章骗取财物归其个人所有构成犯罪，由行为人承担刑事责任。在民事部分处理中，单位对行为人犯罪行为所造成的经济损失不承担民事责任。但单位对行为人在合同上加盖印章有明显过错，且该过错行为与被害人的经济损失之间具有因果关系的，单位对该犯罪行为造成的损失，依法应当承担赔偿责任。对于借用单位印章的责任，行为人借用单位进行犯罪活动，因行为人与单位之间类似一种委托代理关系，行为人构成犯罪承担刑事责任，则单位对其该犯罪行为造成的损失承担赔偿责任。在买卖合同纠纷中，被告以订立该买卖合同的经手人因涉嫌经济犯罪被刑事拘留为由，主张先中止审理买卖合同纠纷，等待刑事案件的处理结果，但对其与原告之间的买卖合同关系，不能用证据否定是真实存在的，因此该抗辩不能成立。

【案例 11－92】　郭某忠诉天泰公司、蓝星公司买卖合同纠纷案

二审法院认为，案外人李某是凭盖有上诉人天泰公司公章的授权委托书，才与被上诉人郭某忠口头订立油品买卖合同，李某交给郭某忠的提货单上，也有天泰公司的公章。天泰公司上诉虽称李某无权代理公司从事业务活动，但不能提交相反证据否认授权委托书和提货单上公章的真实性，更对法定代表人证实刘某用该公司支票给郭某忠付购油款一事不做任何解释。故原审认定天泰公司与郭某忠之间的买卖合同关系成立，是正确的；判决天泰公司承担违约责任，并无不当。天泰公司的上诉理由因证据不足，不予支持。[1]

（二）追加诉讼当事人的处理

对于是否追加合同外第三人为本案当事人，应根据合同相对性原则予以判断和处理。

【案例 11－93】　新恒兴公司诉川成食品公司买卖合同纠纷案

判决观点，关于原告与谁建立了包装袋买卖合同关系，从原告提交的双方签订的《食品包装材料（复合膜、袋）合同》及送货单可以看出，签订合同的双方是原告与被告，送货单上记载的单位均是被告，根据合同相对性原则，法院认为原告与被告建立了包装袋买卖关系事实清楚。原告提交的送货单中

---

〔1〕 参见《最高人民法院公报》2006 年第 4 期。

没有成都程锦食品有限公司（以下简称程锦公司）的订货，这些送货单均是被告的订货，与程锦公司无关，本案不应追加程锦公司作为被告。原告主张从起诉之日起按中国人民银行规定的同期贷款利率计算资金利息符合法律规定，应予支持。故对原告要求被告支付尚欠货款698556.50元及合理利息的主张，法院予以支持，对其过高的诉讼请求法院不予支持。关于被告辩称的被告尚欠原告货款5263.20元，只有一个包装袋是被告订购的，其他三个品牌的包装袋是程锦公司订购的，原告应向程锦公司主张该部分货款，因不符合查明的案件事实，法院不予采纳。判决：（1）被告川成食品公司支付原告新恒兴公司698556.50元及利息；（2）驳回原告新恒兴公司的其他诉讼请求。[1]

追加第三人为被执行人的，由债权人（出卖人）承担举证责任。

【案例11－94】　福鸿达公司诉国合公司买卖合同纠纷案

二审法院认为，中电公司作为国合公司的开办单位在国合公司开办时负有出资义务，但在案证据显示，中电公司的陈述及原审听证会记录显示，中电公司在开办国合公司时实际出资均为550万元，确有1150万元注册资金未到位，且中电公司承认在国合公司经过增资、减资并确定注册资金为1917万元后其对国合公司实际出资仍为开办时的550万元。虽然中电公司以国家国有资产管理局于1997年9月核定国合公司实际占有、使用的国有资产价值为人民币1917万元，并为此颁发了国有资产产权登记证为由进行抗辩，但该证明的内容是国合公司占有、使用国有资产的情况，并不能证明中电公司依照法定形式履行了全部出资义务。故中电公司自开办国合公司至今实际履行的出资义务为550万元，尚有应缴付的1367万元注册资金未实际投入。裁定：（1）撤销一审执行裁定书；（2）追加中电公司为本案执行人，在其出资不实的人民币1150元的范围内，以2106号民事判决书确认的国合公司应承担而未履行的债务为限，对国合公司承担清偿责任。[2]

买受人与第三人资产混同的，出卖人有权申请追加第三人为被执行人。

【案例11－95】　海王化工诉开普化工买卖合同纠纷案

判决观点，虽然从现在的工商登记来看，开普集团是开普化工的股东，但开普化工成立在先（1992年抑或1994年成立），开普集团设立在后（1996

---

〔1〕　参见国家法官学院案例开发研究中心编：《中国法院2016年度案例》（买卖合同纠纷），中国法制出版社2016年版，第178页。四川省彭州市人民法院（2014）彭州民初字第2758号民事判决书。

〔2〕　参见国家法官学院案例开发研究中心编：《中国法院2014年度案例》（买卖合同纠纷），中国法制出版社2014年版，第261页。北京市第一中级人民法院（2012）一中执复字第163号民事裁定书。

年),开普集团尚未设立即已成为开普化工的出资人,且开普化工与开普集团均是在河南化工厂的基础上改组或改建而成,说明二者在成立之初即存在资产混同;开普集团的经营范围涵盖了开普化工的全部经营范围,其法定代表人系同一人,在经营场所及注册地址、经营方式及公司资产等方面亦未完全分离,故申请执行人海王化工以开普化工与开普集团资产混同为由申请追加第三人开普集团为被执行人合法有据。裁定:追加第三人开普集团为本案执行人。[1]

(三)抗辩与反诉的处理

《买卖合同解释》第三十一条规定:"出卖人履行交付义务后诉请买受人支付价款,买受人以出卖人违约在先为由提出异议的,人民法院应当按照下列情况分别处理:(一)受人拒绝支付违约金、拒绝赔偿损失或者主张出卖人应当采取减少价款等补救措施的,属于提出抗辩;(二)买受人主张出卖人应支付违约金、赔偿损失或者要求解除合同的,应当提起反诉。"该条是关于对抗辩与反诉区别的规定。该条主要包含以下含义:其一,厘清了抗辩的范围,即拒绝支付违约金、赔偿损失、采取减少价格等;其二,厘清了反诉的范围,即主张支付违约金、赔偿损失、解除合同;其三,法官应向买受人释明法律后果,如果买受人不主张权利的,则按抗辩处理。

如果买受人提出异议认为出卖人违约在先拒付价款、违约金、拒绝赔偿损失或者要求减少价款等补救措施的,应当依法认定为抗辩,法官应对出卖人是否存在违约行为进行实体审理,并依法作出对买受人的抗辩意见是否采纳的意见。如果买受人在审理中明确主张要求出卖人支付违约金、赔偿损失或者解除合同的,则应当提出反诉,法院将反诉与本诉一并进行审理并作出判决。应注意的是,买受人没有提起反诉的,可以另案起诉。

【案例11-96】 李某诉天野公司买卖合同纠纷案

判决观点,原告李某与被告天野公司之间的买卖合同,未违反法律规定,应依法认定有效。天野公司尚欠李某货款410828.84元,事实清楚,其应依法承担支付货款义务。天野公司提出:(1)原告提供的货物存在质量问题,要求原告赔偿损失255374.81元;(2)原告因迟延交货要求赔偿损失10万元;但被告未在审理中提出反诉,且在法庭释明后,仍明确表示对上述经济损

[1] 参见国家法官学院案例开发研究中心编:《中国法院2014年度案例》(买卖合同纠纷),中国法制出版社2014年版,第264页。山东省潍坊市寒亭区人民法院(2012)寒执追字第1号执行裁定书。

失不提出反诉。根据《买卖合同解释》第四十四条之规定,天野公司要求李某因迟延交货及货物质量问题进行赔偿的,应依法提起反诉,但被告在庭审中明确表示不提出反诉,故应按照抗辩处理,对其赔偿主张不予处理,被告可另行起诉。判决:(1)被告天野公司支付原告李某货款人民币410828.84元,并赔偿该款自2013年12月1日起至判决确定的履行日止按中国人民银行同期同档次贷款基准利率计算的逾期付款损失;(2)驳回原告李某的其他诉讼请求。[1]

民事诉讼活动中,被告对抗原告的诉求时经常会提起反诉,反诉只有符合一定条件时才会与本诉合并审理。对反诉的辨别主要是区分反诉与抗辩以及反诉是否需要与本诉合并审理。反诉与抗辩的辨别标准主要为是否有新的给付内容,一般不具有新的给付内容的均确定为抗辩,要求解除合同是一种例外。是否需合并审理的判别标准为是否与本诉有法律上的牵连关系,牵连关系主要是指与本诉的诉讼请求或基于相同法律关系,或二者诉讼请求之间具有因果关系,或基于相同事实。

【案例11-97】 龙海公司诉大农公司买卖合同纠纷案

二审法院认为,上诉人认为被上诉人提供的产品价格高于市场价,存在欺诈行为,价格也显失公平,并在一审庭审中提供了16组证据予以证明,但其提交的证据并不能有效证明涉案合同存在欺诈和显失公平,应承担举证不能的法律后果。在现有的证据下,一审法院根据上诉人自己提供的企业征询函作出相应判决并无不当。同时,结合一审案件及庭审情况,一审法院对上诉人为抗辩提交的相关证据组织了举证质证,并进行了审查。虽然在判决书中未对相应的抗辩进行回应存在瑕疵,但并不影响本案的实际处理结果。另外,不予受理裁定已明确告知其另行起诉,上诉人就相应诉请可另案主张。综上,上诉人的上诉理由不能成立,不予支持。原审判决得当,应予维持。判决:驳回上诉,维持原判。[2]

---

〔1〕 参见国家法官学院案例开发研究中心编:《中国法院2016年度案例》(买卖合同纠纷),中国法制出版社2016年版,第251~252页。浙江省绍兴市诸暨市人民法院(2013)绍诸商初字第336号民事判决书。

〔2〕 参见《人民司法·案例》2018年第11期(总第814期)。浙江省台州市中级人民法院(2017)浙10民终1692号民事判决书。

(四)买卖合同释明权的处理

释明权又称法官释明权,是指当事人在诉讼过程中的声明和意思陈述不清楚、不充分时,或提出了不当的声明或陈述时,或提供的证据不够充分却以为证据已足够时,法官以发问和晓喻的方式提醒和启发当事人把不明确的予以澄清,把不充分的予以补充,或把不当的予以排除,或者让其提出新的诉讼资料,以证明案件事实的权能。

【案例 11-98】 崔某某诉北京某建材贸易有限公司买卖合同纠纷案

判决观点,原、被告之间的买卖合同事实清楚,在合同履行过程中,因部分地板颜色不同,双方当事人就此重新协商并部分履行,应视为对买卖合同进行修改所达成的补充协议。双方应按此补充协议履行己方义务,而被告拒绝给付原告该8箱地板砖款没有事实和法律依据。原告坚持要求更换全部地板砖并赔偿由此造成的损失,因其违背双方所达成的协议,其诉讼请求与事实不符,经法院明示,原告拒绝变更诉讼请求,故对其请求法院不予支持。判决:驳回原告崔某某的诉讼请求。[1]

关于释明权的行使范围。(1)当事人的诉讼请求不明确或者不充分的,应予释明。(2)对当事人明显不当的诉讼请求或者诉讼行为,应当通过释明加以变更或消除。(3)证据材料不充分时,可以通过释明令其补充。(4)当事人忽略或误认的法律观点,应予释明。[2] 一般认为释明权的适用范围应包括对当事人举证的释明、对当事人诉讼请求的释明以及对当事人诉讼行为的释明。适用的阶段包括立案阶段的释明、审前阶段的释明和庭审阶段的释明。适用的方式包括发问、晓喻和过议。

关于释明权的适用范围。如何界定释明权的适用范围,有观点认为,应将释明权适用的对象限定为没有律师代理参加诉讼的当事人。我们认为,释明权应该扩大适用于所有的民事案件。因为设置释明权制度的目的,在于充分尊重和保护当事人的程序主体权,减少当事人之间攻击防御能力的差距,实现实质上的双方当事人平等,确保各方当事人具有影响诉讼过程和结果的充分的参与机会,真正保护双方当事人的合法权益,实现纠纷的妥当解决和实质正义。故释明权制度的

---

〔1〕 参见北京市高级人民法院民一庭编:《北京民事审判疑难案例与问题解析》(第2卷),法律出版社2007年版,第487~488页。

〔2〕 参见最高人民法院民事审判第一庭编:《民事审判指导与参考》2005年第3集(总第23集),法律出版社2006年版,第89~92页。

价值不在于帮助弱者，而在于正义的实现。当事人即便委托了律师参与诉讼，如果法官就因此不行使释明权了，显然不可能完全实现该制度的上述功能。[1]

关于释明权的限度。释明权的行使虽然有助于实质正义的实现，但是任何一项好的制度也会有其负面效应，释明权制度也不例外。因为过度行使释明权，就会破坏当事人诉讼地位的平等性，否定《民事诉讼法》的平等原则，不能实现裁判的正义性。因此，应当将释明权控制在当事人主张范围这一合理限度内行使。[2]

违约金调整释明是案件审理过程中使用最多的，其司法解释已有明确规定。《民法典合同编通则解释》第六十六条规定："当事人一方请求对方支付违约金，对方以合同不成立、无效、被撤销、确定不发生效力、不构成违约或者非违约方不存在损失等为由抗辩，未主张调整过高的违约金的，人民法院应当就若不支持该抗辩，当事人是否请求调整违约金进行释明。第一审人民法院认为抗辩成立且未予释明，第二审人民法院认为应当判决支付违约金的，可以直接释明，并根据当事人的请求，在当事人就是否应当调整违约金充分举证、质证、辩论后，依法判决适当减少违约金。

被告因客观原因在第一审程序中未到庭参加诉讼，但是在第二审程序中到庭参加诉讼并请求减少违约金的，第二审人民法院可以在当事人就是否应当调整违约金充分举证、质证、辩论后，依法判决适当减少违约金。"

《买卖合同解释》第二十一条规定："买卖合同当事人一方以对方违约为由主张支付违约金，对方以合同不成立、合同未生效、合同无效或者不构成违约等为由进行免责抗辩而未主张调整过高的违约金的，人民法院应当就法院若不支持免责抗辩，当事人是否需要主张调整违约金进行释明。一审法院认为免责抗辩成立且未予释明，二审法院认为应当判决支付违约金的，可以直接释明并改判。"本条是关于人民法院就违约金过高问题行使释明权的规定。本条包含以下几层含义：其一，本条适用的前提条件是违约方没有提出调整过高的违约金；其二，本条规定了二审中行使调整违约金的释明权的条件。最高人民法院的法官认为，在当事人仅纠缠于是否构成违约而未对违约金高低主张权利时，人民法院应当行使释明权，假设被告存在违约行为，对违约金的数额有何异议。[3] 最高人民法院多次强调，审判实践表明，对于在守约方提起的违约之诉中，违约方通常以合同不成立、合同不生效、合同无效或者不构成违约进行免责抗辩而未提出违约金调整的请求的情

---

〔1〕 参见最高人民法院民事审判第一庭编：《民事审判指导与参考》2005 年第 3 集（总第 23 集），法律出版社 2006 年版，第 89～92 页。

〔2〕 参见最高人民法院民事审判第一庭编：《民事审判指导与参考》2005 年第 3 集（总第 23 集），法律出版社 2006 年版，第 89～92 页。

〔3〕 参见最高人民法院研究室编著：《最高人民法院关于合同法司法解释（二）理解与适用》，人民法院出版社 2009 年版，第 213 页。

形,人民法院可以就违约金是否过高的问题进行释明,即假设违约成立,是否认为违约金过高。对于已经向违约方进行释明但违约方坚持不提出调整违约金请求的,人民法院应当遵循民法意思自治原则,一般不予主动调整。[1]

〔1〕《妥善审理合同纠纷案件维护市场正常交易秩序》,载《人民法院报》2009年7月14日。

专题十二　买卖合同其他纠纷

本专题是就买卖合同价款支付、支付方式及期限，买卖合同履行等多发问题，以及买卖合同抗辩等予以阐述。

一、买卖合同的价款支付

支付价款是买受人的基本义务,因为出卖人出卖标的物的主要目的之一就是获取相应的价格。《民法典》明确规定,买受人应当按照约定的数额、地点、时间支付价款。

《民法典》第六百二十六条规定:“买受人应当按照约定的数额和支付方式支付价款。对价款的数额和支付方式没有约定或者约定不明确的,适用本法第五百一十条、第五百一十一条第二项和第五项的规定。”本条是关于买受人支付价款及支付方式的一般规定。本条主要包括以下几层含义:其一,本条确定未约定支付价款时的处理规则;其二,本条确定未约定支付方式时的处理规则。

《民法典》第六百二十七条规定:“买受人应当按照约定的地点支付价款。对支付地点没有约定或者约定不明确,依照本法第五百一十条的规定仍不能确定的,买受人应当在出卖人的营业地支付;但是,约定支付价款以交付标的物或者交付提取标的物单证为条件的,在交付标的物或者交付提取标的物的单证的所在地交付。”本条是关于买受人支付标的物价款的地点情势变更制度的规定。本条主要包括以下几层含义:其一,本条确定买受人在约定的地点交付价款;其二,没有约定支付价款地点或者约定不明确时依本法确定。

《民法典》第六百二十八条规定:“买受人应当按照约定的时间支付价款。对支付时间没有约定或者约定不明确,依照本法第五百一十条的规定仍不能确定的,买受人应当在收到标的物或者提取标的物单证的同时支付。”本条是关于买受人支付标的物价款的时间规定。本条主要包括以下几层含义:其一,本条确定买受人应当按照约定的时间支付价款;其二,没有约定支付价款时间或者约定不明确时依本法确定。

(一)买卖货款票据支付的认定

票据是经济生活中重要的支付和结算工具。债务人为支付合同价款而将商业承兑汇票背书转让给债权人,债权人同时享有原因债权(合同价款请求权)和票据请求权(票据上的付款请求权及追索权)。债权人应先行使票据上的付款请求权,若该请求权实现则消灭合同价款请求权。当债权人行使票据付款请求权遭拒时,可从有利于自身利益实现的角度选择向票据义务人主张票据权利,或选择向合同相对方的债务人主张原因债权。债权人行使原因债权时,应注意以下事项:一是债权人由于己方原因造成票据被拒付的,无权向债务人行使原因债权,相应的票据权利必将相应受限,该受限后果应由债权人自行承担,在此情况下不允许债权人选择向债务人主张原因债权;二是债权人选择向债务人主张原因债权后,应及时将票据权利转移给债务人。

【案例12-1】 管道公司诉王某良买卖合同纠纷案

一审法院认为,管道公司在承兑汇票未被付款后转而依据基础法律关系主张合同价款,即为主张原因债权。以票据转账支付款项仅是当事人之间的一种结算方式,转让票据本身不能认为债务已经履行完毕。本案中,贸易公司向管道公司背书转让案涉16张电子银行承兑汇票,但是管道公司作为最后的持票人在提示付款有15张票据并未获得付款:其一,尾号为4945的票据,票据状态显示的逾期提示付款待签收,对此,法院认为,管道公司作为最后的持票人,其系由于己方的原因即逾期提示而未被付款,则该票据相应的票据追索权等票据权利将相应受限,其亦无权再主张原因债权;其二,尾号为3886、6432、2343、2062、8044、8678、2266的7张电子银行承兑汇票,贸易公司背书转让给管道公司后,管道公司又背书转让给他人并经回头背书后成为最后持票人,票据的流转行为均发生在票据到期日前,故并不妨害管道公司在提示付款而未被付款的情况下主张原因债权;其三,案涉管道公司在有效期内提示付款且未获得付款的14张电子银行承兑汇票,管道公司作为最后的持票人在票据到期前提示付款后,承兑人并未兑付票款,票据状态始终显示提示付款代签收。对此,法院认为,根据《电子商业汇票业务管理办法》六十条第一款的规定,持票人提示付款期内提示付款的,承兑人应在收到提示付款请求在当日至迟次日付款或拒绝付款。本案中,案涉票据的承兑人在线上收到管道公司的提示付款请求后既未付款又未拒绝付款,其行为应视为拒绝付款。根据前述分析,案涉部分债务并未履行完毕,则债权人管道公司有权向相对人主张原因债权,同时将相应的14张电子银行承兑汇票的票据权利让渡给相对人。

关于管道公司行使原因债权时,能否行使选择权请求王某良承担合同责任。法院认为,根据《最高人民法院关于适用〈中华人民共和国公司法〉若干问题的规定》第二条的规定,法院认为,公司成立后对上述合同进行确认或者已经实际享有合同权利的,合同相对人在知道该事实后有权选择向公司或该发起人主张权利,但是一经选定不得变更。本案中,王某良在贸易公司成立前以公司发起人的身份与管道公司签订经销合同,贸易公司成立后即由贸易公司履行案涉经销合同,贸易公司向管道公司下订单、管道公司向贸易公司发货并开具增值税发票、管道公司向贸易公司发送对账单核对欠付货款数额亦于2019年1月3日发送通知函催讨货款、贸易公司付款。从贸易公司和管道公司履行合同的行为来看,贸易公司已实际履行合同义务并享有合同权利,管道公司已实际履行合同义务并享有合同权利,管道公司亦已选定贸易公司作为合同相对人及付款义务人。至此,法院认为,管道公司无权再行变更选择王某良作为合同相对人承担合同付款责任。综上所述,管道公司的诉讼请求于法无据,法院不予支持。判决:驳回管道公司的诉讼请求。二审法院同意一审法院的裁判意见,判决:驳回上诉,维持原判。〔1〕

买卖合同当事人约定了以承兑汇票进行结算,在承兑汇票不能按期兑现的情况下,出卖人依据基础法律关系向买受人要求支付货款,或是依据票据法的相关规定行使追索权,对此,应赋予出卖人选择的权利。

【案例12-2】 荣华公司诉东华公司买卖合同纠纷案

二审法院认为,双方《工业品买卖合同》约定的付款方式为"货到验收合格,出卖人开具17%的增值税发票,一票结算。买受人入账后付承兑"。当事人提交的银行承兑汇票背书连续,来源合法。据此,东华公司已经按照合同约定,履行完毕付款义务。自2017年16日起,荣华公司为该银行承兑汇票的持有人和权利人。该汇票于2017年7月31日被法院依公示催告程序进行催告,后被人民法院判决无效,东华公司对此行为无过错,不应承担票据权利灭失的责任。判决:驳回上诉,维持原判。〔2〕

买受人以票据形式支付出卖人货款,买受人享有了因票据支付所带来的交易便利,权利与义务是对等的,不能仅以票据转让时票据有效,认定买受人履行完毕给付义务,而须以出卖人最终以某种形式实现票据权利为要件。同时,在票据转让后,转让方并非即完成了所有义务,还须对受让方承担一定的转让后义务,这不仅包括在受让方及其后手遗失票据后,协助遗失方出具相关证明材料,在票据被宣告无效后,除非除权判决的申请主体为受让方之后环节的后手,否则转让方须为其开具后手证明,并协助申请主体以某种方式实现票据权利,转让方还须就票

〔1〕 参见国家法官学院、最高人民法院司法案例研究院编:《中国法院2022年度案例》(买卖合同纠纷),中国法制出版社2022年版,第33~35页。江苏省无锡市中级人民法院(2020)苏02民终947号民事判决书。

〔2〕 参见国家法官学院、最高人民法院司法案例研究院编:《中国法院2020年度案例》(买卖合同纠纷),中国法制出版社2020年版,第118页。河北省唐山市中级人民法院(2018)冀02民终6152号民事判决书。

据被宣告无效承担相应的法律责任。也就是说,用承兑汇票支付货款,汇票被宣告无效的,不能视为买受人完成了付款义务。

【案例 12 -3】 电气公司诉华效资源有限公司买卖合同纠纷案

一审法院认为,被告为支付涉案货款于 2014 年 10 月 21 日将面值 50 万元的涉案承兑汇票背书转让予原告。原告为支付货款以实现其自身债务的履行,将该汇票转让给唐山中拓公司,唐山中拓公司再将汇票转让给天津吉祥旭公司,后因汇票被文安法院宣告无效,导致天津吉祥旭公司承兑不能。因此,天津吉祥旭公司未取得涉案汇票所承载的权利,唐山中拓公司未通过天津吉祥旭公司转让涉案汇票有效实现其自身债务的履行,本案原告亦未通过向唐山中拓公司转让涉案汇票有效实现其自身债务的履行。涉案汇票除权判决并未被撤销,原告及其之后的后手均未实现汇票权利。故法院认定被告未向原告有效支付货款。以票据为核心存在基础法律关系与票据法律关系两种法律关系。文安法院经公示催告程序作出票据除权判决后,公示催告程序的申请人有权以法院除权判决为由申请付款人付款,原有的票据法律关系归于无效,基础法律关系并不当然无效。原有票据法律关系当事人之间产生纠纷的,当事人有权依据基础法律关系要求相关责任人承担相应责任。判决:(1)被告华效资源有限公司向原告电气公司支付货款 50 万元;(2)被告华效资源有限公司向原告电气公司支付利息。二审法院判决:驳回上诉,维持原判。[1]

合法取得承兑汇票在背书转让时未被公示或除权判决,由于不能归责于该付款人的原因导致票据被银行拒付,最后持票人未按规定及时向法院主张权利,而是直接与其前手协商将票据退回并由前手另行支付货款的行为对支付票据的当事人没有约束力。也就是说,应当认定支付票据的当事人支付了货款。

【案例 12 -4】 钧能公司诉正恒公司买卖合同纠纷案

一审法院认为,以背书转让的汇票,持票人以背书连续,证明其汇票权利。正恒公司提供的其与宝工公司签订合同的时间及送货单等证据,可以相互印证正恒公司是基于买卖合同的基础关系合法取得的汇票,故应认定正恒公司向钧能公司背书转让该汇票时是合法的持票人。正恒公司将汇票背书转让给钧能公司后,钧能公司等单位又连续进行了多次合法流转,直至背书转让最后一手孝义公司时,该汇票也未进入公示催告程序。故钧能公司提出正恒公司取得票据的来源不合法,其无权处分的上诉理由,因无事实和法律

---

〔1〕 参见国家法官学院案例开发研究中心编:《中国法院 2018 年度案例》(买卖合同纠纷),中国法制出版社 2018 年版,第 158 页。北京市第二中级人民法院(2016)京 02 民终 10238 号民事判决书。

依据,法院不予采纳。孝义公司作为最后一手持票人,其在收到慈溪支行拒绝付款理由书后,未能根据票据法的有关规定及时向慈溪法院主张权利,而是与背书转让票据相关的唐山建龙公司、浙江建龙公司、钧能公司之间互相协商,分别依次退票并支付相应款项,既非正恒公司的过错造成,同时对正恒公司也没有约束力。故法院认定原审判决认定事实清楚,适用法律正确,所作判决应予维持。判决:驳回上诉,维持原判。[1]

买方虽然为支付货款向卖方背书转让电子银行承兑汇票,该汇票到期后不是由于卖方原因未能承兑,卖方并未实际获得货款,故买方并未实际履行交付货款的义务,卖方仍有权基于买卖合同法律关系向买方主张货款。

【案例 12-5】 江钨公司诉鑫旺公司买卖合同纠纷案

二审法院认为,鑫旺公司为支付商品对价向江钨公司交付了电子银行承兑汇票,但该汇票到期后未能承兑,双方也未约定交付票据后合同价款请求权即归于消灭,江钨公司作为商品对价的接收方和汇票权利的受让方,在未取得汇票款的情况下,并未实际获得相应价款,即鑫旺公司并未依约履行付款义务,属于违约,应承担违约责任。江钨公司基于买卖合同法律关系向鑫旺公司主张权利,具有事实和法律依据。判决:驳回上诉,维持原判。[2]

电子商业汇票非拒付追索权人有权行使票据债权或原因债权。

【案例 12-6】 电子装备公司诉科技公司买卖合同纠纷案

二审法院认为,科技公司与电子装备公司作为系争汇票的直接前后手,双方之间既存在买卖合同关系,又存在票据债权债务关系。在系争汇票经电子装备公司向承兑人提示付款,但未得到承兑的情况下,电子装备公司有权选择票据的原因关系即买卖合同法律关系或票据债权债务法律关系维护其合法权利。关于科技公司提出电子装备公司怠于履行点击签收确认系争汇票业务的上诉意见,法院认为,电子装备公司虽在电子商业汇票系统中曾发起拒付追索,但未通过点击签收确认系争汇票而完成追索流程,由此说明,电子装备公司最终并未选择行使票据追索权。现电子装备公司选择买卖合同法律关系的债权请求权向科技公司主张 20 万元货款,于法有据,应予支持。当然,电子装备公司选择以买卖合同法律关系行使权利后,不得再另行选择票据关系行使权利以使其债权得到重复受偿。科技公司关于其背书转让系

---

〔1〕 参见国家法官学院案例开发研究中心编:《中国法院 2013 年度案例》(买卖合同纠纷),中国法制出版社 2013 年版,第 57 页。江苏省无锡市中级人民法院(2011)锡商终字第 276 号民事判决书。

〔2〕 参见《人民司法·案例》2020 年第 17 期(总第 892 期)。江西省赣州市中级人民法院(2019)赣 07 民终 3002 号民事判决书。

争汇票即完成相应付款义务的上诉主张,缺乏法律依据,二审法院不予支持。科技公司要求据实酌减违约金的上诉请求,二审法院认为,根据上述认定,科技公司未按约付款的金额仍为一审认定的84.1万元,一审法院已综合考虑合同履行情况,对于违约金进行酌减,并无不当,二审法院不再另行调整。判决:驳回上诉,维持原判。[1]

直接当事人之间的债权并不因为授受票据而当然消失。

【案例12-7】 电缆公司诉工程公司买卖合同纠纷案

二审法院认为,票据行为虽具有无因性,但直接当事人的之间的原因关系债务不因票据授受而消灭,而是与票据债务同时并存。票据权利实现,原因关系中的债务随之消灭。本案中,工程公司为支付货款向电缆公司交付票据,电缆公司取得票据后出票人并未予以承兑,该公司行使票据付款请求权后虽经法院调解确认,但出票人饮料公司并未实际履行付款义务,即电缆公司并未因取得票据而实现其债权。在此情况下,其可以依据原因关系向工程公司主张合同债权。综上,一审判决并无不当,工程公司的上诉意见没有事实和法律依据,法院不予支持。但应注意的是,在执行过程中,执行法院应协调本案判决与(2019)京0113民初2761号民事调解书的执行,勿使电缆公司重复从饮料公司和工程公司获得超出生效判决确认的权利。判决:驳回上诉,维持原判。[2]

(二)买卖合同付款方式的认定

二结一付款方式不构成拒付货款的理由。

【案例12-8】 食品经营部诉食品科技公司买卖合同纠纷案

判决观点,本案中,原、被告双方签订的买卖合同约定的付款方式为“二结一”,即被告收到原告第二单商品后5个工作日内付清第一单货款,双方对供货时间没有约定,进行第二次供货时间具有不确定性,则付款时间亦无法确定。为此,该约定的内容应视为对货款支付时间的约定不明确。原告于

---

〔1〕 参见国家法官学院、最高人民法院司法案例研究院编:《中国法院2023年度案例》(买卖合同纠纷),中国法制出版社2023年版,第288页。上海市第一中级人民法院(2021)沪01民终6453号民事判决书。

〔2〕 参见国家法官学院、最高人民法院司法案例研究院编:《中国法院2023年度案例》(买卖合同纠纷),中国法制出版社2023年版,第30页。江苏省无锡市中级人民法院(2021)苏02民终4074号民事判决书。

2020年4月13日向被告供货后，双方对货款50080元的支付时间没有达成补充协议，但从市场交易习惯可知"二结一"的付款方式应是建立在双方有多次交易的情况下。双方在2020年4月签订合同后，仅产生2020年4月13日一次供货行为（货款合计50080元），在2020年4月13日至原告2020年8月起诉前，被告均未再通知原告进行供货。同时，被告也认可已经向其他面粉供应商购买面粉，被告以未继续向原告购买为由，拒付已经购买的该部分面粉相应的货款，有悖诚信原则，不利于市场交易秩序的维护。综合前述理由，对被告认为付款条件未成就的辩称，法院不予采信。现原告主张被告支付货款50080元，有事实及法律依据，法院予以支持。对于原告主张的资金占用费的诉讼请求，被告未向原告支付货款会导致原告对该货款产生利息损失，由于双方签订的买卖合同对货款支付时间的约定不明确，法院酌情支持原告主张的资金占用费，判令被告从本案判决之日起，按照全国银行间同业拆借中心一年期贷款市场报价利率，向原告支付资金占用费至付清之日。原告主张的超出部分，法院不予支持。判决：被告食品科技公司支付原告食品经营部货款50080元及资金占用费。[1]

在实践中，原合同或变更后的合同对履行方式都没有约定，从而引起争议，导致双方当事人没有按照变更后的合同履行，这不是一方当事违约造成的。交付方式不是合同的必备条款，无交付方式不影响变更后合同的效力，双方仍应按照变更后的合同履行，而不能恢复原合同效力。对交付方式双方可采取自愿协商或向法院起诉的方式解决。

实践中，买卖合同中"待收款后付款"的约定具有一定的普遍性，也是经常发生的争议。一般情况下，双方当事人签订买卖合同的本质是一种商业行为，应当遵循等价有偿、权利义务一致等基本原则。如果简单地将此类条款理解为附条件的付款约定，将其收到第三方货款作为买方向卖方支付货款的条件，该条件是否能够成就，何时能成就不能确定，也就意味着如果该条件永远不成就，买方就可以永远不付款，这与上述原则相悖，会造成双方的利益失衡。卖方与买方签订买卖合同，是希望通过出卖货物换取相应的对价，买方在合同中的主要义务就是支付货款，在卖方没有明确免除买方付款义务的情况下，将"待收款后付款"理解为附条件的付款条款，显然与卖方的合同目的不相符，也与该买卖行为的主要权利义务冲突。如果双方对该条款予以特别说明，在第三方未付款的情况下免除买方的付款义务，双方的意思表示非常明确，应当尊重当事人的意思自治，在无欺诈、胁

[1] 参见国家法官学院、最高人民法院司法案例研究院编：《中国法院2022年度案例》（买卖合同纠纷），中国法制出版社2022年版，第153页。广西壮族自治区柳州市柳北区人民法院（2020）桂0205民初5909号民事判决书。

迫等情形下,该条款可以认定为双方关于买方付款附加的条件。“待收款后付款”这一“收款”情形在签订合同时并不能完全确定,双方期待第三方依约或依法向买方支付货款,亦存在第三方不向买方付款的可能性,故该约定不符合期限法律行为中期限必须是将来客观确定到来的事实这一构成要件,该条款不能理解为约定不明的附期限付款。从“待收款后付款”约定的内容来看,该条款是针对买卖合同中买方支付货款时间的约定,就是买方履行付款义务的期限。由于第三方向买方付款的时间具有不确定性,故买方的付款期限不明确,可以适用《民法典》第五百一十一条第(四)项规定,即合同履行期限不明确的,债务人可以随时履行,债权人也可以随时要求履行,但是应当给对方必要的准备时间。在卖方已向法院起诉要求保护其权益的情况下,买方负有立即向卖方支付货款的义务。

【案例 12 -9】 星海公司诉宝杰公司买卖合同纠纷案

二审法院认为,从字面理解,合同第三条第一项“以星海公司、宝杰公司商定的宝杰公司与恩达公司蒸汽款到账直接挂钩,即以恩达公司的蒸汽款实际到宝杰公司账户后两个工作日内给付星海公司生物质木片款”的约定中,“以星海公司、宝杰公司商定的宝杰公司与恩达公司蒸汽款到账直接挂钩”可以理解为附条件付款;“以恩达公司的蒸汽款实际到宝杰公司账户后两个工作日内给付星海公司生物质木片款”可以理解为约定不明的附期限付款。在双方理解有争议的情况下,根据《合同法》第一百二十五条的规定予以综合确定。星海公司与宝杰公司之间签订的《生物质木片采购合同》,其本质是商业行为的买卖合同,应遵循等价有偿、当事人权利义务一致等基本原则。如将付款方式理解为附条件付款,则意味着“以星海公司、宝杰公司商定的宝杰公司与恩达公司蒸汽款到账直接挂钩”“恩达公司的蒸汽款实际到宝杰公司账户后”的条件永远不成就,宝杰公司就可以永远不付款,这明显有悖于买卖合同的等价有偿、权利义务一致的基本原则,故根据有利于债权人原则和公平原则,该约定应理解为约定不明期限的付款。根据《合同法》第六十二条的规定,无论恩达公司是否向宝杰公司支付蒸汽款,宝洁公司均有义务在星海公司要求履行后向星海公司支付货款。判决:驳回上诉,维持原判。[1]

收到总承包单位工程款后按比例支付价款的约定属于附期限,双方的真实意思是通过合同约定将总承包商迟延付款的商业风险部分转嫁给材料供应商,双方没有条件不成就,就永不付款的意思。从这个角度来看,该约定是一个附期限的约定。无论总承包单位是否向买受人清偿,按照买卖合同向出卖人付款的义务是

〔1〕 参见国家法官学院、最高人民法院司法案例研究院编:《中国法院 2021 年度案例》(买卖合同纠纷),中国法制出版社 2021 年版,第 42 页。江西省新余市中级人民法院(2019)赣 05 民终 17 号民事判决书。

确定不变的。双方未就期限作出明确的时间约定,在经过合理期间后,买受人应履行付款义务。

【案例12－10】　波汇公司诉雷克斯公司买卖合同纠纷案

一审法院认为,本案中,雷克斯公司尚欠货款149.1万元(合同总价195万元,扣减已付款19.5万元,此外,双方认可争议的100千米光缆总价30万元,按变更后12千米计算,应折算为3.6万元,总价合计149.1万元),应履行支付货款的合同义务。雷克斯公司辩称支付货款的条件尚未成就,履行期限未届满,理由不成立。首先,地铁4号线于2014年12月26日运营,根据双方合同的约定,质保期已经届满。其次,关于按业主方付款比例付款的抗辩意见。对该约定应依据诚实信用原则进行解释和理解,从交易的性质和目的来看,双方的真实意思是通过合同约定将业主迟延付款的商业风险,部分转嫁给材料供应商,但该约定不宜理解为付款条件,实际上双方并没有“条件如不成就,被告即可永不付款的意思”,综合市场一般情况和经验常识、常理,在经过合理期间后,波汇公司应履行付款义务。本案中,从雷克斯公司出具验收材料起算,波汇公司履行义务已经近四年半时间,从地铁投入运营起算也近三年半时间,应认为履行期限届满。关于违约金和其他损失的请求,波汇公司主张违约金9.75万元以及因雷克斯公司逾期给原告造成的超过逾期付款违约金的损失。由于波汇公司同时主张违约金及损失无法律依据且损失主张内容不明确,故逾期损失主张依法不予支持,违约金9.75万元的主张,符合合同约定,法院予以支持。关于反诉主张违约金9.75万元的诉讼请求,根据庭审查明的事实,双方已协商变更合同履行内容,波汇公司并未违反,故对反诉请求不予支持。判决:(1)被告雷克斯公司向原告波汇公司支付货款149.1万元及违约金9.75万元;(2)驳回原告波汇公司的其他诉讼请求;(3)驳回雷克斯公司的反诉请求。二审法院判决:驳回上诉,维持原判。[1]

预付式消费卡具有代币券和现金的一些表象特征,但与货币有着本质的区别,通常情况下不能作为支付的手段流通。但如一方同意接受消费卡作为支付方式,性质上属于原持有消费卡的一方将商家享有的债权转让给了接受消费卡的一方,该行为不违反法律规定,合法有效。支付消费卡的一方仅对该债权有效存在负有担保责任,但对债务人的清偿能力不负担保义务。

---

〔1〕 参见国家法官学院、最高人民法院司法案例研究院编:《中国法院2020年度案例》(买卖合同纠纷),中国法制出版社2020年版,第97～98页。四川省成都市中级人民法院(2018)川01民终8215号民事判决书。

【案例12－11】 王某君诉宜兴市邦德酒业有限公司买卖合同纠纷案

一审法院认为,本案的争议焦点在于,本案所涉的东锦大酒店的消费卡能否作为预付款的对价予以支付。本案所涉的东锦大酒店消费卡,是一种内有储存金额,能在东锦大酒店作为货币进行消费的预付储值卡。因此,这类消费卡可以作为具有价值、能够在特定场所作为货币消费的支付手段。故该类消费卡的发行、流通、使用等并不违反法律法规的禁止性规定,应属有效,其当然能够作为一定的支付对价予以确认。本案中,王某君已于2012年4月28日将该消费卡交付邦德公司,邦德公司也已经接受,应视为邦德公司认可了王某君消费卡作为预付款支付方式的行为。尽管邦德公司法定代表人认为关于对账余额的结算是其公司会计在其后签字后再行书写的,但会计是公司内部具有结算职能的人员,故其与王某君的结算行为应视为系履行的职务行为,故该结算金额应对邦德公司具有约束力。至于之后该消费卡无法使用的问题,应由邦德公司向东锦大酒店另行主张,而不应在本案中行使抗辩。据此,邦德公司尚需支付王某君448800元。判决:邦德公司支付王某君款项448800元。二审法院裁定,准许邦德公司撤回上诉。[1]

(三)买卖合同货款单价的认定

买卖合同中的卖方在履约过程中提高商品价格行为是否正当、合理,要结合特定历史时期相关商品的市场行情这一背景事实加以判断。

【案例12－12】 辽宁容川房地产发展有限公司与沈阳物资有限公司买卖合同纠纷再审案

最高人民法院认为,万宝公司在履行合同的过程中不断提高钢材的价格,其行为是否正当、合理,不仅要考察当事人之间的实际履约行为以判断其真实意思,更要结合特定历史时期国内钢材市场行情这一背景事实加以判断。2003年度,国内钢材市场出现了自20世纪70年代以来最为猛烈的一次价格上涨行情。当年,由于国民经济快速发展,国内钢材市场在钢铁行业“限产保价”政策、钢铁行业生产成本大幅上升、工矿企业生产需求量加大及国内大批建设项目上马等因素的助推下,国内钢材市场价格持续上涨。特别是在6月之后,出现了跳跃式上涨的情况,全年累计价格涨幅近50%。这一历史事实,为国内钢铁行业所周知。该案双方当事人于2003年6月21日才签订

---

〔1〕 参见最高人民法院中国应用法学研究所编:《人民法院案例选》2014年第3辑(总第89辑),人民法院出版社2015年版,第138页。江苏省无锡市中级人民法院(2014)锡商终字第0253号民事裁定书。

合同,万宝公司随即要求调高6月26日所供钢材的价格,容川公司也一一予以认可,双方通过7月1日的《丽阳大厦工地钢材进数》、7月13日的《丽阳大厦钢材用量及报价》两份文件对调价事宜进行了明确。可以说国内钢材市场价格持续上涨的背景事实,才是当时容川公司同意万宝公司不断提高所供钢材价格的真实原因。对于2003年7月13日之后万宝公司所供钢材的具体价格,双方在《丽阳大厦钢材用量及报价》中共同确认了"随市场定价"的原则。2003年9月17日,万宝公司将其分批所供钢材的规格、数量、单价、总价等汇总后,提交容川公司。容川公司收到后,指派工地材料员于某刚核实并确认了数量,并于同年10月23日向万宝公司支付了40万元货款。直至万宝公司向一审法院提起诉讼之时,容川公司均未就钢材价格问题向万宝公司提出异议。由此可以推定,容川公司在当时认可了万宝公司在明细单中所申报的价格。故对万宝公司于2003年7月15日至8月21日所供的791.167吨钢材的价格,应按明细单的记载,确定为2941321.94元。对万宝公司关于其实际供货1287.777吨钢材的总价款为4642917.94元的诉讼主张,法院予以采纳。[1]

增值税发票上记载的单价可以作为合同标的物的单价。

【案例12-13】 大连亚德公司诉中航油公司买卖合同纠纷案

二审法院认为,关于货物单价如何确定的问题。中航油公司主张以合同约定的履约保证金占货款的比例确定货物总价,确定货物单价。法院认为该主张不能成立,理由如下:按照合同约定的结算价格计算方法,应当参照中航油公司采购货物的付款日期及大连亚德公司的付款时间,但双方签订合同之时,中航油公司尚未向采购方付款,因此在签订合同之时,结算价格不可能确定,也不能依据履约保证金的数额确定货物单价。大连亚德公司主张的双方协商的8810元/吨单价,无相关证据佐证。2012年12月31日,中航油公司向大连亚德公司开具了2500吨煤油的增值税发票,该发票体现的货物单价为8998元/吨,中航油公司虽不认可该单价,但对开票的行为不能作出合理解释,故法院确认货物单价为8998元/吨。《石化产品销售合同》对双方之间的履行顺序有明确约定,即大连亚德公司在合同签订后1日内支付451万元履约保证金,并于2011年12月20日前支付全部货款,中航油公司收到全部货款后,最晚于2011年12月23日交付货物。实际履行过程中,大连亚德公司仅支付了400万元履约保证金,对此大连亚德公司表示系双方协商予以变

[1] 参见最高人民法院民事审判第二庭编:《最高人民法院商事审判指导案例》(合同卷),中国法制出版社2011年版,第132~146页。最高人民法院(2009)民提字第98号民事判决书。

更的数额,中航油公司对此予以否认,大连亚德公司并未提交证据证明双方协商的过程,大连亚德公司未按约定支付履约保证金,构成违约。判决:(1)撤销一审民事判决;(2)大连亚德公司继续履行付款义务,支付中航油公司货款9287475元及利息。[1]

买卖双方对煤款价格约定不明,根据具体案情由法官予以裁量。

【案例12-14】 霍某国诉王某周、王某华买卖合同纠纷案

判决观点,本案中,原、被告对约定的煤价有争议,且均未提供证据证明。为此,承办法官前往煤矿开采地所在村委会,询问该村村主任(原经联社社长,其在担任村主任之前曾开过煤矿),2008年当地产煤的价格区间及原告所卖出产煤矿的煤价,以及房山煤矿公司2008年房山所产乙类煤的价格,最终根据询价结果,认定原告所主张的煤价属同期、同地域煤价的合理范围,故此认定原告主张的煤价合理。原告要求被告王某周给付货款,理由正当,证据充分,予以支持。本案所涉买卖关系发生在王某周与被告王某华婚姻关系存续期间,且无证据显示原告霍某国与王某周将该买卖合同的付款义务明确约定王某周的个人债务,故此债务应属于王某周与王某华婚姻关系存续期间的夫妻共同债务。王某华作为夫妻一方,对夫妻关系存续期间的夫妻共同债务应依法与王某周共同对外承担偿还债务的责任。判决:被告王某周、王某华支付原告霍某国货款399903元。[2]

在执行政府定价或者政府指导价的商品买卖合同中,一方违约的,由违约方承担不利的后果。

【案例12-15】 张某君诉谢某冬买卖合同纠纷案

二审法院认为,本案中,买卖双方没有签订书面的买卖合同,但谢某冬已经实际履行了合同,并且张某君在谢某冬的送货清单上签字确认钢材数量。如此谢某冬与张某君之间形成钢材买卖合同关系,张某君在收到谢某冬的建材后,应及时全额支付货款。但是在具体履行买卖合同的过程中双方没有就价格达成一致意见。一审庭审中谢某冬诉称钢材单价为3100元/吨,但其不能就其主张的价格举出相应的证据予以佐证,而张某君认可钢材单价2860元/吨。根据《合同法》第六十二条、第六十三条的规定,张某君逾期履行付款义务,参照谢某冬提交的辰溪县发展和改革局、辰溪县住房和城乡建设局、

---

〔1〕 参见国家法官学院案例开发研究中心编:《中国法院2018年度案例》(买卖合同纠纷),中国法制出版社2018年版,第190页。北京市第一中级人民法院(2016)京01民终1170号民事判决书。

〔2〕 参见国家法官学院案例开发研究中心编:《中国法院2015年度案例》(买卖合同纠纷),中国法制出版社2015年版,第129页。北京市房山区人民法院(2013)房民初字第10559号民事判决书。

辰溪县财政局联合发布的《关于发布辰溪县2019年(第1期)建安工程材料预算价格的通知》,根据本案的实际情况,法院酌定按两人所主张的均价确定本案买卖时的交易价格,即2980元/吨。[1]

在特定行业,政府指导价对买卖双方均具有约束力。

【案例12-16】　贵州甲精煤股份有限公司诉大唐贵州乙发电有限公司买卖合同纠纷案

二审法院认为,本案中,由于协商未果,双方虽未签订书面供煤合同,但甲精煤公司实际已经供货,大唐乙公司已支付了预结算款,双方事实上形成电煤购销合同关系。根据已查明的事实,贵州省实施电煤应急临时调节措施的时间自2011年10月1日起至2012年6月30日止,甲精煤公司在2012年全年的供煤任务数是70万吨,根据《合同法》第六十二条的规定,甲精煤公司的电煤供应价格在70万吨范围内应当受到政府调控。本案中,省经信委作为甲精煤公司和大唐乙公司双方共同的行业主管部门,其出具的45号文中的价格应当为政府指导价,在70万吨范围内该价格对双方具有约束力。[2]

买卖双方在市场最低价款之外另行缔结含有其他价格条款的合同,应当视为双方就合同的价格达成了新的约定,对市场最低价条款进行了调整,法官应认定该价格条款的效力。

【案例12-17】　南通源缘广告有限公司诉罗莱家纺股份有限公司买卖合同纠纷案

一审法院认为,原告与罗莱公司签订的2012年度、2013年度采购合同均系当事人的真实意思表示,并不违反法律规定,合法有效。原告对罗莱公司2012年度之前的货款已结清,2013年度罗莱公司尚欠货款1416563.79元,以及2012年度源缘公司供货价格与南通赛点装潢材料有限公司供货价格存在差价102027.38元的事实均无异议。本案的争议焦点为罗莱公司主张依照2012年度采购合同中的市场最低价条款,在2013年度货款中扣除上述差价102027.38元的抗辩理由是否成立。对此,法院认为,罗莱公司的抗辩理由不能成立,理由如下:首先,合同中约定的市场最低价并不存在法定的无效情形,源缘公司亦未请求变更或撤销,该条款自合同成立时即发生法律效力,但该合同本身并未确定单价,而是以罗莱公司向源缘公司发出订单的形式,

---

〔1〕参见中国审判理论研究会民事专业委员会编著:《民法典合同编条文理解与司法适用》,法律出版社2020年版,第94页。湖南省怀化市中级人民法院(2019)湘12民终2574号民事判决书。

〔2〕参见中国审判理论研究会民事专业委员会编著:《民法典合同编条文理解与司法适用》,法律出版社2020年版,第58页。贵州省高级人民法院(2014)黔高民商初字第51号民事判决书。

由罗莱公司在订单中确定单价,订单发出形成于合同签订之后。在罗莱公司与多个供应商的买卖合同中,订单均由罗莱公司发出的情况下,市场最低价最直接的掌握人应当是罗莱公司。罗莱公司既知道市场最低价,又以高于其他供应商的价格向源缘公司发出订单,系其自身的行为对合同最低价条款的调整。其次,市场最低价条款为罗莱公司提供的采购合同中的格式条款,同时采购合同中仅对双方的权利义务进行了原则性约定,具体到每笔业务,仍以订单方式进行,罗莱公司发出订单,源缘公司在确认后才进行交易,这个过程本身也源于采购合同框架下的要约与承诺。在履行过程中,罗莱公司发出的订单中的价格与市场最低价格有矛盾的情况下,依法应作出不利于格式条款提供方的解释,即订单确定的价格即为市场最低价,况且源缘公司按照罗莱公司发出的订单供货并开具了发票,罗莱公司接受了源缘公司的货物,并将发票进行抵扣。源缘公司认为罗莱公司既然知道市场最低价,其发出的订单的价格就是执行的市场最低价。最后,罗莱公司在庭审过程中多次表示,罗莱公司与多个供应商之间的价格,在正常情况下应当是执行相同商品统一价格,之所以与源缘公司之间的价格高,是罗莱公司业务员违规操作所致。故罗莱公司主张自己业务员所造成的不利后果应由源缘公司承担,也有悖诚实信用原则。综上所述,罗莱公司应当全额支付所欠货款。判决:罗莱公司支付源缘公司货款141663.79元。二审法院判决:驳回上诉,维持原判。[1]

(四)买卖合同价款数额的认定

买卖合同双方的对账结果具有较强的证明力,但法院仍应结合合同约定、履行情况、交易习惯进行综合审查判断。

【案例12-18】 上海四方锅炉厂诉上海四方锅炉新疆有限公司买卖合同纠纷案

最高人民法院认为,四方新疆公司应向四方厂支付的货款金额问题。第一,根据四方厂与四方新疆公司2009年1月14日的对账结果,四方新疆公司支付四方厂截至2008年12月的货款为1072618.30元。双方于2009年1月20日《结算窝工及质保期内维修费用汇总表》载明的四方厂应支付四方新疆公司2008年窝工质保期罚款共计541040元,应从四方新疆公司应付货款

---

〔1〕 参见最高人民法院中国应用法学研究所编:《人民法院案例选》2015年第1辑(总第91辑),人民法院出版社2016年版,第170~171页。江苏省南通市中级人民法院(2014)通中商终字第0180号民事判决书。

中扣除。自2009年1月起至起诉前，四方厂与四方新疆公司无争议的7份合同总标的额为2039.22万元，四方新疆公司同期已付货款17894590元，尚欠2497610元的货款四方新疆公司应向四方厂支付。第二，四方厂与四方新疆公司在买卖合同中约定，将一定比例的货款在一定期限内作为质保金。从多次对账结果可以看出，双方对账时，将未到期的质保金从当期应付货款中作了暂扣，在下一次对账而质保期已过时又在当期应付货款中予以增加。所以2009年1月14日对账时扣减的2007年质保金23.5万元（广汇项目）、2007年未到期质保金75万元、2008年未到期质保金225.8万元，共324.3万元，因买卖合同约定的质保期现已经过，四方新疆公司应当支付给四方厂。第三，四方厂与四方新疆公司2008年10月31日《上海四方锅炉厂产品买卖合同》虽然签订在2009年1月14日双方对账前，合同约定的最早付款期限在2009年1月内，合同注明交货时间在2009年4～5月，四方厂也在2009年5月发货并开具发票，所以该合同的实际履行期限在2009年。同时，从四方厂、四方新疆公司2009年1月的对账情况来看，《计算窝工及质保期内维修费用汇总表》中确认2008年项目设备合同总价为2466万元、四方新疆公司支付设备款达到总价的95%以上。2008年四方厂已开具2466万元的发票，其中并不包括2008年10月31日《上海四方锅炉厂产品买卖合同》这一笔交易，说明该合同项下的应付货款并不在双方2009年1月的对账范围内。对于该合同，四方厂已在2009年5月履行了合同义务，四方新疆公司应为对待给付、向四方厂支付该笔货款632万元。综上，四方新疆公司应向四方厂支付的货款金额为1072618.30元－541040元＋20392200元－17894590元＋324300元＋6320000元＝12592188.30元。原审判决关于应付货款金额的认定错误，应予纠正。至于四方厂提出应履行双方2009年4月13日签订的《工矿产品购销合同》多付的150万元问题，由于双方在该合同中不仅约定了设备买卖，还约定了设备运输、安装、调试、检验、验收等内容，并且合同还明确约定了仲裁条款，所以双方对履行该合同发生的争议，应另案处理。四方厂关于原审证据未经质证的上诉理由也不成立。另外，关于四方厂请求四方新疆公司支付货款利息的问题，因双方在合同中对此无明确约定，合同履行过程中又实行滚动结算，双方也从未主张对方承担违约责任，原审判决对此不予支持并无不当。[1]

买受人拒不返还特定物致其价值无法确定时，可以按照出卖人主张的合理价值确定。

---

〔1〕 最高人民法院（2012）民二终字第89号民事判决书。

【案例 12－19】 付某某诉张某某买卖合同纠纷案

二审法院认为,关于争议焦点一,双方交易的“象牙三星像、象牙笔筒、犀牛角”,付某某坚持称为真象牙和犀牛角制品,系国家禁止交易的濒危野生动物象牙和犀牛制品,法院已将相关线索移送侦查机关,本案不予处理。剩余6件物品是否系国家禁止交易的文物,法院委托省、市文物部门予以鉴定均未受理,无法认定上述涉案物品是否属于文物,依照民法的基本原理,法无明文禁止即可为,故前述物品的买卖不违反法律规定,应为有效。关于争议焦点二,付某某对张某某返还的咸丰碗、天球瓶认可为原物,故张某某应予返还。“条据”上是满维起字画,而张某某交付的是金梦石字画,显非原物;“条据”上载明为清代玉瓶、玉器天狗,付某某不予认可,按照民事诉讼证据规则,张某某应对提交物品的年代、材质、器型与“条据”一致承担举证责任,其并未提供证据证明,应视为非原物;“条据”上载明为香炉,但付某某坚持为铜质香炉,其也未提供其他证据证实,现张某某返还了香炉,付某某拒绝受领,故付某某的请求无事实依据,依法不予支持。关于争议焦点三,对不能返还的满维起字画、清代玉瓶、玉器天狗,“条据”上虽然载明了价格,但结合“条据”上载明的“钱到安和小付商定的办”,付某某在起诉时主张的价格亦与“条据”上载明的价格不符,以及双方在之前的交易中付某某要的价格高、最终交易的价格低的习惯,足以说明“条据”上的价格并非双方实际交易的价格。付某某称其未按“条据”上的价格主张,系因起诉时未带够诉讼费,但并未提交证据证明,其亦在审理中一直没有提出增加诉讼请求和补交诉讼费,故对该意见法院不予采信。因上述物品均为特定物,无法通过市场价格确定计算标准,但张某某在收取上述物品后并未提供原物,造成无法通过评估确定价格而存在过错,故应按照付某某起诉时诉状中主张的价格标准计算,即满维起字画1.3万元、玉器天狗4.8万元、清代玉瓶5万元,总计11.1万元。判决:(1)原审被告张某某向原审原告付某某返还咸丰碗一对、天球瓶一个;(2)原审被告张某某向原审原告付某某支付满维起字画、清代玉瓶、玉器天狗价款共计11.1万元;(3)原审原告付某某返还原审被告张某某4.3万元;(4)驳回原审原告付某某的其他诉讼请求。[1]

由于买卖双方往来的特殊性与不正规性,在没有直接认定买卖关系成立和未付货款数额证据的情况下,可以根据交易惯例确认货款数额。

---

〔1〕 参见国家法官学院案例开发研究中心编:《中国法院2017年度案例》(买卖合同纠纷),中国法制出版社2017年版,第122页。陕西省西安市中级人民法院(2015)西中民一终字第00164号民事判决书。

【案例12－20】　杜某艳诉李某武买卖合同纠纷案

二审法院认为,杜某艳与李某武、陈某华之间虽然没有签订正式的书面合同,且双方均认可之间存在业务往来的事实,且根据雅宝路服装行业协会的证明及其他证据可知,非书面交易系雅宝路服装交易的惯例,现电话录音材料亦明确表明双方之间存在服装交易之往来,故法院认定杜某艳与李某武、陈某华之间存在事实上的买卖合同关系。关于欠付货款总数额问题。现杜某艳提供的2008年1～5月的货运发货单已由法院向货运公司确认,故应以上述货运单证明为依据计算货物总件数。由于李某武、陈某华认可杜某艳可在每件货物中加收3元,故应在上述货物进价的基础上加上3元计算货款总价。打包费、运输费因系杜某艳垫付,应由李某武、陈某华给付杜某艳。关于杜某艳主张的2007年12月前的欠款32915元问题,因双方在电话录音中曾就李某武、陈某华2007年年底欠付3万元进行交涉,故对该笔欠款法院予以确认,应计入欠款总额。因杜某艳曾允许李某武、陈某华直接向生产厂家结算部分货物,故该部分进货价款应予以扣减。李某武、陈某华已给付杜某艳25万元,亦应予以扣减。原审法院依据上述计算方法和金额,计算出李某武、陈某华尚欠杜某艳货款总额共计24865709.5元。判决:驳回上诉,维持原判。〔1〕

出卖人收到买受人的货款时,未及时提出此前逾期付款利息的,不能视为出卖人放弃利息。

【案例12－21】　天津万隆翔达钢铁贸易有限公司诉黑龙江省建工集团有限责任公司买卖合同纠纷再审案

最高人民法院认为,本案争议的焦点为黑龙江建工集团、黑龙江建工集团天津分公司是否应支付万隆钢铁公司2012年4月28日前因延迟付款产生的利息损失。关于万隆钢铁公司是否放弃了2012年4月28日前的利息的问题。认定权利人放弃权利应基于权利人明示或者法律明文规定的默示方式表示其已放弃了该权利,万隆钢铁公司提起一审诉讼中主张包括最后一次供货2012年4月28日之前的利息损失。黑龙江建工集团、黑龙江建工集团天津分公司以万隆钢铁公司收到讼争货款时,对此前的利息没有及时提出主张为由,认为万隆钢铁公司放弃了2012年4月28日前的利息,没有法律依据,不能成立。

关于万隆钢铁公司在一审询问程序中作出的"我们要求尽快判决,要求

---

〔1〕　参见国家法官学院案例开发研究中心编:《中国法院2012年度案例》(买卖合同纠纷),中国法制出版社2012年版,第87页。北京市高级人民法院(2010)高民终字第1190号民事判决书。

按银行同期利率即起诉日0.0728%计算至还清为止(按照本金11032862.88元,从2013年2月6日最后一天付款直到付清为止),我们也认可本金11032862.88元,按双方于2013年6月7日开庭时确认的违约金额9665010.65元,计算直至还清为止,没有其他要求了”及“前述600万元不能再加了,因为总价已经加完了”的表述能否明确体现万隆钢铁公司放弃了最后一次供货之日前的利息问题。最高人民法院认为,首先,万隆钢铁公司关于按要求按银行同期利率计算至还清为止,同时也认可按本金110328662.88元,按双方于2013年6月7日开庭时确认的违约金数9665010.65元,计算直至还清为止的表述并不明确体现了放弃最后一次供货之前的利息损失,且万隆钢铁公司也明确要求支付违约金960余万元。其次,从一审法院询问笔录的全部内容可知,万隆钢铁公司作出“前述600万元不能再加了,因为总价值已经加完了”的表述之前,即已明确提出应给付其欠款加上600万元违约金的要求。之后一审法院与万隆钢铁沟通另外采取了以总的欠付款计算违约金的方式并现场计算后,万隆钢铁公司才陈述“前述600万元不能再加了,因为总价值已经加完了”。故二审法院未综合全部询问内容,仅据以上部分表述即认定万隆钢铁公司已放弃2012年4月28日前的利息损失依据不足。需要指出的是,两份《还款补充协议》约定,“如需方逾期还款,仍按原合同约定违约条款履行”,《钢材买卖合同》第十条违约责任约定,“在合同履行过程中,违约方应支付对方违约期间每日违约金2‰的金额作为赔偿,该赔偿金为双方解协商认可,一旦发生违约事宜,违约方必须遵守该约定”。即若按照《钢材买卖合同》的约定计算延迟付款产生的利息将高于《还款补充协议》承诺的600万元。按照还款协议的约定,黑龙江建工集团、黑龙江建工集团天津分公司支付万隆钢铁公司2012年4月28日前的利息损失,并不损害黑龙江建工集团、黑龙江建工集团天津分公司的实际利益。另外,由于万隆钢铁公司申请再审中主张2012年4月28日前的利息损失5343897.33元,系其对自身民事权利的处分,最高人民法院予以确认。[1]

买卖合同双方交易时没有约定付款时间的,交付货物时应支付货款。此后,双方交易时就货款结算形成欠条但未明确付款时间的,如欠条出具具有主张货款的意思表示,应以欠条出具之日为付款期限并起算逾期利息。

【案例12-22】 陆某贤诉吴某、沈某琴欠款纠纷案

一审法院认为,本案欠款的清偿日期自双方结账并在陆某贤记账本上书写欠条时就已经届满,陆某贤要求吴某、沈某琴偿还自欠款期限届满之日起

---

〔1〕 最高人民法院(2015)民提字第112号民事判决书。

至实际给付之日止按年利率6%计算资金占用期间的利息,于法有据,遂判决支持陆某贤的诉讼请求。二审法院判决:驳回上诉,维持原判。[1]

合同价款不应随增值税税率的变动而调整。

【案例12－23】　纺织公司诉贸易公司买卖合同纠纷案

二审法院认为,就税率调整后货款如何调整的问题,双方在合同中并未进行特别约定,且纺织公司在发货后已及时将码单或发货明细发送给贸易公司工作人员,贸易公司并未及时确认对账,纺织公司在贸易公司未确认金额的情况下显然无法开具增值税发票。因纺织公司对迟延开具增值税发票并无过错,且税率调整系正常商业风险,一审判决直接在货款中扣减税点显然不当。因此,贸易公司尚应支付纺织公司货款273332.50元。对于纺织公司的利息主张,因纺织公司是在一审审理过程中开具发票,一审判决对利息不予支持并无不当。判决:(1)撤销一审判决;(2)贸易公司支付纺织公司货款273332.50元;(3)驳回纺织公司的其他诉讼请求。[2]

(五)买卖合同付款条件的认定

买卖协议终止,结算条件未成就,不必然阻却剩余货款的支付义务。

【案例12－24】　中厦公司诉博奥公司买卖合同纠纷案

二审法院认为,中厦公司与博奥公司于2018年10月31日签订的《混凝土购销补充协议》,由双方加盖印章进行确认,系双方的真实意思表示,且不违反有关法律规定,合法有效,对双方当事人均具有约束力。现中厦公司主张支付剩余货款,博奥公司抗辩认为因涉案工程未竣工验收,混凝土质量问题导致的建筑物拆除、重做工期延误等损失无法计算,需待明确损失后提起诉讼,由法院判决确认损失后达到结算条件。但博奥公司在2019年4月19日《终止合同函》中称"按照合同第十条违约责任中的第3项,你公司已违约,同时给我公司造成直接损失4331635.72元",证明其自认因混凝土质量问题造成公司直接经济损失是明确的,其应及时向中厦公司主张权利,且在一审中未对质量问题造成的损失提起反诉,属怠于行使权利,阻却本案纠纷的

〔1〕 参见谷昔伟等:《未约定付款时间的货款以出具欠条之日起算逾期利息》,载《人民法院报》2017年3月30日,第6版。江苏省南通市中级人民法院(2016)苏06民终4570号民事判决书。

〔2〕 参见国家法官学院、最高人民法院司法案例研究院编:《中国法院2023年度案例》(买卖合同纠纷),中国法制出版社2023年版,第229页。浙江省绍兴市中级人民法院(2021)浙06民终2675号民事判决书。

解决,故基于公平原则、诚实信用原则,应视为付款条件已成就。依据《合同法》第九十八条之规定,当事人一方未支付价款或者报酬的,对方可以要求其支付价款或者报酬,博奥公司承担支付剩余货款的民事责任。判决:(1)撤销一审判决;(2)博奥公司支付中厦公司货款2818625元。[1]

买受人在出具的欠条中注明的附条件付款,是单方意思表示,未经出卖人同意,不成立附条件条款。

【案例12-25】 福建省龙岩玉鹭水泥厂诉薛某丰买卖合同纠纷案

二审法院认为,本案双方争议的焦点是,本案上诉人在欠条中所列"等福建省土木公司付工地玉鹭水泥款再付给厂家"是否构成还款条件的问题。法院认为,依据《合同法》的规定,合同双方当事人可以在合同中为履行义务附条件。因此,某一事件是否可以成为履约条件,应当以经双方合意约定为前提。本案中,上诉人薛某丰在欠条中加注其还款以福建省土木公司付款为前提,只是其单方向合同相对方即玉鹭水泥厂发出的要约,被上诉人玉鹭水泥厂并未以签名、盖章或事后明示认可等方式作出承诺,双方之间就该事项并未达成明示合意,该事项不构成合同履约条件,不具备相应的法律效力。上诉人薛某丰还主张双方就该条件存在默示约定,但未能就此提供证据加以证明,且未能表明法律允许合同双方当事人以默示方式约定履约条件,其这一主张没有事实和法律依据,法院不予支持。综上,原审判决认定事实清楚,适用法律正确,应予以维持。判决:驳回上诉,维持原判。[2]

卖方可以在未约定货款履行期限时主张钱货两清。

【案例12-26】 博固建材部诉伟昊公司买卖合同纠纷案

判决观点,博固建材部作为债权受让人以诉讼形式向伟昊公司主张债权,且法院已将债权转让的相关证据送至伟昊公司,债权转让已经发生法律效力,博固建材部有权主张受让的债权。伟昊公司共欠付博固建材部货款414658元,有对账单、发票、送货单予以佐证,对砼润建材主张的伟昊公司支付货款414658元的诉讼请求应予支持。法律规定,对支付时间没有约定或者约定不明确,不能通过补充协议或交易习惯确定的,买受人应当在收到标的物或者提取标的物单证的同时支付,买卖双方于2017年2月7日对账,并未约定具体的付款时间,伟昊公司未及时付款,已构成违约行为,博固建材部

---

〔1〕 参见国家法官学院、最高人民法院司法案例研究院编:《中国法院2021年度案例》(买卖合同纠纷),中国法制出版社2021年版,第169页。青海省西宁市中级人民法院(2019)青01民终1730号民事判决书。

〔2〕 参见国家法官学院案例开发研究中心编:《中国法院2013年度案例》(买卖合同纠纷),中国法制出版社2013年版,第191页。福建省厦门市中级人民法院(2011)厦民终字第1545号民事判决书。

有权主张逾期利息。博固建材部主张自2017年2月8日起至判决生效之日止按照中国人民银行同期同档贷款利率支付货款利息，符合法律规定，应予支持。判决：伟昊公司支付博固建材部货款414658元及利息。[1] 本案中，博固建材部与砼润建材向伟昊公司供应货物，后砼润建材注销并将伟昊公司欠付的货款转让给博固建材部。

对于附条件合同，应以当事人的意思表示范围作为认定案件事实是否出现的标准，不能漫无边际，没有时空限制。合同履行中出现的事实只要符合当事人意思表示约定的事实范围，且不违反法律规定的，应当认定条件事实出现，法官可以据此确定合同的履行。

【案例12－27】　常州工业技术玻璃有限公司与常州市鸿协安全玻璃有限公司买卖合同纠纷再审案

最高人民法院认为，双方当事人买卖协议约定的付款条件已经成就，工技公司负有向鸿协公司支付合同价款的义务。本案中，双方当事人约定的付款条件是"法院最终维持乙方的专利之日起分两期付清"。对于何为"维持"主要应当依据工技公司的诉讼请求进行认定。工技公司向北京一中院提起行政诉讼的请求为"请求撤销无效决定，判令被告和第三人负担诉讼费"，北京一中院于2005年11月8日作出(2005)一中行初字第245号、第246号行政判决，撤销了复审委两份《无效审查决定书》，各方当事人均未上诉。至此，复审委的两份《无效审查决定书》失去效力，工技公司涉案两项专利的权利回复到《无效审查决定书》作出前的状态。相关法律没有规定在撤销专利无效的决定的行政诉讼中，人民法院在作出撤销行政判决时必须宣告专利有效，当事人对此应当有明确预知。由于行政诉讼请求得到完全实现，涉案《无效审查决定书》被撤销，工技公司恢复了两项涉案专利的专利权。工技公司行政诉讼胜诉的结果意味着其专利效力得以维持，从而使双方买卖协议中约定的付款条件得到满足，工技公司应当依约向鸿协公司付款。工技公司申诉认为付款条件没有成就，不符合本案的案情和买卖协议约定，不应予以支持。对于《专利审查指南》规定，在法院撤销无效审查决定的判决作出后，复审委应对当对专利的效力重新审查认定问题。该规定只是指明法院的行政判决作出后，专利重新进入审查程序，并不意味着专利权处于不确定状态。在复审委的审查决定作出并生效前，专利权是确定的。同时，由于双方当事人约定的是"法院最终维持乙方的专利之日"，与专利以后是否重新进入审查程

---

〔1〕 参见国家法官学院、最高人民法院司法案例研究院编：《中国法院2021年度案例》(买卖合同纠纷)，中国法制出版社2021年版，第115页。江苏省南京市江宁区人民法院(2019)苏0115民初7952号民事判决书。

序无关,《专利审查指南》的规定不能影响本案买卖协议的履行。虽然复审委最终于2006年10月20日和2007年9月17日作出两项涉案专利《无效审查决定书》,但这两份《无效审查决定书》是针对两个案外申请人常州市雷顺汽车附件有限公司和洛阳市西工凌空安全玻璃厂的申请作出。对于专利因案外人申请宣告无效的风险,应由工技公司承担,与鸿协公司及本案买卖协议约定的专利权权属争议无关。工技公司申诉认为专利重新进入审查程序,意味着专利权处于不确定状态,且涉案专利最终被宣告无效从而导致本案付款条件没有成就的理由,不能成立。〔1〕

是否具备付款条件应综合考量案件的具体情况,仅以合同约定付款条件未成就为由拒绝支付货款,法院不应予以支持。

【案例12－28】 北京合锐赛尔电力科技股份有限公司与西北电力建设第一工程有限公司买卖合同纠纷案

最高人民法院认为,当事人虽在采购合同中约定项目并网发电并稳定运行一个月,且收到项目收购资金或金融资金后,才支付设备款。但认定是否具备付款条件应综合考量未能并网发电的具体原因、设备交付情况、设备交付时间长短、设备的特性等因素。在部分设备已交付数年,且购买方与案外人已解除案涉项目,并明确函告卖方采购合同无法履行的情况下,购买方仍以合同约定的支付条件未成就为由拒绝支付设备款的,人民法院不予支持。〔2〕

(六)买卖合同付款争议的认定

在一方完成供货的情况下,另一方应当承担付款义务。

【案例12－29】 天津电子有限公司与青岛三莹电子有限公司买卖合同纠纷再审案

最高人民法院认为,综观双方当事人之间的交易行为,三莹公司和友你公司在以往的业务往来中一直体现为三莹公司供货、友你公司付款的买卖合同关系,没有充分证据能够证实友你公司、三莹公司与案外人韩国友你特伦佚式会社三方之间存在结转关系,并且双方在一审和二审过程中对双方之间

〔1〕 参见杜万华主编:《最高人民法院民商事案件审判指导》(第2卷),人民法院出版社2015年版,第210页。

〔2〕 参见杨临萍主编:《最高人民法第六巡回法庭裁判规则》,人民法院出版社2022年版,第77～78页。最高人民法院(2022)民终124号民事判决书。

的买卖关系均给予明确。三莹公司于2010年1月15日发出的《企业询证函》已经友你公司盖章确认，友你公司并没有声明其中部分货款不应当由其支付，亦没有证据证明友你公司在《企业征询函》中自行标注的"'韩国向'727801.80"美元货款部分系韩国友你特伦株式会社所欠三莹公司的货款。因此，二审法院判决友你公司应承担包括727801.80美元货款在内的全部"韩国向""天津向"还款责任，并无不妥。《独立审计具体准则第六号——审计工作底稿》系注册会计师协会拟定，财政部批准发布的行业规定，是规范会计师事务所和注册会计师在编制、管理和使用审计工作底稿时的行为准则。该准则第22条和第23条主要规范了对审计工作底稿的保密与查阅。友你公司关于二审法院违反该准则有关规定的主张系其对上述规定的误解，不能成立。此外，三莹公司和友你公司经常以美元对账和结算，二审法院判决友你公司以美元返还欠款并无不妥。[1]

【案例12-30】 上海甲环保有限公司诉大连乙固体废弃物转运有限责任公司买卖合同纠纷再审案

最高人民法院认为，合同履行过程中，当事人一方未支付价款的，对方可以要求其支付。乙公司通过招标确定为大连市某项目的承建运营方。甲公司与乙公司随后签订《设备采购合同》，甲公司为卖方，乙公司为买方，标的为项目相关设备及安装。合同履行过程中，甲公司完成设备安装的调试后，设备随即投入商业运行，但乙公司并未依约支付款项。据此，甲公司请求乙公司履行付款义务的理由充分。[2]

送货单可以作为买卖合同付款的依据。

【案例12-31】 邱某华诉迎新公司、冯某明买卖合同纠纷案

二审法院认为，迎新公司与邱某华之间虽未订立书面合同，但根据邱某华在原审中提供的短信记录可知，买卖合同的主体是迎新公司和邱某华，邱某华是应迎新公司相关工作人员的指示，向迎新公司本部或盛泽门市部分别发货，故邱某华送至盛泽门市部的货物应由迎新公司履行付款义务。邱某华对其所主张的货款，提供了送货单证明对方已经收到货物的事实，送货单载明的收货单位为"扬州迎新"，且由冯某明、钱某国、马某玉签字。在原审第二次庭审中，上诉人自认钱某国、马某玉是其公司的员工，盛泽办事处没有营业执照，是属于迎新公司的办事处。根据《民事证据规定》

---

〔1〕 最高人民法院(2013)民申字第411号民事裁定书。

〔2〕 参见中国审判理论研究会民事专业委员会编著:《民法典合同编条文理解与司法适用》,法律出版社2020年版,第209页。最高人民法院(2017)民再281号民事判决书。

第七十四条的规定，上诉人上诉称钱某国、马某玉并非该公司员工，两人的收货行为是无权代理，对该主张上诉人未提供证据证明，其不能推翻原审中的自认。马某玉、钱某国作为迎新公司的员工，签字的送货单所对应的货款理应由迎新公司承担付款责任，故对上诉人的该项上诉理由，依法不予采信。至于上诉人所称其已向邱某华支付的9000元应在本案中扣减的上诉理由，邱某华对收到该9000元的事实予以认可，辩称该9000元与其在本案中所主张的货款没有关系。原审时上诉人曾提供冯某明手写的向其邱某华农行卡号汇款的明细说明，其中包含上诉人二审中向二审法院提交转账凭证的两笔款项，即2014年6月29日的7000元和2014年10月22日的2000元，对此邱某华在原审时称该汇款明细中的款项是其他货的付款明细，与其在本案主张的货款没有关系，上诉人表示承认该事实。现迎新公司又上诉称该9000元应在本案货款中予以扣减，因无证据推翻其自认，故对该上诉理由，依法不予采信。判决：驳回上诉，维持原判。[1]

根据市场因素，双方当事人对所签买卖合同的价格条款进行变更，并不影响买卖合同的性质。

【案例12－32】 哈尔滨八区粮食仓库与黑龙江省庆丰庆浸油有限责任公司、哈尔滨八区食品商店买卖合同纠纷再审案

最高人民法院认为，庆丰公司与食品商店所签豆粕购销合同系双方的真实意思表示，内容不违反法律规定，为有效合同。1994年9月15日的便函，只是根据豆粕价格可能下降的市场因素对双方所签购销合同中价格条款的变更，对购销合同的性质没有影响，双方之间的关系并未因此转变为代销关系。1994年8月28日庆丰公司应食品店要求给秦皇岛公司开具了增值税发票，记载的豆粕价格仍然为1800元/吨。食品商店经理宋某斌对此发票予以签字认可，秦皇岛公司亦以此发票下账。如果货物的实际结算价格与发票记载有差别，秦皇岛公司应当将发票返还给庆丰公司，由其重新开具发票。虽然庆丰公司此后曾致函食品店可以将豆粕按随行就市价格售出，且食品商店亦曾与秦皇岛公司签订豆粕购销补充协议，但秦皇岛公司并未要求庆丰公司更换增值税发票，而将该发票入账，证明秦皇岛公司是按照庆丰公司与八区粮库之间签订的购销合同约定的价格支付了豆粕款。没有充分证据证明食品商店和秦皇岛公司1994年8月20日签订的豆包购销合同和1994年10月11日签订的补充协议得到实际履行。食品商店没有及时向庆丰公司结算货

---

〔1〕 参见国家法官学院案例开发研究中心编：《中国法院2017年度案例》(买卖合同纠纷)，中国法制出版社2017年版，第68页。江苏省扬州市中级人民法院(2015)扬民终字第1207号民事判决书。

款,庆丰公司也没有按照合同约定的期限发货,双方都存在违约行为,且责任相当,不应只要求一方当事人承担违约金。[1]

买受人未拒绝接收多交的货物,事后也没有及时将拒绝的意思通知出卖人,买受人应当支付该部分多交货物的价款。

【案例 12－33】　旬邑甲煤业有限公司诉泰安市乙机械有限公司买卖合同纠纷案

二审法院认为,对于交付 15000 个截齿的事实,双方当事人并无争议,仅对其中 11000 个截齿的交付的性质存在争议。上诉人虽主张其中 11000 个截齿属于多交付的、属于代存保管,但上诉人收货当时没有拒绝接收,事后也没有及时将拒绝接收的意思通知出卖人,因此其主张不能成立,其应当支付该部分货物的价款。上诉人至今未付大部分货款,被上诉人有权主张未付货款产生的损失。[2]

债权人可以拒绝债务人部分履行债务,部分履行不损害债权人利益的除外。

【案例 12－34】　上海甲药业有限公司诉河南乙药业有限公司买卖合同纠纷案

二审法院认为,本案中,就货款支付而言,甲公司属债权人,乙公司属债务人,现并无证据证明乙公司部分履行给付货款义务损害了甲公司的利益,因此,甲公司无权拒绝乙公司部分履行的付款义务。因甲公司无权拒绝乙公司部分履行的付款义务,也即乙公司向甲公司支付的 50 万元预付款,甲公司应当接受,故甲公司亦应当履行该 50 万元预付款所对应的交货义务(交付 25 公斤盐酸倍他司汀)。[3]

在认定超市与供应商之间的合同中约定的有关返利条款是否属于行政规章禁止的“无条件返利”时,需严格把握判断无条件返利的原则,据实认定,分类处理。

---

〔1〕 参见最高人民法院审判监督庭编著:《全国法院优秀再审裁判文书精选》,法律出版社 2010 年版,第 554～560 页。最高人民法院(2007)民二提字第 19 号民事判决书。

〔2〕 参见中国审判理论研究会民事专业委员会编著:《民法典合同编条文理解与司法适用》,法律出版社 2020 年版,第 283 页。山东省泰安市中级人民法院(2018)鲁 09 民终 368 号民事判决书。

〔3〕 参见中国审判理论研究会民事专业委员会编著:《民法典合同编条文理解与司法适用》,法律出版社 2020 年版,第 123 页。上海市第一中级人民法院(2019)沪 01 民终 8193 号民事判决书。

【案例12－35】 天津市胜腾商贸有限公司诉天津塘沽乐购生活购物有限公司买卖合同纠纷案

二审法院认为,上诉人胜腾商贸公司和被上诉人唐沽乐购公司自2003年起存在的买卖合同合法有效。胜腾商贸公司按照约定交付了货物,唐沽乐购公司应该按照约定支付货款。胜腾商贸公司提起上诉称,根据双方合同的约定,胜腾商贸公司开具的增值税发票价格为双方最终的结算价格,已扣除了所有扣款,不应再行扣除“月折扣”。对此,二审法院认为,根据两审查明的事实,胜腾商贸公司提交的证据不能证明在开具增值税发票时已经扣除了“月折扣”等费用,该主张亦不符合双方合同的约定,二审法院对上诉人的该主张依法不予支持。关于上诉人胜腾商贸公司提出的双方合同中关于“月折扣”约定为无条件返利约定,该约定不合法的主张,二审法院认为,该约定系双方当事人真实、自愿的意思表示,不违反法律法规的强制性规定,一审法院认定双方合同中关于“月折扣”约定为月含税交易额的4.5%不违反商务部等五部委《零售商供应商公平交易管理办法》相关规定的意见并无不妥,且双方当事人之间一直存在较大数额的月交易额,一审判决从上诉人主张的欠付货款中扣除“月折扣”正确,二审法院依法予以维持。判决:驳回上诉,维持原判。[1]

买卖合同中的欠款纠纷,关于未约定还款日期的欠款,支付时间的确定应当适用《民法典》第六百二十八条的规定,即对支付时间没有约定或者约定不明确,依照本法第五百一十条的规定仍不能确定的,买受人应当在收到标的物或者提取标的物单证的同时支付。

【案例12－36】 陆某贤诉吴某、沈某琴买卖合同纠纷案

一审法院认为,本案欠款的清偿日期自双方结账并在陆某贤记账本上书写欠条时就已经届满,陆某贤要求吴某、沈某琴偿还自欠款清偿期限届满之日起至实际给付之日止按年利率6%计算资金占用期间的利息,于法有据,遂判决支持陆某贤的诉讼请求。二审法院判决:驳回上诉,维持原判。[2]

收货方拒付货款抗辩的认定。最高人民法院民一庭认为,供货方超载运输应当承担相应的行政处罚责任,在民事审判过程中,供货合同双方当事人之间的民事责任承担并不因此受到影响。收货方以供货方存在超载运输行为为由拒绝履行支付相应货款的民事义务的,不应得到支持。[3]

---

〔1〕 参见最高人民法院中国应用法学研究所编:《人民法院案例选》2013年第3辑(总第85辑),人民法院出版社2014年版,第226页。天津市第二中级人民法院(2012)二中民二终字第151号民事判决书。

〔2〕 江苏省南通市中级人民法院(2016)苏06民终4570号民事判决书。

〔3〕 参见最高人民法院民事审判第一庭编:《民事审判指导与参考》2010年第1集(总第41集),法律出版社2010年版,第234页。

二、买卖合同履行的法律适用

（一）合同履行中不可抗力的认定

不可抗力是独立于人的行为之外，不受当事人意志支配的现象，是人类不可抗拒的力量。[1]

《民法典》第一百八十条规定："因不可抗力不能履行民事义务的，不承担民事责任。法律另有规定的依照其规定。不可抗力是不能预见、不能避免且不能克服的客观情况。"本条是关于不可抗力制度的规定。本条主要包括以下几层含义：其一，本条确定了适用条件是不能预见、不能避免且不能克服的客观情况；其二，当事人不履行义务不承担法律责任；其三，法律另有规定的，依照其规定。

《民法典》第五百九十条规定："当事人一方因不可抗力不能履行合同的，根据不可抗力的影响，部分或者全部免除责任，但是法律另有规定的除外。因不可抗力不能履行合同的，应当及时通知对方，减轻可能给对方造成的损失，应当在合理期限内提供证明。当事人迟延履行后发生不可抗力的，不免除其违约责任。"本条是关于不可抗力后果的规定。本条主要包括以下几层含义：其一，本条确定了适用条件是发生了不可抗力事件；其二，债务人因不可抗力事件不能履行合同；其三，根据不可抗力的影响，对债务人承担的责任区分处理；其四，是否免除或减轻责任，法律另有规定的除外；其五，债务人有义务在不可抗力不能履行合同时通知对方；其六，迟延履行后发生不可抗力的，不免除其违约责任。

1. 不可抗力的构成要件

（1）判断标准、证明主体与判断主体

关于判断标准，有的书中提出"判断不能预见一般有客观和主观两种标准"。[2] 有学者倾向于以一般人的预见能力，而不是以当事人预见能力为标准确

---

〔1〕 参见黄薇主编：《中华人民共和国民法典总则编释义》，法律出版社2020年版，第561～562页。

〔2〕 参见梁慧星：《合同法的成功与不足》（上），载《中外法学》1999年第6期。

定对某种现象是否可以预见。[1] 笔者认为判断的标准应具有客观性,即不能以当事人预见能力为基准。如果以合同当事人的认识水平和行为能力作标准衡量不可抗力,相对人就要承担因当事人的认识水平和行为能力不足所造成的后果,既不科学也有失公平;如果以一般人的预见能力作为标准,其内涵也是模糊、不确定的。因为预见性因人而异,如果把一般人理解为一般理智正常的人,那么具体的范围有多大,对某些需要专业知识才能预见的,是否能划入一般人预见的范围,这些都需要有一个明确的界定以免引起争议。因此,判断预见能力并非衡定的,人类的预见能力会随着科学技术的进步而不断发展,只能以不可抗力发生时的科学技术水平为准。

《民法典》第五百九十条规定,当事人应在不可抗力发生后的合理期限内提供证明,而未规定提供证明的主体。大多数意见认为,能提供证明的是公证机关、政府部门及其他组织。提供证明的主体只能证明某时某地发生的具体情况,而无法直接感知当事人的心理活动,难以判断当事人的预见能力。也就是说,证明主体对当事人的心理状态不能证明。提供证明的主体只对提供的客观情况负责,而不是不能预见标准的主体,不负有判断不能预见的责任。

在因不可抗力致合同纠纷进入审判程序后,法官将成为不可抗力的判断主体,因为“司法权的本质是判断权”。[2]

【案例 12-37】 被告某公司以不可抗力为由拒绝赔偿干辣椒案

二审法院认为,被告仓库因电线老化遭雷击起火,致原告的干辣椒被火烧近一半为不可抗力;而被告人员将剩下的干辣椒堆放在露天,遭暴雨浸泡7个多小时致不能使用,并不是不可抗力。[3]

对不可抗力纠纷的司法确认,因不同法院的法官认识不同存在确认差别和裁判不一的情况,因此存在不确定性问题。尽管如此,审理此类案件,要判断是否构成不可抗力,既要审查当事人提供不可抗力的证明,又要审查当事人主观心理状态即预见能力。法院有权作为判断主体,依据判断标准对是否构成不可抗力作出裁判,形成不可抗力的司法结论。司法结论的内容既包括对提供证明客观情况的认可,也包括对不能预见(心理状态)的确认。

(2)不可抗力的客体

《民法典》第一百八十条规定的三个“不能”是针对客观情况的发生,也就是说不可抗力的客体。但《民法典》并没有明确客观情况(事件)对履行合同行为的

---

[1] 参见扬立新主编:《合同法的执行与运用》,吉林人民出版社1999年版,第255页。

[2] 参见孙笑侠:《司法权的本质是判断权——司法权与行政权的十大区别》,载《法学》1998年第8期。

[3] 参见孙琬仲等主编:《最新合同法实务全书》,改革出版社1999年版,第644页。

影响,它反映出《民法典》的三个“不能”客体并不完整。不可抗力客体内容的残缺,司法实践中加大了法官操作难度。

不可抗力的发生对履行合同的行为是否发生影响,发生影响力的大小,都直接关系到合同履行。不可抗力事件对合同履行的影响后果有全部不能履行、部分不能履行、不能如期履行三种情形。三种情形的确定,关键取决于不可抗力的大小及对履行合同阻碍力的大小,不仅仅取决于不可抗力是否发生一项。比如当事人延迟履行合同发生了不可抗力,这种行为不符合合同约定,当事人对迟延履行应当承担违约责任。

《民法典》设置不可抗力的规定,其目的在于发生不可抗力时免除违约的责任。合同的履行是一种法律行为,如果事件的发生与合同履行无关,也就无所谓不可抗力。笔者认为,《民法典》不可抗力应包括两个方面的内容,既有客观情况(事件)的发生,也有客观情况(事件)对法律行为的影响,二者相互依托,紧密相连,缺一不可。从免责法律效力上看,最根本的是看客观情况(事件)对法律行为的影响。因为单独讲客观情况(事件)本身的特性,而没有将其与具体的履行合同行为联系起来,必将失去应有的法律意义。另外,因为“不可抗力与轻微事变(现代民法中的意外事件)界限不易划分清楚,随着时间、地点、变化会有所变化”。[1] 所以,只有与合同履行相联系,方能反映《民法典》规定不可抗力的立法原意。

(3)主观要件与客观要件关系

我国的一些合同法专著中对不可抗力作了主、客观要件的划分,认为不能预见是主观要件,不能避免、不能克服是客观要件。[2] 这种划分体现了《民法典》所采纳的折中学说原理,笔者亦表示赞同。《民法典》未对主客观要件是否同时具备作出明确规定,但是从《民法典》兼采主客观学说上可以分析出是要求主客观要件具备才能构成不可抗力。社会实践中,大多数客观情况需要主观和客观要件相结合才能构成不可抗力。

2. 不可抗力的范围

(1)不可抗力范围的判断标准

根据现行法律的规定,构成不可抗力必须具备不能预见、不能避免并不能克服的客观情况。笔者认为,这“三不”就是构成不可抗力要件,并以此界定不可抗力的范围,可分为主观标准和客观标准。

---

〔1〕 参见张礼洪:《罗马法中的合同责任纠纷其在中国的发展》,载梁慧星主编:《民商法论丛》(第5卷),法律出版社1996年版,第673页。

〔2〕 参见谢晓芝、宋健、陈斯:《新合同法要义》,广东旅游出版社1999年版;刘凯湘、张海峡:《论不可抗力》,载《法学研究》2000年第6期。

其一,主观标准。这是指未能预见的问题,即不可预见性。不能预见是从主观方面讲的,就是客观现象之于人的主观意识和认知能力的不可知性,强调作为不可抗力的客观现象的不能预见性,即客观现象不以人的意志为转移,行为人在主观上不具有非难性。如果客观现象的发生是当事人应当或可以预见到的,但是当事人没有合理注意,放任发展,则可以认为其存在主观过错,在发生损害后进行归责时,对当事人不能免责,这一客观现象就不能称为不可抗力。判断某个事件是否属于不可抗力的范围,首先应确认其是否具有不可预见性。预见性是由人们的预见能力决定的,这种预见性因人而异,某人可以预见,他人却不一定能够预见。人的预见能力也不是固定不变的,而是一个动态提高的过程。某种现象过去不能预见,现在有可能预见;现在不能预见,将来未必不能预见。所以,不可预见的标准是通常的标准,依据人们现有的认识能力并以现有的技术水平,以一般人的认识能力与预见能力为标准判断某种现象,而不是以争议当事人自身的预见能力作标准,也不应以专家为标准。

预见程度,是指认定不能预见的难点。对某个事件虽然在一定程度上可以预见,但是不能准确、及时地预见发生的确切时间、地点、延续期间,所以在构成要件上,对事件认定符合“不能预见”的主观判断标准。

需要注意的是,即使对某个客观现象能够提前预知甚至准确预见(如人们可以通过中央气象台发布的海浪预报、台风预报或国家地震局发布的地震预报而提前知晓),但是也无法对该客观现象进行避免与克服,因此,完全不能预见与不能准确预见并无实质差异。

其二,客观要件。客观要件强调不可抗力这一客观现象的不能避免和不能克服的特性。不能避免并不能克服表明事件的发生和结果具有必然性,不以人的意志为转移,在现有社会技术条件下,当事人虽然尽了一般合理的注意,但仍不能阻止这一事件的发生;虽已尽了最大努力,但仍不能克服事件的发生,并因此而致合同不能履行或发生侵权损害。也就是说,当事人无法对事件的发生与否、发生程度和结果等作出安排或处置,不能进行人为控制,事件的发生不被当事人的意志左右。反之,则不构成不可抗力。

关于主客观的关系问题。认定不可抗力主观上的“不能预见”强调的是当事人是否尽到合理的注意,据此判断其主观上是否存在过错,认定不可抗力客观上则是当事人的能力不足以避免和克服的自然力和客观事实。不可抗力即使预测到,也是不能克服的。不可抗力范围判断的主观标准与客观标准,二者具有统一性,缺一不可。

(2)不可抗力范围的界定

从《民法典》的定义可知,不可抗力是独立于个人的行为之外,并且不受当事人的意志支配、左右的自然现象和社会现象。不可抗力事件的不可预见性和偶然性的特点,决定了人们不可能列举出它的全部外延,也不可能穷尽人类和自然界可能发生的种种偶然现象。所以,尽管世界各国包括我国在内都承认不可抗力是一项免责条款,是当事人主张免除责任的法定事由,但没有一个国家能够确切规定不可抗力的范围,而且由于习惯和法律意决不同,各国对不可抗力范围的理解也有所不同。也就是说,究竟哪些自然现象、社会现象能够成立不可抗力,现行法律只是一个概念,并没有一个确定的范围。因此,在司法实践中关于不可抗力范围的界定,应严格按照我国法律规定的主客观标准判断,不能简单地将自然事件、社会事件与法律意义上的不可抗力画等号。

《民法典》第一百八十条第二款规定的不可抗力,虽然原则性很强,并未明确规定其范围,但在社会实践中不可抗力涉及面很广泛。综观从罗马法发展而来的不可抗力的各国民法,对不可抗力的范围界定均没有规定,且各国对这个问题的理解也不相同。一般是将不可抗力分为自然事件和社会事件两类。民法理论和现行辞书中对自然事件范围的争议很小,共识较多,如水灾、旱灾、虫灾、地震、洪水、火山爆发、海风浪等。

其一,自然事件的范围。

不可抗力表现为自然现象,如地震、水灾、风灾、虫灾、瘟疫、火灾等。这些自然现象均属于外在于人的行为事件即客观情况,可分为两类:第一,属于根本不能预见的客观现象,如火山爆发、山体滑坡、雪崩、泥石流、海啸、绝大部分的地震等。第二,属于不能准确预见的客观现象,如台风、海浪、洪水、少部分地震等。现实社会生活中,自然现象形态多样,在认定是否属于不可抗力的范围时,应在个案中界定。

其二,社会现象的范围。

不可抗力表现为社会现象:战争、暴乱、政府行为等。不可抗力中的社会事件范围广泛,达成共识的有:政府更迭、战争(全局、局部)、军事行为、动乱等。但各国对社会事件理解不一,争议很大,如罢工、反倾销、政府行为等。法国把“失业”视为特殊的不可抗力。〔1〕 我国对不可抗力的社会事件的具体认识也不统一,特别是对政府行为分歧大。有的认为,因政策的变动,导致合同不履行或不能完全履行,不能归结为不可抗力,如国家宏观控等。〔2〕 但是,我国对经济欠发达地区实行倾斜政策,政府作用的指导性和一定范围内的强制性,可以防止绝粹自由经济带来的社会资源浪费以及社会分配不公,将社会上的各种矛盾尽最大可能地缓解。因此,政府行为将长期存在,界定其为不可抗力成为必要,对此有必要深入探

---

〔1〕 参见尹田:《法国合同责任的理论与实践》,载梁慧星主编:《民商法论丛》(第3卷),法律出版社1995年版,第145页。

〔2〕 参见张安民等主编:《最新合同纠纷防范与处理实务全书》,中国物价出版社1999年版,第124页、第610页。

讨尽快取得共识。《民法典》中未明确规定政府行为是不可抗力,实际上由政府行为造成的违约,当事人是无法抗拒的,如果不纳入不可抗力则不符合《民法典》的立法本意。

关于司法机关的司法行为,如法院的查封、冻结行为,公安机关、检察机关的刑事强制措施行为是否属于不可抗力,在我国因法律没有规定,也无司法解释规定,理论界、司法界争议颇大。

需要注意的是,必须严格区分不可抗力本身和不可抗力导致的合同履行障碍。不可抗力的存在有其独立的制度价值,而不依赖于合同是否不能履行。在很多情况下,即使该情形并未导致合同不能履行,仍然不妨碍将该情况本身认定为不可抗力。

3. 不可抗力的认定

个案中,由法官根据具体案情认定不可抗力是否构成迟延履行主要义务。

【案例 12 - 38】 能源建设公司诉电气公司买卖合同纠纷案

判决观点,首先,不可抗力不构成被告迟延履行主要义务的理由。其一,原告将设备于 2018 年 8 月 2 日就送至被告指定的维修地点,直至 8 月 7 日被告仍未对设备进行维修,而被告自认的维修时长为 15 ~ 20 日,因此最快可以在同年 8 月 17 日维修完毕,该日期发生在强降雨(不可抗力事件)之前,即如果被告按约积极主动地组织维修,便可以在发生强降雨前完成维修的义务,而拖延至不可抗力事件发生时还没有维修的责任系被告的过错。其二,发生不可抗力事件后,被告也没有按合同约定履行告知义务,双方也未在不可抗力事件发生之日满 60 日后重新达成协议,不可抗力事件结束后也未及时通知原告。其三,原告向被告发出解除通知后也未回复,被告以自己的行为表明其怠于履行主要义务,被告仅以不可抗力事件的发生抗辩未履行维修义务的理由不能成立。其次,法院认为被告的行为已构成迟延履行主要义务,原告有权主张解除合同。被告无论是在不可抗力事件发生前还是发生后均未按合同约定履行维修义务,原告向其发出解除通知后仍怠于主张抗辩,当事人在解除合同通知到达之日起 3 个月以后才提出异议,人民法院不予支持。故原告的解除合同通知已发生效力。且原告重新购买了新的设备交付使用,如继续履行合同对原告显失公平,故对原告主张解除案涉合同的诉讼请求法院予以支持。判决:(1)原告能源建设公司与被告电气公司于 2017 年 4 月 26 日签订的《采购合同》(合同编号:201704201)应于 2018 年 10 月 28 日解除;(2)被告电气公司返还原告能源建设公司货款 98040 元及利息;

(3)驳回原告能源建设公司的其他诉讼请求。[1]

【案例12-39】 鑫鑫公司诉宝盛公司买卖合同纠纷案

二审法院认为,2009年5~8月,南非持续发生罢工事件,涉及建筑、交通运输、矿产、政府部门等各行业,当事人于罢工事件期间签订合同,对订立合同时已经发生的罢工是知道或应当知道的,但对之后持续发生的罢工是无法预见的,不可避免、不可克服的,故持续发生的罢工属于双方约定的不可抗力。[2]

一般火灾不构成不可抗力,不可据此免责。

【案例12-40】 优利德(江苏)化工有限公司诉江苏宏达新材料股份有限公司买卖合同纠纷再审案

最高人民法院认为,火灾事故并非宏达公司停止采购优利德公司浓酸盐的抗辩事由。基于本案已经查明的事实,2012年11月8日,长江分公司发生火灾,企业全面停产,此后长江分公司未再向优利德公司购买浓盐酸。宏达公司主张此次火灾"属于不可抗力,也属于突发事件",不构成对优利德公司的违约,并引述双方签订的《协议》第三条作为其主张的合同依据。《协议》第三条约定:宏达公司与优利德公司"双方遇检修或可预知事故,应提前10天与对方联系,并协调好有关事宜。若双方因突发事件而中断输送的,应及时与对方有关负责人沟通与处理,以免给对方造成不必要的损失。(突发事件意味着不可抗力等意外原因而导致的供货停止除外)"。尽管双方对"突发事件意味着不可抗力等意外原因而导致的供货停止除外"的表述存在不同的理解,但根据该条约定的内容,在发生火灾事故导致停止使用优利德公司的浓酸盐时,宏达公司有义务及时与优利德公司进行沟通和处理,而宏达公司并无证据证明其在火灾事故后履行了自己的合同义务。就此点而言,宏达公司违反了《协议》的约定。而且基于宏达公司就火灾事故发布的公告及事故调查报告,此次火灾仅仅是"因人员违规作业导致的一般事故","事故发生在副产品堆放区域、长江分公司主要产品有机硅单体生产相关的生产厂房、设备和存货未受到损失",对"长江分公司恢复的进程"的影响也是"短期"的。因此,宏达公司以此次火灾事故作为停止向优利德公司继续采购浓

---

〔1〕 参见国家法官学院、最高人民法院司法案例研究院编:《中国法院2022年度案例》(买卖合同纠纷),中国法制出版社2022年版,第106~107页。安徽省蚌埠市蚌山区人民法院(2020)皖0303民初1796号民事判决书。

〔2〕 参见国家法官学院案例开发研究中心编:《中国法院2013年度案例》(买卖合同纠纷),中国法制出版社2013年版,第38页。广西壮族自治区南宁市中级人民法院(2011)青民二终字第54号民事判决书。

酸盐的抗辩事由,缺乏事实和法律依据,不能成立。[1]

新冠疫情下在认定不可抗力时应注意两个方面,其一,不可抗力是“不能克服”的客观情况,司法实践侧重于通过审查是否存在替代履行的方式判断疫情、防控措施对合同履行是否构成不可抗力。疫情及其防控措施对合同履行的阻碍主要表现为三种形式:一是主体受阻,即对具体实施合同的人的阻碍;二是客体受阻,即对合同标的物的阻碍;三是给付合同的方法受阻。当主体、客体和给付方法均存在替代方案时,不可抗力对合同履行的障碍并非不可克服,此时不能认定为不可抗力。反之,则符合不可抗力不能克服的定义。其二,单纯金钱给付义务原则上不适用不可抗力规则,但有例外。金钱给付义务能否适用不可抗力规则,应着重考察诉争合同的订立背景、债务人支付合同价款的款项来源、同处于疫情影响下的合同相对方是否已经完成对待给付,如果确实受疫情影响直接削弱了其履行能力,可以考虑适用不可抗力规则。金钱给付义务因疫情和防控措施影响到给付方法而造成迟延给付时,如需至银行柜台办理的汇款、转账、票据的交付等,应可例外适用不可抗力规则减免迟延给付的违约责任。也就是说,对新冠疫情是否适用不可抗力规则,防止“一刀切”,由法官根据具体案情裁量。

4. 不可抗力与意外事件的区别

不可抗力与意外事件的共同点,一般大众知识便可感知。二者的主要区别为,首先,主客观表现不同。不可抗力与意外事件起因于自然灾害和社会事件,意外事件是当事人没有预见,但可以避免的,而不可抗力即使预见到,也是不能避免和克服的。其次,影响合同履行和法律后果不同。不可抗力致合同全部或部分不能履行,适用不可抗力的目的在于确立民事责任的减免问题,适用意外事件的目的在于平衡双方当事人的利益,由当事人分担风险。

不可抗力与情势变更的区别见其下段阐述。

(二)买卖合同履行方式的认定

一方当事人擅自改变履行方式履行义务的,应视为未履行,该履行行为属无效履行。按照合同的性质,若该当事人的义务可以继续履行的,则对方当事人有权要求该当事人继续履行义务,并承担迟延履行责任。若该当事人继续履行义务已经没有意义,则对方当事人可以请求该当事人承担违约责任。也就是说,合同

---

〔1〕 最高人民法院(2016)民再169号民事判决书。

当事人在履行合同义务时为了对方利益考虑,不得擅自改变履行方式。

【案例12-41】　电梯公司诉房地产公司、王某常买卖合同纠纷案

二审法院认为,房地产公司与电梯公司签订的《电梯设备销售合同》中约定了电梯公司开户银行及账户,在合同签订后,房地产公司已按照合同约定的付款比例向电梯公司的该账户分3笔支付货款共计73.8万元。虽然电梯公司与房地产公司签订的案涉《电梯设备销售合同》中乙方(电梯公司)签字处工程结算单中班组长签字处有“王某常”的签字,但电梯公司向房地产公司出具的授权委托书中授权“王某常以电梯公司名义,参与房地产公司组织的河南省平顶山市郏县某项目电梯设备采购项目的谈判活动和主要业务联系”,并未明确授权王某常收取案涉电梯款,房地产公司擅自将余下的24.6万元货款支付给王某常及王某常的债权人王某春,侵害了电梯公司的合法权益,故电梯公司要求房地产公司支付货款24.6万元的上诉请求具有事实和法律依据,法院予以支持。要求公司支付逾期付款损失2.46万元的请求并未超出合同约定及法律规定,法院予以支持。王某常在收取房地产公司的款项后作出的如发生经济纠纷由其承担的承诺,对电梯公司不产生效力。房地产公司与王某常之间的纠纷,可以另行解决。判决:(1)撤销一审判决;(2)房地产公司向电梯公司支付货款24.6万元及逾期付款损失2.46万元。[1]

买受人向出卖人公司法定代表人的个人账户转账的,出卖人公司未返还欠条或者出具收条,不构成买受人向出卖人支付货款。

【案例12-42】　厦门市港华机电设备有限公司诉刘某界买卖合同纠纷案

判决观点,原告提供的欠条足以认定被告尚欠原告货款20万元;被告提供的自动柜员机客户通知只能认定被告于2007年9月21~22日通过银行转账方式向王某敬的账户转入20万元,但不能认得出该款项的性质如何。被告在将该款项打入王某敬的账户后,未要求王某敬担任法定代表人的港华机电公司返还欠条或者出具收条,因被告在此期间尚欠王某敬担任法定代表人的厦门申工电缆有限公司货款30万元,且约定于2007年10月10日前归还,至2008年6月30日止,被告才归还29万元,被告也未提供证据证明该29万元与2007年9月21~22日归还王某敬的20万元不存在关联性,因此难以认定该笔款项是用于偿还其所欠原告的货款。作为偿付货款的义务人,

---

〔1〕 参见国家法官学院、最高人民法院司法案例研究院编:《中国法院2022年度案例》(买卖合同纠纷),中国法制出版社2022年版,第99页。河南省平顶山市中级人民法院(2020)豫04民终3374号民事判决书。

被告应证明该款项是用于支付港华机电公司的货款,但是被告所举证据不足,无法认定其向王某敬的账户打入20万元是用于清偿所欠原告的货款。因此,被告辩称已清偿货款的主张不能成立,法院不予采信。判决:被告刘某界支付原告厦门市港华机电设备有限公司货款人民币20万元及相应利息。[1]

(三)买卖合同履行期限的认定

在给付之诉类型案件尤其是金钱给付类型案件的司法实践中,合同双方约定履行期限的情形主要为,一是约定了明确的履行期限,二是约定了履行期限附有一定条件导致模糊不清的。该种约定又可分为两种情况,一种情况是约定履行期限所附条件本身是否能够成就无法确定,另一种情况是约定履行期限所获的条件标准无法确定是否到达。对此有两种不同的观点,一般认为,《民法典》第六条、第七条规定的公平原则和诚信原则,应当遵循当事人订立合同之目的,约定履行期限的条件无法确定是否成就,属于对履行期限约定不明确的情形。

实践中,应该严格区分约定的履行期限不明确与附条件、附期限民事法律行为的差别。根据《民法典》第一百五十八条的规定,附生效条件的民事法律行为,自条件成就时生效。附解除条件的民事法律行为,自条件成就时失效。附解除条期限的民事法律行为,自期限届至时失效。第一百六十条规定,附生效期限的民事法律行为,自期限届至时生效。附终止期限的民事法律行为,自期限届满时失效。因此,双方均认可合同有效的情况下对约定的履行期限产生争议时,不涉及合同是否有效或者何时生效、何时失效问题。若当事人之间能够达成补充协议,就按协议解决;若无法达成补充协议,也无法按照合同相关条款或者交易习惯确定的,债务人可以随时履行,债权人也可以随时请求履行,但是应当给予对方必要的准备时间。

【案例12-43】 翟某合诉周某买卖合同纠纷案

判决观点,本案的争议焦点在于原、被告双方在欠条中约定的"本人(翟某合)声明不向法院起诉,此款于起诉孙某志、马某英回款时付清"条款是否构成周某偿还欠款的前提条件。第一,《民事诉讼法》第一百二十三条第一款规定,人民法院应当保障当事人依照法律规定享有的起诉权利,对符合本法第一百一十九条的起诉,必须受理。诉讼权利是法定权利,该约定排除了

---

[1] 参见国家法官学院案例开发研究中心编:《中国法院2013年度案例》(买卖合同纠纷),中国法制出版社2013年版,第193~194页。福建省厦门市集美区人民法院(2011)集民初字第544号民事判决书。

一方当事人依法享有的起诉权利违反法律规定，且不属于法律规定的人民法院依法不予受理的情形，故约定不向法院起诉的条款应属无效，不能构成偿还欠款的前提条件。根据《合同法》的规定，合同部分无效，不影响其他部分效力的，其他部分仍然有效。第二，买卖合同是出卖人转移标的物的所有权于买受人，买受人支付价款的合同。本案中，周某从翟某合处购买汽车轮胎，双方形成买卖合同法律关系，系双方当事人的真实意思表示，未违反国家法律、行政法规的强制性规定，应属有效，双方均应依约履行。翟某合将汽车轮胎交付周某后，周某未及时付清货款，后经双方协商一致以出具欠条的形式对买卖轮胎的款项进行结算，系对买卖合同双方义务的认定与重申，是买卖合同不可分割的一部分，与买卖合同具有同等效力。换言之，欠条载明的周某欠翟某合轮胎款计54210元系已生效的内容，周某依约已产生相应的还款义务，不存在《合同法》第四十五条、第四十六条规定的附条件或者附期限合同未生效的情形。故"此款于起诉孙某志、马某英回款时付清"条款应属于双方当事人就欠款的履行期限作出的约定。经法院查明，周某申请执行孙某志、马某英一案已执行终结。除申请执行人认可二被执行人以尾矿石抵扣的5万元案款外，申请执行人尚有286412元未得到实现。剩余尾款执行到位日期尚不明确，即本案中双方当事人对欠款约定的履行期限不明确，根据《合同法》第六十一条、第六十二条的规定，履行期限不明确的，债务人可以随时履行，债权人也可以随时要求履行，但应当给对方必要的准备时间。"此款于起诉孙某志、马某英回款时付清"条款亦不能构成偿还欠款的前提条件。判决：周某支付翟某合汽车轮胎款54210元。[1]

买卖双方对交货时间并未进行明确约定，合同履行期间不明确的，一般的履行规则为：其一，协议补充原则。所谓协议补充原则，是指当事人对没有约定或者约定不明确的合同内容通过协商的方法订立补充协议，使合同具体化和明确化，与原合同共同构成一份完整的合同。其二，按照合同有关条款或交易习惯确定原则。其三，法定补充原则。所谓法定补充原则，又称合同补缺规则，是指法律规定的，适用主要条款欠缺或者条款约定不明确，但并不影响效力的合同，以弥补当事人所欠缺或未明确表示的意思，使合同内容合理、确定，便于实际履行。

在三个履行规则的适用顺序上，首先是买卖双方协议补充；其次是不能达成补充协议时，按照合同有关条款或者交易习惯确定；最后是不能按照合同有关条款或者交易习惯确定的，就应当适用法定补充原则。

---

〔1〕 参见国家法官学院、最高人民法院司法案例研究院编：《中国法院2022年度案例》（买卖合同纠纷），中国法制出版社2022年版，第102～103页。北京市密云区人民法院（2020）京0118民初6246号民事判决书。

【案例12－44】 行如风公司诉华海公司买卖合同纠纷案

二审法院认为,第一,行如风公司是否存在逾期交货的问题。由于华海公司确认鞋样等原因,行如风公司开始全面量产的时间已经推迟到合同约定的交货时间之后。在双方没有对交货期进行明确约定的情况下,不能脱离合同约定的履行期限,而加重合同履行方的责任和义务。故合同的履行期限应当相应顺延,在其后顺延的履行期限内,行如风公司实际履行了相关的交货义务。华海公司在邮件中的交货期是其自己单方意思表示,并未得到行如风公司的认可。第二,华海公司主张的运杂费中46361元有注明为运费、运杂费的增值税发票三份为证,三份发票反映的运费、运杂费支付内容能够与本案的货物运输时间、地点相互印证,且系必要及合理支出,行如风公司虽不予认可,但未能提供相应反证,故对华海公司代付运染费46361元的事实应予以认定。故华海公司尚欠的货款为487477元。判决:(1)维持原审判决第三项;(2)撤销原审判决第二项;(3)变更原审判决第一项为:华海公司支付行如风公司487477元及其利息;(4)驳回行如风公司的其他本诉请求。[1]

(四)合同有效履行不能的处理

合同有效与合同是否履行是两个独立的问题。法律行为成立以后,发生致使合同无法履行的原因,也即法律行为成立之时尚属可能,法律行为成立之后才变为不能,此种情形被称为"嗣后不能",关涉债务履行及违约问题。在合同有效的情况下,若发生嗣后不能,除不可归责于双方当事人的情况以外,就会涉及违约或负责问题。合同履行不能的概念只是一种事实状态,不能用来概括其他违约现象,《民法典》针对不同的具体行为,将基本的违约形态分为不履行、迟延履行、不适当履行、部分履行4种。在出现合同无法履行的根本因素,也即因可归责于债务人的事由而致全部履行不能,债务人若不能继续履行义务,则发生债不履行的责任,债务人虽被免除履行原债务的义务,但要承担不履行的违约责任。应注意的是,这里讲的履行不能,是作为债权客体的给付不可能状态,区分为"事实上的履行不能"和"法律上的履行不能"两个概念。

通常情况下,合同双方应严格按照合同约定履行义务、行使权利。在合同履行中如果出现特殊情况,合同实际上已无法履行,进而导致合同约定的行使权利

〔1〕 参见国家法官学院、最高人民法院司法案例研究院编:《中国法院2020年度案例》(买卖合同纠纷),中国法制出版社2020年版,第122页。福建省泉州市中级人民法院(2018)闽05民终2684号民事判决书。

条件迟迟难以成就,此时如果仍然坚持按照合同原来设定的条件,阻止当事人主张权利,可能导致双方的权利出现失衡,有违公平原则。公平原则作为合同法的基本原则之一,强调交易双方在缔约及履行过程中应获得均等的机会、互惠互利,在权利义务的设置上不应出现严重失衡。在合同履行中固然应当遵循诚信原则,但不应机械地理解为合同约定和法律规定,因为确保双方当事人之间合同权利义务的整体公平才是诚信原则真正的应有之义。司法裁判中应灵活适用公平原则等基本原则,以更周全地保护当事人的合法权益。换言之,合同约定的行使权利条件因客观因素难以实现时,应允许当事人行使权利。

【案例 12－45】　电缆公司诉电力建设公司买卖合同纠纷案

二审法院认为,电力建设公司与电缆公司签订的《合同一》《合同二》《合同三》系双方当事人的真实意思表示,且未违反国家有关法律、法规的强制性规定,应认定为有效,签约各方均应依约履行各自义务。本案中,《合同一》《合同二》虽均约定经正式发电运行验收合格后甲方于 7 日内付合同总额的 25%,现相关电力隧道的修建迟延而暂停施工,进而影响了正式通电、项目报竣及电缆验收,因此,在《合同一》《合同二》的履行过程中虽电力建设公司和电缆公司对此均无过错,但鉴于《合同法》第五条的规定:当事人应当遵循公平原则确定各方的权利义务。因此一审法院认为机械地适用《合同一》《合同二》约定的付款条件,将导致在已履行全部供货义务长达三年的情况下,电缆公司基于《合同一》《合同二》所应获得的第三笔款因为上述电力隧道迟迟未能修建完毕而将一直处于悬而未决的状态,有悖于公平原则并无不妥。如果案涉电缆将来经供电部门检验确实存在质量问题,电力建设公司可通过质保金条款及违约金条款保护其相关权利。据此,一审法院综合考虑全案情况尤其是《合同一》《合同二》签订和履行情况,对电缆公司要求电力建设公司给付第三笔货款予以支持并无不当。故电力建设公司的上诉理由不能成立,应予驳回。一审法院判决认定事实清楚,适用法律正确,应予维持。判决:驳回上诉,维持原判。[1]

(五)继续履行合同请求的处理

债务人提前履行,是指债务人在合同履行期限到来之前开始履行自己的合同

〔1〕　参见国家法官学院、最高人民法院司法案例研究院编:《中国法院 2022 年度案例》(买卖合同纠纷),中国法制出版社 2022 年版,第 111 页。北京市第二中级人民法院(2020)京 02 民终 3305 号民事判决书。

义务。《民法典》第五百三十条规定:“债权人可以拒绝债务人提前履行债务,但提前履行不损害债权人利益的除外。债务人提前履行债务给债权人增加的费用,由债务人负担。”本条规定了债权人对债务人提前履行债务的处理。双方当事人应当严格按照合同所规定的期限履行,只有这样才能真正体现双方的合意,实现共同利益。期限利益对于债务人而言,是一项权利,权利可以放弃,法律应当允许。提前履行意味着债务人对自己期限利益的放弃。提前履行可能会给债权人带来便利或者利益,但也有可能给债权人带来不便之处,在某些情况下,还有可能损害债权人的利益。因此,在法律上,对提前履行应当予以确认,但是必须予以一定的限制。具体到买卖案件中,出卖人在交易中以能及时取得全部价款为其主要目的,从交易角度来看,买受人贷款往往因资金不足而采取的付款方式,进行贷款双方需要办理一定的手续,如果能及时付清全款,有利于出卖人的交易且不会损害出卖人的利益,亦为买受人积极履约的行为,本着诚实信用原则,出卖人应当予以接受。

继续履行合同的条件。根据《民法典》第五百八十条的规定,下列几种情形不适用继续履行:法律上或者事实上不能履行,债务的标的不适于强制履行或者履行费用过高;债权人在合理期限内没有请求履行。该条第二款又规定除外情况不能履行之情形。在上述三种情况下,守约方不能强行要求违约方实际履行,即使通过诉讼主张强制履行也得不到法院的支持。在此情形下,守约方只能要求违约方支付违约金或者赔偿因不履行合同所造成的损失。

不存在合同履行的现实困难,且不存在《民法典》第五百八十条规定的三种情形,守约方要求履行合同的,应当予以支持。实践中,法官应综合考虑合同履行进度、货款交付情况、货物实际状态等因素,确定涉案买卖合同是否具备继续履行的条件。对继续履行合同有约定的,从其约定。

在合同继续履行费用过高的情况下,对非金钱债务,债务人可以作不予履行的抗辩,债权人请求继续履行的不予支持。最高人民法院民一庭意见,根据《合同法》第一百一十条第三项的规定,在履行费用过高的情况下,守约方请求人民法院判决违约方继续履行合同的,不予支持。[1]

继续履行合同请求事项。对提出要求继续履行合同的,应当明确继续履行的具体事项。原告(被告)的诉讼请求中没有具体履行内容的,法官应当向原告(被告)释明,要求其变更诉讼请求明确具体履行的内容,如支付货款、交付货物等,并告知仅判决继续履行合同存在履行内容不明确无法执行的风险;坚持不变更的,可以根据原告(被告)的请求作出相应的判决,并告知在履行中发生新的争议可

---

〔1〕 参见最高人民法院民事审判第一庭编:《最高人民法院民事案件解析》(4)(房屋买卖、租赁纠纷),法律出版社2010年版,第413页。

就具体履行内容另行起诉。在不符合继续履行的情形下,债权人提出继续履行的诉讼请求,经法官释明后仍未变更的,有的法院对此依法不予支持。

合同约定的标的不适用强制履行的,当事人请求履行合同的,法院不予支持。

【案例 12-46】　永信公司诉明申公司、王某刚买卖合同纠纷案

一审法院认为,案涉合同标的物"曼地亚红豆杉"具有以下特殊性:一是明确约定了采收区域范围;二是明确约定了紫杉醇的含量要求;三是明确约定了采收标的物的水分含量;四是明确约定了保证供应5年生树(或以上)的枝叶及树根;五是曼地亚红豆杉具有自然生长周期。因上述特殊性,本案无法确定在永兴公司诉请继续履行的期间内,明申公司、王某刚是否持有合同约定的标的物。判决:(1)确认明申公司、王某刚于2011年5月8日向永信公司发出的《关于解除〈采购协议书〉的通知》不发生解除合同的效力;(2)驳回永信公司的其他诉讼请求。二审法院认为,基于合同标的物的特殊性,本案合同所涉标的物不适用于继续履行。判决:驳回上诉,维持原判。[1]

继续履行合同对定金的处理。根据《民法典》第五百八十八条的规定,违约金和定金不能并用。收受定金的一方只在不履行合同的情况下,才需要双倍返还定金。守约方在要求违约方继续履行合同的情况下,虽经法院释明,仍坚持要求违约方适用定金罚则,在法院在判令违约方履行合同的情况下,作出不再支持守约方对违约方适用定金罚则的诉讼请求的裁决符合法律和司法解释的规定,应当得到支持和肯定。

一般认为,在预约义务人明确将不再履行合同的基础上,对于权利人来说必然会产生信赖利益的损失,选择继续履行或者赔偿损失。权利人怠于履行合同义务及行使选择权的后果应自行承担。

【案例 12-47】　石油钻具公司诉钢管公司买卖合同纠纷案

二审法院认为,第一,编号为20130510—2的《工业品买卖合同》中对各个规格芯棒的具体数量没有确定,因此,钢管公司有权在约定的期限内进行选择,合同约定"3个月内全部交完",钢管公司有权在3个月的期限内进行选择,但客观上,钢管公司在选择履行部分采购业务后,钢管公司便拒绝履行合同,也未在合同约定的期限内再行使选择权,那么选择权便转移至石油钻具公司,石油钻具公司有权在合同约定的各个规格中选择向钢管公司交付的具体数量,目前石油钻具公司有权要求向钢管公司交付的186只芯棒的规格型号均是在合同约定的范围内。2013年7月2日,石油钻具公司向钢管公司

---

〔1〕 参见国家法官学院案例开发研究中心编:《中国法院2016年度案例》(买卖合同纠纷),中国法制出版社2016年版,第190页。四川省高级人民法院(2014)川民终字第244号民事判决书。

的范某宜通过电子邮件发送了20130702的《工业品买卖合同》,其中对各种规格型号芯棒的数量进行了明确,属于向钢管公司催告行使选择权。钢管公司怠于行使选择权,阻却其合同义务履行条件的成就,故应当视为相应的付款条件成就,石油钻具公司有权要求钢管公司支付186只芯棒的全部货款392.02万元。判决:驳回上诉,维持原判。[1]

〔1〕 参见国家法官学院、最高人民法院司法案例研究院编:《中国法院2022年度案例》(买卖合同纠纷),中国法制出版社2022年版,第91~92页。江苏省无锡市中级人民法院(2020)苏02民终1587号民事判决书。

三、买卖合同疑难问题

(一)合同抗辩权的适用

抗辩权,是指权利人用以对抗他人的请求权、阻止请求权效力的民事权利。抗辩权的作用在于防御,而不在于攻击,因此只有他人行使请求权,为妨碍该请求权实现才会行使抗辩权。抗辩权与否认相对人的权利异议不同,抗辩权以承认相对人的请求权有效存在为前提。抗辩权不是形成权的一种,它只阻止请求权的行使,不能创设、变更和消灭权利。抗辩权的特征包括:(1)抗辩权主要针对请求权而存在,可以对抗一切请求权;(2)抗辩权的作用在于阻止请求权的效力实现,不在于变更和消灭相对人的权利。[1]

《民法典》第五百二十五条、第五百二十六条与第五百二十七条,分别规定了同时履行抗辩权、先履行抗辩权与不安抗辩权,共同构成《民法典》合同编中的抗辩权制度。三种抗辩权作为《民法典》中的一项重要的制度,在维护当事人双方利益平衡,促成当事人相互协作,维护交易秩序方面具有重要意义。由于对该三种抗辩权的规定不仅过于原则和抽象,而且对三种抗辩权的行使等诸多问题并未作出规定,该制度在法律适用上面临诸多难题。

违约责任与履行抗辩权的关系。双务合同中的抗辩权主要有同时抗辩权、先履行抗辩权、不安抗辩权。买受人享有抗辩权,可以抗辩出卖人的不当行为,并不承担违约责任。但行使抗辩权不当的,应当承担违约责任。

1.同时履行抗辩权

同时履行抗辩权,是指在双务合同中,双方当事人同时履行的情况下,一方当事人有证据证明另一方当事人在应当履行的时间内不履行或者履行不符合约定时所享有的拒绝履行债务或者拒绝履行相应义务的权利。[2]《民法典》第五百二

---

〔1〕 参见中国社会科学院法学研究所、法律辞典编委会编:《法律辞典》,法律出版社 2003 年版,第 817 页。

〔2〕 参见谢怀栻:《合同法原理》,法律出版社 2000 年版,第 162 页。

十五条规定："当事人互负债务，没有先后履行顺序的，应当同时履行。一方在对方履行之前有权拒绝其履行要求。一方在对方履行债务不符合约定时，有权拒绝其相应的履行要求。"这一条即是有关同时履行抗辩权的规定。

（1）同时履行抗辩权的成立要件

一是须基于同一双务合同互负债务，在履行上存在关联性；二是当事人的债务没有先后履行顺序；三是双方所负的债务已届履行期；四是对方未履行自己所负的债务或者履行债务不符合约定仍然提出履行请求。履行债务不符合约定的情况，包括部分履行、瑕疵履行等。[1]

（2）同时履行抗辩权的效力

同时履行抗辩权属延期的抗辩权，只是暂时阻止对方当事人请求权的行使，非永久的抗辩权。对方当事人完全履行了合同义务，同时履行抗辩权消灭，当事人应当履行自己的义务。当事人行使同时履行抗辩权致使合同迟延履行的，该当事人不承担违约责任。[2]

（3）同时履行抗辩权的适用范围

学界和实务界中对同时履行抗辩权的适用范围存有不同的观点。通说认为，此项抗辩权既适用于双务合同，也适用于有关债的关系。依《民法典》第五百二十五条的规定，同时履行抗辩权的适用范围为双务合同，且仅限于应当同时履务债务的双务合同中对方有不履行债务或履行债务不符合约定的情形。有关债的关系和其他合同则均不属于适用范围。根据《民法典》的立法精神，此项抗辩权主要适用于下列双务合同：买卖合同，互易合同，供用电、水、气、热力合同，租赁合同，承揽合同，货运合同，保险合同，有偿委托合同等。

除了双务合同中可以行使同时履行抗辩权外，笔者认为下面当事人互负债务且具有牵连性的情况下，也可以行使同时履行抗辩权。

其一，可分之债。可分之债如果是由一个双务合同产生的，则债务人对其可以分割的债务的履行与债权人的对待履行之间形成对待关系，各个债务人的债务和各个债权人的债权之间相互对立。因此，对相互对立的债务不履行，可以适用同时履行抗辩权。

其二，连带之债。在连带之债中，多数债权人和多数债务人之间对债权和债务形成连带关系，只要是双务合同的连带之债，就符合同时履行抗辩权的构成条件。如张某向刘某和李某购买黄豆10吨，约定刘某和李某负连带责任，如果张某向李某请求交付黄豆10吨，李某可以主张张某应支付全部价金的同时履行抗辩。

其三，为第三人利益订立的合同。如果订约当事人并不是为自己设定权利，

---

〔1〕 参见黄薇主编：《中华人民共和国民法典合同编释义》，法律出版社2020年版，第145页。

〔2〕 参见黄薇主编：《中华人民共和国民法典合同编释义》，法律出版社2020年版，第145～146页。

而是为第三人利益订立合同,这种合同就是为第三人利益订立的合同。如在托运人和收货人不一致时,托运人与承运人订立的合同就是为第三人利益的合同。在为第三人利益的合同中,如果一方未履行,则另一方可以拒绝向第三人作出履行。如果甲乙约定,甲向乙购买大米,货款 10 万元,约定丙对乙享有直接请求权。如果甲表示不能到期支付货款,则乙可以拒绝丙的请求。

其四,向第三人给付的合同或第三人为给付的合同。在向第三人给付的合同中,债务人因合同债权人所享有的同时履行抗辩权,可以对抗受益的第三人。例如,在向第三人给付的买卖合同中,债权人未按约定支付价金的,在第三人行使请求权时,债务人可以主张同时履行抗辩权。在第三人为给付的合同中,债务人因合同对债权人所享有的同时履行抗辩权,第三人同样享有。

其五,因合同解除、被宣布无效或被撤销而产生的相互之间的返还义务。具有明显的对价关系,一方不返还,对方可以拒绝返还。

其六,在债权让与和债务转移中,也可以适用同时履行抗辩权。

其七,票据交付与付款的同时履行抗辩权。根据《票据法》第五十三条、第五十五条的规定,如果票据是揭示票据或缴回票据,在行使或者处分票据上的权利时,必须交付票据,否则相对人有权行使同时履行抗辩权。

界定同时履行抗辩权的范围,要求当事人之间互负的债务必须具有对价或牵连关系,即其债务之间互为条件,互为牵连。如果当事人之间的债务没有牵连关系,则不能适用同时履行抗辩权。有法官提出,在当事人之间没有特别约定时,主债务与从债务之间也不具有对价关系,不能成立同时履行抗辩权。例如违约金债务,是双务合同的从债务,其与主债务之间没有对价关系,因此无法适用同时履行抗辩权。损害赔偿债务,理论上认为属于双务合同一方当事人违反合同后其主债务的转化形态,与原主债务具有同一性,其与对方所负债务之间仍然存在对价关系,所以,可以就损害赔偿债务成立同时履行抗辩权。[1]

(4)适用范围和判断标准

《民法典》第五百二十五条的规定,确立了“相应”性的标准,解决了正当履行的判断标准。所谓“相应”,就是要求履行和对待履行之间义务的内容或者相互履行的金钱价值应该大体相当。相应性可以说类似于一种对价性的抗辩,突出地反映了双务合同的等价交换的特点。这个标准的确立,能够判断在很多情况下是否正当地行使抗辩权,比如在部分履行的情况下,如果未交付的量非常少,如交付 1000 公斤库尔勒香梨,只有 3 公斤未交付,只能就没有交付的 3 公斤拒绝履行支付价款的义务,而不能就全部的价款拒绝支付。如果几乎都已经履行了,还有一

---

〔1〕 参见王闯:《论双务合同履行中的同时履行抗辩权——兼释合同法第六十六条及其适用中的相关疑难问题》,载《法律适用》2000 年第 12 期。

小部分没有履行,这时是否可以行使同时履行抗辩权?这就要根据诚信原则决定。这时的判断标准,一个是标的物是否可分,另一个主要是根据公平原则、诚信原则。

司法实践中,合同标的发生变化,就是当事人的债权、债务内容发生变化。如果合同标的发生变化不影响合同双方的对待给付关系,合同标的发生变化仍具有同一性,那么同时履行抗辩权仍可以适用。

(5)"同时履行"理解和适用

双方互负的债务应当同时履行且均已届清偿期,是行使和适用同时履行抗辩权的前提条件之一,但是由于法律对"同时履行"的含义并未作出具体规定,以致实践中对此认识不尽一致。对此问题,法律上应作何理解,在理论和实务上都有重大意义。有一种观点认为,所谓"同时履行"是指当事人互负债务,没有先后履行顺序。还有一种观点认为,"同时履行"是同一时间履行。根据《民法典》第五百二十五条的立法本意,同时履行抗辩权制度中的"同时履行",并非仅指当事人互负债务,而没有先后履行顺序的,在同一时间或同一个时候履行,它同时还包括按照当事人的约定或合同的性质和交易习惯,在某一特定时间段内履行。实践中处理同时履行抗辩权应注意的是,对"同时履行"的认定和适用不应局限于"一手交钱、一手交货"的情形,而应具体情况进行具体分析,只要双方约定履行的时间相差不大的,都可视为"同时履行"。如当事人以口头形式约定或以书面形式在合同中载明"货到验收合格后付款"、"货到付款"或"款到发货"的,均可认定为"同时履行"的约定。如当事人没有约定一方应先履行,按照合同的性质也不能确定应先后履行的,则可推定为"同时履行"。否则,会不适当限制同时履行抗辩权的适用,违反法律设立这一制度的目的。

应当注意的是,同时履行必须以各方"同时履行"为条件,如果一方有先为给付的义务,而相对方的给付义务在后,有先为给付义务的一方尚无权请求对方履行,而对方则有权请求其履行,此时,他只能先履行自己的义务而无权援用同时履行抗辩权。[1] 也就是说,被请求方如有先为给付的义务,不得以对方未履行对待给付为由进行抗辩。判断抗辩者是否有先为给付的义务时,除依据当事人签订的合同条款外,还应当考虑法律的规定和交易习惯,主要是指:其一,法律的规定。有的法律明确规定了当事人履行义务的先后顺序。其二,基于交易习惯。例如在雇佣合同中,如果没有特别约定,报酬应于劳务提供后支付,即雇佣人应先提供劳务;又如坐火车、飞机、看电影等先买票;再如住旅馆、坐出租车可后付钱等。

《民法典合同编通则解释》第三十一条第二款规定:"当事人一方起诉请求对方履行债务,被告依据民法典第五百二十五条的规定主张双方同时履行的抗辩且

〔1〕 参见李永军:《合同法原理》,中国人民公安大学出版社1999年版,第510页。

抗辩成立,被告未提起反诉的,人民法院应当判决被告在原告履行债务的同时履行自己的债务,并在判项中明确原告申请强制执行的,人民法院应当在原告履行自己的债务后对被告采取执行行为;被告提起反诉的,人民法院应当判决双方同时履行自己的债务,并在判项中明确任何一方申请强制执行的,人民法院应当在该当事人履行自己的债务后对对方采取执行行为。当事人一方起诉请求对方履行债务,被告依据民法典第五百二十六条的规定主张原告应先履行的抗辩且抗辩成立的,人民法院应当驳回原告的诉讼请求,但是不影响原告履行债务后另行提起诉讼。"

实践中,对适用同时履行的理解存在差异。

【案例 12-48】 安庆市申申服装厂与六安地区经济开发总公司买卖合同纠纷案

一审法院认为,被告开发公司未提供商检单原件,未卸车验数,即违约在先。二审法院认为,由于合同中未明确约定验证、验数及支付部分货款义务的履行先后顺序,双方应同时履行。在服装厂不能按时筹足并交付应付货款的情况下,为避免发生损失,开发公司有权不履行己方义务并将货物运回处理,其行为不属违约,故开发公司的上诉理由成立,应予支持。[1] 二审法院运用双务合同同时履行抗辩权的理论,无疑是正确的。应该看到该案在《合同法》颁布之前,尤为可贵。

合同义务履行顺序约定不明确,双方协商不成时,法官应依照公平原则并考虑事实情况裁量为同时履行。

【案例 12-49】 湖南全洲药业有限公司与清华紫光古汉生物制药股份有限公司总经销合同纠纷案

最高人民法院认为,从本案查明的事实看,合同签订并已经开始实际履行,合同的主要条款齐全,但个别条款存在约定不明确的情况,如关于"经古汉生物制药公司同意,全洲药业公司提供相应价值流动资产作为铺底资金的担保,并办理相关法律手续"的约定即属此类。因前述条款对双方当事人互付的提供铺底货物与为铺底货物提供担保义务的履行顺序约定不明确。依据《合同法》第六十六条关于"当事人互负债务,没有先后履行顺序的,应当同时履行。一方在对方履行之前有权拒绝其履行要求。一方在对方履行债务不符合约定时,有权拒绝其相应的履行要求"的规定,双方当事人均负有同时履行义务。即古汉生物制药公司有权要求全洲药业公司提供相应价值的

---

〔1〕 参见最高人民法院中国应用法学研究所编:《人民法院案例选》1995 年第 2 辑(总第 12 辑),人民法院出版社 1995 年版,第 113 页。

流动资产作为100万元铺底货物的担保,全洲药业公司也有权要求古汉生物制药公司继续提供铺底货物。因此,在约定不明确的情况下,古汉生物制药公司向全洲药业公司提出,在全洲药业公司提供相应价值的流动资产作为100万元铺底货物予以担保的情况下,其再继续提供铺底货物的要求并不违约;全洲药业公司向古汉生物制药公司提出,在古汉生物制药公司提供足够的铺底货物后,其再提供担保的要求也不违约。古汉生物制药公司关于全洲药业公司不履行为铺底货物提供担保的义务构成根本违约的上诉主张不能成立,法院不予支持。[1]

同时履行抗辩权中用于抗辩的义务应是明确的,不明确的义务不构成抗辩权行使的条件。对因约定不明的合同义务应如何恰当履行产生的争议,在当事人在不能自行协商解决的情况下,可请求法院确定合同的含义以明确合同义务的履行方式。但在合同含义未予确定之前,一方当事人以对方未履行该义务为由而停止履行合同中明确约定应由其履行的义务,不符合同时履行抗辩权行使的法定条件。

适用同时履行抗辩权作为拒绝履行已方义务的风险较大,因为合同约定的履行期限是一个连续的过程,即便是在同一天,也存在不同的时间段,无法保证真正意义上"同时"履行。

(6)"履行债务不符合约定"理解

《民法典》第五百二十五条规定了同时履行抗辩权的条件即"履行债务不符合约定",但未明确规定"履行债务不符合约定"的定义及具体情形,因此在实践中对此认识和做法差异较大,这实际涉及违反给付义务、附随义务时,同时履行抗辩权的认定问题。

根据立法精神,结合司法实践,笔者认为,"履行债务不符合约定"主要是指履行债务的标的物的质量、数量或履行方式不符合约定。现实生活中,只要当事人履行债务有下列情形之一的,即应认定属于"履行债务不符合约定":其一,瑕疵履行,即履行质量不符合约定,交付的标的物质量有瑕疵;其二,部分履行,即交付部分标的物,履行债务的标的物不符合约定;其三,履行方式不符合约定,如货运合同中,托运人未按照与承运人约定的方式包装货物,即属此类情形。实践中,正确理解和适用"履行债务不符合约定"应当注意以下几点:一是出卖人交付的货物全部有瑕疵的,买受人有权拒绝受领,并可以拒绝对方的履行要求(拒付全部货款)。二是出卖人交付的货物仅部分有瑕疵的,买受人可以拒付该部分的货款。三是一方仅为部分履行,另一方已经受领且对方履行债务符合约定的,其只能就

---

[1] 参见最高人民法院民事审判第二庭编:《最高人民法院商事审判指导案例》(合同卷)(上),中国法制出版社2011年版,第171页。

对方未履行部分援用同时履行抗辩权。然而无论如何，一方受领履行以后，不得以对方没有履行而援用同时履行抗辩权，只能就对方未履行部分援用同时履行抗辩权。[1] 四是一方交付的标的物仅有细微瑕疵，且不影响另一方实现合同目的，依诚实信用原则，另一方不能据此主张同时履行抗辩权。五是一方交付的标的物在数量上仅是轻微不足（如出卖人按约定交付10吨苹果，买受人实际收货9.9吨，少100公斤），依据诚实信用原则，不能视为“履行债务不符合约定”，另一方不得以此为由拒付全部货款。若另一方据此主张同时履行抗辩权拒付全部货款的，法院对此不仅不予支持，而且可以根据对方当事人的诉讼请求判令其承担违约责任。

需要特别指出的是，一方仅提出履行，并不意味着其已经实际履行，而且在提出履行后，也会发生迟延履行、瑕疵履行等不符合约定的问题。既然迟延履行、不适当履行以及瑕疵履行等也会使另一方援用同时履行抗辩权，并且已经被立法采纳，那么仅仅提出履行也可以由另一方援用同时履行抗辩权；否则，另一方可能根本得不到对方的相对履行，或者仅仅得到的履行与合同约定完全不符，另一方将遭受不利的后果，这显然不甚公平。[2] 因此，一方仅提出履行的情况下，另一方也可以援引同时履行抗辩权。

在合同关系中，一方当事人的合同义务往往体现为给付义务和附随义务，那么合同一方当事人在履行了给付义务而未履行附随义务的情况下，另一方当事人是否可以行使同时履行抗辩权而拒绝履行自己的合同义务？有学者认为，这里规定的“履行债务不符合约定”中的债务，是指主债务，不包括附随义务和从债务。因此，对附随义务和从债务的不履行，不得行使同时履行抗辩权。[3]

有法官认为，《合同法》规定的履行抗辩权在债务人履行债务不符合约定时产生，并未区分债务中的主给付义务与从给付义务，即债务人不履行从给付义务时，债权人也可以行使履行抗辩权。但是，根据诚实信用原则，只有从给付义务与另一方当事人负有的义务具有对价、对待给付关系或牵连关系时，另一方当事人才能行使拒绝履行相应合同义务的抗辩权。[4] 笔者对此表示赞同，即对从给付义务只有存在对价、对待给付关系或牵连关系时，才能行使援引同时履行抗辩权，而不是全部否认违反从义务不能适用同时履行抗辩权之意见，原因在于不宜绝对化。对未履行附随义务的，不能援引同时履行抗辩权。原因如下：其一，此处的附随义务，显然并非《民法典》第五百条规定的先合同义务，亦非《民法典》第五百零一条规定的后合同义务，而为《民法典》第五百零九条规定的合同中的附随义务，

---

〔1〕参见王泽鉴：《民法学说与判例研究》（第5册），中国政法大学出版社1998年版，第146页。

〔2〕参见王利明：《违约责任论》（修订版），中国政法大学出版社2000年版，第267页。

〔3〕参见杨立新主编：《疑难民事纠纷司法对策》（第13集），吉林人民出版社2000年版，第113页。

〔4〕参见李勇主编：《买卖合同纠纷》，法律出版社2011年版，第136页。

即遵循诚实信用原则并根据合同的性质、目的和交易习惯应履行的通知、协助、保密等义务。附随义务从功能上可区分为两类,即促进给付义务的具有辅助功能的附随义务和维护对方人身及财产利益的具有保护功能的附随义务。按照《民法典》的规定,债务人不履行附随义务时,债权人可就其损害请求损害赔偿,因此,一方违反附随义务时,另一方可按法律规定寻求相应的救济。其二,《民法典》第五百二十五条规定中的不符合“约定”,应指约定的给付义务,而非基于诚实信用原则产生的附随义务。其三,同时履行抗辩权以合同双方的牵连性为前提,即以双务合同的对待给付为前提,一方未为对待给付前另一方可以拒绝履行给付义务。附随义务并不属于对待给付义务,具有辅助功能的附随义务具有促进实现给付义务的性质。其四,虽然理论界有观点认为,附随的履行义务与对方的给付义务之间具有牵连性,但笔者认为,将此类附随义务归类为给付义务在逻辑上更为妥当。例如,车辆出卖人在交付车辆以后而未应买受人的要求交付驾驶证或保险单,此时,买受人可因对方未交付驾驶证或保险单而行使同时履行抗辩权,拒绝支付价款。这里出卖人交付驾驶证或保险单的义务并非从给付义务。有学者认为,一方单纯违反附随义务,但已经履行了主给付义务,另一方不得援用同时履行抗辩权。但是,附随义务的履行与合同目的的实现如果具有密切联系关系,应当认为该附随义务与对方的主给付义务之间具有牵连性和对价关系。[1] 另外,在当事人具体明确地将某种附随义务约定为主给付义务时,无疑应当尊重当事人的意思而将其认定为主给付义务。应强调的是,出卖人违反附随义务时,买受人不享有同时履行抗辩权,其拒绝支付货款的行为应认定为违约。只有在出卖人对合同附随义务的违反导致合同目的不能实现时,买受人才可以行使同时履行抗辩权。

在买卖合同中,未对出卖方的开具发票义务作出明确约定的情况下,一般认为,基于开具发票的从合同义务属性分析,合同的主给付义务与从合同义务原则上是不能发生发生对价、牵连关系的;同时,根据发票的财务制度规定,在该种情况下买方不能以卖方未开具发票为由行使同时履行抗辩权。但是就同时履行抗辩权的国际理论和实践而言,存在一种扩张的趋势。也即从义务,尤其是与合同目的的实现具有密切关系的从义务,原则上可以认为与合同的主义务履行具有牵连关系,可以据此行使同时履行抗辩权。在双方就开具发票进行了明确约定的情况下,应当具体分析约定条款和实际履行的情况进行综合分析。买卖合同双方明确约定一方未开具发票则另一方有权拒绝付款的,则应当尊重双方当事人的意思自治,赋予付款方行使同时履行抗辩权的权利。若未约定付款方有权拒绝付款,则需要法官综合判断,未开具发票的行为是否对合同目的的实现具有实质性的影响从而进行认定。

---

〔1〕 参见林诚二:《民法理论与问题研究》,中国政法大学出版社2000年版,第372页。

【案例12－50】　周某怀诉双利物流公司买卖合同纠纷案

判决观点，买卖合同中，在双方没有特别约定出卖人提供发票的情况下，出卖人提供发票不属于主合同义务，仅是附随义务，无法与买受人支付货款义务构成对待给付，本案被告双利物流公司并未举证证明双方就卖方提供发票有约定，而以原告单纯违反出具发票这一附随义务为由提出抗辩拒绝支付所欠货款，其抗辩理由不能成立。故法院对原告主张双利物流公司偿还148640元欠款的诉请予以支持。判决：(1)被告双利物流公司向原告周某怀支付货款148640元及利息；(2)驳回原告周某怀的其他诉讼请求。[1]

(7)违约行为中的同时履行抗辩权

违约行为涉及合同履行的诸多方面，而延迟履行、受领延迟等情形中同时履行抗辩权的问题较多。

在延迟履行的情况下，一方是否有权请求另一方同时履行？另一方是否有权拒绝一方的同时履行请求？在法律上尚未明确。笔者认为，在判断一方延迟履行是否导致对方援用同时履行抗辩权时，应当根据具体情况而定，考虑以下因素：其一，如果双务合同中没有履行期的约定，则任何一方都不能认为对方已构成迟延履行，只有在一方已经履行，并要求对方履行且给予对方合理期限以后，才有权要求对方履行；否则，对方有权援用同时履行抗辩权。[2] 其二，一方在规定的履行期限到来后不履行，另一方也不得随意拒绝以后的履行。《民法典》第五百六十三条第一款第三、四项明确规定，只有当事人一方迟延履行债务，且经催告后在合理的时间内仍未履行，或者迟延履行债务或者有其他违约行为致使不能实现合同的目的，另一方才能解除合同，如果迟延后果并不严重，损害后果较为轻微，非违约方并未蒙受极为不利的后果，则不应拒绝接受履行也不能援用同时履行抗辩权，否则构成违约行为。其三，如果一方提出履行，他方已接受履行，则他方不得再主张同时履行抗辩权，而必须立即履行合同，否则也将陷入履行迟延。因为一方提出履行后，双方债务之间的对立和牵连关系已经消灭，行使同时履行抗辩权的前提条件不复存在。其四，如果一方未履行而要求另一方履行，另一方既没有主张同时履行抗辩权，也没有按期履行，则构成迟延履行。一般认为，同时履行抗辩权有形成权的性质。只有当事人行使，才能发生法律效力，因此，即使存在同时履行抗辩权，而当事人没有行使，也不能对抗对方的请求权，因而仍应负迟延履行的责任。如果原告起诉被告迟延履行，被告不主张同时履行抗辩权，法院亦不得在当事人没有主动行使抗辩权时，根据同时履行抗辩权而免除该当事人迟延履行

---

〔1〕 参见国家法官学院案例开发研究中心编：《中国法院2018年度案例》(买卖合同纠纷)，中国法制出版社2018年版，第173页。安徽省宁国市人民法院(2017)皖1881民初157号民事判决书。

〔2〕 参见王利明、崔建远：《合同法新论·总则》，中国政法大学出版社1996年版，第349页。

的责任。当然,一旦当事人行使同时履行抗辩权,则迟延履行的责任便归于消灭。这是因为,在一方有权行使履行抗辩权的情况下,抗辩权必须行使才能产生作用并影响原法律关系,如果当事人不行使这一权利,则并未对抗对方的请求权,因而仍应负迟延履行的责任。[1] 受领迟延情形下,如在一方依约作出履行后,对方无正当理由而延迟受领,则已经作出履行的一方当事人向受领延迟的当事人请求履行时,该当事人可否主张同时履行抗辩权?对此问题,观点不一。笔者赞同学者认为的,受领延迟的效力,仅仅是债务人免除其因不履行所产生的一切责任并非债务本身消灭。在发生受领延迟时,两个债务依然存在,其相互牵连性也不受影响。因此,合同一方当事人依据合同约定履行自己的债务,请求对方履行时,如果对方既不接受履行,也不履行自己的义务,则可以认为该当事人已经构成违约,已提出履行的一方可以按迟延履行请求救济。[2]

因为受领延迟并没有改变同时履行抗辩权的条件,在效果上也没有使当事人丧失抗辩权,而只是使债务人免除了其因不履行债务所产生的一切责任。如果债务人作出履行以后,债权人受领延迟,债务人在此情况下不愿意解除合同而要求债权人继续履行,则债务人要提出此请求,必须自己作出履行。如果债务人因对方受领延迟而不再作出履行,则债务人要求债权人履行时,债权人有权行使同时履行抗辩权。[3]

《民法典》第五百二十五条规定了同时履行抗辩权与一方违约的关系,即一方违约后,另一方享有同时履行抗辩权,主要是为了对抗对方所提出的履行或承担违约责任的请求,并构成违约。因为行使抗辩权是行使权利的行为,是合法行为,与违约行为在性质上是根本不同的。这里的问题,在双方违约,即《合同法》第一百二十条规定的合同双方当事人分别违反了自己的合同义务的情况下,当事人一方是否可以行使同时履行抗辩权?笔者认为,应将此情况排除在同时履行抗辩权适用之外。因为行使同时履行抗辩权从本质上讲是合法行为,其与违约行为的性质不同。双方违约,应当各自承担相应的责任。也就是说,同时履行抗辩权与双方违约不能同时存在,只有同时履行抗辩权消灭时,才有双方违约的问题。[4]

【案例 12 - 51】 某造船厂与某汽车电机厂买卖合同纠纷案

判决观点,原告本应于同年 10 月 5 日向被告支付 10 万元预付款,但被

---

〔1〕 参见崔建远主编:《新合同法原理与案例评释》(上册),吉林大学出版社 1999 年版,第 306 ~ 307 页。

〔2〕 参见史尚宽:《债法总论》,中国政法大学出版社 2000 年版,第 506 页。

〔3〕 参见王利明:《违约责任论》(修订版),中国政法大学出版社 2000 年版,第 270 页。

〔4〕 参见李勇主编:《买卖合同纠纷》,法律出版社 2011 年版,第 315 页。

告10月1日向原告去函，称原材料价格急剧上涨，要求提高价格，原告于10月5日复函表示拒绝。原告确实为等待被告是否继续履行的答复而迟延了3天交付第二笔预付款。从情理上讲，原告的做法是有道理的，但从法律上讲，原告迟延3天交付也构成违约，但其违约和过错程度轻微。被告在不具备行使同时履行抗辩权条件的情况下，而以原告违约为由提出终止合同拒绝履行自己的全部义务，显然违背了诚实信用原则，完全可以认定被告构成违约。因此，双方应根据各自的过错分担责任。[1]

司法实践中，要正确把握正当行使同时履行抗辩权与双方违约的区分问题。《民法典》第五百二十五条规定了同时履行抗辩权，但如何行使未作规定。从法理上讲，抗辩权是与请求权相对应而专门对抗请求权的权利，在一方当事人未行使请求权的情况下，另一方当事人确认享有同时履行抗辩权的请求并无法律依据，故应驳回诉讼请求。

设立同时履行抗辩权旨在维护双方利益的平衡，并非在法律上赋予提出抗辩的一方借对方没有履行合同给付义务来免除自己应履行合同给付义务的权利，而是将对方履行合同给付义务作为自己履行合同给付义务的条件。行使同时履行抗辩权的目的，在于使对方向自己提出的履行请求权的效力延期发生，其性质属于一种延期履行的抗辩权。同时履行抗辩权依其性质应由当事人行使，法官不能依职权主动适用。援用同时履行抗辩权，本质上属于合法行使权利的行为，不构成违约，但当事人不能因此滥用权利，尽管该权利的行使造成合同的暂时不能履行，当事人双方仍然希望维持合同的效力，在不解除合同的情况下可以成为非违约方保护其利益的有效措施。

（8）同时履行抗辩权经法院裁判的效力

同时履行抗辩权的法律效力，在于使当事人未得到他方当事人履行义务时，可暂时不履行自己的义务，但不能消灭对方的请求权，也不能消灭自己所负的债务。在一方再次提出履行请求时，同时履行抗辩权的效力即告终止，另一方须依约履行自己的义务。被告针对原告的请求提出同时履行抗辩时，如原告未能证明已为给付或为给付的提出，法院通常应作出原告败诉的判决。之后，原告必须自己为给付后方可再次提起诉讼，未经该程序，法官不能作出交换履行判决。为了减少诉累，法官可行使释明权，对原告是否提出同时对待履行抗辩权的请求予以释明，由当事人选择决定。对原告的请求，被告不提出同时履行抗辩时，即使原告未为对待给付，被告也应承担违约责任，法官应当作出被告败诉的判决。在被告提出同时履行抗辩权时，如原告未为对待给付，法官应作出原告败诉的判决。应

---

〔1〕 参见王利明：《民法疑难案例研究》（最新修订版），中国法制出版社2010年版，第120页。

注意的是,在原告或被告提出同时履行给付的请求时,法官可在行使释明权的基础上,根据具体诉求决定是否作出同时履行的判决。换言之,在诉讼中,原、被告在援引同时履行抗辩权的过程中,虽双方均未提出同时履行给付的请求,但法官作出生效判决后,原合同对双方仍具有约束力,双方均负有同时履行的义务,在一方未为对待给付之前,另一方有拒绝对方履行请求的权利。但是,当原告再次主张被告履行时,被告没有证据证明原告拒绝履行合同,且在合同未解除前,被告处分标的物造成合同履行不能,则构成根本违约,应当承担相应的违约责任。

(9)同时履行抗辩权与留置权的区别

同时履行抗辩权与留置权存在相似之处,即二者都是为保护合同一方,使其不会在履行后不能得到对方的履行。但二者存在以下不同:其一,产生的条件不同。同时履行抗辩权的法律根据在于双务合同的牵连性,即一方的权利与另一方的义务具有相互依存、互为因果的关系。留置权发生的前提条件是债权人的债权与债权人占有的债务人的财产之间具有牵连关系,债务人不履行债务时,可留置其财产以实现自己的债权。其二,性质不同。同时履行抗辩权属于抗辩权,不具有物权性质,即其为对抗相对人行使请求权的权利,只有合同的另一方当事人提出请求时,权利人才能行使此种抗辩权以拒绝履行自己的履行义务,所以行使同时履行抗辩权不产生优先受偿问题。留置权属法定担保物权,即留置权人具有直接支配留置财产的权利,在债务人不履行债务时,债权人可就留置的财产折价或变卖优先受偿。其三,目的不同。同时履行抗辩权的发生和行使主要在于促使双方同时履行,以维护当事人的利益平衡。留置权的目的是担保合同债务的履行,留置权是债权未受偿前,留置对方财产,目的在于经过约定期限以后,债务人仍不支付应付款项时,可依照法律规定,以留置的财产折价或是以变卖该财产的款项优先受偿。其四,根据不同。同时履行抗辩权发生的根据是双务合同在债务履行上的牵连性,在对方未履行给付义务时,才可行使抗辩权。因此在抗辩权发生时一方是不可能占有对方财产的。而留置权人的发生必须是一方按照合同约定占有对方的财产,对方不按照合同给付应付款项超过约定期限。也就是说,留置权发生时,一方已占有对方的财产。

基于以上区别,实务上不应将留置权混同于同时履行抗辩权。当然,在特殊情况下,留置权与同时履行抗辩权可能出现竞合情况。例如,《民法典》第七百八十三条规定:"定作人未向承揽人支付报酬或者材料费等价款的,承揽人对完成的工作成果享有留置权或者有权拒绝交付,但是当事人另有约定的除外。"当定作人未支付相应价款而请求交付工作成果时,承揽人既可以依据同时履行抗辩权对抗定作人的请求权,又可以依法对工作成果享有留置权,特别是当事人在合同中约定排除法定留置权时,承揽人可以运用同时履行抗辩权进行救济。

2. 后履行抗辩权

后履行抗辩权，也称顺序抗辩权，先履行抗辩权，是指在双务合同中，约定有先后履行顺序的，负有先履行义务的一方当事人未依照合同约定履行债务，后履行债务的一方当事人可以依据对方的不履行行为，拒绝对方当事人请求履行的抗辩权。《民法典》第五百二十六条规定："当事人互负债务，有先后履行顺序，应当先履行债务一方未履行的，后履行一方有权拒绝其履行要求。先履行一方履行债务不符合约定的，后履行一方有权拒绝其相应的履行请求。"这是后履行抗辩权的法律规定。司法实践中，如何正确理解和适用后履行抗辩权，有几个问题值得注意和研究。

(1)后履行抗辩权的成立要件

一是需基于同一双务合同；二是当事人的债务有先后履行顺序；三是应当先履行的当事人不履行债务或者履行债务不符合约定；四是后履行一方当事人的债务已届履行期。[1] 也就是说，双方当事人因同一合同而互负债务。此互负的债务由于合同的约定而存在牵连关系，在订约时双方当事人已就合同履行的先后顺序作出约定，双方的履行存在因果关系，当先给付义务人不为给付时，根据双务合同债务的对价性和诚实信用原则，后给付一方的对待给付不发生并可以向先给付人追究违约责任。两个债务须有先后给付顺序。至于该顺序是当事人约定的还是法律直接规定的，在所不问。先给付一方未履行或其履行不符合债的本旨，后给付一方可以就先给付一方履行期届满而不为给付或其不符合合同约定或法定标准的给付提出抗辩，要求其予以补救并承担违约责任。一方当事人行使后履行抗辩权不符合条件的，不应得到法律支持。这里讲的义务，是指合同中约定的主给付义务，而非从给付义务。

(2)后履行抗辩权的效力

后履行抗辩权属延期的抗辩权，只是暂时阻止对方当事人请求权的行使，非永久的抗辩权。当事人履行了合同义务的，后履行抗辩权消灭，当事人应当履行自己的义务。后履行一方当事人行使后履行抗辩权致使合同迟延履行的，该当事人不承担违约责任，迟延履行的责任由对方承担。后履行一方行使后履行抗辩权，不影响追究先履行一方当事人的违约责任。[2]

在双务合同中，一方当事人享有的权利也就是对方所负担的义务，且双方所负的债务之间具有相应性。如果一方不履行的义务与另一方拒绝履行的义务之间不具有相应性，则不得行使抗辩权。根据《民法典》第五百二十六条的规定，后

---

〔1〕 参见黄薇主编：《中华人民共和国民法典合同编释义》，法律出版社2020年版，第146～147页。

〔2〕 参见黄薇主编：《中华人民共和国民法典合同编释义》，法律出版社2020年版，第147页。

履行抗辩的效力在于抗辩权行使后,并不消灭己方债务,仅可暂时免除给付义务,且暂缓行为不构成违约。作为典型的双务契约,买卖合同的性质决定了后履行抗辩权行使可能性的存在,出卖人的基本义务是将符合法定和约定交付条件的标的物移转至买受人,买受人的基本义务是及时收取标的物并支付价款以及对质量的检查通知。针对不当履行,后履行义务一方只能根据不当履行的具体情形行使抗辩权,如果轻微瑕疵不影响履行利益的,抗辩一方不得拒绝履行己方主给付义务。换言之,在合同履行过程中,当事人行使抗辩权的范围与对方不当履行之间不形成对应关系,该抗辩权不能免除自身的给付义务。

合同抗辩的范围应限对价义务,一方不履行对价义务的,相对方才享有抗辩权。在买卖交易中,有交付标的物义务和按照合同约定承担交易税费的义务,这是两种不同义务,前者是合同的主要义务,是纯私法上的义务,后者并非合同的主要义务,它同时兼具私法和公法的双重属性,二者不具有对等关系,不能适用先履行抗辩权。

(3)非金钱债务的后履行抗辩权的行使

先履行非金钱债务的一方已履行了主给付债务,其在法律及事实上不能继续履行从给付债务,且未履行债务的行为没有给对方造成损失的,可以要求对方继续履行金钱债务,对方不得拒绝履行。

司法实践中,根据先履行抗辩权适用的条件,应当先履行债务的一方已履行了主给付义务,只是未履行从给付义务或附随义务,对方当事人是无权行使先履行抗辩权的,只有附随义务的履行与合同目的实现有密切关系,使其合同目的无法实现的,尚可主张后履行抗辩权。

【案例12-52】 叶某与刘某买卖合同纠纷案

判决观点,叶某与刘某均为私营业主。2003年3月10日,双方签订协议约定,叶某将其用于生产灯具的塑料注射成型机(以下简称注塑机,价值44.88万元)1台及生产灯具的原辅材料(按实际交付数量、金额计算)转卖给刘某。叶某遂将注塑机运至刘某处进行安装调试后,又将原辅材料交付给刘某投入生产使用。同年4月15日,刘某向叶某出具6.9万元原辅材料款欠据1份。之后,刘某将注塑机款陆续向叶某付清,欠叶某的材料款迟迟未给付,致叶某于当年12月22日向法院起诉,要求刘某给付欠款。审理中,刘某认为,其欠叶某6.9万元是事实,同意给付,但认为叶某至今未向其交付注塑机产品使用说明书,导致其无法正常使用该机及原辅材料生产灯具。遂要求叶某交付说明书,否则,不给付材料款。叶某针对刘某的抗辩主张,提出的抗辩理由为:(1)产品使用说明书已与注塑机一同交付给刘某,只是刘某接收注塑机及说明书均未出具收据。(2)其在多次向刘某追讨材料款时,刘某从未提及说明书。(3)其出卖给刘某的注塑机在安装调试好后交付刘某投入正常生产。但刘某仍以叶某未交付产品使用说明书为由,拒绝给付材料款。应该看到，根据双方的交易习惯，叶某交付注塑机在先，刘某付款在后，有履行顺序。对此，刘某提出先履行抗辩权。对于叶某是否将产品说明书交付给刘某，叶某负有提供证据证明已交付的责任，举不出证据则应认定未交付，即未履行合同主债务的附随义务，而叶某未履行附随义务，不等于刘某行使先履行抗辩权的条件就成立。只有叶某未履行附随义务即未交付说明书，确实使刘某无法使用注塑机及原辅材料生产灯具，使刘某所签合同目的无法实现，才可主张先履行抗辩权，即可以拒绝给付叶某材料款，否则仍然要履行给付义务。叶某认为，其对合同的主义务即将注塑机运至刘某处安装调试并投入正常使用，并未影响刘某使用即合同目的已经实现。刘某认为因产品说明书未交付导致无法生产，未实现合同目的，首先，应提供相关证据证实，如叶某提供的原辅材料尚存在，并未生产使用等，而刘某未提供证据。其次，刘某也应及时履行通知义务，即将缺少说明书，其无法利用注塑机及原辅材料进行生产的情况通知叶某，而对叶某认为其"从未提及说明书"作出辩解并举证。据此，刘某行使先履行抗辩权的条件不成立，故法院判决刘某向叶某给付6.9万元材料款正确。[1]

负有先履行合同义务的一方当事人瑕疵履行，后合同履行方可以行使先履行抗辩权。

【案例12－53】　济南南方输送设备有限公司与南通宏大风机有限公司买卖合同纠纷再审案

最高人民法院认为，上述济南南方公司用以支付货款的100万元承兑汇票背书不完整，存在严重瑕疵，无法进行流通，南通宏大公司不能在发货前足额收取80%货款，上述事实证明济南南方公司没有适当履行支付货款的义务，二审判决认定济南南方公司的行为构成违约并无不当，南通宏大公司依据合同享有先履行抗辩权，在济南南方公司没有足额支付约定货款的情况下拒绝交付剩余货物不构成违约。济南南方公司没有提交证据证明双方对合同中有关结算方式和期限的约定进行了变更，亦未证明其在向南通宏大公司支付上述100万元汇票时对上述汇票没有经过背书、不能流通进行了充分的说明，济南南方公司向南通宏大公司交付到期日为2012年2月22日的远期汇票与合同约定的付款期限不符，故济南南方公司关于其已完成付款义务，对方应当发货及二审判决判令其赔偿南通宏大公司货款利息损失错误的再审申请理由，不能成立。[2]

---

〔1〕参见邱庆明：《本案不符合先履行抗辩权的适用条件》，载《人民法院报》2004年。
〔2〕最高人民法院(2013)民申字第904号民事裁定书。

【案例12－54】 宋某华诉张某峰、榆林市鑫源焦化集团有限责任公司买卖合同纠纷案

判决观点，原、被告双方签订的正华化工有限责任公司全部资产和经营权买卖合同，属于合同法理论中的双务合同。简单而言，原告需按约定向被告转移财产，被告需按期支付转让费，双方互负给付义务，即可理解为双方互负债务。此外，合同中约定，在原告办理完土地、林业配套使用证并交付被告后，被告应将转让费付清。本案中，原告办理土地、林业配套使用证，即为先履行义务；被告给付原告下欠的50万元，即为后履行义务。所以，原告为先履行义务人，被告为后履行义务人，在原告未将土地、林业配套使用证办妥并交付被告时，被告作为后履行义务人有权行使先履行抗辩权，要求原告尽快履行义务。同时双方约定，原告过去形成的债权、债务由其本人负责处理，欠榆林供电公司锦界开闭所工程建设费用446183.65元属原告经营时产生的债务，应由原告承担，被告向榆林市电力多种产业发展公司垫付的20万元开闭所工程款，应返还给被告。[1]

从给付义务是否符合后履行抗辩权的条件，是有争议的问题。双务合同中的给付义务，除主给付义务外，还有从给付义务，从给付义务是基于诚实信用原则而发生，其目的在于保障及促进满足债权人之给付利益，债权人当然可以主张债务人履行。虽然先履行抗辩权的行使要求双方的债务具有对价或对待关系，但是对价关系并非要求同等价格，而是具有法律的对待关系或牵连关系即可。从给付义务是否可以形成合同履行上的牵连关系，虽有争议，但应予肯定，这是因为从给付义务往往与合同目的的实现具有密切关系。有法官认为，后履行抗辩权成立要件中的双方当事人互负债务，既然系基于双务合同而产生，自然应当要求双方的债务之间具有对价或牵连关系，且原则上可以立于对价关系或牵连关系的双方债务，应当是双方的主给付义务。但是在先履行一方不履行或不适当履行从给付义务，与合同相对方实现合同目的有密切关系时，应视为从给付义务与主给付义务具有牵连关系，合同相对方可以行使后履行抗辩权，拒绝履行相应的主给付义务。因为将从给付义务纳入双务合同履行上的牵连关系，虽然理论上尚存在争议，但在原则上应当采肯定说，并不排除后履行抗辩权向从给付义务的扩张。同时，为了保证债权人的履行利益得到满足，在债务人未履行或不适当履行义务与债权人实现合同目的之间具有密切联系时，根据民法上诚实信用和等价有偿的基本原

〔1〕 参见最高人民法院民法典贯彻实施工作领导小组编著：《中国民法典适用大全》（合同卷一），人民法院出版社2022年版，第575页。陕西省榆林市中级人民法院（2007）榆中法民三初字第183号民事判决书。

则,允许债权人行使后履行抗辩权,也具有价值上的合理性。[1] 笔者认为,在认定从给付义务未履行是否符合先履行抗辩权条件时,应具体案件具体分析,不能一概而论,影响合同目的实现的,可以行使先履行抗辩权,反之,则限制其行使先履行抗辩权。

(4)先履行抗辩权的对价性

在双务合同中,当事人双方的债务须有对价关系才能成立同时履行抗辩权,这点是没有争议的。但是在适用后履行抗辩权的过程中互负债务是否须处于对价关系?笔者认为,后给付一方提出的拒绝内容也一定要与先给付一方的履行请求存在对价关系。也就是说,合同当事人行使后履行抗辩权的基础和前提是双方当事人应当是因同一合同互负债务,在履行上有一定的关联性,两项债务之间应当有对价关系。双务合同中,由于双方的权利义务互相依存、互为条件,所以确保双方均正确履行各自义务就显得尤为重要。双务合同履行中的抗辩权免去了一方履行后得不到对方履行的风险,加强了双方的合同关系,有利于交易关系的稳定,是双务合同履行中的一项重要的债权保障法律制度。

《民法典合同编通则解释》第三十一条第一款规定:“当事人互负债务,一方以对方没有履行非主要债务为由拒绝履行自己的主要债务的,人民法院不予支持。但是,对方不履行非主要债务致使不能实现合同目的或者当事人另有约定的除外。”第二款规定:“当事人一方起诉请求对方履行债务,被告依据民法典第五百二十五条的规定主张双方同时履行的抗辩且抗辩成立,被告未提起反诉的,人民法院应当判决被告在原告履行债务的同时履行自己的债务,并在判项中明确原告申请强制执行的,人民法院应当在原告履行自己的债务后对被告采取执行行为;被告提起反诉的,人民法院应当判决双方同时履行自己的债务,并在判项中明确任何一方申请强制执行的,人民法院应当在该当事人履行自己的债务后对对方采取执行行为。”

司法实践中,在认定后履行抗辩权是否成立时,互负债务存在对价关系是一个应把握的问题。

在买卖合同纠纷中,出卖人已履行交货义务,购买人仍有未及时履行少量付款义务的情形下,对于出卖人而言,购买人只是暂时占用了少部分资金;对于购买人而言,出卖人拒不履行安装义务,将直接影响其合同目的的实现,因此买卖双方之间的利益影响失衡,对买受人很不公平,法官可对出卖人行使后抗辩履行权的主张不予支持。

---

[1] 参见李虎、张新:《主从给付义务关系可以产生后履行抗辩权》,载《法学》2007年第8期。

【案例 12－55】 南京视晶光电科技有限公司诉扬中市电影广告装潢有限公司买卖合同纠纷案

判决观点,合同签订后,原告虽然按约履行了供货义务,但因其未能履行安装义务,因此在 144344 元的合同总价款中,应扣减被告因委托第三方安装而支付的费用 23000 元,即原、被告实际应按照合同价款 121344 元结算。据此,再扣减被告已支付的价款 3 万元,以及尚未到期的质保金 1 万元后,被告尚欠原告价款 81344 元。本案中,被告将原告所供的显示屏委托第三方安装后,已于 2014 年 1 月完成调试并使用至今,根据合同中"施工期间再付 1 万元……剩余 1 万元春节前无质量问题付清"的约定,被告理应向原告付清上述欠款。审理中原告要求被告支付 114344 元的请求,无事实和法律依据,其超出被告上述应付欠款 81344 元的部分,法院不予支持。〔1〕

先履行抗辩权中的当事人互负义务,要求双方债务是具有对价关系的。买卖合同中对价关系的债务应该是出卖人的供货义务和买受人的支付货款义务。

【案例 12－56】 甲预拌混凝土公司诉乙公司买卖合同纠纷案

判决观点,本案中,甲预拌混凝土公司向乙公司提供混凝土抗渗检测报告、出具税务发票的义务只是买卖合同义务中的附随义务,在甲预拌混凝土公司已经履行了向乙公司提供混凝土的主要义务后,乙公司不能以甲预拌混凝土公司单纯违反提供混凝土抗渗检测报告、出具税务发票这一附随义务为由行使先履行抗辩权,从而拒绝支付货款。〔2〕

司法实践中,在一方当事人部分履行合同的情况下,就合同已履行部分而言,一方当事人只享有权利,对方当事人只负有义务,双方不具有对应关系的权利,任何一方当事人不可能行使后履行抗辩权;就合同未履行部分而言,一方当事人享有的要求对方为对待给付的权利,与对方当事人享有的要求一方当事人为给付的权利之间互为对价,具有对应关系,任何一方当事人均可行使后履行抗辩权。特别注意的是,对方当事人在合同未履行部分享有的要求,一方当事人为对待给付的权利,与一方当事人在合同已履行部分享有的要求、对方当事人为对待给付的权利之间不互为对价,没有对应关系,对方当事人不能就此行使后履行抗辩权。

买卖的货物交付后,买受人已经使用标的物且未在约定的质量保证期内提出质量异议,在出卖人要求买受人支付欠付贷款、退还质保金时,买受人以货物存在质量问题为由主张行使先履行抗辩权拒绝付款的,不予支持。交付技术材料是卖

---

〔1〕 参见国家法官学院案例开发研究中心编:《中国法院 2016 年度案例》(买卖合同纠纷),中国法制出版社 2016 年版,第 140 页。江苏省扬中市人民法院(2014)扬商初字第 92 号民事判决书。

〔2〕 参见中国审判理论研究会民事专业委员会编著:《民法典合同编条文理解与司法适用》,法律出版社 2020 年版,第 117 页。《人民司法·案例》2014 年第 24 期。

方负有的从给付义务,卖方违反该义务,买方可以主张相应的违约责任。卖方违反从给付义务但并不影响买方对所买货物的正常使用,不影响合同目的实现的,买方不能基于卖方违反从给付义务而拒绝履行给付货款的主给付义务。

【案例12－57】 东方汽轮机公司诉大丰建安公司买卖合同纠纷案

最高人民法院认为,本案二审争议的焦点问题:一是东方汽轮机公司是否擅自变更合同内容,不正当促成收款条件成就;二是货物是否进行了预验收,东方汽轮机公司是否隐瞒未预验收的事实;三是大丰建安公司以货物质量存在问题为由主张先履行抗辩权能否成立;四是东方汽轮机公司是否依约履行完毕交货义务;五是东方汽轮机公司是否有权取回1822.2万元“质保金”。针对上述焦点问题,法院逐一分析如下:(1)东方汽轮机公司是否擅自变更合同内容,不正当促成收款条件成就。大丰建安公司主张,东方电气公司签署的《会议纪要》超出《风电业务委托协议》的约定,擅自变更了合同内容。但《会议纪要》系由大丰建安公司与东方汽轮机公司授权的东方电气公司自由协商、合意形成,内容不违反法律规定,并非东方汽轮机公司单方擅自变更合同。《会议纪要》对原合同约定的付款时间等进行了变更,亦是双方自主的交易安排,东方汽轮机公司并未擅自变更合同内容、不正当促成收款条件成就。(2)货物是否进行了预验收,东方汽轮机公司是否隐瞒未预验收的事实。根据《买卖合同》,预验收应由最终用户、买方和卖方三方共同实施。尽管本案的预验收没有大丰建安公司参与,不符合《买卖合同》的约定,但大丰建安公司于2016年2月29日向东方电气公司的致函(大丰建安函字〔2016〕1号)中明确认可了验收证书的签署时间,并承诺分期支付预验收款。故大丰建安公司已经对大安分公司与业主方新龙顺德公司先前进行的预验收充分知情并予以认可,东方汽轮机公司并未对其隐瞒预验收情况。此后形成的《会议纪要》及《付款担保协议》对此进一步予以明确,且大丰建安公司亦实际履行了部分预验收款的支付义务。故大丰建安公司以项目未经预验收为由拒绝支付货款的抗辩不能成立。(3)大丰建安公司以货物质量存在问题为由主张先履行抗辩权能否成立。自2011年《买卖合同》签订后东方汽轮机公司开始供货至2018年,大丰建安公司从未正式提出过质量异议。在2017年10月东方汽轮机公司提起货款追索诉讼后,大丰建安公司才于2018年另案提起了质量异议之诉,主张东方汽轮机公司的供货存在质量问题并要求损害赔偿。因质量问题已经另案处理,大丰建安公司的权益可以另案寻求救济,故原审法院对货物质量争议不予处理并无不当,对大丰建安公司提出的因质量问题而享有先履行抗辩权的主张法院不予支持。(4)东方汽轮机公司是否依约履行完毕交货义务。案涉33台风机交货时已经进行了验货,其后完成了预验收,货物早已交付业主方新龙顺德公司并投入使用,至双方货款讼争产生时已长达4年多,大丰建安公司未提供证据证明其或业主方新龙顺德公司曾经对东方汽轮机公司未交付风机的技术资料提出过异议,风机亦未出现因缺少技术资料而无法运行或者其他不能实现合同目的的情况。相反,大丰建安公司在2016年7月17日签署的《付款担保协议》第一项中明确认可“大安分公司的供货义务已经履行完毕”。从性质上看,交付技术材料是卖方负有的从给付义务,卖方违反该从给付义务,买方可以主张相应的违约责任。除非卖方违反该从给付义务导致买方对所买货物无法正常使用,影响合同目的的实现,否则买方不能基于从给付义务的不履行而拒绝履行给付货款的主给付义务。故即使东方汽轮机公司确未交付风机的技术资料,大丰建安公司也不能仅凭此理由而拒付货款。(5)东方汽轮机公司是否有权取回1822.2万元“质保金”。大丰建安公司主张,根据《买卖合同》第4.2.5条,全部机组通过最终验收,并由最终用户、买方、卖方签发最终验收证书后的第一个年度内,买方应返还10%质保款(1822.2万元),东方汽轮机公司所供设备存在严重质量问题而不肯修理与修复,上述质保金1822.2万元应归其所有。但根据法院查明的事实,《买卖合同》第4.2.5条并未约定质保金及其返还问题,而是约定最终验收后大丰建安公司应支付合同设备价款10%的货款。综观整个《买卖合同》,并未约定东方汽轮机公司应支付1822.2万元质保金以及最终验收后可以主张返还。根据《买卖合同》第4.2.5条、第4.3条的约定,最终验收后,大丰建安公司应向东方汽轮机公司支付的款项包括两项,一为设备价格10%的货款,二为设备技术服务费的30%,二者之和恰为1822.2万元(173220000元×10%+3000000元×30%)。因此,《会议纪要》中“根据合同4.2.5条最终验收证书签发后第一个年度内支付质保金壹仟捌佰贰拾贰万贰仟元整(18222000元)”部分应为笔误,大丰建安公司据此主张1822.2万元质保金应归其所有不能成立。即便认为《会议纪要》改变了《买卖合同》的约定,将大丰建安公司原本在最终验收后应付的设备价格10%的最后一笔货款及30%的技术服务费合计1822.2万元作为质保金,大丰建安公司亦应将其返还而无权继续保留该款项。根据《买卖合同》第9.6条,风电机组在取得预验收证书后进入质量保证期,质量保证期5年。本案质保期自2012年11月6日开始,截至2017年11月6日。在此期间,大丰建安公司并未提出质量异议并通知东方汽轮机公司,根据《合同法》第一百五十八条的规定,应视为标的物质量符合约定。在质保期届满后,大丰建安公司应按双方约定在2017年年底将该1822.2万元支付给东方汽轮机公司。[1]

---

〔1〕 最高人民法院(2019)民终185号民事判决书。

未履行合同附随义务，不能成为先履行抗辩权的行使条件。

【案例12－58】　N公司诉建设集团第四工程公司买卖合同纠纷案

二审法院认为，本案争议焦点在于建设集团第四工程公司向N公司支付欠付货款是否应以N公司开具发票为条件。关于合同义务，根据《柴油买卖合同》的约定，N公司向建设集团第四工程公司提供货物，建设集团第四工程公司支付货款，上述内容系双方合同项下的主要权利义务，开具发票为N公司的附随义务，建设集团第四工程公司以此对抗其案涉合同项下支付货款的主要合同义务缺乏法律依据。判决：驳回上诉，维持原判。[1]

开具发票系出卖人的合同附随义务，一般不应成为买受人拒付货款的理由。

【案例12－59】　某置业公司与某混凝土公司买卖合同纠纷再审案

再审法院认为，开具发票属于出卖人的附随义务，双方未将开具发票约定为买受人支付货款的前提条件。该附随义务不能对抗买受人支付货款的主合同义务，两者并非对等关系。某置业公司以对方未开具部分增值税发票为由拒绝付款的抗辩理由不成立，法院不予支持。[2]

给付货款是买卖合同中买方的合同主要义务，而开具发票属于买卖合同的附随义务，二者之间没有对价关系，因此是否开具发票并不直接影响合同目的的实现。

【案例12－60】　某公司诉某某公司诉买卖合同纠纷案

判决观点，原、被告签订的合同中约定，原告应先向被告提供增值税专用发票后被告再付款，被告以此条款主张拒付货款……法院认为，给付货款是被告的主要合同义务，而开具增值税专用发票是原告的合同附随义务，二者之间没有对价关系，原告是否开具增值税专用发票并不直接影响合同目的的实现。因此，被告不得以原告未提供相应的增值税专用发票为由拒付货款。[3]

【不同处理】先票后款属于买卖合同中有效附条件支付条款，在条件未成就之前，买方可以拒绝向卖方支付货款。

---

〔1〕　参见国家法官学院、最高人民法院司法案例研究院编：《中国法院2023年度案例》（买卖合同纠纷），中国法制出版社2023年版，第113页。北京市第一中级人民法院（2021）京01民终7900号民事判决书。

〔2〕　山东省高级人民法院发布2022年度山东法院十大买卖合同纠纷典型案件，山东省高级人民法院（2023）鲁民申1879号民事裁定书。

〔3〕　广西壮族自治区阳朔县人民法院（2021）桂0321民初1748号民事判决书。

【案例 12－61】 某公司诉某某公司买卖合同纠纷案

判决观点，关于合同中的“先票后款”约定（被告支付货款期限）及违约问题，法院认为，依合同履行义务原则是合同关系中的一项重要原则，在不违反法律规定的情况下，合同各项约定都应当得到充分尊重和遵守，无论这种约定属于合同主要权利（义务）还是附随权利（义务），任何一方都不应无法律或事实依据地随意否定合同约定。因此，如上所述，双方实际完成对账结算后，原告开具相应发票，被告即应当支付尚欠货款。[1]

应注意先履行抗辩权对价性的例外。作为特种设备买卖的买受人，在出卖人未履行交付设备附随文件义务的情况下，有先履行抗辩权。

【案例 12－62】 江阴市兴达染整设备制造有限公司诉江阴市变色龙印染有限公司买卖合同纠纷案

一审法院认为，兴达公司与变色龙公司签订的买卖合同有效。特种设备出厂时，应当附有安全技术规范要求的设计文件、产品质量合格证明、安装及使用维修说明、监督检验证明等文件，但在兴达公司将特种设备交付变色龙公司时，未按照安全技术规范的要求交付上述文件，致使变色龙公司未向特种设备安全技术监督管理部门办理特种设备使用登记。兴达公司有先履行义务而未履行。故对变色龙公司要求驳回兴达公司诉讼请求的抗辩，法院依法予以支持。兴达公司履行义务后可再行主张权利。判决：驳回原告兴达公司的诉讼请求。

二审法院认为，特种设备系指涉及生命安全、危险性较大的锅炉、压力容器等设施。根据我国法律规定，特种设备出厂时，应当附有安全技术规范要求的设计文件、产品质量合格证明、安装及使用维修说明、监督检验证明等文件。兴达公司向变色龙公司交付其生产的高温高压染色机等特种设备时，理应提交相应的设计文件、产品质量合格证明、安装及使用维修说明、监督检验证明等文件。兴达公司称其在交付特种设备的同时已经将高温高压染色机锅炉压力容器产品安全性能监督检验证书等技术文件正本交付给了变色龙公司，但其在起诉时又提供了上述文件资料的正本复印件并经原审法院核对与原本无异。兴达公司的说法存有矛盾之处，难以采信。兴达公司亦无其他证据证明其向变色龙公司交付了相关文件等资料，故法院对其已交付了相关文件等资料的主张不予支持。另外，特种设备使用单位在使用特种设备时，应当向特种设备安全监督管理部门提交相应的设计文件等资料进行使用和登记。因兴达公司没有交付相关的设计文件等资料，致使变色龙公司未能办

---

〔1〕 广西壮族自治区柳州市城中区人民法院（2022）桂 0202 民初 1359 号民事判决书。

理特种设备使用登记并影响了设备的正常使用，变色龙公司有权行使履行抗辩权。综上，兴达公司的上诉理由不能成立，二审法院对其上诉请求不予支持。原审判决认定事实清楚，适用法律正确，应予维持。判决：驳回上诉，维持原判。[1]

（5）后履行抗辩权与免除违约责任

当事人订立、履行合同应当遵循自愿、平等原则，除非合同内容违反法律、行政法规的强制性规定。双方协商订立的合同条款对缔约双方均具有拘束力，当事人均应按照合同约定行使权利和履行义务。在司法实践中，合同虽然约定先后履行义务或有根据合同内容可推定出履行的顺序，一方当事人对履行合同的顺序有争议。一方认为是行使后履行抗辩权，相对方则认为是违约行为。笔者认为，当事人依法行使后履行抗辩权的，可以免除违约责任。

司法实践中，应特别注意区分后履行抗辩与违约行为，防止在二者认定上的混淆。

合同明确约定质量异议期限，买受人未在约定质量异议期提出，亦未提供产品质量存在瑕疵的证据，对买受人以质量瑕疵为由主张后履行抗辩权而拒绝支付货款的，法院不予支持。

【案例12－63】　三河和平铝材厂有限公司大厂分公司与北京建工新燕幕墙装饰工程有限公司买卖合同纠纷案

二审法院认为，建工新燕公司所提交的相关照片不能得出三河铝材厂所提供的产品存在质量问题。故对建工新燕公司该项上诉主张，法院不予支持。建工新燕公司又称一审法院错误适用法律，建工新燕公司不支付货款系行使先履行抗辩权。从现有证据来看，三河铝材厂已依约交付产品，履行合同义务，建工新燕公司亦未在合同约定的质量异议期内提出质量异议，亦未提供充分证据证明三河铝材厂所提供之产品存在质量问题，建工新燕公司主张其有权行使先履行抗辩权，缺乏法律依据。[2]

【案例12－64】　大庆甲塔筒制造有限公司诉乙风电科技集团股份有限公司买卖合同纠纷案

二审法院认为，尽管出卖人存在延期交货的行为，但是由于买受人从合同履行伊始就拖欠货物进度款，且在交货后长期拖欠货款，经出卖人多次书

---

〔1〕 参见最高人民法院中国应用法学研究所编：《人民法院案例选》2008年第4辑（总第66辑），人民法院出版社2009年版，第324～326页。江苏省无锡市中级人民法院（2007）锡民二终字第0448号民事判决书。

〔2〕 参见国家法官学院案例开发研究中心编：《中国法院2017年度案例》（买卖合同纠纷），中国法制出版社2017年版，第221页。

面催讨,仍一直故意拖欠,造成出卖人购买塔吊材料困难。该行为对迟延交货产生了直接影响,况且出卖人在催款时以书面告知买受人,如不及时支付货款将迟延交货,符合双方最初的约定。故对买受人要求出卖人承担延期交付标的物赔偿费的主张,法院不予支持。[1]

(6)后履行抗辩权的限制

实务中,对后履行抗辩权的行使应遵循诚实信用原则与公平原则,具体来讲,主张后履行抗辩权应当及时、适当,即后履行抗辩权的行使受到必要的限制。

对非金钱债务的后履行抗辩权的限制。先履行非金钱债务的一方已履行主给付债务,其在法律及事实上不能继续履行从给付债务,且未履行债务的行为没有给对方造成损失的,可以要求对方继续履行金钱债务,对方不得拒绝履行。

(7)后履行抗辩权与同时履行抗辩权、不安抗辩权的区别

《民法典》规定了后履行抗辩权,与该法规定的同时履行抗辩权、不安抗辩权共同构成我国双务合同抗辩权制度。三种抗辩权在适用条件上既有共性又有个性。最大的共性在于:三项抗辩权都存在于双务合同中,存在于具有对待或对价关系的债务之间,在单务合同和双务合同的从给付与主给付义务、附随义务与主给付义务之间原则上不发生这三项抗辩。[2] 所谓双务合同,是指双方当事人的义务互为对待给付或者对价关系合同。这种对待或对价关系意味着,双方当事人互相享有债权,并互相负有债务,一方当事人履行给付是另一方当事人履行给付的条件和前提,一方之所以负有给付义务,在于换取对方的对待给付。双务合同的本质在于双方当事人的给付之间存在牵连性或对待性。主要体现在:第一,发生上的牵连性,双方当事人的给付由同一个合同产生,彼此立于对待关系,从而一方当事人的债务不发生或因为违反法律、行政法规、公共利益而无效或因为欠缺行为能力及存在意思表示瑕疵而被撤销时,另一方当事人的债务也相应地不发生或无效或因被撤销而自始无效。第二,履行及存续上的牵连性,合同有效成立后,当事人所负的给付义务是否存在牵连性虽有歧义,[3]但是双务合同的目的在于双方交换财产利益,现代各国法制均不同程度地直接或间接赋予其存续上的牵连性,如负有同时履行合同给付时可以拒绝自己的给付,另外,一方给付由于不可归责于双方当事人的原因而给付不能时,另一方当事人亦可免除对待给付。[4] 换

---

[1] 参见中国审判理论研究会民事专业委员会编著:《民法典合同编条文理解与司法适用》,法律出版社2020年版,第282页。黑龙江省高级人民法院(2015)黑高商终字第68号民事判决书。

[2] 参见李新民、罗昆:《继续性合同中的履行抗辩权》,载《合同法评论》2004年第1辑(总第1辑),人民法院出版社2004年版,第45页。

[3] 参见戴修瓒:《民法债编总论》,台北,三民书局1978年版,第264页。

[4] 关于此点,因危险负担采取的债权人主义或债务人主义不同立法而引起存续上牵连性的不同结论。参见郑玉波:《民法债编总论》,台北,三民书局1988年版,第375页。

言之,双务合同给付义务上的牵连性决定了双方当事人合同利益实现上的紧密关联性。一方为给付旨在换取对方的对待给付利益,只有双方当事人都依照合同本旨为给付的履行,双方的利益才能实现。如果一方当事人提出的自己给付而另一方当事人却拒绝对待给付,或不依合同本旨为对待给付或由于某种原因导致给付能力出现了根本变化,则对方当事人依合同而应享有的利益将遭到严重侵害。因此,法律基于合同履行中的诚实信用及公平原则,在双务合同履行中赋予当事人各种抗辩权,使其满足在给付利益实现出现危机时能根据具体情况对抗对方当事人的请求,充分预防各种不公平及利益受侵害的情况发生。

三项抗辩权在适用上存在明显区别。后履行抗辩权与同时履行抗辩权在构成要件、适用情形等方面不同。后履行抗辩是对违约的抗辩,后履行抗辩权人可以在行使后履行抗辩权拒绝履行的同时追究对方的违约责任,前者是消极的保护,后者是积极的保护,守约方可以根据需要和实际情况采取具体方法保护自己。在我国,以前立法并没有这方面的规定,而且在司法实践中确有对后履行一方保护不力的情况。原《民法通则》第一百一十三条规定,当事人双方都违反合同的,应当分别承担各自应负的民事责任。由于双务合同中双方的义务互为条件,实践中双方都有过错,都应当承担责任的情形比较少,有的法官却把应当先履行的当事人没有履行债务,应当后履行的当事人因此拒绝履行的情况认定为双方违约。因此,明确规定后履行一方的抗辩权,有利于区分双方违约和单方违约。现实社会生活中,双方对合同履行的顺序未进行明确约定,是同时履行义务还是由一方先履行义务的确定问题常常发生纠纷,极易导致后履行抗辩权与同时履行权的混淆。

后履行抗辩权与不安抗辩权的区别,主要在于履行的顺序上。不安抗辩权是先履行方有确切证据证明后履行一方于合同成立后丧失或可能丧失履行能力。不安抗辩权产生的实体条件是对方有不能为对待给付的危险,使自己的交换目的不能实现,在对方履行期限届至前,这种危险只是一种现实的危险,而不是一种现实。若待现实的危险转化为现实,则已无抗辩的机会和必要了。后履行抗辩权是对方的违约已成为现实,若在先履行的一方未按合同约定履行,则在后履行的一方无从产生后履行抗辩权,如果其不依约履行,则构成违约行为,先履行抗辩权的行使是拒绝履行,不安抗辩权的行使是中止履行,二者也有不同。实践中,两种抗辩权发生冲突时,应当先审查不安抗辩权是否成立。

【案例12-65】　福建永宏达建筑工程有限公司诉黄某忠买卖合同纠纷案

一审法院认为,庭审中,被告提出由于原告无理要求导致延期且原告未支付加工费和货款,导致被告未提供货物的抗辩。根据被告提交的QQ邮箱截图及微信聊天记录,可知原告分别于2015年5月10日、5月24日及6月15日共计7次通过电子邮件方式向被告发送被告加工石材结果对比图及设计调整后的加工图,故被告在原告向其发送设计调整加工图前已经逾期交付石材,构成违约,且被告并无其他相关证据可以证明由于原告无理要求导致交货延期,故法院对其抗辩不予采信。被告提出由于原告未支付加工费及货款导致交付延期,据已查明的事实,原告于签订讼争协议书当日即向被告转款26万元,根据协议书的约定,结账周期为被告供货或者加工费到15万元,但被告并未按约供货且被告亦没有证据证明其加工费已经到15万元,故原告付款条件尚未成就,被告关于原告未支付加工费及货款导致延期交付石材的抗辩,缺乏事实和法律依据,法院亦不予采信。二审中,因黄某忠未交上诉费,二审法院按撤诉处理。[1]

实务中,在是否适用或者如何适用抗辩时要考虑三项抗辩权的区别,其一,履行顺序不同。适用同时履行抗辩权原则上以双方的对待给付之间无先后顺序为条件,而后履行抗辩权与不安抗辩权要求双方对待给付履行上存在先后顺序。其二,给付清偿期不同。同时履行抗辩权与后履行抗辩权要求双方对待给付均已届清偿期,而不安抗辩权原则上要求后履行一方的给付未届至清偿期。其三,侧重功能不同。同时履行抗辩权旨在促成双方当事人同时履行对待给付,后履行抗辩权旨在维护后顺序履行人的利益,而不安抗辩权则旨在保障先顺序履行后人的利益。

后履行抗辩权是对负有先履行义务一方违约的抗辩,是以先履行一方存在违约行为为前提产生的。

实践中,买卖合同履行的顺序涉及违约责任与后履行抗辩权的认定。双方在买卖同中既明确约定了首次付款时间又约定了交付期。买受人未交付货款或未足额交付货款之前,出卖人可以依法行使后履行抗辩权,不予交付货物,亦不构成违约并不承担违约责任。后履行抗辩权成立的,依法免除其违约责任。

在同一买卖合同履行中,可能发生多种履行抗辩权,需要根据双方约定的债务履行期进行分期、分阶段考察,根据主从义务性质判断多种履行抗辩权是否成立。

【案例12-66】 大生公司诉仲基公司买卖合同纠纷案

一审法院认为,双方原购销合同明确约定“甲方未按照合同约定支付乙方资金而延误的时间及产生的影响,均由甲方承担”,甲方大生公司未按规定的设备价款支付进度及金额付款,导致合同无法履行,乙方仲基公司未交付设备有其正当理由,并未违反合同履行应当遵循的诚实信用原则和全面履行

---

〔1〕 参见国家法官学院案例开发研究中心编:《中国法院2018年度案例》(买卖合同纠纷),中国法制出版社2018年版,第218~219页。

原则,原告大生公司主张解除合同的理由不能成立。经现场勘察,仲基公司处现存有生产线设备,虽然大生公司对该设备是否为合同约定的设备有疑问,但根据原购销合同的约定,仲基公司在大生公司按约定付清相应货款的情况下,有义务将设备交付大生公司并负责安装调试生产出合格产品,因此该合同有继续履行的可能,法院对大生公司的诉求不予支持。刘某勇签订合同属职务行为,大生公司要求刘某勇同时承担返还设备款并支付违约金的诉求不能成立。判决:驳回大生公司的诉讼请求。二审法院认为,双方签订购销合同后,又签订变更协议,对设备价款支付进度作出变更,改变了原合同中分批支付已供设备价款的约定,仅约定了付款时间,未约定交货时间。大生公司未按约付款,仲基公司未交付货物并不违反合同约定。判决:驳回上诉,维持原判。[1]

合同先履行一方部分履行义务的,后履行一方不得对受领部分行使后履行抗辩权。

【案例12-67】 俊泰行公司诉甬丰公司买卖合同纠纷案

二审法院认为,甬丰公司主张自己不承担逾期付款的违约责任,实质系主张在俊泰行公司未履行交付货物的先合同义务的情况下,自己享有拒绝付款的后履行抗辩权。根据《合同法》第六十七条的规定,在先履行一方部分履行的情况下,后履行一方只有相应的后履行抗辩权,并不当然享有拒绝履行己方全部义务的抗辩权。在俊泰行公司交付船载红外热像仪后,甬丰公司予以受领,未提出异议。即便如甬丰公司所理解的,合同约定"货到甲方"中的"货"包括相关配件,在甬丰公司对俊泰行公司的履行行为受领后,甬丰公司对已受理的部分并不享有后履行抗辩权,而是负有对待给付义务。故甬丰公司应自收到船载红外热像仪时付款,其逾期付款应赔偿利息损失。关于其他争议问题,一审法院处理正确。判决:驳回上诉,维持原判。[2]

后履行抗辩权依存于合同的履行效力,不可能永久存续,也是在变化中。先期违约人纠正违约行为,使合同的履行趋于正常,满足或基本满足另一方的履行利益的,后履行抗辩权消灭。行使履行抗辩权的一方应当及时恢复履行,否则构成违约责任。当事人行使后履行抗辩权无效果时,可以根据法定条件通知对方解除合同。合同解除后,视合同自始无履行效力,依据合同产生的履行抗辩权消灭。

---

〔1〕 参见国家法官学院、最高人民法院司法案例研究院编:《中国法院2020年度案例》(买卖合同纠纷),中国法制出版社2020年版,第130页。山东省淄博市中级人民法院(2018)鲁03民终3758号民事判决书。

〔2〕 参见国家法官学院案例开发研究中心编:《中国法院2019年度案例》(买卖合同纠纷),中国法制出版社2019年版,第139页。北京市第二中级人民法院(2017)京02民终9870号民事判决书。

合同撤销后,履行效力消灭,不产生履行抗辩权。同理,合同无效不具有履行效力,不产生履行抗辩权,但可产生权利不成立或消灭的抗辩权。后履行抗辩权仅阻却合同履行效力的发生,但不能产生消灭合同的法律效果。也就是说,在先履行一方采取了补救措施变违约为适当履行时,后履行抗辩权消灭,行使抗辩权一方也应当及时恢复履行,否则将构成违约应承担相应的违约责任。

【案例12-68】 江某泽诉魏某成买卖合同纠纷案

二审法院认为,由于本案上诉人作为先履行一方违约,被上诉人有权行使先履行抗辩权,拒绝履行自己的合同义务。但先履行抗辩权仅阻却合同履行效力的发生,并不产生消灭合同的法律效果,在先履行一方采取了补救措施变违约为适当履行时,该抗辩权即消灭,行使抗辩权一方也应当及时恢复履行,否则也构成违约。结合本案,上诉人运走第二车蔬菜后即多次主动联系被上诉人,表示愿意协商价格及付款,并要求继续履行合同,被上诉人也曾表示可以协商,且此时担保金仍在被上诉人处,但被上诉人未催告履行也未通知解除,在双方尚未协商一致、合同未依法解除的情况下,私下将原合同项下的剩余莴笋全部零售他人,导致合同最终无法继续履行,此亦构成违约。故上诉人关于被上诉人未按照合同法定解除程序擅自终止合同存在违约的主张有事实依据,法院予以支持。原审未对被上诉人的违约行为作出事实认定有误,应予纠正。涉案《蔬菜收购合同》中对定金条款的约定,应属于违约定金。由于本案双方构成违约,对合同无法正常、继续履行均有责任,故对双方适用定金罚则,即上诉人丧失定金,被上诉人双倍返还定金,相互抵销后,给付定金的上诉人可以收回11万元定金。据此,对于本案上诉人诉求要求收回定金的主张,法院予以支持。但上诉人未支付第二车蔬菜货款应当依约支付。根据上述分析和认定,可确认双方在交易第一车莴笋时已对变更书面合同中关于单价的约定达成合意并实际履行,即合同中关于莴笋单价条款已被双方变更为每斤1.28元,故上诉人应据此计算并支付被上诉人第二车货款5816.3元及逾期利息。原审已认定原合同单价变更,仍按原合同计价有误,应予纠正。由于合同实际无法继续履行,符合合同法定解除情形,原审依法予以解除正确。综上,原审部分认定事实和判决有误,二审法院予以纠正。判决:(1)维持一审判决第二项;(2)撤销一审判决第一项;(3)上诉人江某泽向被上诉人魏某成支付货款人民币58163.2元及利息;(4)被上诉人魏某成返还上诉人江某泽人民币11万元;(5)驳回上诉人江某泽的其他上诉请求。[1]

---

〔1〕 参见国家法官学院案例开发研究中心编:《中国法院2014年度案例》(买卖合同纠纷),中国法制出版社2014年版,第231页。福建省福州市中级人民法院(2012)榕民终字第1582号民事判决书。

3. 不安抗辩权

不安抗辩权，是指双务合同成立后，应当先履行的当事人有证据证明对方不能履行义务，或者有不能履行合同义务的可能时，在对方没有履行或者提供担保之前，有权中止履行合同义务。在双务合同中，应当先履行的当事人没有后履行抗辩权，故法律设立不安抗辩权，使其在对方无力履行的情况下享有拒绝履行合同义务的权利。《民法典》第五百二十七条规定："应当先履行债务的当事人，有确切证据证明对方有下列情形之一的，可以中止履行：(一)经营状况严重恶化；(二)转移财产、抽逃资金，以逃避债务；(三)丧失商业信誉；(四)有丧失或者可能丧失履行债务能力的其他情形。当事人没有确切证据中止履行的，应当承担违约责任。"这是不安抗辩权的法律规定。因不安抗辩权带有主观预测因素，因此其具体程度难以把握，有些问题值得注意和研究。

抗辩权的行使是对抗违约行为的一种救济手段，行使抗辩权的条件应符合法律规定或合同约定。《民法典》第五百二十七条规定了不安抗辩权，第五百二十八条规定中止履行条件、不当中止履行的后果。在双务合同中，首先应根据双方签订的合同约定确定双方的权利义务。在买受人发现出卖人不具有按期交货的可能性，未及时与出卖人沟通核实，在未通知出卖人的情况下自行中止合同的履行，不符合不安抗辩权的行使条件和履行规范，其不安抗辩权不能成立，则出卖人不应向买受人支付违约金。

(1)不安抗辩权的行使

买受人因拒不履行已经生效的民事判决，法院将其列入失信被执行人名单，可以认定买受人属于有丧失或者可能丧失履行债务能力的情形，出卖人作为买卖合同的相对方有权中止履行合同。个案中，对有确切证据证明后履行人有丧失或可能丧失履行债务能力的情形，无论其表现形态如何即应认定行使不安抗辩权。

(2)不安抗辩权的适用条件

《民法典》第五百二十七条规定了不安抗辩权制度，从该条规定可以归纳出不安抗辩权的行使条件如下：

其一，双方当事人因同一双务合同而互负债务，且两债务之间具有对价关系。在双务合同中，一方承担合同债务的目的，通常是为了取得对方当事人的对待履行，这就使双务合同当事人之间的债务具有对等性，即一方的权利是另一方的义务，反之亦然。因此，单务合同和不完全的双务合同均不存在不安抗辩权。

其二，负有先履行义务的一方当事人才能享有不安抗辩权。由于权利人依照合同约定先履行义务有可能要面临对待履行不能实现的风险，在这种风险即将成为现实时，法律赋予先履行一方中止履行合同的权利，因此不安抗辩权的"不安"是立足于先履行义务的一方当事人，其主要目的在于保护当事人的合理期待权，保障交易的安全。

其三,不安抗辩权适用的双务合同属于异时履行。异时履行,是指双方履行存在的时间顺序,即一方先履行另一方后履行。根据《民法典》的规定,对一些买卖合同,除法律有特别规定外,一般采用同时履行主义。对以下合同,则明确规定,除当事人有特别规定外,应采用异时履行主义,这些合同包括租赁、承揽、保管、仓储、委托、行纪、居间等。

其四,先履行方的债务已届清偿期。如果履行期未届至,先履行方只能暂时停止履行的准备,不存在停止履行的问题。

其五,先履行方有确切证据证明后履行方于合同成立后丧失或可能丧失履行能力。它包括三个要素:①后履行方丧失或可能丧失履行能力;②后履行方丧失或可能丧失履行能力发生于合同成立之后;③先履行方对事实负有举证责任。

司法实践中,一方当事人符合不安抗辩权适用条件的,则成立不安抗辩权,反之,则不成立。在发生纠纷后,是否成立不安抗辩权,由法官行使自由裁量权进行裁量。

实践中应当注意,合同一方当事人以案外人违约为由主张行使不安抗辩权的,不应得到法院支持,《民法典》颁布前,因《合同法》关于不安抗辩权行使条件的规定较为原则,《最高人民法院关于当前形势下审理民商事合同纠纷案件若干问题的指导意见》对司法实践中认定当事人可以行使合同履行不安抗辩权的若干情形提出了较为明确的意见,这也为相关案件的审理提供了依据。

(3)不安抗辩权的效力

先履行方行使不安抗辩权将对双方当事人产生何种影响,这就是不安抗辩权的效力。有学者认为,不安抗辩权的首先效力是阻止请求权,基本效力是免除违约责任的法定事由,延伸效力是为相对方设立不真正义务,最终效力是解除合同。[1]

根据后履行方在合理期限内是否提供担保或恢复履行能力,不安抗辩权的效力划分为两个层次。

①第一次效力

其一,先履行方可中止履行合同,但应通知对方,并给予对方一个合理期限,使其恢复履行或提供适当的担保。中止履行既是行使权利的行为,也是合法的行为,先履行方履行期满不履行债务或迟延履行,并不构成违约。中止履行,乃暂停履行或延期履行之含义,因此它不同于解除合同,其目的不在于使既有合同关系消灭,而是维持合同关系。如果先履行方解除合同,则其行为构成违约,后履行方

---

〔1〕 参见冉富强等:《合同责任研究》,吉林大学出版社2008年版,第142页。

可要求其承担违约责任。先履行方中止履行，应当通知后履行方，通知方式为口头或书面形式均可。《民法典》第五百二十八条规定，当事人行使不安抗辩权中止履行后，对方在合理期限内未恢复履行能力的，权利人可以解除合同。但是，由于法律对“合理期限”的上限（具体时间）并未明确，以致实践中对此认识与理解不一；同时，还影响到权利人及时行使合同解除权，而使此类合同关系可能长期处于悬而未决的不确定状态。因此，亟待最高人民法院对“合理期限”作出司法解释，以便统一执法和规范司法操作。根据《民法典》的立法精神和合同自由原则，并参考国外立法例，借鉴英美法系预期违约制度的有关规定，笔者认为，该合理期限的确定，宜采取当事人约定与司法解释相结合的办法，即由最高人民法院规定此限的具体时间为 30 日。同时，应当允许当事人自行约定“合理期限”的具体时间。即行使不安抗辩权的一方中止履行时，可以根据合同的性质与对方当事人通过协商约定“合理期限”的上限。当事人约定合理期限的，其上限不受 30 日的限制。只有在当事人双方未约定合理期限的具体时间或者约定不明确的情况下，才可以适用合理期限为 30 日的规定。这样既便于统一执法和司法操作，又利于促使对方及时提供适当的担保，同时还利于保障权利人及时行使合同解除权。

其二，在合理期限内，后履行方未提供担保且未恢复履行能力而要求对方履行的，先履行方可以拒绝。

其三，在合理期限内，后履行方提供担保或恢复履行能力的，先履行方应当继续履行合同。后履行方提供担保或恢复履行能力，先履行方不获对待给付的风险消失，因此应当恢复履行合同。此时，充分体现了不安抗辩权的一时抗辩权的性质。先履行方恢复履行后，如何计算履行期限？是按原定期限履行还是按重新确定的期限履行，《民法典》无明文规定。笔者认为，如果仍按原期限履行，先履行方往往会迟延。因中止履行是合法行为，意味着默示允许先履行得到一段延长时间，因此应当排除提供担保或恢复履行能力的时间，重新确定新的履行期限。

②第二次效力

如果合理期限届满，后履行方未提供适当担保且未恢复履行能力，则发生第二次效力，即先履行方可以解除合同。《民法典》明确赋予先履行方以解约权，这是对大陆法系各国不安抗辩权制度的重大发展，从而使该制度能够为先履行方提供更加充分的法律保护。也有法官认为，所谓不安抗辩权的第二次效力实际上不属于不安抗辩权的效力，而是先履行方承担违约责任的权利，即债权请求权。〔1〕我国不安抗辩权制度也存在缺憾，这主要表现在法律赋予先履行方解约权的同时，并未规定先履行方还可以请求损害赔偿。对此，将放在后段中分析。

合同一方当事人在合同履行中根本违约，合同相对方依据《民法典》第五百

---

〔1〕 参见李勇主编：《买卖合同纠纷》，法律出版社 2011 年版，第 143 页。

二十七条的规定行使不安抗辩权而中止履行合同的情形,不构成违约。

实践中应注意的是,不安抗辩权在抗辩性质上具有延期性和消灭性的双重性,因此,权利人行使此项抗辩权的法律效力并非仅限于可以中止履行,而是可能发生二次法律效力。需要强调的是,先履行方行使不安抗辩权中止履行后,应当及时通知后履行方,关于通知的效力、通知的内容、通知的方式及通知的时间,法律并无明确规定。先履行方未及时通知后履行方甚至根本未通知的,由于先履行方未及时主张行使不安抗辩权,可能因构成抗辩权而不再行使抗辩权,所以先履行方可能要承担违约责任。也就是说,不安抗辩权是先履行方享有的一项权利,先履行方的履行期限届满后,应对中止履行合同的行为作出合理解释,否则将构成违约。不安抗辩权是以及时通知产生向对方当事人主张不安抗辩权的效果的。在怠于通知对方当事人的情况下,对方当事人信赖其不主张不安抗辩权时将可以后履行抗辩对抗不安抗辩权的履行请求或要求提供担保的请求。关于"及时",有法官认为,应当认定为自先履行方发现存在满足行使不安抗辩权的法定条件之后,至实际中止履行之时或之后的较短时间后,如一周或10天;对于约定分期履行而且各期履行之间间隔时间较长的,该期间还可以放宽,具体时间由法院综合案件的具体情况确定。[1] 笔者赞同此种观点。

(4)履约能力恶化程度的理解

合同履行中,后履行方履约能力的恶化程度是引发不安抗辩权成立的质变条件,最终决定先履行方能否根据已有事实主张不安抗辩权。关于履约能力恶化程度,《民法典》虽未明确规定,但从第五百二十七条第(四)项规定的立法精神上可以看出"恶化"的程度须达到后履行方丧失或可能丧失履约能力。履约能力的恶化程度应是指后履行方因经营不善,已陷于破产或资不抵债或履约资金明显减损的状况。[2] 从目前我国的经济发展现状分析,下列情形可作为判断当事人是否具有"丧失或者可能丧失履行债务能力"从而达到严重恶化的参考依据:①破产;②严重亏损导致履约能力丧失;③商品或产品严重积压、流动资金十分紧张而难以对待给付;④拖欠他人债务严重而无力偿付;⑤管理混乱,缺乏对待给付保障;⑥身负巨额债务,有多个合同义务不能按期履行;⑦恶意经营、私分或压价出售财产,以致财产显著减少,难为对待给付;⑧因保管不善等原因造成履约的特定物(不可替代物)灭失,而不能履行;⑨买卖合同中出卖人"一女两嫁",将约定交付的特定物卖与他人,以致履行不能;⑩承揽合同中承揽人签约后丧失履约的行为能力,不能按约定亲自完成工作;⑪劳务雇佣合同中提供劳务的当事人签约后丧

〔1〕 参见李勇主编:《买卖合同纠纷》,法律出版社2011年版,第146页。

〔2〕 参见史振郭:《关于不安抗辩权若干问题的探讨》,载《福建师范大学学报(哲学社会科学版)》2001年第2期。

失履约的行为能力;⑫其他经营状况严重恶化的情形。这里还有必要谈及一个问题,《民法典》采取列举与概括相结合的方式界定了不安抗辩权的适用范围,由于法律对"丧失或者可能丧失履行债务能力的其他情形"并未作出明确规定,因此,需要最高人民法院在司法解释中予以明确,以便统一执法。根据合同立法精神和不安抗辩权的内涵要求,笔者认为,上述履约能力严重恶化程度的情形,也可以归为"丧失或者可能丧失履行债务能力的其他情形"范围之列。

司法实践中,依照履约能力恶化的具体程度在相应的范围内主张不安抗辩权,应否对未恶化部分继续履行,应作分析。如果后履行方已经预付定金,不安抗辩权行使范围的大小,是否能在定金以外的额度内行使?应该看到,对未恶化部分继续履行的观点,显然是受《民法典》第五百二十五条、第五百二十六条中"有权拒绝其相应的履行要求"的影响。但《民法典》第五百二十七条对不安抗辩权并没有作量化分析和适用,故量化适用的做法并没有相应的法律依据。[1] 笔者认为,《民法典》第五百二十七条关于不安抗辩权的法律规定相对于《民法典》第五百二十五条、第五百二十六条的规定来讲,是一个特殊规定,故应明确并坚持不安抗辩权的行使范围是没有履行的全部债务,而不是未恶化部分,即使恶化程度仅仅危及对方部分债权的实现,依然应允许其行使中止履行全部债务的权利。

应该注意的是,不安抗辩权区别于同时履行抗辩权,同时履行抗辩权具有较强的客观性,而不安抗辩权在某种程度上带有主观预测,因此对其具体程度的把握困难大。对存在定金的场合亦不宜过分严格要求,这是由先履行方的"予信"地位所决定的,这种地位决定了先履行方比后履行方更需要法律上的保护,以平衡其承担高风险的可能。实务中,抗辩权人在把握相对人履约能力恶化程度的底线上,应明确提出将"有难为对待给付之虞"作为评价相对人资信恶化程度的底线标准,可以使不安抗辩权的行使更具有可操作性,降低、防止不安抗辩权最大限度被滥用的危险。在市场经济条件下,市场风险无时不在,《民法典》有关不安抗辩权的规定,有力地保护了有关当事人的合法权益。但是,当事人没有确切证据证明后履行方履约能力的恶化程度已经达到法律规定的程度就中止履行,则属违约,应承担违约责任。也就是说在某些类型的合同中,根据履约能力的恶化程度界定上的特殊性,即只要违约,则可以行使不安抗辩权。

合同并未约定将开具增值税发票作为支付货款的前提条件,买受人不能以出卖人未履行开具增值税发票的合同附随义务抗辩其支付货款的合同主要义务。

---

〔1〕 参见崔建远、韩世远:《债权保障法律制度研究》,清华大学出版社2004年版,第228页。

【案例12－69】 临邑金宇有线网络开发有限责任公司与安徽天康(集团)股份有限公司买卖合同纠纷再审案

最高人民法院认为,本案中,根据《合作协议》,安徽天康公司的合同义务是提供货物,作为先履行合同的一方,已经按照合同约定及临邑金宇公司的要求,实际供货价值4701631.05元,但是临邑金宇公司作为付款方迟迟没有付完全款并拖欠资金,其不享有不安抗辩权。开具发票虽然是收款方的法定义务但只是附随义务,是否开具并交付发票不属于当事人行使不安抗辩权的法定情形。事实上,安徽天康公司曾于2003年11月30日开具了460万元的销售发票,于2011年1月27日又向临邑金宇公司开具了剩余的1066505元增值税普通发票,安徽天康公司并非未履行开具发票义务,因双方付款争议导致安徽天康公司未交付发票并两次将发票作退票予以作废。临邑金宇公司主张因安徽天康公司未及时交付发票影响其财务正常报销和年度审计并受到审计部门处罚并无证据证明。因此,二审判决认定临邑金宇公司以对方未交付发票为由行使不安抗辩权没有事实和法律依据是正确的。[1]

【案例12－70】 重庆钢铁股份有限公司与重庆通汇煤炭洗送有限责任公司买卖合同纠纷再审案

最高人民法院认为,本案系买卖合同纠纷案件,作为出卖人的重庆通汇煤炭洗送有限责任公司(以下简称通汇公司)的主要合同义务是交付货物,作为买受人的重庆钢铁股份有限公司(以下简称重钢公司)的主要合同义务是支付货款。现在通汇公司已经向重钢公司交付货物的情况下,重钢公司理应按照合同约定支付货款。开具增值税发票并非出卖人通汇公司的主要合同义务,仅是附随义务,除非合同明确约定了先后履行顺序。本案中,双方当事人在2012年《购销合同》中并未约定通汇公司出具增值税发票的义务,重钢公司的双方在合同实际履行中是通汇公司先开具增值税发票,重钢公司后支付货款,并据此主张付款条件未成就的理由不成立。双方在2013年的《购销合同》中虽然约定收到增值税发票、商检报告原件后办理结算,同时也约定自装船之日起2个月内结清余款,即对最后付款期限作出了明确的约定。即便双方存在先开票后付款的交易习惯,但是在通汇公司已开具发票39945513.73元,重钢公司也未按约定付款,通汇公司基于不安抗辩权也享有付款请求权。故重钢公司关于通汇公司未开具增值税发票的38037097.55

---

〔1〕 最高人民法院(2013)民申字第538号民事裁定书。

元货款的付款条件不成就的理由，缺乏事实和法律依据，理由不成立。[1]

行使不安抗辩权举证不能的，亦应承担违约责任。

【案例 12－71】　张家港保税区同德丰纺织贸易有限公司诉广州市爱纱进出口贸易有限公司买卖合同纠纷案

二审法院认为，爱纱公司因面值 124812 元的银行承兑汇票不能获得付款而拒绝发货，系其行使不安抗辩权。按照《销售合同》的约定，爱纱公司发货的前提条件是收到银行承兑汇票或汇款。因此，爱纱公司的发货条件于 2013 年 1 月 29 日已成就，爱纱公司理应依照合同约定及时发送货物。爱纱公司已收取大部分货款仍拒绝发货，构成违约。同德丰公司要求爱纱公司承担违约责任理据充足，予以支持。[2]

(5) 不安抗辩权与相关权利的关系

行使不安抗辩权的过程中，与诸多权利发生联系，正确处理不安抗辩权与其他权利的关系，有利于进一步行使不安抗辩权。

损害赔偿请求权问题。应当先履行方行使不安抗辩权，解除合同以后，能否取得对后履行方的损害赔偿请求权？对于这一点，《民法典》没有作出明确的规定。但是在实践中，先履行方虽然最终因合同的解除，免除了履行合同的义务，却往往为履行合同作了某些准备工作，支付了一些费用，如果一概不追究后履行方的损害责任，显然有失公平。笔者认为，依据《民法典》规定的过错责任原则，根据后履行方是否有过错确定是否应承担赔偿责任。如果后履行方对造成合同不能履行具有故意或明显过失，如《民法典》第五百二十七条规定的第二种情形，即转移财产、抽逃资金、以逃避债务的情况，则明显属于后履行方故意不履行合同，此时如果行使不安抗辩权的先履行方受到实际损失，即可要求后履行方赔偿。如果造成合同不能履行，后履行方并无过错，甚至是某些后履行方无法预料的情况出现，此时如果要求后履行方承担损害赔偿责任也有失公平。一方当事人违约时，另一方当事人必须及时采取必要的措施，否则他就无权就本可避免的损失向违约方进行索赔，这就是减轻损失原则。在一方预期违约时，另一方当事人更应注意采取合理措施防止损失的扩大。因此，笔者建议，《民法典》第五百二十七条在规定行使不安抗辩权一方负有举证义务和通知义务的同时，增加防止或减少损失扩大的义务。对于损害赔偿的范围，应为后履行方默示毁约时应当支付的损害

---

〔1〕 参见最高人民法院民法典贯彻实施工作领导小组编著：《中国民法典适用大全》（合同卷一），人民法院出版社 2022 年版，第 582～583 页。最高人民法院（2017）民申 1675 号民事裁定书。

〔2〕 参见国家法官学院案例开发研究中心编：《中国法院 2015 年度案例》（买卖合同纠纷），中国法制出版社 2015 年版，第 113～114 页。广东省广州市中级人民法院（2013）穗中法民二终字第 1545 号民事判决书。

赔偿额，不能以后履行方的履行期到来时的价格作为赔偿标准计算赔偿数额。

不安抗辩权与违约责任请求权竞合的法律适用问题。实践中，不安抗辩权与默示预期违约责任请求权在一定条件下可能发生竞合。如先履行方有确切证据证明对方转移财产、抽逃资金、逃避债务，或者依法中止履行后，后履行方在合理期限内未恢复履行能力且没有提供适当担保的，则后履行方的行为构成默示预期违约，从而发生这两种权利的竞合。在这两种权利发生竞合时，根据民事法律处理请求权竞合的一般原则，应允许权利人选择对其更有利的一种请求权（诉因）提起诉讼。也就是说，在这两种权利发生竞合的情况下，权利人既可以进一步行使不安抗辩权主张解除合同，也可以选择行使默示预期违约责任请求权主张解除合同。如果对方的违约行为给权利人造成损害的，权利人还可以行使赔偿请求权，要求对方承担赔偿责任，以利其及时获得赔偿和更有效地维护自己的合法权益。实体处理上，认定主张行使不安抗辩权恰当的，存在违约责任和实际损失竞合适用问题，即二者认其损失额高的一类，不累计适用。如果主张不安抗辩权不当，主张方除应即时履行合同外，还须向对方赔偿迟延履行损失，并承担违约责任。

不安抗辩权与撤销权的适用关系问题。不安抗辩权与撤销权的立法目的不同。基于欺诈或错误不知有不安事由存在而取得撤销权，所要解决的是合同订立时意思表示存在瑕疵的问题。对于不安事由的出现，而行使不安抗辩权，所要解决的是防范后履行方可能的违约问题。两者基于不同的法律事实，针对不同的问题，故两者是并行不悖的。在不安抗辩权与撤销权竞合时的适用中，首先应分清其性质上的差异，不安抗辩权与撤销权两者相互排斥。选择撤销权，合同被撤销后自无作为合同上的权利，即不安抗辩权不能存在。选择不安抗辩权后，如果对方提供足额担保，依照诚实信用原则，也应该排除基于意思表示瑕疵所产生的撤销权的适用。也就是说，在不安抗辩权与撤销权的行使发生竞合时，可以由当事人自由选择，择一而用。

不安抗辩权与价款拒付权的区别。《民法典》第六百一十四条规定，买受人有确切证据证明第三人可能就标的物享有权利的，可以中止支付相应的价款，但是出卖人提供适当担保的除外。该条所确立的制度即为买受人价款拒付权。依据《民法典》，当第三人已确定地就买卖合同标的物主张权利时，出卖人应负权利瑕疵担保责任。然而第三人是否对标的物主张权利尚未完全确定，买受人只是有确切证据证明第三人可能享有权利从而可能不获得标的物全部或一部分权利时，买受人有根据危险程度中止支付价款的权利，显然是为了打消买受人的不安心理状态保护买受人的利益，此与不安抗辩权制度极为类似。然而两种制度存在以下区别：其一，价格拒付款只能由买受人享有，而不安抗辩权对于买卖合同双方当事人均可适用。其二，在价款拒付权中，权利人大多担心其已取得的权利归于丧失；

在不安抗辩权中，权利人担心对方不能对待给付。

不安抗辩权与预期违约的区别。二者极为相似，共同点是都发生在订约后到履行期届满之前这段时间内，一方发现另一方有届时不会或不能履约的危险，但后一方并无明确毁约的意思表示；两者都可以要求对方作出履约充分保证，否则可以中止自己的对待给付。二者也存在重大区别，其一，前提条件不同。行使不安抗辩权的前提条件是双方当事人履行债务的时间有先后之别，否则就只存在同时履行抗辩权而不存在不安抗辩权，而履行不可能型预期违约则无此前提条件限制。其二，行使权利所依据的原因不同。传统不安抗辩权行使的根据是他方的财产于订约后显形减少，有难以对待给付之虑。而履行不可能型预期违约所根据主要有，①债务人的经济状况不佳，没有能力履约；②商业信用不佳；③债务人的实际状况表明债务人有违约之危险。其三，法律救济方法不同。行使不安抗辩权的债权人可以中止自己的对待给付，若对方不能提供履约担保，债权人可解除合同但没有损害赔偿请求权。履行不可能型预期违约权利行使人则在解除合同的同时，享有损害赔偿请求权。也就是说，不安抗辩权的效力范围仅能使当事人解除合同，不能再要求赔偿损失；如果适用履行不可能型预期违约，则在解除合同的同时，可以要求对方赔偿损失，这是二者的根本区别。[1]

不安抗辩权与预期违约的关系。不安抗辩权与预期违约具有不同的制度功能，不安抗辩权具有中止履行的效果，而预期违约的法律后果是解除合同，要求承担违约责任。如果发生后履行一方当事人“转移财产、抽逃资金、以逃避债务”的情形，是适用不安抗辩权还是预期违约，可以由当事人选择对自己最有利的主张。如果应当先履行债务的当事人还想保留继续交易的机会，给对方当事人一个恢复能力或者提供担保的机会，就可以选择行使不安抗辩权，中止履行。另外，不安抗辩权和预期违约在适用条件上的落脚点不同，不安抗辩权落脚在“丧失或可能丧失债务履行能力”，预期违约此处主要涉及的是默示预期违约，落脚在“以自己的行为表明不履行主要债务”。发生“转移财产、抽逃资金、以逃避债务”的情形，能否直接构成默示预期违约，也要视具体情况进行判断。[2]

【案例12－72】 德国WNC公司诉新燃有限公司买卖合同纠纷案

判决观点，德国WNC公司提出新燃有限公司不可能在短期内生产合同约定的胶水，因此对所交付的货物存在合理怀疑而要求检验，遭到拒绝后不予付款的行为构成不安抗辩权。经审查，由于双方在合同中对检验货物并没有约定，新燃有限公司予以拒绝并不违反合同约定，德国WNC公司以新燃有限公司在短时间内无法生产合同约定的货物为理由，而怀疑新燃有限公司

〔1〕 参见冉富强等：《合同责任研究》，吉林大学出版社2008年版，第154页。

〔2〕 参见黄薇主编：《中华人民共和国民法典合同编释义》，法律出版社2020年版，第150页。

的货物存在质量问题缺乏确切的证据,不符合《合同法》第六十八条关于行使不安抗辩权的法定情形,其不支付合同约定的货款的行为构成违约,应当承担违约责任,德国WNC公司作为过错方无权单方行使法定解除权,其主张解除合同及返还保证金没有法律依据,法院不予支持。[1]

实践中,一方先获得履行方的部分利益,再作出对待给付。此种部分履行,是否与后续的支付货款的履行处于对待给付地位,在应先履行义务的一方首先存在部分违约行为,但并未构成根本违约的情形下,相对方能否行使先履行抗辩权存在一定争议。如合同约定应由出卖人先交付货物,再由买受人支付货款。在双方已就合同价款及价款支付时间达成一致的情形下,出卖人多次单方要求变更合同价款及支付时间,但并未明确表示拒绝交付货物,仅因其要求变更价款导致交付货物义务履行陷于迟延履行的状态。如果仅从出卖人的违约行为考量,其违约行为并非拒绝履行合同的主要义务,相对方买受人以此拒绝履行合同,其能否行使抗辩权有待分析。出卖人的违约行为虽未必导致合同无法履行,但该行为破坏了双方此前通过协商对各自权利义务的最佳安排,导致双方原已确定的合同权利义务处于需重新协商的状态。在出卖人因自己的违约行为导致交付标的物的时间推迟的情形下,仍要求买受人严守合同约定,按照合同约定的日期支付价款显然不妥,应允许买受人适用先履行抗辩权。除分析给付处于对等地位外,还应从双方权利义务的整体安排出发,实现对双方权利义务的公平确定。在认定一方行使履行抗辩权的依据是否充分的问题上,还可从双方各自的损失与获益角度考量双方的利益平衡。

(二)情势变更原则的适用

1. 情势变更的理解

情势变更制度是指在合同依法成立后,客观情况发生了无法预见的重大变化,致使原来订立合同的基础丧失或者动摇,如继续履行合同对一方当事人明显不公平,因此允许变更或者解除合同以维持当事人之间的公平。[2] 有学者认为,情势变更原则,是指合同有效成立后,因不可归责于双方当事人的事由发生重大变化而使合同的基础动摇或者丧失,若继续维持合同会显失公平,因此允许变更

〔1〕 参见《行使不安抗辩权必须有确切证据——广东珠海中院判决德国WNC公司诉新燃有限公司买卖合同案》,载《人民法院报》2007年4月23日,案例指导版。

〔2〕 参见黄薇主编:《中华人民共和国民法典合同编释义》,法律出版社2020年版,第157页。

合同内容或解除合同的原则。[1] 这里的“情势”,是指客观情况,具体泛指一切与合同有关的客观事实,如战争、经济危机、政策调整等。概念的重点,在“与合同有关”的限制上,[2]与当事人的主观意志无关;所谓“变更”,则指“合同赖以成立的环境或基础发生异常之变动”。这里合同成立的基础或环境的客观基础的变动有可能导致合同当事人预期的权利义务严重不对等,从而使原先合同失去本来的意义。

情势变更的实质为诚实信用原则的具体运用,目的在于消除合同因情势变更所产生的不公平后果。情势变更作为合同法的一项重要原则,已为各国普遍承认并接受。《国际商事合同通则》《联合国国际货物销售合同公约》都对这一原则作了具体规定,以解决国际商事交易中经济环境异常变动所造成的合同履行困难。我国法律对情势变更没有规定,2009 年 4 月,最高人民法院出台的司法解释确立了该原则。

《民法典》第五百三十三条规定:“合同成立后,合同的基础条件发生了当事人在订立合同时无法预见的、不属于商业风险的重大变化,继续履行合同对于当事人一方明显不公平的,受不利影响的当事人可以与对方重新协商;在合理期限内协商不成的,当事人可以请求人民法院或者仲裁机构变更或者解除合同。人民法院或者仲裁机构应当结合案件的实际情况,根据公平原则变更或者解除合同。”本条是关于情势变更制度的规定。本条主要包括以下几层含义:其一,本条确定了适用条件,一是合同成立后合同的基础发生了重大变化;二是继续履行合同对当事人一方明显不公平。其二,本条确定了适用法律效果,一是受不利影响的当事人有权请求与对方重新协商;二是双方当事人在协商过程中,就合同的变更或者解除达不成一致意见,协商不成的,当事人可以请求法院或者仲裁机构最终裁断。[3]

《民法典合同编通则解释》第三十二条第一款规定:“合同成立后,因政策调整或者市场供求关系异常变动等原因导致价格发生当事人在订立合同时无法预见的、不属于商业风险的涨跌,继续履行合同对于当事人一方明显不公平的,人民法院应当认定合同的基础条件发生了民法典第五百三十三条第一款规定的‘重大变化’。但是,合同涉及市场属性活跃、长期以来价格波动较大的大宗商品以及股票、期货等风险投资型金融产品的除外。”

《民法典合同编通则解释》第三十二条第二款规定:“合同的基础条件发生了民法典第五百三十三条第一款规定的重大变化,当事人请求变更合同的,人民法

---

〔1〕 参见王家福主编:《中国法学·民法债权》,法律出版社 1991 年版,第 393 页。

〔2〕 参见[德]卡斯腾·海尔斯特尔、许德风:《情势变更原则研究》,载《中外法学》2004 年第 4 期。

〔3〕 参见黄薇主编:《中华人民共和国民法典合同编释义》,法律出版社 2020 年版,第 160 ~ 161 页。

院不得解除合同;当事人一方请求变更合同,对方请求解除合同的,或者当事人一方请求解除合同,对方请求变更合同的,人民法院应当结合案件的实际情况,根据公平原则判决变更或者解除合同。”

《民法典合同编通则解释》第三十二条第四款规定:“当事人事先约定排除民法典第五百三十三条适用的,人民法院应当认定该约定无效。”

情势变更原则适用的具体处理。其一,变更合同内容,继续履行合同。如果通过变更合同的有关内容能够排除不公平的结果,原则上则应在新的条件下,仅就合同中相应的条款予以变更,使之趋于对等,继续维持原合同的存在。其二,解除合同或中止该合同的履行。如果通过变更合同的内容仍不足以排除不公平的结果,采取终止合同即可消除显失公平的现象,则采用中止合同的方式。对于情势变更原因的发生,合同双方的对价关系完全被坏,合同目的已经无法实现,可采取解除合同的方式。双方当事人在情势变更之前所履行的部分仍然有效,已经履行义务的不公平给付方享有求偿请求权,请求对方予以返还。其三,延期给付。根据案件的具体情况,通过变更合同使双方对价关系趋于对等,判决延期交付货物,延期的长短既要考虑出卖人的能力,又要考虑保护买受人的合法权益。其四,变更合同的给付标的。因情势变更造成货物给付不能的,经双方协商一致可以用其他同类物代替给付。如果协商不成,也可判决用其他货物代替给付。其五,免责问题。基于情势变更是一种客观情况,它要求合同当事人在主观上均不得有过错。故其后果是变更或解除合同,并免除一方履行合同义务。

金融危机构成情势变更的,可支持被告降低违约金的请求,不支持继续履行合同的请求。

【案例 12-73】 三门峡铝业有限公司与宁夏秦毅实业集团有限公司购销合同纠纷案

一审法院认为,三门峡公司和宁夏公司所签合同合法有效,应受法律保护。宁夏公司在未与三门峡公司协商一致的情况下,中途不能完全履行协议约定的付款提货义务,已经构成违约,依法应当承担违约责任。但宁夏公司认为三门峡公司请求按照合同约定标准计算的违约金数额过高,请求法院调整。法院依照本案案情和宁夏公司的过错程度,将违约金酌情调整为760084元,并驳回三门峡公司要求继续履行合同的诉讼请求。二审法院维持一审判决。[1] 本案中,宁夏公司也同样因为金融危机(2007年8月美国的次贷危机引发)的影响而不能按合同约定提货。但是,金融危机不是天灾,根据法律规定,不能算作不可抗力。宁夏公司作为高耗能企业,金融危机对其

〔1〕 参见吴庆宝主编:《最高人民法院专家法官阐释民商裁判疑难问题》(增订版)(合同裁判精要卷),中国法制出版社2011年版,第412页。

造成的冲击是巨大的。2008年3~12月,铝锭销售价下降51%,原材料价格下降幅度很小,导致公司持续亏损,只能赊欠原材料。2008年9月下旬开始,连支付工人工资都极为困难,根本没有资金也没有能力履行双方签订的《氧化铝长期购销合同》。金融危机蔓延所引发的矛盾和纠纷在司法领域已经出现明显反映,鉴于此,最高人民法院于2009年7月7日发布了《关于当前形势下审理民商事合同纠纷案件若干问题的指导意见》,其中第五条至第八条明确要求各级人民法院在审理案件时要依法合理调整违约金数额,公平解决违约责任问题。综上,法院考虑到当时经济衰退的特殊情形,宁夏公司要求法院变更违约金的抗辩理由被采纳,这不仅具有必要性,而且也体现了民法原则中的公平、正义原则。

个案中,由法官根据具体案情决定是否适用情势变更原则处理案件。

【案例12-74】 凯明(大庆)新能源开发有限公司与华锐风电科技(集团)股份有限公司买卖合同纠纷案

关于华锐公司调减塔筒单价的问题,最高人民法院认为,根据合同相对性原则,凯明公司单方解除《风力发电发电机组买卖合同》属于另一个法律关系,如有纠纷,应当按照合同约定和法律规定处理。本案中双方当事人履行《塔筒买卖合同》不存在利益严重失衡的情形,故不能使用情势变更原则。华锐公司的主张不符合《合同法》及其司法解释的相关规定,故对华锐公司下调塔筒价格的请求不予支持。[1]

在缔约时对于合同的交易价格明知,对交易中的实际付出有明确的预期,不存在无法预见之情形,不能主张适用情势变更原则。继续履行合同是否显失公平并不能简单以合同签订时的价格与合同履行时的价格进行纵向比较。

【案例12-75】 华锐风电科技(集团)股份有限公司与肇源新龙顺德风力发电有限公司买卖合同纠纷案

最高人民法院认为,契约严守为合同法的基本原则,只有由于不可归责于合同当事人的原因导致合同缔约时的基础动摇或丧失,强行维持合同原有效力将导致合同当事人之间的利益均衡关系受到破坏,严重违背公平诚信原则时,才能适用情势变更制度。《合同法解释(二)》第二十六条对情势变更定义为“合同成立以后客观情况发生了当事人在订立合同时无法预见的、非不可抗力造成的不属于商业风险的重大变化,继续履行合同对于一方当事人明显不公平或者不能实现合同目的”,情势变更的发生是否为当事人不可预

〔1〕 参见《最高人民法院公报》2015年第11期(总第229期)。最高人民法院(2013)民一终字第181号民事判决书。

见、继续履行合同是否显失公平则为界定本案情形是否适用情势变更制度需要考虑之要件因素。[1]

2. 情势变更与商业风险的区别

所谓商业风险,是指在经济交往或商业经营活动过程中,由于各种不确定因素引起的,给商业经营者带来获利或损失的机会或可能性的一种客观经济现象。现实中的商业风险无处不在,任何经营者的每一项交易行为都可能遇到各种风险,只是风险大小不同而已,为此要对风险造成的损失承担其后果。从一定意义上讲,商业风险泛指导致经营或交易行为失败或使经营者遭受经济损失的一切不利因素或情形,包括主观因素和客观因素,均属商业风险范畴。可以看到,物价的降浮、币值、汇率的涨落,市场的兴衰等都可能成为商业风险与情势变更的原因,因此,在合同履行过程中,引起商业风险的原因可能与情势变更的原因相同,但两者所引起的法律效果却截然不同。理论界、司法界对商业风险与情势变更的区别观点不一,有必要作一比较。

从性质上看,情势变更与商业风险的区别:情势变更属于作为合同成立的基础环境发生了异常变动,所造成的风险属于意外的风险。[2] 商业风险则属于从事商业活动所固有的风险,作为合同基础的客观情况的变化未达到异常的程度,一般的市场供求变化、价格涨落等属于此类。

从适用角度上看,情势变更与商业风险的区别:一是客观方面,情势变更的发生,须有情势变更导致合同履行不能或合同目的不达情况的事由;而商业风险的发生一般不会造成合同不能履行或合同目的不达。二是主观方面,情势变更的发生,须双方当事人在主观上都没有过错,当事人尽了最大注意义务仍不可避免,因此不可归责于双方当事人,作为民法的"过错责任"不能受情势变更原则的冲击。而商业风险可以归咎于当事人的主观过错,这种因"过错责任"而导致的商业风险应由当事人自行承担。这是因为,商业风险由于具有可预见性,故可以认定当事人对此存有过失,当事人能够或者应当预见到将会发生商业风险,但甘愿冒风险或抱有侥幸心理,希望不会发生这种客观情况的变化,或愿以此作为牟利的代价从事经营活动,故商业风险有可归责于一方当事人的主观认识错误,如不遵循经济规律的要求、不了解市场经济信息、一味投机冒险或在生产经营的商品中掺杂使假而被媒体曝光等。[3] 三是在预见性方面,以有无预见性进行区分,也就是客观情况的发生双方在订立合同时是否能够预见。许多国家法律对情势变更原

---

〔1〕 最高人民法院(2015)民二终字第88号民事判决书。

〔2〕 参见崔建远主编:《合同法》(第3版),法律出版社2003年版,第93页。

〔3〕 参见张建军:《情势变更与商业风险的比较探讨》,载《甘肃政法学院学报》2004年第2期。

则都有“订立合同时不能预见”这一要件的规定,《民法典》也强调了这一要件。情势变更的发生,当事人在签约时无法预见,而且根据实际能力和当时的具体条件,根本不可能预见,即情势变更超出了正常的范围,使合同当事人在当时情况下无法推测其可能性。在订立合同时,如果当事人虽未预见,但情势变更的发生在客观上是可以预见的,那么应由该当事人自行承担不利后果,而不得主张适用情势变更原则。例如,当事人参与股票交易,这被公认为是具有高度风险的交易,就不得主张适用情势变更原则。[1] 而商业风险则是行为人能够预见或应当预见客观情况的变化可能发生,并尽量加以避免的一种可能性。在判断当事人的预见能力时,应坚持客观标准,即当事人在订立合同时所处的客观环境下,作为一个普通的从事经营活动的人员应当具有的认识能力和所发生事件的性质。[2] 新冠疫情暴发之初相关物资价位高位上涨是因其稀缺性,符合市场规律和供需关系,对于商事主体而言在缔约时可以预见。商事主体在疫情暴发后匆忙缔结合同,购买涉疫物资,并要求尽快交付,其对相关物资在当时特殊情况下具有极高商业价值的判断,是“转瞬即逝”的“商机”预判。疫情对特殊物品市场价格的影响并没有背离正常的供求关系和商业规律,对于未能准确抓住“商机”的商事主体而言,更应归属于商业风险,投资失误。四是在时间方面,情势变更的发生,须发生在合同成立后至合同终止前,而商业风险随时有发生的可能,不受具体时间的限制。五是在立法宗旨方面,情势变更须以当事人主张为前提,法院不得依职权适用,商业风险的损失,当事人不能主张。

从界定范围上看,情势变更与商业风险的区别:一是在价格的非正常涨落方面,在情势变更中,涨落超出了普通经营者所能预见的范围。这里的价格涨落,必须是价格超出价值规律暴涨骤跌,其幅度超过商业经营的平均盈亏,并且当事人无法预见、不能防止。商业风险中,价格正常的涨落应当由普通经营者所能预见,价格正常涨落当属市场经济的正常现象,应由当事人承担这种正常的商业风险。二是在国家法律、政策的变化方面,情势变更中,当事人不可预见,因为在计划经济向市场经济转轨时期,经济法制在不断完善,国家经济政策不断调整所引起的情势对经济合同当事人的利益有重大影响,若这种国家干预的事由导致原合同的履行显失公平,不能归责于当事人一方,就可以认定为情势变更;在商业风险中,国家法律、政策的重大变化应当为双方当事人所能预见或已知,从而导致按原合同履行后显失公平,这说明当事人已预见到行为的固有风险,并愿以此为代价承担风险,当属商业风险。三是在市场的异常变化方面,在情势变更中,这种异常变化非为普通经营者所能预料,出现了当事人不能控制的阻碍。认定市场变化为情

---

〔1〕参见张建军:《情势变更与商业风险的比较探讨》,载《甘肃政法学院学报》2004 年第 2 期。

〔2〕参见张建军:《情势变更与商业风险的比较探讨》,载《甘肃政法学院学报》2004 年第 2 期。

势变更,可参照如下标准:其一,市场变化不符合常规。其二,市场变化不可预见,不能防止。其三,市场变化使一方当事人因履行合同受到严重损失。其四,市场变化会出现显失公平的结果;市场经济必须遵循价格围绕价值上下波动的价值规律的作用而发生正常的变化,这种市场的正常变化应为普通经营者所能预见,当属商业风险。四是在币值的升降方面,情势变更中,币值的大幅升降非为当事人所能预见和控制;商业风险中,币值的适度升降为当事人能够预料。我国现阶段物价水平每年都有所上升,存在一定的通货膨胀空间,这要求经营者对物价上涨情况有所预见。在国际贸易活动中,为避免货币贬值带来经济损失,可以在订立合同时订入货币保值条款,从而避免商业风险。

从法律后果上看,情势变更与商业风险不同。情势变更的发生使合同履行基础和预期的目的发生根本性的动摇,如果继续履行原合同,将对一方当事人明显有利而对另一方当事人明显不利或者不能实现合同目的,会产生显失公平的效果,违背了诚实信用原则;而在商业风险中,合同的基础没有发生根本变化,继续履行合同不会对一方当事人明显不公平或者不能实现合同目的,只是造成一定条件下的履行困难及履行合同费用的增加、利润的减少或并非重大的一般性亏损。

应当注意的是,短期内合同履行的不利因素不足以构成情势变更。新冠疫情对依赖客流量行业的影响显而易见,但若疫情带来的此种不利于合同履行相较于合同期限而言仅是较短的时间,则不宜直接适用情势变更制度变更或解除合同约定。

判断某一客观情况的变化是属于正常的商业风险,还是属于可引起情势变更原则适用的"重大变化",法律无法划定统一的标准,只能在个案中综合各方面情况作出具体判断,不能单纯以价格涨跌幅度大小、合同履行难易等简单判断。例如,商品原材料价格参照国际市场价格指数,能源市场作为全球经济的重要组成部分,其价格走势受多重因素的影响,如供需关系、市场预期、国内国际宏观政策环境等。理性商业主体应当预见到各方面因素带来的影响,对价格走势合理预判。并且,合同约定价格不予调整对于买卖双方都存在同样的商业风险,此种情况不应适用情势变更原则。也就是说,可预判的商业风险,不适用情势变更原则。

【案例12-76】 某太阳能公司与某电力公司买卖合同纠纷案

二审法院认为,《民法典》第五百三十三条虽然规定了情势变更原则,但引起本案光伏组件原材料价格剧烈波动的因素包括国家能源双控的相关政策、美国对新疆光伏企业的制裁等,在合同签订之前已经公布或实施。某太阳能公司作为理性商业主体应当能够预见由此带来的影响。参照双方均认可的PVInfoLink网站公布的数据,2021年上半年光伏供应链价格的各项数据已经呈现持续上涨的态势,某太阳能公司在2021年7月20日与某电力公司签订订货合同时,对价格走势应有所预判。双方当事人自愿将合同的单价及总价约定为固定不变价,任何一方不得主张调整价格。作为一个履行期限较长的合同,价格不予调整对于买卖双方都存在同样的商业风险。两家公司作为长期专门从事光伏行业的成熟的商事主体,无论基于何种商业利益的考量作出该约定,自愿承担可能存在的商业风险,均应信守承诺。因此,情势变更原则在本案中不适用,某太阳能公司要求合同价格“随行就市”,既违反合同约定,亦有违诚信,应承担相应的违约责任。〔1〕

买卖合同签订后,铜价急剧下跌,导致买受人出口加工无利可图甚至要亏本,因此买受人不愿付款提货。该种情形属于商业风险范畴,而不是情势变更。

【案例12-77】 江铜广信公司诉苏州联冠公司买卖合同纠纷案

一审法院认为,苏州联冠公司所称江铜广信公司在合同上的签字时间延长是造成苏州联冠公司不能履行合同的原因的理由不能成立。因为江铜广信公司与苏州联冠公司之间的合同及江铜广信公司确认的苏州联冠公司订单均有单价,况且,苏州联冠公司合同约定是款到发货,因而造成合同未能履行的原因在苏州联冠公司方,苏州联冠公司应承担违约责任,其应当赔偿因违约给江铜广信公司造成的损失。江铜广信公司计算损失的方法并无不当,一审法院予以采纳。扣除苏州联冠公司汇给江铜广信公司的定金7万元至少供货货款21347.79元,苏州联冠公司应当赔偿损失135331.61元。由于合同履行期限已结束,不存在解除合同的问题,故对苏州联冠公司继续履行合同的要求不予采纳。判决:苏州联冠公司赔偿江铜广信公司损失人民币135331.61元。二审法院判决:驳回上诉,维持原判。〔2〕

【案例12-78】 上海同在国际贸易有限公司与远东电缆有限公司买卖合同纠纷案

最高人民法院认为,2008年全球性金融危机和国家宏观经济形势变化并非完全是一个令所有市场主体猝不及防的突变过程,而是一个逐步演变的过程。在演变过程中,市场主体应当对市场风险存在一定程度的预见和判断。参照上海期货市场2004~2011年铜价格走势图,该价格波动非为当事人在缔约时无法预见的非市场系统风险,应当属于商业活动的固有风险。远东公司与同在公司约定参照上海期货交易所期货合约卖盘报价进行定价,双方均应当预见也有能力预见到有色金属这种市场属性活泼、长期以来价格波

---

〔1〕 山东省高级人民法院发布2022年度山东法院十大买卖合同纠纷典型案件。山东省高级人民法院(2022)鲁民终2901号民事判决书。

〔2〕 参见国家法官学院案例开发研究中心编:《中国法院2012年度案例》(买卖合同纠纷),中国法制出版社2012年版,第54页。江西省鹰潭市中级人民法院(2010)鹰民二终字第3号民事判决书。

动的大宗商品存在投资风险。故本案要慎重适用情势变更原则，要将远东公司对市场价格走势判断失误造成的损失与不可抗力因素相区分。[1]

3. 情势变更与不可抗力的区别

由于审判实践中，在情势变更与不可抗力的把握上较为普遍地存在混淆二者界限和不考虑具体情况的僵化的认定不足，探讨这一问题很有意义。

最高人民法院认为，不可抗力作为法律事实，一般表现为自然事件，如地震、水灾、旱灾、暴风雪、疫情等，也包括少量社会异常状态，如战争、暴乱、军事封锁等。当然，一般也允许当事人在合同中对不可抗力事实的范围作出约定。如前文所述，在不可抗力制度与情势变更制度的适用关系上，不可抗力作为法律事实，在符合法律规定条件下可能构成适用情势变更的原因事实或者条件。比如，2020年年初暴发的新冠疫情，作为突发公共卫生事件，可以认定为不可抗力的事实。如果因为疫情导致合同履行的条件发生重大变化，防疫隔离、关停、人员限制流动等影响合同正常履行（如旅游合同、租赁合同等），若继续履行合同对当事人一方的权利而言明显不公平，或者合同目的已经无法实现，当事人主张适用情势变更的，人民法院应当根据案件的基本事实作出认定。[2]

不可抗力制度与情势变更制度具有相同之处：一是二者均非商业风险，也都是当事人事先无法预见的情形；二是二者的发生及其影响均不可归责于当事人；三是二者均可能对合同的履行和责任承担造成影响，并产生相应的法律后果；四是二者对合同的影响均出现于合同订立之后履行完毕之前。[3] 立法者将其归纳为五个方面的不同，一是制度价值不同，二是适用范围不同，三是对合同的影响方式和程度不同，四是法律效果不同，五是当事人权利行使方式和程序不同。[4] 换言之，虽然不可抗力也是引起情势变更的原因，但二者的区别如下。

其一，适用范围和功能不同。情势变更是一项合同履行原则，用以指导合同的正常履行，即在合同履行过程中因出现情势变更的事实，如果仍使当事人履行义务，造成的结果是对一方当事人明显不公平或者不能实现合同目的，则应允许当事人变更或解除合同，功能在于解决合同履行中发生的显失公平问题，重心在于平衡利益。情势变更只能适用于合同案件。不可抗力造成的结果致使合同无法履行，它既可适用于合同案件，又可适用于侵权案件，它具有合同责任和侵权责

---

〔1〕 参见最高人民法院民事审判第二庭编：《最高人民法院商事审判指导案例》（6）（合同与借贷担保卷），中国法制出版社2013年版，第113页。最高人民法院（2011）民二终字第55号民事判决书。

〔2〕 参见杨临萍主编：《最高人民法第六巡回法庭裁判规则》，人民法院出版社2022年版，第15页。

〔3〕 参见黄薇主编：《中华人民共和国民法典合同编释义》，法律出版社2020年版，第162页。

〔4〕 参见黄薇主编：《中华人民共和国民法典合同编释义》，法律出版社2020年版，第162～163页。

任的双重性。出现不可抗力之后,债务人将依法被免于承担民事责任,也可导致合同的变更或解除,其功能在于公平分配当事人的违约责任,并非平衡利益。

其二,法定免责事由不同。情势变更不是法定免责事由,其本质是使当事人享有请求变更或解除合同的请求权,是否准许,由法官裁定。不可抗力是法定免责事由,当事人只要举证证明因不可抗力导致合同履行不能,就要免除违约责任或减轻违约责任。

其三,适用条件不同。通说认为,情势变更的适用,并不要求合同无法履行。即使合同仍然处于能够履行的状态,但如果履行过于艰难,或须付出高昂的代价,当事人又无法采取其他补救措施,仍可适用情势变更。按照合同法的规定,不可抗力适用于合同不能履行的场合。不能履行包括全部不能和部分不能、永久不能和一时不能。只有在合同不能履行时,债务人才能援引不可抗力条款减轻或免除责任。

其四,适用的原因差异。情势变更的适用不仅限于不可抗力,还包括意外事件和其他事由。不可抗力的发生并不必然导致情势变更,如果不可抗力的发生没有引起当事人之间的利益失衡,则不能适用情势变更。

其五,共担风险不同。情势变更情况下履行合同导致显失公平,因此,合同双方应共担相应的风险;而不可抗力是法定免责事由,不履行合同无须承担责任。

其六,救济后果不同。情势变更发生后,当事人要请求法院作出裁判,即由法院加以判断,而不能当然导致合同的变更或解除。如果法院驳回了一方当事人的请求,则仍应继续履行原合同。在出现不可抗力之后,当事人只要依法取得确切证据,履行了法律规定的有关义务(如通知、防止损害扩大等),则可以免除违约责任。

在实务中,要注重对客观情况的分析。也就是说,判断影响或决定是否为情势变更或不可抗力的关键是对客观情况的理解,这种理解要放在具体个案中,而不是一个统一的概念。个案中,客观情况导致合同履行艰难而不是不能履行的,是情势变更,反之则为不可抗力。

4. 情势变更与显失公平的区别

情势变更与显失公平在维护交易的诚实信用方面具有共同作用,二者有一定联系,但二者亦有区别:其一,表现形态不同。情势变更是合同在履行过程中因客观情况发生异常变动,合同履行结果显失公平;显失公平更多体现在签订合同过程中的失衡。其二,发生的原因不同。情势变更中,合同双方对利益失衡的发生均无过错,而是因外界所发生的客观异动所致。显失公平的民事行为一般表现为一方利用另一方急需而无经验所签订的合同,以过错为构成要件。其三,处理方式不同。对情势变更纠纷是先协商解决,协商不成的可请求法院裁决变更合同内容或解除合同。对显失公平的民事行为,应依法予以变更或者撤销。

(三)预约合同的认定

对于预约合同,《民法通则》、《民法总则》以及《合同法》未作具体的规定,但2003年6月1日实施的由最高人民法院发布的《商品房买卖解释》第五条对预约合同作了规定。2012年7月1日实施的由最高人民法院发布的《买卖合同解释》第二条又对预约合同作了规定。《民法典》第四百九十五条作了明确规定,为处理预约合同纠纷提供了明确的法律依据。预约合同在现实社会生活中运用得十分广泛,尤其是在商品房买卖合同中,因大量出现的商品房认购、预订等协议而引发的争议问题频发,因而进一步探讨有其重要意义。

1.预约合同的理解

预约合同,是"对未来订立一定内容契约之约定,称之为契约"。也有学者认为,"预约,或者预备性契约,是谈判当事人一方或双方为将来订立确定性本合同达成的书面允诺或协议"。[1] 一般认为,预约合同是约定将来订立一定契约的契约。因为预约合同本身就是一种契约,只不过它的标的比较特殊,是一种订立契约的行为,目的是确保与相对人在将来订立特定的合同。预约从本质上讲,应当是形式完备的合同。换言之,预约与尚未构成合同关系的其他文书相比,根本区别就在于预约具备了合同成立的要件。预约作为一种合同形式,其成立亦应具备一般合同成立的要件,包括当事人、标的、意思表示等要素,即预约从形式到内容,都是确定的。

《民法典》第四百九十五条规定:"当事人约定在将来一定期限内订立合同的认购书、订购书、预订书等,构成预约合同。当事人一方不履行预约合同约定的订立合同义务的,对方可以请求其承担预约合同的违约责任。"本条是关于预约合同的规定。本条主要包括以下几层含义:其一,本条确定预约合同是独立的合同。其二,预约合同是以将来订立本约为目的的合同。其三,本条没有对预约合同表现形式全部列举,只是作了一个概括性的规定,凡是在将来一定期限内订立本约合同合意的形式,都可以列入预约合同的范围。其四,违反订立预约合同义务的承担违约责任。其五,预约合同的损害赔偿范围不等同于本约合同的损害赔偿范围。[2] 其六,本条对强制缔约问题没有规定。

---

〔1〕 参见吴颂明:《预约合同研究》,载梁慧星主编:《民商法论丛》2000年第2卷(总第17卷),金桥文化出版(香港)有限公司2000年版,第507页。

〔2〕 参见黄薇主编:《中华人民共和国民法典合同编释义》,法律出版社2020年版,第81页。

《民法典合同编通则解释》第六条规定："当事人以认购书、订购书、预订书等形式约定在将来一定期限内订立合同，或者为担保在将来一定期限内订立合同交付了定金，能够确定将来所要订立合同的主体、标的等内容的，人民法院应当认定预约合同成立。当事人通过签订意向书或者备忘录等方式，仅表达交易的意向，未约定在将来一定期限内订立合同，或者虽然有约定但是难以确定将来所要订立合同的主体、标的等内容，一方主张预约合同成立的，人民法院不予支持。当事人订立的认购书、订购书、预订书等已就合同标的、数量、价款或者报酬等主要内容达成合意，符合本解释第三条第一款规定的合同成立条件，未明确约定在将来一定期限内另行订立合同，或者虽然有约定但是当事人一方已实施履行行为且对方接受的，人民法院应当认定本约合同成立。"制定司法解释的法官认为，从实践的情况看，意向书、备忘录等通常情形下当事人仅有订立合同的意向，不构成预约合同。但是如果意向书、备忘录等具备前述预约合同的成立要件，也应认定构成预约合同。此外，当事人虽然没有签订认购书、订购书、预订书、意向书、备忘录等书面文件，但为将来订立合同交付了定金，也应认为当事人之间成立了预约合同。就此而言，立约定金本质上是预约合同的违约定金。需要说明的是，合同采用何种名称虽然具有一定的法律意义，但决定合同性质的仍然是合同内容。[1]

《民法典合同编通则解释》第七条规定："预约合同生效后，当事人一方拒绝订立本约合同或者在磋商订立本约合同时违背诚信原则导致未能订立本约合同的，人民法院应当认定该当事人不履行预约合同约定的义务。人民法院认定当事人一方在磋商订立本约合同时是否违背诚信原则，应当综合考虑该当事人在磋商时提出的条件是否明显背离预约合同约定的内容以及是否已尽合理努力进行协商等因素。"制定司法解释的法官认为，当事人一方承担违反预约合同的违约责任，须以可归于责该当事人的事由导致本约合同未能订立为前提。而判断当事人的行为是否具有可归责性，则须以是否违背诚信原则的行为为依据。当事人经诚信磋商仍不能订立本约合同的场合，不应认定当事人存在违约行为，因此，任何一方均可请求解除预约合同。[2]

《民法典合同编通则解释》第八条规定："预约合同生效后，当事人一方不履行订立本约合同的义务，对方请求其赔偿因此造成的损失的，人民法院依法予以支持。前款规定的损失赔偿，当事人有约定的，按照约定；没有约定的，人民法院应当综合考虑预约合同在内容上的完备程度以及订立本约合同的条件的成就程度等因素酌定。"

---

〔1〕 参见最高人民法院民事审判第二庭、研究室编著：《最高人民法院民法典合同编通则司法解释理解与适用》，人民法院出版社 2023 年版，第 95 页。

〔2〕 参见最高人民法院民事审判第二庭、研究室编著：《最高人民法院民法典合同编通则司法解释理解与适用》，人民法院出版社 2023 年版，第 114 页。

本约合同签订后预约合同的效力问题。预约合同和本约合同是分别独立的合同。预约合同的首要目的就是在一定期限内签订本约合同,随着本约合同的订立,预约合同的具体权利义务由本约合同吸收并进行约束调整,预约合同的目的已经达到、使命已经完成,已然失去其应有的作用,预约合同在本约合同签订后即终止。合同解除分为法定解除和约定解除,法律并未规定本约合同签订后预约合同解除,故不符合法定解除的条件。虽然预约合同和本约合同所指向的标的、终极目的是相同的,但两者的权利义务截然相同,不能因此判定双方作出了解除合同的合意,故当然不是自动解除。在签订本约后,预约合同不能与本约合同并存,再对已完成使命的预约合同作出效力评价,赋予预约合同法律效力,给予肯定和保护,无疑会造成当事人法律逻辑的混乱,也不符合《民法典》之鼓励交易,促进市场效率的精神。由于本约合同签订这一法律事实的发生,使预约合同所设定的债权债务在客观上不再存在,预约合同权利义务终止,再行确认预约合同的效力已无意义,法律不应支持。

战略合作协议是预约协议,而不是本约协议。

【案例 12－79】 顶山食品公司诉小刘食品公司等买卖合同纠纷案

判决观点,本案争议的焦点是,顶山食品公司是否与振方第二分公司成立保证合同关系,振方房地产公司、振方第二分公司是否应对小刘食品公司的债务,向顶山食品公司承担连带保证责任。《担保法》第十三条规定:“保证人与债权人应当以书面形式订立保证合同。”本案中,振方第二分公司与顶山食品公司没有订立书面的保证合同,振方第二分公司也没有在顶山食品公司与被告小刘食品公司签订的《产品加工加工订购合同》上以保证人身份签字盖章。顶山食品公司所提供的《战略合作协议》上虽有振方第二分公司在2013年9月12日的签字盖章,但该《战略合作协议》不是本约合同,是三方确定的合作意向,属于预约,是当事人之间打算订约的意向性协议,协议没有具体标的、数量质量、价格或者报酬、履行期限、方式等买卖合同应当具备的基本条款,不能确定顶山食品公司与小刘食品公司已经订立买卖合同。正是由于《战略合作协议》不具有买卖合同性质,顶山食品公司才与小刘食品公司在2013年3月20日签订本约合同,即《产品加工订购合同》,双方形成买卖合同关系,对该合同,顶山食品公司与振方第二分公司没能订立书面的保证合同,作为主合同《产品加工加工订购合同》的从合同。顶山食品公司与振方第二分公司没有形成保证合同关系。同时,振方第二分公司是被告振方房地产公司的下属分支机构,在没有取得振方房地产公司授权的情况下,其在《战略合作协议》中表示提供保证担保的行为,根据《担保法》第十条的规定,应认定为无效行为。因此,顶山食品公司主张振方房地产公司、振方第二分公司应对小刘食品公司的债务承担连带责任,无合同和法律依据,不予支持。判决:(1)小刘食品公司偿付顶山食品公司货款4425844.43元、承担违约金132775.33元、赔偿利息损失156379.84元,合计4714999.6元;(2)驳回顶山食品公司的其他诉讼请求。[1]

出卖人主张成立预约合同的,应根据预约合同的成立要件进行判断。

【案例12-80】　王某民诉德高洁公司买卖合同纠纷案

判决观点,根据查明的事实,王某民和德高洁公司协商订立合同,德高洁公司于2013年8月30日向王某民发出的价款为39000元的《工业品购销合同》虽然未经双方当面签字盖章,但王某民依照该合同支付了货款,以履行行为对合同的认可,故该合同系双方当事人的真实意思表示,不违反法律、行政法规的强制性规定,合法有效,且已实际履行。双方当事人在合同中约定"除人工部分不能解决管路黄土堵塞问题,供方应按换货处理",结合当事人陈述的协商订立合同的事实,法院认为,该条款中"按换货处理"的真实含义为"退货,并更换其他型号的机器设备",以达到原告方现场使用的要求,实现合同目的。故双方协商将DU200/20GM型清洗机退还德高洁公司,另选择其他型号的清洗机,亦符合合同的约定。该条款亦表明双方的真实意思表示是如DU200/20GM型清洗机不能实现王某明的合同目的,双方可解除原买卖合同,另选择其他型号的清洗机,订立买卖合同。经查,德高洁公司于2014年1月20日以电子邮件方式向王某民发送了合同价款为66000元的新合同,该合同关于标的物型号、价格和付款方式均与原合同不同。该合同属于新的要约,需经受要约人承诺后合同才成立。德高洁公司虽主张王某民对该合同予以认可,但王某民予以否认,德高洁公司就此未能提供证据予以证明,故法院对其关于该新合同经双方一致确认,已经成立的意见不予采纳,该合同未成立。因双方未能就订立新的合同协商一致确认,在此情况下,王某民于2014年3月17日通知德高洁公司解除价款为39000元的原合同,符合双方合同的约定,该解除通知合法有效,该合同于2014年3月17日起已经解除。合同解除后,依照合同取得的财产应当予以返还,故德高洁公司当将货款退还王某民。根据查明的事实,选定DU200/20GM型作为买卖合同的标的物系双方在订约过程中共同确定的,现该清洗机经过试用后退货,但双方又未能订立新的买卖合同,由此产生的损失双方应依据公平原则予以分担,故法院对德高洁公司应予退还的货款金额予以酌判。判决:(1)原告王某民与被告德高洁公司于2013年8月30日签订的价款为39000元的《工业

---

[1] 参见国家法官学院案例开发研究中心编:《中国法院2017年度案例》(买卖合同纠纷),中国法制出版社2017年版,第51~52页。新疆生产建设兵团第十师中级人民法院(2014)兵十民初第8号民事判决书。

品购销合同》于2014年3月17日已解除;(2)被告德高洁公司退还原告王某民货款34000元;(3)驳回原告王某民的其他诉讼请求。[1]

【案例12-81】 吕某江诉厦门金辉石业有限公司买卖合同纠纷案

一审法院认为,《购销合同》的预约买卖合法有效。原、被告在2010年12月21日就双方2011年的石材买卖预约签订《购销合同》,该预约合同系当事人双方的真实意思表示,不违反法律、行政法规的强制性规定,应认定有效。预约合同可视为将来正式合同的组成部分,对《购销合同》明确约定的事项,双方在实际履行过程中未变更的情况下,应遵照《购销合同》履行;对《购销合同》未明确约定的事项,双方可在实际履行过程中进一步协商明确,并确实履行。二审法院裁定准许厦门金辉石业有限公司撤诉。[2]

合作协议约定的条款并未确定将来签订合同的必然性,关于买卖产品的条款亦不构成预约合同。

【案例12-82】 盛明公司诉新华维公司买卖合同纠纷案

二审法院认为,在本案中虽然盛明公司和新华维公司签订的合作协议约定:如果甲方直接向乙方购买未镀锌的成品,单价8500元/吨(其定价基础为:主材Q345钢管单价为5100元/吨,主材价格变化,则按相应比例调整成品单价),购买数量视同甲方委托乙方生产数量;乙方交付甲方的产品需符合乙方的企业标准,具体供货计划由双方协商,并以甲方向乙方发送的月订单为准;但前述关于单价和购买数量一节盛明公司与新华维公司约定不明确,虽2012年11月27日盛明公司向新华维公司发出了采购订单,该采购订单载明的产品型号规格等与新华维公司备案的企业标准并不相同,此后盛明公司与新华维公司就采购订单下的货物单价、付款方式等内容并未达成一致意见,为此一审法院判决认定盛明公司就买卖产品与新华维公司未达成买卖合同并据此驳回盛明公司的诉讼请求并无不妥。对盛明公司的上诉理由和请求,因缺乏充足证据,不予支持。判决:驳回上诉,维持原判。[3]

预约或本约的审查规则。

---

〔1〕 参见国家法官学院案例开发研究中心编:《中国法院2016年度案例》(买卖合同纠纷),中国法制出版社2016年版,第41页。北京市门头沟区人民法院(2014)门民初字第2920号民事判决书。

〔2〕 参见国家法官学院案例开发研究中心编:《中国法院2016年度案例》(买卖合同纠纷),中国法制出版社2016年版,第116页。福建省厦门市中级人民法院(2013)厦民终字第261号民事裁定书。

〔3〕 参见国家法官学院案例开发研究中心编:《中国法院2015年度案例》(买卖合同纠纷),中国法制出版社2015年版,第3页。北京市第二中级人民法院(2013)二中民终字第12387号民事判决书。

【案例 12－83】　上海恋晨酒店管理有限公司诉上海华裕汽车修理有限公司买卖合同纠纷案

二审法院认为，预约是当事人一方或双方为将来订立确定性本约合同达成的书面允诺或协议。双方签订的《汽车销售合同》中仅约定了预付费，并未约定购车总价款、车辆购置税等的负担，且载明如因政策原因无法上沪牌则退还预付款。该合同属于预约性质，双方在缔结预约后并未签订买卖合同。同时，双方尽管未以书面形式签订本约，但买卖合同关系事实上已经成立，买方应当向卖方支付购车款和相应税款。[1]

2. 预约合同定金与损害赔偿的关系

《民法典》第四百九十五条明确规定了违约救济，即违反预约，承担的是违约责任，而非缔约过失责任。违反预约的，违约合同一方可请求相对方承担违约责任或要求解除预约合同并主张损害赔偿。预约合同中的损害赔偿，在很大程度上是与定金责任联系在一起，即如何界定定金与损害赔偿的关系。预约合同纠纷中，经常发生当事人在要求双倍返还定金的同时要求对方赔偿其交通费、误工费等损失，这实际涉及定金与损害赔偿的并用问题。根据现行法律规定，无论是违约定金还是解约定金均不能免除当事人承担损害赔偿的责任。笔者认为，违约合同中定金可以与损害赔偿责任并用。

在定金与损害赔偿并用时，还存在以下问题需探讨：其一，定金超过当事人的实际损害数额的处理。对此，笔者认为应当完全适用定金罚则。因为定金责任的适用不以实际发生的损害为前提，无论一方的违约行为是否造成实际损害都可能导致定金责任。定金的特殊性即在于其具有的惩罚性，它只针对不履行或其他根本违约行为而发生效力，而无论这些违约是否产生实际损害或者产生多大范围的实际损害。如果认为定金罚则的适用必须等同于实际损害，则实际上将定金责任与法定损害赔偿等同，否认了定金责任的独立存在。[2] 也就是说，在当事人的损害赔偿超过定金数额时，并且当事人在要求对方承担责任的同时提出赔偿超过定金数额时，对其赔偿请求应予支持。其二，对当事人在承担定金责任后单独进行损害赔偿问题。笔者认为，在当事人的损害赔偿额未超过适用定金罚则的数额时，应当适用定金罚则，不再另行予以损害赔偿。其三，当事人的损失数额超过定金罚则的数额，其对损害赔偿的数额扣除定金罚则的数额问题。笔者认为，法律没有规定，也没有相应的司法解释规定，是一个尚待深入研究的问题。

---

〔1〕 上海市第一中级人民法院（2017）沪 01 民终 13952 号民事判决书。

〔2〕 参见王利明：《合同法研究》（第 2 卷），中国人民大学出版社 2003 年版，第 733～734 页。

3. 预约合同的赔偿范围

《民法典合同编通则解释》第八条规定："预约合同生效后，当事人一方不履行订立本约合同的义务，对方请求其赔偿因此造成的损失的，人民法院依法予以支持。前款规定的损失赔偿，当事人有约定的，按照约定；没有约定的，人民法院应当综合考虑预约合同在内容上的完备程度以及订立本约合同的条件的成就程度等因素酌定。"

一般认为，预约合同的损害赔偿责任范围应当适用《民法典》合同编违约责任的一般规则，但不能直接等同于本约合同履行利益，亦不能直接等同于本约合同缔约过失责任的赔偿范围。最高人民法院民一庭的意见是，预约合同违约责任损害赔偿适用违约责任的一般规则，损害赔偿责任的范围包括因违约行为造成的全部损失，损失数额难以计算的，应在合同当事人签订预约合同的可预见范围内，以损失填补为原则，综合考虑违约方的过错程度、守约方的履约情况、合理的成本支出、本约合同的机会成本损失以及预约合同内容、签订本约意愿、客观障碍、市场风险、政策因素等涉及未签订本约合同的原因要件等因素，酌情判定损失数额。[1] 最高人民法院的法官认为，违反预约的损害赔偿范围应介于订立本约的信赖利益与履行本约的可得利益之间，具体数额应为多少，应由法官根据个案情况进行酌定。[2]

预约合同赔偿包括信赖利益损失。预约合同也是合同，当事人违反的，仍然要按照预约合同的约定承担违约责任。当然当事人违反违约合同和违反本约的违约责任有所区别，违反预约的后果是正式合同不能签订，交易机会丧失，造成当事人信赖利益的损失；违反本约的后果是合同不能履行，造成正常履行的可得利益损失。出卖人违反预约合同导致买受人签订正式买卖合同的期待落空，造成买受人信赖利益损失的，应予赔偿。预约违约所产生的损失为信赖利益损失，而不是可得利益损失。

完整性预约合同中的违约损失赔偿范围，应结合具体案情而定。如果一方已经依照预约合同的约定履行了主要合同义务，效果上发生了与履行本约无异的效力，则应当将履行利益损失纳入违反预约的损失赔偿范围。

【案例 12－84】 科技公司诉 Z 公司买卖合同纠纷案

一审法院认为，首先，《订货通知单》基于《关于云对讲平台与社区网关

---

〔1〕 参见最高人民法院民事审判第一庭编：《民事审判指导与参考》2019 年第 3 辑（总第 79 辑），人民法院出版社 2020 年版，第 143 页。

〔2〕 参见最高人民法院民事审判第二庭编：《商事审判指导》2022 年第 1 辑（总第 54 辑），人民法院出版社 2022 年版，第 83 页。

合作项目对接会议纪要》有关约定发出，其性质应为预约合同；《针对物业项目代理采购合作协议书》则是确定双方合作关系与交易模式的框架性协议。因此，形成订货通知单后，双方仍有义务订立正式的采购合同。本案中，Z公司发送的采购合同中变更了《订货通知单》与《针对物业项目代理采购合作协议书》的付款方式，未能订立采购合同的主要责任在于Z公司，其应承担违约损害赔偿责任。其次，在通常情况下，违反预约合同导致本约无法成立的，违约方应当赔偿由此给对方造成的信赖利益损失；但是，如果预约合同本身已经约定了本约的必要条款内容，预约合同签订后双方当事人的交易已达到较高的完成度，订立本约仅具有程式性或象征性意义，则违反预约合同还应适当赔偿守约方的履行利益损失。本案中，作为预约合同的《订货通知单》具备了买卖合同的基本必要条款，科技公司亦已按照约定开始履行义务，故Z公司应当合理预见到不履行预约合同所可能造成的损失后果。与此同时，科技公司在双方就采购合同订立事宜进行磋商且争议较大的情况下，仍按订单完成全部产品生产，存在一定程度的放任损失扩大的主观过错。最后，结合双方当事人的过错程度，科技公司的损失状况等因素，人民法院酌情确定Z公司应向科技公司赔偿损失280000元。判决：(1)Z公司赔偿科技公司损失280000元；(2)驳回科技公司的其他诉讼请求。二审法院同意一审法院的裁判意见，判决：驳回上诉，维持原判。[1]

未签订违约金条款情形下的预约责任范围的界定，因当事人未对违约金进行约定，适用定金罚则难以弥补预约违约损失时，预约违约责任范围以守约方丧失的在同一时期与其他出卖人缔结买卖合同的机会，另行订约机会损失的计算标准虽然目前尚无明确法律规定，有时无法具体量化，在当事人举证不能的情况下，由法官根据具体案情酌定。

应当注意的是，关于预约合同强制履行问题，最高人民法院的法官认为，对违反预约的违约责任，似不宜适用继续履行这一救济方式。当然，对这一问题还可进一步深入研究。[2] 参与制定司法解释的法官认为，在将预约合同严格限制在当事人是否最终完成交易保留最终决策权的情形下，不宜采取继续履行方式对违约合同的行为进行救济。[3]

---

〔1〕 参见国家法官学院、最高人民法院司法案例研究院编：《中国法院2023年度案例》(买卖合同纠纷)，中国法制出版社2023年版，第196～197页。重庆市第一中级人民法院(2021)渝01民终6037号民事判决书。

〔2〕 参见最高人民法院民事审判第二庭编：《商事审判指导》2022年第1辑(总第54辑)，人民法院出版社2022年版，第79～80页。

〔3〕 参见最高人民法院民事审判第二庭、研究室编著：《最高人民法院民法典合同编通则司法解释理解与适用》，人民法院出版社2023年版，第118页。

(四)买卖合同涉及执行的认定

在执行程序中,基于对消费者生存权的维护,法律赋予消费者对买受房屋的排除另案执行效力的物权期待权。具体应适用《执行异议和复议规定》第二十八条、第二十九条的规定,在满足法定条件的情况下,房屋消费者的物权期待权可排除另案的强制执行。

债务双方针对未届履行期限之债签订以物抵债协议,第三人受让债权后与债务人签订购房合同的,不得以享有物权期待权为由排除强制执行。

案外人或申请执行人执行异议之诉的诉讼请求是排除法院的执行措施,由于排除的执行措施往往涉及其他实体的法律权益,并且该实体权益又常被作为排除法院执行行为的理由,因此,其他诉求往往一并提出,诸如确权、许可或停止对标的物的执行。笔者认为,应针对不同诉求作出相应的判决。当事人要求确权的,应根据《民法典》物权编之规定,即不动产物权变动采取登记生效的原则,因此,不动产没有办理物权变动登记的,不宜确权。但当事人以房屋买卖合同方式转移物权的,可以在判决中明确合同效力,并对标的物是否停止执行作出实体判决。

民事案件二审期间,双方当事人达成和解协议,法院准许撤回上诉的,该和解协议未经法院依法制作调解书,属于诉讼外达成的协议。一方当事人不履行和解协议,另一方当事人申请执行一审判决的,法院应予支持。

【案例12-85】 吴某诉四川省眉山西城纸业有限公司买卖合同纠纷案

二审法院认为,西城纸业公司对撤诉的法律后果应当明知,即一旦法院裁定准予撤回上诉,眉山市东坡区人民法院的一审判决即为生效判决,具有强制执行的效力。虽然二审期间双方在自愿基础上达成的和解协议对相关权利义务作出约定,西城纸业有限公司因该和解协议的签订而放弃行使上诉权,吴某则放弃了利息,但是该和解协议是双方当事人在诉讼外达成的协议,未经人民法院依法确认制作调解书,不具有强制执行力。西城纸业有限公司未按和解协议履行还款义务,违背了双方约定和诚实信用原则,故对其以双方达成和解协议为由,主张不予执行原生效判决的请求不予支持。复函认为,根据吴某的申请,一审法院受理执行已生效法律文书并无不当,应当继续执行。[1]

民事判决书中利息给付判项的表述应当确定、无歧义而有可执行性。

---

〔1〕 人民法院案例库2011-18-5-203-001。最高人民法院指导案例2号。

【案例 12－86】　焦作东方金铅有限公司与安阳市豫北金铅有限责任公司买卖合同纠纷再审案

最高人民法院认为，原审判决认定双方当事人买卖的货物为铅精矿有事实依据，适用法律适当，但未按东方公司实际收到的铅精矿数量计算应付货款不当，应当予以纠正。东方公司的申诉理由部分成立，应予支持。判决：(1)撤销再审判决和二审判决；(2)变更一审判决第一、二项为：东方公司自本判决发生法律效力之日起10日内向豫北公司支付所欠货款6073169.01元及该款利息自2004年11月10日起至2006年7月28日止，按中国人民银行规定的同期1年期贷款基准利率计付；(3)维持一审法院民事判决第三项，即驳回豫北公司的其他诉讼请求。〔1〕本案中，一审法院对该利息的表述为"从2004年11月10日起至原告起诉之日止，按中国人民银行规定的同期同类贷款基准利率计算"。承办法官认为，一审法院对该利息计算的表述不明确具体，没有体现判决书应具有的确定的可执行性的特点，同时势必导致该文书在执行程序中产生对利息计算的混乱。

代位权诉讼执行中，被终结本次执行程序，债权人就未实际获得清偿的债权另行向债务人主张权利的，人民法院应予支持。

【案例 12－87】　北京大唐燃料有限公司诉山东百富物流有限公司买卖合同纠纷案

最高人民法院认为，本案所涉执行案件中，因并未执行到万象公司的财产，浙江省象山县人民法院已经作出终结本次执行的裁定，故在万象公司并未实际履行清偿义务的情况下，大唐公司与百富公司之间的债权债务关系并未消灭，大唐公司有权向百富公司另行主张。〔2〕

当事人就债务清偿达成和解协议，约定解除财产保全措施及违约责任。一方当事人依约申请人民法院解除保全措施后，另一方当事人违反诚信原则不履行和解协议，一方当事人可申请执行，并就和解协议违约金另行诉讼。另一方就和解协议违约金诉讼中，请求减少违约金的，人民法院不予支持。

【案例 12－88】　隆昌贸易公司诉城建重工公司买卖合同纠纷案

二审法院认为，隆昌贸易公司与城建重工公司在诉讼期间签订了协议书，该协议书均系双方的真实意思表示，不违反法律法规强制性规定，合法有

〔1〕参见杜万华主编：《最高人民法院民商事案件审判指导》(第3卷)，人民法院出版社2015年版，第608页。

〔2〕人民法院案例库2021－18－2－084－001。最高人民法院指导案例167号。最高人民法院(2019)民终6号民事判决书。

效,双方应诚信履行。本案涉及诉讼中和解协议的违约金调整问题。本案中,隆昌贸易公司与城建重工公司签订协议书约定城建重工公司如未能于2016年10月14日前向隆昌贸易公司支付人民币300万元,或未能于2016年12月31日支付剩余的本金2284648.68元、利息4623406.72元及诉讼费25802元(共计27722854.4元),则隆昌贸易公司有权申请执行原一审判决并要求城建重工公司承担80万元的违约金。现城建重工公司于2016年12月31日前未向隆昌贸易公司支付剩余的2772854.4元,隆昌贸易公司的损失主要为尚未得到清偿的2772854.4元。城建重工公司在诉讼期间与隆昌贸易公司达成和解协议并撤回上诉,隆昌贸易公司按协议约定申请解除了对城建重工公司账户的冻结。而城建重工公司作为商事主体自愿给隆昌贸易公司出具和解协议并承诺高额违约金,但在账户解除冻结后城建重工公司并未依约履行后续给付义务,具有主观恶意,有悖诚实信用。一审判令依约支付80万元违约金,并无不当。[1]

(五)买卖合同律师费的支付

一般而言,对律师费的负担问题,法官会根据当事人之间的合同约定进行审查。所以在诉讼中产生的律师费与被告实施的违约和侵权行为之间没有必然的因果关系。对于撤诉的案件,法官对合同履行情况不进行实体审查,无法判断谁是违约方,也无法确定谁是败诉方。在原告对被告撤销主给付义务即给付货款及利息诉请后,仅起诉被告承担律师费的诉请,法院不予支持。

【案例12-89】 交通产业公司诉一言公司等买卖合同纠纷案

二审法院认为,根据法律规定,交通产业公司作为法人可以自行进行诉讼,也可以委托律师进行诉讼,委托律师进行诉讼系其权利而非义务,其为此所支付的律师费不属当事人为实现权利而必然发生的费用,通常情况下不应由对方承担,除非当事人对此有明确的约定。本案交通产业公司与一言公司约定败诉方承担诉讼费、律师费、差旅费等,但在交通产业公司起诉的当日,一言公司就向其支付了相应的货款及利息,结合一言公司法定代表人与交通产业公司副总的聊天记录以及交通产业公司撤回了货款及损失赔偿金的诉讼请求,足以表明一言公司在诉讼中已主动履行了付款义务,就案涉买卖合同纠纷而言不能认定为败诉方,故交通产业公司在撤回货款及损失赔偿金的

---

〔1〕 人民法院案例库2021-18-2-483-001。最高人民法院指导案例166号。

诉讼请求后，仅要求一言公司承担律师费损失不符合双方的约定，不予支持。判决：驳回上诉，维持原判。[1]

【案例12－90】　畅达公司诉宏润公司买卖合同纠纷案

判决观点，关于原告因主张权利支付的差旅费、律师代理费等费用17551元的诉讼请求应否支持的问题。法院认为，由于合同中约定了该项费用的承担，该案的发生虽不属被告违约，但原告已经给付大部分货款，而被告在明知经营亏损不能提供货物的情况下没有主动返还货款，引发本案，故其给原告造成差旅费、律师代理费等经济损失，应承担主要赔偿责任。但原告未按合同约定在提货前付清货款，导致被告拒不发货，迟延以致被告不能提供货物，亦应负一定的责任。故原告的该项诉讼请求，法院只酌情予以部分支持。[2]

---

〔1〕　参见国家法官学院、最高人民法院司法案例研究院编：《中国法院2020年度案例》（买卖合同纠纷），中国法制出版社2020年版，第126页。江苏省南通市中级人民法院（2018）苏06民终3945号民事判决书。

〔2〕　参见国家法官学院案例开发研究中心编：《中国法院2017年度案例》（买卖合同纠纷），中国法制出版社2017年版，第188页。广西壮族自治区河池市天峨县人民法院（2015）峨民初字141号民事判决书。